訓注　槐安国語

訓注・道前慈明

前書き

『槐安国語』七巻は寛延二年（一七四九）八月二十五日、白隠禅師六十五歳の時に、会下衆（特に諾、薫、寿、顒、頤、魯、隆、実）の懇請を受けて、『大灯国師語録』に、その偈頌には『碧巌録』に倣《なら》って評唱し、その法語には『大灯録』自身の「参詳語要」に擬して下語して成ったものである。そしてその翌年八月、遠州の貞永安国寺の開祖南溟禅師四百五十年遠忌の記念行事として出版される。白隠禅師はそれに『槐安国語』と名づける。「槐安国」とは、唐代の伝記作者、李公佐の『南柯《なんか》の一夢—南柯太守伝』に基づく、夢物語に出る蟻の国を云う（巻末付録参照）。どういう理由で名づけられたのかは白隠禅師自身の説明はない。しかし寛延三年の安国寺和尚の「槐安国語後序」に、闡提窟に白隠禅師を訪ねて、出来上がったばかりの新編を見いだし、問質したところ、「此れは是れ老僧、暫時の寐語なり」と答えたとあり、第一には「寝言《ねごと》、戯言《たわごと》」という謙遜の辞の意味であろうと思われる。『寒山詩闡提記聞』「男児大丈夫、云々」の鵠林評にも、少分の所得を貶《けな》して、「槐安国裡の暫時の封侯」と見える。畏れ多くも大灯国師の語録に下語、評唱するなどとは、寝言のたぐいであるということである。

しかしその由来を更に深く考えてみれば、『虚堂録』に基づくと思われる。その巻九「径山後録」の上堂に、「挙す。風穴、示衆に云く、『若し一塵《いちじん》を立すれば、家国興盛《かこくこうせい》し野老顰蹙《やろうひんしゅく》す。一塵を立せざれば、家国喪亡《そうぼう》し野老安貼《やろうあんじょう》す』。師、拈じて云く、『風穴は只だ箇の相似底を要すのみ。殊《こと》に知らず、天は東南に傾き、地は西北に陥《おちい》ることを（常識的には、天は西北に傾き、地は東南に陥る）。会得せ日《ひび》に羲皇上《ぎこうじょう》の人と与《とも》に大槐安国に遊戯せん。其の間の得失栄辱、自ら能く之れを知らん』。拄杖を卓して云く、『参《さん》』」とある。「羲皇上人」とは、『晋書』陶潜伝にも見える「伏羲《ふっき》氏以前の人、太古の人民、恬静閑適に世を送る隠逸者」の意で、陶淵明が自称していたと云う。『虚堂録』では「槐安国」に貶意はなく、「那一人と日日、夢中の遊戯を為さん」と云う意であり、『華厳経』巻四十四の十忍品にも云う「一切世間は悉く夢に同じ」の深意でもある。槐安国の世界は遊戯三昧の境界であり、或いは、『大灯録』は「遊」の一字に尽きるとも云える。

その後、明治十八年九月二十五日、京都相国寺門前在住、土佐士族の横山之成（指月）居士なる人が、旧版が元治元年の兵火の災に罹って焼失したのを遺憾として、初版本である貞永寺版を校訂再版したのが今日の流布本である。山岡鉄舟書になる円覚の今北洪川禅師の序、大徳の牧宗禅師の序、相国の退耕独園禅師の後序の権威に依って揺るぎない校訂本と見なされ、今日の流通をもたらす、その功績は大なるものがある。しかし他面、臆見を以て妄りに改易した点多々無しとせず、多くの混乱を引き起こした根源でもある。それは、自分の理解の範囲に合わせて相手を無理矢理適合させるという強引な遣り方であった、「鳧《ふ》を続《つ》ぎ、鶴《つる》を截《き》る」式の所謂プロクルステスのベッドである。以来、実に様々な荒唐無稽な解釈が平気でまかり通り、槐安国は百鬼夜行する魑魅魍魎の世界と化した感がある。しかし、それは強《あなが》ち校訂本の所為であるとばかり云えない点もある。実は『大灯録』自身に大いに問題がある。同音の字を意味の異なる別字に誤り、脱字、衍字等のたぐい、校訂の不完全さである。元和七年（一六二一）に大徳龍光院開祖、江月宗玩禅師が応仁の乱に消失した『大灯録』を再刊した際に、五山版をそっくりそのままに復刻した。ある意味では、それは正しい遣り方であった。後世の人間が下手に手を入れて御開山の遺徳を減じるよりは、邪正をそのままに後世に遺した方が大切かもしれない。しかしまた逆に無誤謬性、完璧性の誤った信仰を生み出した。『槐安国語』に於ける指月居士の方針、『大灯録』に於ける江月禅師の方針、両者相反するようで一長一短。しかし、どちらかと云えば私は後者を取る。事実、初版本である貞永寺版は確かに完璧な版本ではなかったし、誤りも少なくない。だが半可通の学解で歪《ゆが》められた校訂本と称されるものよりは遥かに優れた版本なのである。大正九年に飯田欓隠氏の『槐安国語提唱録』が出版されるが、飯田氏の炯眼と教養をもってしても、その点に気がつかれることはなかった。今回の『訓注槐安国語』を出すに当たって、貞永寺版ではなく、明治の校訂本を底本として採用したのは、今日まで校訂本として流通してきた功績と権威に敬意を表し、またその謬見を打破するためである。但し、先程来禅文化研究所より復刻再刊した平成新刻槐安国語は、明治本に準拠した点で、大いなる誤りであった。

〈編集注〉この前書きは、平成十五年に禅文化研究所より発刊した『槐安国語』全二巻の下巻前書きをそのまま転載した。

目　次

目次

凡例

一、底本は、明治十八年刊の流布本を用いた。寛延三年の初版本である貞永寺版との異同、校正等、また誤植等は注によって示した。第一冊の底本影印の校訂を参照。

一、章分けは平野宗浄氏編著『大灯国師語録』（昭和61年・大徳寺遠諱局）に依拠する。また注に用いた『大応録』、『仏国録』の章分けは柳田聖山氏の訓注本、『寒山詩』の章分けは筑摩本入谷仙介氏訳注に従う。

一、訓読の**太字**は大灯録、細字は白隠の語である。注記の見出し語も同じ。

一、底本の同義異字を便宜上、一部統一した。例、「嶽・岳↓岳」「牀・床↓床」「蹈・踏↓踏」「烟・煙↓煙」等。

一、語注は、基本的に『漢語大詞典』全十二巻（上海・漢語大詞典出版社）、並びに無著道忠禅師の『虚堂録犂耕』に依る。

一、「　」内の片仮名で付けた注は、白隠直弟子の層巓方邃所蔵印のある書き入れ本（禅文化研究所所蔵）の注釈を引用したものである。但し、その書き入れは、あるものは白隠禅師の提唱を筆録したと思われるもの、あるものは後世の人の書き加えと思われるもの、さまざまで判定がしにくい。信憑性に欠ける嫌いはあるが、解釈の手助けとなると思われるものは、大いに活用させていただいた。

一、『淮南子』、『文選』等の外典の訳は、明治書院出版の『新釈漢文大系』の訳注に負う。

一、出典記述の「大正A・B中」とは『大正新脩大蔵経』A巻のB頁中段、「禅A・B下」は『卍続蔵経』選輯禅宗部A巻のB頁下段を云う。

一、灯史書の略記。『伝灯録』（『景徳伝灯録』）、『会元』（『五灯会元』）、『会要』（『聯灯会要』）、『普灯録』（『嘉泰普灯録』）。

一、法系の第何世は、『会元』式の数え方をした、例えば第二世は通常の第三世。

一、訓注の方針としては、『大灯録』本文の方は字面のみならず、出来るだけ国師の真意を汲み取る努力をした。白隠禅師の下語の方は字面に忠実に訳すことにし、禅師の真意はおおむね読者の識見に委ねた。

一、巻末に、一、大灯国師の略年譜、二、『槐安国語』の書名の由来となった『南柯の一夢―南柯太守伝』の二点を付録した。『南柯の一夢―南柯太守伝』は、『唐宋伝奇集（上）』（『岩波文庫』）に収められる今村与志雄氏訳を転載させていただいた。

一、主な参考文献（カッコ内は略記）

『槐安国語骨董稿』（『骨董稿』）＝白隠の弟子元魯・宗実の両人になる『槐安国語』の注釈書であり、本録と同じく寛延三年に出版された。

『諸録俗語解』（『俗語解』）＝桂洲道倫、湛堂令椿などの手による数種の稿本。平成十一年、芳澤勝弘氏によりまとめられ、禅文化研究所より出版。

『句双葛藤鈔』（『句双紙』）＝元禄五年刊。

『白隠禅師提唱碧巌集秘鈔』（『秘鈔』）＝大正五年、永田春雄氏が侍者筆録本を校正出版。

『碧巌録種電鈔』（『種電鈔』）＝大智実統禅師撰述。禅文化研究所より影印復刻。

『虚堂録犂耕』（『犂耕』）＝無著道忠禅師撰述。禅文化研究所より影印復刻。

『五家正宗賛助桀』（『助桀』）＝無著道忠禅師撰述。禅文化研究所より影印復刻。

『大慧普覚禅師書栲栳珠』（『栲栳珠』）＝無著道忠禅師撰述。禅文化研究所より影印復刻。

訓注　槐安国語

再鐫槐安国語序（円覚洪川禅師序）

吾門の禅那《ぜんな》は四禅八定の種類に非ず。実に如来最上乗の妙道なり。見ずや古人云く、「唯だ老胡の知を許して、老胡の会を許さず」と、之れを尽くせり。喟《ああ》、今時、学禅の徒禅を速会《そくえ》せんと欲す。禅には你《なんじ》が会する底の道理無し。若し会禅《えぜん》と説かば是れ謗禅《ぼうぜん》なり。滹沱《こだ》の膠盆子《こうぼんす》、汾陽の失銭遭罪《しっせんそうざい》、洞山の茎《きょう》草子《そうす》、東山の暗号密令、巌頭末後の一句、鶻林隻手《こくりんせきしゅ》の根源等の如く、一一透得せば、是れを以て知る禅語、已《すで》に会禅に非ざることを。之れを要するに須《すべか》らく妙語に還《かえ》すべし。若し妙語を閼《ふさ》げば、縦使《たと》い評禅は円悟の如く、契禅《かいぜん》は雪竇《せっちょう》の如くも皆な是れ陰識依通《おんしきえつう》の分斉なるのみ。争《いか》でか最上乗の美称を犯すことを得んや。達人は之れを斥《しりぞ》けて云う、「宗師の口辺に就《つ》いて野狐《やこ》の涎唾《ぜんだ》を喫する」と。至って旨《むね》有るかな。

西京に指月居士なる者有り。槐安国語は禅門の必須の宝典なることを知る。旧版曾て兵燹《へいせん》に罹《かか》るを以て、書肆《しょし》の乏書となるを憾と為す間、再鐫《さいせん》せんと欲し、序を余に徴《もと》め、兼ねて評語を求む。謂《いっ》つ可《べ》し、「篤志なるかな」と。余、則ち評して曰く、「吾が鶻林に此の著述無し、老漢を謗ずること莫《な》くんば好し。居士、若し能《よ》く余が言を会せば、則ち禅の最上乗の旨趣たるを知り、乃ち以て此の書を再鐫するに足らん」。杲罵天《こうばてん》（＝大慧宗杲）言えること有り、「大丈夫、参禅は豈に肯《うけが》って宗師の口辺に就いて野狐の涎唾を喫せんや。這箇《しゃこ》、尽《ことごと》く是れ閻老子《えんろうし》の面前に鉄棒を喫する底なり」と。此の言、痛快に其の魔魅底を曰《い》わざること有ること莫きや。評語に併《あわ》せて書して以て序言に充《あ》つ。

明治乙酉（十八年）八月

伝臨済宗住相之円覚沙門七十老衲洪川識す。

正四位山岡鉄太郎書

大徳牧宗禅師序

此の録は我が開祖国師の雛僧《すうそう》に垂示する底の葛藤《かっとう》なり。後来、鵠林老漢老婆親切、妄《みだ》りに下語《あぎょ》を加え、冗評を添え、之れを槐安国語と名づく。嬰児《えいじ》を嚼飯《しゃくはん》するの手段なりと雖《いえど》も、亦た是れ国師の葛藤と併せて、金剛圏《こんごうけん》、栗棘蓬《りっきょくほう》なり。学者、誤って之れに触るる則《とき》は、啻《ただ》に手脚を傷《や》ぶるのみならず、喪身失命《そうしんしつみょう》する者幾希《ほとんどまれ》ならず。今也《ま》た指月居士、護法心を発《おこ》して至誠以て此の録を再梓《さいし》せんと、序を予に需《もと》む。予、素《もと》より文を解《げ》せず、禅を会《え》せず、嗚呼《ああ》、復《ま》た何をか言わんや。然《しか》りと雖《いえど》も此《ここ》に一句子《いっくす》有り、千仏万祖伝不伝底なり、千英万傑会不会底なり。若し箇の漢有って未だ此の巻を繙《ひもと》かざる以前に向かって会取し去らば、則ち国師徹骨の恩に辜負《こふ》せず、又た鵠林直截為人《じきせついにん》の処を見得せん。然らずんば則ち剣去って久し。

明治十八年之秋

大徳牧宗識す。

【(1)槐安国語序】

(2)龍宝開山国師の語録を評唱する拙語。

惟《こ》れ時、(3)寛延第二己巳《つちのとみ》の暦、孟春開制の日、(4)予が西東住菴《じゅうあん》の諸子、稽首羅拝《けいしゅらはい》して告げて曰く、「夫《そ》れ大徳開祖の如きは、(5)東海日多《にった》の先駆にして、(6)華塢《かお》国師の老爺なり。(7)大旗を弄《ろう》する悪手脚《あくしゅきゃく》有って、(8)門牆孤危《もんしょうこき》なることは南泉長沙《なんせんちょうしゃ》に譲ること無く、(9)応縁歩驟《ほしゅう》すること黄檗慈明《おうばくじみょう》の体裁《ていさい》有り。(10)其の録、甚《はなは》だ高雅《こうが》にして、偈頌《げじゅ》は明覚《みんかく》の風調を帯ぶ。(11)然して久しく大徳蔵裏に秘し、人多く之れを知ること無し。今、其の児孫《じそん》、億を以て数う可《べ》くも、其の中、(12)博覧《はくらん》なることは二酉《にゆう》を尽くし、強記《きょうき》なることは三張《さんちょう》を窮《きわ》むる底《てい》と雖《いえど》も、之れを披閲《ひえつ》すること無し。往往伝記百家の書を得ては、則ち(13)玉炬《ぎょっこ》を暗路に拾うが如くするも、独《ひと》り(14)乃祖《だいそ》の録に到っては顧《かえり》みざる者は何ぞや。伝記百家の如きは則ち読まざるも亦た可なり。其の宗祖の録に於いては、則ち熟読せざるんばある可《べ》からず。願わくは師、之れを評唱《ひょうしょう》せよ。今の世に当たって、一挙して大輝を発する者は、(15)師に非ずして誰ぞや。貴《たっと》ぶらくは児孫をして此の録有ることを知らしめん」と。

(1)槐安国語＝その成立や書名の由来については、「前書き」及び、巻末付録二を参照。◉(2)龍宝開山＝妙超、号は宗峰（一二八二―一三三七）。兵庫県龍野市揖保町に、弘安五年壬午《みずのえうま》に生まれる。俗姓は紀氏。詳しくは巻末『年譜』を参照。◉(3)寛延第二己巳暦孟春開制日＝一七四九年、白隠六十五歳。一月十五日の解制の日。「孟春」は貞永寺版では「孟正」。◉(4)予西東住菴諸子＝松蔭寺の付近に庵居している子弟達で、旧参底を云う。◉(5)東海日多之先駆＝大応国師が虚堂禅師より受けた餞別の偈、「門庭を敲磕《こうかつ》して、細やかに揣磨《しま》し、路頭《ろとう》尽くる処、再び経過す。明明に説《せつ》与《よ》す虚堂叟《そう》、東海の児孫、日に転《うた》た多し」（『虚堂録』巻十新添）、所謂「日多の記」を踏まえて。◉(6)華塢国師之老爺＝花園妙心寺開山関山国師の師匠。◉(7)弄大旗悪手脚＝大軍を率いる百戦錬磨の手腕。◉(8)門牆孤危、無譲南泉長沙＝（収めては）近寄り難きこと、南泉普願やその嗣長沙景岑禅師に劣らない。◉(9)応縁歩驟、有黄檗慈明体裁＝（放ちては）縁に従っての自由自在の接化振りは、黄檗希運や慈明楚円禅師を偲ばせる。◉(10)其録甚高雅、而偈頌帯明覚風調＝語録は甚だ高尚風雅であり、その偈頌は翰林の才ありといわれた雪竇重顕禅師（賜号は明覚大師）の趣きがある。◉(11)然久秘大徳蔵裏人多無知之＝誰も顧みるものがなかった。◉(12)博覧尽二酉、強記窮三張＝大変な博学であること。「二酉」とは湖南省阮陵県の西北にある大酉、小酉の二山を云う。この二山の洞穴に、秦を避けて古書千巻を蔵したという故事から、蔵書の多い意味に転用する。「三張」は晋の張載（字孟陽）、張協（字景陽）、張亢（字李陽）。あと陸機、陸雲を加えて二陸三張といい、晋の太康年間（二八〇―二八九）の著名なる文章家。◉(13)拾玉炬於暗路＝俗書を得ては、暗闇に灯火を拾ったように喜ぶ。◉(14)乃祖＝なんじの祖、其の祖。ここでは大灯国師。◉(15)非師而誰哉＝貞永寺版では「其誰哉」三字のみ。

予、(1)揶揄《やゆ》して曰く、「不可なり、不可なり。(2)夫《そ》れ仏祖無上の妙道は曠劫《こうごう》の難行にして、忍び難きを能《よ》く忍び、行じ難きを能く行じ、而《しか》して後、(3)大事を成辨《じょうべん》するに到る。吾が輩ごとき小徳小見、憍心《きょうしん》慢心なるもの、豈《あ》に軽がるしく手脚《しゅきゃく》を著《つ》く可《べ》けんや」と。諸子が曰く、「師、向《さき》に碧巌録を講演する者《こと》数《すう》次《じ》なり。此の書と碧巌録と、重軽何如《ちょうけいいかん》。此の書の講、若し非ならば、則ち碧巌録も亦た必ず非ならん。碧巌録の講、若し是ならば、則ち此の書も亦た果たして是ならん。(4)請う師、一《ひと》えに此《ここ》に居れ。(5)謂《い》うこと莫《な》かれ、今《きょう》は是にして昨《きのう》は非なることを覚《おぼ》ゆと」。予が曰く、「碧巌録の如きは、処処皆な之れ有り。此の書の如きは大徳雲門菴の蔵秘にして、漫《みだ》りに印施すること無し。之れを為《せ》んこと何如」と。諸子が曰く、「龍峰《りゅうほう》に上って秘典を諄請《じゅんしょう》することは、吾れらが輩の任なり。豈に師の手を仮《か》らんや」と。予が曰く、「(6)碧巌録の如きは鰲頭《ごうとう》有り、諸鈔《しょしょう》有り。(7)此の書の如きは国字も亦た加えず、如何《いかん》が口を開くことを得ん。況してや寡陋《かろう》の野夫、従前纔《わず》かに少しく憶持記持すること有るも、十が八九は既に遺忘し了《お》われり。大師が浩渺《こうびょう》たる言字海、瀰漫《びまん》たる毒波浪に到っては、(8)啞子《あし》、苦瓜《くか》を嘗《な》む。如何が人に説向《せっこう》せんや。唯だ千万、之れを恕《ゆる》せよ」と。諸子が曰く、「(9)陳篇《ちんぺん》を探って事実を校讎《こうしゅう》することは、不敏なりと雖《いえど》も、伏して請う、駑鈍《どどん》を竭《つ》くさん。師、唯だ拈弄《ねんろう》一遍せば足れらくのみ」と。

予、進退惟《こ》れ谷《きわ》まる。言わん所を知らず、緘黙《かんもく》して竟《つい》に休す。

(1)揶揄＝揶揄、擨歈とも。「手を挙げる、手を振る」の身振りを伴い、「からかう、嘲笑する」のこころ。但し禅録では約免（手を展べてとどめる）の意になる。『助桀』浮山円鑑章参照。◉(2)夫仏祖無上妙道…＝仏祖の大道は軽々しく行ぜられるものではない。『伝灯録』巻三達磨章に、「諸仏無上の妙道は曠劫に精勤す、行じ難きを能く行じ、忍びざるを忍ぶ。豈に小徳小智、軽心慢心を以て真乗を冀《ねが》わんや、徒《いたず》らに勤苦を労するのみ」と。◉(3)大事＝『法華経』方便品に、「諸仏世尊は唯だ一大事因縁を以て世に出現したもう」とある如く、仏の出世の本懐であり、一切衆生を仏知見に悟入させるべきこと。◉(4)請師居一於此矣＝是なら是で一貫したまえ。『孟子』公孫丑篇下の三節に、孟子の弟子陳臻が「夫子必居一於此矣」を云ったのを踏まえて。◉(5)莫謂覚今是而昨非＝「今日の自分は正しく、昨日までのことは誤りだと気づいた」などと言うなかれ。ここでは「言を左右にするな」の意。陶淵明「帰去来辞」を踏まえた語。◉(6)如碧巌録有鰲頭、有諸鈔＝「鰲頭」は頭注本、「諸鈔」は『不二鈔』、『種電鈔』等の注釈書。◉(7)如此書国字亦不加＝この書には、送り仮名すら付けられていない。◉(8)啞子嘗苦瓜＝啞子喫苦瓜とも。「有苦難言、言うに言われぬ」の意。◉(9)探陳篇校讎事実…＝古書を探して語録の文字の校正や校訂の仕事は、不肖私たちで精一杯やらせて頂きますので。「陳篇」は古書、「校讎」は書籍を対照してその誤りを正すこと。「駑鈍」は駑馬のような劣った才能。「竭駑鈍」は諸葛孔明『出師表』に依る。

越《ここ》において衆《しゅ》に首たる者、(1)諾《だく》と薫《くん》と寿《じゅ》が輩、偕《とも》に謀って大綱を定め、其の所能に随って之れを役《えき》す。(2)顒《ぎょう》と頤《い》とは、行程数百里を糧《かて》を裹《つつ》み嶮を渉って京師に馳せ、(3)龍峰に上って(4)印施を懇請す。日あらずして百余帙《ちつ》を得て、駄載し将《も》ち来たる。(5)魯《ろ》と隆《りゅう》とは陳篇を諸方に借探して、竟《つい》に百余紙の(6)秣膏《まっこう》を作って、書中難解《なんげ》の事実、大略抄録す。(7)露を滴《した》して朱を磨《す》って句読を分かつ者有り、字義を考うる者有り、国字を加え訓点を添うる者有り。既に集めて大成して、予が面前に推出す。予、固辞するに遑《いとま》あらず、茫茫《ぼうぼう》として覚えず此の座に上る。(8)恰《あたか》も水を河頭に乞い餬《もら》って、担《にな》い来たって又た河頭に売らんと擬《ぎ》する者の如し。転《うた》た慚懼《ざんく》の至りに勝《た》えず。(9)枉《ま》げて俚語《りご》一章を綴って、以て(10)諸子の啼《な》きを止む。(11)格《きた》れ爾《なんじ》丙丁童《へいていどう》、在りや。

(1)諾与薫寿輩＝「諾」は江州曹渓寺の一諾。「薫」は霊源慧桃の法弟。「寿」は駿州原の淂万山清梵寺第十世仙彭禅寿（『年譜』五十一歳の条に、「頌を作って寿・周禅人の入院を送る」とある）。◉(2)顒与頤＝「顒」は江西慧顒、別に天馬と号す。白隠に就いて大事了畢の後、白隠に帰依した備前池田継政の請を受け、その菩提寺曹源寺に住山。安永五年（一七七六）示寂。「頤」は上野国甘楽郡小幡の崇福寺に住した梅叟中頤のこと。◉(3)上龍峰＝龍宝山大徳寺に参上して。◉(4)懇請印施…＝刻印を願った。江月の元和版を使って、百余帙刷った。◉(5)魯与隆＝「魯」は甲州甲府の法蓋山東光寺の十五世となった天崖玄夷（『年譜』五十五歳の条）。「隆」は出雲簸川郡の亀鶴山永徳寺の第四世葦津慧隆（一七二〇―六九、『年譜』五十六歳の条）。◉(6)秣膏＝「秣膏（稿?）」は「末書（注釈書）」。◉(7)滴露磨朱＝「滴露研朱」とも。水を滴らせて朱砂を研磨すること。朱筆で書籍を評校することを指す。◉(8)恰如乞餬水於河頭…＝全部お膳立てして貰い、それをそのまま又講座台で施すというのは、丁度水辺で水を乞い餬って、そのまま担いで又水辺で売るようなもの。愚の愚、無用のうえにも無用。『碧巌』五十七頌下語に、「水を担って河頭に売る」とある。◉(9)枉綴俚語一章＝「枉」は「むだに」の意。但しここは「曲げて」「敢えて」の意。◉(10)止諸子啼＝「黄葉止啼銭」とも云い、南本『大般涅槃経』巻十八嬰児行品に基づく。方便説法を指す。黄葉を金であると誑かして幼児を啼き止ませる喩え。◉(11)格爾丙丁童在麼＝「来たれ爾《なんじ》、火の神よ、在りや」。こころは「焼いて捨ててくれ」。「格爾」は『書経』に「王曰、格爾衆庶…」（湯誓）、「帝曰、格汝禹…」（大禹謨）の例がある如く、改まった呼びかけ。「丙丁《ひのえひのと》童子」は火の神。

(1)明南浦《なんぽ》の子《こ》、玄関山《かんざん》の爺《ちち》。

(2)鳳簾《ほうれん》に対して鞠躬《きくきゆう》して龍顔を解く。功、誰にか帰す。

(3)鯨海《げいかい》に跨《またが》って毒浪《どくろう》を汲み来たって、之《こ》の子を傷害す。

(4)初め鎌倉に行いて、汗を万寿室に滴《した》つ　仏国禅師、深く他を印可す。

(5)後に華洛に走って、見を韜光菴《とうこうあん》に呈《てい》す　大応国師、未だ你《なんじ》を許さざること在り。

(6)久しからずして韶石《しようせき》の関を透り、鑑咦顧《かんいこ》を徹見す。

(7)中頃、百丈の語を聞いて、杻械枷《ちゆうかいか》を撃砕す。

(8)五条橋下二十年　(9)折脚鐺内《せつきやくしようない》に猫頭《みようとう》を煎じ、鴆羽《ちんう》を煮る。

(10)九重城裏五節会《ごせちえ》　(11)曲木《きよくもく》床上に狐涎《こぜん》を吐き、狼牙《ろうげ》を鳴らす。

(12)横岳百日の住僧　(13)息耕《そつこう》三世の禍蘗《かげつ》。

(14)雲門再世の臭骨　(15)扶桑《ふそう》第一の毒華。

槐安国語序（第四段）

(16)乾坤《けんこん》を打破《たは》して、(17)南都北京の(18)律虎義龍《りつこぎりゆう》を活捉す　(19)眼、寰宇《かんう》を空じ、気、仏祖を呑む。
法窟《ほつくつ》に端居《たんご》して、西江東湖の(20)驢腮馬頷《ろさいばがん》を悩害す　(21)心、波旬《はじゆん》の如く、面、夜叉《やしや》に似たり。
(22)乞者隊裏、席《むしろ》を被《ひ》して生擒《せいきん》せらるることは、甜瓜《てんか》を貪《むさぼ》るに依る。
(23)貴人頭上、払《ほつ》を秉《と》って恣《ほしいまま》に談笑することは、栗棘《りつきよく》を呑むに依る。
(24)五百年間出の瞎知識《かつちしき》、
(25)三転語弥天《みてん》の悪口禍。
(26)録有り大徳蔵裏　四百年宝惜《ほうしやく》して太阿《たいあ》の如し。
(27)銭無うして長安城下　数日程屈請《くつしよう》して仏骨に過ぎたり。
(28)頤顒《いぎよう》、両箇の忠胆を絞《しぼ》って、驪龍頷下《りりゆうがんか》を窺《うかが》う。
(29)魯隆、二子の隻手を傭《やと》って、字義の等差を正す。
(30)近ごろ勤仏果《ごんぶつか》の老婆禅に効《なら》って　各《おの》おの鵠林《こくりん》の瞎評唱《かつひようしよう》を請う。
(31)洗心子が嫉妬火を避くと雖《いえど》も　錯《あやま》って雪竇《せつちよう》が葛藤窠《かつとうか》に墜《お》つ。
(32)烏焉《うえん》を魚魯《ぎよろ》に添え、
(33)鳳鳴《ほうめい》を山鴉《さんあ》に責む。
(34)腥風《せいふう》、胆《きも》寒し老戻脚《ろうれいきやく》、末期《まつご》、手に任せて拗折《ようせつ》す、臭血痕《しゆうけつこん》、今に到るも仏袈裟を染汚《ぜんな》す。
(35)寛延第二己巳歳、晩春仲浣《ちゆうかん》。
(36)沙羅樹下白隠老衲《ろうのう》、謹んで書す。

(1)明南浦子、玄関山爺＝南浦紹明の法嗣、関山慧玄の師匠。◉(2)対鳳簾鞠躬解龍顔、功帰誰＝（玄関山爺を敷衍した句）慧玄蔵主が後醍醐帝の勅問に鞠躬して答えて、天皇の御心に適った功績は寧ろその師大灯にこそ帰すべきもの（巻末『年譜』四十九歳の条参照）。◉(3)跨鯨海汲毒浪来、傷害之子＝（明南浦子を敷衍した句）南浦紹明、遥々大海を渡って、虚堂愚の毒浪を汲んできて、大灯をすっかり毒づけにした。◉(4)初行鎌倉…＝鎌倉万寿寺の高峰顕日（仏国）に滴汗（＝参禅）して、仏国に認められる（『年譜』二十三歳）。◉(5)後走華洛…＝京都に行って韜光菴の大応国師に見解を呈示するも、なかなか許して貰えなかった（『年譜』二十三歳）。◉(6)不久透韶石関、徹見鑑咦顧＝間もなく韶石（＝韶陽の雲門）の関を透り、鑑咦顧（＝雲門の宗旨）をあきらめる（『年譜』二十六歳）。◉(7)中頃聞百丈語、撃砕杻械枷＝中ごろ百丈禅師の語を聞いて、杻械枷（＝手枷《てかせ》足枷。『観音経』の「杻械枷鎖…」を踏まえて）を撃砕する（沢庵編『大灯年譜』二十三歳の条によると、「一夕僧堂に坐す、僧の壁を隔てて、百丈の語に、『霊光独り耀いて、迥《はる》かに根塵を絶す。躰は真常を露わして、文字に拘らず』と云うのを誦するを聞いて、驀然として省有り、夜半門を叩いて其の見解を呈す。（仏）国云う、『既に是れ真正の見解なり、宜《よろ》しく法幢を建て宗旨を立つべし』」と）。引用の沢庵編『大灯年譜』は、『史料大徳寺の歴史』所載に依る。◉(8)五条橋下二十年＝「五条橋」は、今の五条大橋ではなく松原橋あたり。五条橋下は、差し当たっては国師の初め隠棲した東山の雲居寺を指し、延いては大徳寺への勅命開堂までの聖胎長養時代を指す。これは『大灯国師語録』の巻末行状（春作禅興編纂）の後に、一休宗純の附した偈頌「挑起大灯輝一天、鑾輿競誉法堂前。風飡水宿無人記、第五橋辺二十年」の結句を踏まえた語。一休は、『大灯国師行状』には貴人の帰依のみ並べ立てられて、五条橋辺での厳しい修行が記録されていないことに憤慨して右の偈頌を作った。そもそも国師は大応より印記を受けたときに、「只だ是れ二十年長養して後、人をして吾が証明を知らしめよ」という命をうけていた。◉(9)折脚鐺内煎猫頭煮鴆羽＝国師遺誡の「折脚鐺内に野菜根を煮て」を踏まえた語。「野菜根」に代えて「猫頭」や「鴆羽（毒鳥の羽）」という毒々しい言葉で、国師の辛酸苦修を言い表わす。◉(10)九重城裏五節会＝「五節」とは古代から朝廷で新嘗祭・大嘗祭に行なわれた少女楽の公事。儀式は毎年陰暦十一月の中の丑・寅・卯・

辰の四日間に渡る。沢庵編『大灯年譜』四十三歳の条に依ると、「帝、仁寿殿《じじゅうでん》に出て御対談さる。五節処（五節の舞姫の控室。常寧殿の四隅にあり、中央に舞台が設けられた）に就いて法座を厳飾し、師に請うて上堂せしむ。帝曰く、『朕一問を発せんと要す、得《よ》きや』。師、命を受けて云う、『唯唯』。帝、龍床（帝の座）を法座の右側に、竹苑坐（御子の座）を法座の左側に設け、面前に百丈の頂相《ちんそう》を掛け、灯燭を張《つら》ね、挿灯香（焼香）して其の儀、甚《はなは》だ厳重なり。…拄《しゅ》杖《じょう》を拈《ねん》じ、『四海而今鏡よりも清し、三辺誰か敢えて封疆《ほうきょう》を侵さん』と云って拄杖を靠《よ》せかけて下座す。皇情大悦。師奏して云く、『山野適来《せきらい》如許《かくのごとき》の言説、功、何《いず》れの処にか帰す』。帝、百丈の真（＝頂相）を指して云く、『百丈禅師、為に証明す』。師云く、『此の外、更に証明有る莫《な》きや』。帝、拳頭を挙ぐ。師云く、『与麼《よも》なる則《とき》んば南山北闕《ほくけつ》に対し、夜夜明星を看る』。帝、瞬目して揖《いっ》す。師、鞠躬叉手して出で去る。…」とある。しかし、巨海編『年譜』では、建武二年国師五十四歳の事とする。◉⑾曲木床上吐狐涎鳴狼牙＝権《ごん》あり実ありの殺活自在の説法振りを「狐涎」、「狼牙」等で示す。「曲木」は「曲彔《きよくろく》」のこと。法要、説法の為の椅子、法座。「吐狐涎、鳴狼牙」は賺《すか》したり脅《おど》したり。「狐涎」は「野狐涎」で、狐の涎を集めて粉末にし、これを人を誑かす薬に用いる。悪知識の指導を野狐涎に喩える。ここは抑下の托上。◉⑿横岳百日住僧＝横岳山崇福寺の住持に拝請せられる。先師大応の行道の地なるを以て、特別に帝に願い出で、百日主の許可を得る（巻末『年譜』五十歳）。◉⒀息耕三世禍蘖＝息耕叟虚堂智愚の孫。「蘖」は「ひこばえ」。この蘖はあらゆる災禍の種。◉⒁雲門再世臭骨＝大応、大灯を評して「你は是れ雲門の再来なり」（巨海編『年譜』二十六歳）を踏まえて。「臭骨」は「霊骨」の抑下。◉⒂扶桑第一毒華＝日本一の禅僧。大灯ほど恐ろしい人はいない。◉⒃打破乾坤、活捉南都北京律虎義龍＝正中の宗論に於いて、「…次に園城僧正某甲、一函を携えて面前に置く。師、問うて曰く、『是れ什《な》麼《ん》ぞ』。僧正曰く、『此れは是れ乾坤の函なり』。師、拄杖を以て撃破して曰く、『乾坤打破の後、如何』。僧正擬議す。遂に師資の礼を致す」を踏まえて、南都北嶺の顕密講師を屈服させたこと。活捉（いけどり）は宗論に打ち負かして、逆に弟子にしたこと。沢庵編『年譜』四十二歳の条（本来は大灯四十四歳、正中二年の出来事）。◉⒄南都北京＝奈良、京都。殆ど南都北嶺に同義。◉⒅律虎義龍＝学僧のことをいう。律に詳しかった釈法願は「律虎」と呼ばれ、義学に詳しかった陳の慧栄は「義龍」と称された。『続高僧伝』（大正五十・六二〇、四八七）。◉⒆眼空寰宇、気呑仏祖＝大灯の気宇、極めて広大なるをいう。◉⒇驢腮馬頷＝出格の衲僧の面がまえ。『虚堂録』巻二宝林録、『犂耕』に、「我が家出格の衲僧」と。◉㉑心如波旬、面似夜叉＝「波旬」「夜叉」は、共に人を殺し人を食らう悪魔、悪鬼。大灯の峻厳な接化振りを云う。◉㉒乞者隊裏、被席見生擒…＝乞食仲間に混じって蓆《むしろ》を被って生擒《いけどり》にされたのは、甜瓜を貪るに依る。『骨董稿』に、「口碑に曰く」として、「後醍醐帝の元弘中に南都北京の義学の宗将鋒起して、仏心宗を破らんと欲す。帝、林下の一老宿に宣べて言う、『禅家では当世、何人が之れに敵《かな》う可《べ》きか』。宿曰く、『妙超侍者というもの有って、明南浦の的子なり。見地明白にして波瀾広闊として、大旗を弄する手脚有り。実に吾門の爪牙なり。若し超をして旗鼓相当せしめば、則ち必ずや見る可き有らん。然れども天性の風顚漢にして、居るところ定止無し。伝え聞くに、乞者隊裏に在って、放曠として日を過ごすという』。帝曰く、『如何が則ち可なり』。宿曰く、『此の人致す可からざるなり。就いて見る可きは、彼れ性、甜瓜（まくわうり）を好み嗜む。宜しく甜瓜の施しを行ずべし』。是に於いて、官に詔して数千枚の瓜を第五橋下に陳《なら》べしむ。諸乞、雲のごとく集まる。官、瓜を拈じて呼んで曰く、『脚《あし》無しで来たる者に之れを度《わた》し与えん』。諸乞、茫然たり。師、聴きて虎視牛行す。首《こうべ》は飛蓬（ムジャムジャ）の如く、席《むしろ》を被って出で来たって曰く、『手無しで之れを授け与えよ』。官、便ち是れ妙超なることを知る。遂に朝に聞こゆ」と。以上のような作り話が巷に流れていたようである。なかにはとんでもない妄説も流れ、「五条橋下に在って乞食為り、妻子有り、飢えて児を劈《さ》いて喰らう」などと云う。「林羅山等の儒者が為にする邪説、愚俗信ずべからず」と道忠禅師『風流袋』巻二十で憤慨しておられるものもある。◉㉓貴人頭上、秉払恣談笑…＝帝の面前、払子を秉って法談に及べたのも、栗の棘を呑んだに依る。「栗棘」は「栗棘蓬《りつきょくほう》」。『普灯録』巻三楊岐方会の章に「室中、僧に問う、『栗棘蓬、你《なんじ》作麼生か呑む。金剛圏、你作麼生か跳ぶ』」。楊岐の栗棘蓬ともいい、難透の関門に喩える。【一三二】注⑶参照。◉㉔五百年間出瞎知識＝『孟子』公孫丑章句下の「五百年にして必ず王者の興る有り」を踏まえた語。「瞎（盲目）知識」は「善知識」の抑下。◉㉕三転語弥天悪口禍＝大灯の三転語とは、「朝に眉を結び夕に肩を交ゆ、我れ何似生《かじさん》（＝何ものか）。露柱尽日往来するに、我れ甚《なん》に因《よ》ってか動かざる。若し箇の両転語を透得せば、一生参学の事了畢《りょうひつ》せん」。その口禍の悪毒は天地に一杯。◉㉖有録大徳蔵裏、四百年宝惜如太阿＝「宝惜」は「秘蔵する」。「太阿」は古《いにしえ》の宝剣の名。『晋書』張華伝に、「中に双剣有り、一に龍泉と曰い、一に太阿と曰う」と。◉㉗無銭長安城下、数日程屈請過仏骨＝銭も無いのに、特にお願いして仏舎利をお迎えするが如く、丁重に請い迎えた。「屈請」は尊上の人を特に請い迎えること、懇請。◉㉘絞頤顋両箇忠胆…＝頤・顋両人は忠心を尽くし、命がけで『大灯録』を求めた。「頤・顋」は、前節の注⑵参照。「驪龍頷下」は『荘子』列禦寇に、「千金の珠は、必ず九重の淵の、而も驪龍（＝黒龍）の頷下に在り」。「驪龍珠」はまた龍宝山に掛けて。◉㉙傭魯隆二子隻手…＝魯隆二人の力を借りて語録の誤植を訂正した。「魯・隆」は、前節の注⑸参照。◉㉚近効勤仏果老婆禅＝仏果克勤禅師の親切の度が過ぎた『碧巌録』に倣う。◉㉛雖避洗心子嫉妬火…＝確かに今は洗心子の嫉妬で邪魔されるようなことはないが、『参詳語要』（『雪竇録』に大灯が下語）に倣って法語に下語してはみたものの、所詮は文字の窠窟に落ちてしまったか。『碧巌録』に倣って『大灯語録』の頌古（古則を題材にした偈頌）を評唱し、『参詳語要』に倣って法語に白隠が著語を下したものが『槐安国語』である。「洗心子」は叡山玄慧法印（？―一三五〇）、正中の宗論の相手。台密・禅・宋学を究め、建武式目の制定に参与した。『太平記』や『庭訓往来』の著者といわれる。沢庵編『年譜』四十二歳の条に「春、南都・北嶺の教師、朝に奏して禅宗を破らんと欲し、清涼殿に於いて宗論に及ぶ。山門玄慧法印（洗心子）、出でて問うて曰う、『如何なるか是れ教外別伝の禅』。師曰く、『八角の磨盤、空裡に走る』。玄慧一言、旨に契わず。…玄慧親《みずか》ら入室参禅す。崇信の至りに勝えずして、第宅を施して大徳方丈と作す」（巻末『年譜』四十四歳）。◉㉜添烏焉於魚魯＝「誤りに誤りを重ね」。「烏」と「焉」、「魚」と「魯」は、書き写すとき誤り易い文字のこと。◉㉝責鳳鳴於山鴉

＝謙譲の語。鴉に鳳凰の鳴き声をさせるようなもの。鳳鳴は、鳳凰の鳴き声、転じて雅美な音楽。◉㉞腥風胆寒老戻脚…染汚仏袈裟＝血腥いぞ血腥いぞ、跛の老いぼれ、脚をへし折っての凄まじいまでの幕切れ、袈裟を血に染めて今に至るまで我らが胆を寒からしめる。沢庵編『年譜』五十六歳の条「一夕、義亭首座を召して曰く、『吾が化縁、已に尽きぬ、久しく処《お》るべからず。…』。…二十二日子時、胡床に端座して云う、『我が足疾《や》むこと累年なり、意に称《かな》わず』。自ら両手を以て左足を踟せんとして、右股上に折住して云う、『快哉』。左膝傷《やぶ》れ、鮮血流後し、衣に其の痕を留む」。その血染めの法衣は雲門庵に現存する。◉㉟寛延第二己巳歳晩春仲浣＝一七四九年（白隠六十五歳）の陰暦三月中旬。「浣」は「旬」の義。◉㊱沙羅樹下白隠老衲＝『涅槃経』巻一に、「爾時、拘尸那城の沙羅樹林、其の林変じて白きこと猶お白鶴の如し」とあるを踏まえての語。白隠はまた鵠林《こくりん》とも称していた。

【槐安国語標目】（貞永寺版には無い）

巻一　開筵垂示　住大徳語要
巻二　住大徳語要
巻三　住崇福語要
巻四　退崇福帰大徳語要
巻五　頌古

浄居叉手　迦葉荼毘　思問希遷
大随劫火　百丈耳聾　保福遊山
提婆宗話　三界無法　巌頭囮字
古仏露柱　汝名什麼　雲門一宝
禾山打鼓　仰山遊山　外道問仏
言不言話　大好灯籠　欄裏失牛
南泉斬猫　僧伽知慢　尊者領徒
弟子衰老　蜜多伝衣　玄沙三病

巻六　頌古

翠巌眉毛　犀牛扇子　雪峰住菴
併却咽唇　泉参百丈　大随問僧
三角此事　不二法門　趙州孩子
月夜断索　廚庫三門　馬祖不安

雲門胡餅　百丈開田　平田大敗
寰中蒼天　薬山看箭　国師立義
麻三斤話　不思善悪　秘魔木叉
廓然無聖　風穴垂語　胡乱卅年

巻七　拈古

臨済孤峰　天皇恁麼　鼻孔遼天
雲門北斗　雪竇二龍　大死底人
臨済疑著　雪竇問浴　穴野盤僧
婆子勘破

【槐安国語開筵垂示】

鵠林《こくりん》、垂示《すいじ》に曰く、「(1)我れと同条に生ずと雖《いえど》も、我れと同条に死せず」、此の語、極めて難入難解《なんにゆうなんげ》、斯れを(2)法窟《ほつくつ》の爪牙《そうげ》と名づけ、斯れを(3)奪命《だつみよう》の神符《しんぷ》と道《い》う。西天此土《さいてんしど》の祖祖《そそ》、相伝《そうでん》し来たり、南泉、長沙、黄檗、趙州、投子、巌頭、雪峰、長慶、保福、翠巌、乾峰、雲門、首山、慈明、楊岐、黄龍、真浄、息耕、専《もつぱ》ら此の機を用ゆ。(4)瞎証《かつしよう》の閑神野鬼を逼殺《ひつさつ》し、(5)枯禅《こぜん》の疥癩野干《かいらいやかん》を粉砕す。(6)昔、七賢女《しちけんによ》有り、天帝釈を呵《か》して云く、「你《なんじ》、若し此の物無くんば、他日、如何《いかん》が人を利せん」と。調御《ちようご》、親しく証拠して曰く、「我が弟子《でし》、大阿羅漢《だいあらかん》も此の義を解くこと能《あた》わず、唯だ大菩薩衆のみ有って、応《まさ》に此の義を解くべし」と。此れ其の(7)権輿《けんよ》か。

(1)雖与我同条生…＝同じ徳山門下じゃから悟りの見地は寸分も変わらないが、しかし我には我の家風があるぞ。『碧巌』五十一則「末後の句」の話に、巌頭の語として、「雪峰は我れと同条に生ずと雖も我れと同条に死せず。末後の句を識らんと要せば、只だ這れ是れ」と。『秘鈔』に、「雪峰の大機用に至りては巌頭輩のなかなか及ぶことではないと云う程のこと、此は巌頭とって置きのムナフク病、祖門下の大事。…此の機は祖々仏々相伝えたれども、末後の句と云うことは巌頭が始めて付けた、是が仏法の筋骨じゃ」。◉(2)法窟爪牙＝宗門の修行を獅子窟に喩え、「爪牙」は獅子の児を育てる手段に喩える。次の「奪命神符」と共に、向上の一著をいう。◉(3)奪命神符＝「神符」は凶神邪鬼を鎮める神仏の守り札。凶神邪鬼は外にあらず、「護符」は学者の命を奪う公案（＝公府の案牘《あんとく》）となる。この場合は修行者を根底から奪い尽くし大死一番せしめる極則処。大慧老が懶菴鼎需を印した偈に、「頂門、竪《たて》に亜《た》る摩醯《まけい》の眼、肘後《ちゆうご》（＝身につけて携帯して）斜めに懸く奪命の符。眼を瞎却し、符を卸却《しやきやく》す、趙州東壁、葫蘆を挂く」（『正宗讃』巻二懶菴）とあるに拠る。『助桀』に「符は道家の符篆《ふてん》の類、抱朴子に載するが如し。然れども、奪命符は未攷。旧解に曰く、衲僧三昧、殺活自在なりと。忠曰く、…符に各おの効用有り。今、奪命符は能く人命を奪うなり」。◉(4)瞎証閑神野鬼＝似非《えせ》さとりの亡者禅。「閑神野鬼」は、祭祀《さいし》されずに彷《さまよ》う孤魂。『大慧武庫』十章に、「(汾陽)無徳翌日上堂に云う、『許多《そこばく》の閑神野鬼、祗《た》だ一盤の酒肉、両陌の紙銭を消じて、断送し去り了われり』」と。◉(5)枯禅疥癩野干＝立ち枯れ疥癬病みの野狐禅。前の「瞎証閑神野鬼」と共に、黙照禅、不生禅、念仏禅等、白隠の罵倒して止まなかった無事安楽禅の類を指す。【一八の二】注(21)、頌古第十八則(【二三五】)頌評唱注(14)参照。◉(6)昔有七賢女、呵天帝釈云…＝『仏説七女経』(大正十四・九〇八―九)に見える話に依るのが、無理会話の初めか。『会要』巻一に、「世尊、因みに七賢女、尸陀林《しだりん》(王舎城の北、死人を葬った処)に遊ぶ。一女、尸《し》を指して云く、『尸は這裏《しゃり》に在り、人甚麽《いずれ》の処にか在る』と。一女云く、『作麽作麽《そもそも》(さあどうだ、どうだ)』と。諸姉諦観し、各各契悟す。感じた帝釈、花を散じて云く、『惟だ願わくは聖姉よ、何ぞ所須(ほしいもの)有らば、我れ当《まさ》に終身供給《くきゅう》せん』と。女云く、『我家には四事七珍、悉《ことごと》く皆な具足す。唯だ要するものは三般物のみ。一つの要は、無根の樹子一株。二つの要は、陰陽(かげひなた)の無い地一片。三つの要は、叫んでも響かない底の山谷一所』と。帝釈云く、『一切所須は我れ悉《ことごと》く之れ有れども、此《かく》の若《ごと》きの三般物は我れ実に得る無し』と。女云く、『汝、若し此れ無くんば、争《いか》でか能《よ》く人を済《すく》わんや』と。帝釈、措《お》くこと罔《な》し。同《とも》に往いて仏に白《もう》す。仏言《の》たまわく、『驕尸迦《きょうしか》(帝釈)よ、我が諸の弟子、諸の大阿羅漢も、悉く皆な此の義を解せず。唯だ諸大菩薩のみ有って乃ち此の義を解す』」と。また『碧巌』五十五本則評唱参照。◉(7)権輿＝物のはじめ(草木の芽生えを意味する虇蕍《けんゆ》の仮借字)。小を得て足れりとなす、二乗小果の劣根輩を叱咤した先例である。

(1)越《ここ》において四七二三《ししちにさん》、唯だ此の些子《しゃし》を伝う。其の余波、流れて(2)五印《ごいん》に普《あまね》く、赤県《せっけん》に溢る。既に桑《そう》樹《じゅ》に上るに及んで、(3)洛に千光、聖一有り、(4)相に大覚、無学有り、(5)奥に円福有り、(6)越に永平有り、(7)筑に崇福有り、(8)紀に興国有り、毒華を(9)二十四番に闘わして、(10)悪果を五家七宗《ごけしちしゅう》に結ぶ。中に就いて、

⑾吾が龍宝開榛《かいしん》の如きは、特に其の尤《はなはだ》しき者なり。⑿鼻孔《びくう》、南浦《なんぽ》の毒浪を吸尽し、耳朶《じだ》、東海の狂瀾を飲み乾す。⒀嶮なることは舞女の竿を走るが如く、⒁活なることは市児の丸《がん》を弄《ろう》するに似たり。⒂二乗小果の窟宅を踏翻《とうほん》し、盲亀《もうき》を空谷《くうこく》に駆《か》り、⒃相似涅槃《そうじねはん》の破屋を奪却し、跛鼈《はべつ》を草窠《そうか》に鞭《むち》つ。⒄機鋒峻嶮《きほうしゅんけん》、鬼神も触るること能《あた》わず、⒅面目厳冷《めんもくげんれい》、仏祖も看ることを喜ばず。

(1)越四七二三唯伝此些子＝迦葉尊者より伝えて達磨大師まで四七が二十八祖、中国に入って達磨より慧能まで二三が六祖、この些子（白隠の所謂、法窟の爪牙）を伝える。◉(2)五印、赤県、桑樹＝インド、中国、日本。◉(3)洛有千光聖一＝京都に建仁千光祖師、東福聖一国師あり。◉(4)相有大覚無学＝相州鎌倉に、建長大覚禅師、円覚無学祖元禅師あり。◉(5)奥有円福＝奥州宮城松島に円福（瑞巌）の性才法心あり。◉(6)越有永平＝越前福井に永平道元あり。◉(7)筑有崇福＝筑前博多に崇福大応国師あり。◉(8)紀有興国＝紀州由良に興国法灯国師あり。◉(9)二十四番＝一、建仁栄西（千光派）、二、永平道元（道元派）、三、東福辨円（聖一派）、四、興国覚心（法灯派）、五、建長蘭渓（大覚派）、六、建長普寧（兀庵派）、七、鎌倉浄智正念（大休派）、八、鎌倉浄智無象静照（法梅派）、九、鎌倉円覚祖元（無学派）、十、南禅一寧（一山派）、十一、南浦紹明（大応派）、十二、建長西磵子曇（西磵派）、十三、建長覚円（鏡堂派）、十四、建長霊山道隠（仏慧派）、十五、建長慧日（東明派）、十六、南禅正澄（清拙派）、十七、南禅楚俊（明極派）、十八、仏通周及（愚中派）、十九、南禅梵仙（竺仙派）、二十、建仁妙胤（別伝派）、二十一、建長印元（古先派）、二十二、建長祖能（大拙派）、二十三、建長円月（中巌派）、二十四、南禅永璵（東陵派）。以上二十四流伝え来たり、互いに鎬《しのぎ》を削る（『延宝伝灯録』）。◉⑽結悪果於五家七宗＝五家七宗と結実する。中国風に言ったまで。◉⑾如吾龍宝開榛者、特其尤者也＝吾が大徳寺開榛（＝開山）の如きは悪果の最たるものである。「榛」は「藪」。◉⑿鼻孔吸尽…耳朶飲乾…＝「明南浦の子、東海日多の先駆」を白隠流に練り直して言ったもの。「一口吸尽西江水」、「鼻孔飲乾大海」

（『虚堂録』）等の言い回しを踏まえて。◉⒀嶮如舞女走竿＝険しいことは女児の竿渡りして舞うがごとし。「走竿」は、百戯（曲芸）の竿木伎。『五雑組』巻五、人部一敏捷に、綱渡りや竿渡りを述べる。◉⒁活似市児弄丸＝活潑潑地なることは町の子供の珠遊びのごとし。「弄丸」も百戯のひとつで、多くの珠を次々と投げ上げて取る技芸。前句と対で、頌古第四十五則（【二六二】）頌評唱にも。◉⒂踏翻二乗小果之窟宅…＝小果を得て足れりとなす輩の穴蔵屋敷を蹴飛ばし、盲坊主を小乗の空谷から駆り出だす。「盲亀」は『北本涅槃経』巻二の「世に生まれて人と為るは難し、仏世に値うは亦た難し。猶お大海中に盲亀の浮孔に遇うが如し」を踏まえた語。ここでは無事甲裡（無念、無心、其のまま、生地のままとか云う）の空見に堕在している盲坊主をいう。『碧巌』十二則頌に、身動きの取れぬ様を「跛鼈盲亀、空谷に入る」と。◉⒃奪却相似涅槃破屋…＝悟り澄ました似非《えせ》坊主の住み家を奪い取り、跛の鼈を煩悩の草叢から鞭で追い出す。「相似涅槃」は【一八の二】注⑻参照。◉⒄機鋒峻嶮、鬼神不能触＝大灯の働きの険しいことは、鬼神も顔負け。◉⒅面目厳冷、仏祖不喜看＝底本の「厳令」は「厳冷」の誤植。大灯の面構えの厳しいことは、仏祖も顔をそむける。

悪毒《あくどく》の語句、集めて三帙《ちつ》を得ると雖《いえど》も、⑴木札羹《もくさつこう》、鉄釘飯《てっていはん》、時の人、総に顧《かえり》みること無し。⑵雲門蔵《うんもんぞう》裏《り》の滞貨《たいか》、誰か敢えて価《か》を酬《むく》いん。⑶今歳、寛延《かんえん》己巳《つちのとみ》の春、住菴千指《じゅうあんせんし》の諸子、之れを提唱《ていしょう》せんことを乞《こ》う。喝走《かっそう》すれども止まらず、三止四請、終《つい》に纔《わず》かに巻帙を繙《ひもと》けば、⑷毒焔《どくえん》、胆を照らし、怒気、骨に徹す。⑸一唱三嘆、巻に対する毎に、⑹牙戦《おのの》き股《また》震い、悲喜交《こも》ごも湧く。一つには、是《かく》の如きの大光明、此《かく》の如きの大宝聚、終に人の顧みること無きを悲しみ、二つには、⑺澆末《ぎょうまつ》軽浮の遠孫、⑻薄福昏愚の野夫、何の幸いあってか此の金文を拝披することをぞと喜ぶ。茲《ここ》に、⑼大師雪竇録《せっちょうろく》の做《さ》に効《なら》って、⑽羝羊《ていよう》の眼を拭《ぬぐ》い、狐狸《こり》の智を抽《ひきだ》して、謹んで句毎に下語《あぎょ》し畢《お》わんぬ。是れ聞達《もんたつ》を当世に求むるに非ず、勝縁を不朽に結ばんとなり。諸子も亦た他日、⑾茅《かや》を把《と》って頭《こうべ》を蓋《おお》うこと有らば、志を合わせ計を定めて、事蹟を上に冠して、国字の訓点を加え、共に印刊して、以て後学に便し、且《しば》らく人をして此の録有ることを知らしめよ。謂《い》うこと莫《な》かれ、鵠林が無義荒唐《こうとう》の説話《せった》、以て⑿後昆《こうこん》を欺瞞し了《お》わると。信ぜずんば、請う下文を看取せよ。

⑴木札羹、鉄釘飯＝木札（木片）のスープと鉄クギの飯。飲むにも飲めず、食うにも食えず。没滋味の馳走、誰が敢えて食うものがあろうか。『会元』巻二十、肯堂充（大慧下二世）章に、その師、東林の言として、「我が此間、別に玄妙無し、祇《た》だ木札羹、鉄釘飯有るのみ、汝が咬嚼に任す」と。◉⑵雲門蔵裏滞貨、誰敢酬価＝大徳寺方丈を雲門庵という、その蔵の中にしまわれ、見向きもされない売れ残りの商品に、誰が敢えて金を払うものがあろうか（誰も値打ちを分かるまい）。◉⑶今歳寛延己巳春＝一七四九年、白隠六十五歳の春。◉⑷毒焔照胆、怒気徹骨＝大灯の凄まじい気迫が胆に迫り、骨にまで響いてくる。◉⑸一唱三嘆＝一度唱えれば、三たび感嘆す。◉⑹牙戦股震＝恐ろしさの余り、歯はガタガタ、股はブルブル。◉⑺澆末軽浮遠孫＝「澆末」は「澆季」とも。人情薄く世の乱れた末世を云い、その軽佻浮薄の末の子孫である我ら。◉⑻薄福昏愚野夫＝「薄福」は「薄福少徳」の略。福徳の乏しい愚かな田舎者。謙遜語。◉⑼効大師雪竇録倣＝大灯が『雪竇語録』に下語したのにならい。◉⑽拭羝羊眼、抽狐狸智＝愚かな羝羊の眼を拭い、浅はかな狐狸のような智慧を搾って。「羝羊」は『碧巌』八則垂示に「羝羊触藩」（『周易』大壮）とある如く、その性や狼戻《ろうれい》（心のねじけた）にして愚か。◉⑾把茅蓋頭＝寺など持ったら。◉⑿後昆＝子孫、後世。

⑴龍宝開山語録中事。住大徳語要。

⑴龍宝開山語録＝龍宝は大徳寺の山号。本録には「侍者性智編す」とあるが、花園上皇の命に依り伏見宮より関山国師に宛てられた書状（妙心寺所蔵）に、「大灯国師之事、仏事法語以下、相尋門徒旧参等、可令編集給之由、内内被仰下候也、恐恐謹言　六月二十三日　関山兄禅室」とあるごとく、多くの人の尽力があったと思われる。

【一の一】

師、⑴嘉暦元年十二月八日に於いて開堂。⑵衣《え》を拈《ねん》じて云く〔⑶都《と》府《ふ》楼《ろう》は纔《わず》かに瓦の色のみを見る、観音寺は只だ鐘声のみを聴く〕、「⑷千尺《せんじやく》は丈六《じようろく》に過《す》ぎず〔⑸月高くして城影尽き〕、鶏足《けいそく》は大徳《だいとく》に如《し》かず〔霜重くして柳条《りゆうじよう》疎《まば》らなり〕。何が故《ゆえ》ぞ」。⑹衣《え》を挙《こ》して云く、「⑺頂戴して之れを披《ひ》す、誰か正色《しようしき》を辨ぜん〔⑻車の功を言うときは轍《わだち》は与《あず》からず〕」。

⑼陞座《しんぞ》。⑽香を拈じて云く、「⑾此の一瓣《いちべん》の香〔⑿上《かみ》、霄漢《しようかん》に透り、下《しも》、黄泉《こうせん》に徹す〕、炉中《ろちゆう》に爇向《ぜつこう》して、恭《うやうや》しく為に今上皇帝《きんじようこうてい》、聖躬《せいきゆう》⒀万歳万歳万万歳《ばんぜいばんぜいばんばんぜい》を祝延《しゆうえん》したてまつる〔⒁南海の象樹《しようじゆ》、春秋を知らず〕。陛下、恭《うやうや》しく願わくは、⒂龍図《りゆうと》永く固く、玉葉《ぎよくよう》弥《いよ》いよ芳《かんば》しからんことを〔⒃長春殿上《ちようしゆんでんじよう》、金鐘《きんしよう》動き、万歳山前《ばんぜいさんぜん》、玉漏《ぎよくろ》遅《おそ》し〕」。

⑴於嘉暦元年十二月八日開堂＝一三二六年、大灯四十五歳。後醍醐帝の勅命を奉じて開堂する。無著道忠に依ると、

開堂祝聖《しゅくしん》は北宋の葉県帰省と神鼎洪諲に始まると云う。◉(2)**拈衣**＝衣（袈裟）をとり上げること。住持が入寺の時、師より伝えられた袈裟を撮って、自分の袈裟と換えて後、法語を下すことを拈衣という。弟子初めて出世して開堂するときにこれを行なう。伝法衣の由来は釈迦が迦葉尊者に与えた金襴の袈裟に始まる。◉(3)**都府楼纔見瓦色、観音寺只聴鐘声**＝都府楼は瓦の色を纔かに望見するだけで一度も登ったことなく、近くにある観音寺もただ鐘の音を聞くだけで、往ったことはない。『菅家後集』「不出門」に、菅原道真が太宰府に流され、恐れ慎む心境を詠う。◉(4)**千尺不過丈六、鶏足不如大徳**＝千尺の長《たけ》の弥勒も丈六の釈迦に同じように、鶏足山の迦葉尊者もこの大徳の妙超に同じ。国師の伝法衣が釈迦・迦葉・弥勒と伝えられる本色《ほんじき》の伝法衣であることの自負の表明。弥勒は釈迦の次の仏。迦葉尊者が釈迦の衣を伝えて弥勒に渡すに纏わる話頭に、『正宗賛』巻四天台韶章に云う、「興教明問う、『飲光（＝迦葉）が釈迦の丈六の衣を持し鶏足山に在って弥勒の下生を待ち、丈六の衣を将《もっ》て千尺の身に披するに応量恰好（ピッタリ）なり。只だ釈迦の身長は丈六、弥勒の身長は千尺であるが如きは、為《は》復《た》是れ身を短と解すや、衣を長と解すや』。師曰く、『汝却って会せり』…」と。より詳しくは『仏祖統紀』巻八浄光章に出る。◉(5)**月高城影尽、霜重柳条疎**＝月は高く真上にのぼって、城の影がなくなり、霜は重くおりて、柳の枝もまばらになった。『三体詩』耿湋《こうい》「酬暢当《ちょうとう》」。◉(6)**挙衣云**＝インド伝来の古式で、袈裟を畳んだまま、頭上に載せ合掌して「大哉解脱服、無相福田衣、披奉如来戒、広度諸衆生」と唱えて披る。◉(7)**頂戴披之誰辨正色**＝本来袈裟の色は青・黄・赤・白・黒等の正色を避けて、混じってくずれたような色を用いた。しかしここでは色にかけて、本物か偽物かを辨別する眼を問うてきた。◉(8)**言車之功轍不与焉**＝轍《わだち》の無用の功を説く、真正の色は正・不正に与《あず》からず。『古文真宝後集』巻二蘇老泉「名二子説」に、蘇洵が蘇軾の弟の蘇轍に名付けて、「天下の車は轍に由らざるは莫《な》し。而るに車の功を言うときは、轍は与からず。然りと雖も車仆《たお》れ馬斃《たお》るるも、患《わざわ》いは轍に及ばず」と。因みに、白隠禅師は『荊叢毒蘂』巻二「大応国師虚堂忌拈香」の拈評に、両祖師への酬恩の思いを込めてこの語を用いる。◉(9)**陞座**＝説法の為に高座に陞《のぼ》ること。◉(10)**拈香云**＝香を撮って額上少し捧げて法語を唱える。◉⑾**此一瓣香爇向炉中、恭為祝延（万万歳）**＝一ひらの香を焚いて、後醍醐天皇の御健康を祝す。「祝延」以下の「万万歳」は『大灯録』原本に照らして衍字である。◉⑿上透霄漢、下徹黄泉＝天地一杯の香り。『碧巌』九十七頌下語。◉⒀**万歳万歳万万歳**＝「万歳」の由来は『漢書』武帝紀に、「吏卒咸《み》な聞き万歳を呼ぶこと三たびする」と。◉⒁南海象樹不知春秋＝後醍醐帝の聖体を、歳を知らぬ南海の象樹に見立てて。祝語。「象樹」とは『大楼炭経』巻一閻浮利品に、幹の周りが十丈近くある大木を云う。◉⒂**龍図永固、玉葉弥芳**＝皇権永く堅固に、皇孫弥《いよ》いよ繁栄せらんことを。◉⒃長春殿上金鐘動、万歳山前玉漏遅＝常春の御代は天下太平、いつまでも長閑《のどか》。祝語。「玉漏」は水時計。東陽英朝編『禅林句集』に、「『宋詩選』七十二に見える」とあるが、未検。

【一の二】

次に香を拈《ねん》じて云く、「此の一瓣《いちべん》の香〔⑴乾坤《けんこん》の内、宇宙の間《かん》、中《なか》に一宝《いっぽう》有り、形山《ぎょうざん》に秘在《ひざい》す〕、**炉中《ろちゅう》に爇《ぜつ》向《こう》して、恭《うやうや》しく為に**⑵**太上《だじょう》天皇、聖寿億万歳《せいじゅおくばんぜい》を祝延《しゅうえん》したてまつる**〔⑶斗南《となん》、長《とこしなえ》に見る老人星《ろうじんせい》〕。**恭《うやうや》しく願わくは、**⑷**上徳《じょうとく》を千載《せんざい》に超え**〔⑸王《おう》、宝殿に登れば、野老《やろう》、謳歌《おうか》す〕、**風声《ふうせい》を後昆《こうこん》に樹《た》てたまわんことを**〔⑹聖主《せいしゅ》は必ず賢臣《けんしん》を待《ま》ちて功業《こうぎょう》を弘《ひろ》め、俊士《しゅんし》も亦た明君《めいくん》を俟《ま》ちて以て其の徳《とく》を顕《あき》らかにす〕」。

⑴乾坤内宇宙間、中有一宝秘在形山＝天地宇宙の間に一箇の宝物があるぞ、そいつはまさしく各自の肉体（形山）中に潜んでいる。僧肇《そうじょう》はそれを「玄玄」と呼ぶ。一瓣の香、今度は玄玄の一宝となる。僧肇の『宝蔵論《ほうぞうろん》』巻一に、「夫《そ》れ天地の内、宇宙の間、中に一宝有り形山に秘在す、物の霊照を識り、内外空然、寂寞として見難し、其れを玄玄と号す」と。◉⑵太上天皇＝花園上皇、八年前の文保二年に譲位。◉⑶斗南長見老人星＝天下は安寧。『虚堂録』巻二宝林録の天基節上堂。「斗南」は北斗星の南で、「天下」をいう。「老人星」は龍骨座の首星カノープスの中国名、「南極老人星」

ともいう。寿命を司る星で、その化身が福禄寿。『史記』天官書に、「老人見《あら》われれば治安なり、兵の起こるを見ず」と。◉⑷**超上徳於千載、樹風声於後昆**＝御徳が千年の後まで讃えられ、御教化が後世にまで行き渡らせたまわんことを。『書経』畢命に、「善を彰《あら》わし、悪を癉《や》ましめ、之れが風声を樹てよ」とある如く、「樹風声」は「よく教化すること」を云う。「後昆」は「子孫、後世」。◉⑸王登宝殿、野老謳歌＝帝堯《ぎょう》の徳を歌った鼓腹撃壌《こふくげきじょう》の世界。『臨済録』示衆の四料簡「人境倶不奪」の語。◉⑹聖主必待賢臣…俊士亦俟明君…＝聖君は必ず賢臣の補佐をうけて功業を行きわたらせるものであり、俊士も英明なる君主に出会うことでその才能を発揮するものである。『文選』巻四十七王褒《おうほう》「聖主得賢臣頌」、但し「名君」は「名主」。

【一の三】

又た香を拈《ねん》じて云く、「此の一瓣《いちべん》の香（⑴湘《しょう》の南、潭《たん》の北、中に黄金有り一国に充《み》つ。⑵吹毛《すいもう》截《き》れども入らず、輪鎚《りんつい》撃てども開かず）」、⑶**金紫光禄大夫《きんしこうろくたいふ》、黄門侍郎《こうもんじろう》の為に禄算《ろくさん》を増崇《ぞうそう》し奉る**（⑷賢《けん》を求むるに徳《とく》を以てし、聖《せい》を致すに道《みち》を以てす）」。**伏《ふ》して願わくは、⑸松柏《しょうはく》の寿《じゅ》のごとく、⑹甫申《ほしん》の幹《みき》のごとく国家に柱石《ちゅうせき》として、生民《せいみん》を撫育《ぶいく》したまわんことを**（⑺水広き則《とき》んば魚《うお》大なり、君明なる則《とき》んば臣《しん》恵あり）」。

⑴湘之南潭之北、中有黄金充一国＝いたる処どこでも、黄金にあらざるはなし（一瓣の香りにあらざるはなし）。南陽慧忠国師の無縫塔の話に、耽源が代宗皇帝に答えた語。『犂耕』に、「湖南省の長沙市付近を唐時代には潭州、西晋には湘州と呼び、同一州の異名である。或いは一つの湘潭県を字を分けて云ったものに過ぎぬ」と。『碧巌』十八本則。【一六七の二】注⑼参照。◉⑵吹毛截不入、輪鎚撃不開＝（這箇の黄金香）断っても切れず、打てども開かぬ、那一物。「吹毛」は名剣、「輪鎚」とは鉄鎚（ハンマー）を輪のように振り回すこと。前句は白隠の造語。後句は『碧巌』九頌。

◉(3)**奉為金紫光禄大夫、黄門侍郎増崇禄算**＝左右の重臣の為に福禄長命を祷る。「金紫光禄大夫」は正三位大納言、「黄門侍郎」は中納言、「禄」は福禄、「算」は寿命。「増崇」はいや増さんことを祈る。◉(4)求賢以徳、致聖以道＝賢人を求めんとすれば、徳を以てすべし。聖人を招かんとすれば、道を守るべし。黄石公『三略』下略篇。◉(5)**松柏之寿**＝松や柏の葉が色を変えないような長命、いついつまでも。◉(6)**甫申之幹、柱石国家、撫育生民**＝周の賢臣である尹《いん》吉甫《きつぽ》や申伯《しんぱく》が周の幹《みき》と唱われた如く、国家の柱石として、国民を慈しみ育てられんことを。『詩経』大雅・蕩之什の「崧高《すうこう》」に「崧高維《こ》れ岳《がく》、駿天《しゆんてん》に極《いた》る。維れ岳、神《しん》を降《くだ》し、甫《ほ》及び申《しん》を生む。維れ申及び甫は維れ周の翰《かん》（＝幹）…」と。◉(7)水広則魚大、君明則臣恵＝大海に鯨あり、名君の下に良相あり。『説苑』巻八尊賢篇に見える、但し「恵」は「忠」。

【一の四】

「此の一瓣《いちべん》の香〈(1)天は東南に高く、地は西北に傾く〉、(2)**法筵《ほうえん》を光重《こうじゆう》する諸尊官、洎《およ》び満朝《まんちよう》の文武百僚《ひやくりよう》の為に禄算《ろくさん》を増崇《ぞうそう》し奉る**〈(3)珠玉脛《しゆぎよくあし》無うして自《みずか》ら至る者は、人の好むを以てなり、(4)況《いわ》んや賢者の足有るをや〉。**伏して願わくは、国を安んじ民を利すること、**(5)**伊周《いしゆう》の古術《こじゆつ》に斉《ひと》しく**〈(6)水広き則《とき》んば魚大なり。(7)俊《しゆん》人《じん》、官に在る則んば治道《ちどう》清し、奸佞《かんねい》、政に干《あずか》る則んば禍乱作《お》こる〉、(8)**乃《すなわ》ち忠《ちゆう》に、乃ち孝《こう》に、思軻《しか》が正範《せいはん》に称《かな》わんことを**〈(9)王聖《せい》に、臣賢《けん》ならば、天下盛んなり、君明《めい》に、臣直《なお》きときは、国の福なり〉」。

(1)天高東南、地傾西北＝天は東南に高く、地は西北に高し。香り、天に満ち、地に満つ。西北が高く、東南が低い中国の地勢を説明する神話に、『淮南子』天文訓一章に、「昔、共工は顓頊《せんぎよく》と帝たらんことを争い、怒って不周の山に触れ、天柱折れ、地維絶える。天は西北に傾く、故に日月星辰移る。地は東南に満たず、故に水潦塵埃帰す」（高誘の注に、「傾は高なり」）と見える。但し、禅録では『神鼎洪諲語録』を初めとして、「天高東南、地傾西北」と云う例が多い。◉

(2)**奉為光重法筵諸尊官…増崇禄算**＝法筵に御出席のお歴々方、およびそれ以外の全文武百官の皆様の為に、長命福禄を祈り奉ります。「光重」は、「法筵を一層賑やかに栄えあらしめている」の意で、簡単に云えば「ご臨席の」の意。現代中国語の「光臨」参照。◉(3)珠玉無脛而自至者以人好也＝珠玉が足もないのに自ずと至るのは、人がそれを好むからである。『韓詩外伝』巻六の二十七章に、「夫《そ》れ珠は江海より出で、玉は崑山より出づるに、足無くして至れるは、猶お主君の好むなり。士の足有りて至らざるは、蓋し主君に士を好むの意無ければのみ」と。◉(4)況賢者之有足乎＝ましてや足のある賢者の皆様に於いては、主君の賢者を求めるに応じてお集まりのこと。◉(5)**斉伊周之古術**＝古の伊周に同じく智慧を発揮され。「伊」は殷の湯王の宰相伊尹《いいん》、「周」とは周の武王・成王の宰相周公旦《しゅうこうたん》を云い、古来の良相として併称される。◉(6)水広則魚大也＝高徳の天子の下には立派な賢臣が育つ。前節の注(7)参照。◉(7)俊人在官…奸佞干政…＝優れた人が官にあるときはよく治まり、邪な人が政に与かると国は乱れる。出典未詳。◉(8)**乃忠乃孝、称思軻之正範**＝忠孝に於いては思軻のお手本に同じからんことを。「乃忠乃孝」は臣下の美徳、『書経』に、帝徳を讃えて「乃武乃文」というに同じ。「思軻」は孔子の門人、子思と孟軻（孟子）。◉(9)王聖臣賢…君明臣直…＝王に徳があり、臣下に才があることは、天下にとって大変な幸福であり、主君が聡明で家臣が正直であることは国の幸福である。『史記』蔡沢《さいたく》列伝十九、但し「王」は「主」、「盛」は「盛福」。

【一の五】

「(1)此の香、雲門《うんもん》の関裏《かんり》に在って、久しく衲僧《のうそう》の鎖口訣《さくけつ》と為《な》る〔(2)五百年の滞貨《たいか》。(3)如何《いかん》せん、今時《こんじ》の人顧《かえり》みる底《てい》、半箇《はんこ》も亦た無きことを。若し有らば、炉中《ろちゅう》に爇向《ぜつこう》するも亦た可なり〕。(4)**曾《かつ》て鎌倉県畔《けんはん》、巨福山《こふくさん》頭《とう》に於いて拾い得て、**(5)**和気《わき》靄然《あいぜん》たり。**(6)**嚢蔵《のうぞう》すること二十年来**〔(7)試みに道《い》え、幾重の包裹《ほうか》ぞ〕、**香風隠《こうふうかく》せば弥《いよ》いよ露《あら》わる。今日拈出《ねんしゅつ》して炉中に爇向して、**(8)**前住建長禅寺 勅諡《ちょくし》円通大応国師南浦《なんぽ》大和尚に供養して、用《もっ》て**

(9)**法乳《ほうにゅう》の恩に酬《むく》ゆ**〔(10)春江《しゅんこう》の潮水《ちょうすい》、海に連なって平らかに、海上《かいじょう》の明月《めいげつ》、潮《うしお》と共に生ず〕」。

(1)**此香在雲門関裏、久為衲僧鎖口訣**＝（これを嗣法の香と云い、此の香に限って住持自らの懐中より取り出し、その来由を述べる）。それは永らく雲門の関内にあって容易に手の付けられるものではなかった。国師が大応の下で永らく「雲門関字」の公案に苦しんだ事をいう。「衲僧」は「破れ衣の修行僧」、ここは国師の自称形。「鎖口訣」とは言語の及び難き秘訣、容易に手出しの出来ない仏法至極の理を云う。「雲門関字」は【一八の三】参照。◉(2)五百年滞貨＝国師遷化の後、五百年間、誰も買い手がなかった（誰も値打ちの分かるヤツがいなかった）。◉(3)如何、今時人顧底……＝今日、誰も顧みるものがないのは、どうしようもない。若し半箇でも有らば、大灯国師も拈香する甲斐が有るというもの。◉(4)**曾拾得於鎌倉県畔巨福山頭**＝国師は、初め京都韜光庵《とうこうあん》の大応国師に参じ、「雲門関字」の公案を授けられる。大応が北条貞時に招かれて鎌倉に趣いた時、国師も師に従って巨福山建長寺に行く。一日机上に鍵を放下してガチャンと音がした瞬間、豁然と透脱し、這箇の香を手に入れられた。大応が証明して曰く、「汝、既に明投暗合す、吾れ爾《なんじ》に如《し》かず、吾が宗、爾に到って大いに立ち去らん。只だ是れ二十年長養して、人をして此の証明を知らしめよ」と。翌年、大応国師は七十四歳で遷化され、国師はこれより二十年聖胎長養されて、今日の開堂を迎えられた。◉(5)**和気靄然**＝和やかな香気がかすみのようにあたり一面たなびいている。国師の境界。◉(6)**嚢蔵二十年来、香風隠而弥露**＝聖胎長養すること二十年、隠れおおせずに、出世開堂する時が到った。「弥露」は『楞厳経』巻六下に、「自ら其の耳を塞《ふさ》いで高声大叫し、人の聞かざらんことを求むるが如し、此れ等を名づけて隠さんと欲すれば弥いよ露わると為す」とある。◉(7)試道、幾重包裏＝（嚢《ふくろ》に蔵しただと、隠し通せるものなら）一体幾重に包んだというのか、云うてみよ。◉(8)**前住建長禅寺勅諡円通大応国師南浦大和尚**＝南浦《なんぽ》紹明《しょうみょう》（一二三五―一三〇八）は駿河の人。蘭渓道隆に師事した後、正元元年（一二五九）、入宋して虚堂智愚の法を嗣ぐ。筑前の興徳寺、崇福寺に住した後、京都万寿寺、鎌倉建長寺に住す。遷化の翌年、後宇多法皇より円通大応国師と勅諡される。これが日本最初の国師号である。◉(9)**法乳之恩**＝師により法の子として生み育てられた恩。『涅槃経』に「我れらに法乳を飲ませ法身を長ぜしめたまう」（大正十二・九〇六上）とあるに基づく。◉⑽春江潮水連海平、海上明月共潮生＝春の揚子江にみなぎる潮は、はるか大海原へと連なって鏡のように平らである。その大海原の上へ、明月が潮のさし来たるとともに生まれ出た。『唐詩選』張若虚「春江花月夜」、旅立った人を思う女性の嘆きを唱った七言古詩の最初の二句。酬恩の思いは深くして深し。

【一の六】

(1)師、座に就《つ》いて大衆《だいしゅ》を顧視《こし》して云く、「(2)便ち恁麼《いんも》に相見《しょうけん》するも、早や五須弥《ごしゅみ》を隔《へだ》つ。若し也《ま》た口を開くことを待たば、三生六十劫《さんしょうろくじっこう》。(3)還《かえ》って箇中《こちゅう》の事《じ》を知る底《てい》有りや。出で来たって、衆《しゅ》に対して決択《けつじゃく》して看《み》よ。有りや、有りや」。僧問う、「(4)雪山《せっせん》雪寒し、吾が仏成道《じょうどう》、法堂《はっとう》功成って和尚開堂《かいどう》、法幢《ほうどう》を建て宗旨を立《りつ》することは、正《まさ》に此の時に在り。諸官筵《えん》に臨む。請う師、提唱《ていしょう》せよ」。師云く、「(5)国《くに》清うして才子《さいし》貴《たっと》く、家《いえ》富んで小児《しょうに》驕《おご》る」。僧云く、「直《じき》に一句無心《むしん》の法を将《もっ》て、仰《あお》いで万国泰平の瑞《ずい》を祝《しゅく》す」。師云く、「(6)満口《まんく》に道著《どうじゃく》す」。

僧云く、「(7)記得《きとく》す、(8)慈明《じみょう》開堂、僧有り問う、『(9)錦を攢《あつ》めて花を簇《むらが》らすことは即ち問わず、如何《いか》なるか是れ本来《ほんらい》の面目《めんもく》』。明云く、『(10)一言已《いちごんすで》に出づれば、駟馬《しめ》も追い難《がた》し』と。此の意如何《いいかん》」。師云く、「(11)石《いし》は空裏《くうり》より立ち、火《ひ》は水中《すいちゅう》に向かって焚《た》く」。進めて云く、「僧云く、『(12)明明《めいめい》として三際《さんさい》に暁《あき》らかに、皎皎《こうこう》として一輪孤《いちりんこ》なり』。明云く、『一輪底《てい》亦た作麼生《そもさん》』と。意、那裏《なり》にか在る」。師云く、「(13)魚龍穴下《ぎょりゅうけつか》、盤根闊《ばんこんひろ》く、日月輪辺《じつげつりんぺん》、気象《きしょう》深し」。明進めて云く、「僧云く、『(14)泊《ほと》んど放過《ほうか》す合《べ》きに』と。明、便ち喝《かつ》す。如何が端的《たんてき》を辨ぜん」。師云く、「(15)劫石《こうしゃく》は消《しょう》し易《やす》く、村話《そんわ》は改め難し」。進めて云く、「上来《じょうらい》、一一指示を蒙《こうむ》る。只だ和尚の如きんば、今日開堂説法、(16)当《とう》機覿面《きてきめん》、如何《いかん》が人を接《せつ》せん」。師云く、「(17)眉毛《びもう》断《あ》い結び、準上《せつじょう》断い拄《ささ》う」。僧云く、「(18)作家《さっけ》の宗師、天然《てんねん》在ること有り」、便ち礼拝す。師云く、「(19)且緩緩《しやかんかん》」。

又た云く、「更に問話《もんな》の者有りや」。又た僧有り問う、「記得す、(20)龐居士《ほうこじ》、薬山《やくさん》を辞《じ》す。居士、空中の雪を指して云く、『(21)好雪片片《こうせつへんぺん》、別処《べつしよ》に落ちず』と。意旨《いし》如何」。師云く、「(22)提掇《ていてつ》し難き処、転《うた》た則《のり》有り」。僧云く、「時に全禅客《ぜんぜんかく》有り、云く、『什麼《いずれ》の処にか落在す』と。士、打つこと一掌《いつしよう》す。又た作麼生」。師云く、「(23)八角《はつかく》の磨盤《まばん》、空裏《くうり》に走《わし》る」。僧云く、「全云く、『居士、(24)也《ま》た草草《そうそう》なることを得《え》ざれ』。士云く、『(25)汝、恁麼《いんも》にして禅客《ぜんかく》と称《しよう》せば、人の汝を放《ゆる》さざること在る有らん』と。如何が(26)委悉《いしつ》せん」。師云く、「(27)牙関《げかん》を咬定《こうじよう》す」。僧云く、「全云く、『居士、作麼生』。士、又た打つこと一掌す。意、那裏《なり》にか在る」。師云く、「(28)多《おお》きには添《そ》え、少《すく》なきには減《げん》ず」。僧云く、「虚堂祖翁《きどうそおう》云く、『(29)則ち是れ両掌《りようしよう》すと雖《いえど》も、其の間《かん》、擡《だい》有り搦《じやく》有り、収《しゆう》有り放《ほう》有り』と。如何が辨別《べんべつ》せん」。師云く、「(30)此《ここ》に到って大いに行なわる」。僧云く、「上来已《じようらいすで》に慈悲《じひ》を蒙《こうむ》る、向上宗乗《こうじようしゆうじよう》の事《じ》、如何が挙唱《こしよう》せん」。師云く、「(31)千峰《せんぽう》雪白く、万壑《ばんがく》風寒《さむ》し」。僧云く、「老師《ろうし》は果たして是れ人天《にんでん》の大導師《だいどうし》」、便ち礼拝《らいはい》す。師云く、「(32)你《なんじ》が衆《しゆ》に帰《き》し去《さ》ることを許《ゆる》す」。

(1)**師就座顧視大衆云**＝これから大衆の質問を引き出すための釣語（索話）を述べる。◉(2)**便恁麼相見…三生六十劫**＝このように互いに面と向かいあうのも既に互いに須弥山を五つ程の空間を隔て、もしまた衲が口を開くのを待つと云うのでは、既に生まれ変わり死に変わり、三生六十劫の時間を隔つ。他人の説法を待って理会しようと云うのでは、遅くして遅し。なお「三生六十劫」は【一七の一】注⑾参照。◉(3)**還有知箇中事底麼**＝一体この消息が分かる者が有るか（有ったら出てこい）。「箇中」は「此中」の意。◉(4)**雪山雪寒吾仏成道…正在此時**＝雪寒く釈尊雪山成道の十二月八日、その同じ日に法堂成って和尚は開堂された。法幢を建立し宗旨を立てるには最も良い日柄。「雪山成道」は経典に本拠なく、釈迦本生譚に述べる雪山大士の故事に基づいて禅録で仮りに説くのみ。◉(5)**国清才子貴、家富小児驕**

＝国が清く安寧であれば優れた人々が出てくる、家が金持ちになると子供たちがおごってくる。『無門関』十七則評に見えるが、『会要』巻二十三玄沙章に、琅瑘《ろうや》覚の語として見え、もと『明心宝鑑』省心篇第十一に太公望の語として見えるもの。ここでは天下泰平の祝語として用いる。【一二〇の三】並びに【一六六の二】本文参照。◉(6)**満口道著**＝精々善くぞ言った。「満口」は「キッパリと云う、言い張る」の義。因みに、『祖堂集』巻十、翠巌（雪峰下）の偈にも、「入門は須らく語有るべし、不語の病は蘆に栖む。応に須らく満口に道うべし、云々」と。◉(7)**記得**＝「記憶している」の意。古則公案を取り上げる時にいう。◉(8)**慈明**＝楚円禅師（九八六―一〇三九）、汾陽善昭の法嗣。修行時代、股に錐を刺して刻苦光明されたことで有名。この開堂問答は『慈明録』潭州南岳福厳録（禅十四・一七四上）に見える。◉(9)**攢錦簇花即不問、如何是本来面目**＝美辞麗句は問わない、本来の面目はどうですか。雲居道膺の語に、「饒《たと》い汝説き得るも、簇花簇錦、也た用処無し」（『禅林僧宝伝』巻六）と見える。◉(10)**一言已出駟馬難追**＝一旦言葉を発したら、四頭立ての馬車で追いかけても遅し。「口は慎むべし」と。『明心宝鑑』存信篇第十七、もと『論語』顔淵篇に、「駟も舌に及ばず」と。◉(11)**石従空裏立、火向水中焚**＝石が空中に立ち、火が水中で燃える。「鶏ノ卵ノ中ニ茶臼ガ在ル」。機語。『伝灯録』巻十五道場如訥（青原下四世、翠微下）章。◉(12)**明明三際暁、皎皎一輪孤**＝暁の月は過・現・未の三際に渡って明らかに、一輪冴え渡る。三際を通貫して一片の雲も無き面目を「一輪の暁月」に託して詠う。『広灯録』巻二十二、巴陵《はりょう》顥鑑《こうかん》下の霊澄散聖の「西来意」頌の其十に、「誰か問う西来意、多言なれば道転た殊なる。〜、〜。風は蓮の菡萏《かんたん》を吹き、葉は水を貯て珠を成す。時人未だ此に到らざれば、眼有るも無きに如《し》かず」、但し「暁」は「顥」。◉(13)**魚龍穴下盤根闊、日月輪辺気象深**＝根は魚龍の穴下まで固くしっかり張り、気概は日月輪辺にまで届かんとする勢い。一輪の法界に弥綸している様を樹木に喩えて言ったもの。祝語。『禅林類聚』巻十二の十五丁、遊山章に見える円悟克勤の拈語。【一八三の一】注(2)参照。◉(14)**洎合放過**＝すんでに許した処（御指示を頂かなければ、あやうく足れりとしたところ）。「洎合」の二字で、「ほとんど、あやうく、すんでのところで」の意。◉(15)**劫石易消、村話難改**

＝野卑な言葉遣いは絶対に治らない。永遠に度し難いやつじゃ。「消劫石」とは、四十里四方の大石を百年に一度羽衣の袖で払って擦り滅することで、「永遠に」の意。「劫石易消」は「村話は改め難い」ことの強調形。「村話」は「下品な言葉遣い」。悪癖は治し難い。◉⒃**当機覿面**＝（迂路を経ず）正面切って。国師、即今如何に人を接化するや、大灯流を承りたい。『碧巌』六十六垂示、もと趙州の語（『会要』巻五浮盃章）。◉⒄**眉毛厮結、準上厮拄**＝顔と顔相対する、親密の意。「準」は「鼻」。大灯の三転語の一に、「朝から晩まで顔と顔を付き合わせているが、我は何物ぞ」と。『仏国録』普説二三五の三に、「眉毛厮い結び、鼻孔《びくう》厮い拄う」とあるが、前句は『無門関』第一則評唱。◉⒅**作家宗師天然有在**＝優れた宗師家というものは生まれつきのものだと、国師を褒めちぎって引き下がった。『雲峰文悦録』に、雲峰が潙山を評した語（禅十二・六九一）。◉⒆**且緩緩**＝まあゆっくりやりなさい。『雲門広録』巻上（禅十一・三三五、六、八）。◉⒇**龐居士辞薬山**＝この因縁は『碧巌』四十二則、『龐居士語録』、『虚堂録』巻二宝林録の上堂等に出る。龐居士（龐蘊）は馬祖の法嗣。もと湖南省衡陽の儒家の生まれ。一日、全財産を河に捨て、妻子と共に湖北省襄陽に移り住み、竹笊を売って生計を立てたという。震旦の維摩居士とも称される。薬山惟儼は石頭下。頌古第四十一則（**【二五八】**）本則評唱参照。◉㉑**好雪片片不落別処**＝見事な雪だ、ひとひらひとひら他所には落ちない（落ち着くべきところに落ち着く）。「好雪！」は感嘆の語。◉㉒**難提掇処、転有則**＝提示できない処、そこに実に妙処がある。「提掇」は「拾い上げる、提示する」の意。『虚堂録』巻一報恩録に、「提掇し難き処、転た風流」。◉㉓**八角磨盤空裏走**＝石の挽き臼台が空を飛ぶ。非思量底の機語。国師が正中の宗論で洸心子に答えた語。もと楊億《ようおく》の投機の偈に、「〜、金毛の獅子、変じて狗と作る。…」（『会元』巻十二）。◉㉔**也不得草草**＝やみくもに人を打つものではありませんぞ。「也」は強調。◉㉕**汝恁麼称禅客有人不放汝在**＝その有り様では禅客などと言っていたら人に笑われるぞ。「恁麼」は「そのように」。「禅客」とは久参底の僧で、問答にも達者な者を云い、南宋以降は一種の職種となる（『禅林象器箋』第七職位門）。◉㉖**委悉**＝心得る、理解する。◉㉗**咬定牙関**＝口を閉ざして、黙する。『虚堂録』巻八浄慈《じんず》後録、もと『会元』巻二十応庵曇華章。◉(28)**多添少減**＝満ち飽いている者には更に与え、飢えている者からは却って奪い減らす。飢人の食を奪う底の師家の活作略。「多く添え、少しく減ず」と訓むは誤り。『虚堂録』巻二宝林録の解夏小参に見えるが、もと『白雲守端録』の「少処には些子を減じ、多処には些子を添う。什麼《なん》と為《し》てか、少処には更に減じ、多処には更に添う」〔禅十四・四一六〕とあるのを踏まえて。◉(29)**雖則是両掌…有収有放**＝二度にわたって打ったが、一方は擡放（あげる、肯定）他方は搦収（おさえる、否定）の意有って、一面的に見てはならない。『虚堂録』巻二宝林録に出る。◉(30)**到此大行**＝この語有ってこそ、さすが虚堂禅師、今に到って宗旨の大いに行なわれる所以である。◉(31)**千峰雪白、万壑風寒**＝（今日十二月八日、即今）龍宝山頭、雪白く風寒い。現成公案。◉(32)**許你帰衆去**＝「タタキ殺シテヤル筈ジャガ、許シテヤル」。

【一の七】

(1)**乃《すなわ》ち云く、「**(2)**我れ本《も》と心《こころ》に希求《きぐ》する所有ること無し**〔(3)青原伯家《せいげんはつけ》、三盞《さんさん》の酒、喫《きっ》し了《お》わって猶《な》お言う、未だ唇《くちびる》を湿《しめ》らさずと。(4)贓《ぞう》を抱いて屈《くつ》と叫ぶ。(5)大欲《たいよく》は無欲《むよく》の如く、大求《たいぐ》は無求《むぐ》に斉《ひと》し〕。(6)**氷《こおり》、瀑泉《ばくせん》を鎖《と》ざして、声細砕《こえさいさい》**〔(7)澄潭《ちょうたん》許さず、蒼龍《そうりゅう》の蟠《わだかま》ることを。死水《しすい》、何ぞ曾《かつ》て古風《こふう》を振るわん〕。**今、此の宝蔵《ほうぞう》、自然《じねん》にして至《いた》る**〔(8)可惜許《かしやっこ》。(9)遅了也《ちりょうや》。(10)殊《こと》に知らず、威音《いおん》以前なることを〕。**風寒木《かぜかんぼく》を揺《うごか》して、影攣拳《かげれんけん》**〔(11)鳥《とり》飛べば毛《け》落ち、(12)水《みず》至れば渠《みぞ》成る。又た是れ(13)家常《かじょう》の茶飯《さはん》〕。(14)**況《いわ》んや、我が**(15)**宗印《そういん》禅者、海南の檀越《だんのつ》と、**(16)**穹谷《きゅうこく》を冒《おか》し幽林を攀《よ》じて**〔(17)義《ぎ》を見て為《せ》るに勇《ゆう》〕、**親しく巨材を択《えら》び**〔(18)独木《どくぼく》は高廈《こうか》を架《か》すること能《あた》わず〕、**山に堆《うずたか》く、岳《がく》に積《つ》む。**(19)**渓水《けいすい》を控《ひ》いて海《うみ》と通じ、鯨波《げいは》嶮《けわ》しき処、独《ひと》り透路《とうろ》を解《げ》す**〔(20)為《は》た是れ神通妙用《じんづうみょうゆう》なるか〕。(21)**白牛《びゃくご》を露地《ろじ》に駆《か》り、軌《き》を百里《ひゃくり》に結《むす》ぶ**〔(22)本体如然《ほんたいにょねん》たるか〕。(23)**成風《せいふう》を大野《たいや》に鳩《あつ》め、斧《ふ》を一城《いちじょう》に響《ひび》かす**〔(24)良匠《りょうしょう》は材を棄《す》つる無く、明君《めいくん》は士《し》を棄つる無し〕。(25)**或いは郊外《こうがい》**

の丁夫《ていふ》を費《つい》やし、或いは山中《さんちゅう》の普請《ふしん》を労す「(26)頭頭《ずず》上《じょう》に明らかに、物物《もつもつ》上に明らかなり」。(27)**雲間《うんかん》の朱堂《しゅどう》を樹《た》て、五彩《ごさい》の橑椽《ろうてん》を布《し》く**「(28)仏身《ぶっしん》は法界《ほっかい》に充満《じゅうまん》して、普《あまね》く一切群生《ぐんじょう》の前に現ず」。(29)**灯王《とうおう》の広座《こうざ》を安《あん》じ**「(30)尽大地《じんだいち》、是れ者《こ》の法王座、豈《あ》に灯王《とうおう》の力を仮《か》らんや」、**三道《さんどう》の宝階《ほうかい》を荘《かざ》る**「(31)水鳥樹林《すいちょうじゅりん》念仏念法、作麽生《そもさん》」。(32)**区区《くく》役役《えきえき》**「(33)道場を起《た》たずして諸《もろもろ》の威儀《いぎ》を現ず、区区役役、何《いず》れの処にか在る」、**今日開堂《かいどう》**「(34)遍界《へんかい》古仏の堂、何れの日か閉却《へいきゃく》すること有る」、**高く君臣《くんしん》に答えしめ、**(35)**偏《あまね》く過現未来《かげんみらい》の**「(36)一段の風光《ふうこう》、画《えが》けども成《な》らず」、**大覚《だいかく》海中一切の聖賢《しょうけん》**「(37)三千世界、海中《かいちゅう》の漚《あわ》、一切の賢聖《けんじょう》、電払《でんほつ》の如し」、**生生参見《しょうしょうさんけん》する所の諸善知識《しょぜんちしき》、衆《しゅ》中《ちゅう》衣鉢《えはつ》の道友《どうゆう》、師僧《しそう》、父母一切の恩門《おんもん》、一切の含霊《がんれい》に報《むく》いしむ**「(38)所有《あらゆ》る一切衆生の類《たぐい》、若《も》しくは卵生《らんしょう》、若しくは胎生《たいしょう》、若しくは湿生《しっしょう》、若しくは化生《けしょう》、若しくは有色《うしき》、若しくは無色《むしき》、若しくは有相《うそう》、若しくは無《む》相《そう》、若しくは非有想《ひうそう》、若しくは非無想《ひむそう》、我れ皆な無余涅槃《むよねはん》に入らしめて、之れを滅度《めつど》す。是《かく》の如く無量無数無辺の衆生を滅度すれども、実に衆生の滅度を得《う》る者無し」、(39)**為《は》た便ち是れ自然にして至るか**「水至れば渠《みぞ》成る」、**為復《は》た是れ功よりして成るか**「(40)心《こころ》を一処に制《せい》すれば、事《こと》として辦ぜざるということ無し。(41)又た是れ裩《こん》無うして草裏《そうり》に坐する有り。(42)多口《たく》の阿師《あし》。(43)面上《めんじょう》は夾竹桃花《きょうちくとうか》、肚裏《ずり》は参天《さんてん》の荊棘《けいきょく》。(44)鸞膠《らんこう》続《つ》ぎ難《がた》し断腸《だんちょう》の人。(45)又た恐らく多少喪身失命《たしょうそうしんしつみょう》し去らんことを。(46)穿耳《せんに》の客に逢《あ》うこと罕《まれ》なり、多くは舟《ふなばた》を刻む人に遇《あ》う」。

諸人、此《ここ》に於いて会得《えとく》し去らば、山僧《さんぞう》、必ずしも解説《げせつ》せず「(47)和尚、大慈大悲《だいずだいひ》、伏《ふ》して乞《こ》う、為に解説《げせつ》せよ」。**若し也《ま》た会せずんば、曲げて務《つと》めて速《すみ》やかに説かん**」。(48)**払子《ほっす》を撃《う》って云く**「(49)止《や》みね止みね、什麽《なん》の長処《ちょうしょ》か有らん。(50)説似一物即不中《せつじいちもつそくふちゅう》。(51)縦《たと》い説き得て八九十成《じょう》なるも、猶お是れ玄沙道《げんしゃい》う底《てい》」、「**所以《このゆえ》に、**(52)**前《ぜん》釈迦、前《まえ》ならず、後弥勒《ごみろく》、後《しりえ》ならず**「(53)是れ分外《ぶんげ》の事《じ》にあらず」。(54)**無辺《むへん》の刹境《せっきょう》、自他毫端《ごうたん》を隔《へだ》てず**「(55)誰《たれ》か即ち識《し》らざる」、**十世古今《じっせここん》、始終《しじゅう》当念《とうねん》を離れず**「(56)将《まさ》に謂《おも》えり、十世古今《じっせここん》、全く当念《とうねん》を離ると」。(57)**一毛頭上《いちもうとうじょう》に宝王刹《ほうおうせつ》**

を現じ、一弾指頃《だんしきょう》に大法輪《だいほうりん》を転《てん》ず〔(58)残羹餿飯《ざんこうそうはん》、狗《く》も亦た喫せず〕。然《しか》も是《かく》の如しと雖《いえど》も、猶お是れ(59)建化門《こんげもん》中《ちゅう》の事《じ》なり〔(60)什麼《なん》の不可《ふか》か有らん。分解《ぶんげ》せば却って不可。我れは愛す建化門〕。向上宗乗《こうじょうしゅうじょう》の事《じ》、又た作《そ》麼生《もさん》〔堂中《どうちゅう》、若し者《こ》の漢有って、(61)左眼《さがん》を劈開《へきかい》して貓《べい》と云って出で去らば、(62)大いに一堂を冷却《れいきゃく》せん。危《あやう》い哉《かな》〕」。又た撃《う》つこと一払子《ほっす》して云く、「(63)意気《いき》有る時は意気を添《そ》え、風流《ふうりゅう》を得《う》る処、且《か》つ風流〔(64)有りや、有りや〕。小比丘《しょうびく》妙超《みょうちょう》〔(65)歴劫《りゃくごう》名《な》無し、錯《あやま》って名字を安著《あんじゃく》す〕、(66)恭《かたじけな》く君聖《きみせい》に臣賢《しんけん》に、霊山《りょうぜん》の付嘱《ふしょく》を忘れたまわざるに遇《あ》い〔仏の言う、仏法は国王大臣有力の檀那《だんな》に付嘱すと〕、(67)太平に路《みち》を得て此の梵刹《ぼんせつ》を成《じょう》ず〔(68)四《し》美具《びそな》わり、二難並《になんあわ》す〕、(69)正法眼蔵《しょうぼうげんぞう》を敷揚《ふよう》し〔(70)尽大地《じんだいち》、沙門《しゃもん》の正法眼蔵《しょうぼうげんぞう》、如何《いかん》が敷揚《ふよう》し去らん〕、(71)聖寿無《せいじゅむ》疆《きょう》を祝延《しゅうえん》したてまつる〔(72)我れ常に此《ここ》に住して、常に説法して、無数億の衆生を教化《きょうけ》す〕。(73)山河大地《せんがだいち》、草《そう》木叢林《もくそうりん》、情《じょう》と無情《むじょう》と、同じく光輝《こうき》を蒙《こうむ》り、共《つつし》み力《つと》めて拝手《はいしゅ》す〔(74)風《かぜ》松竹を揺《ゆ》らす、是れ歓声《かんせい》〕。(75)妙超、下情《かせい》、感激屏営《かんげきへいえい》の至りに勝《た》えず〔(76)皇風永く扇ぎ、仏日輝を増す〕」。

(1)乃云＝問答の後に、国師自身が綱宗を引っ提げて示す時に云う。◉(2)我本無心有所希求、今此宝蔵自然而至＝『法華経』信解品の句。貧窮児が最後に、期せずして長者である父親の財産を手に入れる話。『大応録』九十九章にもこの話を挙す。◉(3)青原伯家三盞酒、喫了猶言未湿唇＝白々しい、たらふく酒を飲んでおいて、唇さえ濡らさないと言い張るとは。『無門関』十則。「望ミガ、ナイナラ、ナゼ大徳寺ヲ立タ」。◉(4)抱贓叫屈＝盗人猛々しい、盗んだものを懐に抱いていながら、無罪を言い張るとは。◉(5)大欲如無欲、大求斉無求＝以上の三下語、国師の無心を野次った。◉(6)氷鎖瀑泉声細砕、風揺寒木影攣拳＝『五祖演録』海会録（禅十二・四二九）冬至の次日上堂の語、但し「寒」は「危」。これを二句に分けて、信解品のそれぞれの著語とした。求めずして大徳寺の成ったことと、臘月開堂の日の自然の情景とが交差した所、自然法爾の様。◉(7)澄潭不許蒼龍蟠、死水何曾振古風＝澄みきった死水の所に生きた本物は居らぬぞ。前句は『碧巌』十八頌、後句は『同』二十頌。泉水の縁語で両句を持ってきて、野次った。◉⑻**可惜許**＝（口が滑ったな）惜しい。◉⑼**遅了也**＝（今と云っても、はや）遅すぎた。◉⑽**殊不知、威音以前**＝この宝蔵は過去最初の仏である威音王仏以前からとっくに有るのを御存知無いようじゃ。◉⑾**鳥飛毛落**＝『碧巌』二十九垂示、十七則に、「魚行水濁、鳥飛毛落」。◉⑿**水至渠成**＝『碧巌』六頌評唱に、「風行草偃、水到渠成」。◉⒀**家常茶飯**＝日常茶飯。「ソナタノ、エテモノジャ」。水到れば渠成るという具合に、なにも珍しいことではない、いつもの常套手段。◉⒁**況**＝以下、宗印禅者の並大抵でない尽力に謝意を表わすと共に、国師自身の無欲ぶりに比して、本分の上から問い直すのが狙い。◉⒂**宗印禅者**＝後醍醐帝の女房か皇女ではないかとも云われている人で、元徳三年（一三三一）に妙覚寺（大徳寺の末寺第一号で、大徳寺の南近隣にあったが現今はない）に住す。◉⒃**冒穹谷攀幽林…堆山積岳**＝宗印禅者が海南の檀越の勧募を仰ぎ、自ら深い山奥に分け入って、山のような良材を選びだしたこと。◉⒄**見義勇為**＝宗印禅者勇なるかな。『論語』為政篇に「義を見て為ざるは勇無きなり」。◉⒅**独木不能架高厦**＝多くの人の因縁で物事は成るもの。巨材の縁語で「独木」云々と云う。隋、王通『文中子』事君篇に「大廈の将に顛れんとするや、一木の支うる所に非ず」、略して「一木難支」とも。【一四五の二】注⑽参照。◉⒆**控渓水与海通…独解透路**＝材を川に下し、大波激しい海を渡る。◉⒇**為是神通妙用乎**＝摩訶不思議の働きなるか。◉㉑**駆白牛於露地、結軌於百里**＝陸路牛に引かせ、運搬車（軌）に乗せ。「白牛」とは『法華経』譬喩品に菩薩乗を白牛車に比するに依り、「牛」の縁語。◉㉒**本体如然乎**＝本来ありのままの姿なるか。『臨済録』勘辨に、「毛《もう》、巨海《こかい》を呑み、芥《け》、須弥《しゅみ》を納る、為《はた》是神通妙用なりや、本体如然なりや」と。◉㉓**鳩成風於大野、響斧於一城**＝紫野に大工を集め、市中に斧の音を轟かす。「成風」は大工を云う。『荘子』徐無鬼篇の名大工郢《えい》匠の話に基づく。◉㉔**良匠無棄材、明君無棄士**＝優れた大工には捨てるような材木は無く、優れた君主には不要の人材などと云うものは居ない。『老子』巧用に、「是《ここ》を以て聖人は常に善く人を救う、故に棄人無し。常に善く物を救う、故に棄物無し」と。◉㉕**或費郊外丁夫或労山中普請**＝村内の働き手や、山内の大衆を煩わせての普請（一斉共同作業）。◉㉖頭頭上明、物物上明＝各人各人、各所各所、それぞれに皆な一大光明を放っている。◉㉗**樹雲間之朱堂、布五彩之榱椽**＝雲間に聳える立派な法堂を建て、色鮮やかな椽を連ね。◉㉘仏身充満於法界、普現一切群生前＝到るところ仏身ならざるはなし。「～、～。随縁赴感靡不周、而常処此菩提座」の形で亡者回向、仏像開眼回向等に用いられるが、もとは『八十華厳経』巻六の偈。◉㉙**安灯王之広座、荘三道之宝階**＝須弥壇を安置し、三筋の登り段を作る。『維摩経』不思議品に云う須弥灯王の師子座に依る。また後句は『維摩経』見《けん》阿《あ》閦《しゅく》仏品《ぶつぼん》に、閻浮提《えんぶだい》より忉利天《とうりてん》に至る三道の宝階を登って、妙喜《みょうき》世界の阿閦如来に見ゆると云うに依る。◉㉚尽大地是者法王座、豈仮灯王力＝到るところそのままが是れこの法王座、この上更に須弥灯王の力なぞ借りる必要があろうか。◉㉛水鳥樹林念仏念法、作麼生＝小鳥や木々に至るまで念仏念法と云うが、どうじゃ（三道宝階なぞと云って、まだこの上阿閦仏の説法が要るか）。『会元』巻十三洞山良价章に、「無情説法」に関して、雲巌曰く、「豈に見ずや弥陀経に云う、水鳥樹林悉皆念仏念法」とある。◉㉜**区区役役**＝努め、労役して休まず。◉㉝不起道場現諸威儀、区区役役在何処＝区区役役、何処に奔走するものぞ（区区役役がそのまま道場、更に何をか求めんや）。『維摩経』弟子品に、「滅定を起たずして諸の威儀を現ず」と。◉㉞遍界古仏堂、何日有閉却＝開闢以来、全世界がこれ法堂仏殿、何時開くの閉じるのの沙汰があろうや。「開堂」の「開」にあてて。◉㉟**偏報過現未来…一切含霊**＝底本の訓みは「過現未来に報ず」であるが、「報」は「一切含霊」にまでかかると見て、平野氏の訓注本に準じた。十方三世一切の諸仏諸大菩薩方、生まれ変わり死に変わり、幾生にもわたってそれぞれお世話になった老師方、善友、受業師、父母や御恩の有る方々、生きとし生ける者の為に、遍く恩を報ずる。◉㊱一段風光画不成＝報恩の真実底は云うに云い難く、絵にも画き難し。伝えられる五祖法演が挙す小艶詞に、「一段の風流、画けども成らず、洞房深き処、閑情を悩ます。頻りに小玉と呼ぶも、元より事は無し、只だ檀郎の声を認得せんことを要するのみ」（『助桀』）。◉㊲三千世界海中漚、一切賢聖如電払＝永嘉大師『証道歌』、但し「三千」は「大千」、「賢聖」は「聖賢」。◉㊳所有一切衆生之類…実無衆生得滅度者＝『金剛経』大乗正宗分第三。仏教では生きとし生ける一切の衆生（有情）を卵・胎・湿・化の四生に分類し、欲界・色界・無色界の三界に分類し、またその無色界を有相・無相・非有相・非無相の四相に分かつ。その一切の衆生を無余涅槃（大乗の涅槃。生死を滅してではなく、生死本来涅槃なりと悟る）に入らしめる。かくの如く、区区役役、願輪に鞭打って衆生を滅度（涅槃）すれど、（本分底よりすれば）元々上に攀仰すべき仏もなく、下に度すべき衆生もない。◉(39)**為便是自然而至、為復是従功而成**＝以上法堂建立の次第は、一体そも自然に成ったものか、それとも宗印禅者及び諸人の並々ならぬ功労により成ったものか。◉(40)制心於一処、無事而不辨＝一心不乱なれば、何ごとも成らざるはない。一心不乱なれば、功だの自然だのという沙汰はない筈。「辨」は「成辨（成就）」の義。『仏遺教経』に、「之（＝心）を一処に制すれば、事として辨ぜざるは無し」（大正十二・一一一）と。◉(41)又是有無裩草裏坐＝国師の、児のために醜きを忘れて、婆談義する様を抑下して。『虚堂録』巻五頌古六十三に、「也た衣無うして草裏に坐する有り」と云う趣旨。巌頭が甘行者のために落草、真っ裸で坐っている所を指すが、『犂耕』に「向上を把って却って抑下す、いわゆる孤峰頂上草裏に坐するなり」と。【一〇四】注(10)参照。◉(42)多口阿師＝おしゃべりな和尚様じゃ。『碧巌』五十則頌。◉(43)面上夾竹桃花、肚裏参天荊棘＝外面は菩薩の如く、内心は夜叉の如し。国師の腹の底はどうしてどうして。『川老金剛経注』巻下「浄心行善分第二十三」の下語、但し「参」は「侵」。◉(44)鸞膠難続断腸人＝腸も断たんばかりに悲しむ人（ここにあり）。「鸞膠難続」は「断」の強調形。断絃は鸞膠（鳳凰の一種の鸞鳥のにかわ）で継げるが、それも出来ないほど（悲しい）。『虚堂録』巻五頌古の第四に見える。◉(45)又恐多少喪身失命去＝しかし、ここにいたっては、恐らくは多くの人が命を落とすことだろう。この場合「多少」の「少」に意味はない。◉(46)罕逢穿耳客、多遇刻舟人＝怜悧の人には滅多に逢わず、多くは愚者に遇うのみ。『伝灯録』巻十三風穴章に見える。「穿耳客」は『止観輔行』一の一に、「昔、婆羅門《ばらもん》有って、人の髑髏を華氏城に売り歩く。…即ち銅柱を以て其の耳を貫穿し、徹せば多く価す。…其の通徹する者は其の人、生時に妙法を聴受し智慧高貴なるものなり」（大正四十六・一四七）と。「刻舟人」は『呂氏春秋』十五の八「察今」に出る、舟から剣を落とし、落とした場所を船べりに刻んで目印とした愚か者の話。◉(47)和尚大慈大悲、伏乞為解説＝（刻舟人に代わって）大灯の説法を勧請した。◉(48)**撃払子云**＝言わずもがな、宗印禅者の功に感謝するが、然れども本分理上には別の境界が有ることを、次に華厳の教えを借りて示す。「払子」はもとインドで蚊を追い払うために用いたものが、宋代の禅寺で住持が説法の時に用いて説法の象徴とした。「撃払子云」とは、払子を払って、改まって云う。◉(49)止止、有什麼長処＝止めよ止めよ、何の得にもならぬぞ。◉(50)説似一物即不中＝何と説いても中らず。南岳懐譲、悟道の因縁語。◉(51)縦説得八九十成、猶是玄沙道底＝たとえ言えたとしても、それは八九分なるのみ。未徹底なることはうけあい。「玄沙道底」は、『禅林方語』に「敢保老兄未徹在」、「打我心痛」、「漆桶不快」、「去死十分」の四解をあげるが、ここでは最初の語。霊雲志勤禅師の投機の偈に対して、「敢保《かんぽ》す老兄《ろうひん》が未徹在《みてつざい》なることを」と。◉(52)**前釈迦不前、後弥勒不後**＝過去の釈迦も過去ならず、未来の弥勒も未来ならず、即今のことである。『禅林僧宝伝』巻二十八白雲守端章に、「古釈迦前ならず、今弥勒後ならず」と云うに同趣。◉(53)不是分外事＝何も大したことではない。「分外」は「特別、過分」の義。◉(54)**無辺刹境…不離於当念**＝限りなく広い国土も我れと他との間に毛筋程も隔たりはない、当処である。一切の過去現在未来も当念である。李通玄『華厳合論』巻一（卍続蔵五・六六四）、但し「不離」は「不移」。『華厳経』離世間品（大正九・六三四）に、普説三世を説明して十種の三世を説く。過現未の三世にそれぞれ三世を説いて九世とし、当人の這の一念を把って、珠数を貫くが如く九世を穿過するに相似たり。此の一念を以て通じて十世と為す（取意）。◉(55)誰即不識＝誰も知らぬものはいない。◉(56)将謂十世古今、全離当念＝私は今まで十世古今は当念を離れているものとばかり思っておりました（随分オチョクッタ言い方）。「将謂」は「今まで思い違いをしていた」の意。◉(57)**一毛頭上現宝王刹、一弾指頃転大法輪**＝一本の毛筋の先に大伽藍を建立し、一弾指間（指で弾く程の少時）に一大説法をする。『楞厳経』巻四に「一毛端に於いて宝王刹を現じ、微塵裏に坐して大法輪を転ず」と。◉(58)残羹餿飯、狗亦不喫＝そんな陳腐なもの、誰が食うかい。「残羹」は残りものの料理、「餿飯」は腐った飯。『伝灯録』巻十二雲山（臨済下）章に、「僧曰く、『残羹餿飯、誰か喫せん』。師曰く、『独り闍梨のみ有って喫するを甘《うけが》わず』。其の僧乃ち吐く勢を作す」と。◉(59)**建化門中事**＝衆生教化の為の方便上の説。以下、衲僧門下の事を示す。◉(60)有什麼不可…我愛建化門＝（建化門ではまだ不十分という言い方だが）建化門のどこがいけない。むしろ建化、向上などと分けて説くほうがいかん。どちらかといえば、私は建化門の方を選ぶ。◉(61)劈開左眼云猫＝底本の「擘」は「劈」の通字。赤眼を大きく剥いて猫と云う、相手をからかう仕種。アカンベエ。『会元』巻七徳山宣鑑章に例文がある。『犂耕』に、「会元鈔に云く」として、「猫の勢いを作す。是れ、師を調弄するの謂なり」と。◉(62)大冷却一堂。危哉＝一座は興醒めして、大灯も危ういところであったわい。◉(63)**有意気時添意気、得風流処且風流**＝底本は後句を「不風流処也風流」に作るが、貞永寺版の「得風流処且風流」に戻すべし。目出度い上にも、いやが目出度い。白雲守端禅師（一〇二五—七二）が臨済三頓棒に付けた偈頌の後半部であるが、『大灯語録』原本では、「得風流処且風流」であり、貞永寺版も原本に同じ。また『白雲端録』承天録の上堂に、掌を撫して呵呵大笑して云う、「大衆得風流処且風流」（禅十四・四〇一、四〇二）とあるから、ここは『大灯録』原本に戻すべき。また【九五の一】歳旦上堂の本文も「得風流処也風流」である。◉(64)有麼有麼＝【一の六】の処で、「還有知箇中事底麼。出来対衆決択看。有麼有麼」と大灯が問話の僧を釣り出したが、ここで白隠も同じ事をやってみた（無益を承知で）。◉(65)歴劫無名、錯安著名字＝（妙超だと）元来無名。『碧巌』六十八本則評唱に、雪峰との問答に三聖云う、「歴劫無名、何を以てか彰《あら》わして古鏡と為す」と。◉(66)**恭遇君聖臣賢、不忘霊山付嘱**＝朝廷の護法の念の厚きことを、「昔、仏陀が霊山で付嘱された故事を忘れたまわず」と言い表わした。底本の訓みは「恭く君聖臣賢に遇う、…」であるが、ここの「不忘」の主語は「君臣」なので、平野氏の訓注本に準じた。仏陀が涅槃に臨んで、遺法を諸国王大臣に附嘱し、仏法の外護にあてたことを、『涅槃経』や『大集経』に云うが、特に『仁王般若経』受持品第七は霊山（王舎城の東北にある霊鷲山）上の附嘱なので、これを霊山附嘱と云う。◉(67)**太平得路成此**

梵刹＝治世太平、障礙なく大徳寺が成った。「太平得路」は『虚堂録』巻三柏巌録に、「自然に草偃して風行き、太平に路を得たり」と。◉(68)**四美具、二難並**＝全てが調ったわい（と、調子を合わせた）。『古文真宝後集』巻三、王勃「滕王閣序」。「四美」は、良辰（佳き日柄）、美景（よい景色）、賞心（めでる雅やかな心）、楽事（酒、詩歌、音楽等の楽しみ）の四つ。「二難」は二つの得難きもの、賢主（優れた主人）と嘉賓（優れた客）のこと。◉(69)**敷揚正法眼蔵**＝「正法眼蔵」は仏法の真髄、「眼」は一切のものをうつす意、「蔵」は一切のものを包む意味。「敷揚」は「のべあげる」、霊山附嘱の正法眼蔵をここに挙揚する。『大梵天王問仏決疑経』（卍続蔵八十七、中国撰述の偽経）に「世尊拈華瞬目揚眉、摩訶迦葉破顔微笑、世尊言」として、「我れに正法眼蔵涅槃妙心有り、即ち汝に附嘱す、汝、能く護持し相続不断ならしめよ」とある。この摩訶迦葉への附嘱も霊山附嘱という。◉(70)**尽大地沙門正法眼蔵、如何敷揚去**＝尽大地が人人の正法眼蔵である。何を今さら敷衍の宣揚のと云うことがあろうか。『碧巌』五本則評唱に雪峰の語として、「尽大地、是れ沙門の一隻眼」と。◉(71)**祝延聖寿無疆**＝陛下の長寿無窮をお祈りします。◉(72)**我常住於此…無数億衆生**＝我れは常に此の娑婆に住《とど》まって常に説法し、無数億の衆生を教化している（と『法華経』寿量品にも云うごとく、聖寿の久遠実成の如くならんことを祈る）。◉(73)**山河大地…共力拝手**＝（大灯自身、仏法自身のみならず）山河大地、草木叢林に至るまで、情有るもの、情無いものに至るまで、全て同じく陛下の恩徳の光を蒙り、つつしみ努めて深々低頭いたします。「拝手」は九拝の一つで、手のあたりまで頭を下げること。◉(74)**風揺松竹是歓声**＝松や竹を揺るがす風の音も喜びの声。黄庭堅『山谷集』巻十二「馬上口号呈建始李令」。◉(75)**妙超下情、不勝感激屏営之至**＝自分の気持ちを謙遜して「下情」と云う。「屏営之至」は書翰文用語で「恐縮至極」の意。◉(76)**皇風永扇、仏日増輝**＝王道と仏法の共に繁栄するを祝福する語。『勅修清規』念誦に、「～、帝道遐昌、～」（大正四十八・一一二一）。

【一の八】

復《ま》た云く、「(1)**昔日《そのかみ》、世尊《せそん》、六年雪を戴《いただ》いて、頭上《ずじょう》に頭《ず》を安《あん》ず**〔(2)仏仏《ぶつぶつ》の要機《ようき》、祖祖《そそ》の機要《きよう》。(3)**例有らば例を攀《よ》づ。**(4)一船《いっせん》の人を賺殺《れんさつ》す」。(5)**明 星《みょうじょう》忽《たちま》ち現じて、眼皮《がんぴ》横《おう》に綻《ほころ》ぶ**〔(6)目を捏《ひね》って強《し》いて花を生ず。(7)可惜許《かしゃっこ》〕。**此れより**(8)**端《はし》無く、『**(9)**大地の含識《がんしき》、這《こ》の如来の智慧徳相《ちえとくそう》を具《ぐ》す』と道《い》うことを解《げ》す**〔(10)謹《つつし》んで如来の深恩《じんのん》を謝す。可惜許。(11)人性《にんしょう》の上には、一物《いちもつ》を添う可《べ》からず。何《いず》れの処にか如来の徳相《とくそう》を著《つ》けん〕。(12)**大衆《だいしゅ》、若し是れ大《だい》地《ち》の衆生《しゅじょう》ならば、各各自《おの》ずから生涯《しょうがい》有らん**〔只だ恨《うら》む、多くは(13)賊《ぞく》を認《と》めて子《こ》と為《な》す。(14)差別無きの平等は仏法に順ぜず、悪平等なるが故《ゆえ》に〕。(15)**旦《あした》より暮《くれ》に至り、少《わか》きより老《お》いに至るまで、毎日起坐経行《きざきんひん》**〔(16)認取せば却って不可。(17)被毛《ひもう》も此れより得、作仏《さぶつ》も亦た他に依る〕、**一是一非《いちぜいっぴ》、瞥喜瞥瞋《べっきべっしん》、並《なら》びに是れ他家活脱《たけかつだつ》の生涯なり**〔(18)学道の人、真《しん》を知らざることは、只だ従前識神《しきしん》を認《と》むるが為なり。無量劫来《むりょうごうらい》、生死《しょうじ》の本《もと》、痴人《ちじん》、喚《よ》んで本来人と為《な》す〕、**何ぞ必ずしも如来の智慧徳相《ちえとくそう》を貴《たっと》ばん**〔(19)縦《たと》い要せざるも、如何《いかん》せん、従頭《じゅうとう》具有し来たることを〕。

(20)**後代《こうだい》の児孫《じそん》、者《こ》の老漢に惑乱《わくらん》せらるることを得たり**〔(21)和尚、又た作麼生《そもさん》。謹んで賀し奉る、特《ひと》り老和尚のみ有って、他の瞞《まん》を受けざることを。(22)円頂方袍《えんちょうほうぼう》は他の受業師《じゅごうし》の做《さ》〕、(23)**往往《おうおう》に安禅 静慮《あんぜんじょうりょ》、脳《のう》を刺《さ》して膠盆《こうぼん》に入《い》る**〔(24)只だ恨《うら》むらくは、近代安禅静慮する底《てい》の児孫も、亦た甚《はなは》だ稀《まれ》なることを〕、(25)**悟りを以て望みと為せば、木《き》に縁《よ》って魚《うお》を求むるに似たり。**(26)**之れを望 上 心不息《ぼうじょうしんふそく》と謂《い》う**〔(27)聞く、三十年前、複子《ふくす》を挟《はさ》んで涙を帯び播州を辞し、走って相陽《そうよう》に行いて、門を挨《お》し戸に傍《そ》い、俄《にわ》かに又た華洛《からく》に走って、頭《こうべ》を韜《とう》光菴《こうあん》に叩《たた》き、望上心を呈《てい》する底の老漢有りと。(28)又た聞く、近頃《ちかごろ》龍宝堂上に在って、大口を開くことを〕、(29)**大いに須《すべか》らく世尊 出 世《しゅっせ》の本志《ほんし》に辜負《こふ》すべし**〔作麼生か是れ世尊出世の本志。(30)曰く、一大事因縁《いちだいじいんねん》の為の故に世に出現す、仏知見《ぶっちけん》を開かしめんと欲する故に世に出現す〕。

且《しば》らく諸人に問う、上来《じょうらい》既に道う、後代の児孫、他《た》に惑乱せらるると〔(31)両頭三面《りょうとうさんめん》。(32)小売弄《しょうまいろう》〕。**今、也《ま》た便ち道う、大いに須らく他《た》の出世の本志に孤負《こふ》すべしと。(33)是れ世尊を褒《ほう》するか、是れ世尊を貶《へん》するか**〔(34)眼《まなこ》、東南を看て、心《こころ》、西北に在り。(35)周郎《しゅうろう》が顧《こ》を得んと欲して、時時に誤って絃《げん》を払う〕。**若し讃嘆《さんたん》すと道わば、甚《なに》に因《よ》ってか惑乱《わくらん》の言《ごん》有る**〔(36)橋《はし》を過《す》ぎて村酒美《そんしゅうま》し、岸《きし》を隔《へだ》てて野花香《やかかんば》し〕、**若し誹謗《ひぼう》すと道わば、亦た何ぞ孤負の詞《ことば》有らん**〔(37)江《こう》に到って呉地《ごち》尽き、岸を隔てて越山《えつざん》多し〕。**或いは褒貶《ほうへん》、時《とき》に随《したが》うと道わば、未だ免《まぬが》れず、(38)語に随って解《げ》を生ずることを。(39)更に褒貶施《ほどこ》さずと道わば、古仏の家風を失却す**〔(40)自ら瓶《かめ》を携《たずさ》え去って村酒を沽《か》い、還《かえ》って衫《さん》を著《つ》け来たって主人と作《な》る〕。**直饒《たと》い総《そう》に不恁麼《ふいんも》と道うも、明らかに知る、(41)莽莽《もうもう》鹵鹵《ろろ》にし去ることを。畢竟《ひっきょう》、意《い》は那裏《なり》にか在る**〔(42)天下の利を同じうする者は天下を得、天下の利を擅《ほしいまま》にする者は天下を失う〕。

所以《このゆえ》に、山僧、曾《かつ》て一頌有り、『(43)明星一見《いっけん》、雪重《かさ》ねて白し〔是れ甚麼《なん》の閑事《かんじ》ぞ。此の老、又た重ねて人を惑乱せんと要する那《な》〕、**(44)眼裏《げんり》の瞳人《どうにん》、毛骨寒《もうこつさむ》し**〔(45)第二重も亦た有り。**(46)然《しか》も与麼《よも》なりと雖《いえど》も、更に須らく子細《しさい》にすべし。何が故ぞ。**(47)両背由来拆《りょうはいゆらいたく》、双眉《そうび》元と是れ単《たん》〕。**(48)大地《だいち》、若し此の節を知ること無くんば**〔(49)只だ途路《とろ》の遠きことを知って、覚《おぼ》えず又た黄昏《こうこん》〕、**釈迦老子《しゃかろうし》も出頭すること難《かた》からん**〔(50)縦《たと》い此の節を知ること有るも、者裡《しゃり》出頭を許さず。(51)六七四十二〕』。**只だ眼裏の瞳人、毛骨寒しと道うが如きんば、是れ什麼《なん》の時節ぞ**〔(52)山上《さんじょう》の路《みち》を知らんと要せば、須らく是れ去来《こらい》の人なるべし〕。

(53)若し能《よ》く恁麼《いんも》にし去らば、日用四威儀《にちようしいぎ》の中《うち》、壁立万仞《へきりゆうばんじん》、孤迥迥《こけいけい》、峭巍巍《しょうぎぎ》〔(54)行かんと要せば便ち行き、坐せんと要せば便ち坐す。壁立万仞を用いて、什麼《なに》か為《せ》ん〕、**(55)天の普《あまね》く覆《おお》うが如く、地の普く載《の》するが如し**〔(56)虚空消殞《こくうしょういん》し鉄山摧《てっせんくだ》く。那《いず》れの処にか覆載《ふさい》する底の天地を著《つ》けん〕。**(57)虚空の含容《がんよう》するが如く**〔(58)虚空、大覚の中に生ずること、猶《な》お海の一漚《いちおう》を発するが如し〕、**日月《じつげつ》の照耀《しょうよう》するが如し**〔(59)日月も照臨《しょうりん》し到らず、天地も覆載し尽くさず」。(60)**甚《なに》に因《よ》ってか此《かく》の如くなる、今日臘月八《こんにちろうげつはち》**（(61)上巳《じょうし》に依稀《いき》として、重陽《ちょうよう》に彷彿《ほうふつ》たり）」。

(1)**昔日世尊六年戴雪、頭上安頭**＝世尊の雪山苦行六年の故事を踏まえて。「頭上安頭」は「無駄骨を折った」こと、『楞厳経』巻四の演若達多の故事に基づく。但し『犂耕』によれば、禅家で常に云う「雪山苦行」も『仏説八大霊塔名号経』の頌（大正十三二・七七三）に出るのみ、と。◉(2)仏仏要機、祖祖機要＝仏に成るべき肝要の機、坐禅を云う。『宏智録』巻八「坐禅箴」の冒頭句。◉(3)有例攀例＝（雪山成道などという）仏祖の旧例を持ち出して来たな。『白雲守端録』興化録の語。◉(4)賺殺一船人＝我々一切の人を誑《たぶら》かす。「殺」は強調。「一船人」の由来は、仏の教えを船筏に譬え、仏を生死の彼岸に渡す船頭に譬えるに依る。◉(5)**明星忽現、眼皮横綻**＝「眼皮」はまぶた。『碧巌』三十七頌評唱にも「眼皮綻底」とあるが、「眼目を豁開する」の義。『修行本起経』等の本縁部の諸経に説く「明星出づる時、廓然《かくねん》大悟」のこと。◉(6)捏目強生花＝目を強く擦ればチカチカと眼花を見るように、有りもしないことを見ること。『楞厳経』巻八に「捏目乱花発生」と、顚倒の譬喩に用いる。◉(7)可惜許＝あたら惜しい事をした（云わいでもよいことを云ったものだ）。◉(8)**無端**＝思いがけず、わけもなく。◉(9)**大地含識、具這如来智慧徳相**＝『八十華厳経』巻五十一如来出現品に、「奇《き》なる哉《かな》、奇なる哉、此の諸の衆生、云何《うんが》如来智慧を具有する」（大正十・二七二下）と。但し「徳相」の二字は華厳第四祖の清涼澄観が付け加えたもの（『仏祖歴代通載』巻二十）。◉(10)謹謝如来深恩＝謹んで如来の深恩に感謝いたします（白隠禅師皮肉たっぷりの言いぐさ）。◉(11)人性上不可添一物。何処著如来徳相＝人人本具の仏性（本分）の上には、如来だの徳相だの何も付け加える必要は無い。前句は所謂「凡に在っても不減、聖に在っても不増」の本性を云う。◉(12)**大衆若是大地衆生、各各自有生涯**＝大衆よ（と呼びかけ）、大地の衆生（一切の有情、特に凡夫）であるからには、各々がそれぞれに生き方がある。「生涯」は『荘子』養生主篇に出る語、ここでは活計、なりわい。『密庵録』烏巨乾明録に雪峰鼇山成道を挙して、「便ち大地の人物を将て自己の受用と作し、令を千載の下に致し、宗風を凌辱す。…且らく、天下の衲僧、向後、各各自ずから生涯有ることを要す」と。◉⒀認賊為子＝盗人を我が子と思い込む。妄を認めて真となす。『楞厳経』巻一。◉⒁無差別平等不順仏法、悪平等故＝『荊叢毒蕊』巻四に、「慧心院僧都曰」として、この語を載せる。◉⒂**従旦至暮…並是他家活脱生涯也**＝朝から晩まで、若いものから年寄りに至るまで（全ての者が）、毎日行住坐臥に、良きにつけ悪しきにつけ、忽ち喜んだり忽ち怒ったりにつけ、全てが全てそれぞれに快活自在の生涯があるはず（何のこの上如来のお呼びぞ）。「瞥」は「忽ち」の意。「瞥瞋、瞥喜」は『南院慧《え》顒《ぎょう》語要』に、「問う、『龍、江湖に躍る時如何』。師云『〜、〜』」と。◉⒃認取却不可＝鵜呑みにするのはいかん。「認取」は「記得、辨認、認得」の義で、「覚える、見覚えている」。白隠禅師、しばしば平等にも差別にも腰を下ろすを諫める。『秘鈔』に、「此の僧、色身と法身とを二つに見た、無平等の差別じゃ、もし又一つに見たらば無差別平等じゃ、此は人々行届かねば話はならぬ」（八十二本則）。◉⒄被毛従此得、作仏亦依他＝畜生となるも、仏となるも、この一点。此所僅かの差が天地懸隔する。『大川録』岳林録の冬至上堂、但し「亦」は「也」、「依」は「由」。もと『明心宝鑑』存心篇七に北宋邵康節《しょうこうせつ》の語として見える。◉⒅学道之人不識真…痴人喚作本来人＝「他家活脱の生涯」と云うも、へたすると識神を認めることになりませんかと揶揄。「識神」とは「心識の主体としての神魂、霊魂」を云う語。所謂自我の意識を本当の自己と認めるのが生死流転の根本原因である。『楞厳経』巻一の「賊を認めて子と為す」の趣旨を詠んだもの。『無門関』十二頌、『碧巌』六十本則評唱、『伝灯録』巻十長沙章等に見える長沙景岑《ちょうしゃけいしん》の偈。◉⒆縦不要、如何従頭具有来＝「如来の智慧徳相なぞ要らない」などとおっしゃっても、はじめから備わっているのは、致し方がない。「従頭」は「はじめから」。◉⒇**後代児孫、得被者老漢惑乱**＝（ところが）後世の坊主共は、この釈迦老漢に騙されて。「得被…惑乱」の「得」は「…に到る、…の結果…となる」の意。◉㉑和尚又作麼生…不受他瞞＝和尚さん自身はどうですか。御自身独り騙されていないとしたら、お祝い申し上げましょう（一番騙されているのは和尚じゃないですか）。◉㉒円頂方袍他受業師做＝（現に、その僧体は何ですか）僧体こそ、かの釈迦の為せる業。

「受業師」は「得度の師匠」。ここは「他受業師」で釈迦を指す。「円頂」は「剃髪した頭」、「方袍」は「袈裟」のこと。「円頂方袍」で僧侶、つまり釈迦如来の弟子の意。◉㉓**往往安禅静慮、刺脳入膠盆**＝ともすれば坐禅して心を静めようと、恰も脳天から膠盆に突っ込んで、二進も三進も行かぬ様。後句は『碧巌』四十六頌下語。◉㉔**只恨近代安禅静慮底児孫亦甚稀**＝嘆かわしいことには、今時その坐禅（の穴蔵に堕）するやつすらおらぬ。◉㉕**以悟為望、似縁木求魚**＝悟りを目的とせば、見当違い。「縁木求魚」は『孟子』梁恵王章句上の七節に、「若《かく》のごとく欲する所を求むるは、猶お木に縁《よ》って、魚を求むるがごとし」と。◉㉖**謂之望上心不息**＝底本の「不足」は「不息《やまず》」の誤植。『鼓山神晏法堂玄要広集』（禅十二・六三〇、六三一）には「喚んで望上心不息と作す」とある。『臨済録』の示衆に云う「一切馳求の心歇《や》むこと能わず」である。鼓山神晏《くざんしんあん》禅師は、雪峰存の法嗣。後に閩帥王延彬《びんすいおうえんぴん》の帰依を受け、興聖国師と諡される。その語録は『大灯録』にしばしば活用される。◉㉗**聞、有三十年前…呈望上心底老漢矣**＝三十年前、大応に参ずるまでの大灯国師の行状を述べて、そのひたむきな望上心をさらけ出した老漢があったと聞くが（誰だったのかな）。「複子」は、行脚の時に雲水が背負い歩く風呂敷包み。転じて旅装を云う。「相陽」は「鎌倉の仏国」を指す。「挨門傍戸」とは「挨門挨（又は逐）戸」（＝各門戸ごと隈なく尋ね廻る）と「依（又は倚）門傍戸」（＝他に依存する）の合成語か。『碧巌』七頌下語。『種電鈔』には「主宰となることを得ざるが故に言句に依倚する」と。『秘鈔』には「処々方々尋ね廻るな」と。いずれにしても主体性のない様を云う。「韜光菴」は「京都韜光庵の大応」を指す。巻末『年譜』参照。◉㉘**又聞、近頃在龍宝堂上、開大口矣**＝（それなのに）又、先頃大徳寺の法堂上でこんな（望上心こそいかんなぞと）大口をたたくのを聞くとは。◉㉙**大須辜負世尊出世本志**＝（そんなことでは）大いに却って世尊の衆生をして仏知見を開かしめんという出世の本志にそむく。「須」は「必定、却って」の意。「辜負」は「そむく」。◉㉚**曰、為一大事因縁故…欲令開仏知見…**＝（世尊出世の本志とは、念の為に）『法華経』方便品に曰く、「一大事因縁の為の故に世に出現された、仏知見を開かしめんとする故に世に出現された」と。◉㉛**両頭三面**＝ああと云ったりこうと云ったり、本音を明かさない。『碧巌』二本則下語。◉(32)小売弄＝さまでない安物を自慢げに見せびらかしおって。『碧巌』二本則下語に云う「少売弄」は「売弄する（ひけらかす）ことをやめよ」の意で、「少」は禁止を表わす。「小売弄」は中国の祖録には見当たらない。白隠禅師の造語。◉(33)**是褒世尊、是貶世尊**＝世尊を褒《ほ》めたのか、貶《けな》したのか。先刻は老漢に騙されていると釈迦を抑下し、今度は一転して釈迦老漢のご遺志に背くと托上した。真に仏性を見ぬうちは、徒らに他人の言葉に惑わされるのみ。◉(34)眼看東南、心在西北＝口と腹の底は別（国師の釈尊に対する口と腹が別のように、実は白隠禅師の大灯に対する口も腹とは別）。『碧巌』四本則下語。◉(35)欲得周郎顧、時時誤払絃＝唐、李端『聴箏』に「鳴箏金粟柱、素手玉房前。～、～」（『全唐詩』巻二八六）と見え、元は『呉史』周瑜伝の故事に依る。周郎とは『三国志』で、孔明と一緒に赤壁にて曹操を苦しめた英雄の周瑜のこと。大変美男子でしかも音楽に精通していた。女達が琴を弾いて、間違うと瑜が必ず顧みる、そこで顧みて貰いたいばかりに態と間違うという風であった（大灯国師の両頭三面ぶりも、実は周郎という本来の面目に相見せしめんがための赤心の発露）。◉(36)過橋村酒美、隔岸野花香＝『句双紙』［一九三八］に、「酒も程へだてた処の酒が美《うま》いゾ。花も遠処の花が香しいゾ」と。『会元』巻十四真歇清了章に、「幻化の空身即法身、遂に舞を作して云う、見るや見るや、恁麼に見得すれば、過橋村酒美《うま》し。見るや見るや、恁麼に見ざれば、隔岸野花香し」。讃歎にも腰を据えず。底本の「有」を「美」に改めた。◉(37)到江呉地尽、隔岸越山多＝『唐詩選』五律の釈処黙「聖果寺」。銭塘江に至って呉の地は尽きるが、江水の南向こうには越の山々が聳えている。「窮すれば通ずる、上には上がある」等をいう句。ここでは、「誹謗にも腰を据えず」の意。◉(38)**随語生解**＝言葉尻を追うだけの見解。『百丈広録』（禅十一・一六八）、もと『華厳経』巻五十一に声聞乗を貶して「随他語解」（大正十・二六八）の語あり。◉(39)**更道褒貶不施、失却古仏家風**＝更に褒でもなければ貶でもないと云うならば、最早（衆生済度すべき）仏教徒とは云われぬ。「施」は「おこなう、もちいる」。「古仏家風」は『碧巌』十六頌にもある如く、釈迦老子の家風。◉(40)自携瓶去沽村酒、還著衫来作主人＝（ある時は賓となって）自分で瓶を携えて酒を買いに行き、

（また主となっては）上衣を羽織って主人に早変わり。賓となるも主となるも自由自在。黄山谷の詩、『羅湖野録』巻上黄公魯直章、但し「還」は「却」。◉(41)**莽莽鹵鹵**＝大雑把、粗雑、不精。『荘子』則陽《そくよう》篇に「昔《さき》に予禾《われくわ》を為《つく》り、耕して之れを鹵莽にすれば、則ち其の実も亦た鹵莽にして予に報いる」と。◉(42)同天下利者…擅天下利者…＝天下の人とその利を同じくする者は天下を得、天下の利を専ら擅にする者は天下を失う。太公望『六韜』文韜。◉(43)**明星一見雪重白**＝明星を一見してよりと云うもの、雪はさらに一層白い。雪の本当の白さが分かった。【一六九の二】臘八上堂に、「未だ明星を見ざる時、已《すで》に雪山《せっせん》雪白く、明星を一見して後、又た雪山雪白し。這裡端的の事、和尚、如何が甄別《けんべつ》せん」参照。◉(44)**眼裏瞳人毛骨寒**＝幻人として骨身に徹して寒い、本当の寒さが分かった。「眼裏瞳人」は相手の瞳にこちらの姿が映し出されている影法師、また目仏（ヒトミ）を指す。幻人の意。【一二六】注(6)参照。『洞山初録』に、「眼裏の瞳人、木笛を吹く」、「眼裏の瞳人、気毬を築く」。「毛骨寒」は『人天眼目』巻六「六祖問答」の二祖一隻臂に云う、「看よ看よ三尺の雪、人をして毛骨寒からしむ」と。◉(45)第二重亦有＝又た又た惑乱に惑乱を重ねるか。◉(46)雖然与麼、更須子細＝さは云うものの、（相手が相手だけに）あらためてよくよく吟味しなくてはいかん。後句は『碧巌』三頌下語。◉(47)両背由来拆、双眉元是単＝底本の「拊」は「拆」の誤植。三枚の銭を投げて、二枚裏は陰、二枚表は陽。分別思慮の入る余地無きところ、眼裏瞳人の端的。『犂耕』に、「周易卦『火珠林』（＝宋代の擲銭占いの書）の擲卦爻象に曰く」として、「両背由来拆、双眉本と是れ単、渾眉《こんび》交位定、総背《そうはい》是れ重安」と。銭三文を擲《な》げて八卦を立てる時の要訣。「背」とは裏、「眉」とは表を意味し、「二裏一表」は「拆」と云い、少陰の爻、「二表一裏」は「単」と云い、少陽、「三表」は「交」と云い、老陰、「三裏」は「重」と云い、老陽。六擲して一卦を得る。『虚堂録』巻九径山後録の中夏上堂にも、「単拆交重」の語が有る。◉(48)**大地若無知此節、釈迦老子出頭難**＝大地の有情一切が、もし今日のこの「毛骨寒」の時節因縁を知らねば、釈迦老漢も為人度生と世に出ることはなかっただろう。◉(49)只知途路遠、不覚又黄昏＝『虚堂録』巻五頌古の四十八「扶過断橋水、伴帰明月村。～、～」の後半部。前句と後句が倒語。家に帰ろうとして帰ることが出来ずに、覚えず黄昏に到ってしまったが、路の遠いのにやっと気がつくのみであった（うかうかと日を過ごさば、何時の間にやら白髪頭）。◉(50)縦有知此節、者裡不許出頭＝（もしこの節を知ること無ければ、どころか）たとい知ろうとも、者裡（此所、衲《わし》にかかっては）釈迦も達磨も顔だしすら許さぬ。◉(51)六七四十二＝（何が故ぞ）六七は四十二。（有りのまま、知るの知らぬの沙汰はない）。◉(52)要知山上路、須是去来人＝（眼裏瞳人の消息は）実地に行った人でなければ分からぬ。『碧巌』三十四本則下語。◉(53)**若能恁麼去…孤迥迥峭巍巍**＝「恁麼」は「このように」、「恁麼去」はここでは「このように心得る」の義。「四威儀」は行住坐臥。眼裏瞳人毛骨寒しということが本当に分かったなら、行くにつけ、とどまるにつけ、坐るにつけ、寝るにつけ、全てに渡って、乾坤独歩、独り聳え立つ。「孤迥迥、峭巍巍」は『会元』巻十三雲居《うんご》道膺《どうよう》章。◉(54)要行便行、要坐便坐＝『臨済録』示衆に、「任運に衣裳を著け、〜、〜。一念心の仏果を希求する無し」と有る如く、任運騰騰として、なんの壁立万仭があろうや、と。◉(55)**如天普覆、如地普載**＝天地と一枚と成って、覆載し。◉(56)虚空消殞鉄山摧、那処著覆載底天地＝鉄山（有）も虚空（無）も全て木っ端微塵、どこに覆載すると云う天地が有ろうや、有るはずもない。『虚堂録』巻七偈頌「日本の智光禅人に示す」に、「隠隠として孤帆海を絶して来たる、虚空消殞し鉄山摧く」と。もと『楞厳経』巻九上に、「此の十方空、皆な悉く銷殞す」とある。◉(57)**如虚空含容、如日月照耀**＝虚空と一枚と成って、包み容れ。日月と一枚と成って、照らす。◉(58)虚空生大覚中、猶如発海一漚＝虚空の大なるも、これを大覚（仏世尊）の境界に比べれば海の泡沫に過ぎぬ。『楞厳経』巻六偈、「空生大覚中、如海一漚発」を踏まえて。◉(59)日月照臨不到、天地覆載不尽＝（者裏には）日月も到底照らし及ばず、天地も覆い尽くすことなど出来はせぬわい（そんなちっぽけなもんと違う）。『人天眼目』巻二浮山九帯の四、事貫帯の語、但し「不尽」は「不著」。◉(60)**因甚如此、今日臘月八**＝理の世界から一転、即今の事に戻ったところ。◉(61)依稀上巳、彷彿重陽＝三月三日の上巳の桃の節句のようでもあるし、また九月九日の重陽の菊の節句のようでもあるし、臘月八と決まったものでもあるまい。「依稀」は「彷彿」とともに、「良く似ている」の意。

【一の九】

挙《こ》す。「(1)**太宗皇帝《たいそうこうてい》、因《ちな》みに僧**〔(2)是れ凡か是れ聖か。恐らくは是れ(3)随後婁藪《ずいごるそう》の漢ならん〕**朝見《ちょうけん》す。帝、座を賜《たま》うて**〔(4)沢《たく》、民に及ぶ則《とき》んば賢人之れに帰し、沢、昆虫に及ぶ則んば聖人之れに帰す〕**問うて云く、『卿《なんじ》、甚《いず》れの処よりか来たる**〔(5)直鉤《ちょくこう》は驪龍《りりゅう》を釣り、曲鉤《きょくこう》は蝦蟆《がま》蚯蚓《きゅういん》を釣る〕**』。僧、奏《そう》して云く、『**(6)**廬山《ろざん》の臥雲菴《がうんあん》**〔(7)果然《かぜん》として出処《しゅつしょ》も亦た知らず。(8)三歩には活《かつ》すと雖《いえど》も、五歩には須《すべか》らく死すべし〕**』。帝云く、『**(9)**臥雲深き処、天に朝《ちょう》せず、甚《なに》に因《よ》ってか者裏《しゃり》に到る**〔(10)天風《てんぷう》吹き落とす、桂花《けいか》の枝〕**』。僧、対《こた》うる無し**〔(11)作家《さっけ》の禅客、天然《てんねん》別なり。群を驚かし衆を動ずるも、只だ是れ(12)深山古廟裏《こびょうり》の無転智《むてんち》の大王《だいおう》〕**」。師、**(13)**驀《まく》に拄杖《しゅじょう》を拈《ねん》じて云く、「**(14)**太宗《たいそう》、威容厳粛《げんしゅく》、機晤宏遠《きごこうえん》**〔(15)君子は猛ならず瞋《いか》らざるも、民、鈇鉞《ふえつ》よりも畏《おそ》る。(16)又た是れ仏心天子〕。**(17)**者《こ》の僧、寝黙俛仰《しんもくふぎょう》して、其の礼を失せず**〔(18)風流ならざる処、也《ま》た風流。(19)恰《あたか》も羊《よう》公《こう》が鶴《つる》に似たり〕。**只だ**(20)**後来《こうらい》、雪竇明覚大師《せっちょうみんかく》、代わって、『至化《しいけ》を逃れ難し』と云うが如きんば、又た作麼生《そもさん》**〔(21)稽首《けいしゅ》す、明覚大師。(22)明頭《みょうとう》は打著《たじゃく》、暗頭《あんとう》は打不著《たふじゃく》〕。(23)**拄杖《しゅじょう》を卓《たく》すること一下《いちげ》して云く、「**(24)**四海《しかい》而今《いま》鏡《かがみ》よりも清し、三辺《さんぺん》誰《たれ》か敢えて封疆《ほうきょう》を犯《おか》さん**〔(25)両朝の宝峰《ほうほう》国師、(26)暗頭《あんとう》は打著《たじゃく》、明頭《みょうとう》は打不著《たふじゃく》。(27)鵠林《こくりん》は即ち然らず、(28)者の僧、若し低頭鞠躬《きくきゅう》して、廬山の真面目《しんめんもく》を拈将《ねんしょう》して、以て陛下の万万歳《ばんばんぜい》を祝延《しゅうえん》すと道《い》い得ば、(29)唯だ明暗双双《めいあんそうそう》たるのみならず、天顔喜《てんがんき》有ることは近臣知ることを感得せん。何が故《ゆえ》ぞ。(30)君、密ならざる則んば臣を失う、臣、密ならざる則んば身を失う〕」。

(1)**太宗皇帝因僧朝見、帝賜座**＝太宗は北宋第二代の天子であり、太祖趙《ちょう》匡《きょう》胤《いん》の弟の趙匡儀《きょうぎ》、在位は九七六―九九八。この縁は『雪竇録』瀑泉集、『会要』二十九、『普灯』二十二、『会元』六等に見えるが、本文は『虚堂録』巻三浄慈《じんず》録による。◉(2)是凡是聖＝この僧、目が開いているか、開いていないか。『臨済録』勘辨五。◉(3)随後婁藪＝人の尻に就いてまわる。『碧巌』五十五本則下語。『俗語解』〔一四五二〕に、「『禅林方語』に、人語に随う」と。『大応録』一三六章に、「随妻捜漢」と。◉⑷沢及於民則…沢及於昆虫則…＝恩沢が民にまで及べば賢人が帰服してくるし、恩沢が昆虫の類にまで及べば聖人が帰服してくる。出典未詳。◉⑸直鉤釣驪龍、曲鉤釣蝦蟆蚯蚓＝真っ直ぐな鉤《つりばり》は龍のような大物を釣り、曲がった鉤ではミミズのような小物しか釣れない。『会元』巻十五、文殊応真（徳山密下、雲門二世）上堂に見える。『犂耕』に『尚書中候』を引いて、「周の文王、出猟して之れに遇見す、問うて曰く、『鉤を水に沈むに、何ぞ鉤を直にせしむる。如何ぞ魚を得ん』」と。太公望が雑魚には目もくれず、文王を釣った事を譬喩す。◉⑹**廬山臥雲菴**＝廬山は江西省星子県の西北百十里にある風光明媚の山、匡山《きょうざん》、匡廬《きょうろ》とも。「臥雲菴」は『犂耕』に、『廬山紀事』十二巻（明、桑喬撰）を調べても載っておらず、元の時代に臥雲寺というのがあるのみ、と。◉⑺果然出処亦不知＝果たせるか、御自分の出処も御存知無い。「出処」とは本来の家郷。◉⑻三歩雖活、五歩須死＝三歩ぐらいは歩けようが、五歩とは歩けまい。所詮死郎当の漢。『碧巌』八十一本則。◉⑼**臥雲深処不朝天、因甚到者裏**＝『普灯録』二十二太宗帝章に、この句の前に「朕聞」がある。基づく詩句が有るのだろうが、未詳。「臥雲」とは隠遁を指し示す語。本色《ほんじき》の衲僧は雲深い処に臥《かく》れすんで朝廷に出仕しないと聞くが、どうしてお前さんはここに来たのか。「隠遁と出世」の問題。大応国師も嘉元三年、後宇多上皇の勅命により万寿寺に出世する開堂法語に本縁を取り上げている。◉⑽天風吹落桂花枝＝高貴の香りが天地に満つ（太宗の言句を譬喩）。「桂」は「木犀」の事、又月に桂樹ありとす。『三体詩』七絶の許渾「宋処士《そうしょし》の帰山を送る」に、「山風吹尽す桂花の枝」と。◉⑾作家禅客天然別、驚群動衆＝手練の禅客は天然に別であるわい。（この僧の黙処）群衆を驚動す。『碧巌』七十五本則下語に、「作家禅客天然有在」。◉⑿深山古廟裏無転智大王＝枯木の様に一向坐禅して働きのない僧を嘲って云う語。「大王」とは梵天王に託して愚弄した云い方。語の由来を『犂耕』では、『唯識枢要』に「梵王は世間に皆な計して父と為す。猶お彼の所生の但だ端座を知るのみで、能く一切を生ずると雖も都《すべ》て動作無し、痴人を彼に喩える」（大正四十三・六一六上）とあるに求める。『応庵曇華録』

巻七「厳教授に示す法語」にも、「深山大沢中の一間の破屋下の泥団（＝泥塑像仏）、之れを無転智の大王と謂う。徒《いたず》らに信施を消するのみ」と。◉⒀**驀拈拄杖**＝「驀」は「たちまち、にわかに」。「拈拄杖」は、拄杖を手にとりあげること。聴衆の注意を促して、いよいよ説法が核心部に到ったことを示す。◉⒁**太宗威容厳粛、機語宏遠**＝太宗の御風采は厳粛であり、聡明さは限りなし。「機語」は「機悟」とも、「機敏穎悟（才知がすぐれて賢いこと）」の意。◉⒂**君子不猛不瞋、民畏於鈇鉞**＝君子は猛《たけ》からず瞋《いか》らざれども、臣民はこれを鉞《まさかり》よりも畏《おそ》れる（太宗の威容厳粛なるところ、古語を以て讃する）。『中庸』三十三章に、「君子は賞せずして而《しか》も民勧《よろこ》び、怒らずして而も民鈇鉞《ふえつ》よりも威《おそ》る」と。「鈇鉞」は「斧とまさかり」、諸侯が生殺の権を持つしるしとして天子から授かるもの。◉⒃**又是仏心天子**＝「仏心天子」は梁の武帝の別称（『碧巌』一則）であるが、その武帝に比して太宗を讃す。◉⒄**者僧寝黙俛仰、不失其礼**＝この僧、もの言わざるところ、頭の上げ下げに到るまで礼を失せず。「寝黙」は、止みてもの言わず、沈黙する。「俛仰」は、伏したり仰いだり、身のこなし方。起居動作。◉⒅**不風流処也風流**＝僧の黙の処、也た風流。『白雲守端録』の「臨済三頓棒」頌に、「…、有意気添意気、～」（禅十四・三八九）と。【五一の二】注⑷参照。◉⒆**恰似羊公鶴**＝評判倒れ。『寒山詩』一一〇「或有衒行人」。もと南朝宋劉義慶『世説新語』排調に、「昔、晋の羊叔子の鶴が善く舞うということで、客が聞いて試したら舞わなかった」という故事に基づいて、評判倒れの人を云う。白隠禅師、褒《ほ》めてみたり、貶《けな》してみたり、散々の愚弄。◉⒇**後来雪竇明覚大師代云、難逃至化**＝後世雪竇禅師がこの僧の沈黙のところに代わって、「帝のこの上なき教化（勅命）を逃れません」と。◉(21)**稽首明覚大師**＝明覚大師（雪竇禅師の賜号）に、頭を地につけて最敬礼。◉(22)**明頭打著、暗頭打不著**＝差別の辺はよいとして、平等の辺がもうひとつ（明頭に偏っている）。「明頭」は差別、建立。「暗頭」は平等、掃蕩。『碧巌』二十二本則評唱に「明頭也打着、暗頭也打着」の語あり、『種電鈔』に「打着」は「契合、適当」の謂と。◉(23)**卓拄杖一下**＝拄杖をドンと一突きする。成り切った境界。◉(24)**四海而今清似鏡、三辺誰敢犯封疆**＝天下太平、海は鏡の如く穏やか、陸は辺境を犯す者とてない。「三辺」は三つの辺境。時代によって異なるが、一般に辺境を指す。「封疆」は国境。『大応録』万寿寺録の開堂法語、初句は馬祖下の鵝湖大義「坐禅銘」（『緇門警訓』巻二）。後句は『虚堂録』巻三径山録「四海尽帰皇化裏、～」による。◉(25)両朝宝峰国師＝両朝は持明院系花園、大覚寺系後醍醐の両帝。宝峰とは龍宝山大徳寺。◉(26)暗頭打著、明頭打不著＝国師は平等に偏っている。◉(27)鵠林即不然＝衲《わし》の見解は両師とは違うぞ。◉(28)者僧若低頭鞠躬道得…以祝延陛下万万歳＝この僧、頭を下げ叉手したまま身を屈めて一礼して、「廬山の真面目を持って参りました。以て陛下の万万歳をお祝い申し上げます」と云い得たなら。「廬山真面目」は蘇東坡の「題西林壁」詩による。【二〇七】注(9)参照。◉(29)不唯明暗双双、感得天顔有喜近臣知＝唯だに（宗旨の上からも）明頭暗頭並び行なうのみならず、杜甫の所謂「帝の顔に喜色あり、近臣知る」というを感得し得たものを。『唐詩選』七律の杜甫「紫宸殿退朝口号」に「…昼、漏れ聞くこと稀にして高閣報じ、天顔喜び有り、近臣知る」と。「明暗双双」は『碧巌』五十一則頌。◉(30)君不密則失臣、臣不密則失身＝君主が言語を慎密にしなければ臣下の信頼を失い、臣下の者が言語を慎密にしなければその身を亡ぼすことになる。「密」は「もらさぬ、つつしむ」の意。『周易』繋辞上の八章に、口舌を戒めた語。

【二の二】

(1)正旦《しょうたん》、両班《りょうはん》を謝《しゃ》する上堂。僧問う、「日《ひ》暖《あたた》かに風和《かぜわ》して、万物新《ばんもつあら》たなり。相逢《あいあ》うて便ち拝《はい》し、又た相賀《あいが》す。(2)三乗《さんじょう》五性《ごしょう》は問うことを用《もち》いず、応節《おうせつ》の一句、如何《いかん》が挙揚《こよう》せん」。師云く、「(3)分明《ふんみょう》に記取《きしゅ》して諸方《しょほう》に挙似《こじ》せよ」。僧云く、「(4)記得《きとく》す、(5)僧、趙州《じょうしゅう》に問う、『如何《いか》なるか是れ趙州』。州《しゅう》云く、『東門南門西門北門《とうもんなんもんさいもんほくもん》』と。此の意、如何《いかん》」。師云く、「(6)黒漆桶裏《こくしっつうり》に墨汁《ぼくじゅう》を洗う」。進めて云く、「僧云く、『(7)這箇《しゃこ》を問わず』。州云く、『(8)你《なんじ》、趙州を問う』と。只意、那裏《なり》にか在る」。師云く、「(9)烏亀《うき》、壁《かべ》を鑽《き》る」。進めて云く、「某甲《それがし》、趙州を問わず、又た老師を問わず、只だ是れ一問有り、請う師、答話《とうわ》せよ」。師云く、「(10)那僧《なそう》の背後《はいご》に向かって問訊《もんじん》すること莫《な》かれ」。進めて云く、

「(11)**恁麼《いんも》なる則《とき》んば、大衆《だいしゅ》、恩《おん》に霑《うるお》う。学人《がくにん》、礼謝《らいしゃ》せん」。師云く、「(12)只だ実《じつ》に与麼地《よもじ》に到らんことを要《よう》す」。進めて云く、「(13)重重《じゅうじゅう》、相為《あいため》にすることを領《りょう》ず」。師云く、「(14)領ずる底作麼生《ていそもさん》」。進めて云く、「(15)也《ま》た是れ空《むな》しくせず」。師云く、「(16)今日の節《せつ》に因《よ》らず」。**

(1)**正旦謝両班上堂**＝嘉暦二年（一三二七）、国師四十六歳。元旦に両役衆の労をねぎらっての上堂説法。『禅林象器箋』巻六職位類上に両班を説明して、「朝廷の制に文武の両班ある如く、禅林も之れに擬す、故に東西両班あり」と。また東序西序（＝牆）とも云う。「東序」を知事と云い、世法に通達する者を以てし、都寺《つうす》・監寺《かんす》・副司《ふうす》・維那《いのう》・典座《てんぞ》・直歳《しっすい》の六知事。「西序」を頭首《ちょうしゅ》と云い、叢林の熟者を以てし、首座《しゅそ》・書記《しょき》・蔵主《ぞうす》・知客《しか》・知浴《ちよく》・知殿《ちでん》の六頭首がある。◉(2)**三乗五性不用問、応節一句如何挙揚**＝「三乗」は声聞、縁覚、菩薩の各乗、それに不定性と無性を加えて「五性」とするが、そんな（教義上の）事なぞは問わない、即今新年頭の一句を承りたい。◉(3)**分明記取挙似諸方**＝しっかり覚えておいて、諸方に示しなさい。ここは「問答の紋切り型を能く覚えておいて諸方に吹聴せよ」（飯田氏）とも解されるが、これから述べることを記取せよと云う、もっと直截に挙揚以前の消息を記取せよと見たい。因みに法眼下の調《しらべ》に、『会元』巻十、天台徳韶（法眼下）上堂に、「僧問う、『…願わくば般若を宣《の》べたまえ』。師曰く、『分明に記取せよ』。曰く、『師、妙法を宣べ、国王万歳、人民安楽なり』。師曰く、『誰か你に向かって道《い》えるや』。曰く、『法爾如然《ほうにによねん》なり』。師曰く、『你却って霊利なり』」と。◉(4)**記得**＝（古則を）思い起こすに。◉(5)**僧問趙州、如何是趙州。州云、東門南門西門北門**＝以下の古則は、『碧巌』九則、『会要』巻六趙州章、『趙州録』、『大慧録』巻八等に見えるが、本文は『大慧録』に準ずる。趙州は河北省西部の城（＝城壁で囲まれた都市）である。と同時にその都市の観音院に住した趙州従諗《じゅうしん》（七七八―八九七）禅師を指す。或る僧、趙州禅師の境界を問うてきた。趙州禅師さらりと趙州城の門を以て答える。◉(6)**黒漆桶裏洗墨汁**＝まっ黒のうるし桶で墨汁を洗う。思慮分別で理解できないことの喩え。「漆桶不会」

の語もある。『碧巌』八十六則に、「作麼生か是れ諸人の光明」の下語に「漆桶裏洗墨汁」と置くが、光明と裏表一枚の黒漆桶、本分の正位。◉(7)**不問這箇**＝そんなことを問うたのではない。「這箇」は「この、そのこと」。「那箇」は「どの」、「那裏」は「どこに」。以下「你問趙州」までの問答は『趙州録』等には見えず、『大慧録』に依る。◉(8)**你問趙州**＝お前さんは趙州を問うたのではないかな。「聻」字脱落、本来は「你問趙州、聻」。『大慧録』巻八（大正四十七・八四四）、永平元和尚頌古の二一参照。『碧巌』は、「你問那箇趙州」。◉(9)**烏亀鑽壁**＝「鑽」は、『大灯録』原本では「鎖」、原本の誤記。また「壁」は「破壁」とあるべき所。心路絶した境界を、亀が壁穴に突っ込んで進むことも退くことも出来ないのに比する。『会元』巻十五、徳山慧遠（雲門下二世）章に、「問う、亡僧遷化して甚麼の処に向かってか去る。師曰く、烏亀、破《は》壁《へき》を鑽《き》る（壊れた壁の穴に突き入る）」と。また同書巻十二雲峰文悦章にも。【一二四の二】注(1)参照。◉(10)**莫向那僧背後問訊**＝あの僧の後塵を拝するな、真似をするな。「問訊」は掌を合わせたまま、体を曲げて頭を低く垂れる敬礼の仕方の一つ。因みに『虚堂録』巻二宝林録に、「夾山《かっさん》の背後に向かって叉手《しゃしゅ》すること莫かれ」とあり、『犂耕』に「背後叉手」を「他の後《しりえ》に随う奴《ぬ》僕《ぼく》なり」と。◉(11)**恁麼則、大衆霑恩。学人礼謝**＝そうでしたら、皆な法恩に与りますと、礼謝した。◉(12)**只要実到与麼地**＝（言葉だけでは駄目）実地にそうでなければいかん。「与麼地」は「恁麼地」に同じく、「地」は副詞語尾。◉(13)**領重重相為**＝重ね重ね徹困のご指導、しかとお受けいたしました。「和尚の重重相為にするを謝する」は『雲門広録』に頻見するが、「相為」は師家の指導を云う。◉(14)**領底作麼生**＝どう受け取ったか。◉(15)**也是不空**＝決して空言にはいたしません。◉(16)**不因今日節**＝今日のチャンスをのがした。「戯言ツキシテ」。

【二〇〇の一】注(8)参照。

【二の三】

乃《すなわ》ち横《おう》に拄杖《しゅじょう》を按《あん》じて云く、「(1)寅朝《いんちょう》乍《たちま》ち臨んで、正景《しょうけい》新たに至る（是れ何の時節ぞ。(2)仏性の義理を識《し》らんと要《よう》せば、当《まさ》に時節因縁《じせついんねん》を観《かん》ずべし」。(3)**梅梢《ばいしょう》、瑞気《ずいき》を舒《の》べ、幽鳥《ゆうちょう》、賀音《がおん》を報ず**〔(4)驪珠《りしゅ》、光燦爛《さんらん》、蟾桂《せんけい》、影婆娑《ばさ》〕。(5)**左右保愛《ほあい》の節を壮《さかん》にし、東西納祐《のうゆう》の門を開く**〔(6)頭頭《ずず》顕露《けんろ》、物物全真《もつもつぜんしん》〕。(7)**巌莎《がんしゃ》に歩《あゆ》み入って祥麟《しょうりん》穏やかに、海樹《かいじゅ》に飛び来たって白鳳閑《はくほうかん》なり**〔(8)王、宝殿《ほうでん》に登れば、野老《やろう》、謳歌《おうか》す〕」。**拄杖を卓《たく》して下座《げざ》**〔(9)甲《こう》、堅密ならざれば肉袒《にくたん》と同じ、弩《ど》、遠きに及ばざれば短兵《たんぺい》と同じ〕」。

(1)**寅朝乍臨、正景新至**＝元日が来れば、正に狂い無く新春らしくなる。「寅」は旧暦の正月を云う。【六七の二】注(5)参照。◉(2)要識仏性義理、当観時節因縁＝即今の時節を見よ。春は梅に鶯と、仏性現前。『会要』巻七潙山霊祐章に、百丈禅師の語として、「経に云く、仏性の義を識らんと欲せば、当《まさ》に時節因縁を観ずべし。時節若し至れば、其の理自ずから彰《あら》わる」と。もと『南本涅槃経』巻二十六に、「仏性を見んと欲せば、応当《まさ》に時節形色を観察すべし。是の故に我れは説く、一切衆生悉有仏性、実に虚妄ならず」と。◉(3)**梅梢舒瑞気、幽鳥報賀音**＝梅の梢は芽ぶき、鶯もやって来て春の訪れを告げる。◉(4)驪珠光燦爛、蟾桂影婆娑＝驪龍の珠は光燦然と輝き、月影も天空に舞う。得も云われぬ見事さ。「驪珠」は驪龍頷下の珠、『荘子』に依る。「蟾桂」は「月」、「婆娑」は「舞う、影のゆれ動くさま」の意。『人天眼目』巻二、四料揀の克符の頌。◉(5)**左右壮保愛之節、東西開納祐之門**＝互いに新年の挨拶をして健康を祝い、何処でも門を開いて今年の幸せを祈る。「保愛」は「保重自珍（＝愛護身体、珍惜己体）」、「節」は「礼」、「納祐」は「納福」。◉(6)頭頭顕露、物物全真＝一物一切、かくす処なく皆な真実のあらわれ。『人天眼目』巻二浮山九帯の金鍼《きんしん》双鎖《そうさ》帯《たい》、但し「全」は「明」。◉(7)**巌莎歩入祥麟穏、海樹飛来白鳳閑**＝「巌莎」と「祥麟」、「海樹」と「白鳳」は強調のための互文で、錯綜の句法と云う。本来の語順は「祥麟歩入巌莎穏、白鳳飛来海樹閑」。岩山の柘《つげ》林に祥麟が歩み入って、なんとも穏やかであり、海樹に白鳳飛び来たって、じつに閑《のど》かである。「莎」は「くろ柘《つげ》」の一種。「祥麟」は、聖人が世に出ると現われるという祥瑞の麒麟《きりん》。「白鳳」は伝説の神鳥。雪竇『祖英集』下「和曾推官示嘉遁之什」の句を借りて、目出度づくしで締めくくる。◉(8)王登宝殿、野老謳歌＝天下治まり、民心平らかなり。【一の二】注(5)参照。◉(9)甲不堅密…弩不及遠…＝安物よろいでは裸に同じ、いしゆみも遠くまで届かなかったら弓ではない。中途半端な学道心ではここに至ることは出来ない。「甲」は鎧、「肉袒」は裸身、「弩」は大きな仕掛け弓、「短兵」は刀剣のような短い武器を云う。『漢書』四十九晁錯《ちょうそ》伝に「甲、堅密ならざれば袒裼《たんせき》と同じ、弩、以て遠くに及ぶ可からざれば短兵と同じ」。

【三の二】

(1)元宵《げんしょう》上堂。僧問う、「(2)昔日《そのかみ》、西天《さいてん》の迦葉《かしょう》、初めて灯《とう》を伝う。未審《いぶか》し、如何なるか是れ初伝底《しょでんてい》の灯」。師云く、「(3)夜半《やはん》正明《しょうめい》、天暁《てんぎょう》不露《ふろ》」。進めて云く、「迦葉已《すで》に之れを伝う。(4)龍潭《りょうたん》、甚《なん》と為《し》てか吹滅《すいめつ》す」。師云く、「(5)倒《さかしま》に牛《うし》に騎《の》って仏殿《ぶつでん》に入《い》る」。進めて云く、「後来《こうらい》、(6)僧有り、香林《こうりん》に問う、『如何《いか》なるか是れ室内一盞《しつないいっさん》の灯《とう》』。林云く、『(7)三人、亀《き》を証して鼈《べつ》と作《な》す』と。(8)是れ迦葉底を答うるか龍潭底を答うるか」。師云く、「(9)壺中《こちゅう》の天地、別に日月《じつげつ》有り」。進めて云く、「只だ三人、亀を証して鼈と作すと道《い》うが如きんば、作麼生《そもさん》か端的《たんてき》を辨ぜん」。師云く、「(10)石人《せきじん》、相耳語《あいじご》す」。進めて云く、「忽《たちま》ち人有って、『如何なるか是れ室内一盞の灯』と問わば、(11)聻《にい》」。師云く、「(12)紫羅帳裏《しらちょうり》に真珠を撒《さつ》す」。進めて云く、「(13)恁麼《いんも》ならば則ち、動地放光《どうちほうこう》、放光動地」といって便ち礼拝す。師云く、「(14)大家自知《たいけじち》せよ」。

(1)**元宵上堂**＝「元宵」は上元とも。一月十五日の夜を云い、夜を徹して灯燭し正月の締めくくりをする。漢代より起こり、唐宋に最も盛ん。孟元老『東京夢華録』参照。禅門ではこの日、燃灯行事に因み、法灯に関する説法が行なわれる。なお、この一段は『大応録』崇福録一五七章を踏まえる。◉(2)**昔日西天迦葉初伝灯**＝昔、インドで摩訶迦葉尊者が初めて釈尊より法灯を受けた事。◉⑶**夜半正明、天暁不露**＝（灯火に因んで）夜中かとみれば既に明るい、夜が明けたかとみればまだ暗い。洞山の『宝鏡三昧』の語。石頭の『参同契』に「明中に当たって暗有り…、暗中に当たって明有り…」。◉⑷**龍潭為甚吹滅**＝徳山大悟の因縁。『伝灯録』巻十五徳山章に、「（徳山）辞し去らんとし、龍潭之れを留む。一夕、室外にて黙坐す。龍問う、『何ぞ帰り来たらざる』。師対《こた》えて曰く、『黒《く》らし』。龍乃ち点燭《てんしょく》して師に与う。師接《うけと》らんとす。龍、便ち吹滅す。師、乃ち礼拝す。龍曰く、『什麼《なに》をか見し』。曰く、『今より向去《のち》は天下の老和尚の舌頭を疑わざる也』」。◉⑸**倒騎牛入仏殿**＝「見不見の境界に到り得た者は自由自在」（『秘鈔』）。『碧巌』八十六則は、雲門が人人の光明をテーマにしているところであるが、その頌にある語。◉⑹**有僧問香林、如何是室内一盞灯**＝「室内一盞灯」は五蘊《ごうん》室内の那一灯（『種電鈔』）、身内一霊光、這箇を云う語。香林澄遠《こうりんちょうおん》禅師（九〇八―九八七）は蜀の人で、雲門に侍者として仕えること十八年、その法を得て益州（成都）の青城香林院に住する。その法孫に雪竇重顕禅師を出す。この話は『伝灯録』巻二十二香林章に見える。◉⑺**三人証亀作鼈**＝三人が、口を揃えて亀を鼈《すっぽん》と云えば、すっぽんに成ってしまう。『韓非子』内儲説上・倒言七に「三人、市に虎有りと言えば、王、之れを信じるや。王曰く、寡人、之れを信じる。龐恭曰く、夫れ市に虎無きは明らかなり、然るに三人言えば虎を成す云々」と。◉⑻**是答迦葉底答龍潭底**＝不滅と答えたるや、滅と答えたるや。◉⑼**壺中天地別有日月**＝（滅、不滅を超えたるところ、自ずから）別の境界有り。張君房『雲笈七籤』に、「施存は魯人なり、大丹の道を学ぶ。張申に遇って雲台治官たり。常に一壺を懸《かか》ぐ、五升器の大いさの如し。化して天地と為して、中に日月有り、夜は其の内に宿る。自ら壺天と号す」に依る。もと『後漢書』列伝七十二費長房伝に基づく。◉⑽**石人相耳語**＝不聞の聞、不言の言、機語。外人の知を許さず（『宗門方語』）。大応国師は「千聞は一見に如《し》かず」と答えられる。『頌古聯珠通集』十八、大慧禅師、趙州「有仏無仏」頌の下語（禅七・二一七上）。◉⑾**聻**＝…はどうだ。「你」、「尼」、「呢」とも。詰問の語の余声。何かを指し示すことによって反問したり、それへの注意を促したりする間投詞。◉⑿**紫羅帳裏撒真珠**＝そこに丸出し（それが見えぬか）。『碧巌』十則頌評唱に、興化の語として見えるが、『俗語解』〔五三〇〕に、「『禅林方語』に『尽情掲示（情を尽くして掲示す）』とあれば、『心底を残さず打出して見せる』義なり」と。因みに、大応国師は「露柱、光を放つ」と。◉⒀**恁麼則動地放光、放光動地**＝さすれば、如来の大事説法の如く、大地は六種震動し、白毫相光を放たれておられます、と、僧の讃歎礼話。「放光動地」は、『法華経』序品等に見える如来説法の瑞兆。頌古第十二則（【一二三九】）頌注⑽参照。

◉⒁**大家自知**＝皆様、各自に冷暖自知されよ。

【三の二】

乃《すなわ》ち云く、「⑴灯灯無尽灯《とうとうむじんとう》〔⑵黒きこと漆《うるし》の如し、平原《へいげん》秋樹の色〕、**光明千万里**〔大地黒漫漫、沙麓暮鐘《さろくぼしょう》の声〕。⑶**捏聚《ねつじゅ》すれども也《ま》た即《つ》かず**〔⑷者《こ》の什麼物《なにもの》をか捏聚す〕、**放開《ほうかい》すれども也た離《はな》れず**〔⑸何《いず》れの処にか手《しゅ》脚《きやく》を著《つ》けん〕。⑹**一片虚凝《いっぺんきょぎょう》にして宇宙寛《ひろ》し**〔⑺寛《かん》は是れ陜《きょう》に対するが為に、陜も亦た寛に由って生ず。者裏《しゃり》全く寛陜無し〕、⑻**知らず、然灯《ねんとう》、誰《た》が為にか記《き》す**〔⑼四海《しかい》、只だ天子の貴《たつと》きことを知って、天子の何の顔《かんばせ》を作《な》すことを知らず〕」と。**払子《ほっす》を以て禅床《ぜんしょう》を撃《う》つこと一下《いちげ》して、便ち下座《げざ》。**

⑴**灯灯無尽灯、光明千万里**＝釈尊よりの不伝の法灯、天地を貫き、古今を貫く。『維摩経』菩薩品四に、天女達が維摩詰と別れて波旬《はじゅん》の魔宮に帰らんとするに当たって、無尽灯法門を学ぶべきことを維摩詰が説き、「無尽灯とは、譬えば一灯の百千灯を燃《も》すが如し。冥《くら》き者は皆な明となり、明は終《つい》に尽きず」と。◉⑵黒如漆…沙麓暮鐘声＝漆の如き黒さが、直ちに秋樹の色と現われ、黒漫々がそのまま鐘の声。この二つの下語は、『仏光録』の語と黄庭堅の詩を互文にしたもの。「黒如漆、大地黒漫漫」は、『仏光録』上堂に、「一を識得すれば、万事畢《お》わんぬ。金剛杵《こんごうしょ》をもて鉄山を打ち摧《くだ》けば、大地漫漫、黒きこと漆の如し」（大正八十・一五二）と。後句は、もと『碧巌』六十八頌下語。『宝鑑貽照』に、「第

八阿頼耶識が転じて大円鏡智なり、その大円鏡の光、黒きこと漆の如し」（取意）とある。「平原秋樹色、沙麓暮鐘声」は、黄庭堅『山谷集』一、「次韻劉景文登鄴王台見思」五首の二に、「旧時の劉子政、憔悴《しょうすい》たり鄴王《ぎょうおう》城。筆を把れば已に頭白く、書を見るに猶お眼明らかなり。～、～。帰雁《きがん》南に飛んで尽き、此の情を寄するに因《よ》し無し」と。徳州の木々はすっかり秋の気配を見せ、沙麓の方は今頃は暮鐘の声ならん（雁も南に飛び去って、たよりを託することが出来ないので、この今の私の気持ちを君に伝える術がない）。「平原」は山東省徳州で、山谷の任地。「沙麓」は河北省大名県の東の沙鹿土山を云い、友人景文の居所。◉(3)**捏聚也不即、放開也不離**＝捉えんとすれば逃げ、放てば手に満つ。「捏聚」の「捏」は「握る、手指で撮む」の意。「捏聚」はまた「捻聚」とも、「捕捉する」の意。◉(4)捏聚者什麽物＝この何物を握り集めると云うのか。◉(5)何処著手脚＝何とも手のつけようがないもの。◉(6)**一片虚凝宇宙寛**＝這箇の霊光は宇宙の寛い果てまで貫く。「一片虚凝」は『碧巌』九十頌に、「一片虚凝、絶謂情」とあり、評唱に、「只だ這の一片、虚明にして凝寂たり、…自然に常光現前す」と。◉(7)寛是為対陜、陜亦由寛生＝寛いと云うのは陜《せま》いに対して云うのみ、本来、寛・陜の沙汰は無い。◉(8)**不知、然灯為誰記**＝燃灯仏が誰に授記したかどうかなど、与り知るところではない（這箇の霊光本来仏、記別の沙汰はない）。「燃灯仏」は「定光仏」「錠光仏」「普光仏」とも云う。釈迦が前世の過去荘厳劫に儒童と称し、七蓮華を供養し、髪を泥に布いて仏を渡らせた功徳により、燃灯仏より未来成仏の授記を受けることは、『六度集経』巻八、『瑞応経』巻上、『仏本行集経』巻四等の本縁部の経典にみえる。◉(9)四海只知天子貴、不知天子作何顔＝天下の人々は天子様が尊いことは知っているが、どのような顔をしてござるかは存知ない。この下語の眼目は「不知」、不知最親なり。『仏光録』巻二「無象」に、「太平用いず痴頑《ちがん》を斬ることを、鶏犬声の中白昼間《しずか》なり。～、～」と。

【四の一】

(1)二月旦《にげつたん》上堂。(2)問答録さず。

(1)**二月旦上堂**＝二月一日の上堂。毎月旦望《たんもう》（旦は一日、望は十五日）の日、祝聖上堂を行なった。◉(2)**問答不録**＝この問答を略したのは、後で頌古第十四則「仰山遊山」（【二三一】）に取り上げる故。

【四の二】

師、乃《すなわ》ち云く、「(1)春風浩浩《こうこう》〔(2)吹毛《すいもう》、截《き》れども入らず〕、**春鳥喃喃《なんなん》**〔輪鎚《りんつい》、撃《う》てども開かず〕。**春雲冉冉《ぜんぜん》**〔(3)黄金色上〕、**春水漫漫《まんまん》**〔更に黄を添う〕。**(4)時《とき》なる哉《かな》、時なる哉**〔(5)好肉を剜《えぐ》って瘡《きず》を生ず〕、**時《とき》、何ぞ孤《こ》負《ふ》せん**〔(6)目を捏《ひね》って強《し》いて花を生ず〕。**(7)諸人の東看西看《とうかんさいかん》するに一任す**〔(8)動著《どうじゃく》すること莫《な》かれ、動著せば三十棒〕。**忽《たちま》ち箇《こ》の漢《かん》有って出で来たり**〔(9)窮鬼子《きゅうきす》、甚《なん》の長処《ちょうしょ》か有らん。纔《わず》かに出頭するを見ば、即ち打たん〕、**『老和尚、(10)只だ其の時を知って其の節を知らず、(11)今朝《こんちょう》、天《てん》寒く雪の下ること冬の如し』と道《い》わば、山《さん》僧《ぞう》、他に向かって道わん、『(12)我れ一件《いっけん》の事《じ》を余《あま》して、你《なんじ》が一問を引き得たり**〔(13)覚えず、他の蚯蚓《きゅういん》の怒りに触れて、迅機顛蹶《じんきてんけつ》、天を翻《ひるがえ》さんと欲《ほっ》す〕**』と」。**

(1)**春風浩浩…春水漫漫**＝時は春、風はのびやか、鳥は囀り、雲は行き、水、川面に満つ。『大応録』十四章に、「春日晴黄鶯鳴、春風浩浩、春水冷冷」と。◉(2)吹毛截不入、輪鎚撃不開＝這箇本分底。【一の三】注(2)参照。◉(3)黄金色上更添黄＝素晴らしい上にも、素晴らしい。『江湖風月集』巻二金華復岩の「覧清渓遺稿」に、「読んで三行に到って一句多し、～」と。意は、「清渓君の遺稿を読んだところ、四句目は初め贅語《ぜいご》と思ったが、よくよく読んでみると実に味わい深い。黄金の色の上に更に黄金の色を添えたようだ」。◉(4)**時哉時哉、時何孤負**＝天地の運行に少しも狂いはなく、自然の万物はチャンと時を心得ている（しかしこの日は冬景色だった）。「孤負」は「そむく、違背する」。「何孤負」は反語、「孤負しない」の意。また『論語』十郷党に、「山梁《さんりょう》の雌雉《しち》、時なる哉、時なる哉」と。◉(5)**剜好肉生瘡**＝余計なことを云うな。『碧巌』三則の垂示の「好肉上に瘡を剜《えぐ》る」。もとは『維摩経』弟子品富楼那《ふるな》の「彼、自ら瘡無し、之れを傷つく勿《な》かれ」に基づく。◉(6)**捏目強生華**＝妄想。【一の八】注(6)参照。◉(7)**一任諸人東看西看**＝諸君、あちこち見回して大いに観察するがよい。諸君にはこの春景色がみえるかな。◉(8)**莫動著、動著三十棒**＝（国師の語に釣られて）キョロキョロするな、動けば三十棒の罰じゃ。『碧巌』六頌。◉(9)**窮鬼子有甚長処。纔見出頭即打**＝（箇の漢などと、小癪な）出来損ないめ、チョットでも生意気な頭を出してみろ、即座にピシャリだ。「窮鬼子」は貧乏神、亡者のこと。白隠老、往昔、正受老人に「此の守蔵の窮鬼子」と罵倒せられた。◉(10)**只知其時不知其節**＝時節の「理」の面を知って、「事」の面を知らない。時を更に具体的に細分したものが節とすれば、「時」は「理」の面、「節」は「事」の面。◉(11)**今朝天寒雪下如冬**＝今朝のように雪が降って冬の如き事実はどうですか。◉(12)**我余一件事、引得你一問**＝私がその事を云わなかったのは、お前さんにその事への問いを起こさせるため。「一件事」とは「例の事、その事」であり、禅門では「根本問題」を指す語。「引得」は「惹得」に同じく、「…という結果になる」の意。◉(13)**不覚触他蚯蚓怒、迅機顚蹶欲翻天**＝雨上がりの後、童に草を刈らせていたら、不意にミミズが飛び出して、怒ったように跳ね回る。その様はまるで、ひっくり返りそっくり返り、天地をひっくり返す勢い（多言を咎めて、僧共々、国師をミミズに擬える）。「迅機」は「間髪を容れず」、「顚蹶」は「つまずき転ぶ」の意。『仏光録』巻二、「咄咄歌」に「童を呼んで草を芟《か》る小窓前、雨歇《や》んで黄泥は綿より軟らか。～、～」と。

【五の一】

(1)仏涅槃《ぶつねはん》上堂。僧問う、「(2)春色《しゅんしょく》、依依《いい》として花木芳菲《かぼくほうひ》、双樹《そうじゅ》、甚《なに》に因《よ》ってか(3)一栄一枯《いちえいいっこ》なる」。師云く、「(4)古今、与麼《よも》に見る」。進めて云く、「(5)恁麼《いんも》ならば則ち、人天《にんでん》悉《ことごと》く世尊所入《せそんしょにゅう》の三昧《ざんまい》を見ること莫《な》しや」。師云く、「(6)泥《でい》人《にん》、眼《まなこ》赤し」。進めて云く、「記得《きとく》す、(7)徳山《とくさん》、一日斎晩《さいおそ》し．老子《ろうし》、托鉢《たくはつ》して方丈《ほうじょう》より下り来たると。此の意、如何《いかん》」。師云く、「(8)歩歩《ほほ》、荊棘《けいきょく》を生ず」。進めて云く、「雪峰《せっぽう》云く、『鐘《かね》未だ鳴らず、鼓《く》未だ響《ひび》かざるに、老子《ろうし》托鉢《たくはつ》して什麼《いずれ》の処に向かってか去る』と．、又た作麼生《そもさん》」。師云く、「(9)相見《しょうけん》のときは好《よしみ》を得易《えやす》し」。進めて云く、「徳山、低頭《ていとう》して方丈《ほうじょう》に帰ると。如何が端的《たんてき》を辨ぜん」。師云く、「(10)闇室《あんしつ》に灯《とう》を蔵《ぞう》す」。進めて云く、「巌頭《がんとう》、聞いて云く、『(11)大小《だいしょう》の徳山、未だ(12)末後《まつご》の句を会《え》せざること在り』と。還《かえ》って諦当《たいとう》なりや」。師云く、「(13)断絃《だんげん》は須《すべか》らく是れ鸞《らん》膠《こう》もて続《つ》ぐべし」。進めて云く、「徳山云く、『你《なんじ》、老僧を肯《うけが》わざるか』と。意旨《いし》、作麼生」。師云く、「(14)誰か知らん、只だ是れ壁《へき》を受くる心有るのみなることを」。進めて云く、「(15)巌頭、密に其の意を啓《もう》すと、聻《にい》」。師云く、「(16)瀟湘《しょうしょう》の景を覧《み》尽くして、船に和《わ》して画図《がと》に入《い》る」。進めて云く、「(17)徳山、次の日陞堂《しんどう》、果たして尋常《よのつね》と迥《はる》かに殊《こと》なると。如何が理会《りえ》せん」。師云く、「(18)法《ほう》出でて姦《かん》生ず」。進めて云く、「巌頭、掌《たなごころ》を拊《ふ》して大衆《だいしゅ》に謂《い》って云く、『且喜《しやき》すらくは、老漢末後《まつご》の句を会すと』と。意は那裏《なり》にか有る」。師云く、「(19)事《こと》久しうして変多し」。進めて云く、「(20)学人今日小出大遇《しょうしゅつたいぐう》」と。便ち礼拝す。師云く、「(21)両肩に担《にな》い将《も》ち帰り去れ」。

(1)**仏涅槃上堂**＝『大般涅槃経』師子吼菩薩品に依ると、釈尊入滅は花満開の頃の旧二月十五日、何故なら衆生はこの時多く常想を生ずるため、それを破らんがためであると。『大応録』建長寺録二四八章を参照。◉(2)**春色依依、花木芳菲**＝春の日うらら、花木ほのかに香る。◉(3)**一栄一枯**＝「四枯四栄」とも。「東西南北各二本の沙羅《さら》樹が、釈迦涅槃の時、各各合体して釈迦を覆い、一時に真っ白に成って白鶴の如く変じた」と『大般涅槃経』後分巻上に述べられている。『宗鏡録《すぎょうろく》』巻三十九には「四栄四枯」を「東の常・不常、南の楽・不楽、西の我・不我、北の浄・不浄」と解説して、最後に「然れば一代経門…双樹に過ぎるはなし」と云う。因みに、白隠あるいは鵠林の号はこの故事に依る。◉(4)**古今与麼見**＝昔も今も、見る所は一栄一枯、真実に変わりはない。大応は「無栄枯の処に向かって看よ」と。◉(5)**恁麼則人天悉莫見世尊所入三昧麼**＝御説の通りであれば、人天（人間界、天人界）全ての者が如来の三昧を見ることになりませんか。『大集経』等の諸経典には、「如来所入の三昧は、声聞縁覚は悉く見ること能わず」と云う。◉(6)**泥人眼赤**＝（さようなもっともらしい戯れ言を吐かすと）泥人も怒る。「眼赤」は「瞋怒の貌」。「泥人」とは、請雨・祈晴のための泥人形。『雪竇録』巻二に、「僧問う、承るに和尚言えること有り、道士、倒に牛に騎るの意旨、如何。竇云く、～」（大正四十七・六八二上）。◉(7)**徳山一日斎晩。老子托鉢自方丈下来**＝徳山宣鑑禅師（七八〇―八六五）は【三の一】の「龍潭吹滅」の龍潭の法嗣。この話は『無門関』十三「徳山托鉢」の難透話。但し本文はほぼ『円悟心要』巻上「示華蔵明首座」に依る。また『伝灯録』十六、『会元』七等の巌頭全奯章、『碧巌』五十一本則評唱。雪峰が徳山の会下に在って、例に依って飯頭をしていた時の話。ある日斎座（昼飯）が遅れて、八十三にもなった徳山老漢が、鉢を持って方丈（居間）から下りてきて法堂前にやって来た。折しも雪峰、飯桶の布巾を日に乾かそうとして徳山老漢の来るのを見、「斎座の合図の鐘も、太鼓も鳴らないのに、老漢は鉢盂を捧げてどちらに参られるのか」と詰問に及んだ。老漢、黙ってそのまま方丈に帰っていった。雪峰が巌頭にその話をすると、巌頭曰く、「さすがの徳山老漢も、未だ末後の一句を会得しておられない」と。徳山、巌頭を呼び出して、「衲《わし》を肯わないのか」と詰問したところ、巌頭、密かにその心を耳打ちした。老漢は納得し、次の日、法堂に上っての説法は、常日頃とは大いに異なっていた。巌頭、禅堂前に到って撫掌（＝拍手歓呼）して、「先ずは目出度や、和尚様、末後の句を会得せられた。今後、世界中何人も和尚をどうすることもできないぞ。しかし和尚の命も後三年」と。徳山はその予言どおり三年後の八十六で遷化する。◉(8)**歩歩生荊棘**＝一歩一歩が油断がならない。「荊棘」は「いばら」、転じて悩みの種。◉(9)**相見易**

得好＝初対面では誰もが仲が好い（長居するると喧嘩がおこる）。「相見易得好、共に住するときは人の為にし難し」という俗諺。『会要』二十五、金峰従志（曹山下）章。国師、しばしば金峰の句を活用される。◉⑽**闇室蔵灯**＝黙して帰る処に解脱無礙の妙用がある。円悟が屡々拈語に用いる。『禅林類聚』巻十一の四十三丁、金峰志章に、円悟が拈評して、「僧の良久は闇室蔵灯、金峰の良久は灯蔵闇室」とあり、また『円悟心要』巻上「示成修造」に、「此の密印を佩びるは、『暗に灯を蔵する』が如く、…丈六の金身を一茎草《いっきょうそう》と作して用い、一茎草を丈六の金身と作して用う」とあり、「暗蔵灯」を解脱無礙の妙用と見る。また同書に「覆蔵を発《あば》いて、暗室に明灯を然やす」（「示一書記」）とあり、もと『涅槃経』巻二十一に基づく。この場合「蔵」は「おさめる、安《お》く」の意。◉⑾**大小徳山**＝「大小」は『俗語解』［五〇二］に、「大小＝『大小大』とも云う。『さすがに、すさまじい』と訳す。小字、意無し」と。◉⑿**末後句**＝『楞厳経』巻五に「如来最後の開示」とある如く、究竟の説（『助桀』）。向上絶対の一句、転じて僧が示寂に当たって唱える最後の句。初めて巌頭によって言い出された。『碧巌』五十一則参照。国師、涅槃上堂に因んで、末後の因縁を挙す。

◉⒀**断絃須是鸞膠続**＝徳山の法灯を能く続《つ》ぎ得るは、手練の鸞膠でなければ。『大慧録』巻十に「百丈哭笑」を頌して、「有る時は笑い兮有る時は哭す、悲喜交并し暗に催促す。此の理、如何が人に向かって挙さん、～」と。「鸞膠」はなかなか得難い膠《にかわ》を云い、東方朔『海内十洲記』に見える。◉⒁**誰知只是有受璧心**＝璧《へき》を受けとるという魂胆のみで、割城を実行する意志の無いことは、誰も知るまい（口と肚は大違い）。『雪竇録』巻三の拈古十三に、「挙す、僧、睦州に問う、高く釈迦を揖して弥勒を拝せざる時如何。州云く、昨日有る人問うに、趕《お》い出し了われり。僧云く、和尚は某甲が実ならざるを恐る。州云く、拄杖在らず、苕帚《ちょうそう》柄もて聊《いささ》か三十を与えん。師云く、睦州は只だ受璧の心のみ有って、且つ割城の意無し」と。戦国初頭、趙の藺相如《りんしょうじょ》の、秦王に割城の意なく璧のみを奪わんとする魂胆を見抜いた「完璧《かんぺき》」の故事を踏まえて。◉⒂**巌頭密啓其意、**齏＝無門関『西柏鈔』に、「徳山、意に謂《おも》えらく、巌頭は抜群の器量なり、吾法を嗣がしむべしと。しかるに不肯ことは、若し他師に嗣法せんことを恐る故に詰問するなり。巌頭、嗣法を辞退せんには非ず。雪峰、未だ宗門に末後の句有ることを不会故に、打草驚蛇と云うことを啓す、故に休し去るなり」と。「聻」は「これは如何」。【三の一】注(11)参照。◉(16)**覧尽瀟湘景、和船入画図**＝瀟湘の景色を眺めれば眺めるほど、自分が船ごと、さながら一幅の絵の中に迷い入ったよう、得も云えない美しさ（このことは、啓すに啓せず、説くに説かれず）。「瀟湘」は、湖南省洞庭湖以南、零陵付近で瀟水と湘水の合する以北を云い、風景絶佳の地。『普灯録』巻二十八或庵師体の、南泉油餈《ゆし》（＝油で揚げた餅）に対する偈頌に、「渾身著《こんしんつ》くるに処無し、駅路倒に驢に騎る。～、～」と。◉(17)**徳山次日陞堂、果与尋常迥殊**＝『西柏鈔』に、「此の日、徳山、黙然として不言なり。是れ巌頭密啓と志を同じで、末後究竟涅槃の一句を示すなり」と。『碧巌』に云う、「若し是れ巌頭の識破するにあらずんば、争《いか》でか昨日と今日と同じからざることを知得せん」と。◉(18)**法出姦生**＝法律が出ると、法網をくぐる悪者が出る（徳山の尋常ならざる説法に、さあ我見法見、むら雲の如く起こって来たぞ）。『前漢書』五十六董仲舒伝に、「～、令下って詐起こる」と。◉(19)**事久多変**＝『犂耕』に、「祖を去ること年久しくして、祖意と異変す」と。「末後の一句」など有りもしない、とんだ食わせ物、殃《わざわ》い児孫に及ぶ。前句と対句で、『虚堂録』巻一報恩録、もと『五祖演録』の冬日上堂（禅十二・四二九）。◉(20)**学人今日小出大遇**＝ちょっと出まして、多大の法益を得ました。僧の礼話。『雲門広録』下等に見える。◉(21)**両肩担将帰去**＝（そんな大きな収穫なら）両肩で担いで持ち帰れ。底意は、無くもがな。

【五の二】

乃《すなわ》ち云く、「(1)**世尊、入涅槃《にゅうねはん》に臨んで**(2)事生《じ》ぜり。(3)又た恁麼《いんも》にし去るか。(4)甚麼《いずれ》の処よりか者箇《しゃこ》の消息《しょうそく》を得来《え》たる。(5)一人《いちにん》有り、全く肯《うけが》わず。(6)一人《いちにん》任す、一任す」、**手を以て胸《むね》を摩《ま》して、普《あまね》く大衆《だいしゅ》に告げて云く**(7)鳥の将《まさ》に死せんとするとき、其の鳴くことや哀し、人の将に死せんとするとき、其の言《げん》や善し。此の老漢、将に死せんとするとき、其の言や怪《あや》し」、『**你等《なんじ》、諦《あき》らかに我が紫磨金色《しまこんじき》の身《しん》を観《み》よ**(8)水を担《にな》って河頭《かとう》に売ることを休《や》めよ。(9)尽乾坤《じんけんこん》大地、那処か是れ紫磨金色にあらざる」』と」。**驀《まく》に拄杖《しゅじょう》を竪起《じゅき》して云く、「(10)者箇《しゃこ》は是れ大徳が拄杖子、阿那箇《あなこ》か是れ金色の身**〔(11)両頭《りょうとう》共に截断《せつだん》して、一剣《いっけん》天に倚《よ》って寒し。(12)五羖《ごこ》入って秦《しん》喜び、楽毅《がくき》出でて燕懼《えんおそ》る〕。**諸人、(13)一見《いっけん》に便見《べんけん》せば、妨《さまた》げず一得永得《いっとくようとく》なることを**〔(14)放下著《ほうげじゃく》、(15)何の臭《しゅう》皮襪《ひべつ》にか当たらん〕。**其《そ》れ或いは未だ然《しか》らずんば、(16)山僧《さんぞう》、諸人を謾《まん》じ去らん**〔(17)大小大の国師、惜しむ可《べ》し、邪《じゃ》に随って悪を逐《お》い去ることを〕。**(18)百億の須弥《しゅみ》、百億の日月《じつげつ》、恒沙《ごうじゃ》の国土、恒沙の諸仏**〔(19)狼藉《ろうぜき》少なからず、(20)分開するも亦た好し。譬えば栴檀《せんだん》を析《さ》くが如し。片片、皆な香《かんば》し〕、**尽く拄杖頭上に在って、金色の身光《しんこう》を増添《ぞうてん》し、涅槃の妙相を荘厳《しょうごん》す。諸人、還《かえ》って見るや**〔(21)者《こ》の破漏逗《はろうとう》の老漢、自屎《じし》臭《くさ》きことを覚えず〕。**若し尚お未だ見ずんば」、拄杖を卓《たく》して云く、「(22)年年二月花狼藉《にげつはなろうぜき》**〔(23)頭《こうべ》を改《あらた》め面《おもて》を換《か》う、(24)九尾《きゅうび》の野狐《やこ》、変体《へんたい》多し。(25)又た月色《げつしょく》に随《したが》って羅浮《らふ》を過《す》ぐ〕」。

(1)**世尊臨入涅槃…諦観我紫磨金色身**＝紫磨金色身は最上の金色身、金剛不壊の真金色身で、三十二相の一。『涅槃経』後分巻上に見える。◉(2)事生也＝（入涅槃などと）さあ難題が生じたぞ。◉(3)又恁麼去那＝またもや相も変わらずの手口か。◉(4)甚麼処得者箇消息来＝一体、涅槃の何のぞと、何処から聞いてきた（法身にそんな消息が有ってたまるかい）。『百丈海録』（禅十一・一六二上）。◉(5)有一人全不肯＝ここに、そんなことを全く肯わない者が一人（白隠自身）いるぞ。◉(6)一任一任＝しかし、まあ好きなようになさったらよろしい。『首山念録』（禅十一・二五四）。◉(7)鳥之将死其鳴也哀…此老漢将死其言也怪＝儒家の最後の言や誠実というに、釈迦の言は何と怪しいことよ。『論語』八泰伯篇。◉(8)休担水売河頭＝水を担って、水辺で売るなどと云うような馬鹿げたことは止めなさい。『碧巌』五十七頌下語、もと『慈明楚円録』（禅十一・二八三）。◉(9)尽乾坤大地、那処是不紫磨金色＝天地到るところ、紫磨金色身に有らざるはなしと云うのに。◉(10)**者箇是大徳拄杖子**＝第一義門上に金色身の端的を示す、国師の常套手段。【一六の二】、【一〇七】、【一七三の二】、【一八〇の二】、【一八五】等参照。◉⑾両頭共截断、一剣倚天寒＝者箇、那箇の両方を共に切断して、這箇の一剣に成り切ったところ。『円悟録』巻十八「外道問仏」頌に、「両辺倶坐断、一剣倚天寒」。◉⑿五羖入而秦喜、楽毅出而燕懼＝這箇の一剣を五羖《ごこ》・楽毅《がくき》に準《なぞら》えて、これを手に入れるか、これを失うか。『文選』巻四十五揚雄「解嘲」。「五羖」は春秋時代の秦の名宰相、百里奚。秦の穆《ぼく》公が五匹の牡羊の皮を以て、楚から購い、之れに国政を託したので秦は俄に繁栄した。「楽毅」は戦国時代、燕の名将軍、六ケ月にして斉の七十城を降したが、讒言に依って趙に降り、燕が忽ち破られたる故事。底本は「毅」のみ、「楽」を補った。◉⒀**一見便見、不妨一得永得**＝一見にして全てを見て取るなら、まさに一たび得て永久に失わじである。「不妨」は「はなはだ、いかにも」の義。『大応録』二二七章、もと『会元』巻十八、心聞曇賁（黄龍五世）章に、「一見便見、八角磨盤空裏に転じ、一得永得、辰錦の朱砂も墨の如く黒し」と。◉⒁放下著＝（一得永得などということも）放してしまえ。『趙州録』に、「問う、『一物も将ち来たらざる時如何』。師云く、『～』」（禅十一・三二四）と。◉⒂当何臭皮韈＝履き古しの臭い足袋ほどの値打ちもない。「韈」は親指の所が割れていない足袋の類。『五家正宗賛』巻二、大慧の頌に曰う、「…衲僧門下に看れば、～」。◉⒃**山僧謾諸人去**＝（空拳黄葉で）諸君をあざむいてみよう。第二義門に下って方便説法しよう。「山僧」は国師の自称。「謾」は「あざむく、あなどる」。◉⒄大小大国師、可惜、随邪逐悪去＝さすがの国師も残念ながら邪（＝仏を抑下して）に随って悪さ（＝第二義門に下るを抑下して）の真似をやらかしたか。泥棒の連れ合い。「随邪逐悪」は『碧巌』十八本則下語。「大小大」は「大小」とも。【五の一】注⑾参照。◉⒅**百億須弥…尽在拄杖頭上**＝古代インドの宇宙説によれば、無数の世界に、各々の中央に須弥山があり、各々に日月が山の中腹を巡り、各々に恒沙（恒河ガンジスの沙の数＝無数）の国土と無数の諸仏が居られる（それが大徳の拄杖子にすっぽり収まっている）。『真浄文録』に、「無辺の刹境《せっきょう》、自他毫端を隔てず、十世古今、始終拄杖頭上を離れず。…百億日月、百億須弥、百億世界、都《すべ》て拄杖子の裏許《りこ》に在り…」（禅十二・七一三）と。また【一の七】注54参照。◉⒆狼藉不少、七花八裂、者殺風景＝仏の金色身、百億恒河沙に裂かれ、散らかされ、何たる不様。「七花八裂」は、裂け破れて七となり八となること。◉⒇分開亦好。譬如析梅檀。片片皆香＝然れども、（本真物なら）ばらばらにしてみるのも一興、ちょうど、旃檀は裂いてもそれぞれが皆な芳しいのと同じ。「分開亦好」は「分開也好」として『碧巌』二十一頌下語。◉㉑者破漏逗老漢、自屎不覚臭＝此の老いぼれ親爺（国師を抑下して）、自分の糞の臭さはお分かりにならないようだ。「漏逗」は「潦倒、老倒」の音通、「おいぼれ」。後句は『碧巌』七十七頌下語など。◉㉒**年年二月花狼藉**＝前節注⑴参照。◉㉓改頭換面＝あの手この手と、古狐よろしく化けよるわい。『碧巌』四本則下語。◉㉔九尾野狐多変体＝いろいろに化ける。『山海経』南山経第一に「青丘の山、…獣有り、其の状は狐の如くにして九尾、其の音は嬰児の如く、能く人を食う。者《これ》を食えば蠱《まど》わされず」と。この語は頌古第十一則（【一二八】）本則評唱、同三十九則（【一五六】）本則下語等に用いられ、また【一九九】注⑷参照。◉㉕又随月色過羅浮＝風雅の風に任せ、月の光に随って、覚えず梅の名所にやって来た。『虚堂録』巻五頌古の九十九に、「万古の業風吹き尽くさず、～」。「羅浮」は広東省広州市の東の山麓、風光明媚の地。東晋の葛洪が仙術を得た処と伝えられ、隋の趙師雄が此所で夢に梅花仙女に逢ったとされる。【二〇三】注⒂参照。

【六の二】

⑴三月半《さんげつはん》上堂。⑵問答は録さず。

⑴**三月半上堂**＝三月十五日の上堂説法。春爛漫の頃、花の因縁の問答多し。◉⑵**問答不録**＝ここの問答は『碧巌』五十三則「百丈野鴨子」を挙すが、後の頌古第五則（【二二二】）頌評唱に譲る。

【六の二】

師、乃《すなわ》ち云く、「(1)桃花《とうか》は紅《くれない》に、李花《りか》は白《しろ》し〔(2)仰山《きようざん》推し出だす大潙《だいい》の前。(3)己命《こみよう》を損することも也《ま》た知らず〕、(4)**霊雲玄沙《れいうんげんしや》、阡陌《せんぱく》に立つ**〔(5)殊《こと》に知らず、鋒《ほこさき》を犯すことを。(6)初めて知る、和尚に大知見有ることを。(7)者《こ》の殺風景の老漢《ろうかん》〕。(8)**祖道《そどう》を相争《あいあらそ》うて、敢えて休せず**〔(9)好一釜《こういっぷ》の羹《あつもの》。(10)事《こと》無きに事を生ず。多口《たく》の阿師《あし》〕、(11)**其の勢い生《い》きず、韜略《とうりやく》多し**〔(12)天に倚《よ》る長剣。試みに言え、何の良策か有る〕。(13)**春雨自《おの》ずから断和《だんわ》の句を知る**〔(14)傍人眼《ぼうじんまなこ》有り。(15)両虎相《あい》戦えば、必ず虞人《ぐじん》の為に獲《とら》わる〕、(16)**濛濛《もうもう》として洒《そそ》ぎ去って空しく蕭索《しようさく》**〔(17)又た是れ玄沙道《い》う底《てい》。(18)也た秋露《しゆうろ》の芙蕖《ふきよ》に滴《した》つに勝《まさ》れり〕。(19)**両両三三《りようりようさんさん》、根《こん》に帰することを解《げ》す**〔(20)愁人《しゆうじん》、愁人に向かって説くこと莫《な》かれ。(21)衆生顛倒《てんどう》して、己《おのれ》に迷《まよ》うて物を逐《お》う〕、(22)**四維《しゆい》上下、尋覓《じんみやく》し難《がた》し**〔(23)愁人に説向《せっこう》すれば、人を愁殺《しゆうさつ》す。(24)自ずから是れ桃花、実《み》を結ぶを貪《むさぼ》り、錯《あやま》って人をして五更《ごこう》の風を恨《うら》ましむ〕。**既に尋覓し難し、**(25)**甚《なに》に因《よ》ってか大地も載《の》せ起こすことを得たるや**〔(26)甚《はなは》だ新鮮。(27)鬼哭《きこく》し、神悲《しんかな》しむ、(28)天地廻転す。(29)木上座《もくじようざ》曰く、者の老漢、把不住《はふじゆう》、大いに参玄《さんげん》の士に害あり。信ぜずんば、予が一偈を聞け。(30)一語当頭《とうとう》、略《ほぼ》分かたず、便ち拄杖《しゆじよう》を将《もつ》て松根に靠《よせか》く。山深うして自ずから是れ狼虎《ろうこ》多し、木だ黄昏《こうこん》に到らざるに、門を閉じることを得たり〕」。**喝一喝《かついつかつ》して云く、「(31)一著《いちじやく》を放過《ほうか》す」**。

(1)**桃花紅李花白**＝桃の花は赤く、すももの花は白い。霊雲は桃花を見て悟る。その桃花の因縁で、霊雲玄沙の問答を挙す。『大応録』一四九章三月半上堂、「桃花は紅に、梨花は白し。霊雲の悟処、尚お依然たり。玄沙の未徹、人の識る無し」を踏まえて。もと『真浄文録』（禅十二・七四七）。◉(2)仰山推出大潙前＝「仰山」は慧寂禅師（八〇七―八八三）、潙山の法嗣。「潙」は潙山霊祐禅師（七七一―八五三）、百丈海の法嗣。仰山のさりげなく推出した枕子に、潙山は剣刃上《けんにんじよう》の事を見た。国師のさりげなく持ち出した「桃紅李白」に剣刃上の事を見るべし。『会元』巻九仰山章に、「師

（＝仰山）臥する次で、僧問う、『法身、還って説法を解するや也《ま》た無《いな》や』。師曰く、『我れ説くことを得ず、別に一人有り説き得たり』。（僧）曰く、『説得底の人、甚麼《いずれ》の処にか在る』。師、枕子を推し出だす。潙山、聞いて曰く、『寂子《じゃくし》、剣刃上の事を用う』と」。◉(3)損己命也不知＝国師御自身の命を損なうも存知無い（剣刃はいつも両刃）。『会元』巻九仰山章に、「師曰く、和尚も今夏亦た虚しく過ごさず。道い了わって乃ち舌を吐く。潙曰く、寂子、何ぞ自ら己命を傷《やぶ》ることを得たる」と。◉(4)**霊雲玄沙立阡陌**＝「霊雲」は潙山霊祐下の志勤禅師。「玄沙」は雪峰義存下の師備禅師（八三五―九〇八）。「阡」は南北の道、「陌」は東西の畦道を云い、ひいては「阡陌」は「境界」を指す。「立阡陌、相争祖道」とは、仏祖の道を問答商量したことを、本分の田地にかけて田地の境界争いになぞらえたもの。◉(5)殊不知犯鋒＝（桃花の縁に依って、霊雲玄沙の争いを持ち出した）はや刃傷沙汰。「殊不知」は、「①意外にも…を御存知無い、②豈に計らんや、実は…だ」の意。◉(6)初知和尚有大知見＝和尚さん（国師）にかくも大見識あらんとは、初めて知りました。白隠一流の皮肉。◉(7)者殺風景老漢＝国師もなんと不粋なお人であることか（花見は花見、何も喧嘩を持ち出すこともなかったろうに）。◉(8)**相争祖道、不敢休**＝玄沙の「敢保《かんぽ》す、老兄《ろうひん》未徹在（＝霊雲老兄の未徹底なることは、憚りながらうけあいだ）」を指す。霊雲、玄沙の問答商量は、『玄沙広録』巻上二十四章に、「師（玄沙）乃ち問う、那裏は者裏に何似《いずれ》ぞ。雲云く、也た只だ是れ桑梓なるのみにして、別に他故無し。…師曰く、『何ぞ道わざる』。雲云く、『什麼の道い難きことか有らん』。師云く、『若し実ならば便ち請う、道え』。霊雲云く、『三十年来、剣客を尋ぬ。幾回《いくたび》か葉落ち、幾《いくたび》か枝を抽《ぬ》きんじたる。一たび桃花を見て自従《よ》り後は、直に如今に至るまで、更に疑わず』。師云く、『甚生《なかなか》の桑梓の能』。雲云く、『向《さき》に道えり、故《もと》より外物に非ずと』。師云く、『如是、如是』。雲云く『不敢、不敢』。師云く、『諦当なる（正しい）ことは甚だ諦当なるも、敢保す、老兄、未だ徹せざることを』。雲云く、『是れ和尚、還って徹するや』。師云く、『須らく与麼にして始めて得べし』。雲云く、『亘《こう》古《こ》亘《こう》今《こん》』。師云く、『甚だ好し、甚だ好し』。遂に偈を作って霊雲に送る。『三十年来、只だ如常《にょじょう》、幾回か葉を落とし毫光《ごうこう》を放つ。一たび雲霄《うんしょう》の外に出でて自従り、円音の体性、法王に応ず』」と。また『大慧武庫』一一六章。◉⑼好一釜羹＝あたら美味しい釜のスープ（鼠の糞に汚されてしまったわい）。『伝灯録』巻二十七諸方雑挙に、「〜、両顆の鼠糞に汚却せらる」と。◉⑽無事生事、多口阿師＝わざわざ事を起こして、おしゃべり坊さんめ。◉⑾**其勢不生多韜略**＝『史記』廉頗《れんぱ》藺相如《りんしょうじょ》列伝二十一の、「今、両虎共に闘わば、其の勢い、倶には生きざらん」と云って、共に力を合わせて国を護った故事を踏まえる。【一二二の一】注⑺参照。「韜略」は「六韜（＝太公望の兵法）」「三略（＝黄石公の兵法）」の略、転じて兵書、または謀略を指す。ここは、霊雲玄沙の駆け引きの上手さを廉頗相如、藺相如の二人の軍略になぞらえる。◉⑿倚天長剣。試言有何良策＝（六韜三略を云われるが）殺人剣を前にして、小細工は利かぬ。『円悟録』巻九に、「倚天長剣、逼人寒」と。◉⒀**春雨自知断和句**＝（この日は春雨濛々であったものか）雨は自ずと融和の理を知る。「断和」は「仲裁」の義。『碧巌』四十二本則下語。『俗語解』［一四一五］に、「古抄に云く」として、「天竺には国に必ず断数《だんす》の人有り。若し闘諍あれば、此の人之を断じ、両方を和せしむるなり」と。◉⒁傍人有眼＝傍目八目《おかめ》。◉⒂両虎相戦必為虞人獲＝所謂、漁夫の利。「虞人」は山沢を掌る役人の事。ここでは国師を指す。◉⒃**濛濛洒去空蕭索**＝何もかも雨に洗い流されて、サッパリとした。「濛濛」は雨の様を表わす言葉。「蕭索」はものさびしいさま、少ないさま。「空蕭索」は『碧巌』三十一頌。◉⒄又是玄沙道底＝未徹在。【一の七】注(51)参照。◉⒅也勝秋露滴芙蕖＝それでも、やはり秋の露が蓮に滴る蕭索さよりも勝るかな（長沙の語を用いての皮肉）。「芙蕖」は蓮のこと。『碧巌』三十六本則、長沙景岑の語。◉⒆**両両三三解帰根**＝紅白を闘わせた桃花も李花も、どれもこれも散り失せて本の根に帰ってしまった。「両両三三」は「二三人ずつ連れだって、どれもこれも」。三祖『信心銘』に「帰根得旨」とある。「帰根」は、もと『老子道経』上第十六の章名。「夫れ物は芸芸《うんうん》たるも、各おの其の根に帰す」と。◉⒇愁人莫向愁人説＝もうお話は止めてください、悲しくなるだけ。『碧巌』三頌下語。後の(23)参照。◉(21)衆生顛倒、迷己逐物＝花が咲いたら咲いたで、散ったら散ったで右往左往、己を失う。『碧巌』四十六本則、鏡清《きょうしょう》の語。もと『楞厳経』巻二に、「一切の衆生、無始より来《このかた》、己に迷うて物と為す。本心を失い、物の為に転ぜられる」と。◉(22)**四維上下難尋覔**＝散り失せて、無いと云ったら天下何処にも尋ねようがない。「尋覔」は霊雲の「尋剣客」の縁語。◉(23)心如波旬、面似夜叉＝いよいよ悲しい。上の「愁人莫…」の語と共に『碧巌』四十則頌下語にみえる。もと『伝灯録』巻二十四広徳周（広徳延下、洞山价四世）の語。【一二二の二】注(9)参照。◉(24)自是桃花貪結実、錯教人恨五更風＝明け方の風に、桃花は散ってしまった。尋ねる術もなし、恨んでも詮ない。『三体詩』七絶の王建「宮詞」の「樹頭樹底に残紅を覓《もと》めば、一片は西に飛び一片は東へ。〜、〜」の後二句。失寵の宮女を桃花に譬えて、怨みを述べる詩。ここは「尋覔し難い」所を「宮詞」に寄せて云う。◉(25)**因甚得大地載起**＝どうして大地も載せ起こすことが出来ようぞ。「因甚」は反語、帰根得旨の這箇は大地も載不起。「大地載不起」は「仏性広大にして大地も載せることが出来ない」の意で、『玄沙広録』巻下十三章に、「大地も載せ起こさず、虚空も包み尽くさず」と。【一九一の二】注(6)参照。◉(26)甚新鮮＝何と珍しいことを承る。『碧巌』三本則下語など。◉(27)心如波旬、面似夜叉＝悲惨凄まじく、鬼神（＝幽魂）も哭《な》き号《さけ》ばんばかり。『碧巌』五十九頌に、趙州自在の境界の凄まじさを「鬼号神泣」と。◉(28)天地廻転＝天地もひっくり返る。◉(29)木上座曰、者老漢把不住、大害参玄士＝「木上座」は拄杖子のこと、白隠の分身。この老漢、取り留めもないことばかり放言して、甚だ学人のためならず。◉(30)一語当頭略不分…未到黄昏得閉門＝一句出会い頭に是非を分かたざれば、即ち拄杖を松根に寄せかけて一休み。山深く虎狼の危険が多ければ、日暮れ前に門を閉じる（尋覔することを休めて、大休歇を得た境界を云うか）。『仏光録』巻二「送章竺卿」。◉(31)**放過一著**＝この（最後の詰めの）一手は（何も云わずに）見逃しておこう。各人の課題。『雲門広録』巻上。

【七】

(1)**龍蔵主《ぞうす》を謝する上堂。「山僧《さんぞう》が払子《ほっす》、(2)三種の禅を説く**（(3)者《こ》の小売弄《しょうまいろう》。(4)我が者裏《しゃり》、一種も亦た要せず、況《いわ》んや二種三種をや」」。**忽《たちま》ち払子を竪起《じゅき》して云く、「此れは是れ**(5)**仏祖の眼睛《がんぜい》を換却《かんきゃく》する底《てい》の禅**〔(6)上に諸仏無く、下に衆生無し、者の何人《なんぴと》の眼《まなこ》をか換却せん」」。**亦た一円相を打《た》して云く、「此れは是れ**(7)**人天《にんでん》の性命《しょうみょう》を指出《ししゅつ》する底の禅**〔(8)是れ何の繋驢橛《けろけつ》ぞ。三千里外、錯《あやま》って挙《こ》すること莫《な》かれ」」。**禅床《ぜんしょう》を撃《う》つこと一下《いちげ》して云く、「此れは是れ**(9)**雲雨《うんう》の大用《たいゆう》を発する底の禅**〔(10)隆準《りゅうせつ》、若し鳥喙《ちょうかい》に斉《ひと》しきことを知らば、将《まさ》に五《ご》湖《こ》の心有るべし。(11)憐れむ可《べ》し、手に天瓢《てんぴょう》の水を把《と》って、一滴も郷関に私《わたし》することを得ざる。(12)雷声浩《らいせいこう》大《だい》にして、雨点《うてん》全く無し」」。**然《しか》も是《かく》の如くなりと雖《いえど》も、**(13)**若し是れ一気《いっき》、一蔵《いちぞう》を転得《てんとく》する底の人に非ざるよりんば、**(14)**争《いか》でか能《よ》く多少の風《ふう》を消得《しょうとく》せん**〔(15)自《おの》ずから是れ鳳凰台上の客、眼高うして看て黄金に至らず。(16)壇《だん》を築いて拝する処、恩厚しと雖も、足を躡《ふ》んで封ずる時、慮《おもんぱか》り已《すで》に深し」」。

(1)**謝龍蔵主上堂**＝蔵主の労に謝意を表わして、上堂説法した。「蔵主」は経蔵を管理する役職。「龍蔵主」は『骨董稿』に、大応下の崇福十二世雲川宗龍を推定する。◉(2)**三種禅**＝天台に云う世間禅・出世間禅・出世間上々禅の三種、或いは圭峰宗密『禅源諸詮集都序』に云う三宗の禅があるが、国師のは体・相・用の三種。◉(3)者小売弄＝さまでもなき物を自慢らしく、見せびらかしおって。【一の八】注(32)参照。◉(4)我者裏一種亦不要、況二種三種＝そんなもの、衲《わし》の処では、三種はおろか、一種も不要。◉(5)**換却仏祖眼睛底禅**＝（払子を竪てた所＝体）仏祖の目玉、ギリギリの端的。「換却」は入れ換えること。まるごと仏祖に入れ換わった所。仏祖のいのち。◉(6)上無諸仏、下無衆生、換却者何人眼＝もと生仏一如、何の換却ということがあるか。『碧巌』六頌評唱に、「上に諸仏有るを見ず、下に衆生有るを見ず」と。◉(7)**指出人天性命底禅**＝（円相を画く所＝相）一切群生本有の自性を指し示す。「人天性命」は「人人の拠り所」、『大応録』崇福録五十一章。◉(8)是何繋驢橛。三千里外莫錯挙＝これは何たるロバ繋ぎの棒杭ぞ。千里の外までそんな話を錯って人にしてはならない。後句は『会要』巻六に見える趙州の語に、「三千里外、人に逢うて錯って挙することを得ざれ」と。**【一五八の二】** 注⑺参照。◉⑼**発雲雨大用底禅**＝（椅子をハッシと打つ所＝用）龍（龍蔵主の龍）と成っては、雲を起こし雨を降らせる働き。大機大用。◉⑽隆準若知斉鳥喙、将軍合有五湖心＝「鳥喙《ちょうかい》」は底本は「烏啄《うたく》」、貞永寺版では「鳥啄《ちょうたく》」であるが、いずれも「鳥喙」の誤植。韓信が高祖の心は句践《こうせん》の貪欲さに等しいことを知っていたなら、とっくに隠遁すべきであった（真の大用は范蠡《はんれい》の如く、功績に着せず、サラリと捨てる処にこそ有る）。「隆準」は前漢の高祖を指す。その鼻の高い所から。「鳥喙」は春秋時代の越王句践を指す、その鳥のような喙《くちばし》のさまから。「将軍」は前漢の淮陰侯韓信《わいいんこうかんしん》を指す。「五湖心」は范蠡が句践を見切って隠遁した心。『錦繍段』巻六銭諫議「淮陰廟」に、「築壇拝処恩雖厚、躡足封時慮已深。～、～」と、但し「斉」は「同」、「合」は「応」。◉⑾可憐手把天瓢水、一滴私郷関不得＝『錦繍段』巻七欧陽原功「寄諸弟」の「長楽の鐘声拆号《たくごう》する時、三台八座列して参差たり。自憐手把天瓢水、一滴郷関不得私」の三四句。欧陽玄が兄弟の受験の際、試験官として臨んだ時の詩。「憐」は「悲しいながら」。「天瓢」は雨を降らせる魔法の瓢箪。『玄怪録』に、初唐の功臣李靖《りせい》が山中で龍宮に迷い入り、龍女より雨器の小瓶を授かる。天空を駆ける青驄馬に乗り、馬おどり嘶《いなな》くところ、瓶中の水一滴を馬の鬣《たてがみ》に垂らせば、地上では三尺の大水となると教えられる。故郷の上にて旱《ひでり》の苦患の無きようにと、覚えず三十滴連下したところ、地上は三丈もの大洪水の災害となったという伝説。その伝説の如く、故郷の兄弟だからと云って私心を出したら却って冤になる（一滴たりとも私することが出来無いのが、真の大用たる所以）。◉⑿雷声浩大、雨点全無＝声大にして、実なし。『碧巌』十頌下語。「浩」は底本は「洪」。◉⒀**若是自非一気転得一蔵底人**＝「龍」蔵主と云われるくらいなら、一気に一大蔵経を転読出来るくらいの働きが無ければ。『睦州録』上堂対機に、「一気還って一大蔵教を転得するや」と。◉⒁**争能消得多少風**＝死人禅になってしまう（しかし、龍蔵主はさにあらず）。「消得多少風」は『楊岐方会録』楊岐録の「消得龍王多少風」で、龍王の風雲を巻き起こして、勢い当たり難きが如き働きを使いこなす、作家の大機用。「消《もち》い得る」は「使いこなす、享受する」の意。「争能」は反語。国師、ここでは龍蔵主の一気に蔵経を転じうるが如き働きを大いに評価し、激励する。◉⒂自是鳳凰台上客、眼高看不至黄金＝もとより高貴な殿上の人なのだから、黄金など目にもくれない（龍王多少の風とか云っても、蔵主さん少しも喜ばんぞ）。「自是」は「元来」、「鳳凰台」は梁都建康にあった楼台、その客とは達磨を云う。『江湖風月集』古帆遠「達磨賛」に、「至今声価重叢林、莫道神洲無賞音。～、～」と。◉⒃築壇拝処恩雖厚、躡足封時慮已深＝前述⑽の『錦繍段』「淮陰廟」の一二句、但し底本の「雖恩厚」は「恩雖厚」、「報」は「封」。高祖が壇を築いて拝して韓信を将軍に取り立ててくれた恩は厚いと雖も、高祖が張良に足を躡まれて韓信を斉王に封ぜし時、その高祖の慮や已に深く恐ろしいものがある（うっかり、国師の手に乗るではないぞ）。

【八の二】

⑴仏生日上堂《ぶつしょうにちじょうどう》。僧問う、「⑵世尊《せそん》、今日降下《こうげ》、未だ地に至らざるに、九龍《きゅうりゅう》、水を吐《は》いて金躯《こんく》を洗う。⑶早く是れ一場の敗欠《はいけつ》。⑷和尚、屈《くつ》を雪《そそ》がんと要《よう》するも、也《ま》た是れ泥裏《でいり》に土塊《どかい》を洗う」。師云く、「⑸狗《く》、赦書《しゃしょ》を銜《ふく》む」。進めて云く、「⑹天《てん》を指《さ》し地《ち》を指す、⑺金蓮《こんれん》足を捧《ささ》ぐ、甚《なに》に因《よ》ってか⑻脚下《きゃっか》の紅糸線不断《こうしせんふだん》なる」。師云く、「⑼山《さん》上《じょう》の路《みち》を知らんと要せば、須《すべか》らく去来《こらい》の人に問うべし」。進めて云く、「⑽韶陽《じょうよう》老人、正令方《しょうれいまさ》に行ず。⑾諸方《しょほう》未だ免れず、錯《しゃく》を将《もっ》て錯に就《つ》くことを」。師云く、「⑿夜行《やこう》白きを踏《ふ》むこと莫《な》かれ、水《みず》にあらざれば定《さだ》んで是れ石《いし》」。進めて云く、「⒀老師《ろうし》の点発《てんほつ》に因《よ》らずんば、容易に慈顔《じがん》を瞻難《みがた》し」。師云く、「⒁月《つき》は中峰《ちゅうほう》に到って猶《な》お未だ帰らず」。進めて云く、「⒂三十年後、此の話《わ》大いに行なわれん」。師云く、「⒃馬《うま》に千里《せんり》無きも、謾《みだ》りに追風《ついふう》」と。

⑴**仏生日上堂**＝四月八日、釈尊の誕生日に因んで、上堂説法をした。この日、甘茶で誕生仏をゆあみさせることから、浴仏上堂とも云う。『普曜経』、『修行本起経』等、本縁部の諸経に見える。◉⑵**世尊今日降下、未至地、九龍吐水洗**

金躯＝「金躯」は仏身。『普曜経』巻二瑞応品に、「九龍は上に在って、香水を下し、聖尊を洗浴す」。「九龍」は難陀龍王、跋難陀龍王等の八大龍王に、他の一龍の名は不明。◉⑶**早是一場敗欠**＝はや、しくじりの一幕。本来不生仏、何の誕生仏があるぞ。◉⑷**和尚要雪屈、也是泥裏洗土塊**＝（甘露水をかけて）濡《ぬ》れ衣《ぎぬ》を晴らそうとしても、所詮、泥で泥を洗うようなもの、そのこと自体がすでに敗欠（浴仏すでに汚仏）。「泥裏洗土塊」は『大応録』崇福録一七一章浴仏上堂に見えるが、もと『雲門広録』中（禅十一・三七六）。◉⑸**狗銜赦書**＝（古人の名句を持ちだすも、所詮は犬の銜《くわ》えた赦免状（借りもんではいかん）。『会元』巻九仰山章、鏡清《きょうしょう》道怤《どうふ》の語。また『碧巌』二十四頌下語。『種電鈔』に云う、『後漢書』に大金国より献じた犬は、長さ五尺、物言わずと雖も能く人心を知る、この犬に通行自由の赦免状を付して放てるに、諸侯も道を避けたという。◉⑹**指天指地**＝『会元』巻六、九峰道虔章。「禅録に多く『指天指地』と云うが、諸経を検するに、ただ『挙右手』、『挙手』とのみあって、未だ『指地』の文を見ない」（『犂耕』）。「左手の地を指すは降魔の印なり」（『禅林象器箋』）。◉⑺**金蓮捧足**＝指天指地と同じく、降誕の奇瑞。『放広大荘厳経』巻三に、「足を下す処、皆な蓮華を生ず」（大正三・五五三）。◉⑻**脚下紅糸線不断**＝足下の赤い糸がふっきれていないぞ。「衲僧門下カラ見レバ、手絡ミ脚絡ミダ」。松源の三転語の第三に、「明眼の人甚《なに》に因《よ》ってか脚下の紅糸線不断なる」。『虚堂録』巻五頌古の一〇〇、『大応録』一六八章。『犂耕』に道忠禅師曰く、「未了の漢も亦た紅糸線不断、明眼の衲僧も亦た紅糸線不断。…。若し教相を以て宗旨に当てば、松源・虚堂大いに肯わざること在り」と云う。「男女の愛欲の断ち難いをいう」とか煩悩云々の解釈は見当違い。また「這箇本分底をいう」の解釈も道忠禅師の批判した龍渓の「解脱底」の解に同じ。因みに「紅糸線」はまた「五色索（線）」とも云い、仏教では念仏門で臨終の時、阿弥陀仏の像の手から自分の手に五色糸をかけわたして浄土の縁を結ぶ風習がある。また薬師仏の名号に結び付ける五色縷、また病縁を断つ為にバラモンが臂にかける五色線がある。また『太平広記』巻一五九には月下老人の言葉として、「赤縄子耳、以て夫婦の足を繋ぐ」という件がある。紅線は、一般に「因縁の絆《きずな》、礙げ縛るもの」を暗に指し示す言葉のようである。

【一一の一】注(7)参照。◉(9)**要知山上路、須問去来人**＝先達に聞け。【一の八】注(52)参照。◉(10)**韶陽老人正令方行**＝雲門老漢とっくに誕生仏を打殺してしまった。「正令」は「政令」に同じ。禅門では特に「正令当行」と云えば、教外の宗旨を示す棒喝等を正当に行ずるをいう。雲門の故事は【四一の一】注(4)参照。◉(11)**諸方未免将錯就錯**＝それなのに、諸方ではまだ降誕がどうのと、過ちに過ちを重ねていますな（国師の仏生上堂に当てて）。「将錯就錯」は『碧巌』八本則下語。◉(12)**夜行莫踏白、不水定是石**＝夜道では白いものに近寄るな、大抵は石か川かのどちらかだ。御用心。悟ったと思うときが最も曲者。『会元』巻十九玄沙僧昭（円悟下）章の上堂句。◉(13)**不因老師点発、容易難瞻慈顔**＝老師の御教示に依って、初めて仏の真顔に接することが出来ました。僧の讃歎礼謝。「点発」は「点示発覚」の義（『犂耕』）。◉(14)**月到中峰猶未帰**＝月すでに山頂に昇って真夜中と云うのに、まだ帰らず。月に見惚れて、遊戯三昧の人。『虚堂録』巻一延福録の入寺上堂に、「僧云く、『如何なるか是れ延福の境』。師云く、『天の高きも蓋い尽くさず』。僧云く、『如何なるか是れ境中の人』。師云く、『〜』」と。後の頌古第二十則（【一三七】）頌にも見える。◉(15)**三十年後此話大行**＝（老師の高遠な家風は、只今理解出来るような人は居らんでしょう）三十年後に諸方にも大いに流布されるでしょう。『雲門広録』巻中（禅十一・三五九）、『会元』巻十一宝寿沼章。◉(16)**馬無千里謾追風**＝「馬ハ千里カケル名馬デハナケレドモ、イキヲイガヨイ」と僧を褒めた所。『大応録』崇福録一一九章に見えるが、もと『伝灯録』巻十三風穴章に、風穴の家風を問われて、「鶴に九皐《きゅうこう》（水沢の深奥所）有るも翼を翥《あ》げ難く、〜」と答える。『助桀』に、「鶴に九皐の飛ぶ可き処有りと雖も、却って羽翼を翥《あ》げ難く、馬に千里の才無きと雖も、謾《みだ》りに風を追うて奔らんと欲するなり」と。

【八の二】

乃《すなわ》ち云く、「(1)本《も》と曾《かつ》て上天《じょうてん》せず、何ぞ下天《げてん》を論ぜん〔(2)無孔《むく》の鉄鎚《てっつい》、重ねて楔《けつ》を下《くだ》す〕、**本と曾て託胎《たくたい》せず、誰《たれ》か出胎《しゅったい》を説かん**〔(3)輪鎚《りんつい》撃《う》てども開かず。惜しむ可《べ》し、(4)跛鼈《はべつ》、空谷《くうこく》に入ることを〕。**所以《このゆえ》に道《い》う、『(5)浄《じょう》**

法界身《ほつかいしん》、本と出没《しゅつもつ》無し〔(6)是非《ぜひ》、既に傍人《ぼうじん》の耳に落つ。洗って驢年《ろねん》に到れども、也《ま》た清からず〕』と。**既に然《しか》り是《かく》の如し。甚《なに》に因《よ》ってか(7)東家《とうけ》の杓柄《しゃくへい》は長く、西家《さいけ》の杓柄は短き**〔(8)我れ常に此《ここ》に住す〕。(9)**会得《えとく》せば、各《おの》各《おの》悪水《あくすい》驀頭《まくとう》に潑《そそ》げ**〔(10)狼毒《ろうどく》の肝腸《かんちょう》〕、**然《しか》らずんば(11)之れを斉《ととの》うるに礼《れい》を以てす**〔(12)生鉄《さんてつ》の面目《めんもく》〕』。

(1)**本不曾上天…誰説出胎**＝八相成道に下天（＝降誕）と云うが、もとより上天（＝兜率天上に生まる）も無ければ、下天なぞ有る筈もない。託胎も無ければ、出胎も無い。釈尊の降誕・涅槃には、久遠仏陀の理面（法身仏、平等の面）と八相成道の事面（化身仏、差別の面）との関係が、いつも問題にされる。◉(2)無孔鉄鎚、重下楔＝（言詮不及の処、更に論ぜんとしても）穴もない鉄の大槌に柄を取り付けんとするような無駄事。『碧巌』十四頌。◉(3)輪鎚撃不開＝（更に説かんとしても）ハンマーを振り回して、撃てども開かぬ鉄壁門。『碧巌』九頌。◉(4)跛鼈入空谷＝跛の亀が手がかりの無い谷に堕ちて、出るに出られず（本分の窠窟《かくつ》に落ち込んで、身動きが取れず）。『碧巌』十二頌。◉(5)**浄法界身、本無出没**＝理の立場から云えば、仏陀の出生や入涅槃は仮の姿に過ぎぬ。『禅門諸祖師偈頌』巻二唐王勃「釈迦如来成道記」に、「〜、〜、大悲願力によって受生を示現す」（禅九・九三七）と。◉(6)是非既落傍人耳。洗到驢年也不清＝（浄法界を是とし出没を非とせば、既に浄からず）是非の言、ここにチャンと聞いているものがいるぞ、いくら灌いでみてもロバの年回りが来たって清くなる筈がない。『虚堂録』巻八続輯の仏生日上堂に、「七歩周行するも、猶お彷彿たり、指天指地も分明ならず。〜、〜」とあり、「天上天下、唯我独尊の語、自を是とし他を非とす。此の語、已に傍人の耳に落つるなり」（『犂耕』）。◉(7)**東家杓柄長、西家杓柄短**＝あの杓柄は長く、この杓柄は短い。差別の事面。「柄杓」は灌仏の縁語。『雲門広録』巻下（禅十二・三八九）。◉(8)我常住於此＝我は常にここに住しているぞ（差別の世界、ありのままに、男となり女となり、天子となり士民となって）。『法華経』寿量品の偈。経中の意味は、如来の八相成道の入涅槃はあくまで為度衆生の故であって、実に滅度せず、常にこの娑婆世界に在って説法教化しているのである。【一の七】注(72)参照。◉(9)**会得各各悪水驀頭潑**＝「会得」とは上の「理中の事、事中の理」が分かるを云う。底本で「潑」の訓みは、「潑《そそ》がん」であるが、それだと「会したと云うたらそれこそ泥鼠じゃ、其の証明に大汚水を（各々に）突然打っ掛けるぞ」（飯田欓隠氏解釈）となる。しかし、ここは寧ろ「潑げ」と読んで、「各各が汚水（＝甘茶）を真っ向から誕生仏の頭にかけよ」と解した方が自然。『大応録』崇福録六十四章に、「（仏の）命根《めいこん》落在す崇福の手、一杓の悪水、驀頭に澆《そそ》ぐ。何が故ぞ。之れを斉《ととの》うるに礼を以てす」と。「悪水」とは殺活自在の毒水を云う。◉(10)狼毒肝腸＝恐ろしい、えげつないまでの心根。出典未詳。(12)の「生鉄面目」と対で『句双紙』に載る。「狼と腸とは心のふてきなを云うなり、生鉄面目とは忍著のないを云うぞ」。◉(11)**斉之以礼**＝会得できないというなら、手荒な正令に依らずに、礼に従って恭しく灌仏するまで（要は、会して灌仏するか、不会にして灌仏するか）。『論語』為政篇に、刑法に依らず徳化礼教を説いて、「之れを道《みち》びくに徳を以てし、之れを斉うるに礼を以てすれば、恥有りて且つ格《いた》る」と。◉(12)生鉄面目＝（いけしゃあしゃあと、よくも抜かした）何たる鉄面皮。

【九の一】（不録）

【九の二】（不録）

【九の三】

(1)**復《ま》た挙《こ》す**。「(2)**世尊《せそん》、一日陞座《しんぞ》**〔(3)丹青《たんせい》、画《えが》けども成らず。(4)叡岳《えいがく》三千房の雪月、長安十万戸の風煙《ふうえん》。(5)猶《な》お半月程《はんげつてい》を隔《へだ》つ〕、(6)**文殊《もんじゅ》、白槌《びゃくつい》して云く**、『(7)**諦観法王法《たいかんほうおうほう》、法王法如是《にょぜ》**〔(8)事は叮嚀《ていねい》より起こる。(9)方竹《ほうちく》杖《じょう》を削円《さくえん》し、紫茸氈《しじょうせん》を鞭却《べんきゃく》す〕』。(10)**世尊、便ち下座《げざ》す**〔可惜許《かしゃっこ》、(11)労して功無し。(12)波斯《はし》、玉を載《いただ》いて市《し》鄽《てん》に入る。一段の霊光、阡陌《せんぱく》を照らす。剣を按ずる人有って価《あたい》を知ること無し。夕陽垂頭《すいとう》、茅店《ぼうてん》に入る〕」。**師拈《ねん》じて云く**、「(13)**大湖《たいこ》、月を浸し、長橋、波に臥《ふ》す**〔(14)此《ここ》を去って西天《さいてん》の路、八千。(15)鷂子《ようす》、新羅《しんら》を過《す》ぐ〕」。

⒃若し高吟大嚼《こうぎんたいしゃく》するに非ずんば、争《いか》でか能《よ》く此の時の情を賞せん。⒄然《しか》も風流観る可《べ》しと雖《いえど》も〔⒅穿耳《せんに》の客に逢《あ》うこと罕《まれ》なり、多くは舟《ふなばた》を刻む人に遇《あ》う〕、**其れ⒆便宜を得る処、便宜に落つるを奈《いか》せん**〔⒇傍観、眼有り。㉑奈何《いかん》ぞ、之れを取るに錙銖《ししゅ》を尽くし、之れを用うるに泥沙《でいさ》の如くなるを〕。**㉒具眼《ぐげん》の禅流《ぜんる》、請う、緇素《しそ》を辨じて看よ**〔㉓物の比倫《ひりん》に堪《た》えたる無し、我れをして如何《いかん》が説かしめん〕。

⑴**復挙**＝『大灯録』原本ではこの前に、四月十四日の結夏小参【九の一】と【九の二】がある。【九の一】は「徳山小参不答話」の問答で、【九〇の一】に重なる。【九の二】は「文殊三処度夏」の話で【一三八の二】に重なる。◉⑵**世尊一日陞座**＝『碧巌』九十二則、『従容録』第一則の話頭。「陞座」は請により師家が説法で高座に登ること。◉⑶**丹青画不成**＝絵にも画けない美しさ。『頌古聯珠通集』巻六正堂辨「達磨九年面壁」頌。◉⑷**叡岳三千房雪月、長安十万戸風煙**＝比叡の山では三千の房舎に雪月、眼下の京の十万戸の街並みは煙の中。得も云われない景色。◉⑸**猶隔半月程**＝その叡山の絶景も、この世尊陞座の景色には、猶お遠く及ばざること半月の道程を隔てている。◉⑹**文殊白槌云**＝「白槌」は「白椎」とも。禅院で、諸事を大衆に知らせるために槌を撃つこと。「白」は「申す」の意。「槌」は八角に削った細く短い槌で、これを以て径五六寸、高さ三、四尺の高い台の砧を打つ。打つ人を白槌師と云って、禅門では知法の高徳の人がこの役を勤める。最初陞座して説法を始める時には、白槌師が槌を打つこと一下して、「法筵龍象衆、当観第一義」と云い、それから問答商量説法があり、法式が済んで、また白槌師が出て槌を一下して「諦観法王法、法王法如是」と唱えて証明の辞とするのである。『祖庭事苑』の［白椎］の章に精しい（禅四・一二三五）。ここでは、世尊が陞座して未だ一語も発せられないのに、いきなり文殊が最終の辞を述べて説法の終わりを告げたのである。◉⑺**諦観法王法、法王法如是**＝詳らかに仏法を観ぜよ、仏法はまさにこの通りである。「法王法」とは仏陀である法王の法、法の中の王法としての仏法のこと。『八十華厳経』世主妙厳品に「汝応観法王、法王法如是」（大正十・

二一）と。◉(8)事起叮嚀＝くどくどしいぞ（黙っていた方がまし）。「まっすぐに只あり（＝ありのまま）の処に事はないゾ。巧みにねんごろ過ぎて難しいゾ」（『句双紙』）。「叮嚀」は「再三言い聞かせる」の意。「叮嚀は君徳を損す」の語もある。この句は『夢窓録』や大灯の『参詳語要』などに見えるが、もと『普灯録』巻二十七保寧仁勇十三首の「臨済嘱三聖」に云う、「門を出で手を握って再び叮嚀、往往に事は叮嘱より生ず」の第二句の「叮嘱」を「叮嚀」に改めたものか。◉(9)削円方竹杖、鞔却紫茸氈＝余計なことをしでかして、立派な物をあたら台無しにしてしまった。『大慧録』巻十二、『虚堂録』巻一興聖録。「削円方竹」は『事文類聚続集』巻二十八に、「潤州甘露寺に僧有り、道行孤高なり。李徳裕廉、問《おと》なうに方竹杖一を以て焉《これ》に贈る。方竹とは大宛国に出で、堅実にして正方、節眼（節くれ立ち）鬚牙、四面対出す。再び浙右を鎮するに及んで、其の僧も尚お在り。問うて曰く、前の贈る所の竹杖は恙無きや。僧喜んで対《こた》えて曰く、已に規円にして之れに漆せり。公、嗟惋《さわん》すること日を弥《わた》りたり」と（脱俗的と思われたこの僧も、そのままで珍重な竹を、丸く削った上に漆まで塗って、馬脚を露呈した愚かさ）。「紫茸氈」は「北方に毛段の細軟なる者を子氄《しじょう》と曰う、…今訛って紫茸と為す」（『禅林句集辨苗』）。「鞔」は「覆い隠す、かぶせる、革で繕う」等の意。◉(10)**世尊便下座**＝何とも云わずに下座された。『種電鈔』に曰く、「無量の法門を掲示し了われり」と。◉(11)労而無功＝『荘子』天運篇にみえる、孔子を嘲笑った語。◉(12)波斯載玉入市鄽…夕陽垂頭入茅店＝ペルシャ人が、折角、珍玉を売らんとて市中を歩けば、玉の光が道々普く照らすので、見る人は驚き、怪物ならんかと剣に手をかけて恐れる人は有っても、値打ちを分かってくれる人はいない。夕方になってスゴスゴとあばら宿に戻った。出典未詳。「夜明簾外珠、痴人按剣立」「明月夜光、多逢按剣」の語をふまえた表現。【二四の二】注(13)参照。◉(13)**大湖浸月、長橋臥波**＝「文殊白槌、世尊下座」のこの一座の模様は、琵琶湖に映る石山の明月か、瀬田の唐橋か、得も云われない見事さ。後句は『古文真宝後集』巻一杜牧之「阿房宮賦」に出る。◉(14)此去西天路八千＝（そんなことでは）遥か、遠くして遠しだ。「此去西天十万八千（里）」（『首山語録』）とも云われるが、当時考えられていたインドと唐との距離。◉(15)鶺子過新羅＝後の祭り、白雲万里だ。「鷂子」は「はし鷹」。『碧巌』一頌評唱、「思量する間に、もはや間にあわぬ」（『秘鈔』）。「過新羅」は「箭過新羅」とも。◉(16)**若非高吟大嚼、争能賞此時情**＝何度も何度も善く噛みしめて味わうのでなければ、どうしてこの風情を理解することが出来ようか。「高吟」は声高らかに歌唱すること、高妙な吟唱。「大嚼」は大いにかむ。『拈八方珠玉集』巻下に同安察の翫月の話を挙して、「正覚拈じて云う、『若し高吟大嚼に非ずんば、争でか能く此の清歓を賞せん。這の僧、然も容止観る可きと雖も、其れ勝《た》え難き盛礼を奈《いかん》せん』」（禅十三・二八四）と。◉(17)**雖然風流可観**＝底本の訓みは、「然りと雖も、風流観る可し」と前文を受けた訓みをしているが、ここは『国訳禅宗叢書』の訓みに従って後文に続けた。◉(18)罕逢穿耳客、多遇刻舟人＝分かるやつなぞ滅多に居らん。【一の七】注(46)参照。◉(19)**得便宜処落便宜**＝その都合の良いところが失敗のもと。『碧巌』六十六頌。「これで好いと思うと、其の処が糞つまりになる」（『秘鈔』）。もと『首山録』「勘辨語」に見える。◉(20)傍観有眼＝「傍人有眼」（『碧巌』一本則下語）とも。傍目《おかめ》八目。◉(21)奈何取之尽錙銖、用之如泥沙＝どうして始皇帝は国民から一銭一厘まで搾り取り、それをまた泥か沙のように惜しげもなく使ったのか。把住の時は徹底把住、放行の時は徹底放行。『古文真宝後集』巻一杜牧之「阿房宮賦」。◉(22)**具眼禅流、請辨緇素看**＝眼ある輩ならば、世尊陞座の模様、得便宜か落便宜か、黒白を明らかにせよ。「緇素」は黒白。◉(23)心如波旬、面似夜叉＝この塩梅は言うに言えず、説くに説かれず。『寒山詩』五「吾心似秋月」。【一二二の一】注(4)参照。

【一〇の二】

(1)次の日上堂。僧問う、「(2)納僧《のうそう》箇箇《ここ》、気宇《きう》王の如し、今朝《こんちよう》、甚《なに》に因《よ》ってか区宇《くう》に坐在《ざざい》す」。師云く、「(3)画餅《がびよう》、飢《うえ》に充《あ》つ」。進めて云く、「(4)若し也《ま》た此の事《じ》を論ぜば、青天白日の如し。更に甚《いず》れの処に向かってか剋期取証《こくごしゆしよう》せん」。師云く、「(5)路《みち》、桃源《とうげん》に入《い》って、深うして更に深し」。進めて云く、「(6)慈明《じみよう》、黄龍《おうりよう》に問う、『雲門三頓《さんとん》の棒、

洞山《とうざん》、喫《きつ》す可《べ》きか喫す可からざるか』と。意、那裏《なり》にか在る」。師云く、「(7)両鏃《りょうぞく》の蒺藜《しつり》」。進めて云く、「黄龍云く、『喫す可し』と。(8)還《かえ》って端的《たんてき》なりや也た無《いな》や」。師云く、「(9)直饒《たと》い山岳も也た蔵《かく》し難《がた》し」。進めて云く、「明《みょう》云く、『(10)終日《ひねもす》鴉鳴《あめい》鵲噪《じゃくそう》、幾棒《いくぼう》をか喫す』と。意旨《いし》、作麼生《そもさん》」。師云く、「(11)一種是の声限り無き意、聴《き》くに堪《た》えたる有り、聴くに堪えざる有り」。僧便ち礼拝《らいはい》す。

(1)**次日上堂**＝四月十五日の結制の上堂。◉(2)**衲僧箇箇気宇如王、今朝因甚坐在区宇**＝参学の士は王の如き霸気を有すべきに、今日結制などと言って、どうして己を限るのか。『虚堂録』巻一報恩録の次日上堂語に、「衲僧家、気宇王の如し、甚麼《なん》と為《し》てか今朝、草縄自縛なる」と。「区宇」は「窠窟《かくつ》」（『犂耕』）の義で、時間を限り、処を限って道場に籠もるを云う。◉(3)**画餅充飢**＝（気宇如王などと言っても）絵空事、実地でなくてはいかん。『魏書』巻二十二に、「名は、地に画いて餅と作したる如く、啖《くら》う可からずなり」と。◉(4)**若也論此事…剋期取証**＝青天白日、一見便見明明瞭、それなのに、今更、何の期日を限って証果を求む。国師投機の偈に、「青天白日是家山」と。「剋期取証」は『円覚経』巻下の円覚菩薩章に、「即ち道場を建て、当に期限を立つべし。若し長期を立てば百二十日、中期は百日、下期は八十日、浄居を安置せよ」とあるを踏まえて。◉(5)**路入桃源、深更深**＝道は入れば入るほどに深い（生悟りを誡める）。『大応録』崇福録一〇六章、もと『偃渓広聞録』径山万寿録。「桃源」は陶淵明『桃花源記』の語を借りて、悟境を云う。◉(6)**慈明問黄龍…**＝『会元』巻十七黄龍慧南章以下、自他ともに許した黄龍が、更に慈明の膝下に参じた因縁を挙す。章に、「師…遂に其の室に造《いた》る。明曰く、『書記（黄龍）、徒を領して遊方す、借使《も》し疑有らば、坐《いな》がらに商略すも可なり。師、哀懇愈《いよ》いよ切なり。明曰く、『公は雲門禅を学す。必ずや其の旨を善くせん。洞山に三頓棒を放《ゆる》すと云うが如きんば、是れ喫棒の分有りや、喫棒の分無きや』。師曰く、『喫棒の分有り』。明、色荘《こわおもて》になって曰く、『朝より暮に至るまで、鵲噪鴉鳴、皆な応に喫棒すべし』。明、即ち端坐して、師の炷香作礼するを受く」と。「洞山三頓」は、『無門関』十五、『碧巌』十二頌評唱等に見える雲門下の洞山守初禅師（九一〇―九九〇）大悟の因縁の話。◉(7)**両鎌蒺蔾**＝鉄菱だ（進むに進めず、退くに退けず）。太公望の『六韜』虎韜の軍用第三十一、「蒺蔾」は浜菱の実の形をした戦具。◉(8)**還端的也無**＝そのものズバリでしょうか。本当にそうでしょうか。◉(9)**直饒山岳也難蔵**＝（黄龍のしくじりは山岳をもってしても覆い隠すことは出来ない（大失態）。◉(10)**終日鴉鳴鵲噪、喫幾棒**＝この句を、今、『僧宝伝』巻二十二黄龍章によって訳せば、「三頓棒の声を聞いて便ち是れ棒を喫するなら、則ち汝旦《あした》より暮《くれ》に及ぶまで、鴉鳴鵲噪、鐘魚鼓板の声を聞くもまた応《まさ》に棒を喫すべし、棒を喫すること何《いず》れの時か当《まさ》に已《や》むべけんや」。◉(11)**一種是声無限意、有堪聴有不堪聴**＝この塩梅は聴こえるようで聴こえず、聴こえないようで聴こえると云うような、実に幽々たるものがある。『五祖演録』「聞角」に、「幽幽たり寒角《かんかく》孤城に発す、十里山頭漸く杳《よう》として冥《くら》し。〜、〜」（禅十二・四四七）と。

【一〇の二】

師、乃《すなわ》ち挙《こ》す。「(1)五祖《ごそ》云く、『今日結夏《けつげ》〔(2)未在《みざい》、更に道《い》え〕、大衆《だいしゅ》に供養《くよう》す可《べ》き無し〔(3)悪水《あくすい》、驀頭《まくとう》に潑《そそ》ぐ〕、一家宴《いつかえん》を作《な》し〔(4)残羹餿飯《ざんこうそうはん》〕、諸人《しょにん》を管待《かんたい》せん〔(5)人を鈍置殺《どんちさつ》す〕』。遂に手を挙《あ》げて云く〔可惜許《かしゃっこ》〕、『(6)囉囉《らら》招《しょう》〔(7)温《おん》〕、囉囉遥《ららよう》〔良《りょう》〕、囉囉送《ららそう》〔恭《きょう》〕。(8)怪《あや》しむこと莫《な》かれ、空疎《くうそ》なることを〔倹《けん》〕。伏《ふ》して惟《おもん》みれば珍重《ちんちょう》〔譲《じょう》〕』と」。師云く、「五祖老人、与麼《よも》の家宴〔(9)射工《しゃこう》、沙《すな》を含んで人の過《す》ぐるを待つ〕、謂《いつ》つ可し、管待千足《せんそく》し、百《ひゃく》味《み》欠くること無しと〔(10)千足万足。(11)鴆羽《ちんう》水に落つれば魚鼈《ぎょべつ》死す〕、然《しか》も是《かく》の如しと雖《いえど》も、(12)只だ是れ一時《いちじ》の慶快《けいかい》有るのみ〔(13)咦《い》〕。大徳《だいとく》、今日結夏《けつげ》、也《ま》た箇の家宴有り〔(14)驢事《ろじ》未だ去らざるに、馬事《ばじ》到来す〕、(15)坐者立《ざしゃりつ》者《しゃ》、倶《とも》に万年《まんねん》の歓《かん》を成し、見者聞者《けんじゃもんじゃ》、同じく太平の歌を唱《とな》う〔(16)千金の資《し》有るものは、千金の病《やまい》有り〕。且《しば》らく道え、(17)其の中《うち》の節拍《せっぱく》、又た作麼生《そもさん》〔(18)失銭遭罪《しっせんそうざい》〕」。払子《ほっす》を以て禅床を撃つこと一下《いちげ》して云く、「(19)薫風自南《くんぷうじなん》

来《らい》、殿閣《でんかく》生《しょう》微涼《みりょう》〔(20)鳳林関《ほうりんかん》を打破《たは》して、靴《くつ》を著《つ》けて水上に立つ〕」。

(1)**五祖云、今日結夏…**＝今日結制に当たって、(貧乏ゆえ)皆々には供養できないが、内輪で諸君に御馳走を振る舞おう。「結夏供養」とは、今日の入制開講展待に当たるか。「一家宴」は「他家を招かない内輪の宴」。『五祖演録』四面録(禅十一・四一五)に見える。『大応録』一三〇章も参照。◉(2)未在更道＝まだ十分ではない、更に云うてみよ。◉(3)悪水驀頭潑＝頭から汚水をザブリ。「悪水」は悪辣の手段。『碧巌』一本則評唱。【八の二】注(9)参照。◉(4)残羹餿飯＝古人の糟粕《そうはく》。【一の七】注(58)参照。◉(5)鈍置殺人＝(使った後の汚れ水に残り飯でのもてなし)人を馬鹿にしきって。「殺」は強意の助詞。◉(6)**囉囉招、囉囉遥、囉囉送**＝アラヨイヨイ、サアいらっしゃい、サアサア、酒をつぎましょう。『碧巌集方語解』「相席打令」の項に、「唐人、俗舞、之れを打令と謂う、其の状に四有り、『招』と曰い、『揺』と曰い、『送』と曰う…『招』は則ち之れを邀《むか》うるの意、『揺』は則ち手を揺るがして呼喚するの意、『送』は則ち酒を送るの意」と。◉(7)温、良、恭、倹、譲＝『論語』学而篇に、「夫子は温・良・恭・倹・譲、以て之れを得たり」と。◉(8)**莫怪空疎。伏惟珍重**＝御粗末さま、では御苦労さんでした。「莫怪」は「怒らないで下さい、咎めないでほしい」。「珍重」は「お大事に」。◉(9)射工含沙待人過＝国師、恐ろしい填《は》め手を打ってきたぞ。「射工」は、砂を口に含んで水中に居って人影の通るのを待ち、それを射て殺すという、一種の怪虫(いさごむし)。「射工含沙」で、陰険な手段で秘かに中傷誹謗する譬喩。黄山谷「演雅」詩、但し「待」は「須」、「人」は「影」。後の【一五八の二】下語、頌古第九則(【二二六】)本則下語にも見える。◉(10)千足万足＝万足の上にも万足。「アッパレ、ゴチソウ」。◉(11)鴆羽落水魚鼈死＝(毒入り馳走で)みな殺しじゃ。「鴆羽」は伝説中の毒鳥で、その羽を浸した酒を飲めば立ち所に死ぬと云う。『虚堂録』巻八浄慈《じんず》後録。◉(12)**只是有一時之慶快**＝(満足なれども)一時の喜びなるのみ。以下五祖の曲に代わって、国師自身の曲調を唱える。◉(13)咦＝大呼、喝破、歎辞、または学人を驚覚し、或いは物を指示する辞。普通「イー」

と読む。冷笑、ソレ見よ。また「イー」と否定する等、種々の意あり。「残念ナ、見事ナ物ニ、傷ヲツケタ」。◉⒁**驢事未去、馬事到来**＝五祖の馳走も食べ切らないうちに、また国師の御馳走と来たか。『会元』巻七長慶慧稜章。因みに、道忠禅師は「鉄橛子なり、義解を容るる可からず」（『犂耕』）と云う。◉⒂**坐者立者倶成…見者聞者同唱…**＝坐る者も立つ者も尽く「万年歓」の曲を演奏し、見る者も聞く者も共に太平の歌を唱える。「万年歓」は唐以来の宮中の舞楽教習所である教坊の曲名（『宋史』巻一四二）。◉⒃**有千金資、有千金病**＝富める分だけの病。好事も無きには如かじ。『仏光録』巻一冬節小参に、「千金の資有れば、千金の病有り。万里の智無くば、万里の憂無し」（大正八十・一三〇上）と。◉⒄**其中節拍又作麼生**＝では、その曲の本真のリズムはどうじゃ。「其中」は「箇中」に同じく、「そこのところの、究極の」の意。「節拍」はリズム。◉⒅**失銭遭罪**＝泣き面に蜂。「酒買ッテ尻切ラレタ（＝酒を飲ませて、却ってその酔っぱらいに怪我をさせられる。恩を仇で返された）」「サンザンジャ」。一説に、昔、唐の法律に金銭を失った者を罰する条例が有ったという。『碧巌』八則頌、『伝灯録』巻十九保福従展章。◉⒆**薫風自南来、殿閣生微涼**＝（旧四月半の現成公案）清涼一服の風、これが国師の供する千金の馳走。『旧唐書』巻一六五の柳公権（唐文宗の中書舎人、呉元済を討った柳公綽の弟）伝に、「文宗、夏日、学士と聯句す。帝曰く、『人は皆な炎熱に苦しむ、我れは愛す夏日の長きを』と。公権、続けて曰く、『～、～』」と。◉⒇**打破鳳林関、著靴水上立**＝「玲瓏の性を蕩尽して、…神通自在」（『犂耕』）。首山省念の伝法綱要偈。因みに、「鳳林関」は湖北省襄陽峴山に有った。【一三〇の四】注⑶参照。

【一二】

⑴**首座《しゅそ》、書記《しょき》、蔵主《ぞうす》の秉払《ひんぽつ》を謝する上堂。「⑵西来《せいらい》を師に呈して霊樹《れいじゅ》の待遇《たいぐう》を厚うし**〔⑶是れ睦州《ぼくしゅう》に在って脚を拶折《さっせつ》せられ、象骨《ぞうこつ》に行いて拳を托《たく》する底《てい》の老尊慈に非ずや〕、⑷**脚底《きゃくてい》、驢の如くにして慈明《じみょう》の堂奥《どうおう》を踏む**〔⑸是れ冬瓜《とうがん》の印子《いんす》を承《う》けて、枕子《ちんす》を頭上に抛《なげう》つ底の匾頭《へんとう》の書記に非ずや〕。⑹**法系《ほうけい》、其の時に於いて、**

人焉《いずく》んぞ廋《かく》さんや〔⑺公験分明《こうけんふんみょう》。⑻碧落《へきらく》の碑に贋本《がんぽん》無し〕。⑼**後《のち》の今《いま》を視《み》んこと、今の古《いにしえ》を視るが如し**〔何の難《かた》きことか之れ有らん。⑽十方を目前に消融《しょうゆう》し、三世を一念子に貫通す〕。**何ぞや。**⑾**智蔵《ちぞう》、光を発することは鞭影《べんえい》に資《よ》る」。払子を撃って下座《げざ》**〔⑿風、柳絮《りゅうじょ》を吹けば毛毬《もうきゅう》走《わし》り、雨、梨花《りか》を打てば蛺蝶《きょうちょう》飛ぶ。⒀尋《じん》常《じょう》一様窓前《そうぜん》の月、纔《わず》かに梅花有れば便ち同じからず〕。

⑴**謝首座書記蔵主秉払上堂**＝首座・書記・蔵主の大衆指導を謝労する説法。西序と云って、叢林に於いて修行教育を司る役職である六頭首《ちょうしゅ》に首座・書記・蔵主等が有る。「首座」は禅林の首位、「書記」は文翰を司り、「蔵主」は閲蔵看経の監督役で「知蔵」とも云う。対して、叢林の運営を司る東序に六知事がある。【二の二】注⑴参照。「秉払」は払子を執る意、住持に代わって説法すること、分座説法。『百丈清規』に、結夏・解夏・冬至・元旦の四節に行なわれたと記すので、ここは、結夏での秉払であろう。◉⑵**西来呈師厚霊樹待遇**＝「首座」の故事では、韶州（広東省）霊樹如敏禅師（福州大安下）が二十年首座の座を空けて、雲門を待っていたこと。雲門は初め睦州の所で西来の意を発明し、のち雪峰の所で蘊奥を究めてその法を嗣ぎ、のち諸方を遍く行脚して霊樹に到る。その間、霊樹禅師は「我が首座生ぜり」、「我が首座牧牛せり」、「我が首座行脚せり」と待ち続け、一日鐘を打たしめて、雲門の到着を山門の外に出迎えた。『会元』巻十五雲門章。◉⑶非是在睦州…老尊慈廮＝これは陳睦州《ぼくしゅう》に脚を折られ、又象骨山《ぞうこつざん》雪峰の所では拳を托した、あの老婆禅者ではないか。「尊慈」は自分の母親、又は他人の母親に対する敬称。「托拳」は『会元』巻十五雲門章では「握腕」。雲門、雪峰に参見の途上、一僧に托して、雪峰の上堂するや便ち出でしめ、腕を握らせ（＝相手の腕を握るは、親密の情を示す）、立地に、「這の老漢項上鉄枷、何ぞ脱却せざる」と云わしむ。◉⑷**脚底如驢、踏慈明堂奥**＝「書記」で周知は、黄龍慧南禅師。慧南は衡山福厳寺（湖南省）の石霜慈明のもとで書記をしていた。その三関（『無門関』参照）の「我が脚、驢脚に何似《いずれ》ぞ」の驢脚で慈明の堂奥に踏み入って、その法を嗣いだ。◉⑸

非是承冬瓜印子…匾頭書記麼＝これは雲門下三世泐潭懐澄《ろくたんえちょう》より似非《えせ》印可証を受け、雲峰文悦に詰《なじ》られて、激怒して枕を投げつけた、あの偏平頭の黄龍書記ではないか。「冬瓜印子」は冬瓜を横にきって押した印のことで、いい加減な印可証明をいう。『会元』巻十七黄龍慧南章。◉(6)**法系於其時、人焉廋乎**＝その時において法系は明らか、天下に隠しようがない。雲門は霊樹に厚遇されても旧恩を忘れず雪峰に嗣ぎ、黄龍は泐潭懐澄の印可を承けても慈明に嗣いだ事を云う。後句は『論語』為政篇第二。◉(7)公験分明＝官の証明に偽りは無い。「公験」は「コウケン」又は「クゲン」とも読み、官給の公認証明書。特に僧侶が受戒した時、官より下した証明書を言った。◉(8)碧落碑無贗本＝贗物はない。『正宗賛』巻二楊岐の慶舟峰の讃。「碧落碑」は今、山西省新絳県、龍興宮に在る。龍興宮は一名碧落観というので碧落碑と名付けられた、とも。『助桀』によれば、「其の文字甚妙なり、李陽氷も猶お学ぶことを得ず（書の名人といえども模写出来ない）、此れ贗本無き所以なり」と。◉(9)**後之視今如今之視古**＝今の人が雲門首座、黄龍書記を慕うように、諸君らも後世の人に慕われる程の首座、書記に成ってほしい。『古文真宝後集』巻四の王羲之「蘭亭集序」、もと『漢書』巻七十五京房伝。◉(10)消融十方於目前、貫通三世於一念子＝無限の乾坤も目前当所にあり、無限の過現未三世の時も当念にある（何の「後・今・古」か在らん）。【一の七】注(54)参照。◉(11)**智蔵発光、資鞭影**＝「知蔵」は「蔵主」を云う。周知は西堂智蔵、馬祖に「経は蔵に入る」と評された。智慧の光を発することは所謂外道問仏の「世の良馬の鞭影を見て走る」が如く、俊敏である。『伝灯録』楊億の序文に、「機縁交《こもご》も激することは箭鋒《せんぷ》拄《ささ》うるが若く、智蔵光を発することは鞭影に資《よ》るに旁《ちか》し」と。◉(12)風吹柳絮毛毬走、雨打梨花蛺蝶飛＝柳絮か毛毬か、梨花か蛺蝶か、定かならざる所。「柳絮」は柳の実が熟して、暮春の頃、綿のように乱れ飛び、毛毬（毛まり）が走る様である。「梨花」は四月頃、純白色の花を着け、雨に打たれて落ちる様は蝶々が飛ぶ様である。『会元』巻五夾山《かっさん》善会章に、「問う、『如何なるか是れ相似の句』。師曰く、『荷葉団団として鏡よりも団《まる》く、菱角尖尖として錐よりも尖《するど》し』。復た曰く、『会するや』。曰く、『不会』。師曰く、『〜、〜』」と。◉(13)尋常一様窓前月、纔有梅花便不同＝何時も何時も同じ窓の月ではあるが、そこに梅の花が入るや否や俄然趣きを異にする。いわく言い難し。『千家詩』一六九、南宋・杜耒《とらい》（？—一二二五、字は子野、号は小山）「寒夜」に、「寒夜客来たって茶酒に当たる、竹炉の湯沸いて火初めて紅。〜、〜」と。

【一二】

(1)**良和典座《りょうわてんぞ》を謝する上堂。挙《こ》す。**「(2)**金牛《きんぎゅう》毎日斎時《さいじ》に、自《みずか》ら飯《はん》を将《もつ》て僧堂前《そうどうぜん》に於いて舞《まい》を作《な》して**（(3)一曲両曲《いっきょくりょうきょく》、人《ひと》の会《え》する無《な》し、雨過《あめす》ぎて夜塘秋水深《やとうしゅうすいふか》し）**呵呵大笑《かかたいしょう》して云く、『菩薩子喫飯来《ぼさつしきつぱんらい》**（(4)声声《せいせい》聴く可《べ》からず、人をして愁思《しゅうし》多からしむ）』**と**」。**師云く、**「**金牛和尚務《つと》めて**(5)**細嚼《さいしゃく》飢え難《がた》きに在れども、只だ是れ**(6)**衆口調《しゅくとと》のえ難《がた》し**（(7)一味、異鼎《いてい》の甘きことを合すること能《あた》わず、独木、鄧林《とうりん》の茂《しげ》きを致すこと能わず）。(8)**大徳今夏《こんげ》、屋裡《おくり》に人有ることを得て、一衆自然《いっしゅじねん》に**(9)**吾《わ》が臂《うで》の酸《だる》きを聴かず**（(10)衆を得る則《とき》んば民を得、衆を失う則んば民を失う）。**諸人、此の人を知らんと要すや**」。**拄杖を卓《たく》して云く、**「(11)**発《はっ》して節《せつ》に当たる、之れを和《わ》と言う**（(12)中和《ちゅうわ》を致《いた》して、天地位《くらい》し、万物育《ばんもついく》す）」。

(1)**謝良和典座上堂**＝『増補正灯世譜』に、大灯下に良和典座として名あり、『大徳寺文書』一六七二、一六七四には、堅田の玉泉庵に住職す、と。「典座」は叢林運営に与る六知事の一つで、食事を司る重役。◉(2)**金牛毎日斎時…菩薩子喫飯来**＝馬祖下の金牛和尚はいつも昼飯時、和尚自ら典座と成って飯を作り、自ら飯桶を抱えて僧堂前まで運んで、舞を舞い大笑いしながら雲水に呼びかけ、拍手して、「菩薩がた、さあ飯を食べにおいで」と給侍していた。斯くの如く、型破りの事を毎日毎日二十年続けていた。『碧巌』七十四則。『伝灯録』巻八金牛章。◉(3)一曲両曲無人会、雨過夜塘秋水深＝金牛のこの曲調を会得できる者は誰もおらぬ、（さあ、次の曲を聞き得るや）秋雨一過、夜池の水かさ増す。「水かさ、まさる彼のつつみ、これは三界無法の秘曲」（『秘鈔』）。『碧巌』三十七頌。◉(4)声声不可聴、使人愁思多＝（金牛和尚のこの曲調は私には断腸）その一ふし一ふしの声に、わたしは全くやりきれない。それは心の愁いを一層更にかきたてるからだ。『寒山詩』三十四「白雲高嵯峨」。◉⑸**細嚼難飢**＝丁寧にかみしめると、永く飢えることはない。『無門関』四十七、もと大慧『正法眼蔵』巻一羅山道閑（巌頭下）章に、「麁《そ》餐《さん》は飽《あ》き易《やす》く（丸呑みはすぐに満腹するが身につかない）、細嚼《さいしやく》は饑《う》え難《がた》し」（禅十一・〇〇七）と。◉⑹**衆口難調**＝たとえ物は好くとも、万人の満足に行くようにするのは難しい。『会元』巻十五開先善暹《かいせんぜんせん》（雲門下三世）章に、「羊羹は美と雖も、～」と。◉⑺一味不能合…独木不能致…＝一つの持ち味では本当の美味しい味は出来ぬ、独木では林には成らぬ。「鼎」は三足両耳の深い器で、物を煮るに用い、五味を和する宝器。鼎食は幾個かの鼎に盛った食物で、豊富な美味珍膳をいう。「鄧林」は「桃林」とも、河南省の霊宝県の西一帯の大林、周の武王が牛を放った所。出典未詳。◉⑻**大徳今夏屋裡得有人**＝大徳（国師の自称）は今制、我が家に然るべき人材を得た。「屋裡人」とは、同学同門の身内を指し、また宗門の事を深く辨えた人を云う。◉⑼**不聴吾臂酸**＝（栄養失調で）肩や腕がだるいなどと訴えるのを聞かずにすむ。「吾臂酸」は『林間録』上六九章に、「今の少年苾蒭《びつしゅ》（＝比丘）は鉢を擎《ささ》げ頞《はなばしら》を顰《しかめ》て曰う、吾が臂酸《だる》し」。◉⑽得衆則得民、失衆則失民＝かく大衆を大切にすれば、叢林も栄える。『大学』に、「衆を得る則《とき》は国を得、衆を失う則は国を失う」と。因みに雪峰禅師、常に典座となって云う、「一千五百箇の布衲子、老僧の杓頭より舀《く》み得来たる」（『虚堂録』巻四の立僧納牌普説）と。◉⑾**発而当節言之和**＝みな節度に適うを和と言う。良和と云う人は中庸を得た和の人。『中庸』第一章に、「喜怒愛楽《きどあいらく》の未だ発《はっ》せざる、之れを中《ちゅう》と謂う。発して皆な節《せつ》に中《あた》る、之れを和《わ》と謂う。中なる者は天下の大本なり、和なる者は天下の達道なり。中和を致して天地位し、万物育す」と。また『百丈清規』巻四「典座」の項に、典座の務の一を「物料調和」と。◉⑿致中和、天地位焉、万物育焉＝かくの如く、天下の大本であり達道である中と和を実現すれば、天地それぞれに所を得て狂いなく、万物は育つ。『中庸』の続きの語を持ってきた。

【一三の二】

(1)端午《たんご》上堂。僧問う、「(2)文殊、善財《ぜんざい》をして薬を採《と》らしむ。善財云く、『(3)尽大地、是れ薬ならざる者有ること無し』と。此の意如何《いかん》」。師云く、「(4)靴を穿《は》いて水上に立つ」。僧云く、「文殊云く、『是れ薬なるもの採《と》り将《も》ち来たれ』と。意、那裏《なり》にか在る」。師云く、「(5)六隻《りくせき》の骰子《とうす》、一時《いちじ》に赤し」。僧云く、「善財《ぜんざい》地上に於いて一茎草《いつきようそう》を拈《ねん》じて文殊に度与《どよ》す。意旨《いし》作麼生」。師云く、「(6)舌《した》を吐《は》いて頂《いただき》に至るの相」。僧云く、「文殊云く、『(7)此の薬、亦た能《よ》く人を殺し、亦た能く人を活《いか》す』と。如何《いかん》が識得《しきとく》せん」。師云く、「(8)猫児《みようじ》、筋斗《きんと》を打《た》す」。僧云く、「(9)病に応じて薬を与う、是れ古来の家風。和尚作麼生《そもさん》か無病《むびよう》の人を医《い》せん」。師云く、「(10)黒蛇《こくじや》、漆甕《しつよう》に入《い》る」。僧云く、「与麼《よも》なる則《とき》んば大法緊要《だいほうきんよう》の処、(11)誰《たれ》か敢えて驢駝《ろだ》の薬を仮《か》らん」。師云く、「(12)波斯《はし》、江《こう》を過《す》ぎず」。

(1)**端午上堂**＝『荊楚歳時記』五月の条に、「五月は俗に悪月と称し禁多し。…五月五日、之れを浴蘭節と謂う。四民並びに蹋《とう》百草の戯あり。…是の日、競渡し、雑薬を採る」と。旧五月を悪月とするのは、雨期に当たり、また夏至と重なって瘟疫《はやりやまい》を祓う必要があった為である。端午の薬草摘みを機縁としての上堂説法。因みに、本邦では端午は男児の節句であるが、本来中国では女児節であった。◉(2)**文殊令善財…**＝『碧巌』八十七本則評唱に見えるが、『犂耕』に、「四分律巻三十九の賓伽羅《びんがら》と耆婆《ぎば》童子との因縁を以て、転じて文殊と善財の事と為したもの」と。『四分律』の耆婆童子の因縁とは、「得叉尸羅《とくしやしら》国に…字は賓伽羅、極めて医道を善くすあり…耆婆童子即ち彼の国に往って、…医術を学び、七年を経たり。…時に師、即ち一籠器及び掘草の具を与え、『汝、得叉尸羅国に於いて面一由旬、諸草を求覓して、是れ薬ならざるもの有らば持ち来たるべし』という。時に耆婆童子即ち師の勅の如くすれども、…是れ薬ならざる者を得ず、…即ち空しく還る。…師、耆婆に答えて言う、汝今去るべし、医道以て成れり」（大正二十二・八五二）と。◉(3)**尽大地無有不是薬者**＝捨てる物は何も無い。『碧巌』八十七本則に、「尽大地、是れ薬」。又『会元』巻二文殊章に、「善財偏く大地を観るに、是れ薬ならざるもの無し」。◉(4)**穿靴立水上**＝玲瓏の性を蕩尽して神通自在。【一〇の二】注(20)参照。◉(5)**六隻骰子、一時赤**＝底本の「雙（双）」は「隻」の誤植。サイコロ六個とも全部赤が出た。大負け、元も子も無くし、窮しきった。『洞山守初録』（禅十二・六四九）、『会元』巻九清化全怤（潙山下三世）章。『五灯会元抜粋』や飯田欓隠氏は「大勝利」と解釈している。しかし『仏眼遠録』を見ると、仏眼は常に「六隻骰子」を以て学人を接化しており、その頌の第三に、「六隻の骰子満盆紅なり、馬載驢駝《ばさいろだ》一擲《てき》に空ず。赫赤《かくしやく》窮し来たって賽す可き無し、請う君此より神通を現ぜよ」（禅十二・五四八）と見え、意味は「六個のサイコロ全部赤がでた、一振りで何もかも無くしてしまった。全くの素寒貧になって最早サイコロの振りようもない、サアこの窮したところ、どう神変化通するか、通じてみよ」であるが、これに依れば、「一時赤」は大勝利どころか、「大負け」の意となる。◉(6)**吐舌至頂相**＝所謂仏三十二相の一つ「広長舌相」、不妄語の相。『洞山初録』に、「心境未だ明らめざる時、如何」と問われて答えた語（禅十二・六五四）。もと『摩訶般若経』巻二舌相品第六に、「爾時、世尊舌相を出し、遍く三千大千世界を覆う」と。◉(7)**此薬亦能殺人亦能活人**＝「這の語に権・実、照・用有り」（『種電鈔』）。◉(8)**猫児打筋斗**＝「打筋斗」は「トンボガエリをする」の意、無礙の働き。『祖庭事苑』は「斤斗」に作り「斤《よき》は木を斫る具なり、頭重うして柯《え》は軽し。之を用うる則《とき》は斗《かしら》転ず。此の技をなす者之に似たり」と。『洞山初録』に、「承るに古に言有り、『其中の長者子、箇箇尽く裩無し。如何なるか是れ長者子』。師云く、『只だ你《なんじ》是れ』。云く、『是れ箇の什麼ぞ』」と問われて答えた語（禅十二・六五六）。◉(9)**応病与薬…和尚作麼生医無病人**＝「応病与薬」は『維摩経』仏国品の語。また『大川録』報恩録の端午上堂に、「者箇（＝拄杖）…天寧手裏に在っては無病の薬と為って、能く無病の人を医す。無病の人作麼生か医せん」（禅十五・三二一）と。因みに大川の答えは、「驀《まく》に拄杖を卓一下し、『毘《び》耶城を打破して、維摩詰《ゆいまきつ》を靠倒《こうとう》す』」と。◉(10)**黒蛇入漆甕**＝真っ黒の漆甕《うるしかめ》の中に真っ黒の蛇（一切の差別を打破した処）。『洞山初録』に「無心の道人、還って法の人に示す有りや也《ま》た無《いな》や」と問われて答えた語（禅十二・六五六）。無病の薬を阿掲陀《あかだ》薬とも云うが、酒甕に入った黒蛇は癩病の薬（時珍『本草綱目』巻四十三）。◉(11)**誰敢仮驢駝薬**＝お蔭さまで薬は不要となりました、と、僧の礼話。【一〇三】の「切に忌む、無病の薬を求むることを」に同趣。「驢駝薬」は驢馬に積んで運ぶ程多くの薬の意。◉(12)**波斯不過江**＝達磨、揚子江を渡らず。玄沙の所謂、「達磨、東土に来たらず、二祖、西天に往かず」の消息。『洞山初録』に、「寂寂として惺惺無き時、如何」と問われて答えた語（禅十二・六五七）。

【一三の二】

乃《すなわ》ち云く、「(1)端午天中《てんちゆう》の節《せつ》〔(2)直下即《じきげ》ち是《ぜ》、目を捏《ひね》って強いて花を生ず〕、**(3)諸方は尽く土《ど》を呪《じゆ》し壁《へき》に書《しよ》して**〔直下即ち是《ぜ》、(4)好肉《こうにく》を剜《えぐ》って瘡《きず》を生ずること莫《な》かれ〕、**以て妖怪を消《け》す。薬を採《と》る模様を認《と》め**〔直下即ち是《ぜ》、(5)事は叮寧より起こる〕、**(6)百草頭上《ひやくそうとうじよう》に伎倆《ぎりよう》を做《な》す。我が者裡《しやり》(7)箇箇石人《せきじん》の機、箇箇鉄漢《てつかん》の用《ゆう》**〔(8)混沌《こんとん》の為に眉《まゆ》を画き去る〕、**(9)水洒《そそ》げども著《つ》かず、風吹けども入《い》らず**〔又た是れ(10)相似の涅槃。(11)髑髏《どくろ》前《ぜん》に鬼《き》を見る〕」。**驀《まく》に拄杖《しゆじよう》を拈《ねん》じ卓一下《たくいちげ》して云く、「(12)森森《しんしん》たる夏木《かぼく》、杜鵑《とけん》啼《な》く**〔(13)西天《さいてん》の胡子《こす》、髭鬚《ししゆ》没《な》し〕」。

(1)**端午天中節**＝「天中節」は旧五月五日の午の時をいう。月日時のすべてが、一三五七九の天数（奇数）の中央たる五に当たるをもって云う。◉(2)直下即是、捏目強生花＝直下の所がそのままよいに、（要らざることを云うは）有りもしない事のでっち上げ。「五月柏餅ヲ喫ウ処即ち是。喫ウテ、スムニ、イカメシイ事云ハバ捏目」。「捏目強生花」は【一の八】注(6)参照。◉(3)**諸方尽呪土書壁以消妖怪**＝「呪土書壁」は『大応録』崇福録五十七章にのみ見える語で、他には見当たらない語、端午の避邪の習俗を指す。『夢粱録』巻三の五月、端午の条に、「杭都の風俗、初一日より端午の日に至り、家家に柳、桃、葵、榴、蒲葉等を買い、…当門に供養す。…艾《よもぎ》と百草を以て天師（後漢の道士、張道陵）を縛成し、門額の上に懸け、或いは虎頭白沢《はくたく》を懸く。或いは士宦等の家は、生株《しゆ》を以て午時に書し、『五月五日天中節、赤口白舌（＝口舌争訟の悪神）尽く消滅す』とす」とある。◉(4)莫剜好肉生瘡＝余計なことをしでかして。【四の二】注(5)参照。◉(5)事起叮寧＝くどい。【九の三】注(8)参照。◉(6)**百草頭上做伎倆**＝やれ護符や、やれ薬草採取や、やれ菖蒲酒やと、色々様々に災難祓いや病魔降伏の数々。「百草頭」は前述の『荊楚歳時記』の端午の習俗「蹋百草の戯（＝草摘み、草較べ）」を踏まえた語。◉(7)**箇箇石人之機、箇箇鉄漢之用**＝確乎たる大信根の輩のみ。「石人機」は洛浦元安の語。『大慧武庫』七十二章に、李遵勗《じゆんきよく》居士の投機の偈に、「学道は須らく是れ鉄漢なるべし」と。◉(8)為混沌画眉去＝余計なことをしでかして。『禅林類聚』巻十の五十丁、七雲峰志璿《せん》（法雲善本下）の語。もと『荘子』応帝王篇に、無相の混沌氏の徳に報いん為に眼耳鼻口等の七竅を穿ち、竟に混沌氏を殺してしまったと云う話を踏まえて。◉(9)**水洒不著、風吹不入**＝水も濡らさず、風も通らず（密密の所、仏魔も窺い難し）。『碧巌』五十九頌、但し「洒」は「灑」。◉(10)相似涅槃＝似非《えせ》悟り。【一八の二】注(8)参照。◉(11)髑髏前見鬼＝髑髏におびえて幽霊を見るが如き、意識の上の死見解、何らの活作用無し。『碧巌』三十七則垂示。◉(12)**森森夏木杜鵑啼**＝鬱蒼たる夏木立にホトトギスの声（現成公案）。『仏国録』八十四章、もと『大慧武庫』六十七章に見える張無尽の兜率三関の頌其一に、「陰森たる夏木に杜鵑鳴く、日は浮雲を破って宇宙清し。曾参《そうしん》に対して曾晳《そうせき》を問うこと莫かれ、従来孝子は爺《や》の名を諱《い》む」と。◉(13)西天胡子没髭鬚＝達磨に髭が無い。無相の面目。『仏光録』巻三、『無門関』四則。また『普灯録』巻十九水庵師一章に、「西天鬍子、因甚無髭鬚」。

【一四の二】

(1)上堂。僧問う、「記得《きとく》す、(2)良禅客《りようぜんかく》、欽山《きんざん》に問う、『(3)一鏃破三関《いちぞくはさんかん》の時如何《いかん》』。山云く、『(4)関中《かんちゆう》の主《しゆ》を放出して看《み》よ』と。意旨《いし》作麼生」。師云く、「(5)水底《すいてい》に傀儡《かいらい》を弄《ろう》す」。進めて云く、「良云く、『恁麼《いんも》ならば則ち(6)過《あやま》ちを知って必ず改めん』。山云く、『(7)更に何《いず》れの時をか待《ま》たん』と。如何《いかん》が(8)領略《りようりやく》せん」。師云く、「(9)一字《いちじ》、点《てん》を著《つ》けず」。

進めて云く、「良云く、『(10)好箭放《こうせんはな》って、所在《しよざい》を著《え》ず』といって便ち出で去る。(11)未審《いぶか》し還《かえ》って出身《しゆつしん》の処有りや也《ま》た無《いな》や」。師云く、「(12)楚山《そざん》、漢水《かんすい》に入《い》る」。進めて云く、「山云く、『(13)且来闍黎《しやらいじやり》』。良首《こうべ》を回《めぐら》す。山、把住《はじゆう》して云く、『一鏃破三関は即ち且《しば》らく止《お》く、試みに欽山が与《ため》に箭《や》を発《はつ》して看《み》よ』と、意、那裏《なり》にか在る」。師云く、「(14)天、悪を保《たも》たず」。進めて云く、「良擬議《ぎぎ》す、山打つこと七棒《しちぼう》して云く、『(15)且《しば》らく聴《ゆる》す、這《こ》の漢疑うこと三十年せよ』と。(16)諸訛什麼《ごうかいずれ》の処にか在る」。師云く、「(17)古殿《こでん》坐する者少《まれ》なり」。進めて云く、「(18)学人、若し箇の節に逢わずんば、争《いか》でか敢《あ》えて箇の事《じ》を知らん」。便ち礼拝す。師云く、「(19)実に須《すべか》らく与麼地《よもじ》に到るべし」。

(1)**上堂**＝日付は無いが、五月十五日の旦望上堂か。◉(2)**良禅客問欽山…**＝『碧巌』五十六則。欽山は文邃《ぶんすい》禅師、洞山良价の法嗣。同郷の雪峰・巌頭と伴を組んで行脚するが、二十七歳で湖南省澧《れい》州欽山に住す。良禅客は巨良禅師、伝記未詳。「禅客」とは上堂の時に質問を専門とする、食客のような僧を云う、『禅林象器箋』七「禅客」参照。◉(3)**一鏃破三関**＝一箭で三つの関門を射ぬく。「三関」とは抜き難い重関、例えば国師の三転語。『伝灯録』巻二十九帰宗智常の頌、「～、分明なり箭後の路。憐む可し大丈夫、天に先って心祖と為《な》る」を踏まえて。◉(4)**放出関中主看**＝関中の大将を引きずり出して見よ。◉(5)**水底弄傀儡**＝水底で人形を操る。『洞山初録』（禅十二・六五八）。「水傀儡」とは水上絡繰《からく》り人形、『東京夢華録』巻七臨水殿行幸の章に、釣魚や築毬《ホッケー》をする、北宋時代の精巧なからくりを述べる。また『臨済録』上堂の三句の第三に、「棚頭に傀儡を弄するを看取せよ、抽牽都《ちゆうけんすべ》て裏頭の人に藉《よ》る」とあるを参照。水底の人、裏頭の人に気がつくこと。◉(6)**知過必改**＝改めて出直して参ります、と下手に出た。『千字文』四十三、もと『論語』子罕篇に、「過《あやま》つ則《とき》は改むるに憚《はばか》ること勿かれ」と。◉(7)**更待何時**＝改めるとは何時のことじゃ（即今、改めよ）。◉(8)**領略**＝了解。◉(9)**一字不著点**＝文字以前の消息。『洞山初録』（禅十二・六五一）。『大応録』崇福録一〇六章には、「一字劃《かく》を著《つ》けず、八字両《りようべつ》ノ無し」と。◉(10)**好箭放不著所在**＝あたら無駄矢を射た。◉(11)**未審還有出身処也無**＝良禅客に自在の境を認めることが出来ますか。「出身処」とは生死の身を脱した悟道の境界を云う語。◉⑿**楚山入漢水**＝これ国師が「心機意識に落ちざる」の一句。『洞山初録』（禅十二・六四九）。因みに洞山録の初端に「楚山は北面し、漢水は南江す」と有るごとく、湖北省襄陽県の洞山の南に楚山（＝馬鞍山、今の荊山）があり、東に漢水が南流している。◉⒀**且来闍黎**＝お前さん、まあこちらへ来なさい。「且」は語気を和らげる語、まあ、ともかく。「闍黎」はお前さん、二人称の呼びかけ。◉⒁**天不保悪**＝「天理ハ悪人ノ、ヒイキハセン」。これ国師が「大用現前」の一句。『洞山初録』（禅十二・六四九）、但し「保」は「長」。◉⒂**且聴這漢疑三十年**＝なお三十年修行せよ。「且聴」は「まあ好きな様にさせておこう」。三十年は一世。【三一の二】注⒀参照◉⒃**誵訛在什麽処**＝「混淆訛誤（入り混じって、見誤る）」の意。問題点は何処にあるのか。◉⒄**古殿坐者少**＝本分に坐するものは稀。「欽山見タ様ナ人モ少ナイ」。「古殿」は主の居ない廃屋を意味するが、また「本分」（『助桀』）を指す。『鼓山神晏広集』に、「古殿に曾て坐せず」（禅十二・六三八）と。◉⒅**学人若不逢箇節、争敢知箇事**＝有り難い御教示、お蔭でハッキリいたしました。僧の礼話。◉⒆**実須到与麽地**＝（口だけではなく）実地でなければいかん。

【一四の二】

⑴乃《すなわ》ち云く、「⑵法法本来法《ほうぼうほんらいほう》〔⑶本来を用いて什麽《なに》をか為《せ》ん〕、**心心無別心《しんじんむべつしん》**〔⑷別別《べつべつ》。珊瑚枝枝《さんごしし》、月を撐著《とうじやく》す〕。**⑸日午三更《にちごさんこう》の後**〔⑹是大明呪《ぜだいみようしゆう》〕、**相喚《あいよ》んで樹陰《じゆいん》を賞す**〔是無上呪《ぜむじようしゆう》〕。**⑺甘泉《かんせん》の景《けい》を話《かた》り尽くして**〔羯諦羯諦《ぎやていぎやてい》〕、**羅含《らがん》の吟《ぎん》を聯成《れんせい》し**〔波羅羯諦《はらぎやてい》〕、**⑻鷹鳩《ようきゆう》の変を品藻《ひんそう》して**〔波羅僧羯諦《はらそうぎやてい》〕、**耳徳《じとく》の音《いん》を嘉唱《かしよう》す**〔菩提娑婆訶《ぼじそわか》〕。**⑼手を拍《う》って笑い呵呵《かか》、真鍮《しんちゆう》、金に博《か》えず**〔⑽焦甎打著《しようせんたじやく》す連底《れんてい》の氷〕」。**喝一喝《かついつかつ》して云く、「⑾侍者《じしや》、我が与《ため》に茶を点《てん》じ来たれ**〔⑿可惜許《かしやっこ》。⒀南地《なんち》の竹《たけ》、北地《ほくち》の木《き》〕」。

(1)**乃云**＝国師自ら、関中の主を放出して看せる。◉(2)**法法本来法、心心無別心**＝諸法みな本来の面目ならぬは無く、心心もとより異なるものはない。『大応録』興徳録二章に、「〜、日日杲日麗天、〜」と。前句は迦葉尊者伝法偈。後句は『大応録』に初見、但し黄檗『伝心法要』に、「此の心即ち是れ仏、更に別仏無し亦た別心無し」と。◉(3)用本来為什麼＝「本来」というも、不要。◉(4)別別。珊瑚枝枝撐著月＝『碧巌』一〇〇則頌。「別別」は改まって更に言う。珊瑚の枝枝に月影が映じて、得も言えぬ美しさ。『禅月集』巻二、「挙人の歌行巻を還す」(『全唐詩』巻八二六)。◉(5)**日午三更後、相喚賞樹陰**＝明中暗、暗中明の消息を悟った後は、共に木陰を愛でようぞ。『碧巌』八十六頌下語に、「日午打三更」。【一二〇の五】注(8)参照。◉(6)是大明呪…菩提娑婆訶＝般若心経の一節。何と有り難い呪《まじな》い、ギャテイ、ギャテイ、ハラソギャテイ、はや菩提の道に到達せり(結構な境界でございますな)。◉(7)**話尽甘泉景、聯成羅含吟**＝美しい景色を語り合い、一緒に詩歌を連作し。「甘泉」は陝西省淳化県の西北の甘泉山にあった秦の離宮、美観を極める。「羅含」は晋代の名文家、『晋書』巻九十二文苑列伝に出る。◉(8)**品藻鷹鳩変、嘉唱耳徳音**＝季節の移り変わりに目敏く心を澄まし、美しい音楽を喜び歌おうぞ。「品藻」は品定めすること。『礼記』月令の仲春の項に、「鷹、化して鳩と為る」と、又『礼記』王制には「鳩、化して鷹と為る(仲秋)」と。◉(9)**拍手笑呵呵、真鍮不博金**＝呵々大笑し、さはさりながら、真鍮はどこまでも真鍮、金は金。「博」は「交換」。「偽悟リデハ、イケン」。後句は『会要』巻二十五金峰従志(曹山下)章。◉(10)焦甎打著連底氷＝焼けた甎が氷を底まで打ち割った(国師の一語の威力)。『犂耕』に「桶底を脱すると一般」。「赤眼撞著火柴頭」と対句されることが多い。『禅林類聚』巻三の二十五丁に、金牛臨済の商量を評した潙山善果の語。◉(11)**侍者与我点茶来**＝侍者、お茶を点ててくれ。国師、これまでの夢語を打ち払った。◉(12)可惜許＝惜しいなあ。「寝惚ケサセテ、ヲケバヨイニ」。◉(13)南地竹北地木＝南は竹、北は木(目の覚めた所)。『碧巌』十二頌。【一二三の一】注(17)参照。

【一五】

(1)半夏《はんげ》上堂。「**(2)半夏已前《いぜん》の事《じ》**〔(3)兎馬《とめ》に角《つの》有り〕、**諸人知って山僧《さんぞう》知らず**〔牛羊《ぎゅうよう》に角無し〕。**(4)半夏已後《はんげいご》の事**〔(5)虎《とら》に似て双角《そうかく》多し〕、**山僧《さんぞう》知って諸人《しょにん》知らず**〔牛《うし》の如くにして尾巴《びは》を欠く〕。**(6)正当今日半夏《しょうとうこんにち》**〔(7)錯《しゃく》〕、**知る則《とき》んば共《とも》に知り**〔果然《かぜん》〕、**知らざる則《とき》んば共に知らず**〔点《てん》〕、**還《かえ》って会すや**」。**(8)良久して云く**〔(9)幽州《ゆうしゅう》は猶《な》お自《おの》ずから可なるも、最も苦しきは是れ江南《こうなん》〕、「**(10)三段《さんだん》同じからず、収《おさ》めて上科《じょうか》に帰《き》す**〔(11)前日《ぜんじつ》風雨の裡《うち》、故人《こじん》此れより去る〕」。

(1)**半夏上堂**＝旧六月一日、一夏九十日の真ん中の日。『大灯百二十則』四十三則にも見えるが、良遂（麻谷下）の語に、「諸人知処、良遂総知。良遂知処、諸人不知」（『会元』巻四）を踏まえた上堂。◉(2)**半夏已前事、諸人知而山僧不知**＝半夏以前は客知に偏す。◉(3)兎馬有角、牛羊無角＝夢幻の如き存在を、『楞伽経』巻一では兎の角に喩える。『碧巌』五十五頌、もと『南泉語要』に「若し即心即仏と言わば、兎馬に角有るが如く、非心非仏は牛羊に角無し」（禅十一・二九五）。◉(4)**半夏已後事、山僧知而諸人不知**＝半夏以後は主知に偏す。◉(5)似虎多双角、如牛欠尾巴＝角ある虎、尾の無い牛も同じく夢幻の如き存在。『貞和集』巻五の「道号」部、西巌了慧（無準下）「怪石」。底本の「鼻巴」は「尾巴」の誤り。【八〇の三】注(5)参照。◉(6)**正当今日半夏、知則共知、不知則共不知**＝当日、主客共に知・不知。◉(7)錯、果然、点＝『碧巌』四本則下語に見える。『秘鈔』に、「錯＝大しくじり。果然＝それみよ。点＝重しを置いた」と。因みに「点」には多義あるが、①×点を打って抹消することであり、②朱点を打って添削校正したり、点検することである。③そこだと指定し、決定し、教え、④「点破」して見破ることである。⑤「点頭」といえば頭を振って頷《うなず》くことであり、⑥「点化」は別の物に変化させること（転迷開悟）である。⑦鳴らし物の雲版を点といい、点を打って人を呼び集めるのを伝点ともいう。⑧囲碁では、なか手の急所、⑨音楽では、リズムをいう。白隠禅師は、「碧巌百則は三ケの点で事すむ」とまで言うておられる。◉(8)**良久**＝しばしの間、無言のさま。◉(9)**幽州猶自可、最苦是江南**＝幽州はまだましだが、一番苦しいのは江南の方こそ。『碧巌』二十一本則下語、九一本則下語等には「江南」が「新羅」。◉(10)**三段不同収帰上科**＝種々異なれども、詰まる所は初めの根本に帰する。『大応録』崇福録二〇九、二一八、二二七等の各章。『睦州録』には「三段不同、今当第一」（禅十一・二三三）と。「上科は、経文に科を分かち、科の下に又た枝科を出す、上科とは最初の科文なり。下下の枝科は皆な最初の科より分出する故に、今下下の枝科を収めて最初の根本科に帰するなり。今は以て本分に喩うなり」（『犂耕』）。◉(11)**前日風雨裡、故人自此去**＝先ごろ風と雨との中をおかして、わが友がこの路から旅立った（ことを思えば、我が帰心は矢の如し）。『古詩源』巻四漢詩の古詩一首、但し「雨」は「雪」。「故人」は「旧友」、ここでは国師を指す。国師もご苦労ながらまたこの道を行かれたか、と。行くはもと来た故郷の道。

【一六の二】

(1)上堂。僧問う、「世界恁麼《いんも》に熱《ねつ》す、宇宙炎炎《えんえん》、知らず(2)什麼《いずれ》の処に向かってか回避《かいひ》することを得ん」。師云く、「(3)清機《せいき》掌《たなごころ》を歴《へ》たり」。僧云く、「(4)王常侍《おうじょうじ》、一日臨済《いちじつりんざい》を訪《と》う。済《さい》と同じく僧堂前に在って乃《すなわ》ち問う、『這《こ》の一堂の僧、還《かえ》って看経《かんきん》すや』。済《さい》云く、『看経せず』と、意、那裏《なり》にか在る」。師云く、「(5)石圧《いしお》して筍斜《たかんなな》めに出づ」。僧云く、「侍《じ》云く、『還って禅を学《がく》すや』。済云く、『禅を学せず』と、意旨作麼生《いしそもさん》」。師云く、「崖《がい》に懸《かか》って花倒《さかしま》に生ず」。僧云く、「侍《じ》云く、『経も又た看《かん》せず、禅も又た学《がく》せず、畢竟《ひっきょう》箇の什麼《なに》をか作《な》す』。済云く、『総《そう》に伊《かれ》をして成仏作祖《じょうぶつさそ》し去《さ》らしむ』と。者裏《しゃり》に到って、如何《いかん》が領略《りょうりゃく》せん」。師云く、「(6)調達《ちょうだつ》も肯《うけが》うことを得ず」。僧云く、「侍云く、『(7)金屑《きんせつ》貴《たっと》しと雖《いえど》も、眼《まなこ》に落ちては翳《えい》と成る』。済云く、『(8)将《まさ》に為《おも》えり、你《なんじ》は是れ箇《こ》の俗漢《ぞくかん》』と。(9)還《かえ》って端的《たんてき》なりや也《ま》た無《いな》や」。師云く、「(10)疎田《そでん》、水《みず》を貯《たくわ》えず」。僧云く、「(11)若し恁麼《いんも》に来たらずんば、争《いか》でか

恁麼に去《さ》ることを得ん」。師云く、「且《しば》らく⑿脚下《きゃっか》を看《み》よ」。

⑴**上堂**＝六月十五日の上堂か。◉⑵**向什麼処得回避**＝『碧巌』四十三「洞山寒暑」のテーマ。◉⑶**清機歴掌**＝清涼の気、掌に満つ（調達、焦熱地獄にあって三禅天の涼。後注⑹を参照）。『雲門広録』上（禅十一・三三六）。◉⑷**王常侍一日訪臨済…**＝『臨済録』の勘辨十二に見える話。「王常侍」は、潙山下の王敬初ではなく、柳田聖山氏は「西暦八五七―六六年間に成徳府節度使であった王紹懿」と推定する。◉⑸**石圧笋斜出、崖懸花倒生**＝石に圧さえつけられて竹の子は斜めに生え、断崖には花は倒しまに咲く。「逸堂曰く、逆境界を行ず。忠曰く、其の勢い此《かく》の如くならざる可からず」（『犂耕』）。『詩人玉屑』巻三「衡州、蒋道士詩句」、但し「崖」は「岸」。【一三三の一】注⑵参照。◉⑹**調達不得肯**＝成仏作祖などと云う事は、提婆達多も肯わない。『鼓山神晏広集』（禅十二・六四一）。「調達」は釈尊の従弟ダイバダッタ、謗仏の罪で生身地獄に堕ちたとされる。調達が焦熱地獄を出るのを肯わなかった故事は、『会要』巻一に、達云く、「我、地獄に在ると雖も、三禅天の楽の如し。…仏既に地獄に入る分無し、我れ豈に地獄を出る分有らんや」（史六・四四二）、もと『報恩経』巻四（大正三・一四八中）。◉⑺**金屑雖貴、落眼成翳**＝どんな立派なことも心田の汚れ。もと『伝灯録』巻七興善惟寛（馬祖下）章に、白楽天との問答として、「金屑は珍宝なりと雖も、眼に在っては亦た病と為る」と。◉⑻**将為你是箇俗漢**＝お前さんの事を今まで俗人と思っていたが、なかなか見所があるわい。◉⑼**還端的也無**＝本当にそうでしょうか。◉⑽**疎田不貯水**＝菩提心の不足の輩には菩提の水は溜らない。「林才、許シガ、ハヤイ」。『智門光祚録』（禅十二・六六四）。◉⑾**若恁麼不来、争得恁麼去**＝もしこの様に来なかったならば、どうしてこの様に去ることが出来たでしょうか（お蔭様で、無心に来たり無心に去ること出来ました、と、僧の礼話）。「恁麼去」は【一の八】に「若能恁麼去」とあり、また【一八の一】に「誰敢恁麼去」、【五二の二】に「即便恁麼去」とあるが、僧の悟得底を示す語。◉⑿**看脚下**＝実地でなければならぬ。円悟が五祖法演より、「滅宗の記」を受けた

因縁の語。『会元』巻十九、五祖演章。『大応録』五十四、八十一、一五八、一六九、二四八等の各章。

【一六の二】

乃《すなわ》ち云く、「(1)**一法《いっぽう》若し有《う》なれば、毘盧《びる》も凡夫《ぼんぷ》に堕在《だざい》し**〔(2)昨夜金烏《きんう》飛んで海に入《い》る〕、**万法《ばんぽう》若し無なれば、普賢《ふげん》も其の境界《きょうがい》を失す**〔暁天《ぎょうてん》旧に依って一輪《いちりん》紅なり〕」。**拄杖《しゅじょう》を拈《ねん》じて云く、「**(3)**者箇《しゃこ》は是れ大徳《だいとく》が拄杖子**〔(4)鬼哭《きこく》し、神悲《しんかな》しむ。(5)三叉路口《さんしゃろこう》、人の知ること少《まれ》なり〕、**阿那箇《あなこ》か是れ有無《うむ》**〔(6)玄沙《げんしゃ》道《い》う底〕、(7)**道《い》い得ると道い得ざると、**(8)**朝打《ちょうだ》三千、暮打《ぼだ》八百**〔(9)更に一棒《いちぼう》有り、来日和尚をして喫せしめん〕」。(10)**拄杖を擲下《てきげ》して下座《げざ》。**

(1)**一法若有…普賢失其境界**＝『洞山初録』には僧の問として見えるが、もと『会元』巻十五廬山護国（雲門下）上堂に、「実際理地、一塵を受けず。仏事門中、一法を捨てず。又た曰く、～～、～～」と。「毘盧」は毘盧遮那法身仏、絶対無の正位。「普賢」は行願の菩薩で、絶対有の偏位。因みに洞山の答語は、「眼裏の瞳人、気球を築く」と。◉(2)昨夜金烏飛入海、暁天依旧一輪紅＝昨夜太陽は西海に沈み（無の正位）、今朝又東天に昇る（有の偏位）。「金烏」は太陽を指す語。『廓庵十牛図』「返本還源」頌に対する、石鼓希夷（大慧下二世）の和韻。◉(3)**者箇是大徳拄杖子、阿那箇是有無**＝これは衲《わし》の拄杖である（有無の葛藤を打破する鉄鎚）、何処に有無があると云うのか。◉(4)鬼哭神悲＝余りにも壮烈、鬼神もなきさけばんばかり。【六の二】注(27)参照。◉(5)三叉路口少人知＝知るものとて誰もいない。『虚堂録』巻九径山後録に、「僧云く、今日、忽ち人有って、『如何なるか是れ諸仏出身の処』と、和尚に問わば、未審し如何が他に答えん」」に虚堂禅師が答えた語。『犂耕』に、旧解に曰くとして、「三叉路口は即ち是れ諸仏出身の処、只だ是れ人の之を知ること少《まれ》なり」と。◉(6)玄沙道底＝何と云おうとも、未徹在。【一の七】注(51)参照。◉(7)**道得与不道得**＝『臨済録』勘辨十二の徳山の垂示「道い得るも也た三十棒、道い得ざるも也た三十棒」を踏まえて。◉(8)**朝打三千、暮打八百**＝（仮令《たとい》云い得ようが、云い得えまいが、）打って打って打ちまくる。雲門老漢が屢々用いられ、『碧巌』下語にも所々見える。◉(9)更有一棒、来日使和尚喫＝（私の処には）また格別の棒あり、明日国師自ら喫する番ですよ。◉(10)**擲下拄杖下座**＝迹《あと》を払って。

【一七の二】

(1)七月旦《しちげつたん》上堂。僧問う、「(2)暑《しょ》退《しりぞ》き涼《りょう》生じ、樹《じゅ》凋《しぼ》み葉《は》落つ、時節因縁相謾《じせついんねんあいまん》ぜず、(3)如何なるか是れ箇中《こちゅう》の事《じ》」。師云く、「(4)大家《たいけ》、生機《さんき》多し」。進めて云く、「記得《きとく》す、(5)僧、雲門《うんもん》に問う、『(6)不起一念《ふきいちねん》、還《かえ》って過《とが》有りや也《ま》た無《いな》や』。門云く、『(7)須弥山《しゅみせん》』と。作麼生《そもさん》か領会《りょうえ》せん」。師云く、「(8)莫教《さもあらば》あれ、平出《ひんすい》」。進めて云く、「僧有り、虚堂《きどう》老師に『此の意如何《いいかん》』と問う、虚堂云く、『(9)鉄《てつ》を買《か》うて金《きん》を得《う》る』と。意、那裏《なり》にか在る」。師云く、「(10)也《ま》た是れ可惜許《かしやっこ》」。進めて云く、「今日《こんにち》和尚に、『不起一念、還って過有りや也た無や』と問わば、未審《いぶか》し、如何《いかん》が祗対《したい》せん」。師云く、「(11)三生六十劫《さんしょうろくじっこう》」。進めて云く、「(12)与麼《よも》ならば則《すなわ》ち昔日《そのかみ》の雲門、今日《こんにち》の和尚」といって便ち礼《らい》拝《はい》す。師云く、「(13)礼拝し得て、始めて得《え》ん」。

(1)**七月旦上堂**＝七月一日、初秋の上堂。◉(2)**暑退涼生樹凋葉落、時節因縁不相謾**＝秋になれば涼しくなり、樹は落葉するという具合に時節の理に少しの狂いもない。『大応録』崇福録一三五章。「樹凋葉落」は『碧巌』二十七本則の僧の問。◉(3)**如何是箇中事**＝この内密の奥義いかん。「箇中」は「此中、這当中」、例えば箇中人は局中人で、常に深く其の理を悟る人を指す。◉(4)**大家多生機**＝（涼しくなって）皆さんも多いに元気が出てきたことでしょう。「大家」は皆さん。「生機《さんき》」は生き生きとした働き。◉(5)**僧問雲門…**＝『雲門広録』巻上（禅十一・三三九）に見える。◉(6)

不起一念、還有過也無＝一念の妄想を起こさなくとも、一体過ちは有るものでしょうか。雪竇禅師大悟の因縁の話。「不起一念」は『六十華厳』巻十一、十二等に見える。◉(7)**須弥山**＝「須弥山」は「妙高山」と訳され、古代印度の宇宙観では世界の中心にある山。◉(8)**莫教平出**＝兎も角も、僧と雲門とあいこ。「平出《ひんすい》」は「あいこ、一緒」、「斉出」または「賓主優劣無し」(『犂耕』)。『伝灯録』巻一富那夜奢《ふなやしゃ》章に、「師と平出」と。「莫教」は「莫非」に同じで、「①…にほかならぬ、②推量又は反語を表わす」(『漢語大詞典』)、「莫教」以下の文の事実を有るがままに学人に投げ出したもの。◉(9)**買鉄得金**＝『犂耕』に、「鉄を買うて却って看来たれば金を得たり。言外に益を得た(学人の得処を云う)」。『虚堂録』巻二宝林録、もと『会要』巻十杉洋庵主(臨済下)章に、「買鉄得金、一場富貴」と。◉(10)**也是可惜許**＝虚堂老もまた惜しい事をした(又あいこ)。抑下の托上。◉(11)**三生六十劫**＝「ソンナ、タワ言ツクト、イツ迄モ、埒ハアカン」。「三生六十劫」とは小乗の声聞が悟るまでに要する修行の時間。利根は三生(前生、現生、後生)、鈍根は六十劫(無限時間)。『碧巌』七頌評唱、もと『倶舎論記』巻二十三に、「極疾は三生修加行、極遅は六十劫修加行」(大正四十一・三五〇中)と。◉(12)**与麼則昔日雲門今日和尚**＝和尚の作家振りは昔日の雲門老さながら。僧の礼話。◉(13)**礼拝得始得**＝「礼拝得」の「得」は、後に続く文を程度や結果の補語として示めす。「礼拝して、始めて得《よ》きと云うことを得たり」。二祖慧可大師の「礼拝得髄」を踏まえて。

【一七の二】

乃《すなわ》ち云く、「(1)昨《さく》は垂楊《すいよう》の緑《みどり》なるを見《み》〔(2)詩《し》は会《え》する人《ひと》に向かって吟《ぎん》ず〕、**今《いま》は落葉《らくよう》の黄《き》なるを看《み》る**〔酒《さけ》は知己《ちき》に逢《お》うて飲む〕。**(3)祖門《そもん》擡搦《だいじやく》の事《じ》**〔(4)両頭三面《りょうとうさんめん》〕、**物物《もつもつ》隠蔵《おんぞう》せず**〔(5)銭有れば、鬼《き》をも使い得て走らしむ。(6)残羹餿飯《ざんこうそうはん》〕。**者箇《しゃこ》の葛藤《かつとう》は即ち且《しば》らく致《お》く、(7)針筒鼻孔裡《しんとうびくうり》に向かって、倒《さかしま》に一句を道《い》い将《も》ち来たれ**〔(8)生蚕《せいさん》を逼《せ》めて繭《まゆ》を作らしむることを休めよ。(9)憎む可し、大智の人、好んで他の愚人を責むることを〕。**若し人《ひと》**

の道い《い》得《う》る無《な》くんば、⑽山僧《さんぞう》、你《なんじ》が為に説破《せつぱ》することを聴取《ちようしゆ》せよ（⑾和尚大慈《だいず》大悲《だいひ》、誰《たれ》か徳に預《あず》からざる。⑿伯労饒舌《はくろうじようぜつ》なれども、世より問《と》われず」」。

⑴**昨見垂楊緑、今看落葉黄**＝つい昨日春が来たと思ったら、早や秋が来た。『会元』巻十二琅邪《ろうや》慧覚章、但し「看」は「逢」。◉⑵詩向会人吟、酒逢知己飲＝知音にあらざれば語らずの意。「会人」は、我が意を得たる人、詩心を理解する人。『普灯録』巻七湛堂文準（黄龍二世）章に、「『宝峰は孔夫子に何似《いずれ》ぞ』。良久して曰く、『酒～、詩～』」と。◉⑶**祖門擡搦事、物物不隠蔵**＝祖師門下の一大事も楊葉の変化を始め全ての物の中にチャンと現われている。「擡」は「挙げる」、「搦」は「按《おさ》える」の意であるが、此所では「擡搦」で全ての対句を代表させている。後出【一三〇の一四】にも「一賓一主、擒縦擡搦、収放明暗」とある。『碧巌』二十七頌評唱に、「法法、隠蔵《おんぞう》せず、古今常に顕露《けんろ》す」（羅漢桂琛下修山主の句）と。◉⑷両頭三面＝ああと云ったり、こうと云ったり。【一の八】注㉛参照。◉⑸有銭使得鬼走＝万事、銭（那一通の力）次第。『晋書』巻九十四に魯褒は「銭神論」を著わし、「銭は耳無くして、鬼を使う可し」と云う諺を引用している。また唐の張延賞の「銭可通神」の故事から「通神」を銭の異名とする。◉⑹残羹餿飯＝他人の食い残し、古人の言い古し。【一の七】注㊿参照。◉⑺**向針筒鼻孔裡、倒道将一句来**＝至極緊要の処、さあ一句言うてみよ。「針筒」は針を納める器で僧の携帯具。「針鼻」は「針眼」とも云い、針尾の糸を通す孔。「針筒鼻孔」とは「至極緊要の処」（『犂耕』）。『雲門広録』中に、「紐半破三（衣はズタズタ）、針筒鼻孔裏に一句を道い将《も》ち来たれ」（禅十一・三七三）と。「倒道」の「倒」は催促や詰問の意を表わす。◉⑻逼生蚕作繭＝生まれたばかりの蚕の幼虫を急《せ》き立てて繭《まゆ》を作らせようとする。根の勝劣を測らず、強いて修せしめ、強いて証せしむ。『虚堂録』巻一報恩録。◉⑼可憎、大智人好責他愚人＝憎むべし、賢い御人はえてして愚者を苛めたてて喜びたがる。◉⑽**聴取山僧為你説破**＝此の後、「良久」とか「下座」とかの語が無いので、いささか尻切れ蜻蛉の感がするが、国師の真意は何も説かない所

にあるか。◉⑾和尚大慈大悲誰不預徳＝有り難や、和尚の恩徳に預からない者がおるでしょうか。（随分、皮肉な言い方）。「和尚大慈大悲」は「世尊大慈大悲」の経典の文句を借りて。◉⑿伯労饒舌世不問＝百舌鳥《もず》はおしゃべりであるが、世間から咎められない。「伯労」は百舌鳥。「問」は「罪をただす、咎める」の意。黄庭堅『山谷集』巻一「演雅」に、「伯労～、鸚鵡《おうむ》は纔かに言《ものい》いて便ち関鎖《かんさ》せらる」と。底本の「不問世」を改めた。

【一八の二】

(1)解夏《かいげ》小参《しようさん》。僧問う、「和尚、一夏《いちげ》以来、衆《しゆ》の為に手脚《しゆきやく》を労す。未審《いぶか》し、什麼辺《なにへん》の事《じ》をか成し得たる」。師云く、「(2)崑崙《こんろん》に生鉄《さんてつ》を嚼《か》む」。進めて云く、「(3)恁麼《いんも》ならば則ち、誰か敢えて和尚に辜負《こふ》せん」。師云く、「(4)你《なんじ》を放《ゆる》して残生《ざんせい》を保たしむ」。進めて云く、「記得《きとく》す、臨済、衆《しゆ》に示して云く、『赤肉団上《しやくにくだんじよう》に(5)一無位《いちむい》の真人《しんにん》有り、常に汝等諸人の面門《めんもん》より出入す。未だ証拠《しようこ》せざる者は、看《み》よ看《み》よ』と。意旨如何《いしいかん》」。師云く、「(6)多きを較《へだ》てず」。進めて云く、「時に僧有り、出でて問う、『如何《いか》なるか是れ無位の真人』。済《さい》、禅床《ぜんしよう》を下って把住《はじゆう》して云く、『道《い》え道え』と。又た作麼生《そもさん》」。師云く、「(7)若し瑕《きず》を道《い》わずんば、争《いか》でか珠《たま》の転《てん》ずることを得《え》ん」。進めて云く、「其の僧、擬議《ぎ》す。済、托開《たくかい》して、『(8)無位の真人、是れ什麼《なん》の乾屎橛《かんしけつ》ぞ』と云って便ち方丈《ほうじよう》に帰る。(9)還《かえ》って端的《たんてき》なりや也《ま》た無《いな》や」。師云く、「(10)半開《はんかい》又た半合《はんごう》」。

(11)又た僧有り問う、「記得《きとく》す、僧、雪峰《せつぽう》に問う、『乞《こ》う師《し》、指示《しじ》せよ』。(12)峰《ほう》云く、『是れ什麼《なん》ぞ』と。如何が承当《じようとう》せん」。師云く、「(13)劈腹剜心《ひつぷくわんしん》」。進めて云く、「其の僧、言下《ごんか》に於いて大悟すと。也《ま》た是れ什麼《なん》の道理をか見る」。師云く、「(14)長《ちよう》を捨《す》てて短《たん》に就《つ》く」。進めて云く、「雲門《うんもん》云く、『(15)雪峰、伊《かれ》に向かって什麼《なん》とか道《い》いし』と。未審し、(16)節文《せつもん》、甚麼《いずれ》の処にか在る」。師云く、「(17)錮鏴《ころ》、生鉄《さんてつ》を著《つ》く」。進めて云く、「古徳底《ことくてい》は且《しば》らく置《お》く。和尚、直下《じきげ》作麼生か指示せん」。師云く、「(18)速退速退《しつついしつつい》、他《た》の別人《べつにん》の請問《しんもん》を妨《さまた》ぐ」。進めて云く、「(19)今日《こんにち》の節《せつ》に因《よ》らずんば、

誰《たれ》か敢えて恁麼《いんも》にし去らん」。師云く、「(20)更《さら》に露柱《ろちゅう》の有る在り」。

(1)**解夏小参**＝七月十四日、解制前夜の説法。◉(2)**崑崙嚼生鉄**＝なま鉄の丸齧《かじ》り（觜《くちばし》を下し難し、没滋味）。『大応録』崇福録一三六章の解夏小参、もと『虚堂録』巻一興聖録。「崑崙」は「渾淪」とも、「①崑崙山、②崑崙奴（くろんぼう）、③丸ごと、渾然不分明、やみ雲、④頭」（『葛藤語箋』二）の四義有る。ここは③の意。「生鉄」は熱していない生地《きじ》のままの鉄（熟鉄《じゅくてつ》の対）、堅さの代表。◉(3)**恁麼則誰敢辜負和尚**＝それでしたら（よく心得ております）、誰も和尚様のお気持に背くような者はおりません。「辜負」は相手の意にそむく。◉(4)**放你保残生**＝（お前さんはすんでの処で喪身失命だったが、今日の処は）許してやろう、命冥《みょう》加《が》なやつ。『鼓山神晏広集』（禅十二・六三〇）。◉(5)**一無位真人**＝「真人」は道教で道の体得者を指し、地上での最高位者であるが、「一無位の真人」はその聖位を奪い、換骨奪胎させて、人人生身の肉体上に据え付けた、臨済禅の真骨頂。『臨済録』上堂三。◉(6)**不較多**＝「較些子」に同じ、ボチボチ、まあまあ。「較」は「相差（ちがう、へだたる）」の意。◉(7)**若不道瑕争得珠転**＝もし瑕《きず》を云わなかったら、どうして珠を取り戻すことが出来ようか（無位の真人と云うも、珠の瑕）。『雲門広録』下（禅十二・三八二上）、もとは『史記』蘭相如《りんしょうじょ》列伝二十一の故事。蘭相如が秦王の横暴さにも屈せず、「壁《へき》に瑕《きず》有り」と偽《いつわ》って、無事、和氏《かし》の壁《へき》を完うして帰ってきたことを踏まえる。◉(8)**無位真人、是什麼乾屎橛**＝無位の真人、これ何の糞の棒ぞ。「什麼」は「軽蔑を含んだ不定詞、なんかそんなものの類《たぐい》」。「乾屎橛」は「棒状のまま乾燥したクソそのものをいう」の意。◉(9)**還端的也無**＝本当にそうでしょうか。◉(10)**半開又半合**＝半面は放行（ゆるす）、半面は把住（うばう）。『碧巌』十八本則下語、「古も今も半分悟りのあいまい者ばかり」（『秘鈔』）。もと『会元』巻十六智海本逸（雲門下四世）章に、「仏も也《ま》た打し、祖も也た打す、真人面前に仮を説かず。仏も也た安じ、祖も也た安ず、衲僧の肚皮、海の寛きに似たり。此れ乃ち一出一入、半合半開、是れ山僧が尋常用うる底」。◉(11)**又有僧問、記得**＝以下、『雲門広録』中（禅十一・三五三）に依る。◉⑿**峰云、是什麼**＝雪峰禅師は常々「是什麼」の機を用いていた。頌古第二十七則（【二四四】）本則参照。◉⒀**劈腹剜心**＝腹を裂き胸をえぐる。「赤心を吐露する」の意。『虚堂録』巻二宝林録。◉⒁**捨長就短**＝肝心なものを捨てて、詰まらないものを選んだ。大悟を抑下して。『雪巌欽録』に、「臨済徳山是《ぜ》なる則《とき》は、当処を離れず、独り大方に跨る。其れ奈《いかん》せん捨長就短、埋没己霊なることを。百世の宗師と称せんと要することは未だ得ざる在り」（禅十七・五一六）。しかし本来は「長を将《もっ》て短に就く」の用法が多い。『楊岐会録』に、「将長就短の一句、作麼生」。『保寧勇録』に、「釈迦出世は弄仮像真。達磨西来は将長就短。徳山棒・臨済喝は陽燄充飢」と。◉⒂**雪峰向伊道什麼**＝では一体、雪峰は彼に対してどう指示したのか。◉⒃**節文**＝筋目、条理。『犂耕』に、「殽訛《ごうか》を謂う、木の節有り、文理有るが如くなり」と。◉⒄**錮鏴著生鉄**＝溶かしていない生鉄で鋳掛《いか》けをする（出来ぬ相談）。「錮鏴」は「鋳掛ける。鍋釜等の漏れ孔を、溶かした熟鉄で塞《ふさ》ぐこと」。「著」は「…によって、…を用いて」の意の介詞。「生鉄」は「生地のままの鉄」。『碧巌』六十五本則下語、『洞山初録』（禅十二・六五〇）。◉⒅**速退速退、妨他別人請問**＝速やかに退却せよ、退却せよ。別人の問答の妨げじゃ（臨済禅師になり切って）。『臨済録』上堂一。◉⒆**不因今日節、誰敢恁麼去**＝今日の此の日に逢わなかったら、誰がこのように（スンナリト）去ることが出来ましょう（お蔭様で、ハッキリいたしました）。僧の礼話。「恁麼去」は【一六の二】注⑾参照。◉⒇**更有露柱在**＝瞎漢、いずれは露柱にブツカル時節（本分に契当する時節）もあろう。『碧巌』七十八本則下語に、「露柱に撞著《どうじゃく》す」と、『秘鈔』に「瞎漢なれば中柱に行き当った、此の中柱に中《あた》らねば好くない、全体一片の中柱」と。「露柱」は堂の中柱、又は殿堂前庭の左右二本の柱を指すが、もとは「閥閲《ばつえつ》」を云う、「爵位の有る家の門の外に、功績を書き記した柱を立て、左を閥《ばつ》、右を閲《えつ》と云う。柱の高さ一丈二尺、二柱の間隔一丈。柱の上には烏頭という墨染めの瓦桶を置き、その上に龍形の蛁蛥《とうせつ》を置いたもの」（『敦煌変文』項楚注）である。

【一八の二】

(1)**乃《すなわ》ち云く**、「(2)**法歳周円《ほっすいしゅうえん》**〔(3)一字画《いちじかく》を著《つ》けず〕、**聖制《しょうせい》、已《すで》に満つ**〔八字両ノ《はちじりょうべつ》無し〕。(4)**我が者裡《しゃり》、荒涼《こうりょう》**〔(5)上《かみ》、片瓦《へんが》の頭《こうべ》を蓋《おお》う無く、下《しも》、寸土《すんど》の足《あし》を立つる無し〕、**爽気《そうき》、最も容与《ようよ》**〔(6)万里《ばんり》雲無き時、青天《せいてん》も須《すべか》らく棒を喫すべし〕。(7)**取証《しゅしょう》の浅深《せんしん》を論ぜず**〔是れ(8)相似《そうじ》の涅槃《ねはん》なること莫《な》きや〕、**賞労《しょうろう》の軽重《けいちょう》を分かたず**〔(9)死水《しすい》、何ぞ曾《かつ》て古風《こふう》を振るわん〕、(10)**白雲《はくうん》を攀《よ》じて高く捲《ま》き**〔(11)縦使《たと》い高きも、天《てん》有るを如何《いかん》せん〕、**秋《しゅう》風《ふう》を追うて長嘯《ちょうしょう》す**〔(12)仮令《たと》い一法の涅槃《ねはん》に過《す》ぎたる有るも、我れは説かん、如夢如化《にょむにょけ》と〕。(13)**你汝《なんじ》、東西《とうざい》情《こころ》に任《まか》せて逍遥《しょうよう》して**〔(14)縁《えん》に随《したが》って放曠《ほうこう》す外道魔軍《げどうまぐん》〕、**草鞋跟寛《そうあいこんひろ》く、活路《かつろ》ならざること無し**〔猶《な》お是れ(15)地を画《かく》して牢《ろう》と為す底〕。(16)**若し崑崙山頭《こんろんさんとう》に逗到《とうとう》して、**(17)**他《た》の喬尸迦《きょうしか》、忽《たちま》ち相逢《あいあ》うて驀箚《まくさつ》の一句を問過《もんか》せば、**(18)**只だ隔《かく》手底《しゅてい》を将《もっ》て祇対《したい》せよ、然《しか》らずんば、**(19)**五門《ごもん》の猛獣《もうじゅう》、你《なんじ》を欺《あざむ》くこと在《あ》らん**〔鵠林《こくりん》、一偈有り。(20)我れ今、家に帰るや否や、帰らば我れを我れと為《す》ること莫《な》かれ、我れ若し未だ家に帰らずんば、須らく我れを以て我れと為べし。何が故《ゆえ》ぞ。(21)謗斯経故《ぼうしきょうこ》、獲罪如是《ぎゃくざいにょぜ》〕。

(1)**乃云**＝解制後の行脚をテーマとした提綱。◉(2)**法歳周円、聖制已満**＝九十日の夏安居が無事円成した。「法歳」は「法臘（僧が夏安居を過ごした年数）」、「聖制」は「仏の制定された安居の制」。◉(3)一字不著画、八字無両ノ＝一点一画をも要しない、文字以前の消息。『大応録』崇福録一〇六章、もと『偃渓聞録』育王録（禅十五・二七一）。◉(4)**我者裡荒涼、爽気最容与**＝秋殺の気満ちて物寂しく、爽やかな秋の気配一杯にのびやかである。「容与」は「遊戯《ゆげ》、従容《しょうよう》、猶予《ゆうよ》」の意で、『楚辞』に頻出す。◉(5)上無片瓦蓋頭、下無寸土立足＝虚空と一体、上、更に蓋う天無く、下、更に立つ地無し。『会元』巻十七夾山暁純（晦堂心下）章に見える。◉(6)万里無雲時、青天須喫棒＝向上一色辺に止まるを叱する。『会元』巻十一（臨済下）宝寿沼章に見える。◉(7)**不論取証浅深、不分賞労軽重**＝一夏来の悟りの深さ浅さ、功の軽重は、今は問わない。「賞労」は「一夏の功労をほめること」、衣や食や財を以てねぎらうこともあれば（五事《ごじ》賞労）、また言葉でねぎらうこともある（言薦《ごんせん》賞労）。◉⑻相似涅槃＝似非《えせ》悟り。『宗鏡録』巻二十三に、「善根功徳の生ずるは即ち相似涅槃なり。真実の慧起こるは即ち分真涅槃なり。生死を尽くす底、即ち究竟涅槃なり」と。◉⑼死水何曾振古風＝死水に活龍の眼なし、正位に堕するを叱す。『碧巌』二十頌。【一の七】注⑺参照。◉⑽**攀白雲而高捲、追秋風而長嘯**＝行脚の意気高揚たるところ、心伸びやかなるところ。「高捲」とは白雲を簾に見立てて、高く白雲の外まで登って眺望するを云う。「長嘯」は「声を長くして、詩歌を吟嘯する」を云う。◉⑾縦使高如何有天＝いくら高いと云っても、蓋う天のあるあいだは駄目。◉⑿仮令有一法過涅槃、我説如夢如化＝たとえ涅槃以上のどんな立派なことがあろうとも、また夢幻の如くである。『臨済録』示衆五、もと『大品般若経』幻聴品に、「須菩提《しゅぼだい》、諸天子に語る、…我は説く、涅槃も亦た如幻如夢、若し当に法の涅槃に勝れたる者有るも、我は説かん、亦復《ま》た如幻如夢と」（大正八・二七六中）。◉⒀**你汝東西任情逍遥、草鞋跟寛無不活路**＝どこへ行脚しようと、気の向くまま。◉⒁随縁放曠、外道魔軍＝因縁に応じ、自在に身を転じて無礙自在であることも、外道魔軍なり。【二七】下語に、「無門云く」として見えるもの、『無門関』禅箴に、「従横無礙なるも、外道魔軍」とあるを踏まえて。◉⒂画地為牢＝土地を、仮に此所から此所までと囲いを書いて牢獄と名付けただけで、人は誓って入らない。上古時代は刑律が寛緩であったことの伝説、しかし後に獄吏の残酷さを憎む言葉となる。しかしここでは無縄自縛の意。『文選』巻四十一司馬遷「報任少卿書」。◉⒃**若逗到崑崙山頭**＝「逗到」は「到ること」、「崑崙山」は、黄河の源で、西域にあるという伝説上の霊山。◉⒄**他喬尸迦、忽相逢問過驀箚一句**＝「憍尸迦《きょうしか》」は「帝釈天《たいしゃくてん》」の別名で、須弥山《しゅみせん》の忉利天《とうりてん》の善見城《ぜんけんじょう》に住み、地界を支配する。ここでは崑崙山と須弥山を同一視したもの。「問過」は「問を出して相手の境地を調べること」。「驀箚《まくさつ》」は「たちまち、ぐさり、ずばり」の意。◉⒅**只将隔手底祇対**＝「隔手」句は『虚堂録』に見えるが、『碧巌』二十四本則評唱に云う「隔身」句に同じ、「言句では直接的に云わないが、逆接的、間接的に、肝要点を押さえる」句、雲門宗の得意とするところ。『雲門広録』中に、「是れ你《なんじ》ら諸人行脚《あんぎゃ》せば、須らく隔身句有るを知るべし」（禅十一・三七〇）と。『虚堂録』巻一報恩録の正旦上堂に、「若し隔手句子を道い得ば、你に許す、鉄輪峰頂に足を翹《つまだ》て、…」と。◉(19)**五門猛獣欺你在**＝「五門猛獣」は『山海経』巻十一海内西経に、「崑崙の墟《おか》は西北に在り、…面《うえ》に九門有り、門に開明獣有りて之れを守る、…開明獣は身大きく虎に似、九つの首、皆な人面」とある「九門開明獣」をもじって云ったもの。崑崙山の縁語。ここでは、眼耳鼻舌身の五門に侵入する迷境を開明獣に見たてて言う。◉(20)我今帰家否…須以我為我＝帰家穏坐とは、我が真の我に帰ったところ。「我れを我れと為すなかれ」云々とは、『臨済録』にも「途中に在って家舎を離れず、云々」という心に同じか。『荊叢毒蕊』巻二「東山阿誰（他是阿誰）」の偈。また『寒山詩闡提記聞』の閭丘胤の序讃「徐歩長廊」の下語にも用いられ、その白隠提唱書き入れ本に、「寒公ノ真ノ面目ヲ露出ス。寒山ノ境界ハ凡カ聖カ、今時カ那辺カ、仏界カ魔界カ、ワレガヲレダカ、ヲレガワレダカ」と。◉(21)謗斯経故、獲罪如是＝『法華経』譬喩品の頌。この『法華経』を謗る故に、驢馬となったり、疥癩野干《かいらいやかん》に、蟒《うわばみ》に、猪狗にと、さまざまの猛獣となって身を苦しめる。

【一八の三】

復《ま》た挙《こ》す。「(1)翠巌《すいがん》、夏末《げまつ》、衆《しゅ》に示して云く、『一夏已来《いちげいらい》、兄弟《ひんでい》の為に東説西話《とうせつせいわ》す。看《み》よ、翠巌が眉毛《びもう》在りや』。保福《ほふく》云く、『(2)賊《ぞく》を作《な》す人《ひと》、心虚《こころいつ》わる』。長慶《ちょうけい》云く、『(3)生《しょう》ぜり』。雲門《うんもん》云く、『(4)関《かん》』」。師云く、「諸方尽《しょほうことごと》く謂《い》う、(5)倶《とも》に隻手《せきしゅ》を出だして宗風を扶竪《ふじゅ》すと。(6)殊《こと》に知らず、(7)巨鼇《きょごう》、三山《さんざん》を戴《いただ》き去ること莫《な》かれ、吾《わ》れ蓬莱《ほうらい》頂上に行かんと欲す」。

(1)**翠巌夏末示衆云…**＝『碧巌』八則。翠巌、保福、長慶、雲門は、雪峰下の同門。翠巌が説法した夏末の示衆。説きすぎると眉毛が落ちると云われているが、私の眉毛は大丈夫かな、と。「東説西話」は『碧巌』では単に「説話」、『虚堂録』に倣った言い方、「あれやこれや、とりとめなく」の意を込めて。◉(2)**作賊人心虚**＝盗人さながら、ビクビク臆しておるぞ。「虚」は「虚怯」の意、「内心不安」。尚、道忠禅師曰く、「作賊人」を「賊と作《な》る人」と訓点してはならない、と。◉(3)**生也**＝眉毛は生えたぞ。◉(4)**関**＝関で閉ざした、銀山鉄壁。国師大悟の因縁の公案。◉(5)**倶出隻手扶竪宗風**＝『虚堂録』巻三育王録に、「三大老、各おの隻手を出だして翠巌の門戸を扶樹して以て雪峰に報いんことを要す」とある。◉(6)**殊不知**＝…であることは誰も知らない。以下、国師自身の境界を述べる。◉(7)**巨鼇莫戴三山去、吾欲蓬莱頂上行**＝大亀よ、仙山を背負って運び去らないで欲しい、私は一羽の鶴と成って世の囂々《ごうごう》たる喧噪を下に見、仙人の待つ蓬莱山へ飛んで行こうとしているのだから。国師は三大老の囂々を飛び越えて、直ちに蓬莱頂上に行く。『李太白集』巻七「懐仙歌」に、「一鶴、東に飛んで滄海を過ぎ、…自余囂囂は直《た》だ軽んず可し。〜、〜」。「三山」は蓬《ほう》莱《らい》・方丈《ほうじょう》・瀛洲《えいしゅう》の仙島を云う。

【一九の二】

次の日上堂。僧問う、「今朝《こんちょう》、正《まさ》に是れ(1)解制自恣《かいせいじし》の辰《しん》。知らず、何《いず》れの処か是れ(2)衲僧遊戯《のうそうゆげ》の場《ば》」。師云く、「(3)来鋒《らいほう》路《みち》有り」。進めて云く、「恁麼《いんも》ならば則ち、(4)十洲《じっしゅう》三島《さんとう》草鞋底《そうあいてい》、雁蕩《がんとう》天台《てんだい》拄杖辺《しゅじょうへん》」。師云く、「(5)也《ま》た何ぞ妨《さまた》げん」。進めて云く、「僧、雲門《うんもん》に問う、『(6)初秋夏末《げまつ》、前程《ぜんてい》忽《たちま》ち人《ひと》有りて問わば、如何《いかん》が祇対《したい》せん』。門云く、『(7)大衆退後《だいしゅたいご》』と、作麼生《そもさん》か領会《りょうえ》せん」。師云く、「(8)邪《じゃ》に因《よ》って正《しょう》を打《た》す」。進めて云く、「僧云く、『過《とが》、什麼《いずれ》の処にか在る』。門云く、『(9)我れに九十日《くじゅうにち》の飯銭《はんせん》を還《かえ》し来たれ』と。意、那裏《なり》にか在る」。師云く、「(10)小慈《しょうじ》、大慈《だいじ》を妨ぐ」。進めて云く、「今日《こんにち》、忽《たちま》ち人有りて問著《もんじゃく》せば、作麼生か祇対せん」。師云く、「(11)三句前《さんくぜん》、両句後《りょうくご》」。

⑴**解制自恣之辰**＝七月十五日の夏安居終了の日の上堂説法。「自恣」は鉢《は》刺《ら》婆《ば》刺《ら》拏《な》の旧訳、安居の末日に、他をして恣《ほしいまま》に己の過罪を挙げしめて懺悔する儀式、安居の解制式を云う。『禅林象器箋』に『増一阿含経』を引いて、釈尊はこの日を受歳の日として、自らも大衆の前で過咎の有無の点検を受けたとある。◉⑵**衲僧遊戯之場**＝「遊戯」は行脚のこと。『虚堂録』巻九径山後録に、「会得せば、…大槐安国に遊戯せん」と言う。禅林では解制後、遊山と称して諸方を歴参する習わし。◉⑶**来鋒有路**＝（お前さんが、そう）鉾先を向けて来るところ、自ずと路有り。「ドコ迄モ、自由自在ニ働ク」。「鋒」は「鋒芒（鋩）」で、刀の切っ先、鋭い言葉。『雲門広録』上に、「『如何なるか是れ仏法の大意』。師云く、『〜』」（禅十一・三四三）。◉⑷**十洲三島草鞋底、雁蕩天台拄杖辺**＝わらじの向くまま杖の向くまま、どんな素晴らしい処へも行脚自在。「十洲・三島」は『海内十洲記』に言う、伝説上の仙境。「雁蕩・天台」は温州、台州に在る名山。因みに【五二の一】に、「青山緑水草鞋底、明月清風拄杖頭」とあるが、この句、もと『大応録』一三七章。◉⑸**也何妨**＝それも結構。◉⑹**初秋夏末、前程忽有人問如何祇対**＝今日は初秋、七月十五日安居の終わりの日、解制に当たって、人にこれから先のことを問われたら、どう答えますか。『雲門広録』上（禅十一・三四六）。◉⑺**大衆退後**＝皆の者よ、引き下がれ。◉⑻**因邪打正**＝「歪打正着」のこと、「間違った方法で却って運よく正しい結果を得た、まぐれ当たり、たまたま知った」の意。ここの「邪」は「偏斜」の義で、「邪悪・不正」の義ではない。僧の問いで雲門の答えを、ふと引き出した。『雪竇録』巻一「拈古」の五。【一七四】注⑿参照。◉⑼**還我九十日飯銭来**＝一夏九十日の飯代を払え。徒らに光陰を消する故に。「還我」は、『俗語解』［二八三］に、「還は『かえす』こと本義なれども、転用して俗語には『物をやる』こと、『銀をはらう』こと、『此方へくれよ』と云う義なり」。◉⑽**小慈妨大慈**＝底本は「大慈妨小慈」に誤る（【七二の二】を参照）。目先の慈愛は却って人を害する。雲門老手緩い。『会要』巻二十五金峰従志（曹山下）章。因みに、『涅槃経』梵行品には衆生縁（小）・法縁（中）・無縁（大）の三種の慈悲を説く。頌古第二十七則（【二四四】）本則㊳参照。◉⑾**三句前両句後**＝三両句で以て、諸人の為に一線の入路を示そう。『虚堂録』

巻一瑞巌録結夏小参に、「三句前、両句後に向かって一線地を放って、諸人の与《ため》に手脚を整頓せしむ」と。『犂耕』に、「但だ是れ三両句と言わんと欲すのみ、前後の言は下の一線地の語を起こす、且《しば》らく其の処を言うのみ」と。国師に三転語あり、雲門に三句あり、もって為人の手段と成す。また『仏光録』巻三（大正八十・一五〇）にも見える。

【一九の二】

乃《すなわ》ち挙《こ》す。「臨済道《りんざいいわ》く、『(1)一人《いちにん》有り、劫《こう》を論じて途中《とちゅう》に在って家舎《かしゃ》を離れず〔錯《しゃく》。(2)平等無きの差別は仏法に順ぜず、悪差別なるが故《ゆえ》に〕、**一人有り、家舎を離れて途中に在らず**〔果然《かぜん》。(3)差別無きの平等は仏法に順ぜず、悪平等なるが故に〕、**那箇《なこ》か人天《にんでん》の供養《くよう》を受く合《べ》き**〔(4)錯《しゃく》。果然《かぜん》。点《てん》〕**』と」。師云く、「(5)諸人《しょにん》、者《しゃ》裏《り》に向かって道取《どうしゅ》せんと要《よう》せば、須《すべか》らく那裏《なり》に向かって透過《とうか》すべし**〔(6)明暗《めいあん》一条去来《こらい》の路《みち》〕。**若し是れ人天の供養ならば、(7)秋風渭水《いすい》を吹けば、落葉長安《らくようちょうあん》に満つ**〔(8)北倶盧洲《ほくくるしゅう》の長粳米《ちょうこうべい》、喫する者は喜《き》も無く復た嗔《しん》も無し〕」。

(1)**有一人論劫在途中…有一人離家舎…**＝一人は永遠に道中にありながら家を離れていない。一人は永遠に家にも居らず、道中にも居ない。『臨済録』上堂八の説法。「途中」は差別・現成・為人度生の場。「家舎」は平等・本分・悟りの絶対境。「論劫」は「永劫」に同じ、「論」は「大きな数の前に在って、概数を表わす。例えば論千、論万は千にものぼる、万にも及ぶ程の大数」の意。この話は、『槐安国語』には省かれているが『大灯録』拈古の最後（【一七六】）にも挙せられ、国師拈評して云う、「這の老漢、威容厳粛、衲子到る者其の挙措《こそ》を失せざるは無し。大家寝黙俛仰《しんもくべんぎょう》して日を過ごすのみ。道うことを見ずや、衆人の唯唯《いい》は一士の諤諤《がくがく》に如《し》かじ（『史記』商君列伝八）と。若し是れ人天の供養ならば、一人を択び取らんことを要す」と。また『大灯百二十則』二十七則にも見える。◉(2)無平等差別不順仏法、悪差別故＝途中の差別に在って、離れ易きは平等の家舎、「悪差別」には流れ易し。『荊叢毒蘂』巻四の「須弥灯王如来辨」に「慧心院僧都曰」として、この句、並びに次の句を述べる。◉(3)無差別平等不順仏法、悪平等故＝なお流れ易きは「悪平等」、平等の家舎には尻を据え易し。◉(4)錯。果然。点＝【一五】注(7)参照。◉(5)**諸人要向者裏道取、須向那裏透過**＝この問題に一家言あらんと欲せば、あれを一度透過すべし。「者裏」は「ここ、そこ」。それに対して「那裏」は「あそこ、あちら」、禅門では本分の事を指す。「道取」は「いうこと、言ってのける」。◉(6)明暗一条去来路＝明暗双双、者裏・那裏一条の路。『会要』巻二十六法眼章に、修山主に問う「毫釐も差有らば天地懸隔」に対する保寧勇の代頌、「石城親切に同参に問う、東西を話らず便ち南を指す。明暗両条、来去の路、依俙《いき》として屈曲煙嵐《くつきょくえんらん》に在り」の転句の「両条」を「一条」に改めたもの。◉(7)**秋風吹渭水、落葉満長安**＝秋風が鴨川を吹けば、都は落葉一杯（これに勝る供養は無い）。『虚堂録』巻一報恩録、もと賈島《かとう》「憶江上呉処士」（『全唐詩』巻五七二）。◉(8)北倶盧洲長粳米、喫者無喜復無嗔＝国師の供養を長粳米に比して。『五家正宗賛』巻二汾陽昭章に、その四転語の一つ「乾坤を定める句」として見える。「北倶盧洲」は須弥山の北方にある国（北鬱単越とも）、千年の長寿国、地獄も無く、四洲の中の最も勝れた国。「粳米」は「うるち米」。『助桀』に『法苑珠林』を引いて、「其の土には常に自然の秔（粳）米有りて、種《う》えずして自生す。…来る者自恣に之れを食し、…其の味は天の衆病有ること無きが如く、気力充足す。顔色和悦して衰耗有ること無し」と。

【二〇】

(1)**進退両班《しんたいりようはん》を謝する上堂。「衲僧家《のうそうけ》、尋常《よのつね》の用《もち》うる底**〔(2)仏殿裏《ぶつでんり》に香を焼《た》き、山門頭《さんもんとう》に合掌《がつしよう》す〕、**豈《あ》に止《た》だ**(3)**虎視龍望《こしりゆうぼう》、世《よ》の為に推《お》さるるのみならんや**〔(4)牙《きば》、剣樹《けんじゆ》の如く、口《くち》、血盆《けつぼん》に似たり〕。(5)**一歩を進むる則《とき》んば威音王已前《いおんおういぜん》に突出《とつしゆつ》し**〔(6)聞見覚知《もんけんかくち》、一一《いちいち》に非ず、山河《せんが》は鏡中《きようちゆう》に在《あ》って観《み》ず〕、**一歩を退く則《とき》んば爍迦羅眼裏《しやからげんり》に身を蔵《ぞう》す**〔(7)霜天《そうてん》月落ち、夜、将《まさ》に半《なかば》ならんとす、誰と共にか澄潭《ちようたん》影を照らして寒し〕。**甚《なに》に因《よ》って**

か是《かく》の如くなる」。払子《ほっす》を撃《う》って云く、「⑻天際《てんさい》、日《ひ》上り月《つき》下る、檻前《かんぜん》、山深く水寒し（⑼墜葉疎雨《ついようそう》の感を憐れむと雖《いえど》も、黄梁《こうりょう》は争《いか》でか暮雲の親しきに似《し》かん）」。

(1)**謝進退両班上堂**＝両班の役位衆の交替に際し、旧役位衆の労に感謝しての上堂。両班は**【二の二】**注(1)参照。◉(2)**仏殿裏焼香、山門頭合掌**＝「是れみな住持のなす処なり」（『句双紙』）。『睦州録』（禅十一・二二五上）。◉(3)**虎視龍望**＝大力量底の人の風貌。但し「龍望」とは何の謂か。恐らくは「虎視龍驟《しゅう》」（『円悟心要』）の誤植か（或いは「龍行」、「龍驤《じょう》」）。虎の如き眼、龍の如き振るまい。◉(4)牙如剣樹、口似血盆＝畏怖すべき形相。『碧巌』四本則評唱に見えるが、龍潭《りょうたん》が徳山宣鑑の偉丈夫さを、地獄の獄卒に比して云った語。◉(5)**進一歩則…退一歩則…**＝進むときんば、天地未分以前にまで突出し、退くときんば、爍迦羅眼に身を蔵す（繊埃を絶す）。『虚堂録』巻三柏巌録に、「突出威音那畔看」とある。「威音王」は過去荘厳劫最初の仏。「爍迦羅眼」は「金剛眼」、「堅固眼」ともいい、邪正を決し得失を弁ずる眼。『碧巌』九頌。また雪竇『瀑泉集』には「針眼裏蔵身」と見える。◉(6)聞見覚知非一一、山河不在鏡中観＝六根それぞれ別々にはあらざれども、鏡に映して観てはいけない。次の句と同じく、『碧巌』四十頌。「一一」は「各各それぞれ（別）」の義、『秘鈔』に、「見聞覚知非一一＝別体でない。山河不在鏡中観＝大円鏡智に能所無し」と。◉(7)霜天月落夜将半、誰共澄潭照影寒＝『碧巌』四十頌。「霜天月落とは黒漫々地。誰共澄潭照影寒とは能照所照ない」（『秘鈔』）。◉(8)**天際日上月下、檻前山深水寒**＝国師、『碧巌』第二則の頌を借りて、天際日上り月下るも檻前の境地の深く変わらぬ様を、進退不二に喩えられる。揀択を超えた境界。◉(9)墜葉雖憐疎雨感、黄梁争似暮雲親＝まばらな葉にそぼろ雨のかかるのも風情あるが、黄梁（＝大粟）が暮雲に煙るほうが一入《ひとしお》よい。国師の『碧巌』頌に唱和す。「墜葉」、「黄梁」を強調する倒語法。本来は「雖憐墜葉感疎雨、争似黄梁親暮雲（墜葉の疎雨に感ずるを憐れむと雖も、争でか似《し》かん、黄梁の暮雲の親しきには）」。『荊叢毒蕊』の巻一・二等に見える。

【二一の二】

(1)**八月旦《はちげつたん》上堂。僧問う、「(2)槿花《きんか》、露《つゆ》を凝《こ》らし、梧葉《ごよう》、秋《あき》に鳴《な》る。此の中《うち》、現成《げんじょう》の事《じ》、如何《いかん》が提唱《ていしょう》せん」。師云く、「(3)答うるも猶《な》お未《いま》だ了《さと》らず」。進めて云く、「(4)幾人《いくたり》か、与麼《よも》にし去ることを得《え》たる」。師云く、「只だ阿你《なんじ》一箇に許す」。進めて云く、「(5)粛宗皇帝《しゅくそうこうてい》、忠国師に問う、『如何《いか》なるか是れ十身調御《じっしんちょうご》』。国師云く、『(6)檀越《だんのつ》、毘盧《びる》頂上《ちょうじょう》を踏《ふ》んで行け』と。意、那裡《なり》にか在る」。師云く、「妨《さまた》げず、(7)脚下紅糸線不断《きゃっかこうしせんふだん》なることを」。進めて云く、「帝云く、『(8)寡人不会《かじんふえ》』。国師云く、『(9)自己清浄法身《しょうじょうほっしん》と認《と》むること莫《な》かれ』と。又た作麼生《そもさん》」。師云く、「(10)主山《しゅざん》、案山《あんざん》に騎《の》る」。進めて云く、「忽《たちま》ち人有り、『如何なるか是れ十身調御』と問わば、未審《いぶか》し、和尚、如何《いかん》が祗対《したい》せん」。師云く、「(11)背《せ》短く胸《むね》長し」。進めて云く、「恁麼《いんも》ならば則ち(12)西風一陣来《せいふういちじんらい》、落葉両三片《らくようりょうさんぺん》」。師云く、「(13)三《さん》十年後《じゅうねんご》」。**

(1)**八月旦上堂**＝八月一日の旦望上堂。この上堂は『大応録』二四五章参照。◉(2)**槿花凝露、梧葉鳴秋**＝むくげの花に朝露結び、青桐の葉に秋風の声。『虚堂録』巻一興聖録の語、この後「…分に随って羞を知れ」と続く。「槿花」は儚《はかな》い意の寓喩。◉(3)**答猶未了**＝（とっくに）答えているのに、まだ分からぬか。『雲門広録』上に、「問う、『如何なるか是れ教意』。師云く、『答うるも猶お未だ了らず』。進めて云く、『和尚、什麼《いずれ》の処にか答えしや』。師云く、『将《まさ》に謂《おも》えり、汝は霊利なると（アホ丸出し）』」（禅十一・三四二）。◉(4)**幾人得与麼去。師云、只許阿你一箇**＝何人がそのように心得ることができるでしょうか。国師云く、只だ一人お前さんがおる。「只許」は皮肉を込めて。「阿你」の「阿」は軽い親しみを込めた接頭語。◉(5)**粛宗皇帝問忠国師、如何是十身調御**＝「慧忠国師」は頌古第四十二則（【二五九】）本則注(1)参照。「十身調御」は仏の異名。『碧巌』九十九則。『伝灯録』巻五慧忠国師章に、「〜、〜。師、乃ち起立して曰く、『還って会すや』。曰く、『不会』。師曰く、『老僧が与《ため》に浄瓶《じんぴん》を過《てわた》し来たれ』。又た曰く、『如何なるか是れ無《む》諍三昧《じょうざんまい》』。師曰く、『檀越、毘盧頂上を踏んで行け』。曰く、『此の意、如何』。師曰く、『自己を認めて清浄法身と作すこと莫かれ』」とある如く、『碧巌』は二つの話を一つに纏めたもの。◉⑹**檀越踏毘盧頂上行**＝「檀越」は粛宗に対する呼びかけ。毘盧遮那仏の頭を踏みこえて行け。仏縛の処にもとどまらざれ、と。◉⑺**脚下紅糸線不断**＝【八の一】注⑻参照。『松源録』冶父録に見え、後に『虚堂録』巻五で松源の三転語の一つとして纏められたものであるが、元は大慧下の竹原宗元の語である。『会要』巻十八竹原章に、「大法明らむと雖も、脚跟下《きゃっこんか》、紅線子不断なる者、比比《ひひ》皆な是れ」と。竹原庵主は「向上の一竅子《きょうす》（這の一些子）」を説き、「箇の入頭《にっとう》の処を宝惜して勝妙の境界に坐在」するを戒めて「脚跟下」の話を説いたのである。竹原庵主は更に「諸方の為人は縛を去るが、我が這裏の為人は縄を加える」とも云う。脚跟下の紅糸線こそ、彼が為人の加縄加縛、向上一竅子である。しかも彼は、こちらが他を殺し切らなければ逆にこちらが殺されてしまう「殺人漢」に喩える。尚、【一七九の二】注⒆参照。因みに大応は「歩歩、清風起こる」と。◉⑻**寡人不会**＝「寡人」は皇帝の自称。◉⑼**莫認自己清浄法身**＝『碧巌』九十九本則評唱に詳しいが、従前識神を認めて、本来人と作すことを忌む。◉⑽**主山騎案山**＝中国で、庭園の後ろに高く聳えるのを主山、前に低いのを案山という。因みに『会元』巻十七四祖法演（黄龍南下）章の上堂に、「主山、案山を呑却す、というも尋常の言論。拄杖子、普く塵刹を該《つつ》む、というも未だ奇と為すに足らず。光境、両《ふた》つながら亡ずる、復た是れ何物ぞ」とあるを参照。大応云く、「玄関を瞥転《べってん》し去れ（そんなものに眼もくれず）」と。◉⑾**背短胸長**＝何とも言いようのない本来の面目の異相。『洞山初録』の「腰《こし》長く、脚《あし》短し」（禅十二・六五二）と同類のお化け。洞山良价禅師は「頭長きこと三尺、頸《くび》長きこと二寸」と云う。大応云く、「巍巍《ぎぎ》堂堂、煒煒《いい》煌煌《こうこう》」と。◉⑿**西風一陣来、落葉両三片**＝八月旦仲秋の現成公案。保寧仁勇（楊岐下）の日面仏月面仏に対する頌「蒲団上に端坐し、針眼裏に線を穿つ。〜、〜」（『会元』十九）。【五一の二】本文参照。◉⒀**三十年後**＝三十年後悟り去る在らん（一生かかっても悟れまいぞ）の意。三十年は一世を言う。

【二一の二】

乃《すなわ》ち云く、「(1)**秋風《しゅうふう》、秋雲を弄《ろう》し**「(2)丹青《たんせい》、画《えが》けども成《な》らず」、**秋色《しゅうしょく》、秋水に蘸《ひた》す**「(3)鴛鴦《えんおう》繍出《しゅうしゅつ》して君が看《み》るに従《まか》す」。(4)**気《き》の清《きよ》きは時《とき》の清きが如く**「(5)錦上《きんじょう》花を鋪《し》く、亦た一重《いちじゅう》」、**道《みち》の泰《やすら》かなるは情《こころ》の泰かなるに似たり**「(6)第二重も亦た在り」。(7)**禅者の雅興《がきょう》**「(8)若し是れ明眼《みょうげん》の衲僧《のうそう》ならば、者般《しゃはん》の茶飯《さはん》を喫せず」、**道人《どうにん》の嘉景《かけい》**「(9)美食《びしょく》も飽人《ほうじん》の喫《きつ》に中《あた》らず」、**頭頭上《ずずじょう》に顕露《けんろ》し**「(10)酒の濃《こまやか》なることは元と多盃《たはい》に在らず」、**物物上《もつもつじょう》に現成《げんじょう》す**「(11)眼《まなこ》高うして看《み》て黄金に到らず」。**拄杖《しゅじょう》を卓して云く、**「(12)**是《ぜ》なることは則ち是《ぜ》、**(13)**三十年後、人《ひと》の勧《かん》沮《しょ》を加え去ること有らん**「(14)家《いえ》に在っては只だ言う、客と為《な》ること易《やす》しと、淵《ふち》に臨んで方《まさ》に魚《うお》を得《う》ることの難《かた》きを覚《おぼ》ゆ」」。

(1)**秋風弄秋雲、秋色蘸秋水**＝秋の雲は秋風に漂い、川面に秋景色が映える。『大灯録』では「秋雲弄秋風」とあるのを、文意に依って改めたもの。◉(2)丹青画不成＝絵にも画けない美しさ。【九の三】注(3)参照。◉(3)鴛鴦繍出従君看＝おしどりの刺繍のような見事さを存分に味わうが好い（その秘訣は内緒）。【二七】注(3)参照。◉(4)**気清如時清、道泰似情泰**＝時候清ければ人気も清らかである。天道安泰なれば人情も安泰なり。◉(5)錦上鋪花亦一重＝見事な上にも見事。◉(6)第二重亦在＝くどい。【一の八】注(45)参照。◉(7)**禅者之雅興…物物上現成**＝以上の如く、禅者の愉しみ、道人の好景は、処々到るところ、あらゆる物それぞれに現われている。自得逍遥の理。◉(8)若是明眼衲僧、不喫者般茶飯＝前述【一七の二】の所謂「残羹餿飯」。◉(9)美食不中飽人喫＝もうゲップが出る。『会元』巻四倶胝章に長慶の代語として見える。◉(10)酒濃元不在多盃＝本当に美味しい酒は最初の一杯目、もうやめてくれ。『江湖風月集』象潭濡泳「永明塔」。◉(11)眼高看不到黄金＝もはやそんなものには目もくれない。【七】注(15)参照。◉(12)**是則是**＝それはそれとして。◉(13)**三十年後、有人加勧沮去**＝衲《わし》の死後、いずれ人々はこの人人自得抑揚の機あり。『会元』巻二十玉泉宗璉の章。

の理を忘じ、一喜一憂するようになるだろう。「三十年」は一世。【二二の一】注⒀参照。「加勧」は「はげむ、努力する」、「加沮」は「くじける、意気消沈する」の意。『荘子』逍遥遊篇に、「世を挙《こぞ》って之れを誉《ほ》むれども、勧《つと》むることを加えず、世挙って之れを非《そし》れども、沮《しぼ》むことを加えず」と、世間の毀誉褒貶に一喜一憂することのない不動心を述べる段がある。◉⒁在家只言為客易、臨淵方覚得魚難＝家にいては旅することはいとも容易《たやす》いと言うし、また、魚を捕らえんと実際に岸辺に臨んでみて初めて難しいことが分かるものだ。言うは易く、行なうは難し。『会要』巻二三九峰普満（洞山价下）章に、「僧問う、『境に対し心動かざる時如何』。師云く、『汝、大人の力無し』。云く、『如何なるか是れ大人の力』。師云く、『境に対し心動かず』。云く、『適来甚麼《せきらいなん》と為《し》てか〈汝、大人の力無し〉と道える』。師云く、『〜、〜』と」。但し「家」は「舍」、「得」は「取」。

【二二の二】

⑴中秋上堂。僧問う、「⑵霊山《りようぜん》に月《つき》を話《かた》り、曹渓《そうけい》に月を指《さ》す。者裏《しやり》に到って、如何《いかん》が端的《たんてき》を辨ぜん」。師云く、「⑶三山帽《さんざんぼう》、大袖衫《だいしゆうさん》」。僧云く、「⑷馬大師《ばだいし》、月を翫《もてあそ》ぶ次《つい》で、西堂《せいどう》、百丈《ひやくじよう》、南泉《なんせん》に問うて云く、『正当与麼《しようとうよも》の時、如何《いかん》』。西堂云く、『⑸正好供養《しようこうくよう》』と。意旨作麼生《いしそもさん》」。師云く、「⑹波斯《はし》、尚書《しようしよ》を読む」。僧云く、「百丈云く、『⑺正好修《しゆ》行《ぎよう》』と。又た作麼生」。師云く、「⑻地を払って錮鏴《ころ》を添う」。僧云く、「南泉、⑼払袖《ほつしゆう》して便ち行くと。意、那裏《なり》にか在る」。師云く、「⑽席《せき》を起《た》って坐《ざ》を謝《しや》せず」。僧云く、「大師《だいし》云く、『⑾経《きよう》は蔵《ぞう》に帰《き》し、禅は海《かい》に帰す、只だ普願《ふがん》のみ有って、独《ひと》り物外《もつげ》に超《こ》ゆ』と。如何が委悉《いしつ》せん」。師云く、「⑿神箭三匝《しんせんさんそう》して白猿号《はくえんさけ》ぶ」。僧云く、「古人諸訛《ごうか》の処、和尚、已《すで》に呈露《ていろ》す。和尚諸訛《ごうか》の処、未審《いぶか》し、何人《なんぴと》か点検《てんけん》せん」。師云く、「⒀天《てん》の高きも蓋《おお》い尽くさず」。僧云く、「⒁恁麼《いんも》の問いに因《よ》らずんば、争《いか》でか恁麼《いんも》の事《じ》を識《し》らん」。師云く、「⒂更に須《すべか》らく草鞋《そうあい》を買うべし」。僧云く、「⒃深沈《しんちん》たる滄海《そうかい》、恩波闊《おんぱひろ》く、皎潔《こうけつ》たる秋空、気象《きしよう》高し」。師云く、「⒄如《も》し道著《どうじやく》せば須らく用著《ゆうじやく》すべし」。

(1)**中秋上堂**＝旧八月十五日の上堂。『大応録』六十九の中秋上堂を参照。◉(2)**霊山話月、曹渓指月**＝霊山会上で釈尊が迦葉尊者《かしょうそんじゃ》に伝法したというも、月に就いて話をした程度、石頭《せきとう》が曹渓《そうけい》・青原《せいげん》より払子《ほっす》を受け継いだというのも、月を指さした程のこと。『虚堂録』巻一宝林録の仲秋上堂。もと『伝灯録』巻十八玄沙章に、「且らく吾れに正法眼有り、大迦葉に付嘱《ふしょく》すと道《い》うが如きんば、我れは道わん、猶お話月《わげつ》の如し。曹渓に払子を竪つ、還って指月《しげつ》の如し」と。「曹渓払子《ほっす》」は、『従容録』二十五頌評唱の連山注に、石頭希遷《きせん》が青原行思《ぎょうし》に参じた因縁を指す。「石頭、来参す。思問《し》う、『甚《いず》れの処よりか来たる』。云く、『曹渓（＝六祖慧能の処）より来たる』。思、払子を竪起《じゅき》して云う、『曹渓に還《かえ》って這《しゃ》箇《こ》有りや』。云く、『但だ曹渓のみならず、西天に亦た無し…』」と。「指月」は『楞厳経』巻二に、月を指す指を観て月体となす妄見を戒める話に依る。◉(3)**三山帽、大袖衫**＝大振りの頭巾に大袖の単上衣（結構なことは結構、無心猶お隔つ一重の関）。『洞山初録』に、「問う、『牛頭《ごず》未だ四祖に見《まみ》えざる時如何』。師云く、『三山帽子、大袖布衫』。云く、『見えて後、如何』。師云く、『食を市《か》って僧に斎す』」（禅十二・六五〇）と。牛頭問答の大意は、四祖に見える以前は悟境に陶酔していたが、見後は祖師禅に覚したことを指す。「三山帽」は『骨董稿』に「大きな帽子。…もと野夫の服なるが、唐には…縠（ちりめん）で作り、風や塵を隔てる」と。また『漢語大詞典』には「冠の名」としていくつか例を挙げているが、相当華やかな晴れ着姿。◉(4)**馬大師翫月次…**＝『伝灯録』巻六、百丈海章に見える。西堂《せいどう》智蔵・百丈《ひゃくじょう》懐海・南泉《なんせん》普願の三人は馬祖下の神足。◉(5)**正好供養**＝まさに好いご供養（馳走）です。◉(6)**波斯読尚書**＝『洞山初録』には、「波斯、梵書《ぼんしょ》を読む」（禅十二・六五一）とある。『宗門方語』に、「他人の暁《さと》ることを得ず、呑吐不下」。◉(7)**正好修行**＝『助桀』に、「此の地位に到って、正《まさ》に好し歩を発して修行するに、乃ち是れ禅宗初歩の処なり。或る般《つら》は誤解して言う，『須らく此の如く修行して始めて得べし』と、遂に正好供養と同調す。何の禅は海《かい》に帰するの処か有らん」と。◉(8)**払地添錮鏴**＝『大灯録』原本は「掃地添錮瓶」である。『洞山初録』には、「掃地添瓶」（禅十二・六五一）とあり、原本の「錮」は「銅」の誤植か（五山版の影印を見る限り、他の箇所【十八の二】、【二六〇】の「錮」

はしっかりした字体であるのに、この箇所の「錮」は「銅」の字をいじくって「錮」としたような形跡がある）、或いは衍字であろう。『勅修百丈清規』の「浄頭」の項に、「掃地装香、換籌洗廁、焼湯添水」とあり、雪竇禅師が霊隠寺の浄頭の職に隠潜して辨道修行した故事の如く、「不浄を掃除し、手水瓶に水を添える」の意。『会要』巻十九道悟章にも「添浄瓶水著」と。飯田欓隠氏や『禅語字彙』の「地を払って、鋳かけをする」の珍解は「錮」の誤植から惹起された烏焉の誤りの見本。因みに、寛延三年の貞永寺初版本では「払地添錮瓶」、ところが明治十八年の底本では「払地添錮鏴」となり、飯田欓隠氏『槐安国語提唱』、並びに昭和九年発行龍吟社版（『白隠和尚全集』巻三）も右倣えする。◉⑼**払袖便行**＝袖を褰《かかげ》て決然と立ち去る様。『助桀』に、「強いて西堂百丈の機に落ちざるの顔面を作す」と。◉⑽**起席不謝坐**＝酒席にお呼ばれして起つ時も招待のお礼を述べない、無礼者。『洞山初録』（禅十二・六五〇）。「謝座」は「古代宮中で酒食を賜るとき、先ず庭中に列んで、殿上の着座についてのお礼を申し述べること」。◉⑾**経帰蔵禅帰海、只有普願独超物外**＝経は経蔵（西堂蔵の蔵）に、禅は禅海（百丈海の海）に収まるが、只だ南泉普願のみ格を超越する。◉⑿**神箭三匝白猿号**＝『淮南子』説山訓の十章に、「楚王に白猨有り、…養由基をして之れを射しむれば、始めて弓を調べ矢を矯めて未だ発せざるに、猨、柱を擁して号《さけ》ぶ」とある。『呂氏春秋』、『蒙求』等にも同じ類の話があるが、「神箭三匝」の事は見えない。おそらくは国師の造語であろう。馬祖の神箭、三人を一矢に貫ぬき、逃れる術も無きことを表わすか。◉⒀**天高蓋不尽**＝天すら蓋うことが出来ない（況んや人の点検を許さんや）。『虚堂録』巻一延福録に見える。『碧巌』七垂示にも、「天も蓋うこと能わず、地も載すること能わず」と。◉⒁**不因恁麼問、争識恁麼事**＝御教示有り難うございます。僧の答礼。◉⒂**更須買草鞋**＝更に行脚し、出直して来い。『会元』巻二十華蔵宗演（大慧下）章に、「這箇を識得せば、更に草鞋を買って行脚すべし」と。◉⒃**深沈滄海恩波闊、皎潔秋空気象高**＝師の御恩は海よりも深く、此の秋の空よりも高いです、と、僧の礼話。◉⒄**如道著須用著**＝言った如くに実行せよ。

【二二の二】

乃《すなわ》ち云く、「(1)**秋中《しゆうちゆう》の秋《あき》、月中《げつちゆう》の月《つき》。**(2)**四万二千《しまんにせん》の清光《せいこう》、五十由旬《ゆじゆん》の霊闕《れいけつ》**(3)夜闌《たけなわ》にして天際《てんざい》に金盆《きんぼん》堕《お》つ、膝上《しつじよう》の焦桐《しようどう》、調べ転《うた》た新たなり」。**明明《めいめい》重ねて明明、皎潔《こうけつ》又た皎潔**(4)一段の風光《ふうこう》、画《えが》けども成らず。(5)撃《げき》砕《さい》せよ撃砕せよ、撃砕せずんば瑕類《からい》を増さん」。(6)**指《し》と話《わ》と倶《とも》に敗欠《はいけつ》を納《い》る**(7)霊山《りようぜん》に鳧《ふ》を続《つ》ぎ、曹渓《そうけい》に鶴《つる》を截《き》る。(8)両頭《りようとう》共に截断《せつだん》して、一剣、天に倚《よ》って寒《さむ》し」。(9)**敗欠を納る、還《かえ》って照絶《しようぜつ》**(10)成敗《せいばい》、吾れに在り。殺活《せつかつ》、時に臨む」。(11)**物《もの》の比倫《ひりん》に堪《た》えたる無し、我れをして如何《いかん》が説かしめん**(12)上巳《じようし》に依稀《いき》として、重陽《ちようよう》に彷彿《ほうふつ》たり。(13)或いは張婆《ちようば》が耳《みみ》の如く、又た李母《りぼ》が眉《まゆ》に似たり」」。

(1)**秋中秋、月中月**＝今日、中秋八月十五日は、秋の中の秋、今日の月は月の中の一番名月。◉(2)**四万二千清光、五十由旬霊闕**＝四万二千由旬から来る月の光、月球の大きさは五十由旬。「霊闕」は月宮、月球を指す。『立世阿毘曇論』巻五「日月行品」に月までの距離を四万由旬、月宮の大きさを五十由旬という。「由旬」は約七—九マイル（十一キロメートル～十四キロメートル）であるから、月までの実際の距離三十八万キロメートルの値に近い。◉(3)夜闌天際堕金盆、膝上焦桐調転新＝夜深く月落ち、膝の上の琴の音は愈々冴え渡る。『虚堂録』巻五頌古の四に見える。「金盆」は「月」を云う。「焦桐」は「名琴」を云う。『後漢書』巻六十下蔡邕《さいよう》伝の「焦尾琴」の故事を踏まえて。【一八一の二】注(7)参照。◉(4)一段風光画不成＝【一の七】注(36)参照。◉(5)撃砕撃砕、不撃砕増瑕類＝木っ端微塵に打ち砕け。そんなものを有り難がるのも既に瑕《きず》。「瑕類」は「きず」。後句は『碧巌』八十二則「大龍堅固法身」の頌。◉(6)**指与話倶納敗欠**＝指月も話月も共に負け。「納敗欠」は、貢銭を納めるの原義から、「敗北、失敗」の意。◉(7)霊山続鳧、曹渓截鶴＝霊山話月は帯《おび》に短く、曹渓指月は襷《たすき》に長し。「続鳧截鶴」は『荘子』駢拇《べんぼ》篇に「鳧（かも）の脛《すね》は短しと雖も、之れを続がば則ち憂え、鶴の脛は長しと雖も、之れを断たば則ち悲しむ」と。◉(8)両頭共截断、一剣倚天寒＝話月、指月ともに截断せよ。【五の二】注(11)参照。◉(9)**納敗欠還照絶**＝月も指さず、月も話らざる処、照らすの照らされのという沙汰はない、光境ともに亡ず。『円悟録』巻三に、盤山の「光境倶に亡じた」処を、「理絶・事絶・行絶・照絶・用絶」と言い、更に、「古に耀《かがや》き今に騰《あが》る、活鱍鱍《かっぱつぱつ》」と見える。「照絶」とは「照用の二辺を絶した、絶対の照」の意。◉(10)成敗在吾、殺活臨時＝成となるも敗となるも吾が一念の内、敗の処則ち成、殺活時に臨んで自由自在。「成敗」は「勝敗」。『碧巌』九垂示には、「鏌鎁《ばくや》手に在り、殺活時に臨む」と。◉(11)**無物堪比倫、教我如何説**＝何としても説くことは出来ない。『寒山詩』。【九の三】注(23)、【一二二の一】注(4)参照。◉(12)依稀上巳、彷彿重陽＝上巳（三月三日）かとも見え、重陽（九月九日）にも似ている（何にでもなる）。【一の八】注(61)参照。◉(13)或如張婆耳、又似李母眉＝張婆さんの耳のようでもあり、かと思うと、また李おっ母の眉のようでもあるわい（ああとも云えるし、こうとも云える）。前の下語を卑近に言い換えたもの。「張」、「李」は中国で卑近な名前。

【一三の一】

(1)上堂。僧問う、「(2)雲門《うんもん》、因《ちな》みに僧問う、『如何《いか》なるか是れ法説《ほっせつ》』。門云く、『(3)大衆久立《だいしゆきゆうりゆう》、速礼《そくらい》三拝』と。意《い》旨作麼生《しそもさん》」。師云く、「(4)我れに話頭《わとう》を還《かえ》し来たれ」。進めて云く、「『如何なるか是れ(5)随意説《ずいいせつ》』。門云く、『(6)晨時《しんじ》粥《しゆく》有り、斎時飯《さいじはん》有り』と。又た作麼生」。師云く、「(7)乱咬《らんこう》するに一任《いちにん》す」。進めて云く、「『如何なるか是れ(8)随《ずい》宜説《ぎせつ》』、門云く『(9)三徳六味施仏及僧《さんてるみしぶきゆうすん》』と、如何《いかん》が理会《りえ》せん」。師云く、「(10)薤園裡《かいえんり》に葱草《そうそう》を売る」。進めて云く、「『如何なるか是れ(11)方便説』、門云く、『(12)是れ汝が鼻孔《びくう》、重きこと三斤半《さんぎんはん》』と。意、那裏《なり》にか在る」。師云く、「(13)露《ろ》柱《ちゆう》退後《たいご》」。進めて云く、「『如何なるか是れ(14)大悲説《だいひせつ》』、門云く、『(15)帰依仏法僧《きえぶつぽうそう》』と。如何が端的《たんてき》を辨ぜん」。師云く、「(16)你《なんじ》に三十棒を放《ゆる》す」。進めて云く、「雲門、一一答話《いちいちとうわ》す。畢竟《ひつきよう》、箇《こ》の什麼辺《なにへん》の事《じ》をか明《あき》らめ得たる」。師云く、「(17)南地《なんち》の竹《たけ》、北地《ほくち》の木《き》」。進めて云く、「(18)夜来《やらい》の雁《かり》に因《よ》らずんば、争《いか》でか海門《かいもん》の秋を見ん」といって便ち礼拝《らいはい》す。師云く、「⒆錯《あやま》って挙《こ》すること莫《な》かれ」。

⑴**上堂**＝日付は無いが、九月一日の旦望上堂か。◉⑵**雲門因僧問……**＝『雲門広録』上に見える問答。『思益経』系経典に見える、如来の無礙の語言三昧を説いた五力行智を踏まえる。『思益梵天所問経』巻二解諸法品に、「一は語説、二は随宜、三は方便、四は法門、五は大悲」と見えるが、『雲門録』との対応が今一つ不明瞭。「法説」が第一の「語説」に当たるとすれば、如来は三世一切法を説くに浄・垢、世間・出世間、有・無、生死・涅槃と説いて決定なく、幻人の夢中の事を説くが如く、言説即ち不言説なるを云う。◉⑶**大衆久立、速礼三拝**＝お疲れ様、礼拝して早々にお立ち退きを。『睦州録』（禅十一・二二三）にも。◉⑷**還我話頭来**＝話頭をここに差し出せ。『碧巌』下語、『雲門広録』等に見える。「還我」は『俗語解』［二八三］に、「還は『かえす』こと本義なれども、転用して俗語には『物をやる』こと、『銀をはらう』こと、『此方へくれよ』と云う義なり。『其の事は你《なんじ》が手ぎわにはいかぬほどに、此方へわたせ』。或いは『彼にわたせ』と云うを『還我』『還他』と云う」と。【二一二】注⑿参照。◉⑸**随意説**＝この語は『勝思惟経』に見えるが、内容は『思益経』の「随宜説」に同じ。そこで、今、仮りに第四の法門説に当てれば、六根等の諸法は皆な是れ解脱の門であり、一切の諸法が是の門に入るなりと説くを云う。是の門はまた空門・無相門・無作門等と云われる。◉⑹**晨時有粥、斎時有飯**＝腹が減ったら飯。◉⑺**一任乱咬**＝食い漁るに任す。『雲門広録』下に「乾屎橛、咬むに一任す」と見え、また「乱咬」は『臨済録』にも、他人の説いたことに振り回されるを「一切の糞塊上に乱咬す」（垂示十の七）と言う。◉⑻**随宜説**＝声聞人には四諦の法を説き、辟支仏人には十二因縁の法を説き、菩薩人には六波羅蜜の法を説くが如く、その機宜に随って説法するを云う。（『思益経簡註』に依る）。◉⑼**三徳六味施仏及僧**＝頂きます。昼飯前に唱える喫斎偈。◉⑽**薤園裡売葱草**＝にら畑でねぎを売る。河頭に水を売るの類、美食も飽人の喫に当たらず。『智門祚録』に、「薤園裏売葱」（禅十二・六六六）と。◉⑾**方便説**＝例えば布施は是れ大富を得る因なり

と説いて、衆生をして妙法を摂取せしめんとすることを云う。◉⑿**是汝鼻孔重三斤半**＝人に左右されない面目の重さ。鼻孔の重さをテーマにしたものは、『智門祚録』に、「鼻孔三斤、称《あ》げ起こさず」（禅十二・六六三）、また『会元』巻十九南華知昺章には、「祖師も将来せざる、鼻孔、千斤重し」と。◉⒀**露柱退後**＝露柱、引き下がれ。国師三転語に「露柱尽日往来」と。「露柱」は【一八の二】注⒇参照。◉⒁**大悲説**＝一切諸法は無我なりと雖も、衆生信ぜず解せざるが故に、如来は三十二種の大悲を起こして、衆生を救護するが如きを云う。五力の総体は、畢竟、この大悲力に帰す。◉⒂**帰依仏法僧**＝三宝に帰依す。『睦州録』（禅十一・二二七）。【七六の二】注⑾参照。◉⒃**放你三十棒**＝即今三十棒すべきところ、暫く許してやろう。『睦州録』に出る。◉⒄**南地竹北地木**＝（中国では特に）竹は南方に産し、木は北方のもの。『碧巌』十二頌、『秘鈔』に、「舌長い長い、後は山、前は村」と。評唱に智門光祚の語であるとするが、『智門祚録』には「南地は鵠、北地は狐」の形で見える。◉⒅**不因夜来雁、争見海門秋**＝「夜来の雁」は国師の答処を指し、「海門の秋」は本地の風光を指す（『犂耕』）。お蔭様で納得が行きました、と、僧の讃歎礼謝。『虚堂録』巻一報恩録、もと『松源岳録』（禅十二・四二上）。◉⒆**莫錯挙**＝「海門の秋を見た」などと早とちりをするではないぞ、子細に看よ。「挙」は「言う、提示する」の意。

【二三の二】

乃《すなわ》ち云く、「⑴功《こう》は二儀《にぎ》より高うして而《しか》も仁《じん》ならず〈⑵物《もの》有り天地に先だつ、形無うして元と寂寥《せきりょう》。⑶秦時《しんじ》の轆轢鑽《たくらくさん》、大食国《たーじ》裏に貶向《へんこう》せん〉、**明《めい》は日月《じつげつ》に踰《こ》え、而も弥《いよ》いよ昏《くら》し**〈⑷能《よ》く万象《ばんしょう》の主《しゅ》と為《な》って、四時《しじ》を逐《お》って凋《しぼ》まず〉。**肇公《じょうこう》、⑸只だ事中《じちゅう》よりのみ得《う》ることを知って、事上《じじょう》より得ることを知らず**〈⑹事中も亦た錯《しゃく》、事上も亦た錯、理事無礙《りじむげ》、総に錯。何《なん》が故《ゆえ》ぞ、⑺鑑咦顧《かんいこ》〉。**且《しば》らく道《い》え、事上より得る底《てい》、作麼生《そもさん》**〈事上事中、若し所得底《しょとくてい》有らば、急に須《すべか》らく放擲《ほうてき》すべし。何が故ぞ、⑻泥団《でいだん》を弄《ろう》する漢《かん》、何の限《かぎ》りか有らん〉」。**良久《りょうきゅう》**

して云く、「(9)**残葉**《ざんよう》**、題**《だい》**を賦**《ふ》**して紅片片**《こうへんぺん》**、遠山、望みに供して碧層層**《へきそうそう》〔(10)僧肇《そうじょう》は金上《きんじょう》に黄《き》を添えんと要し、宝《ほう》峰《ほう》は漆上《しつじょう》に黒《くろ》を加えんと欲す。点検し看来たれば、(11)互いに手を炙《あぶ》って熱を助くるに似たり。殊《こと》に知らず、(12)君子財《くんしざい》を愛す、之れを取るに道《みち》有りということを〕」。

(1)**功高二儀而不仁、明踰日月而弥昏**＝聖人の功徳は天地よりも高く、しかも（自ら其の能を矜《ほこ》らないので）所謂仁ではない。またその般若の智は日月よりも明るく、しかも（其の知を忘れている故に）いよいよ昏《くら》い。『肇論』第三般若無知論に見える。『元康疏《げんこうしょ》』を参考にして訳した。「不仁」とは『老子』巻一に、「天地は仁ならず、…聖人は仁ならず、百姓を以て蒭狗《すうく》（祭用の藁狗）と為す」と見える。「弥昏」は『宝鑑貽照』に、「その大円鏡の光、黒きこと漆の如し」とあるを参照。◉(2)有物先天地、無形元寂寥＝『会元』巻二善慧大士の偈頌、もと『老子』巻二に、「物有り混成し、天地に先だって生ず、寂たり寥たり」と。【一一八の二】本文参照。◉(3)秦時𨍏轢鑽、貶向大食国裏＝無用の長物、最果ての国へ追っ払え。「秦時𨍏轢鑽」は秦の始皇帝が阿房宮を作るに際して用いた、巨大な車仕掛けでまわる錐のことで、今となっては「無用の長物」。「貶向」は「追い払う」。「大食」は、音はタージー、サラセン国（アラブ）。前句は睦州の語（『会元』十五雲門章）。◉(4)能為万象主、不逐四時凋＝万物の主人公であり、四季の変化にかかわらず凋まない。前述の「有物～」に続いて、善慧大士頌。◉(5)**只知従事中得、不知従事上得**＝「従事中得」、「従事上得」は『達摩二入四行論』［二十］修道法に、「文字の中に依って解《げ》を得る者は、気力弱きも、若し事上より解を得る者は、気力壮《さかん》なり。事中より法を見る者は、即ち処処に念を失わず」と有る。そこでは「事中」も「事上」も「文字に依る」に対する「即事」ということで、違いはない。しかし国師は敢えてそこに違いを設けて学人を更に向上に導こうとする。この事上錬磨の「修道法」は、また『会要』巻二達磨章に「安心法門」として見えるもの。◉(6)事中亦錯、事上亦錯。理事無礙総錯＝全て錯り。「理事無礙」は華厳の四法界の一つ、理と事、諸法と真如の相即相融の世界。◉(7)鑑咦顧

＝雲門の三句。雲門が僧を見る度に、目でこれを顧みて、即ち「鑑」と云い、また「咦」と云った故事。後に法嗣の徳山縁密が「顧」の字を抽き去って、単に「鑑咦」と云う。【一〇九】注(8)参照。◉(8)弄泥団漢有何限＝（どいつもこいつも）無益なことをする輩ばかり、限りも無い。『碧巌』八十一本則に薬山の語、もと「弄泥団」は僧肇『宝蔵論』第三。頌古第四十一則（【二五八】）本則注(13)参照。◉(9)**残葉賦題紅片片、遠山供望碧層層**＝落葉の紅い二三片を詩に作り、幾重にも重なる遠山の碧を眺める。晩秋の現成公案。僧肇の真意を事上に転じて言ったもの。雪竇『祖英集』下、「郎侍郎が致政（辞職）して銭塘に帰るを送る」。◉(10)僧肇要金上添黄、宝峰欲漆上加黒＝僧肇は見事な上にも光輝を添え、国師は艶消しの上にも更に漆黒を加える（しかし同じことの表裏）。「宝峰」は龍宝山大徳寺。◉(11)互炙手助熱＝お互いの余熱で暖めあい、助け合う。「炙手助熱」は『虚堂録』巻四立僧納牌普説の語。もとは杜甫の「麗人行」に、楊貴妃一族と右丞相楊国忠の権勢の盛んな様を、「炙手可熱（手をあぶればやけどしそう）、勢絶倫」と風刺したのを踏まえる。【五八の二】本文にも見える。◉(12)君子愛財取之有道＝君子の財を得るに、毫も私心なきをいう。『禅林僧宝伝』巻十一洞山暁聡（雲門下三世）章に、衆が戯れて「既に是れ泗州の僧伽なるに、什麽に因ってか揚州に出現す」と問うたのに対して答えたのが、この語である。泗州の僧伽（六二八―七一〇）は西域の人で唐高宗の時来たり、生前死後、様々の神異を現わして、泗州の大聖像として祀られる。ところで、この語の出典を、『従容録連山注』（九十七則頌評唱）に、『論語』里仁篇の、「富と貴とは是れ人の欲する所なり、其の道を以てせざれば、之れを得るも処《お》らざるなり」を挙げ、『助桀』には、『大学』の「財を生ずに、大道有り」を挙げる。『明心宝鑑』存心篇にも「景行録に云う…」以下、この語を引く。【一三〇の六】下語、【一三〇の一四】本文、また『荊叢毒蘂』巻一にも見える。

【二四の二】

(1)重陽《ちょうよう》上堂。僧問う、「(2)九九《くく》の佳節《かせつ》、之れを重陽《ちょうよう》と謂《い》う。(3)只だ者裏《しゃり》に向かって領《りょう》じ去らば、是れ第幾機《だいいくき》ぞ」。

師云く、「(4)什麽《いずれ》の処よりか収拾《しゅうしゅう》し得たる」。進めて云く、「与麽《よも》ならば則ち、(5)人《ひと》に逢《あ》うて須《すべか》らく三分《さんぶ》の話《わ》を説くべし、未《いま》だ全《まった》く一片《いっぺん》の心《しん》を抛《なげう》つ可《べ》からず」。師云く、「(6)六脚《ろくきゃく》の蜘蛛《ちちゅう》、板床《はんしょう》に上る」。進めて云く、「豈《あ》に是れ老和尚、(7)人を出だすの妙手《みょうしゅ》にあらずや」。師云く、「(8)你《なんじ》、什麽《なに》に因《よ》ってか与麽《よも》の地《ち》に到ることを得《う》る」。進めて云く、「(9)東西南北《とうざいなんぼく》、帰去来《かえんなんいざ》」。師云く、「(10)猢猻《こそん》、仙菓《せんか》を摘《つ》む」。

(1)**重陽上堂**＝易《えき》で、「九」は陽の爻《こう》を表わし、中国では梁の時代より九月九日を「重陽」と称す。◉(2)**九九佳節、謂之重陽**＝この日、古よりの習俗に、登高《とこう》し、菊酒を飲み、茱萸《しゅゆ》（＝カワハジカミ、実は山椒に似て房をなし、色は紫赤色）を挿《さ》すが、もとは災厄除けの祓禊に起源する。南朝梁の呉均の『続斉諧記』に、「後漢時代、汝南の桓景は費長房に従事して長年遊学していた。あるとき長房が景にいうには、『九月九日に汝の家に災厄があるであろう。汝は急いで帰り、家人それぞれに絳嚢《あかいふくろ》をつくり、それに茱萸を容れて臂《うで》に繫《か》けさせ、高みに登って菊花酒を飲ませるがよい。そうすれば災厄は避けられよう』と。景はその言葉どおりにして、家中皆な山に登って夕方に帰ってみると、鶏犬牛羊が皆な急死していた」（取意）と。◉(3)**只向者裏領去、是第幾機**＝ここで直ちに見て取らば、どのような心の働きに属すると云えますか（この僧、己の悟りの深浅を問うてきた）。『碧巌』八十三則に雲門云う、「古仏と露柱と相交わる、是れ第幾機ぞ」と。◉(4)**什麽処収拾得**＝（そんなもの）どこで拾ってきた。「収拾」は「ひろいあつめる」。『大灯録』原本で「収捨」となっているのは誤記。◉(5)**逢人須説三分話、未可全抛一片心**＝好語、説き尽くすべからず。陳孔璋（名は琳、建安七子の一）が魏の文帝に告げた語。軍法では「良朋なりと雖も、四分なるものは一分は余して言わざるなり」（『無門関西柏鈔』）。『大応録』一一六章、『無門関』三十三則頌、古くは『会元』巻十五大覚懐璉（雲門下四世）章。◉(6)**六脚蜘蛛上板床**＝底本の「飯床」は「板床」の誤植。『洞山初録』（禅十二・六四七）に見える。「六脚蜘蛛」とは、恐らく「水（川）蜘蛛」と云われる六脚の「あめんぼう（水黽）」のことであろう（事実、洞山守初禅師の居られた襄陽は漢水に近く、その語録には水の縁語が多い)。水行のあめんぼうが板床に上がってピョンピョン跳ね回るだけで為す術を知らない、不得要領、非本来等の義となる（いずれにしても、この僧をクモに喩えて云ったもの）。◉(7)**出人妙手**＝然るべき人を打ち出す接化の手段。◉(8)**你因什麼得到与麼地**＝僧の力量を認めて（重陽の登高にかけて）。『雲門広録』下遊方遺録に、雲門禅師が初めて雪峰山に上った時、「雪峰、纔かに見て便ち云う、什麼に因ってか与麼の地に到ることを得る。師、乃ち低頭す、茲れより契合す」（禅十二・三九二）と。◉(9)**東西南北帰去来**＝各自が分に従って、本処に帰ります。『碧巌』五十一則頌。◉(10)**猢猻摘仙菓**＝猿が結構な実を持って帰るわい。『洞山初録』（禅十二・六四六）。「仙菓」は西王母の故事から「桃」を指すが、ここでは僧の少分の所得を揶揄して云う。

【二四の二】

乃《すなわ》ち云く、「(1)只だ菊花《きくか》の紫蘂《しずい》を発《はっ》するを愛して〔(2)明明《めいめい》たり百草頭《ひやくそうとう》、明明たり祖師意《そしい》。(3)頭頭上《ずずじょう》に明らかに、物物上《もつもつじょう》に明らかなり。(4)一華《いっけ》百億国、一国《いっこく》一釈迦〕、**彭祖《ほうそ》が術《じゅつ》を聞くことを喜ばず**〔(5)仮令《たと》い彭祖が八百歳時を保つも、一箇老大《ろうだい》の守屍鬼《しゅしき》、何の用《ゆう》を作《な》すにか堪《た》えん〕。(6)**只だ秋露《しゅうろ》の赤萸《せきゆ》に凝《こ》るを愛して**〔(7)盤《ばん》に和《わ》して托出《たくしゅつ》す夜明珠《やみょうしゅ》。(8)西来《せいらい》の消息《しょうそく》、会《え》すること大難《だいなん》。(9)翡翠踏翻《ひすいとうほん》す荷葉《かよう》の雨〕、**稚川《ちせん》が説《せつ》を忘るることを憂《うれ》えず**〔(10)大千《だいせん》世界、海中の漚《あわ》、一切の賢聖《けんじょう》、電払《でんほつ》の如し〕。**憂えず喜ばず**〔(11)黄金鋳出《ちゅうしゅつ》す鉄崑崙《てっこんろん》〕、**善い哉《かな》、箇《こ》の重九《ちょうきゅう》の節《せつ》**〔(12)夜明簾外《やみょうれんがい》の珠《たま》、痴人剣《ちじんけん》を按《あん》じて立つ〕」。**払子《ほっす》を撃《う》って下座《げざ》。**

(1)**只愛菊花発紫蘂、不喜聞彭祖之術**＝目前菊の開花さえあれば充分、神仙の術は不要。菊花にあやかった長命延寿の習俗にあてて。「彭祖之術」は道家の養生法、一種の深呼吸法、導引の術とも云う。「彭祖」は、殷末に八百歳近かったと云う伝説の長寿者、彭城に封ぜられたので彭祖という。『列仙伝』上、『史記』楚世家十に見える。◉(2)明明百草頭、明明祖師意＝（菊花のみならず）野末の草々に至るまで、祖師の意は明らかならざるはない。『龐居士語録』巻上（禅十四・六二）。◉(3)頭頭上明、物物上明＝（草々のみならず）到る物到る処、全てに現前せざるはない。『会元』巻十三雲居道膺《うんごどうよう》章、但し「頭頭上具、物物上明」。◉(4)一華百億国、一国一釈迦＝（この世界のみならず）盧遮那《るしゃな》仏の住む蓮華台蔵世界に千の蓮華があり、花びら一葉が一世界であり、一葉世界には百億の国があり、それぞれに釈迦がおられて、心地の法門を説いておられる。『梵網経』巻下の頌。◉(5)仮令保彭祖八百歳時…堪作何用＝いくら長生きしたとしても有気の死人、それだけでは何の役にも立たん。「守屍鬼」は『会元』巻八呂巌洞賓章に、呂が黄龍誨機禅師に「這の守屍鬼」と詰られた因縁の語。◉(6)**只愛秋露凝赤萸、不憂忘稚川之説**＝茱萸《しゅゆ》の赤い実に露の滴る美しさで充分、神仙の書なぞ不要。茱萸の祓禊の習俗にあてて。「稚川」は晋の葛洪《かっこう》、煉丹《れんたん》術に通じる。『抱朴子《ほうぼくし》』、『神仙伝』、『肘後方《ちゅうごほう》（医書）』等を著す（『晋書』巻七十二）。「茱萸」は【二四の一】注(2)参照。◉(7)和盤托出夜明珠＝まるごとそいつのさらけ出し。「和盤托出」はまるごと曝け出すこと。「夜明珠」は「夜光珠」とも云い、晋王嘉の『拾遺記』夏禹（『太平広記』巻二九一に引く）に、禹が龍関の山（龍門）を鑿ったときに得た珠という。暗夜にも光を発する名玉で、禅門では仏性の霊光不昧に喩える。◉(8)西来消息会者大難＝しかし、この消息を会することは大いに難かしい。『大応録』巻下、仏祖賛の三、「達磨」五首の第三首。頌古第十七則（【二三四】）本則注(3)参照。◉(9)翡翠踏翻荷葉雨＝（またこの別調を会するや）翡翠《かわせみ》が蓮に止まり、蓮の葉をひっくり返して溜《たま》った雨水を落とす。『湛堂文準（黄龍下二世）語要』に、「～、鷺鷀《ろじ》飛破す竹林の煙」（禅十二・八七四）と。◉(10)大千世界海中漚、一切賢聖如電払＝全ては空の空なるかな。永嘉大師『証道歌』。【一の七】注(37)参照。◉(11)黄金鋳出鉄崑崙＝修行の功を点じて無功に至るの義なり（『句双紙』）。「崑崙」は【一八の二】注(2)参照。雪峰慧空（草堂善清下、黄龍三世）『東山外集』に、「著《つ》くる時人顕《あら》われ衫還《さん》って隠る、著けざれば人亡《ぼう》じ衫却って存す。隠顕存亡《おんけんそんぼう》是れ何物ぞ、～」。◉(12)夜明簾外珠、痴人按剣立＝余りに美事な宝を得て怪しむのみ。傷蛇が恩返しに珠を献上しに来たのを、怪しんで剣を構えた話は『千字文』十四「珠称夜光」の隋侯の話に詳しい。頌古第十二則（【一二九】）垂示、【一四五の二】注⑶等を参照。『文選』巻三十九鄒陽「獄中上書自明」に、「臣聞く、明月の珠、夜光の璧《へき》、闇を以て人に道路に投ぜば、人の剣を按じて相眄《あいにら》まざる者は無からんと。何となれば則ち、因《いわれ》無くして前に至ればなり」と。

【二五】

⑴**上堂。**「⑵**雲門**《うんもん》**云く、『如許**《かくのごとき》**の大いさの栗子**《りっす》**、幾箇**《いくこ》**をか喫却**《きっきゃく》**す**（⑶柳毅《りゅうき》が書信に因《よ》らずんば、争《いか》でか洞庭湖に到ることを得ん）』」。⑷**人**《ひと》**有り、三箇**《さんこ》**を喫得**《きっとく》**せば、韶陽**《じょうよう》**、五箇**《ごこ》**を吐却**《ときゃく》**せん**（⑸⑹波斯《はし》、夜半、襪《べつ》を踏翻《とうほん》す。⑺朝三暮四《ちょうさんぼし》）。**人有り、五箇を喫得せば、韶陽、十箇を吐却**《ときゃく》**せん**（暮三朝四《ぼさんちょうし》。⑻潘閬《はんろう》、夕陽倒《せきようさかしま》に驢《ろ》に騎《の》る）。⑼**者箇**《しゃこ》**の些子**《しゃし》**、緇素**《しそ》**を辨得出**《べんとくしゅつ》**せば、山僧**《さんぞう》**、半院**《はんいん》**を分かって你**《なんじ》**に与えん**（⑽生門《しょうもん》は過《す》ぎ易《やす》く、死門《しもん》は過ぎ難し。⑾逆順、拘《とら》わること無き底、什麼《なん》と為《し》てか手を出ださざる）」。

⑴**上堂**＝九月十五日の旦望上堂。◉⑵**雲門云、如許大栗子、喫却幾箇**＝底本の「許多《そこばく》」は「如許《かくのごとき》」の誤植。これくらいの（＝拳大ほどの）大きい栗の実を、何個ほど食らったかな（僧の所得底を揶揄して）。『雲門広録』下に、「師、行く次《つい》で、一僧後《しりえ》に随って行く。師、拳《こぶし》を竪起《じゅき》して云う、『如許《かくのごとき》の大いさの栗子、幾箇をか喫得す』。僧云く、『和尚、錯ること莫かれ』。師云く、『是れ你錯れり』。僧云く、『良《りょう》を圧《おさ》えて賤《せん》と為すこと莫かれ』。師云く、『静処薩婆訶《じょうしょそわか》』」（禅十二・三八九）と見える。◉⑶不因柳毅書信、争得到洞庭湖＝底本の「劉毅」は「柳毅」の誤植。科挙生の柳毅が長安から湖南へ帰郷の途次、洞庭湖の龍王の娘の依頼を受けて、手紙を龍王に届けた親切に依り、娘が無事、洞庭湖に戻れるようになった。（栗子を喫却しなければ、どうして本分の家郷に到ることが出来ようか）。乞食の物貰い歌である「蓮華楽」の歌詞、『会元』巻十九兪道婆《ゆどうば》（楊岐下三世）章に、その歌によって兪道婆大悟す。「柳毅」の話は『太

平広記』巻四一九、岩波文庫『唐宋伝奇集』上。◉(4)**有人喫得三箇、韶陽吐却五箇…**＝これ以下は雲門の語ではなく、大灯国師の拈弄。人が三個を食べたら、雲門禅師なら五個を吐き出す。云々（どんな素晴らしいことでも、得ては捨て、得ては捨てるべし）。◉(5)波斯夜半踏翻襪…潘閬夕陽倒騎驢＝ここの下語「波斯夜半踏翻襪⇕潘閬夕陽倒騎驢」、並びに「朝三暮四⇕暮三朝四」を互文にして考うべし。ともに逆順無拘底をいう。◉(6)波斯夜半踏翻襪＝「踏翻」は、『無門関』二十則「大力量人」の頌にもある如く、「けとばす、相対的差別を打ち払う」の意。また「翻襪」は「翻著襪」で、「世俗の説に違背するようでいて、実は別に真智見を具す」の意、もとは『王梵志詩』巻六の「梵志翻著襪（足袋を逆しまに履く）」の詩に基づく（尚、『従容録』六十九頌評唱を参照）。但し「踏翻襪」とは、「踏翻」と「翻著襪」とを合成した白隠創作語。◉(7)朝三暮四、暮三朝四＝『荘子』斉物論に、「万事が同一であることを知らないのを『朝三』と謂う」とあり、狙《さる》回しの狙公《そこう》が、狙《さる》達にドングリを与えようとして「朝は三にして暮は四にせん」と告げたら、衆《しゆう》狙《そ》皆な怒る。そこで「朝は四にして暮は三にせん」と云うと衆狙皆な悦《よろこ》ぶ、と。◉(8)潘閬夕陽倒騎驢＝底本の「播閬」は「潘閬」の誤植。宋、大名の人、逍遥子と号し、詩を能くした。『夢渓筆談』二十五、『湘山野録』下、『尚友録』にその事蹟を載す。華山の潘処士と云われ、不羈狂放の人であったらしい。「潘閬倒騎驢」の語は『白雲守端広録』頌古にも見え、以降禅僧の語録に頻出する、意は「踏翻襪」に同じく、順逆の相対的差別をひっくり返したところ。◉(9)**者箇些子緇素辨得出、山僧分半院与你**＝ここの所の子細がはっきりしたなら、衲《わし》はお前さんに住職の座を半分分け与えよう。『会要』巻二十五金峰従志（曹山下）章に、「若し人の道い得る有らば、金峰半院を分かって他に与えて住せしめん」と。もと『華手経』巻一の「仏分半座迦葉」を踏まえて。◉(10)生門易過、死門難過＝人間としてこの世に生まれて、時をうかうかと過ごしやすいが、一旦死が近づくと狼狽《うろた》えぬ者はいない。ご用心ご用心。雪竇『瀑泉集』、但し「難過」は「難入」。◉(11)逆順無拘底、為什麼不出手＝順にも逆にも捕らわれない所、一度は自ら証悟してみな。『瀑泉集』に、前句に続いて見える、但し「出手」は「垂手」。「垂手」は向下門に下って接化する師家の為人であるのに対して、「出手」は学人が手を出して教化を受け、証悟することを云う。

【二六】

(1)閏月旦《じゆんげつたん》上堂。拄杖《しゆじよう》を拈《ねん》じて云く、「(2)一切の諸仏及び諸仏の阿耨多羅三藐三菩提《あのくたらさんみやくさんぼだい》の法《ほう》は、皆な此の経より出《い》づ〔(3)試みに問う、此の経、又た却って何《いず》れの処よりか出づ。鶻林《こくりん》は即ち然《しか》らず、一切諸仏及び諸仏の阿耨多羅三藐三菩提の法、及び拄杖子に和して、総に是れ出不得〕」。**拄杖を卓《たく》すること一下《いちげ》して云く、「看よ看よ、大徳が拄杖子、你《なんじ》ら諸人の為に、(4)此の経の科分細大《かぶんさいだい》の義理《ぎり》、一一《いちいち》指注《しちゆう》することを**〔(5)山形《さんぎよう》の拄杖子を拗折《ようせつ》して、従来大地黒漫漫《だいちこくまんまん》〕。**而《しか》るに諸人を見るに、猶《な》お不知不了《ふちふりよう》**〔(6)我れは憶《おも》う、南泉《なんせん》の好言語、是《かく》の如きの痴鈍《ちどん》も亦復《ま》た稀《まれ》なりと〕」。**高声《こうせい》に唱《とな》えて云く、「(7)四時禁土《しじきんど》の節《せつ》、三年一閏《いちじゆん》有り」と。又た卓一下す**〔(8)八万四千人、倶《とも》に未曾有《みぞう》を得て、皆な大いに歓喜《かんぎ》して信受奉行《しんじゆぶぎよう》す〕。

(1)**閏月旦上堂**＝嘉暦二年の閏月は九月。閏九月一日の上堂。◉(2)**一切諸仏…皆従此経出**＝『金剛経』依法出生分第八。「阿耨多羅三藐三菩提」は、仏の無上の智慧のこと。『碧巌』九十七本則評唱に、「〜。且らく道え、什麼を喚んでか此の経と作す。…殊に知らず、全く自己本心の上より起こることを。這箇《しやこ》、唯だ是れ転処の些子《しやし》なり」。◉(3)試問、此経又却何処出＝そう云う『金剛経』自身は何処からでるか。◉(4)**此経科分細大義理一一指注**＝経家では経の大綱を科分に分け、科を更に細かく分け、また更に分けてと云う具合に注釈していた。今、国師の手許の拄杖子が一々細大漏らさず注釈しているが、皆には分かっていない。◉(5)拗折山形拄杖子、従来大地黒漫漫＝（そんな小癪な）拄杖子など、へし折ってしまえ。もとより大地黒漫々（指注の余地なし）。「山形」は自然木のままの。『貞和集』巻三節序「結夏」に、「大円覚を以て伽藍と為す、甚《なん》の前三と後三とか説かん。〜、〜」（妙峰之善）と。◉(6)我憶南泉好言語、如是痴鈍亦復稀＝（不知不了こそ良し）痴鈍こそ有ること難し。『禅月集』巻二十三「山居詩」の第十五、「…閑に行き、意に放《まか》せて流水を尋ね、静に坐して頤《い》を支えて落暉に到る。長く憶う南泉の好言語、斯《かく》の如く痴鈍なる者も還《ま》た希《まれ》なり」（『全唐詩』巻八三七）として出る。『南泉普願語要』には「兄弟《ひんでい》近日禅師太《はなは》だ多きも、箇の痴鈍の人を覓《もと》むるに不可得なり。…」（禅十一・二九一）。頌古第二十六則（【二四三】）本則参照。◉(7)**四時禁土節**＝四季の終わりの各十八日間を土用といい、土気盛んにして動土造作を忌んだ故に、禁土節と云った。閏月九月初は秋の土用の日に当たる。底本訓読は「土節を禁ず」とあるが、「禁土の節」と訓まなければならない筈。◉(8)八万四千人倶得未曾有…信受奉行＝我ら皆々未曾有の有り難いことを聞き、喜んで信じ奉る（随分茶化した言い方）。「得未曾有」は『法華経』に頻出。「皆大歓喜、信受奉行」は『金剛』、『維摩』等の諸経典の終わりの句。

【二七】

(1)**上堂**。「(2)**黄葉**《こうよう》**、地に満ち、塞雁**《さいがん》**、空**《くう》**に横たわる**〔(3)鴛鴦繍出《えんおうしゅうしゅつ》して君が看《み》るに従《まか》す、金針《きんしん》を把《と》って人に度与《どよ》すること莫《な》かれ〕、(4)**彼此出家**《ひししっけ》**、彼此行脚**《あんぎゃ》〔(5)衣架走《いかわし》り、飯嚢《はんのう》動く。永平祖師曰く、(6)笠《かさ》を戴《いただ》いて東西《とうざい》の風に随って漫《みだ》りに東西するは、附《ふ》正法《しょうぼう》の魔党《まとう》、謗正法《ぼうしょうぼう》の外道《げどう》〕、(7)**仏手**《ぶっしゅ》**も遮**《さえぎ》**ること得ず、人心**《にんしん》**は等閑**《なおざり》**に似**《に》**たり**〔(8)無門云く、縁《えん》に任《まか》せて放曠《ほうこう》す外道魔軍《げどうまぐん》。(9)張公《ちょうこう》が堠《こう》了《お》わって李家《りか》が店、草舎茅菴《そうしゃぼうあん》、短《たん》に程《てい》と作《な》す〕。**更に如何**《いかん》**と問わんと擬**《ぎ》**せば**〔咄《とつ》。(10)再勘《さいかん》するに労せず〕、(11)**到頭霜夜**《とうとうそうや》**の月、任運前渓**《にんぬんぜんけい》**に落つ**〔(12)好箇老大大《こうころうだいだい》、又た与麼《よも》にし去る〕」。

(1)**上堂**＝閏九月十五日の旦望上堂。◉(2)**黄葉満地、塞雁横空**＝『大応録』崇福録一四〇章。◉(3)鴛鴦繍出従君看、莫把金針度与人＝その見事な出来栄えは存分味わうが好い、但しその秘訣までは他人に教えてはならない。『碧巌』四十本則下語、もと『黄龍南録』（禅十四・二〇三）。◉⑷**彼此出家、彼此行脚**＝だれもかれも出家児、だれもかれも行脚す。『虚堂録』巻二宝林録に、「彼此出家児」と。『犂耕』に、「有《う》言《ごん》無《む》言《ごん》異なると雖も、畢竟、一理に帰す。譬えば二僧の相対するが如し、彼此有りと雖も同じく是れ出家児」とある。『慈明録』に「彼彼出家、彼彼行脚」（禅十一・二八二）。◉⑸衣架走、飯嚢動＝「衣架」は衣かけ、飯嚢はめしぶくろ。心眼明らかならざる者を罵《ののし》って、走る衣架、動く飯嚢と云ったもの。「矧《いわ》んや飽食安眠し放逸にして時を過ごす者は、之れを緇流と謂わんや。古人は喚んで、衣架飯嚢と作《な》せり」（『夢窓録』三会院遺誡）。◉⑹戴笠随東西風漫東西、附正法魔党、謗正法外道＝あっちフラフラこっちフラフラ、六部行脚こそ仏法中の邪魔外道。『正法眼蔵』行持上に、「不離叢林《そうりん》の行持、しづかに行持すべし。東西の風に東西することなかれ」と、同書行持下に、「衆生利益のために貪名《どんみょう》愛利《あいり》すといふ、おほきなる邪説なり。附仏法の外道なり、謗正法の魔儻なり」と。◉⑺**仏手遮不得、人心似等閑**＝仏さんでも止めることは出来ない、人は等閑の事と見なしているが。『虚堂録』巻二宝林録、もとは『禅月集』補遺「観地獄図」に、「峨《が》々《が》たるは剣閣《けんかく》に非ず、樹有るも攀《よ》ずるに堪えず。～、～、云々」（『全唐詩』巻八三七）と。◉⑻無門云、任縁放曠、外道魔軍＝『無門関』の禅箴。【一八の二】注⒁参照。◉⑼張公堠了李家店、草舎茅菴短作程＝八兵衛が所で茶を飲み了わったかと思えば、五兵衛が店では餅を食らい、ブラリブラリと、はや仮りの宿寝。『虚堂録』巻一興聖録の解夏上堂。『犂耕』に、「張、李は中華では何処にでもある姓、これは諸方杜撰《ずさん》の師家に比す。『堠《こう》』は一里塚。学人の少を得て足れりとするに比する」。◉⑽不労再勘＝再問など無意味。「勘」は「問詰」の義。『秘鈔』に「見えた死人」。『碧巌』八十一本則下語。◉⑾**到頭霜夜月、任運落前渓**＝底本の「当頭」は「到頭」の誤植。畢竟するに、霜夜の月光が、自ずから谷川に影を映している（これ以上説明のしようがない、国師の代辨）。「到頭」は「畢竟、要するに」。『碧巌』三十四頌評唱に見える法眼文益「円成実性頌」。因みに、「当頭」は『大応録』三十の誤植を引きずったもの。◉⑿好箇老大大、又与麼去＝国師よい年こいて、またその手ですか。「好箇」は「いかにも好い、ちょうどピタリの」と賛嘆の表示であるが、禅録では多く抑下の意。『無門関』三十一趙州勘婆に「好箇師僧、又恁麼去」と。

【二八の二】

(1)開炉《かいろ》上堂。僧問う、「(2)柯《か》を辞する黄葉、已《すで》に堆《たい》を成し、囲炉《いろ》を整頓《せいとん》して地《ち》に就《つ》いて開く時節の一句、如何《いかん》が体会《たいえ》せん」。師云く、「(3)莫教《さもあらば》あれ、山帔《さんぴ》を擁《よう》することを」。進めて云く、「(4)人《ひと》有り、刹那《せつな》に去《さ》らば、亦た如何《いかん》」。師云く、「(5)前言《ぜんごん》、後語《こうご》に副《そ》わず」。進めて云く、『(6)趙州《じょうしゅう》、衆《しゅ》に示して云く、『(6)三十年前、南方《なんぽう》の火炉頭《かろとう》に箇《こ》の無賓主《むひんじゅ》の話《わ》有り、直《じき》に而今《いま》に至るまで、人の挙著《こじゃく》する無し』と。意、那裡《なり》にか在る」。師云く、「(7)三箇の柴頭《さいとう》、品字《ひんじ》に焼《や》く」。進めて云く、「未審《いぶか》し、甚麼《なん》の挙著《こじゃく》し難《がた》きことか有らんや」。師云く、「(8)之れに近づけば面門《めんもん》を燎却《りょうきゃく》す」。進めて云く、「学人《がくにん》、進前退後《しんぜんたいご》、自由自在、是れ挙著するか挙著せざるか」。師云く、「(9)且《しば》らく者辺《しゃへん》に過著《かじゃく》せよ」。進めて云く、「(10)便ち是れ両彩一賽底《りょうさいいっさいてい》」。師云く、「(11)大いに人の点頭《てんとう》する有らん」。進めて云く、「(12)虎穴《こけつ》に入《い》らずんば、争《いか》でか虎子《こし》を得《え》ん」。便ち礼拝《らいはい》す。師云く、「(13)相識《そうしき》、天下に満《み》つ」。

(1)**開炉上堂**＝十月一日の炉開きの日の上堂。◉(2)**辞柯黄葉已成堆、整頓囲炉就地開**＝枝を離れた落葉は堆《うずたか》い、直ちに囲炉裏を整えて開く。「柯」は樹木の枝。「就地」は、その場で、立ち所に。◉(3)**莫教擁山帔**＝袖無しを着るに如《し》くはなし。「莫教」は【一七の二】注(8)参照。「山帔」は「葛帔（葛の繊維で出来た肩掛け）」のたぐい。「擁山帔」は『祖英集』の語を借りて。【九三】注(1)参照。◉(4)**有人刹那去亦如何**＝直ちにそのように心得たら、どうでしょうか。「刹那去」は「刹那恁麼去」の意か。『碧巌』四十六垂示に「縦横の妙用は則ち且らく置く、刹那に便ち去る時如何」と。『秘鈔』に「方便を仮らず一刹那間に一超直入如来地の時は如何」。◉(5)**前言不副後語**＝ああ言い、こう言い、首尾一貫せぬ（生半可者めと腐した）。『虚堂録』巻五頌古の三十六、麻谷と披雲和尚の問答の語。◉(6)**三十年前…直至而今無**

人挙著＝三十年前、南方で囲炉裏を囲んで、主も客も無い無礼講での話を挙揚したことがあるが、それ以来、今に到るまで誰もそのことを問題にした者はいない（が、囲炉裏を囲んでの一句、作麽生）。『趙州録』（禅十一・三二二）、但し「南方」は「在南方」、「而今」は「如今」。◉(7)**三箇柴頭品字焼**＝薪を三本、品の字に組んで焚こうぞ。『会元』巻十七石頭懐志（黄龍下二世）の語、但し「焼」は「煨《わい》（うずめやく）」。◉(8)**近之燎却面門**＝近づけば、顔を大火傷するぞ。『碧巌』十六則頌評唱。◉(9)**且過者辺著**＝まあ此方へ来なさい（無賓主の端的）。「著」は「来、立」とも。『趙州録』に、「問う、『思憶及ばざる処、如何』。師云く、『過者辺来』。…」（禅十一・三一四）。『虚堂録』巻一瑞巌録の入寺法語に「過者辺立」と。意は「鉗鎚《けんつい》を受けざる英霊の漢は別に一辺に班立せよ。混雑せんことを欲せざるなり」（『犂耕』）。◉(10)**便是両彩一賽底**＝そしたら、両箇のサイコロの目が斉しく出た（挙著・不挙著、共に好し）と言うことですね。『葛藤語箋』に、「博陸（二箇のサイコロで遊ぶ双六遊戯）」で「彩」はサイコロの目を言い、「賽」はサイコロのことである。同時に投げて同じ目であるのを「両彩一賽」、二度に渡って投げて同じ目であるのを「一彩両賽」というと。義はどちらも同じ。『臨済録』行録。◉(11)**大有人点頭**＝世の中には、それで一応認める者は多いだろう。「点頭」は「うなずく」。◉(12)**不入虎穴争得虎子**＝お蔭様で、得難き所を手に入れることが出来ました。僧の礼話。「虎穴」は国師の膝下を指す。『碧巌』十五頌評唱に、後漢の班超の語として見える。◉(13)**相識満天下**＝うわべの知り合いは多い。『伝灯録』巻十八玄沙章、もと『祖堂集』巻十長生《ちょうしょう》章に「雪峰《せっぽう》曰く」として見え、「知心能く幾人《いくたり》ぞ（本当に腹の底まで分かる者はいない）」と続く。

【二八の二】

乃《すなわ》ち云く、「(1)(2)法昌《ほうしょう》十六の高人《こうじん》〔(3)癩児《らいじ》、伴《ばん》を牽《ひ》く〕、**寒《かん》を怕《おそ》れて剃《そ》るに懶《ものう》し、鬔鬆《ほうそう》たる髪《はつ》**〔(4)尋常《じんじょう》一様窓《そう》前《ぜん》の月、纔《わず》かに梅花《ばいか》有れば便ち同じからず〕。(5)**趙州《じょうしゅう》無賓主《むひんじゅ》の話《わ》**〔又た是れ(6)千年の茄子根《きゃすこん》〕、**暖《だん》を愛して**

頻《しき》りに添《そ》う榾柮柴《こつとつさい》〔(7)自《おの》ずから是れ桃花《とうか》、子《し》を結ぶを貪《むさぼ》り、錯《あやま》って人をして五更《ごこう》の風《かぜ》を恨《うら》ましむ〕。**大徳門下、終《つい》に**(8)**針頭《しんとう》に向かって鉄を削《けず》らざることは何ぞや。今日十月一《じゆうげつついち》、**(9)**開炉《かいろ》、帽子《もうす》を免《ゆる》す**〔(10)火《ひ》は日《ひ》を待って熱し、風《かぜ》は月《つき》を待って涼し。(11)只だ恨む、家風に触著《そくじやく》することを〕」。

(1)**法昌十六高人…愛暖頻添榾柮柴**＝本文の構成は、法昌禅師の厳格の家風、趙州禅師の越格の話に、景淳蔵主の懶瓚《らんさん》風の偈の初句と二句目を、それぞれに下語として置いたもの。◉(2)**法昌十六高人、怕寒懶剃鬔鬆髪**＝法昌禅師の十六羅漢さん、アア寒い、頭を剃るのも億劫だ。法昌倚遇禅師（雲門下四世、一〇〇五―八一）は、余りの枯淡の風のため誰も雲衲衆が寄りつかず、開炉の日には代わりに十八体の羅漢像を炉の周りに安置して説法したという（『僧宝伝』二十八）。【五八の二】参照。【一六三】では「十八高人」。また『大慧武庫』一五八章に、宝峰景淳蔵主（翠巌真下三世）山居詩に、「怕寒懶剃鬔鬆髪、愛暖頻添榾柮柴。栗色《りつしょく》の伽梨《ぎやり》撩乱《りようらん》として（＝みだれたまま）搭《か》く、誰《たれ》か能く力を労して強《し》いて安排《あんばい》せんや（袈裟をキチンと掛けるのも面倒くさい）」と。続いて「祥（＝淳の師）見て、淳を諭《さと》していう、『此の詩は灌渓《かんけい》（＝臨済下の灌渓志閑禅師）に減《おと》らず。恐らく世は伎《わざ》を以ては子《なんじ》を取らん、而《しか》し（なんじの）道は人に信ぜられず』」と。◉(3)癩児牽伴＝癩病《や》みの道連れ（法昌禅師に、羅漢さん、食えぬ奴同士）。◉(4)尋常一様窓前月、纔有梅花便不同＝（不精なるところ）風流の極み。【一一】注⑬参照。◉(5)**趙州無賓主話、愛暖頻添榾柮柴**＝趙州禅師の無賓主の話には、木っ端を頻りに燃して暖まるに如くは無し。趙州無賓主話は【二八の二】を参照。◉(6)千年茄子根＝無用の長物。『酉陽雑俎《ゆうようざつそ》』巻十九に、嶺南の茄子《なす》は宿根で大樹になるが、五年もすると実が付かなくなるので伐ってしまう、と。『伝灯録』巻十二芭蕉慧清章。◉(7)自是桃花貪結子、錯教人恨五更風＝明け方の風に花は散る、恨んでも詮ない。王建「宮詞」。【六の二】注㉔参照。「愛暖」に当てて、貪愛の無益なるに比するか。◉(8)**針頭削鉄**＝針先きの何も無い所に、更に奪い尽くす辛辣な手段。飢人の食を奪うというが如し。『虚堂録』巻一報恩録の冬至小参。

◉(9)**開炉免帽子**＝開炉の日、寒いから著帽を許す。国師は法昌禅師と景淳蔵主との二極端の中を行かれる。◉(10)火待日熱、風待月涼＝帽子を免すなどとは余計なこと、まるで「火は日を待って熱く、風は月を待って涼し」と云うようなもの（本来は他を待たずして、自ずから然るを）。もとの語は『普灯録』巻三芙蓉道楷章に、「火は日を待たずして熱く、風は月を待たずして涼し」とあるを逆に云ったもの。◉(11)只恨触著家風＝ただ残念なのは、国師本来の家風に背くことになりませんか。

【二九】

(1)**監収維那《かんしゆういの》を謝《しや》する上堂。**「(2)**之れを斉《ととの》える則《とき》んば泥土《でいど》も天顔《ようがん》を舒《の》べ**〔(3)山河大地《せんがだいち》、万象森羅《ばんしようしんら》、醯鶏蟞虻《けいけいべつぼう》、草芥人畜《そうかいじんちく》、一一大光明を放ち、一一壁立万仞《へきりゆうばんじん》〕、**之れを約《やく》する則んば水滴《すいてき》も以て通《つう》じ難《がた》し**〔(4)晋楚《しんそ》も其の富《とみ》を失い、賁育《ほんいく》も其の勇《ゆう》を失い、王公も其の貴《たつと》きを失い、柳も緑を失い、花も紅を失う〕。**恁麼《いんも》に並び務《つと》めて、(5)各各《おのおの》をして其の方円《ほうえん》の器《うつわ》に投《とう》じ、其の上下の居《きよ》を安《やす》んぜしむることを致《いた》す**〔(6)帝王の徳は人《ひと》を知るより大《だい》なるは莫《な》し、人を知る則んば百僚《ひやくりよう》職に任じ、天工曠《てんこうむなしか》らず〕。**是れ之れを(7)紀綱清厳《きこうせいげん》に、収放則《しゆうほうのり》有りと謂《い》う**〔(8)中和《ちゆうわ》を致《いた》して、天地位《くらい》し、万物育《ばんもついく》す〕。(9)**其の端由《たんゆう》を究《きわ》むるに及《およ》んで、(10)豈《あ》に止《た》だ還丹《げんたん》の一粒《いちりゆう》、鉄《てつ》を点《てん》じて金《きん》と作《な》すのみならんや**〔(11)諸方《しよほう》、尽《ことごと》く言う、両朝の国師と。雷声浩大《らいせいこうだい》にして雨点《うてん》全く無し〕」。

(1)**監収維那**＝「監収」は寺の荘園の収入を監督する役職。「維那」は東序の一、衆僧の上下を斉《ととの》え、必需品等を整え、修行の便を図って庶務一切を監督する者、「紀綱《きこう》」とも「悦衆《えつじゆ》」とも云う。近来、挙経の僧の呼称とするは転義。いずれも禅院役職の重鎮で、年配の僧がこれに当たった。◉(2)**斉之則泥土舒天顔、約之則水滴難以通**＝緩め整える時は、泥土の如く劣ったもののびのびと和らぎ、締めるときは水も漏らさず。両者とも緩急の宜しきを得ることが肝要。

特に前者は維那、後者は監収に就いて云う。◉⑶山河大地…一一壁立万仞＝万物全てが、草木虫けらに到るまで、各各が自己の霊光を放ち、ウジ虫はウジ虫で絶対にウジ虫、他を寄せつけずに独立独歩である。『碧巌』十則垂示に、「向下に転じ去る」場合は「醯鶏蠛蠓云々」として見える。◉⑷晋楚失其富…柳失緑花失紅＝どのような勢力家も力を失い、柳は緑ならず、華は紅ならず、その箇を失す。「晋楚」は共に春秋戦国時代の富国。「賁育」は「孟賁」と「夏育」のことで、共に秦武王に仕えた腕力家。『蘇軾文集』「潮州韓文公《かんぶんこう》廟碑」に、「卒然と之れに遇えば、王公も其の貴を失い、晋楚も其の富を失い、良平も其の智を失い、賁育も其の勇を失う」と。底本は「王公」を「王侯」に作る。◉⑸**致令各各投其方円之器、安其上下之居**＝各人を適材適所、然るべき所に居らしめる。◉⑹帝王之徳…天工不曠＝帝王の徳で一番大事なのは人を知ることであり、そうすれば百官達は職に任ぜられ、天下を治める役職が空席になることは無い。『漢書』巻八十三薛宣《せっせん》伝に、宣が御史《ぎょし》大夫（検察長官、宰相補佐）に推薦された時の文。◉⑺**紀綱清厳収放有則**＝「紀綱」は維那、「収放」は監収に就いて。◉⑻致中和、天地位焉、万物育焉＝『中庸』。【一二】注⑿参照。◉⑼**究其端由**＝放行把住、緩急の宜しきに精通する。「端由」は「いきさつ、事の顚末」。◉⑽**豈止還丹一粒点鉄作金**＝両者の働きは鉄を金となす錬金術の効能どころではない。「還丹」は道教用語で、一種の錬金術、また不死の妙薬を意味する。その一粒の効能は鉄を黄金に変える働きを持つ。『伝灯録』巻十八龍華霊照（雪峰下）章、もとは圭峰宗密の『円覚経大疏』巻上の四（卍続蔵十四・二六八）。◉⑾諸方尽言…雨点全無＝大灯国師は花園・後醍醐両帝の国師と承るに、名ばかりのことであったか。抑下の托上。後句は『伝灯録』巻二十八法眼文益語、但し「浩」は「甚」。

【三〇】

上堂。拄杖《しゅじょう》を卓《たく》して云く、「⑴拄杖子、若し相当《あいあ》たらずんば〔鵠林《こくりん》云く、⑵拄杖子、決定《けつじょう》して相当《あいあ》たらず」〕、**是れ什麼物《なにもの》にか相当たらざることを得ん」。便ち下座《げざ》**〔⑶上下四維《しゆい》、十方法界、曠劫已前《こうごういぜん》、曠劫已後、一物も相当たらず。何が故《ゆえ》ぞ。(4)東山下《とうざんか》の左辺底《さへんてい》」。

(1)拄杖子若不相当、是什麼物得不相当＝拄杖子を高く立てただけで、すぐさま（些子の大事に）契当しなければ、一体何物にて契当することが出来ようか（何をしても悟れない）。後句は反語、但し「得不相当」の「不」は衍字であろう。「相当」は「相遇、ぶつかる。相宜、適合する」の意。◉(2)拄杖子決定不相当＝拄杖子、「若し」ではなく、間違いなく契当せず。今さら契当するしないの沙汰は無い。◉(3)上下四維…一物不相当＝世界中何時何処を探しても、一物も契当するものは無い。◉(4)東山下左辺底＝仏祖正伝底の密旨。『虚堂録』巻三育王録に、「直饒《たとい》葭灰《かかい》未だ動ぜざる已前に向かって、西川鄧師波《せいせんとうしは》の東山下左辺底を会得するも、也《ま》た未だ是れ枯木花を開く底の時節にあらず」と。『犂耕』に、「五祖法演が創る南堂は東山の左辺に在り、弟子の南堂元静をこれに居らしめたことから、静公を指して東山左辺底という。この語は五祖と南堂の児孫の家風をいう」と旧解を引いて、この説を無根拠として避ける。そして単に「向上の家風」の意とする。白隠禅師は『荊叢毒蘂』巻八、大応国師の賛に、「…伝来二十四流の内、独り東山左辺の怨みを続ぐ」と述べ、東山法門の真の継承者であるを云う。因みに五祖法演の家風は五祖機峻とも、東山暗号密令とも云われる。

【三一の二】

(1)冬至小参《とうじしょうさん》。僧問う、「(2)一気潜《いっきひそ》かに通じて、万彙発生《ばんいほっしょう》す。時節に渉《わた》らず、願わくは提唱《ていしょう》を聴《き》かん」。師云く、「(3)鼻孔占却《びくうせんきゃく》す、三畝《さんぽ》の地」。進めて云く、「潙山《いさん》、仰山《きょうざん》に問う、『(4)仲冬厳寒年年《ちゅうとうげんかんねんねん》の事、晷運推《じきうんお》し移《うつ》る事《じ》、若何《いかん》』。(5)仰山、近前叉手《きんぜんしゃしゅ》して立つ。意旨如何《いしいかん》」。師云く、「(6)一字《いちじ》、公門《こうもん》に入《い》らば、九牛車《きゅうぎゅうひ》けでも出《い》でず」。進めて云く、「潙云く、『誠《まこと》に知る、子《なんじ》が者《こ》の話《わ》に答え得ざることを』と、又た作麼生《そもさん》」。師云く、「(7)人《ひと》の富貴《ふうき》を見ては常に歓喜《かんぎ》す」。進

めて云く、「時に香厳《きようげん》至る、潙山、前話《ぜんわ》を挙《こ》す。厳《げん》云く、『某甲《それがし》、偏《ひとえ》に者の話に答え得《え》ん』。潙《い》、復《ま》た問う、厳、亦た近前叉手して立つ。如何が領略《りようりやく》せん」。師云く、「(8)婆《ば》が裙子《くんす》を借りて婆に拝年《はいねん》す」。進めて云く、「潙云く、『(9)頼《さいわ》いに寂子《じやくす》が不会《ふえ》に遇《あ》う』と。畢竟《ひつきよう》、如何」。師云く、「(10)鶏鳴《とりな》いて時《とき》を著《え》ず、隣人半夜《はんや》に行《ゆ》く」。進めて云く、「今日、人《ひと》有って、『仲冬厳寒年年の事、晷運推し移る事、若何』と問わば、未審《いぶか》し、和尚、如何が祗対《したい》せん」。師云く、「(11)夜《よる》は祭鬼《さいき》の鼓《つづみ》を聞き、朝《あした》には楽神《がくじん》の歌を聴《き》く」。進めて云く、「(12)与麼《よも》ならば則ち、来日一陽生《らいじつついちよう》ず」。便ち礼拝す。師云く、「(13)記取《きしゆ》するに一任《いちにん》す」。

(1)**冬至小参**＝冬至の前夜の非公式の説法。この年の冬夜は旧十一月一日。『礼記』仲冬の月に、「日の短きこと至《きわまれ》り。陰陽争い（陰方《まさ》に盛ん、陽起こらんと欲す）。諸生蕩《きざ》す。君子斎戒し、…事は静ならんことを欲し、以て陰陽の定まる所を待つ」とあり、この日慎むべきことを記す。また「晷景《きけい》を測る」といい、此の日、八尺の長さの柱の景《かげ》（＝晷）が丈三尺になる（『淮南子』天文訓の六章）。『東京夢華録』に、「都ではこの冬至節が最も重んぜられ、極貧の者でも…新しい着物に替え、御馳走を用意して、先祖を祭るのである。…たがいに訪問祝賀しあうことは、元旦と全く同様である」と。冬至を亜歳《あさい》とも云う。◉(2)**一気潜通万彙発生**＝冬至を云う。この日より日中が長くなるのを以て、易の復《ふく》の卦に当て、一陽の気が回復して、万物蘇るを指す。「彙」は類、「万彙」は万物。『大応録』二六六章。◉(3)**鼻孔占却三畝之地**＝鼻孔が三畝の土地を占有する（万物発生した処、境と心と不二の処）。「鼻孔」は本来の面目に比す。【二三の一】注(12)参照。『洞山初録』に、「問う、『見境不動の時如何』。師云く、『眉毛《びもう》長きこと三尺二』。云く、『如何なるか是れ見境不動底の事』。師云く、『〜』」（禅十二・六四七）と。◉(4)**仲冬厳寒年年事、晷運推移事若何**＝十一月仲冬の寒さが厳しいことは毎年のことながら、日影の長さが長から短へ移り行く事はどうですか。冬至に即して一句云え、と迫って来た。陰から陽へ、無から有への転換点である冬至に即して、存在の根本問題を出してきた。『会元』巻九潙山章。但し、本文は『虚堂録』巻二宝林録の冬至小参に依る。◉⑸**仰山近前叉手而立**＝仰山、前に進んで叉手当胸して立った（本来の面目の丸だし）。「叉手」とは「左を外にし左右の手を重ね、右の親指で左の親指を押さえ、胸から少し離し、指先をのばし、肘を横に張る」（『江湖法式梵唄』）。もと中国の俗礼であったものが、禅門の行礼となった。曹洞宗では左右の手が逆。◉⑹**一字入公門、九牛車不出**＝一旦官府に訴え出たら、訴状の一字たりとも最早改めることは出来ない。「車」は「拽」、「抜」、「拖」とも云い、車は動詞の拉《らつ》（ひく）に読む。「九牛車」は「どんな力で引っ張っても」の意。一言の答える術もない処。『会元』巻十七黄龍慧南章。◉⑺**見人富貴常歓喜**＝潙山は仰山の働きを喜んだ、潙仰ともに建化《こんげ》門中富貴の人。『虚堂録』巻二宝林録の解夏小参に、「門を出づれば便ち是れ草、人の富貴なるを見ては常に懽喜《かんぎ》せよ、心頭を把って火の焼くに似せしむること莫かれ」と。「他人の利を得ることを妬むは掃蕩門中の貧窮人（＝無寸草）なり、建化門中の人（＝出門草）は他の富貴を見て喜ぶもの」（『犂耕』）。◉⑻**借婆裙子拝婆年**＝新婦が姑《しゅうとめ》のスカートを借りて、姑に新年の挨拶をする（香厳も同じ老練の手口）。「拝婆年」は「拝婆朝」とも云い、「拝年、拝朝（＝年賀）」に目的格の「婆」を挟んだ形であり、「婆年を拝す」と訓んではいけない。『大応録』崇福録四十九章、歳旦上堂に見えるが、もと『大慧語録』（普説）巻十五に、「賊馬に騎って賊隊を趕い、借婆帔子拝婆年」とある。◉⑼**頼遇寂子不会**＝仰山不会で幸い。（香厳も不会、潙山も不会、元より曹渓も不会仏法）。◉⑽**鶏鳴不著時、隣人半夜行**＝鶏がとんでもない時に鳴けば、道連れは真夜中に行く羽目になる。『洞山初録』に、「問う、『如何なるか是れ和尚が接人の一句』。師云く、『鶏啼《な》いて時を著ず、隣人、半夜に行く』。云く、『如何が領会せん』。師云く、『東西するに一任す』」（禅十二・六五二）と。◉⑾**夜聞祭鬼鼓、朝聴楽神歌**＝夜には鬼儺《おにやらい》の太鼓を聞き、朝にはお神楽《かぐら》舞の歌を聴く。『洞山初録』に、「問う、『赤水に珠を求むるも猶お是れ人間の宝、雲に和して唱え出だすも猶お格外の談にあらず。未審し、今日、何を将て人に示さん』。師云く、『夜には聞く祭鬼の鼓、朝には聴く上灘の歌』」（禅十二・六四六）とある後句の「上灘歌」を「楽神歌」に改めたもの。通常「鬼儺」は除夜、「楽神歌」は新年の行事であろうが、冬至も新年も、暦上では新旧交代という本質的に同じ意義を有している。後出【六六の二】の除夜小参参照。◉(12)**与麼則来日一陽生**＝然らば明日冬至より一陽来復間違いなし、と、僧の礼話。◉(13)**一任記取**＝この話を覚えておくことは、覚えておきなさい。今はお前さんには無理だが、いずれ分かる時が来るだろうと、抑下した言い方。

【三一の二】

(1)**乃《すなわ》ち云く、「(2)陰魔消尽《いんましようじん》して、陽気発《ようきはつ》する時、硬地《こうち》無く**〔(3)妙玄《みようげん》無私の句〕、(4)**律管《りつかん》先ず知る**〔(5)体妙《たいみよう》無尽の句〕、(6)**壠頭《ろうとう》梅綻《ほころ》ぶ不萌《ふぼう》の枝《えだ》**〔(7)針筒薬袋《しんとうやくたい》、放《はな》つことを得ず〕。**直《じき》に得たり、**(8)**皓老《こうろう》の布裩《ふこん》は麻線《ません》通じ易《やす》く**〔(9)猛虎も其の子は食らわず〕、(10)**鏡清《きようしよう》の臥単《がたん》は、駢拇《へんぼ》開《ひら》け難きことを**〔(11)道士、還丹《げんたん》を愛さず〕。**縦饒《たと》い**(12)**陰陽不測《いんようふそく》なる所以《ゆえん》の者は、空洞《くうどう》として象《かたち》無く**〔(13)江碧《こうみどり》にして鳥愈《いよ》いよ白し〕、(14)**造化不宰《ぞうかふさい》なる所以の者は、潜微《せんび》幽隠《ゆういん》なりと道《い》うに迄《いた》るも、也《ま》た**(15)**未だ是れ書雲《しよううん》の令節《れいせつ》を出《い》でず**〔(16)規《き》に循《したが》い矩《く》を守るは無縄自縛《むじようじばく》〕。**是の故《ゆえ》に山僧《さんぞう》、只だ望むらくは、**(17)**五日を以て一候《いつこう》と為し、半月を以て一気《いつき》と為すの流《たぐい》をして、**(18)**箇《こ》の仲冬厳寒《ちゆうとうげんかん》の事《じ》、物《もつ》対偶《たいぐう》の機を漏泄《ろせつ》せんことを**〔(19)翻《ひるがえ》って笑う、機を忘じて自《みずか》ら安《やす》んずる者の、手を垂《た》れて塵労《じんろう》に入《い》る能《あた》わざることを〕。**其《そ》れ或いは**(20)**阿房《あぼう》、衣《ころも》を曳《ひ》く底《てい》に似たらば、**(21)**東山水上行《とうざんすいじようこう》**〔(22)固我意必《こがいひつ》。(23)足《あし》を忘るるは履《くつ》の適《てき》するなり、腰《こし》を忘るるは帯《おび》の適するなり、（知の）是非《ぜひ》を忘るるは心の適するなり〕。

(1)**乃云**＝この章は、『虚堂録』巻八続輯の冬夜小参、並びに同巻八浄慈《じんず》後録の至節小参を踏まえる。◉(2)**陰魔消尽、陽気発時無硬地**＝陰尽きて、陽起こる時、堅氷融ける。後句『大応録』一五六章、もと『会元』巻十九楊岐方会章に見える。◉(3)妙玄無私句＝「全体、裏表モ無イ」。洞山价下五世、大陽警玄《きようげん》禅師（九四三―一〇二七）の三句（明安三句とも）の第一句。『洞上古轍』上に、「妙玄無私句、無賓主、即ち尊貴位に入るなり」（禅二十二・七二六）と。

◉(4)**律管先知**＝『後漢書』律暦志上に古代の気候測定方が種々述べられているが、その中で、葭灰（蘆の幹の中の薄い膜を焼いて作った灰）を十二本の楽器の律管の中に置いて気候を占う方がある。一番長い管の黄鐘の灰が飛動すれば冬至と判ずる。◉(5)体妙無尽句＝「野モ山モ南無阿弥陀仏、皆真実相、娑婆即寂光土ナレドモ、罪ヲツクツテ地獄ニヲツル」。明安三句の第三句、但し「体妙」は「体明」。『洞上古轍』上に、「体明無尽句、兼帯去、即ち位を転じて功に就く後事なり」と。◉(6)**壠頭梅綻不萌枝**＝高岡にときじくの梅綻べり。機語。「不萌枝」は芽を出さぬ樹、無影《むよう》樹《じゅ》の対、幻化の空身を指す。『虚堂録』巻九径山後録の書雲《しょうん》夜参に、「不萌枝上に条《えだ》を抽《ぬ》きんでんと擬《ぎ》し、無影樹頭に先ず萼《がく》を破る」と。◉(7)針筒薬袋放不得＝まだ薬や鍼が手放せないと見える（まだ悟りの臭みが取れぬ）。◉(8)**皓老布裩麻線易通**＝承皓《しょうこう》老漢の褌《ふんどし》は使い古して麻糸が通り易い。玉泉《ぎょくせん》承皓（一〇一一―九一）は雲門下五世、奇行あり、歴代の祖師の名前を書いた布裩（＝褌）を身に着けて、皓布褌《こうふこん》と渾名された。『会元』巻十五玉泉章の冬至示衆に、「晷運《きうん》は推移しても布裩は赫赤。洗わざるを怪しむこと莫かれ、来《こ》れ換替《かんたい》の無きのみ」と。◉(9)猛虎不食其子＝猛虎も自分の子供は食らわない（褌にまで名を書く親しさよ、然れど真似をした仲間は血を吐いて死んだという）。『仏祖通載』巻十九「玉泉皓長老塔銘」参照。「猛虎…」は、もと『明覚録』巻三（大正四十七・六九〇）。◉(10)**鏡清臥単駢掯難開**＝鏡清和尚の臥単は駢掯のように開かない。「駢掯」は足の親指と第二指の連なった不具を云う。「臥単」は「布臥単」で、坐臥両用の敷布、『禅林象器箋』「眠単」参照。鏡清道怤《きょうしょうどうふ》（六八―九三七）は雪峰下。『伝灯録』巻十七白水本仁（洞山价下）章に、「鏡清、行脚して到る。師、之れに謂って曰く、『時寒し、道者よ』。清曰く、『不敢（＝はい）』。師曰く、『還って臥単有って蓋い得るや』。曰く、『設《たと》い有るとも亦た展ぶる底の功夫無し』。師曰く、『直饒《たとい》道者、滴水滴凍なりとも、亦た他事には干《かか》わらず』」と、厳寒にも蒲団を着て寝ない道者振りをチクリと批判している。以上の二句は『虚堂録』巻八続輯の冬夜小参を踏まえて。◉(11)道士不愛還丹＝還丹も愛着すれば毒。「還丹」は【二九】注(10)参照。『仏光録』巻三にも、「吾れに一顆の大還丹有り、無量劫来覓むれば、即ち難し」と。◉(12)**所以陰陽不測者空洞**

無象＝陰陽の測り難き所以は形無きがため。『易』繋辞上の第五章に、「陰陽不測、之れを神と謂う」と。『肇論』通古第十七に、「夫れ至人は空洞として象無く、…万物を会して己と為す者は其れ唯だ聖人のみ乎《か》」と。◉⒀**江碧鳥愈白**＝川青く、鳥の白さもいや増せり（象《かたち》の真っただ中に有ってこそ、象無し）。『唐詩選』五絶の杜甫「絶句」。【三三】注⒅参照。◉⒁**所以造化不宰者潜微幽隠**＝造化無私の所以は潜み隠れるがため。『老子』上第十載営魄章に、「長じて宰せず、是れを玄徳と謂う」。また『肇論』不真空論第二に、「是を以て聖人は真心に乗り…物我同根、是非一気、潜微幽隠」と。◉⒂**未是出書雲令節**＝未だ尚お冬至という今時の機を出ない。古来（『左氏伝』僖公五年の条）より、春秋二分、夏冬二至、四立に物見台に登り、「雲物を書す」と云って雲の色を見て吉凶を判じて（青は虫、白は喪、赤は兵、黒は水、黄は豊）策に書き記したが、しかし宋代以降の詩文、禅録では「書雲」は専ら「冬至」を指す縁語となった。◉⒃**循規守矩、無縄自縛**＝規矩を順守するだけの、身動きの取れぬ奴。『無門関』禅箴。◉⒄**以五日為一候、以半月為一気之流**＝五日を一候となし、また十五日を一気となし、一年二十四の気節にと、理に囚われた連中には（次の事を知って欲しい）。『虚堂録』巻八浄慈《じんず》後録の至節小参に、「候候、相謾《あいまん》ぜず、物物還って対偶す。衲僧家、有《あ》るいは二十四気に推遷《すいせん》せらるることを被《こうむ》らざる者有り、水辺林底、蝨《しらみ》を捫《ひね》り暄《けん》を負う。有いは二十四気に管帯《かんたい》せらるることを被らざる者有り。家を抛ち業を失して久しく風埃を歴《へ》る」とあるが、ここは逆に「二十四気に推遷せられ、管帯せられる」という二十四気に振り回される類を云う。◉⒅**漏泄箇仲冬厳寒事、物物対偶機**＝真冬の厳寒のこの事実が、万物が気候に応じているという天機を漏らしている。この文の語順は本来は「箇仲冬厳寒事（漏泄）物物対偶機」。「物物対偶」とは「草木虫魚、その気候に対偶（＝相対応）して消長出没する」（『犂耕』）ことの意。◉⒆翻笑忘機自安者、不能垂手入廛労＝悟りに腰を下ろして、灰頭土面入鄽垂手と出る働きの無いことよ。「忘機」は求心歇《や》んで悟ったところ。◉⒇**阿房曳衣**＝宮殿で衣の裾《すそ》を曳いて拱手するような輩には（次の本分の理を味わって欲しい）。『臨済録』に所謂新婦子の禅師の類か。「阿房」は秦始皇帝の「阿房宮」。◉㉑**東山水上行**＝『虚堂録』巻八続輯の冬夜小参を踏まえて、『犂耕』に「一陽来復の端的」と。もと『雲門広録』上に「如何なるか是れ諸仏出身の処」の問に対する雲門の答え（禅十一・三三六）。◉㉒心如波旬、面似夜叉＝頑固の意地っ張り、我がままのごり押し。『論語』子罕篇に「子、四を絶つ。意毋《な》く、必毋く、固毋く、我毋し」と。◉㉓忘足屨之適也、忘腰帯之適也、（知）忘是非心之適也＝足を忘れて意識しないのは履き物が足に合っているから、腰を忘れるのは帯が腰に合っているから、是非を忘れるは心が適合しているから。『荘子』外篇の達生篇。「知」を補った。

【三一の三】

復《ま》た⑴慈明《じみよう》、⑵冬至の牓《ぼう》を挙して〔⑶柔《じゆう》能《よ》く剛《ごう》を制し、弱能く強を制す。柔は徳なり、剛は賊なり。⑷慈明老師、眉箭簳《まなこせんかん》の如く、眼銅鈴《まなこどうれい》に似て、鬼神《きじん》も亦た畏《おそ》る。⑸若し者《こ》の漢有り、一片の黄布を取り来たって榜辺《ぼうへん》に掛著《かじやく》せば、明《みよう》、一見して必ず榜を打破したらん。若し果たして然らば、只だ仏恩《ぶつとん》に報ずるのみに非ず、復た後人の点検をも免れ得たらん。豈《あ》に許多《そこばく》の葛藤《かつとう》を惹《まね》かんや〕、**師、拈《ねん》じて云く、「⑹東弗于代《とうほつうたい》は日下《じつか》の東**〔⑺明らかなること、十日《じゆうじつ》の遺照《いしよう》無《な》きが如し〕、**西瞿耶尼《さいくやに》は月氏《げつし》の西**〔⑻碧落《へきらく》の碑《ひ》に贋本《がんぽん》無し〕、**⑼笑いを解《げ》する者は多く、哂《わら》いを解する者は少なし**〔⑽珊瑚枕上《さんごちんじよう》、両行《りようこう》の涙、半《なかば》は是れ君《きみ》を思い、半は君を恨《うら》む〕。**若し也《ま》た⑾今晩放参《ほうさん》ならば、⑿一冬二冬《いつとうにとう》、叉手当胸《しやしゆとうきよう》**〔⒀急急如律令《きゆうきゆうによりつれい》〕。

⑴**慈明**＝汾陽善昭の法嗣、慈明楚円（九八六―一〇三九）。本縁は『僧宝伝』巻二十一、『続伝灯』巻三、『会元』巻十二、『虚堂録』巻六代別の七十一、『禅林類聚』巻十四の九丁、『大応録』七十三・二六六、『大灯百二十則』一〇九則等に見える。◉⑵**冬至牓**＝「牓」は「榜」とも。禅院に於ける掲示板。慈明禅師「三円九卦（[illegible]）、若し人識得せば四威儀の中を離れず」と怪しげな護符もどきのものを掲示した。首座これを一見して曰く、「和尚、今日放

参」。慈明聞いて、これを笑う。【六〇の一】参照。◉(3)柔能制剛…剛者賊也＝黄石公『三略』上略に引く、軍中の諺。『老子』微明第三十六にも、「柔弱は剛強に勝つ」と。◉(4)慈明老師…鬼神亦畏＝『虚堂録』巻一報恩録に、「眉如箭幹、眼似銅鈴」と、『犂耕』に「霊利の相」とするが、ここでは寧ろ「直眉怒眼」の意、憤怒の那吒《なた》の活潑々地の相である。◉(5)若有者漢…必打破榜＝もし骨の有る奴が居って、黄色の布を冬至の榜に掛けたなら、慈明禅師は一見して必ずや榜を叩き割ったであろう。黄紙に勅命を書いた札を「黄榜」と云うが、或いは「黄布」を掛けて黄榜に見立てて愚弄すると云うことか。◉(6)**東弗于代日下東、西瞿耶尼月氏西**＝東は東、日のもと東、西は西、月落つ西。「筑後・筑前、肥後・肥前、関東四国、六十余州ト云ウ様ナモノ」。古代インドの宇宙観に、一世界の中央に須弥山《しゅみせん》があり、周囲を山と海とに交互に囲まれ、最も外側の海中の四方に島がある。その東の島を東勝身洲《とうしょうしんしゅう》と云い、又の名を東弗于逮《とうほつうたい》と云う。西の島を西牛貨洲《さいごけしゅう》と云い、又の名を西瞿耶尼とも云う。因みに我々の人間界は南島の南閻浮洲《なんえんぶしゅう》であり、北島は北瞿盧洲《ほっくるしゅう》と云う。「日下」は『爾雅』に云う四荒の一つ、東の荒遠の国。「月氏」は古の西域国。『雲門広録』巻中に、「東弗于代、西瞿耶尼」。◉(7)明如十日無遺照＝『江湖風月集』上の江西浄蔵主「東海」の第一句、鼇空注に「東」字を頌す、と。もと『荘子』斉物篇の「昔者十日（十個の太陽）並び出で、万物皆な照らさる」に依る。◉(8)碧落碑無贋本＝ほんまに。【一二】注(8)参照。◉(9)**解笑者多、解哂者少**＝「ハハ、トロ笑モノハ多イガ、ニッコリト、呑ミ込ミテガ、少ナイ」。『雲門広録』巻上（禅十一・三五二）、並びに『五家正宗賛』四円通秀章に、「我を笑う者は多く、我を哂う者は少なし」と見えるが、『助桀』には「一手擡一手搦」の義とし、「笑」と「哂」の義を区別する無意味を説く。◉(10)珊瑚枕上両行涙、半是思君半恨君＝この怨みの涙あってこそ、初めて仏恩を報ずることができる。『白雲端録』承天録、もと『全唐詩』巻九十四斉澣《せいかん》「長門怨（宮女の失寵の怨みの詩）」、但し「両行」は「千行」。同巻四八三李紳にも同趣の詩がある。◉(11)**今晩放参**＝晩参を休み、更には坐禅ないし規定の行事を休む。その際「放参」と書いた牓を掛ける。◉(12)**一冬二冬、叉手当胸**＝「平常無事。一冬は十月、二冬は十一月なり」（『犂耕』）。「叉手」とは、両手を胸の上に重ねる仕ぐさであるが、拱手に同じく、手だしせず、手をこまねく意でもある。【一一九】注⑾参照。『礼記』月例に云う如く、仲冬の間は「声色を去り、身を隠し…静かに陰陽の定まる所を待つ」。『大応録』三十・八十五、もと『虚堂録』巻八続輯の冬夜小参を踏まえて。◉⒀急急如律令＝速やかに、然くあれ。『寒山詩』二一「凡読我詩者」。道教の護符の結語に用い、鬼神に符令の執行を促す。もと、漢代の公文書用語。底本は「喼喼」に誤る。

【三二】

⑴雪《ゆき》に因《よ》って寺斎《じさい》と秉払《ひんぽつ》とを謝《しゃ》する上堂。「**⑵普賢信口《ふげんしんく》の偈《げ》を演出《えんしゅつ》し**〔⑶梅辺《ばいへん》の残月《ざんげつ》、疎影《そえい》無く、竹裏《ちくり》の清風《せいふう》、落花《らっか》有り〕、**⑷香積《こうしゃく》無尽《むじん》の飯を擎《ささ》げ来たる**〔⑸深渓《しんけい》絶《た》えて樵子《しょうし》の語《ご》無く、陰崖《いんがい》却って猟人《りょうじん》の来たる有り〕。**⑹両彩一賽《りょうさいいっさい》の処を知らんと要《よう》すや**〔⑺捏聚《ねつじゅ》すれども聚《あつ》まらず、分開《ぶんかい》すれども散らず〕」。**拄杖《しゅじょう》を卓《たく》すること一《いち》下《げ》して云く**「**⑻吽吽《うんうん》**〔⑼以字不成八字非《いじふじょうはちじひ》。⑽爍迦羅眼《しゃからげん》、繊埃《せんあい》を絶す。⑾短袴長衫白苧巾《たんこちょうさんはくちょきん》、咿咿《いい》として月下《げっか》に急《きゅう》に輪《りん》を推《お》す、洛陽路上相逢著《らくようろじょうあいぶじゃく》す、悉《ことごと》く是れ経商買売《けいしょうばいばい》の人〕。**⑿什麼《なん》の饆饠餢子《ひつらたいす》か有る、快《すみ》やかに下《くだ》し将《も》ち来たれ**」。

⑴**因雪謝寺斎秉払上堂**＝冬至小参（冬夜）の翌日、十一月二日、正当冬至の上堂。寺中御斎の御馳走である冬斎と並びに秉払を謝して、雪に因んで説法された。『禅林象器箋』第十八類、祭供門「冬斎」に、「冬至秉払に都寺、斎を辨ずるを冬斎と曰う」と。「秉払」は【一一】注⑴参照。◉⑵**演出普賢信口偈**＝『華厳経』離世間品に普慧菩薩の二百問に普賢菩薩が「口に信《まか》せて」二千酬したことを述べる。「秉払」に掛けて。また普賢は銀色世界より来るという、「普賢の身、乗る所の象は白色なり、仍《よ》って雪を普賢の境に用う」（『犂耕』）。因みに文殊は金色世界を表わす。◉⑶梅辺残月無疎影、竹裏清風有落花＝梅の梢に有明の月冴え、風は竹林を渡って雪花舞う。普賢の白銀世界。出典未詳。◉

⑷**撃来香積無尽飯**＝『維摩経』香積仏品に、香積菩薩が無尽の香飯を以て菩薩衆に供養したことを述べる。「寺斎」に掛けて。◉⑸深渓絶無樵子語、陰崖却有猟人来＝人里離れた深山路には樵の話し声も聞こえない、かと見れば裏崖より猟師の不意の来訪（深山の雪景色、なんとも贅沢な御馳走）。『三籟集』巻上其四十、もと『石屋清珙《せいきょう》（雪巌祖欽下二世）録』巻下偈讃の部「雪中示徒」に「…山家富貴銀千樹、漁父風流玉一蓑。〜、〜。菴前黄独無尋処、唯見寒梅数朶花」（禅十七・六四六）。但し「渓」は「径」、「来」は「過」。【三四】注⑵、【一一九】注⑿参照。◉⑹**要知両彩一賽処麼**＝普賢の境界と香積の境界と差別なき処いかん。【二八の一】注⑽参照。◉⑺捏聚不聚、分開不散＝収めんとすれば集まらず、放たんとすれば散らず。「人人腹ノ中ハ…」。『石屋清珙録』巻上に「欲散不散、欲聚不聚」。◉⑻**吽吽**＝字音「コウコウ、オンオン」なるも、普通「ウンウン」と読む。牛の鳴き声、厚怒の声。しかし『犂耕』には旧説を引いて、「牛声にあらず、消災呪の『吽吽』の如く言句義解に渉らず」とする。『睦州録』に頻出。そこでは「もどかしい怒り」を表わす「エエイ！」程の意。【四六の一】注⒅参照。◉⑼以字不成八字非＝護符の上に書く　の字。以の字ようで以でもなく、八の字のようで八でもない、心の字謎。「腹ノ中ハ黒白トモ方円トモ、形ドラレルモノデナイ」。『伝灯録』巻十二睦州章に、「問う、『以字不成八字不是、是れ何の章句』。師、弾指一下して云う、『会すや』。云く、『不会』。師云く、『上来無限の勝因を表讃す、蝦蟇跳んで梵天に上り、蚯蚓走って東海を過ぐ』」。また頌古第十六則（【二三三】）頌注⑸参照。◉⑽爍迦羅眼絶繊埃＝「爍迦羅」は梵語にて金剛、堅固の義。明らかに邪正を決定する眼に一点の翳障も無い。「上ハ非想・非非想天迄一目ニ見渡ス処ジャ」。『碧巌』九頌。◉⑾短袴長衫白苧巾…悉是経商買売人＝奇妙な出で立ちの一団、猿股引きに長じゅばん、頭に白手ぬぐいを被り、エンヤサエンヤサと月明かりに車を推している。白昼都大路で逢ってみれば、何のことはない全て小商いの商人達ばかり。『虚堂録』巻五頌古の四十一「南泉作務」頌。但し「悉」は「尽」。「吽吽」を、作務での無心の掛け声に比して。底本は「買売」を「売買」に誤る。◉⑿**有什麼饆饠餡子、快下将来**＝「（エエイ！）八宝飯であれ揚げ餅であれ、ドンドン持ってこい」。「饆饠」は、

「畢羅」とも、肉や野菜、果物を一緒に煮込んだ飯、八宝飯。ペルシャ伝来の料理。「䭔《たい》」は餅の一種、麺粉をこねて小さく丸めて油で揚げたもの。東洋文庫『酉陽雑俎《ゆうようざっそ》』巻七酒食の今村注を参照。「吽吽」と共に『虚堂録』巻三育王録「上堂謝秉払夏斎」。もと『睦州録』（禅十一・二三五）。

【三三】

(1)**両班《りょうはん》を謝する上堂**。「(2)**諸仏、光明《こうみょう》を放《はな》って、実相の義を助発《じょほつ》す**〔(3)水《みず》は水を洗わず、金《きん》は金に博《か》えず〕。**釈迦老子《しゃかろうし》、但《た》だ当年の益《えき》のみに非ず**〔(4)仏は一音《いっとん》を以て法を演説するに、衆生は類に随って各《おの》おの解《げ》を得るのみ〕、**且《か》つ吾《わ》が沙門《しゃもん》をして(5)五濁悪世《ごじょくあくせ》の中《うち》、闘諍堅固《とうそうけんご》の時《とき》に於いて**〔(6)何《いず》れの処よりか者《こ》の消息《しょうそく》を得来たる。(7)若し是れ吾が沙門ならば、五濁悪世の有るを見ず、況《ま》してや是れ闘諍堅固の時をや〕、(8)**人我《にんが》の担子《たんす》を拋却《ほうきゃく》し、高下の情謂《じょうい》を除却《じょきゃく》し**〔(9)下載《あさい》の清風《せいふう》、誰にか付与《ふよ》せん。(10)放不下《ほうふげ》ならば担取《たんしゅ》し去《さ》れ〕、**互いに主伴《しゅばん》と作《な》って**〔(11)衆生無辺誓願度《しゅじょうむへんせいがんど》、煩悩無尽誓願断《ぼんのうむじんせいがんだん》、法門無量誓願学《ほうもんむりょうせいがんがく》、仏道無上誓願成《ぶつどうむじょうせいがんじょう》〕、**箇《こ》の(12)実相《じっそう》無相《むそう》**〔(13)南村北村、雨一犂《あめいちり》、新婦《しんぷ》は姑《こ》に餉《かれい》し、翁《おう》は児《じ》に哺《ほ》す〕**微妙《みみょう》解脱《げだつ》の法門《ほうもん》**〔(14)天は東南に高く、地は西北に傾く〕**久《ひさ》しく世間《せけん》に住して、億劫《おくごう》の利済《りさい》を全《まっと》うせしめんと要《よう》す**〔(15)我れ常に此《ここ》に住して、常に説法して、無数億の衆生を教化す〕。**実相の義は且《しば》らく致《お》く、如何《いか》なるか是れ諸仏の放光明《ほうこうみょう》**〔(16)青原伯家三盞《せいげんはっけさんさん》の酒、喫《きっ》し了《お》わって猶《な》お言う、未だ唇《くちびる》を湿《しめ》らさずと〕」。**良久《りょうきゅう》して云く、「(17)東山《とうざん》手を拍《う》てば西山《せいざん》舞う**〔(18)江碧《こうみどり》にして鳥愈《いよ》いよ白く、山青くして花然《も》えんと欲す〕」。

(1)**謝両班上堂**＝【二の一】注(1)参照。◉(2)**諸仏放光明、助発実相義**＝釈迦は眉間の白毫相から光明を発して東方一万八千国を照らし、諸法の実相を実証して見せられ、衆生に本具の仏性を覚らしめた。「助発」は「扶助顕発、さとらせる」の義。もと『法華経』序品の偈、但し「諸仏」は「今仏」。『大応録』五十に、「〜、〜。放光明は則ち且らく置く、如何なるか是れ実相義」と。◉(3)水不洗水、金不博金＝（実相の端的、照らしてみれば、何の事はない）水は水を洗いようもなく、金は金に博えようもなし、仏も衆生も皆な実相。『大応録』法語の二章「示玄提禅人」に見えるが、もと『南泉願語要』に、「水不洗水、仏不度仏」（禅十一・二九九）と。また『楊岐会録』に、「你道え、金金に博えずの一句、作麼生か道わん」（禅十二・四〇〇）。◉(4)仏以一音演説法、衆生随類各得解＝仏は一つの言葉で説法されたが、人々は各自の分に従って理解した。これは『維摩経』の名所の一つ、仏国品の偈。◉(5)**於五濁悪世中、闘諍堅固時**＝濁りきった末法の世に。「五濁悪世」とは、『法華経』方便品に説かれる「劫濁《こうじょく》・煩悩濁・衆生濁・見濁・命濁」の五濁世。「闘諍堅固」は、仏滅後の五五百年の内、初めの五百年を解脱堅固といい、次に禅定堅固・多聞堅固・塔寺堅固・闘諍堅固と各五百年する最後の後五百歳の末世（『大集経』大正十三・三六三）。◉(6)何処得者消息来＝五濁の闘諍の、そんな譫言《たわごと》、何処から聞いてきた。【五の二】注(4)参照。◉(7)若是吾沙門…況是闘諍堅固時＝元来、我が禅門に末法思想は無い。◉(8)**抛却人我担子、除却高下情謂**＝我他彼此の根性を脱却せしめる。『虚堂録』巻一延福録に、「人我の担子を去却す」と。両髑髏が「人我」と題した担物を担いでいる絵を「枯髏人我担図」と云い、それの賛が『貞和集』巻十雑類に三首見えるが、虚堂の「担子」はそれを踏まえたもの。また「人我」は『円覚経』浄諸業障章に詳しいが、無明を己が主宰と為すことを云う。両序衆が人我の見を捨て、高下の隔てなく和合するようにと誡められた。◉(9)下載清風付与誰＝重荷を下ろした、このすがすがしさを誰かに味わわせてやりたいが、誰もおらん。『碧巌』四十五頌。◉(10)放不下担取去＝下ろすことならぬなら、担いだままのところを担いで持ってゆけ。『会元』巻四巌陽尊者章に、「初め趙州に参じて問う、『一物も将《も》ち来たらざる時如何』。州曰く、『放下著《ほうげじゃく》』。師曰く、『既に是れ一物も将ち来たらず、箇の甚麼《なに》をか放下せん』。州曰く、『放不下ならば、担取《たんしゅ》し去れ』。師、言下に大悟す」と。◉(11)衆生無辺誓願度…＝互いに主となり客となりながら、この四弘の願輪に答うって邁進することこそ禅者の命。四弘誓願は『道行般若経』

守行品や『法華経』薬草喩品に源流す。隋の天台智者大師がそれに「四弘誓願」と命名し、また『摩訶止観』で、今日にほぼ近い形（大正四十六・一三九）を与える。『壇経』懺悔にも見えるが、隋唐以来の菩薩戒授戒会で三唱され、今日の形は『会元』巻十九白雲守端章に見える。◉(12)**実相無相、微妙解脱法門**＝世尊より直伝の真実の仏法。『無門関』六「世尊拈花」に「吾れに正法眼蔵、涅槃妙心、実相無相、微妙の法門有り」と。◉(13)南村北村雨一犂、新婦餉姑翁哺児＝どの村々にも雨が程よく降って、新嫁はお婆さんに食べ物を運んだり、お翁さんが孫に食べさせたりして、農事が忙しい（実相無相の姿）。『山谷集』巻一「戯《たわむ》れに禽語《きんご》に和答《わとう》す」。「一犂雨」は、田地を犂《からすき》で深く耕すに程よく湿らす雨。◉(14)天高東南、地傾西北＝（微妙の法門何のその）天は東南に高く、地は西北に高い。【一の四】注(1)参照。◉(15)我常住於此…無数億衆生＝相づちの手を入れた所。『法華経』寿量品偈。【一の七】注(72)参照。◉(16)青原伯家三盞酒、喫了猶言未湿唇＝まだ云いたらぬか。【一の七】注(3)参照。◉(17)**東山拍手西山舞**＝東西の両序に掛けて、手練同士のツーカーの働きをいう。『大応録』崇福録四十九章、もと『雲門広録』下「南山打鼓北山舞」（禅十一・三八三）を踏まえて。◉(18)江碧鳥愈白、山青花欲然＝（まことに諸仏の放光明）水はみどりに、山は青し。【三一の二】注(13)参照。

【三四】

雪に因《よ》って上堂。「(1)危木風寒《きぼくかぜさむ》く、空山雪白《くうざんゆきしろ》し〔(2)山家《さんが》の富貴、銀千樹《ぎんせんじゅ》、漁父《ぎょふ》の風流、玉一蓑《ぎょくいっさ》〕。**(3)龐蘊《ほうおん》指頭に身《み》を蔵《かく》し**〔(4)鷺鷀《ろじ》雪に立つ同色に非ず〕、**(5)象骨巒塢《ぞうこつらんお》に気索《きつ》く**〔(6)山《やま》、夕陽《せきよう》を帯《お》びて半辺紅《はんぺんくれない》なり〕。**(7)住《や》みね住みね**〔(8)頭《こうべ》を改《あらた》め、面《おもて》を換《か》う〕、**(9)他人の住処《じゅうしょ》、我れ住《とど》まらず**〔(10)石頭《せきとう》和尚来也《らいや》、看よ、走って何処《いずく》にか去る〕、**他人の行処《ぎょうしょ》、我れ行《ゆ》かず**〔(11)草菴《そうあん》の歌、言《こと》、猶《な》お耳《みみ》に在《あ》り。(12)脚跟《きやっこん》、未だ地に点《てん》ぜず〕、**是れ人《ひと》と共に聚《あつ》まり難《がた》きがためにはあらず**〔(13)脳後《のうご》に腮《さい》を見《み》ば、与《とも》に往来《おうらい》すること莫《な》かれ〕、**大都《すべ》て緇素分明《しそふんみょう》ならん**

ことを要す」。喝一喝《かついつかつ》（⒁烏《からす》は黒く鷺《さぎ》は白し、緇素《しそ》、何《いず》れの処か分明ならざる」。

⑴**危木風寒、空山雪白**＝雪景色の如実の相。「危」は「高く聳える」、「空」は「人気の無い」を云う。◉⑵**山家富貴銀千樹、漁父風流玉一蓑**＝山居の贅沢は雪山の景色、漁父の風流は雪の蓑姿。『石屋清珙《せいきょう》（雪巌下二世）録』巻下偈讃の部「雪中示徒」。三籟集中の絶唱と云われたもの。【三二】注⑸参照。◉⑶**龐蘊指頭蔵身**＝底本の「枝頭」は「指頭」の誤植。雪に因んだ龐居士の話は『碧巌』四十二則。龐居士、薬山を辞するとき、空中の雪を指して云う、「好雪片片別処に落ちず（著語に『指頭に眼有り、這の老漢、言中に響有り』）」と。流石の全禅客も龐老を指頭に摸索不著。◉⑷**鷺鷀立雪非同色**＝同中異。『伝灯録』巻二十九同安十玄談「正位前」。◉⑸**象骨巒塢気索**＝「象骨」は雪峰山の別名。雪の縁と云えば、雪峰義存禅師が鰲山巓《ごうざんてん》（湖南省常徳県の北）で雪に阻まれ、巌頭師兄の助力で大悟した因縁。「巒塢」は、「巒《らん》（山なみ）」も「塢《お》（山のくま）」も「鰲山《ごうざん》」を指す語。「気索く」は「心意識の尽きること」で、大悟を指す。◉⑹**山帯夕陽半辺紅**＝雪山夕日を浴びて、上下半分に染め分けた様。暗中の明。「半辺紅」は『荊叢毒蕊』巻三にも、江戸より鍋島公の棺を迎えて、白隠禅師の送行の一句として、「回首すれば、士峰（富士山）千歳の雪、暁光望照して半辺紅なり」と幽と明の境を咏った句がある。◉⑺**住住**＝「ソウデナイ、ソウデナイ」。◉⑻**改頭換面**＝『碧巌』四本則下語、『秘鈔』に「はや化けたな、どうすべい」とある。『寒山詩』二一〇「畏るべし輪廻の苦」、また『王梵志詩』巻三「先因崇福徳」にも見えるが、元来は「来生に託（転）生して相貌同じからざる他人と為る」（項楚『王梵志詩校注』）の意。◉⑼**他人住処我不住…大都緇素要分明**＝人の住《とど》まる所には私は住まない、人の行く所には私は行かない、此れは人と一緒にならないという訳ではないが、ただ白黒をはっきりさせたいだけだ。「大都」は「総じて云えば、僅僅（ただ…だけだ）」の意。『白雲端録』龍門録に見えるが、もと石頭和尚「草菴歌」に、「世人の住まる処、我れは住まらず、世人の愛する処、我れは愛さず」とあるを踏まえて。【一九一の二】注⒄参照。◉⑽石頭和尚来也、看走何

処去＝石頭和尚と来たか。住まらずとは、いったい何処へ走り去るつもりだ。◉⑾草菴之歌、言猶在耳＝草菴歌は耳に付いた。「言猶在耳」は「（その人の）言葉がまだ耳に残っている」の意で、語の出典は『左伝』文公七年。『碧巌録』に屡々みえるが、『秘鈔』に、「何時聞いても風味あり、毎度初音の心地がする。耳に付て居るような。今尚聞く様な。今始った事ではない」と云う如く、場合に応じてさまざまのニュアンスが有る。◉⑿脚跟未点地＝不住不行と他人に振り回されてばかりで、一向脚が地に着いておらんぞ。『玄沙広録』巻下等に見える。◉⒀脳後見腮莫与往来＝「腮」は「あご」。後ろから顋が見えるほど下顎骨の突き出たのは悪人の相と云われ、油断も隙もならないから道連れには出来ない。『碧巌』二十五本則下語、もと『会元』巻十七黄龍慧南章に見える翠巌可真の語。◉⒁烏黒鷺白、緇素何処不分明＝もとより何処も分明なり、何を今更。『楞厳経』巻五に、「松は直、棘《いばら》は曲、鵠《はくちよう》は白く、烏は玄《くろ》し」と。

【三五の一】

(1)臘八《ろうはつ》上堂。僧問う、「(2)釈迦老子《しやかろうし》、半夜《はんや》に城を逾《こ》え、雪山《せつせん》六年、一麻一麦《いちまいちばく》。(3)是れ什麼《なん》の心行《しんぎよう》ぞ」。師云く、「(4)針鋒頭上《しんぽうとうじよう》に筋斗《きんと》を翻《ひるがえ》す」。僧云く、「正当明星《しようとうみようじよう》現ずる時、忽然《こつねん》として悟《さと》り去《さ》ると。(5)還《かえ》って端的《たんてき》なりや也《ま》た無《いな》や」。師云く、「(6)地《ち》の山《やま》を擎《ささ》げて山の孤峻《こしゆん》なるを知らざるに似《に》たり」。僧云く、「只だ一人《いちにん》、(7)真《しん》を発《はつ》して源《みなもと》に帰《き》するが如きんば、大地《だいち》の衆生《しゆじよう》、什麼《いずれ》の処にか在《あ》る」。師云く、「(8)金剛脳後《こんごうのうご》、三斤《さんぎん》の鉄《てつ》」。僧云く、「釈迦老子、(9)顚言倒語《てんごんとうご》して云く、『(10)奇《き》なる哉《かな》、一切衆生《いつさいしゆじよう》、悉《ことごと》く如来の智慧徳相《ちえとくそう》を具《ぐ》す』と。(11)既《すで》に是れ風《かぜ》無きに浪《なみ》を起こす。如何《いかん》が太平《たいへい》を得去《えさ》らん」。師云く、「(12)寒雨《かんう》、空《くう》に洒《そそ》ぎ、寒風《かんぷう》、地を匝《めぐ》る」。僧云く、「(13)学人《がくにん》今日小出大遇《しようしゆつたいぐう》」といって便ち礼拝《らいはい》す。師云く、「(14)手《て》を撒《さつ》して那辺《なへん》に去《さ》れ」。

(1)**臘八上堂**＝この章は『大応録』崇福録二三二章の臘八上堂を踏まえて。◉(2)**釈迦老子…雪山六年…**＝釈尊が真夜中に城を出て、六年間、一日に一麻一米を食して精進苦行したことは、『瑞応本起経』等の本縁部の諸経にみえる。（禅録では麻麦と云う）。「雪山苦行」とは、禅家でのみ云うことで、経典には無拠（『風流袋』巻二十）。【一の八】注⑴参照。◉⑶**是什麼心行**＝何のつもりか。何の真似か。『碧巌』三十九本則下語。◉⑷**針鋒頭上翻筋斗**＝「那一人安身の処」（『犂耕』）。「筋斗」は「斤斗」とも云い、「トンボ返り」の意。針の先でトンボ返りを打つ、大活自在の働き。『虚堂録』巻二宝林録。因みに、大応曰く、「是れ苦心の人ならずんば知らず」。◉⑸**還端的也無**＝ほんとうにそうでしょうか。◉⑹**似地擎山不知山之孤峻**＝大地が山を支え持ちながら、山の高きを知らないに似たり。功を功とせざるところ、不知最親。『虚堂録』巻三育王録の仗錫和尚至上堂、『伝灯録』巻七盤山章、もと『八十華厳』菩薩問明品の頌を踏まえて。大応曰く、「射鵰《しゃちょう》が手に因らずんば、争《いか》でか李将軍を知らんや」。【一六九の二】「石の玉を含んで…」参照。◉⑺**発真帰源**＝『楞厳経』巻九に、「汝等一人でも真を発《ひら》いて元に帰すれば、此の十方空は皆な悉《ことごと》く銷殞す」と。僧の意は、此の十方虚空、悉く消えうせるとするなら、大地の衆生はどうなるのか。◉⑻**金剛脳後三斤鉄**＝堅固の上にも堅固。（又、金剛力を逞うする。自ら神通を逞うす）。『会元』巻二十玉泉宗璉《そうれん》（大潙善果下）章に見え、『仏光録』巻五には「且らく道え、『寺額の名は什麼《なん》ぞ』。師云く、『～』」と。もと『葉県省録』に、「直下、便ち会得せば、脳後三斤の鉄」（禅十二・四六六）と。大応曰く、「大家（皆さんがた）、這裏（＝此所）に在り」。◉⑼**顛言倒語**＝「言顛語倒」で、「でたらめな話をする。トンチンカンの話」。『睦州録』（禅十一・二二九）。◉⑽**奇哉、一切衆生悉具如来智慧徳相**＝【一の八】注⑼参照。◉⑾**既是無風起浪、如何得太平去**＝と云うのも既に余計な浪風、どうしたら元の太平の世に戻れますか。因みに、「太平」は雲門禅師、釈迦降誕の時、「一棒に打殺して天下太平を図らん」と云われたを踏まえる。【四一の二】仏誕生上堂参照。◉⑿**寒雨洒空、寒風匝地**＝アア、みぞれ降り、風は冷たい（太平の実相）。◉⒀**学人今日小出大遇**＝思わぬ収穫を得ましたと、礼話。【五の一】大応曰く、「釈迦老師を謗ずること莫くんば好し」。◉⒁**撒手那辺去**＝身を捨てて精を出せ。『円悟心要』巻上「示慧空知客」にも、「銀山鉄壁が如き処に於いて、放身捨命し、那辺に撒手せば、此の大事因縁を承当せん」と有るように、「撒手那辺」は「放身捨命」と同義である。

【三五の二】

乃《すなわ》ち云く、「半夜に城を逾《こ》えて、直《じき》に雪山《せっせん》に上《のぼ》る〔(1)何《いず》れの処よりか、者箇《しゃこ》の消息《しょうそく》を得来たる。(2)如来を謗《ぼう》ずること無くんば好し〕、**既《すで》に是れ**(3)**道士《どうし》、漏卮《ろうし》を担《にな》う**〔(4)又た是れ魯般《ろはん》が縄墨《じょうぼく》〕。**更に説く、明星《みょうじょう》現ずる処に於いて忽然《こつねん》として悟り去ると**〔(5)正狗《しょうく》、油を偸《ぬす》まず、鶏《にわとり》、灯盞《とうさん》を銜《くわ》えて走《わし》る〕、(6)**大いに目を捏《ひね》って空花《くうげ》を見るに似たり**〔(7)和尚の眼花《がんか》、寒拾《かんじつ》も亦た掃除《そうじ》し難し〕。(8)**大徳、未だ嘗《かつ》て、烏頭《うず》、雀児《じゃくじ》を養《やしな》うことを解せずんばあらず**〔(9)遷居《せんきょ》の志《こころざし》を遂《と》げんと欲せば、須《すべか》らく分燭《ぶんしょく》の隣《りん》を求むべし〕」。**拄杖《しゅじょう》を卓《たく》して云く、「**(10)**南斗《なんじゅ》は七、北斗《ほくと》は八**〔(11)㘞《か》〕」。

(1)何処得者箇消息来＝何処からこんなデマが出た（久遠実成の如来には実にこの消息無し）。【五の二】注(4)参照。◉(2)無謗如来好＝『維摩経』弟子品の阿難にも、「如来を謗ずること勿かれ、異人をして此の麁言を聞かしむる莫かれ」と。◉(3)**道士担漏卮**＝「半夜逾城…」に対する国師の下語。（そのこと自体が、既に望上心息《や》まず）無駄骨折り。「漏卮」は「底に孔の有る酒器」。「是ガ貴《とうと》イ，毎日毎日汲《く》メドモ、タマラヌ」。『伝灯録』巻十五中梁遵古（投子同下）章に、西来意に答える。「道士」を釈迦を指導した仙人と解するは誤り。◉(4)又是魯般縄墨＝寸分も狂いがない法度。「大工ノ墨カネシタ如ク、万々出世ノ如来モ漏卮ヲ荷フ」。「魯般（班）」は魯哀公の時の工匠の公輸班、雲梯を造ったことで有名。その墨縄には少しの狂いも無かった。『虚堂録』巻六代別の二十四、もと『明覚録』瀑泉集。◉(5)正狗不偸油、鶏銜灯盞走＝油を偸んでなめたのは狗であったが、盞を銜えて走った鶏のせいにされた。「正狗」は如来、「鶏」は伝灯の祖師方、畢竟一番の悪は正狗と、暗に揶揄した。『会元』巻十一承天智嵩（首山下）章に、「問う、臨済《りんざい》、黄檗を推倒するに、甚に因ってか維那棒を喫す。師曰く、～、～」と。◉(6)**大似捏目見空花**＝その上にまた戯言。【一の八】注(6)参照。◉(7)和尚眼花、寒拾亦難掃除＝和尚さん（国師）の捏目眼花の方が根が深い、寒山拾徳を持ってきても掃除できない。◉(8)**大徳未嘗不解烏頭養雀児**＝衲《わし》はいつも烏兜《とりかぶと》の猛毒草で雀の児を養っている（大灯門下はそんな捏目空花のような手ぬるいことは許さぬの意気）。「烏頭養雀児」は『伝灯録』巻十八龍華霊照（雪峰下）章に、「問う、『如何なるか是れ第一句』。師曰く、『錯って名言を下す莫かれ』。曰く、『師、豈に方便無からんや』。師曰く、『～』」と。◉(9)欲遂遷居之志、須求分燭之隣＝叢林を選ぶなら、情ある師家を求めよ。「分燭之隣」は『列女伝』巻六辨通伝の戦国斉の貧女徐吾《じょご》の話に、「徐吾、家貧しく燭なし、夜、隣女の李吾と分燭して糸を紡がん」として、「夫れ一室の内、一人益せども燭暗しとなさず、一人損ぜど燭明となさず、何すれぞ東壁の余光を愛しまんや」と諭して納得させた。『祖堂集』巻六洞山章にも、「住まいを定めるには、隣人を選ぶことが大切だ（住止、必須択伴）」とある。◉(10)**南斗七、北斗八**＝釈迦老子を上回る顚言倒語。「南斗は六、北斗は七ではないか」と云えば、既に情識の窠窟に落ちる。『雲門広録』巻上に見え、また『会元』巻十七黄龍慧南章には「汝が顚倒して欲する所に随って、～、～」とある。「南斗北斗」は「なんじゅ（しゅ）ほくと」と読む習わし。『禅林句集辨苗』参照。◉(11)囮＝船を曳くとき、失せ物を見つけたとき、突然思わず出る声。また「咄」に同じ。頌古第九則（【二一六】）本則注(12)参照。

【三六】

(1)**歳旦《さいたん》雪下《ふ》る上堂**〔(2)除夜、大風《おおかぜ》吹く〕。「(3)**昨夜、旧年《きゅうねん》の風《かぜ》**〔(4)上大人丘乙己《じょうたいじんきゅういつき》〕、**今朝、新歳《しんさい》の雪**〔化三千《けさんぜん》七十士《しちじっし》〕。(5)**雪《ゆき》は旧年の寒《かん》を帯《お》び**〔你小生八九子《にいしょうせいはちきゅうし》〕、**風《かぜ》は新歳《しんさい》の節《せつ》を和《わ》す**〔可作仁可知礼也《かさじんかちらいや》〕。(6)**阿呵呵《あかか》、我が家《いえ》の**(7)**好駆儺《こうくだ》**〔(8)立春大吉祥《りっしゅんだいきちしょう》〕、**向後《こうご》、災禍《さいか》を絶《ぜっ》せん**〔(9)手に信《まか》せて拈《ねん》じ来たれば、著著《ちゃくちゃく》親し〕。**災禍《さいか》を絶**

す、⑽東西南北《とうざいなんぼく》、皆な可可《かか》（⑾祥光軽《しょうこうかろ》く浮《う》かぶ丈方《じょうほう》の地、南極《なんきょく》の老人、寿香《じゅこう》を献《けん》ず）、⑿龍宝《りゅうほう》、茲《こ》れより炉《ろ》竈《そう》大ならん（⒀伏《ふ》して以《おもん》みれば、堂頭《どうちょう》和尚万福《ばんぷく》）。

⑴**歳旦雪下上堂**＝嘉暦三年（一三二八）元旦の上堂、国師四十七歳。前日の大晦日に吹いた大風を機縁としての説法。◉⑵除夜大風吹＝白隠の下語ではなく、『大灯録』原本に有る下注。◉⑶**昨夜旧年風、今朝新歳雪**＝一夜で新旧相分かれた処。◉⑷上大人丘乙己…可作仁可知礼也＝初歩の手習いの基本、本邦の「いろは」。又は「上大人、丘乙己《き》（已）化三千七十士（二）尓、小生八九子佳、作仁、可知礼也」とも書き、孔子が大人（父）に上《たてまつ》った書とも云われ、その弟子三千の内の優れた者は七十二人という事を含意しているが、余り意味の無い文。『睦州録』、『雲門広録』巻上に見える。『俗語解』［二八八］参照。◉⑸**雪帯旧年寒、風和新歳節**＝旧年の寒さが積もって今朝の雪となり、今春の陽気は昨年の風が持ってきた。断見を滅した処。◉⑹**阿呵呵**＝アッハッハッ。この一笑よく禍を転じて吉となす。『碧巌』七十本則下語。◉⑺**好駆儺**＝「駆儺」は大晦日の鬼遣《おにや》らい。除夜の大風を駆儺に見立てて、以後の災禍を払い吹き飛ばしてくれたことを祝する、また雪は豊年の吉兆。『白雲端録』法華録の元日上堂に、「今年の好駆儺、向後、災禍無けん」（禅十四・四一三）と。「駆儺」の事は、東洋文庫『荊楚歳時記』十二月の条に詳しいが、古代よりの行事で、方相の仮面をかぶった者が熊の皮を纏って多くの郎党・子供をひきつれ、桃の弓に棘の矢をつがえて放ち、土鼓を打ち鳴らし炬火を持って疫を送った儀式である。本邦では平安時代より、大晦日に桃の弓に葦の矢で悪鬼を追い出すことが行なわれていた。◉⑻立春大吉祥＝目出度し、目出度し。立春大吉のお札《ふだ》。◉⑼信手拈来著著親＝一挙手一投足、何を取っても自性に他ならず。自由自在、いずくにか災禍あらんや。「信手拈来」は「手当たり次第に取ってくる」。「著著」は「どれもこれも」の意。もと『人天眼目』巻一。◉⑽**東西南北皆可可**＝いずくも皆な結構。祝語。◉⑾祥光軽浮丈方地、南極老人献寿香＝やれ、目出度い。「南極老人」は福禄寿、背が低く長頭で、杖に経巻を結び、鶴を伴う。

【一の二】注(3)参照。『壁生草《いつまでぐさ》』巻上、白隠二十一歳条に、美濃洞戸保福寺の南禅和尚の歳旦偈に和韻し、和尚の徳を讃え長寿を祈って、「太阿《たいあ》の一握の霜を振起して、天下の第三陽を招回《しょうかい》す。〜、〜」と詠む。◉(12)**龍宝従茲炉竈大**＝大徳寺はこれから衆が集まり、繁栄するであろう。「炉竈」はいろりのかまど、人が増えれば竈も大きいのが要る。因みに、竈神は富殖を司る。◉(13)伏以堂頭和尚万福＝和尚さまにはご多幸ならんと拝察申し上げます。尺牘《せきとく》（手紙）文の形式を借りて、ややおちょくった言い方。炉竈ばかり大きくしても、役に立たぬと云わんばかり。

【三七】

(1)**上堂。**「(2)**意《い》到って句《く》到らず**〔(3)昨夜《さくや》三更牛《さんこう》を失却《しっきゃく》す〕、(4)**一二三四五六七**〔(5)千手大悲も数え足《た》さず〕、**句到って意到らず**〔天明《てんめい》起き来たれば火を失却す〕、**七六五四三二一**〔(6)三箇の猢猻《こそん》、夜、銭《ぜに》を簸《ひ》る〕。**忽然《こつねん》として意句倶《とも》に到る時は、又た作麼生《そもさん》**〔(7)勘破了也《かんぱりょうや》。錯《しゃく》、果然《かぜん》、点《てん》〕」。**良久《りょうきゅう》して云く、**「(8)**花の開くことは栽培《さいばい》の力を仮《か》らず、自《おの》ずから春風の伊《かれ》を管待《かんたい》する有り**〔(9)桑柘影斜《そうしゃかげなな》めにして秋社《しゅうしゃ》散じ、家家《かか》酔人《すいじん》を扶《たす》け得《え》て帰る〕」。

(1)**上堂**＝二月一日の旦望上堂か。此の年は元宵上堂と涅槃会上堂が欠ける。◉(2)**意到句不到**＝心に分かっても、口に云えぬ。『葉県省録』上堂に、「有る時は、句到って意到らず。妄りに前塵を縁じて影事を分別す。有る時は、意到って句到らず。盲の象を摸するが如く、各々異端を説く。有る時は、意句倶に到る。乾坤界を打破し、光明十方を照らす」（禅十一・四五五）と。本縁は葉県の語に円悟の句を開いて下語としたもの。◉(3)昨夜三更失却牛、天明起来失却火＝暗中に暗を失し（正中偏）、明中に明を失す（偏中正）。「失却」とは打成一片の忘却の事を云う。『伝灯録』巻八南泉章に見える。『大川録』宝陁観音録の入寺法語に、此れは南泉が新しく寺に入って方丈に帰った際の問答で、僧に挨拶されて「忘前失後、夢中に夢を説く」、衲《わし》なら「新来晩到、井竈を知らず」と答える、と見える。尚お【一三〇の二】

注(3)参照。◉(4)**一二三四五六七、七六五四三二一**＝円転自在に循環逆順する実相をいう。『碧巌』二十一本則下語。『円悟録』巻八上堂に、「〜、〜。風車を旋らして定盤星に上らせ、百尺竿頭に觱篥《ひつりつ》を吹く」と。また『会元』巻二十徳山子涓（開福寧下三世）章にも見える。◉(5)**千手大悲数不足**＝数え得るような数ではない。足は「尽《つくす》」の意。『碧巌』四十七則頌に、「一二三四五六七、碧眼の胡僧も数え足さず。云々」。◉(6)**三箇猢猻夜簸銭**＝「簸銭《はせん》」は「銭を擲《なげう》って賭博をすること」。『洞山初録』因事頌に、「五台山上雲飯《くもはん》を蒸し、仏殿階前《かいぜん》狗《く》天に尿《ゆばり》す。幡竿《はんかん》頭上に䭔子《たいす》を煎《い》る、〜」（禅十二・六六〇）。法身辺上の機語、『碧巌』九十六第一頌評唱参照。◉(7)**勘破了也**。錯、果然、点＝この下語は寧ろ下の句にかかる、とする書き入れの注あり。【一五】注(7)参照。◉(8)**花開不仮栽培力、自有春風管待伊**＝花が開くのは、必ずしも人間の世話の力ではない、春風が吹けば自ずと蕾をつける。「管待」は「世話し管理する」。『大応録』崇福録五十章に見えるが、もと『白雲端広録』法華録に、「山花は栽培の力を廃せず、自ずから春風の伊を管帯する有り」（禅十四・四一五上）と。◉(9)**桑柘影斜秋社散、家家扶得酔人帰**＝桑の木の影が斜めに落ちる頃、秋祭りも終わり、家ごとに酔った人をかかえるようにして帰って行く。農村の休日ののんびりした風景。白隠禅師も夫唱婦随。『三体詩』七絶の王駕「社日」の三四句。

【三八】

三月旦《さんげつたん》上堂。「(1)**煙霞影《えんかかげ》の裏《うち》、春風声《こえ》の中《うち》、山桃紅綻《さんとうべにほころ》び、岸柳翠濃《がんりゅうみどりこまやか》なり**（(2)一対の鴛鴦《えんおう》、画《えが》けども成らず）。(3)**限《かぎ》り無き幽情《ゆうじょう》遮掩《しやえん》し回《がた》し、**(4)**莫教《さもあらば》あれ、舞蝶《ぶちょう》一叢叢《そうそう》**（(5)限り無く春を傷《いた》む意《こころ》を知らんと欲せば、尽《ことごと》く針を停めて語らざる時に在り）」。

(1)**煙霞影裏…岸柳翠濃**＝春がすみの中、風に乗って鶯の声。山桃も紅くほころび、岸辺の柳もみどり増す。目くるめく春の情景。◉⑵一対鴛鴦画不成＝水辺に一組のオシドリ夫婦、絵にも画けない美しさ。『白雲端録』巻四頌古の二十六、趙州投子に問う「大死底人」の頌に、「死去活来、牙尚露わる、明に投じて須らく到り已わり先に行くべし。誰が家の別館、池塘の裏、〜」（禅十四・四三八）。頌古第十四則（【一二二】）本則注⒂参照。◉⑶**無限幽情回遮掩**＝限りなくほのかな風情は、覆い隠すことはできない。◉⑷**莫教舞蝶一叢叢**＝あちらこちらの叢に蝶々が見えつ隠れつ舞っている風情よ。「莫教」は【一七の一】注⑻参照。◉⑸欲知無限傷春意、尽在停針不語時＝知音底にあらずんばこの気持ちは分からぬ。『錦繍段』巻八朱絳「春女怨」に「独り紗窓に在って刺繍すること遅く、紫荊枝上に黄鸝囀《さえず》る。〜、〜」と。縫い物をしても、男を思って気もそぞろ、鶯の声も耳に入らない。春を傷み愁える心限りなし、針をすすめる手も停まり黙々とするのみ。

【三九の二】

⑴三月半上堂《さんげつはんじようどう》。僧問う、「⑵祖令当行《それいとうぎよう》、十方坐断《じつぽうざだん》することは則ち問わず、只だ春風払払《しゆんぷうほつほつ》の時節に於いて、願わくは⑶親切《しんせつ》の一句を聞かん」。師云く、「⑷処処《しよしよ》の緑楊《りよくよう》、馬を繋《つな》ぐに堪《た》えたり」。進めて云く、「長沙《ちようしや》、一日《いつじつ》、遊山《ゆさん》して門首《もんしゆ》に帰る。首座《しゆそ》、問うて云く、『和尚、什麼《いずれ》の処にか去来《こらい》す』。沙《しや》云く、『遊山し来たる』と。意旨如何《いしいかん》」。師云く、「⑸家家《かか》の門路《もんろ》、長安に透《とお》る」。進めて云く、「首座《しゆそ》云く、『什麼の処にか到り来たる』。沙云く、『⑹始めは芳草《ほうそう》に随《したが》って去り、又た落花を逐《お》うて回《かえ》る』と。如何が領略《りようりやく》せん」。師云く、「⑺落霞《らつか》と孤鶩《こぼく》と斉《ひと》しく飛《と》ぶ」。「首座云く、『大いに春意《しゆんい》に似たり』。沙云く、『⑻也《ま》た秋露《しゆうろ》の芙蕖《ふきよ》に滴《した》つに勝《まさ》れり』と。端的《たんてき》、那裡《なり》にか在る」。師云く、「春水長天《しゆんすいちようてん》と共《とも》に一色《いつしよく》」。進めて云く、「雪竇《せつちよう》、著語《じやくご》して云く、『⑼答話《とうわ》を謝《しや》す』と。如何が委悉《いしつ》せん」。師云く、「⑽一畝《いつぽ》の地、三蛇九鼠《さんじやきゆうそ》」。進めて云く、「古人、恁麼《いんも》の酬唱《しゆうしよう》、飇《ひよう》の如く電《でん》の如し、只だ⑾恐らくは通変《つうへん》未だ全からざらんことを。和尚、今日別に提唱《ていしよう》有ること莫《な》しや」。師云く、「⑿崑崙《こんろん》に生鉄《さんてつ》を嚼《か》む」。進めて云く、

「⒀楊得意《ようとくい》に因《よ》らずんば、争《いか》でか馬《ば》相如《しょうじょ》を識《し》らん」。便ち礼拝《らいはい》す。師云く、「⒁咦《いー》」。

⑴**三月半上堂**＝三月十五日の上堂。『碧巌』三十六則、南泉の法嗣の長沙景岑禅師の遊山をテーマに取り上げた。後の【九八】にも取り上げる。◉⑵**祖令当行十方坐断**＝何人も寄せつけぬ向上の処。『碧巌』八十二頌評唱に見える。向上門（把住）は差し置いて、今日は向下門（放行）の処を伺いたいと申し出た。「坐断」は【七三の一】注⑿参照。◉⑶**親切一句**＝事にピタリ適った一句。◉⑷**処処緑楊堪繋馬**＝どの楊にでも馬を繋いで休むことが出来る。その場その場が安身立命の処。次の句と共に、『禅林類聚』巻四の五丁に見える天衣義懐（雪竇下）の語、但し「門路」は「門首」。◉⑸**家家門路透長安**＝各自即今当処、大道長安に通ず、本分の道にあらざるは無し。『趙州録』に、狗子仏性を問われた時の答え（禅十一・三二四）、但し「門路」は「門前」。◉⑹**始随芳草去、又逐落花回**＝「興に乗じて去る、芳草につられて吾を忘れて行く、此は見事、向上とも向下とも今時《こんじ》とも那辺《なへん》とも名づけられぬ」（『秘鈔』）。◉⑺**落霞与孤鶩斉飛、春水共長天一色**＝西の空には低く落ちかかる夕焼け雲が、ただ一羽の野鴨と共に飛んで、春の水は、果てなく遠い空と共に、ただ一色に連なって区別が分からない。「落霞」は「晩霞」のこと。『古文真宝・後集』巻三王勃《おうぼつ》「滕王閣《とうおうかく》の序」、文中の絶唱、但し「春水」は「秋水」である。【二〇九の二】本文にも出づ。◉⑻**也勝秋露滴芙蕖**＝秋露が蓮に滴る清涼晩秋の風情よりは勝っているかも。春意にも拘《こだわ》らぬ所。「芙蕖」は蓮の異名。◉⑼**謝答話**＝「首座に代わって、塗毒鼓の如く天に倚る長剣じゃ」（『秘鈔』）。◉⑽**一畝之地、三蛇九鼠**＝蛇とネズミの寄り合い世帯、誠に畏るべし。『宗門方語』に、「悪物少なからず、狼藉少なからず」と。『広灯録』巻十八に、慈明楚円が西来意を問われた時の答え。◉⑾**恐通変未全**＝まだ本当に宛転自在とは云えない。「通変」は変化の理に通暁している、変通自在の義。『易』繋辞下伝に、「窮すれば変じ、変ずれば通じ、通ずれば久し」と。◉⑿**崑崙嚼生鉄**＝なま鉄の丸齧《かじ》り。汝が觜《くちばし》を下し難し、没滋味。「崑崙」は【一八の一】注⑵参照。◉⒀**不因楊得意争識馬相如**＝和尚のお蔭で法恩に預

かりました、と、僧の讃歎礼謝。底本の「揚」は本来は「楊」。『会元』巻十七湛堂文準章、もと『史記』司馬相如列伝五十七に、相如を漢武帝に紹介した人。『大灯録』原本では「揚徳意」。◉⑭**咦**＝①大呼・喝破・歎辞、学人を驚覚し、物を指示する辞。②冷笑・ソレ見よ・また「イー」と否定するの意（中川渋庵『禅語字彙』）。ここでは「口先だけでは駄目とばかり、ふふんと嘲笑」したとも、或いは又た大声で「イー」と驚覚せしめたとも云える。

【三九の二】

乃《すなわ》ち挙《こ》す。「(1)**僧、風穴《ふけつ》に問う、『語黙《ごもく》、離微《りび》に渉《わた》る、如何《いかん》が不犯《ふぼん》に通《つう》ぜん**（(2)戦いに慣《な》れたる作家《さつけ》。(3)虎頭《ことう》に角《つの》を戴《いただ》いて荒草《こうそう》を出《い》づ）』。**穴《けつ》云く、『**(4)**常《つね》に憶《おも》う江南三月《こうなんさんげつ》の裡《うち》、鷓鴣《しやこ》啼《な》く処、百花香《ひやつかかんば》し**（(5)寒毛卓竪《かんもうたくじゅ》す。(6)者《こ》の僧、恰《あたか》も那吒《なた》が鉄鎚《てつつい》を把《と》って劈面《ひつめん》に揮《ふる》うに似たるも、知らず、風穴、他の鎚子上《ついすじょう》に立って身を転ずることを）』。**諸人《しよにん》、風穴《ふけつ》を見んと要すや**。(7)**只だ常憶《じようおく》の両字を識取《しきしゆ》せよ**（(8)若し常憶の両字上に向かって風穴を見んと要せば、千里万里）、(9)**其《そ》れ如《も》し未《いま》だ然《しか》らずんば、離微体浄品《りびたいじようぼん》**（又た是れ寒毛卓竪す。(10)若し是れ後語《こうご》無くんば、国師の児孫《じそん》、豈《あ》に今日に到ることを得んや。(11)宜《むべ》なる哉《かな》、扶桑《ふそう》の雲門大師）』。

(1)**僧問風穴…如何通不犯**＝言うにつけ、黙るにつけ、生滅有無に関わる、どうしたら五蘊六塵に染まないことが出来ますか。『無門関』二十四則、『伝灯録』巻十三風穴延沼（南院顒下）章に見える。「離微の二字、蓋し道の要《かなめ》なり」と僧肇『宝蔵論』「離微体浄品」に見え、「離は法なり、微は仏なり」「離は無身、微は無心」「離は空なり、微は有なり」と様々に説かれるが、「夫《そ》れ離微の義、非一非二、言説を以て顕わすべきに非ず、深心を以て体解せんことを要す」とある。◉(2)慣戦作家＝問話僧は百戦錬磨の達人。『碧巌』二十四頌下語。◉(3)虎頭戴角出荒草＝恐ろしい奴が出てきたものだ。百丈併却咽喉に対し潙山の「却って請う、和尚道え」を、雪竇禅師が品評した語（『碧巌』七十頌）。但し「戴」

は「生」。◉⑷**常憶江南三月裡、鷓鴣啼処百花香**＝常に憶うは、江南三月、鷓鴣鳴き花咲《わら》う故郷の春景色。『無門関西柏鈔』に云う、「己心清浄なるときは黙識にも言語にも過患有ること無し。一切の法は皆な是れ仏法なり、何の通塞・犯不犯か有らんや」と。これは又た『風穴録』に、「如何なるか是れ人境俱不奪」に答えた語（禅十一・二四一）でもある。◉⑸寒毛卓竪＝身の毛もよだつ。『碧巌』二頌下語。◉⑹者僧恰似那吒把鉄鎚劈面揮、不知風穴立他鎚子上転身＝「那吒」は毘沙門天王の子、三面八臂、大力鬼王。この僧、那吒太子の如く鉄のハンマーをまっしぐらに振りかざしても、風穴はひらりとそのハンマーの上に身を転じてしまうのを分かっていない。◉⑺**只識取常憶両字**＝「常に憶う」とは「余念のないこと」。「思い出すようじゃ惚れよが薄い」という俗諺も有る。◉⑻若向常憶両字上要見風穴、千里万里＝国師の言葉を鵜呑みにしたら、万里を隔つ。◉⑼**其如未然、離微体浄品**＝そこまで到らない者は、先ずは『宝蔵論』「離微体浄品」を体解せよ。◉⑽若是無後語、国師児孫豈得到今日＝この一句無くんば、応灯門下無かりしに。◉⑾宜哉、扶桑之雲門大師＝国師を雲門の再来と云うは誠にうべなるかな。

【四〇の二】

四月旦《しげつたん》上堂。僧問う、「⑴鵲《かささぎ》噪《さわ》いで柳糸《りゅうし》乱《みだ》れ、亀《かめ》遊んで荷蓋《かがい》傾《かたむ》く。此の中《うち》現成《げんじょう》の事《じ》、未審《いぶか》し、如何《いかん》が提唱《ていしょう》せん」。師云く、「⑵青青《せいせい》、時《とき》の人《ひと》の意《い》に入《い》らず」。僧云く、「⑶潙山《いさん》、衆《しゅ》に示して云く、『有句無句《うくむく》は藤《ふじ》の樹《じゅ》に倚《よ》るが如し』と。意旨作麼生《いしそもさん》」。師云く、「⑷八十の翁翁《おうおう》、牙根《げこん》堅し」。僧云く、「疎山《そざん》云く、『忽《たちま》ち樹《じゅ》倒れ藤《ふじ》枯るるに遭《あ》わば、句《く》、何《いず》れの処にか帰す』と。又た作麼生」。師云く、「⑸之れを見て取らずんば、之れを思うこと千里」。僧云く、「潙山、泥盤《でいばん》を放下《ほうげ》して呵呵大笑《かかたいしょう》すと。意《い》、那裏《なり》にか有る」。師云く、「⑹黄連《おうれん》も未だ是れ苦《にが》からず」。僧云く、「⑺独《どく》眼龍《がんりゅう》云く、『潙山をして笑い転《うた》た新《あら》たならしむ』と。如何が委悉《いしつ》せん」。師云く、「⑻屋裡《おくり》に揚州《ようじゅう》を鬻《ひさ》ぐ」。僧云く、「疎山《そざん》、言下《ごんか》に⑼帰《おもむき》を知って乃《すなわ》ち云く、『潙山、⑽笑中《しょうちゅう》に元来刀《とう》有り』と。⑾還《かえ》って端的なりや也《ま》た無《いな》や」。師云く、

「(12)誰か知らん、席帽《せきぼう》の下《もと》、元《も》と是れ昔愁《せきしゅう》の人《ひと》ならんとは」。僧云く、「上来《じょうらい》、一一指示を蒙《こうむ》る。向上の宗乗《こうじょうしゅうじょう》、又た如何」。師云く、「(13)拄杖頭上《しゅじょうとうじょう》に日月《じつげつ》を挑《かか》ぐ」。僧云く、「(14)尊貴《そんき》の路《みち》を行かずんば、争《いか》でか上頭《じょうとう》の関《かん》を踏まん」といって便ち礼拝《らいはい》す。師云く、「(15)好《よ》く脚下《きゃっか》を看《み》よ」。

(1)**鵲噪柳糸乱、亀遊荷蓋傾**＝かささぎ鳴いて柳葉乱れ、亀泳いで荷葉動く。洞山守初の「風無きに荷葉動く、決定《けつじょう》魚の行くこと有らん」（『伝灯録』巻二十三）に同趣。◉(2)**青青不入時人意**＝青々たる其中の深意、会す者なし。『大応録』崇福録五十章、元宵上堂語、もと『普灯録』巻二十六蒙庵思岳（大慧下）章に、「松柏千年の青、時人の意に入らず」と。◉(3)**潙山示衆云、有句無句如藤倚樹**＝有あっての無、無あっての有、男あっての女、俗あっての僧、互いに持ちつ持たれつ。「潙山」は福州大安（七九三―八八三）のこと。百丈海の法嗣で、「懶安《らんあん》」と号し、潙山霊祐禅師（七七一―八五三）死後、その法席を継ぐ。後に福州長慶院に住す。ここの問答は『会元』巻十三疎山匡仁《そざんきょうにん》（八三七―九〇九、洞山价下）章に見えるが、潙山のこの示衆を伝え聞いた疎山が福州に赴き、「潙の壁を泥《ぬ》るに値《あ》って、便ち問う、…『忽ち樹倒れ藤枯るるに遇わば、句は何れの処にか帰す』。潙、泥槃を放下して呵呵大笑して方丈に帰る。…後に婺州《ぶしゅう》の明招謙和尚（独眼龍）の出世するを聞いて、径《ただち》に往いて礼拝す。招、問う、『甚《いず》れの処よりか来たる』。師曰く、『閩《びん》中より来たる』。招曰く、『曾て大潙に到れるや』。師曰く、『到れり』。招曰く、『潙山は謂つ可し、頭正《はじめただ》しく尾正《おわり》し、と。祇《た》だ是れ知音に遇わざるのみ』と。師、亦た省せず復た問う、『忽ち樹倒れ藤枯るるに遇わば、句、何れの処にか帰す』。師、前話を挙す。招曰く、『却って潙山をして笑い転た新たならしむ』と。師、言下に於いて大悟す。乃ち曰く、『潙山元来笑裏に刀有り』。遥かに望んで礼拝し、過を悔ゆ」と。◉(4)**八十翁翁牙根堅**＝潙老翁八十になっても、なかなかしたたか。「牙根堅」は、歯がしっかりして、耄碌していないこと。『洞山初録』に「八十翁翁牙不動」（禅十二・六四六）。◉(5)**見之不取、思之千里**＝目前にみて即今取らねば、永劫に埒があかない。『碧巌』

八十五頌、もとは『洞山初録』（禅十二・六四九）の語。◉⑹**黄連未是苦**＝潙山の悪毒さに比べたら、黄連も未だ苦くない。「黄連」はキンポウゲ科の薬草で、苦味の有る健胃薬。『虚堂録』巻一報恩録。◉⑺**独眼龍云、教潙山笑転新**＝潙山にまた笑われるぞ。唐末の明招徳謙は羅山道閑の法嗣、機鋒峭峻、左眼を失い、為に独眼龍と呼ばれた。◉⑻**屋裡鬻揚州**＝独眼龍の大腕力、潙山の笑いを新たにして、疎山をすっかり毒づけにした。『葛藤語箋』に、「遠く求めずして、坐《い》ながらに致すの謂なり」と。「揚州」は江蘇省揚子江岸にあり、中国の貨物の集散地で、商業の中心地。居ながらに揚州のような商取引をする、衲僧自在の妙用にたとえる。『密菴録』下頌賛に「屋裏に揚州を販ぐ。水深く山更に幽なり、終年客の到る無く、明月自ずから相投ず」（禅十六・四五七）と。底本の「楊」は本来は「揚」。◉⑼**知帰**＝落処を知った。根本に帰することが出来た。『碧巌』七本則評唱、もと三祖『信心銘』に「帰根得旨」と云う。◉⑽**笑中元来有刀**＝笑中に（大悲の）殺人刀あり。◉⑾**還端的也無**＝ほんとうにそうでしょうか。◉⑿**誰知席帽下、元是昔愁人**＝（新しい春の）帽子の下にあるのは、誰ぞ知らん、以前の愁いを抱いた人の顔ならんとは（同じ苦労をした知音底にあらざれば、知る由もなし）。「席帽」は藤の編み笠。『寒山詩』三十七「聞道愁難遣」。◉⒀**拄杖頭上挑日月**＝「挑日月」は、拄杖の先に提灯のように日月をぶら下げること、一拄杖に宇宙を包蔵する衲僧の気宇広大なる無礙の働き。拄杖は、払子と共に師家為人の象徴。『伝灯録』巻十五道場如訥（青原下四世）章に、「三尺杖頭に日月を挑ぐ」と。◉⒁**不行尊貴路、争踏上頭関**＝ご教示のお蔭で、向上の宗要を知ることが出来ました。僧の讃歎礼謝。「上頭関」は『円悟録』に頻出する。例えば「他家曾踏上頭関」、「踏著上頭関捩子底」等。「上頭関」は「上頭関捩子」、「向上関捩子」に同義で、「関捩子」は「回転できる装置で、緊要所（鍵）」を云う。◉⒂**好看脚下**＝（上頭の関を踏むなどと口幅ったいことを云う前に）脚実地なるか、確と看よ。「看脚下」は五祖下の三仏夜話の時の円悟禅師の下語（『大慧武庫』）。

【四〇の二】

乃《すなわ》ち拄杖《しゆじよう》を拈《ねん》じて卓一下《たくいちげ》して云く、「(1)**人《ひと》有り、者箇《しやこ》に似たらば、**(2)**触処《そくしよ》に築著磕著《ちくじやくかつじやく》**〔(3)玄武《げんぶ》、世を持す則《とき》んば人と為《なり》慳吝奸雄《けんりんかんゆう》〕、**人有り、者箇に似たらずんば、**(4)**物に随《したが》って七穿八穴《しちせんはちけつ》**〔(5)白虎、身を扶《たす》くる則《とき》んば、賦《ふ》性《せい》剛強狼毒《ろうどく》〕、**且《しば》らく道《い》え、**(6)**諸訛《ごうか》、甚《いず》れの処にか在る**〔(7)伏《ふ》して請《こ》う、和尚自家《じか》に点検せよ〕」。**良久《りようきゆう》して云く、**「(8)**満地《まんち》の落花、春已《すで》に過《す》ぐ、緑陰《りよくいん》空《むな》しく鎖《と》ざす旧莓苔《ばいたい》**〔(9)点《てん》〕」。**又た卓一下《たくいちげ》す。**

(1)**有人似者箇**＝「者箇」は「這箇、これ、それ」、ここではドンと突いた拄杖子。「似這箇」は「本分の正令を会得する」、『碧巌』六十三頌下語。◉(2)**触処築著磕著**＝拄杖子と一枚、どこでも突いたり、叩いたり（自由自在）。「触処」は「到るところ」の意。「築著」の「築」は𥓱《しゆく》、触《そく》、撞《どう》とも書くが、「突く」の意。「磕著」は「叩く」の意。また「築著磕著」には「左右逢源」の意もある（『栲栳珠』）。◉(3)玄武持世、則為人慳吝奸雄＝玄武の星に当たる（子年生まれ）者の人となりは吝嗇で意地が悪い、油断するな。「玄武」は亀と蛇との合体した神獣で、子・北・水を示し、『易』では「習坎」の卦で表わす。出典未詳、実践易占いの断易の辞か。◉(4)**随物七穿八穴**＝拄杖子が手に入らぬ時は、物に引き回されて破れボロボロ。「七穿八穴」は「七穿八洞」とも、能動的には「縦横無尽に穴をうがつ」ことから「七通八達」の意で用いられるが、ここは受動態としての「どこもかしこも穴だらけにされる、台なし」の意。◉(5)白虎扶身、則賦性剛強狼毒＝白虎の星に当たる（酉年生まれ）人は強情で世間へ出て暴れ回る、益々油断はならない。「白虎」は西・酉・金を示す、『易』では「兌」の卦で表わす。出典未詳。因みに世・応・身は、実践易占いの活断用語。◉(6)**諸訛在甚処**＝「誵訛」は「紛糾錯雑した葛藤、問題点」。【一四の一】注⒃参照。拄杖子（主人公）の能・所、賓・主の働き方の難しさ。応菴曇華の法嗣の南書記の語に「是れ人を打殺せずんば、人に打殺されること定まれり」（『会元』巻二十）とある。又【二一の一】の注(7)で述べた如く、竹原宗元庵主にも同様の趣のことがある。◉(7)伏請和尚自家点検＝国師ご自分の足下を点検された方が（白隠もなかなか根性が悪い）。◉(8)**満地落花春已過、緑陰空鎖旧莓苔**＝一面の落花、春も空しく過ぎた、緑陰は旧く苔むした路を空しく覆うのみ。旧四月一日は孟夏、此れ程徹困親切に説いてもまだ分からぬか、空しく春は過ぎるのみ、と。『虚堂録』巻五頌古の七「達磨見梁武帝」に、「玉簫《ぎょくしょう》吹き徹す鳳凰《ほうおう》台、古殿深沈《しんちん》として暁未だ開けず。～、～」と、武帝の不聡明を頌する。◉(9)点＝手の内はとっくに点破しているぞ。「点」の多義は【一五】注(7)参照。

【四一の二】

(1)仏誕生上堂。僧問う、「世尊《せそん》、初めて降生《ごうしょう》し、(2)天を指《さ》し地を指し、周行七歩《しゅうこうしちほ》して云く、『天上天下《てんじょうてんげ》、唯我《ゆいが》独尊《どくそん》』と。意旨如何《いしいかん》」。師云く、「(3)日《ひ》出でて乾坤輝《けんこんかがや》く」。僧云く、「雲門云く、『(4)我れ当初《そのかみ》若し見しかば、一棒に打殺《たさつ》して狗子《くす》に与えて喫せしめ、貴《たっと》ぶらくは天下太平を図《はか》らん』と。端的《たんてき》、那裡《なり》にか在る」。師云く、「(5)恩《おん》を知って方《まさ》に恩を報ずることを解《げ》す」。僧云く、「(6)雪竇《せっちょう》云く、『我れ当初若し見しかば、便ち与《ため》に禅床《ぜんしょう》を掀倒《きんとう》せん』と。又た作麼生《そもさん》」。師云く、「(7)鬼《き》、漆桶《しっつう》を争《あらそ》う」。僧云く、「只だ今朝《こんちょう》、諸方、手《て》を出だして金躯《こんく》を灌沐《かんもく》するが如きんば、二大老の用処《ゆうじょ》と是れ同《どう》か是れ別《べつ》か」。師云く、「(8)千年の田《でん》、八百の主《しゅ》」。僧云く、「(9)千峰《せんぽう》の勢《いきお》いは岳辺《がくへん》に到って止《とど》まり、万派《ばんぱ》の声《こえ》は海上《かいじょう》に帰《き》して消《しょう》す」といって便ち礼拝す。(10)師云く、「也《ま》た何ぞ妨《さまた》げん」。

(1)**仏誕生上堂**＝【八の一】参照。此所の問答は『大応録』崇福録五十四章、浴仏上堂を踏まえて。◉(2)**指天指地…唯我独尊**＝『毘奈耶雑事』巻二十に、「足、七花を踏んで、行くこと七歩し已《お》わって、四方を遍観し、手指上下して、如是の語を作《な》す、『此れ即ち是れ我が最後の生身。天上天下、唯我独尊』」（大正二十四・二九八上）と見える。◉(3)**日出乾坤輝**＝『禅林類聚』巻二の五十七丁、琅瑘慧覚、刻仏像の問答に、「～、雲収山獄青」と。大応曰く、「衆の為に力を竭《つ》くす」。◉(4)**我当初若見、…、貴図天下太平**＝『雲門広録』巻中の室中語要に、「挙す。世尊初め生下、…天上天下唯我独尊と云う。師云く、『～、～、～』」（禅十一・三六四上）と。◉(5)**知恩方解報恩**＝『臨済録』行録に見える仰山の語。大応曰く、「未だ曾て他の影子《ようす》をも打著せず（影法師すらも打てたものでない）」。◉(6)**雪竇云…便与掀倒禅床**＝雲門老、お前さんこそ、その説法している禅床ごとひっくり返してやろうぞ。『明覚録』巻三拈古に見える。◉(7)**鬼争漆桶**＝幽鬼どもの漆桶を奪い合う、玄奥の風景。道忠禅師『禅林方語』に、「無分暁、又た誰人か知るを得ん」と。『南院顒語要』に、「問う、『人《ひと》、碧眼に逢う時如何』。師云く、『～』」（禅十一・二三六）と。大応曰く、「剣去って久し」。◉(8)**千年田八百主**＝田地は同じ一つだが、持ち主はその都度変わる。本文の田地は同じだが、家風はそれぞれ独自。『伝灯録』巻十一霊樹如敏章に、「問う、『如何なるか是れ和尚の家風』。師云く、『～』。僧云く、『如何なるか是れ～』。師云く、『郎当たる屋舎、人の修する勿《な》し』」。『大応録』では「二大老の用処、是れ同か、是れ別か」、対して大応曰く「倶に隻手を出だして門戸を扶竪す」と。◉(9)**千峰勢…万派声…**＝和尚さまの大力量のもとには、すべての疑問が解消いたしました、と、僧の讃歎礼謝。【六〇の二】、【七三の二】にも。『大応録』一〇四章、もと『白雲守端録』興化録（禅十四・四一八）。◉(10)**師云、也何妨**＝それも結構（すべて貴公自身の問題）。

【四一の二】

乃《すなわ》ち云く、「(1)三界《さんがい》二十八天を将《もっ》て箇《こ》の仏頭《ぶっとう》と作《な》し〔(2)南海の儵《しゅく》に依稀《いき》として、北海の忽《こつ》に彷彿《ほうふつ》たり。(3)憐《あわ》れむ可《べ》し、渾沌《こんとん》氏、七日にして其《そ》れ死せん〕、**(4)金輪水際《こんりんすいさい》を将て箇の仏脚《ぶっきゃく》と作し**〔(5)阿耶耶《あやや》〕、**(6)四大州《しだいしゅう》を将て箇の仏身《ぶっしん》と作し**〔(7)果然《かぜん》〕、**(8)一切の情と無情とを将て箇の仏の脾胃肝胆《ひいかんたん》と作す**〔(9)七花八裂《しちかはちれつ》。(10)恰《あたか》も庖丁《ほうちょう》の牛を解《と》くが如し〕。**是《かく》の如くなる則《とき》んば、諸人、尽《ことごと》く箇の仏の肚裏《ずり》に在《あ》って、起坐経行《きざきんひん》す。若し也《ま》た肚裏に在らば、(11)争《いか》でか能《よ》く浄智荘厳功徳身《じょうちしょうごんくどくしん》を灌沐《かんもく》せん。若し灌沐妨《さまた》げ無しと道《い》わば、甚《いず》れの処に向かってか安身立《あんじんりゅう》**

命《みょう》せん〔⑿浄《じん》智《し》荘《そう》厳《ねん》功《くん》徳《て》聚《じゅ》〕」。払子《ほっす》を撃《う》って下座《げざ》。

⑴**将三界二十八天作箇仏頭**＝「三界」は、欲界、色界、無色界。欲界の六天、色界の十八天、無色界の四天で計二十八天。その天を一箇の仏頭と為す。『五祖演録』海会録に、陸亘大夫と南泉との「（家中の一片石を）鐫《きざ》んで仏と作さんとす、得てんや」という問答を挙して、乃ち手を挙げて云う、「三界二十八天を将て箇の仏頭と作し、金輪水際を箇の仏脚と作し、四大洲を箇の仏身と作す。然も此の仏児子を作し了わると雖も、你ら諸人、又た却って那裏に在ってか安身立命せん。大衆、還って会するや。…」（禅十二・四三七）とあるを踏まえる。◉⑵**依稀南海儵、彷彿北海忽**＝南海の儵にも似て、また北海の忽のようでもある。「儵」は、現象が速やかに現われる形容、有象に喩える。「忽」は、現象が速やかに消える形容、無形に喩える。共に「有為」の譬え。それに対して「混沌」は「自然、無為」の喩え。『荘子』応帝王篇に基づく話。南海の儵帝と北海の忽帝が渾沌氏の善き待遇に感謝して、混沌氏の為に視聴食息等の七竅を鑿たんと一日に一竅を鑿てば、七日にして渾沌は死んだ。ここは無相の仏に頭脚等を穿たんとしたことを抑下して。◉⑶**可憐渾沌氏、七日而其死乎**＝仏身をいじくり回して殺してしまった。◉⑷**将金輪水際作箇仏脚**＝世界の最低を風輪と云い、その上に水輪あり、水輪の上に金輪があって、その上に九山八海の地輪がある。形なき風輪を除いて、金輪際水輪際の果てを仏脚となす。◉⑸**阿耶耶**＝（仏脚切り刻まれて）ア、イタタ。『会要』百丈海章に、馬祖に鼻を捻られて痛さの余り失声、「阿耶耶、阿耶耶」と。◉⑹**将四大州作箇仏身**＝「四大洲」は須弥山の周りの四島。【三一の三】注⑹参照。三千大世界を仏となし、いずれも仏身にあらざるはなし、仏の内で寝たり起きたり。◉⑺**果然**＝そうくるだろうと思った。◉⑻**将一切情与無情箇仏脾胃肝胆**＝世界の内に存在する一切のもの、情有るものも情無いものも全てを仏の内蔵となして。国師が五祖録に付け加えた一句。◉⑼**七花八裂**＝粉微塵。【五の二】注⒆参照。◉⑽**恰如庖丁解牛**＝仏身を刻むことは、かの名料理人の庖丁の解牛の技にも似たり。「庖丁」は『荘子』養生主篇。◉

⑾**争能灌沐浄智荘厳功徳身**＝浴仏偈の「我今灌沐諸如来、浄智荘厳功徳聚」をもじって云ったもの。仏の内と云えば灌沐に背く、灌沐と云えば（仏の外ということになり）安身立命に背く。国師、浴仏によせて為人の葛藤を打ち出した。◉⑿浄智荘厳功徳聚＝「大徳寺ブシデ、読ミ出シタ」。「じんしそうねんくんてじゅ」と、ただ一心に称うれば、内も外もなかりけり。浴仏偈の第二句。『仏説浴像功徳経』に、「我れ今、諸の如来を灌沐す。浄智もて功徳聚を荘厳す。五濁の衆生をして垢を離れ、願わくば如来の浄法身を証せしめん」（大正十六・七九九）と。

【四二の二】

⑴結夏小参《けつげしょうさん》。僧問う、「⑵烏兎《うと》馳《は》するが如く、聖制《しょうせい》已《すで》に臨《のぞ》む。正当恁麼《しょうとういんも》の時、請《こ》う、師、提唱《ていしょう》せよ」。師云く、「⑶好《よ》し只だ与麼《も》にし去れ」。僧云く、「如何《いか》なるか是れ⑷円覚伽藍《えんがくがらん》」。師云く、「⑸虚空《こくう》に逼塞《ひっそく》す」。僧云く、「如何なるか是れ⑹平等性智《びょうどうしょうち》」。師云く、「⑺月《つき》白く、風《かぜ》清し」。僧云く、「畢竟《ひっきょう》、如何《いかん》が安居《あんご》せん」。師云く、「⑻直饒《たと》い恁麼《いんも》なるも、也《ま》た未《いま》だ真《しん》ならず」。僧云く、「者箇《しゃこ》は則ち且《しば》らく置く、和尚、別に結制底《けっせいてい》の一句《いっく》有ること莫《な》しや」。師云く、「⑼前三三《ぜんさんさん》、後三三《ごさんさん》」。僧云く、「謂《い》つ可《べ》し、⑽石《いし》は長《ちょう》ず無根《むこん》の樹《じゅ》、山《やま》は蔵《かく》す不動《ふどう》の雲《くも》」といって便ち礼《らい》拝《はい》す。師云く、「⑾道《い》い得《え》て始めて得《え》てん」。

⑴**結夏小参**＝結夏は四月十五日より始まるが、その前日の小参法話。◉⑵**烏兎如馳聖制已臨**＝月日の過ぎるのも早いもの、はや入制となりました。「烏」は日、「兎」は月を指す。◉⑶**好只与麼去**＝脇見をせずいちずにそのようにやるがよい。一向如是なるべし。「恁麼」も「与麼」も「如是（そのように、このように）」の義。中峰和尚も云う、「三十年二十年ないし一生、只だ与麼にし去るべし、決して速悟を求める心を起こしてはならない」（『中峰語録』巻中「示然禅人」）と。後出【七七の二】半夏上堂の「諸人只与麼去」、【一六六の二】冬至小参の「好与麼去」を参照。◉⑷

円覚伽藍＝『円覚経』円覚章に、「大円覚（円満の霊覚）を以て我が伽藍と為し、身心、平等性智に安居す」と。◉(5)**逼塞虚空**＝虚空に一杯。次の「月白風清」と共に、『大灯百二十則』六十七則「梁武達磨」の下語に用いられる。◉(6)**平等性智**＝大円鏡智・平等性智・妙観察智・成所作智等の四智の一つで、第七識を転じたもの。第七識の我見に反して無我平等の理に達して、一切衆生に無縁の大悲を起こす智である。結制和合僧の必須条件。◉(7)**月白風清**＝清風明月の境地、心中一点のわだかまりもない。『大応録』六十二章解夏小參、もと『蘇軾』「後赤壁賦」に、「～、此の良夜を如何せん」と。◉(8)**直饒恁麼也未真**＝平等の境地も究極の真ではない、更に向上の些子がある。◉(9)**前三三後三三**＝重々無尽、無量無辺の文殊の道場。『碧巌』三十五則に見える。五台無著（牛頭慧忠の法嗣）が五台山での修行僧の数を問うた時の文殊の答え。『秘鈔』に、「三々が九、二九の十八と云うことか、是が知りたくば昨夜の星の数、今朝の雨の数を知れ」と。◉(10)**石長無根樹、山蔵不動雲**＝誠なるかな古人も、石には無根の樹が生長し、山は不動の雲を納めると云っていますが、お蔭様で言外の境地を味わうことが出来ました、と、僧の讃歎礼謝。『人天眼目』巻六の句意「意到、句不到」の頌、もと『伝灯録』巻十五夾山善会章（但し「長」は「上」、「蔵」は「含」）。「無根樹」は『華厳経』入法界品に菩提心を樹に喩えて謂う、「譬えば樹有り、名づけて無根と曰う、根より生ぜずして枝葉華果、悉皆《しっかい》繁茂するが如く、菩薩摩訶薩の菩提心樹も亦《ま》た是の如く、無根にて得べし。而して能く一切智智、神通大願を長養す」（大正十・四三四上）と。◉(11)**道得始得**＝（借り物ではなく、本当に自分のものとして）云うなら良いがな。

【四二の二】

乃《すなわ》ち云く、「(1)古来、一段《いちだん》の事《じ》有り〔(2)従来、一星事無《いっせいじ》し〕、**常時明明《じょうじめいめい》として日《ひ》の如し**〔(3)尽大地、昏昏《こんこん》として漆《うるし》の如し〕、**(4)之れに向かえば千里を隔《へだ》て**〔(5)従来、能所《のうしょ》無し〕、**之れに背《そむ》けば目前《もくぜん》に在り**〔何《いず》れの処にか向背《こうはい》有らん〕。**(6)得《え》て収《おさ》め難《がた》く**〔(7)水《みず》、水に投《とう》ず〕、**通《つう》じて親しみ難し**〔空《くう》、空に合《がっ》す〕。**所以《このゆえ》に(8)西天《さいてん》は三月《さんげつ》**

九旬《きゅうじゅん》の中《うち》に於いて、四聖六凡《ししょうろくぼん》を聚集《しゅうしゅう》し〔(9)者裡《しゃり》、仏祖も命《めい》を乞《こ》わん、豈《あ》に四聖六凡を容《い》れんや〕、(10)**大円覚《だいえんがく》を以て我が伽藍《がらん》と為《な》し**〔(11)歴劫《りゃくごう》、名無し、強《し》いて名字《みょうじ》を安著《あんじゃく》することを休《や》めよ〕、**身心《しんじん》、平等性智《びょうどうしょうち》に安居《あんご》す**〔(12)金屑《きんせつ》貴《たっと》しと雖《いえど》も、眼《まなこ》に落ちては翳《えい》と成る〕。(13)**宝山《ほうざん》、今夏《こんげ》、也《ま》た例に随って箇の聖制《しょうせい》を結ぶ**〔(14)例有れば例を攀《よ》づ〕、(15)**粥飯《しゅくはん》の精麁《せいそ》を見ず、茶湯《さとう》の清釅《せいげん》を分《わ》かたず**〔(16)豈に是れ分外《ぶんげ》の事ならんや、林下《りんか》の人、必ず応《まさ》に此《か》くの如くなるべし〕、(17)**根機《こんき》の忍耐《にんたい》に随い、肚皮《ずひ》の大小に任《まか》せて、**(18)**手脚《しゅきゃく》を整頓《せいとん》し、黒柱《こくちゅう》を護惜《ごしゃく》す**〔(19)者《こ》の大小の繋驢橛《けろけつ》、縦《たと》い万劫《ばんごう》に護惜し得るも、甚《なん》の用《ゆう》を作《な》すにか堪《た》えん〕。(20)**只だ是れ堆堆地《たいたいじ》なることを許して、慧身《えしん》を成就《じょうじゅ》することを許さず**〔(21)好箇《こうこ》七村裏の土地《つち》〕。**何が故《ゆえ》ぞ」。拄杖《しゅじょう》を卓《たく》して云く、「**(22)**鼻孔《びくう》、元来、上唇《じょうしん》に掛《か》く**〔猶《な》お是れ(23)鬼家《きか》の活計《かっけい》。(24)然《しか》も与麼《よも》なりと雖も、真正悪毒《しんしょうあくどく》の瞎老漢《かつろうかん》なり。四海を一掃《いっそう》するも、今古両箇《りょうこ》と無けん。(25)只だ恨むらくは、眼裏《がんり》に両茎《りょうきょう》の口髭《くちひげ》を栽《う》うることを〕」。

(1)**古来有一段事、常時明明如日**＝「一段事」は「各各、自己の分上に備わる一大事」。『円悟録』巻十三に、「須らく知るべし、自己分上に一段の事有り、今古に輝騰すること十日の並照するが如し」と。◉(2)従来無一星事＝（一段の事だと）もとより一星事（毛筋ほどの事）も無い。『碧巌』九本則評唱に見える、但し「従来」は「本来」。◉(3)尽大地昏昏如漆＝（何の明なるものか）真っ黒けのけ。◉(4)**向之隔千里、背之在目前**＝這箇の仏性、これに向かわんとすれば転た千里を隔て、背けば目前にある。「向・背」は、「顔を向けることと、背けること」。◉(5)従来無能所、何処有向背＝もとより「見る」の「見られる」のと、主客相分かれない故に、「向かう」も「背く」も無い。◉(6)**得而難収、通而難親**＝元来自分のものであるから、改めて自分のものとすることは出来ないし、本来手の内にあるものであるから狎《な》れ親しむことも出来ない。◉(7)水投水、空合空＝隔てなき不二の消息。『天目中峰録』巻上「懐浄土」偈に、「四十八願、水投水、十万余程、空合空」（禅十七・七三五）とあるが、もと『人天眼目』巻三自得慧暉（宏智下）の五位

「兼中至」の頌に、「長安大道長遊戯。処処無私、空合空、法法同帰、水帰水」とあるに依る。◉(8)**西天於三月九旬中、聚集四聖六凡**＝インドでは三ケ月九十日間、凡聖全て等しく集まり修行する。「四聖六凡」とは衆生を十界に分けて、地獄・餓鬼・畜生・修羅・人間・天上を六凡とし、声聞・縁覚・菩薩・仏を四聖という。◉(9)者裡仏祖乞命、豈容四聖六凡＝「者裡」は「ここ」の意。我が者裏は仏の凡のというようなものは容れる余地なし。「仏祖乞命」は『無門関』四十三則。◉(10)**以大円覚…平等性智**＝『円覚経』。【四二の二】注(4)(6)参照。◉(11)歴劫無名、休強安著名字＝本来アノニム、大円覚とは要らぬこと。『碧巌』六十八本則評唱に「聖云く、歴劫無名、何を以て彰して古鏡と為す」と。◉(12)金屑雖貴、落眼成翳＝平等性智と言うも眼病のもと。【一六の一】注(7)参照。◉(13)**宝山**＝龍宝山大徳寺。◉(14)有例攀例＝また旧例に倣うか。【一の八】注(3)参照。◉(15)**不見粥飯精麁、不分茶湯清醲**＝飯の旨い不味い、茶の濃い薄いを、兎や角云わない。『百丈清規』巻六慈覚大師「亀鏡文」に云う、「美膳を貪婪《どんらん》し、麁飡《そさん》を毀呰《きし》するは典座に報いる所以にあらざるなり」と。◉(16)豈是分外事、林下人必応如此＝そんなことは雲水の当たり前の心がけ。◉(17)**随根機忍耐、任肚皮大小**＝根機の鈍なる分だけ耐え忍び、各自の分に応じて。『禅関策進』に、「根機遅鈍なれば…勤苦忍耐すべし」と。「肚皮」は「腹」。◉(18)**整頓手脚、護惜黒柱**＝坐禅をし、主人公を護持する。「整頓」は「収拾（おさめる）」の義、「整頓手脚」は「坐禅」の義。「護惜黒柱」は「本分の主人公を大切に護る」。【一五一の一】注(5)参照。◉(19)者大小繋驢橛…堪作甚用＝なんとも馬鹿でかい馬繋ぎ杭、そんな死人禅ではいつまで経っても埒があかん。「大小」は「大小大」とも。「小」字、意なし。【五の一】注(11)参照。◉(20)**只是許堆堆地、不許成就慧身**＝ただ黙々と坐るのみ、お悟りを求めると云うのは駄目。「堆堆地」は「土饅頭の如く、久しく坐して動かない様」。「成就慧身」は『虚堂録』巻三育王録の結夏小参に見えるが、虚堂は「慧身の成就を要す」と云っている。もとは『八十華厳』梵行品の結びに、「初発心の時即ち…慧身を成就し、他に由って悟るにあらず」（大正十・八九上）と。国師は「望上心」を許さない、冒頭の言の如く只管に「与麼にし去れ」。◉(21)好箇七村裏土地＝人を誑かすのもいい加減にせい。『碧巌』二十二本則評唱に、鰲山《ごうざん》店上雪峰《せっぽう》一向坐禅の姿をみて、巌頭喝して云う、「恰も七村裏の土地の似《ごとく》に相似たり」と。「土地」は「泥塑の土地神」を云う。◉ ㉒**鼻孔元来掛上脣**＝鼻の孔はもともと唇の上にある。眼横鼻直。「ソレハ無事禅ダ、大灯サン」。白雲守端の「二祖安心」頌に、「終始心を覓めて得可き無し、寥寥として見ず少林の人。満庭の旧雪重ねて冷ややかなるを知る、鼻孔依前として上唇に搭《か》く」（『語録巻四』）。◉ ㉓鬼家活計＝「鬼窟裏の活計」とも云い、少分の所得に安住せる亡鬼の生きざま。『大慧書』に、古人喚んで、「黒山下鬼家の活計」と云っているが、『栲栳珠』に「黒山は緊那《きんな》羅《ら》の住所、今、鬼窟と称す。多く違わず。又た鉄囲両山の間、黒闇の処、鬼住す、亦た黒山鬼窟と称すべし。蓋し邪禅の小禅味に著して窟宅と為すに比すなり」と。もと塩官斉安（馬祖下）の語。◉ ㉔雖然与麼…一掃四海今古無両箇＝然はさりながら、国師こそ誠に悪辣極まりなき正真正銘の宗師家、天下古今無双なり。◉ ㉕只恨眼裏栽両茎髭＝ただ惜しむらくは、言わずもがな。『大慧語録』巻十頌古、汾陽十智同真頌にも、「兎角亀毛を眼裏に栽え、…」とあるが、有りもしないことを説くこと。

【四二の三】

⑴**復《ま》た挙《こ》す。**「⑵**古徳道《いわ》く、**『⑶**若し是れ全く宗乗《しゅうじょう》を挙揚《こよう》せば、你等《なんじら》諸人、甚《いず》れの処に向かってか領会《りょうえ》せん**〔⑷太《たい》液《えき》の芙蓉《ふよう》、未央《びおう》の柳、芙蓉は面《おもて》の如く、柳は眉の如し〕。**所以《このゆえ》に、**⑸**古今独露《どくろ》、隠顕無方《おんけんむほう》なり**〔⑹手に琵琶《びわ》を把《と》って半《なか》ば面《おもて》を遮《さえぎ》り、人をして看せしめずんば転《うた》た風流〕』と」。**師、拈《ねん》じて云く、「古徳《ことく》、大いに**⑺**王母《おうぼ》の七枚の神桃《しんとう》を献《けん》じて、彩雲《さいうん》の聳《そび》えたるに乗《じょう》じ、明月に和して去るに似たり**〔⑻律陀《りつだ》掌上の菴摩羅果《あんまらか》、直饒《たと》い鬼神も身を隠し難《がた》し〕」。

⑴**復挙**＝この段は『大応録』興徳録十七章の結夏小参を踏まえる。◉ ⑵**古徳**＝鼓山智岳《くざんちがく》（雪峰下二世）、鼓山神晏の

法嗣。◉⑶**若是全挙揚宗乗、你等諸人向甚処領会**＝衲が宗旨を全く挙揚すれば、諸賢らのよりつくすべもない。「甚処領会」は反語。『伝灯録』巻二十一、『会元』巻八等の鼓山岳章。因みに長沙景岑《ちょうしゃけいしん》（南泉下）の語に、「我れ若し一向に宗教を挙揚せば、法堂裏、須らく草深きこと一丈なるべし（寄り付く者もない）」（『伝灯録』巻十）と。◉⑷太液芙蓉未央柳、芙蓉如面柳如眉＝底本の「大掖」は「太液」の誤植。太液の池の蓮華、未央宮殿の柳、蓮華は楊貴妃の面の如く、柳は眉の如し。甚れの処にも、楊貴妃の姿、万象の中に独露す。白楽天「長恨歌」。◉⑸**古今独露、隠顕無方**＝古今よりそのものは常にギラリと露われているが、隠れたり顕われたり定めがない。「無方」は「途《みち》を殊《こと》にす」とも云うが、「定めがない、変化窮まりなし」の意。『偃渓広聞録』香山録結夏小参（禅十五・二六一下）に見えるが、もとの鼓山の語は、「古今常露、体用無妨」である。◉⑹手把琵琶半遮面、不令人看転風流＝隠あり顕あり、いかにも風流。『普灯録』巻二十七仏鑑慧懃の「離四句絶百非」頌の転結句、但し「手」は「猶」、「看」は「見」。もと白楽天「琵琶行」に、「猶お琵琶を抱いて半ば面を遮う」とある。【一九九】注⑵参照。◉⑺**王母献七枚神桃…和明月而去也**＝意に任せて来たり、意に任せて去る、遊戯三昧。『太平広記』巻三漢武帝の章に、「『漢武帝内伝』に出づ」として、「西王母が七顆の仙桃の内、四顆を武帝に献じ、三顆は自ら食し、而後、神仙の秘訣を伝えて、初めの如く（紫雲の輦）に乗って去った、その後、武帝は王母の訓を守らずに崩ず」（取意）とある。大応は、「依稀《いき》として曲に似て纔かに聴くに堪えたり、又た風に別調の中に吹かる」と高駢《こうべん》「風箏《ふうそう》」の詩を拈ず。◉⑻律陀掌上菴摩羅果、直饒鬼神難隠身＝阿那律の掌上のマンゴーの実のようなもの、誰も隠しようがない。国師の天眼を阿那律に比して。「律陀」は釈迦の弟子の天眼阿那律《あなりつ》のこと、『楞厳経』二に、「阿那律の娑婆世界を見ること手の上のマンゴーの実のようなもの、…どんな微塵清浄国土も見ざる所はなし」（取意）とある。

【四三の一】

(1)次の日上堂。僧問う、「(2)一峰《いっぽう》雲片片《へんぺん》、双澗《そうかん》水潺潺《せんせん》、是れ(3)二千年前の消息《しょうそく》なること莫《な》しや」。師云く、「(4)認著《じゃく》すれば却って不是《ふぜ》」。進めて云く、「(5)古者道《いにしえいわ》く、『(6)護生《ごしょう》は須《すべか》らく是れ殺すべし、殺し尽くして始めて安居《あんご》。箇中《こちゅう》の意《い》を会得《えとく》せば、鉄船《てっせん》、水上に浮かぶ』と。意旨如何《いしいかん》」。師云く、「(7)能《よ》く幾箇《いくこ》か有る」。進めて云く、「如何《いか》なるか是れ護生《ごしょう》は須らく是れ殺すべき」。師云く、「(8)何ぞ必ずしも恁麼《いんも》ならん」。進めて云く、「如何なるか是れ殺し尽くして始めて安居」。師云く、「(9)一向《ひたすら》、無孔《むく》の鉄鎚《てっつい》」。進めて云く、「如何なるか是れ箇中の意」。師云く、「(10)豈《あ》に独《ひと》り孤負《こふ》するのみならんや」。進めて云く、「鉄船、水上に浮かぶと。又た作麼生《そもさん》」。師云く、「(11)下載《あさい》の清風《せいふう》、誰《たれ》にか付与《ふよ》せん」。進めて云く、「只だ(12)朝《あした》に西天《さいてん》に行《ゆ》き、暮《くれ》に東土《とうど》に帰るが如きんば、還《かえ》って禁足底《きんそくてい》の道《どう》理《り》有りや也《ま》た無《いな》や」。師云く、「(13)路途好《ろとよ》しと雖《いえど》も、家《いえ》に在るには如《し》かず」。進めて云く、「恁麼ならば則ち、(14)十《じっ》洲《しゅうさんとう》三島は鶴《つる》の乾坤《けんこん》、四海五湖《しかいごこ》は龍《りゅう》の世界」。師云く、「(15)身《み》を両処《りょうしょ》に分かって看《み》よ」。

(1)**次日上堂**＝四月十五日の上堂。ここの問答は『大応録』崇福録一〇五章を下敷きにする。◉(2)**一峰雲片片、双澗水潺潺**＝山の端には白雲たなびき、足下水流れて爽やか、一個無心の好境界。◉(3)**二千年前消息**＝聖制を創められた釈迦当時、天下太平の消息。「如来ノ時分モコレヨリ外ノ事ハナイ」。◉(4)**認著却不是**＝その好境界を極則と是認せば、却って誤る。「認著」は「是認しきる。真と思い込む」。宝誌和尚十二時頌に、「認著せば依前として還って不是」（『伝灯録』巻二十九）と。◉(5)**古者**＝龐居士、馬祖下。以下『龐居士録』巻上（禅十四・六一）。◉(6)**護生須是殺…鉄船水上浮**＝生命を大切にするとは殺すこと、殺し切ってこそ初めて安らかに居れると云うもの。箇のこころが体得できれば、鉄の団塊も水に浮く。「護生」は次節の注(3)参照。◉(7)**能有幾箇**＝殺尽の者少なし。大応云く、「恁麼の人にして方《はじ》めて恁麼の事を知る」と。◉(8)**何必恁麼**＝何ぞ必ずしも殺を用いるに及ばんや。大応云く、「上に仏祖無く、下に己躬《こきゅう》を絶す」と、殺すべき一物もなし。◉(9)**一向無孔鉄鎚**＝大応云く、「外に一物有るを見ず」と、相対を絶した所、手の付けようもない。「無孔鉄鎚」は【八の二】注(2)参照。◉(10)**豈独孤負**＝（箇中の意を探らんとすれば）あにただに背くだけに止まらんや、大いに背く。「豈独」は反語の「何ぞただ…だけに止まらんや」の義、この場合の「独」は「専ら、ただ…だけ」の義である。大応云く、「仏祖も知らず」と。◉(11)**下載清風付与誰**＝大応云く、「軽きこと鴻毛の如く、重きこと山の如し」と。許多の義理玄妙の方便の重荷をすっかり卸しきったる軽やかさ。この爽やかな清風は誰にか与えたいが、与えようもなし。『碧巌』四十五則頌。◉(12)**朝行西天、暮帰東土**＝以下の問答は、『大応録』崇福録二三四章を踏まえて。朝インドに行って暮れには唐土に帰ってくる、というように、衲僧門下の神通無礙、自由自在の働き振り。『睦州録』に、『唯識論』の講主を勘辨した語として見える（禅十一・二三四）、但し「行」は「去」。◉(13)**路途雖好、不如在家**＝『虚堂録』巻一興聖録、『犂耕』に「家舎に在って穏坐す、本分の家郷なり」と。大応云く、「終日行いて而も一歩を動ぜず」と。◉(14)**十洲三島鶴乾坤、四海五湖龍世界**＝各自所を得てのびのびと天下太平。お蔭様で気宇広大の理に与かりました、と、僧の礼話。「十洲三島」は道教の云う、大海中の仙境。【一九の一】注(4)参照。「鶴」は仙人の縁語。「四海五湖」は中国で全国各地の意。「龍」は帝の縁語。痴絶道冲（密庵二世、曹源道生の法嗣）の径山入院（禅十六・五一八）の祝聖法語に、仏道と王道の興隆を祝した語。◉(15)**分身両処看**＝途中と家舎と両所に自由自在の大機用を具してみよ。『仏国録』雲巌録一三三章に見えるが、もと『楊岐方会録』海会録（禅十二・四〇〇）。

【四三の二】

乃《すなわ》ち云く、「(1)経行《きんひん》及び坐臥《ざが》、常に其の中《うち》に在り（(2)者《こ》の中《うち》、縦《たと》い仏祖と雖《いえど》も、経行坐臥すること能《あた》わず」）。**既にして是《かく》の如くならば、今朝《こんちよう》、甚《なに》に因《よ》ってか(3)別に規矩《きく》を立てて禁足護生《きんそくごしよう》する**（(4)空劫《くうごう》以来、者裏《しやり》、半箇《はんこ》も亦た規矩を立てて禁足安居する底《てい》を見ず」）。**還《かえ》って会《え》すや」。良久して云く、「(5)大円覚《だいえんがく》を以て我が伽藍《がらん》と為《な》し、**

身心《しんじん》、平等性智《びょうどうしょうち》に安居す〔⑹秋天曠野《しゅうてんこうや》、行人《こうじん》断《た》ゆ、馬首西来《ばしゅせいらい》、知《し》んぬ是れ誰《た》そ〕。

⑴**経行及坐臥、常在於其中**＝「其中」は「本分の家郷」。『法華経』分別功徳品の偈に、「常在於其中、経行及坐臥」と。傅大士《ふだいし》の偈にも、「夜夜仏を抱いて眠り、朝朝還《ま》た共に起きる。起坐、鎮《つね》に相随う」と。◉⑵者中縦雖仏祖、不能経行坐臥＝其の中は、「仏祖ト雖モ足踏ミモサセヌ」。「下語寒イ針頭ニ削鉄ニカカッタ」。◉⑶**別立規矩、禁足護生**＝行住坐臥に家郷を離れないなら、殊更に安居の制を結ぶ必要はない筈ではないか。「安居会」はもと婆羅門教徒の行事であったが、マガダ国王ビンビサーラが仏に勧めて制せしもので、雨期の三ケ月、不健康なる時期に外出して草木小虫を殺すを防ぎ、且つ各自の修養に資す。『四分律行事鈔』巻上四安居策修篇（大正四十・三八）に見える。◉⑷空劫以来…禁足安居底＝「空劫」は世界成立以前。ここには此れっぽっちも、禁足の安居の沙汰はない。「者裏」は成りきった当処、肚中。◉⑸**以大円覚…平等性智**＝「余リコバシタ（知ったかぶりの）事ヲ云ズト、只律義ニ骨折レ」。「此ノ語ヲアゲタハ大イニ子細アルト見エタ、旧参ハ骨折テ見ヨ」。『円覚経』。【四二の二】注⑷⑹参照。◉⑹秋天曠野行人断、馬首西来知是誰＝秋空のもと、はてしない広野、旅行く人影もない。ふと気づくと、馬を西へ向けて馳せてくる人があるが、いったい誰だろう（知る由も無し）。『三体詩』七絶の李頎《りき》「旅望」の転結句、但し「断」は「絶」。「知是」は疑問詞の前では反語となり、「知らない」の意になる。「知んぬ」と訓ずるのが旧来の習慣。『唐詩選』七絶の王昌齢「出塞行」にも見えるが、但し「西来」は「東来」。「上ノ語ニ子細アルト云ウ心デ、下語モシテヲイタ、気ヲツケヨ」。

【四四】

⑴**首座《しゅそ》・書記《しょき》・蔵主《ぞうす》の秉払《ひんぽつ》を謝《しゃ》する上堂。拄杖《しゅじょう》を拈《ねん》じて卓一下《たくいちげ》して云く、「⑵風穴《ふけつ》云く、『若し一塵《いちじん》を立《りつ》せば、家国興盛《かこくこうせい》し、野老嚬蹙《やろうひんしゅく》す**〔⑶新婦《しんぷ》面上に笑靨《しょうよう》を添え、却って錦繍幕裡《きんしゅうばくり》に向かって行く〕』。**雪竇《せっちょう》、頌して云く、**

『(4)**野老《やろう》、従教《さもあらば》あれ、眉《まゆ》を展《の》べざることを**〔(5)之れを未聞《みもん》に聴き、之れを未形《みぎょう》に察し、而《しか》して其の神智を鑑《み》、其の才能を識《し》る、謂《いっ》つ可《べ》し人を知ると〕、**且《しば》らく図《はか》る、家国雄基《かこくゆうき》を立することを**〔(6)若し功《こう》成り事遂《と》げて、然《しか》る後に之れを知らば、何ぞ耳に雷声《らいせい》を聞いて称《しょう》して聡《そう》と為《な》し、目《め》に日月を見て之れを明《めい》と謂《い》うに異ならんや〕』。(7)**山僧《さんぞう》、払子《ほっす》を与《あた》えて其の人を知らんと要《よう》す、**(8)**雲門《うんもん》の児孫《じそん》、三句《さんく》の体調《たいちょう》有るには如《し》かじ**〔(9)嫌《きら》うこと莫《な》かれ、襟上斑斑《きんじょうはんぱん》の色《いろ》、是れ妾《しょう》が灯前《とうぜん》に涙《なんだ》を滴《した》てて縫《ぬ》う〕」。**又た拄杖を卓して下座《げざ》。**

(1)**謝首座書記蔵主秉払上堂**＝「秉払」とは、払子を執って分座《ぶんぞ》説法すること。【一一】注(1)参照。◉(2)**風穴云若立一塵…野老嚬蹙**＝『碧巌』六十一則。後の頌古第四十七則（【二六四】）本則注(1)参照。「一塵」は「一微塵」の略、分子レベル。一塵の中に無尽の仏国土が現成していることは華厳の説くところ。『秘鈔』に「大極無極の処より一機を立つるなり、一毛頭上に宝王刹を現ずる」とある。ここでは首座等が規矩厳正にして叢林を守り立てること指す。「野老」は田舎じじい、朝に対する野人。自由人は法度の煩雑さを喜ばない。白隠禅師は「野老」の義を「我空法空の二乗声聞」の輩とみているが、円悟禅師の評唱はむしろ絶学無為の閑道人の義に近い。◉(3)新婦面上添笑靨、却向錦繍幕裡行＝「笑靨」はえくぼ。『虚堂録』巻二宝林録の趙州十二時歌「鶏鳴」の評、但し「却」は「又」、「錦」字はなし。『犂耕』に、「美しと雖も、見ることを得ず」と、また旧解に、「其の境界を知る者は無い」の意と。◉(4)**野老従教不展眉、且図家国立雄基**＝『秘鈔』に「顰蹙も謳歌も構わぬ、…糟《かす》悟りに構わぬ、…人はともあれ、我は且らく難透を咬破して建太平基業、仏国土の因縁押立てむ」とある。◉(5)聴之於未聞…可謂知人＝未発のうちに知る、聡明なるかな。北斉・劉子『新論』知人（四庫提要・子・雑家類）。◉(6)若功成事遂…而謂之明乎＝出来《しゅったい》してやっと気づく、愚なるかな。前句の対。◉(7)**山僧要与払子知其人**＝払子を取っての分座説法と云えば、百丈が馬祖に再参した因縁が『碧巌』十一本則評唱に見える。百丈が向後為人の手段を問われて払子を取ったところ、馬祖に一喝されて「三日耳聾《ろう》す」とある。「与払子」の底本訓点は「払子の与《ため》に」とあるが、ここは「払子を与えて其の人を知らん」とした馬祖の大機大用に比すべきか。「見、師に過ぎてこそ伝授するに堪う」と云う。因みに、白隠禅師の出した印証は払子の絵に為書《ためがき》であった。◉(8)**不如雲門児孫有三句体調**＝風穴為人の手段はさておき、我等雲門の児孫には雲門の三句という高邁な調べがある。「体調」は「格調」の義。「雲門」は、「首座」の縁語。【一一】注(2)参照。「雲門の三句」とは、「函蓋乾坤（箱と蓋の如く、ピタリ天地一枚）、截断衆流（命根を截断）、随波逐浪（機に応じて働く）」（『人天眼目』雲門宗）。◉(9)莫嫌襟上斑斑色、是妾灯前滴涙縫＝遠国に居る夫に、縷々思いを込めて涙を襟に落として縫う。『錦繡段』巻八厳仁「寄衣曲」に、「君交河《こうが》に戍《まも》って春復た冬、寒衣到る日親封《しんぽう》を看ん。〜、〜」と。

【四五】

(1)**五月旦《たん》、雨下る上堂。**「(2)**霏霏《ひひ》たる梅雨《ばいう》、危層《きそう》に洒《そそ》ぐ、五月山房《さんぼう》、氷よりも冷《ひ》ややかなり**（(3)半陂《はんぴ》は飛雨、半陂は晴《はれ》、漁曲《ぎょきょく》、秋に翻《ひるがえ》って野調《やちょう》清し）。(4)**雪竇《せっちょう》、老老大大《ろうろうだいだい》として、諸人面前に向かって筋斗《きんと》を翻す**（(5)大徳開祖、即今《そっこん》諸人が眼睛《がんぜい》裏《り》に入って安眠高臥す）。(6)**若し人見得《けんとく》せば、拖泥帯水《だでいたいすい》**（(7)若し人見得せば、福寿延長）」。

(1)**五月旦雨下上堂**＝旧五月一日の、梅雨の炎蒸《えんじょう》さを機縁としての上堂説法。◉(2)**霏霏梅雨洒危層、五月山房冷似氷**＝梅雨は山岨《そわ》に頻りと降り注ぎ、六月でも我が庵は氷のように冷ややか。「危層」は「険しい層巒」の意。雪竇『祖英集』「迷悟相返《あいはん》す」に、「〜、〜。謂うこと莫かれ、乾坤《けんこん》、大信に乖《そむ》くと（氷よりも冷ややかとは天理に背くと云うなかれ）、未だ心地を明らめざれば是れ炎蒸（迷いのうちは蒸し暑いだけ、悟れば氷よりも冷ややか）」と。また『仏国録』二〇三章五月旦上堂にも取り上げる。◉(3)半陂飛雨半陂晴、漁曲翻秋野調清＝堤の此方は雨、向こうは晴れ、漁師の鄙《ひな》びた歌声は秋空に翻って清らか。『錦繍段』巻一陸亀蒙「江雨」に、「〜、〜。各おの蓮船を漾わせて村に逗まり去る、笠檐蓑袂に残声有り」。◉(4)**雪竇老老大大、向諸人面前翻筋斗**＝雪竇老、年甲斐もなく皆の前でトンボ返り（この蒸し暑さを氷よりも冷ややかなどと）。◉(5)大徳開祖…安眠高臥＝大灯国師自身は、即今、諸君らの目玉の中で高枕の大閑人。◉(6)**若人見得、拖泥帯水**＝雪竇のトンボ返りが見えたなら、ずぶ濡れの泥まみれ（少しは諸君達も涼しくなったかな）。◉(7)若人見得、福寿延長＝これが見えたら、目出度し、目出度し。

【四六の二】

(1)端午上堂。僧問う、「和尚、従来、箇《こ》の節に応ず、(2)箇の時《とき》、作麼生《そもさん》か人《ひと》に与《あた》えて看《み》せしめん」。師云く、「(3)肯《あ》えて你《なんじ》が為にせず」。進めて云く、「(4)既に能《よ》く恁麼《いんも》に会《え》し去らば、一生参学《いつしようさんがく》の事《じ》、了畢《りようひつ》すや也た無《ま》や《いな》」。師云く、「(5)骰臀《いとん》を合取著《がつしゆじやく》せよ」。進めて云く、「記得《きとく》す、(6)文殊《もんじゆ》、善財《ぜんざい》をして薬《くすり》を採《と》らしむ、善財云く、『(7)尽大地《じんだい》《ち》、是れ薬ならざる者有ること無し』と。此の意如何《いいかん》」。師云く、「(8)相去《あいさ》ること多少《たしよう》ぞ」。進めて云く、「文殊云く、『是れ薬なるもの採り将《も》ち来たれ』。善財、一茎草《いつきようそう》を拈《ねん》じて文殊に度与《どよ》す。意、那裏《なり》にか在る」。師云く、「(9)少《か》くときは一時《いちじ》に不生《ふしよう》、剰《あま》すときは一時に不死《ふし》」。進めて云く、「(10)大家鉄団圝《たいけてつだんらん》、一箇の病い有ること無し。未審《いぶか》し、文殊、誰《た》が為に薬を要《よう》す」。師云く、「(11)専《もつぱ》ら七仏《しちぶつ》の為なり」。進めて云く、「善財、甚《なに》に因《よ》ってか(12)錯《しやく》を将《もつ》て錯に就《つ》く」。師云く、「(13)家《いえ》に小使《しようし》無ければ君子《くんし》と成《な》らず」。進めて云く、「和尚、与麼《よも》の答話《とうわ》、為《は》た是れ文殊、善財の与《ため》に(14)屈《くつ》を雪《そそ》ぐか、為復《は》た是れ(15)古今一路《ここんいちろ》に行くか」。師云く、「(16)岸谷《がんこく》の無風《むふう》、徒《いたず》らに掌《たなごころ》を展《の》ぶるに労《ろう》す」。進めて云く、「(17)若し今日の節に因《よ》らずんば、争《いか》でか作家《さつけ》の体裁《ていさい》を知らん」といって便ち礼拝《らいはい》す。師云く、「(18)吽《うん》」。

(1)**端午上堂**＝【一三の一】注(1)参照。◉(2)**箇時作麼生与人看**＝所謂「節」は時節の事面、「時」は時節の理面を表わす。

【四の二】注⑽参照。◉⑶**不肯為你**＝お前さんには、敢えて云わない。「禅家、肯えて人の為に説破せず」（『従容録』二十二頌評唱）と云う。◉⑷**既能恁麼会去、一生参学事了畢也無**＝そのように不説不聞と心得ましたら、大事了畢でございますか。◉⑸**合取骪臀著**＝（屁を垂れる前に）尻を閉めろ。「合取口」よりも、えげつない言い方、「無駄口をたたくな」。『鼓山神晏法堂玄要広集』に、「問う、若し寂黙を将て宗と為さば、維摩、一生屈を受く。如何が道わば即ち維摩に屈せざるを得るや。師云く、〜」（禅十二・六三〇）。「骪臀」は「尻のへこんだ処」、巌頭も「屎孔（しりあな）を合取著せよ」（『会要』二十一）と云う。◉⑹**文殊令善財採薬**＝【一三の一】注⑵参照。◉⑺**尽大地無有不是薬者**＝「此ノ坐布モ、山モ川モ皆是ヒッカラゲテ仏ジャ」。◉⑻**相去多少**＝何の違いがあるというのか。「A与B、相去多少」は、AとBを比べて、違いはどうか。ここは反語。文殊と善財と差はない、師資契合。◉⑼**少一時不生、剰一時不死**＝底本訓点に、「一時不生を少《か》き、一時不死を剰《あま》す」と訓ませるが、此の語はもと『智門光祚録』に、「未だ世界有らざる時、還って仏法有りや也た無や」の問いに答えた句で、「少くときは一時に不生、剰すときは一時に不死」（禅十二・六六六）と訓むべき。「一時」は、この場合、「立ち所に、一斉に」の義。善財の一茎草、真に徹底不生不死。◉⑽**大家鉄団圝、無有一箇病**＝誰も彼も無病息災なるに。「鉄団圝」は、鉄のボールで完全無余無欠の比。◉⑾**専為七仏**＝仏病、祖病の為ならん。「文殊は是れ七仏の祖師」の語は『百丈広録』に見える（但し、『法華経』の序品では文殊は釈迦牟尼仏の九代の祖師となる）。◉⑿**将錯就錯**＝踊る阿呆に見る阿呆。『碧巌』八本則下語。◉⒀**家無小使不成君子**＝下働きの人あってこその主人。『虚堂録』巻六代別二十三の代語、もと『会元』十五、文殊応真（雲門下三世）章に見える。◉⒁**雪屈**＝濡れ衣を晴らす。◉⒂**古今一路行**＝それとも、文殊善財と同じ路を行かれるのか。◉⒃**岸谷無風、徒労展掌**＝岸谷峻絶の処の無風草、取らんとして空しく手を伸ばすだけ（掴《つか》めはしない、お前さんの境界にはあらず）。『鼓山神晏法堂玄要広集』に、「何の方便を作してか、師の宗を紹《つ》ぎ得んや」の問いに対する答え（禅十二・六三四）。鼓山はまた「如何なるか是れ一輪灯」と問われて、「岸谷無風、徒労瞪目（目を凝らせど、見えず）」（同・

六四〇）とも云う。「岸谷」は「山谷の高く切り立った処」の意。但し『伝灯録』巻十八鼓山章では、「岸谷」を同音の「犴狢（善し悪しを分別できないばか者）」と記される。「無風」の底本訓点は「風無して」であるが、ここは薬草の「無風独揺草」（和名「はんかいそう」）の義。時珍『本草綱目』草十一に「大秦国及び嶺南に生じ、五月五日に採る、諸山野にも往々之れ有り。頭は弾子の若く、尾は鳥の尾の若く、両片開合し、人を見れば自ら動く…之れを帯びれば夫《おとこ》をして相愛せしむ」とある。国師端午の節に臨んで、薬草の無風草を拈じて諸人に度与せんとするも、取る者無し。「展掌」を「扇子」とする飯田氏説は無拠。◉⒄**若不因今日節、争知作家体裁**＝今日の法会のお蔭で、和尚の偉大さを改めて認識いたしました、と、僧の讃歎礼謝。◉⒅**吽**＝『漢語大詞典』に、慧琳の『一切経音義』を引いて、「梵文の真言句なり。牛の吼える声の如く、或いは虎の怒るが如く、胸喉中の声なり」と。【三二】注⑻参照。

【四六の二】

乃《すなわ》ち云く、「(1)**今朝は是れ五月五《ごがつご》**（(2)陰陽《いんよう》到らざる処、一片《いっぺん》の好風光《こうふうこう》）、**桃符白沢《とうふはくたく》を用《もち》いず**（(3)桃符白沢も亦た可《か》なり、風流《ふうりゅう》ならざる処、也《ま》た風流）、**只だ**(4)**仏祖《ぶっそ》至霊《しれい》の大神呪《だいじんしゅう》を諷誦《ふじゅ》して**（若し其れ至霊の大神呪ならば、和尚の拈出《ねんしゅつ》することを労せず。何が故《ゆえ》ぞ、(5)行雲流水《こううんりゅうすい》、墜葉飛花《ついようひか》、如何《いかん》が回避《かいひ》し去らん）、**一切の障難《しょうなん》を消滅し**（(6)者裡《しゃり》、全く障難無し）、**一切の吉事《きつじ》を成熟《じょうじゅく》す**（何《いず》れの処にか吉祥《きっしょう》を著《つ》けん）。**且《しば》らく道《い》え、那箇《なこ》の神呪ぞ**（(7)明眼《みょうげん》の衲僧《のうそう》も、門を入れば即ち話堕《わだ》す）」。**威《い》を振るって喝一喝《かついっかつ》す**（(8)横《おう》に諾諾《だくだく》）。

(1)**今朝是五月五、不用桃符白沢**＝「直下是如来ノ真法身」、世俗の呪符は不要。『大応録』興徳録四十二章にも、「今朝五月端午、桃符《とうふ》艾虎《かいこ》を用いず」とある。「桃符」は正月に用いる春聯の起源で、もと二枚の桃の板に神荼《しんと》・鬱塁《うつるい》の二神を画いて門神としたもの。魔除け。端午にも用いられて、門戸に釘で打ちつけ飾られた。「白沢」は、黄帝が巡狩して得たと云う神獣（獅子に似る）で、能くものを言う、これを図写して辟邪《へきじゃ》の文となして祀る（『広博物誌』増刪十九）。◉(2)陰陽不到処、一片好風光＝陰陽を超えたる無心の境界こそ、真の好景。旧五月五日は、陽尽き陰生ずる夏至に近い因縁故、かく云われた。『大川済録』浄慈《じんず》録の冬至上堂（禅十五・三二八下）。◉(3)桃符白沢亦可也、不風流処也風流＝狭い了見は無しっこ、桃符白沢も大いに結構、それ「風流ならざる処、また風流なり」と云うではないか。【一の九】注⒅参照。◉(4)**仏祖至霊大神呪**＝仏祖伝来の陀羅尼。「大悲呪」、「消災呪」の類、特に安居会中は「楞厳呪」をよむ。◉(5)行雲流水、墜葉飛花、如何迴避去＝行く雲、流れる水、葉の墜つるも花の飛ぶのも、是れ大神呪、避けようにも避ける能わず。【一八〇の二】下語には、「〜、〜、為君挙揚久」と。◉(6)者裡全無障難、何処著吉祥＝ここ（衲《わし》のところ）には全く障難無し、況んや吉祥のあるべきをや。◉(7)明眼衲僧、入門即話堕＝見性の眼明らかな僧でも、門に入ればとたんボロを出す。本来無門、何か特別の神呪でもあるかと思ったら、既に誤る。◉(8)横諾諾＝横に点頭（首を横に振る、否認）の義。「ソンナモノハ、クラワレン」。

【四七の二】

(1)上堂。僧問う、「今朝、法《ほう》の為に、大衆《だいしゅ》、雲《くも》のごとく集まる。未審《いぶか》し、和尚、箇《こ》の什麼《なん》の法をか説く」。師云く、「(2)家家観世音《かかかんぜおん》」。進めて云く、「正与麼《しょうよも》の時、学人、如何《いかん》が領略《りょうりゃく》し去《さ》ることを得《え》ん」。師云く、「(3)簸箕《はき》を拈《ねん》起《き》して別処に舂《うすづ》け」。進めて云く、「記得《きとく》す、(4)僧、趙州《じょうしゅう》に問う、『狗子《くす》に還《かえ》って仏性《ぶっしょう》有りや也《ま》た無《な》しや』。(5)州云く、『無《む》』と。此の意《い》、如何《いかん》」。師云く、「(6)髑髏裏《どくろり》を穿過《せんか》す」。進めて云く、「一切の蠢動含霊《しゅんどうがんれい》、皆な仏性有り、甚《なん》と為《し》てか狗子に還って仏性無き』。州云く、『(7)他《た》、業識性《ごっしきしょう》有るが為の故《ゆえ》なり』と、作麼生《そもさん》か端的《たんてき》を弁ぜん」。師云く、「(8)身《み》を蔵《かく》して影《かげ》を露《あら》わす」。進めて云く、「上来《じょうらい》、分明《ふんみょう》に指示《しじ》を蒙《こうむ》る。今日、『狗子に還って仏性有りや也た無しや』と問うもの有らば、和尚、如何が祇対《したい》せん」。師云く、「去《さ》れ、(9)你《なんじ》が境界《きょうがい》に非ず」。進めて云く、

「⑽恁麼《いんも》ならば則ち昔日《そのかみ》の趙州《じょうしゅう》、今日《こんにち》の和尚」といって便ち礼拝《らいはい》す。師云く、「⑾能《よ》く知って始めて得《え》ん」。

(1)**上堂**＝五月十五日の上堂か。◉(2)**家家観世音**＝人々皆々が観音菩薩（と云う有り難いお話をしよう）。『雲門広録』巻上に、「問う、牛頭《ごず》、未だ四祖に見《まみ》えざる時は如何。師云く、～。進めて云く、見えて後は如何。師云く、火裏の蝍《しつ》蟟《りょう》（尺取り虫）、大虫（虎）を呑む」と。◉(3)**拈起簸箕別処舂**＝「手前ノ内ニアルニ、隣デウスヅク、乞食悟リジャ」。「そんな戯言は他所へ行ってやれ」（『犂耕』の取意）。「簸箕」とは籾糠《もみぬか》を煽って取り去る箕《み》、唇《くちびる》に比す。『虚堂録』巻八浄慈《じんず》後録に見える。もと『黄龍南録』の「（雲門）北斗蔵身」頌に、「天上星有り皆な北に拱す、人間水として東に朝せざるは無し。時人若し蔵身の病を識らば、～」（大正四十七・六三五）。◉(4)**僧問趙州、狗子還有仏性也無**＝『無門関』第一則。但し後続の狗子問答は『趙州録』にも見えるが、『禅林類聚』巻二十の三十丁に最も近い。この問答は『涅槃経』獅子吼菩薩品之二の「一切衆生悉有仏性」を踏まえて。◉(5)**州云、無**＝中峰和尚曰く、「趙州、箇の無字を道う、是れ有無の無にあらず」（廓禅人に示す）と。◉(6)**穿過髑髏裏**＝趙州の一箭、お前さんをとっくに髑髏まで貫き通してしまっているぞ（まだ覚らぬか）。龐居士の語に「穿過髑髏去在」（『会要』五本谿の章）。◉(7)**為他有業識性故**＝「業識性」の「業識」は『起信論』解釈分に基づく語。「五識」の第一番目で、根本無明の惑に依って初めて本心の動いたもので、業は動作の義である。続いて「転識」、「現識」と微細の惑を経、麁大の惑へと発展し、第四識である「知識」に依って邪分別を生じ、第五識の「相続識」へ、「欲しい、惜しい、憎い、可愛い」と、連綿として生死を相続させる。「業識性」は「非仏性」の義、然れど『涅槃経』にも云う、「非仏性なりと雖も、仏性にあらざるは非《な》し」（大正十二・八二五）と。◉(8)**蔵身露影**＝頭かくして尻かくさず（仏性の丸だし）。『碧巌』二十八本則下語。◉(9)**非你境界**＝お前さんの及ぶところにあらず。『趙州録』（禅十一・三一二）。◉(10)**恁麼則昔日趙州今日和尚**＝今日の和尚は往昔の趙州さながらで御座います、と、僧の讃歎礼謝。◉(11)**能知始得**＝それも本当に知ってこそ。「徹底シテウヌガ、モノニセヨ」。

【四七の二】

乃《すなわ》ち云く、「(1)**久雨《きゅうう》已《すで》に晴れ**〔(2)南無大円満十方光相如来〕、**処処に皮草《ひそう》を曬眼《さいろう》す**〔南無法界一相荘厳王如来〕。**皮草を曬眼するは即ち且《しば》らく致《お》く**〔南無純清絶点微妙相如来〕、**明らかに天日《てんぴ》を見るの一句、試みに道《い》い来たれ看よ**〔南無一念万念精進王如来〕。**若し人の道い得る無くんば、山僧《さんぞう》、**(3)**今日失利《しつり》**〔(4)伯夷《はくい》死して首《しゅ》陽《よう》の下《ふもと》に名《な》あり、盗跖《とうせき》死して東陵《とうりょう》の上《ほとり》に利《り》あり〕」。**払子《ほっす》を撃《う》って下座《げざ》。**

(1)**久雨已晴、処処曬眼皮草**＝梅雨が上がって、至る所で簑《みの》を天日に乾かしている。「皮草」は『犂耕』に「『簑衣』なり」とある。『虚堂録』巻二宝林録に、「僧云く、『久雨忽ち晴るる時如何』。師云く、『処処以て皮草を晒眼す可し』」と。もと『雲門広録』上に「曬眼皮草」（禅十一・三三九）と。◉(2)南無大円満十方光相如来＝ああ有り難や、十方に円満する日の光、世界中を簑一相に飾りたてたまう、雲一つない爽やかな梅雨晴れ、ひたすら精進努力あるのみ。七如来に真似て、白隠禅師が拵えたもの。◉(3)**今日失利**＝今日は負け、落第。「失利」は「①利益を失う、②戦に敗れる」の義。『会元』巻七鏡清章に、鏡清の口癖のように頻出。◉(4)伯夷死名於首陽下、盗跖死利於東陵上＝『荘子』駢拇篇に見える句。「伯夷」は、弟の叔斉《しゅくせい》と共に周を諫めたが聞きいれられず、名に殉じて、首陽山に隠れて餓死する（『史記』伯夷伝一）。「盗跖」は『荘子』の篇名にもなっている大泥棒で、利に殉じて、東陵山に死す。荘子の真意は「二人は死する所同じからざるも、其の生を残《そこな》い性を傷《やぶ》るに於いては、均《ひと》し」（伯夷も失利、盗跖も失利。道い得るも失利、道い得ざるも失利）。

【四八の二】

(1)半夏《はんげ》上堂。僧問う、「結制《けつせい》、已《すで》に半《なかば》を過《す》ぐ、(2)九夏炎炎《きゅうげえんえん》の日《ひ》、木人《ぼくにん》、汗輟《や》まず、如何《いかん》が清涼《しょうりょう》を生ぜん」。師云く、「(3)鶻臭《こつしゅう》の布衫《ふさん》を脱却《だつきゃく》せよ」。進めて云く、「与麼《よも》なる則《とき》んば、(4)六月松風《ろくげつしょうふう》を売《う》らば、人間《じんかん》恐らくは価《あたい》無からん」。師云く、「(5)箇箇《ここ》、形山《ぎょうざん》に秘在《ひざい》す」。進めて云く、「記得《きとく》す、龐居士《ほうこじ》、江西《こうぜい》の馬祖《ばそ》に参問《さんもん》して云く、『(6)万法と侶《とも》為《た》らざる者、是れ什麼人《なんぴと》ぞ』と。意旨《いし》、作麼生《そもさん》」。師云く、「(7)咽喉《いんこう》、気《き》を出《いだ》し得《う》るや、也《ま》た未《いま》だしや」。進めて云く、「祖云く、『(8)汝が一口《いっく》に西江《せいこう》の水《みず》を吸尽《きゅうじん》せんを待《ま》って、即ち你《なんじ》に向かって道《い》わん』と。意、那裏《なり》にか在る」。師云く、「(9)声《こえ》に騎《の》って耳《みみ》に入《い》る」。進めて云く、「居士、言下《ごんか》に於いて頓《とみ》に旨《むね》を領《りょう》ずと。(10)還《かえ》って端的《たんてき》なりや也《ま》た無《いな》や」。師云く、「(11)早く知る、第二機《だいにき》に落つることを」。進めて云く、「謂《い》つ可《べ》し、(12)親言《しんごん》は親口《しんく》より出《い》づと」。師云く、「且退《しゃたい》、且退《しゃたい》」。

(1)**半夏上堂**＝六月一日、夏《げ》の丁度半の日の上堂。◉(2)**九夏炎炎日…如何生清涼**＝夏《なつ》は暑さ真っ盛り、木像も汗流れる程、どのようにしたら涼しくなるでしょうか。「九夏」は「夏季、夏天」の義。『会元』巻二十西禅守浄（大慧下）章に、「九夏炎炎の大熱、木人汗流輟む。夜来の一雨便ち涼し」と。◉(3)**脱却鶻臭布衫**＝わきが臭い麻衣（＝法執の喩え）を脱ぎ捨てろ。「鶻臭」は「狐臭（わきが）」。『洞山初録』に、雲門三頓棒に依って大悟して後、為人の抱負を述べた語に、「膩脂《にし》の帽子を拈却せしめ、鶻臭の布衫を脱却せしめん」と、また『碧巌』十二頌評唱。◉(4)**六月売松風、人間恐無価**＝（それは丁度古人の言の如く）この真夏に山中の松風を売り出せば、俗世間では値が付かない程高価になることでしょう。『普灯録』巻二十八蒙庵思岳（大慧下）「趙州勘婆」頌、但し「六月」は「五月」。頌古第十一則（【二二八】）頌注(6)参照。◉(5)**箇箇秘在形山**＝（すっ裸の処）個々人々具足す。「形山」は「四大五蘊、肉体」の義。僧肇『宝蔵論』。【一の二】注(1)参照。◉(6)**不与万法為侶者**＝「超脱して万法の繋縛を被らざる者」（『犂耕』）、独脱無依の人。

『龐居士録』巻上。◉⑺**咽喉出気得也未**＝喉から息が出来るか（生きて働いてこそ、独脱無依の人）。「出気」は「①息をする、つく。②うっぷんを晴らす。③溜め息をつく。④元気を出す」等多義である。【二〇九の一】注⑻参照。『会元』巻二十華蔵有権（道場法全下、円悟三世）章に、「手を把って山に上り斉しく力を著《つ》け、咽喉出気して自家に知る」。◉⑻**待汝一口吸尽西江水、即向你道**＝一口に西江の水を吸い尽くすことが出来たら、云ってやろう。◉⑼**騎声入耳**＝自由自在に聞声を使い得たり。「騎声」は『無門関』十六則「鐘声七条」にも出るように、衲僧家自在の境界。多く「騎声蓋色」の熟語で用いられ、「随声逐色」の対語である。『円悟録』に頻出する。【一二〇の三】注⑼参照。◉⑽**還端的也無**＝ほんとうにその通りでしょうか。◉⑾**早知落第二機**＝言下に悟るというのも既に遅い。『雲門広録』上に、「纔かに人の挙するを聞いて便ち承当得するも、早に第二機に落つるなり」（禅十一・三三八）と。◉⑿**親言出親口**＝馬祖、龐居士と親しき人であってこそ初めて云えるお言葉です、と、僧の讃歎礼話。「款は囚人の口より出づ」と同義で、当事者でなければ云えない言葉は当事者の口からしか出ない。「親口」は「本人の口より出る」の意で、親切心の義ではない。『洞山初録』に、「三身中阿那身か説法す」と問われた時の答（禅十二・六五三）。

【四八の二】

乃《すなわ》ち云く、「⑴日月《じつげつ》に約《やく》して昼夜を知り〔⑵天際《てんざい》、日上《ひのぼ》り月下《つきくだ》る〕、**昼夜に約して時節を知ることは**〔檻前《かんぜん》、山深く水寒し〕、⑶**箇箇《ここ》常情《じょうじょう》なり**〔⑷一事《いちじ》を経《へ》て一智《いっち》を長《ちょう》ず〕。**只だ天地未《いま》だ剖《わか》れず、文彩《もんさい》未だ彰《あらわ》れざる已前《いぜん》の如きんば**〔⑸高山、白浪《はくろう》起こり、海底、紅塵《こうじん》颺《あ》ぐる。⑹狗《いぬ》は乞児の後に吠《ほ》え、牛《うし》は農夫の前に耕す〕、⑺**還《かえ》って今日《こんにち》を喚《よ》んで半夏《はんげ》と作《な》さんが即《すなわ》ち是《ぜ》か**〔⑻空《くう》に印《いん》し、水《みず》に印《いん》し、泥《でい》に印《いん》す〕、**半夏と作さざらんが即ち是か**〔泥に印し、水に印し、空に印す〕」。**拄杖《しゅじょう》を卓《たく》して云く、「⑼六月《ろくげつ》熱《ねつ》せざれば五穀《ごこく》結《むす》ばず**〔⑽可惜許《かしゃっこ》〕」。

(1)**約日月知昼夜、約昼夜知時節**＝日月刻々の移り（百刻）をたばねて一昼夜と認め、十五昼夜をたばねて一節、六節一時、四時一年と認知すること。「約」は「縄で括る、準拠」の義。◉(2)天際日上月下、檻前山深水寒＝（刻刻時時）天辺、日上り月下る。（節節時時）目前、山谷深く水寒々流る。『碧巌』二頌。◉(3)**箇箇常情也**＝俗世の理である。「常情」は「一般の情理、普通の事」（『荘子』人間世篇）。◉(4)経一事長一智＝「経一失長一智」とも云い、経験を積み失敗を重ねてこそ、一分の智慧を増すことが出来る。禅録では普通「不経一事、不長一智」の形で見え、『虚堂録』巻六代別三十六にも出るが、もとは『明心宝鑑』省心篇に子貢の言として見える。◉(5)高山白浪起、海底紅塵颺＝分別心を木っ端微塵に粉砕した処。『会元』巻十五洞山暁聡（雲門下四世）章に、「寒山云く」として、「井底《せいてい》に紅塵を生じ、高峰《こうほう》に白浪を起こす」と。但し、現今の『寒山詩』の中にはこの詩は含まず。◉(6)狗吠乞児後、牛耕農夫前＝自然法爾の姿。狗は吼え、牛は耕す。石川丈山の最晩年の詩「倚節吟」に、「節に倚る藪里辺、社樹聳《そび》えて森然たり。〜、〜。生涯寒澗水、老病夕陽天。偏に煙霞の楽しみを極めて、百齢に十年少《わ》かし」。◉(7)**還喚今日作半夏即是、不作半夏即是**＝（しかし本分の事に於いては）今日の節を半夏と呼ぶが正しいか、半夏と呼ばないが正しいか。◉(8)印空印水印泥、印泥印水印空＝元来蹤跡なし。『碧巌』二十五本則評唱、『人天眼目』巻六「宗門三印」。◉(9)**六月不熱五穀不結**＝夏に暑くなければ秋には実らない。『仏国録』二三五の二章の中夏普説に見えるが、もと『五雑組』巻二、天部二の天候占いの諺。書き入れに、「此ガ云タイ斗《ばかり》ジャ、前ハ枕詞ジャ」と。◉(10)可惜許＝（それも尚お眼花）惜しい。『碧巌』に頻出。

【四九の二】

上堂。僧問う、「(1)南山《なんざん》に雲を起《お》こし、北山《ほくざん》に雨を下《くだ》す。此の中《うち》(2)親切《しんせつ》の処、願わくば挙揚《こよう》を聴《き》かん」。師云く、「(3)千里万里、転《うた》た雱霈《ほうはい》」。進めて云く、「恁麼《いんも》ならば則ち(4)要津《ようしん》を把断《はだん》し去《さ》らん」。師云く、「(5)水《みず》を打《た》せば魚頭痛《ぎょとういた》む」。

進めて云く、「(6)仰山《きょうざん》、香厳《きょうげん》に謂《い》って云く、『如来禅《にょらいぜん》は師兄《すひん》の会《え》することを許す、祖師禅《そしぜん》は未だ夢にも見ざることと在り』と。未審《いぶかし》、意、那裏《なり》にか在る」。師云く、「(7)蝿《はえ》、何ぞ血《ち》を見るのみならんや」。進めて云く、「如何《いか》なるか是れ如来禅」。師云く、「(8)静処娑婆訶《じょうしょそわか》」。進めて云く、「如何なるか是れ祖師禅」。師云く、「(9)鉄輪《てつりん》、石《いし》を砕《くだ》く」。進めて云く、「如来禅と祖師禅と、相去《あいさ》ること多少《たしょう》ぞ」。師云く、「(10)湘《しょう》の南、潭《たん》の北」。進めて云く、「者《しゃ》箇《こ》は則ち且《しば》らく置く、作麼生《そもさん》か是れ和尚の禅」。師云く、「(11)大坐須弥《だいざしゅみ》頂上」。進めて云く、「(12)樵子《しょうし》の径《こみち》に因《よ》らずんば、争《いか》でか葛洪《かっこう》が家に到らん」といって便ち礼拝《らいはい》す。師便ち喝す。

(1)**南山起雲、北山下雨**＝南山と北山の不二の間柄を云う。「張公喫酒、李公酔」と同義。「古仏と露柱と相交わる、是れ第幾機ぞ」に対する雲門の自代語。『雲門広録』中（禅十一・三六七）、『碧巌』八十三。◉(2)**親切**＝どんピシャリの処。「貼切（ぴったり）・真切（はっきり）・親密」の義。◉(3)**千里万里転雱霈**＝どこもかしこもざんざ雨。「野モ山モ、弥太モ平太モ、皆仏デナイモノハナイ」。『碧巌』四十六頌に、「南山北山、転た雱霈」と。◉(4)**把断要津去也**＝急所を握られては、ぐうの音も出ません。「津」は渡し場、交通の要。【一五二の一】注(3)参照。◉(5)**打水魚頭痛**＝迂闊に水を叩いて痛い目をしたのは、所詮お前さん自身。『会元』巻七鏡清道怤《きょうしょうどうふ》（雪峰下）の語で、後に「鷺林鳥散忙」と続く。また『琅琊覚語録』にも「撃水魚頭痛、穿林宿鳥驚」（禅十二・七八六）と見えるから、「打水」は「水を汲む」の意ではなく、「水を叩く」の義である。類似の熟語に「打草驚蛇」がある。◉(6)**仰山謂香厳云…祖師禅未夢見在**＝『会元』巻九香厳智閑章に見える。「如来禅」は「釈尊の禅、教学の名残をとどむ」、「祖師禅」は「達磨の禅、不立文字教外別伝」と解釈し、「如来禅」より「祖師禅」の方が優れていると解され易いが、大錯！ 文字面に迷わされること莫かれ、これ仰山一流の為人の悪手段なり。頌古第十五則（【二三二】）垂示を参照。◉(7)**蝿何見血**＝（仰山の苛斂誅求の手段は）青蝿の血を見るに止まらず。上海辞書版『中国俗語大辞典』に「蒼蝿見血」を「蒼蝿の血を一見するや、すぐさま死に物狂いで吸いにくる。命がけで不義の銭財を追求することの比喩」とあり、また悪徳役人を批判した「公人の銭を見るや、蠅子の血を見るが如し」の熟語もある。ここの「何」は疑問・反語の意よりも「何止、不止」(『漢語大詞典』)の意とすべし。**【一三五の二】**注(4)参照。◉(8)**静処娑婆訶**＝静処で修習。「娑婆訶」は「薩婆訶」とも。呪文の末句で、「即成就、いやさか」の義。『雲門広録』に頻出するが、また国師平生受用の陀羅尼。◉(9)**鉄輪砕石**＝触れる物全てを粉砕する。「鉄輪」は地獄の責め具である「熱鉄輪」のこと、巨大な輪に八本の輻《や》があり、その先にそれぞれ鋭利な刃がついているもの。『中阿含経』巻四に、「鉄輪の利なること剃刀の如くなるを以て、彼此の地の一切衆生を、一日中、斫截、斬剉、剥裂、副割して、一肉段と作し、一分一積す」と。また「鉄輪」は仏勅が峻厳にして魔を摧くに喩う。すなわち仏説の象徴である「法輪」に同じ。◉(10)**湘之南潭之北**＝普天の下、名は変われど、ものは同じ。**【一の三】**注(1)参照。◉(11)**大坐須弥頂上**＝須弥山頂、独坐大雄峰《だいおうほう》。『伝灯録』巻十薬山章に、「直に須らく高高たる山頂に向かって坐るべし」と。◉(12)**不因樵子径、争到葛洪家**＝(お蔭様で)余人の通らない樵の道を通って、仙人の住む奥の院にたどり着くことが出来ました、と、僧の讃歎礼話。「葛洪」は、晋代の道士。字は稚川、羅浮山により、抱朴子を著わす。**【二四の二】**注(6)参照。『虚堂録』巻一延福録に見えるが、もと盧綸《ろりん》の「過李尊師院」詩に、「寧《いずく》んぞ知らん樵子の径より、葛洪の家に到るを得んとは」(『全唐詩』巻二七九)と。

【四九の二】

乃《すなわ》ち拄杖《しゆじよう》を横たえて云く、「若し者裏《しやり》より便ち去らば、(1)山河大地《せんがだいち》、斉《ひと》しく稽顙《けいそう》せん(〔2〕聞見覚知《もんけんかくち》、一一《いちいち》に非ず)」。拄杖を卓すること一下して云く、「若し者裏より便ち去らば、(3)森羅万象《しんらばんしよう》、尽《ことごと》く光を放《はな》たん(山河は鏡《きよう》中《ちゆう》に在って観《み》ず)」。**(4)又た画一画《かくいつかく》して云く、「者裏より去る底《てい》、亦た作麼生《そもさん》。請《こ》う、各各《おのおの》寮舎《りようしや》に帰って、自《みずか》ら摸索《もさく》して看《み》よ**(〔5〕誰《たれ》と共にか澄潭影《ちようたんかげ》を照らして寒し)」。

(1)**山河大地斉稽顙**＝（拄杖を横に引っ提げた処よりすれば）大地も額ずく（把住底）。「稽顙」は、「古代一種の跪拝礼。額を地につけて敬礼し、極度の虔誠を表示する」。◉(2)聞見覚知非一一、山河不在鏡中観＝六根それぞれ別々にはあらざれども、（鑑覚の）鏡に映して観てはいけない。『碧巌』四十頌。【二〇】注(6)参照。◉(3)**森羅万象尽放光**＝（拄杖を縦にドンと突いた処よりすれば）大地はじめ森羅万象、尽く光を放つ（放行底）。◉(4)**又画一画云…亦作麼生**＝拄杖で一の字を画いた処からではどうだ（把住・放行、是・非を離れて一句云え）。「此ガ云タイ斗《ばかり》ジャ」。「鵠林払子ヲ打テ曰、是ハドウジャ」。◉(5)誰共澄潭照影寒＝能照所照ない所。「知音マレナリ」。【二〇】注(7)参照。

槐安国語巻一終

龍宝開山語録中事。住大徳語要。

【五〇の一】

(1)七月旦《たん》上堂。僧問う、「(2)落梧一葉《らくごいちよう》、天下秋《あき》を報《ほう》ず。(3)箇中《こちゅう》の端的《たんてき》、若為《いかん》が相酬《あいむく》いん」。師云く、「(4)釈迦弥勒《みろく》、退後《たいご》三千」。進めて云く、「今日方《まさ》に知る、(5)眉毛《びもう》、眼上《がんじょう》に横たえ、口稜《くりょう》、鼻下《びか》に在ることを」。師云く、「(6)驢鞍《ろあん》橋《きょう》を認《と》めて阿爺《あや》の下頷《したおとがい》と作《な》す」。進めて云く、「記得《きとく》す、雲門上堂云く、『(7)一言、纔《わず》かに挙《こ》すれば、千差轍《せんさてつ》を同じうす、微塵《みじん》を該括《がいかつ》するも、猶《な》お是れ化門《けもん》の説。若し是れ衲僧ならば、合《まさ》に作麼生《そもさん》かすべき』と。意、那裏《なり》にか在る」。師云く、「(8)水を担《にな》って河頭《かとう》に売る」。進めて云く、「『(9)若し祖意仏意を将《もつ》て這裏《しやり》に商量《しょうりょう》せば、曹渓《そうけい》の一路平沈《へいちん》せん。還《かえ》って人の道《い》い得る有りや。道い得る底、出《い》で来たれ』と。意旨《いし》作麼生」。師云く、「(10)河裏《かり》に銭《せん》を失して、河裏に摝《ろく》す」。進めて云く、「時に(11)僧有り、問う、『如何《いか》なるか是れ超仏越祖《ちょうぶつおつそ》の談《だん》』。門云く、『餬餅《こびょう》』と。如何《いかん》が端的《たんてき》を辨ぜん」。師云く、「(12)猢猻《こそん》、露柱《ろちゅう》に繋《つな》がる」。進めて云く、「(13)僧云く、『這箇《しゃこ》、什麼《なん》の交渉《きょうしょう》か有る』。門云く、『酌然《しやくねん》として什麼の交渉か有らん』と。此の意、如何」。師云く、「(14)臓《ぞう》に和《わ》して款《かん》を納《い》る」。進めて云く、「古人底は且《しば》らく置く、祖意仏意を容《い》れず、乞う師、曹渓の一路を指出《ししゅつ》せよ」。師云く、「(15)壁立万仞《へきりゅうばんじん》」。進めて云く、「(16)既に仏祖を放下《ほうげ》す、猶お是れ六祖を用いることを争奈何《いかん》せん」。師云く、「(17)且らく去って前語を円《まどか》にせよ」。進めて云く、「(18)天目《てんもく》の近きに因《よ》らずんば、争《いか》でか斗牛《とぎゅう》の寒《さむ》きを識《し》らん」。師云く、「(19)噫《い》」。

(1)**七月旦上堂**＝旧暦七月一日の上堂説法。◉(2)**落梧一葉、天下報秋**＝梧桐の落葉が最も早いのでここに云う。『伝灯録』

巻二十二双泉師寛（雲門下）章に、「一葉落知天下秋」と見えるが、もと『淮南子』説山訓十五章に「一葉の落つるを見て、歳《とし》の将《まさ》に暮れなんとするを知る」。◉(3)**箇中端的若為相酬**＝ここの所の急所をズバリお答え願いたい。「即今八月九日真向如此ココデ見テトレ」。◉(4)**釈迦弥勒退後三千**＝（緊要把住の処）釈迦弥勒でも寄りつけぬ。◉(5)**眉毛横眼上、口稜在鼻下**＝眉毛は目の上に、口は鼻の下に。「口稜」の語は【一一二の二】に見えるが、他には見られない語、「眉毛」の対句に国師が造語されたものか。◉(6)**認驢鞍橋作阿爺下頷**＝とんでもない取り違え。『洞山初録』（禅十二・六五三下）、『碧巌』九十八本則下語等に見える。「驢鞍橋」とは驢馬の骨の中の鞍に似た骨で、鞍骨を以て阿爺の下頷と間違えた愚かさ（『種電鈔』）。◉(7)**一言纔挙千差同轍…若是衲僧合作麼生**＝一言の下にあらゆる法門（仏法・世法、頓・漸、顕・密、定・不定）を言い尽くすとも、なお方便説を出でぬ。教条にあらざる衲僧家の風はいかが。以下「門云、酌然有什麼交渉」まで『雲門広録』上（禅十一・三四一上）に見える。「微塵」は「微塵数」、「該括」は「概括」の義で、「該括微塵」は「千差同轍（千差万別を統《す》べる）」を言い換えたもの。◉(8)**担水河頭売**＝「ウヌガ腹中ニ一杯アルハ、ナンノ珍クモナイ」。【五の二】注(8)参照。◉(9)**若将祖意仏意…平沈**＝千七百の祖意、五千四十八巻の仏意を以て種々問答審議するならば、曹渓六祖の真風は失われよう。「曹渓」は六祖慧能のこと。この人より真の中国的禅が始まったとされる。「平沈」は「隠没」の義。◉(10)**河裏失銭河裏摝**＝河の中に銭を落とせば河の中に探し求める。「山前に馬を放って山前に討ぬ」（『永平広録』巻八「法語」）とも云うが、「シレタ事、此ノ外ニ祖意仏意ハナイ」。『雲門広録』上に「端坐して実相を念ずるはどうか」の問いに答えた語（禅十一・三三六）。◉(11)**有僧問…門云餬餅**＝頌古第三十七則（【二五四】）本則参照。「餬餅」は「胡餅」で、西域伝来の焼餅《シャオピン》。◉(12)**猢猻繋露柱**＝猿、露柱に繋がる。『雲門広録』下（禅十二・三八〇）に見える。「露柱」は【一八の一】注(20)参照。『雲門大師遺表』に「心猿跳るを罷《や》む」（禅十二・三九五）とあるように、「心猿」は煩悩妄念の奔走する比喩である。因みに、『伝灯録』巻二十二徳山縁密（雲門下）章に、「問う、仏、未だ出世せざる時、如何。師曰く、猢猻、露柱に繋がる。曰く、出世の後、如何。師曰く、猢猻、布袋に入る」と見え、いずれも「自由の分無き」点では同じ。「又々寒イ答話。此一通ノ者ノ知タ事デナイ」。底本は「猢」を「胡」に作る。◉(13)**僧云…門云、酌然有什麼交渉**＝僧云う、「これ（胡餅）は超仏越祖と何の関係がありますか」。門云う、「その通り明確、何の関係が有ろうや（全く無い）」。◉(14)**和贓納款**＝『虚堂録』巻一報恩録、『犂耕』に「自ら白状を納るるなり」と。「贓」は「盗品」、「款」は「供認、白状」の義。ここでは僧の「這箇、什麼の交渉か有る」の言によって、自ずと没交渉であるのを白状していること。◉(15)**壁立万仞**＝「ウヌラガ歯モタツモノデハナイ」。◉(16)**既放下仏祖、猶是争奈用六祖何**＝雲門の上堂語に、「若し祖意仏意を将て這裏に商量せば」と云いながら、「曹渓の一路平沈せん」と、六祖の路を用いる矛盾を突いたもの。また同時に国師に当てたもの。◉(17)**且去円前語**＝「前語」とは雲門の「餬餅」、また大灯の「壁立万仞」を指す。この語をしかと味わってこい（その矛盾は自ずと解消せん）。◉(18)**不因天目近、争識斗牛寒**＝国師に親近することを得て、その機鋒を窺うことを得ました、と、僧の礼話。『虚堂録』巻三径山録に、「天目の近きに因らずんば、那《なん》ぞ斗牛の寒きを覚えんや」と。「天目」は浙江省臨安県に有る名山。「斗牛」は二十八宿の斗宿（南斗星）と牛宿（牽牛星）とを指す。天目峰頂の近くに上ってみなければ、斗牛の間の（所謂張華の名剣の光にも似た、裂帛の）寒気を知ることは出来ない。◉(19)**噫**＝「発音〈イ〉：①悲痛・嘆息の表示。②呼告の表示、祭祀の時神への呼びかけ。③驚き怪しむ声。発音〈アイ〉：飽食後のゲップの音」（『漢語大詞典』）。書き入れに、「クソコシャクナ」とあり、③の義に近い。

【五〇の二】

乃《すなわ》ち云く、「(1)暑気《しょき》、未だ去らざるに、嫩涼《どんりょう》、初めて生ず（(2)睡り美《うま》うして山雨の過《す》ぐるを知らず、覚《さ》め来たれば、殿閣、自ずから涼を生ず）、**秋意、未だ深からざるに、白雲清淡《せいたん》なり**（(3)七仏《しちぶつ》已前、四時の春、現《げん》成公案《じょうこうあん》、今日の如し）。(4)**徳山、臨済、甚《なん》と為《し》てか平地に喫交《きつこう》す**（(5)左手を握って仏首を掻《か》くことは即ち無きに非ず、右手を展べて狗頭《くとう》に触るることは何《いず》れの日か免れ得ん」、会《え》すや」。良久《りようきゆう》して云く、「(6)蘇武《そぶ》、漢《かん》節《せつ》を持《じ》して帰る〔(7)左手を握って中指を咬む〕」。

(1)**暑気未去…秋意未深…**＝初秋の現成。「嫩涼」は「初涼、微涼」。◉(2)睡美不知山雨過、覚来殿閣自生涼＝夏日雨過ぎ、午睡後の涼にも似たり。『大川録』岳林録。◉(3)七仏已前四時春、現成公案如今日＝明暦三年（一六五七）刊行の『句双葛藤集』に見えるが出典未詳。その鈔に、「今日をよく見らば（見るならば？）已前已後はないことゾ。四時クルリクルリとして来るものは常住不凋、三世一貫ゾ」と。◉(4)**徳山臨済、為甚平地喫交**＝「喫交」は、底本、『大灯録』原本も「喫咬」であるが、「喫交」の誤植。（この秋天清淡のところで全ては調っているというのに、我が禅門では）徳山の棒、臨済の喝などと余計な顚倒をやらかすのはどうしてかな。「喫交」の「交」は「跤＝跟頭（もんどりうつ）」に通ず。「平地喫交」は「何でもない平らなところで、顚倒する」の意。『碧巌』三十八本則評唱に、「臨済の恬麼なること、大いに平地喫交に似たり」と。もと『趙州録』（禅十一・三二八）。◉(5)握左手掻仏首…展右手触狗頭…＝いかんせん更に向上の宗旨あるを免れざる所以。白隠『心経著語』（『毒語心経』）の「観自在」にも見える白隠の造語（但し「握」は「伸」、「展」は「屈」）。書き入れに、「握左手…」の処に、「隻手ヲ聞ケバ、地獄天堂皆諸仏ノ刹土」。「触狗頭」の処に、「祖師門下ノ法窟ノ爪牙」と。また『寒山詩闡提記聞』巻二に、安心法門に坐在した僧に向かって、「背手（後ろ手に組んで）に仏面を掻くことは你無きに非ざれども。左臂を屈して狗頭に触るることは何れの日か免れ得ん」と云う。◉(6)**蘇武持漢節而帰**＝「蘇武」は前漢の忠臣。武帝の時、匈奴に使いして囚われの身となり、十九年漢のはたじるしを守り通して、遂に帰国した故事。「蘇武節」は、古来、忠臣の典故（『漢書』巻五十四蘇武伝）。「漢節」は漢の使者たることを証明する「旌節《せいせつ》（竹柄の長さ八尺、節旄《ぼう》のあるはた竿）」。『虚堂録』巻九径山後録、『犂耕』に「始終、変節せず」、「始め有り終わり有る処、大機用有り」と。◉(7)握左手咬中指＝仏向上、極則の事。『闡提記聞序』

の「或走或立」には「拳左手咬中指」と下語し、更に「東山下左辺底（東山下正伝底の奥旨）」と置き換えている。『遠羅天釜』巻之下には、法華宗の老尼に法華三昧を勧めて、「一辺の題目は禅門一則の話頭と其の功異なることなし。…此の上、猶々怠り玉はずば、禅門に謂ゆる左手を握て中指を咬む等の心地も次第に明なるべし」と。また『荊叢毒蕊』巻一、『闡提記聞』巻二等には、「握左拳咬指頭」と見えるが、「（難透難解で）発する言葉もなく、ただ指を咬むのみ」の意であろう。いまここでは単に「いう言葉もない」の意。但し、右の『遠羅天釜』の例では「向上極則の事」をいう。

【五四】、【九四の三】、頌古第六則（【一二一三】）本則評唱にも出る。

【五一の二】

(1)解夏《かいげ》小参《しょうさん》。僧問う、「(2)聖制《しょうせい》、已《すで》に円《まどか》にして、秋風、面《おもて》に満つ。正与麼《しょうよも》の時、如何《いかん》が履践《りせん》せん」。師云く、「(3)何ぞ別に問わざる」。僧云く、「(4)恁麼《いんも》ならば則ち、意気有る時意気を添え、風流ならざる処、也《ま》た風流」。師云く、「(5)南海の波斯《はし》、鼻孔《びくう》麁《そ》なり」。僧云く、「記得《きとく》す、(6)三聖《さんしょう》、雪峰《せっぽう》に問う、『網《あみ》を透《とお》る金鱗《きんりん》、何を以てか食《じき》と為《せ》ん』と。意旨《いし》如何」。師云く、「(7)到らば即ち点《てん》ぜず」。僧云く、「峰《ほう》云く、『(8)汝が網を出で来たるを待って、汝に向かって道《い》わん』と。又た作麼生《そもさん》」。師云く、「(9)点ぜば即ち到らず」。僧云く、「聖《しょう》云く、『(10)一千五百人の善知識《ぜんちしき》、話頭《わとう》も也た識《し》らず』と。意、那裏《なり》にか在る」。師云く、「(11)限り無き村僧《そんそう》、之れを模《も》して則《のり》と為《な》す」。僧云く、「峰云く、『(12)老僧、住持《じゅうじ》事《じ》繁《しげ》し』と。如何が委悉《いしつ》せん」。師云く、「(13)鴆羽《ちんう》、水に落ちて、魚《うお》、皆な死す」。僧云く、「若し人有って、『網を透る金鱗、何を以てか食と為ん』と問わば、未審《いぶか》し、和尚、作麼生か祇対《したい》せん」。師云く、「(14)呂望《りょぼう》が権《けん》、任公《じんこう》が犗《がい》」。僧云く、「恁麼ならば則ち(15)学人、今日小出大遇《しょうしゅつたいぐう》」といって便ち礼拝《らいはい》す。師云く、「(16)人を誣《し》うることは即ち得たり」。

⑴**解夏小参**＝七月十四日、解制前夜の説法。◉⑵**聖制已円、秋風満面**＝本題に入る前の時候の挨拶の問答。『大応録』崇福録一三六章の解夏小参を参照。◉⑶**何不別問**＝なぜ別の事を問わない。『雲門広録』上（禅十一・三四六）に、「一乗法」の問に対する雲門の答え。大梅法常も、「親しい者は問わず、問う者は親しからず」と云う。◉⑷**恁麼則有意気時添意気、不風流処也風流**＝書き入れに「ヨイトキハ、メッタ、キゲンノヨイト云事、不調法ナ処ニモ、又風流ナ面白処モアル」。前述『大応録』一三六章。【一の九】注⑱参照。◉⑸**南海波斯鼻孔麁**＝仲々意気軒昂だな。僧を「南海の波斯」に比して。『頌古聯珠通集』巻三十七慈明楚円頌に、「泗州、忽ち揚州に示現す、天下の宗師、話路稠《おお》し。君子、財を愛するに取るに道有り、～」（禅七・四七一）と見える。【一三の二】注⑫参照。「南海波斯」とは「西域渡来の僧伽大師、唐中宗の帰依を受け、死後も揚州や淮岸一帯に広く霊異を顕わし、後世に到るも霊験あらたかに、泗州大聖像として祀られる」（『宋高僧伝』巻十八、『伝灯録』巻二十七）を指す。「鼻孔麁」は「鼻息ガアライ」、「鼻孔遼天（高傲自大）」の意味。◉⑹**三聖問雪峰、透網金鱗以何為食**＝『碧巌』四十九則。『秘鈔』に「一切透過、何も食い物がない、何ぞ珍しい物があれば出さっしゃいの語勢」とある。「透網」は「解制」の縁語として持ち出す。◉⑺**到即不点**＝出席ならば、名簿に点印をつけない。『会元』巻十一興化章に、「師、有る時僧を喚ぶ、僧、応諾す。師曰く、点ずる即《とき》んば到らず。又た一僧を喚ぶ、僧、応諾す。師曰く、到る即んば点ぜず」と。「到レバ、彼此レ言フニハ不及」。大梅の所謂「親しい（到る）者は問わず、問う（点ずる）者は親しからず」に同じ。◉⑻**待汝出網来向汝道**＝まずは網を出ていらっしゃい。◉⑼**点即不到**＝点印を付けたら、到ってない証拠。「人カラ聞キ取リ、聴聞役ニ立ン」。◉⑽**一千五百人善知識、話頭也不識**＝千五百人もの雲水の指導者（雪峰）というに、とんと語るに足らぬ。「話頭」は「話題、話の端緒」。『臨済録』行録に「老漢話頭也不識」。◉⑾**無限村僧模之為則**＝「模」は底本「摸（＝さぐる）」は『大灯録』原本では「模（＝のっとる）」であり、原本に戻すべき。訳も分からない坊主共が皆な金科玉条とする。◉⑿**老僧住持事繁**＝わしは寺務が忙しい（相手をしている暇はない）。◉⒀**鳩羽落水、魚皆死**＝雪峰の手段悪毒。【一〇の

二】注(11)参照。◉(14)**呂望権、任公犗**＝（衲《わし》のところの餌は）太公望の権に任公の餌（雑魚を釣る針は無い）。「呂望」は太公望呂尚のこと、周の文王の師、斉の始祖。「権」は太公望の『六韜』文韜の文師に、「太公曰く、釣りに三権有り」と見え、人心収攬の禄・死・爵三種の権衡（はかり）を云う。書き入れに「鵠林有三種権。以目、見吾目。以心、誦朝念。以気、置足心」と。「任公犗」は『虚堂録』巻三育王録の解夏小参、もと『荘子』雑篇の外物篇に、「任国の公子が五十頭の犗（去勢牛）を餌と為して、会稽山に坐して東海に投竿し大魚を釣った」話が見える。◉(15)**学人今日小出大遇**＝今日はちょっと出まして思わぬ収穫がありました、と、僧の礼話。【五の一】注(20)参照。◉(16)**誣人即得**＝人は欺《あざむ》くことは出来るがな（自分の胸に聞いてみな）。

【五一の二】

(1)**乃《すなわ》ち云く、「**(2)**四月十五、一衆端《いっしゅはし》無く**（(3)是れ凡か是れ聖か）**牛角《ごかく》に投入す**（(4)錯《しゃく》）、**東西辨ぜず**（果然《かぜん》）**南北分たず**（点）。(5)**七月十五、諸人、快活《かいかつ》に布袋《ふたい》を解開《げかい》す**（(6)甚《なん》の長処《ちょうしょ》か有る）。**脚頭脚底**（(7)泥《どろ》深きこと三尺）、**通霄路《つうしょうみち》有り**（(8)他は是れ具神通《ぐじんづう》の応供《おうぐ》、蝦《か》、跳《おど》れども斗《と》を出でず）。(9)(10)**万里無寸草《むすんそう》**（(11)那一茎《ないっきょう》、大いに人を礙塞殺《がいそくさつ》す）、(12)**抖擻《とそう》す多年の穿破衲《せんぱのう》**（(13)骨に粘《ねん》じ、皮に著《つ》く）。**門を出づれば便ち是れ草《くさ》**（(14)門内の深きに勝《まさ》れり）、**襤襂一半《らんさんいっぱん》、雲を逐《お》うて飛ぶ**（(15)天網《てんもう》、疎《そ》にして漏らさず）。(16)(17)**有仏《うぶつ》の処、住することを得ず、**(18)**舜《しゅん》に卓錐《たくすい》の地《ち》無し**（(19)難《なん》に臨まずんば忠臣の志を見ず）。**無仏《むぶつ》の処、急に走過《そうか》す、禹《う》に十戸の聚《しゅう》無し**（財《ざい》に臨まずんば義士の心を知らず）。(20)**直に得たり把住《はじゅう》放行《ほうぎょう》、触処現前《そくしょげんぜん》**（(21)勘破了也《かんぱりょうや》）、**擡搦褒貶《だいじゃくほうへん》、物《もの》に随って主と作《な》ることを**（勘破了也）。**正与麼《しょうよも》の時、**(22)**龍宝《りゅうほう》、別に賞労《しょうろう》の有る在り」**。**払子《ほっす》を撃《う》って云く、「**(23)**西風一陣来《せいふういちじんらい》、落葉両三片《りょうさんぺん》**（(24)伏して惟《おも》みれば堂頭《どうちょう》和尚万福《ばんぷく》）」。

⑴**乃云**＝この章は、『大応録』二十三章の解夏小参を踏まえる。◉⑵**四月十五…東西不辨、南北不分**＝四月十五結制の日、一衆共に禁足、計らずも袋詰めに絞り上げられ、わき目も振らず無我夢中。「投入牛角」は「鼠、牛角に入る（出路なく窮する）」を踏まえる。『円悟心要』に「老鼠入牛角、漸漸尖小」（禅十四・七〇九）と。◉⑶**是凡乎是聖乎**＝この僧等、目が開いているか、開いていないか。【一の九】注⑵参照。◉⑷**錯、果然、点**＝【一五】注⑺参照。◉⑸**七月十五…脚頭脚底、通霄有路**＝七月十五解制の日、皆さん禁足の袋を解かれて快活なり、各自何処へ行こうと自由自在。「解開布袋」は「禁足の制を解くこと、袋を開いて物出づるが如くなり」（『犂耕』）。これより各人拄杖を振るって通天徹地・西東自在の行脚にのぞむ。◉⑹**有甚長処**＝なんぼの物ぞ。『会元』巻十二慈明楚円章に、「且らく道え、祖師禅に甚の長処か有る」。◉⑺**泥深三尺**＝（軽やかどころか）足元は深いぬかるみ。『碧巌』三十六頌下語。◉⑻**他是具神通応供、蝦跳不出斗**＝「通霄有路」とは、彼はさだめし神通力を具えた阿羅漢であろうか、されど高の知れた物。「応供」は「阿羅漢」。「供養を受けるに値する」の意。仏十号の一でもあるが、小乗の聖位の最高位。「蝦」はエビ、「斗」はとます。後句は『睦州録』（禅十一・二三二）。◉⑼**万里無寸草…襤襂一半逐雲飛。**＝本文の構成は、『伝灯録』巻十五石霜慶諸章の解夏の話に、『睦州録』の句を二つに分けて下語に置いたもの。今、それぞれの話に分解すれば、注⑽と⑿のようになる。◉⑽**万里無寸草、出門便是草**＝『伝灯録』巻十五石霜章に、「洞山（价）参ずる次で、示衆に曰く、『兄弟、秋初夏末、或いは東去西去す、直に須らく万里無寸草の処に向かって去るべくして始めて得てん』。…師（石霜）之れを聞いて乃ち曰く、『出門便是草』」と。「草」は「纏わり付くもの、煩悩」を云い、また「放行、向下門」に比せられる。「無寸草」は「絶対把住、心機意識の不倒処」を云う。◉⑾**那一茎大礙塞殺人**＝（無寸草の、本分の）那一茎が却って妨げのもと。「礙塞殺人」は「甚だ阻塞、閉塞する」の意、『碧巌』二十九本則評唱。◉⑿**抖擻多年穿破衲、襤襂一半逐雲飛**＝長年の乞食行で衣は破れボロボロ、しかし心は雲を逐うての自在の境界。「抖擻」は「振り払う」の意。梵語の「頭陀」の漢訳で、衣食住の貪著を捨てることを云い、把住門に当たる。「襤襂」は「破れ

ごろも」。「逐雲飛」は「行脚」を云い、放行門に当たる。『睦州録』（禅十一・二三三）に見える。◉⒀粘骨著皮＝法執甚だし。『碧巌』七十八本則評唱には「粘皮著骨」で見える。「好境に粘着して皮骨に入るが故に、脱することを得ず」（『種電鈔』）。◉⒁勝門内深＝門内の草深きよりはまし。無寸草に執着するよりはまし。◉⒂天網疎而不漏＝（いくら雲を逐うて飛ぼうが、無寸草の）網を逃れる術なし。『老子』七十三に「天網恢恢、疎而不失」。「天網」は貞永寺版では「天鑑」とあるが、誤植。◉⒃**有仏処不得住…無仏処急走過…**＝この文の構成も、趙州の語に枚乗の言をそれぞれ下語として置いたもの。今、それぞれの句に分解すれば、注⒄と⒅のようになる。◉⒄**有仏処不得住、無仏処急走過**＝「有仏の処は仏見法見を生ず、悟の窠窟なり。…無仏の処、諸相非相の穴に居てもならぬ、そこを早くかけ出せ」（『秘鈔』）。『碧巌』九十五垂示に見えるが、もとの『趙州録』には、「你、南方に去らば、有仏の処を見ば、急に走過せよ。無仏の処は住《とど》まるを得ざれ」（禅十一・三二二）と、「急走過」と「不得住」が逆になって見える。◉⒅**舜無卓錐地、禹無十戸之聚**＝『漢書』五十一枚乗伝に、「舜《しゅん》に立錐の地無けれど、以て天下を有《たも》ち、禹《う》に十戸の聚無けれども、以て諸侯に王たり」と、両聖帝の滞りのない無執着心を述べる。◉⒆不臨難不見…不臨財不知…＝難に臨んで（逃げない者こそ）忠臣の志と分かり、財物に臨んで（貪らない者こそ）正義の士の心と知る。『礼記』曲礼上に「財に臨んでは苟《いやしく》も得んとすること毋《な》かれ、難に臨んでは苟も免れんとすること毋かれ」を踏まえた語。『荊叢毒蘂』巻五にも見える。◉⒇**直得把住放行…随物作主**＝その場その場に応じて放収・緩急自在、その物その物に応じて毀誉褒貶自在の働き（解制に当たって、伸び伸び自在の様）。◉(21)心如波旬、面似夜叉＝尾が見えた。『無門関』三十一趙州勘婆の語、『碧巌』下語に頻出。◉(22)**龍宝別有賞労在**＝衲《わし》の処には、一夏以来、皆様の苦労を労《ねぎら》う格別の慰労の御馳走がござる。「賞労」は【一八の二】注⑺参照。◉(23)**西風一陣来、落葉両三片**＝この清風と落葉をタップリ満喫するがよい。『大応録』二十三章の結語にも引用される保寧の日面月面頌。【二一の一】注⑿参照。◉(24)伏惟堂頭和尚万福＝お健やかなことと拝察申し上げます（少し弄して）。【三六】注⒀参照。

【五一の三】

復《ま》た挙《こ》す。(1)**五祖演和尚《ごそえん》云く**〔(2)干将《かんしょう》、利なりと雖《いえど》も、人力を得ざる則《とき》んば、自ら断ずること能わず〕、**「牛《うし》、窓櫺《そうれい》を過《す》ぐ**〔(3)積羽《せきう》、舟《ふね》を沈《しず》め〕、**頭角四蹄《ずかくしてい》全く出づ**〔群軽《ぐんけい》、軸《じく》を折《お》る〕、**尾巴甚《びはなん》と為《し》てか出づることを得ざる**〔(4)五祖《ごそ》、只だ其の出でざる底を愛して、其の出づる底を愛さず。何が故《ゆえ》ぞ、(5)尋常《じんじょう》一様窓前《そうぜん》の月、纔《わず》かに梅花有れば便ち同じからず〕」。**師拈《ねん》じて云く、「**(6)**五祖老子《ろうし》は只だ其の出づる底を見て、其の出でざる底を見ず**〔(7)針を把《と》って線を失却す。(8)公輸《こうゆ》も其の斧斤《ふきん》を措《お》く所無く、離婁《りろう》も之れが為に睛《ひとみ》を失す〕。**何が故ぞ、**(9)**何《いず》れの官にか私《わたくし》無く、何れの水にか魚無からん**〔(10)一縷《いちる》の任《にん》を以て、千鈞《きん》の重きを係《か》く〕」。

(1)**五祖演和尚云、牛過窓櫺…**＝『無門関』三十八「牛過窓櫺」の公案、白隠禅師「最後の重関」と呼ぶもの。この話は『会要』、『普灯』、『会元』、及び五祖録にも収められずして、『応菴録』蒋山録に在る。又た古林清茂の『続宗門統要』第十冊巻十一の五祖演章には、「師（五祖）一日因みに端和尚云く、『昨日禅和子数人有り、廬山より来たる。他をして下語《あぎょ》せしむれば也《ま》た下し得たり、他をして説かしむれば也た説き得たり、他をして批判せしむれば也た批判し得たり、只だ是れ未在《みざい》』。師云く、『某甲、箇の喩子有り』。端云う、『汝試みに道うて看よ』。師云く、『譬えば、牛の窓櫺（格子窓）を過ぐ、頭角四蹄都《すべ》て過ぎ了わるに、只だ是れ尾巴過ぎ得ざるが如し』。端これを領ず」と見ゆ。『応菴録』蒋山録（禅十五・八四一）では、法叔の大慧禅師の到るによって、上堂説法に当たり、この話を拈出したのであって、さなければ天下誰も理会し得る者無きによって、一生口に出すことは無かったであろう、と云っている。◉(2)干将雖利、不得人力、則不能自断＝幾ら名剣と云っても、持ち手を得ざれば役に立たない。「干将」は「莫邪《ばくや》」と並んで古の名剣。もと『戦国索』巻四に「今、干将・莫邪と雖も、人力を得るに非ずんば、則ち割劌《かっけい》すること能わず」と。◉(3)積羽沈舟、群軽折軸＝羽毛も集積すれば船を沈め、軽い荷も集積すれば車軸を折る。『淮南子』繆称訓二十二章に見え、続いて「故に君子は微に禁ず（＝慎む）」と。◉⑷五祖只愛其不出底、不愛其出底＝国師の「五祖老子只見其出底…」の逆。「五祖ト国師ト下語ト、三人出合テ天下ヲ争ウ様ニ見ヘル」。因みに、『法華経』方便品の偈に「犛牛が尾を愛する」あまり身命を失う喩えがある。ここではその喩えを逆手に取って、五祖牛が尾を愛する所以を評価したものか。◉⑸尋常一様窓前月、纔有梅花便不同＝（尾巴出でざるところ）風流の極み。杜耒「寒夜」。【一一】注⒀参照。◉⑹**五祖老子只見其出底、不見其不出底**＝五祖老は窓櫺を出ること（悟徹）をみとめて、不出（未徹）をみとめない。「ココデ国師ニ相見ガナル、ア丶寒キモノジャ」。◉⑺把針失却線＝針は把ってみたが、糸を失って縫われない。「此処ハヲシヘ様ハナイ」。『洞山初録』に、「両処倶《とも》に亡ずる時如何」と問われて答えた語（禅十二・六五二）。◉⑻公輸無所措其斧斤、離婁為之失睛＝公輸もお手上げ、離婁も盲しいる。「公輸」は大工の名人。【三五の二】注⑷参照。「離婁」は『孟子』の篇名にもなっているが、「離朱」とも云い、上古黄帝時代の明眼の人、百歩を隔てて秋毫の末を見ることが出来たという。◉⑼**何官無私、何水無魚**＝どんな官吏にも私心はある、どんな川にも魚は住んでいるのと同じ。『虚堂録』巻三育王録の解夏小参に見えるが、いま『犂耕』の意を汲んでここに当てれば、「五祖の語中に小過有り。しかし恰も、俗諺の如く、何の官か私なし…とも云う。大灯の胸中広大なり」。「ナルホドスグレモノジャ日本ノ達磨大師ト云テ、ニクナイ」。◉⑽以一縷之任、係千鈞之重＝一筋の糸で支えたり、千鈞もの重み（国師のこの一句有ってこその今日の仏法）。『文選』巻三九枚乗「上書諫呉王」では、危うい喩え、しかしここでは逆手に用いる。

【五二の一】

⑴次の日上堂。僧問う、「⑵三月安居《さんげつあんご》、羚羊《れいよう》、角《つの》を掛《か》く。九夏自恣《きゅうげじし》、猛虎、林《はやし》を出づ。正与麼《しょうよも》の時、⑶如何《いかん》が欺《あざむ》かざることを得去《え》らん」。師云く、「⑷甚人《なんびと》にか付与《ふよ》す」。僧云く、「⑸洞山《とうざん》云く、『兄弟《ひんでぃ》、初秋夏末、直《じき》に須《すべか》らく万里無寸草《すんそう》の処に向かって去るべし』と。意旨作麼生《いしそもさん》」。師云く、「⑹餓狗《がく》、枯髏《ころう》を嚙《か》む」。僧云く、「石霜《せきそう》云く、『何

ぞ門を出づれば便ち是れ草《くさ》と道《い》わざる』と。又た作麼生」。師云く、「(7)髻《もとどり》を把《と》って衙《が》に投《とう》ず」。僧云く、「洞山聞いて云く、『(8)大唐国裏、能《よ》く幾人《いくひと》か有る』と。意、那裏《なり》にか在る」。師云く、「(9)也《ま》た須らく人の点検に遭《あ》うべし」。僧云く、「古徳の垂示《すいじ》は且《しば》らく置く、和尚、如何が人に教え去らん」。師云く、「(10)坡《は》を下って走らざれば、快便《かいべん》逢《あ》い難し」。僧云く、「(11)青山緑水、草鞋底《そうあいてい》、明月清風、拄杖頭《しゆじようとう》」。師云く、「(12)錯《しやく》」。

(1)**次日上堂**＝七月十五日解制の上堂。◉(2)**三月安居…九夏自恣…**＝『大応録』建長録二五五章、解夏上堂に見える。三ケ月安居は羚羊の如く跡を絶ち、九十日目自恣の日は猛虎の如く叢林を出る。伝説に「羚羊」は羊に似て大なるもの、夜寝る時には角を樹の枝に掛けて害を防ぐと言う。痕跡の求められないこと、悟境の超脱したものの譬喩。『伝灯録』巻十七雲居道膺《うんごどうよう》章に、「好猟狗《りようく》の…忽ち羚羊挂角に遇わば跡も気も亦た識らずと道う莫かれ」と。「自恣」は【一九の一】注(1)参照。「猛虎出林」は『会元』十七、報慈進英（宝峰文下）章に見える。◉(3)**如何得不欺去**＝この所の真理は如何。◉(4)**付与甚人**＝（そこの所は）誰に付与しようか（銀山鉄壁、他人にくれられるものでない）。◉(5)**洞山云、兄弟初秋夏末…**＝【五一の二】参照。以後の問答は『大応録』崇福録一三七章、解夏上堂に依る。もと『伝灯録』巻十五石霜慶諸《せきそうけいしよ》（薬山二世）章。◉(6)**餓狗嚙枯髏**＝没滋味。『虚堂録』巻一報恩録の冬至小参に、「丹霞焼木仏」に対する下語として見える。◉(7)**把髻投衙**＝警察に自首してきた。『碧巌』八十一本則下語。『俗語解』［一五〇三］に、「唐土にて斬罪の時、一人、罪人の髪をかきあげ、もとどりを握っている。太刀とり（#首斬り人）後に在って首を斬るなり。（衙《が》は）…公義の役所なり。『把髻投衙』は『罪人が自身に首をさし出し、名のって出る』なり」。「石霜モ洞山モ大罪人ジャ」。◉(8)**大唐国裏能有幾人**＝大唐国（広しと雖も、か程の人はほかに）誰もいない。◉(9)**也須遭人点検**＝「ソンナ事云テ、人ニホテッハラ（布袋腹）ヌカレン（＝見透かされる）」。◉(10)**下坡不走快便難逢**＝好機逸するべからず。「此ノ節セイ出セ」。「下坡」は「下り坂」、「快便」は「方便（機会、時機）」の義。「機失う可からず、時再来せず」の意。『碧巌』八十一本則下語に見えるが、もと『会元』巻十一に見える三聖慧然の語。◉⑾**青山緑水草鞋底、明月清風拄杖頭**＝しからば、脚下は青山緑水、拄杖子上は明月清風。お蔭様で心も軽やかに行脚に出られます、と、僧の礼話。『大応録』一三七章。◉⑿**錯**＝それ早あやまり。「ウロタキ者メ」。

【五二の二】

乃《すなわ》ち云く、「⑴⑵会《え》する則《とき》んば途中受用《とちゆうじゆゆう》〔⑶蛟龍《こうりゆう》雲雨を得ば、終《つい》に池中の物に非ず〕、**⑷身《み》を移して歩《ほ》を移さず**〔⑸井《せい》、驢を見る〕。**会せざる則んば世諦流布《せたいるふ》**〔⑹跛鼈盲亀《はべつもうき》、空谷《くうこく》に入《い》る〕、**歩《ほ》を移して身《み》を移さず**〔驢《ろ》、井を見る〕。**⑺即便《すなわ》ち恁麼《いんも》にし去るも、未だ山僧《さんぞう》が行履《あんり》の処に到らず**〔⑻子《こ》を養って方《まさ》に父《ちち》の慈を知る〕。**何ぞや、⑼雨来たって層翠《そうすい》残暑を消《しょう》し、風過《す》ぎて林頭満院《りんとうまんいん》涼し**〔⑽豈《あ》に歩《あゆ》まば亦た歩み、走《わし》らば亦た走らんや〕。

⑴**会則途中受用…不会則世諦流布…**＝本文の構成は『碧巌』八垂示を「途中受用」と「世諦流布」に分けて、大慧の頌の一、二句を下語として置いたもの。いま分解すれば、注⑵と⑷のようになる。◉⑵**会則途中受用、不会則世諦流布**＝『碧巌』八則垂示。会するときはその場その場で思いのまま、さもなくば世間ありきたりのまま。「途中」は「道なかで」、「受用」は「享用（思い通り使用する）」の義。「世諦」は「世俗の道理」、「世諦流布」は「世間に普く行なわれていること、ありきたりのこと」。もと『伝灯録』巻七廬山帰宗章に、「人に遇えば即ち途中にも授与す、遇わずんば即ち世諦流布す」と見える。白隠禅師は「家舎を本分、途中を為人度生」とし、「善き人に逢わねば、少許の悟は世諦流布に劣る、只だ途中受用が大事である」（『秘鈔』）と。◉⑶**蛟龍得雲雨、終非池中物**＝『呉志』周瑜伝に劉備を評して云った語で、英雄が池の蛙に終わらずに、時を得て大業を成し遂げるを云う。◉⑷**移身不移歩、移歩不移身**＝家舎を離れて途中に在らず、途中に在って家舎を離れず。『大慧録』巻十に、「無業国師云く、『若し一毫頭《ごうとう》の凡聖情

念未だ尽きざれば、驢胎馬腹裏《ろたいばふくり》に入り去るを免れず』。白雲端和尚云く、『設使《たとい》一毫頭の凡聖情念を浄尽するも、亦た未だ驢胎馬腹裏に入り去るを免れず』」を挙して、頌して云う、「〜、〜。金師子《こんじし》を走却せしめ、玉麒麟《ぎょくきりん》を捉得す」（大正四十七・八五三）と見える。大慧の頌は『白雲端録』巻四頌古の第九十七則、「千人万人一路に行く、幾箇か身を移して歩を移さざる」（禅十四・四四七）を踏まえる。拈古第六則（【二七二】）にも、「趙州は移歩不移身。投子は移身不移歩」とあるを参照。◉(5)井見驢、驢見井＝もと「井覰驢、驢覰井」、無心に応接するありよう。『従容録』五十二則に、曹山が「仏の真法身は虚空の如く、物に応じて形を現ずる云々どうだ」と問うたのに対して、徳上座が「驢覰井」と答え、曹山がそれではまだ十分ではないとして「井覰驢」と返答したとある。また『碧巌』八十九本則評唱にも見える。◉(6)跛鼈盲亀入空谷＝悟りの窠窟に陥っているぞ。『碧巌』十二頌。【開筵垂示】第二段注⒂参照。◉(7)**即便恁麼去、未到山僧行履処**＝たとえその様な大機用を有しようが、衲《わし》の境地にはまだまだと云って、次に国師の真境界を吐露する。◉(8)養子方知父慈＝（国師も）子を持って初めて親爺（大応）の真の愛情が分ったというもの。『臨済録』勘辨に潙山が臨済を評した語。◉(9)**雨来層翠消残暑、風過林頭満院涼**＝夕立は翠の山並みを襲って残暑を消し、金風は木々の梢に渡り全山涼し。初秋残暑の現成公案。◉⑽豈歩亦歩走亦走＝先人の後追いはしていない（国師に超師の見あり）。『荘子』外篇の田子方篇に「顔淵、仲尼に問うて曰く、『夫子歩亦歩、夫子趨亦趨、（先生が歩かれると私も歩き、先生が走られると私も走る）…』」とあるを踏まえて。

【五三】

(1)**両班侍者《りょうはんじしゃ》を謝する上堂。**「(2)**山に登らば須《すべか》らく杖に倚《よ》るべし、海を渡らば須らく船に上《のぼ》るべし**（(3)広廈《こうか》を建てんには必ず先ず工匠を択ぶべし、三軍を発せんには必ず先ず良将を拝すべし）。**若し法門を扶竪《ふじゅ》せんと要せば**（(4)法門、何《いず》れの日にか推倒《すいとう》有らん）、**必ず須らく**(5)**班序《はんじょ》の褫《ち》有って、**(6)**温柔《おんじゅう》なることは一手擡《いっしゅたい》、剛硬《ごうこう》な**

ることは両拳搦《りようけんじやく》を得て、始めて得《う》べし〔(7)賢《けん》を進めて不肖《ふしよう》を廃するは君の明なり。(8)明君は臣を知り、明父は子を知る〕」。**既に其の人を得て後、亦た作麼生《そもさん》**〔(9)綱目《こうもく》正しく、法令《ほうれい》厳なり〕」。**良久《りようきゆう》して云く、**「(10)**仏《ほとけ》に献ずることは香の多きに在らず**〔(11)波斯《はし》、夢を説いて市中に入る。(12)談笑座中《だんしようざちゆう》、窃《ひそ》かに鴆毒《ちんどく》を置く〕」。

(1)**謝両班侍者上堂**＝両班と侍者の労をねぎらっての上堂説法。「両班」は都寺《つうす》等の東序と首座《しゆそ》等の西序を云う。【二の一】注(1)参照。「侍者」は住持の給仕・補佐をする役。◉(2)**登山須倚杖、渡海須上船**＝両班・侍者の功を登山の杖、渡海の船に喩えて。『五祖録』に「登山須拄杖、渡水要行船」（禅十二・四五〇）と。◉(3)建広廈必先…発三軍必先…＝大きな仕事をするには先ず優秀な指導者が必要。出典未詳。◉(4)法門何日有推倒＝法門に扶竪・推倒の沙汰無し。◉(5)**班序之褫**＝両班役位の助力。「褫」は「成褫（成持＝育成する、もり立ててやる）」の意。◉(6)**温柔一手擡、剛硬両拳搦**＝一方では仏と成ったり、片や鬼と成ったり、硬軟自在に使い分け。『五祖録』「諸郡の化主を送る」上堂に、「～、～、牙爪一時全きことは南山の白額（＝虎）にも勝《まさ》りたり」（禅十二・四二九）と、但し「両拳」は「双拳」。「擡・搦」は【一の六】注(29)参照。◉(7)進賢而廃不肖君之明也＝優れた人材を選ぶのも国師の力。◉(8)明君知臣、明父知子＝『史記』李斯伝二十七に見える、胡亥の言。もと『管子』大臣篇に、「子を知るは父に若《し》くは莫く、臣を知るは君に若くは莫し」と。◉(9)綱目正、法令厳＝規矩厳正に行なわれる。「綱目」は「法網、法度」の意。『虚堂録』巻三育王録の両班を謝する上堂に、「叢林人を得たるときんば、～、～」と。◉(10)**献仏不在香多**＝量より質、多ければ良いというものではない。『五祖録』上堂に、「浅く聞いて深く悟り、深く聞いて悟らず。争奈何《いかんせん》、争奈何、～」（禅十二・四一九）と。◉(11)波斯説夢入市中＝（国師の云っていることは）毛唐人が市中でワイワイ、チンプンカンプン。『虚堂録』巻三径山録に、「波斯鬧《によう》市《し》に入る」と。◉(12)談笑座中、窃置鴆毒＝一見穏やかな話ぶりだが、その実恐ろしい猛毒があるぞ。東陽英朝編『禅林句集』に載る。頌古第四則（【二二一】）頌注(4)参照。「鴆」は【一〇の二】注(11)参照。

【五四】

(1)**上堂。拄杖《しゆじよう》を横たえて云く、「**(2)**山僧《さんぞう》昨夜三更、瞌睡三昧《かつすいざんまい》に入《い》る**〔(3)酔後郎当《ろうとう》として人を愁殺《しゆうさつ》す〕、**者箇《しやこ》の**(4)**拄杖子《しゆじようす》趨《わし》り前《すす》んで言って曰《いわ》く**〔(5)破木橛《はもつけつ》、什麼《なん》の長処か有る。拗折《ようせつ》して洗足湯下《せんそくとうか》の薪と為し去らん〕、**『某甲些子《それがししやし》の禅を会す**〔(6)会処有らば急に須《すべか》らく吐却《ときやく》すべし。(7)家に白沢《はくたく》の図無ければ、此《かく》の如きの妖怪有り〕、**且《か》つ来日初一《らいじつしよいつ》、一句子《いつくす》を説いて諸人に布施し去らんと要す**〔(8)残羹餿飯《ざんこうそうはん》、狗《く》も亦た顧《かえり》みず〕。**伏して望むらくは和尚慈悲《じひ》、此の願を奪うこと莫《な》くんば以て幸《さいわい》と為さん**〔(9)伏して望むらくは和尚大慈大悲《だいずだいひ》、逼折《ひつせつ》して火炉頭《かろとう》に貶向《へんこう》せよ〕』。**山僧云く、『也《ま》た何ぞ妨げん、你《なんじ》作麼生か説かん**〔(10)随波逐浪《ずいはちくろう》〕』。**拄杖子云く、『**(11)**八月一日天中節《てんちゆうせつ》**〔(12)日日《にちにち》是れ好日《こうにち》、什麼《なん》の天中節とか説かん〕、**赤口白舌《しやつこうびやくぜつ》、時に随って滅す**〔(13)是れ什麼の熱椀鳴声《ねつわんみようしよう》ぞ〕』。**山僧云く、『阿你《なんじ》実に好く**(14)**言《こと》を知れり**〔(15)厚面皮の老漢、人を瞞《まん》ずること少なからず〕。**只だ此の一句子を以て**〔(16)什麼の臭皮襪《しゆうひべつ》にか当たらん〕、(17)**金輪法輪《こんりんほうりん》並び転じ**〔(18)遅八刻《ちはちこく》。威音《いおん》已前に転得《てんとく》し了《お》われり〕、**仏道祖道共に昌《さかん》ならん』。他《た》便ち礼拝《らいはい》して去る**〔(19)勘破了也《かんぱりようや》〕。**諸人且《しば》らく道《い》え、喚《よ》んで山僧《さんぞう》が説《せつ》と作《な》さんが即ち是《ぜ》か、喚んで拄杖子が説と作さんが即ち是か**〔(20)左手を握って中指を咬む〕。**若し拄杖子が説《せつ》と作《な》さば、山僧今朝説く**〔(21)指《ゆび》を以て指の指に非ざるに喩《たと》えんよりは〕。**若し山僧《さんぞう》が説《せつ》と作さば、拄杖子昨夜説く**〔若《し》かじ、指《ゆび》に非ざるを以て指の指に非ざるに譬《たと》えんには〕。**若し能《よ》く**(22)**定当《じようとう》せば、**(23)**雲は碧洞《へきどう》に帰り、露《つゆ》は蘭叢《らんそう》に滴《した》つ**〔(24)此の老漢、唯だ前を見ることを解して、後を顧みることを解せず。唯だ便宜《べんぎ》を得るに慣れて、便宜に落つることを知らず。(25)何が故《ゆえ》ぞ、指《ゆび》〕。(26)**其《そ》れ如《も》し未だ然らずんば」。卓拄杖《たくしゆじよう》一下《いちげ》す。**

(1)**上堂**＝八月一日の上堂。◉(2)**山僧昨夜三更、入瞌睡三昧**＝ここの話頭は『荘子』斉物論の胡蝶の夢言にも似て、拄杖子に物化し、知らず国師が夢に拄杖子となれるか、拄杖子が夢に国師となれるか、と云った趣。◉(3)酔後郎当愁殺人＝酔っ払いの戯言か、くさくさ人を悩ますこと甚だしい。「郎当」は「だらしがない、落ちぶれてみじめ、くさくさする、ふがいない」等の意、拈古第十則（【二七五】）注(22)参照。「愁殺」の訓みは「しゅさい」また「しゅうさつ」とも。『碧巌』九十九本則下語、もと『楊岐方会後録』但し「愁殺」は「笑殺」。◉⑷**拄杖子趨前言曰**＝拄杖子は国師の分身。「趨前」は「小走りに前に出る」、「趨」は古代中国の礼法で、目上の人に対する敬意を表わす。底本の「趍」は「趨」の俗字。◉⑸破木橛…為洗足湯下薪去＝棒きれの分際で何の役に立つ、へし折ってせいぜい足洗いの湯の薪にでもしてやろうか。◉⑹有会処急須吐却＝会得したという処が有るなら、速やかに吐き出してしまえ。◉⑺家無白沢図、有如此妖怪＝主心無ければ、こんな化け物にも惑わされる。楽普元安の「家有白沢之図、必無如是妖怪」（『伝灯録』巻十六）を逆に云ったもの。「白沢図」は、魔除けの神獣の図。【四六の二】注⑴参照。『犂耕』には「本分の那一図」とする、本心の主。◉⑻残羹餿飯、狗亦不顧＝そんな布施は結構。【一の七】注(58)参照。◉⑼伏望和尚大慈大悲、逼折貶向火炉頭＝どうか、へし折って火の中に焼《く》べてしまわれんことを。「逼折」は白隠用語で「折る」を強めて云ったもの。「貶向」は「追払」。◉⑽随波逐浪＝国師、相手に応じた処。【四四】雲門三句体調の一。◉⑾**八月一日天中節、赤口白舌随時滅**＝「天中節」は通常端午節を云う。【一三の二】注⑴参照。しかし道忠『禅林象器箋』の「八朔（八月一日）」の項に、『鏡堂覚円・建仁録』の八月旦上堂、「扶桑八月初一、古より天中の佳節と謂う。各おの妖怪の潜蹤を祈り、皆な口舌の消滅せんことを願う。云云」を引いて云う、「八朔を天中節と為すは蓋し日本の伝習なるか」と。【一三の二】注⑶にも前述した『夢粱録』に、「五月五日天中節、赤口白舌尽く消滅す」。「赤口白舌」は古代俗信に主に「口舌争訟の悪神」を謂う。◉⑿日日是好日、説什麼天中節＝毎日毎日が好日、天中節だけに限らず。前句は『碧巌』六則。◉⒀是什麼熱椀鳴声＝（そんな消災吉祥の呪を聞くも）なんとおぞましい。『碧巌』二十五頌評唱、また七十九本則には「冡沸碗鳴声」と、『秘鈔』に、「そなたの言は雪隠のダラ壺の中でブツブツと音がする様な」と。項楚『王梵志詩校注』には「椀鳴声」を「鬼物の声。鬼物食を取るに、形影を見せず、但だ碗鳴を聞く。後に悪声を指す。…

禅宗では厭悪すべき事物を指す」と。◉⒁**知言**＝私の心を知る者の言葉、知音に同じ。『荘子』知北遊に、「狂屈、之れを聞き、黄帝を以て知言と為す」。◉⒂厚面皮老漢、瞞人不少＝大灯さん、面の皮の厚いこと、人を騙くらかすのもいい加減にしなさい。◉⒃当什麼臭皮襪＝（そんなもの）使い古しの皮足袋、なんの値打ちもない。【五の二】注⒂参照。◉⒄**金輪法輪並転**＝「金輪」は底本「食輪」。『大灯録』原本に依って正した。貞永寺版も「食輪」に改めているが誤り、ここは原本に戻すべし。「金輪法輪並転」とは「王法仏法、共に行なわれる」の意。「転輪」とは「車輪の形をした武器を敵に投げつけて、戦を誂む」ことであり、特に転輪聖王の持つ「金輪」は武器に血を塗らずに空中を飛行するだけで四洲を徳帰せしめる（『倶舎論』巻十二、『涅槃経』巻十二等）。『笑隠録』巻二にも、「仏化王化、功一揆に帰し、金輪法輪同じく道枢を輪ず」（禅十五・二二〇）と。◉⒅遅八刻。威音已前転得了也＝（今ごろ転輪では）遅すぎる。世界開闢以前にはや転得しおわんぬ。◉⒆勘破了也＝怪しげな拄杖子の正体見たり。【五一の二】注㉑参照。◉⒇握左手咬中指＝仏向上極則事、東山下左辺底。【五〇の二】注⑺参照。◉㉑以指喩指之非指、不若以非指譬指之非指也＝『荘子』斉物論の一節。荘子と同時代の詭辨論に、「指を以て指の指に非ざることを喩《あき》らかにする」というのがあり、指（の概念）には親指・中指等が含まれるが、親指は中指等と異なるを以て（個々現実の）親指は指（一般の概念）に非ずと主張する。しかし個々の指に非ざる「天地一指」の境地に到って初めて「指の指に非ざる」所以が理解される。◉㉒**定当**＝ここいらがハッキリ会得できれば。「承当」に同じ。◉㉓**雲帰碧洞、露滴蘭叢**＝処暑も過ぎ、白露清秋の現成公案。『五祖録』の「朱夏の火雲は碧洞に帰し（真夏の雲は収まり）、清秋の危露は金盤に滴つ」（禅十二・四三九）を踏まえて。◉㉔唯解見前…唯慣得便宜…＝国師は担板漢じゃ、「得便宜（旨味《うまみ》をしめる）」と「落便宜（しくじる）」は裏腹であるのを御存知ない。前句は『碧巌』五十四本則評唱、もと『会要』五大陽伊（馬祖下）章。◉㉕何故。指＝白隠禅師、一指頭を立てた処。◉㉖其如未然、卓拄杖一下＝これでも分からなければ、拄杖をドンと突くこと（これでも未だ分からぬかと、だめ押しの）一回。

【五五】

(1)**中秋上堂**。「(2)**尋常《よのつね》驚怪《きようかい》す禅和家《ぜんなけ》**〔多くは是れ(3)床窄《しようせま》ければ先に臥《ふ》し、粥薄《しゆくうす》ければ後に坐す。此の外、什麼《なん》の長処《ちようしよ》か有る。豈に驚怪するに足らんや〕」、**中秋の節に到るに及んで、(4)浮雲《ふうん》を陰晴《いんせい》に卜《ぼく》し、強《し》いて天上の月を貪《むさぼ》り観《み》る**〔(5)衆生顚倒《てんどう》して、己《おのれ》に迷うて物《もの》を逐《お》う〕。(6)**其の中吟眸《うちぎんぼう》の句を問著《もんじやく》すれば**〔(7)語を寄す諸仁者《じんしや》、札札《さつさつ》として詩を作ることを休めよ。迷人の語、誰か取らん〕」、(8)**十箇《じつこ》に五双《ごそう》有り**〔(9)千箇も亦た然り〕、**便ち道《い》う、『(10)月皎《しろ》うして夜星稀《やせいまれ》なり』と**〔(11)書して胡餅上《こびようじよう》に安じて狗《く》に与うる、狗も喫せず〕。(12)**是れ惟《た》だ才《わず》かに龍宝《りゆうほう》が堂に陞《のぼ》って、也《ま》た未《いま》だ龍宝の室《しつ》に入ることを得ず**〔(13)勘破了也《かんぱりようや》〕。**何が故《ゆえ》ぞ。(14)満船の明月一竿《いつかん》の竹《たけ》、家《いえ》は五湖《ごこ》に在り帰去来《かえんなんいざ》**〔(15)唵蘇嚕蘇嚕《おんそろそろ》〕」。

(1)**中秋上堂**＝旧八月十五、望月の日の上堂説法。◉(2)**尋常驚怪禅和家**＝何時も意外に思うのは、禅坊子たる者が。「禅和家」は「禅和子」とも、参禅人の通称。「驚怪」は「意外に思う、不思議に思う」、「驚怪」の主語は国師。◉(3)床窄先臥、粥薄後坐＝床の狭い時は人に先立って広々と寝、粥が薄い時は後ろに坐って水気の少ない濃いのを食らわんとする〔尋常禅者の浅ましき根性〕。『伝灯録』二十四、帰宗道詮〔雪峰下四世〕章、但し「薄」は「稀」。◉(4)**卜浮雲於陰晴、強貪観天上月**＝曇りか晴れかと雲行きを見ては、天上の月にうつつを抜かす。『碧巌』二十八本則評唱に、「貪り観る天上の月、失却す掌中の珠」とある。◉(5)衆生顚倒、迷己逐物＝真如の月を見失って、天上の月を逐う。鏡清の語。【六の二】注(21)参照。◉(6)**問著其中吟眸句**＝月中の詩情を問えば。「吟眸」は「詩人的視野」。◉(7)寄語諸仁者…迷人語誰取＝皆さん方に古人の語を与えよう。それは「ぎしぎし骨身をけずって詩を作るのはやめよう。誰が迷える者の言うことに耳を貸そうか」という寒山の言葉である。「札札」は擬声語、程度の深いを示す。『寒山詩』九十九「蹭蹬諸貧士」。◉(8)**十箇有五双**＝十人が十人。十五夜に掛けて。『大応録』二二三章、もと『円悟心要』〔禅十四・七二七下）。◉(9)千箇亦然＝十人が十人どころか、千人が千人。◉(10)**月皎夜星稀**＝蘇軾「前赤壁賦」にも見える魏曹操の「短歌行」（『文選』巻二十七）に、「月《つき》明らかに星稀《まれ》に、烏鵲《うじゃく》南に飛ぶ」とあるのを踏まえて。◉(11)書安胡餅上与狗、狗不喫＝その言葉をパンの上に書きつけて呉れてやっても、こじき犬さえ食いつかない。『寒山詩』九十九。◉(12)**是惟才陞龍宝堂、也未得入龍宝室**＝悪くはないが、未だ真実の処に到ってはいない。「龍宝室」は龍宝山大徳寺即ち大灯の室中。『論語』先進篇に「由や堂に升《のぼ》れるも、未だ室に入らざるなり」を踏まえて。◉(13)勘破了也＝見抜いておるぞ。

【五一の二】注(21)参照。◉(14)**満船明月一竿竹、家在五湖帰去来**＝空しく釣り竿一本だけだが、船一杯に明月を載せて、さあ我が家に帰ろうか（隠者の風流）。「五湖」は隠遁の地を指す。『此庵守浄（大慧下）録』（禅十二・七三）に、那箇か是れ行脚の事に答えた語、もと華亭船子の頌「千尺の糸綸直下に垂れ、一波纔かに動かば万波随う。夜静かに水寒く魚食らわず、満船空しく月明を載せ帰る」（『会要』巻十九）を踏まえたもの。◉(15)唵蘇嚕蘇嚕＝有り難い真言。開甘露門（大施餓鬼）では「エン・スリョウ・スリョウ」と読む。『睦州録』に見える。「唵」は南無帰命の義、「蘇嚕」は決定の義。

【五六】

(1)**上堂。「**(2)**聖《せい》を去ること時遥《ときはる》かにして**〔(3)試みに言え、聖甚《いず》れの処にか去る。他終《つい》に去来《こらい》せず。釈迦老子《しゃかろうし》を謗《ぼう》ずること無くんば好し」〕、**人懈怠《けたい》多し**〔(4)再犯《さいぼん》容《ゆる》さず〕。**逆《さから》う則《とき》んば嗔《しん》を生じ、順《したが》う則んば愛を生ず**〔(5)紅粉《こうふん》を塗らずとも自《おの》ずから風流〕。**且《しば》らく道え、作麼生《そもさん》か是れ懈怠《けたい》無く瞋愛《しんあい》無き処**〔(6)直下《じきげ》即ち是《ぜ》。尽大地、終《つい》に一箇も嗔懈《しんけ》有る底を見ず〕。(7)**嶺上《れいじょう》の白雲、巌前《がんぜん》の緑水**〔(8)金屑《きんせつ》、眼中の翳《えい》、衣珠《えしゅ》、法上《ほうじょう》の塵《じん》〕。

(1)**上堂**＝九月一日の上堂か。◉(2)**去聖時遥…順則生愛**＝今時釈尊の時代を遠く隔て、人は怠けがち。逆境には怒り、順境には喜ぶ。『五祖演録』の上堂語（禅十二・四三八上）。◉(3)試言聖甚処去…無謗釈迦老子好＝如来は不生不滅、如来に去来なし、釈尊を謗《そし》ることなかれ。◉(4)再犯不容＝まだ言うか、（衆生本来仏なり、懈怠多しとは衆生を謗る罪）再度の過ちは許さんぞ。『碧巌』三十八本則下語。◉(5)不塗紅粉自風流＝その怒ったり、愛着したりする、生地のまんま、そのまんまが一番。『羅湖野録』上に、円通法秀（天衣懐下）が浮山遠公の招致を断った偈に、「孰《たれ》か能く一日に両びも頭《こうべ》を梳《くしけず》らんや、髻根《けいこん》を繓《さつ》（＝むすぶ）得して牢《かた》ければ便ち休せん。大底は他の肌骨に還《かえ》すが好し（素肌のまが一番）、紅粉を搽《ぬ》らざるも也た風流なり」と。◉(6)直下即是…不見一箇有嗔懈底＝其のまますぐに受け取れ。世界中さがしても結局は一人も嗔懈有る者無し。◉(7)**嶺上白雲、巌前緑水**＝現成公案。「緑水」は「渌《りょく》（＝清い）水」に同じく、楽府の琴曲歌辞の名を含意する。『瑯琊覚語録』に、「巌前渌《りょく》水、嶺上白雲」（禅十二・七九三）。◉(8)金屑眼中翳、衣珠法上塵＝（誠に結構なお言葉で御座いますが、無くもがな）金くずも眼に入ってはかすみ目のもと、衣裏珠も法の上の塵。『碧巌』六十一本則評唱、もと『雲門広録』下に載る徳山縁密の『褒貶句』の頌（禅十二・三九一）。【一六の一】注(7)参照。「衣珠」は『法華経』弟子品「酔人の衣裏珠」を踏まえて。

【五七】

(1)重九《ちょうきゅう》上堂。「(2)一句《いっく》新たに一句新たなり〔(3)旧《ふるき》を捨てて新を好むこと莫《な》かれ〕、**汾陽《ふんよう》の一句、又た重ねて新たなり**〔旧は是れ新の終わり〕。**(4)靖節《せいせつ》相逢《あいあ》うて相識《あいし》らず**〔少《わかき》を愛して老《おい》を嫌うこと莫かれ〕、**重陽九日、菊花新たなり**〔少《わかき》は是れ老《おい》の始め〕。

(1)**重九上堂**＝九月九日、重陽の節に臨んでの説法。俗に登高し、菊酒を飲む。【二四の二】注(2)参照。◉(2)**一句新一句新、汾陽一句又重新**＝げに新たなり新たなり、汾陽の一句又重ねて新たなり。汾陽善昭（九四七—一〇二四）は首山念下、その「三玄三要」の総頌に、「三玄三要、事分ち難し、意を得て言を忘ぜば道親しみ易し。一句明明として万象を該《か》ね、重陽九日、菊花新たなり」（禅十一・二七〇）と。◉(3)莫捨旧好新、旧是新之終＝旧を、「キライ、ナサレナ」。新に偏するを諌めた。◉(4)**靖節相逢不相識、重陽九日菊花新**＝「靖節」は晋の陶淵明の私諡「靖節徴士」の略。『宋書』陶淵明伝に、「嘗《かっ》て九月九日に、酒無し。宅辺の菊叢中に出で、坐すること久しうす。弘《こう》の酒を送るに値《あ》い、即便《すなわ》ち酌に就き、酔うて後帰る」とある。「相逢不相識」は『臨済録』示衆に、「如《し》かず無事ならんには。相逢うて相識らず、共に語って名を知らず」とある如く陶淵明の境地の無事底を言う。『虚堂録』巻二宝林録の重九上堂にも「陶靖節、是れ箇の俗人と雖も、却って些《いささ》か衲僧の説話有り」と褒める。

【五八の二】

開炉《かいろ》上堂。僧問う、「(1)法昌《ほうしょう》今日開炉、行脚《あんぎゃ》の僧一箇も無し、泥像《でいぞう》を聚《あつ》めて説法す。山川観《みもの》を改むと。(2)還《かえ》って怪力乱神《かいりきらんしん》なること莫《な》しや」。師云く、「(3)一点の水墨《すいぼく》両処に龍と作《な》る」。進めて云く、「(4)丹霞木仏《たんかもくぶつ》を焼く、什麼《なん》の憑拠《ひょうこ》か有る」。師云く、「(5)趙州東院《じょうしゅうとういん》の西《にし》」。進めて云く、「龍宝《りゅうほう》今朝開炉《かいろ》、泥像を聚めず木仏を焼かず、行脚の僧幾箇《いくこ》か有る」。師云く、「(6)普天普地《ふてんふち》」。進めて云く、「(7)凡夫を転じて賢聖《けんじょう》と為《な》し、賢聖を抑《おさ》えて凡夫と為すことは則ち和尚無きにあらず、者《こ》の二途《にと》を離れて、請う師端的《たんてき》」。師云く、「(8)将《まさ》に知る、前話《ぜんわ》を円《まどか》にせざることを」。進めて云く、「(9)潙山向火《いさんきやんこ》の次《つい》で、仰山《きょうざん》に問う、『終日《ひねもす》向火す、甚《なに》に因《よ》ってか暖気《だんき》無き』。仰《きょう》向火の勢いを作《な》す。潙《い》云く、『子《なんじ》、(10)只だ物《もの》の体《たい》を得《う》るのみ、能所未在《のうしょみざい》』と。意旨《いし》作麼生」。師云く、「(11)家醜《かしゅう》外《そと》に揚《あ》げんことを要す」。進めて云く、「仰《きょう》云く、『某甲《それがし》は只だ此《かく》の如し、和尚作麼生』。潙《い》、亦た向火の勢を作す。仰《きょう》云く、『和尚只だ物の体《たい》を得るのみ、能所未在』。潙《い》云く、『如是《にょぜ》如是』と。(12)如何が甄別《けんべつ》し去るや」。師云く、「(13)錯《あやま》って此の機に堕《だ》す」。進めて云く、「世を挙げて尽《ことごと》く言う、『(14)父子唱和《ふししょうわ》、両口《りょうく》一舌無し』と」。師云く、「(15)龍象《りゅうぞう》の蹴踏《しゅうとう》は、驢《ろ》の堪うる所に非ず」。進めて云く、「若し人有り、『終日《ひねもす》向火す、甚《なに》に因《よ》ってか暖気《だんき》無し』と問わば、和尚他《た》に対して作麼生か道わん」。師云く、「⒃手《て》を炙《あぶ》って熱《ねつ》を助《たす》く」。進めて云く、「⒄和尚と古人と、止《た》だ一般なること莫しや也《ま》た無《いな》や」。師云く、「⒅大海若し足ることを知らば、百川《ひやくせん》応《まさ》に倒流《とうりゅう》すべし」。進めて云く、「⒆与《よ》麼《も》ならば則ち三冬《さんとう》枯木《こぼく》の花、九夏《きゅうか》寒巌《かんがん》の雪」。師云く、「⒇生薑《しょうきょう》終《つい》に辣《から》きことを改めず」。進めて云く、「㉑火を覓《もと》めては煙《けむり》に和《わ》して得《え》、泉《いずみ》を担《にな》っては月を帯《お》びて帰る」といって便ち礼拝《らいはい》す。師云く、「㉒叱《しつ》」。

⑴**法昌今日開…山川改観**＝開炉の日、法昌禅師は家風峻厳、雲衲が寄りつかず、やむなく羅漢さんの泥像を炉前に集めて説法すれば、山川も様相を一変する。『虚堂録』巻三柏巌録の開炉上堂に依る。【二八の二】注⑵参照。「改観」は「面目を一新する」。◉⑵**還莫怪力乱神麼**＝『論語』述而篇の「子、怪力乱神を語らず」を踏まえて。◉⑶**一点水墨両処作龍**＝泥像に生気を吹き込んだ法昌の禅機を賞賛したもの。梁武帝の時の名画師、張僧繇《よう》の故事「画龍点睛」に、金陵の安楽寺に四白龍を画いて眼睛を点ぜず、請われて点じた処、両龍たちまち雲に乗って天に上ったが、点ぜざる二龍はもとに残った（東洋文庫の張彦遠『歴代名画記』巻七）とある。『伝灯録』巻十八鏡清道怤《どうふ》（雪峰下）章。◉⑷**丹霞焼木仏、有什麼憑拠**＝丹霞禅師木仏を焼く、その根拠は。『伝灯録』巻十四丹霞天然（石頭下、七三九—八二四）章。「憑拠」は「根拠、証拠」の意。◉⑸**趙州東院西**＝本分の安住処。木仏の真の帰処。『趙州録』に、「師、因みに行路の次で一婆子に見《まみ》ゆ。問う、『和尚住して什麼の処にか在る』。師云く、『〜』。師挙して僧に問うて云く、『你《なんじ》那箇の西字を使うか道《い》え』。一僧云く、『東西の字』。一僧云く、『依栖の字』。師云く、『你ら両人総に塩鉄判官（酷吏）と作り得たり』」（禅十一・三二九）と。『会元』十一楊億居士章に、「真帰の処を識らんと欲せば、趙州東院の西」と見える如く、本分の家郷の意味。『大応録』建長録二五四章に、生縁の処の答語として。◉⑹**普天普地**＝天に普く（一杯）、地に普し（一杯）。『碧巌』十九本則評唱に、雲門下の徳山縁密禅師の語として、「寒する則《とき》は普天普地寒く、熱する則

は普天普地熱し」と。◉(7)**転凡夫為賢聖…則不無和尚**＝凡夫を聖人と為すも、聖人を凡夫と為すも、和尚の自在の働きの内。『大応録』崇福録六十三章に見えるが、もと『虚堂録』巻二宝林録。◉(8)**将知不円前話**＝先に言い尽くしているが、未だ分かっていないとみえる。◉(9)**潙山向火次…因甚無暖気**＝『虚堂録』巻二宝林録に見える。しかも此の話は虚堂録に見えるのみ（『犂耕』）。「因甚無暖気」は「把住」の意。「向火《きやんこ》」の訓みは『犂耕』に依る。「向火」の法は『百丈清規』巻六「日用規範」に、「寒月に向火するに先ず炉圏上に坐して、然る後に身を転じて正坐して、上下肩（上下位の者）に揖（拱手の礼）せよ。香匙火筯を弄することを得ざれ、火を撥し灰を飛ばすことを得ざれ。頭を聚め説話することを得ざれ。点心等物を煨することを得ざれ。鞋を炙り屩を焙り衣裳を烘することを得ざれ。直裰を攬起し袴口を露わすことを得ざれ。唾を吐き並びに垢膩を火内に弾くことを得ざれ」とある。◉(10)**只得物体、能所未在**＝本分の体を得たのみで、差別の働きという点では未だ及ばず。『犂耕』に、「能所」は「用の義」と。◉(11)**家醜揚外**＝内輪の恥をさらす（潙仰宗の家風を吐露した）。『会元』巻十五、化城鑑（雲門下）章に、家風を問われて「家醜不外揚」と。◉(12)**如何甄別去也**＝潙仰両者同じ働き、どう見分けるか。「甄別」は「鑑別、見分ける」の義。◉(13)**錯堕此機**＝此の機とは「向火」の機を云うか。「日本ニナカッタガ、虚堂ノ処ヨリ伝来ノ端的」。因みに、『会元』巻七宝峰（龍潭信下）章に「巌頭より僧来参す。師払子を竪起して曰く、『此の機に落在する底の人、未だ眼を具せざる在り』。僧近前せんと擬す。師曰く、『恰か此の機に落在す』…」と。◉(14)**父子唱和、両口無一舌**＝父と子と、ピッタリ呼吸が合って一枚舌の如し、その舌も無い程に。『虚堂録』巻二宝林録では「両口一舌」。『人天眼目』の「仰山臨終付法偈」に、「…両口無一舌、此れは是れ吾が宗旨」とある。◉(15)**龍象蹴踏、非驢所堪**＝汝らの境界にあらず。『維摩経』不思議品、「龍象」は優れた象を云う、また越格の作家を指す。◉(16)**炙手助熱**＝薪を焼《く》べて、暖まろうぞ。国師も共に「錯って此の機に堕す」。「助熱」は「薪を加える」（『犂耕』）の意。『虚堂録』巻四立僧納牌普説。【一二三の二】注(11)参照。◉(17)**和尚与古人莫止一般也無**＝潙仰大灯の三人を一串に貫いて。◉(18)**大海若知足、百川応倒流**＝国師自ら大海と為って一切合財を受け入れて、足るを知らず。『犂耕』に「已《すで》に足ることを知らず、故に百川流入して倒《さかしま》に還る無し」と。『虚堂録』巻二宝林録、もと『続伝灯録』十二、等覚法思禅師（雪竇下三世）が向上事を問われて答えた語（史十二・四〇七）。◉⒆**与麼則三冬枯木花、九夏寒巌雪**＝そうなら、真冬に花が咲き、真夏に雪が降る（驚天動地の事を承るかな）。「三冬」は冬三ケ月、「九夏」は夏九十日のこと。『虚堂録』巻一報恩録、もと『禅林類聚』巻六の二十丁、琅瑘慧覚（汾陽下）の三訣に、「淥《りょく》水青山の月、〜、〜」と。底本は「古木」に誤る。◉⒇**生薑終不改辣**＝わが性情の剛直さに変わりはない。『犂耕』に、「把住、方便を絶す」とある如く、容易に学人を許さざる所。『虚堂録』巻二宝林録、もと『宋史』巻三八一晏敦復伝に、「況んや吾が薑桂の性、老に到るも愈々辣し」とある。◉㉑**覓火和煙得、担泉帯月帰**＝期せずして大きな収穫がありました、と、僧の讃歎礼話。『虚堂録』巻一報恩録、もと『五祖演録』に「去年乞火和煙得、今日担泉帯月帰」（禅十二・四三三）と。◉㉒**叱**＝この僧を叱咤激励す。「叱」は、牛を追う声。古くは、喝と同義。

【五八の二】

乃《すなわ》ち云く、「⑴**人人《にんにん》箇の火種《かしゅ》有り**（⑵人の性《しょう》の上には一物《いちもつ》をも添う可からず。⑶若し有らば、須らく吹滅《すいめつ》すべし）、**只だ是れ深く冷灰《れいかい》に埋《うず》んで**（何ぞや。⑷謂所《いわゆ》る火種とは既に是れ深く冷灰に埋む、将《は》た其れ芋《いも》栗《くり》に類する者か）、**之れを用うること得ず**（⑸我が者裡《しゃり》、者般《しゃはん》の奇怪の物を要せず）。⑹**今朝風頭《ふうとう》稍《やや》硬《かた》し、且《しば》らく諸人の為に撥起《はっき》せん**（且らく請う、⑺之れを高閣《こうかく》に束《つか》ねよ。⑻誰《た》が家の竈裏《そうり》にか火に煙《けむり》無けん」）。**拄《しゅ》杖《じょう》を以て画一画《かくいつかく》して云く、「会《え》と不会《ふえ》と各各暖処《だんしょ》に帰って商量《しょうりょう》せよ**（⑼若し箇《こ》の漢有って、一画以前に向かって耳を掩うて出で去らば、七尺の拄杖も身を隠すに処無けん」）」。

⑴**人人有箇火種、只是深埋冷灰、用之不得**＝各人、本有の火種を有《も》つものの、ただ灰中深く埋もれて、用いることが

出来ないでいる。『伝灯録』巻九潙山霊祐章に、「一日百丈に侍立する…百丈云く、『汝鑪中を撥《ひら》け、火有りや』。師撥《あば》いて云く、『火無し』。百丈躬《みずか》ら起《た》って深く撥いて少火を得、挙して以て之れに示して云く、『此れは是れ、火ならずや』。師発悟し礼謝す」とある話頭を踏まえる。虚堂録には「松源直下の火種」、『大応録』建長録の開炉二六一章には「只だ這の火種、人の見得する無し。…冷灰堆中に幾回か焔を発す」と見える。◉(2)人性上不可添一物＝人人本具の仏性、上付け加える物は一つもない。【一の八】注⑾参照。◉(3)若有須吹滅＝もし有れば、吹き消してしまえ。◉(4)所謂火種者…類芋栗者歟＝火種というものは灰中深く埋めたのを言うが、さぞ芋や栗に似たものならんか（随分皮肉な言い方）。◉(5)我者裡、不要者般奇怪物＝衲《わし》の処では、そんな怪態な物は初めから要らんわい。◉(6)**今朝風頭稍硬、且為諸人撥起**＝今朝は風がやけに冷たい、まあ諸君の為に火種を掘り起こそう。「風頭」の「頭」は助字、「稍硬」の「稍」はこの場合「甚、很」の意（『漢語大詞典』）、通訓「やや」の反訓。「硬」は天気に就いて言う場合「冷」の義。「且」は軽く「まあ」と言った意の俗語の助字。『大応録』二十九章、『虚堂録』巻二宝林録の冬至小参に見えるが、もと『会元』巻八明招《みょうしょう》徳謙（巌頭二世）章に、「一日天寒し。上堂。衆纔かに集るや、師曰く、『風頭稍《やや》硬し、是れ汝らが安身立命の処にあらず、且らく暖室に帰って商量せよ』といって便ち方丈に帰る。大衆随い至り立定す。師又た曰く、『纔かに暖室に到るや、便ち瞌睡《かっすい》を見る』といって拄杖を以て一時に趁《お》い下す」と。◉(7)東之高閣＝「束之高屋」、「置之高閣」とも云い、「括《くく》って高い棚に仕舞いこむ、棄て置いて用いぬこと」の意。『虚堂録』巻一瑞巌録に見えるが、もと『晋書』七十三庾《ゆ》翼《よく》伝に、「此れらが輩は宜しく之れを高閣に束ぬべし」と。底本の訓み「之れを束ねて高く閣《か》く」を改める。◉(8)誰家竈裏火無煙＝態々掘り起こして貰わなくとも、人人チャンと具わっておるわい。『続伝灯録』巻三十五瑞巌崇寿（大慧三世）章、「見星悟道」頌に、「明星一見して眼皮穿ち、漢語胡言すること万万千なり。暴富の乞児、夢を説くことを休めよ、～」と。◉(9)若有箇漢…七尺拄杖無隠身処＝骨の有る奴が居って、国師が拄杖で一画せんとする前に、そんなこと聞きとうも無いわと耳を塞いで出て行ったなら、国師も拄杖どころか、自身の身の置き場にさえ困ったであろう。

【五九】

上堂。「(1)昨日人《ひと》有り、面前《めんぜん》に筋斗《きんと》を打《た》す〔(2)我れ君が家に向かって自家を尋ね〕、**今日人有り、背後《はいご》に問訊《もんじん》を作《な》す**〔自家、先ず君が家に到ることを得たり〕。**(3)親《しん》に似て親《しん》に非ず**〔(4)君が家、自家の事を説かず〕、**疎《そ》に似て疎に非ず**〔君が家を見了《お》わって自家を見る〕、**你等諸人、作麼生か辨別せん**〔(5)君子《くんし》は心《こころ》を労《ろう》し、小人《しょうじん》は力《ちから》を労《ろう》す〕」。

(1)**昨日有人…今日有人…**＝「面前筋斗」は「人前でトンボ返りの自在奔放の様」。【四五】注(4)参照。「背後問訊」は「人の尻について礼拝する、奴僕の様」。【二の二】注(10)参照。◉(2)我向君家尋自家、自家先得到君家＝他家に向かって己が事を尋ねて、他家に到るを得た（のはいいが）。出典未詳。◉(3)**似親非親、似疎非疎**＝（トンボ返りが）近いようで近からず、（問訊が）遠いようで遠からず。（筋斗の奔放が強《あなが》ち禅僧の本分とも限らない、陰の常不軽心こそが肝要）。◉(4)君家不説自家事、見了君家見自家＝いざ他家に到ってみると己が事にあらざるを知って、他家に求めざるべきを悟り、眼横鼻直なるを知った。出典未詳。◉(5)君子労心、小人労力＝人に依って其の労する所の異なるを言う。『左氏伝』襄公九年に知武子の言として見える。『孟子』滕文公上には、「心を労する者は人を治め、力を労する者は人に治められる」と。

【六〇の一】

(1)冬至小参《とうじしょうさん》。僧問う、「(2)覿面相見《てきめんしょうけん》、多端《たたん》に在らず、(3)龍蛇《りゅうだ》は辨じ易《やす》く、衲子《のっす》は瞞《まん》じ難し。如何《いか》なるか是れ

衲子端的《たんてき》の眼《まなこ》」。師云く、「⑷禾山《かさん》の鼓《く》、⑸雪峰《せっぽう》の毬《きゅう》」。進めて云く、「⑹機輪《きりん》転ずる処、作者《さくしゃ》猶お迷う」。師云く、「⑺切に忌《い》む、頭《こうべ》に上《のぼ》り面《おもて》に上ることを」。進めて云く、「記得《きとく》す、⑻慈明《じみょう》今日牓《ぼう》を出《いだ》して三円九卦《さんえんきゅうか》を書して云く、『若し人会得せば四威儀《しいぎ》の中《うち》を離れず』と。意《い》、那裏《なり》にか在る」。師云く、「⑼頂上《ちょうじょう》に骨《ほね》無く、頷下《がんか》に鬚《ひげ》有り」。進めて云く、「⑽首座《しゅそ》、一見して云く、『和尚今晩放参《ほうさん》』と。又た作麼生《そもさん》」。師云く、「⑾阿誰《たれ》か此の節《せつ》を知らん」。進めて云く、「⑿千峰《せんぽう》の勢《いきお》いは岳辺《がくへん》に到って止《とど》まり、万派《ばんぱ》の声は海上《かいじょう》に帰して消《しょう》す」。便ち礼拝す。師云く、「⒀好く領取著《りょうしゅじゃく》せよ」。

⑴**冬至小参**＝この年の冬夜は旧十一月十二日。◉⑵**覿面相見、不在多端**＝「目と目と見合うてすむ」（『秘鈔』）。「覿面」は「まのあたり見る」。「多端」は「多方面」、「不在多端」は「あれやこれやでない、只だそれだけ」の意。次句と共に『碧巌』十二頌評唱、もと雪竇『祖英集』巻上「静にして善く応ず」頌。◉⑶**龍蛇易辨、衲子難瞞**＝辨じ難いものは龍蛇（凡聖、賢愚）であるが、それにも増して欺き難いのはしたたかの禅僧。「衲子」はここでは超師の見ある越格底の禅僧の意。『伝灯録』巻八に、南泉が趙州を褒めた語。◉⑷**禾山鼓**＝『碧巌』四十四則に見えるが、禾山無殷（道吾下三世、八八四―九六〇）が何を聞かれても「解打鼓」と答えた話。「解打鼓」は「よく太鼓を打つ」（『秘鈔』）、「解」は「能」の義。後の【七四】にも見える。◉⑸**雪峰毬**＝『碧巌』四十四頌に、「象骨老師曾て輥毬するも、争でか似《し》かん禾山の解打鼓には」と。雪峰が日頃三箇の木毬を転がして為人の手段となしたことは、『玄沙広録』中にも見える。また『雲門広録』中には「雪峰輥毬」を「向上の時節」（禅十一・三六二）に挙げている。◉⑹**機輪転処作者猶迷**＝（和尚の）転々自在の禅機の発するところ、練達の禅匠も応じ難い。『碧巌』七十九頌評唱、もと『明覚録』巻二の上堂語（大正四十七・六八一）。◉⑺**切忌上頭上面**＝『虚堂録』巻二宝林録に、「僧云く、『学人、者裏に到って大に胡孫（＝猿）の生鉄を咬むに似たり』。師云く、『你只管《なんじしかん》に上頭上面する莫かれ』」と。僧を猿に託して、無礼の態度を責める（『犂

耕』)。◉(8)**慈明今日出牓、書三円九卦**＝【三一の三】注(2)参照。◉(9)**頂上無骨、頷下有鬚**＝頭上に骨なく、あごの下に鬚がある(無いところには無い、有るべきところには有る)。理の当然、法爾自然。『虚堂録』巻五頌古の三十一「百丈野狐」頌の「不昧因果、得脱野狐」の下語として見える。◉(10)**首座一見云、和尚今晩放参**＝「放参」は晩参、坐禅等の行事を休む。叢林では冬至・冬夜は通常、休参無礼講である。首座は三円九卦の牓を放参牌とみなした。◉(11)**阿誰知此節**＝此の時節因縁を知る者なし。◉(12)**千峰勢到岳辺止、万派声帰海上消**＝和尚さまの大力量のもとには、すべての疑問が解消いたしました、と、僧の讃歎礼謝。白雲守端の語。【四一の一】注(9)、【七三の一】参照。◉(13)**好領取著**＝しっかりやりなさい。師の激励語。「領取」は「得到、獲得」の義。

【六〇の二】

乃《すなわ》ち云く、「(1)偏界曾《へんかいかつ》て蔵《かく》さざる処〔(2)体露《たいろ》は蛇を画いて足を添え、覆蔵《ふくぞう》は牛羊角《ぎゅうようつの》を失す〕、**(3)方《まさ》に是れ時の人、鞞避《たひ》し難き時節**〔(4)譬《たと》えば西施《せいし》を見るが如し、何ぞ必ずしも姓名を識《し》って然《しか》して後に美を知らんや〕。**恰《あたか》も(5)半夜に烏鶏《うけい》を放つに似《に》たり**〔錯《しゃく》、錯。(6)説似一物即不中《せつじいちもつそくふちゅう》〕、**(7)左之右之《さしうし》、甚《いず》れの処に向かってか辨明せん**〔(8)易《えき》を善くする者は易を論ぜず〕。**(9)直《じき》に得たり陰《いん》去り陽《よう》来たり、雪寒く氷冷たきことを**〔(10)直下是《じきげぜ》。何ぞ用いん己命《こみょう》を損することを〕。**(11)吾《わ》が家《いえ》の大用触処《たいゆうそくしょ》に繁興《はんこう》す**〔(12)丈夫《じょうぶ》面上に紅粉《こうふん》を傅《つ》く〕、**(13)豈《あ》に敢えて洞山《とうざん》の熱鬧《ねつにょう》を図《はか》る底《てい》の狂解《きょうげ》を逐《お》わんや**〔(14)妻《つま》無うして澗戸《かんこ》に松と偕《とも》に老い、税《ぜい》せずして山畦《さんけい》に黍旅生《きびりよせい》す〕。**然も是《かく》の如くなりと雖《いえど》も、諸人且《しば》らく道え、(15)其の耳《みみ》を貴《たつと》ぶは其の眼《まなこ》を貴ぶに孰与《いずれ》ぞ**〔(16)耳底《じてい》は泉声、眼前《がんぜん》は山色《さんしょく》〕」。**拄杖を卓すること一下す。**

(1)**偏界不曾蔵処**＝「毘盧の皮をひんむいた」(『秘鈔』)。真実はいたるところにありのままの姿で顕現している。諸法即実相の意。『伝灯録』十五石霜（薬山下二世）章。◉(2)**体露画蛇添足、覆蔵牛羊失角**＝顕わすと云えば余計、隠すと云えば不足。元来者箇は覆蔵とも、不覆蔵とも云えぬもの。「蛇足」は『戦国策』斉策二に依る。◉(3)**方是時人難軃避時節**＝何人も回避し難い時節。「軃避」は「回避」の意。◉(4)**譬如見西施、何必識姓名然後知美**＝名前を知って後初めて美人なのではない。「西施」は呉越春秋に出る呉王の愛妾、美人の代表。自性に名無し。出典未詳。◉(5)**半夜放烏鶏**＝真夜中に黒い鶏を放す。冬夜は陰尽き陽未だ顕われざる無差別平等の正位の理を表わす。『会元』巻十六法《ほう》昌《しょう》倚遇（北禅賢下）章に、「北禅《ほくぜん》に参ず。…禅曰く、『年、多少ぞ』。師曰く、『露柱《ろちゅう》と年を斉《ひと》しくす』。禅曰く、『露柱の有るときは且らく従《お》く、露柱無きとき年多少ぞ』。師曰く、『露柱無くも、一年も也《ま》た少《か》かず』。禅曰く、『〜』」と。但し「半夜」は「夜半」。【一八七の二】注(6)参照。◉(6)説似一物即不中＝此の事は何と説いても中らない。『伝灯録』巻五南岳章。◉(7)**左之右之、向甚処辨明**＝左に右に何方《いずく》に行っても闇昏々、皆目分からず。「向甚処」は反語で、「辨じ明らめられない」の意。◉(8)善易者不論易＝易に詳しい者は、易をあれこれ論じないもの。『世説新語』規箴第十の六節に見える。◉(9)**直得陰去陽来雪寒氷冷**＝（辨明し難きところ）直ちに陰去り陽来たり、雪は寒く氷つめたし。「直得」は正位の理即《そく》差別の事であるを云い、吾が家の大用触処現前のところ。◉(10)直下是。何用損己命＝「直下是」は【一三の二】の下語「直下即是（其のまますぐに受け取れ）」に同じ。自分の命を損なうようなことをしてどうする。「寒クバ寒クテヨイ、熱クバ熱クテヨイ」、「半夜烏鶏ノナンノト、要ラヌ事ジャ」。『会元』九潙山章に、「寂子、何ぞ自ら己命を傷《そこな》うことを得たる」と。◉(11)**吾家大用触処繁興**＝「触処」は「到るところ、随処」。「大用繁興」は『大応録』崇福録一五〇章に、「妙用繁興すれば、法界を称《あ》げて斉《ひと》しく起こる」と見えるが、もと法蔵『金師子章』第六・五に「繁興大用、起こるときは必ず全真」という「一切即一、一即一切」の一乗円教の立場を表わす語である。◉(12)丈夫面上傅紅粉＝「奴ノ面ニ、紅粉ヲツケタ様ナ、喰ラワレン」。「繁興ト云ウ事モ、イラヌモノジャ」。「傅《フ》」は「つける、ほどこす」の意。【九〇の二】注(15)参照。◉(13)**豈敢逐洞山図熱鬧底之狂解**＝したがって我が家では、冬夜の縁で洞山下に喧しい多岐亡羊の狂解を問題とするまでもない。『洞山价録』に、「泰首座と冬節に果子《くだもの》を喫する次で、乃ち問う、『一物有り、…黒きこと漆に似たり、常に動用の中に在って、動用の中に収め得ず。且らく道え、過ち甚麼《いずれ》の処にか在る』。泰云く、『過ちは動用の中に在り』。師、侍者を喚んで果卓を掇退《てったい》せしむ」（大正四十七・五二三）とあるのを踏まえる。この話は円悟を初め多くの禅録に喧しい。「図熱鬧」は『碧巌』十一本則評唱に見える語。◉(14)無妻澗戸松偕老、不税山畦黍旅生＝独り谷間の松を友とし、田地を借りなくても野性の黍で充分の生活。「澗戸」は「谷間の家」、「税」は「税を出して借りる」、「旅生」は「野生」の意。『菅家文草』巻四「題南山亡名処士壁」。◉(15)**貴其耳孰与貴其眼**＝伝聞を貴ぶよりは自分の眼を貴ぶべし（自ら実地に会得すべし）。「孰与」の訓みは「いずれぞ」、しかし義は反語の「何ぞ如《し》かん（…にはしかず）」。『伝灯録』十四薬山章に、李翺《りこう》長官が訪ねるも、薬山は経巻を見たまま振り向きもしないので李翺は立腹して、「面《つら》を見るよりは名を聞いていた方がましだった」と云って立ち去ろうとした時、山曰く、「太守、何ぞ耳を貴んで目を賤しむことを得たる」とある。「貴耳而賤目」はもと『文選』巻三張衡「東京賦《とうけいふ》」に依る。◉(16)耳底泉声、眼前山色＝耳には流水の声、目には山の色。聞いたまんま、見たまんま、比較するに及ばず。但し、書き入れに「悪クスルト取リ違エル下語ジャ」。『普灯録』五芙蓉道楷の法嗣、普賢善秀（史七・一〇八）章に見える。

【六二】

次の日上堂。「(1)否《ひ》極《きわ》まり（(2)天地交わらざるの課《か》、人口円《まどか》ならざるの象《しょう》）**泰《たい》来たれり**（(3)天地交泰《こうたい》の課《か》、小《しょう》往《ゆ》き大《だい》来たるの象《しょう》）、(4)**坎《かん》去り**（(5)船重灘《ふねじゅうだん》を渉《わた》るの課、外虚中実の象）**離《り》到る**（(6)飛禽《ひきん》網に在るの課、大明天に当たるの象）。(7)**底事《なにごと》ぞ彼彼《ひひ》一斉に用い得て最も妙なる**（(8)手に任《まか》せて拈《ねん》じ来たれば著著《じゃくじゃく》親し。(9)譬《たと》えば驪龍《りりゅう》の海水を捲《ま》き来たって、一遍の膏雨《こうう》と作《な》って荒旱《こうかん》を蘇《よみがえ》らすが如し）。(10)**只だ無陰陽《むいんよう》の地のみ有って、人の踏著《とうじゃく》すること少《まれ》なり**（(11)三千世界、海中《かいちゅう》の漚《あわ》、一切の賢聖、電払《でんほつ》の如し。(12)者裡《しゃり》仏祖も命を乞う。

(13)貴《たっと》ぶ可し特《ひと》り両朝国師のみ有って、倒《さかしま》に草鞋を著《つ》けて横三竪四《おうさんじゅし》、如何《いかん》せん、門前の李四婆《りしば》、横点頭《おうてんとう》だもせざる在り」。(14)**忽然《こつねん》として踏著せば、妨《さまた》げず雪《ゆき》に和して泥《どろ》を踏むことを**〔(15)黄絹幼婦《こうけんようふ》、外孫齏臼《がいそんせいきゅう》〕」。

(1)**否極泰来**＝「否」も「泰」も易の卦名で、互いに反卦。「否」の閉塞《へいそく》が窮まって、「泰」の大通が来る祝語。『虚堂録』巻二宝林録の冬至小参、もと『周易』「否」上九の『程伝』に、「物の理は極《きわま》りて必ず反《かえ》る。…否極れば則ち泰なり」と。◉(2)天地不交之課、人口不円之象＝『周易』の「否」の彖辞《たんじ》に「天地交わらずして万物通ぜざるなり。上下交わらずして天下邦《くに》無《な》きなり」と。◉(3)天地交泰之課、小往大来之象＝『周易』の「泰」の彖辞に、「小《しょう》往《ゆ》き大《だい》来たる、…天地交《まじ》わりて万物通《つう》ずるなり」と。◉(4)**坎去離到**＝「坎（＝険）」も「離（＝明）」も易の卦名で、互いに対卦。「重険」去って「重明」来るの祝語。◉(5)船渉重灘之課、外虚中実之象＝朱子『周易本義』の「習坎」に「習は重習なり、…外虚にして中実なり」。◉(6)飛禽在網之課、大明当天之象＝「離」の課・象を云う。以上の課、象は『火珠林』の解説書である桃源瑞仙『卜筮元亀』に依ると云う。◉(7)**底事彼彼一斉用得最妙**＝どうして、陰・陽を同時に使い得て最も妙なるか。◉(8)任手拈来著著親＝すべて親しからざるもの無し、真如の月ならざるはなし。【三六】注(9)参照。◉

(9)譬如驪龍捲海水来、作一遍膏雨蘇荒旱＝国師の為人法施を旱天の慈雨に喩える。出典未詳。◉(10)**只有無陰陽之地、少人踏著**＝（それは）陰陽無き本分の境地があるからぞ、但しそこに到る者は少ない。「無陰陽之地」は『宗門統要』一、『会要』一等に見える七賢女尸《し》陀林《だりん》に遊ぶの縁に云う「三般物」の一、「本分の田地」を云う。【開筵垂示】第一段注(6)を参照。◉(11)三千世界海中漚、一切賢聖如電払＝全ては空の空なるかな。【一の七】注(37)参照。◉(12)者裡仏祖乞命＝【四二の二】注(9)参照。◉(13)可貴特有両朝国師…不横点頭在＝国師の常識を絶した無礙の働きの素晴らしさは賞賛にあまりあるも、いかんせん門前のとりあげ婆もてんで見向きもしてくれないのは致し方なし。「倒著草鞋（さかしまに草鞋を履く）」は前述【二五】の下語の「踏翻襪」の如く大力量底の人の自在の働き。「横三竪四」はその自在のさま。「横点頭」は通常「不承諾」のであるが、否定形で用いられる時は、『虚堂録』等にしばしば「未必横点頭」、「未肯横点頭在」の形で見られる様に、「縦に首を振らないのみならず、横にすらもふらない。極めて許さざるなり」（『犂耕』）の意。◉(14)**忽然踏著、不妨和雪踏泥**＝たま悟入するも、大いに雪まみれ泥まみれ（陰陽真っただ中）の現実。「踏泥」は「脚跟下、未だ地に点ぜず。むさむさとした」（『犂耕』）。「忽然」は「突然、偶然、仮如（もし）」の義。「不妨」は「不料（計らずも）、はなはだ」の義。【五の二】注(13)参照。『虚堂録』巻二宝林録の冬至小参にも、「無陰陽地、荊棘参天」と。◉(15)黄絹幼婦、外孫齏臼＝アッパレ、見事なり。「絶妙好辞」の字謎。「黄絹」は色糸で「絶」となり。「幼婦」は少女で「妙」。「外孫」は女子で「好」。「齏」は漬物、「臼」はその辛さを受けるゆえ「辤（＝辞）」。『世説新語』捷悟第十一の三節の魏の武帝曹操の故事にみえる、「曹娥碑」の背に題された隠語。

【六二】

(1)**秉払《ひんぽつ》を謝《しや》する上堂。「(2)臨済賓主《ひんじゆ》の句子《くす》を了《りよう》じ**（(3)乞児《こつじ》も亦た顧《かえり》みざる底の破漆桶《はしつつう》）、(4)**香厳瀑布《きようげんばくふ》の重吟《じゆうぎん》を続《つ》ぐ**（瘦馬《そうば》も亦た食らわざる底の蔓葛藤《まんかつとう》）。(5)**看《み》来たれば他は是れ曠蕩《こうとう》として**（(6)更に一箇有り）、**也《ま》た巴鼻《はび》有り**（(7)或いは張婆《ちようば》が耳《みみ》の如く）、**也《ま》た来由《らいゆ》有り**（又た李母《りぼ》が眉《まゆ》に似たり）。(8)**且《か》つ一代蔵教《ぞうきよう》の中《うち》**（(9)止《や》みね止みね舎利弗《しやりほつ》）、**還《かえ》って者箇《しやこ》の時節有りや**（(10)毎日、是の念を作す）」。**拄杖《しゆじよう》を卓《たく》して云く、「(11)我れ宝塔《ほうとう》を現じて当《まさ》に証明を為すべし**（(12)此の経は持《たも》ち難し、若し暫《しばら》くも持《たも》つ者は、我れ即ち歓喜《かんぎ》す、諸仏も亦た然《しか》なり）」。

(1)**謝秉払上堂**＝首座、書記、蔵主に謝する上堂。【一一】注(1)参照。◉(2)**了臨済賓主句子**＝首座に就いて。『臨済録』上堂に見える、両堂首座相見、同時に喝を下す、師曰く「賓主歴然」の因縁。◉(3)乞児亦不顧底…瘦馬亦不食底…＝乞食も見向きもしない破れ桶。痩せ馬も喰わないつる草。「漆桶」も「葛藤」も会し難い公案を指す。共に抑下の托上。

◉⑷**続香厳瀑布重吟**＝書記《しょき》に就いて。『碧巌』十一頌評唱に見えるが、唐の宣宗（大中）帝、潜伏時代、塩官会下で書記をしていたが、以前沙弥たりし時香厳と廬山に遊山し、香厳が瀑布に題して、「雲を穿《うが》ち石を透って労を辞せず、地遠くして方《まさ》に知る出処の高きを」と、この両句を吟じたところ、大中は「渓澗《けいかん》豈《あ》に能く留むれども住《とど》まるを得んや、終《つい》に大海に帰して波濤《はとう》と作《な》らん」と続けたと云う因縁。◉⑸**看来他是曠蕩、也有巴鼻、也有来由**＝「曠蕩」は「曠達不羈《ふき》、放埒《ほうらつ》」。これらの因縁はよく見ると取り留めのない様にも見えるが、その実、手がかりもあり、拠《よ》るべきところもある（首座、書記の見るべきものあるを賞賛）。「巴鼻」は「来由」と同義で「根拠、縁由」。◉⑹**更有一箇**＝こいつも同じ類。◉⑺**或如張婆耳、又似李母眉**＝（有るようで無いようで、鼻の様でもあり）張婆さんの耳のようでもあり、かと思うと、また李おっ母の眉のようでもあるわい。【二二一の二】注⒀参照。◉⑻**且一代蔵教之中、還有者箇時節麼**＝蔵主に就いて。如来の経典の内にもこのような祖師禅の時節因縁があるか。◉⑼**止止舎利弗**＝「止舎利弗」は『法華経』方便品に見えるが、読みは「止《や》みなん、舎利弗」、難解難入の仏智慧の開示を仏が躊躇《ためら》っている所。◉⑽**毎日作是念**＝同じく『法華経』譬喩品の始めに、舎利弗が「毎《つね》に是《こ》の念を作す」として、如来の真実無量の知見に預かりたいと、「終日竟夜《ひねもすよもすがら》毎《つね》に自《みずか》ら剋責《こくしゃく》せり」とある。◉⑾**我現宝塔当為証明**＝（『法華経』に有るぞ）「見宝塔品」多宝仏の誓願に、「十方国土に於いて、法華経を説く処有らば、我が塔廟は、是の経を聴かんが為の故に、其の前に涌現して、為に証明を作《な》して、讃じて善哉と言わん」と。◉⑿**此経難持…諸仏亦然**＝『法華経』見宝塔品の偈、続けて「此の経を読持するは、是れ真の仏子」であり、「其の義を能く解するは、是れ諸天人、世間の眼（人天眼目）」なりと有る。「スナオナ心ガ、マコトノ法華経、ソウシテ居処ガ法華、是タモチガタイ」。

【六三の二】

⑴上堂。僧問う、「学人《がくにん》、⑵山《やま》を見て山と言わず、水《みず》を見て水と言わざる時如何《いかん》」。師云く、「⑶三歩《さんぽ》は易《やす》かる可《べ》

くも、五歩は応《まさ》に難《かた》かるべし」。進めて云く、「和尚只だ恁麼《いんも》ならば、何ぞ諸方《しょほう》に異《こと》ならん」。師云く、「(4)頑石瓦《がんせきが》礫《りゃく》も之れを聞いては必ず汗《あせ》す」。進めて云く、「(5)一句進《いっくすす》まず、両句退《りょうくしりぞ》かず、(6)誰有ってか、等閑《なおざり》に我れを籠罩《ろうとう》し来たらん」。師云く、「(7)梁下《りょうか》に汨《おぼ》る尾生《びせい》、奚《なん》ぞ抱道《ほうどう》の士《し》と言わん」。進めて云く、「(8)若し是れ老師に遇《あ》わずんば、幾乎《ほとん》ど一生を賺過《たんが》せん」といって便ち礼拝す。師云く、「(9)直饒《たと》い実に与麼《よも》なるも、放過《ほうか》せば即ち不可《ふか》」。

(1)**上堂**＝日付はないが、十二月一日の上堂か。◉(2)**見山不言山、見水不言水**＝『大応録』崇福録五十五章に見えるが、もと『会元』巻十七青原惟信（黄龍下二世）の上堂に、「老僧三十年前、未だ参禅せざる時、山を見て是れ山、水を見て是れ水なり。後来《こうらい》親しく知識に見《まみ》えて、箇の入処《にっしょ》有るに至るに及んでは、山を見て是れ山ならず、水を見て是れ水ならず。而今箇《じこんこ》の休歇《きゅうけつ》の処を得ては、依前《いぜん》山を見ては祇《た》だ是れ山、水を見ては祇《た》だ是れ水なり。大衆、這の三般の見解、是れ同か是れ別か」と有るを踏まえる。◉(3)**三歩可易、五歩応難**＝入処《にっしょ》は有るも未だ十成ならず、所詮死漢たるを免れず。『碧巌』八十一本則に、「三歩には活すると雖も、五歩には須らく死すべし」と。◉(4)**頑石瓦礫、聞之必汗**＝お前さんの言葉を聞いては、どんな者でも冷や汗をかいて恥じ入るだろう（身の程知らずめ）。東晋道生《どうしょう》の「頑石点頭（石もうなずいた）」の故事をもじって、逆に云ったもの。◉(5)**一句不進、両句不退**＝毒を食らわば、皿まで食らえ（と云うが）。「一不做（作）、二不休」と同義。第一義は、そもそも為さないこと。第二義は、しかし一旦為《いったんな》したなら徹底退《しりぞ》かざること。【一七五】注⑽参照。◉(6)**有誰等閑籠罩我来**＝誰も私をやすやすと捕まえることは出来ませんよ。「等閑」は「軽易、無端」の義。「籠罩」は「魚とりの籠、籠絡、擒拿」の義。◉(7)**汨梁下尾生、奚言抱道士**＝愚直者の尾生（問話僧を指して）もまだまだ仏の正道を守る衲子とは云えない。「汩《こつ》」は「汨《べき》」と混用されやすいが、別字である、「沈む」の意。魯の「尾生」は愚直者の代表で、『荘子』盗跖、『史記』蘇秦列伝九等に見えるが、一女子と梁（橋）下に会う約束をしたが女は来ず、大雨で増水、そのまま橋げたを抱いて溺死したという。「抱道」は「持守正道」の義。

◉(8)**若不是遇老師、幾乎賺過一生**＝老師にお会いしなかったら、あやうく一生を過《あやま》ってすごすところでしたという、僧の懺悔礼謝。「幾乎」は「すんでのことに」。◉(9)**直饒実与麼、放過即不可**＝心得はよいが、まだ許すわけにはいかない。「放過即不可」は『碧巌』十六本則下語等。

【六三の二】

乃《すなわ》ち云く、「(1)一滴水一滴凍《いってきすいいってきとう》〔(2)木人も亦た寒毛卓竪《かんもうたくじゅ》、仏祖も命《めい》を乞う〕、**(3)曹渓《そうけい》路上、相逢《あいあ》うこと少《まれ》なり**〔(4)甚麼《なん》と謂《い》うぞ、曹渓も亦た相逢うこと得ず〕。**(5)寒山《かんざん》掌《たなごころ》を拍《う》てば**〔(6)将《まさ》に謂《おも》えり胡鬚赤《こしゅしゃく》と〕**拾得《じっとく》笑う**〔更に赤鬚胡《しゃくしゅこ》有り〕、**(7)南山に炭を焼けば北山紅《くれない》なり**〔(8)我於往昔節節支解時《がおおうしゃくせっせつしげじ》〕」。**払子《ほっす》を撃《う》って下座《げざ》。**

(1)**一滴水一滴凍**＝「極寒時節、一滴一滴に凍る如く、…寒《すさまじ》いものだ」（『秘鈔』）、また「間に髪を容れず」（『宗門方語』）の義。「滴水滴凍」は『碧巌』四十七頌下語、また『伝灯録』巻十七白水本仁（洞山价下）章に鏡清不臥単問答に見える語。【三一の二】注⑽参照。◉(2)木人亦寒毛卓竪、仏祖乞命＝デクノボウでも身の毛がよだつ、『碧巌』二頌下語。仏祖でも命ごい、『無門関』四十三の首山竹篦頌。◉(3)**曹渓路上少相逢**＝六祖以来の伝灯の祖師方にも少ない。◉(4)謂甚麼、曹渓亦相逢不得＝何と云われるか、これは奇異なことを承る、「六祖モ面ダシハ成ラン」。◉(5)**寒山拍掌拾得笑**＝知音底。『寒山詩』閭丘胤《りょきゅういん》の序に拾得と寒山の交情を述べて、「掌を拊って、呵呵大笑し、良久して去る」とある。◉(6)将謂胡鬚赤、更有赤鬚胡＝胡鬚赤（ダルマの鬚は赤い）とばかり思っておったに、更に赤鬚胡（赤鬚のダルマ）がおろうとは、上には上がある。知音底同士。「将謂侯白、更有侯黒」（【一六六の二】の下語）と同類の語。『無門関』二則、百丈野狐で黄檗を褒めた百丈の語。『百丈海録』（禅十一・一六四）。◉(7)**南山焼炭北山紅**＝無心相応ずるの妙契。「自然の通処なり、言は隔てなき義なり、又別々になす処ぞ」（『句双紙』）。『普灯録』巻十三塗毒智策（黄龍下四世）章。

◉(8)我於往昔節節支解時＝「南山・北山ノ、寒山・拾得ノト、キリコナギリ、ナサルナ、手ノツカヌ、サキガヨイ」。『金剛経』離相寂滅分第十四。

【六四の二】

(1)仏成道上堂《じょうどう》。僧問う、「菩薩《ぼさつ》今夜成道《じょうどう》、之れを号して如来《にょらい》と名づく。只だ明星《みょうじょう》を見るが如きんば、未審《いぶか》し什麼《なに》辺《へん》の事《じ》をか明《あき》らむ」。師云く、「(2)清寥寥《せいりょうりょう》、白的的《はくてきてき》」。進めて云く、「(3)是れ他一翳眼《いちえいまなこ》に在れば空花乱墜《くうげらんつい》すること莫《な》しや」。師云く、「(4)娘生《じょうしょう》幾箇の舌頭《ぜっとう》ぞ」。進めて云く、「(5)学人、若し此《ここ》に向かって去らば、和尚還《かえ》って許さんや也《ま》た無《いな》や」。師云く、「(6)山僧《さんぞう》は拄杖《しゅじょう》に如《し》かず」。進めて云く、「(7)甚《なに》に因《よ》ってか昔日《そのかみ》を肯《うけが》うて今日を肯わざる」。師云く、「(8)只だ両頭《りょうとう》に走るが為なり」。進めて云く、「(9)若し此の語《ご》無くんば、争《いか》でか老子《ろうし》の端的を辨ぜん」。師云く、「(10)我れ你《なんじ》に辨倒《べんとう》せらる」。進めて云く、「(11)心《こころ》、人《ひと》に負《そむ》かざれば、面《おもて》に慚《は》ずる色《いろ》無し」。便ち礼拝す。師云く、「(12)古《こ》今惟れ多し」。

(1)仏成道上堂＝十二月八日の成道会の上堂説法。◉(2)清寥寥、白的的＝「清寥寥」は「清越」（＝風采の美しく凡俗を超えているさま）」、「白的的」は「潔白鮮明」の義。『大応録』一六八、二三九章等に見えるが、もと『碧巌』三十四頌評唱に円悟が懶瓚《らんさん》和尚を評して云った語。『大灯録』原本では「清」は「青」、恐らくは原本の誤植か。◉(3)莫是他一翳在眼空花乱墜＝これ（明星一見の事）は例の「眼にわずかのくもりが有れば、在りもしない空花乱れとぶ」という事では無いですか（好事も無きには如かず）。『伝灯録』巻十芙蓉霊訓（帰宗常下）章に見える帰宗の語、もと三論宗祖の嘉祥吉蔵の「一翳在眼、千花乱空」に依る（『禅林句集辨苗』）。◉(4)娘生幾箇舌頭＝お前さんは生まれつき何枚の舌を持っているのかい（口から先に生まれたような奴）。「娘生」は「生まれつき」の義、「娘」とは「母親」を云う。◉⑸**学人若向此去、和尚還許也無**＝私がもしも明星一見の事を会得したと云うならば、和尚さんは許してくれますか。◉⑹**山僧不如拄杖**＝わしは拄杖に及ばない、拄杖に聞いてみな。「印可ヲ、ユルサン」。『虚堂録』巻一顕孝録の上堂に拄杖子に向かって「我不如你」と言う件があるが、「我不会、我不如你」は『五家正宗賛』の仏眼清遠章にも、自省を促す語として見える。◉⑺**因甚肯昔日不肯今日**＝どうして昔日の如来の見明星を肯って、今日の学人の見明星を肯わないのですか。◉⑻**只為両頭走**＝ただ（肯の不肯の、昔日の今日のと）二途に渡るからじゃ。◉⑼**若無此語、争辨老子端的**＝ご教示によりお蔭様で老漢の本当の処を見届けることが出来ました、と、僧の讃歎礼話。「老子」は相手に対する親しみを込めた敬称、老漢に同じ。◉⑽**我被你辨倒**＝お前には辨じ倒された（口の減らぬやつ）。「辨倒」は語録にはあまり例のない語。◉⑾**心不負人面無慚色**＝心に疾《やま》しなければ、色に出でず（と云って、僧が胸を張ったところ）。『睦州録』（禅十一・二二七）、『明心宝鑑』存心篇等に見える。◉⑿**古今惟多**＝昔も今も（お前さんの様な小賢い奴は）一杯いる。

【六四の二】

乃《すなわ》ち云く、「⑴澄月映徹《ちょうげつえいてつ》して衆星燦朗《しゅせいさんろう》たり（⑵山形《さんぎょう》の拄杖子《しゅじょうす》を拗折《ようせつ》して、従来大地黒漫漫《こくまんまん》。⑶明頭来也《みょうとうらいや》明頭打《みょうとうだ》、暗頭来也暗頭打《あんとうらいやあんとうだ》）、**⑷箇中《こちゅう》釈迦無し、阿誰《たれ》か当《まさ》に成道すべき」。拄杖を卓して云く**（⑸将《まさ》に謂《おも》えり釈迦弥勒有りと、又た作麼生《そもさん》）、**「⑹屎上《しじょう》更に尖《せん》を加う**（⑺退後《たいご》退後）」。

⑴**澄月映徹衆星燦朗**＝（臘月霜夜の）月は澄んで冴え渡り、綺羅星はまたたく（自他不二の境界）。もと『過去現在因果経』巻三に見える、二月七日夜、即ち十二月七日夜、仏成道の際の様子。◉⑵拗折山形拄杖子、従来大地黒漫漫＝人人具有の拄杖子、へし折ってしまえ。もとより大地黒漫々。【二一六】注⑸参照。◉⑶明頭来也明頭打、暗頭来也暗

頭打＝『臨済録』勘辨に普化が常に街市に於いて振鈴を揺るがし云っていた語で、現成・本分、偏・正、隠・顕いずれから来ても錫杖を以て殴打せん。「打」は『人天眼目』二臨済宗要訣にも、「明頭来暗頭来、仏も也た殺し、祖も也た殺す」とある様に「奪い取る、否定」の義。◉⑷**箇中無釈迦、阿誰当成道**＝ここには（もはや）釈迦はいない、ましてや道を成ずる者の有るべきかは。「箇中」は「此中」の意。◉⑸将謂有釈迦弥勒、又作麼生＝いままで私は釈迦や弥勒が有ると思っていましたが、これはいかが、と婉曲的に国師の「箇中無釈迦」を奪う。◉⑹**屎上更加尖**＝（成道などと云うも）無用の沙汰。「屎」は禅録では通常「矢」と表記される。宋版『雲門広録』巻中の室中語要には、「屎上加尖」（大正四十七・五五七上）と、但し明版では「屎」は「矢」に戻される。『祖庭事苑』に、「矢上と作すべし、尖上に尖を加えるを謂う。今屎尿の字を用いるは甚だ謂われ無し」とあり、『俗語解』［一八二四］には、「ここは（雲門録で『矢』を同音の『屎』に改めたのは）おどけて云いたるなり」と。◉⑺退後退後＝（用は無い）下がれ、下がれ。『碧巌』五十六頌下語。

【六五】

⑴上堂。「⑵臘雪《ろうせつ》、天に連《つら》なって白く〔⑶一を賞《しょう》して百を勧《すす》む〕、**寒風、戸に逼《せま》って寒し**〔一を罰して衆を懲《こら》す〕。**⑷口を失却することは你《なんじ》に問わず**〔⑸養子《ようし》の縁《えん》〕、**鼻孔《びくう》を拈得《ねんとく》し来たれ看《み》よ**〔⑹例《れい》有らば例を攀《よ》づ〕。**如《も》し人の拈得する無くんば」、払子《ほっす》を撃《う》って云く**〔⑺貴《たか》く買い、賤《やす》く売る〕、**「⑻忽然《こつねん》として撞著《どうじゃく》す来時《らいじ》の路《みち》、始めて覚《おぼ》ゆ従前眼《まなこ》に瞞《まん》ぜらるることを**〔⑼遠水《えんすい》は近火《きんか》を救い難く、遠親《えんしん》は近隣《きんりん》に如《し》かず〕」。

⑴**上堂**＝十二月十五の旦望上堂。◉⑵**臘雪連天白、寒風逼戸寒**＝現成公案。『虚堂録』巻一瑞巌録に、法昌倚遇の語として見える、但し「寒風」は「春風」。【一七〇の二】除夜小参を参照。◉⑶賞一勧百、罰一懲衆＝一人を賞して多

くを善に勧め、一人を罰して多くの人の悪を未然に懲らしめる。隋王通『文中子』立命篇。◉(4)**失却口不問你、拈得鼻孔来看**＝你が口に言い表わせぬことはさて置き、這箇の本分を会得してみよ。『碧巌』二十三則頌の下語に「拈得鼻孔失却口」とあり、『秘鈔』に「本分を拈得したれども、え述られぬほどに失却口した」と。「鼻孔」は「本来の面目」を指す。◉(5)養子之縁＝師家の学人を育てる手段徹困心切なり。「養子」は「生育（生み育てる）」の義。『碧巌』三本則下語等。◉(6)有例攀例＝雪竇の例に倣《なら》うか。【一の八】注(3)参照。◉(7)貴買賤売＝折角苦労して高く買い入れた物、安売りなさるな。『虚堂録』巻三浄慈《じんず》録の入寺拈香語に見える。◉(8)**忽然撞著来時路、始覚従前被眼瞞**＝本分の道に契当してみて、初めて今まで見聞覚知に騙されていたことが分った。『白雲端語録』巻三、古霊神賛《これいしんさん》「蠅子透窓」の話に対する頌に、「光を尋ぬるを愛するが為に紙上を鑽《き》る、透る能わざる処幾多の難ぞ。～、～」とある。『会要』七の古霊章に、神賛は福州の大中寺で業を受け、遊方して百丈懐海に参じ、得法して帰る。受業師は彼の悟得の境を理解できなかった。一日、師の看経の折り、一匹の蠅が窓紙を透ろうともがいていた。賛《さん》頌を作《な》して云う、「空門肯《あえ》て出でず、牕《まど》に投ずるも也《ま》た大痴。百年故紙を鑽《き》るも、何れの日か出頭の時あらん」。その時、師は初めて賛の言を異とし、命じて説法させ、逆に弟子の礼を取る。◉(9)遠水難救近火、遠親不如近隣＝遠くの水、遠くの親類では役に立たない（よそ事では駄目）。『明心宝鑑』省心篇に見える、前句はもと『韓非子』説林上に出る。

【六六の二】

除夜《じよや》小参《しようさん》。僧問う、「(1)旧年《きゆうねん》送れども去らず、新歳《しんさい》迎うれども来たらず、新旧本《も》と無情、去来《こらい》豈《あ》に擬《ぎ》す可《べ》けんや」。師云く、「(2)我れ且《しば》らく你《なんじ》が下闔《かこう》が頭上《ずじよう》に向かって行くことを愛す」。進めて云く、「記得す、僧、香林《こうりん》に問う、『(3)万頃《ばんけい》の荒田《こうでん》、是れ誰《たれ》をか主《しゆ》と為《せ》る』。林《りん》云く、『(4)看《み》る看《み》る臘月尽《ろうげつつ》く』と。意旨《いし》作麼生」。師云く、「(5)鉄《てつ》券分付《けんぶんぷ》し難し」。進めて云く、「(6)来日《らいじつ》、定《さだ》んで是れ大年朝《たいねんちよう》、何の祥瑞《しようずい》か有る」。師云く、「(7)家家《かか》の爆竹《ばくちく》、処処《しよしよ》の

焼《しょう》銭《せん》」。

⑴**旧年送不去…去来豈可擬**＝除夕の半夜、旧年は去らんとして去らず、新年は来たらんとして未だ来ず。「去来」は人為・人知を越えたもの。『犂耕』に、「新旧不遷の義」と。「擬」は「推測、比劃（…しようとする）」。『虚堂録』巻二宝林録の除夜小参、但し「豈」は「誰」。◉⑵**我且愛你向下閎頭上行**＝（お前さんは暦になかなか一家言もっているようだが）あの洛下閎《らくかこう》のうわ手を行かんとする意気や、一応好しとしよう。「下閎」は「洛下閎」のこと、巴の人、字は長公、漢の武帝の時に召されて太初暦を作る。『史記』暦書では、「落下閎」とす。『蒙求』三五八「落下暦数《らくかれきすう》」として見える。◉⑶**万頃荒田是誰為主**＝「耕すことなく穫《か》ることなく、未だ修証に赴かざる時、誰をか主宰《しゅさい》と為《せ》る」（『犂耕』）。「荒田」は修証以前の本分の田地。「頃」は百畝、宋代では約五・七ヘクタール程、「万頃」は広大な田地。この香林澄遠（雲門下）の話は『虚堂録』巻一報恩録に見えるのみ（『犂耕』）。『玄沙広録』巻下［十三の二］（禅文化研究所版）の「如許多《そこばく》の田地、誰をしてか主宰と作《な》さしめん。大地も載せ起さず、虚空も包み尽くさず」とあるを踏まえる。◉⑷**看看臘月尽**＝見ているまに十二月も過ぎて行く。「臘月窮まり迫るの時節は乃ち情識究尽の時節を謂う」（『犂耕』）。◉⑸**鉄券難分付**＝確かな印証を渡せる者がおらん。「鉄券」は『五代史』朱友謙伝に、後唐の荘宗が朱の功に報いて、「恕死罪」の文字を鉄板に鋳つけて子孫に至るまで死罪を恕《ゆる》した故事による。◉⑹**来日定是大年朝、有何祥瑞**＝明日は間違いなく正月元日。そのめでたい徴《しるし》とは？ ◉⑺**家家爆竹、処処焼銭**＝戸ごとに聞こえる爆竹の音、至る所で亡霊を祭る紙銭焼き。『虚堂録』巻一興聖録の除夜小参に、「家家爆竹して窮を送り、…処処に銭を焼いて鬼を引《まね》く」と。北宋の習俗を描写する『東京夢華録』の十二月の条には、二十四日の交年節の紙銭焼きと除夜の爆竹と万歳の声を述べる。

【六六の二】

乃《すなわ》ち云く、「(1)**日日日《にちにちひ》は東《ひんがし》に出《い》で**〔(2)昨夜三更《さんこう》、牛を失却す〕、**日日日《にちにちひ》は西《にし》に入《い》る**〔今朝天明《てんめい》、火を失却す〕。(3)**一出一入《いつしゆついつにゆう》自《おの》ずから循環《じゆんかん》して**〔(4)我れに無陰陽《むいんよう》の地《ち》有り〕、**臘月《ろうげつ》三十日に逗到《とうとう》す**〔(5)全く者箇《しやこ》の消息《しようそく》無し〕。(6)**村裏に祭鬼《さいき》の鼓《つづみ》を打《た》し**〔(7)聞見覚知《もんけんかくち》、一一に非ず〕、**山塢《さんお》に楽神《がくしん》の歌を唱《とな》う**〔山河《せんが》は鏡中《きようちゆう》に在って観《み》ず〕。(8)**人人《にんにん》、淳素《じゆんそ》の風《ふう》を帯《お》び**〔(9)農《のう》に余粟《よぞく》有り〕、**箇箇《ここ》、太平《たいへい》の時《とき》を称《しよう》す**〔婦《ふ》に余布《よふ》有り〕。(10)**況《いわ》んや衲僧家《のうそうけ》**〔(11)甚《なん》の長処《ちようしよ》か有る〕、**半夜《はんや》に日頭《につとう》を見る**〔(12)残羹餿飯《ざんこうそうはん》、果然《かぜん》〕、**阿誰《たれ》か新旧を辨ぜん**〔(13)鬼家《きか》の活計《かつけい》〕。(14)**只管《ひたすら》に大《だい》坐《ざ》当軒《とうけん》**〔(15)棺木裏《かんぼくり》に瞠眼《どうがん》す〕、**眼眼相照《がんがんあい》らして《て》分歳《ぶんすい》す**〔(16)向《さき》に言えり、甚《なん》の長処か有ると。果然《かぜん》〕。(17)**然《しか》も荒《こう》涼《りよう》にして鳳髄《ほうずい》を烹《に》ずと雖《いえど》も**〔(18)古仏の旧家風、貴《たつと》ぶ可し惶《おそ》る可し〕、**其の中《うち》の清味《せいみ》、他《た》の金鸞《きんれん》に勝《まさ》れり**〔(19)苦、飲む者死す〕。**何が故《ゆえ》ぞ**」。**払子《ほつす》を撃《う》って云く、「(20)雪《ゆき》は北嶺《ほくれい》に寒く、梅《うめ》は南枝《なんし》に香《かんば》し**〔(21)香餌《こうじ》魚児を聚《あつ》め、酒《しゆ》屐猩猩《げきしようじよう》を呼ぶ〕」。

(1)**日日日東出、日日日西入**＝毎日毎日、日は東から出、毎日毎日、日は西に沈む。『雪竇録』巻二に、「日日日東上、日日日西没、循環三百六十」と。◉(2)昨夜三更失却牛、今朝天明失却火＝暗中に暗を奪い、明中に明を奪う。【三七】注(3)参照。◉(3)**一出一入自循環、逗到臘月三十日**＝出ては入り、巡り巡り、到り到って今年も年の末。「逗到」は「投到」とも、「行きつく」を云う、『虚堂録』巻一報恩録の仏成道上堂。◉(4)我有無陰陽地＝「無陰陽地」は【六一】注(10)参照。◉(5)全無者箇消息＝大晦日になるのならないのと云う沙汰はない。【一二四の二】「年窮歳尽」の下語に、「我者裡、無者箇消息」と。【一四三の二】「新旧交頭除夜結尾」の下語にも、「吾者裏、無者箇消息」と。◉(6)**村裏打祭鬼鼓、山塢唱楽神歌**＝村では鬼儺《おにやらい》の太鼓の音（で旧年を送り）、山中ではめでたい神楽歌（で新年を迎える）。「山塢」は「山間の平地」。【三一の一】注(11)参照。◉(7)聞見覚知非一一、山河不在鏡中観＝【二〇】注(6)参照。◉(8)**人人帯**

淳素之風、箇箇称太平之時＝堯舜太古の時代の徳治の行なわれた風。祝語。◉⑼**農有余粟、婦有余布**＝天下太平の兆候。白隠『夜船閑話』に、「明君聖主は常に、…心を下に専らにする則《とき》は、…農に余《あ》まんの粟あり、婦に余まんの布有て、羣賢来たり属し、云々」とある。もと『孟子』滕文公下に見えるが、意は異なる。◉⑽**況衲僧家…阿誰辨新旧**＝ましてや我が禅門では真夜中に日を見る、本来新旧を分かたず。『碧巌』八十六頌下語に、「半夜に日頭出で、日午に三更を打す」。【一四の二】注⑸、【一九一の二】注⒄参照。◉⑾有甚長処＝教家と違った衲僧家のどういう長所が有るというのですか。『会元』巻十七晦堂祖心章に「且らく道え、衲僧門下に甚の長処か有る」と。◉⑿残羹餿飯、果然＝（どんな長所が有るかと思ったら）陳腐な馳走、案の定。食い飽きた。【一の七】注(58)参照。◉⒀鬼家活計＝亡者の生計。【四二の二】注(23)参照。◉⒁**只管大坐当軒、眼眼相照分歳**＝本来新旧不動の所、身内同士車座になって除夜の宴。「当軒」は「当門（真正面）」。「大坐当軒」は「天の天外、地の地外まで徹底して一枚に坐断す」（『大応録』の旧解）の義、しかしここは「不動の機」（『犁耕』）の「新旧不遷の所」を云う。【九四の三】注⑻参照。「眼眼相照」は『碧巌』五十一頌評唱に招慶（長慶慧稜）の語に、「彼此皆な知る。…心心相知、眼眼相照」とあり、『句双紙』〔一三一二〕に「不二の用処なり。又知音の義」とある。「分歳」は「除夜の宴」。◉⒂棺木裏瞠眼＝棺桶の中で眼をパチクリ。『碧巌』二頌下語に見えるが、そこでは「死中に活を得たり」の義。◉⒃向言有甚長処、果然＝さきに「何の長所か有らん」と云った通り、案の定（何にも無い）。◉⒄**雖然荒涼不烹鳳髄、其中清味勝他金虀**＝我が家は貧乏で、鳳髄のような珍味は料理できないが、この中の清味はかの世俗の八珍の美味にも勝る。「荒涼」は「凄涼、凄清（寂しい）」。「鳳髄」は珍奇美味の喩え、俗に龍肝と並んで八珍の一。「虀」は「きり肉」。『虚堂録』巻一興聖録の除夜小参に、「諸方は龍肝鳳髄を烹るが、我が此間は荒涼として供養す可き無し」と。◉⒅古仏旧家風、可貴可惶＝虚堂禅師の家風さながらの枯淡、貴ぶべし恐るべし。◉⒆苦、飲者死＝（国師の清味）苦い、飲む者は大死す。◉⒇**雪寒北嶺、梅香南枝**＝（さてその清味とは）雪は北山に寒く（旧年の寒を送り）、梅は南枝に香し（新年の祝香を迎える）。◉(21)

香餌聚魚児、酒屐呼猩猩＝またそんな甘い餌で人を誘惑するか。「猩々」は想像上の類人猿で、人語を解し、その声は児啼の如し。性来酒を好み、酒と屐《げき》（木靴）を道側に置いておくと、猩々も初めは罠と分かっていても次第に誘惑されて泥酔し遂に捕われると云う（時珍の『本草綱目』五十一・獣四・猩猩）。後に「猩々屐」を羈絆の事物の喩となす。また黄石公『三略』上略に「香餌の下、必ず懸魚有り」と。【一〇五】注(9)参照。

【六六の三】

復《ま》た挙《こ》す。「**(1)雪竇《せっちょう》、拄杖《しゅじょう》を拈《ねん》じて云く**（(2)此の老漢、平生語句聳峻《しょうしゅん》、韶石《しょうせき》の孫《そん》と称するに愧《は》じず。只だ惜しむらくは、(3)魚を烹《に》て煩《はん》なる則《とき》んば砕《くだ》け、民《たみ》を治めて煩なる則《とき》んば散ずる底を知らざることを）、**『頭上《ずじょう》は是れ天《てん》、脚下《きゃっか》は是れ地《ち》、眼前《がんぜん》は緑水、背靠《はいこう》は青山、衲僧《のうそう》我れ会せりと道《い》うなり。忽《たちま》ち驢《ろ》に騎《の》って爾《なんじ》が鼻孔裏《くうり》に入《い》り、牛《うし》を牽《ひ》いて爾《なんじ》が眼睛《がんぜい》の中《うち》に入らば、又た作麼生か商量《しょうりょう》せん**（(4)将《まさ》に謂《おも》えり、多少奇特《たしょうきどく》の事有りと。驢《ろ》に騎《の》って鼻孔裡《びくうり》に入《い》る底、(5)駆烏《くう》の童《わらべ》も亦た知る、何ぞ挙起《こき》するに足らん。只だ惜しむらくは、魚砕《くだ》け民《たみ》散ずることを）』**と**」。**師云く、「当年《そのかみ》若し人《ひと》有り、衆《しゅ》を出でて、『老和尚』と喚《よ》び、雪竇才《わず》かに頭《こうべ》を擡《もた》げんを待って、『(6)更に函丈《かんじょう》に詣《けい》せん』と道《い》って、便ち衆に帰《き》し去らば、直饒《たと》い(7)方《ほう》を以て規《き》に投《とう》ずるとも、自然《じねん》に函蓋相応《かんがいあいおう》ぜん**（(8)魚を烹《に》て煩《はん》なる則《とき》んば魚砕《くだ》け、民を治めて煩なる則んば民散ず）」。

(1)**雪竇拈拄杖云…又作麼生商量**＝「上は天、下は地、前は川、後ろは山」（あるがままにそのまんま、とばかりに）「われは会せり」と衲僧が云おうとも、もし驢に乗ってお前さんの鼻の孔に入ったり、牛を曳いてお前さんの眼睛の中に入ったときは、さあどうするぞ。『雪竇録』巻二（大正四十七・六八二）。『宗門玄鑑図』十二門に「眼看緑水、背靠青山」を「順実依伍門《じゅんじついごもん》」に、「牽牛向你鼻孔裏」を「以理因向門《いりいんこうもん》」に配す（禅四・九二九）。因みに、「順実依伍門」には他に、

「水を問えば水と答え、虫を問えば虫と答え、昼に日を見、夜に星を見る」。「以理因向門」には、「海底に紅塵を生じ、山頭に白浪を起こす」等を挙げる。◉(2)此老漢平生語句聳峻、不愧称韶石之孫＝雪竇老の常日ごろ一言一句の特に優れているは、雲門の児孫と称するに恥じない。「聳峻」は「高峻」の義。「韶石」は雲門文偃を指す、雲門山の在る韶州の名は韶石山に因む。◉(3)烹魚煩則砕、治民煩則散＝くどすぎる、簡を貴しとなすべし。『詩経』檜風匪風《ひふう》の「誰か能く魚を亨ん、之れが釜鬵《ふじん》…を漑《すす》がん」に対する『毛伝』の語、但し「烹」は「亨」。◉(4)将謂有多少奇特事＝よっぽど奇特な事でも有るかと思ったが（たいしたことは無かった）。『碧巌』一本則下語。◉(5)駆烏童亦知、何足挙起＝子供でも知っていること、挙するまでもなし。七歳より十三までの小僧を駆烏沙弥《くうしゃみ》と云い、食の上の烏を駆ることが出来る者は仏も得度を許した（『四分律』受戒揵度之四）。◉(6)**更詣函丈**＝「和上、方丈デ、ヲ目ニカカリマシャウト、云バ」。更に老師の膝下に到って直に承りたい（雪竇の鼻孔裏に入って）。「函丈」は『礼記』曲礼上に、師と弟子との席の間に一丈の隔を置くこと、ひいては「①師の座席、②先生の敬称」を指す、また本邦では「方丈」を云うこともある。「函」は「容れる」の義。「詣函丈」は語録には余り例のない語、通常は「趨函丈」、「預函丈」というが、「弟子の礼をとる」の義。◉(7)**以方投規、自然函蓋相応**＝たとえ丸いものに四角な蓋をしようとも、自然に箱と蓋との如く師資契合（雪竇と師資相見）するであろう。国師の雪竇に対する私淑振りは雪竇語録に下語された『参詳語要』にもあきらか。「函蓋相応」は『投子同録』序（禅十二・六二九）に見える。◉(8)烹魚煩則魚砕、治民煩則民散＝くどすぎる、簡を貴しとなすべし。「此ノ下語モ中々見ユルモノデナイ」。

【六七の二】

(1)正旦上堂。僧問う、「(2)元正《がんしょう》啓祚《けいそ》、万物《ばんもつ》咸《ことごと》く新《あら》たなり。(3)好箇《こうこ》の時節、願わくは法要を聞かん」。師云く、「(4)相逢《あいあ》うて共に賀す万年の慶《けい》」。進めて云く、「(5)喚《よ》んで新年頭《しんねんとう》の事《じ》と作《せ》んか、亦た是れ自己の消息《しょうそく》なるか」。師

云く、「⑹一《いつ》に多種《たしゅ》有り、二《に》に両般《りょうはん》無し」。進めて云く、「与麼《よも》なる則《とき》んば、⑺大徳《だいとく》四海に播《ほどこ》し、龍宝《りゅうほう》一天に満つ」。便ち礼拝す。師云く、「⑻闔国《かっこく》、咸《み》な知る」。

(1)**正旦上堂**＝嘉暦四年（一三二九）、国師四十八歳。◉(2)**元正啓祚、万物咸新**＝新年お目でとう。「啓祚」は、福を啓《ひら》くこと。『伝灯録』巻十五投子大同章に、故歳と新歳の二途に渉らざる者は何かと問われて答えた語、但し「咸」は「維」。『碧巌』四十四本則評唱にも見える。◉(3)**好箇時節**＝まことに良い機会。◉(4)**相逢共賀万年慶**＝みなみな出会うごとに「お目でとう」の挨拶。◉(5)**喚作新年頭事耶、亦是自己消息**＝その祝賀は年頭の事（世法）と云ったらよいものですか、自己本分の消息（仏法）と云ったらよいものですか。◉(6)**一有多種、二無両般**＝世法仏法、一にあらず、二にあらず。「目出度クゴザルト云ウ中ニ、如来ノ五千四十八巻ガ有ルハ、ヤイ」。『碧巌』二頌。『種電鈔』に「此れは是れ雪竇が、情見を打破するの金鎚、…情解を截るの利剣なり」と。◉(7)**大徳播四海、龍宝満一天**＝国師の大いなる徳は全土に普く行き渡り、その宝財は天下に満つるでありましょう（龍宝山大徳寺の名称を込めて）。僧の讃歎礼話。◉(8)**闔国咸知**＝誰知らぬ者はいない。『大応録』万寿録二四五章、もと『禅林類聚』巻一の十九丁に、「宋の太宗帝が開宝寺塔に幸して僧に問う、『卿は是れ何人ぞ』。僧云く、『塔主』。帝云く、『寡人の塔、甚麼と為《し》てか卿が主と作る』。僧対《こた》うる無し。雪竇代わって云う、『〜』」と。

【六七の二】

乃《すなわ》ち云く、「⑴日暖《あたた》かに風和《わ》し、鳥啼《な》き花笑《え》む〔⑵殺人刀《せつにんとう》、活人剣《かつにんけん》〕、**⑶大機《たいき》と大用《たいゆう》と家家《かか》に繁興《はんこう》す。何ぞや**〔⑷執捉運奔《しっそくうんぽん》、誰か欠少《かんしょう》せん。繁興《はんこう》を用いて甚《なん》の用《ゆう》ぞ〕」。**拄杖《しゅじょう》を卓《たく》して云く、「⑸月建《げっけん》、寅《いん》を首《はじめ》とす、斗柄《とへい》、戌《じゅつ》を指す**〔⑹民《たみ》の欲する所は、天《てん》必ず之れに従い、民の悪《にく》む所は、天必ず之れを誅《ちゅう》す〕」。

(1)**日暖風和、鳥啼花笑**＝迎春の現成公案。『大応録』崇福録一九二章。◉(2)殺人刀活人剣＝「スサマジイモノジャ」。◉(3)**大機与大用、繁興於家家**＝あちらの家でもこちらの家でも、お目出度うお目出度うと迎春の賑わい。「大用繁興」は【六〇の二】注⑾参照。◉(4)執捉運奔誰欠少。用繁興甚用＝（大機大用といえば）「つかまえたり、はしったり」と、すべての人に備わっているもの。繁興というもいらぬこと。『伝灯録』巻三達磨章、波羅提の偈に、「手に在っては執捉し、足に在っては運奔す。…識る者は是れ仏性なることを知る」と。『臨済録』示衆参照。◉(5)**月建首寅、斗柄指戌**＝斗柄が月初の夕昏に寅《とら》の方（東）を指すを正月とすると云うが、斗柄の先は戌《いぬ》（西）を指し、秋九月を現わす。前日除夜の「衲僧家、半夜に日頭を見る」に同じ大機大用の所。「建」は「尾指《おざ》す」、北斗星の斗柄が月初の昏に指す（＝第六・七星を一直線に結んだ）方角の十二辰を云う。夏暦では寅を建す月を正月とし、国師時代の宣明暦を含め日本古来の暦は夏暦を用いた。『虚堂録』巻二宝林録に「一年三百六十日、断断、月、寅を建《おざ》すを首《はじめ》と為す」と見える。◉(6)民之所欲…民之所悪…＝民の願い望むことは、天が必ずその通りにさせる。民の憎むことは、天が必ず罰する。前句は『左氏伝』襄公三十一年。また『大学』六段の一に、「民の好む所は之れを好み、民の悪《にく》む所は之れを悪む。此れを之れ民の父母と謂う」と。

【六八】

(1)元宵《げんしょう》雪下《ふ》る上堂。拄杖《しゅじょう》を拈《ねん》じて卓一下《たくいちげ》して云く、「(2)一灯百千灯《いっとうひゃくせんとう》〔(3)離婁《りろう》、正色《しょうしき》を辨ぜず〕、**明暗双双底《めいあんそうそうてい》の時節**〔(4)勘破了也《かんぱりょうや》〕」。**又た卓一下して云く、「(5)百千灯一灯《ひゃくせんとういっとう》**〔(6)那箇《なこ》の男児《なんじ》か壁《かべ》を摸《も》して行く〕、**夜深《ふ》けて共に看る千巌《せんがん》の雪**〔勘破了也〕。**(7)所以《このゆえ》に道う、有る時は前照後用《ぜんしょうごゆう》、有る時は後用前照、有る時は照用同時《しょうゆう》、有る時は照用不同時と**〔(8)我が者裏《しゃり》、者般《しゃはん》の閑家具《かんかぐ》を要せず。(9)乞児《こつじ》も亦た顧《かえり》みざる底の破漆椀《はしつわん》〕」。**又た卓一下して云く、「且《しば》らく道《い》え、是れ照《しょう》か是れ用《ゆう》か、各各自《みずか》ら辨別せよ**〔(10)破草鞋《はそうあい》、湖辺《こへん》に抛向著《ほうこうじゃく》せよ〕」。

(1)**元宵雪下上堂**＝【三の一】注(1)参照。◉(2)**一灯百千灯、明暗双双底時節**＝「一灯燃百千灯」は『維摩経』菩薩品の無尽灯法門に見える。【三の二】注(1)参照。また『華厳経』巻五十九入法界品（大正九・七七八）にも見える。「明暗～」は『碧巌』五十一頌の句を下語として置いたもの。◉(3)離婁不辨正色＝人人具足の光明、青とせんか赤とせんか、辨ずる者無し。「離婁」は古の眼識のある達人。【五一の三】注(8)参照。『碧巌』八十八頌に見える、「豈に離婁の眼見の及ぶ所ならんや、一色一法を見ざる、此れを正色を辨ずると名づく」（『種電鈔』）。◉(4)勘破了也＝（意のあるところ）見破ったぞ。【五一の二】注(21)参照。◉(5)**百千灯一灯、夜深共看千巌雪**＝「夜深～」は前に同じく『碧巌』五十一頌。◉(6)那箇男児摸壁行＝（明明）何のさぐり廻す者かあらん。「那箇」は反語。或菴師体の観音讃、後述【一四五の二】注(2)参照。「摸壁」は『碧巌』七頌下語に「扶籬（牆）摸壁」、「さぐり廻すな」（『秘鈔』）。◉(7)**所以道、有時前照後用…有時照用不同時**＝「一灯」の照用を臨済の四照用に即して拈弄する。但し「後用前照」は「前用後照」の誤記か。◉(8)我者裏不要者般閑家具＝衲《わし》の処では四照用のような無役物はいらない。◉(9)乞児亦不顧底破漆椀＝役立たずの飯椀。【六二】注(3)参照。◉(10)破草鞋、抛向湖辺著＝（照の用のと、そんな）切れ草鞋、川に放り投げてしまえ。『伝灯録』巻十六に巌頭が「如何なるか是れ道」と問われて答えた語。

【六九】

(1)**上堂**。「(2)**龍宝伎倆無し**《りゅうほうぎりょう》〔(3)将《まさ》に謂《おも》えり、多少の伎倆有りと〕、**只だ是れ目前の機を喪《そう》せず**〔(4)好肉《こうにく》を剜《えぐ》って瘡《きず》を生ず〕」。(5)**忽ち氷消し雪霽《たちまちこおりき》《は》るることを得ば、自然《じねん》に梅腮柳面《ばいさいりゅうめん》の奇《き》なるを見ん**〔(6)好一釜《こういっぷ》の羹《あつもの》〕。(7)**之れを喚《よ》んで以て禅道仏法と作《な》さば**〔一顆《いっか》の鼠糞《そふん》〕、**処処《しょしょ》の春山、応《まさ》に子規《しき》を聴くべし**。(8)**参**《さん》〔(9)斉《せい》の桓公《かんこう》味を好んで、易牙《えきが》其の首子《しゅし》を烹《に》て之れを餌《く》わす。(10)虞君《ぐくん》は宝を好んで、晋《しん》の献公《けんこう》璧馬を以て之れを釣る〕」。

⑴**上堂**＝二月一日の上堂説法か。◉⑵**龍宝無伎倆、只是不喪目前機**＝衲《わし》には何の得手もないが、（強いて有ると言えば）只だ目前の機を失わないことだけかな（現成公案、見たまんま、聞いたまんま）。「伎倆」は「はたらき」の意。「無伎倆」は『六祖壇経』機縁七の三十三節に、六祖が臥輪禅師（初唐、浄土系の禅者）の偈を批判して云う、「慧能は伎倆没《な》し、百思想を断たず、境に対して心数《しば》しば起る、菩提作麼《なん》ぞ長ぜん」とあるのを踏まえて、また『碧巌』九十七頌参照。「目前機」は『碧巌』十五本則参照。◉⑶将謂有多少伎倆＝（国師程の人には）余程の活作略が有ると思うたのに。◉⑷剜好肉生瘡＝（目前の機と云うも）余計なこと。【四の二】注⑸参照。◉⑸**忽得氷消雪霽、自然見梅腮柳面奇**＝氷溶ければ、自ずと梅綻《ほころ》び柳葉の緑は美し。「梅腮柳面」は「梅腮柳眼」とも、「早春に初めて芽吹いた柳の葉と咲き匂う梅花」を云う。「奇」は「佳」の義。◉⑹好一釜羹、一顆鼠糞＝（梅腮柳面の）あたら美味しい御馳走を（禅道仏法などという）鼠の糞で汚してしまったわい。『会元』巻六亡名古宿の語に、「好一釜の羹、一顆の鼠糞に汚却せらる」と。『虚堂録』巻一報恩録にも、但し「一顆」は「両顆」。◉⑺**喚之以作禅道仏法、処処春山応聴子規**＝これをもし禅道仏法と喚ぶなら、春山何方に行っても夏鳥のホトトギスの声を聞くことができよう。「子規」は「テッペンカケタカの鳴き声で親しまれる、夏の風物詩」。「衲僧家、半夜に日頭を見る」の機。◉⑻**参**＝一字関。さあこの二月一日に子規の声を聞くことが出来るかな、実地に参ぜよ。◉⑼斉桓公好味…餌之＝美味しい御馳走で釣ろうなどと、その手は喰わぬ。斉の桓公は食い道楽であったから、料理の名人の易牙はおのが長男を殺して料理して公に喰わせた。『韓非子』二柄、但し「餌之」は「進之」。◉⑽虞君好宝…釣之＝晋の献公が垂棘の璧と屈産の乗《うま》で以て虞公の貪心を釣り、遂には国を奪った話は『韓非子』十過に見える。

【七〇の二】

⑴仏涅槃《ぶつねはん》上堂。僧問う、「⑵世尊《せそん》云く、『我れ若し滅度《めつど》すと謂《い》わば、我が弟子《でし》に非ず、我れ若し滅度《めつど》せずと謂《い》わば、

亦た弟子に非ず』と。畢竟《ひっきょう》如何《いかん》が領略《りょうりゃく》し去らん」。師云く、「⑶酔後郎当《すいごろうとう》として人を愁殺《しゅうさつ》す」。僧云く、「与麼《よも》なる則《とき》んば、⑷今日は即ち有《う》、明日は即ち無《む》なること莫《な》しや」。師云く、「⑸恩を知る者は少《すく》なく、恩に負《そむ》く者は多し」。僧、坐具《ざぐ》を提起《ていき》して云く、「⑹学人、只だ者箇《しゃこ》を喚《よ》んで世尊と作す。和尚、者箇を喚んで、為《は》た是れ有とせんか、為復《はた》是れ無とせんか」。師云く、「⑺狗《く》、赦書《しゃしょ》を銜《ふく》む」。

⑴**仏涅槃上堂**＝『大応録』建長録二四八章の涅槃上堂を参照。◉⑵**世尊云、我若謂滅度…**＝滅と云っても駄目、不滅と云っても駄目。『会要』巻一に見えるが、もと『涅槃経』に「若し我が所有の声聞弟子、説いて如来は入涅槃と言う者、当に知るべし是の人我が弟子に非ず、…。若し如来は不入涅槃と言わば、当に知るべし是の人真の我が弟子なり」（大正十二・七五八上）とあるのを禅的に換骨奪胎させたもの。◉⑶**酔後郎当愁殺人**＝酔っ払いの戯言、聞いてはおれぬ。『碧巌』九十九本則下語。【五四】注⑶参照。大応曰く、「平生の肝胆、人に向かって傾く」と。◉⑷**今日即有、明日即無**＝これは『会元』巻二十正堂明辯（仏眼下）章を初め、『虚堂録』巻八浄慈《じんず》後録にも世尊の言とし、「今日ばかり、今日ばかり。来日を期せぬことなり。是は目前の悟ぞ」（『句双紙』）と解釈されている。しかし本来は、『涅槃経』後分巻上に、「爾の時阿泥楼逗《あないるど》（＝阿那律）、阿難を安慰し、其の愁心を軽からしめんとして之れに語《つ》げて言う、『咄哉《とっさい》、何為《す》れぞ愁苦するや、如来涅槃の時至れり、今日は有りと雖も明旦は則ち無し。汝、我が語に依って、如来に是《かく》の如き四問を諮問せよ』」（大正十二・九〇一上）と見え、「世人の妄解、常住の真法身を識らざるを云う」（『犂耕』）。◉⑸**知恩者少、負恩者多**＝そこんとこの有り難さが本当に分かる奴は居らぬ。『趙州語録』（禅十一・三二九）。大応曰く、「桃花は紅に、李花は白し」と。◉⑹**学人只喚者箇…和尚喚者箇…**＝坐具にかけて、釈迦即今の有無を問うてきた。生とも道わず、滅とも道わざる所、どうかと。「坐具」は尼師壇とも云い、礼拝の時用いる敷物、常は折り畳んで左肘に掛けておく。袈裟、鉄鉢と共に比丘六物の内の一つ。◉⑺**狗銜赦書**＝（諸侯も路を避ける勢いだが、所詮）犬の銜

えた教書、借りもんではいかん。『碧巌』二十四頌下語。【八の一】注⑸参照。

【七〇の二】

乃《すなわ》ち云く、「⑴釈迦老子《しゃかろうし》、奇花茂葉《きかもよう》の中《うち》に於いて〔⑵面前露堂堂《ろどうどう》、何れの処にか奇花茂葉を著《つ》けん〕、**唯一《ゆいいつ》堅密身《けんみつしん》を蔵《ぞう》し得ん**〔⑶密身現ずる処花葉《かよう》隠れ、花葉現ずる処密身隠る〕、**之れを名づけて涅槃真常《ねはんしんじょう》の楽《らく》と為《な》す**〔⑷直下《じきげ》即ち是《ぜ》、真常を用いて什麼《なに》か為《せ》ん〕。**⑸若し人一栄一枯《いちえいいっこ》の処に向かって相見《しょうけん》せば**〔⑹一栄一枯、何の過謬《かびゅう》か有らん、我れは愛す、一栄一枯の上〕、**何ぞ波旬《はじゅん》舞袖《ぶしゅう》の長きに如《し》かん**〔⑺一段の風光《ふうこう》画けども成らず。⑻譬《たと》えば錦綺《きんき》を翻《ひるがえ》すが如し、背面共《はいめんとも》に是れ花《はな》〕。**然《しか》りと雖《いえど》も、⑼迦葉《かしよう》、豈《あ》に是れ偸羅《ちゆら》国の人にあらずや**〔⑽蛺蝶《きようちよう》飛び来たって墻《かき》を過《す》ぎて去る、却って疑う春色《しゆんしよく》の隣家《りんか》に在るかと〕」。

⑴**釈迦老子…名之為涅槃真常楽**＝釈迦不壊金剛の身を奇花百花の裏に蔵したところ、涅槃真常の楽と名づける。『大応録』建長録二四八章には「釈迦老子、此の時節に於いて、百花叢裏《ひやっかそうり》に渾身《こんしん》を蔵《かく》し得たり」と。『涅槃経』師子吼品に、「如来は何故に二月に涅槃するか」と問われて、「二月は春と名づく、春陽の月、万物生長…花果敷栄す…是の時衆生多く常想を生ず。衆生の如是の常心を破らんが為に、一切の法は悉く是れ無常なることを説き、唯だ如来のみ常住不変なるを説く」（大正十二・七九〇）とある。「真常」は「永遠の真実、涅槃の境」を云う。「唯一堅密身」とは「心なり。一切塵々みな心なることを悟るべし」（『句双紙』）、もと『華厳経』如来現相品の偈に「唯一堅密身、一切塵中に見《あらわ》る。無生亦無相、普く諸国に現ず」（大正十・三二下）と。◉⑵面前露堂堂、何処著奇花茂葉＝いつも面前にありありとあり、特別に奇花茂葉の中に求める要なし。「山河大地草木叢林、全体黄金ノ肌、皆仏ジャ」。◉⑶密身現処花葉隠、花葉現処密身隠＝密身と現われた所は花葉隠れ、花葉と現われた所は密身隠れる（水性と波相との如く、性相不二）。

◉(4)直下即是、用真常為什麼＝即今直下が肝要、世間の常だの真実の常だのと分ける要なし。真常の流注ということもある。◉(5)**若人向一栄一枯処相見、何如波旬舞袖長**＝釈迦の涅槃を栄枯生死の俗見で見るならば、釈迦入滅を聞いて小躍りしたという天魔波旬にも及ばない。「一栄一枯」は【五の二】注(3)参照。「波旬舞袖長」は『大川録』浄慈《じんず》報恩録の仏涅槃上堂、もと『遊行経』に「波旬は仏が必ず滅度することを知って、歓喜踊躍す」（大正一・十五下）とある。◉(6)一栄一枯有何過謬、我愛一栄一枯上＝一栄一枯（生死）の何処が悪い、私は生死のまんまがよい。◉(7)一段風光画不成＝絵にも画けない美しさ。【一の七】注(36)参照。◉(8)譬如翻錦綺背面共是花＝いずれも美事なものだ。底本の「錦機」は「錦綺（＝美しいきぬもの）」の誤植。『宋高僧伝』巻三西域翻訳僧の満月伝に、「翻《ひるがえ》すなりとは、錦綺を翻すが如く背面倶《とも》に花なり、但だ其の花左右同じからざるのみ。是れに由って翻訳二名行なわれるなり」と見える。◉(9)**迦葉豈不是偸羅国人乎**＝さはされど、迦葉尊者もマトゥラ国の生まれではないか。阿羅漢も人の子、迦葉の悲恋号泣あってこその今日の仏法。『虚堂録』巻五頌古二や『会要』巻一世尊章等に、経論に楽神乾闥婆王が奏楽すると迦葉も起って舞うとあるを踏まえて、「迦葉、豈に是れ阿羅漢にあらずや」とあるのを裏から云ったものか。「偸羅」は「摩偸羅」、中印度の摩突羅《マトゥラ》国のこと。「摩訶迦葉」は『伝灯録』や『会元』では『付法蔵因縁伝』巻一を承けて摩竭陀《マガダ》国の人とするが、『釈迦氏譜』や『釈迦譜』は偸羅国の人とする（大正五十・九三中、四九上）。◉(10)蛺蝶飛来過墻去、却疑春色在隣家＝蝶がひらひらと飛んできたが、つと垣根を過ぎて行ってしまった。はて、春景色は隣の家へ行ってしまったのだろうか（そんな筈はなけれども、迦葉尊者も人の子、去って行ってしまったかと疑うも、人の情）。『三体詩』王駕「晴景」七絶。【一五五の二】注(6)参照。

【七二】

仏誕生上堂。「(1)**毘嵐園中**《びらんえんちゅう》〔(2)吹毛截《すいもうき》れども入《い》らず〕、**無憂樹下**《むうじゅげ》〔輪鎚《りんつい》撃てども開かず〕、(3)**金蓮**《こんれん》**地に生じ**、丘墟平坦《きゅうきょへいたん》たり〔(4)浄飯《じょうぼん》王宮の人、一場《いちじょう》の懡㦬《もら》〕。甚《なに》に因《よ》ってか、(5)天台山《てんだいざん》は高く、華頂峰《かちょうほう》は低き〔(6)酒食《しゅしょく》有る時は兄弟《ひんでい》千箇在り、急難《きゅうなん》の時は半箇も亦た無し〕。会得せば、(7)我今灌沐諸如来《ごきんかんもしじらい》〔(8)解打鼓《かいたく》〕、会せずんば、浄智荘厳功徳聚《じんしそうねんくんてじゅ》〔解打鼓〕」。払子《ほっす》を撃って下座《げざ》。

(1)**毘嵐園中、無憂樹下**＝ルンビニー園のアシュカ樹の下で、釈尊誕生。『過去現在因果経』等の本縁部の諸経典に云う。◉(2)吹毛截不入、輪鎚撃不開＝何としても歯が立たない、那一物。【一の三】注(2)参照。◉(3)**金蓮生地、丘墟平坦**＝その時、樹下に七葉の蓮華生じて仏を受け、大地は真っ平らになった。理の世界。本縁部の諸経典に云う、釈迦臨産時の三十二（四）種の瑞応相。「丘墟平坦」とは『法華経』授記品六にも、「其の土、平正にして、高・下、坑坎・堆阜の有ること無し」と見えるごとく、仏教の理想世界を云う。◉(4)浄飯王宮人、一場懡㦬＝（瑞応相も余計なこと）カビラ城の浄飯王（釈迦の父）一家の人は大恥を掻いたというもの。◉(5)**天台山高、華頂峰低**＝比叡は高く、華頂は低い。事の世界。「華頂峰」は中国天台山の最高峰であるが、本邦で「天台山」は比叡山（八四八メートル）の別称、「華頂峰」は京都東山知恩院の後山で、桜の名所華頂山（二一〇メートル）を指す。国師も紫野に出るまでは華頂山の近くに居られた。◉(6)有酒食時…、急難之時…＝酒肉有る時は朋友多く集まるが、危難の時は一人も来ない。『明心宝鑑』交友十九に、「酒肉弟兄千個有、急難之時一個無」と。◉(7)**我今灌沐諸如来、浄智荘厳功徳聚**＝我れ今、諸の如来を灌沐す。浄智もて功徳の聚りを荘厳す。「功徳聚」は「あらゆる功徳をその身に積んで欠けたところがないもの、仏の徳名」。浴仏偈。【四一の二】注(12)参照。◉(8)解打鼓＝言無味、向上の拈提。【六〇の一】注(4)参照。

【七二の二】

(1)結夏《けつげ》小参《しょうさん》。「二千年前、霊山《りょうぜん》百万の大衆《だいしゅ》〔(2)凡聖同居《ぼんしょうどうご》、龍蛇混雑《りゅうだこんざつ》〕、**見地《けんち》、只だ(3)野榸《やたい》を打《た》することのみを**

解《げ》するが為に〔(4)甚《はなは》だ人の威光《いこう》を減ず〕、**世尊《せそん》、**(5)**一箇の膠盆子《こうぼんす》を拈出《ねんしゆつ》して、箇箇、脳《のう》を刺《さ》して打入《たにゆう》せしめ**〔(6)児は母の醜きことを嫌わず。(7)父羊《ひつじ》を攘《ぬす》めば、子之れを証す〕、(8)**身心《しんじん》を澄濾《ちようろ》し、慧身《えしん》を成熟《じようじゆく》せしむ**〔(9)吾が大覚調御《だいかくちようご》は終《つい》に者般《しやはん》の去就《きよしゆう》を作《な》さず。若し釈迦老子《しやかろうし》ならば、甚麼《なん》の憑拠《ひようこ》か有らん〕、(10)**之れを禁足護《きんそくご》生《しよう》 剋期取証《こくごしゆしよう》と謂《い》う**〔(11)良を圧《おさ》えて賤《せん》と成す〕。(12)**二千年後、**(13)**中華扶桑《ふそう》、類例攀《よ》じ来たって、弥《いよ》いよ繁《しげ》く弥いよ昌《さかん》なり**〔(14)字《じ》は三写《さんしや》を経て烏焉馬《うえんうま》と成る〕。(15)**而《しか》るに時の卜《ぼく》する所を観るに、**(16)**杓頭《しやくとう》の窄《すぼ》きを嫌い、炊巾《すいきん》の広きを択《えら》ぶ**〔(17)衣架飯嚢《いかはんのう》〕。(18)**古《いにしえ》より今より遐邇《かじ》自《おの》ずから別なり**〔(19)蓋《けだ》し将《まさ》に其の変ずる者よりして之れを観る則《とき》んば、天地曾《かつ》て以て一瞬することも能わず、其の変ぜざる者よりして之れを観る則んば、物と我と、皆な尽くること無し〕。(20)**龍宝英傑《りゆうほうえいけつ》の徒《と》、九夏道聚《きゆうげどうじゆ》の義**〔又た是れ(21)雲居《うんご》の羅漢《らかん》。(22)自屎臭《じしくさ》きことを覚《おぼ》えず〕、**恰《あたか》も**(23)**勺水《しやくすい》もて龍を豢《やしな》うに似たりと雖《いえど》も、**(24)**自《おの》ずから是れ一件透不過《いつけんとうふか》の事《じ》有り、小小《しようしよう》に同じからず**〔(25)何の饆《ひつ》饠餡子《らたいす》か有る、快《すみ》やかに下し将《も》ち来たれ〕。(26)**纔《わず》かに進前退後《しんぜんたいご》せば、坑《きよう》に堕《お》ち塹《ぜん》に落つ**〔(27)勘破了也《かんぱりようや》〕。(28)**且《しば》らく道《い》え、是れ那一件《ないつけん》の事ぞ」。拄杖《しゆじよう》を卓《たく》すること一下《いちげ》す。**

(1)**結夏小参**＝嘉暦四年、四月十四日の小参。◉(2)凡聖同居、龍蛇混雑＝凡聖、龍蛇一緒くた。『碧巌』三十五本則に見える文殊の語。◉(3)**打野榸**＝福州の諺に「打野堆」とは「かたまって馬鹿騒ぎをする、わるふざけをする」の義。『伝灯録』巻九東山慧（百丈海下）章。◉(4)甚減人威光＝「人の味噌を糞にした下語の体」（『秘鈔』）。『碧巌』十五頌の「（霊山会上の）八万四千鳳毛に非ず」に対する下語。◉(5)**拈出一箇膠盆子、箇箇刺脳打入**＝膠の壺（＝聖制の制度）に各人を頭から突っ込ませ、二進も三進も行かないようにする。【一の八】注(23)参照。◉(6)児不嫌母醜＝子と云うものはどんな醜い母親でも愛しがる、「犬は家の貧を厭わず」と連句。『頌古聯珠通集』巻三孤峰慧深（丹霞子淳下二世）の「女子出定」頌（禅七・二七）。◉(7)父攘羊而子証之＝父の窃盗をその子が暴いた。前の下語と反対。『論語』子路篇。釈迦親父の聖制を膠盆子と暴き出した事に当てて。◉⑻**澄濾身心、成熟慧身**＝底本の「瀘」は「濾《こす》」の誤り、『大灯録』原本の誤植。また「成熟」は「成就」が慣用。『虚堂録』巻三育王録の結夏小参に、「撈摝《ろうろく》澄濾《ちょうろ》し、慧身を成就す」と、もと『伝灯録』巻二十九招慶大師「示坐禅方便」に、「四威儀の内、坐を先と為す。身心を澄濾せしめて漸く坦然たらしめよ」と。【四二の二】注⒇参照。◉⑼吾大覚調御…有甚麼憑拠＝吾が仏に限って、そんなたわごと（坐禅をさせて悟らさせる）をするわけがない。何の根拠があるというのか。「大覚」、「調御」ともに仏の名号。◉⑽**謂之禁足護生剋期取証**＝「禁足護生」は【四三の二】注⑶参照。「剋期取証」は【一〇の一】注⑷参照。『虚堂録』巻一報恩録の結夏小参。◉⑾圧良成賤＝あたらつまらんものにしおって。「赦《ゆる》されて良民と為った奴婢をまたもとの奴婢として扱う」の意で、これは唐の律では禁じられていた（『唐律疏義』第十二巻戸婚・放部曲為良）。◉⑿**二千年後**＝世尊より二千年を経た今日。◉⒀**中華扶桑類例攀来、弥繁弥昌**＝中国、日本でも聖制に倣って仏法は盛んではあるが。◉⒁字経三写烏焉成馬＝字を伝写してゆく間に烏や焉の字が馬に化けてしまう誤り。『抱朴子』遐覧に、「諺に曰く、書三たび写せば、魚は魯と成り、虚は虎と成る」と。◉⒂**而観時之所卜**＝時勢の選択する所（時の趨勢）を見ると。「卜」は選択の義。◉⒃**嫌杓頭窄、択炊巾広**＝貧を嫌い、富裕を選ぶ。「杓頭窄」は「小さい杓」、小さい湯釜しかない所、「貧寺」を指す。「炊巾」は「こしきの底に敷くぬの」、それが広いとは大きな甑を持っている所、大勢を養える「肉山」を指す。◉⒄衣架飯嚢＝目の明かない禅僧を罵って云う。飯袋子に同じ。【二七】注⑸参照。◉⒅**自古自今遐邇自別**＝二千年前と末世の今日、遠近（霊山と扶桑と）自ずと別であり、聖を去ること遠くして衰亡す。「自古自今」は「古も今も」の義、ここでは「古と今とでは」の義のようである。「遐邇」は「遠くと近くと」。◉⒆蓋将自其変者…則物与我皆無尽也＝思うに、その変化する点から見れば（別と云う点からすれば）、天地は一瞬たりともそのままではおられない。だが、その変化しない点から見れば（別でないと云う点からすれば）、物も私も尽きることはない。国師の「自ずから別なり」に当てて。蘇軾の前赤壁賦。◉⒇**龍宝英傑之徒、九夏道聚之義**＝（だが幸いにも）我が大徳寺の俊英達は九十日接心に集まった。「道聚」は、夢窓国師の「臨川家訓」四時の坐禅に「道を以て頭を聚む」。◉(21)雲居羅漢＝自惚れ野郎。『碧巌』十一本則下語。◉(22)自屎不覚臭＝自分の醜さが分からぬか。【五の二】注(21)参照。◉(23)**勺水豢龍**＝（これはまるで）乏しい糧食で龍象衆を養う（ようなもの）。「勺水」は『礼記』中庸に、「今夫れ水《かわ》は、一勺の多きなり。其の測られざるに及んでは、…龍・魚・鼈生じ、貨財殖す」と。「豢龍」は「馬八尺以上を龍と為す」とある様に「駿馬を養う」係りを云う。◉(24)**自是有一件透不過事、不同小小**＝ここ龍宝裏には、他所にはない難透の公案がある。「不同少々」は「事大にして尋常に異なる」（『犂耕』）。◉(25)有何饆饠餡子、快下将来＝どんな御馳走（難透公案）が有るというのか、（勿体振らずに）早く出してこい。【三二】注(12)参照。◉(26)**纔進前退後、堕坑落壍**＝纔かでも放把・前後・得失、動こうとすれば、坑に墜ちて喪身失命するだろう。「堕坑落壍」は『碧巌』五十六頌下語、『趙州録』（禅十一・三一七）、もと達摩『二入四行論』四五節。「坑・壍」とは、もと双六で、勝ち目を目前にした難所で、余程よい采の目でなければ出れない負け穴を云う（『犂耕』取意）。◉(27)心如波旬、面似夜叉＝（さもありなんとっくに、こちらは）お見通し。【五一の二】注(21)参照。◉(28)**且道、是那一件事**＝さあ、難透のあの事とは何か、云うてみよ。

【七二の二】

復《ま》た挙《こ》す。(1)**洞山《とうざん》、因《ちな》みに僧問う、「寒暑《かんじょ》到来、如何《いかん》が回避《かいひ》せん**〈(2)将《まさ》に謂《おも》えり衆生苦《しゆじようく》と、更に苦衆生《くしゆじよう》有ることを〉」。**山云く、「何ぞ無寒暑の処に向かって去らざる**〈老婆更に親切、(3)飯《はん》を嚙《か》んで嬰児《えいじ》に餵《く》らわす〉」。**僧云く、「如何なるか是れ無寒暑の処**〈(4)者《こ》の破草鞋、縦《たと》い問い得て十成《じゆうじよう》なるも、死に到るまで了日《りようじつ》無けん〉」。**山云く、「**(5)**寒《かん》の時は闍梨《じやり》を寒殺《かんさつ》し、熱《ねつ》の時は闍梨を熱殺《ねつさつ》す**〈(6)一句合頭《いつくがつとう》の語、万劫の繫驢橛《けろけつ》〉」。**師云く、「洞山老漢、**(7)**小慈《しようじ》、大慈《だいじ》を妨ぐ**〈(8)甚《はなは》だ人の威光《いこう》を減ず〉」。**若し是れ徳山臨済《とくさんりんざい》門下ならば、終《つい》に**(9)**驢鞍橋《ろあんきよう》を認《と》めて阿爺《あや》の下頷《したおとがい》と作《な》す可からず**〈作麼生《そもさん》か是れ無寒暑の処〉」。

⑴洞山因僧問…＝『碧巌』四十三則に見える。◉⑵将謂衆生苦、更有苦衆生＝一切衆生の寒暑に苦しんでいるのさえ気の毒なのに、更にはお前さんの様な寒暑の妄縁を離れられずに苦しんでいる衆生が有ろうとは思いもよらぬこと。「ナンノ寒イ熱イ事カ有ル」。『碧巌』四十六本則評唱、鏡清蝦蟇問答に見える。◉⑶嚼飯餵嬰児＝飯を咬んで砕いて嬰児に喰わせる。『虚堂録』巻二宝林録に「嚼飯餵嬰児」、もと『大愚芝録』に、「翠巌、嚼飯餧嬰孩」（禅十二・四八二）。◉⑷者破草鞋、縦問得十成到死無了日＝この切れわらじめ、「人ニ問ウ様ナ事デハ、クタバルマデ、埒《らち》アクマイ」。◉⑸寒時寒殺闍梨、熱時熱殺闍梨＝寒いときは君自身を満身寒からしめ、暑い時は君自身満身暑からしめよ。「闍梨」は「君」、「殺」は強調。◉⑹一句合頭語、万劫繋驢橛＝道理にかなった一語は万劫の足かせ。『伝灯録』十四華亭船子（薬山下）章に見える。「合頭」は「理と合するなり。頭は助字」（『犂耕』）。◉⑺小慈妨大慈＝洞山老手緩い、目先の慈愛は却って人を害する。【一九の一】注⑽、頌古第二十七則（【二四四】）本則注㊳参照。◉⑻甚減人威光＝人の味噌を糞にした様な。【七二の一】注⑷参照。◉⑼認驢鞍橋作阿爺下頷＝似たることは似たり、大いに非なり。【五〇の一】注⑹参照。

【七三の二】

⑴次の日上堂。僧問う、「⑵猿《さる》、子《こ》を抱《いだ》いて青嶂《せいしょう》の後《しりえ》に帰り、鳥《とり》、花を銜《ふく》んで碧巌《へきがん》の前に落《お》とす。⑶伊《かれ》、結制安居底《けつせいあんごてい》の道理有りや也《ま》た無《いな》や」。師云く、「⑷豈《あ》に道《い》うことを見《み》ずや、⑸大円覚《だいえんがく》を以て我が伽藍《がらん》と為すと」。進めて云く、「恁麼《いんも》なる則《とき》んば、⑹頭頭《ずず》是れ円覚伽藍《えんがくがらん》、物物《もつもつ》即ち平等性智《びょうどうしょうち》」。師云く、「⑺直饒《たと》い与麼《よも》にし去るも蛉蛢《れいへい》の子と作《な》す」。進めて云く、「記得《きとく》す、⑻雲門、垂語《すいご》して云く、『十五日已前《いぜん》は你《なんじ》に問わず、十五日已後《いご》、一句を道《い》い将《も》ち来たれ』と。意旨《いし》作麼生」。師云く、「⑼半幅全封《はんぷくぜんふう》」。進めて云く、「正当《しょうとう》十五日、請う師、指示《しじ》を垂《た》れよ」。師云く、「⑽月《つき》白く風《かぜ》清し」。進めて云く、「只だ⑾日日《にちにち》是れ好日《こうにち》と道うが如きんば、⑿千差《せんさ》を坐断《ざだん》する底《てい》有ること

莫《な》しや」。師云く、「⒀韶陽《じょうよう》、你《なんじ》を得て風規《ふうき》に堕《だ》せず」。進めて云く、「此《こ》れは是れ古人為人《いにん》の処、古今に渉《わた》らず如何《いかん》が商量《しょうりょう》せん」。師云く。「⒁八十の翁翁《おうおう》杖《つえ》を拄《つ》いて行く」。進めて云く、「⒂千峰の勢いは岳辺《がくへん》に到って止《とど》まり、万派《ばんぱ》の声は海上《かいじょう》に帰して消《しょう》す」。便ち礼拝す。師云く、「⒃親しく会《え》して始めて得《え》ん」。

⑴**次日上堂**＝四月十五日の上堂。◉⑵**猿抱子帰青嶂後、鳥銜花落碧巌前**＝『伝灯録』巻十五夾山章、『碧巌録』の名も此の語に由来する。◉⑶**伊有結制安居底道理也無**＝この夾山の山中境界の詩にこそ、結制の道理は有るのではありませんか。◉⑷**豈不見道**＝「見」は「聞」の義（項楚『王梵志詩校注』）。◉⑸**以大円覚為我伽藍**＝結制の理とは、他ならぬ大円覚を以て我が伽藍となすを云う、と、僧を肯った所。◉⑹**頭頭是円覚伽藍、物物即平等性智**＝しからば（円覚伽藍と云うも、平等性智と云うも特別なものではない）、各各すべてが円覚伽藍、それぞれすべてが平等性智ではありませんか（と、この僧嵩《かさ》にかかってきた）。『大応録』崇福録五十五章、結夏小参に見える。【四二の一】注⑷⑹参照。◉⑺**直饒与麼去、作竛竮之子**＝たとえそう心得て居っても、汝は所詮は自分の財産と会得できぬ日雇人、他によって求める乞食根性。『法華経』信解品に「竛竮《れいへい》辛苦す五十余年」とあるが、大富豪の息子が父を捨て他国に逃げ、貧窮し日傭人となったあげく最後に父の富を継ぐ話。「竛竮」は「伶俜」とも、「孤独、流浪、艱難」の義。◉⑻**雲門垂語云、十五日已前…道将一句来**＝『碧巌』六則、結制の四月十五日の上堂説法に因んで。◉⑼**半幅全封**＝『俗語解』［一六〇九］に、「『紙半枚でも、とくと（#とっくり、十分に）封じる』なり」。「物の小なる、故に半幅の小紙にして能く包み得、封じ得て全きなり…大能く小を制するなり」（『犂耕』）。『虚堂録』巻二宝林録の冬至小参、もと『慈明録』に、「問う、『如何なるか是れ異類中の人』。曰く、『頭長脚短』。云く、『師の指示を謝す』。曰く、『～』」（禅十一・二八二）と。◉⑽**月白風清**＝十五日満月の月明《さや》か、風もさやか。『大応録』崇福録一六三章、中秋上堂に、「十五日以前、風清く月白し。十五日以後、月白く風清し。正当十五日、此の夜一輪満てり、清光何れの処にか無からん」と。蘇東

坡「後赤壁賦」。【四二の一】注(7)参照。◉(11)日日是好日＝順逆、善悪を越えた好日。『碧巌』六則。【一二四の二】注(14)参照。◉(12)莫有坐断千差底麽＝（晴れて好し、曇りて好し）一切の差別を越えたところではありませんか。「坐断」は占拠・把住の意、禅録では「断」を重く見て、強い否定を表わす。◉(13)韶陽得你不堕風規＝お前さんのような奴がおるから、雲門の宗風も型枠にはまらずにすんだと云うもの（少し弄して）。◉(14)八十翁翁拄杖行＝八十の爺さんがよぼよぼ杖をついて行く（国師の日々好日）。『洞山初録』に「『請う師、当頭に道え』。師云く、『八十翁翁杖を拄《つ》かず』」（禅十二・六四六）の逆を云ったもの。この時国師は四十八歳で八十老翁と自称するはどうかと思われるが、薬山の「跛跛《はは》挈挈《けつけつ》百醜千拙、且らく恁麽に時を過ごす」の境界か。【四〇の一】にも、「八十翁翁牙根堅」と。◉(15)千峰勢到岳辺止、万派声帰海上消＝和尚さまの大力量のもとには、すべての疑問が解消いたしました、と、僧の讃歎礼謝。【四一の一】注(9)参照。◉(16)親会始得＝「親」は「自ら、自分で」。本当に自ら会得すべし。『碧巌』六十五頌評唱に「自悟自会、始得」。

【七三の二】

乃《すなわ》ち云く、「龍宝《りゆうほう》に百味の(1)珍羞《ちんしゆう》有り〔(2)残羹餿飯《ざんこうそうはん》、狗《く》も亦た顧《かえり》みず。(3)縦《たと》い美食なるも飽人《ほうじん》の喫《きつ》に中《あた》らず〕、(4)尋常《よのつね》、敢えて之れを拈出《ねんしゆつ》せず〔伏して乞う、和尚拈出《ねんしゆつ》することを休《や》めよ〕。今日方《まさ》に是れ結制《けつせい》、須《すべか》らく諸人《しよにん》に布施《ふせ》し去るべし〔(5)何の饆饠《ひつら》䭔子《たいす》か有る、請う櫃《ひつ》に蔵《おさ》めて之れを廋《かく》せ〕。之れを以て(6)休粮方《きゆうろうほう》と為《な》して、以て九旬《きゆうじゆん》の空疎《くうそ》を頤《やしな》う〔(7)彼《か》の空疎底、懸《はる》かに和尚の供養に勝《まさ》れり〕」。(8)喝一喝《かついつかつ》して〔(9)果然《かぜん》〕云く、「(10)切に忌《い》む、崑崙《こんろん》に呑《の》むことを〔(11)悪政、民《たみ》に流《おこ》なわれば、螟虫《めいちゆう》、野《や》に生ず〕」。

(1)珍羞＝珍饈、うまい料理。◉(2)残羹餿飯、狗亦不顧＝他人の食べかすなぞいらぬ。【一の七】注(58)参照。◉(3)縦美食不中飽人喫＝此の方は腹一杯食っている、そなたの馳走は不要じゃ。【二一の二】注(9)参照。◉(4)**尋常不敢拈出之…須布施諸人去**＝衲《わし》の秘蔵つ子の馳走は普段はおいそれと出さないが、今日の結制に当たって、ひとつ皆の衆に施してみようぞ。◉(5)有何饆饠館子、請蔵櫃庋之＝どんな馳走が有るというのか、どうか櫃におさめて隠しておいてください。「人中デ、ハジカキナサレナ」。【三二】注(12)参照。◉(6)**休粮方**＝「休糧方」とも、道教の修行法の「穀断ち」、朮《もちあわ》・黄精（あまどころ）等の木食を云う。『抱朴子』仙薬に、「朮餌、人をして肥健ならしめ、以て重きを負うて険を渉る可し…凶年には以て老小とも休粮す可し」。『伝灯録』巻十四の薬山章に、「『汝若し帰郷せば、我れ汝に箇の休粮方を示さん』。僧曰く、『便ち請う』。師曰く、『二時、（食）堂に上るも一粒米をも齩《こう》破することを得ざれ』」と。◉(7)彼空疎底、懸勝和尚供養＝ひもじさの方が貴方の馳走よりはまし。◉(8)**喝一喝**＝国師の珍羞。この一喝よく味わえば、九十日のひもじさも吹っ飛んでしまう。◉(9)果然＝「サテコソ、トブライ（死者の供養）デハ、アルマイ」。禅僧の葬儀の一喝に比して弄す。◉(10)**切忌崑崙呑**＝鶻呑みにするな。「崑崙」は【一八の二】注(2)参照。◉(11)悪政流於民、螟虫生於野＝悪政が行なわれると、害虫が発生するという。「流」は「行」の義。「螟虫」は害虫、苗の心を食う虫、ずいむし。『史記』亀策列伝六十八に、桀《けつ》・紂《ちゅう》の悪政の世には「国に妖祥多く、螟虫歳ごとに生じ、五穀成らず」と。

【七四】

(1)**秉払《ひんぽつ》と夏斎《げさい》とを謝《しゃ》する上堂。**「(2)**天に三光《さんこう》有り**〔(3)甚《はなは》だ新鮮〕、**其の明高遠《めいこうえん》にして以て群機《ぐんき》に被《およば》しむ**〔(4)天《てん》、何をか言うや、四時《しじ》行なわる〕。(5)**地に五味《ごみ》有り**〔(6)甚だ明白〕、**其の徳広大《こうだい》にして以て万有《ばんゆ》を保《やす》んず**〔地《ち》何をか言うや、百物生ず〕。**諸人《しょにん》其の功《こう》の帰する所を知らんと要すや**〔(7)和尚大智《だいち》、能《よ》く一切を了知《りょうち》す、我が輩ら実に及ばざる所なり〕」。**良久《りょうきゅう》して云く、**「(8)**禾山《かさん》の打鼓《たく》、雪峰《せっぽう》の輥毬《こんきゅう》**〔(9)向《さき》に言うことを聞かずや、和尚大智、能く一切を了知すと〕」。

(1)**謝秉払夏斎上堂**＝「秉払」は【一一】、【四四】等参照、首座・書記・蔵主の分座説法。「夏斎」は『犂耕』に、「結夏の秉払に都寺《つうす》の斎を辨ずる（雲衲衆に昼飯の馳走をする）ことを夏斎と曰い、住持上堂して之れを謝す。頭首《ちょうしゅ》の秉払を謝す、因みに都寺の辨斎を謝す、両項を一時に謝するなり」と。『勅修清規』巻七の四節秉払の項（大正四十八・一一五三）参照。【三二】注(1)参照。◉(2)**天有三光、其明高遠以被群機**＝西序《せいじょ》の三頭首《ちょうしゅ》の賢明さを天の日・月・星の三光に喩えて。生きとし生ける諸々に及ぶ大明。「群機」は衆生。◉(3)甚新鮮＝なんと珍しいことを承るか（言わずもがな）。【六の二】注(26)参照。◉(4)天何言哉…百物生焉＝天は何も言わなくとも、季節はキチント行なわれ、地は何も話さなくとも、万物は生育している。『論語』陽貨篇に、「天何をか言わん、四時行なわれ、百物生ず。天何をか言わん」と。◉(5)**地有五味、其徳広大以保万有**＝都寺《つうす》等の東序《とうじょ》知事の陰の功徳を地の甘・酸・鹹・苦・辛の五味に喩えて。◉(6)甚明白＝はなはだ明白（言わずもがな）。『碧巌』一本則下語など。◉(7)和尚大智能了知一切、我輩実所不及也＝和尚さまの大智にはとても及びません（皮肉の限り）。◉(8)**禾山打鼓、雪峰輥毬**＝三頭首《ちょうしゅ》の功は禾山の大機にも似、都寺《つうす》の陰の徳は雪峰《せっぽう》の大用にも似たるかな。【六〇の一】注(4)(5)参照。◉(9)向不聞言、和尚大智能了知一切＝先に言った通り、和尚は偉い（愚弄の限り）。

【七五の二】

(1)**上堂。僧問う、「(2)(3)目前《もくぜん》に法《ほう》無し、門外《もんげ》の車馬鬧浩浩《にょうこうこう》。意《い》は目前に在り、屋頭《おくとう》の松竹冷青青《しょうちくれいせいせい》」。師云く、「(4)時節《じせつ》逢い難《がた》し」。進めて云く、「記得す、(5)雲門、衆《しゅ》に示して云く、『拄杖子《しゅじょうす》、化《け》して龍と為《な》って乾坤《けんこん》を呑却《どんきゃく》し了《お》われり。山河大地《せんがだいち》何《いず》れの処よりか得《え》来たる』と。意《い》、那裏《なり》にか在る」。師云く、「(6)莫教《さもあらば》あれ、皴皴鱗鱗《しゅんしゅんりんりん》たることを」。進めて云く、「已《すで》に乾坤を呑却し了われり、拄杖子甚《なん》と為《な》してか和尚の手裏に落在《らくざい》す」。師云く、「(7)物《もの》は有主《うしゅ》に帰す」。進めて云く、「(8)昔日《そのかみ》の雲門と今日の和尚と、相去《あいさ》ること多少《たしょう》ぞ」。師云く、「(9)天外《てんがい》に出頭《しゅっとう》**

して看《み》よ、誰《たれ》か是れ我れ般《つら》の人《ひと》」。進めて云く、「始めて知る、(10)**一条の拄杖《しゆじよう》、両人扶《よ》ることを」。師云く、「**(11)**人《ひと》を誣《し》うるの罪《つみ》」。**

(1)**上堂**＝五月一日、旦望上堂。『大応録』万寿録二三九章の開堂法語を踏まえる。◉(2)**目前無法、意在目前**＝目の前に存在する物は本来無く、目の前に在るのは意《こころ》。（客は客にあらず、主は主にあらず。聞いたまんま、見たまんま）『伝灯録』十五夾山章に、「～、～。是れ目前の法ならず、耳目の到る所に非ず」と。◉(3)**目前無法…屋頭松竹冷青青**＝目前の対象を絶す〔家の前は車馬がガラガラ喧しい〕。意は目前にある〔家のほとりの松竹は青々と涼しげ〕。目前無法、聞いたまんま。意は目前に在り、見たまんま。『大応録』万寿録二三九章の開堂法語の引用、さきの夾山の各語に大応が下語したもの。◉(4)**時節難逢**＝今日この時節を逃しては又と逢いがたい。『大応録』万寿録二四五章、亀山法皇大祥の問答の後に僧が「優曇花《うどんげ》綻《ほころ》びて普天香《かんば》し」といって礼拝讃歎したの対して答えた大応の語。◉(5)**雲門示衆云…何処得来**＝拄杖子、龍と化して天地を一呑みに呑み込み、山河大地は何処にもない。『碧巌』六十則。◉(6)**莫教皺皺鱗鱗**＝この拄杖子は節《ふし》くれ立って皺《しわ》だらけであるわい。『虚堂録』巻一報恩録の除夜小参に、「主丈子…旧に依って鱗鱗皺皺」とあるが、木の皮膚が鱗《うろこ》の皺《しわ》の如きを云う。「莫教」を「たらしむるなかれ」と訓んではならない。【一七の一】注(8)参照。◉(7)**物帰有主**＝物は本来の所有者（＝国師）に帰着す（国師の自負見るべし）。『虚堂録』巻一瑞巌録の入寺法語に、「太宗皇帝、宝鉢を托起して王随相公に問う、『既に是れ大庾嶺頭《だいゆれいとう》提不起なるに、甚に因ってか寡人《かじん》が手裏に在る』。…師云く、『…若し是れ大庾嶺頭底ならば、～』」と。もと『善見律毘婆娑』巻八に、「物は有主を以て初と為す」（大正二十四・七三〇上）と。◉(8)**昔日雲門与今日和尚相去多少**＝昔の雲門と今日の和尚と違いは如何。◉(9)**出頭天外看、誰是我般人**＝（ちっさな殻を打ち破って）天外に飛び出して見よ、我に匹敵する如き者が誰かあろうか。天上天下、唯我独尊。『伝灯録』巻十、五台山智通（馬祖二世、大禅仏と自称する）の臨終の偈に、「手を挙げて南斗を攀じ、身を迴して北辰に倚る。～、～」。◉⑽**一条拄杖両人扶**＝雲門と和尚の家風はピタリ一致しましたね、と、僧の讃歎語。『碧巌』二十四頌下語、「賓主共に本分の路を踏んで行く」（『種電鈔』）。もと『汾陽昭録』に、「一条の拄杖、両人舁《か》く」（禅十一・二七〇）と。頌古第二十七則（【二四四】）本則注⑶参照。◉⑾**誣人之罪**＝有りもしないことを有るように云う、無実の罪だぞ（一緒くたにされては心外と云わんばかりの国師の自負、まこと見《けん》、師に過ぎたり）。この語の後に通常は、「以罪加之（着せた罪にもとづいて断罪される）」と続く。『大慧録』能仁録、『虚堂録』巻二宝林録等に見える。

【七五の二】

乃《すなわ》ち拄杖《しゆじよう》を拈《ねん》じて卓一下《たくいちげ》して云く、「⑴恁麼恁麼《いんもいんも》〔⑵大衆退後《だいしゆたいご》〕、**⑶空裏《くうり》に橛《けつ》を打《た》するが如し**〔⑷天子、怪を見る則《とき》は徳を修む〕」。**又た卓一下して云く、「不恁麼不恁麼《ふいんもふいんも》**〔大衆退後《だいしゆたいご》〕、**⑸水中に月を捉《とら》うるに似たり**〔⑹諸侯、怪を見る則《とき》は政《まつりごと》を修む〕。**⑺両処に功を収めんと要せば、天《てん》晴れて日頭《につとう》出づ**〔⑻珍重《ちんちよう》す仏心真の聖主、⑼人を陥《おとしい》るる坑子《きようす》、年年満つ〕」。**又た卓一下す。**

⑴**恁麼恁麼、不恁麼不恁麼**＝「恁麼」は「その通り」と肯定、放行。「不恁麼」は「さにあらず」と否定、把住。巌頭全奯《ぜんかつ》（八二八―八八七）の語。『碧巌』五十一頌評唱に、「招慶《しようけい》、一日、羅山に問て云く、『巌頭道《いわ》く、恁麼恁麼、不恁麼不恁麼と。意旨如何』。羅山召《らざんめ》して云く、『大師』。師応諾す。山云く、『双明亦双暗』」と。この巌頭の語には五祖法演を初め多くの人が下語しているが、『虚堂録』巻九径山後録の上堂にも、「恁麼恁麼、幾度か白雲渓上に望めば、黄梅の花は雪中に向かって開く。不恁麼不恁麼、嫩柳《どんりゆう》に金線條《なが》し、且つ要す時に応じた来ることを」と見える。『犂耕』に云う、「放行の中に把住有るなり、…把住の処に放行有り」と。◉⑵大衆退後＝皆よ、後ろに引き下がれ。『雲門広

録』上。◉⑶**如空裏打橛**＝虚空にいくら杭を打っても無駄。「虚空裏に向かって橛を釘《う》ち去る可からず」（『臨済録』上堂一）。◉⑷天子見怪則修徳＝怪しげなことも畏るに足らず、徳をおさめるのみ。『史記』封禅書六に、殷《いん》の帝太戊《たいぼ》の時、宮廷に桑と穀《こうぞ》の木が抱き合って生え、一夜で一抱え程の大きさになるというような不思議な事が起こった。宰相の伊陟《いちょく》が「妖は徳に勝ちません」と申し上げたので、太戊が徳を修めると桑も穀も死す、と見える。◉⑸**似水中捉月**＝無駄骨。『証道歌』、『涅槃経』に出る。もと『摩訶僧祇律』巻七（大正二二・二八四上）に、五百匹の猿が相連なって井戸の中の月を捉えようとし、樹枝折れ水に落ちる話による。◉⑹諸侯見怪則修政＝政に精をだすだけ。出典未詳。◉⑺**要両処収功、天晴日頭出**＝さて恁麼・不恁麼の両方に渉って自在に働くことが出来ようとすれば、（梅雨の）空は晴れわたりカラリと太陽は出る（恁麼・不恁麼不二の所、平常心《へいじょうしん》のまま）。『虚堂録』巻六仏事「道興上座秉炬」に、「両処に功を収めることを知らんと要せば、丙丁童子を識取せよ」と有るが、三祖『信心銘』に、「動を止めて止《し》に帰すれば、止更に弥いよ動ず。唯だ両辺に滞らば、寧んぞ一種を知らんや。一種通ぜざれば、両処に功を失す」とあるを踏まえる。後句は『無門関』三十四頌に、「天晴日頭出、雨下地上湿」と、もと『大慧録』巻一に、「雨下って地上湿《うるお》う、天晴れて日頭出づ。小尽二十九、大尽三十日」と。◉⑻珍重仏心真聖主＝有り難くも、仏教崇信の聖天子さま（と国師に呼びかける）。『会元』巻十六大梅法英（雲門下五世）章に、時の皇帝徽宗が道教を信奉して、僧尼を廃したり復したりしたのを暗に諭した時、「〜」と呼びかけ、次に「好し堯徳を将《もっ》て吾宗を振わされんことを」と続く。◉⑼陥人坑子年年満＝国師の坑《あな》恐るべし。『江湖風月集』三山笑堂悦「二祖」に、「危亡を顧みず一斑を露わし、身を立つる地無くして始めて心安んず。〜、隻臂何れの時か再び完きを得ん」と。

【七六の二】

重午《ちょうご》上堂。僧問う、「⑴文殊《もんじゅ》、善財《ぜんざい》をして薬を採《と》らしむ。財《ざい》云く、『尽大地《じんだいち》、是れ薬ならざる者無し』と。此の

意如何《いいかん》」。師云く、「(2)崑崙《こんろん》に生鉄《さんてつ》を嚼《か》む」。僧云く、「善財一茎草《ぜんざいいっきょうそう》を拈《ねん》じて文殊に度与《どよ》す。殊《じゅ》云く、『此の薬、亦た能《よ》く人を殺し、亦た能く人を活《かつ》す』と。(3)拈験《ねんけん》、那裏《なり》にか在る」。師云く、「(4)黄蘗《おうばく》樹上に木蜜《もくみつ》を生ず」。僧云く、「(5)学人通身《がくにんつうしん》是れ病、作麼生か医《い》せん」。師云く、「(6)病《や》み得ては須《すべか》らく愈《い》ゆべし」。僧云く、「(7)直饒《たと》い与麼《よも》なるも猶《な》お円覚《えんがく》の四病《しびょう》に堕在《だざい》す。作麼生か独脱無依《どくだつむえ》なることを得去《えさ》らん」。師云く、「(8)早く知る、你《なんじ》病み得ること能わざることを」。僧云く、「(9)快《かい》なる哉快《かなかい》なる哉《かな》、今朝天中《てんちゅう》節、時清く道泰《みちやすら》かに、門安《やす》らかに戸《こ》静かなり」。師云く、「(10)你《なんじ》に許す、一句相当《あい》たり去ることを」。

注(1)**文殊令善財採薬**＝【一三の一】参照。◉(2)**崑崙嚼生鉄**＝なま鉄の丸かじり。觜《くちばし》を下し難し、没滋味。【一八の一】注(2)参照。◉(3)**拈験**＝「拈験」は「薬草を拈出した効き目、薬の効能」、余り見受けられない語。◉(4)**黄蘗樹上生木蜜**＝苦《にが》い黄蘗の樹に甘いけんぽなしの実ができる。「黄蘗」は落葉喬木の「きはだ」、果実樹皮ともに苦《にが》く、健胃整腸薬。「木密」は落葉喬木の「枳椇《きく》」を云う、和名は「けんぽなし」で、果実は甘味があって、疱瘡や酒酔い醒ましの漢方薬である。『仏光録』巻一に、「即心即仏、赤脚で刀山に上る。非心非仏、地を耕して蒺蔾を種える。不是心不是仏不是物、黄檗樹頭に木蜜を生ず」。もと『五祖法演語録』巻上に、「黄蘗樹頭に甚の木密をか討ぬ」（大正四十七・六五二）と。国師、前回【四六の一】端午では薬草の無風草を拈出されたが、今回は更に強烈な黄檗上の木密を拈出される。◉(5)**学人通身是病、作麼生医**＝『虚堂録』巻八続輯の端午上堂に、「僧云く、『学人通身是れ病、作麼生か医せん』。師云く、『仏手も也た你《なんじ》を医すること得ず』」と。同様の問答は『会元』巻十三曹山本寂章にもみえる。◉(6)**病得須愈**＝病に真に成りきれば、自ずと治癒する。『虚堂録』巻四法語「示妙源侍者病」に、「止《ただ》に璨《さん》大師、矮《わい》師叔の深く其の膏肓《こうこう》必死の病に中《あた》るのみならずして、西天此土の大眼目を具す宗師も皆な此の病有り。…此の病を以て大地の衆生を度脱せしめ、坐者立者をして倶に軽利を獲《え》せしむ。…若し如来真病の本に踏著せば、自然に病去り薬除かん。是の如く病を受くる

ときは則ち病瘥《い》えざるは無し」。因みに、璨《さん》大師は三祖を云い癩病を患う、また矮師叔は洞山下の疎山匡仁を云い倒屙（口から糞を出す）病を患う。◉(7)**直饒与麼…得独脱無依去**＝『虚堂録』巻八浄慈《じんず》後録の上堂語。『円覚経』普覚菩薩品に作・任・止・滅の四種の禅病を説く。一に、種々の行を作して円覚を求めんとする作病。二に、生死を断ぜず、涅槃を求めず、一切を任せんとする任病。三に、永く諸念を息め、一切の性寂然平等なるを得んとする止病。四に、永く一切の煩悩を断ち、身心畢竟空にして所有無く一切永寂にして円覚を求めんとする滅病。◉(8)**早知你不能病得**＝それじゃからこそ、お前さんは病に成りきれていないと云うのだ。◉(9)**快哉快哉…門安戸静**＝すっかり病が癒《い》えて、天下太平、家内安全でございます、と、僧の讃歎礼話。『大応録』崇福録九十四章、端午上堂参照。◉(10)**許你一句相当去**＝少しは分かっているようだな。「相当」は【三〇】注(1)参照。

【七六の二】

乃《すなわ》ち云く、「今日端午の節〔(1)和尚、事《じ》生ぜり〕、**諸人、直《じき》に須《すべか》らく(2)明徳《めいとく》を明《あき》らめ得《え》て**〔(3)至善《しぜん》に止《とど》まるに在り。止《とど》まることを知って後に定まること有り〕、(4)**天行百怪《てんこうひやくかい》を消殞《しょういん》し**〔定まって後に能《よ》く静かなり。(5)切に忌む、静処《じょうしょ》に死坐して静《じょう》を見ることを〕、**仏病祖病《ぶつびょうそびょう》を除却《じょきゃく》すべし**〔(6)那《な》一病、何《いず》れの処にか安著《あんじゃく》せん。(7)只だ者《こ》の無病の大病、仏手も他を医治《いち》すること能《あた》わず〕。**蓋《けだ》し只だ是れ(8)妖《よう》は徳に勝たざる所以《ゆえん》なり**〔(9)霊光分明に大千に輝く、神鬼何れの処にか手脚《しゅきゃく》を著けん〕。**且らく道《い》え、如何なるか是れ明徳**〔(10)聖主《せいしゅ》は必ず賢臣を待って功業を弘め、俊士《しゅんし》も亦た明主を俟《ま》って以て其の徳を顕《あら》わす〕。**払子《ほっす》を撃《う》って云く、「(11)帰依仏《きえぶつ》法僧《ぼうそう》**〔(12)帰依仏両足尊《りょうそくそん》、帰依法離欲尊《りよくそん》、帰依僧衆中尊《しゅちゅうそん》〕」。

(1)和尚事生也＝そりゃ、難題が生じたぞ。『碧巌』四十六本則下語。◉(2)**明徳**＝『大学』の最初に、「大学の道は、明徳を明らむるに在り」と。◉(3)在止於至善…定而後能静＝完全無欠な善を拠り所として行なうことにある。拠り所として行なうべきことを知ってこそ、人の志は一定することに成る。志が一定してこそ、心は雑念なく静かになることが出来る。『大学』第一段の一。◉(4)**消殞天行百怪、除却仏病祖病**＝疫病や怪異を滅し、仏病祖病を除く。「天行」は「流行性伝染病」。『大応録』興徳録四二章端午上堂に、「仏病祖病、倶《とも》に拈却し、魔蘖《まげつ》妖怪、都《すべ》て掃尽す」と、もと『雲門広録』に、「問う、『仏病祖病何を将《もっ》てか医せん』」（禅十一・三四二）。「仏病」は『百丈広録』に、「若し仏に著《じゃく》して求めば貪《どん》に属す、貪変じて病と成る。故に云う、仏病は最も治し難し」（禅十一・一七三）と見えるもの。◉(5)切忌静処死坐見静焉＝働きの無い死人禅では駄目。◉(6)那一病何処安著＝例の病とやら、何処に片付けようか。◉(7)只者無病大病、仏手不能医治他＝無病の大病とは仏病祖病のこと、『碧巌』三十一頌に「無病の薬」と見えるが、この無病も仏病祖病を云う（『種電鈔』）。意は異なるが、『淮南子』説山訓五章に「良医は常に無病の病を治す、故に病無し」とある。◉(8)**妖不勝徳**＝『史記』封禅書六の伊陟《いちょく》の語。【七五の二】注(4)参照。◉(9)霊光分明輝大千、神鬼何処著手脚＝自己本具の仏性、霊霊照照として大千世界を貫いて輝く時、神鬼の妖怪の入る余地なし。『翰林五鳳集』巻五十六道号部、策彦「勲叔」の三四句。「無位真人現面門、智慧愚痴通般若、～、～」。◉(10)聖主必待賢臣…俊士亦俟明主…＝聖君は必ず賢臣の補佐をうけて功業を行きわたらせるものであり、俊士も英明なる君主に出会うことでその才能を発揮するものである。【一の二】注(6)参照。◉(11)**帰依仏法僧**＝三宝に帰依したてまつる。『睦州録』（禅十一・二二七、二二八）等に見えるが、もと『涅槃経』巻三十五憍陳如品に闍提首那《しゃだいしゅな》の改心の言。◉(12)帰依仏両足尊…帰依僧衆中尊＝三帰戒の一部、『禅苑清規』沙弥受戒文。「両足尊」は「無上尊」、「衆中尊」は「和合尊」などともいう。

【七七の一】

(1)半夏《はんげ》上堂。僧問う、「九旬《きゅうじゅん》已《すで》に半《なかば》を過《す》ぐ、雲山翠色《うんざんすいしょく》深し、(2)現成公案《げんじょうこうあん》、回避《かいひ》するに処無し、此の景《けい》此の時《とき》、

願わくは法要《ほうよう》を聞かん」。師云く、「(3)你《なんじ》に三十棒を放《ゆる》す」。進めて云く、「古人一則の因縁有り、学人に咨参《しさん》を許さんや也《ま》た無《いな》や」。師云く、「(4)仏《ほとけ》、衆生の願《ねがい》を奪わず」。進めて云く、「(5)臨済《りんざい》因《ちな》みに半夏黄檗《おうばく》に上《のぼ》る、和尚の看経《かんきん》するを見て、済《さい》云く、『(6)我れ将《まさ》に謂《おも》えり、是れ箇《こ》の人《ひと》と、元来是れ唵黒豆《あんこくず》の老和尚』と。意旨作麼生《いしそもさん》」。師云く、「(7)水上《すいじよう》に胡蘆子《ころす》を推《お》す」。進めて云く、「済《さい》、住すること数日《すうじつ》、乃《すなわ》ち辞し去る。檗《ばく》云く、『(8)汝、夏《げ》を破って来たり、夏《げ》を終えずして去る』と。未審《いぶか》し、如何《いかん》が端的《たんてき》を辨ぜん」。師云く、「(9)殷勤《いんぎん》に別れを送る瀟湘《しようしよう》の岸《きし》」。進めて云く、「済云く、『某甲《それがし》、暫《しば》らく来たって和尚を礼拝《らいはい》す』。檗、遂《つい》に打って趁《お》うて去らしむ。是れ什麼《なん》の心行《しんぎよう》ぞ」。師云く、「(10)令《れい》、虚《みだ》りに行《ぎよう》ぜず」。進めて云く、「済行くこと数理、(11)此の事《じ》を疑って、却回《きやうい》して夏《げ》を終《お》う。意、那裏《なり》にか在る」。師云く、「(12)古今、能《よ》く幾人《いくひと》か有る」。進めて云く、「(13)一人《いちにん》は途中《とちゆう》に在って家舎《かしや》を離れず、一人《いらにん》は家舎に在って途中を離れず、是れ甚麼《なん》の道理ぞ」。師云く、「(14)鉄牛《てつぎゆう》撃《ささ》げ出《いだ》す黄金の角《つの》」。進めて云く、「与麼なる則《とき》は(15)達磨《だるま》東土《とうど》に来たらず、二祖《にそ》西天《さいてん》に行かず」。師云く、「(16)能く知る者は須《すべか》らく能く用《もち》うべし」。

(1)**半夏上堂**＝六月一日の旦望上堂。◉(2)**現成公案、無処回避**＝折しも旧六月初、盛夏、遠山も深緑、この有りのままの姿は、そのまま受け取るほかはない。◉(3)**放你三十棒**＝お前さんは既に三十棒を食らうべき処だが、今は赦しておく。睦州和尚が特に好んで用いた機鋒。◉(4)**仏不奪衆生願**＝『趙州録』に、「秀才有り、師の手中の拄杖を見て乃ち云く、『仏は衆生の願を奪わずと、是なりや』。師云く、『是《ぜ》』。秀才云く、『某甲、和尚に就いて乞うて、手中の拄杖を取り得てんや』。師云く、『君子は人の好む所を奪わず』。秀才云く、『某甲は是れ君子ならず』。師云く、『老僧も亦た是れ仏ならず』」（禅十一・三一七）と。『華厳経』等に「菩薩摩訶薩は一切衆生の願を満足させる」を云う。◉(5)**臨済因半夏上黄檗**＝以下の話は『臨済録』行録。◉(6)**我将謂是箇人、元来是唵黒豆老和尚**＝和尚さんこそ大機用の人と尊敬していましたが、何のことはない所詮看経坊主の（型枠に嵌まった自由の分のない）おいぼれ和尚でしたか。「箇の人」は「一箇として数えるに足る人、いっぱしの人、大機用の人」（『秘鈔』）、「将謂」は俗語で「…とばかり思っていたが、思い違いであった」の意。「唵黒豆」は「揞《あん》黒豆」とも書くが、『葛藤語箋』に忠曰く、「『唵黒豆』が正しい。文字を黒豆に喩えて、看経のことを黒豆を口に唵《ふく》むようだと貶したもの」。◉(7)**水上推胡蘆子**＝水の上でヒョウタンを推す。「胡蘆子（ヒョウタン）」は黄檗禅師を云う。托上に抑下に取り押さえんとすれども、捕まえ所無し。『円悟心要』巻上に依れば巌頭の語に、「水上に葫蘆子を按ずるが如くに相似て、等閑に蕩蕩地たり。拘《こう》牽《けん》惹《じゃく》絆《はん》すること得ず、触著捺著する則《とき》は蓋天蓋地」（禅十四・七〇八）と見える。◉(8)**汝破夏来不終夏去**＝安居禁足の仏制を破って出入す。因みに、文殊破夏、迦葉擯出せんとすれど能わずの因縁もある（『禅林類聚』巻十四「解結」）。◉(9)**殷勤送別瀟湘岸**＝懇《ねんご》ろに瀟湘の岸で（一人前となった臨済）君の船出を送る。雪竇の語、『会元』巻十五雪竇章に、「問う、『毘《び》盧《る》を坐断する底の人、師還《かえ》って接するや』。師曰く、『～』」と。◉(10)**令不虚行**＝黄檗の棒喝は何の根拠もなしに実行されたのではない。『碧巌』二十六本則下語、もと『管子』重令。◉(11)**疑此事、却回終夏**＝此の黄檗棒頭の事に（些子の事あらんと）疑い、引き返して安居を終えた。「却回」は唐音で「きゃうい」と訓み習わす。「引き返す」の義。『臨済録疏瀹』に道忠禅師云く、「疑いて而して却回すと雖も然も一事の黄檗に問うべき無し。密かに惟《おもん》みるに、済の一宗末世に光大なるは実に此の一疑に係るかな」と。◉(12)**古今能有幾人**＝古今これほどの人は誰もいない。『伝灯録』巻十五石霜章。【五二の二】本文参照。◉(13)**一人在途中…一人在家舎…**＝『虚堂録』巻二宝林録の上堂に僧の語として見えるもので、『臨済録』の文に由来するが此の文自身は『臨済録』に無い。【一九の二】注(1)参照。◉(14)**鉄牛撃出黄金角**＝越格底の人の格外の機。「鉄牛」とは古代中国で治水や造橋に際して鉄で牛を鋳て堤下や橋のたもとに置いて祀ったもの、なかでも陝府の大鉄牛は有名。鉄牛の体は不動著、その用は応じて跡無く自在である。『夢窓録』にも見えるが、もと『続伝灯録』巻五法昌倚遇章に、「（黄龍）南云く、『鉄牛対対黄金角、木馬双双白玉蹄』」（史十一・三二八）と。◉(15)**達磨不来東土、二祖不行西天**＝達磨二祖に伝えず、二祖達磨に嗣がず。それでこそ黄檗臨済まことの師資相承でございます、と、僧の讃歎礼話。『伝灯録』巻十八玄沙章に、「雪峰召して曰う、『備頭陀、何ぞ徧参し去らざる』。師曰く、『～、～』」と。◉⒃**能知者須能用**＝事上にも働き用いてこそ、本当に知ったと云える（口先だけでは駄目）。国師の激励。東陽英朝編『禅林句集』に、「医書の文字なり」とするが、出典未詳。

【七七の二】

乃《すなわ》ち云く、「結制已《けつせいすで》に半《なかば》を過《す》ぐ（1）無《む》陰陽《いんよう》の地、荊棘参天《けいきょくさんてん》、（2）**水牯牛《すいこぎゅう》、鼻孔《びくう》数寸長し**（3）家に白沢《はくたく》の図《ず》無ければ、此《かく》の如き妖怪有り」。**諸人、**（4）**只だ与麼《よも》にし去らば、**（5）**便ち知る、二六時中《にろくじちゅう》、了《つい》に走作《そうさ》せざることを**（6）又た是れ大小大《だいしょうだい》の走作」。（7）**儻《も》し或いは離跂《りき》攘臂《じょうひ》せば、桁楊《こうよう》の用《もち》う可き無し。**（8）**参《さん》**（9）孝順《こうじゅん》なれば還《ま》た孝順の子を生じ、忤逆《ごぎゃく》なれば還た忤逆の児を生ず。信ぜずんば但だ看よ、簷頭《えんとう》の水、点点滴滴、差《たが》わずして移る」。

(1)無陰陽地、荊棘参天＝本分の田地には、いばらが天地一杯。「無陰陽地」は【六一】注⑽参照。『虚堂録』巻二宝林録の冬至小参。◉(2)**水牯牛鼻孔数寸長**＝「水牯牛」は結制中の雲衲を云う、『遺教経』の牧牛の喩えに基づく。五祖師戒は、「鼻孔長きこと三尺」（『会元』十五）と云い、また雪竇は「鼻孔遼天」（『碧巌』八十七頌）と云う。「鼻孔」は顔の中心、本来の面目に喩える、それが長いとは「気宇王の如く仏祖を併呑し、自負高邁《こうまい》なる」を云う。◉(3)家無白沢図、有如此妖怪＝主心無ければ、こんな化け物にも惑わされる。【五四】注(7)参照。◉(4)**只与麼去**＝「与麼」は「恁麼」に同じく、「そのように、このように」。◉(5)**便知二六時中了不走作**＝十二時中一時も本分を外れて放逸なることは無い。「走作」は「①事を引き起こす、②放逸、③ずれる」の三義を含み、「動念、紛念、意識が境に随って奔走し造作するなり」（『犂耕』）。馬祖が「自家の宝蔵を顧みず家を拋《なげう》って散走して什麼《なに》をか作《な》さん」（『伝灯録』巻六、大珠慧海章）と云う如く、或いは三平義忠が「馳求走作」（『伝灯録』巻十四）と云う如く、本具の仏性を忘れて他所に探し回るような無益な行動、或いは穏やかならざる心意識を云う。◉(6)又是大小大走作＝（了に不走作という）またその事自体がとんでもない走作（おおうろたえ）。『虚堂録』巻二宝林録に、「不走作の処を説いてしまえばこの不走作底も一緒に走作になってしまう」と。「大小大」、小の字意なし。【五の二】注⑾参照。◉(7)**儻或離跂攘臂、無桁楊可用**＝（鼻孔高邁のさまが、一歩間違って）高慢さに一転すれば、安居接心も無駄事。「離跂攘臂」は「足を爪先立て、自らを高潔とし、大手を振って談論」するが如き厚顔無恥の傲慢さを云う。「桁楊」は「首かせ、足かせ」、ここは安居の聖制を指す。『荘子』在宥《ざいゆう》に、「儒《じゅ》・墨《ぼく》乃ち始めて桎梏《しっこく》の間に離跂攘臂す（儒家や墨家が刑罰のきびしいなかを、わがもの顔にふるまうようになった）。意《ああ》甚だしいかな、其の愧《はじ》無くして恥を知らざるや、甚だしいかな。吾れ未だ聖知《せいち》の桁楊椄槢《こうようせつしゅう》となら…ざるを知らず（聖知は必ず首かせ足かせの楔《くさび》となる）」とあるを踏まえる。◉(8)**参**＝此所の（紙一重の）ところトックと参ずべし。◉(9)孝順還生孝順子…点点滴滴不差移＝親孝行には孝行息子、親不孝ならば親不孝の子供ができる。信ぜずば、よく見なさい、軒端の雨垂れも滴々違わず前の処に落ちる。（すべて師家次第）。『明心宝鑑』第四孝行篇に、「太公家教に曰く」として見える。

【七八の二】

上堂。僧問う、「(1)六月《ろくげつ》十五、(2)天下毒熱《どくねつ》、(3)一機一境《いっきいっきょう》、尽く今時《こんじ》に落つ。(4)唇吻《しんぷん》に渉《わた》らず如何《いかん》が津《しん》を通ぜん」。師云く、「(5)退後退後《たいごたいご》」。進めて云く、「(6)瓜《か》を浮かべ李《り》を沈《しず》め、雪《ゆき》を積《つ》んで山と為《な》す、見成公案《げんじょうこうあん》、迥《はる》かに多端《たたん》を絶《ぜっ》す、豈《あ》に是れ清涼《しょうりょう》世界にあらずや」。師云く、「(7)心《こころ》、人《ひと》に負《そむ》かざれば面《おもて》に慚《は》ずる色《いろ》無し、速《すみ》やかに道《い》え、速やかに道え」。進めて云く、「(8)黄龍《おうりょう》に三関《さんかん》の語有り、還《かえ》って咨参《しさん》を許さんや也《ま》た無《いな》や」。師云く、「(9)華岳連天《かがくれんてん》の色《いろ》を劈開《へきかい》す」。進めて云く、「『(10)我が手《て》、仏手《ぶっしゅ》に何似《いずれ》ぞ』と。意旨如何《いしいかん》」。師云く、「(11)拳《こぶし》を開けば掌《たなごころ》と作《な》る」。

進めて云く、「『我が脚《あし》、驢脚《ろきやく》に何似《いずれ》ぞ』と。又た作麼生《そもさん》」。師云く、「(12)屐歯《げきし》、蒼苔《そうたい》に印す」。進めて云く、「(13)如何《いか》なるか是れ学人生縁《しようえん》の処」。師云く、「(14)峋嶁《くる》峰頭《ほうとう》、神禹《しんう》の碑《ひ》」。進めて云く、「和尚が一一祇対的的分明《したいてきてきふんみよう》なり、(15)只だ箇《こ》の三関《さんかん》、為《は》た一とせんか為《は》た三とせんか」。師云く、「(16)你《なんじ》が答話《とうわ》を謝す」。進めて云く、「与麼《よも》なる則《とき》は(17)三《さん》を会《え》して一と成《な》すは易《やす》く、一を会して三と成すことは難《かた》し」。師云く、「(18)将《まさ》に謂《おも》えり、事《じ》を問う漢《かん》と」。進めて云く、「(19)恩《おん》、大《だい》にして酬《むく》い難《がた》し」。便ち礼拝《らいはい》す。(20)師云く、「錯《しやく》」。

(1)**六月十五**＝『大応録』建長録二五四章にも黄龍三関を挙す。◉(2)**天下毒熱**＝「毒」は猛烈の義、「毒熱」は酷熱。◉(3)**一機一境尽落今時**＝どんな働きであれ、どんな境界であれ、すべては本分にあらざる今時の現成に過ぎない。「今時」は久遠に対する語、空劫已前の「本分」に対する「現成」底。『大応録』崇福録一二九章に、「僧問う、『～。化門に渉《わた》らず、如何が信を通ぜん』」と。◉(4)**不渉唇吻如何通津**＝言葉で表わさずに（どう言っても、一機一境）、どう難所を通りますか。「津」は臨済録にも「要津を把定す」とある様に、渡し場、水陸交通の要所である。◉(5)**退後退後**＝さがれ、さがれ（すでに三十棒）。雪竇『瀑泉集』。大応曰く、「南地の竹、北地の木」。◉(6)**浮瓜沈李…豈不是清涼世界**＝「浮瓜沈李」は魏の文帝（曹丕）が「朝歌の令の呉質に与えた書」に、「甘き瓜を清泉に浮かべ、朱《あか》き李《すもも》を寒水に沈む」（『文選』巻四二）とある様に、消夏の楽しみ事を指す。「積雪為山」の「積雪」とは氷室からの雪を云うか、因みに『虚堂録』巻九径山後録の上堂には、「君、炎熱を悪《にく》むこと勿《な》かれ、炎熱は氷の如く、積雪の如し」と見える。「見成公案」は暑い時は暑いまま、有りのまま。「絶多端」は複雑では無い、簡単の義。「清涼世界」は涼しく爽やかな世界であり、また文殊の悟りの世界を云う。◉(7)**心不負人面無慚色、速道速道**＝心に恥じるところなければ色に出でずというう、速やかに云え、速やかに云え（と白状をせまる）。【六四の一】注(11)参照。◉(8)**黄龍有三関語**＝『無門関』末尾、『会要』巻十五、『人天眼目』巻二等に見えるが、『会元』巻十七黄龍章に、「師、室中常に僧に問うて曰く、『人人尽く生縁有り、上座の生縁、何れの処にか在る』。正に問答交鋒するに当たって、却って復た手を伸《のば》して曰う、『我が手、仏手に何似《いずれ》ぞ』。又、諸方宗師に参請して得たる所を問うて、却って復た脚《あし》を垂れて曰う、『我が脚、驢脚に何似ぞ』」と見える。『羅湖野録』巻上でも、今禅林では仏手・驢脚を先とし生縁を後とするが、大いに創問の主旨に乖《そむ》くと云う、本来は生縁問答が先であった。◉⑼**劈開華岳連天色**＝どんな難関も、大力量底のもとには劈開せざるは無し（問い将《も》ち来たれ）。仏眼清遠の臨済三頓棒頌に、「～、放出す黄河到海の声」（禅十二・五九六）と。昔、陝西《せんせい》省にある華山《かざん》と山西《さんせい》省の首陽《しゅよう》山とが一つの山であったのを、黄河の巨神が手で二つに分けて河の流れを放ったという話は既に後漢の張衡の「西京賦」（『文選』巻二）に見える、また『碧巌』三十二頌に、「巨霊手を擡《もた》ぐるに多子無し、分破す華山の千万重」と。◉⑽**我手何似仏手**＝どうだ我が手は仏手に似ていないか。「A何似B」とは、AはBに比べて同か別かを問う形。予想外の物を引き比べて同じではないかと問い詰める作略。この仏驢問答の原形は『会元』巻九南塔章、南塔とその師仰山との間に、「仰山曰く、『還って和尚（＝仰山）を見るや』。師（＝南塔）曰く、『見る』。山曰く、『和尚は驢に何似《いずれ》ぞ』。師曰く、『某甲《それがし》、和尚を見るに、亦た仏にも似《に》たらず』。山曰く、『若し仏に似ずば、箇の甚麼にか似たる』。師曰く、『若し似たる所有らば、驢と何ぞ別ならんや』」と見えるもの。◉⑾**開拳作掌**＝結んだ拳を開けば掌となる。『川老金剛経注』の「正信希有分第六」の道川（＝川老、慈明五世）の頌に曰く、「法相・非法相、拳を開けば復《ま》た掌と成る。浮雲は碧空に散じ、万里の天は一様」とあるを踏まえて。大応曰く、「花を散じ香を焼《た》く」。◉⑿**屐歯印蒼苔**＝緑苔を踏んで下駄の跡。『千家詩』葉紹翁「遊小園不値」に、「応《まさ》に屐歯《げきし》の蒼苔《そうたい》に印するを嫌って、十たび柴扉《さいひ》を扣《たた》くも九たび開かず。春色満園関《とざ》せども住《とど》まらず、一枝の紅杏墻を出で来たる」と。大応曰く、「水を渡り橋を過ぐ」。◉⒀**如何是学人生縁処**＝「生縁」は唐宋の俗語で本籍、家郷あるいは眷属の義。人の死後中陰の間に獲得した転生の因縁（『瑜伽師地論』巻一）に由来する。◉⒁**岣嶁峰頭神禹碑**＝「無分暁」の義。鬼神も窺えない玄奥の消息。「岣嶁峰」は湖南省衡山《こうざん》の主峰。そこに夏の禹王の治水の功績を刻んだと云われている石碑がもと有ったが早くから失われ、ただその摸刻が各地に残っているのみ。古代篆書で書かれているので誰も読めない。『虚堂録』巻二宝林録。大応曰く、「趙州東院の西」。◉⒂**只箇三関為一為三**＝「為一為三」は「一か、三か」という選択疑問の句法で、「一と為し、三と為す」ではない。◉⒃**謝你答話**＝答えてくれてご苦労さん（你の問が答）。この機鋒は『雲門広録』に、「因みに斎の次《つい》で、僧に問う、『你《なんじ》道え、人が飯を喫するか、飯が人を喫するか』。対《こた》うる無し。師云わく、『你問え、我れ你《なんじ》が与《ため》に道わん』。僧乃ち問う。師云く、『你が答話を謝す』」（禅十二・三八七）と見える。◉⒄**会三成一易、会一成三難**＝平等智は明らめ易く、差別智は明らめ難い。◉⒅**将謂問事漢**＝宗門の大事を問題にするやつと思ったが、違ったかな。◉⒆**恩大難酬**＝師の恩は大きすぎて応えようもありません、と、僧の讃歎礼話。『雪竇録』巻一に見える。◉⒇**師云、錯**＝そこに留まっては、大間違い。師の激励語。

【七八の二】

乃《すなわ》ち拄杖《しゅじょう》を横たえて云く、「⑴炎炎《えんえん》たる六月紛紛《ろくげつふんぷん》として雪下《くだ》る〈⑵未《いま》だ是れ分外《ぶんげ》の事《じ》にあらず。⑶九夏《きゅうげ》寒巌の雪、三冬《さんとう》枯木《こぼく》の花〉、⑷**只だ箇《こ》の好時節《こうじせつ》、覷著《しょじゃく》すれば眼花《がんか》を生ず**〈⑸巡人犯夜《じゅんにんはんや》。⑹普州《ふしゅう》の人賊《ぞく》を送る〉。**然《しか》も是《かく》の如くなりと雖《いえど》も**」、**拄杖《しゅじょう》を卓《たく》して云く、「⑺射鵰《しゃちょう》の手《て》に因《よ》らずんば、誰《たれ》か李《り》将軍を識《し》らん**〈⑻国師は只だ児《じ》を愛するの心のみ有って、児を教うるの術に乏《とぼ》し。何が故《ゆえ》ぞ。⑼水広ければ則ち魚大に、君《きみ》明なれば則ち臣《しん》忠なり〉」。

⑴**炎炎六月紛紛雪下**＝六月の炎天下に雪が降る（石女木人の境界）。『伝灯録』二十五天台徳韶章に、「虚空を敲打すれば鳴りて轂轂《かくかく》たり、…六月雪降り落ちて紛紛たり、此れは是れ如来大円覚なり」と。◉⑵**未是分外事**＝何もたいした事ではない。◉⑶**九夏寒巌雪、三冬枯木花**＝琅瑘覚の三訣。【五八の一】注⒆参照。◉⑷**只箇好時節、覷著生眼花**＝

この好消息（如来の境界）は見ようとしても見えない、見えたら妄想。「覰著」は「見る、窺う」の義、著は助詞。「眼花」は空花とも、目病みの見る有りもしない空中の花（『円覚経』巻上・文殊章）。◉(5)巡人犯夜＝犯夜とは古代中国で夜間の外出が厳しく禁止されたが、その命令を犯して夜行することを云う。巡人は夜回りの役人。巡人は夜回りすることで、自身が禁を犯しているを云う。『犂耕』に、「身を兼ねて内に在る也（自身その仲間）」と。『五祖法演録』に法眼宗を評して云った語（禅十二・四二五）。◉(6)普州人送賊＝大灯国師こそ大泥棒。『宗門方語』に、「身を兼ねて内に在るなり」と。「普州」は四川省安岳県、盗賊の多く集まったところとして伝えられる。つまり、賊が賊を送るということ、総に是れ賊。◉(7)**不因射鵰手、誰識李将軍**＝伶利の漢にあらざれば、この好時節を見得すること能わず。漢の李広将軍は弓の名手で、かつて匈奴と戦って、鵰《ちょう》（猛禽のわし）を射る程の弓の名手を生け捕りにした故事（『史記』列伝四十九）に依る。『虚堂録』巻二報恩録。◉(8)国師只有愛児之心、乏教児之術＝お弟子を可愛がるのもよいが、育て方が下手だ。「チブサガ、チイサイ」。◉(9)水広則魚大、君明則臣忠＝名君の下には立派な部下が育つ。【一の三】注(7)参照。

【七九の二】

七月旦上堂《しちげつたん》**。僧問う、「**(1)**暑雲空**《しょうんくう》**に散じ、涼気**《りょうき》**秋に滴**《した》**つ。**(2)**好箇**《こうこ》**の時節、願わくは提唱**《ていしょう》**を聞かん」。師云く、「**(3)**劈腹剜心**《ひつぷくわんしん》**」。進めて云く、「**(4)**便ち恁麼**《いんも》**にし去る時如何**《いかん》**」。師云く、「**(5)**車**《くるま》**、横**《おう》**に推**《お》**さず」。進めて云く、「**(6)**向上**《こうじょう》**の全提鉄壁銀山**《ぜんていてつぺきぎんざん》**、線路**《せんろ》**を放開**《ほうかい》**すれば坑**《きょう》**に堕**《お》**ち塹**《ぜん》**に落**《お》**つ、聻**《にい》**」。師云く、「**(7)**且**《しば》**らく須**《すべか》**らく上頭**《じょうとう》**の関**《かん》**を踏**《ふ》**むべし」。進めて云く、「**(8)**乾峰**《けんぽう》**、衆**《しゅ》**に示して云く、『法身**《ほつしん》**に三種の病**《やまい》**、二種の光**《ひかり》**有り、一一透得**《いちいちとうとく》**して始めて是れ穏坐**《おんざ》**』と。意**《い》**、那裏**《なり》**にか在る」。師云く、「**(9)**旧路**《きゆうろ》**に人に逢うことを喜ばず」。進めて云く、「雲門**《うんもん》**、衆を出でて云く、『**(10)**菴**《あん》**内**《ない》**の人**《ひと》**、甚**《なに》**に因**《よ》**ってか菴外**《あんがい》**の事**《じ》**を見ざる』と。又た作麼生**《そもさん》**」。師云く、「**(11)**己**《おのれ》**が為に鎖**《と》**ざす者は多く、他**《た》**の為に鎖**

ざす者は少《すく》なし」。進めて云く、「⑿夜来《やらい》の雁《かり》に因《よ》らずんば、争《いか》でか海門《かいもん》の秋を見ん」。便ち礼拝す。師云く、「⒀好く看《み》よ、好く看よ」。

⑴**暑雲散空、涼気滴秋**＝初秋の現成公案。◉⑵**好箇時節**＝【六七の一】注⑶参照。◉⑶**劈腹剜心**＝（提唱を待つまでもなし）何一つ隠すところなく現われているではないか。『宗門方語』に、「情を尽くして吐露す」と。「柳ハ緑、花ハ紅、雀ノチュウチュウ、カラスノカアカア」。『碧巌』九十八本則下語、『大応録』崇福録一五八章等に見える。◉⑷**便恁麼去時如何**＝仰せの通りに致したらどうでございますか、と嵌め手を打って更に大灯を見んとする。『大応録』同所。◉⑸**車不横推**＝まっしぐらに行け。「ヨコニハ、アユバンゾヨ（歩くなよ）」。「〜、理無曲断」と連句で用いられる。『句双紙』に、「只有りて直な事ぞ、私が無いぞ、亦た本一路に立ちて見れば横は無いぞ、至理に曲は無いぞ」の義とする。『会元』巻十五五祖山秀（雲門下三世）章、のち円悟禅師が愛用した。◉⑹**向上全提…堕坑落壍、壍**＝向上の一路を全面的に引っ提げて来られたら取り付く島もない、かと云って向下に方便路を開けば、たちまち溝穴に落ちる。さあ、どうだ。「向上全提」は『碧巌』六頌評唱に、「若し他（釈尊）をして向上に全提せしめば尽大地一箇半箇も無し」とある。「放開線路」は一線路を放つこと、第二義門中に向かって方便を垂れること。「壍」は【三の二】注⑾参照。「向上〜放開線路」までは、『大応録』一五八章に見える。◉⑺**且須踏上頭関**＝（汝の横説竪説は差し置いて）まあ、ともかく仏向上の事を明らめるべし。「上頭関」は【四〇の二】注⒁参照。◉⑻**乾峰示衆云…始是穏坐**＝越州乾峰は洞山良价の法嗣、この話は、『宗門葛藤集』十七、『会要』巻二十三、『会元』巻十三、『雲門広録下』等に見える。特に『従容録』十一則に詳細な挙唱がある。また『大応録』建長録二五一章の結夏小参でも拈弄されている。『従容録』に依れば、「三種病」とは、一、未到走作（本地に到らずして狼狽《うろた》え回る）。二、已到住著（法執、不放過の病）。三、透脱無依（放過の病、動ずれば今時に落つ）。『犂耕』に依れば、「二種光」とは、光透脱せざる両般の病に同じ、

乃ち一、一切処明らかならず面前に物有り。二、一切法空を透得すれども隠隠地に箇の物有るに似て相似たり。光とは光影なり、光影辺を透脱せざるなり。道忠禅師によれば、二種光も三種病の第一の未到走作の類であり、『碧巖』十六本則評唱に見える風穴下の僧の「灯影裏に行くが如くに相似たり」と同義であると云う。しかし今日の白隠下の調べとは大いに異なる。◉(9)**不喜旧路逢人**＝古い道で人に逢うとも（仏に逢おうが）、僅かの喜心も無い。旧路、古路はもとの道、仏祖の大道。『禅林僧宝伝』巻一曹山（乾峰と同参）章に、浄潔病（法身病）を説いて、「元と是れ旧時の人、只だ是れ旧時の路を行かず。若し忻《よろこぶ》心有れば、還って滞著と成る。若し脱得せば、什麼をか揀《えら》ばん。…只だ今人、箇の浄潔の処を説いて、愛して向去の事と説くが如きんば、此の病最も治し難し」（史七・四四五上）と。『伝灯録』巻十七雲居道膺《うんごどうよう》（乾峰と同参）章にも、「問う、『如何なるか是れ西来意』。師曰く、『古路、人に逢わず』」と。◉(10)**菴内人因甚不見菴外事**＝菴内人は自己を忘却して、其の物に成りきった人。「不見」は『会要』、『会元』の各雲門章、『雲門広録』等では「不知」。◉(11)**為己鎖者多、為他鎖者少**＝「手前ノ用心ハスル、他ノ為ニ用心スルモノハナイ」。因みに大応曰く、「家裏の人、家裏の話を説く」と。◉(12)**不因夜来雁、争見海門秋**＝お蔭様で納得が行きました、僧の礼話。【一三の一】注(18)参照。◉(13)**好看好看**＝更に子細に看よと、国師の激励。

【七九の二】

乃《すなわ》ち云く、「(1)**雨《あめ》、炎威《えんい》を洗うて、秋意《しゅうい》清く滴《したた》つ**〔(2)点点たる潭心《たんしん》細影微《かす》かなり、冷虚閣《きょかく》を侵《おか》して単衣を透る〕、(3)**風《かぜ》、梧桐《ごどう》に到って、撃蒙《げきもう》最も的《あきら》かなり**〔残暑の昏蒙《こんもう》たるを破除《はじょ》し去り、軽寒《けいかん》の淡薄《たんぱく》たるを勾引《こういん》して帰る〕。(4)**的的《てきてき》人焉《いず》くんぞ廋《かく》さんや**〔(5)頭頭《ずず》上に機を発し、物物《もつもつ》上に光を放つ〕。(6)**閃電《せんでん》の機、霹靂《へきれき》を轟《とどろ》かす」。禅床《ぜんしょう》を撃《う》つこと一払子《いちほっす》す**〔(7)山河大地《せんがだいち》通上孤危《つうじょうこき》、万象森羅《ばんしょうしんら》徹下険峻《てつげけんしゅん》。只だ是れ(8)頷下《がんか》鬚《ひげ》無し〕。

(1)**雨洗炎威、秋意清滴**＝初秋の現成公案。『大応録』崇福録一七九章にも、「雨洗炎暑、遍界清涼…秋風吹梧桐、落葉両三片」と。◉(2)点点潭心細影微…勾引軽寒淡薄帰＝『錦繍段』巻一釈賛寧「秋雨」の詩。一二句の意は「秋雨がバラバラと淵の中へ落ち、其の影が水に映って微々として見える。人気ない楼閣に寒気生じ、単衣の衣を透って冷しい」。三四句の意は「残暑の気も濛々として難しいのを、此の雨がザット打ち払い、軽寒の薄寒さを誘い来たって過ぎ去って行った」(『由的鈔』の取意)。「昏蒙」は「暗い、昧《くら》い」。「勾引」は「拘引」とも「引き寄せる、導く」の義。◉(3)**風到梧桐、撃蒙最的**＝梧葉に既に秋の声、童蒙の昧《くらき》を発《ひら》いて最も明らかなり。「撃蒙」は『易』蒙卦《もうけ》の上九の爻辞《こう》に、蒙《もう》を撃《う》つと訓み、童蒙《どうもう》を撃ち去って以て其の昧《くら》きを発《ひら》くの義。『錦繍段』巻一釈賛寧「秋雨」詩の「残暑の昏蒙を破除し去る」を踏まえ、また朱熹の所謂、「春草の夢」を撃蒙する「階前の梧葉已に秋声」を踏まえる。◉(4)**的的人焉廋哉**＝明明白白の真実、隠しようがない。「人焉廋哉」は『論語』為政篇に見える語。◉(5)頭頭上発機、物物上放光＝有情無情の一切、虫けらにいたるまで、それぞれに仏性は光り輝いている。◉(6)**閃電之機、轟霹靂**＝(光陰、矢のごとし)大空に轟く稲妻の素早さ。◉(7)山河大地通上孤危、万象森羅徹下嶮峻＝山河大地、森羅万象、上から下まで通徹して、孤危嶮峻、寄りつく術もない。『碧巌』十九本則評唱。◉(8)頷下無鬚＝(これでもわからぬとは、さても)腑甲斐無い。『虚堂録』巻二報恩録、「丈夫の相を具せざる漢なり」(『犂耕』)。

【八〇の二】

(1)**解夏小参**《かいげしょうさん》**。僧問う、「秋風颯颯**《さつさつ》**、偏界清涼**《へんかいしょうりょう》**、**(2)**時節已**《すで》**に至りぬれば、其の理**《り》**自**《おの》**ずから彰**《あら》**わる。**(3)**此の節**《せつ》**此の景**《けい》**、如何**《いか》**なるか是れ其の理」。師云く、「**(4)**三十年後**《さんじゅうねんご》**、此の話**《わ》**大いに行なわれん」。進めて云く、「与麼**《よも》**なる則**《とき》**は**(5)**現成公案**《げんじょうこうあん》**、迥**《はる》**かに商量**《しょうりょう》**を絶す」。師云く、「**(6)**依稀**《いき》**として曲**《きょく》**に似て纔**《わず》**かに聴**《き》**くに堪**《た》**えたり」。進めて云く、「記**《き》**得**《とく》**す、**(7)**僧、雲門**《うんもん》**に問う、『初秋夏末**《しょしゅうげまつ》**、前程忽**《ぜんていたちま》**ち人有って問わば、如何**《いかん》**が祇対**《したい》**せん』。門云く、『大衆退後**《だいしゅたいご》**』と。**

意旨作麼生《いしそもさん》」。師云く、「(8)眼裏《がんり》に筋《きん》無ければ一世《いっせ》貧《まず》し」。進めて云く、「僧云く、『過《とが》什麼《いずれ》の処《ところ》にか在《あ》る』。門云く、『(9)我れに九十日《くじゅうにち》の飯銭《はんせん》を還《かえ》し来たれ』と。意、那裏《なり》にか在る」。師云く、「(10)牛《うし》に対して琴《こと》を弾《だん》ず」。進めて云く、「恁麼《いんも》の時節、若し人有り、前程《ぜんてい》の事《じ》を問わば、和尚作麼生《そもさん》か他《た》に指示せん」。師云く、「(11)一双《いっそう》の草鞋《そうあい》、両文銭《りょうもんせん》」。進めて云く、「(12)尊貴《そんき》の路《みち》を行《ゆ》かずんば、争《いか》でか上頭《じょうとう》の関《かん》を踏《ふ》まん」。便ち礼拝《らいはい》す。師云く、「(13)且《しば》らく脚下《きゃっか》を看《み》よ」。

(1)**解夏小参**＝七月十四日、解制前夜の説法。◉(2)**時節已至其理自彰**＝百丈の語。【二の二】注(2)参照。◉(3)**此節此景**＝即今当処。◉(4)**三十年後此話大行**＝三十年後にはお前さんにも分かるだろう。【八の一】注(15)参照。◉(5)**現成公案迥絶商量**＝ただ有るがまま、どうのこうの云う筋合いは無いということで御座いますね。前述の『大応録』崇福録一七九章の解夏小参。◉(6)**依稀似曲纔堪聴**＝なんとなく楽の調べのようでもあり、聞くことが出来る（少しは分かっているようだな）。唐高駢《こうべん》「風箏《ふうそう》」詩に、「夜静かにして絃声《げんせい》碧空に響き、宮商《きゅうしょう》は往来の風に信任《まか》す。～、又た風に別調の中に吹かる」（『全唐詩』巻五九八）。【一一七】注(8)参照。◉(7)**僧問雲門…如何祇対**＝『雲門広録』。【一九の一】参照。◉(8)**眼裏無筋一世貧**＝眼力が無ければ、手もとの摩尼宝珠は見えず、一生貧乏。『智門光祚録』（禅十二・六六五）、もと『南院慧顒語要』に、「問う、『久しく貧中に在る、如何が済《すく》うを得ん』。師云く、『満に摩尼《びに》を掬《きく》して親しく自ら捧ず』。学云く、『人の眼を瞎《かっ》せしむ』。師云く、『～』。学云く、『筋を挑《えぐりとり》了《お》わって瞎す』。師便ち打つ」（禅十一・二三七）とある。また「眼裏無筋」は「皮下無血」と対で用いられる。◉(9)**還我九十日飯銭来**＝安居の間の飯代を支払え。【一九の一】注(9)参照。◉(10)**対牛弾琴**＝馬の耳に念仏。『睦州録』（禅十一・二二五）、もと漢牟融《ぼうゆう》『理惑論』に、「昔、公明儀、牛の為に清角の操を弾ずるも、牛食して故《もと》の如し。牛の聞かざるにはあらず、耳に合せざるなり」と。◉(11)**一双草鞋両文銭**＝（何の問うまでも無し）一足の草鞋代は銭二文（脚の向くまま）。◉(12)**不行尊貴路、争踏上頭関**＝（上頭のご教示のお蔭で、向上の宗要を知ることができました。僧の礼話。【四〇の一】注(14)参照。◉(13)**且看脚下**＝（上頭の関を踏むなどと口幅ったいことを云う前に）自分の脚もとを見よ。【四〇の一】注(15)参照。

【八〇の二】

乃《すなわ》ち云く、「(1)**立制期満《りつせいきみ》ちて**〔(2)我れに無陰陽《むいんよう》の地を還《かえ》し来たれ〕、(3)**殿最功斉《でんさいこうひと》し**〔(4)夏日《かじつ》に氷輪《ひょうりん》を推す〕、(5)**取証則有《しゅしょうのり》り**〔(6)水《みず》に印《いん》し、泥《でい》に印す〕、(7)**賞労時至る**〔(8)泥に印し、水に印す〕。(9)**何ぞ妨《さまた》げん、人人《にんにん》、閬風《ろうふう》に上《のぼ》って鳥騰《ちょうとう》し**〔(10)此れは是れ風力《ふうりき》の所転《しょてん》、終《つい》に敗壊《はいえ》を成《な》す〕、(11)**箇箇《ここ》、虚無《きょむ》に跨《またが》って神遊《しんゆう》することを**〔(12)又た是れ鬼家《きか》の活計《かっけい》、(13)張果《ちょうか》・費長《ひちょう》が族《ぞく》、終《つい》に是れ林下《りんか》の塵《ちり》〕。(14)**踏著《とうじゃく》すれども瞋《いか》らず**〔(15)有気《うき》の死人《しにん》〕、**築《ちく》著《じゃく》すれども礙《さえぎ》らず**〔(16)衣架《いか》飯嚢《はんのう》、棺木裏《かんぼくり》に瞠眼《どうがん》す〕、(17)**好箇《こうこ》の道伴《どうばん》、誰《たれ》か肩《かた》を交《まじ》えざる**〔(18)朋《とも》を求めば須《すべか》らく己《おのれ》に勝《まさ》るべし、我れに似《に》たるは無《な》きには如《し》かず〕。**然《しか》も是《かく》の如くなりと雖《いえど》も**〔(19)虚空裏《こくうり》に向かって釘橛《ていけつ》し去る可からず〕、(20)**門を出《い》づること三歩《さんぽ》**〔(21)脚跟下《きゃっこんか》、泥《どろ》深きこと三尺〕、(22)**箇《こ》の十字街頭向背《じゅうじがいとうこうはい》無き底《てい》に撞著《どうじゃく》せば**〔(23)又た是れ鬼家《きか》の活計《かっけい》、澄潭蒼龍《ちょうたんそうりゅう》の蟠《わだかま》ることを許さず〕、(24)**知らず那箇《なこ》の一句子《いっくす》を将《もっ》てか他《た》の端的《たんてき》を辨得《べんとく》せん**〔辨ずることを用いて什麼《なに》かせん、(25)千鈞《せんきん》の弩《ど》は鼷鼠《けいそ》の為に機を発せず〕。**若し辨不得《べんふとく》ならば**〔什麼《なん》の辨じ難きことか之れ有らん、威音已前《いおんいぜん》に辨じ了《お》われり。問う如何が辨別して諦当《たいとう》なることを得ん。師、(26)左手を挙し、拇指《ぼし》を倒《こ》して曰く、(27)守屍鬼《しゅしき》〕」、**拄杖《しゅじょう》を卓《たく》して云く、「**(28)**君に勧《すす》む此の一杯の酒を尽くせ、西のかた陽関《ようかん》を出《い》づれば故人無《こじんな》からん**〔猶《な》お是れ(29)盃盂《はいう》の残瀝《ざんれき》、椹器《ちんき》の余腥《よせい》。然《しか》も与麼なりと雖も(30)風前《ふうぜん》腸《はらわた》断《た》つ趙如意《ちょうにょい》、錦繡《きんしゅう》帳中に呂后《りょこう》有り〕」。

(1)**立制期満**＝今日が安居結制の成就日。◉(2)還我無陰陽地来＝陰陽不分の本分の田地を見つけて寄越しなさい。「無陰陽地」は【六一】注(10)参照。◉(3)**殿最功斉**＝功の上下を論ぜず。「殿最」とは古代に成績、軍功を調べて、下功を殿、上功を最といった。◉(4)夏日推氷輪＝夏の暑い日に氷の輪を推し転がす（竟には融けてしまう。いかな大功も所詮空しい）。「氷輪」は『大灯録』では【一一〇の二】に「秋月碾氷輪」とある如く月輪を指す語であるが、白隠禅師『荊叢毒蕊拾遺』「大黒」讃には、「熟《つら》つら世の福寿を観るに、夢幻総に真ならず。…倚頓陶朱《いとんとうしゅ》の族も、夏日に氷輪を推す。張果費長の輩も、終《つい》に惟《こ》れ林下の塵」と見える如く、ここでは単に「氷」の意のようである。◉(5)**取証有則**＝禁足安居《きんそくあんご》剋期取証《こくごしゅしょう》という。【一〇の二】注(4)参照。◉(6)印水印泥＝いかな証を取るとも、跡形もなし。【四八の二】注(8)参照。◉(7)**賞労時至**＝一夏の間ご苦労さん、なにか振る舞おう。【一八の二】注(7)参照。国師の大盤振る舞いとは？　次に見える。◉(8)印泥印水＝いかなる振る舞いも無駄。◉(9)**何妨人人上閬風鳥騰**＝ひとつ各人が崑崙の丘にのぼり、鳥のように空を駆け上がるのも大いに結構。底本の「朗風」は「閬風」の誤植（『骨董稿』）。『楚辞』離騒に、「朝《あした》に吾将《われまさ》に白水を済《わた》り、閬風《ろうふう》に登りて、馬を緤《つな》がんとす」とあるが、「閬風」は「閬風巓」とも云い、崑崙山の上に在って仙人の住むと云われる伝説の神山。「何妨」は反語で「不妨」に同じ、「ひとつ…してみたらどうか」の意で、次の神遊までかかる。◉(10)此是風力所転終成敗壊＝その鳥騰も四大の一つの風が動いただけのこと、所詮跡形もなく消えうせてしまう。『碧巌』三十一本則に見える南泉の語。◉(11)**箇箇跨虚無神遊**＝「神遊」とは「体はそのままに、心が飛んでいって遊ぶこと」。『列子』黄帝第一章に、「昼寝して夢に華胥《かしょ》の国に遊ぶ、華胥の国は…幾千万里なるを知らず、蓋《けだ》し舟車足力の及ぶ所にあらず、神遊するのみ。…空《くう》に乗ること実《じつ》を履《ふ》むがごとし」とある。◉(12)又是鬼家活計＝亡者のすぎわい。道忠禅師『栲栳珠』に云う、「小分の理味を嚙み出して、深く之れを愛著すること」と。◉(13)張果費長族、終是林下塵＝いかな仙術の達人も所詮は土に帰す。「張果」は唐の方士、張果老とも云い、八仙の一人、玄宗の信を得る。貞永寺版の「張華」は「張果」の誤り。「費長」は『後漢書』巻一一二に出る費長房のこと、壺中に入った仙人。注(4)を参照。◉(14)**踏著不瞋、築著不礙**＝踏みつけても怒らず、突きかかっても障らない。『慈明録』に、「僧問う、『如何なるか是れ道』。曰く、『踏著すれども瞋らず』」（禅十一・二八二）と。◉(15)有気死人＝呼吸はしているが死人同然の人間。罵語。『無門関』後序の後の「禅箴」。◉⑯衣架飯嚢、棺木裏瞠眼＝いこう・めしぶくろめ、死人禅。【二七】注⑸、【六六の二】注⑮参照。◉⑰**好箇道伴誰不交肩**＝よい道連れを友とせぬ者はいない。「道伴」に雪巌欽の故事もあるが、本来は無相の自己を指す。長慶慧稜《ちょうけいえりょう》の語に、「道伴に撞著《どうじゃく》して肩《かた》を交えて過ごさば、一生参学《いっしょうさんがく》の事《じ》畢《お》わんぬ」(『会元』七)と。◉⑱求朋須勝己、似我不如無＝『明心宝鑑』交友篇、但し「求朋」は「結朋」。『論語』に、「己に如かざる者を友とする無かれ」と。◉⑲不可向虚空裏釘橛去＝大無駄事。『臨済録』上堂に見える。【七五の二】注⑶参照。◉⑳**出門三歩**＝分散して、出発するやいなや。◉㉑脚跟下泥深三尺＝(門を出づるや否や)はや泥まみれ。『碧巌』三十六頌下語。◉㉒**撞著箇十字街頭無向背底**＝布袋や傅大士の如く差別の真っただ中に入鄽垂手と、前も後ろも無く泥まみれになって働く人に出くわしたら。『臨済録』上堂に、「一人は孤峰頂上に在って出身の路無く、一人は十字街頭に在って亦た向背無し」と。◉㉓又是鬼家活計、澄潭不許蒼龍蟠＝亡者のなりわい、死水のなかには活龍はいない。【一の七】注⑺参照。◉㉔**不知将那箇一句子辨得他端的**＝どう挨拶したらよいのか、どう接得したら正体を見抜けるのか。◉㉕千鈞弩不為鼷鼠発機＝(辨ずるまでもなし)千鈞もある大いしゆみは、はつかねずみを獲るためには発射しないもの。『魏書』巻二十三杜襲伝。◉㉖挙左手倒拇指＝手を挙げて親指を倒すのは、「第一番目に」の動作語。『虚堂録』巻四「霊隠立僧普説」の仏眼の因縁に見える。◉㉗守屍鬼＝『俗語解』[七四]「守屍鬼子」に、「『死骸の番をしている幽霊』と云うことにて、『有気の死人』と同意なり」。◉㉘**勧君尽此一杯酒、西出陽関無故人**＝陽関三畳の詩を詠って見送るのみ(国師、解制に臨んで、雲衲の行脚出立を見送る)。『三体詩』王維「送元二使安西」の後半句、特に結句を何度も繰り返して詠うところから陽関三畳と名づけられる。「陽関」は敦煌《とんこう》西南の関所。◉㉙杯盂残瀝、椹器余腥＝さかずきの飲み残し、俎板の上のなまぐさの切れ端(言い古しの言、食い飽きた)。『古文真宝後集』の欧陽永叔(脩)「憎蒼蠅賦」、但し「椹」は「砧」。◉㉚風前腸断趙如意、錦繡帳中有呂后＝(さはさり乍ら)危ない危ない、御簾の奥には陰険極まりない呂后(大灯国師)がおるぞ。「呂后」は漢高祖の妻呂雉《りょち》。高祖の愛妾の戚《せき》夫人の子供がまだ若い趙王如意で、高祖亡きあと呂后ににらまれ酖殺される（『史記』呂太后本紀）。後来「呂太后の筵席」と云って、陰謀殺気充満の筵席を指す。

【八〇の三】

復《ま》た挙《こ》す。「(1)大随《だいずい》、因《ちな》みに僧問う、『金雁《きんがん》、書《しょ》を附《ふ》す、什麼《なん》と為《し》てか翼《つばさ》を露《あら》わさざる〔(2)虎頭《ことう》に角《つの》を戴《いただ》いて荒草《こうそう》を出《い》づ。〔(3)袖裏《しゅうり》の金鎚《きんつい》、劈面《ひつめん》に来たる〕』」。**随《ずい》云く、『(4)虚信《きょしん》を通《つう》ぜず**〔(5)虎《とら》に似て双角《そうかく》多く、牛《うし》の如くにして尾巴《びは》を欠く〕』」。**師拈《ねん》じて云く、「(6)大随古仏《こぶつ》**〔(7)天鑑私《てんかんわたし》無し。(8)誰《たれ》か知らん遠き煙浪《えんろう》に別に好思量《こうしりょう》有ることを〕(9)**其の機《き》を善《よ》くすと雖《いえど》も**〔(10)蝕《しょく》薄き者は禍《か》浅く、蝕《しょく》深き者は禍《か》大なり〕、(11)**鎖《さ》を打《た》し枷《か》を扣《たた》くに及んで、恐らくは此の作《さ》無からん**〔(12)日蝕は徳を治め、月蝕は刑を治む〕。**若し人《ひと》有り、山僧《さんぞう》に金雁《きんがん》、書《しょ》を附《ふ》す、什麼《なん》と為《し》てか翼を露わさざると問わば**〔(13)天下の利《り》を同じうする者は天下を得《え》、天下の利を擅《ほしいまま》にする者は天下を失《しっ》す〕、(14)**只だ他に対して道《い》わん、勘破了也《かんぱりょうや》と**〔(15)李斯《りし》が狗枷《くか》、相如《しょうじょ》が犢鼻《とくび》〕。**且《しば》らく道《い》え、古《こ》人《じん》と是れ同《どう》か是れ別《べつ》か**〔(16)射鵰《しゃちょう》の手に因《よ》らずんば誰《たれ》か李《り》将軍を識らん〕、**具眼《ぐげん》の禅流《ぜんる》、請《こ》う(17)緇素《しそ》を辨じて看《み》よ」**。

(1)**大随因僧問、金雁附書為什麼不露翼**＝『大随神照録』（禅十二・六一四）にみえる。大随法真（八三四—九一九）は百丈の法嗣の福州大安に嗣ぐ、のち蜀に帰り、成都の西北の彭県に大随山を開く、近くを金雁河（雁江）が流れる。書信の縁語である蘇武の故事の雁の便りにかけて、なかなか正体を露わさない金雁（＝大随）の境界を勘破せんとしてきた。この僧、「コイツ只者デハナイ」。◉(2)虎頭戴角出荒草＝恐ろしい奴が出てきたものだ。【三九の二】注(3)参照。◉(3)袖裏金鎚劈面来＝袖裏に隠してあったハンマーでいきなり真っ向からなぐりかかる。『会元』巻十八疎山了常（兜率悦下）章に、僧に「如何なるか是れ疎山為人底の句」と問われて、「懐中の玉尺は未だ擲ぐるに軽からず、～」と。『碧巌』七十五頌下語には、「袖裏の金鎚如何が辨得せん」と。◉(4)**不通虚信**＝うわべだけの手紙では衲《わし》の手許をうかがうは土台無理。◉(5)似虎多双角、如牛欠尾巴＝底本の「鼻巴」は「尾巴」の誤記。角ある虎、尾の無い牛、怪しげなる物だぞ。『貞和集』巻五西巌了慧、道号の「怪石」に賛して、「〜、〜。知らず中に玉有ることを、剛《し》いて道う是れ妖邪と」、意は後半にある。【一五】注(5)参照。◉(6)**大随古仏**＝投子も大随を尊んで「西川古仏」(『会元』四、『碧巌』二十九本則評唱)と呼んでいる。「西川」は大随山のある西蜀をいう。◉(7)天鑑無私＝『虚堂録』巻八浄慈《じんず》後録の中秋上堂に、月の私照無きを「天上無私之鑑」に比しているが、もと『礼記』第二十九孔子閒居に「天に私覆無く、地に私載無く、日月に私照無き」を「三無私」と云うとある。◉(8)誰知遠煙浪、別有好思量＝もやのこめた水面はるか遠くに、范蠡《はんれい》や屈原《くつげん》の如き高潔の士を想うも、この心を理解してくれる者は誰もいない。『碧巌』二十四本則下語、もと唐僧・斉己《せいき》(『宋高僧伝』巻三十)「看水」に、「范蠡《はんれい》東に浮んで闊《ひろ》く、霊均《れいいん》北に泛《うか》んで長し。〜、〜。胡国《ここく》門前急に、天涯櫂裏《とうり》忙し。収め難きは楼《ろう》に上《のぼ》るの興、渺漫《びょうまん》として正に斜陽」(『全唐詩』巻八四三)と。◉(9)**善其機**＝相手の機(働き)に応じて充分の働きが出来る。◉(10)蝕薄者禍浅、蝕深者禍大＝蝕と吉凶との関係は『史記』天官書にも触れる所である。出典未詳。◉(11)**及乎打鎖扣枷恐無此作**＝この僧手ぬるい、初めから金雁(＝大随)を鎖でふん縛り足枷をはめてしまえばよい、さすれば大随も有無の言なけん。『虚堂録』巻二宝林録にも、「僧問う、『大随亀を蓋《おお》う時如何』。師云く、『神照(大随)に此の作無けん』」と。『犂耕』に「無此作」とは「勦絶、先師に此の話無しと一般」とある。◉(12)日蝕治徳、月蝕治刑＝『漢書』天文志に、「日食修徳、月食修刑」と。◉(13)同天下之利者…擅天下之利者…＝天下の人とその利を同じくする者は天下を得、天下の利を専ら擅《ほしいまま》にする者は天下を失う。太公望『六韜』。【一の八】注(42)参照。◉(14)**只対他道、勘破了也**＝衲《わし》の方では、お前さんをとっくに見破っているぞ、と云おう。『碧巌』四本則には、雪竇二箇の「勘破了也」を下す。『無門関』三十一には、趙州台山の婆子を「勘破了也」。◉(15)李斯狗枷、相如犢鼻＝そんなご大層な言い古しは結構でございます、と骨董趣味を嘲った語。唐の趙璘『因話録』巻四に見える、宋・江夏の王義恭の古物趣味やまず、侍中の何勗《かじょ》が道中に拾った犬の首輪とふんどしを箱に納めて、「いま李斯の狗の枷《かせ》、相如《しょうじょ》の犢鼻褌《とくびこん》（＝ふんどし）を奉る」と上書して贈った故事。因みに、李斯は秦始皇帝の宰相、よく黄犬を連れて猟をした話。漢の司馬相如は貧窮時代、妻の卓文君に酌婦をさせ、自らはふんどし姿で飲屋をやった故事。また『五雑組』巻十六、事部四の古物愛好を参照。◉(16)不因射鵰手、誰識李将軍＝知音底にあらざれば、知る由もない。【七八の二】注(7)参照。◉(17)**辨緇素**＝大随の「不通虚信」と衲《わし》の「勘破了也」と同か別か、黒白はっきりさせてみよ。

【八一の二】

次の日上堂。僧問う、「(1)衲僧家《のうそうけ》、牙剣樹《きばけんじゅ》の如く、眼銅鈴《まなこどうれい》に似たり。(2)四月十五《しげつ》、他《た》を結《けつ》すること得《え》ず、七月《しちげつ》十五、他を解《と》くこと得ず、畢竟如何《ひつきょういかん》が一路《いちろ》を指南《しなん》せん」。師云く、「(3)答話《とうわ》を謝す」。進めて云く、「恁麼《いんも》なる則《とき》は(4)西天此土草鞋底《さいてんしどそうあいてい》、日月星辰拄杖頭《じつげつせいしんしゅじょうとう》」。師云く、「(5)人心《にんしん》は等閑《なおざり》に似たり」。進めて云く、「記得《きとく》す、(6)翠巌《すいがん》、衆《しゅ》に示して云く、『一夏《いちげ》、兄弟《ひんでい》の為に東語西話《とうごせいわ》す。看《み》よ、翠巌《すいがん》が眉毛在《びもうあ》りや』と。此の意如何《いかん》」。師云く、「(7)迥《はる》かに化下《けか》に人《ひと》有ることを想《おも》う」。進めて云く、「保福《ほふく》云く、『(8)賊《ぞく》を作《な》す人《ひと》、心虚《こころいつ》わる』と。(9)還《かえ》って端的《たんてき》なりや也《ま》た無《いな》や」。師云く、「(10)豈《あ》に道《い》うことを信《しん》ぜずや」。進めて云く、「(11)長慶《ちょうけい》云く、『生ぜり』と。(12)試みに委悉《いしつ》して看《み》よ」。師云く、「(13)浄手《じょうしゅ》に香を装《よそ》う」。進めて云く、「雲門《うんもん》云く、『(14)関《かん》』と。如何が透得《とうとく》せん」。師云く、「(15)洎乎《ほとん》ど鎖断《さだん》す」。進めて云く、「(16)此の三大老《さんだいろう》、各《おの》おの隻手《せきしゅ》を出して翠巌を扶樹《ふじゅ》す、(17)用処《ゆうじょ》、止《た》だ一般《いっぱん》なること莫《な》しや」。師云く、「(18)官差《かんさ》、自由ならず」。進めて云く、「虚堂老子道《きどうろうしい》わく、『(19)只だ心《しん》を同じうすることを解《げ》して、志《こころざし》を同じうすること能《あた》わず』と。又た作麼生《そもさん》」。師云く、「(20)吉凶、卦《け》に上《のぼ》さず」。進めて云く、「宝山今夏兄弟《ほうざんこんげひんでい》の与《ため》に東語西話《せいわ》す、(21)眉毛《びもう》、梵天《ぼんてん》を拄《ささ》う、翠巌と相去《あいさ》ること多少ぞ」。師云く、「(22)岳《がく》秀でて霊芝《れいし》異なり」。進めて云く、「(23)一句、迥かに超ゆ千聖《せんしょう》の外、松蘿《しょうら》は月輪《げつりん》と斉《ひと》しからず」。便ち礼拝す。師云く、「(24)咦《いー》」。

⑴**衲僧家牙如剣樹、眼似銅鈴**＝「牙如剣樹」は『会元』巻七に龍潭《りょうたん》が徳山の格外の働きを褒めて云った語。「眼似銅鈴」は『虚堂録』巻二報恩録に、「況んや衲僧家眉如箭幹、眼似銅鈴、未だ挙せざるに先ず知る」と、霊利の雲水を語った語。『虚堂録』巻五頌古十三には、「牙如剣樹、眼如鈴」と。◉⑵**四月十五結他不得…畢竟如何指南一路**＝衲僧の本分からすれば、結夏の解夏のと云うことは無いはず、御教えを承りとうございます。『虚堂録』巻二宝林録の解夏小参に、「衲僧家、〜、〜。畢竟、甚の処に向かってか安身立命せん」と。◉⑶**謝答話**＝答えてくれて有り難う（そう云う其の物がそれ）。【七八の二】注⒃参照。◉⑷**西天此土草鞋底、日月星辰拄杖頭**＝しかれば、杖に日月星の三光を掲げて、インドであれ我が国であれ、脚にまかせて天下に横行いたします。【一九の二】「十洲三島草鞋底、雁蕩天台拄杖辺」、並びに【五二の二】「青山緑水草鞋底、明月清風拄杖頭」参照。◉⑸**人心似等閑**＝人はとかく等閑の事とみなしがち（行脚の事、容易の観をなすべからず）。「ジャラクラナ、モノジャ」。『禅月集』。【二七】注⑺参照。◉⑹**翠巌示衆**＝【一八の三】を参照。◉⑺**迥想化下有人**＝翠巌和尚の下には錚々《そうそう》たる面々の居られたことを、遠くから想いをはせる。「化下」は『俗語解』［六五七］に、「ご支配下《した》」。【一九二の二】「緬想会裏有人」参照。◉⑻**作賊人心虚**＝【一八の三】注⑵を参照。◉⑼**還端的也無**＝ほんにそうでしょうか。◉⑽**豈不信道**＝（保福の見解、まことに「化下に人有り」と）云ったとおりだろう。「信道」は「①正道を信奉する。②知道・料知、知っている、分かる、予測する。③果然是、案の定…だ」の義。「豈不信道」は反語で「信道」と同義、ここでは③の「果然是、云わぬことか」の義。◉⑾**長慶云生也**＝【一八の三】注⑶参照。◉⑿**試委悉看**＝さらに詳しく御示しください。「委悉」は「①細説する。②詳細に知る、分かる。③詳しい、詳細な」で、ここは①の義。◉⒀**浄手装香**＝右手で香を盛る。「装香」は「香合に香を盛る、焼香する」。『洞山初録』に、「問う、『如何なるか是れ当処常に湛然たりとは』。師云く、『浄手で装香』。云く、『如何なるか是れ覓《もと》むるときは即ち知る君が見る可《べ》からざることをとは』。師云く、『触手《しょくしゅ》で拈経』」（禅十二・六四九下）と見えるが、「浄手（＝右手）」は「触手（＝左手）」の対語。◉⒁**関**＝【一八の三】注⑷参照。◉⒂**泊乎鎖断**＝すんでの

ところで、すべてが鎖《と》ざされつくされてしまうところだった。◉(16)**此三大老各出隻手扶樹翠巌**＝此の三人のお歴々方、互いに手をかして、翠巌をもり立てる。『虚堂録』巻三育王録の解夏小参に、「三大老各おの隻手を出して翠巌門戸を扶樹し以て雪峰に報ぜんと要す。争奈《いかん》せん只だ心を同じくすることを解して、志を同じくすること能わざるを」と見える。◉(17)**用処莫止一般麼**＝三人の働きは結局同じところに帰するのではありませんか。◉(18)**官差不自由**＝「上命の差遣《さけん》は蓋《けだ》し己に由らず」、「人の差遣を受く、概《おおむ》ね己に由らず」とも云い、「仕官の身は上司の命によるもの、自由にならない」の意。『洞山初録』に、「問う、『如何なるか是れ和尚機に臨んで為人の一句』。師云く、『〜』」（禅十二・六四九上）と。◉(19)**只解同心不能同志**＝「心同じと雖も、等差無きには非ず」（『犂耕』）。前述『虚堂録』巻三育王録の解夏小参。◉(20)**吉凶不上卦**＝占いでも及ばない。『洞山初録』に、「問う、『一言で道い尽くす時如何』。師云く、『〜』」（禅十二・六五〇上）と。◉(21)**眉毛拄梵天、与翠巌相去多少**＝和尚様の眉毛は生えて梵天にまで届いている、その生え具合は翠巌和尚とどうですか。◉(22)**岳秀霊芝異**＝優れた上にも優れているぞ。「諸方トハ格別ジャ」。「霊芝」は傑出した人才を指す。『鼓山神晏（雪峰下）法堂玄要広集』に、「問う、『…即今《そっこん》の妙旨《みょうし》、何人《なんぴと》にか示す』。師云く、『〜』」（禅十二・六三六上）。◉(23)**一句迥超千聖外、松蘿不与月輪斉**＝その一言は千聖をはるか越えています、とても凡庸の及ぶところではございません、と、僧の讃歎礼話。『会元』巻六韶山寰普《しょうざんかんぷ》（夾山下）章に、遵布衲《じゅんふのう》との問答語として見える。◉(24)**咦**＝「エエ、クソクラヘ」。【三九の一】注(14)参照。

【八一の二】

乃《すなわ》ち拄杖《しゅじょう》を横たえて云く〔(1)仁者《じんしゃ》は之れを見て之れを仁《じん》と謂《い》い、智者《ちしゃ》は之れを見て之れを智《ち》と謂《い》う〕、「(2)**有仏《うぶつ》の処《ところ》、住《じゅう》することを得《え》ず**〔(3)東家《とうけ》の杓柄《しゃくへい》は長《なが》し〕、**無仏《むぶつ》の処急《きゅう》に走過《そうか》せよ**〔(4)西家《せいか》の杓柄は短《みじか》し〕」。**拄《しゅ》杖《じょう》を卓《たく》すること一下《いちげ》して云く**、「(5)**趙州《じょうしゅう》老漢に孤負《こふ》すること莫《な》かれ**〔(6)喜ぶ則《とき》は濫《みだ》りに功無《こうな》きを賞《しょう》す〕、(7)**然《しか》**

らずんば静処《じようしよ》娑婆訶《そわか》〔怒《いか》る則《とき》は濫《みだ》りに罪《つみ》無《な》きを殺《ころ》す〕。

(1)仁者見之謂之仁、智者見之謂之智＝（拄杖子を、這箇を）仁者は仁と云い、智者は智と云うのみ、殆どの人は日々に用いているのみで知るは少ない。『易』繋辞上「～、～、百姓は日に用いて知らず」。◉(2)**有仏処不得住、無仏処急走過**＝「有仏の処は仏見法見を生ず、悟の窠窟なり。無仏の処、諸相非相の穴に居てもならぬ、そこを早くかけ出せ」という趙州老漢行脚の心得。【五一の二】注⒄参照。◉(3)**東家杓柄長**＝「東隣ノ柄杓ハ長クテ、ツカワレン」。◉(4)**西家杓柄短**＝西隣の柄杓は短い。それぞれがそれぞれに。『碧巌』五十三頌下語。【八の二】に、「因甚、東家杓柄長、西家杓柄短」と。◉(5)**莫孤負趙州老漢**＝趙州老漢行脚の心得に背くな。「孤負」は「①違背（そむく、まもらない、申しわけなく思う）、②徒然錯過（無益に失う）」の義。◉(6)**喜則濫賞無功、怒則濫殺無罪**＝故なく托上、故なく抑下、正令いずくにかある。『管子』二版法七に、「喜びて以て賞し、怒りて以て殺さば、怨み乃ち起こり、令乃ち廃す」と。◉(7)**不然、静処娑婆訶**＝さなくば、（行脚するより）静処で坐って骨を折れ。【四九の一】注⑻参照。

【八二】

(1)**上堂。**(2)**拄杖《しゆじよう》を卓《たく》して云く、「若し者箇《しやこ》を識得《しきとく》せば**(3)〔若し真正《しんせい》に挙揚《こよう》し去らば〕、(4)**三世《さんぜ》の諸仏之れを呵《か》せん**(5)〔法堂草深《はつとうくさふか》きこと一丈《いちじよう》〕、(6)**若し者箇《しやこ》を識得《しきとく》せずんば**(7)〔若し向下《こうげ》に挙揚《こよう》し去らば〕、**歴代《れきだい》の祖師《そし》之れを叱《しつ》せん**(8)〔山門下寸草生《さんもんかすんそう》ぜず〕。**何ぞや。**(9)**風《かぜ》は八月《はちげつ》より涼《すず》し」。拄杖《しゆじよう》を靠《よせか》けて下座《げざ》**(10)〔蕙帳《けいちよう》空しうして夜鶴《やかく》怨み、山人《さんじん》去って暁猿《ぎようえん》驚く〕。

(1)**上堂**＝八月一日の上堂か。◉(2)**卓拄杖云、若識得者箇**＝因みに、長慶慧稜《ちようけいえりよう》禅師、拄杖を拈じて云く、「這箇《しやこ》を識得《しきとく》せば、一生参学《いっしょうさんがく》の事《じ》畢《お》わんぬ」（『会要』巻二十四）と。◉(3)若真正挙揚去＝真正に法を説くと。◉(4)**三世諸仏呵之**＝「悟タト云テ、イカイ、ツラスルト」、諸仏に呵せられる。◉(5)法堂草深一丈＝誰も聞き手が来ない。『祖庭事苑』巻二「寸草不生」に、「仰山《きょうざん》示衆に、『我れ若し全く宗乗《しゅうじょう》を挙せば法堂上草深きこと一丈なり、我れ若し東道西説《とうどうせいせつ》せば三門下寸草生ぜず』」と。もと『伝灯録』巻十長沙景岑《ちょうしゃけいしん》章に、「我若し一向に宗教を挙揚せば、法堂裏須らく草深きこと一丈なるべし」と。◉(6)**若不識得者箇、歴代祖師叱之**＝「コノ処ノ、険峻ナ処ヲ、知ラネバ」、祖師方に叱られる。◉(7)若向下挙揚去＝方便門に下って法を説くと。◉(8)山門下寸草不生＝『犂耕』に「把住、毫釐を漏らさざるなり」の意として、或るひとの曰く、「此れ人多く往来す、故に草生ぜざるなり」を「不是、不是」と強く否定している。注(5)を参照。◉(9)**風従八月涼**＝現成公案。『宏智広録』一に「月到中秋満、風従八月涼」。【一一二】注⒅参照。◉⑽蕙帳空兮夜鶴怨、山人去兮暁猿驚＝香草のとばり空しくて、鶴も夜半にぞ怨み鳴く。山人（周子）去り行けば、猿もいぶかる暁に。国師の見事な身の転じ方を抑下に托上す。『文選』巻四十三孔徳璋《こうとくしょう》「北山移文」。六朝の宋の周顒《しゅうぎょう》は鍾山《しょうざん》の隠人であったが、後に素志を変じて仕官したため、孔徳璋が、政府の回状の形で擯斥文を書いたのが「北山移文」である。

【八三】

(1)**仲秋《ちゅうしゅう》上堂。拄杖《しゅじょう》を拈《ねん》じて卓《たく》一下《いちげ》して云く、「昨夜十四《さくやじゅうし》此の月《つき》有り**〔(2)一切有為《うい》法《ほう》〕、**今宵《こんしょう》十五此の月有り**〔如夢幻泡影《にょむげんほうよう》〕。**昨夜世人《せじん》此の月《つき》を嫌う**〔如露亦如電《にょろやくにょでん》〕、**此の月猶《な》お欠《か》くる所有るを以《もつ》てなり**〔応作如是観《おうさにょぜかん》〕。**今宵世人《せじん》此の月を賞《しょう》す**〔(3)若以色見我《にゃくいしきけんが》〕、**此の月円《まどか》にして欠くる所無きを以てなり**〔以音声求我《いおんじょうぐが》〕。**此の月円《えん》欠《けつ》の心《こころ》有ること無し**〔是人行邪道《ぜにんぎょうじゃどう》〕、**世人円欠を将《もつ》て分別《ふんべつ》す**〔不能見如来《ふのうけんにょらい》〕、(4)**分別取相《ふんべつしゅそう》、泯《みん》ずること能《あた》わず**〔(5)空手《くうしゅ》にして鋤頭《じょとう》を把《と》る〕。(6)**造《ぞう》に随《したが》い作《さ》に随って自《おの》ずから生滅《しょうめつ》す**〔歩行《ほこう》にして水牛《すいぎゅう》に騎《の》る〕。**若し生滅を遠《おん》**

離《り》することを得《え》んと要《よう》せば〔人《ひと》は橋上《きようじよう》より過《す》ぐ〕、(7)無相光中《むそうこうちゆう》、須《すべか》らく休歇《きゆうけつ》すべし〔橋《はし》は流《なが》れて水《みず》は流《なが》れず〕。且《しば》らく道《い》え、無相光中、作麼生《そもさん》か休歇せん〔(8)山花《さんか》開《ひら》いて錦《にしき》に似《に》たり、澗水《かんすい》湛《たた》えて藍《あい》の如《ごと》し〕。(9)拄杖《しゆじよう》を擲《てき》下《げ》して下座《げざ》〔勘破了也《かんぱりようや》〕。

(1)**仲秋上堂**＝八月十五日、仲秋明月の上堂。◉(2)一切有為法…応作如是観＝真如の月も生滅し円欠する有相でみれば夢幻の如くなり。『金剛経』応化非真分第三十二の偈。◉(3)若以色見我…不能見如来＝有相で真如の月を求めることが根本の誤り。『金剛経』法身非相分第二十六の偈。◉(4)**分別取相不能泯**＝分別執着心をなくすことが出来ない。「取相」は「生死・涅槃などの有相に執着すること」。◉(5)空手把鋤頭…橋流水不流＝素手のままですきを握り、歩きながら牛にのっている。橋の上を過ぐるに、橋はながれて水は流れない。『善慧大士録』巻三、傅大士法身頌。傅大士は頌古第四十六則（【二六三】）本則評唱注(3)参照。【一一五】本文参照。◉(6)**随造随作自生滅**＝「造作」は無用な作為。◉(7)**無相光中須休歇**＝「無相光」は月の縁語、『伝灯録』巻二十九宝誌十二時頌に、「纖毫《せんごう》の修学心をも起こさず、無相光中、常に自在なり」と。◉(8)山花開似錦、澗水湛如藍＝『碧巌』八十二本則に見える、大龍智洪（徳山下三世）が堅固法身を問われて答えた語。◉(9)**擲下拄杖下座**＝休歇の如今。

【八四】

上堂。「(1)**塞雁《さいがん》、翠微《すいび》を度《わた》り**〔(2)盤《ばん》に和《わ》して托出《たくしゆつ》す夜明珠《やみようしゆ》〕、**巌葉庭際《がんようていさい》に落《お》つ**〔(3)丹青《たんせい》、画《えが》けども成《な》らず〕。(4)**幾回か老瞿曇《ろうくどん》、為に脚頭《きやくとう》の債《さい》を償《つぐな》う**〔(5)一種《いつしゆ》、此の声限《こえかぎ》り無き意《い》、聞くに堪《た》えたる有り、聞くに堪えざる有り〕。(6)**然《しか》りと雖《いえど》も没交渉《もつきようしよう》**〔(7)能縦能奪能殺能活《のうじゆうのうだつのうせつのうかつ》〕。**更に人有り、**(8)**眼裏《がんり》に須弥《しゆみ》を著《つ》け去《さ》ること在《あ》らん**〔(9)翡《ひ》翠踏翻《すいとうほん》す荷葉《かよう》の雨〕」。

⑴**塞雁度翠微、巌葉落庭際**＝九月一日の上堂に当たって、晩秋の現成公案。「塞雁」は辺地の雁、「翠微」は山を云う。『五祖法演録』東山録「送黄景純」に、「塞雁声声度翠微」（禅十二・四五二）。「巌葉」とは『虚堂録』巻七偈頌「韜光室」に見えるが、慧忠国師が厳冬に落葉を集めて鳥毛衣代りとした故事を踏まえて、落葉の縁語。【一一五】注⑾参照。◉⑵和盤托出夜明珠＝ああ、見事なもの。【二四の二】注⑺参照。◉⑶丹青画不成＝ああ、絵にも描けない美しさ。【九の三】注⑶参照。◉⑷**幾回老瞿曇、為償脚頭債**＝晩秋の来る度ごとに樹木は落葉して木槍となって虚空を貫くに因んで、釈尊が木槍に貫かれた宿債《しゆくさい》を説く『興起行経』巻上「木槍刺脚因縁経第六」を挙す。「幾回…為」は前句「巌葉落…」を受けた言い回しで、「落葉の節の度ごと、その為に宿債を償うて、幾回になるやら」の意。釈迦老漢も負っている「宿債」とは、往昔、無数阿僧祇劫《あそうぎこう》前に釈尊が第二薩薄（海の隊商主）であった時、船を守って第一薩薄と争い、相手の脚を鉾《ほこ》で刺し通して殺してしまった。釈尊がラージギル竹園精舎にありて乞食《こつじき》するとき、一尺二寸の木槍に付き纏われた。かつての宿縁を償《つぐな》わんことを念《おも》い、右足を展《の》べて上下に何度も貫通せしめたまうた因縁（大正四・一六八～一七〇）。◉⑸一種此声無限意、有堪聞有不堪聞＝脚頭の曲意限りなし。【一〇の一】注⑾参照。◉⑹**雖然没交渉**＝いかな悪境界に遇うとも豪も意に介しないこと、恰も痴鈍の漢の如し。「雖然A」には「①即使如此（たとえそうだとしも、A）、②即使（たとえAとしても）」の二つの用法がある。例えば①では「然りと雖も没交渉」、②では「没交渉なりと雖も」、ここは①の義。◉⑺能縦能奪能殺能活＝没交渉の所、殺活自在の働き振りは見事。『無門関』十一「州勘庵主」に、趙州の語として見える。◉⑻**眼裏著須弥去在**＝更には、建立門に徹した無事の道人の境界があるぞ。『秘鈔』に、「大修行底の人能見所見なし」と。『碧巌』二十五頌評唱にも採るが、もと『明覚録』巻三拈古の末後の則に三員の無事道人を述べる。「眼裏に沙を著《つ》くること得ず、耳裏に水を著くること得ず」と掃蕩に徹した道人、「眼裏に須弥山を著得し、耳裏に大海水を著得す」と建立門に徹した道人、並びに両者も駄目として「然る後に没交渉」なる無事の道人があると言う。◉⑼翡翠踏翻荷葉雨＝また見事な晩秋の景色。【二四の二】注⑽参照。

【八五】

重陽《ちようよう》、(1)海崖《かいがい》の義《ぎ》を謝《しや》する上堂〔(2)三人、亀《き》を証して鼈《べつ》と成《な》す〕、「(3)**九日東籬《きゆうじつとうり》の下《もと》**〔(4)我れ常に此《ここ》に住し〕、(5)**菊花酒仙《きくかしゆせん》を賞《しよう》す**〔常に説法して無数億の衆生《しゆじよう》を教化《きようけ》す〕。(6)**汨羅《べきら》に独醒《どくせい》の者**〔(7)衆生を導《みちび》くが為の故《ゆえ》に〕、(8)**過《とが》は英賢《えいけん》を求《もと》むるに在《あ》り**〔方便、涅槃《ねはん》を現ず〕。**何《なん》が故ぞ。豈《あ》に止《た》だ(9)麒麟《きりん》の海嶼《かいしよ》に登《のぼ》るのみならんや**〔(10)醍《だい》醐毒薬《ごどくやく》一時に行《ぎよう》ず〕、**須《すべか》らく知るべし、(11)義《ぎ》は豊年《ほうねん》より出づることを**」。**払子《ほつす》を撃《う》つこと一下《いちげ》す**〔(12)西天《さいてん》の四七《ししち》、東土《とうど》の二三《にさん》、只だ此の些子《しやし》を伝《つた》う〕。

(1)**謝海崖義上堂**＝了義和尚の来訪を謝する上堂。「海崖義」とは『正灯世譜』に見える江州興禅の海岸了義（『延宝伝灯録』巻二十一）、摂津西宮に妙観寺、江州堅田に福聚院を開き、のち、八年後の建武四年、国師の命で南朝に使いした時に夢窓の徒と詐称《さしよう》するを潔しとせず関吏《かんり》に刺殺された豪傑（『国師年譜』五十六歳の条）。◉(2)三人証亀成鼈＝錯をもって錯に就く。【三の一】注(7)参照。◉(3)**九日東籬下**＝陶淵明の「九日閑居」と「飲酒・其の五」を踏まえて。◉(4)我常住於此…無数億衆生＝『法華経』寿量品の偈。【一の七】注(72)参照。◉(5)**菊花賞酒仙**＝倒装法で「酒仙」の強調形、本来は「酒仙賞菊花」。因みに龍光院本『大灯国師問答』十二に、「酒に因んで、僧問うて云う、『酒は是れ仏の禁ずる所なり、和尚は仏弟子、甚《なん》と為てか喫するを得たる』。師云く、『山僧は者《こ》の保社《ほしや》に入らず』」とある如く、淵明が慧遠白蓮社の勧誘を却けたに同じことを答える。◉(6)**汨羅独醒者**＝『楚辞』七漁父に、「世《よ》を挙《あ》げて皆な濁《にご》りて、我れ独《ひと》り清《す》めり。衆人《しゆうじん》皆な酔《よ》いて、我れ独り醒《さ》めたり」と、遂に汨羅の水に身を投ず。了義和尚は淵明に擬される程酒を好み、屈原に比される程節義を重んずる人であったものと見える。◉(7)為導衆生故、方便現涅槃＝『法華経』寿量品の偈、但し「為導」は「為度」。久遠実成の如来は衆生の懈怠を救わんが為に仮に滅の姿をとられただけ。◉(8)**過在求英賢**＝国師ここで義・酒ともに過ぎたるを諫められる。因みに「聖人、賢人」は「清酒、濁酒」の隠語。◉(9)

麒麟登海嶼＝了義和尚の来訪をいう。「麒麟」は聖主の出る瑞兆。「海嶼」は海上の神山、ここでは龍宝山を云う。『虚堂録』巻一報恩録に見える。◉⑽醍醐毒薬一時行＝薬と毒を同時に配ったようなもの。『碧巌』七十四本則下語。◉⑾**義出自豊年**＝了義和尚の来られたのは、兎も角も目出度い。『雪竇明覚後録』に「義は豊年より出、倹は不孝を生ず」（大正四十七・六八一中）、また『虚堂録』巻九径山後録に見えるが、「豊年は祝語、義を行なわんとする者も凶年には之れを能くせず」（『犂耕』）。もと隋の王通『文中子』立命篇に、「仁は歉《けん》（凶年）より生じ、義は豊より生ず。故に富みて之れを教うれば易し」と。◉⑿西天四七、東土二三、只伝此些子＝インドの二十八人の尊者方、中国の六人の祖師方、嫡嫡相承底の仏法の奥旨。『碧巌』九十三本則評唱。

【八六】

(1)**開炉《かいろ》上堂。挙《こ》す。「潙山《いさん》、仰山《きようざん》に問う**〔(2)巌下風生じて、虎、児を弄《ろう》す〕、**『終日《ひねもす》向火《きやんこ》す、甚《なん》と為《し》てか暖気《だんき》無き**〔(3)父《ちち》は子《こ》の為に隠《かく》し、子《こ》は父《ちち》の為に隠《かく》す〕**』。仰山《きようざん》、向火の勢いを作《な》す**〔(4)見《けん》、師《し》に過《す》ぎて正《まさ》に伝授《でんじゅ》するに堪《た》えたり〕**」。師云く、「潙仰《いぎよう》父子《ふし》**(5)**妨《さまた》げず、冷処《れいしよ》に把火《はか》を著《つ》くることを**〔(6)飛鳥《ひちよう》尽きて良弓《りようきゆう》蔵《おさ》めらる〕。**宝山門下《ほうざんもんか》、**(7)**只だ箇箇《ここ》暖気相洽《あいあまね》からんことを要《よう》す**〔(8)誰《た》が家《や》の竈裏《そうり》にか火に煙《けむり》無けん〕。**何《なん》が故《ゆえ》ぞ。**(9)**死柴頭《しさいとう》を拈起《ねんき》して、且《か》つ無煙火《むえんか》に向かう**〔狡兎《こうと》死して走狗《そうく》烹《に》らる〕」。

(1)**開炉上堂。挙。潙山問仰山**＝【五八の一】開炉上堂で既出。◉(2)巌下風生虎弄児＝父子商量、畏るべき光景。『虚堂録』巻九径山後録に、馬祖玩月の風を虚堂老が評した語。頌古第三則（【二二〇】）本則評唱参照。◉(3)父為子隠、子為父隠＝父子商量の様子。『論語』子路篇「吾が党の直き者は是れに異なり、～、～、直きは其の中に在り」。【二二七】の下語にも見える。◉(4)見過師正堪伝授＝仰山《きようざん》の潙山《いさん》に於ける、超師《ちようし》の見あり。『百丈海録』（禅十一・一六二）、

『碧巌』四十六頌評唱。◉(5)**不妨冷処著把火**＝潙仰《いぎょう》父子、冷たい処で互いに宗旨を支え、もり立てて行くがよい。『会元』巻十七湛堂文準章、『虚堂録』巻二宝林録等に見えるが、『犂耕』に「成褫《じょうち》（扶助し、もりたててやる）」の義とする。「冷処」とは【五八の一】開炉上堂で云う「終日向火、暖気無き」処。◉(6)飛鳥尽良弓蔵、狡兎死走狗烹＝飛ぶ鳥がとりつくされると、それを射落とした良い弓も、不要としてしまいこまれてしまう。逃げ足の早い兎がつかまってしまうと、それを追って働いた犬はもう必要ないとして食われてしまう。「良弓」も「走狗」（把火も無煙火）もご用済みの筌蹄《せんてい》。『史記』越王句践世家《えつおうこうせんせいか》十一に見える范蠡《はんれい》の語。◉(7)**只要箇箇暖気相洽**＝しかし我が家では各人皆々に暖気が普く行き渡らんことを願うのみ。『虚堂録』巻二宝林録の開炉に、「自然に暖気相洽《あいあまね》し」と。◉(8)誰家竈裏火無煙＝誰にでもチャンと具わっているぞ。【五八の二】注(8)参照。◉(9)**拈起死柴頭、且向無煙火**＝枯死した柴をくべ、煙炎も無い火に向かう（火のない火にあたる。天下の衲僧も退縮するのみ）。結局、国師の家風も潙仰父子の家風に異ならず。『虚堂録』巻一興聖録にも見える楊岐方会《ようぎほうえ》の語に、「薄福《はくふく》にして楊岐に住し、年来気力衰う。寒風に敗葉凋《はいようしぼ》む、猶お故人《こじん》の帰るを喜ぶ。囉囉哩《ららり》。～、～」。【一一七】注⒃参照。

【八七】

(1)**上堂。拄杖《しゅじょう》を拈《ねん》じて云く、「**(2)**弥勒《みろく》、真の弥勒**〔(3)彫《ちょう》せず復《ま》た刻《こく》せず〕、**分身千百億《ぶんしんせんひやくおく》**〔(4)塑《そ》せず還《ま》た装《そう》せず〕」。**拄杖《しゅじょう》を卓《たく》して云く、「時時《じじ》、時《とき》の人《ひと》に示す**〔(5)人、絵《えが》けども絵《えが》き成《な》らず〕、**時の人自《みずか》ら識《し》らず**〔(6)賊《ぞく》、偸《ぬす》めども偸《ぬす》み得《え》ず〕」。**拄杖《しゅじょう》を靠《よせか》けて下座《げざ》**〔(7)一鉢千家《いっぱつせんけ》の飯《はん》〕。

(1)**上堂**＝十月十五日の旦望上堂。◉(2)**弥勒真弥勒…時人自不識**＝真の弥勒は千百億にも身を分かっている、いつも世人に露《あら》わに示されているのに、知らないのは世人が自分で知らないだけ。「千百億化身」は『梵網経《ぼんもうきょう》』の語、千葉《せんよう》の一一に百億の国があって、それぞれの国に各一仏あるを云う。『伝灯録』巻二十七布袋《ほてい》和尚（?—九一六）の遺偈《ゆいげ》。布袋和尚は五代後梁、明州の僧、弥勒の化身《けしん》と云われ、江浙《こうせつ》の人多くその像を画き、また杭州《こうしゅう》の寺では多くその塑像《そぞう》をつくって募化《ぼけ》の縁となした。あるいはこの頃、大徳寺では募化を行なったのかも知れない、元徳元年のこの頃を前後して多くの寄進が記録されている。◉(3)不彫復不刻＝木で彫ったものではない。◉(4)不塑還不装＝泥でこしらえたものでもない。◉(5)人絵絵不成＝絵にもかけない。◉(6)賊偸偸不得＝しかし、盗み取ることもならぬ。◉(7)一鉢千家飯＝書き入れに、募化を皮肉って、「何ダ、托鉢カ」と。『伝灯録』巻二十七布袋和尚の偈《げ》に、「一鉢千家の飯、孤身《こしん》万里に遊ぶ。青目《せいもく》（親しい目つき）人を観《み》ること少《まれ》に、路《みち》を問う白雲の頭《ほとり》」と。

【八八】

十一月旦《たん》、(1)**英都寺《えいつうす》を謝する上堂。**「(2)**寒風地《かんぷうち》を匝《めぐ》る**〔(3)天地《てんち》も蓋覆《がいふく》し尽くさず〕、**寒雁空《かんがんくう》に横《よこ》たう**〔日月《じつげつ》も照臨《しょうりん》し到らず〕。(4)**玉《たま》を辨《べん》じて正按《しょうあん》し**〔(5)海神《かいじん》、貴《たつと》きことを知って価《あたい》を知らず〕、**塼《かわら》を磨《ま》して旁提《ぼうてい》す**〔(6)瓦礫《がりゃく》、光《ひかり》を生《しょう》じ、真金《しんきん》、色《いろ》を失《しっ》す〕。(7)**頭頭《ずず》都《すべ》て顕露《けんろ》**〔(8)明明《めいめい》たり百草頭《ひゃくそうとう》〕、**物物《もつもつ》総《そう》に現成《げんじょう》す**〔明明《めいめい》たる祖師意《そしい》〕。**何が故《ゆえ》ぞ。**(9)**蓋《けだ》し是れ英霊《えいれい》の衲子《のっす》**〔誰《たれ》か是れ英霊ならざる底《てい》〕、**只だ事上《じじょう》に向かって見るが為なり**〔(10)死鼠《しそ》は周人《しゅうひと》の玉璞《ぎょくはく》、山鶏《さんけい》は楚国《そこく》の鳳凰《ほうおう》〕」。

(1)**英都寺**＝「都寺《つうす》」は、一寺の事務長であり、監寺《かんす》の上位である。『勅修百丈清規《ちょくしゅうひゃくじょうしんぎ》』四、都監寺《つうかんす》の条に、「古規は惟だ監院《かんいん》を設くるのみ。後に寺広く衆多きに因《よ》って、都寺《つうす》を添えて以て庶務を総《すべ》る。早暮勤めて香火を事とし、官員施主に応接し、簿書を会計し、銭穀を出納す、…多く西堂首座書記《せいどうしゅそしょき》を請じて以て此の職に充《あ》つ。…否なるときは必ず臘《ろう》高く事を歴て、廉能く公謹、素《もと》より衆に服せらるる者を之れに充《あ》つ。…楊岐《ようぎ》の慈明《じみょう》を輔《たす》くる…が如くなるを法則と為す可し」と見えるが、その最重要職にある英都寺が誰であるか、『正灯世譜』にも見えないのは不思議である。◉(2)**寒風匝地、寒雁横空**＝仲冬の現成公案。『大応録』一四〇章に、「九月旦上堂。風颯颯雨濛濛、黄葉満地、塞雁横空」と。◉(3)天地蓋覆不尽、日月照臨不到＝日月も到底照らし及ばず、天地も覆い尽くすこと出来ない。本分の田地。【一の八】注(59)参照。◉(4)**辨玉正按、磨塼旁提**＝「辨玉磨塼、正按旁提」の互文、「玉を辨じ・瓦を磨き、正面から・傍らから、押さえたり・持ち上げたり」自在無礙《むげ》の活作略。「辨玉」は『伝灯録』巻二第二十七祖般若多羅《はんにゃたら》章に、布施された無価の宝珠を以て南印度の香至《こうし》王の三人の王子の器量を辨じた故事、その第三番目の王子が後の達磨大師であり、彼のみが世上の宝は如何に高価であろうとも法宝に及ばぬことを会得していた。「磨塼《ません》」は『伝灯録』巻五南岳懐譲《なんがくえじょう》章に、坐禅に専念している馬祖の庵前で、甎《かわら》を磨いて鏡と成さんと云って執相の愚を示し、馬祖を接化した故事。「正按旁(傍)提」は『碧巌』六十六垂示に見え、「単拈独弄」に対する語で、「正攻法あり、奇襲あり」の転変自在の師家の作略を云う。何れも、英都寺の働き振りに比して。◉(5)海神知貴不知価＝真価を知る者なし。猫に小判。『碧巌』六本則下語。長寿寺の高僧、希《き》上人が留守中来訪してくれた盧仝《ろどう》に酬いた詩に、「長寿寺の石壁、盧仝一首の詩。渇《かつ》して読めば即ち渇《かつ》を止《と》め、飢《うえ》て読めば即ち飢を止む。鯨《げい》海水を呑み尽くして、珊瑚の枝を露出す。～、人間《じんかん》に留与して光《ひかり》夜を照らす」と見える（『碧巌録不二鈔』）。◉(6)瓦礫生光、真金失色＝『碧巌』三十一垂示に見えるが、もと『明覚録』巻一の雪竇寺開堂法語に、「放行《ほうぎょう》するや瓦礫《がりゃく》も光《ひかり》を生《しょう》じ、把定《はじょう》するや真金も色《いろ》を失《しっ》す」と。◉(7)**頭頭都顕露、物物総現成**＝応接・金銭米穀出納等、何から何まで、粗相がない。【二の二】注(6)参照。◉(8)明明百草頭、明明祖師意＝龐居士の語。【二四の二】注(2)参照。◉(9)**蓋是英霊衲子、只為向事上見**＝有能な英都寺が各各の煩瑣な事務を黙々とこなしてくれていると、国師の謝辞。「英霊」の「英」は「英都寺」にかけて。「事上」は【二三の二】本文に既出。◉(10)死鼠周人之玉璞、山鶏楚国之鳳凰＝お国が違えば妙な物がもてはやされる、笑いを取られぬようご用心。『宗鏡録』巻四十六に見えるが、周の風俗では死鼠を名づけて玉璞と為し、楚国では山どりを鳳凰となす。名は同じなれども体《たい》異なるを云う（大正四十八・六八七上）。「死鼠」の故事はもと『戦国策』巻三「応侯曰鄭人」に、また「山鶏」の故事は『太平広記』四六一「楚鶏」に見える。

【八九】

雪に因《よ》って上堂。「(1)少林《しょうりん》に立ち鼇山《ごうざん》に坐す〔(2)牛《うし》、水《みず》を飲《の》めば乳《にゅう》と為《な》り、蛇《へび》、水《みず》を飲《の》めば毒《どく》と為《な》る〕、**(3)相逢《あいあ》うて相知《あいし》らざるが為なり**〔(4)水《みず》、水《みず》を洗わず〕、**(5)趙老《じょうろう》は臥《ふ》し**〔(6)仁者《じんしゃ》は仁《じん》と言い〕、**(7)龐公《ほうこう》は指《さ》す**〔智《ち》者《しゃ》は智《ち》と言う〕。**只だ要《よう》す、(8)知って故《ことさら》に犯《おか》すことを**〔(9)失銭遭罪《しっせんそうざい》〕。**若し是れ我が這裡《しゃり》ならば**〔(10)什麽《なん》の長処《ちょうしょ》か有る〕、**(11)直饒《たと》い銀椀裏《ぎんなんり》に盛《も》り将《も》ち来たるも**〔(12)眼《まなこ》高して看《み》て黄金に到らず〕、**也《ま》た是れ(13)老鼠《ろうそ》、生薑《しょうきょう》を引《ひ》く**〔(14)寧《むし》ろ鶏口《けいこう》と為《な》る可《べ》けれども、誓って牛後《ぎゅうご》と為《な》ること莫《な》かれ〕。**(15)参《さん》**」。

(1)**少林立鼇山坐**＝二祖神光慧可《しんこうえか》大師は少林峰で雪夜に膝まで埋めて立ち尽くし、法を求めることの切なることを示し（『伝灯録』巻三達磨章）、雪峰義存《せっぽうぎそん》禅師は巌頭《がんとう》と伴を組んで行脚の途次鼇山《ごうざん》店上で雪に阻《はば》まれ一向坐禅して、真摯に求道す（『碧巌』二十二本則評唱）。◉(2)牛飲水為乳、蛇飲水為毒＝同じものがある人には滋養となり、別の人には毒ともなる。『四十華厳経』巻十二普賢行願品の偈（大正十・七一七下）。◉(3)**相逢不相知**＝事事物物に出くわしているのにそれが分からぬ、学人の愚かさ。『臨済録』示衆に見える。【五七】注(4)参照。◉(4)水不洗水＝『南泉普願語要』には、この語に続けて、「仏、仏を度《わた》さず。演若達多《えんにゃだった》頭《こうべ》に迷って影を認《と》む」（禅十一・二九九上）と。【三三】注(3)参照。◉(5)**趙老臥**＝『会元』巻四、『会要』巻六の趙州章に、「趙州が雪中で臥して助けてくれと叫ぶと一僧が身辺に来て臥す、趙州は便ち起ち去った」とある。◉(6)仁者言仁、智者言智＝作家の家風それぞれ。【八一の二】注(1)参照。◉(7)**龐公指**＝『碧巌』四十二、『龐居士録』に、薬山を立ち去るとき、禅客に向かって空中の雪を指して、「好雪片々不落別処」と云った故事。◉⑻**知而故犯**＝知りながら知らぬ振りでわざと尋ねる、作家の手段。趙州の語、『禅林類聚』巻二十の三十丁に見える。◉⑼失銭遭罪＝損の上にも損をする。【一〇の二】注⑱参照。◉⑽有什麼長処＝なんぼのものじゃ。◉⑾**直饒銀椀裏盛将来**＝どんな立派な事を、どんな美しい器に盛って持ってこようと。『碧巌』十三本則に巴陵顥鑑《はりょうこうかん》（雲門下）の句として「銀椀裏盛雪」と見えるが、もと洞山良价の『宝鏡三昧』による。◉⑿眼高看不到黄金＝そんなものには目もくれず。【七】注⒂参照。◉⒀**老鼠引生薑**＝衲《わし》の処ではすべて無用の長物。『碧巌』十四則下語などに見える。但し「引」は「咬」。『俗語解』［一三五四］に、清・趙吉士『寄園寄所寄』の書を引いて曰く、「黄謙工部主事、会試の時、書肆を過ぐるに、『菊坡叢話』四冊有り。持して之を閲《けみ》するに、傍《かたわら》の一人、公従《よ》り借りて閲す。其の貌を視るに寝（#風采のあがらぬさま。醜悪）なること甚し。之を調《からか》って曰く、老鼠拖生姜（老鼠、生姜《しょうきょう》を拖す』。其の無用なるを譏《そし》るなり」と。上海辞書版『中国俗語大辞典』にも同じ話を引いて、「労して無用」の義とする。◉⒁寧可為鶏口、誓莫為牛後＝小なりとも人の上に立つべく、大なりとも人の尻につくべからず。「大灯ノ尻ニツクナ」。『戦国策』韓《かん》に、蘇秦《そしん》が趙《ちょう》の為に合従《がっしょう》し、韓王昭侯《かんおうしょうこう》を発奮せしめる為、当時の鄙語《ひご》であった此の語をひいて遊説《ゆうぜい》した故事。◉⒂**参**＝更に言外の玄旨に参ぜよ、参究を促す。

【九〇の二】

⑴冬至小参《とうじしょうさん》。僧問う、「⑵冬至前後、砂《いさご》飛び石走《いしわし》る、⑶頭頭轍《ずずてつ》に合い、処処原《しょしょみなもと》に逢《あ》う。⑷学人上来《がくにんじょうらい》、請《こ》う師、指的《してき》せよ」。師云く、「⑸覿機《てきき》、改路《かいろ》無し」。進めて云く、「与麼《よも》なる則《とき》は⑹石筍枝《せきじゅんえだ》を抽《ぬ》きんで、鉄樹花《てつじゅはな》を生《しょう》ず」。師云く、「⑺大家《たいけ》、好《よ》く看《み》よ」。進めて云く、「⑻只だ諸方《しょほう》、今夜盤《ばん》に堆《うずたか》く満《み》ちて飣《も》るが如きんば、是れ同《どう》か是れ別《べつ》か」。師云く、「⑼黄金《おうごん》、自《おの》ずから黄金の価《あたい》有り」。進めて云く、「⑽徳山《とくさん》、小参《しょうさん》に答話《とうわ》せず、『問話《もんな》の者有らば三十棒』と。此の意《い》、如何《いかん》」。師云く、「⑾你《なんじ》、若し来たり得《え》ば、棒頭《ぼうとう》に眼《まなこ》有り」。進めて云く、「⑿趙州《じょうしゅう》、小参《しょうさん》

に答話《とうわ》を要す、『問話《もんな》の者有らば一問《いちもん》を致《いた》し将《も》ち来たれ』と。又た作麼生《そもさん》」。師云く、「⒀是れ冤家《おんけ》にあらずんば頭《こうべ》を聚《あつ》めず」。進めて云く、「和尚、小参《しょうさん》、答話《とうわ》を要するか答話を要せざるか」。師云く、「⒁是れ人と共に聚まり難《がた》きにあらず」。進めて云く、「畢竟《ひっきょう》二大老《にだいろう》の用処《ゆうじょ》と和尚の用処と、止《た》だ一般《いっぱん》なること莫《な》しや」。師云く、「⒂粘《ねん》じて一堆《いったい》と作《な》すこと莫《な》かれ」。進めて云く、「学人今夜《がくにんこんや》⒃小出大遇《しょうしゅったいぐう》」といって便ち礼拝《らいはい》す。師云く、「⒄好《よ》し去《さ》れ、好《よ》し去《さ》れ」。

⑴**冬至小参**＝この年の冬夜は旧十一月二十三日。◉⑵**冬至前後、砂飛石走**＝冬至前後の寒風の凄まじき、現成公案。『大川録』観音寺録、霊隠寺録（禅十五・三一五、三三三）。◉⑶**頭頭合轍、処処逢原**＝如何なる物、如何なる所に於いても、本道とピタリと適《かな》って少しも外れません。『大応録』に頻出する。前句は『碧巌』八十七頌評唱に云う、「閉門造車、出門合轍」を踏まえる。「古代、名工が工房にこもって造った車が、外に出して走らせてみたところ、轍《わだち》が合って少しも違わなかった」故事を云い、「一挙一動が先聖の軌轍に契合して寸分もちがわないこと」の意、もと唐の清涼澄観『華厳経随疏演義鈔』巻八十五に、予定調和を云う「閉門作車、出門合轍」（大正三十六・六六五中）を踏まえる。後句は『孟子』離婁下の「左右逢原」を踏まえて。◉⑷**学人上来請師指的**＝私は以上です、ズバリ教示したまえ。「上来」は「以上、上述」の義。「指的」は「正確に明示する」の義。◉⑸**覿機無改路**＝好機を見るなら驀直去《まくじきこ》、惑うことなかれ。「覿機」は「目前の機用、目の当たりの働きそのもの」。『雲門広録』上に、「問う、『如何なるか是れ露地の白牛』。師云く、『～』」（禅十一・三三六）と。◉⑹**石笋抽枝、鉄樹生花**＝石筍は枝を伸ばし、鉄樹は花を咲かすという目前の機用でございますね。『大応録』崇福録七十三章、但し「枝」は「条」。前句は『伝灯録』巻十長沙章に「条を抽《ぬ》く石筍《せきじゅん》無し」、後句は『碧巌』四十則垂示の「鉄樹開花」を踏まえて。『秘鈔』に、「此花が開くと三千世界が匂い渡る、一名無根樹とも云う」と。【一一九】注⑹参照。「石筍」「鉄樹」は情意識を絶した境界を云う。◉⑺**大家好**

看＝（峻険！）貴公方は、よく気をつけなさい。「大家」は「人々、皆々」。「好看」は「気をつけなさい」の意、『碧巌』八十五頌評唱に、「大雄山下に一虎有り、汝等諸人、出入は切に須らく好く看るべし」と。◉⑻**只如諸方今夜堆盤満飣、是同是別**＝「是同是別」の前に「与《と》此間」の語を補ってみると分かりやすい。諸方に比べて国師の家風は如何ですかと問うて来た。『虚堂録』巻一興聖録の冬至小参に、「諸方は今夜堆盤満飣、此間《すかん》は闘闘揍揍《とうとうそうそう》に半青半黄なり」とあるから、この頃禅林では冬夜に果物を盛りだくさん出したようである。虚堂老も梨《なし》や棗《なつめ》の熟していないのやら熟したものやらゴチャマゼに出して皆を呑吐不下ならしめた。◉⑼**黄金自有黄金価**＝本物には本物の値打ちがある、十把一からげにしては困る（国師の自負）。『虚堂録』巻八続輯の除夜小参、もと『禅林類聚』巻十六の十八丁に円悟云う、「〜、終に沙《いさご》に和《わ》して人に売与《まいよ》せず」として見える。後出【一〇一の三】注⒀参照。◉⑽**徳山小参不答話、有問話者三十棒**＝『会要』二十徳山章に、「示衆に云う、『今夜、答話せず。問話の者、三十棒』。時に僧有り出て作礼す。師便ち打つ。僧云う、『某甲《それがし》話《わ》も也《ま》た未だ問わざるに、甚《なん》と為《し》てか便ち打つ』。師云う、『你《なんじ》は是れ甚《いず》れの処の人ぞ』。云う、『新羅《しんら》人』。師云う、『未だ船舷《せんげん》を跨《また》がざる時に、好し三十棒を与えんには』」と。◉⑾**你若来得、棒頭有眼**＝お前さんが若し問話の任に堪えうるなら、妄りには打つまいぞ。「来得」は「①来ることが出来る、②担当する能力がある、任に堪える」等の意。『碧巌』七十五に見える、烏臼《うきゅう》（馬祖下）と僧の問答に、「僧云う、『棒頭に眼有り、草草《そうそう》に人を打つことを得ざれ（そそかしく打たぬもの、眼を開けて打ちなされ）』」と。◉⑿**趙州小参要答話、有問話者致将一問来**＝『趙州録』に、「示衆に云う、『老僧今夜答話し去らん。問を解する者、出で来たれ』。僧有り、纔かに出て礼拝す。師云う、『比来《ちかごろ》甎《かわら》を抛《なげ》て玉を引《ひ》かんとして（「抛甎引玉」は、人に和韻を請う謙辞）、只だ箇の墼子《きやくす》（＝焼かない瓦、一層劣ったもの）を得たり』」（禅十一・三二四）。『円悟録』巻九では両者を並べて、「徳山小参不答話は、鎖《さ》を打《だ》し枷《か》を敲《たた》く（枷鎖に気づかせて解脱を促す）なり。趙州小参要答話は、杖を将《もっ》て水を探ぐるなり」（大正四十七・七五三下）と。◉⒀**不是冤家不聚頭**＝かたき同士は出会うもの、逢いたくない人に限って出くわす。「冤家」とは仇人、また恋人を指す。

「不是冤家、不対頭」、「不是冤家、不聚会」とも云い、また「狭路相逢、冤家路窄」とも、また単に「狭路相逢」とも云う（上海辞書版『中国俗語大辞典』）。禅門では『禅林類聚』巻十八の四十七丁に、大潙慕喆《だいいぼてつ》（慈明下二世）の語として見えるが、この語は世間でも人口に膾炙《かいしゃ》した。◉(14)**不是与人難共聚**＝仲間入り出来ないというわけではないが（独立独歩！）。『大応録』興徳録十七章にも見えるが、もと前述【三四】白雲守端の頌の、「他人の住する処我れ住せず、他人の行く処我れ行かず、～、云々」を踏まえて。◉(15)**莫粘作一堆**＝味噌糞一緒にするな（国師の自負）。「一堆」は「一山の、同じ場所に、いっしょに」の義。『円悟録』巻十四、法語「示華蔵明首座」に、「惟《こ》れ只だ我見を増長し、…問著すれば即ち伎倆を作して、粘じて一堆と作す」とある。◉(16)**小出大遇**＝多大の法益を得ました、と、僧の讃歎礼話。【五の一】注(20)参照。◉(17)**好去好去**＝お達者で、さようなら。「好去」は「好住」の対語で、送別の際に送る側の語。『伝灯録』巻十二双峰古（潙山下二世）章に、石霜慶諸《せきそうけいしょ》が古禅師を見送って云う。

【九〇の二】

乃《すなわ》ち云く、「(1)**六爻《りっこう》既《すで》に窮《きわ》まり**（(2)牛頭《ごず》没《ぼっ》し、馬頭《めず》回《かえ》る）、**陰魔《おんま》自《おの》ずから殄《つ》く**（(3)法輪常転《はりんじょうせん》）。**一陽来復《いちようらいふく》して吾が道《みち》大いに亨《とお》る**（(4)来復せざる已前《いぜん》又た作麽生）。(5)**直《じき》に得たり釈迦老子《しゃかろうし》、鼻孔遼天《びくうりょうてん》**（(6)釈迦老子、即今《そっこん》何《いず》れの処にか在る）、**楼至《るし》如来、脚跟《きゃっこん》、地《ち》を踏《ふ》むことを**（(7)未《いま》だ来復《らいふく》せざる已前《いぜん》、楼至如来、脚跟何《いず》れの処にか踏著《とうじゃく》す）。(8)**驀忽《まくこつ》に相逢《あいあ》うて**（(9)何れの日か相別離《あいべつり》すること有る）、(10)**合掌擎拳《がっしょうけいけん》して、互に相慶賀《あいけいが》して道《いわ》く**（(11)吹毛《すいもう》截《き》れども入《い》らず、輪鎚《りんつい》撃《う》てども開かず）、『(12)**亜歳《あさい》の令節《れいせつ》、万物《ばんもつ》重《かさ》ねて新《あらた》なり**（(13)者裏《しゃり》新旧無し、何れの処にか万物《ばんもつ》を著《つ》けん）、(14)**未徹《みてつ》の者は徹《てつ》し**（(15)若し徹《てつ》と言わば丈夫《じょうぶ》面上《めんじょう》に紅粉《こうふん》を傅《つ》く、若し不徹《ふてつ》と言わば跛兎《はと》頭辺《とうへん》に角《つの》を尋ねん）、**未到《みとう》の者は到る**（(16)見よ、走って何れの処にか到る）、(17)**伏《ふ》して惟《おも》みれば人人《にんにん》起居《ききょ》**(19)**青色《せいしょく》万福《ばんぷく》**（(18)若し万物を添《そ》え得《え》ば、亀背《きはい》に毛を挟《はさ》むに似たり）』と。**大衆《だいしゅ》、若し者箇《しゃこ》の説話《せつた》を聴き得ば、**

光明雲《こうみょううん》〔(20)眼中《がんちゅう》に翳《えい》無ければ、空裏《くうり》に花《はな》無し〕、**若し者箇《しゃこ》の説話《せった》を挙《こ》し得《え》ば**〔(21)三千里外、錯《あやま》って挙《こ》すること莫《な》かれ〕、(22)**白色光明雲《はくしょくこうみょううん》**〔(23)亦た是れ目を捏《ひね》って強《し》いて花《はな》を生ず〕。**且《しば》らく道《い》え、両処倶《りょうしょとも》に通《つう》ずる底《てい》亦た作麼生《そもさん》**〔(24)両頭《りょうとう》共に截断《せつだん》して、一剣《いっけん》天に倚《よ》って寒《さむ》し〕。**払子《ほっす》を撃《う》って云く、「来日定《らいじつさだ》んで是れ**(25)**書雲《しょううん》の節《せつ》ならん**〔(26)蜀犬《しょくけん》、日《ひ》を怪しみ、呉牛《ごぎゅう》、月《つき》を恐る〕」。

(1)**六爻既窮…吾道大亨**＝一陰はじめて生ずる五月の卦（姤《こう》）から六月（遯《とん》）、七月（否《ひ》）、八月（観《かん》）、九月（剥《はく》）、六爻窮まる純陰の十月（坤《こん》）を経て十一月（復《ふく》）に至るまでおよそ七変して一陽来復する故、復《ふく》を冬至の卦とする。易に云う、「復は亨《とおる》」と。「陰魔」は『大応録』一六八章に、「陰魔沮伏《そぶく》し、陽気発生《ほっしょう》す」と。「一陽来復、吾道大亨」は『雪巌欽録』道林寺録の冬至上堂。◉(2)牛頭没、馬頭回＝展転遷流して窮まりなきが六爻。『俗語解』［一三二〇］に、「『間不容髪（間に髪を容れず）』なり。牛馬に用なし。『あちらが引っこむかと思えば、こちらが出る』なり」。『碧巌』五則頌。◉(3)法輪常転＝本尊回向に見える、祝語。◉(4)不来復已前又作麼生＝一陽来復する以前はどうだ、「吾が道大いに亨《とお》る」ではないと云うのか、とケチをつけた所。◉(5)**直得釈迦老子鼻孔遼天、楼至如来脚跟踏地**＝本尊釈迦如来も鼻が天にも届かんばかり、意気軒昂。護法神である山門の仁王さんはしっかり大地に脚を踏ん張っている。吾道大亨の端的。「楼至如来」は現在の住劫である賢劫《けんごう》の千仏中最後の仏で、啼哭仏とも愛楽仏とも訳されるが、しかし金剛力士を楼至の化身となす謬見が古くからあり（『禅林象器箋』第五霊像門・密迹金剛）、ここでも金剛力士を云う。「鼻孔遼天」は、拈古第三則（【二一六八】）注(2)参照。◉(6)釈迦老子、即今在何処＝お釈迦さんは即今どこにおられるというのか、そんな形に顕われたものですかいなとケチをつけた所。◉(7)未来復已前、楼至如来脚跟踏著何処＝未だ来復せざる以前、山門の仁王さんは何処を踏んでいたのか、地を踏んでいたのではないかと、イチャモンをつけた所。◉(8)**驀忽相逢**＝驀忽は驀然、たちまち。禅録では悟道の瞬間を云う。◉(9)何日有相別離＝別離もなければ、相逢うこともない。◉⑽**合掌擎拳互相慶賀道**＝ご本尊と仁王さんとが挨拶して冬至の祝を云う。◉⑾**吹毛截不入、輪鎚撃不開**＝這箇本分底。「柳ハ緑、花ハ紅、皆仏」。【一の三】注⑵参照。◉⑿**亜歳令節、万物重新**＝冬至は新年に次ぐので亜歳と云う。◉⒀**者裏無新旧、何処著万物**＝新の旧のということも無ければ、ましてや万物もない。◉⒁**未徹者徹、未到者到**＝如来の世界に未徹・徹、未到・到の区別なし。◉⒂**若言徹…若言不徹…**＝「徹」と云えば大の男に化粧をしたようなもの、「不徹」と云えば兎の角を捜すようなもの。徹の不徹の、もとより愚かな話。【六〇の二】注⑿参照。◉⒃**見走到何処**＝「到」と云うも愚かな話。◉⒄**伏惟人人起居万福**＝御機嫌うるわしく祝着に存じます。◉⒅**若添得万物、似亀背挟毛**＝「万物」は「万福」の誤植か。万福と云うも要らざること、恰も亀の背中に毛をつけるようなもの。後句は蘇軾の東坡八首の其八に「刮毛亀背上（亀の背中の毛をむしる）」とあるを踏まえて、逆に云ったもの。尚お頌古第二十四則（【二四一】）頌下語に「亀上求毛、云々」ともある。◉⒆**青色光明雲**＝聞くだけでも、目出度い。【三一の二】注⒂に前述の如く、古代中国では冬至に雲の色をみて吉凶を判じた、たとえば青は虫、白は喪の兆。しかしここでは、青色光明雲は単に目出度い瑞兆の義であろう。書き入れには、青を差別、白を一枚の義とす。『雲門広録』巻中に「華厳経を挙して云く、『金色光明雲、～。你道え、我が尋常、還た這箇の時節有りや』。代わって云く、『亦た和尚を屈著することを得ざれ』」と。◉⒇**眼中無翳、空裏無花**＝青色光明雲と云うも空花《くうげ》、眼病の産物。『臨済録』示衆十四節の語、もと『楞厳経』巻四に、「翳病若し除けば、華、空に於いて滅す」と。◉㉑**三千里外莫錯挙**＝三千里の外までそんな話を人に錯ってしてはならない。趙州の語。【七】注⑻参照。◉㉒**白色光明雲**＝人に説き得たら、さらに一層目出度い。◉㉓**亦是捏目強生花**＝白色光明雲と云うも空花《くうげ》。【一の八】注⑹参照。◉㉔**両頭共截断、一剣倚天寒**＝青、白ともに截断せよ。【五の二】注⑾参照。◉㉕**書雲節**＝冬至。【三一の二】注⒂参照。◉㉖**蜀犬怪日、呉牛恐月**＝「蜀犬怪日」は「蜀犬吠日」とも、蜀の地は霧多く日を見ることが少ない故、日の出る度に犬が疑い怪しんで吠える。転じて見識の狭い者が他の卓絶した言行に対して疑い怪しんで非難攻撃する喩（韓愈、答韋中立論師道書）。

「呉牛恐月」は『世説新語』言語第二に、「呉牛月《つき》を見て喘《あえ》ぐ」と見え、呉地の牛は熱を畏れるの余り月を見ても日かと疑い喘《あえ》ぐ。

【九〇の三】

復《ま》た挙《こ》す。「(1)僧、雲門《うんもん》に問う、『如何《いか》なるか是れ法身《ほっしん》』〔(2)角婢《かくひ》は紅羅《こうら》の纈《しん》、閹奴《えんど》は紫錦《しきん》の裳《しょう》〕。**門云《もんいわ》く、『(3)六不収《ろくふしゅう》**〔(4)秤鎚《しょうつい》、井《せい》に落《お》つ〕**』」。拈《ねん》じて云く、「諸人《しょにん》、一向《ひたすら》に与麼《よも》に領《りょう》ずるも、(5)相逢《あいあ》うて手を出《い》ださず**〔(6)一箇《いっこ》は子房《しぼう》が桟道《さんどう》を焼くが如く、(7)一箇は武侯《ぶこう》が八陣《はちじん》を敷《し》くに似《に》たり〕。**(8)其《そ》れ或いは未《いま》だ然《しか》らずんば、前頭更《ぜんとうさら》に雪《ゆき》の有《あ》る在《あ》り**〔何《なん》が故《ゆえ》ぞ、(9)勁松《けいしょう》は歳《とし》の寒《さむ》きに彰《あら》われ、貞臣《ていしん》は国の危うきに見《あら》わる〕」。

(1)**僧問雲門…**＝『碧巌』四十七則に見えるが、もと『雲門広録』巻中に、「挙す、『法身清浄、一切の声色は尽く是れ廉纖《れんせん》（＝微細）の語話。廉纖渉《わた》らず作麼生か是れ清浄』。又云う、『作麼生か是れ法身』。師云く、『六不収』。又云う、『三十三天、二十八宿』」（禅十一・三六〇上）と。◉(2)角婢紅羅纈、閹奴紫錦裳＝あげまきの娘侍女達も赤い薄絹のひとえ、宦官《かんがん》の召し使い等も紫錦のはかまと、華やかさこの上ない。『寒山詩』六十五「群女戯夕陽」。◉(3)**六不収**＝『秘鈔』に、「六不収と云うは、縫《ぬ》い目すきまなき針劄不入《しんさつふにゅう》の処じゃ」と云う如く、「六根・六境・六識の間に法身は収まるものではない」と云うも邪解。◉(4)秤鎚落井＝如何ともするなし、ついに出期無し（『禅林方語』）。『会元』巻九牛頭精（仰山下三世）章。『寒山詩』一三八「人生不満百」には「秤槌落東海」とある。◉(5)**相逢不出手**＝互いに出会っても寒さに懐手《ふところで》。把住の処。『五雑組』巻二、天部二の九十九の諺に、冬至のあとの諺に云くとして、「一九・二九、相逢うも手を出ださず。三九・四九、壚《いろり》を囲んで酒を飲む。五九・六九、親を訪ね友を探す。七九・八九、河に沿うて柳を看る」と、冬至より数えて九日ごとの気候を言い表わしている。【一一九】注(11)参照。◉(6)一箇者如子房焼桟道＝手を出だざる所、無限の策略あり。雲門に比して。「子房」は漢の張良、高祖劉邦の参謀役で、高祖始め巴蜀・漢中に封ぜられし時、蜀の桟道を焼いて以て再び東征の意のないことを項羽に示す策を進言した（『漢書』四十張良伝）。「桟道」とは難所の岩壁に木杭を打ち込んで掛け渡した橋の道のこと。◉(7)一箇者似武侯敷八陣＝「武侯」は三国時代、蜀の丞相・諸葛孔明。大灯に比して。「八陣図」は孔明の兵法の極意、『蜀志』諸葛亮伝。◉(8)**其或未然、前頭更有雪在**＝それでもまだ分からないと云うのか、これから先まだまだ雪が降って寒いぞ（と、六不収を丸出しにする）。「前頭」は「今後、将来」の義。◉(9)勁松彰於歳寒、貞臣見於国危＝松の強さは、寒い季節になっても葉を落さないことではっきりするし、忠臣は国が危機に瀕してこそ、目立ってくるものである。『文選』巻十潘岳「西征賦」。

【九二】

次の日上堂。(1)拄杖《しゆじよう》を拈《ねん》じて云く、「只だ箇の片田地《へんでんち》〔(2)人を陥《おとしい》るる坑子《きようす》、年年満つ〕、**(3)四時《しじ》消長《しようちよう》せず**〔(4)金龍《きんりゆう》、寒潭《かんたん》を守らず〕。**(5)古今《ここん》、此《かく》の如くなるが為に**〔玉兎《ぎよくと》、豈《あ》に蟾影《せんえい》に栖《す》まんや〕、**今古《こんこ》、一陽生《いちようしよう》ず**」。**卓拄杖一下《たくしゆじよういちげ》す**〔(6)無所《むしよ》には月《つき》有って波澄《なみす》み、有所《うしよ》には風《かぜ》無きに浪《なみ》起こる〕。

(1)**拈拄杖云、只箇片田地**＝『大応録』崇福録一二二章除夜小参に、「崇福山前、戒岸寺畔、一片の田地有り。古より今より、曾て変易せず」とあるが、心地を田地に喩えるのは、雪峰が、「此の事は一片の田地の如くに相似たり、衆人の耕種するに一任す」（『玄沙広録』中）と。◉(2)陥人坑子年年満＝この田地こそかえって危険な深坑。**【七五の二】**注(9)参照。◉(3)**四時不消長**＝四時栄枯盛衰なし。『傅大士録』巻三頌に、「物《もの》有り天地に先だつ、形《かたち》無くして本より寂寥《せきりよう》。能く万象《ばんしよう》の主と為《な》り、四時を逐《お》うて凋《しぼ》まず」と。◉(4)金龍不守於寒潭、玉兎豈栖於蟾影＝日月刻々移り行き、一刻も留まらず。「金龍」は日の異名、「玉兎」は月の異名。「蟾《せん》」は「ひきがえる、月の中に住むという」、「蟾影」で「月影、月光」を指す。『会元』巻十四投子義青（大陽玄下）章に、「若し此の事を論ぜば、…其の迹を留めず、羚羊角《れいようつの》を掛く那《なん》ぞ其の蹤《あと》を覓《もと》めん。〜、〜」と。◉(5)**古今為如此、今古一陽生**＝古今変易無きが為にこそ、今も古も春が来る。◉(6)無所有月波澄、有所無風浪起＝無と云えば、月有り波無し、有と云えば風無く浪有り。「大灯風無キ下語モ浪起ス、ソウナケレバ、二乗小果ニヲツ」。『碧巌』九十五頌。

【九二】

雪に因《よ》って上堂。「(1)諸人《しょにん》、未《いま》だ者裏《しゃり》に来たらざるに〔(2)大抵《たいてい》は他《た》の肌骨《きこつ》の好《よ》きに還《かえ》す。(3)解打鼓《かいたく》〕、**山僧《さんぞう》が為人《いにん》の句子《くす》を記得《きとく》す**〔紅粉《こうふん》を塗《ぬ》らず自《おの》ずから風流《ふうりゅう》。解打鼓〕、**(4)者裏に到来するに及んで**〔(5)墨《ぼく》は糸《し》の染《そ》むことを悲しむ。解打鼓〕、**問著《もんじゃく》すれば箇箇《ここ》忘却す**〔詩《し》は羔羊《こうよう》を讃《さん》す〕。**甚《なに》に因《よ》ってか此《かく》の如くなる」。良久《りょうきゅう》して云く、「只だ(6)雪上《せつじょう》に霜《しも》を加うるに因《よ》る」。**

(1)**諸人未来者裏、記得山僧為人句子**＝ここに来て私の説法を聴く前、貴公らは私の説法を憶えていた。馳求心を起こさざる以前、会得していたのだが。◉(2)大抵還他肌骨好、不塗紅粉自風流＝生地のままが好い、下手に化粧しないのが一番綺麗だ。『羅湖野録』上に、法雲法秀（天衣懐下）が浮山法遠の誘いを斥けた偈に、「孰《たれ》か能く一日に両び頭を梳《くしけず》らん、髻根《けいこん》を撮得《さつとく》して牢《かた》ければ便ち休す。大底還他肌骨好、不搽紅粉也風流」と、天衣《てんね》義懐の下で安心を得て他意無きことを述べる。◉(3)解打鼓＝向上の拈提。【六〇の二】注(4)参照。◉(4)**及乎到来者裏、問著箇箇忘却**＝ところがここに来て聴法するや、何を聞いたかと問い掛ければすっかり忘れ去っている（望上心を起こせば既に大錯）。◉(5)墨悲糸染、詩讃羔羊＝墨子が白い糸のどんな色にも染まるのを悲しみ、詩経には沼南の人人が羔羊《こひつじ》のような質素で正直な徳をそなえているのを讃《ほ》めている。『千字文』四十九・五十。◉(6)**雪上加霜**＝錯を以て錯につく。『臨済録』示衆に所謂、「頭《こうべ》を将《もっ》て頭を覓《もと》む」に同じ。『碧巌』四頌に見えるが、もと『伝灯録』巻八大陽和尚（馬祖下）章に云う。

【九三】

上堂。「(1)巌竇《がんとう》、宵寒《よるさむ》うして山帔《さんぴ》を擁《よう》す〔(2)紫羅帳裏《しらちょうり》に真珠《しんじゅ》を撒《さっ》す〕、**月《つき》高うして枯木霜禽睡《こぼくそうきんねむ》る**〔(3)談笑坐《だんしょうざ》中《ちゅう》に鴆毒《ちんどく》有り〕。**(4)明覚《みんかく》、是れ一代の龍門《りゅうもん》為《た》りと雖《いえど》も**〔(5)行《ゆ》き行き且《か》つ駐《とま》れ〕、**(6)争奈《いかん》せん無事甲裏《ぶじこうり》に坐在《ざざい》することを。何ぞや**〔驄馬《そうば》の御史《ぎょし》を避《さ》けよ〕」。**良久《りょうきゅう》して云く、「(7)臘月苦寒《ろうげつくかん》、風雪《ふうせつ》吹く**〔(8)斉婢《せいひ》、冤《うらみ》を含んで三年《さんねん》雨ふらず〕、**急急《きゅうきゅう》に身《み》を抽《ぬ》きんずるも已《すで》に是れ遅《おそ》し**〔(9)鄒衍《すうえん》、獄《ごく》に下《くだ》って六月霜《りくげつしも》を飛ばす〕」。

(1)**巌竇宵寒擁山帔、月高枯木霜禽睡**＝岩穴（雪竇禅師の山寺）夜寒く袖無しを着込み、月《つき》中天にかかって冬枯れの枝に鳥眠る。雪竇『祖英集』上「送秀大師」。◉(2)紫羅帳裏撒真珠＝『宗門方語』に、「情を尽くして掲示す」と。【三の一】注⑿参照。◉(3)談笑坐中有鴆毒＝一見穏やかな話ぶりだが、その実恐ろしい猛毒があるぞ。【五三】注⑿、頌古第四則（【二二一】）頌注(4)参照。◉(4)**明覚雖是為一代之龍門**＝雪竇《せっちょう》禅師、数多の名衲を接得して当代に並ぶ者なきを、黄河上流の龍門の魚《うお》化して龍となるに比す。『虚堂録』巻一延福録に、「師云く、『明覚《みんかく》は一代の龍門なり、只だ是れ取捨《しゅしゃ》の心未だ泯《みん》ぜず』」と。◉(5)行行且駐、避驄馬御史＝行くのもよいがまあ止まれ、御史のおん馬を避けなされ。国師を御史に比して。『後漢書』桓典《かんてん》伝二十七に、後漢の桓典が侍御史《じぎょし》（弾劾官）となり、常に驄馬（あしげ、青馬）に乗るより驄馬《そうば》御史と名づけられる、厳正であった為に都の人々に畏れはばかられて語られた語。また『蒙求』四八一章「桓典避馬《ひば》」と出づ。◉(6)**争奈坐在無事甲裏**＝残念ながら恬静《てんせい》無用の処に坐り込んでしまっている。「無事甲」とは『俗語解』［三〇］に、「『甲』もと『閤』に作る、又た『夾』にも作る。…『閤』は『奥の小ざしき』或いは『物おき』なり。無事甲は『無用の処』と訳すべし」。『虚堂録』巻一報恩録に「舜老夫、坐在無事甲裏」、もと『真浄文録』

に「打在無事甲裏」（禅十二・七二〇）と。◉(7)**臘月苦寒風雪吹、急急抽身已是遅**＝十二月は甚だ寒く風雪吹いて厳しい、急いで方丈《ほうじよう》に帰り去ろうとするも早是れ遅八刻《ちはつこく》（見処《けんじよ》を説得している遑《いとま》なぞない）。『虚堂録』巻二宝林録の臘八上堂に、「山に入りて深からざれば見地《けんち》脱せず。漆桶《しつつう》を引き得て頭《こうべ》を排《なら》べて妄想《もうぞう》歇《や》まず（わからずや輩の頭《こうべ》を並べ坐禅して了期《りようご》なし）。宝林《ほうりん》（＝虚堂老）に箇の見処有り只だ是れ説かず。何が故ぞ。～、～」。◉(8)斉婢含冤三年不雨＝斉《せい》の孝婦に冤罪を蒙らせた有司の不明を責め、天が三年間雨を降らせなかった故事。『故事成語考』天文、但し、「婢」は「媳」。また『漢書』于定国伝。◉(9)鄒衍下獄六月飛霜＝底本の「雛衍」は「鄒衍」の誤植。戦国時代、燕《えん》の昭王に仕えて陰陽の理に通ず、次の恵王の時讒言《ざんげん》によって獄に下される、為に天を仰いで哭し六月に霜を下した故事。『故事成語考』天文。

【九四の二】

除夜小参《じよやしようさん》。僧問う、「(1)新底《しんてい》は旧底《きゆうてい》の已《すで》に往《ゆ》くことを知らず、旧底は新底の已に来たるを知らず、(2)新旧相《しんきゆうあい》知《し》らず、物物正《もつもつまさ》に対偶《たいぐう》す。(3)還《かえ》って端的《たんてき》なりや也《ま》た無《いな》や」。師云く、「(4)三十三天《さんじゆうさんてん》、二十八宿《にじゆうはつしゆう》」。進めて云く、「(5)爆竹未《ばくちくいま》だ鳴《な》らざる已前《いぜん》に向かって、更《さら》に一条《いちじよう》の活路《かつろ》を開くが如きんば、又た作麼生《そもさん》」。師云く、「(6)山門頭《さんもんとう》に合掌《がつしよう》す」。進めて云く、「昔日《むかし》、(7)北禅《ほくぜん》、露地《ろじ》の白牛《びやくご》を烹《に》て分歳《ぶんすい》す、和尚今夜、什麼《なに》を将《もつ》てか諸人《しよにん》と分歳せん」。師云く、「(8)細嚼《さいしやく》は蜜《みつ》に似《に》て甘し」。進めて云く、「如何《いか》なるか是れ転身《てんじん》の処《ところ》」。師云く、「仏殿裏《ぶつでんり》に焼香《しようこう》す」。進めて云く、「(9)恁麼《いんも》なる則《とき》は大衆徳《だいしゆとく》に飽《あ》き去《さ》る」。便ち礼拝《らいはい》す。師云く、「(10)也《ま》た好《よ》し金毛《きんもう》の獅子《しし》」。

(1)**新底不知…旧底不知…**＝新年と旧年と互いに独立独歩、絶待《ぜったい》。◉(2)**新旧不相知、物物正対偶**＝各自絶待独立でありながら、その故にこそ相待《そうたい》し、二つで一つになる。「対偶」とは「二つで一そろいになっていること」。『虚堂録』巻二宝林録の除夜小参に、「新底不知旧底已往、旧底不知新底已来。新旧不相知、物物還対偶。衲僧家《のうそうけ》以て極則《ごくそく》と為す。殊《こと》に知らず、半夜三更、蒲団上に脊梁《せきりょう》を竪起《じゅき》することを」と。『犂耕』に、「物物絶待、相逢うて相識らず」、「然も知らずと雖も、因縁会遇して一切の法を生じ、一切の事を成す。即ち新は旧に対偶し、陽は陰に対偶し、善は悪に対偶する」と。◉(3)**還端的也無**＝ほんにそうでしょうか。◉(4)**三十三天、二十八宿**＝【九〇の三】注(1)に前述したが、『雲門広録』巻中に、法身を問われて、(収めては)「六不収」と答え、また(放ちては)「三十三天、二十八宿」と答える。「三十三天」は欲界《よくかい》の第二天にて、須弥山《しゅみせん》の頂上に在り、中央を帝釈《たいしゃく》天として四方に各八天あり合わせて三十三天である。「二十八宿《しゅう》」はまた宿曜とも云い、インドの天文法である。日月の運行を区画するために平常目に見える群星を標準とし天の分野に定め、四方に各七宿を配す。東方を角《かく》亢《こう》氐《てい》房《ぼう》心《しん》尾《び》箕《き》、北方を斗《と》牛《ぎゅう》女《じょ》虚《きょ》危《き》室《しつ》壁《へき》、西方を奎《けい》婁《ろう》胃《い》昴《ぼう》畢《ひつ》觜《し》参《しん》、南方を井《せい》鬼《き》柳《りゅう》星《せい》張《ちょう》翼《よく》軫《しん》とする。人界天界の一切の事実は恒に相反映して吉凶の相は宿曜に現われ、かつ星宿の運行によって人界の運命が予定せられるものと信じられた。◉(5)**如向爆竹未鳴已前、更開一条活路**＝『虚堂録』巻三育王録の除夜小参に、「老僧今夜、忍俊《にんしゅん》不禁《ふきん》(堪えかねて)、爆竹未だ鳴らざる已前に向かって、諸人が与《ため》に一条の活路子を開かん。…其れ或いは然らずんば西河《せいが》に獅子を弄《ろう》す」と。「爆竹」は【六六の一】注(7)参照。『犂耕』に、「爆竹未鳴已前」を「空劫已前底」とする。◉(6)**山門頭合掌、仏殿裏焼香**＝山門で合掌し、仏殿で焼香する(住職の勤め)。『睦州録』。【二〇】注(2)参照。◉(7)**北禅烹露地白牛分歳**＝洞山守初《とうざんしゅしょ》の法孫にあたる北禅智賢《ちけん》禅師が除夜守歳の宴に、貧窮の為に何も無く、法華経にある露地の白牛《びゃくご》を煮て大衆に供養したという公案。『会元』巻十五北禅賢章、歳夜小参。また本録の問答は『大応録』崇福録二一八章に引く、法昌禅師と感首座との問答(『普灯録』巻二)を踏まえる。◉(8)**細嚼似蜜甘**＝噛みしめると、無上の滋味がある。綿密な修行こそが肝要。【一二】の「細嚼難飢」を踏まえて。◉(9)**恁麼則大衆飽徳去也**＝お蔭様で、大衆は和尚さまの徳を充分に噛みしめることが出来ました、と、僧の礼話。『虚堂録』巻三径山録の除夜小参。◉(10)**也好金毛獅子**＝「デカイタ(＝でかした)、ウヌメワ。馬鹿坊主メ」。『碧巌』三十九「門云く、金毛獅子」の下語に、「也褒也貶（褒《ほ》めた様で、誹《そし》った様で）」と。

【九四の二】

乃《すなわ》ち云《いわ》く、「旧年今夜去《きゅうねんこんやさ》り〔(1)逝《ゆ》く者は斯《かく》の如し、夫《そ》れ昼夜を舎《お》かず〕、(2)**去去都《きょきょすべ》て是れ旧暦日《きゅうれきじつ》**〔(3)盈虚《えいきょ》する者は彼《かれ》が如くなれども而《しか》も卒《つい》に消長《しょうちょう》すること莫《な》し〕。**新年今宵《しんねんこんしょう》来たる**〔(4)一回拈出《ねんしゅつ》すれば一回新たなり〕、**来来斉《らいらいひと》しく是れ新鮮《しんせん》の年**〔(5)池《いけ》の凍《こおり》の東頭《とうとう》は風渡《かぜわた》って解《と》く、窓《まど》の梅《むめ》の北面《ほくめん》は雪封《ゆきほう》じて寒《さむ》し〕。(6)**交頭結尾《こうとうけつび》**〔(7)針頭《しんとう》に鉄を削《けず》り、鷺股《ろこ》に肉を割《さ》く〕、(8)**家家《かか》の生涯《しょうがい》是れ別《べつ》なり**〔(9)婆《ば》が裙子《くんす》を借りて婆に拝年《はいねん》す〕。**因縁《いんねん》時節《じせつ》**〔(10)我れ灯明仏《とうみょうぶつ》に見《まみ》えたてまつりしに、本《もと》の光瑞《こうずい》此《かく》の如し〕、**処処大用現前《しょしょたいゆうげんぜん》**〔(11)手に在《あ》りては執捉《しっそく》し、足に在りては運奔《うんぽん》す〕。(12)**便ち見る龍宝山頂《りゅうほうさんちょう》**〔(13)湘《しょう》の南《みなみ》、潭《たん》の北《きた》〕、**之れを仰《あお》げば際《かぎ》り無く**〔(14)天上天下《てんじょうてんげ》、唯《ゆい》我独尊《がどくそん》〕。**大徳門下《だいとくもんか》**〔(15)南は天台《てんだい》、北は五台《ごだい》〕、**之れを瞻《み》るに垠《かぎ》り無きことを**〔(16)尽大地《じんだいち》、沙門《しゃもん》の一隻眼《いっせきげん》〕。**豈《あ》に啻《ただ》**(17)**時清《ときぎよ》く道泰《みちやす》らかなるのみならんや**〔(18)方竹杖《ほうちくじょう》を削円《さくえん》す〕、**自然《じねん》に**(19)**和気靄然《わきあいぜん》たることを得《え》ん**〔紫茸氈《しじょうせん》を鞔却《ばんきゃく》す〕。**正当恁麼《しょうとういんも》の時、**(20)**諸人が与《ため》に保愛底《ほあいてい》の一句、作麼生《そもさん》か道《い》わん**〔(21)無病《むびょう》に艾《もぐさ》を著《つ》く、是れ好心《こうしん》にあらず〕」。**払子《ほっす》を撃《う》って云く、「**(22)**臘雪《ろうせつ》、天《てん》に連《つら》なって白《しろ》く、春風《しゅんぷう》、戸《こ》に迫《せま》って寒《さむ》し**〔(23)切《せつ》に忌《い》む、崑崙《こんろん》に呑《の》むことを。何が故《ゆえ》ぞ。(24)梨《れい》を蒸《む》して妻《つま》を出《だ》すは曾参《そうしん》が孝慈《こうじ》〕」。

(1)逝者如斯、夫不舎昼夜＝『論語』子罕篇に、孔子が川のほとりに立って云われた、「あらゆるものが、こうしてどんどん過ぎ去って行く。昼となく、夜となく」と。◉(2)**去去都是旧暦日、来来斉是新鮮年**＝去るものすべては去年のふるごよみ、来るものすべてはあたらしい年。◉(3)盈虚者如彼、而卒莫消長＝満ち欠けはあるも、消えて無くなったりはしない。蘇軾「前赤壁賦」。◉(4)一回拈出一回新＝一回持ち出す度ごとに、そのつど新鮮である。【一二五の一】注

⑸参照。◉⑸池凍東頭風渡解、窓梅北面雪封寒＝池に張りつめていた氷も、立春の日、東風が吹き渡ると、東岸の方から解け始めます。けれども、北側の窓の外の梅の枝などは、まだ雪がかたく封じ込めていて、なお寒い冬景色です。『和漢朗詠集』巻上「立春」藤原篤茂《あつもち》。◉⑹**交頭結尾**＝ちょうど新の頭と旧の尾の交結する、除夜の時節。『虚堂録』巻一興聖録の除夜小参に、「三百六十日、交頭結尾して、別に生涯を展ぶ」と。◉⑺針頭削鉄、鷺股割肉＝無いところを更に奪い取るというように、把住底のギリギリ。「辛辣、無用処（事）」（『禅林方語』）、「過ぎて甚だしき」（『犂耕』）。前句は『虚堂録』巻一報恩録の冬至小参、後句は『同』興聖録の結夏上堂。◉⑻**家家生涯是別**＝去去来来各々がそれぞれ各自の生業《なりわい》。先の『虚堂録』を踏まえて。「生涯」は【一の八】注⑿参照。◉⑼借婆裙子拝婆年＝借り物でお祝いを云う。【三一の一】注⑻参照。◉⑽我見灯明仏、本光瑞如此＝過去無量阿僧祇劫の灯明仏の時と少しも変わらず。『法華経』序品の文殊の偈。◉⑾在手執捉、在足運奔＝手で物をつかむのも、脚を運ぶのも、大用現前の働き。『臨済録』示衆、もと『伝灯録』巻三達磨章に述べる達磨の高弟波羅提《はらだい》の偈。【六七の二】注⑷参照。◉⑿**便見龍宝山頂…瞻之無垠**＝大灯門下の発展を祝言したもの。『虚堂録』巻一報恩録の天基節（理宗皇帝の生日）上堂に、「南岳七十二峰、華頂万八千丈。瞻之無際、仰之無垠。此の無窮数を以て用い、聖明君を祝いたてまつる」とあるのを踏まえて。◉⒀湘南潭北＝どこもかしこも龍宝山頂。【一の三】注⑴参照。◉⒁天上天下、唯我独尊＝【四一の一】注⑵参照。◉⒂南天台北五台＝至る所どこも大徳門下。『虚堂録』巻八浄慈《じんず》後録。◉⒃尽大地沙門一隻眼＝全大地は衲僧の真箇の一眼であるからには、限り有る筈もなし。【一の七】注(70)参照。◉⒄**時清道泰**＝【七六の一】注⑼参照。◉⒅削円方竹杖、☒却紫茸氈＝いらざることを云った為に、あたら台なしにしてしまった。【九の三】注⑼参照。◉⒆**和気靄然**＝【一の五】注⑸参照。◉⒇**与諸人保愛底一句作麼生道**＝この様なとき、貴公等にどの様な挨拶の祝語を云おうか。「保愛」は「保重、愛惜身体（体をお大事に）」の挨拶語。◉㉑無病著艾不是好心＝保愛底（体を大切に）の一句も健康な者には不要の艾。『大川録』霊隠録（禅十五・三三一下）に見える。◉㉒**臘雪連天白、春風逼戸寒**＝交頭結尾の現成公案。

法昌禅師の語。【六五】注⑵参照。◉㉓心如波旬、面似夜叉＝鵜呑みにするな。「崑崙」は【一八の一】注⑵参照。◉㉔蒸梨出妻、曾参孝慈＝「梨《レイ》」は「藜《レイ》（あかざ）」に音通。孝行で有名な孔子の弟子、曾参《そうしん》は藜《あかざ》の蒸しものの熟しないのを母親に出した廉《かど》で妻を離縁した故事。『孔子家語』巻九の七十二弟子解。

【九四の三】

復《ま》た挙《こ》す。「香林《こうりん》、因《ちな》みに僧問う〔(1)言猶《ことな》お耳に在り〕、**『**(2)**万頃《ばんけい》の荒田《こうでん》、是れ誰《たれ》をか主《しゅ》と為《せ》る**〔(3)唱拍相随《しょうはくあいしたが》う〕**』。山僧《さんぞう》は然《しか》らず**〔(6)明眼《みょうげん》の衲子《のっす》も会不得《えふとく》。月**林《りん》云く、『**(4)**看《み》る看《み》る臘月尽《ろうげつつ》く**〔(5)左手を握り中指を咬《か》む〕**』と。若し人《ひと》有り、此の問《もん》を致《いた》し来たれば、只だ他《た》に対《たい》して道《い》わん**〔(7)独掌《どくしょう》、浪《みだ》りに鳴らず〕、(8)**大坐当軒《だいざとうけん》**〔(9)鴆羽《ちんう》水に落つれば魚鼈《ぎょべつ》死す〕**と。**(10)**且《しば》らく道え、古人と是れ同か是れ別か**〔(11)又た是れ花影《かえい》を移して欄干《らんかん》に上《のぼ》す〕、**具眼《ぐげん》の禅流《ぜんる》、請う緇素《こしそ》を分《わ》かて**〔(12)君子は人を責《せ》めず〕」。

小売弄《しょうまいろう》〕、

(1)言猶在耳＝今尚聞くような。【三四】注⑾参照。◉(2)**万頃荒田是誰為主**＝耕すことなく穫《か》ることなく、未だ修証に赴かざる以前の本分の田地、誰をか主宰《しゅさい》と為《せ》る。【六六の一】注(3)参照。◉(3)唱拍相随＝「名人と名人との出会い、手拍子が揃った」（『秘鈔』）。『碧巌』四頌下語、もと『会要』巻二十三乾峰章に、大潙慕喆《だいいぼてつ》の語として見える。◉(4)**看看臘月尽**＝見ているまに十二月も過ぎて行く。【六六の一】注(4)参照。◉(5)握左手咬中指＝仏向上極則事。【五〇の二】注(7)参照。◉(6)明眼衲子会不得。月移花影上欄干＝心眼の明いた衲僧でも、「手脚ヲツケル事ナラン」。この塩梅は月の光に花影の移り行くが如し。後句は王安石の「夜直」と題した詩、「金炉《きんろ》香燼《こうもえのこ》して漏声《ろせい》残る、剪剪《せんせん》たる軽風陣陣寒《じんじんさむ》し。春色《しゅんしょく》人を悩《なや》まして眠ること得ず、〜」の結句。◉(7)独掌不浪鳴＝一人芝居ではいかん。『碧巌』十八本則。『睦州録』には、「〜、隻糸は束を成さず」（禅十一・二二八上）とある。「単糸不線、孤掌難鳴」とも云い、語の由来は『韓非子』功名篇に、「一手独《いっしゅ》り拍《う》つは、疾《と》しと雖も声無し」とあるによる。◉(8)**大坐当軒**＝新旧遷《うつ》らざるの機。「当軒大坐」とも云い、『大応録』四十五章には興徳寺より崇福寺へ、『虚堂録』には霊隠寺より興聖寺に遷《うつ》った時の入寺法語に見える語で、「不動の機」を云う。【六六の二】注(14)参照。◉(9)鴆羽落水魚鼈死＝恐ろしい猛毒。【一〇の二】注(11)参照。◉(10)**且道与古人是同是別、具眼禅流請分緇素**＝香林と大灯と（過ぎ行くと過ぎ行かざると）、同別をはっきり見分けよ。「緇素」は「黒白」の義。◉(11)又是小売弄＝さまでもなきものを見せびらかすな。【一の八】注(32)参照。◉(12)君子不責人＝無理な注文はせぬこと。「君子不責備於一人（君子は人に対して完備を求めない）」の諺があり、語の由来は『論語』微子篇に、「備わることを一人に求むる無かれ」とあるによる。

【九五の二】

(1)歳旦《さいたん》上堂。僧問う、「(2)鏡清《きょうしょう》、因《ちな》みに僧問う、『新年頭《しんねんとう》、還《かえ》って仏法《ぶっぽう》有りや也《ま》た無《いな》や』。清《しょう》云く、『有り』と。此の意如何《いいかん》」。師云く、「(3)天《てん》高うして万象《ばんしょう》正し」。進めて云く、「(4)明教《みょうきょう》は又た無《む》と答う。優劣《ゆうれつ》有りや也《ま》た無《いな》や」。師云く、「(5)海闊《うみひろ》うして百川朝《ひゃくせんちょう》す」。進めて云く、「僧云く、『如何《いか》なるか是れ新年頭の仏法』。清《しょう》云く、『(6)元正《がんしょう》啓祚《けいそ》、万物《ばんもつ》咸《ことごと》く新《あら》たなり』と。如何《いかん》が委悉《いしつ》せん」。師云く、「(7)南地《なんち》の竹《たけ》、北地《ほくち》の木《き》」。進めて云く、「鏡清《きょうしょう》は有《う》と道《い》い、明教は無《む》と道う、和尚又た作麼生《そもさん》」。師云く、「(8)意気《いき》有る時は意気を添《そ》え、風流《ふうりゅう》を得《う》る処、也《ま》た風流《ふうりゅう》」。

(1)**歳旦上堂**＝元徳二年（一三三〇）、国師四十九歳。ここの問答は『大応録』崇福録四十九章の歳旦上堂を踏まえる。◉(2)**鏡清因僧問、新年頭還有仏法也無**＝鏡清《きょうしょう》道怤《どうふ》（八六八―九三七）は雪峰義存の法嗣。『碧巌』四十四本則評唱、『会要』巻二十四鏡清章に、「僧問う、『新年頭、還《かえ》って仏法有りや也《ま》た無《いな》や』。師云く、『有り』。云く、『如何なるか是れ新年頭の仏法』。師云く、『元正啓祚、万物咸新』。云く、『師の答話を謝す』。師云く、『鏡清今日失利《しつり》』」と。◉(3)**天**

高万象正＝天の高きが万象の秩序正しく存在する根拠。『礼記』楽記に、「天高《てんたか》く地下《ちひく》く、万物散殊《ばんもつさんしゅ》（それぞれ存在を保つ）して、礼制《れいせい》行なわる」とある。『大応録』四十九章に見えるが、大応は明教の無に対し、国師は鏡清《きょうしょう》の有りに対す。◉(4)**明教又答無**＝『会要』巻二十六双泉師寛《しかん》明教（雲門下）章に、「僧問う、『新年頭、還って仏法有りや也《ま》た無《いな》や』。師云く、『無し』。僧云く、『日日是れ好日、年年是れ好年なるに甚麼《なん》と為《し》てか却って無し』。師云く、『張公《ちょうこう》酒を吃《きっ》せば李公《りこう》酔《よ》う』。云く、『老老大大《ろうろうだいだい》として龍頭蛇尾《りゅうとうだび》』。師云く、『明教今日失利《しつり》』」と。◉(5)**海闊百川朝**＝海の広きが百川の朝宗する所以。有無ともに併せ呑んだ不二の理。『大慧語録（普説）』巻十三に、「天高群象正、～」（大正四十七・八六三上中）と。◉(6)**元正啓祚、万物咸新**＝新年お目出度う。【六七の一】注(2)参照。◉(7)**南地竹北地木**＝南は竹、北は木。不二の仏法が、それぞれ事上に顕われた所。【一三の一】注(17)参照。◉(8)**有意気時添意気、得風流処也風流**＝目出度い上にも、いやが目出度い。【一の七】注(63)参照。

【九五の二】

乃《すなわ》ち拄杖《しゅじょう》を拈《ねん》じて云く、「(1)鳳暦開元《ほうれきかいげん》の日《ひ》〔(2)如是体《にょぜたい》〕、**王春《おうしゅん》 肇始《じょうし》の時《とき》**〔如是力《りき》〕、**祥雲空《しょううんくう》に翻《ひるがえ》り**〔如是果《か》〕、**瑞雪地《ずいせっち》に満《み》つ**〔如是因《いん》〕。**仏祖《ぶっそ》の大機《たいき》を発揮《はっき》し**〔如是性《しょう》〕、**(3)人天《にんでん》の性命《しょうみょう》を成熟《じょうじゅく》す**〔如是報《ほう》〕。**諸人《しょにん》尽《ことごと》く是れ(4)此《こ》の中《うち》の人《ひと》**〔如是本末究竟等《ほんまつくぎょうとう》〕。**妨《さまた》げず、(5)物《もの》に随《したが》って主《しゅ》と作《な》り**〔(6)錯《しゃく》〕**、処《ところ》に随って祐《ゆう》を納《い》るることを**〔果然《かぜん》〕**」。卓拄杖《たくしゅじょう》一下《いちげ》す**〔点《てん》〕。

(1)**鳳暦開元日、王春肇始時**＝「鳳暦開元」とは先年の八月二十九日に嘉暦《かりゃく》の年号が元徳《げんとく》と改元されたことによる。「鳳暦」の由来は『左伝』昭公十七年の条に「我が高祖…立つるや、鳳鳥適《たま》たま至る」とあるによる、正統の王暦であることを云う。「王春」は『春秋』の筆法、春秋時代諸国が覇を唱えて暦を異にしていたのを、孔子が周の天子の正月という意味で、毎公年紀の始めに「春王正月」の四字を書した。◉(2)如是体…如是本末究竟等＝『法華経』方便品の所謂十如是の内の相・作・縁を抜いた七つ。◉(3)成熟人天性命＝華厳に、「衆生の善根を教化《きょうけ》成熟《じょうじゅく》す」と云われるが、ここでも一切の有情を教化するの意。「人天性命」は『虚堂録』巻四法語「示行者智潮」に、「師を尋ね道を訪う、人天性命の学を究明すること醞醸《うんじょう》（錬磨純熟）して既に久し」とあるが、「今儒家の名目を借りて、真性の随縁して物象と為るを〈人天性命〉と言う」（『犂耕』）。◉(4)此中人＝ここの所を辨えている人。「此中」は陶潜「飲酒」其五に、「此中に真意有り」と。◉(5)随物作主、随処納祐＝すべてに主人となり、いたるところ福を受けて、太平無事。【一一八の二】注㉓参照。◉(6)錯、果然、点＝『秘鈔』に「錯＝大しくじり、果然＝それみよ、点＝重しを置いた」と。【一五】注(7)参照。

【九六の二】

(1)上元上堂《じょうげん》。僧問う、「(2)人間《じんかん》の灯《とう》、天上《てんじょう》の月《つき》、明《めい》有り暗《あん》有り、円《えん》有り欠《けつ》有り、請《こ》う師端的《たんてき》」。師云く、「(3)万《ばん》里《り》一条《いちじょう》の鉄《てつ》」。進めて云く、「(4)龍潭《りょうたん》、紙《し》燭《しょく》を吹滅《すいめつ》すれば、徳山大悟《とくさんだいご》す。未審《いぶか》し見処《けんじょ》、明中《めいちゅう》に在るか暗中《あんちゅう》に在るか」。師云く、「(5)狗《く》、赦書《しゃしょ》を銜《ふく》む」。進めて云く、「(6)与《よ》麼《も》なる則《とき》は光輝《こうき》を発《はっ》し去《さ》れり」。師云く、「(7)阿誰《たれ》か恩《おん》を承《う》けざらん」。

(1)**上元**＝一月十五日。◉(2)**人間灯…有円有欠**＝『虚堂録』巻一興聖録の元宵上堂を踏まえて。◉(3)**万里一条鉄**＝（明であれ暗であれ、円であれ欠であれ）どこまでも一条の鉄。純一無雑。『伝灯録』巻二十石門献蘊（洞山下二世）章。◉(4)**龍潭吹滅紙燭**＝【三の二】注(4)参照。◉(5)**狗銜赦書**＝所詮は犬の銜えた赦免状（借りもんではいかん）。【八の二】注(5)参照。◉(6)**与麼則発光輝去也**＝光の縁語を用いて、僧の礼話。『大応録』崇福録一五七章の元宵上堂の僧の礼話を踏まえて。◉(7)**阿誰不承恩**＝「真如ノ月ノ恩ヲ、誰在テ受ンモノハナイ」。『虚堂録』巻六代別三十四に、「誰不承恩」と。

【九六の二】

乃《すなわ》ち云く、「(1)朶朶《だだ》、金蓮《こんれん》を放《はな》ち（(2)目を捏《ひね》って強《し》いて花を生ぜず。(3)虚空裡《こくうり》に向かって釘橛《ていけつ》するに似たり）、**(4)重重《じゅうじゅう》、珠網《しゅもう》を懸《か》く**（(5)眼花《がんか》すること莫《な》かれ、金屑貴《きんせつたっと》しと雖《いえど》も、眼《まなこ》に落《お》ちては翳《えい》と成《な》る）、**(6)紙撚油《しねんあぶら》無き底《てい》は、壁《かべ》を鑿《うが》って光《ひかり》を偸《ぬす》むこと莫かれ**（(7)誰が家にか明月清風《めいげつせいふう》無からん。然《しか》も与麼《よも》なりと雖も、(8)蘇蕙廻文《そけいかいぶん》を織《お》り、(9)楽昌破鏡《らくしょうはきょう》を分かつ）」。**払子《ほっす》を撃《う》って下座《げざ》**（(10)此の老《ろう》、何の死急《しきゅう》をか著《つ》けん）。

(1)**朶朶放金蓮**＝「金蓮」は元宵の灯山の飾灯籠のこと。孟元老『東京夢華録』巻六「元宵」参照。◉(2)**捏目強生花**＝妄想。【一の八】注(6)参照。◉(3)**似向虚空裡釘橛**＝無駄事。【七五の二】注(3)参照。◉(4)**重重懸珠網**＝各灯籠の光交徹する様を帝釈天《たいしゃくてん》の珠網重々交絡《こうらく》するに喩えて。華厳の事事無礙《じじむげ》法界の相。◉(5)**莫眼花、金屑雖貴、落眼成翳**＝妄想かくな、どんな素晴らしいことでも眼のゴミ。【一六の二】注(7)参照。◉(6)**紙撚無油底、莫鑿壁偸光**＝自分の所に灯火がないからと云って、他人の光明を偸《ぬす》もうなどというケチな根性は起こさぬこと。「鑿壁偸光」は、前漢の匡衡《きょうこう》が貧のために灯油を買うことも出来ず、壁に孔をあけ、隣家の明かりを引いて勉学した故事、『蒙求』九章「匡衡鑿壁《さくへき》」。「紙撚無油」は『洞山初録』（禅十二・六四六下）、「鑿壁偸光」は『雲門広録』巻上（禅十一・三三六下）に見える。◉(7)**誰家無明月清風**＝人人悉く光明の有る在り。『碧巌』六本則下語。◉(8)**蘇蕙織回文**＝「蘇蕙」は前秦の竇滔《とうとう》の妻、滔《とう》が苻堅《ふけん》に仕えて襄陽の長官となった時に、妾を連れて妻を伴わなかったのを怨み、回文《かいぶん》の璇璣《せんき》の図を織って夫に送り、仲を戻した故事。回文の璇璣図とは、縦二十九字横二十九行計八百四十一文字、縦にも横にも、反対にも読める絶妙の詩を錦で織ったもの。唐武則天『織錦回文記』、『晋書』九十六列女伝等に見えるが、両者の話はやや異なる。◉(9)楽昌分破鏡＝楽昌公主は南朝陳の後主の妹、駙馬《ふば》徐徳言の妻、絶世の美人。陳まさに亡びんとするとき二人は銅鏡を二分して別れ、再会を期して正月十五日互いに破鏡を都市に売りに出す約束をする。のち楽昌は越公の楊素の家に得られる。期日に及び徐は転々都市に入り、果たして半鏡を売る者を捜し得て、二人は再び添い遂げることが出来たという故事。唐孟棨『本事詩』情感。◉(10)此老著何死急＝何を狼狽えている。「死」は極く甚だしきさまを云う辞。『碧巌』七十五本則下語。

【九七の二】

仏涅槃《ぶつねはん》上堂。僧問う、「(1)滅《めつ》と謂《い》わば弟子《でし》に非ず、不滅《ふめつ》と謂わば弟子に非ずと。如何《いかん》が見得《けんとく》して仏弟子と為《な》さん」。師云く、「(2)杜鵑《とけん》啼《な》く処花狼藉《はなろうぜき》」。進めて云く、「(3)今日《こんにち》は則ち有《う》、明日《みようにち》は則ち無《む》、今日既《すで》に有《う》と道《い》わば何《いず》れの処に向かってか世尊《せそん》を見ん」。師云く、「(4)山僧《さんぞう》に問うに一任《いちにん》す」。進めて云く、「(5)与麼《よも》なる則《とき》は明日何ぞ無《む》なる」。師云く、「(6)妨《さまた》げず、阿你《なんじ》に答うることを」。進めて云く、「(7)四衆《ししゆ》各《おの》おの啼泣《ていきゆう》す、(8)雲門《うんもん》、甚麼《なん》と為《し》てか打殺《たさつ》せんと道《い》う」。師云く、「(9)狗《いぬ》の其の主《あるじ》を守《まも》るが為なり」。進めて云く、「(10)之れを愛《あい》しては其の生《い》きんことを欲《ほつ》し、之れを悪《にく》んでは其の死《し》なんことを欲す、和尚又た作麼生《そもさん》」。師云く、「(11)常《つね》に其の機《き》を用《もち》う」。進めて云く、「(12)恩大《おんだい》にして酬《むく》い難《がた》し」。便ち礼拝《らいはい》す。師云く、「(13)吽《うん》」。

(1)**謂滅非弟子、謂不滅非弟子**＝【七〇の一】注(2)参照。◉(2)**杜鵑啼処花狼藉**＝『虚堂録』巻二宝林録の入寺法語。『犂耕』に逸堂曰くとして、「未だ消息《しようそく》を露《あら》わさざる已前《いぜん》に、脱体現成《だつたいげんじよう》す」と。「花狼藉」は釈迦入滅の時の模様。【七〇の二】を参照。◉(3)**今日則有、明日則無**＝【七〇の一】注(4)参照。◉(4)**一任問山僧**＝お前さんが問うのは勝手（問いの処が、你の答処）。◉(5)**与麼則明日何無**＝然らば（久遠常住）、どうして明日無くなるということがありますか。◉(6)**不妨答阿你**＝まさしくお前さんに答えたところだが。「不妨」は【五の二】注(13)参照。◉(7)**四衆**＝仏教信者を比《び》丘《く》・比《び》丘《く》尼《に》・優《う》婆《ば》塞《そく》・優《う》婆《ば》夷《い》の四に分けて云ったもの。◉(8)**雲門為甚麼道打殺**＝雲門老、誕生仏を打殺して狗に与えて喫せしめたことは【四一の一】注(4)参照。◉(9)**狗守其主**＝大法を守ること切なるが為なり。『前漢書』四十五淮陰《わいいん》侯伝に蒯通《かいとう》の言として、「狗吠非主」と。◉(10)**愛之欲其生、悪之欲其死**＝愛しているときには、その人の生を願い、憎くなるとその人の死を願う。『虚堂録』巻八続輯の涅槃上堂に、「善類《ぜんるい》膺《むね》を撫《な》でて涕《なみだ》を出し、魔軍《まぐん》足を頓《とど》めて歓喜す。〜、〜」と。善類は仏の生を欲し、魔軍は仏の死を欲す。もと『論語』顔淵篇に出る、惑いの実相。◉(11)**常用其機**＝（国師にもとより憎愛の心なし、されど時に応じ、所に随い）雲門天子となっては一棒打殺の機を用う。◉(12)**恩大難酬**＝僧の礼話。【七八の一】注(19)参照。◉(13)**吽**＝【三二】注(8)、【四六の一】注(18)参照。

【九七の二】

乃《すなわ》ち云く、「(1)**槨《かく》に双趺《そうふ》を出《い》だして**〔(2)家《いえ》に白沢《はくたく》の図《ず》無ければ、此《かく》の如きの妖怪《ようかい》有らん。(3)或いは張婆《ちょうば》が耳《みみ》の如く、又た李母《りぼ》が眉《まゆ》に似《に》たり〕、(4)**日《ひ》の明らかなるが如し**〔(5)黒《くろ》きことは漆《うるし》の如く、大地黒漫漫《だいちこくまんまん》〕。(6)**人間《じんかん》天上《てんじょう》詎《なん》ぞ蔵韜《ぞうとう》せん**〔(7)天地《てんち》も蓋覆《がいふく》し尽くさず、日月《じつげつ》も照臨《しょうりん》し到らず〕。(8)**時流《じりゅう》、若し波旬《はじゅん》が眼《まなこ》を具《ぐ》せば**〔(9)明《めい》窓下《そうか》に安排《あんばい》せん。(10)衆角《しゅかく》多しと雖《いえど》も一麟《いちりん》にて足《た》れり〕、(11)**舞袖《ぶしゅう》、猶《な》お須《すべか》らく柳梢《りゅうしょう》に在《あ》るべし」。喝一喝《かついっかつ》して下《げ》座《ざ》**〔(12)息耕《そっこう》云く、「東海《とうかい》の児孫《じそん》日《ひ》に転《うた》た多し」と。(12)何ぞ図《はか》らん者般《しゃはん》の悪毒奇怪《あくどくきかい》の瞎老漢《かつろうかん》を突出して、吾が扶桑《ふそう》六十州の参徒を悩害《のうがい》せんとは〕。

(1)**槨出双趺**＝「槨示双趺」とも、『涅槃経』後分巻下（大正十二・九〇九中）。釈尊が涅槃に入られた時に第一の高弟迦葉尊者《かしようそんじや》はマガダ国におり、二七日を経て末羅《まら》国クシナガラの仏処に至る。棺を右に繞《めぐ》ること七周すると、世尊は二足の千輻輪相《せんぷくりんそう》を現じ棺外に出して迦葉に示されたが、その時千輻輪より千の光明を放ち、十方一切世界を遍く照らされたという。◉(2)家無白沢図、有如此妖怪＝主心無ければ、こんな化け物にも惑わされる。【五四】注(7)参照。◉(3)或如張婆耳、又似李母眉＝ああとでもこうとでも、何とでも云える様な。【二二の二】注(13)参照。◉(4)**如日明**＝千輻輪（三十二大人相の一、仏足紋）の光の陽光のごときを云う。◉(5)黒如漆、大地黒漫漫＝光自身は闇。【三の二】注(2)参照。◉(6)**人間天上詎蔵韜**＝世界中何処にも（世尊の金剛身を）隠しようもない。◉(7)天地蓋覆不尽、日月照臨不到＝天地も覆い尽くさず、日月の光もその明には及ばない。本来の面目の様。【一の八】注(59)参照。◉(8)**時流若具波旬眼**＝「時流」は時人。「波旬の眼」は抑下の托上で「真眼」を指す。◉(9)明窓下安排＝（波旬を）大切な客人としてもてなせ。「明窓下」は、僧堂が暗くて首座並びに西堂の板頭の上の屋上に窓を開けたのを云う、転じて第一座を云う（『象器箋』）。『伝灯録』巻二十杭州仏日本空《ぶつにちほんくう》（雲居道膺《うんごどうよう》下）章、夾山《かつさん》に参ずる問答に、「（山）曰く、『冷灰裏《れいかいり》に一粒の豆子《ずす》有って爆《ばく》す。維那を喚び来たって、明窓下《めいそうか》に安排《あんばい》して著《つ》かしむ』」とあるを踏まえて。◉(10)衆角雖多一麟足＝一人の優れた人物で十分だ。青原行思《せいげんぎようし》が石頭希遷《せきとうきせん》を印可した語（『伝灯録』巻五）。◉(11)**舞袖猶須在柳梢**＝柳の枝が風に舞うのも波旬の舞。「波旬舞袖」は【七〇の二】注(5)参照。そこでは二乗声聞の見解より波旬の方がましであると云うている。◉(12)息耕云、東海児孫日転多＝「息耕」は虚堂智愚《きどうちぐ》禅師の別号。大応国師に与えた日多の記（『虚堂録』新添）。◉(13)何図…扶桑六十州参徒＝思いもよらずこんな化け物を拵《こしら》えて日本国中の衲僧《のうそう》を悩み苦しませる結果になろうとは（二十四流中、応灯の禅のみが残ったことを抑下して述べる）。

【九八】

(1)三月半《さんげつはん》、遊山《ゆさん》して回《かえ》る。(2)首座《しゆそ》・維那《いの》並びに龍翔《りようしよう》の塔主《たつす》を謝《しや》する（(3)己《おのれ》が欲《ほつ》せざる所は人《ひと》に施《ほどこ》すこと勿《な》かれ。

(4)鉄釘飯《てっていはん》、木札羹《もくさつこう》、你《なんじ》が觜《くちばし》を下す処無けん〕**上堂。挙《こ》す。**「(5)**長沙一日《ちょうしゃいちじつ》、遊山《ゆさん》して門首《もんしゅ》に帰る**〔(6)神頭鬼面《じんずきめん》、鳥觜魚腮《ちょうしぎょさい》、大妖怪《だいようかい》の老漢《ろうかん》、鬼《き》も亦た面《つら》を看《み》ることを好まず〕。**首座《しゅそ》問う、『和尚、什麼《いずれ》の処《ところ》にか去来《こらい》す**〔(7)問取《もんしゅ》して何の用処《ゆうじょ》をか打《た》す、此の漢《かん》必ず鬼魅《きみ》の毒に中《あた》り去《さ》ること在らん〕』。**沙《しゃ》云く、『遊山《ゆさん》し来たる**〔(8)面上《めんじょう》は夾竹桃花《きょうちくとうか》、肚裏《ずり》は参天《さんてん》の荊棘《けいきょく》〕』。**座《そ》云く、『什麼《いずれ》の処にか到り来たる**〔(9)痴子《ちし》、裸形《らぎょう》にして蜂窠《ほうか》に触《ふ》る〕』。**沙《しゃ》云く、『(10)始《はじ》めは芳草《ほうそう》に随《したが》い去《さ》り、又た落花《らっか》を逐《お》うて回《かえ》る**〔(11)暗裏《あんり》に毒箭《どくせん》を放《はな》つ。(12)鴆羽《ちんう》水に落つれば魚鼈《ぎょべつ》死す〕』。**座《そ》云く、『大いに春意《しゅんい》に似たり**〔(13)果然《かぜん》として喪身失命《そうしんしつみょう》するも又た知らず〕』。**沙《しゃ》云く、『(14)也《ま》た秋露《しゅうろ》の芙蕖《ふきょ》に滴《した》つに勝《まさ》れり**〔(15)第二杓《しゃく》の悪水驀面《あくすいまくめん》に潑《そそ》ぐ〕』」。**師云く、「奇《き》なる哉《かな》、怪《かい》なる哉《かな》、(16)両口《りょうく》一舌《いちぜつ》**〔(17)将《まさ》に謂《おも》えり胡鬚赤《こしゅしゃく》と、更に赤鬚胡《しゃくしゅこ》有り〕。**(18)山僧《さんぞう》、数日来遊山して回《かえ》り来たる、(19)首座、必ずしも問うことを要《よう》せず**〔(20)広南蛮《こうなんばん》、什麼《なん》と道《い》うぞ〕、**山僧、必ずしも他《た》を誣《し》いず**〔(21)童寿光統《どうじゅこうず》が族も亦た翻訳するに眼《まなこ》無し、流支真諦《るししんたい》が輩《やから》も聾《ろう》の如く唖《あ》の如し〕。**(22)是れ其の卜《ぼく》する意《い》無きにはあらず**〔(23)杓卜《しゃくぼく》、何の用ぞ〕、**只だ綱令《こうりょう》の人《ひと》有ることを慎《つつし》む**〔(24)事《じ》、応《まさ》に此《かく》の如くなるべし〕。**何が故《ゆえ》ぞ。(25)祥《しょう》為《た》り瑞《ずい》為《た》る**〔勘破了也《かんぱりょうや》〕。**龍驟《わし》り鳳翔《かけ》る**〔(26)再犯容《さいぼんゆる》さず〕」。

(1)**三月半**＝三月十五日の旦望上堂。【三九の一】三月半上堂参照。◉(2)**謝首座維那並龍翔塔主上堂**＝首座等の出迎えに感謝しての上堂説法。「龍翔寺」は大応国師の塔所として延慶年間（一三〇八―一一）に京都太秦安井の地に創建された、のち天文年間に大徳寺山内に移される（巨海編『大灯年譜』三十二歳の条注）。【二〇一】注(1)参照。◉(3)己所不欲勿施於人＝『論語』顔淵篇、衛霊公篇。◉(4)鉄釘飯、木札羹、無你下觜処＝無味の飯。【開筵垂示】第三段注(1)参照。◉(5)**長沙一日遊山…**＝本縁は【三九の一】参照。◉(6)神頭鬼面…鬼亦不好看面＝長沙老は恐ろしい大妖怪、鬼神も避けて通る。「神頭鬼面」は雑劇の鬼神頭面、異常卓抜の人の形容語、『無門関』十二に出る。「鳥觜魚腮」も「畏るべきの相」の義、『会元』巻十二琅邪慧覚（汾陽下）章。◉(7)問取打何用処、此漢必中鬼魅毒去在＝問うて何になる、この首座はきっと長沙の毒に当てられるだけぞ。◉(8)面上夾竹桃花、肚裏参天荊棘＝外面は菩薩のようだが、内心は夜叉のごとし。【一の七】注(43)参照。◉(9)痴子騃形而触蜂窠＝大馬鹿者、無謀もいいとこ。◉(10)**始随芳草去又逐落花回**＝「興に乗じて芳草に随うままに行き、また落花を逐うままに帰ってきました」。◉(11)暗裏放毒箭＝ひそかに毒矢を放った。「暗裏」は「陰で、人の見ていないところで」。◉(12)鴆羽落水魚鼈死＝猛毒で全滅。【一〇の二】注(11)参照。◉(13)果然喪身失命又不知＝矢張り、自分が死んだことも分かっていない。◉(14)**也勝秋露滴芙蕖**＝清涼晩秋の風情。春意にも拘《こだわ》らぬ所。◉(15)第二杓悪水驀面潑＝二杯目の汚水を顔面めがけてそそいだ。【八の二】注(9)参照、『臨済録』勘辨を踏まえて。◉(16)**両口一舌**＝長沙・首座の夫唱婦随。「両口」は通常「夫婦」を指す。『円悟録』巻十九に、「〜、異音同調」（大正四十七・八〇四下）と。【五八の一】注(14)参照。◉(17)将謂胡鬚赤、更有赤鬚胡＝上には上がある。国師も同じ穴の貉《むじな》。【六三の二】注(6)参照。◉(18)**山僧数日来遊山**＝温泉湯治にでも行っていたものか。この年の一月は体調不順の為、関山に朝廷に代参させている程（巻末『年譜』四十九歳の条）。◉(19)**首座不必要問、山僧不必誣他**＝首座は衲が数日間留守していた訳を問おうともしないし、衲も彼をあざむくつもりもない。夫唱婦随に問答不要。「誣」は「無いことを有るように云う、あざむく」。◉(20)広南蛮、道什麼＝嶺南の野蛮人、何て吐《ぬ》かした。「広南蛮」とは広東地方出身者の貶称、ここでは広東省韶州の雲門を、ひいては大灯国師を指す。『虚堂録』巻五頌古九十四にも見える、虎丘紹隆禅師が韶州出身の死心悟新に参じた時に、「広南蛮、甚麼《なん》と道《い》うぞ」と衲僧の気息を示した故事。『犂耕』に云う如く、訛りがきつくて何を云っているのか分からない、翻って「凡情聖見の擬議すべき所にあらず」と極めて称美したもの。◉(21)童寿光統族…流支真諦輩…＝どんな著名な翻訳家も広南蛮語だけは手が着けられない。「童寿」は鳩摩羅什、「光統」は北斉の慧光律師、「流支・真諦」は魏の菩提流支に梁の真諦三蔵。◉(22)**不是無其卜意、只慎綱令有人**＝芳草落花の春意が良いか秋露芙蕖《ふきょ》の秋意の方がよいか、もっとじっくり選びたい気持もあるが（もう少し遊山したい気持はやまやまだが）、綱令清厳の維那《いの》さんが居られるので慎んだ。「其」は首座長沙問答を指す。「卜」は「選ぶ、うらなって決める」の意。「維那《いの》」は僧団の規矩を管掌する役で、紀綱寮《きこうりよう》とも云った。後の【一一一の二】解夏では「今朝、布袋を解開して諸人と遨遊《ごうゆう》せん」と、遊山を再開する。◉㉓杓卜何用＝卜して何になる。「杓卜」は、「響卜」とも云い、『月令広義』五の正月令に出る鬼谷子《きこくし》卜竃《ぼくそう》の法に由来する語（『葛藤語箋』）。元旦の夕に満水の足釜に杓を置いて廻し、柄の指した方角に鏡（或いは杓）を抱いて門を出、往来の人語を聞いて、その年の吉凶を占った。日本古来の橋占いに類したもの。◉㉔事応如此＝そうこなくてはいかん。◉㉕**為祥為瑞、龍驟鳳翔**＝目出度し、目出度し。龍翔塔主が見えられたことに掛けて、また龍宝山の発展を祝して。◉㉖再犯不容＝同じ過ちを繰り返すな。【五六】注⑷参照。

【九九】

⑴**上堂。払子《ほっす》を竪起《じゅき》して云く、「⑵西天《さいてん》の四七《ししち》**〔⑶門に当たって荊棘《けいきょく》を栽《う》うることを用いざれ〕、**東土《とうど》の二三《にさん》**〔後代《こうだい》の児孫《じそん》、衣《ころも》を惹著《じゃくじゃく》せん〕、⑷**尽《ことごと》く龍宝《りゅうほう》が払子《ほっす》頭上《とうじょう》に向かって筋斗《きんと》を打《た》す**〔⑸怪力乱神《かいりきらんしん》は是れ衲僧家《のうそうけ》尋常《よのつね》の茶飯《さはん》〕、**諸人還《しょにんかえ》って見るや**〔⑹眼《まなこ》高うして看て黄金に到らず〕。⑺**若し也《ま》た見得《けんとく》せば、妨《さまた》げず雨中《うちゅう》に杲《こう》日《じつ》を見ることを**〔⑻残羹餿飯《ざんこうそうはん》〕。**其《そ》れ若し未《いま》だ然《しか》らずんば」、払子《ほっす》を撃《う》って云く**〔⑼面《おもて》の赤《あか》からんより、語《ご》の直《なお》からんには如《し》かず〕、「⑽**徳山《とくさん》の羅漢《らかん》**」〔⑾者《こ》の老漢《ろうかん》若し是れ後語《こうご》無くんば、児孫をして其の顙《ひたい》大いに汗することを有らしめん〕。

⑴**上堂**＝元徳二年、四月一日の上堂説法。◉⑵**西天四七、東土二三**＝インド二十八代、中華六代、伝法の祖師方。

◉⑶当門不用栽荊棘、後代児孫惹著衣＝門口にいばらを植えるな、衣を引っかけるだけ。「荊棘」はここでは、祖師方を指す。後代の児孫の悩みの種、無くもがな。『白雲守端録』承天録（禅十四・四〇五）。◉(4)**尽向龍宝払子頭上打筋斗**＝歴代の祖師方もすべて衲《わし》の払子上にあって格外の働きをなしている。『龍門仏眼録』に、「従上許多《そこばく》の賢聖は如今総に山僧が払子頭上に在って、各各大蓮花に坐し微妙の法を説く」（禅十二・五〇〇上）と。「打筋斗」は「とんぼ返りをする」、普化の故事（『碧巌』三十七本則評唱）に基づく。◉(5)怪力乱神、是衲僧家尋常茶飯＝怪力乱神（を語らずとは、『論語』に云うが）、これは衲僧家の日常茶飯事。【五八の一】注(2)参照。◉(6)眼高看不到黄金＝そんなものには目もくれず。【七】注(15)参照。◉(7)**若也見得、不妨雨中見杲日**＝これが見えたら、雨中でも御天道様を拝むことが出来るというもの。『頌古聯珠通集』巻十八（禅七・二二四）、『禅林類聚』巻五の四十二丁に、仏鑑慧懃《ぶっかんえごん》（五祖演下）の南泉平常心頌《なんせんへいじょうしんじゅ》に、「…、雨中に皓月《こうげつ》を看《み》、火裏《かり》に清泉《せいせん》を汲む。直立して頭地《こうべ》に挿し、横に眠って脚天《あし》を指す。応《まさ》に須らく与麼《よも》に会《え》して、方《はじ》めて祖師禅に契うべし」と。◉(8)残羹餿飯＝他人の食べかすなぞいらぬ。【一の七】注(58)参照。◉(9)面赤不如語直＝後で恥をかくより、初めから正直なのが良い。『碧巌』三十四本則下語、もと『会元』巻十五雪竇重顕章。◉(10)**徳山羅漢**＝衲僧門下、所詮は門外漢。『宗門方語』に、「且門外に居す、小を見て大を失す」と。『人天眼目』巻六。◉(11)者老漢若是無後語、使児孫其顙有大汗＝国師にこの語なければ、我ら児孫は心中忸怩《じくじ》たるものがあったところ。此の語あってこそ我等が大灯国師。「顙汗」は「慚愧、惶恐」を表わす。

【一〇〇の二】

仏誕生上堂。僧問う、「(1)老胡《ろうこ》、今日《こんにち》母胎《ぼたい》を出《い》づ、未審《いぶか》し、本来《ほんらい》の面目《めんもく》、聻《にい》」。師云く、「(2)東山西嶺青《とうざんせいれいあお》し」。僧云く、「(3)恁麼《いんも》なる則《とき》は、雨《あめ》洗い風磨《かぜま》して自《おの》ずから鮮新《せんしん》、一盆《いちぼん》の香水《こうすい》、誰《た》が為にか潑《そそ》ぐ」。師云く、「(4)此の深心《じんしん》を将《もっ》て塵刹《じんせつ》に奉《ほう》ず、是れを則ち名《な》づけて仏恩《ぶっとん》を報《ほう》ずと為《な》す」。僧云く、「(5)世尊下生《せそんげしょう》、枝《えだ》を牽《ひ》き蔓《つる》を引《ひ》く、如何《いか》なるか是れ直截根源《じきせつこんげん》の一句《いっく》」。師云く、「(6)薫風自南来《くんぷうじなんらい》、殿閣生微涼《でんかくしょうみりょう》」。僧、(7)坐具《ざぐ》を提起《ていき》して云く、「争奈《いかん》せん者《しゃ》

箇《こ》の有ることを」。師云く、「⑻有《あ》ることは則ち有《あ》り、你《なんじ》に到って無《な》し」。僧、坐具を放下《ほうげ》して云く、「⑼還《かえ》って端《たん》的《てき》なりや也《ま》た無《いな》や」。師云く、「⑽三十年後《さんじゅうねんご》、面熱《おもてねつ》し汗出《あせい》でん」。

⑴**老胡今日出母胎、未審本来面目、聻**＝釈尊は今日母胎を出られた、（未だ母胎を出でざる以前の）本来の面目は、どうですか。「老胡」は釈迦の呼称、「聻」は【三の一】注⑾参照。◉⑵**東山西嶺青**＝東の山も西の嶺も青い（一面初夏の新緑）。『雲門広録』巻上に、「『如何なるか是れ向上の関捩子』。師云く、『～』」（禅十一・三四六上）。◉⑶**恁麼則雨洗…為誰潑**＝それでしたら、雨に洗われ、風に晒され磨かれて自ずと新鮮ですから、香水をいまさら注ぐ要もないでしょう。『大応録』崇福録六四章に、「今に至るまで、千古雨洗い風磨するに、金容の妙相、光輝を増す」と。「雨洗風磨」は千古時《とき》の風化を経ても真物の変わらぬ輝きを云うが、ここは浴仏の縁語で云う。また『虚堂録』巻七偈頌「愷蔵主号庾嶺」に、「南宗北祖衣を争う処、雨洗い風磨して石《いし》尚お新し。…」と。◉⑷**将此深心奉塵刹、是則名為報仏恩**＝『楞厳経』巻三の讃仏偈。上求下化の菩提心を以て塵刹の諸仏の化行に順じ行くのを仏恩に報ずと云う。◉⑸**世尊下生…如何是直截根源一句**＝世尊が生まれて以来無数の爛葛藤《らんかっとう》（多くの経典等）が生じましたが、根元からすっぱり断ち切る一句をお示しください。「牽枝引蔓」は『虚堂録』巻二宝林録の臘八上堂に、「後来一蔵葛藤を説き、～」と。また『証道歌』に、「直截根源は仏の印する所」。◉⑹**薫風自南来、殿閣生微涼**＝初夏の現成公案。【一〇の二】注⒆参照。◉⑺**提起坐具云、争奈有者箇**＝いかんせんこれがあることを。【七〇の二】では、「者箇を喚んで世尊と作す」とあった。因みに「坐具」は世尊下生以来の閑家具。【七〇の二】注⑹参照。◉⑻**有則有、到你無**＝有ることは有るが、お前さんには到底無理。『虚堂録』巻三径山録の除夜小参に、「有則有、你が脚を著くる処無けん」と見えるのと同趣旨か。◉⑼**還端的也無**＝（坐具を放下した処）これでよいでしょうか。◉⑽**三十年後、面熱汗出**＝三十年後、恥じ入って慚汗の至りとならん。「面熱汗出」は本来「面熱汗下」と云うべき所、『五家正宗賛』二、黄龍章。三十年は一世。【二

一の二】注⒀参照。

【一〇〇の二】

乃《すなわ》ち云く、「⑴黄金も采《いろどり》を譲《ゆず》り〔⑵破漆桶《はしっつう》、何の用を做《な》すにか堪《た》えん、撃砕《げきさい》し了《お》われり〕、**琉璃翠《るりみどり》を凝《こ》らす**〔⑶者般《しゃはん》の破臭襪《はしゅうべつ》、土《つち》を掘《ほ》って深く埋《う》めよ〕。**龍宝《りゅうほう》が手裏《しゅり》に杓柄《しゃくへい》有り**〔⑷破草鞋《はそうあい》、湖辺《こへん》に抛向著《ほうこうじゃく》せよ〕、**⑸当日《そのかみ》の温涼水《おんりょうすい》に同じからず」。払子《ほっす》を撃《う》つこと一下《いちげ》す**〔⑹石《いし》に点《てん》ずれば石も亦た裂《さ》く可し〕。

⑴**黄金譲采、琉璃凝翠**＝仏の三十二相の二、身金色相《しんこんじきそう》と螺髪紺青相《らほつこんじょうそう》。◉⑵破漆桶、堪做何用、撃砕了也＝身金色相とやらも破れた真っ黒のうるし桶、何の役にも立たない。打ち砕いてしまえ。◉⑶者般破臭襪、掘土深埋＝螺髪紺青相とやらも破れた使い古しの足袋、穴を掘って埋めてしまえ。◉⑷破草鞋、抛向湖辺著＝そんな切れ草鞋、川に捨ててしまえ。【六八】注⑽参照。◉⑸**不同当日温涼水**＝衲の灌頂水は殺活自在、昔のなま易しい温涼水とは、ちとわけが違うぞ。「温涼水」は二龍が温水と冷泉を以て洗浴したを云う。『過去現在因果経』に「難陀《なんだ》龍王、優波難陀《うはなんだ》龍王、虚空中より清浄水を吐いて、一温一涼、太子の身に灌《そそ》ぐ」（大正三・六二五中）とあるを踏まえて。◉⑹点石石亦可裂＝石に注いだら、石までも裂ける。書き入れに「大毒薬」と、国師の機鋒を絶賛。出典未詳、白隠禅師の造語か。

【一〇一の一】

結夏《けつげ》小参《しょうさん》。僧問う、「⑴声前《しょうぜん》の一句《いっく》、常機《じょうき》に堕《だ》せず、⑵禁足護生《きんそくごしょう》、当《まさ》に何事《なにごと》をか図《はか》る」。師云く、「⑶鳳《ほう》は竹実《ちくじつ》に非ざれば食らわず、醴泉《れいせん》に非ざれば飲《の》まず」。進めて云く、「⑷西天《さいてん》の蝋人氷《ろうじんひょう》、東土《とうど》の鉄弾子《てつだんす》は、⑸之れを高閣に束《つか》ぬ。和尚、⑹今夏《こんげ》一百二十日、⑺何を以てか験《けん》と為《せ》ん」。師云く、「⑻僧堂裏《そうどうり》、仏殿前《ぶつでんぜん》」。進めて云く、「⑼資福《しふく》

の刹竿《せつかん》を望《のぞ》み見《み》て便《すなわ》ち回《かえ》るも、脚跟下《きやつこんか》好《よ》し三十《さんじゆう》を与《あた》うるにと。此の意如何《いいかん》」。師云く、「(10)車《くるま》、横《おう》に推《お》さず」。進めて云く、「(11)雪峰《せつぽう》を望み見て、便ち主事《しゆじ》に参《さん》ずと。又た作麼生《そもさん》」。師云く、「(12)庭禽《ていきん》、勇《ゆう》を養《やしな》うて、終《つい》に人《ひと》を驚《おどろ》かさんことを待《ま》つ」。進めて云く、「(13)畢竟《ひつきよう》、還《かえ》って結制安居《けつせいあんご》底《てい》の時節《じせつ》有りや」。師云く、「(14)鉄丸《てつがん》、縫罅《ほうか》無し」。進めて云く、「和尚今日小参、旧規《きゆうき》を守ると為《せ》んか、別《べつ》に新条《しんじよう》有りや」。師云く、「(15)崑崙《こんろん》、劈《つんざ》けども開《ひら》けず」。

(1)**声前一句不堕常機**＝「言詮に渉らず、迥《はる》かに尋常の機を出づ」（『犂耕』）。『虚堂録』巻一延福録の入寺上堂の語。もと『碧巌』七則垂示に「声前一句、千聖不伝」と見え、「声前の一句」とは見性の端的（『秘鈔』）を云う。◉(2)**禁足護生**＝**【四三の二】**注(3)参照。◉(3)**鳳非竹実而不食、非醴泉而不飲**＝本色《ほんじき》の道人は下らぬことには目もくれず。「鳳凰」は賢者の喩え。『虚堂録』巻二宝林録「鳳林庫を建つる上堂」に見える。もと『詩経』大雅生民「巻阿」の「鳳凰鳴く、彼の高岡に。梧桐生ず、彼の朝陽に」の鄭玄箋《じようげんせん》に、「鳳凰の性、梧桐に非ずんば棲まず、竹実に非ずんば食らわず」と。「竹実」とは、通常の竹は六十年に一度花を咲かせて実を結び枯死するので荒年の兆とされるが、鳳の食らう竹実は常の物にあらずと云う（時珍『本草綱目』巻三十七、木の五の竹）。「醴泉」は甘味のある泉水で、瑞応の徴し。◉(4)**西天蠟人氷、東土鉄弾子**＝『雲峰文悦《うんぽうぶんえつ》（汾陽下二世）録』翠巌録の解夏上堂に、「僧問う、『西天は蠟人を以て験《けん》と為す。和尚、此間《すかん》は何を以て験《けん》と為すや』。師云く、『鉄弾子』」（禅十二・六七六上）と。『百丈清規《ひやくじようしんぎ》』の節臘《せつろう》章第八に、「蠟人の氷を験《ため》すと言うが如きは、坐臘《ざろう》の人其の行を験すに氷潔《ひようけつ》の猶《ごと》くなるを以ていう。或いは蠟人を地に埋めて（夏末に、人形が氷の如くに凝った場合は「成」、融けた場合は「虧《き》」）以て所修の成虧《せいき》を験《ため》すと謂う、淫巫《いんぷ》の俚語《りご》に類す、庸《あ》に相伝の訛《あやまり》に非ずや」（大正四十八・一一五〇上）。また『葛藤語箋』十「護鵝《ごが》の雪、守臘《しゆろう》の氷」項参照。◉(5)**東之高閣**＝差し置いて。**【五八の二】**注(7)参照。◉(6)**今夏一百二十日**＝閏月の為。通常は四月半から七月半までの中期九十日、ところが元徳二年は閏月が六月に入ってきたので長期四ケ月に渡ることになった。◉(7)**以何為験**＝何をもってそのあかしとなすか。

◉(8)**僧堂裏、仏殿前**＝僧堂の中、仏殿の前（我が這裡は、坐地直下の事）。因みに、『伝灯録』巻二十五章《しょう》義《ぎ》道欽《どうきん》（法眼下）章に、「僧堂裏、三門下、寮舎裏に参取せば好し」と。

◉(9)**望見資福刹竿便回脚跟下好与三十**＝「資福の刹竿を川向こうから遠く望み見ただけで悟り去ると云うのも猶お鈍漢、その過《とが》三十棒を酬いるもまだ軽い」（『犂耕』）。『虚堂録』巻二宝林録に見える、もと『伝灯録』巻十三資福貞邃《ていすい》（資福如宝下、仰山下三世）章に、「江《こう》を隔てて資福の刹竿を見て便ち回《かえ》り去るも、脚跟《きやっこん》也《ま》た好し三十棒を与えんには、豈に況《いわ》んや江《こう》を過《す》ぎ来たるをや」とある。「刹竿」とは「頭に宝珠焔形《ほうじゅえんけい》の旛《はた》のある刹柱《せっちゅう》で、寺の目印」を云う。「江を隔てて見る」は『伝灯録』巻十六高亭簡《こうていかん》（徳山下）章に、「江を隔てて徳山を見て、…忽《たちま》ち開悟、乃ち横に趨《はし》り去り更に回顧《かいこ》せず」という俊発伶利の故事を踏まえている。

◉(10)**車不横推**＝横車を押さない、只だ有るべき様に。【七九の一】注(5)参照。因みに、虚堂の答は、「臭肉《しゅうにく》、蠅を来たす」。

◉(11)**望見雪峰便参主事**＝前述『虚堂録』巻二宝林録の同所、並びに巻六代別の八十八。『伝灯録』巻十九太原孚《たいげんふ》（雪峰下）章に、「師初め雪峰《せっぽう》に到る。纔かに法堂《はっとう》に上るや雪峰を顧視《こし》して、便ち下り去り知事《ちじ》に見《まみ》ゆ」とある。

◉(12)**庭禽養勇、終待驚人**＝庭の鳥が勇（羽翼）を養って（休んで）いるのは、やがて人を驚かさんと待っているのである。『虚堂録』巻二宝林録、また『会要』巻七黄檗《おうばく》章に、曈酒糟漢《とうしゅそう》の話に対する翠巌可真《すいがんかしん》の評語として、「霧豹《むひょう》毛を沢《うるお》して未だ嘗て下りて食《は》まず、～」と見える。もと『史記』滑稽列伝六十六に、「斉の威王《いおう》好んで淫楽を為す…淳于髡《じゅんうこん》之れに説くに隠《なぞ》を以て曰う、『国の中に大鳥有り、王の庭に止る、三年蜚《と》ばず又た鳴かず、王此の鳥の何たるやを知るや』。王曰く、『此の鳥飛ばずんば則ち已《や》まん、一たび飛べば天に沖《のぼ》らん。鳴かずんば則ち已まん、一たび鳴かば人を驚かさん』。是《ここ》に於いて、…兵を奮って出づ…諸侯振驚《しんきょう》し…威行なわるること三十六年」と。同様の話は『史記』楚世家十荘王、『呂氏春秋』十八重言の条にも見える。

◉(13)**畢竟還有結制安居底時節麼**＝つまりは（なにか特別の）結制安居の時節と云うものがそもそも有るのですか。

◉(14)**鉄丸無縫罅**＝鉄丸に（有る無しの）縫い目は無い。「鉄丸」は地獄の責め具の熱鉄丸、ここでは本分上の事を指す。『円悟録』に「団々、無縫罅」、『希叟広録』に「鉄団欒、無縫罅」と見える。◉(15)**崑崙劈不開**＝皆目、裂き開け難し（いくら説いて聞かそうが、頑迷この上なし）。『臨済録』勘辨に、「渾崙、擘《つんざ》けども開けず」と。「崑崙」は「渾崙（整箇児＝丸で、混然不分明、原初的迷蒙）」の義。【一八の一】注(2)参照。

【一〇一の二】

乃《すなわ》ち云く、「(1)怛薩阿竭《たさあか》、広大《こうだい》の規範《きはん》有り〔(2)十力調御《じゅうりきちょうご》の遺教《ゆいきょう》、誰か敢えて軽忽《きょうこつ》せん、尊信讃嘆《そんしんさんたん》・信受《しんじゅ》奉行《ぶぎょう》、況んや大徳開祖の宝訓、恨む所は(3)舌根《ぜっこん》、両茎《りょうきょう》の筋を欠くことを〕。**二千年前、(4)百万《ひゃくまん》の鳳毛《ほうもう》の為にす**〔(5)前三三後三三《ぜんさんさんごさんさん》、凡聖同居《ぼんしょうどうご》、龍蛇混雑《りゅうだこんざつ》〕。**後代《こうだい》の児孫《じそん》**〔(6)忘却《ぼうきゃく》せば三十棒〕**基本《きほん》を忘れず、之れを力《つと》めて以て(7)箇《こ》の漆器《しっき》を呈《てい》す**〔(8)尽《ことごと》く是れ名称普聞《みょうしょうふもん》・逮得己利《だいとっこり》、他《た》の威光《いこう》を減《げん》ずること無《な》くんば好《よ》し〕。**(9)苟《いやしく》も其の人《ひと》を得《う》る則《とき》は**〔(10)甚《なん》の長処《ちょうしょ》か有らん、来たらんを待って痛く三頓《さんとん》を与えん〕、**(11)円覚伽藍《えんがくがらん》に踞《こ》せず**〔(12)者裡《しゃり》須《すべか》らく三二十年すべし、動著《どうじゃく》すること莫《な》かれ、動著せば三十棒〕、**平等性智《びょうどうしょうち》を恭《つつし》まず**〔(13)今身《こんじん》より仏身《ぶっしん》に到るまで、須らく信受奉行《しんじゅぶぎょう》すべし〕。**(14)手《て》、鉄山《てっせん》を砕《くだ》き**〔(15)将《まさ》に謂《おも》えり多少《たしょう》の奇特《きどく》の事《じ》有らんと、三日眉《まゆ》を皺《しわ》めば、竈下《そうか》の盲婢《もうひ》も、亦た須らく了知《りょうち》すべし〕、**足《あし》、巨海《こかい》に跨《また》がる**〔(16)豈《あ》に是れ分外《ぶんげ》の事《じ》ならん、切に忌《い》む、三千里外《さんぜんりがい》、他《た》に向かって挙《こ》すことを〕。**格外《かくげ》の玄機《げんき》を尽くし**〔(17)飢《うえ》来たらば飯《はん》を喫《きっ》し、困《こん》じ来たらば睡《ねむ》る、猫《ねこ》を呼び狗《いぬ》を叱《しっ》す、格外を用いて什麼《なに》かせん〕、**衲僧《のうそう》の作略《さりゃく》を用うるも、(18)未《いま》だ分外と為《な》さず**〔(19)若し是れ衲僧の作略ならば、実に是れ分外の事《じ》〕。**若し也《ま》た箇《こ》の(20)孜孜兢兢底《ししきょうきょうてい》の漢《かん》有って**〔(21)朴実頭《ぼくじっとう》の人は、実に是れ得難《えがた》し〕、**長期《ちょうき》一百二十日の内、(22)眼眸《がんぼう》、謾《みだ》りに開かず**〔(23)三生六十劫《さんしょうろくじっこう》、又た是れ鬼家《きか》の活計《かっけい》〕、**(24)脚板《きゃくはん》、謾りに踏《ふ》まず**〔(25)地《ち》を画《かく》して牢《ろう》と為《な》す底《てい》、什麼《なに》に依ってか脚跟下《きゃっこんか》紅糸線不断《こうしせんふだん》なる〕、**(26)阡陌《せんぱく》を以て井塹《せいぜん》と為し**〔(27)恰《あたか》も是れ羊公《ようこう》が鶴《つる》、宝所《ほうじょ》は近きに在り〕、**(28)聚落《じゅらく》を以て茅坑《ぼうきょう》と為して**〔(29)更に一歩を進めよ〕、**(30)函蓋相応《かんがいあいおう》じ**〔(31)相応ぜざる底の物、有ること無しや〕、**方円相投《ほうえんあいとう》ず**〔(32)投合せざる底の物有ること無しや〕。

(33)**乃ち是れ列刹《れつせつ》の撰《えら》ぶ攸《ところ》**〔(34)蒼天蒼天《そうてんそうてん》〕、(35)**吾《わ》が門の優曹《ゆうそう》なり**〔(36)苦《く》なる哉《かな》、仏陀耶《ぶつだや》〕。**敢えて諸人に問う、此の両種の禅和《ぜんな》**〔(37)此の両箇の歩驟《ほしゅう》、一箇は瓠子《こす》の曲がれるが如く、一箇は冬瓜《とうがん》の直《なお》きに似たり、(38)点検し看来たれば君子可八《くんしかはち》〕、(39)**那箇《なこ》か親《した》しく**〔(40)親しきも亦た満面の慚惶《ざんこう》〕、**那箇か疎《そ》なる**〔疎なるも亦た満面の慚惶〕」。**払子《ほっす》を撃《う》って云く、**「(41)**道著《どうじゃく》と**〔(42)鷂子《ようす》、新羅《しんら》を過《す》ぐ〕、**道不著《どうふじゃく》と**〔(43)獼猴《みこう》、水月を探る〕、**且《しば》らく**(44)**三《さん》条《じょう》 椽下《てんか》に於いて摸索《もさく》せよ**〔(45)蒭狗《すうく》をして瞎兎《かっと》を追わしむ可くとも、蝸牛《かぎゅう》をして石田《せきでん》を耕《たがや》さしむること莫かれ〕」。

(1)**怛薩阿竭**＝サンスクリット語の「Tathāgata」の音写、如来の意。【一三二】注(9)参照。◉(2)十力調御＝如来。「十力」は仏が具える十種の力、仏の異名。「調御」は仏十号の一つ。頌古第十五則（【一三三二】）本則評唱注(10)参照。◉(3)舌根欠両茎筋＝「舌無骨」とも。有と説き、無と説き、自在無礙《むげ》の辨才を云う。『白隠年譜』四十二歳の条に、「大覚世尊、舌根両茎の筋を欠くを了知するに及んで、此れより大自在を得たり」とみえる。◉(4)**百万鳳毛**＝「鳳毛」は優れた人材、『碧巌』十五頌。◉(5)前三三後三三、凡聖同居、龍蛇混雑＝ピンからキリまでゴッチャ混ぜの大所帯。『碧巌』三十五本則、文殊の語。【四二の二】注(9)、【七二の一】注(2)参照。◉(6)忘却三十棒＝如来の教えを忘却せば痛棒。◉(7)**呈箇漆器**＝「呈漆器」は『禅林方語』に「無分暁、乾浄ならず（ムサムサトシタ）」と有るが、ここでは抑下の托上で本分の事を云う。『虚堂録』巻二宝林録に、「僧云く、『二祖礼三拝し、位に依って立つ』。師云く、『呈漆器』」とみえる。もと『趙州録』に、「問う、『道人相見の時如何』。師云く、『呈漆器』」（禅十一・三二〇下）と。但し、漆器の呈し方に、二種類ある、「破格の大機底」と「行持綿密底」。◉(8)尽是名称普聞逮得己利、無減他威光好＝「イヅレモ、歴歴ジャ」「ウルシ、ヲケノ、ナンノト」威光を減じるなかれ。「名称普聞」、「逮得己利」は『法華経』序品に、自利を修めた阿羅漢衆と、普く名を知られた大菩薩達を云う。◉(9)**苟得其人則**＝「其人」は其中人、禅傑を云う。【一二〇の四】の本文にも見える。◉(10)有甚長処、待来痛与三頓＝其中人と云うも、なんぼのもの、衲《わし》の前に現われたらしこたま痛棒を食らわさん。「一頓」は「二十棒」ではなく、「一次《ひとたて》（度）」の義（『犂耕』）。◉(11)**不踞円覚伽藍、不恭平等性智**＝破格大機底、『円覚教』に云う如来の教えにも住しない立場。『虚堂録』巻二宝林録に、「箇の危亡を顧みざる底有らば、円覚伽藍を掀翻《けんぽん》し、平等性智を毀罵《きめ》す」とあり、『大灯録』原本【九の二】に「七仏祖師（文殊）の三処に夏を度る」に云う文殊の立場。因みに、『会要』巻一世尊章に、「世尊因みに自恣の日、文殊三処に夏を度る。迦葉《かしよう》白槌《びやくつい》して擯出《ひんしゆつ》せんと欲するも…槌《つい》挙ぐること能わず」と。「円覚伽藍・平等性智」は、【四二の一】注(4)(6)参照。◉(12)者裡須三二十年、莫動著、動著三十棒＝円覚伽藍の僧堂に足を据えよ。【四の二】注(8)参照。◉(13)自今身到仏身、須信受奉行＝生生世世、尽未来際に至るまで信奉すべし。「従今身至仏身」は授戒式で三帰戒・三聚浄戒・十重禁戒を授ける前に唱える文言。【二六】注(8)参照。◉(14)**手砕鉄山、足跨巨海**＝大機大用。◉(15)将謂…須了知＝すこしは格別の事でもあるかと思ったが、三日も苦労してみれば女子供でもすぐ分かること。「竈下婢」は炊事婦。前句は【六六の三】注(4)参照。◉(16)豈是分外事、切忌三千里外向他挙＝それが大した事か、人前で決してそんな話をするな。「分外」は「特別、過分」の義。後句は【七】注(8)参照。◉(17)飢来喫飯…用格外什麼＝（格外の玄機とは、外でもない）腹が減ったら飯を食い、疲れたら眠る、猫を呼んでみたり、狗を叱ってみたり、日常普段のこと。格外と云うも愚か。「飢え来たらば飯を喫し、困じ来たらば即ち眠る」は南岳懶瓚《らんさん》和尚の歌（『伝灯録』巻三十）。◉(18)**未為分外**＝それでも不足な位。◉(19)若是衲僧作略、実是分外事＝白隠禅師どこまでも雑ぜ返す。◉(20)**孜孜兢兢底漢**＝行持綿密底の漢。迦葉の立場。「孜々」は「つとめて倦まない様」。「兢々」は「おそれいましめて慎む様」。◉(21)朴実頭人実是難得＝朴実の人はまれ。「朴実頭」は「掠虚頭」の対、「実直、著実」、円悟老の愛用語。◉(22)**眼眸不謾開**＝眼は半開、坐禅の様。◉(23)三生六十劫又是鬼家活計＝いつまで経っても、死人禅。「三生六十劫」は【一七の二】注(11)参照。◉(24)**脚板不謾踏**＝禁足して外出せず。「踏脚板」とは『臨済録』示衆に、「你が脚板を踏んで闊《ひろ》からしむ」と見える如く、歩き廻って足の平を板の様にすること。◉㉕画地為牢底、依什麼脚跟下紅糸線不断＝そこまで自重自戒底のひとでも、なぜ未だ吹っ切れていないか。前句は【一八の二】注⒂参照。後句は【八の二】注⑻、【二一の一】注⑺参照。◉㉖**以阡陌為井塹**＝道路を水堀の様に見なして、外出しないこと。「阡陌」は「田界、門路、千百」の多義あるが、ここは門路の義。◉㉗恰是羊公鶴、宝所在近＝評判倒れめ、そんなところに腰を据えずに真の仏道を歩め。前句は【一の九】注⒆参照。後句は『法華経』化城喩品の、「宝処在近。此の城は実に非ず。我が化作する耳《のみ》」を踏まえる。二乗声聞の悟りに安住せずに真実の仏慧に至るべし、と。◉㉘**以聚落為茅坑**＝町村落を糞壷の様に見なして、近づかないこと。「茅坑」は毛坑とも、便所の糞壺の事、『碧巌』七十七則頌評唱。◉㉙更進一歩＝そこに安住するなかれ。白隠禅師の『心経著語』（『毒語心経』）の「波羅蜜多」の著語にも、「宝所在近、更進一歩」と。◉㉚**函蓋相応、方円相投**＝函と蓋、師と資（弟子）、事と理、法と我とが契合した様。行持綿密にして、少しも規律に違背しない様。【六六の二】に、「直饒《たと》い方（四角）を以て規（円）に投ずるも、自然に函蓋《かんがい》相応ぜん」と。◉㉛無有不相応底物麽＝白隠禅師相変わらずの雑ぜ返し。◉㉜無有不投合底物麽＝雑ぜ返し。◉㉝**乃是列刹攸撰**＝多くの寺院が範《のり》とする。◉㉞心如波旬、面似夜叉＝ああ情けない奴ら、到底見込みがない。『詩経』秦風「黄鳥」に、「彼の蒼きかなたは天か、我が良人を殲《つく》す」と天に哀訴するのが原義、禅録では単に落胆や慨嘆の語気を示す。◉㉟**吾門優曹也**＝禅門の秀才達。◉㊱心如波旬、面似夜叉＝お気の毒なことよ、み仏様は。『寒山詩』二七〇「語你出家輩」。もと『涅槃経』梵行品に、「大苦悩を受け各おの是の言を作す、『南無仏陀、南無仏陀』」（大正十二・七〇〇下）とあるに基づく。◉㊲此両箇歩驟…一箇似冬瓜直＝この二人の歩み振り（行履）は、一個はふくべの様に曲がり、他は冬瓜の様に真っ直ぐ。『会元』巻十五雲居《うんご》暁舜《ぎょうしゅん》（雲門下四世）章に、「冬瓜《とうがん》は直く儱侗《ろうとう》たり、瓠子は曲って彎彎《わんわん》たり」と。「儱侗」は「直の様」を云う。◉㊳点検看来、君子可八＝よく点検して見れば、両者とも十成ならず。「君子可八」には多義あって、定説がない。『句双紙』に、「よき人は十成せぬぞ、八九成にて保つぞ」と。また「理会不得。また福州の郷談で、君子可知、又た伶利の人なり、暁得底は便ち知る」（『葛藤語箋』）。『俗語解』〔九七五〕に、「八は『仁義礼智孝悌忠信』なり。君子は此の八つの者をよく行う」と。『雲門広録』巻中に、「『作麼生か是れ入郷随俗底の句』。代わって云う、『〜』」（禅十一・三七七上）と。◉(39)**那箇親、那箇疎**＝破格（文殊）底か綿密（迦葉）底か、どちらを良しとし、どちらを悪しとするや。◉(40)親亦満面慚惶、疎亦満面慚惶＝親《しん》と云うも、疎《そ》と云うも、早や大恥。◉(41)**道著、道不著**＝言いえるものも、言いえないものも。◉(42)鷂子過新羅＝後の祭り、白雲万里。【九の三】注(15)参照。◉(43)獼猴探水月＝無駄骨。【七五の二】注(5)参照。◉(44)**於三条椽下摸索**＝各自の単に坐って究明せよ。「三条椽下」は禅堂で横三尺縦七尺の各自の禅床を云う、頭上横に三本の椽《たるき》があるのでかく云う。『碧巌』二十五頌評唱。◉(45)可使蕠狗追瞎兎、莫教蝸牛耕石田＝無駄骨。ワラ犬にメクラ兎を追わすのはまだしも、カタツムリに石田を耕さすなんて飛んでもない。『寒山詩』六十九「黙黙永無言」に「土牛、石田を耕す」とある。「蕠狗」は「芻狗」とも、古代の祭祀に用いられたワラで作った犬で、『老子』虚用にも見える。

【一〇一の三】

復《ま》た挙《こ》す。「(1)雲門《うんもん》、因《ちな》みに僧問う、『如何なるか是れ清浄法身《しょうじょうほっしん》』〔(2)泥団土塊《でいだんどかい》〕』。**門云く、『(3)花薬欄《かやくらん》』**〔(4)臂《ひじ》に約《やく》する黄金寛《ひろ》きこと一寸、人に逢ては猶《な》お道《い》う相思《あいおも》わずと〕』。**僧云く、『(5)便ち恁麼《いんも》にし去る時如何《いかん》』**〔(6)随《ずい》後妻藪《ごるそう》、人の屎橛《しけつ》を咬《か》むは是れ好狗《こうく》ならず〕』。**門云く、『(7)金毛《きんもう》の獅子《しし》』**〔(8)袖裏《しゅうり》の金鎚《きんつい》、劈面《ひつめん》に来たる〕』**と」**。**師云く、「者《こ》の僧若し是れ作礼《さらい》して去らば**〔(9)生蚕《せいさん》を逼《せ》むること莫《な》かれ。(10)縦令《たと》い驊騮《かりゅう》なるも、鼠《ねずみ》を捉《とら》うる則《とき》は跛猫児《はみょうじ》に及ばず。(11)此の僧の如きは則ち食堂《じきどう》に放《はな》って好し飯を捉えしむるに〕、**須《すべか》らく雲門人《うんもんひと》を出《いだ》すの全機《ぜんき》を見るべし**〔又た是れ(12)養子《ようし》の縁《えん》〕。**然《しか》も是《かく》の如くなりと雖《いえど》も、(13)黄金は自《おの》ずから黄金の価《あたい》有り、終《つい》に沙《いさご》に和《わ》して人に売与《まいよ》せず**〔(14)水に泥弾丸《でいだんがん》を浸《ひた》す〕」。

⑴**雲門因僧問、如何是清浄法身**＝「清浄法身」は清浄法身毘盧遮那仏、宇宙にあまねく偏満充足しているものの本性。『碧巌』三十九、『雲門広録』巻上に見える。◉⑵泥団土塊＝（清浄なんのその）泥団子。「釈迦達磨、是れ甚麼《なん》の～」（『大慧書』答劉宝学）。◉⑶**花薬欄**＝花薬の欄《かこい》の意で、芍薬《しゃくやく》等の花を囲む竹木等の柵。◉⑷約臂黄金寛一寸、逢人猶道不相思＝君を想うの余り身は痩せるばかり、腕輪も一寸ほども緩くなってしまいました。それでも、人に逢うときは少しも想っていないなどと云う女心、いよいよ想いの深さを語るのみ。『錦繍段』巻八葉苔磯「閨怨」に、「長安の遊子、帰期を誤る（都に旅した夫は、なかなか帰ってこない）、回文錦字の詩を織るも懶《ものう》し（蘇蕙《そけい》の様に、錦で回文を織りたいとの想いはやまやま。【九六の二】下語参照）。～、～」と見える。◉⑸**便恁麼去時如何**＝仰せの通りに心得えたらどうですか。【七九の一】注⑷参照。◉⑹随後婁藪、咬人屎橛不是好狗＝人の尻に付いて回る鈍漢。人の糞（人の言葉）をかじるような犬（鈍漢）は碌なものではない。前句は【一の九】注⑶参照。後句は『大慧語録（普説）』巻十四（大正四十七・八七二上）。◉⑺**金毛獅子**＝機鋒の俊鋭なる衲僧を指す。『碧巌』三十六本則、「外面はこの僧を褒めたようではあるが、その実は彼の舌頭を截断す」（『種電鈔』）。◉⑻袖裏金鎚劈面来＝恐ろしや。【八〇の三】注⑶参照。◉⑼莫逼生蚕＝無理強いをするな。【一七の二】注⑻参照。◉⑽縦令驊騮捉鼠、則不及跛猫児＝「驊騮」は良馬の名、周の穆王の八駿の一つ。『寒山詩』四十九「夫物有所用」、もと『荘子』秋水に「驊騮一日千里を馳せるも、鼠を捕うることは狸狌（ねこ）に如かず」と。◉⑾如此僧則放食堂好捉飯＝こんな働きのない僧は食堂で飯でも食らわせておけ。◉⑿養子之縁＝老婆心切。【六五】注⑸参照。◉⒀**黄金自有黄金価、終不和沙売与人**＝十把一からげではいかん、偽物と一緒くたに安売りはしない。『大応録』二十八、一四三章に見えるが、【九〇の二】注⑼参照。◉⒁水浸泥弾丸＝それも馬鹿げたこと。『寒山詩』八十六に、「～、方《はじ》めて意智無きを知る」とか、『同拾得』四十九に「～、思量するに道理無し」とか有るように、「意智（智慧）、道理が無いこと」の意。

【一〇二の二】

次の日上堂。僧問う、「(1)竺土《ちくど》の老子《ろうし》、他《た》の命《めい》を害《がい》せんことを恐れて、渠《かれ》が為に結制《けつせい》す、之れを禁足《きんそく》と謂《い》う。(2)豈《あ》に箇《こ》の一著《いちじやく》、巧《こう》を弄《ろう》して拙《せつ》を成《な》すに非ずや」。師云く、「(3)鳳林吒之《ほうりんたし》」。進めて云く、「(4)須弥那畔《しゆみなはん》、大洋海底《たいようかいてい》、一時に走徧《そうへん》して、当《まさ》に此の漢有って出で来たらば、和尚、如何《いかん》が他をして制禁《せいきん》せしめん」。師云く、「(5)且坐喫茶《しやざきつさ》」。進めて云く、「記得《きとく》す、(6)雪峰《せつぽう》、衆《しゆ》を領《りよう》じて浮江《ふこう》に到り、問うて云く、『二百の僧を寄せて夏《げ》を過《す》ごさんと欲す、得《え》てんや』。(7)浮江、拄杖《しゆじよう》を以て画一画《かくいつかく》して云く、『著不得《じやくふとく》』と。(8)還《かえ》って端的《たんてき》なりや也《ま》た無《いな》や」。師云く、「(9)冤家《おんけ》結び得たり」。進めて云く、「(10)一画底《いつかくてい》、聻《にい》」。師云く、「(11)舌頭《ぜつとう》地に拖《ひ》く」。進めて云く、「著不得と、又た作麼生《そもさん》」。師云く、「(12)力を労すること少なからず」。進めて云く、「人有り、二百の衆《しゆ》を寄せて夏《げ》を過ごさんと道《い》わば、未審《いぶか》し和尚他《た》を容《い》れんや也《ま》た無《いな》や」。師云く、「(13)浄地上《じようちじよう》に向かって屙《あ》すること莫《な》かれ」。進めて云く、「如何《いか》なるか是れ和尚の一句子《いつくす》」。師云く、「(14)退後退後《たいごたいご》」。

(1)**竺土老子…謂之禁足**＝禁足護生のことは【四三の二】注(3)参照。◉(2)**豈非箇一著弄巧成拙**＝結制というやり方は却ってまずかったのとは違いますか。「一著」は囲碁の一手であり、また一個の計略、手段を云う。「弄巧成拙」はうまい結果をねらって、却って事を駄目にしてしまうこと、「為蛇画足」に同じ、『龐居士録』巻上（禅十四・五五下）に見える。◉(3)**鳳林吒之**＝その杜撰《ずさん》胡乱《うろん》なることは鳳林《ほうりん》和尚の叱咤する所なり。『虚堂録』巻一顕孝録、巻四自賛。『犂耕』に云う、「鳳林とは慈明の高弟善侍者が鳳林に住するを謂う」と。福州善侍者は後世でこそ余り知られていないが、当時は慈明の高弟間では恐れられ、特に翠巌可真《すいがんかしん》を叱咤し屈服せしめた故事は『林間録』巻下、『羅湖野録』巻上に詳しい。「鳳林吒之」を方語に「註解不得、不可説」となすは誤り。◉(4)**須弥那畔、大洋海底、一時走徧**＝大力量底の人の行履。『大応録』崇福録六五章の結夏小参を踏まえて。◉(5)**且坐喫茶**＝まあ坐って茶など一服召し上がれ。『臨済録』

行録。◉(6)**雪峰領衆…得否**＝『伝灯録』巻十一浮江（福州大安下）章に見える。『雪峰年譜』には、雪峰七十一歳の景福元年、天台国清寺から臨海浮江に至り、育王寺に遊ぶ途次の事とする（禅十三・九七九）。『虚堂録』巻三浄慈《じんず》録の結夏小参に、この因縁を挙して、なんと云っても出家児のこと衲《わし》なら拒まずに容れたであろうと云う。◉(7)**浮江以拄杖画一画云、著不得**＝『伝灯録』には、「師、拄杖を将て地を画すること一下して云う、『著《お》き得ず、即ち道《い》え』。雪峰、語無し」と。「画地」はここでは【一八の二】下語の「画地為牢」の如く、ここから入ることならぬの表示。◉(8)**還端的也無**＝ほんにそうでしょうか。◉(9)**冤家結得**＝因縁浅からぬ怨敵となる。『虚堂録』巻三育王録。【九〇の一】注(13)参照。因みに虚堂老は云う、「奸峭《かんしょう》（雪峰奸賊と浮江峭峻）互いに陳《なら》び、対面千里」（浄慈《じんず》録）と。◉(10)**一画底、蹔**＝一線を引いた処は、どうですか。「蹔」は【三の一】注(11)参照。◉(11)**舌頭拖地**＝妄談般若の罪、舌が地に落ちるのを免れない。「拖地《だち》」は「堕地《だち》」の意（『助桀』）。『増続伝灯録』巻三無準師範章（史十二・七八六下）。◉(12)**労力不少**＝御無理、御苦労の多いこと。◉(13)**莫向浄地上屙**＝掃き浄めた庭に屎《くそ》をまき散らすな。這裏、祖仏倶《とも》に容《い》れず、あに況んや衲僧をや。『碧巌』七十八頌下語。もと『趙州録』（禅十一・三二〇上）に「浄地上に一堆の屎を屙す」。因みに虚堂老は云う、「大に東閣《とうかく》（＝客舎）を開かん。何が故ぞ、彼此出家児」（浄慈《じんず》録）と。◉(14)**退後退後**＝【六四の二】注(7)参照。

【一〇二の二】

乃《すなわ》ち云く、「(1)衲僧家《のうそうけ》、気宇《きう》王の如し〔(2)若し是れ真正の衲僧ならば気宇王の如くならず〕、**(3)祖仏、倶《とも》に容《い》れず**〔(4)豈《あ》に其れ仏祖のみならんや、衲僧も亦た容れず〕。**今朝甚《なに》に因《よ》ってか(5)二千年前の影子裏《ようすり》に坐在《ざざい》する**〔(6)風流ならざる処、也《ま》た風流。(7)聖人《せいじん》は物《もの》に凝滞《ぎょうたい》せずして、能《よ》く世《よ》と推移《すいい》する〕」。**拄杖を卓して云く、「(8)池を鑿《うが》って月を待たず**〔(9)十年帰《じゅうねんかえ》ること得《え》ざれば〕、**池成って月自《おの》ずから来たる**〔来時《らいじ》の路《みち》を忘却《ぼうきゃく》す。

⑽土牛《どぎゅう》、石田《せきでん》を耕《たがや》すも、未《いま》だ稲《いね》を得《う》る日《ひ》有らず」」。

(1)**衲僧家気宇如王**＝禅僧たるもの王の如き霸気を有す。【一〇の一】注(2)参照。◉(2)**若是真正衲僧、気宇不如王**＝真正の衲僧なら、そんな気負いは無いはず。◉(3)**祖仏倶不容**＝仏祖も寄せつけない。◉(4)**豈其仏祖哉、衲僧亦不容**＝衲僧と云うも要らぬこと。◉(5)**坐在二千年前影子裏**＝二千年前の遺跡を汲々と守る。「影子」は「痕跡」の義。【四三の二】に、「二千年前消息」。◉(6)**不風流処也風流**＝黙々と二千年前の影子を守るが、有り難し。【一の九】注(18)参照。◉(7)**聖人不凝滞於物、而能与世推移**＝聖人は物事にこだわることがなくて、世間の風潮のままに移り変わってゆける。屈原『楚辞』漁父に、漁父が屈原の「我れ独り清《す》む」の立場を批判した語。◉(8)**鑿池不待月、池成月自来**＝月の為に池を掘るのでは無いが、池が出来ると月の方から自ずとやって来る。(月を三宝に、池を聖制に比して)。『虚堂録』巻二宝林録の冬至小参、もと『大慧禅師禅宗雑毒海』に、「雪竇《せっちょう》、盧山《ろざん》の羅漢《らかん》林《りん》禅師の会中に在り。一日、林と同《とも》に池を開くを看る。林問う、『池を開いて月を待たず、池成って月自ずから来たる。如今池成るに、甚麼《なん》と為《し》てか月を見ず』と。竇《ちょう》、瓦片を以て池中に投ぐ。林、之れを喜ぶ」(禅十五・五四上)とあるを踏まえる。◉(9)**十年帰不得、忘却来時路**＝彼はもう十年家へ帰れぬままに、来たときのみちは、もはや忘れてしまっている。『寒山詩』四「欲得安身処」、『闡提記聞』に白隠曰く、「十年とは法成就の時を謂うなり。…薫錬して日久しいときは則ち真俗不二、仮空一馬、途中と家舎と二つ共に打失す。是れ則ち中道の宝所なり、彼の来時の道を忘却する底の十年なり」と。◉⑽**土牛耕石田、未有得稲日**＝土の牛で石ころ畑を耕すようなもの、稲穂の実りを迎える時はない。「稲《dao》」は「道《dao》」に通ず。『寒山詩』六十九「黙々永無言」。「土牛」は「春牛」のこと、農耕の事始めに用いる泥作りの牛。【一〇一の二】下語では「土牛」は「蝸牛」。

【一〇三】

端午上堂。拄杖《しゅじょう》を拈《ねん》じて云く、「(1)**文殊《もんじゅ》、薬を要《よう》すれば**〔(2)鼇《ごう》を釣《つ》って時《とき》に一圏攣《いっけんれん》を下《くだ》す〕、**善財《ぜんざい》薬を採《と》る**〔(3)羆《ひぐま》に非ず熊《くま》に非ず〕、(4)**其《そ》の機《き》に通《つう》ずと雖《いえど》も**〔(5)鼓《く》を打《う》ち琵琶《びわ》を弄《ろう》す、相逢《あいあ》う両会家《りょうえけ》〕、(6)**争《いか》でか我が這裏《しゃり》箇箇《ここ》大安楽《だいあんらく》なるに似《し》かん**〔(7)那《な》一病、何《いず》れの処にか著く、(8)良医《りょうい》の門には病者愈《いよ》いよ甚《はなは》だし〕」。**拄杖を卓して云く、「**(9)**切《せつ》に忌《い》む、無病の薬を求むることを」。拄杖を靠《よせか》けて下座《げざ》**〔(10)幽州《ゆうしゅう》は猶《な》お自《おの》ずから可《か》なるも、尤《もっと》も苦しきは是れ江南《こうなん》〕。

(1)**文殊要薬、善財採薬**＝【一三の一】注(2)参照。◉(2)釣鼇時下一圏攣＝大海亀を釣りたいばかりに、釣り糸を垂らす。『碧巌』三十三則頌。「圏攣」は釣り糸。◉(3)非羆非熊＝捕れた獲物は、大物も大物。霸王の輔となるべき人物。『十八史略』周に見える、周の文王が猟をして太公望に見えた故事。「西伯（文王）将《まさ》に猟せんとす、之れを卜して曰く、『龍に非ず彲《みづち》に非ず、熊に非ず羆に非ず…、獲る所は霸王の輔なり』」。果たして呂尚（太公望）に渭水の陽に遇う」。◉(4)**雖通其機**＝「尽大地、是れ薬」の消息を善く顕わすといえども。◉(5)打鼓弄琵琶、相逢両会家＝文殊・善財、鼓うちと琵琶ひきの名人同士のであい。『碧巌』二十二本則評唱に真浄の頌と云うが、もと『頌古聯珠通集』三十六、浮山法遠の洞山麻三斤頌（禅七・四五二）に見える。「両会家」は『俗語解』［一三七八］に、「二人の名人」。◉(6)**争似我者裏箇箇大安楽**＝我が無病安楽には及ばない。「争似」は反語で「不似（およばない）」の意。◉(7)那一病著何処＝「安楽病云モノハ、ドコへ、カタヅケナサル」。その無病安楽こそ一番厄介な病ではありませんか。◉(8)良医之門病者愈甚＝傅大士の語に「鈩鞴《ろはい》の所は鈍鉄多く、良医の門は病人足《おお》し」とあるが、もと『荀子』法行の六節に、「良医の門に病人多し」と。◉(9)**切忌求無病薬**＝無病に薬を求めることは止めよ。元来無病に薬は不要。【一三の一】の「誰か敢えて驢駝《ろだ》の薬を仮《か》らん」に同趣。杯渡《はいと》禅師の一鉢歌《いっぱつか》に、「何れの処にか更に無病の薬を求めんや」（『伝灯録』巻三十）と。

◉⑽幽州猶自可、尤苦是江南＝幽州はまだましだが、一番苦しいのは江南の方こそ。書き入れに、「幽州」を「世界ノ三毒五塵六欲」、「江南」を「ソナタノ安楽ノ、ヤマイ」とする。【一五】注⑼参照。

【一〇四】

⑴**上堂。「⑵之れを得れば蹉過《しやか》し**〔⑶東家《とうけ》の杓柄《しやくへい》は長し。⑷虎に似て双角《そうかく》多く、牛の如くにして尾巴《びは》を欠く。⑸瓠子《こす》、曲がって彎彎《わんわん》たり〕、**之れを得《え》ざれば及ばず**〔西家《さいけ》の杓柄は短し。⑹前《まえ》、村《そん》に搆《いた》らず、後《しりえ》、店《てん》に迭《いた》らず。冬瓜《とうがん》は直《なお》くして儱侗《ろうとう》たり〕。**然《しか》も是《かく》の如くなりと雖《いえど》も、⑺三十年後《さんじゆうねんご》、此の語《ご》大いに行なわれて始めて得《え》ん**〔⑻大小大《だいしようだい》の国師、漏逗《ろうとう》少なからず。⑼牛頭《ごず》を按《あん》じて草を喫せしむ〕」。**払子《ほつす》を以て禅床《ぜんしよう》を撃《う》って下座《げざ》**〔⑽裩無《こんな》うして猶《な》お草裏《そうり》に坐すること有り〕。

⑴**上堂**＝五月十五日の旦望上堂か。◉⑵**得之而蹉過、不得之而不及**＝得たと云ったら逸し、得ないと云うのも駄目。「之」は「者箇」、本分の一大事。「蹉過」は「逸する、間違う」。◉⑶東家杓柄長、西家杓柄短＝襷《たすき》には長く、帯《おび》には短し。【八の二】注⑺、【八一の二】注⑶⑷参照。◉⑷似虎多双角、如牛欠尾巴＝底本の「鼻巴」は「尾巴」の誤記。角ある虎、尾の無い牛、怪しげなる物だぞ。【八〇の三】注⑸参照。◉⑸瓠子曲彎彎、冬瓜直儱侗＝此れはふくべのように曲がり、他は冬瓜のように真っ直ぐ。「儱侗」とは「直の様」を云う語。【一〇一の二】注㊲参照。◉⑹前不搆村、後不迭店＝前へ進んでも村にはたどり着けず、引き返しても旅籠には行き着けない。『秘鈔』に、「落ち着けない」と、『碧巌』六十三頌評唱。◉⑺**三十年後此語大行始得**＝いずれ分かるときが来る、それでよい。【八の一】注⒂参照。◉⑻大小大国師、漏逗不少＝さすがの国師も手抜かった。「漏逗」は「手抜かり、粗忽である、大雑把で不注意である」の義。『碧巌』二頌評唱。「大小大」は【五の一】注⑾参照。◉⑼按牛頭喫草＝牛の頭を押さえ付けて無理に秣を食わせようと

する様な愚。『碧巖』七十六頌。◉(10)無裩猶有草裏坐＝国師の児の為に醜きを忘れる様を抑下して。【一の七】注㊶参照。

【一〇五】

(1)半夏《はんげ》上堂。「(2)今朝、相逢《あいあ》うて等閑《なおざり》に問過《もんか》すれば〔(3)問過は且《しば》らく置く、如何《いかん》が勘過《かんか》するを得ん。(4)出身《しゅっしん》は安く、脱体《だったい》に言うことは難し〕、**(5)人人、今日半夏と道《い》うことを解《げ》す**〔人人、今日半夏と道うことを解す、(6)遠水《えんすい》は近火《きんか》を救い難く、遠親《えんしん》は近隣《きんりん》に如《し》かず〕。**(7)阿呵呵《あかか》、阿呵呵《あかか》**〔(8)笑い一場《いちじょう》、哭一場《こくいちじょう》。(9)狒狒《ひひ》笑って囚《とりこ》に就き、猩猩《しょうじょう》泣いて繋《つな》がる〕。**山僧《さんぞう》、与麼《よも》に道《い》う、(10)是れ諸人《しょにん》を褒《ほう》するか**〔(11)依稀《いき》たり松の屈曲《くつきょく》〕、**是れ諸人を貶《へん》するか**〔彷彿《ほうふつ》たり石の斕斑《らんぱん》〕。**拄杖《しゅじょう》を卓《たく》すること一下《いちげ》して云《いわ》く、「(12)六月松風を売らば、人間《じんかん》恐らくは価《あたい》無からん**〔(13)伏屍《ふくし》百万、流血楯《たて》を漂《ただよ》わす〕」。

(1)**半夏上堂**＝六月一日の上堂。◉(2)**今朝相逢等閑問過**＝けさ出会い頭に挨拶すれば。「等閑」は「やぶからぼうに、一寸」、「問過」は「問い詰める、調べあげる」。◉(3)問過且置、如何得勘過＝問うことはしばらく差し置いて、どう心底を勘破するか。「勘過」は「吟味を加える、真相を見極める」の義。◉(4)出身安脱体言難＝悟りを開くことはむしろやさしい、その悟りを有りのままに言うことは難しい。『碧巖』四十六本則、鏡清の語に、「出身は猶お易かる可きも、脱体に道うことは応に難かるべし」と。◉(5)**人人解道今日半夏**＝みんな「今日は半夏だ」と言う。◉(6)遠水難救近火、遠親不如近隣＝遠くの水、遠くの親類では役に立たない（よそ事では駄目）。【六五】注(9)参照。◉(7)**阿呵呵、阿呵呵**＝アッハァハァ、アッハァハァ。【三六】本文にも。◉(8)笑一場哭一場＝その大笑いの中に痛哭の声しきり。『貞和集』巻十愚極智慧（破菴下二世）の「泰上人、母を省し、父の喪に奔る」に、「衲《のう》、煙雲を捲《ま》いて帰路長く、家山低き処草荒涼。娘生《じょうしょう》の面有り、爺《や》の姓無し、笑い一場の時哭一場」と。もと『碧巌』十二頌の結句「道《い》うことを解《げ》す、笑う合《べ》し哭《こく》す合《べ》からず」の評唱を踏まえて。◉(9)狒狒笑就囚、猩猩泣見繋＝ひひは人を見て笑うばかりに打ち殺されてしまう、猩々は悲しげに啼いてとりことなる。『文選』巻五左思「呉都賦」に、「猩々啼《な》いて禽《とりこ》に就《つ》き、狒狒《ひひ》笑いて格《ころ》さる」とあるが、後句は【六六の二】注(21)を参照。前句は「狒々は食人獣で、人を見ては手を執って笑い乃ち食べる。それで臂に筒をはめて与えると筒を執って笑う、笑うとき唇《くちびる》が目を覆うてしまうので、その時猩々の唇と額を打ちつけて殺す」(『文選』の劉注)の意。◉(10)**是褒諸人、是貶諸人**＝これは諸君をほめた笑いか、けなした笑いか。◉(11)依稀松屈曲、彷彿石斕斑＝曲がりくねった松のようでもあり、斑模様の石のようでもある。『虚堂録』巻一興聖録。◉(12)**六月売松風、人間恐無価**＝底本の「買」は「売」の誤植。『大灯録』原本、貞永寺版も「売」。六月(の真夏の真っ盛り)に(我が山中の)松風を売り出せば、世間では買い手がつかん程の値打ちだろう(この境地を少しでも皆に味わって欲しいという国師の悲願)。【四八の一】注(4)、頌古第十一則(【二一八】)頌注(6)参照。◉(13)伏屍百万、流血漂楯＝戦場で無数の人が死んで流血が楯を漂わせる(それほど恐ろしい一句子)。『史記』秦始皇紀に、「伏尸《ふくし》百万、流血漂鹵《たて》」。

【一〇六】

(1)**上堂。挙《こ》す。「(2)菩薩《ぼさつ》、樹下《じゅげ》に於いて坐す**〔(3)諸仏無上の妙道は曠劫《こうごう》の難行にして、忍び難きを能《よ》く忍び、行じ難きを能く行ず、万古《ばんこ》の榜様《ぼうよう》〕、(4)**天龍八部《てんりゅうはちぶ》・梵釈《ぼんしゃく》四王《しおう》、悉《ことごと》く以て歓喜《かんぎ》し、空中に於いて踊躍讃嘆《ゆうやくさんたん》す**〔(5)天上の月を貪《むさぼ》り看《み》て、掌中《しょうちゅう》の珠《たま》を失却す、外に向かって工夫を做《な》すは、総に是れ痴頑《ちがん》の漢《かん》〕。**時に(6)第《だい》六天《ろくてん》の魔王、宮殿自然《じねん》に動揺《どうよう》し、心《こころ》大いに懊悩《おうのう》す**〔風流ならざる処、也《ま》た風流。(7)鴛鴦《えんおう》繍出《しゅうしゅつ》して君が看るに従《まか》す、金針《きんしん》を把《と》って人に度与《どよ》すること莫《な》かれ〕。**乃《すなわ》ち念言《ねんごん》すらく**〔(8)夜明簾外《やみょうれんがい》の珠《たま》、痴人《ちじん》、剣を按《あん》じて立つ〕、『(9)**沙門瞿曇《しゃもんくどん》、今樹下《じゅげ》に在りて端坐思惟《たんざしゆい》す**〔(10)驪珠《りしゅ》、光燦爛《さんらん》、蟾桂《せんけい》、影婆娑《かげばさ》〕、**久《ひさ》しからずして広く一**

切を度《ど》し〔殊《こと》に知らず、威音《いおん》已前《いぜん》に度脱《どだつ》し了《お》わることを〕、**我が境界《きょうがい》を超越《ちょうおつ》せん**〔(11)已《すで》に是れ超越せんと欲す、将《は》た短墻《たんしょう》に似《に》たる者か。作麼生《そもさん》か是れ我が境界《きょうがい》。(12)眼横鼻直《げんのうびちょく》、什麼《なん》の欠少《かんしょう》する所か有る〕。**今往《ゆ》いて之れを壊乱《えらん》せん**〔錯《しゃく》、錯。笑うに堪《た》えたり、(13)螻蟻《ろうぎ》、鉄柱《てっちゅう》を撼《ゆりうごか》す、壊乱するも亦た好《よ》し〕』**というて、乃ち無量の眷属《けんぞく》と倶《とも》に**〔(14)大衆退後《だいしゅたいご》、箇箇大聖文殊来也《ここだいしょうもんじゅらいや》〕、**菩薩を囲繞《いにょう》し、大悪声《だいあくせい》を発《はっ》して天地を震動《しんどう》す**〔(15)正《まさ》に好《よ》し供養《くよう》するに。(16)錦上《きんじょう》に花を鋪《し》く、又た一重《いちじゅう》〕。**菩薩心《しん》定まって顔に異相《いそう》無く**〔(17)江碧《こうみどり》にして鳥愈《いよ》いよ白く、山青くして花然《も》えんと欲す〕、(18)**怡然《いぜん》として動ぜず、驚かざること**〔(19)松杉風外《しょうさんぷうがい》、乱山青《らんざんあお》し〕**猶《な》お獅子の鹿群《ろくぐん》に処《お》るが如し**〔(20)是法平等無有高下《ぜほうびょうどうむうこうげ》〕。**是《こ》こに於いて諸魔、自然《じねん》に散壊《さんえ》す**〔者《こ》の(21)龍頭蛇尾《りゅうとうだび》の漢《かん》、(22)従頭聚会《じゅうとうじゅえ》せず、豈《あ》に散壊有らんや〕』。**師云く、**「(23)**大衆《だいしゅ》、世尊の降魔《ごうま》は無きにはあらず**〔(24)良を圧《お》さえて賤《せん》と為《な》す、何《いず》れの処より者《こ》の消息を得たる〕、(25)**只だ是れ如来禅《にょらいぜん》を用うるが故《ゆえ》に、其の力全《まった》からず**〔(26)人を誣《し》いるの罪。(27)羅漢《らかん》に三毒《さんどく》有りと説く可《べ》けれども、仏に如来禅有りと説くこと莫かれ〕。**吾が衲僧家《のうそうけ》、祖師禅を用いて衆魔を降伏《ごうぶく》す、又た作麼生**〔何の長処《ちょうしょ》か有らん、(28)家醜《かしゅう》外《そと》に向かって揚《あ》ぐること莫かれ〕』。**払子を以て禅床を撃《う》つこと一下して云く、**「(29)**看《み》よ看よ、諸魔、尽《ことごと》く胆《きも》裂《さ》け、道光《どうこう》、忽《たちま》ち超昇《ちょうしょう》することを**〔(30)長歌三《ちょうかさん》月響《げっぴび》き、短舞万人看《たんぶばんにんみ》る〕』。

(1)**上堂**＝六月十五日の旦望上堂。釈迦八相の第五降魔をテーマに。◉(2)**菩薩於樹下而坐**＝以下『過去現在因果経』巻三（大正三・六三九下―六四〇下）を踏まえて。「菩薩」は釈迦を指す。◉(3)諸仏無上妙道…万古榜様＝『伝灯録』巻三に達磨が慧可を諭して「諸仏無上の妙道は曠劫に精勤《しょうごん》し、行じ難きを能く行じ、忍《しの》ぶに非《あら》ざるを而も忍ぶ」と云っているが、これは永遠のお手本である。◉(4)**天龍八部梵釈四王**＝天龍等の八人衆の守護神・梵天・帝釈天・四天王を云う。◉(5)貪看天上月、失却掌中珠＝自己に在るを忘れて、徒《いたず》らに他に仏を求めるの愚。「手前デ骨折レ」。『碧巌』

二十八本則評唱。◉⑹**第六天魔王**＝欲界の第六天である他化自在天のこと、波旬とも云う魔王。◉⑺鴛鴦繡出従君看、莫把金針度与人＝「ココノ、針メハ、人ニ、話サレル物デハナイ」。【二七】注⑶参照。◉⑻夜明簾外珠、痴人按剣立＝珠をみては、愚人は却って怪しむ。【二四の二】注⑿参照。◉⑼**沙門瞿曇**＝剃髪して出家した釈尊。釈尊時代、外教の人たちが釈尊を呼んだ通称。◉⑽驪珠光燦爛、蟾桂影婆娑＝宝珠の光はきらきら、月影ゆらゆら。『林間録』巻下に見える、克符《こくふ》道者（臨済下）の臨済四料簡「奪人不奪境」頌。【二の二】注⑷参照。◉⑾已是欲超越…作麼生是我境界＝波旬の境界とは飛び越えられる程の低い垣根か、そんな我が境界とはどんなものじゃ。◉⑿眼横鼻直、有什麼所欠少＝眼は横に、鼻は縦に、何も足らぬものはない。◉⒀螻蟻撼於鉄柱＝ビクとも動かぬ。『碧巌』五十七頌。◉⒁大衆退後、箇箇大聖文殊来也＝さあ皆な脇にさがれ、能く見ればそれぞれが文殊大師のご入来であるぞ。大聖は高位の菩薩の尊称。魔の眷属と云うも文殊の仮りの姿。◉⒂正好供養＝大悪声も供養の読経の声。馬祖翫月の西堂の言（馬祖録）。【二二の一】参照。◉⒃錦上鋪花又一重＝【二一の二】注⑸参照。◉⒄江碧鳥愈白、山青花欲然＝菩薩の相。【三一の二】注⒀参照。◉⒅**怡然**＝喜び楽しむさま。◉⒆松杉風外乱山青＝菩薩の相。松や杉のこずえをわたる風のかなたに、乱れ連なる山々が青々としている。『三体詩』七絶の儲嗣宗《ちょしそう》「小楼」に、「～、曲几に香を焚いて石屏に対す。記得す去年春雨の後、燕泥時に太玄経を汚せしむ」と、人に理解されずに閑居する様を詠う。◉⒇是法平等無有高下＝「此ノ下語ハ、クズジャ」。『金剛経』浄心行善分第二十三。◉㉑心如波旬、面似夜叉＝尻すぼみ、中途半端。『碧巌』十本則下語。拈古第一則（【二六六】）注⒂参照。◉㉒従頭不聚会、豈有散壊＝もとより集まるということもないのに、どうして散り散りになるということがあろうか。「従頭」は「はじめから」。◉㉓**大衆世尊降魔不無**＝「大衆」は注意を喚起する為の呼びかけ。魔を降《くだ》したことはしたが。◉㉔圧良為賤、何処得者消息＝降魔などを認めるとは、つまらんことをしおって。そんなこと何処で聞いてきた。前句は【七二の一】注⑾参照。後句は【五の二】注⑷参照。◉㉕**只是用如来禅故、其力不全**＝白隠禅師の下語にもある如く、文字通りに受け取る可からず。【四九の一】

注(6)、頌古第十五則（【一二三二】）垂示を参照。◉(26)心如波旬、面似夜叉＝無いことを有るように云う罪。【七五の一】注(11)参照。◉(27)可説羅漢有三毒、莫説仏有如来禅＝まかり間違っても、仏の禅は如来禅だなどと吐かすでない。前句は、絶対あり得ないことの喩えで、後句の否定形を強調。前句は『碧巌』九十五本則に長慶の語として見える。◉(28)家醜莫向外揚＝家門の恥を世間にさらしなさるな。あまり宗旨の秘密を漏らしなさるな。化城鑑の語。【五八の一】注(11)参照。◉(29)看看、諸魔尽胆裂、道光忽超昇＝諸々の悪魔は肝つぶれ、仏道の光たちまち昇る。同前『経』には「夜、魔を降伏し、已に大光明を放つ」と。◉(30)長歌三月響、短舞万人看＝一たび長く声をひいて歌えば三月ものあいだ余韻をひびかせ、一さし舞えば多くの人がこぞって見に来る。国師の一句子余韻嫋々。『寒山詩』七「城中娥眉女」。前句は韓娥《かんが》という名歌手の故事を踏まえて。頌古第三十六則（【一二五三】）垂示参照。

【一〇七】

(1)上堂。「(2)至道無難《しどうぶなん》〔至道無難、(3)鬼哭《きこく》し神悲《しんかな》しむ〕、**唯嫌揀択《ゆいけんけんじやく》**〔唯嫌揀択、(4)天廻《めぐ》り地転《てん》ず〕」。**忽《たちま》ち拄《しゅ》杖《じょう》を拈《ねん》じ、卓一下《たくいちげ》して云く、「者箇《しやこ》は是れ龍宝《りゅうほう》が拄杖子**〔(5)咄《とつ》、放下著《ほうげじやく》、是れ什麼《なん》の繋驢橛《けろけつ》ぞ〕、**(6)至道と揀択と什麼《いずれ》の処にか在る**〔至道と揀択と什麼の処にか在る、(7)作麼作麼《そもそも》〕」。**又た卓一下して云く、「(8)但《た》だ憎愛《ぞうあい》莫《な》ければ、洞然《とうねん》として明白《めいばく》なり**〔但だ憎愛莫ければ、洞然として明白なり、(9)聞道《きくなら》く愁《うれ》いは遣《や》り難しと、斯《こ》の言《げん》真ならずと謂《おも》いき〕」。

(1)上堂＝元徳二年の閏六月一日の旦望上堂か。◉(2)至道無難、唯嫌揀択＝至極の大道はなんでもない、ただ選り好みさえしなければよいだけ。「嫌」は「避ける」の義。『碧巌』二則、三祖『信心銘』。三祖大師は【一四八】注(5)参照。◉(3)鬼哭神悲＝「スサマジキ、モノダ」。【六の二】注(27)参照。◉(4)天廻地転＝「ソマツニ見ルト違ウ」。白居易「長恨歌」に「天旋地転」と、「天下の情勢が一変する」の義。◉(5)咄、放下著、是什麼繫驢橛＝こら、放ってしまえ、そんなもん驢馬繋ぎ杭の役だけ。◉(6)**至道与揀択在什麼処**＝至道と云い揀択と云うも、本来何処にもない。◉(7)作麼作麼＝どうだ、どうだ（と、問い詰める）。◉(8)**但莫憎愛、洞然明白**＝憎い、可愛いのと云うことが無くんば、「真如ノ月ガ照リ輝ク」。◉(9)閒道愁難遣、斯言謂不真＝愁いというものは、なかなか追い払いにくいものだと聞いて、そんなことは本当じゃないと思っていたが（しかし全くその通りだ）。『寒山詩』三十七。

【一〇八】

(1)**上堂。「**(2)**世界、恁麼《いんも》に熱《ねつ》す**（(3)好箇《こうこ》の消息、(4)熱《ねつ》の時は闍梨《じゃり》を熱殺《ねっさつ》す）、**什麼《なん》と為《し》てか**(5)**看雲亭上《かんうんていじょう》、炎威《えんい》到ること得《え》ざる**（(6)即今《そっこん》、何《いず》れの処にか在る、(7)湘《しょう》の南、潭《たん》の北、中《なか》に黄金《おうごん》有って一国に充《み》つ）。**若し人、者《しゃ》箇《こ》の道理を識得せば**（(8)若し道理の会《え》を作《な》さば白雲万里《はくうんばんり》、(9)若し又た識得せば剣去《けんさ》って久《ひさ》し）。(10)**三十年後、一日頭《こうべ》白きことを免れ得ん**（(11)小売弄《しょうまいろう》、(12)猶《な》お是れ二千年の滞貨《たいか》、(13)海神《かいじん》、貴《たっと》きことを識《し》らず）」。

(1)**上堂**＝閏六月十五日の上堂か。◉(2)**世界恁麼熱**＝【一六の一】参照。◉(3)好箇消息＝耳よりな知らせ。「アア、ヨイ便宜ジャ」。『碧巌』二十五頌下語。◉(4)熱時熱殺闍梨＝暑い時は暑さ三昧になりきれ。【七二の二】注(5)参照。◉(5)**看雲亭上炎威到不得**＝世間では熱いと騒いでいるが、我が這裏は清涼界。「看雲亭」は『大徳寺誌』十境の条に、方丈の巽（東南）とあるが、今は無い。◉(6)即今在何処＝「看雲亭上バカリ、デハナイ」。◉(7)湘之南潭之北、中有黄金充一国＝いずれの処も清涼界。【一の三】注(1)参照。◉(8)若作道理会白雲万里＝理屈をつけたら、遠くして遠い。◉(9)若又識得剣去久矣＝識得したと云ったなら、幻影を認めるのみ。「剣去久」は【一の七】注(46)参照。◉(10)**三十年後免得一日頭白**＝死に臨んで、焦慮心痛の余りたちまち髪が白くなるようなことは免れよう。三十年は一世を云う。【二一の二】注⒀参照。◉⑾小売弄＝さまでもなきものを自慢げにしおって。【一の八】注㉜参照。◉⑿猶是二千年滞貨＝釈尊以来誰も買い手の無い店晒し。「梵天ニ托上シタ」。【一の五】の下語に、「五百年滞貨」と。◉⒀海神不識貴＝海神は珠を持っていても、その値打ちを知らない。【八八】注⑸参照。

【一〇九】

⑴七月旦《たん》上堂。「**⑵一葉《いちよう》落ちて天下秋なり**〔一葉落ちざれば天下秋ならず、⑶**蘭《らん》に秀《ひい》でたる有《あ》り、菊《きく》に芳《かんば》しき有《あ》り**〕、**一塵《いちじん》起《お》こって大地《だいち》収《おさ》まる。⑷時節《じせつ》遇《あ》い難《がた》し**〔⑸尽大地沙門《しゃもん》の一隻眼《いっせきげん》、者裏《しゃり》時節無く一塵無し〕、**⑹提掇《ていてつ》し難き処、転《うた》た風流**〔⑺一段の風光《ふうこう》、画けども成らず〕」。**払子《ほっす》を撃《う》って下座《げざ》**〔⑻顧鑑咦《こかんい》〕。

⑴**七月旦上堂**＝七月一日の旦望上堂。◉⑵**一葉落天下秋、一塵起大地収**＝一葉落ちて天下の秋を知り、一塵の内に大地の全てを見る。『大応録』二十二章の七月旦上堂語、もと『宗鏡録』巻三十一に、「～、～、一華開天下春」と。前句は【五〇の一】注⑵参照。後句は『雲門広録』巻上に洛浦和尚（夾山下）云くとして、「一塵纔起大地全収」（禅十一・三三九上）とあるを踏まえる。◉⑶蘭有秀兮菊有芳＝秋蘭には長い柄の花が出て、菊には芳しい花が咲き出した。『文選』巻四十五漢武帝「秋風辞」。◉⑷**時節難遇**＝今日この時節を逃しては又と逢いがたい。【七五の一】注⑷参照。◉⑸尽大地沙門一隻眼＝【九四の二】注⒃参照。◉⑹**難提掇処転風流**＝提示し難い所になんとも云えない味がある。『虚堂録』巻一報恩録。【一の六】注㉒参照。◉⑺一段風光画不成＝絵にも画けない美しさ。【一の七】注㊱参照。◉⑻顧鑑咦＝自ら省みよ。「気ヲ付ケテ骨折レ」。雲門が学人の機を試みた手段。「顧鑑」とも「鑑咦」ともいう。『禅林僧宝伝』巻二雲門章に、「毎《つね》に僧を顧見して即ち曰う、『鑑咦』と。而して之れを録する者、『顧鑑咦』と曰う。徳山密禅師、『顧』字を刪《けず》り去って、但だ『鑑咦』と曰うのみ。叢林目《な》づけ以て抽顧頌と為す」と。【一三の二】注⑺参照。

【二一〇の二】

(1)解夏小参《かいげしょうさん》。僧問う、「(2)昨《さく》は垂楊《すいよう》の緑《みどり》を見《み》、今は落葉の黄《き》なるに逢《あ》う。聖制周円《しょうせいしゅうえん》の事《じ》、願わくは更に挙揚《こよう》を聞かん」。師云く、「(3)意気《いき》有る時、意気を添《そ》う」。進めて云く、「兄弟一夏《ひんでいいちげ》、法令を犯《おか》さず、来日期《き》満ちて東去《とうきょ》西行《さいこう》す、(4)賞労言薦《しょうろうごんせん》、又た作麼生《そもさん》」。師云く、「(5)家家《かか》の門路《もんろ》、長安に通《つう》ず」。進めて云く、「(6)潙山《いさん》、仰山《きょうざん》に問う、『子《なんじ》、一夏《いちげ》上来《じょうらい》せず、下面《あめん》に在って箇《こ》の什麼《なに》をか作《な》し得たる』。仰《きょう》云く、『(7)一片《いっぺん》の畬《あらた》を鉏《す》き得《え》、一籮《いちら》の粟《あわ》を種《う》え得たり』と。意、那裏《なり》にか在る」。師云く、「父子《ふし》、(8)火《ひ》を取って夜遊《やゆう》す」。進めて云く、「潙《い》云く、『子、虚《むな》しく一夏《いちげ》を過《す》ごさず』と。意旨《いし》作麼生」。師云く、「(9)末後《まつご》を初めと為《な》す」。進めて云く、「仰《きょう》云く、『和尚、箇《こ》の什麼《なに》をか作《な》し得たる』。潙《い》云く、『(10)日間一食《にっかんいちじき》、夜後一寝《やごいっしん》』と。如何《いかん》が端的《たんてき》を辨ぜん」。師云く、「(11)両口一舌《りょうくいちぜつ》」。進めて云く、「仰《きょう》云く、『和尚も亦た虚《むな》しく一夏を過ごさず』と道《い》い了《お》わって(12)舌《した》を吐《は》く。(13)聻《にい》」。師云く、「(14)跪乳《きにゅう》の礼《れい》を知る」。進めて云く、「潙《い》云く、『子、(15)何ぞ自《みずか》ら己命《こみょう》を傷《そこな》うことを得たる』と。如何《いかん》が領略《りょうりゃく》せん」。師云く、「(16)得て戮《りく》せず」。進めて云く、「忽《たちま》ち人有り、和尚に今夏《こんげ》の事《じ》を問著《もんじゃく》せば、又た如何《いかん》が祇対《したい》せん」。師云く、「(17)徐《おもむろ》に行《ゆ》いて蹋断《とうだん》す流水の声、縦《ほしいまま》に観《み》て写《うつ》し出《いだ》す飛禽《ひきん》の跡《あと》」。進めて云く、「(18)夜来《やらい》の雁《かり》に因《よ》らずんば、争《いか》でか海門《かいもん》の秋を見ん」といって便ち礼拝《らいはい》す。

(1)**解夏小参**＝七月十四日の小参示衆。◉(2)**昨見垂楊緑、今逢落葉黄**＝つい昨日春が来たと思ったら、早や秋が来た。【一七の二】注(1)参照。◉(3)**有意気時添意気**＝いやが上にも意気をあげ。【五一の一】注(4)参照。◉(4)**賞労言薦**＝「言薦賞労」とも、解夏に際し師家が修行者の見解を辨験し、功有る者を言葉でねぎらい、褒めること。『虚堂録』巻八浄慈《じんず》後録、もと『伝灯録』巻十三風穴章に、「問う、『九夏賞労、請う師言薦《ごんせん》せよ』。師曰く、『岫《しゅう》を出て払開《ほっかい》す龍洞の雨、波に汎《うか》べて僧は鉢嚢《はつのう》の花を涌かす』」と。◉(5)**家家門路通長安**＝各自の脚下がそのまま長安に通じている。【三九の一】

注(5)参照。◉(6)**潙山問仰山…作得箇什麼**＝お前さんは一夏の間、一度も山に上って来なかったが、下で何をしていたのか。『会元』巻九仰山章、『五家正宗賛』巻四潙山章に見える、但し語句は、『虚堂録』巻八浄慈《じんず》録の解制小参を踏まえる。◉(7)**鉏得一片畬、種得一籮粟**＝鋤で一枚の田を開き、一籠の粟を蒔いていました。◉(8)**取火夜遊**＝（昼は無論のこと、精一杯）夜も燭をとって遊ぶ（遊戯三昧）。「秉燭夜遊」とも云い、『文選』巻二十九古詩十九首の其十五に、「生年《せいねん》は百に満《み》たず、常に千歳《せんざい》の憂《うれ》いを懐《いだ》く。昼は短くして夜の長きに苦しむ、何ぞ燭《しょく》を秉《と》って遊ばざる」とあるを踏まえる。「夜遊」は後の頌古第二十三則（【二四〇】）頌にも、「琉璃殿上夜遊闌」と見える。◉(9)**末後為初**＝びりが先頭になった。『首山念録』、石門慧徹の語に、「先に行くもの到らず、～」（禅十一・二五五下）とあり、『碧巌』八十三頌下語に、「先行不到、末後太過」と見えるのと同趣、意は「先に行ったものが着いていないのに、後のものが既に通過した。前後不揃い、転じて、両者いずれも本分の事に契当していない」であるが、ここは抑下の托上。◉(10)**日間一食、夜後一寝**＝昼は飯を食い、夜は寝た。『助桀』に、「作務する所無し」と。◉(11)**両口一舌**＝夫唱婦随。【九八】注(16)参照。【五八の二】に、「父子唱和、両口無一舌」。◉(12)**吐舌**＝「驚き畏れる様」を示す。『助桀』に、「仰山自ら諱《いみな》に触るることを知る故に」と。◉(13)**聻**＝【三の二】注(11)参照。◉(14)**跪乳之礼**＝子羊は母羊の恩を知り、跪《ひざまず》いて乳を飲む。獣類も孝道を知るの喩え。『公羊伝《くようでん》』巻八荘公二十四年「曷用棗栗云乎」の漢何休《かきゅう》の注に、「羔《こひつじ》は其れ之れを執《と》るに鳴かず、之れを殺すに号《さけ》ばず、乳は必ず跪いて之れを受く、義に死して礼を知る者に類するを取るものなり」と。◉(15)**何得自傷己命**＝どうして自分で自分の命をそこなうような事をするのか。『助桀』に、「仰山は自ら諱に触れて自ら之れを怖るる故に」と。『大灯録』原本では「傷」は「復」となっているが誤記。◉(16)**得而不戮**＝捕らえても殺さない。『参詳語要』一勘辨に、賫云う「已《すで》に你が過《とが》を放《ゆる》す」の下語にも、「～、能く幾人ぞ」とある。『左氏伝』昭公十五年に、晋の荀呉《じゅんご》「而る後に之れを取り、…一人を戮せず」と。◉(17)**徐行蹋断流水声、縦観写出飛禽跡**＝心のびやかに川を越え、野を越え、飛ぶ鳥の如く自由自在に行脚する、解制後の現成公案。「蹋」は「踏」とも、「踏断」は「踏

み越える」の意で、「踏破」の意に近い。『碧巌』六頌。◉⒅**不因夜来雁、争見海門秋**＝お蔭様で納得が行きましたと、秋の縁語に掛けて僧の礼話。【一三の一】注⒅参照。

【一一〇の二】

師、乃《すなわ》ち云く、「⑴**秋風、玉管《ぎよくかん》を吹く**〔⑵仏性の義理を識《し》らんと欲しなば、当《まさ》に時節因縁《じせついんねん》を観《かん》ずべし〕、⑶**知音《ちいん》は青霄《せいしよう》の外《そと》にも住《とど》まらず**〔⑷者裡《しやり》、内外《ないげ》無く中間《ちゆうかん》無し、何《いず》れの処にか青霄《せいしよう》の外を著《つ》けん〕。⑸**秋月、氷《ひよう》輪《りん》を碾《きし》る、光輝《こうき》、塵刹《じんせつ》を尽くして照絶《しようぜつ》す**〔⑹無孔《むく》の鉄鎚《てつつい》、当面《とうめん》に擲《なげう》つ。⑺輪鎚《りんつい》撃てども開《ひら》かず、吹毛《すいもう》截《き》れども入《い》らず〕。⑻**全放全収《ぜんほうぜんしゆう》**〔勘破了也《かんぱりようや》〕、**古路、誰《たれ》有ってか踏著《とうじやく》せん**〔⑼古殿深沈《こでんしんちん》として暁《あかつき》未だ開かず、緑陰《りよくいん》空しく鎖《と》ざす旧苺苔《きゆうばいたい》〕。⑽**一擒一縦《いつきんいちじゆう》、動容《どうよう》声《しよう》色《しき》威儀《いぎ》あり**〔⑾道場を起《た》たずして諸《もろもろ》の威儀を現ず。⑿泥団《でいだん》を弄《ろう》する漢《かん》、何の限《かぎ》りか有らん〕。**矧《いわ》んや亦た諸人**⒀**一百二十日、**⒁**終《つい》に虚《むな》しく匙《さじ》を拈《ねん》じ筯《ちよ》を放《はな》たず**〔⒂自屎《じし》臭《くさ》きことを覚《おぼ》えず〕。**来日期《き》満ちて聖制周円《しようせいしゆうえん》**〔⒃鉄火団圞《てつかだんらん》たり尽十方《じんじつぽう》、期満周円《きまんしゆうえん》満面の惶《こう》〕、**各各《おのおの》脚跟下《きやつこんか》に従って去ることを得ん**〔⒄多少《たしよう》の閙閙騒騒底《にようにようそうそうてい》、何の長処《ちようしよ》か有らん〕。⒅**妨げず、須弥《しゆみ》を踢倒《てきとう》し**〔⒆豈《あ》に是れ分外《ぶんげ》の事《じ》ならんや〕、**滄溟《そうめい》を立乾《りつけん》することを**〔⒇是れ何の閑伎倆《かんぎりよう》ぞ、猶《な》お是れ棺頭辺《かんとうへん》の事《じ》〕。**然《しか》も是《かく》の如くなりと雖《いえど》も、忽若《も》し**(21)**娑竭《しやかつ》、海《うみ》を出《い》でて龍宮震《りゆうぐうふる》うことを見ば**〔(22)虚空《こくう》消殞《しよういん》し鉄山《てつせん》砕《くだ》く、(23)纔《わず》かに出頭《しゆつとう》し来たれば喪《そう》身失命《しんしつみよう》す〕、**切《せつ》に**(24)**多地夜他《たじやた》を誦《じゆ》すること莫《な》かれ**〔(25)誰《たれ》か知る遠き煙浪《えんろう》に、別に好思量《こうしりよう》有ることを〕。**何《なん》が故《ゆえ》ぞ、**(26)**抖擻《とそう》す多年の穿破衲《せんぱのう》、襤襂《らんさん》一半雲《いつぱんくも》を逐《お》うて飛ぶ**〔(27)転《うた》た鉤距《こうきよ》の意を抱いて、絹《きぬ》を買うに先ず綾《あやぎぬ》を揀《えら》ぶ〕」。

⑴**秋風吹玉管**＝秋吹く風も玉笛の曲調（天籟《てんらい》の声）、ここは国師自らの家風を云う。「玉管」とは、玉で造った六孔ある古楽器で、以て十二律を定めた。後に管楽器を一般に指す。『臨済録』行録の三峰《さんぽう》平和尚と臨済との問答に、「平云く、

『金風、玉管を吹く、那箇か是れ知音』。師云く、『直に万重の関を透って、清霄の内にも住《とど》まらず』」とある。『会要』巻九臨済章では「金風」は「秋風」とあり、『大灯録』は『会要』に準じている。◉(2)欲識仏性義理、当観時節因縁＝時節に即した一句、誠に御尤も、と褒めたところ。【二の二】注(2)参照。◉(3)**知音不住青霄之外**＝調べ高くして賞音の者まれなり。『臨済録』、『会元』では「青霄内」であるが、『会要』では「青霄外」。『会要』に準ずれば、「(青霄の内のみならず) 青霄の外にも住《とど》まらず」と読むべきか。◉(4)者裡無内外…何処著青霄外＝仏性に内外、中間も無いというのに、「青霄外」と云う所も在る筈も無い。◉(5)**秋月碾氷輪、光輝尽塵刹而照絶**＝秋月の推移するや、団々として氷の如く澄み、その光は世界中隅々まで照らし尽くす。◉(6)無孔鉄鎚当面擲＝柄の無い鉄鎚を真っ正面に投げ出した（這箇本分底）。『碧巌』二十九本則下語。【八の二】注(2)参照。◉(7)輪鎚撃不開、吹毛截不入＝歯が立たない。【一の三】注(2)参照。◉(8)**全放全収、古路有誰踏著**＝徹底放行・徹底把住、この仏祖の古路を踏み行く者は希なり。「古路」は香厳《きようげん》投機の偈の「動容に古路を揚げ、悄然の機に堕せず。処処蹤跡《しようせき》無く、声色、威儀を外《わす》る」を踏まえて。頌古第十九則（【二三六】）本則注(10)参照。◉(9)古殿深沈暁未開、緑陰空鎖旧莓苔＝人の領会する所なく、旧時の見を転ずることの無いのを指す。『虚堂録』巻五頌古「達磨見梁武帝」の頌二・四句。【四〇の二】注(8)参照。◉(10)**一擒一縦、動容声色威儀**＝把住につけ、放行につけ、振る舞いにつけ、言動につけ、仏祖の威儀あり。前述の香厳頌を踏まえる。◉(11)不起道場現諸威儀＝【一の七】注(33)参照。◉(12)弄泥団漢有何限＝無益な輩ばかり。【二三の二】注(8)、頌古第四十一則（【二五八】）本則注(13)参照。◉(13)**一百二十日**＝閏月の為。【一〇一の一】注(6)参照。◉(14)**終不虚拈匙放筯**＝箸の上げ下げにつけ、疎かならず。『虚堂録』巻二宝林録に、「胡乱《うろん》に匙《さじ》を拈じ筯を放たず」と。『犂耕』に、「一回悟得すれば、自然に左右逢原。所謂、咳《がい》唾《だ》掉《とう》臂《ひ》も也た是れ祖師西来意」と。◉(15)自屎不覚臭＝自分の醜さが分からぬか。【五の二】注(21)参照。◉(16)鉄火団圝尽十方、期満周円満面惶＝尽十方世界丸ごと熱鉄丸、大団円満も満面の慚惶《ざんこう》（恥さらし）。前句は頌古第四則（【二二一】）頌下語にも。◉(17)多少閙閙騒騒底有何長処＝そんな大騒ぎして何の得がある。

◉⒅**不妨、踢倒須弥、立乾滄溟**＝おおいに須弥山《しゅみせん》を蹴倒し、大海をたちどころに干《ほ》し乾《かわ》かす。衲僧家の格外の働き。前句は『碧巌』二十則垂示に「大海《だいかい》を掀翻《けんぽん》し、須弥《しゅみ》を踢倒す」、後句は『同』七十五則頌に、「滄溟深き処も立ちどころに須らく乾《ほ》すべし」とあるを踏まえる。◉⒆豈是分外事＝そんなことが大したことか。◉⒇是何閑伎倆、猶是棺頭辺事＝この役立たずの伎倆め、なお死人のやること。◉㉑**沙竭**＝八大龍王の一つの、沙竭羅《しゃから》龍王のこと。仏法の守護神。◉㉒心如波旬、面似夜叉＝有無共に滅して。虚堂の偈頌、但し「砕」は「摧」。【一の八】注(56)参照。◉㉓纔出頭来喪身失命＝少しでも面を出せば命はないぞ。◉㉔**多地夜他**＝龍神避けの陀羅尼。『大集経』月蔵分には、龍神等を伏せしめる多くの呪《まじな》いを記すが、それは多く「多地夜他」で始まる。◉㉕誰知遠煙浪、別有好思量＝国師の好思量を理解する者は誰もいない。斉己の詩。【八〇の三】注(8)参照。◉㉖**抖擻多年穿破衲、襤褸一半逐雲飛**＝ボロ衣で天下横行の行脚、何も恐れる物はない。【五一の二】注(12)参照。◉㉗転抱鉤距意、買絹先揀綾＝奸計を以て絹布を安く買うに、先ず綾錦の高価な織物を選んで買う振りをして、序でに絹布の値を聞くこと。国師の真の狙いは言外にあり、と云う所。『寒山詩』四十一「富児多鞅掌《おうしょう》」。「鉤距」とは、けづめのある釣り針。これを呑めばたやすく口へ入るが、出そうとすれば引っかかる。巧みに人をその中に深く引き入れて出られないようにして、隠れた事情を探り出すことを云う。『蒙求』三八五「広漢《こうかん》鉤距」に、「鉤距とは、設《も》し馬の価を知らんと欲せば、則ち先ず狗《いぬ》を問い、已《すで》にして羊を問い、又た牛を問う、然る後に馬に及び、其の価を参伍《さんご》し、類を以て相準《あいじゅん》ずれば、則ち馬の貴賤を知って、実を失せざるなり。唯だ広漢のみ至精能く之れを行なう、他人の効《なら》う者能く及ぶなし」と。

【一一〇の三】

復《ま》た挙《こ》す。「(1)**翠巌《すいがん》、夏末《げまつ》、衆《しゅ》に示して云く**〔(2)真正悪毒《しんしょうあくどく》の瞎老漢《かつろうかん》、鬼《き》も亦た面《つら》を見ることを好まず〕、**『一夏已来《いちげいらい》、兄弟《ひんでい》の与《ため》に東説西話《とうせつせいわ》す**〔(3)面上は夾竹桃花《きょうちくとうか》、肚裏《ずり》は参天の荊棘《けいきょく》。(4)人《ひと》遠き慮《おもんぱか》り無きときは、必ず近き憂《うれ》い有り〕。**看《み》よ、翠巌《すいがん》が眉毛《びもう》在りや**〔果然《かぜん》、(5)仏祖も亦た医治すること能《あた》わず、(6)悔《く》ゆらくは当初《そのかみ》を慎《つつし》まざりしことを〕』。**保福《ほふく》云く、『賊《ぞく》を作《な》す人、心虚《こころいつ》わる**〔(7)此の破漏逗《はろうとう》の老漢、何ぞ(8)賊を認《と》めて子と為すと道わざる〕』。**(9)紫茸氈《しじょうせん》を鞔却《ばんきゃく》す**〔(10)翠巌、幾枚の紫茸氈を荷《にな》い出だして保福の為に鞔却《ばんきゃく》し了《お》わらる、殊《こと》に知らず、犢鼻褌《とくびこん》も亦た貯え得ざることを〕。**長慶《ちょうけい》云く、『生ぜり**〔稽首《けいしゅ》す真正《しんしょう》の導師、長慶稜《りょう》古仏。(11)耳朶両皮《じだりょうひ》を護惜《ごしゃく》して、当門《とうもん》の歯《は》を失却《しっきゃく》す〕』。**(12)車、横《おう》に推《お》さず**〔(13)傍観《ぼうかん》眼正し、寔《まこと》に信ず黄金を把《と》って知音《ちいん》を鋳《い》ることを〕。**雲門《うんもん》云く、『関《かん》**〔(14)阿《あ》哆哆《たた》、阿《あ》波波《はは》。(15)木馬《もくば》の骨を咬嚼《こうしゃく》して、石女《せきじょ》の髄《ずい》を飲み乾《ほ》す。(16)正眼《しょうげん》に看《み》来《き》たれば、前《まえ》朱雀《すじゃく》を打著《たじゃく》して後《うしろ》玄武《げんぶ》を忘却す、況《いわ》んや彼《か》の青龍白虎《せいりゅうびゃくこ》をや、可惜許《かしゃっこ》〕』。**(17)父《ちち》の羊《ひつじ》、子証《こしょう》す**〔作麼生《そもさん》か是れ翠巌が攘《ぬす》む底の羊、(18)事を聞いて真ならざれば、鐘《かね》を呼んで甕《もたい》と為す〕。**(19)三大老、各《おの》おの隻手《せきしゅ》を出《いだ》すと雖も**〔(20)隻手を出すことは且《しば》らく閣《お》く、千手《せんじゅ》大悲の手を出《い》だすとも、如何《いかん》ぞ翠巌を救い得ん。何が故《ゆえ》ぞ、(21)三人、亀《き》を証して鼈《べつ》と成す〕、**(22)奈何《いかん》せん未だ翠巌の関捩子《かんれいす》を出《い》でざることを**〔(23)謹《つつし》んで賀賞《がしょう》し奉る、唯だ堂頭《どうちょう》和尚のみ有って、特に韶石《しょうせき》の関捩子を超出《ちょうしゅつ》して痛快なることを。(24)他殺よりは自殺せんには如《し》かじ〕。**只だ他の(25)圏䙡《けんき》に落ちざる一句の如きんば、又た作麼生**〔(26)己《おのれ》が欲せざる所は人に施《ほどこ》すこと勿《な》かれ〕。**(27)一峰《いっぽう》、雲片片《へんぺん》、双磵《そうかん》、水潺潺《せんせん》**〔猶《な》お是れ翠巌が圏䙡中、何が故ぞ、(28)柳毅《りゅうき》が書信《しょしん》に因《よ》らずんば、争《いか》でか洞庭湖《どうていこ》に到ることを得ん〕」。

(1)**翠巌夏末示衆云…**＝【一八の三】注(1)参照。◉(2)真正悪毒瞎老漢＝書き入れに、「ニテモ、ヤイテモ、クワレン」と翠巌を褒める。◉(3)面上夾竹桃花、肚裏参天荊棘＝外面は菩薩のようだが、内心は夜叉のごとし。【一の七】注(43)参照。◉(4)人無遠慮、必有近憂＝書き入れに、「メッタナ事云イナサルナ」とたしなめる。『論語』衛霊公篇。◉(5)仏祖亦不能医治＝【七六の二】注(7)参照。◉(6)悔不慎当初＝後悔先にたたず。「此ノ様ナ根性ニ、ナルモノカナ。生レ付キ、此ノ様ナワルモノデモアルマイ」。『碧巌』五十五本則下語。◉(7)此破漏逗老漢＝此のおいぼれ親爺め。【五の二】注(21)参照。◉(8)認賊為子＝妄を認めて真となす。【一の八】注(13)参照。◉(9)**鞔却紫茸氈**＝上物《じょうもの》をあたら台なしにして。保福の語に対する国師の下語。【九の三】注(9)参照。◉(10)翠巌荷出…犢鼻裩亦不貯得＝翠巌おやじ、一体何枚の上毛氈を持ち出して保福に台なしにされたら気が済むと言うのか、褌《ふんどし》一枚の蓄えも無い素寒貧のくせに。◉(11)護惜耳朶両皮、失却当門歯＝両耳を大切に守って、かえって前歯を欠いた。「護惜眉毛」と「欠歯の達磨」を踏まえるか、典拠不明。◉(12)**車不横推**＝横車を押さない、只だ有るべき様に。「生ぜり」に対する国師の下語。【七九の一】注(5)参照。◉(13)傍観眼正、寔信把黄金鋳知音＝傍目《おかめ》八目というが（国師は偉い）、まことに昔黄金で知音の像を鋳たというのは宜為《むべな》るかな。『国語』越語下に、越王句践《えつおうこうせん》が范蠡《はんれい》の像を良金で鋳て朝に礼したとあり、それを踏まえて禅録では、「知音自ずから是れ従来少なし、徒らに黄金を把って子期を鋳る」（『中峰広録』巻十二）などと詠われる。子期は鍾子期。【一六九の二】注(8)参照。◉(14)阿哆哆、阿波波＝寒さで舌の廻らぬ、地獄の様相（余りの凄まじさに震え上がる）。『涅槃経』に、「八種寒氷獄。所謂、阿波波地獄、阿吒吒《あたた》地獄、云々」（大正十二・四三〇上）とある。◉(15)咬嚼木馬骨、飲乾石女髄＝骨まで咬み尽くし、髄まで飲み干す（徹底奪う）。頌古第四十六則（【一六三】）本則評唱に、「木人《ぼくじん》の腸を割《さ》き、石女《せきじょ》の髄を剜《えぐ》る」と見える。◉(16)正眼看来…況彼青龍白虎＝よく見れば、前軍は得たかと思えば後軍は失却す。左を得たかと思えば右を失う。得れば必ず失う。『淮南子』兵略訓十四章に兵の三要の一の天道を説いて、「所謂天数とは、青龍を左にし、白虎を右にし、朱雀を前にし、玄武を後にするものなり」とある。青龍・白虎・朱雀・玄武は東西南北の星宿の名前であり、四神獣は天帝の守護神を云う、また軍隊では東西南北の四軍の旗の名称でもある。『礼記』曲礼上にも見える。尚お玄武・白虎は【四〇の二】注(3)(5)参照。◉(17)**父羊子証**＝父羊を盗めば、子これを証す。翠巌の賊機の正体、雲門あばく。『論語』子路篇。◉(18)聞事不真、呼鐘為甕＝聞き違えると、鐘を甕とするような、大間違いが出来るぞ。『洞山初録』に「聴事不真、喚鐘作甕」（禅十二・六四八上、六五五上）と。◉

⒆**三大老各雖出隻手**＝【八一の二】注⒃参照。◉⒇出隻手且閣…何救得翠巌＝三人の手を借りるどころか、千手観音さまが手を下しても（誰がやっても）、無益。◉(21)三人証亀成鼈＝「成」は「作」。三人とも皆な大錯り。【三の二】注(7)参照。◉(22)**奈何未出翠巌関捩子**＝三大老の用処《ゆうじよ》も所詮翠巌が手の内。「関捩子」は「関鍵、緊要処」。◉(23)謹奉賀賞…特超出韶石関捩子痛快＝国師のみ、分かっている偉い人ぞ（と、愚弄気味）。「韶石」は雲門を指す。◉(24)他殺不如自殺＝「人ノ事云ワズト、翠巌ノ圏繢ニ、オチン様ニ、メサレ」。『碧巌』六本則評唱。◉(25)**圏繢**＝底本の「圏櫃」は「圏襀」の誤植。『大灯録』原本は「圏繢」。「圏繢」は「圏繢、圏圚、綣繢」とも云い、「わな、落とし穴、束縛」の義。◉(26)己所不欲勿施於人＝落ちるのは自分だけにしておきなさい、人まで巻き込むな。【九八】注(3)参照。◉(27)**一峰雲片片、双磵水潺潺**＝初秋の現成公案。【四三の一】注(2)参照。◉(28)不因柳毅書信、争得到洞庭湖＝底本の「劉毅」は「柳毅」の誤植。さはさりながら、一度は圏繢に落ちてみぬと肝心の所は分からぬぞ。【二五】注(3)参照。

【一一一の二】

(1)次の日上堂。僧問う、「(2)長期《ちようき》已《すで》に満ちて、(3)布袋頭《ふたいとう》開く。(4)月白く風高し、秋色に非ずということ無し」。師云く、「(5)洞房《どうぼう》深き処私情《しじよう》を説く」。進めて云く、「学人《がくにん》、(6)便ち恁麼《いんも》にし去る時如何《いかん》」。師云く、「(7)雨過《す》ぎて夜《や》塘秋水《とうしゆうすい》深し」。進めて云く、「与麼《よも》ならば則ち(8)直に須《すべか》らく万里無寸草《むすんそう》の処に向かって去るべし」。師云く、「(9)程《てい》を貪《むさぼ》ること太《はなは》だ速《すみ》やかなり」。進めて云く、「(10)謂《い》つ可《べ》し、一夏《いちげ》虚《むな》しく光陰《こういん》を度《わた》らずと」。師云く、「(11)赤土《せきど》に箥箕《はき》を画《えが》く」。進めて云く、「(12)一声雷震《いつせいらいふる》うて清颾《せいひよう》起こる、天上人間《てんじようじんかん》知んぬ幾幾《いくばく》ぞ」、便ち礼拝す。師云く、「(13)何《いず》れの処か清涼《しようりよう》ならざる」。

(1)**次日上堂**＝七月十五日上堂。◉(2)**長期已満**＝四ケ月の夏安居も終わった。長期は【一〇一の二】注(6)参照。◉(3)

布袋頭開＝禁足の袋を解く。【五一の二】注(5)参照。◉(4)**月白風高**＝【七三の二】では「月白風清」。◉(5)**洞房深処説私情**＝婦人のねやの物語り（箇中人にあらざれば分からず）。「説私情」は「悩閑情」とも云い、「一段の風流、画けども成らず、洞房深き処、閑情を悩ます。云々」の小艶詞の一節。【一の七】注(36)参照。◉(6)**便恁麼去時如何**＝仰せの通りに心得えたらどうですか。【七九の一】注(4)参照。◉(7)**雨過夜塘秋水深**＝（さあ、次の曲を聞き得るや）秋雨夜一過《いっか》、池の水かさ増すを。『碧巌』三十七「盤山無法」頌。【一二】注(3)参照。◉(8)**直須向万里無寸草処去**＝然らば、洞山万里無寸草の処に向かって行脚と参る所存です。【五一の二】、【五二の一】参照。◉(9)**貪程太速**＝えらく旅路を急ぐな。『碧巌』八十七則頌評唱に雪竇の語として見える。◉(10)**可謂一夏不虚度光陰**＝ええ、云ってみれば此の一夏《いちげ》、無駄には過ごしませんでしたから。前章の一、潙山の語「不虚過一夏」を参照。◉(11)**赤土画簸箕**＝赤土に箕《み》を画いた。役立たずめが、いくら飛んで跳《おど》ろうが、しょせん知れた物。『五灯抜粋』に、「用不得（役立たず）。或いは箇中の約束を出づ可からざるなり、米跳れども其中を出でず、此の約束の如くなり」と。『大随法真録』に、「問う、『如何なるか是れ和尚の家風』。師云く、『～』。進めて云く、『未審《いぶか》し、此の理、如何』。師云く、『簸箕に唇《しん》有り、米跳《おど》れども出でず』」（禅十二・六一二下）と。◉(12)**一声雷震清飈起、天上人間知幾幾**＝お教えは一声、雷の震うが如くで御座います、お蔭様で天上人間誰も知らない清風を味わわせて頂くことが出来ました、と、僧の礼話。「幾幾」は「幾許《いくばく》」の意で、ここは反語。『碧巌』四十九「三聖金鱗」頌。◉(13)**何処不清涼**＝（馬鹿め）至る所清涼じゃ。少分に住《とど》まることなかれ。

【一一一の二】

乃《すなわ》ち云く、「(1)一夏《いちげ》、禁足安居《きんそくあんご》し諸人と取証《しゅしょう》す〔若し修得証得底《しゅとくしょうとくてい》の事《じ》有らば、須《すべか》らく他方世界に抛擲《ほうてき》すべし〕、(2)**山僧《さんぞう》、多くは是れ昏沈《こんちん》す**〔稽首《けいしゅ》す(3)精進幢《しょうじんどう》如来、(4)息耕《そっこう》三世、龍峰第一の開祖〕。(5)**今朝は布袋《ふたい》を解《げ》開《かい》して諸人と遨遊《ごうゆう》す**〔多年籠中《ろうちゅう》の鳥、今日雲を負うて飛ぶ〕、(6)**山僧、渾《すべ》て是れ走作《そうさ》す**〔稽首《けいしゅ》す(7)不散金光《ふさんこんこう》牢剛《ろうごう》如来、(8)東海日多《にった》第一祖」。**所以に道う、**(9)**仏手《ぶっしゅ》も遮《さえぎ》ること得ず**「(10)鉄面皮《てつめんぴ》を翻《ひるがえ》して爺《や》も亦た知らず、仏を殺し祖を殺し、生死《しょうじ》を殺し涅槃《ねはん》を殺す」、**人心《にんしん》は等閑《なおざり》に似たり**「仏祖も手を挟《はさ》むこと得ず、況《いわ》んや人心をや」。(11)**村草《そんそう》歩頭《ほとう》に到って錯《あやま》って挙《こ》すること莫《な》かれと**「(12)謹んで命《めい》を聞く大士の慈訓、豈に敢えて軽忽《きょうこつ》せんや」」。

(1)**一夏禁足安居与諸人取証**＝一夏の間、皆と同じく制を結ぶ。【一〇の一】注(4)参照。◉(2)**山僧多是昏沈**＝衲《わし》は制中は殆ど眠っていた。「昏沈」は「惛沈」とも、「心気沈み、蒙昧なる様」を謂い、惛沈睡眠は煩悩の五蓋の一である。この年の一月は体調不順の為、関山に朝廷に代参させている程（巻末『年譜』四九歳の条参照）。◉(3)精進幢如来＝国師の昏沈底を実の所は精進如来と持ち上げた。白隠の造語。【四七の二】注(2)参照。◉(4)息耕三世、龍峰第一開祖＝（何をおっしゃる）虚堂禅師の三世孫、大徳寺の開山様。◉(5)**今朝解開布袋与諸人遨遊**＝今朝は制を解いて、皆と同じく旅支度。【五一の二】注(5)参照。◉(6)**山僧渾是走作**＝衲《わし》もこれから大いに遊山するぞ。「走作」は「意識が境に随って奔走し造作するなり」（『犂耕』）の義だが、ここは遊山の意。前の【九八】三月半遊山回に、維那《いの》を遠慮して慎んだ遊山の延長を、思う存分再開したい心算。恐らくは温泉湯治にでも行くものか。◉(7)不散金光牢剛如来＝「走作」が「心の散乱放逸状態」を謂うのに対して云ったもの。国師の走作は実のところは堅牢仏の如しと、白隠の造語。◉(8)東海日多第一祖＝【槐安国語序】第一段注(5)参照。◉(9)**仏手遮不得、人心似等閑**＝仏さんでも止めることは出来ない、人は等閑の事と見なしているが。『禅月集』。【二七】注(7)参照。◉(10)翻鉄面皮、爺亦不知＝親勝りの越格の宗師家。『五家正宗賛』序に「鉄面皮を翻せば、爺も也た識らず」とあり、親爺も有ることを知らない様な不敵な面魂を云う。『荊叢毒蕊』巻六「答桂林聯芳和尚」参照。◉(11)**到村草歩頭莫錯挙**＝村の渡し場に到っても、この話はめったにするでないぞ。「歩頭」は「埠頭」の意。『伝灯録』巻十四米倉和尚章に、「師曰く、『村草歩頭に一箇に逢著するも、什麼の話処か有らん』。僧曰く、『且らく参衆し去らん』」。【七】注⑻参照。また【一三の一】注⒆参照。◉⑿謹聞命大士慈訓、豈敢軽忽＝国師の厳命、疎かにはいたしません。

【一一二の一】

⑴中秋上堂。僧問う、「⑵霊山《りょうぜん》に月を話《かた》り、曹渓《そうけい》に月を指《さ》す、意旨如何《いしいかん》」。師云く、「⑶牛頭没《ごずぼつ》し、馬頭回《めずかえ》る」。進めて云く、「⑷寒山子底《かんざんしてい》、又た作麼生《そもさん》」。師云く、「⑸崑崙《こんろん》に生鉄《さんてつ》を嚼《か》む」。進めて云く、「玄沙《げんしゃ》、什麼《なん》と為《し》てか道《い》う、『⑹生死岸頭《しょうじがんとう》の事《じ》』と。試みに甄別《けんべつ》して看《み》よ」。師云く、「⑺盤《ばん》に和《わ》して推し出《いだ》す夜光《やこう》の珠《たま》」。進めて云く、「恁麼《いんも》なる則《とき》は⑻天上人間《てんじょうじんかん》、未だ此の光影《こうよう》の中《うち》を出《い》でず」。師云く、「⑼商音《しょうおん》を把《と》って羽音《うおん》と作《な》すこと莫《な》かれ」。僧、坐具《ざぐ》を提起《ていき》して云く、「者箇《しゃこ》は是れ為《は》た光影の中《うち》を出《い》づるとせんか、未だ光影の中を出でざるとせんか」。師云く、「⑽扁舟《へんしゅう》已《すで》に過《す》ぐ洞庭湖《どうていこ》」。

⑴**中秋上堂**＝八月十五日の上堂。◉⑵**霊山話月、曹渓指月**＝霊山での迦葉尊者の嗣法も話月ほどの事、石頭が青原より曹渓の払子を継承したのも指月ほどの事。【二二の一】注⑵参照。◉⑶**牛頭没、馬頭回**＝月を外から見ている限り、展転遷流して窮まりなし。【九〇の二】注⑵参照。◉⑷**寒山子底又作麼生**＝寒山子の云う不可説の月なぞはどうですか。『寒山詩』五「吾が心秋月に似たり、碧潭清うして皎潔たり。物の比倫に堪えたる無し、我れをして如何が説かしめん」を云う。◉⑸**崑崙嚼生鉄**＝なま鉄の丸かじり。【一八の二】注⑵参照。◉⑹**生死岸頭事**＝寒山子の境界もなお未だ生死流転の迷境を脱せず、なお未だ真箇無心の境界にはあらず。『碧巌』四本則評唱に、「玄沙道う、『直《じき》に秋潭《しゅうたん》の月影《げつえい》、静夜《せいや》の鐘声《しょうせい》、扣撃《こうげき》に随《したが》って以て欠くること無く、波瀾《はらん》に触《ふ》れて散《さん》ぜざるに似たるも、猶お是れ生死岸頭の事《じ》』」と。◉⑺**和盤推出夜光珠**＝洗いざらい全ての明珠をぶちまけた。【二四の二】注⑺参照。◉⑻**天上人間未出此光影中**＝そ

れでは、あらゆるものすべてがこの明珠の光の中から出られない事になる。『碧巌』九十本則下語にも、「光影中に向かって、活計を作す」とある。「影」は「光」と同義、また「光影」には「外表、うわべ」の意もある、『碧巌』十六本則評唱に見える風穴の僧の「灯影裏に行くが如くに相似たり」と同趣。【七九の一】注(8)参照。◉(9)**莫把商音作羽音**＝とんでもない取り違えをするな。宮・商・角・徴・羽の五音は今日のド・レ・ミ・ソ・ラにほぼ相当する。◉(10)**扁舟已過洞庭湖**＝（問えば、既に）遅し。『頌古聯珠通集』巻十九瞎堂慧遠《かつどうえおん》（円悟下）の趙州狗子頌に、「仏性分明に有無を脱す、醋酸《さくさん》何ぞ葫蘆《ころ》を挂《か》くるを用いんや。薄霧軽煙《はくむけいえん》留《とど》めども住《とど》まらず、～」（禅七・二三六）と。

【一一二の二】

乃《すなわ》ち云く、「(1)**薬嶠《やくきょう》、雲を披《ひら》いて笑い**〔曲礼《きょくらい》に言わずや、(2)苟《いやしく》も訾《そし》らず、苟《いやしく》も笑わず〕、(3)**王老払袖《おうろうほつしゅう》して行く**〔(4)此れは是れ風力《ふうりき》の所転《しょてん》、終《つい》に敗壊《はいえ》を成《な》す〕。(5)**寒山《かんざん》、口稜《くりょう》無きことを愁《うれ》えず**〔物の比倫《ひりん》に堪《た》えたる無し、我れをして如何が説かしめん〕、(6)**長沙《ちょうしゃ》、私路《しろ》に行《ゆ》くに由《よし》無し**〔(7)魯論《ろろん》に言わずや、行《ゆ》くに径《こみち》に由《よ》らず、公事《こうじ》に非ざれば未だ嘗《かつ》て偃《えん》の室《しつ》に至《いた》らざる也〕。**検点《けんてん》し将《も》ち来たれば、尽《ことごと》く是れ**(8)**光影裏《こうようり》に在って活計《かっけい》を作《な》す。何ぞや**〔(9)第五人も亦た在り〕。**中秋三五《さんご》今宵の月、**(10)**爽気《そうき》遠く浮かんで銀漢《ぎんかん》清し**〔(11)嫦娥《じょうが》、薬を窃《ぬす》みて人間《じんかん》を出づ、蔵《かく》れて蟾宮《せんきゅう》に在り、還《かえ》ることを放《ゆる》されず、后羿《こうげい》偏《あまね》く尋ねども覓《もと》むる処無し、誰か知らん天上にも亦た奸《かん》を容《い》れんとは〕」。

(1)**薬嶠披雲笑**＝『伝灯録』巻十四薬山章に、「師一夜、登山経行し、忽ち雲開き月を見て、大笑一声すれば、澧陽《れいよう》東九十許里に応ず。居民尽く東家と謂《おも》えり」とある。湖南省澧州の南九十里（約四十キロ）にある薬山には、惟儼《いげん》禅師が曾て夜嘯したという長嘯峰《ちょうしょうほう》があるという。薬山は頌古第四十一則（【二五八】）本則参照。◉(2)不苟訾、不苟笑＝薬山の笑いを奪った。『礼記』曲礼上に孝心を説いて、「人の子為る者（父母が健在の間）は、…〜」と。◉(3)**王老払袖行**＝南泉の故事。【一二二の一】参照。◉(4)此是風力所転終成敗壊＝これも所詮四大仮和合の風の為す業と、南泉の語を以て南泉を奪う。【八〇の二】注(10)参照。◉(5)**寒山不愁無口稜**＝寒山が「我れをして如何が説かしめん」と言葉なき境界を詠った事。「口稜」は国師の造語。【五〇の二】注(5)参照。◉(6)**長沙無由私路行**＝私路は公にたいして、情に依る道を云う。長沙が人情に依らずに直に正令を行じた事。『会要』巻六長沙章に、「師、仰山と翫月する次で、仰云く、『人人尽く這箇の有り、只だ是れ用い得ざるのみ』。師云く、『恰も是《しか》り（＝いかにも）、你《なんじ》を倩《やと》って用い去らんか』。仰云く、『你、作麼生か用う』。師に攔胸《らんきょう》（＝真っ向胸ぐらをつかまれて）一踏に踏倒せらる。山起き来たって云う、『你、直下に箇の大虫に似たり』。因って岑大虫《しんだいちゅう》（＝虎）と号す」。◉(7)魯論不言…未嘗至於偃之室也＝「魯論」は論語。『論語』雍也《ようや》篇に孔子の弟子、澹台滅明《たんだいめつめい》の「こみちに由らない」潔癖実直ぶりを云う。◉(8)**在光影裏作活計**＝光の中でのみの生業。前節注(8)の『碧巌』九十本則下語の「向光影中、作活計」。◉(9)第五人亦在＝薬山、南泉、寒山、長沙の四人に、大灯国師も五人めの仲間入り。◉(10)**爽気遠浮銀漢清**＝爽やかな秋の気配は遠くまで満ち、天河《あまのがわ》は清らか。◉(11)嫦娥窃薬出人間…誰知天上亦容奸＝『錦繍段』巻一袁郊「月」。『淮南子』覧冥訓十四章には、羿《げい》が不死の薬を西王母に請い受けたが、羿の妻嫦娥が先に盗み飲んで仙人と成り、月に奔って月精と為る、とある。「蟾宮」は月。国師自身の光影裏の活計を皮肉って。

【一一三】

(1)上堂。拄杖《しゅじょう》を拈《ねん》じて云く〔(2)和尚、事《じ》生ぜり、(3)禍事禍事《かじかじ》、大小大《だいしょうだい》の禍事〕、**「『(4)当《まさ》に色中《しきちゅう》に於いて色体《しきたい》を失《しつ》せざるべし**〔(5)一場《いちじょう》の懡儸《もら》、甚《はなは》だ新鮮。(6)趙州《じょうしゅう》什麼《なに》に依《よ》ってか鏡清《きょうしょう》を欺《あざむ》き去《さ》る〕、**非相《ひそう》の中《うち》に於いて有《う》を礙《さまた》げざるが（故《ゆえ》に）**〔一場の懡儸、甚だ新鮮。(7)誰か知らん、長沙《ちょうしゃ》、南泉《なんせん》を謾却《まんきゃく》することを〕』。(8)**達磨**

師祖、端《はし》無く〔一場の懡㦬、甚だ新鮮。(9)宗勝《そうしょう》、豈《あ》に羅提《らだい》が救いを忘却せん〕、**走って東勝《とうしょう》昇州《しょうしゅう》に到り**〔一場の懡㦬、甚だ新鮮。(10)石霜満肚《せきそうまんず》の毒に非ずんば、争《いか》でか南匾頭《なんへんとう》が必死《ひっし》を蘇活《そかつ》することを得ん〕、(11)**却って還《ま》た山僧《さんぞう》が手裏《しゅり》に向かって身を蔵《かく》す**〔一場の懡㦬、甚だ新鮮。(12)巌頭《がんとう》を驚起《きょうき》し来たって象骨《ぞうこつ》を訪う〕。**諸人若し見得《けんとく》せば、**(13)**上大人丘乙己《じょうたいじんきゅういつき》**〔一場の懡㦬、甚だ新鮮。(14)息耕《そっこう》祖翁、牙《げ》を咬《か》むこと三下《さんげ》せん〕、**若し見不得ならば、化三千七十士《けさんぜんしちじっし》**〔一場の懡㦬、甚だ新鮮。(15)南浦《なんぽ》大士、聞き得て云わん、蒼天蒼天《そうてんそうてん》と。何が故ぞ、(16)唯だ途路《とろ》の遠きことを知って覚えず亦た黄昏《こうこん》〕」。(17)**拄杖を卓すること一下す**〔(18)你小生八九子《にいしょうせいはちきゅうし》、可作仁可知礼也《かさじんかちらいや》〕。

(1)**上堂**＝九月一日の上堂。◉(2)和尚事生也＝そりゃ、難題が生じたぞ。【七六の二】注(1)参照。◉(3)禍事禍事、大小大禍事＝さあ大変、一大事だ、おそろしや。『臨済録』上堂。「大小大」は小の字意なし。【五の二】注(11)参照。◉(4)**当於色中不失色体、於非相中不礙有（故）**＝「故」を後文より移す。底本の「無相」は「非相」の誤記。ものの中にものの体を失ってはならない、それは非相の中には本当に有るものを礙げるものは何もないからである。達磨本来の語は、「当於色中不失色体、於非相中不礙有故」である。『伝灯録』巻三達磨章に、外道六宗の一の有相宗の自家撞着を論破して曰く、「若し実相を解すれば、即ち非相を見る。若し非相を了《さと》れば、其の色も亦た然り。当《まさ》に色中に於いて色体を失せざるべし、非相の中に於いて有を礙《さまた》げざるが故に。若し能く是《かく》のごとく解すれば此れを実相と名づく」。『会元』巻一も『会要』巻二も同じ。旧来は「故」を次の達磨以下の文にかけ、当（まさに…すべし）の訓みを「不礙有」まで掛けていたが、誤りである。国師の真意は、達磨が有相・無相・定恵・戒行・無得・寂静宗等の外道六宗の迷妄を打ち破って真の仏教を回復したこと。◉(5)一場懡㦬、甚新鮮＝大恥かき、さりながら大変新鮮。前句は『碧巌』一本則下語。後句は『同』三本則下語などに「可煞《はなは》だ新鮮」と。◉(6)趙州依什麼欺去鏡清＝鏡清道怤《きょうしょうどうふ》（八六八—九三七）は雪峰下で青原下六世、趙州《じょうしゅう》（七七八―八九七）は南泉下で南岳下三世、両者には三世の隔たりがある。両者の関係を示すものは『会元』巻七鏡清章に、「僧に問う、『趙州喫茶の話、汝作麼生か会す』。僧便ち出で去る。師曰く、『邯鄲《かんたん》に唐歩《とうぶ》を学ぶ』」とあるのが唯一。◉⑺誰知長沙謾却南泉＝長沙無礙の機鋒は師匠勝り。長沙景岑《けいしん》は南泉の法嗣、その機鋒は峭峻で岑大虫《しんだいちゅう》のあだ名がある。前節注⑹参照。◉⑻**達磨師祖無端、走到東勝昇州**＝「故」は前文末尾に移行すべし。「東勝」は須弥山の東にあるという「東勝身洲」のこと、ここでは中国を指す、また「昇州」は梁の都建康（南京市）の唐名。◉⑼宗勝豈忘却羅提救＝『伝灯録』に依れば、達磨の甥にあたる南天竺の香至国の異見王が即位した時に仏教を迫害した、そこで達磨の弟子の宗勝が先ず宗論せんとしたが破れ、波羅提《はらだい》が達磨に遣わされて、宗勝を救い、王を開悟せしめた。◉⑽非石霜満肚毒、争得蘇活南匾頭必死＝「石霜」は慈明楚円禅師、「南匾頭」は黄龍慧南禅師。慈明の悪辣の手段は雲門禅を会得したと自負する黄龍の鼻っぱしをへし折り、真に開悟せしめた。『会元』巻十七黄龍章。◉⑾**却還向山僧手裏蔵身**＝達磨大師も遂に国師が手中の拄杖子と化す。◉⑿驚起巌頭来訪象骨＝黄《こう》巣《そう》の剣を収得したと自負する僧が巌頭の首を取ったつもりで雪峰《せっぽう》を訪れたが、三十棒を貰って追い出された話。「象骨」は雪峰存禅師を指す。『会元』巻七巌頭章。◉⒀**上大人丘乙己、化三千七十士**＝「いろはにほへと、ちりぬるを」。【三六】注⑷参照。◉⒁息耕祖翁咬牙三下＝虚堂祖父が（聞いたら）怒りの余り三度も歯ぎしりするだろう。「咬牙」は「歯ぎしりする（憤怒至極のさま）」こと。『虚堂録』巻九径山後録に、「如何なるか是れ一宝。是れ上大人丘乙己なること莫きや」と自問自答して、「咄、可知礼也（舌打ちして、無礼者、礼儀を知れ）」とある。◉⒂南浦大士聞得云蒼天蒼天＝大応親爺も聞いたら悲しんで、「蒼天蒼天」と叫ぶだろう。「蒼天蒼天」は【一〇一の二】注(34)参照。◉⒃唯知途路遠、不覚亦黄昏＝「唯」は「只」、「亦」は「又」。【一の八】注(49)参照。◉⒄**卓拄杖一下**＝達磨来也《らいや》とばかりに、拄杖子をドンと一衝きする。◉⒅你小生八九子、可作仁可知礼也＝「上大人（いろは）」の続き。可作仁の可は「佳」。【三六】注⑷参照。

【一一四】

(1)**重陽《ちようよう》上堂**。「**今朝重九《ちようきゆう》の節**〔(2)羿《げい》が彀《こう》の中に遊ぶ者は必ず死す可きの地なり。(3)仏性の義理を識らんと欲せば、当《まさ》に時節因縁《じせついんねん》を観ずべし〕、(4)**東籬菊已《とうりきくすで》に花さく**〔(5)却って覚《おぼ》ゆ、寒毛卓竪《たくじゆ》することを。(6)人を陥《おとしい》るる坑子《きようす》、年年満つ〕。(7)**景《けい》に対しては陶令《とうれい》を思い**〔(8)彼《か》の五斗米《ごとべい》の為に腰《こし》を折る老翁な〕、(9)**高きに登っては孟嘉《もうか》を憶《おも》う**〔是れ風前帽《ふうぜんぼう》を落として傍観の笑いを惹《ひ》く学士に非ざるか〕。(10)**且《しば》らく道《い》え、其の中《うち》の意《い》、又た作麽生《そもさん》**〔(11)五根《ごこん》に出入して道情《どうじよう》を妨礙《ぼうげ》する底の者か〕」。**払子《ほつす》を撃《う》って云く**、「(12)**相逢《あいあ》うて共に賞す紫萸茶《しゆちや》**〔(13)尽《ことごと》く謂《い》う、龍宝大士平等《びようどう》無事《ぶじ》無《む》孔竅《くきよう》底の禅を説き来たって他の後昆《こうこん》の悟門《ごもん》を妨《さまた》ぐと。殊《こと》に知らず、(14)魯酒《ろしゆ》薄くして邯鄲囲《かんたんかこ》まることを〕」。

(1)**重陽上堂**＝九月九日の上堂。◉(2)遊羿彀中者必可死之地也＝弓の名手（＝大灯を托上す）の射的範囲に入ったものは死を免れない。『荘子』徳充符に、「羿《げい》の彀《こう》中に遊べば、中央は中《あた》る地なり」。「羿」は古の弓の名手。「彀中」は弓矢の及ぶ所を云う。◉(3)欲識仏性義理、当観時節因縁＝時節に即した一句誠に御尤も、と褒めたところ。【二の二】注(2)参照。◉(4)**東籬菊已花**＝陶淵明の「飲酒」其五の「菊を東籬の下に采る」を踏まえて。◉(5)却覚寒毛卓竪＝身の毛もよだつ。『碧巌』二則頌下語。◉(6)陥人坑子年年満＝大灯の坑おそるべし。【七五の二】注(9)参照。◉(7)**対景思陶令**＝「陶令」は陶淵明、彭沢《ほうたく》の令（長官）となっていたから云う。◉(8)為彼五斗米折腰老翁那＝「吾れ五斗米の為に腰を折る能わず」（『晋書』陶潜伝）と歎じて彭沢令を罷めたと云う陶令親爺の事か。◉(9)**登高憶孟嘉**＝「重陽登高」の最も早い例が「孟嘉落帽《らくぼう》」の故事。東晋の桓温《かんおん》が龍山で宴会した時、桓温の参軍《さんぐん》（補佐官）の孟嘉は風で帽子を吹き飛ばされたのに気づかず、人に詩で風刺されたのに洒脱の文で即答す。「孟嘉落帽」は『蒙求』四五九章の標題ともなり、才子名士の風雅洒脱の形容語になった。◉(10)**且道其中意又作麽生**＝陶淵明「飲酒」其五の「此の中に真意有り」

を踏まえて。◉⑾出入五根、妨礙道情底者歟＝頌古第三十三則（【二五〇】）本則評唱に、「第六意識は…五根に出入し…隠顕出没、縦横巻舒、仏手も亦た制すること能わざる者」という意識のことか。◉⑿**相逢共賞紫萸茶**＝さあ一緒に茱萸《しゆゆ》茶《ちや》でも飲もう、重陽の現成公案。「紫萸茶」とは「茱萸《しゆゆ》（かわはじかみ）茶」のこと。『百丈清規』の月分須知に、「重陽の日の早晨、知事焼香し茱萸茶を点ず。住持上堂し、方来の相看を許す」（大正四十八・一一五五上）と見える。世俗ではこの日茱萸酒を飲む風習。茱萸の事は、【二四の一】注⑵参照。◉⒀尽謂龍宝大士…妨他後昆悟門＝（大灯国師のこの現成公案底こそ）無事禅の最たるもの、後世の学人の悟入を妨げると皆な言うが。「孔竅」は肝要の意。◉⒁魯酒薄而邯鄲囲＝見当外れのようで、中《あた》っているかも。『荘子』胠篋《きよききよう》に引く古語で、意味は一見無関係な魯酒の薄い事と趙の都邯鄲が囲まれる事との間に因果関係があるという、所謂「風が吹けば桶屋が儲かる」の類の諺。一説に、南方の強国楚の宣王が諸国の王を招いた時、魯の恭公が遅参した上に酒も薄かった。楚はその無礼を責めて魯の国を討伐した。その頃、かねてから北方の趙の国を討伐しようと機会を窺いつつも楚の国に背後を衝かれることを恐れていた魏の国が、その隙に乗じて趙の都邯鄲を包囲したと云う話である。【一九六の二】注⑼参照。

【一一五】

⑴**上堂**。「⑵**空手《くうしゆ》にして鋤頭《じよとう》を把《と》り**〔⑶将《まさ》に謂《おも》えり、什麼《なん》の長処《ちようしよ》か有らんと。看来たれば三生六十劫の閨閤《けいごう》〕、**歩行《ほこう》にして水牛《すいぎゆう》に騎《の》る**〔⑷人は言う、多少の奇特《きどく》有りと、点検すれば四果三賢《しかさんけん》の宝所《ほうじよ》〕。**傅大士《ふだいし》、平生《へいぜい》の伎倆《ぎりよう》を用い尽くせども**〔⑸良《りよう》を圧《おさ》えて賤《せん》と為《な》す、甚《はなは》だ人の威光《いこう》を減ず〕、⑹**只だ胡児無鬚底《こじむしゆてい》の句を道《い》い得たるのみ**〔⑺謂《い》うこと莫《な》かれ胡児無鬚と。⑻恐る可《べ》し、羅睺《らこう》、命《めい》を照らすことを〕。**山僧《さんぞう》、曾《かつ》て⑼牛頭《ごず》を按《あん》じて草を喫せしむることを要《よう》せず**〔⑽国に憲章《けんしよう》有り三千条の罪〕、⑾**莫教《さもあらば》あれ、巌葉《がんよう》霜飛んで秋意深し**〔猶お是れ⑿牛頭を按じて草《くさ》を喫せしむる底。何《なん》が故《ゆえ》ぞ。⒀深林《しんりん》、月を漏《も》らして寒猿《かんえん》叫び、旧巣《きゆうそう》、風を受けて宿鶴《しゆくかく》

鳴く」」。

⑴**上堂**＝九月十五日の上堂。◉⑵**空手把鋤頭、歩行騎水牛**＝【八三】注⑸参照。「鋤頭」は『大灯録』では「鉏頭」。

◉⑶将謂有什麼長処、看来三生六十劫閨閤＝何か見どころがあるかと思っていたが、よく見たら永劫の寝間（小乗の悟りを貶《おとし》めて）。「閨閤」は「閨房、ねや」の義。「三生六十劫」は【一七の一】注⑾参照。◉⑷人言有多少奇特、点検四果三賢宝所＝大変な奇特なことがあると皆な云うが、よく見たら二乗の涅槃。「四果」は声聞の須陀洹・斯陀含・阿那含・阿羅漢の四果、「三賢」は修行者中の凡夫位の三段階。「宝所」は「珍宝の在所、究竟の涅槃の喩」（『法華経』化城喩品）。◉⑸圧良為賤、甚滅人威光＝傅大士をさまで貶《おとし》めなさんな。【七二の二】注⑾参照。◉⑹**只道得胡児無鬚底句**＝鬚の達磨に鬚がないという境界を言い得たるのみ。「胡児無鬚」は「空手鋤頭」と同様、法身辺の公案。因みに西域や北方民族を云う「胡子」は第一義的には「鬚の多い人」を云い、現代中国語では「ひげ」自身の意である。『無門関』四則に、「或菴曰く」として、「西天の胡子《こす》、甚《なん》に因ってか鬚無し」とあるが、室中常にこの話を挙して学者を験していたのは、傅大士と同郷の水菴《すいあん》師一禅師（円悟下二世）である（『叢林盛事』巻上）。◉⑺莫謂胡児無鬚＝達磨に鬚が無いなぞと侮《あなど》るなかれ。「無鬚」には「不丈夫」の意も有る。◉⑻可恐羅睺照命＝恐ろしや、命取り。『五家正宗賛』巻二の応菴曇華章に、「羅睺星入命」と見えるが、「羅睺星」は印度占星術で日月食の原因として考え出された星（黄道と白道との降交点）で、他の天体と逆行する。この星が人間の本命星に入ると凶と云う。◉⑼**按牛頭喫草**＝無理やり悟らせる様なことはしない。【一〇四】注⑼参照。◉⑽国有憲章三千条罪＝『碧巌』八十二頌。『種電鈔』に、「本分の令を将て人を接せざるときは、則ち三千条の罪一時に犯し了わる」と。『尚書』呂刑に、「五刑の属三千」と。

◉⑾**莫教巌葉霜飛秋意深**＝旧九月十五日、葉落ち霜降りる晩秋の現成公案。「巌葉」とは『虚堂録』巻七偈頌「韜光室」に、「旋《や》や巌葉を収めて寒衣を毳《ぜい》す」とあるが、慧忠国師が厳冬に落葉を集めて鳥毛衣代りとした故事を踏まえて、落葉の縁語。「莫教」は【一七の二】注⑻参照。◉⑿按牛頭喫草底＝（と云うのも、同じく）無理強い。◉⒀深林漏月寒猿叫、旧巣受風宿鶴鳴＝寂寥とした深山晩秋の景。「是又牛頭ヲ按ジハセヌカ、国師ノ巌葉トハ、ドヲジャ、云々」。『荊叢毒蕊』巻二「深山仏法」に、「〜、〜。煙靄軽く浮かんで岸の闕《か》けたるを補い、藤蔓倒《さかしま》に掛けて薪の行を引く」。

【一一六】

(1)**開炉《かいろ》上堂。挙《こ》す。**「(2)**趙州《じょうしゅう》、衆《しゅ》に示して云く、**『**三十年前、南方の火炉頭《かろとう》に箇《こ》の無賓主《むひんじゅ》の話《わ》有り、直《じき》に而今《いま》に至るまで、人の挙著《こじゃく》する無し**〔(3)此《こ》の老、若し此の語を留《とど》め得て後昆《こうこん》を照らさば、何の好趙州《こうじょうしゅう》をか見ん。(4)是《ぜ》なることは則ち是《ぜ》、惜《お》しむ可《べ》し、(5)大虫《だいちゅう》、歯無きことを〕』」。**師云く、**「**咄《とつ》**〔又た是れ(6)雲居《うんご》の羅漢《らかん》〕、(7)**你《なんじ》、只だ手を炙《あぶ》って熱《ねつ》を助けんことを要《よう》すのみ**〔若し又た(8)衲僧の秤子《しょうす》に上《のぼ》せて秤《はか》らば、一箇は重きこと半斤《はんきん》、一箇は重きこと八両《はちりょう》〕、(9)**誰《た》が家《いえ》の竈裏《そうり》にか火《ひ》に煙《けむり》無からん**〔龍宝《りゅうほう》大士、末後、大いに工夫有り。殊《こと》に知らず、(10)氷獣《ひょうじゅう》吼《ほ》えて捧炉《ぼうろ》を逐《お》うことを〕」。**拄杖《しゅじょう》を卓《たく》すること一下す。**

(1)**開炉上堂**＝十月一日の上堂。◉(2)**趙州示衆…**＝【一八の一】注⑹参照。◉(3)此老若留得此語、照後昆見何好趙州＝趙州老この無賓主話を後世の学人に遺すとは、根性が悪い、好心ならず。◉(4)是則是可惜＝よいことはよいが、惜しい。◉(5)大虫無歯＝「大虫」は虎。歯の無い虎は恐るに足らず。『虚堂録』巻六仏祖賛「浄名居士」の讃に見える、そこでは歯の無い虎と雖も太だ怖畏すべしの意。◉(6)雲居羅漢＝自惚れ野郎。【七二の一】注㉑参照。◉(7)**你只要炙手助熱**＝趙州老、お前さんはただ薪を焼《く》べて、暖まりたいだけ。【二三の二】注⑾、【五八の一】注⒃参照。書き入れに、「趙州ノ悟ヨリ高イ、驚キ入タ」。◉(8)上衲僧秤子秤…一箇重八両＝趙州と大灯の二人を秤にかけたら、同じ。一斤は十六両。『会要』白雲守端章に、「此の三箇の見解、若し衲僧の秤子に上せて秤らば、一箇は重きこと八両、一箇は重きこと半斤、一箇は半分銭に直《あた》らず」と。◉(9)**誰家竈裏火無煙**＝しかし他から熱を借りなくても、本来誰にでもチャンと具わっているぞ。【五八の二】注(8)参照。◉(10)氷獣吼逐捧炉＝氷の炭火がカッカに熾《おこ》って火鉢の金足も融けんばかり。「獣」は「獣炭」のこと、「炭を粉にして獣の形に作ったもの、また一般に炭、炭火を云う」（『晋書』外戚・羊琇伝）。「氷獣」は機語。「捧炉」は「捧炉神」で、「火鉢の足が物を捧《ささ》げている鬼神の形をしたもの、獅噛《しかみ》火鉢の類」。

【一一七】

(1)**上堂。「**(2)**是の法《ほう》は法位《ほうい》に住して**〔(3)尊重讃嘆《そんじゅうさんたん》し、恭敬供養《くぎょうくよう》する。(4)空《くう》に印《いん》し、水《みず》に印し、泥《でい》に印す〕、**世間《せけん》の相常住《そうじょうじゅう》なり**〔(5)信受奉行《しんじゅぶぎょう》し、説《せつ》の如く修行《しゅぎょう》する。泥《でい》に印し、水《みず》に印し、空《くう》に印す〕」**と。**(6)**驀《まく》に拄《しゅ》杖《じょう》を拈《ねん》じて卓一下《たくいちげ》して云く**〔(7)両頭三面《りょうとうさんめん》〕、**「者箇《しゃこ》は是れ龍宝《りゅうほう》が拄杖《しゅじょう》**〔(8)又た風に別調《べっちょう》の中《うち》に吹《ふ》かる〕、(9)**喚《よ》んで是法《ぜほう》と作《な》さば、地獄に入ること箭《や》の如く**〔(10)唯だ恨《うら》む、慈訓《じくん》を聴くことの遅きことを。昨日、僧有り、既に是法と作《な》し了《お》われり、(11)相救《あいすく》え相救え〕、**喚んで是法と作さずんば、亦た地獄に入ること箭の如し**〔唯だ恨む、慈訓を聴くことの遅きことを。今朝、僧有り、誓って是法と作さず、相救え相救え〕。**是の故《ゆえ》に世尊《せそん》、**(12)**苦口《くく》に便ち**(13)**住法位《じゅうほうい》の三字を道《い》い得たり**〔危うきかな世尊、若し住法位の三字を道《い》い得《え》ずんば、(14)大いに事在《じあ》る有《あ》らん〕。**然《しか》も是の如《かく》くなりと雖《いえど》も」、又た拄杖を卓すること一下して云く**〔(15)唯願説之《ゆいがんせっし》、唯願説之〕、「(16)**寒風《かんぷう》に敗葉凋《はいようしぼ》む、且喜《しゃき》すらくは故人《こじん》の帰ることを**〔(17)声声《せいせい》聴《き》く可《べ》からず、人《ひと》をして愁思《しゅうし》多からしむ〕」。

(1)**上堂**＝十月十五日の上堂か。◉(2)**是法住法位、世間相常住**＝『法華経』方便品の偈で、大乗の極説、台家の眼目。万物は真如の法位に住し、生滅変化の世間の相も生滅の相のままに常に真如に住している。この本覚思想は日本天台では、「咲く咲く常住、散る散る常住」とも言い換えられている。『碧巌』四十頌評唱にも、「但只《ただ》山は是れ山、水は是れ水、法法法位に住して、世間相常住なる可し」と。◉(3)尊重讃嘆恭敬供養＝『法華経』法師品の語を持ってきて「有り難うござります」と、やや愚弄気味。◉(4)印空印水印泥、印泥印水印空＝跡形なし。【四八の二】注(8)参照。◉(5)信受奉行、如説修行＝仰せのごとく仕りますと、これも経典の常套句を持ってきてやや愚弄。前句は『維摩経』等の結尾句。【二六】注(8)参照。後句は『法華』、『維摩』、『華厳』、『涅槃』等、各経典にみられる。◉(6)**驀拈拄杖卓一下**＝この本覚思想を拄杖に寄せて、禅の眼で拈弄する。『雲門広録』巻中にも、「師云く、『長き者は天然に長く、短き者は天然に短し』。又た云く、『是法住法位、世間相常住』。乃ち拄杖を拈起して云く、『拄杖は是れ常住法にあらず』」と。◉(7)両頭三面＝ああと云ったり、こうと云ったり。【一の八】注(31)参照。◉(8)又被風吹別調中＝さあまた別の調子が聞こえてきたぞ。これより国師の真骨頂。『事文類聚』続二十二の「聴箏占事」に、晩唐の高駢《こうべん》、大功あるも朝廷に疑わる、或る日楽を奏するを聞いて改移あるを知り、「風箏《ふうそう》」と題して曰く、「夜静かにして絃声《げんせい》碧空に響き、宮商《きゅうしょう》は往来の風に信任《まか》す。依稀《いき》として曲に似て纔かに聴くに堪えたり、又た風に別調の中に吹かる」と、間も無くして蜀都より楚に移される。【八〇の一】注(6)参照。◉(9)**喚作是法入地獄如箭**＝「是法（このもの）」を「是法（このもの）」と喚べば即座に地獄入り。『会要』巻十五草堂善清（晦堂祖心下）章に、「払子を竪起して云く、『若し喚んで払子と作さば、地獄に入ること箭の如し。喚んで払子と作さずんば、眼有るも盲の如し』」と同趣旨。◉(10)唯恨聴慈訓遅、昨日有僧既作是法了＝残念ながら教えを承るのが遅かった、昨日喚んで「是法」となし了わりましたと弄する。◉(11)相救相救＝趙州がよく用いる作略。◉(12)**苦口**＝口を酸っぱくして云う。◉(13)**住法位三字**＝「法位」とは真如の義。書き入れに、「男ハ男デ仏、犬ハ犬デ仏」。◉(14)大有事在＝大事の出来《しゅったい》したところ。「釈迦トワ、云ワセン、シタタカナ日ニ、アワセン」。◉(15)唯願説之、唯願説之＝「是非お説きください、どうかお説きください」と、方便品を持ってきて弄する。『法華経』方便品に舎利弗が世尊に慇懃三請する件。◉(16)**寒風凋敗葉、且喜故人帰**＝寒風に落葉も凋む寒空に、友が帰ってきてくれたのがなにより嬉しい（薪を焼《く》べて、大いにもてなそう）。【八六】注(9)にも既述したが、楊岐方《ようぎほう》会《え》の語に、「薄福《はくふく》にして楊岐に住し、年来気力衰う。寒風に敗葉凋む、猶お故人《こじん》の帰るを喜ぶ。囉《ら》囉《ら》哩《り》、云々」と。

◉⒄声声不可聴、使人愁思多＝その歌の調子は聞くに堪えません、涙が出るばかりです。『寒山詩』。【一二】注⑷参照。

【一一八の二】

⑴冬至《とうじ》小参《しょうさん》。僧問う、「⑵群陰剥尽《ぐんいんはくじん》して一陽《いちよう》復《ま》た生《しょう》ず。正与麼《しょうよも》の時、衲僧《のうそう》、如何《いかん》が転身《てんじん》せん」。師云く、「⑶鉄《てつ》輪《りん》、石《いし》を砕《くだ》く」。進めて云く、「⑷陰陽代謝《いんようだいしゃ》して四序変遷《しじょへんせん》することは且《しば》らく致《お》く。只だ⑸卦文《かもん》未だ分かれず、風塵《ふうじん》未だ動《どう》ぜざる時の如きんば、又た如何《いかん》」。師云く、「⑹万里一条《ばんりいちじょう》の鉄」。進めて云く、「恁麼《いんも》なる則《とき》は⑺一気《いっき》言《ものい》わずして有象《うぞう》を含む。万霊《ばんれい》、何《いず》れの処にか無私《むし》を謝《しゃ》せん」。便ち礼拝す。師云く、「⑻人に逢《あ》うて錯《あやま》って挙《こ》すること莫《な》かれ」。

⑴**冬至小参**＝この年の冬夜は旧十一月四日。◉⑵**群陰剥尽、一陽復生**＝『虚堂録』巻八続輯の冬夜小参に、「群陰剥尽、一陽生」とある。【九〇の二】注⑴参照。◉⑶**鉄輪砕石**＝すべてを微塵に粉砕す。【四九の一】注⑼参照。◉⑷**陰陽代謝、四序変遷**＝時の遷り行き。◉⑸**卦文未分、風塵未動時**＝未だ陰陽分かれず、微塵の事も出来せざる以前の本分の事。「風塵」は『碧巌』二十四本則評唱に、「風塵草動《そうどう》するにも、悉《ことごと》く端倪《たんげい》を究む」とある様に、「繊毫《せんごう》の事」の意。◉⑹**万里一条鉄**＝【九六の一】注⑶参照。◉⑺**一気不言含有象、万霊何処謝無私**＝天道はもの云わずして万物を化育す、この周《あまね》き無私の恩徳には感謝する術もない。師の無私の恩徳には感謝の申しようも有りません、と、僧の讃歎礼話。「一気」は天地未分以前の混沌の気で、天地万物を構成する本源（『荘子』大宗師篇）。『虚堂録』巻一興聖録、もと斉己《せいき》の『白蓮集』七の「中春感興」（『全唐詩』巻八四四）の第三・四句。「天道無私」は「是れ天下太平の験なり」（『犂耕』）。『大応録』四十九・八十五章、『白雲守端広録』巻四「趙州洗鉢」頌等にも見える。【一六七の二】注⑻参照。

◉(8)**逢人莫錯挙**＝馬鹿なことを云い回るな。【七】注(8)参照。

【一一八の二】

乃《すなわ》ち云く、「(1)物有《ものあ》り天地に先だつ〔(2)又た是れ渾沌氏《こんとんし》の眉《まゆ》〕、(3)**鉄鎚《てっつい》撃てども砕《くだ》けず**〔(4)南海《なんかい》の帝を儵《しゅく》と為《な》す〕、**象《かたち》無うして本《も》と寂寥《せきりょう》**〔北海《ほっかい》の帝を忽《こつ》と為す〕、**夜《よる》は合《がっ》して昼《ひる》は開《ひら》く**〔儵《しゅく》と忽《こつ》と時に相与《あいとも》に遇《あ》う〕。**能《よ》く万《ばん》象《しょう》の主と為《な》って**〔(5)堂堂として慶賀《けいが》し来たる〕、(6)**之れを擁《よう》すれども聚《あつ》まらず**〔(7)善来《ぜんらい》四君子〕、**四時《しじ》を逐《お》うて凋《しぼ》まず**〔(8)茲《ここ》に遠来を謝す〕、**之れを撥《はら》えども散ぜず**〔(9)吾が明窓下《めいそうか》に来坐せよ〕。(10)**恁麼恁麼《いんもいんも》**〔(11)吾が盧空疎《ろくうそ》にして〕、(12)**雪嶺《せつれい》に泥牛《でいぎゅう》吼《ほ》え**〔(13)供養に充《あ》つ可《べ》き無し〕、**不恁麼《ふいんも》不恁麼**〔(14)壁間《へきかん》幸いに〕、**雲門《うんもん》に木馬《もくば》嘶《いなな》く**〔鱗皴皴底《りんしゅんしゅんてい》の物有り〕。(15)**金《きん》、金に博《か》えず**〔(16)掛在《かざい》すること茲《ここ》に年あり〕、**水《みず》、水を洗わず**〔(17)以て諸君の来たるを待つ〕。(18)**且《しば》らく置く、**(19)**書雲《しょううん》の令節《れいせつ》**〔(20)各おのに七八頓を与えて〕、(21)**箇箇保愛《ここほあい》**〔(22)無仏世界に貶向《へんこう》せん〕、(23)**時に順《したが》って祐《ゆう》を納《い》るる底の一句、又た作麼生《そもさん》**〔何が故《ゆえ》ぞ〕」。**払子《ほっす》を撃《う》って云く、「**(24)**律管《りつかん》知る処、繡紋線《しゅうもんせん》長し**〔(25)刑罰《けいばつ》は民《たみ》の寒暑《かんしょ》なり、教令《きょうれい》は民の風雨《ふうう》なり〕」。

(1)**有物先天地、無象本寂寥、能為万象主、不逐四時凋**＝『善慧大士録』巻三の頌二首の第二（禅十四・二五）。もと『老子』巻二の「物有り混成し、天地に先だって生ず。寂たり、寥たり、…以て天下の母と為る可し。吾れ其の名を知らず、之れを字して道と曰う」を踏まえる。『大灯録』はこの傅大士の頌の各句に智門光祚と臨済の示衆をそれぞれ下語として置いたもの。◉(2)**又是渾沌氏眉**＝そんなことを云うのも又た混沌氏に眉を画いたようなもの。余計なことをして肝心なものを駄目にしてしまう。『従容録』四十五示衆に、「混沌の与《ため》に眉を画く」と見え、もと『荘子』応帝王篇に云う混沌氏に七竅を穿って死なしめた話に基づく。◉(3)**鉄鎚撃不砕、夜合而昼開**＝金剛不壊、住著すること勿かれ。『智門光祚録』示衆に、「何物ぞ、苦求すれども得ざるもの。何物ぞ、求めずして自ら来たるもの。何物ぞ、鉄槌打てども破れざるもの。何物ぞ、夜は合して昼開くもの。若し人、山僧が意を会せずんば、琉璃宝殿に青苔を生ず」（禅十二・六六八下）とある第三、四句。「夜合昼開」とは蓮華の花等の花樹の名を指すが、もと『根本説一切有部毘奈耶雑事』巻二に、マガダ国影勝王（ビンバシャラ王）が火生長者の家に居して幾日経たかも忘れる程の美事な宝殿であるを述べ、続いて「王曰く、『如何が昼夜の別を知るを得たる』。…火生答て言う、『花の、夜開いて昼合する有り、自ら夜合して昼開く有り。珠の、夜闇く昼明らかなる有り、自ら夜明らかに昼闇き有り』云々」（大正二十四・二一五上）とあり、その花樹は「昼夜の別を明らかにする」ものであり、「瑠璃宝殿に住著することを戒める」を意味する。◉⑷南海之帝為儵…儵与忽時相与遇＝『荘子』応帝王篇に、「南海の帝を儵《しゆく》と為し、北海の帝を忽《こつ》と為す、中央の帝を混沌と為す、儵と忽と時に相与に混沌の地に遇う、云々」と。◉⑸堂堂而慶賀来＝混沌氏に慶賀の挨拶に来た。◉⑹**擁之而不聚、撥之而不散**＝『臨済録』示衆に、「擁不聚、撥不散」と見えるが、智門光祚示衆の第一、第二句の意でもある。◉⑺善来四君子＝ようこそ、四人方様。「四君子」とは、善慧大士・智門光祚・臨済・大灯の四人を云うか。以下白隠老、混沌氏になり代わって、四人の賓客に接待の歓迎を示す。◉⑻茲謝遠来＝遠方よりご苦労さん。◉⑼来坐吾明窓下＝我が家の主賓としてお座り下さい。「明窓下」は【九七の二】注⑼参照。◉⑽**恁麼恁麼、不恁麼不恁麼**＝『大灯録』はこの巌頭全奯の語に、『雲門広録』の語を下語として置いたもの。【七五の二】注⑴参照。◉⑾吾廬空疎而＝うちの寺は貧乏だから。◉⑿**雪嶺泥牛吼、雲門木馬嘶**＝『雲門広録』巻上に、「問う、『如何なるか是れ雪嶺に泥牛吼ゆ』。師云く、『山河走る』。進めて云く、『如何なるか是れ雲門に木馬嘶く』。師云く、『天地黒』」（禅十一・三三七）。「土牛木馬」は「名のみで実用性が無い」の意であるが、ここは機語。◉⒀無可充供養＝何も馳走出来ないが。◉⒁壁間幸、有鱗皴皴底物＝壁に丁度、鱗の様に皺くれだった物（拄杖子）が有る。◉⒂**金不博金、水不洗水**＝本来易《か》えようもなし。【三三二】注⑶参照。◉⒃掛在年于茲＝壁に掛けたまま幾年にもなるが。◉⒄以待諸君来＝諸君の到来を待っていた所だ。◉(18)**且置**＝以上の理はしばらく置いといて。前の文を受ける。◉(19)**書雲令節**＝冬至。【三一の二】注(15)参照。◉(20)各与七八頓＝滅多打ちに打ちのめして（此れ程の供養に勝る物はない）。◉(21)**箇箇保愛**＝いずれも息災。【二の二】注(5)参照。◉(22)貶向無仏世界＝仏法の沙汰もない処へ放ってしまう。『碧巌』十九頌下語に「趕向無仏世界」と。◉(23)**順時納祐**＝目出度い佳節。「応時納祐」とも、正月等の目出度い時節に云う、「祐」は福の意。【九五の二】注(5)参照。◉(24)**律管知処、繍紋線長**＝律管の報ずる時は日影の紅線が一番長い時。律管によって冬至の日を知るのは、【三一の二】注(4)参照。後句は『虚堂録』巻一報恩録の冬至小参に「繍紋添線」と見えるが、紅線で冬至の日影を計った（『荊楚歳時記』）とも、針仕事を冬至の日より一線ごと増した（『五雑組』巻二、天部二）とも云う。◉(25)刑罰民之寒暑也、教令民之風雨也＝「寒暑ガ無ケレバ五穀ガミノラン、叱ルハ、ヨカレノ心ジャ」。『史記』楽書《がくしょ》に、「教《おし》えは民の寒暑なり…事《こと》は民の風雨なり」と。

【一一八の三】

復《ま》た挙《こ》す。「(1)**僧、古徳に問う、『如何なるか是れ冬来《とうらい》の事《じ》**〔(2)衆生顛倒《てんどう》して、己《おのれ》に迷うて物を逐《お》う〕』。**徳云く、**『(3)**京師《けいし》に大黄《だいこう》を出《い》だす**〔(4)祇《た》だ破裙《はくん》を著《つ》くるが為に、他《た》の残《のこ》せる麲𪎊《ほうろう》を喫《きっ》す〕』**と**」。**師拈《ねん》じて云く、**「(5)**巌寶宵寒《がんとうよる》うして山帔《さんぴ》を擁《よう》し**〔(6)今朝、孤影《こえい》に対す〕、**月《つき》高うして枯木《こぼく》に霜禽睡《そうきんねむ》る**〔覚えず涙双《なら》び懸《かか》る〕。(7)**宝山《ほうざん》、此の両句を著《つ》けて**〔又た是れ(8)雲居《うんご》の羅漢《らかん》、鼻孔遼天《びくうりょうてん》〕、(9)**賓《ひん》の為に力を竭《つ》くし**〔(10)始めて知る、和尚の賓の為に力を竭くすことを〕、**主の為に力を竭くす**〔(11)始めて知る、和尚の主の為に力を竭くすことを〕。(12)**具眼《ぐげん》の禅和《ぜんな》、請《こ》う端的《たんてき》を辨ぜよ**〔(13)十五日已前《いぜん》は賓《ひん》の為に力を竭《つ》くし、十五日已後《いご》は主の為に力を竭くす。点検し看来《みき》たれば、(14)白鶴《はくかく》、苦桃《くとう》を含《ふく》む〕」。

⑴僧問古徳…＝『伝灯録』巻十七疎山匡仁（八三七―九〇九、洞山价下）章の冬至夜上堂に、「僧有り問う、『如何なるか是れ冬来の意』。師曰く、『京中に大黄を出だす』」と見えるが、本録は、『虚堂録』巻一報恩録「冬至小参」に拠っている。◉⑵衆生顛倒、迷己逐物＝「冬ガ来タノ、春ガ来タノト、戯言ツク」「肚中ニハ夏モ冬モナイト云ウ事ヲシラヌ」。【六の二】注㉑参照。◉⑶**京師出大黄**＝都では大黄を売り出す。冬の風物詩であったものか。「大黄」は下剤用の薬草。「没巴鼻を直示す」（『犂耕』）。◉⑷祇為著破裙、喫他残䴺䵁＝破れスカートを着けていただけで、人の食い残しのだんごを食べねばならぬとは。『寒山詩』四十七「低眼鄒公妻」、「昨日客場に会するに、悪衣とて排されて後《しりえ》に在り、〜、〜、〜」。◉⑸**巌竇宵寒擁山帔、月高枯木霜禽睡**＝山寺の夜は寒く袖無しを着込み、月《つき》中天にかかって冬枯れの枝に鳥眠る。『祖英集』。【九三】注⑴参照。◉⑹今朝対孤影、不覚涙双懸＝今日、独りぽっちの影法師とむかいあっていると、我知らずふたすじの涙がほおを伝ってきた。『寒山詩』五十三「一向寒山坐」。◉⑺**宝山著此両句**＝衲《わし》は疎山の句にこの雪竇の両句を著語におこう。◉⑻雲居羅漢、鼻孔遼天＝自惚れ野郎。【七二の一】注㉑、拈古第三則（【二六八】）注⑵参照。◉⑼**為賓竭力、為主竭力**＝自利利他の為に力を尽くす。『碧巌』八十四本則下語に、「然も衆の為に力を竭くすと雖も、争奈せん禍の私門より出づることを」と。◉⑽始知和尚為賓竭力＝それは云わずもがなを。始めて知りました、と弄して。◉⑾始知和尚為主竭力＝それは初耳と弄す。◉⑿**具眼禅和請辨端的**＝眼有る者は確と見よ。所詮は、各自が自ら覚るのみ。◉⒀十五日已前…十五日已後…＝「十五日已前…十五日已後…」は禅家の常套手段、十五日に用はない。眼目は「白鶴…（何にもならなかった）」を云うにある。◉⒁白鶴含苦桃＝白い鶴が苦桃を口にくわえ（蓬莱山に旅立ったが、途中脱落して、仙郷にも行けず、故郷に帰れば妻子も知らん顔）。『寒山詩』四十三「白鶴銜苦桃」。

【一一九】

次の日上堂。「(1)**時**《とき》**、亜歳**《あさい》**に臨**《のぞ》**み、節**《せつ》**、書雲**《しょううん》**に届**《いた》**る**〔(2)群陰剥尽《ぐんいんはくじん》して一陽《いちよう》䷗《ふく》を生ず、此れを(3)地雷復《ちらいふく》と道う。又た是れ行者、(4)嶮崖《けんがい》に手を撒《さっ》し、絶後《ぜつご》に再び蘇《よみがえ》る底の時節〕。(5)**一気**《いっき》**言**《ものい》**わず、**(6)**鉄樹**《てつじゅ》**花を開く**〔(7)理《り》尽き詞《ことば》窮《きわ》まって伎《ぎ》も亦た窮まる、鳳《ほう》は金網《きんもう》を離れ、鶴は籠《かご》を脱《だっ》す〕。**初爻象**《しょこうかたち》**無うして**(8)**万彙**《ばんい》**尽**《ことごと》**く彰**《あら》**わる**〔既に是れ本来無一物、何《いず》れの処にか万彙を惹《ひ》かん〕。**正与麼**《しょうよも》**の時、**(9)**活脱**《かつだつ》**の衲僧**《のうそう》**、如何**《いかん》**が受用**《じゅゆう》**し去らん**〔(10)若し是れ明眼《みょうげん》の衲僧ならば、者般《しゃはん》の茶飯《さはん》を喫せず〕」。**拄杖**《しゅじょう》**を卓**《たく》**すること一下**《いちげ》**して云く、**「(11)**一冬**《いっとう》**と二冬**《にとう》**と相逢**《あいあ》**うて手を出ださず**〔(12)深径《しんけい》絶《た》えて樵子《しょうし》の語無く、陰崖《いんがい》却って猟人《りょうじん》の過《す》ぐる有り。(13)是《ぜ》なることは則ち是《ぜ》、唯だ是れ可惜許《かしゃっこ》〕」。

(1)**時臨亜歳、節届書雲**＝「亜歳」も「書雲」も冬至を云う、「亜歳」は【九〇の二】注⑿、「書雲」は【三一の二】注⒂参照。◉(2)群陰剥尽、一陽生䷗＝【一一八の一】注(2)参照。◉(3)地雷復＝復の卦は上が地の卦、下が雷の卦。◉(4)嶮崖撒手、絶後再蘇＝白隠禅師の好む語。『伝灯録』巻二十永光院真（雲居膺《うんごよう》下）章に、「直に須らく懸崖に手を撒して、自ら肯い承当すべし。絶後に再び蘇らば、君を欺き得じ」。◉(5)**一気不言**＝天道はもの云わず。【一一八の一】注(7)参照。『虚堂録』巻一興聖録の冬至小参に、「一気言わず九淵の底より発し、初爻象《かたち》無うして肇《はじめ》に万化の宗たり」と。◉(6)**鉄樹開花**＝「此花が開くと三千世界が匂い渡る」（『秘鈔』）。『大応録』崇福録一五六章に、「万象を不言に含む。直に得たり、～」。【九〇の一】注(6)参照。◉(7)理尽詞窮伎亦窮、鳳離金網鶴脱籠＝言葉も技も万事窮したとき、鳥の籠を脱した如く自在の境地に到る。『江湖風月集』巻下、松坡宗憩「省恩堂」に見える、但し「伎」は「路」、「脱」は「抛」。◉(8)**万彙**＝万物。◉(9)**活脱**＝活発、敏捷。◉(10)若是明眼衲僧、不喫者般茶飯＝明眼の衲僧ならばこんな手は食わない。◉(11)**一冬与二冬、相逢不出手**＝互いに出会っても、寒さに懐手《ふところで》。冬至後の九九の諺で、本来は「一九二九相逢不出手」。【九〇の三】注⑸、並びに【三一の三】注⑿参照。◉⑿深径絶無樵子語、陰崖却有猟人過＝奥山に人語も絶えて聞こえず、しかし裏崖より猟師の不意の来訪。石屋清珙《せいきょう》「雪中示徒」。【三二】注⑸参照。底本の「渓」は「径」に改める。◉⒀是則是、唯是可惜許＝良いことは良いが、ただ惜しい（云わぬがもっと良い）。

【一二〇の一】（祐徳禅寺に住する語）

(1)**祐徳《ゆうとく》禅寺仏堂供養の陞座《しんぞ》。師、香を拈《ねん》じて云く、「此の香、天より生ずる所に非ず**〔(2)初めて知る、者箇《しやこ》、天より生ずる所に非ざることを〕、**地より生ずる所に非ず**〔(3)是れ実に地より生ずる物に非ざるや〕、**虚空《こくう》より生ずる所に非ず**〔(4)誰か即ち知らざらん、虚空より生ずる物に非ざることを〕、(5)**檀主《だんしゆ》の信心より生ず**〔檀主の信心、復た何《いず》れの処よりか生ず。作麼生《そもさん》か是れ檀主の信心、(6)将《は》た是れ薬店に似たる者か〕。(7)**根苗《こんびよう》、大明《たいめい》の表《おもて》に蟠《わだかま》り**〔(8)知らず、大明、還って何れの処にか蟠屈《ばんくつ》す〕、(9)**条幹《じようかん》、至陽《しよう》の清きに茂《も》す**〔(10)殊《こと》に知らず、日月星辰・陰陽造化は総に者箇《しやこ》より出生し来たることを〕。**炉中に爇向《ぜつこう》して仰《あお》いで**(11)**帝道《ていどう》の遐昌《かしよう》を祝《しゆく》し**〔今《きん》上皇帝聖躬万歳万歳《じようこうていせいきゆうばんぜいばんぜい》〕、**俯《ふ》して**(12)**香花《こうげ》の敷栄《ふえい》を祈る**〔(13)弾指散花《だんしさんげ》は是れ縁因種《えんいんしゆ》、随聞一句《ずいもんいつく》は是れ了因種《りよういんしゆ》、凡《およ》そ心有る者は是れ正因種《しよういんしゆ》〕」。

(1)**祐徳禅寺**＝定教山祐徳禅寺は兵庫県養父町森の地に、山名伊豆守時氏を開基として、大灯国師を請して開山に迎え、元徳二年十一月に開創。本尊は阿弥陀如来で、善光寺式如来と謂う。国師は旬日居られただけで、後を弟子の満庵宗祐に譲る。◉(2)初知者箇非従天所生＝それは初めて知りました、と愚弄。◉(3)非是実従地生物麼＝それは実際、地から生じた物ではないですか。◉(4)誰即不知非従虚空生物＝そんなことは誰でも知っているわい。◉(5)**従檀主信心生**＝山名氏の信心の賜物と称賛する。◉(6)将是似薬店者歟＝檀主は薬屋（昔は香も扱った）でもやっているんですか、と愚弄。◉(7)**根苗蟠大明之表**＝根と若芽は日月の外まで、どこまでも広がっている。「表」は「域外」の意。◉(8)不知大明還何処蟠屈＝その日月自体はそも一体何処にあると云うのですか、と愚弄。◉(9)**条幹茂至陽之清**＝枝や幹は茂ってのびのびと清らか。「至陽」は「純粋、且つ最も勢い盛んな陽気」。◉(10)殊不知…自者箇出生来＝逆に「これ」から万物が生じたということを御存知でない。「者箇」に書き入れ、「師卓拄杖、ココカラ」。◉(11)**帝道遐昌**＝皇室の繁栄を祈る。回向文の常套文句。◉(12)**香花敷栄**＝祐徳寺の仏法繁栄を祈る。「香花」は香花院。◉(13)弾指散花…正因種＝「三因仏性」は天台智顗《ちぎ》が『大般涅槃経』北本巻二十八に見える二個の二種因説に依って立てたもの。一、正因仏性とは本有の仏性のこと、地の中の金蔵の如し。二、了因仏性とは智慧のこと、能く人金蔵を知るが如し。三、縁因仏性とは一切の善根功徳のこと、草を刈り金蔵を掘り出すが如し。猶お白隠『さし藻草』巻一（禅文化研究所版十二頁）を参照されたし。

【一二〇の二】

(1)師、座《ざ》に就《つ》いて云く、「(2)声前《しょうぜん》に旨《むね》を領《りょう》ずるも已《すで》に祖令《それい》を犯《おか》す、句後《くご》に承当《じょうとう》するも法相饒《あいゆる》さず。二途《にと》に渉《わた》らず、問を解《げ》する底《てい》有ること莫《な》しや」。僧問う、「(3)甘蔗《かんしょ》の流苗《りゅうびょう》、刹塵《せつじん》に応ず、覚場《かくじょう》高く発す利生《りしょう》の因《いん》」。師云く、「誰《たれ》か恩を承《う》けざらん」。進めて云く、「(4)卓犖《たくらく》たる雄機《ゆうき》、随処《ずいしょ》に阻《へだ》て無し。古今肯重《こうじゅう》の事《じ》、請う師一句を悋《おし》まざれ」。師云く、「(5)一問《いちもん》に騎《の》り来たる」。進めて云く、「(6)直下《じきげ》に搆得《こうとく》して更に頭《こうべ》を回《めぐ》らさずと、亦た作麽生《そもさん》」。師云く、「(7)宝杖《ほうじょう》夜鳴《な》る寒嶠《かんきょう》の月」。進めて云く、「昔日《むかし》、(8)須達《しゅだつ》、独園精舎《どくおんしょうじゃ》を建て、世尊を屈《くつ》して群生《ぐんじょう》の為に法を説かしむ。今日、檀越《だんのつ》、祐徳《ゆうとく》禅寺を造《つく》って、和尚を請《しょう》じて四衆《ししゅう》の為に演法《えんぽう》せしむ、其の益《えき》、還《かえ》って優劣《ゆうれつ》有りや也《ま》た無《いな》や」。師云く、「優劣有ること無し」。進めて云く、「今日、檀越《だんのつ》、此の禅苑《ぜんえん》を造る、昔日、須達、彼《か》の梵刹《ぼんせつ》を建《た》つ、其の功《こう》、又た多少《たしょう》有りや也た無《いな》や」。師云く、「多少有ること無し」。進めて云く、「正法《しょうぼう》末法、時異《ときこと》にし、

仏法僧法、名殊《こと》なる。甚《なん》と為《し》てか其の功、等同《とうどう》なることを得《う》るや」。師云く、「(9)洞中《とうちゅう》の山色《さんしょく》、四時《しじ》好《よ》く、雲外の渓声《けいせい》一様に寒《さむ》し」。進めて云く、「与麼《よも》なるときは則ち(10)生生頂奉《しょうしょうちょうほう》して心鏡《しんきょう》を輝《かがや》かさば、塵労《じんろう》を廓照《かくしょう》して信《まこと》に余《あま》り有り」。便ち礼拝す。師云く、「(11)也た何ぞ妨げん」。

(1)**師就座云…**＝この段は雪竇『祖英集』下の三宝讃を骨組みに展開する。◉(2)**声前領旨…莫有解問底麼**＝声を聞く以前に悟ったとしても既にそむく、以後に於いてはなおさら駄目。声色を離れて一句問いもち来たれる者はおらぬか。『首山念録』に、「問う、『声を離れ色を離れて如何が挙唱せん』。…言前に薦得《せんとく》するも平生に辜負《こふ》す、句後に機に投ずるも殊に道体に乖《そむ》く。此の二途を離れて、請う師方便せよ』。師、払《ほっ》を竪《た》てて云く、『這箇《しゃこ》を争奈何《いかん》せん』」（禅十一・二五〇）。◉(3)**甘蔗流苗応刹塵、覚場高発利生因**＝釈尊が此の世に御出で遊ばしてより、無数国土の道場は高く接物利生の因となる。「甘蔗」とは釈尊五姓（瞿曇・甘蔗・釈迦・舎夷・日種）の一、釈迦族が甘蔗王の苗裔であるに依る（『釈迦氏譜』）。「覚場」は「仏教道場、仏寺」。『祖英集』「仏宝讃」の冒頭句。◉(4)**卓犖雄機…請師不恡一句**＝国師の卓絶した働きは、処に応じても（但馬に来ても）お変わりないでしょうが、古も今も変わらぬ肯心の一句をどうかお示しください。「肯重」は「肯諾」とも云い、『伝灯録』巻十一香厳章、『会元』巻十三疎山章に見える疎山の語で、『虚堂録』巻四普説「霊隠立僧普説」にも取りあげられている。香厳の問に疎山自ら、「肯は即ち他の千聖を肯《うけが》う、諾は即ち自己の霊を諾《うべな》う」と答えている、ここは「肯心《こうしん》自許」の「肯心」の意。◉(5)**騎一問来**＝『雲門広録』上に、「問う、『如何なるか是れ賓中の主』。師云く、『騎一問』」（禅十一・三四八）と有るのを踏まえる。「いちおう問答らしく問うてきたな」と軽くあしらったところか。書き入れに、「ヲレナラ、アラシャバ、ト云ウ」と、因みに「あらしゃば」とは「新参の俳優を云う芝居社会の語」。◉(6)**直下搆得、更不回頭**＝直ちに会得して、後も見ず（すっかり吹っ切れました）。◉(7)**宝杖夜鳴寒嶠月**＝『祖英集』「僧宝讃」に、「…〜、銅瓶秋漱ぐ碧潭の煙。…」とある。夜中月明の下、寒山を錫杖を鳴らしながら〔泉に下って銅瓶に水を汲む〕。日日の行持こそ大事である。◉(8)**須達建独園精舎屈世尊**＝コーサラ国舎衛城の給孤独長者の須達が祇園精舎を建て、釈迦を御迎えした。「屈」は「屈請、懇請」の意。◉(9)**洞中山色四時好、雲外渓声一様寒**＝山中の風光は春夏秋冬いつもそれぞれに美しく、流れる雲を縫って聞こえる谷川の響きは常時同じように爽やかだ〔柳田氏訳〕。「洞中」は「幽谷、谷間」の義。仏国国師が一山一寧を建長に尋ねた時、雲巌の境界を答えた語〔仏国録・二七一章〕。この詩の眼目は「一様に寒し」。◉(10)**生生頂奉輝心鏡、廓照塵労信有余**＝生生幾生にも御教えの法を頂戴して心鏡を磨き輝かせば、まことに無数の煩悩を普く明らかに照らし出して余りあります。この僧、『祖英集』「法宝讃」の結句を以て、礼話とした。「信有余」の「信」は「まことに」の副詞。◉(11)**也何妨**＝それも結構。

【一二〇の三】

乃《すなわ》ち云く、「(1)**千聖《せんしょう》の霊機《れいき》**〔(2)者裏《しゃり》、千聖を容《い》れず、(3)江《こう》に到って呉地《ごち》尽き、岸《きし》を隔《へだ》てて越山《えつざん》多し〕、**列祖《れつそ》の命脈《めいみゃく》**〔(4)何《いず》れの処にか列祖を著《つ》けん、(5)平原《へいげん》秋樹の色、沙麓《さろく》暮鐘の声〕、(6)**嶺上《れいじょう》の白雲、巌前《がんぜん》の緑水**〔(7)唯だ途路《とろ》の遠きことを知って、覚えず又た黄昏《こうこん》。(8)夫《おっと》は離婦州《りふしゅう》に居《きょ》し、婦《つま》は思夫県《しふけん》に住す。語《ご》を寄す明月《めいげつ》楼《ろう》、双飛燕《そうひえん》を貯《たく》わうること莫《な》かれ〕、(9)**古《いにしえ》に亘《わた》り今《いま》に亘《わた》る**〔(10)鉄壁《てっぺき》鉄壁、之れを号して仏と為す、常に苦《く》海《かい》の中に在って立つ〕、**色《しき》を透《とお》り声《しょう》に騎《の》る**〔(11)紫藤《しとう》の露《つゆ》の底《もと》に残《のこ》んの花の色、翠竹《すいちく》の煙《けむり》の中に暮《ゆうべ》の鳥の声〕。(12)**青寥寥《せいりょうりょう》、白的的《はくてきてき》**〔(13)好肉上《こうにくじょう》に瘡《きず》を剜《えぐ》る〕、(14)**提撕《ていてつ》し難き処、転《うた》た是れ風流**〔放下著《ほうげじゃく》。(15)何の破沙盆《はしゃぼん》にか当たらん〕。**徳山《とくさん》棒を行《ぎょう》じ**〔勘破了也《かんぱりょうや》、(16)縦《たと》い棒雨点《ぼううてん》の如くなるも、(17)賊過《す》ぎて後、弓を張る〕、**臨済喝《りんざいかつ》を行じ**〔勘破了也、縦い喝雷奔《らいほん》に似《に》たるも、(18)剣《けん》去って久し〕、(19)**雪峰毬《せっぽうきゅう》を輥《こん》じ**〔勘破了也、(20)労して功《こう》無し〕、**禾山鼓《かさんく》を打《た》する**〔勘破了也、(21)東山下《とうざんか》の左辺底《さへんてい》〕**に迄《いた》るまで、**(22)**斉《ひと》しく是れ恁麼《いんも》の時節**〔(23)金鍮《きんちゅう》辨ぜず、奴郎《ぬろう》分かたず。(24)若し衲僧の秤子《しょうす》に上《のぼ》せて秤《はか》らば、一箇は重きこと半斤《はんきん》、一箇は重きこと八両《はちりょう》〕、**只だ目前《もくぜん》の些子《しゃし》**

を露《あら》わすのみ〔(25)何《いず》れの日か蓋覆却《がいふくきやく》する有らん、誰か師の手を借りて露出《ろしゆつ》することを請う〕。**所以に山僧《さんぞう》、山を歴《へ》、水を渡り、(26)得得《とくとく》として来たって開堂演法《えんぽう》す**〔(27)謹《つつし》んで開堂演法を謝す〕。**大檀信《だいだんしん》の為に運《うん》を開《ひら》き徳《とく》を添《そ》え、寿《じゆ》を増《ま》し福《ふく》を増《ま》すも**〔(28)風、柳絮《りゆうじよ》を吹けば毛毬《もうきゆう》走《わし》り、雨、梨花《りか》を打《う》てば蛺蝶《きようちよう》飛ぶ〕、**亦た(29)者箇《しやこ》を出でず**〔(30)金屑眼中《きんせつがんちゆう》の翳《えい》、衣珠法上《えしゆほうじよう》の塵《じん》〕。**且《しば》らく道《い》え、畢竟《ひつきよう》、其の功《こう》、何《いず》れの処にか帰す**〔(31)崖《がい》に臨《のぞ》んで虎を見、(32)危《き》に臨んで人を推《お》す、是れ好心《こうしん》にあらずや〕」。**払子《ほつす》を撃《う》って云く、「(33)国清《くにきよ》うして才子《さいし》貴《たつと》く、家《いえ》富《と》んで小児《しように》驕《おご》る」。**（(34)**叙謝《じよしや》、録《ろく》せず**）。〔(35)呉王剣客《ごおうけんきやく》を好んで百姓瘡瘢《ひやくしようそうはん》多く、楚王細腰《そおうさいよう》を好んで宮中餓死《がし》多し〕。

(1)**千聖霊機、列祖命脈**＝仏仏祖祖の活脱の慧命を相続して断続せず。『大応録』万寿録二四五章に、「千聖霊機、全帰掌握。列祖命脈、只在目前」と。「機は乃ち千聖の霊機、輪は是れ従本已来諸人の命脈」（『碧巌』六十五則頌評唱）。◉(2)者裏不容千聖＝ここには千聖も入る余地はない。◉(3)到江呉地尽、隔岸越山多＝見渡せば、北から続く呉の地方は銭塘江に至って尽き、向こう岸には越の山々がいくつも聳え立つ。「窮すれば通ずる、上には上がある」等をいう句。釈処黙。【一の八】注(37)参照。◉(4)何処著列祖＝列祖も入る余地なし。◉(5)平原秋樹色、沙麓暮鐘声＝平原の樹々はすっかり秋の色、沙麓山には夕暮れの鐘の音。『山谷集』。【三の二】注(2)参照。◉(6)**嶺上白雲、巌前緑水**＝琅琊覚の語。【五六】注(7)参照。◉(7)唯知途路遠、不覚又黄昏＝覚えず黄昏になってしまったが、ただ路の遠いのに気づくのみ。『虚堂録』。【一の八】注(49)参照。◉(8)夫居離婦州…莫貯双飛燕＝夫は妻別れ国に、妻は夫恋し郡に住む。（離れ離れで、何時逢えるやら）、明月の高楼のひとに申し上げる、つがいの燕は飼わない様に。相思うて、涙が溢れるのみ。『寒山詩』五十五「垂柳暗如煙」。◉(9)**亘古亘今、透色騎声**＝古今変わらず、聞声に於いて自在。『円悟録』巻五に、「透声透色、亘古亘今」（大正四十七・七三四下）。後句は『碧巌』四十六「鏡清雨滴声」の垂示に云う「声色堆裏に坐し、声色頭上に行く」と同趣、また【四八の一】注(9)参照。◉(10)鉄壁鉄壁、号之為仏、常在苦海中立＝『大応録』五十四章、『虚堂録』巻二宝林録、もと『応菴録』仏生日上堂に、「鉄壁鉄壁、従来真実、号之曰仏、常在苦海中立。風吹けど入らず、水灑《そそ》げど湿《しめ》らず、棒打てど入らず。是の故に本願力を以て、衆生を撈攎《ろうろく》して息まず」（禅十五・八四〇下）。◉⑾紫藤露底残花色、翠竹煙中暮鳥声＝四月春は去ったが、露の下りているところに散り残っている紫の藤の花や（透色の現成）、けぶって見える篁《たかむら》の奥から聞こえる夕方のうぐいすの声（騎声の現成）の中に、春の気分がわずかに残っています。『和漢朗詠集』巻上、源相規「藤」。頌古第二十則（【二三七】）頌下語にも。◉⑿**清寥寥、白的的**＝清らかに潔白。懶瓚《らんさん》和尚の境界。【六四の一】注⑵参照。◉⒀好肉上剜瘡＝【四の二】注⑸参照。◉⒁**難提掇処、転是風流**＝提示し難い所になんとも云えない味がある。『虚堂録』。【一の六】注㉒参照。◉⒂当何破沙盆＝「直甚破沙盆」とも、破れすり鉢にもならん。『叢林盛事』の「密菴破沙盆」に、「曇華…問う、『如何なるか是れ正法眼』。傑云く、『甚《なん》の破沙盆にか直《あた》る』。…」と見える。もと『雪峰録』上（禅十三・九五四上）。◉⒃縦棒如雨点、縦喝似雷奔＝「直に棒は雨点の如く、喝は雷奔《らいほん》に似たることを得るも、也《ま》た未だ向上の人の行履《あんり》に当得せざること在り」（『碧巌』六十五則垂示）。◉⒄賊過後張弓＝手遅れ。『碧巌』四本則下語等。◉⒅剣去久矣＝「馬鹿ナコトジャ」。刻舟人の故事。【一の七】注㊻参照。◉⒆**雪峰輥毬、禾山打鼓**＝雪峰、禾山の接化振り。【六〇の一】注⑷⑸参照。◉⒇労而無功＝無駄事。【九の三】注⑾参照。◉㉑東山下左辺底＝仏祖正伝底の密旨。【三〇】注⑷参照。◉㉒**斉是恁麼時節、只露目前些子**＝それぞれ皆な「この」（本分の）時節であり、目前の「少分」（本分・那一著）を露わにする。前句は『碧巌』八本則評唱。『虚堂録』巻一瑞巌録。後句は『碧巌』四十本則評唱に見える巌頭の語。◉㉓金鍮不辨、奴郎不分＝いずれがいずれとも見分け難い。前句は『碧巌』九十一本則下語。後句は『臨済録』示衆。◉㉔若上衲僧秤子秤…一箇重八両＝底本の「八斤」は「半斤」の誤植。どれも同じ。【一一六】注⑻参照。◉㉕何日有蓋覆却、誰請借師手露出＝何時覆い隠したと云うのだ。和尚の手を借って露出するまでも無し。◉㉖**得得**＝特に、わざわざ。禅月貫休が蜀帝王建に献ずる詩に、「一瓶一鉢垂垂老、万水千山得得来」とあり、その為に蜀主より常に「得得来和尚」と称せられたと云う。◉

(27)謹謝開堂演法＝御奇特なことで〈皮肉〉。「大灯ヲ占波国裏へ抛擲シタ」。【一二〇の四】注(21)参照。◉(28)風吹柳絮毛毬走、雨打梨花蛺蝶飛＝書き入れに、「鶻林モ骨ヲ折タ、飯山ノ老漢ニ参ジ、千辛万苦シテ合点シタ、箒デ打レタ、又伊勢路デコロンデ又悟タ処ジャ」と。夾山善会。【一一】注(12)参照。◉(29)**不出者箇**＝「これ」〈本分〉を出ない。◉(30)金屑眼中翳、衣珠法上塵＝金くずも眼に入ってはかすみ目のもと、衣裏の珠も法の上の塵。徳山縁密の頌。【五六】注(8)参照。◉(31)臨崖見虎＝「尚々恐ろしい、後へも先へも身動きはならぬ」(『秘鈔』)。『碧巖』四十三本則下語に、「臨崖看虎兕、特地一場愁」、もと『伝灯録』巻二十鹿門処真〈曹山下〉の語、但し「兕」は「眼」。◉(32)臨危推人、不是好心＝崖ぶちに臨んで人を後ろから押す、なんと意地が悪い。『伝灯録』巻二十大安山省〈疎山下〉章に、「臨坑不推人」と。頌古第九則〈【一二六】〉本則下語では「臨崖推人、非是好心」と。◉(33)**国清才子貴、家富小児驕**＝国が清く安寧であれば優れた人が貴ばれ、家が金持ちになると子供たちがおごってくる。ここでは天下太平の祝語として用いられる。太公望の語。【一の六】注(5)参照。◉(34)**叙謝不録**＝『大灯録』原本にある注。例えば、【一の七】に見える国師謝辞の記録を略する。◉(35)呉王好剣客…楚王好細腰…＝呉の王は剣術家を好んだ為に、民は生傷が絶えず、楚の霊王が細腰の美人を好んだので、宮女は餓死する者が多く出た故事〈上の者が一歩誤ると下の者も右ならい〉。『後漢書』巻二十四馬廖《ばりょう》伝に見える。

【一二〇の四】

又た云く、「(1)**至道曠遠**《しどうこうおん》〔(2)甚《はなは》だ新鮮、始めて聞く、者裡《しゃり》広狭《こうきょう》有ることを。怪《あや》しい哉《かな》、曠《ひろ》きことや千頃《せんけい》なるか、万頃《ばんけい》なるか、将《は》た又た千万頃なるか。怪しい哉、遠きことや、千里なるか、万里なるか、将た又た千万里なるか〕」、**幽致虚凝**《ゆうちきょぎょう》〔仏祖も識らず。(3)面《おもて》の赤からんより、語《ご》の直《なお》からんには如《し》かず〕、**仏仏之**《ぶつぶつ》**れを以て匡持**《きょうじ》**し**〔(4)荷葉団団《かようだんだん》として鏡《かがみ》よりも団《まる》く〕、**祖祖**《そそ》**之れを以て保護す**〔菱角尖尖《りょうかくせんせん》として錐《きり》よりも尖《するど》し〕、

(5)**其の要《よう》は只だ群有《ぐんぬ》を利度《りど》するに在り**〔風、柳絮《りゆうじよ》を吹けば毛毬《もうきゆう》走《わし》り〕。**随処《ずいしよ》に主《しゆ》と作《な》って**〔雨、梨花《りか》を打てば蛺蝶《きようちよう》飛ぶ〕、**脱体現成《だつたいげんじよう》す**〔蛇を画《えが》いて足《あし》を添う〕、**物《もの》に随《したが》って能《よ》く転《てん》ず**〔(6)鴨卵《おうらん》か弾丸《だんがん》か胡蘆子《ころす》に似たる物か〕。(7)**苟《いやしく》も其《そ》の人《ひと》を得《う》る則《とき》は、**(8)**啻《ただ》に自《みずか》ら霊然《れいぜん》を得るのみに匪《あら》ず**〔(9)虚空《こくう》消殞《しよういん》し鉄山《てつせん》砕《くだ》く、作麼生《そもさん》か是れ其の人《ひと》〕、**慈悲の中《うち》に動《うご》くが為に**〔稽首《けいしゆ》す南無観世音〕、**菩薩《ぼさつ》の行願《ぎようがん》に随順《ずいじゆん》して**〔衆生無辺誓願度《しゆじようむへんせいがんど》、煩悩《ぼんのう》無尽誓願断《むじんせいがんだん》、法門無量誓願学《ほうもんむりようせいがんがく》、仏道無上誓願成《ぶつどうむじようせいがんじよう》〕、(10)**本有《ほんぬ》の光明蔵《こうみようぞう》を豁開《かつかい》し**〔本有の光明蔵、(11)何人《なんぴと》か鎖断《さだん》することを得ん。(12)輪鎚撃《りんついう》てども開かず、吹毛截《すいもうき》れども入らず〕、**五趣《ごしゆ》の貧児《ひんじ》を賑済《しんさい》す**〔(13)我れ皆な無《む》余涅槃《よねはん》に入らしめて之れを滅度《めつど》す、是《かく》の如く無量無数無辺の衆生を滅度《めつど》すれども実に衆生の滅度《めつど》を得《う》る者無し〕。(14)**高低普《こうていあまね》く応《おう》じ**〔(15)応《まさ》に宰官《さいかん》の身《しん》を以て得度《とくど》すべき者には、即ち宰官の身を現じて為に法を説く〕、**前後虧《か》くること無く**〔応《まさ》に婦女の身を以て得度すべき者には、即ち婦女の身を現じて為に法を説く〕、**縁《えん》に遇《あ》うて宗に即す**〔(16)鐘《かね》の虡《きよ》に在るが如し〕、**一隅《いちぐう》に滞《とどこお》ること無し**〔鏡《かがみ》の台《だい》に当たるに似《に》たり〕。(17)**所以《このゆえ》に大檀越《だいだんのつ》、広大《こうだい》の知見を具し**〔如何なるか是れ広大の知見。(18)祇《た》だ破裙《はくん》を著《つ》くるが為に他《た》の残せる麭麰《ほうろう》を喫《きつ》す〕、**堅固《けんご》の信力《しんりき》有り**〔只だ者《こ》の堅固信力、世間希有《けう》の真宝《しんぽう》〕、(19)**自己の家珍《かちん》を運出《うんしゆつ》して**〔(20)放下著《ほうげじやく》、何の臭皮襪《しゆうひべつ》にか当たらん、(21)占波《せんぱ》国裏に抛擲著《ほうてきじやく》せよ〕、**奇麗《きれい》の禅苑《ぜんえん》を建立《こんりゆう》し**〔梁《りよう》の武帝、達磨大師に問う、「朕《ちん》、寺を建て、僧を度《ど》す、却って功徳《くどく》有りや又た否《いな》や」。磨《ま》曰く、「無功徳《むくどく》」〕、(22)**仏僧を安置《あんち》して**〔(23)如何《いか》なるか是れ仏、即今何《そつこんいず》れの処にか安著《あんじやく》す〕、**法宝《ほうぼう》を紹隆《しようりゆう》す**〔(24)伏《ふ》して惟《おも》みれば珍重《ちんちよう》〕。(25)**五濁悪世《ごじよくあくせ》の中《うち》、人の至信《ししん》無き時に丁《あた》って**〔(26)即今、何《いず》れの処ぞ、者裏《しやり》、生死涅槃《しようじねはん》を著《つ》けず、什麼《なに》を呼んでか五濁悪世と為す〕、(27)**無比《むひ》の大願《だいがん》を発して**〔(28)来年蚕麦《さんばく》の熟するを願《ねが》って、羅睺羅児《らごらじ》に一銭を与《あた》う〕、**見聞《けんもん》の巨益《こやく》と成《な》す**〔(29)聞見《もんけん》覚知《かくち》、一一《いちいち》に非ず、山河《せんが》は鏡中《きようちゆう》に在《あ》って観《み》ず〕、(30)**能く蛉蛢《れいへい》の依託《いたく》と為《な》り**〔(31)是れ什麼《なん》の繫驢橛《けろけつ》ぞ、若し依託有らば転《うた》た是れ蛉蛢〕、**最《もつと》も漂沈《ひようちん》の要津《ようしん》と作《な》る**〔(32)尽大地《じんだいち》、是れ沙門《しやもん》の一隻眼《いつせきげん》、何《いず》れの処にか漂沈を著《つ》けん。者裏、船筏《せんばつ》を仮《か》りて渉《わた》る所以《ゆえん》の者に非ず、何ぞ要津《ようしん》を用《もち》いん〕。**集むる所の功課《こうか》を以て**〔泥団土塊《でいだんどかい》、聚《あつ》め得て縦《たと》い(33)弥楼山《みるせん》の如《ごと》くにし去るも半文銭《はんもんせん》に直《あた》らず〕、(34)**二親《にしん》の幽霊《ゆうれい》に酬《むく》ゆ**〔(35)豈《あ》に其れ二親のみならんや。若《も》しくは卵生、若しくは胎生、若しくは湿生、若しくは化生、若しくは有色、若しくは無色、若しくは有相、若しくは無相、我れ皆な無余涅槃に入らしめん〕。**上品《じようぼん》に蓮開するを薦《すす》め**〔(36)者裏、是れ什麼《いずれ》の処ぞ、豈に九品《くぼん》有らんや〕、**遠く山僧《さんぞう》を請《しよう》じ来たって、其の功徳を賛揚《さんよう》せしむ**〔(37)之れを賛《さん》する者は抜舌泥梨《ばつぜつないり》、之れを謗《ぼう》ずる者は洋銅沸屎《ようどうふつし》〕。**若し其の功徳を論《ろん》ぜば**〔(38)山果青猿《さんかせいえん》摘《つ》み、池魚白鷺《ちぎよはくろ》銜《ふく》む〕、**山僧未だ口を開かざる已前《いぜん》に、其の功《こう》広く施《ほどこ》し、其の徳偉《とくおお》いに被《こうむ》らしむ**〔(39)牆《かき》に隈《よ》りて胡蝶《こちよう》を弄《もてあそ》び、水《みず》に臨《のぞ》んで蝦蟆《かえる》に擲《なげう》つ、羅袖《らしゆう》に梅子《ばいし》を盛《も》り、金篦《きんぺい》もて筍牙《じゆんが》を挑《くじ》る〕。(40)**矧《いわ》んや亦た雪巒山《ゆきらんざん》を裹《つつ》んで、以て浄刹《じようせつ》の勝境《しようきよう》を儼《げん》にし**〔(41)方竹杖《ほうちくじよう》を削円《さくえん》し〕、**風寒木《かぜかんぼく》を払《はら》って念法《ねんぽう》の妙音《みようおん》を唱《とな》う**〔紫茸氈《しじようせん》を鞔却《ばんきやく》す〕。**正当与麼《しようとうよも》の時、**(42)**箇箇無尽《ここむじん》**〔直下《じきげ》是れ(43)不尽《ふじん》の乾坤灯外灯《けんこんとうがいとう》〕、**刹刹塵塵《せつせつじんじん》、悉《ことごと》く是れ無量寿仏《むりようじゆぶつ》の慈顔《じがん》を展《の》べ**〔(44)不是心《ふぜしん》、不是仏《ふぜぶつ》、不是物《ふぜもつ》。無量寿を要して何の用ぞ、無量寿の慈顔、何《いず》れの日か縮却《しゆくきやく》すること有る〕、(45)**不可説不可説《ふかせつふかせつ》**〔直下是れ無辺《むへん》の風月眼中眼《ふうげつがんちゆうがん》〕、**頭頭物物《ずずもつもつ》、信心不二《しんじんふに》の全体を現ず**〔信心の全体、何れの日か隠蔵《いんぞう》有る。(46)浪《なみ》は鴛鴦児《えんおうじ》を捧《う》ち、波《なみ》は鸂鶒子《けいちよくし》を揺《ゆる》がす〕。(47)**一心多心《いつしんたしん》**〔(48)阿耶《あや》、好肉《こうにく》を剜《えぐ》って瘡《きず》を生ず〕、**一劫多劫《いちごうたごう》**〔(49)分開《ぶんかい》するも亦た好《よ》し、七花八裂《しちかはちれつ》〕、(50)**三身四智《さんしんしち》を円《まどか》にし**〔(51)家に白沢《はくたく》の図無くんば、(52)羯帝羯帝《ぎやていぎやてい》波羅羯帝《はらぎやてい》〕、(53)**八解六通《はちげろくつう》を偏《ひとえ》にす**〔此《かく》の如くの妖怪《ようかい》有り、波羅僧羯帝菩提娑婆訶《はらそうぎやていぼじそわか》〕、(54)**五眼融通《ごげんゆうづう》、処として鑑《かんが》みずということ無く**〔(55)一隻眼も又た須《すべか》らく瞎却《かつきやく》すべきに、況《いわ》んや他の五眼をや。我が者裡者般《しやりしやはん》の閑家具《かんかぐ》を要せず〕、(56)**十力満足《じゆうりきまんぞく》、邪《じや》として摧《くだ》けずということ無し**〔(57)十力面前邪正《めんぜんじやしよう》無し、更に者《こ》の什麼《なに》をか摧伏《さいぶく》せん。(58)然《しか》も与麼《よも》なりと雖《いえど》も、玄沙《げんしや》道《い》う底《てい》〕。**一切を具足《ぐそく》し、**(59)**菩提《ぼだい》を摂受《しようじゆ》す**〔(60)未だ是れ分外《ぶんげ》の事《じ》と為《な》さず、見性《けんしよう》大士、那箇《なこ》か者《こ》の消息《しようそく》無けん〕。(61)**智智《ちち》清浄《しようじよう》、無別無断《むべつむだん》**〔(62)風《かぜ》吹けども入らず、雨洒《あめそそ》げども著《つ》かず。

(63)黄金鋳出《ちゆうしゆつ》す鉄崑崙《こんろん》〕、(64)**深く大陀羅尼《だいだらに》の妙門に入《い》って**〔(65)出《い》づるに門《もん》無く、入《い》るに戸《こ》無し。(66)四方八面遮欄《しやらん》を絶す、万象森羅等《ばんしようしんらひと》しく漏泄《ろせつ》す〕、(67)**大不可思議の境界《きようがい》に住す**〔(68)纔《わず》かに住著《じゆうじやく》せば即ち是れ毒海。(69)有仏《うぶつ》の処、住すること得ざれ、無仏《むぶつ》の処、急《きゆう》に須らく走過《そうか》すべし〕。(70)**是《かく》の如きの作用《さゆう》、是の如きの奇特《きどく》、是の如きの威光《いこう》、是の如きの吉祥《きちじよう》有り**〔(71)拈了也《ねんりようや》。(72)夢幻空華《むげんくうげ》、何ぞ把捉《はしやく》を労《ろう》せん〕。(73)**山河大地《せんがだいち》、草木叢林《そうもくそうりん》、情《じよう》と無《む》情《じよう》と、因中《いんちゆう》と果上《かじよう》と**〔(74)因《いん》にも属《ぞく》せず、縁《えん》をも仮《か》らず、(75)鉄丸縫罅《てつがんほうか》無し〕、(76)**高《こう》無く下《げ》無く**〔(77)脱体現成《だつたいげんじよう》、何《いず》れの処にか高下《こうげ》有らん〕、**大機大用《たいきたいゆう》を発《はつ》して**〔(78)手《て》に在りては執捉《しつそく》し、足《あし》に在りては運奔《うんぽん》す、大用を発して何の用《ゆう》ぞ〕、**大安大楽《だいあんだいらく》を得《う》**〔亦た未だ是れ分外《ぶんげ》の事《じ》ならず〕。**諸人、此の事《じ》を見んと要すや**〔瞎《かつ》〕。(79)**竹《たけ》に上下の節《ふし》有り、松《まつ》に古今《ここん》の青《あお》無し**〔大小大《だいしようだい》の両朝《りようちよう》国師、許多《そこばく》の葛藤《かつとう》を打《た》し、末後《まつご》只だ一半《いつぱん》を道《い》い得たるのみ。何《なん》が故《ゆえ》ぞ、(80)倉米《そうまい》既に赫赤《かくしやく》なれども、人に斗升《としよう》をすら貸さず〕」。

(1)**至道曠遠…祖祖以之保護**＝仏法の大道は広大無辺、奥深く、清徹明亮であり、仏仏祖祖の護持された当のもの。「虚凝」は、『碧巌』九十頌。「匡持」は「ただしたもつ」。◉(2)甚新鮮、始聞者裡有広狭…将又千万里歟＝（広遠にかけて）さても珍しいことかな、広い狭いの沙汰があろうとは、と例に依って皮肉。「頃」は広さの単位、百畝（十二畝半とも）。◉(3)面赤不如語直＝正直が一番。【九九】注(9)参照。◉(4)荷葉団団団於鏡…雨打梨花蛺蝶飛＝諸法実相。夾山善会の句。【一一】注(12)参照。◉(5)**其要只在…随物能転**＝仏祖の護持の要は専ら衆生を済度し、随処随時に主人公たらしめ、成仏せしめることにある。「随処…能転」まで「利度」の内容。「随処作主」は『臨済録』示衆、「脱体現成」は『碧巌』一本則評唱、「随物能転」は『楞厳経』巻二の「若し能く物を転ずれば、即ち如来に同じ」を踏まえる。◉(6)鴨卵歟弾丸歟似胡蘆子物歟＝（転にかけて）揶揄。◉(7)**苟得其人則**＝【一〇一の二】本文にも見えるが、「其人」は其中人、人傑を云う。◉(8)**匪啻自得霊然**＝ただに霊妙自得の自利のみならず。『虚堂録』巻二宝林録に「霊然自得」、もと「霊然」は十九祖鳩摩羅多尊者の語で、「心本清浄」を云う（『伝灯録』巻二）。◉⑼虚空消殞鉄山砕＝（其人にかけて）。虚堂の偈頌、但し「砕」は「摧」。【一の八】注(56)参照。◉⑽**豁開本有光明蔵、賑済五趣之貧児**＝光明の蔵を開けて、五道に輪廻する衆生に本有の光明を振舞い救済する。「五趣」は「地獄・餓鬼・畜生・人・天」の五道。◉⑾何人得鎖断＝（蔵にかけて）誰も鎖《と》ざしたりはしない（開いて出るものにあらず）。◉⑿輪鎚撃不開、吹毛截不入＝這箇本分底。【一の三】注⑵参照。◉⒀我皆令入…得滅度者＝（賑済にかけて）実に滅度を得る者は無いと、『金剛経』大乗正宗分第三にも云っていると揶揄。◉⒁**高低普応…無滞一隅**＝「賑済」の内容。高ければ高いように、低ければ低いように、後先いずれも平等に普く行き渡り、縁に応じて主となり、一所に滞らないようにせしめる。前の二句は『碧巌』十九垂示、『明覚録』巻一、但し「無虧」は「無差」。「遇縁即宗」は『石霜（慈明）録』興化録の入院上堂語。◉⒂応以宰官身…＝（普応にかけて）『法華経』普門品にも云うが如し。◉⒃如鐘在簴、似鏡当台＝無心に機に応ずる働き。「簴」は「虡」とも、鐘を吊るす縦柱で、鹿頭龍身の神獣を彫る。『大川普済録』に、「如鐘在虡、之れを扣けば則ち鳴り。似鏡当台、物来たらば斯れ照らす」（禅十五・三一五上）。◉⒄**所以大檀越…有堅固信力**＝以下、山名氏の見識と信心を褒めたたえる。◉⒅祇為著破裙、喫他残䴺麱＝みすぼらしい格好をしているだけで、残飯を食わされる。『寒山詩』四十七「低眼鄒公妻」。【一一八の三】注⑷参照。◉⒆**運出自己家珍、建立奇麗禅苑**＝自己の家財をはたいて、立派な禅寺を建立した。◉⒇放下著、当何臭皮襪＝（家珍にかけて）捨ててしまえ、何の値打ちもない。【五の二】注⒁⒂参照。◉(21)抛擲占波国裏著＝遠くへ放り出せ。【二三の二】下語「貶向大食国裏」と同義。「占波」は「瞻波、占城、占婆」とも云い、今カルカッタの東南の地（『大唐西域記』巻十）、後にその住民がベトナム中部に移住して占波国を建てる。◉(22)**安置仏僧、紹隆法宝**＝三宝を継ぎ、隆盛にする。『維摩経』仏国品に、「紹隆三宝」と。◉(23)如何是仏、即今何処安著＝仏とは何ぞ、即今どこに置くというのか。（仏ならざる所はないと云うのに）。◉(24)伏惟珍重＝それはそれは、結構な事で。白隠の下語は全て形あるものを皮肉る。◉(25)**五濁悪世**＝【二三二】注⑸参照。◉(26)即今何処…呼什麼為五濁悪世＝即今とは何れの処ぞ、ここ（即今）には生死涅槃の沙汰なし、何が五濁悪世ぞ。◉(27)**発無比之大願、成見聞之巨益**＝比類ない大願をたて、見仏聞法の利益に与からしめる。『維摩経』仏国品に、「無量仏土、皆な厳浄し、其の見聞する者は益を蒙らざるもの無し」と。◉(28)願来年蚕麦熟、羅睺羅児与一銭＝（大願にかけて）来年の豊作を願って、ラゴラ仏様に賽銭でもあげたら、と皮肉る。底本の「待」は衍字（『寒山詩闡提記聞』序讃「貌悴形枯」の下語参照）。「願待」は禅録では「但願」であり「待」字は無い、また「来年」を「今年」とするものも多い。「羅睺羅児」とは七夕の乞巧《きっこう》に用いる小さな土偶の「摩《ま》睺《ご》羅《ら》仏」のこと。「乞巧」とは子宝、恋愛、手芸等の成就祈願を云う。『東京夢華録』巻八「七夕」、『荊楚歳時記』等の七夕の項参照。以上に就いては『葛藤語箋』一六三頁、『犂耕』一二四頁（共に禅文化研究所版）に道忠禅師の詳細な考証がある。◉(29)聞見覚知非一一、山河不在鏡中観＝六根それぞれ別々にはあらざれども、（鑑覚の）鏡に写して観てはいけない。（見聞にかけて）【一〇】注(6)参照。◉(30)**能為跉跰之依託、最作漂沈之要津**＝（祐徳禅寺が）さすらい人の寄る辺となり、浮き沈みする人の渡し場となるように。大願の内容。「跉跰」は、【七三の一】注(7)参照。◉(31)是什麼繋驢橛、若有依託転是跉跰＝（依託にかけて）これまた束縛、他に頼るようでは（無依独脱とは云えぬ）愈々さすらい人だ。◉(32)心如波旬、面似夜叉＝【九四の二】注(16)参照。◉(33)弥楼山＝須弥山とも、また須弥山の周囲の七金山の一つ持地山とも云われる山。◉(34)**酬二親之幽霊、薦蓮開於上品**＝亡き父母の恩に酬い、その霊魂の極楽往生を祈る。後句は浄家に云う九品浄土の上位で、蓮華の中に生まれること。「薦」は供え物をして祭ること。『勅修百丈清規』巻六「亡僧」大夜念誦回向文に、「蓮開上品之花」。◉(35)豈其二親哉…我皆令入無余涅槃＝「豈其」は「豈只其」の「只」を補う。どうして二親のみか、一切の有情無情を度脱せしめてこそ本真もの。『金剛経』大乗正宗分第三を踏まえて。【一の七】注(38)参照。◉(36)者裏是什麼処、豈有九品＝九品の差別が有るとは、そこは何処だ、真の浄土にそんな差別は無い。◉(37)賛之者抜舌泥梨、謗之者洋銅沸屎＝（賛揚にかけて）賛しても、誹謗しても、同じく地獄行き。『五家正宗賛』巻二臨済賛。「抜舌泥梨」は口業の悪を作る者の堕する地獄。「洋銅」はどろどろに融けた銅を口に注がれ、「沸屎」は熱沸河や糞屎の坑に投げ込まれる地獄の相。◉(38)山果青猿摘、池魚白鷺銜＝（功徳と云えば）山では猿が木の実を取って遊び、池では白鷺が魚をくわえ上げたりしている。『寒山詩』二十二「家住緑巌下」、但し「青猿」は「獼猴」。◉(39)隈牆弄胡蝶…金篦挑筍牙＝（功徳と云えば）塀にもたれながら蝶々にたわむれたり、水辺に立って蛙にものを投げたり。うすぎぬの袖に梅の実をちぎって入れたり、金のくしで筍の芽をほじくり出したり。『寒山詩』三十九「三月蚕猶小」。◉(40)**矧亦、雪裏巒山…唱念法之妙音**＝時節柄折しも、雪景色は浄土の光景であり、木を払う寒風の音は念仏の声であるにおいては（国師の口を借りて功徳を讃歎するまでもない）。◉(41)削円方竹杖、鞔却紫茸氈＝あたら台なし、それを云わなければ！【九の三】注(9)参照。◉(42)**箇箇無尽…展無量寿仏之慈顔**＝草木国土悉《ことごと》くが皆な弥陀の面目を表わす。華厳に云う、微塵仏刹の世界。以下、祐徳寺の本尊阿弥陀如来の法界を華厳を用いて説く。◉(43)不尽乾坤灯外灯、無辺風月眼中眼＝不尽の乾坤がそのままに心灯、無辺の風月がそのままに心眼。どこも心眼心灯ならぬ所はない（『句双紙』）。元の時代、『碧巌録』を刊行した張明遠の碧巌頌。張本系版本巻一巻首の扉に載る。◉(44)不是心不是仏不是物＝馬祖の語。◉(45)**不可説不可説、頭頭物物、現信心不二之全体**＝無数億兆箇の箇々全ての物が、信ぜられるものと信じる心の不二の仏心を現わす。「不可説不可説」は前の「箇箇無尽、刹刹塵塵」の対句で、無限数を表わす語、『華厳経』巻二十九阿僧祇品に云う極大数、十の（十の三十六乗）乗レベルの数。「信心不二」は『信心銘』。◉(46)浪捧鴛鴦児、波揺鸂鶒子＝（頭頭物物にかけて）浪は鴛鴦にはねかかり、波は鸂鶒をゆする。「鴛鴦児」も「鸂鶒子」もオシドリの一種。『寒山詩』五十四「相喚採芙蓉」。◉(47)**一心多心、一劫多劫**＝一心が則ち多心、一劫が則ち他劫。『華厳経』巻八の十住品に、「一即是多、多即是一」。◉(48)阿耶、剜好肉生瘡＝「阿耶」は阿耶耶、ア、イタタ。【四一の二】注(5)参照。後句は【四の二】注(5)参照。◉(49)分開亦好、七花八裂＝【五の二】注(19)(20)参照。◉(50)**三身四智**＝「三身」は法身・報身・応身、「四智」は大円鏡智・平等性智・成所作智・妙観察智を云う。◉(51)家無白沢図、有如此妖怪＝主心無ければ、こんな化け物にも惑わされる。

【五四】注(7)参照。◉(52)羯帝羯帝…＝般若心経でも読んで、悪魔払い。◉(53)**八解六通**＝「八解」は八解脱、禅定による解脱の八段階。「六通」は他心通・漏尽通等の六神通を云う。◉(54)**五眼融通、無処而不鑑**＝全てを見通し。「五眼」は肉眼・天眼・慧眼・法眼・仏眼を云う。◉(55)一隻眼又須瞎却…者般閑家具＝片目でも潰さなくてはならんと云うのに、まして尚お五眼は勿論のこと。私の所ではそんな古道具はいらん。◉(56)**十力満足、無邪而不摧**＝あらゆる邪を砕く。「十力」は仏が具える十種の力。頌古第十五則（【一三二】）本則評唱注(10)参照。◉(57)十力面前無邪正、更摧伏者什麼＝如来の十力の前にはもとより邪正の何のと云う事はない、摧伏すべき邪魔外道とて有る筈もなし。底本の「推伏」は「摧伏」の誤記。◉(58)然雖与麼、玄沙道底＝何と云おうとも、未徹在。【一の七】注(51)参照。◉(59)**摂受菩提**＝仏の正覚に預る。◉(60)未是為分外事、見性大士那箇無者消息＝そんなことたいしたことではない、見性した者ならだれでもこの消息を有す。「見性大士」は余り耳慣れない語。◉(61)**智智清浄、無別無断**＝仏智清浄なり、不二不断なるが故に。『大般若経』初分難信解品に、「一切智智清浄、無二無二分、無別無断故」（大正五・九八九下、一〇四六上等）と。一切智智は智の中の智、仏智を云う。◉(62)風吹不入、雨洒不著＝『五家正宗賛』巻二虎丘紹隆章に「風吹不入、雨打不著」と。【一三の二】注(9)参照。◉(63)黄金鋳出鉄崑崙＝【一四の二】注(11)参照。◉(64)**深入大陀羅尼妙門**＝深く仏境界に入る。「陀羅尼」は真言呪文、意訳して総持と云う。『円覚経』の巻首に、「無上法王に大陀羅尼門有り、名づけて円覚と為す」と。◉(65)出無門入無戸＝（妙門にかけて）出入を遮《さえぎ》るような門戸はもとより無い。書き入れに「戸羽目ヲ、ハズイタ境界」と。【一三〇の一】注(4)参照。◉(66)四方八面絶遮欄、万象森羅等漏泄＝四方八面遮る物なければ、万象森羅、皆な真実の相を露わす。『会元』巻十八仏心本才（霊源惟清の法嗣、黄龍下三世）の偈に、「徹、徹。大海乾枯、虚空迸裂。〜、〜」と。但し「欄」は「攔」、「等」は「斉」。◉(67)**住大不可思議境界**＝『維摩経』不思議品には大乗菩薩の不可思議法門を説く。◉(68)纔住著即是毒海＝（「住」にかけて）執着すれば直ちに毒となる。◉(69)有仏処住不得、無仏処急須走過＝趙州老漢行脚の心得、住著を戒める。【五一の二】注(17)参照。◉(70)**有如是作用…如是吉祥**＝祐徳寺の弥陀本尊には以上のような働き、以上のような奇特なこと、以上のような威光、以上のような目出度きことがござる。◉(71)拈了也＝取り除けなされ。◉(72)夢幻空華、何労把捉＝もとより幻の華、とるに足らず。『臨済録』示衆、もと『信心銘』。◉(73)**山河大地…因中与果上**＝（然れば、）山河大地、一切の有情無情、因中の修行途上の者も、果上の諸仏も。◉(74)不属因、不仮縁＝『臨済録』上堂に「不属因、不在縁」、もと『維摩経』弟子品。◉(75)鉄丸無縫罅＝「鉄丸」は本分のこと、「縫罅」は縫い目。本分上には分別の入る余地はない。【一〇一の二】注(14)参照。◉(76)**無高無下…得大安大楽**＝上下の隔て無く、等しく大機大用を発し、大安楽を得ることが出来る。◉(77)脱体現成、何処有高下＝先刻おっしゃられた如く、丸ごと現われ、もとより高下なし。◉(78)在手執捉、在足運奔＝『臨済録』示衆、もと達磨の弟子の波羅提の偈（『伝灯録』巻三）。【六七の二】注(4)参照。◉(79)**竹有上下節、松無古今青**＝差別、平等あるがままの自然法爾。大潙祖瑃《そちゅん》（大潙懐秀の法嗣、黄龍下二世）が潙山の家風を問われて答えた語（『会元』十八）、但し「古今」は「今古」。◉(80)倉米既赫赤、不貸人斗升＝倉の米はとっくに黄変米と化しているのに、人に一升一合も貸そうとはしない（国師の出し惜しみを皮肉って）。『寒山詩』四十一「富児多鞅掌」。

【一二〇の五】

挙《こ》す。「**(1)世尊《せそん》、初め成道《じょうどう》**〔(2)大道寥寥《りょうりょう》として敗処《はいしょ》無し、金躯《こんく》夜半者《こ》の何をか成《じょう》ず。寒雲《かんうん》雪を籠《こ》めて夕《せき》陽《よう》重く、山月《さんげつ》梅を照らして夜色《やしょく》清し〕、**(3)普《ふ》光宝殿《こうほうでん》に於いて道樹《どうじゅ》を離れずして**〔(4)空《くう》、空に合《がっ》し、水、水《みず》に投《とう》ず〕、**須弥山頂《しゅみせんちょう》の帝釈宮《たいしゃくぐう》に上《のぼ》る**〔(5)道場を起《た》たずして諸《もろもろ》の威儀を現ずるも、是れ分外《ぶんげ》の事《じ》に非ず〕。**帝釈《たいしゃく》、一宝坊《ほうぼう》を化作《けさ》して**〔(6)尽大地《じんだいち》、是れ箇《こ》の宝場《ほうじょう》、眼花《がんか》すること莫《な》かれ〕、**為に(7)十住《じゅうじゅう》の法門を説かしむ**〔(8)十《じゅう》力《りき》調《ちょう》御《ご》師《し》、伏《ふ》して惟《おもん》みれば万福《ばんぷく》〕」。**師拈《ねん》じて云く、**「**(50)世尊は半夜《はんや》に日頭《にっとう》出で**〔(10)江《こう》に到って呉地《ごち》尽き〕、**帝釈は日午《にちご》に三更《さんこう》を打《た》す**〔岸《きし》を隔《へだ》てて越山《えつざん》多し〕。**若し是れ山僧《さんぞう》が開堂底ならば、(11)天《たい》平らかに地平らかなり**

巻二【一二〇の五】

〔好箇《こうこ》の衲僧の開堂、⑿万仞《ばんじん》の龍門《りゅうもん》、黒雲を鎖《と》ざすが如し。恨《うら》む所は⒀紙《かみ》の袴《はかま》、瓦《かわら》を褌《こん》と為《な》し、到頭凍《とうとうとう》餓殺《がさつ》せらる〕」。**拄杖《しゅじょう》を卓《たく》すること一下《いちげ》して、便ち下座《げざ》。**

⑴**世尊初成道**＝釈迦が仏陀伽耶の菩提樹の下で悟りを開いて、最初に説法されたのが華厳の教えであった。菩提樹（＝道樹）下を華厳では第一会の寂滅道場と云う。◉⑵大道寥寥無敗処…山月照梅夜色清＝大道はもとより寥寥《カラリ》としたもの、成敗の沙汰は無い、然るに、夜半成道とは何事ぞ、何を成すと謂うのか。寒雲雪を籠めて夕陽重く、山月梅を照らして夜色清し（皆皆成道）。『荊叢毒蕊』巻一臘八示衆に見える、但し二句目は「黄頭老漢却何成」、四句目は「山月上梅夜色清」。◉⑶**於普光宝殿、不離道樹**＝「普光宝殿」は華厳では第二会の普光法堂、第一会の寂滅道場から東南へ三里ばかりの「光の家」だと云われている。『華厳経』巻七の仏昇須弥頂品に、「爾《こ》の時世尊は威神力の故に、此の座（菩提樹下）を起たずして須弥頂に昇って帝釈殿に向かう。爾の時帝釈遥かに仏の来たるを見て、即ち妙勝殿上に於いて、衆宝師子の座を敷置す。云々」と見える。◉⑷空合空、水投水＝不離の消息。『人天眼目』巻三自得暉頌。【四二の二】注⑺参照。◉⑸不起道場現諸威儀＝【一の七】注㉝参照。◉⑹尽大地是箇宝場、莫眼花＝尽大地が全てこれ宝坊だと云うのに、今更「化作」するなどと、ありもしないことを云うな。【九六の二】注⑸参照。◉⑺**十住法門**＝第三会忉利《とうり》天《てん》宮の妙勝殿で菩薩の四十の実践階梯、十住・十行・十廻向・十地の内の最初の十住品を説かれた。初発心・治地・修行・生貴・具足方便・正心・不退・童真・法王子・灌頂の十住。特に不退転住で一多の相即、有無の一体を説く。◉⑻十力調御師＝頌古第十五則（【一三三一】）本則評唱注⑽参照。◉⑼**世尊半夜日頭出、帝釈日午打三更**＝世尊は真夜中の太陽、帝釈は真昼間の夜太鼓。両者は常識を覆した本分底の理の境界。「半夜日頭出、日午打三更」は『碧巌』八十六頌下語、もと『伝灯録』巻十二魯祖教（灌渓閑下、臨済下二世）の語、但し「出」は「明」。【一四の二】注⑸参照。◉⑽到江呉地尽、隔岸越山多＝【一の八】注㊲参照。◉⑾**天平地平**＝上下相称《かな》う、天下安寧の祝語。

国師は常識を復した、事の境界。『大応録』崇福録八十五冬至小参、もと『明覚録』巻四「瀑泉集」に、「師、一日、僧に問う、『諸方、道不得底の句、你作麼生か道う』。僧云く、『天平ら地平ら』。云く、『潪麼《しゆうも》なる則《とき》んば、王老師も你《なんじ》に如《し》かず』。僧、無語。師云く、『只だ一半を道い得たるのみ』」と。『越絶書』に、「聖人は上は天を知り、下は地を知り、中は人を知る。此れ之を天平ら地平らと謂う、此れを以て天図と為す」と。◉(12)万仞龍門鎖黒雲＝底本の「黒雲鎖」は「鎖黒雲」の誤り。大灯の言句険峻なること万仞の龍門が黒雲に鎖ざされて見難きが如く、天下の衲僧点額して帰るのみ。『江湖風月集』巻下虚庵実の頌。【二一五】注(7)参照。◉(13)紙袴瓦為褌、到頭凍餓殺＝（いかに富を誇ろうとも、所詮最後は）紙のズボンに瓦のパッチ、あげくのはては飢え死に凍え死にが落ちだ。『寒山詩』六十「田舎多桑園」。

【二一二】

(1)**上堂。拄杖《しゆじよう》を拈《ねん》じて云く、「拄杖子《しゆじようす》、三件《さんけん》の長処《ちようしよ》有り**〔(2)咄《とつ》、者《こ》の破爛柴《はらんさい》、什麼《なん》の長処か有る。如《し》かじ拗折《ようせつ》して洗足湯下《せんそくとうか》の薪《まき》と為《な》さんには〕。**第一に(3)疾程《しつてい》、(4)朝《あした》に西天《さいてん》に到り、暮《くれ》に東土《とうど》に帰る**〔(5)果然《かぜん》として遅《ち》八刻《はつこく》、向《さき》に言えり什麼《なん》の長処か有らんと〕。**第二に(6)妙言《みようごん》、(7)一句截流《せつる》、万機寝削《ばんきしんさく》す**〔(8)豈《あ》に是れ分外《ぶんげ》ならんや。臭皮襪《しゆうひべつ》破漆桶《はしつつう》、各《おの》おの是れ一句截流、万機寝削〕。**第三に(9)功通《ぎようつう》、(10)変じて龍《りゆう》と作《な》って天に上《のぼ》り、蛇《じや》と為《な》って草《くさ》に入《い》る**〔(11)破犢鼻《はとくび》、手《て》に任《まか》せて拈《ねん》じ来たれば翼《よく》を挿《はさ》む猛虎、角《つの》を戴《いただ》く大虫《だいちゆう》、豈に是れ分外の事ならんや〕。**若し人善《よ》く識得せば、(12)我れに話頭《わとう》を還《かえ》し来たれ**〔(13)若し人善く識得せば満面《まんめん》の慚惶《ざんこう》。物《もの》の比倫《ひりん》に堪《た》えたる無し、我れをして如何《いかん》が説かしめん〕」。

(1)**上堂**＝祐徳寺から大徳寺に帰った直後の上堂か。帰途の縁語の拄杖子をテーマにした説法。◉(2)咄、者破爛柴…洗足湯下薪＝やい、この腐れ木《こ》っ端《ぱ》切れめに何の得《え》てがある、へし折って、足洗い湯の薪にでもしたら。【五四】の下語にも見える。◉⑶**疾程**＝余り例の無い語、「貪程（道を急ぐ）」の義か。『参詳語要』二の下語にも「貪程疾矣」とある。【一一一の一】注⑼参照。◉⑷**朝到西天、暮帰東土**＝朝インドに行って暮には中国に帰ってくる。但馬祐徳寺に行って、間無く大徳寺に帰ってきた事を踏まえて。【四三の一】注⑿参照。◉⑸果然遅八刻、向言有什麼長処＝さてこそ、遅い遅い。先にも云った通り、何の役にもたたん。◉⑹**妙言**＝微妙の言説で、常人には理解できない語。『韓非子』忠孝。◉⑺**一句截流、万機寝削**＝格外の指示、地獄の根を切り仏の根を切り（『秘鈔』）、全ての働きは静まる。『碧巌』三十八本則評唱に見える鏡清道怤《どうふ》の語。◉⑻豈是分外…万機寝削＝そんなこと珍しい事か、履き古し足袋や破れ桶でもそれぞれに一句截流万機寝削の働きは有るわい。◉⑼**巧通**＝巧妙神通の略か。◉⑽**変作龍上天為蛇入草**＝『碧巌』二十二頌評唱に、「只だ是の一条の拄杖子、有る時は龍と作り、有る時は蛇と作る」と。また『同』六十本則参照。◉⑾破犢鼻任手拈来…豈是分外事＝古ふんどしであれ、衲僧家にとっては何を取っても巧通自由なもの、翼のはえた虎にでもなれば、角の有る虎にでもなる。なにも珍しい事ではない。『碧巌』八十一頌評唱に、「任《たと》い是れ挿翼猛虎、戴角大虫なるも、云々」と。◉⑿**還我話頭来**＝（もし識得したと云うならば、その）話頭をここに差し出してみよ。証拠を見せよ。書き入れに、「サア、識得シタ端的ハ、ドウジャ」と。【一二三の一】注⑷参照。◉⒀若人善識得…教我如何説＝もし識得すると云ったなら大恥かき。もとより説きようがない。後句は『寒山詩』。【九の三】注㉓、【一一二の一】注⑷参照。

【一二二の二】

⑴仏成道上堂《ぶつじょうどうじょうどう》。僧問う、「⑵我が仏、万乗《ばんじょう》の尊栄《そんえい》を棄《す》てて六年の饑凍《きとう》を受《う》く、忽《たちま》ち明星を覩《み》て豁然《かつねん》として成道すと。未審《いぶか》し何の道《みち》をか成《じょう》ず」。師云く、「⑶鼻孔《びくう》、上唇《じょうしん》に掛《か》く」。僧云く、「⑷世尊説法、大梵天王《だいぼんてんのう》、金色《こんじき》の波羅《はら》

花《げ》を以て献《けん》ずと。此の意如何《いいかん》」。師云く、「(5)恩《おん》を報《ほう》ずることは須《すべか》らく是れ還《かえ》って恩《おん》を知《し》る人《ひと》なるべし」。僧云く、「(6)世尊、拈起《ねんき》して大衆《だいしゅ》に顕示《けんじ》す、惟《た》だ迦葉尊者《かしょうそんじゃ》のみ有って破顔微笑《はがんみしょう》すと。意旨作麼生《いしそもさん》」。師云く、「(7)二虎《にこ》争う時、其の勢い生《い》きず」。僧云く、「世尊云《のたまわ》く、『(8)吾《わ》れに正法眼蔵《しょうぼうげんぞう》有り、摩訶大迦葉《まかだいかしょう》に分付《ぶんぷ》す』と。又た作麼生」。師云く、「(9)愁人《しゅうじん》に説向《せっこう》すれば人《ひと》を愁殺《しゅうさつ》す」。僧云く、「今日和尚説法、人《ひと》有りて、花を献ぜば、未審《いぶか》し如何《いかん》が顕示せん」。師云く、「(10)也《ま》た争奈《いかん》せん、破顔の人を得ざることを」。

(1)**仏成道上堂**＝十二月八日上堂。この章は『虚堂録』巻九径山後録の「朝廷祈雪上堂」を踏まえる。◉(2)**我仏棄万乗尊栄、受六年饑凍**＝高貴の王位を捨てて、六年の辛苦を受けられた。『虚堂録』巻八浄慈《じんず》後録の臘八上堂語を受けて。◉(3)**鼻孔掛上唇**＝鼻の孔は唇《くちびる》の上にある。眼横鼻直を悟った。【四二の二】注(22)参照。◉(4)**世尊説法、大梵天王以金色波羅花献**＝『虚堂録』の祈雪上堂、もと『人天眼目』巻五「宗門雑録」に見える。◉(5)**報恩須是還知恩人**＝恩に報いることは恩を知った人にしてはじめて出来る。「須是還…」、「還他…」等の「還」は「必ず…である」と保証するの義。『臨済録』行録、仰山の評に「知恩方解報恩」とあるを踏まえて。◉(6)**世尊拈起…破顔微笑**＝『虚堂録』の祈雪上堂。『無門関』六則。【一の七】注(69)参照。◉(7)**二虎争時其勢不生**＝世尊、迦葉尊者との出会いはまるで廉頗《れんぱ》相如《しょうじょ》と藺《りん》相如とが力を合わせて国を護った故事の様に、互いに宗教を扶竪《ふじゅ》す。【六の二】注(11)参照。◉(8)**吾有正法眼蔵、分付摩訶大迦葉**＝【一の七】注(69)参照。◉(9)**説向愁人愁殺人**＝いよいよ悲しいだけだ、やめてくれ。知音底にあらずんば分からず。方語に「何ぞ双耳を塞がざる」、「説破するに堪えず」(『碧巌録不二鈔』)。【六の二】注(20)(23)参照。◉(10)**也争奈不得破顔人**＝いかんせん、衲《わし》の会下には破顔微笑するほどの人が得られんわい。底意は逆、この五月、関山慧玄に印状を渡したばかり。「争奈」は底本「争何」、『大灯録』原本では「争奈」、原本に戻すべし。

【一二二の二】

乃《すなわ》ち云く、「(1)**吉祥《きちじょう》の座《ざ》に坐《ざ》して**〔作麼生《そもさん》か是れ吉祥の座。(2)死水《しすい》、何ぞ曾《かつ》て古風を振るわん〕、**切《せつ》に(3)木《もつ》樬子《かんす》を覓《もと》めて眼睛《がんぜい》を換《か》えんと要《よう》す**〔(4)又た是れ万古《ばんこ》の榜様《ぼうよう》〕。**明星《みょうじょう》を見るに及んで、(5)果然《かぜん》として錯《しゃく》を将《もつ》て錯に就《つ》く**〔(6)日月《じつげつ》も光を呑み、乾坤《けんこん》も色《いろ》を失す。(7)灯籠跳《おど》って露柱《ろちゅう》に入《い》り、仏殿走《わし》って山門を出づ〕、**此れより定《じょう》を起《た》って(8)大地《だいち》を売弄《まいろう》す**〔(9)長河《ちょうが》を攪《か》いて酥酪《そらく》と成《な》し、(10)荊棘《けいきょく》を変じて栴檀林《せんだんりん》と作《な》す〕。**山僧《さんぞう》、直《じき》に得たり(11)暗地裏《あんちり》に点頭《てんとう》することを**〔(12)山上《さんじょう》の路《みち》を知らんと欲せば、須《すべか》らく是れ去来《こらい》の人なるべし〕。**諸禅徳、你《なんじ》、如《も》し点頭底《てんとうてい》を解《げ》せば、(13)取次《しゅじ》にも敢えて牛畔《ごはん》の供《く》を肯《うけが》わざれ**〔龍宝山頂開榛《かいしん》の祖、(14)片言《へんげん》を下《くだ》すに至って、怒雷《どらい》の石壁を劈《つんざ》くが如し。鶻林《こくりん》は即ち然《しか》らず、(15)諸禅徳、若し点頭を解《げ》せば、器《うつわ》を同じうして牛畔の供《く》を受けん。何が故《ゆえ》ぞ、(16)寧《むし》ろ鶏口《けいこう》と為《な》るも牛後《ぎゅうご》と為《な》ること無かれ〕」。

(1)**吉祥**＝犠牲草ともいう。湿地に生える茅に似た草。『釈迦譜』巻一に、釈迦六年の苦行後、尼連禅河の畔で、牧牛女の奉る乳糜《にゅうび》（＝牛乳粥）を喫して、畢波羅樹下に吉祥草を敷いて、禅定に入ったとある。◉(2)死水何曾振古風＝そんな所に腰をおろすな。【一の七】注(7)参照。◉(3)**覓木樬子換眼睛**＝目の玉をムクロジ樹の玉に置き換える。「能見・所見ナイ所ヲ悟ツタ」。『碧巌』七十七頌下語、もと『雲門広録』巻中の室中語要に、「若し仏と説き祖と説くならば、仏意祖意は大に木樬子を将《もつ》て你が眼睛を換却するに似て相似たり」（禅十一・三五三上）と。「木樬子」は『俗語解』〔一四九九〕に、「和名『むくろじ』。『木樬子経』は数珠《じゅず》の功徳を説く。仏在世には皆な木樬子を用ゆ、珠玉を用うるは後世のことなり」と。◉(4)又是万古榜様＝古来より変わらぬお手本。【一〇六】注(3)参照。◉(5)**果然将錯就錯**＝成道を貶して。『碧巌』八本則等の下語。◉(6)日月呑光、乾坤失色＝全てを奪い尽くす、成道の把住底。『会元』巻十二慈明楚円の語、但し「呑光」は「無光」。頌古第三十則（【二四七】）頌注(6)参照。◉(7)灯籠跳入露柱、仏殿走出山門＝自在の境界、成道の放行底。『松源嵩岳録』上（禅十六・五七四上）。◉⑻**売弄大地**＝「大地の含識、這の如来の智慧徳相を具す」と、手前ばかり知ったようにひけらかし始めた。「大地」は【一の八】注⑿参照。「売弄」は俗語で「ほこりしめす」。◉⑼攪長河成酥酪＝大河の水をかき混ぜてバターやチーズにする、自在三昧の働き。南岳慧思『受菩薩戒儀』に説く菩薩戒の八殊勝の第七神通勝に、「能く大地を変じて黄金七宝と為し、長河を攪《か》いて酥酪醍醐と為し、能く一念百千世界を超える」（卍続蔵一〇五・二）と。◉⑽変荊棘作栴檀林＝上の句と一緒に神通無礙の働きを云う。『虚堂録』巻一顕孝録の入寺上堂語で、『虚堂録』では律寺を改めて禅寺と為した事を云う。◉⑾**暗地裏点頭**＝ひそかにうなずく。「点頭」は【二八の一】注⑾参照。◉⑿欲知山上路、須是去来人＝この消息は実地に体験した人でなければ分からない（と、国師を托上）。【一の八】注(52)参照。◉⒀**取次不敢肯牛畔之供**＝かりそめにも牛飼い女の供養を受けてはならんぞ。「取次」は「かりそめ、しばらく」の義。書き入れに、「此レヲ絶妙ノ上堂ト云、眼ヲツケヨ」と。因みに、『虚堂録』巻八浄慈《じんず》後録の謝秉払夏斎上堂に、『梵網経』巻下第三十六戒を踏まえて、「寧《むし》ろ洋銅《ようどう》を口に灌《そそ》ぐ可きも、信心の人の食を受けざれ、…心を生じて施を受くるは浄名《じょうみょう》の呵《か》する（＝『維摩経』弟子品の須菩提章）所なり」とある。「牛畔」とは、牛乳、或いは牛飼女を指すか。◉⒁至下片言、如怒雷劈石壁＝（安易に供に応ずることを戒める）国師の恐ろしさ。底本の「擘」は「劈」の通字。◉⒂諸禅徳若解点頭、同器受牛畔之供＝されど、釈迦と器を同じくして供に応ずる見識も必要。◉⒃寧為鶏口無為牛後＝「大灯ノ尻ニハ付カンゾ」。【八九】注⒁参照。

【一二三】

雪に因《よ》って上堂。「譬《たと》えば大地一片《いっぺん》の雪の如し〔⑴大地黒漫漫《こくまんまん》〕。**見《み》る底《てい》は之れを白と謂《い》い**〔黒漆桶裏《こくしっつうり》に墨《ぼく》汁《じゅう》を盛る〕、**踏《ふ》む底は之れを冷《れい》と謂う**〔⑵脚下、泥《どろ》深きこと三尺、⑶鑊湯炉炭《かくとうろたん》三万丈〕。⑷**只だ見ざる踏まざる底の如きんば、又た作麼生《そもさん》か道《い》わん**〔⑸髑髏《どくろ》前《ぜん》に鬼《き》を見る。⑹深山古廟《こびょう》裏《り》の無転智《むてんち》の大王《だいおう》〕」。**払子《ほっす》を以て**

禅床《ぜんしょう》を撃《う》つこと一下《いちげ》す。

(1)大地黒漫漫、黒漆桶裏盛墨汁＝（白にかけて）マッ黒ケノケ。前句は【三の二】注(2)参照。後句は【三の一】注(6)参照。◉(2)脚下泥深三尺＝（踏にかけて）泥まみれ。【八〇の二】注㉑参照。◉(3)鑊湯炉炭三万丈＝（冷にかけて）焦熱地獄の底なし熱鉄湯釜。「鑊湯炉炭」は『碧巌』二十五本則評唱。◉(4)**只如不見不踏底、又作麼生道**＝雪を、白とも見ず、冷とも踏まず、さあどう云うか。雪に即して、公案を拈出された。◉(5)髑髏前見鬼＝死見解。【一三の二】注⑾参照。◉(6)深山古廟裏無転智大王＝古祠の賽神、何の働きも無い。【一の九】注⑿参照。

【一二四の一】

除夜《じょや》小参《しょうさん》。僧問う、「一年三百六十日、(1)交頭結尾《こうとうけつび》、別に生涯《しょうがい》有り、如何が大用現前《たいゆうげんぜん》することを得ん」。師云く、「(2)頂上《ちょうじょう》に骨《ほね》無く、頷下《がんか》に鬚《ひげ》有り」。進めて云く、「(3)北禅《ほくぜん》今夜露地《ろじ》の白牛《びやくご》を烹《に》て分歳《ぶんすい》す、検点《けんてん》し将《も》ち来たれば正《まさ》に是れ残盃冷肉《ざんぱいれいにく》。(4)和尚、什麼《なに》を将《もつ》てか大衆《だいしゅ》に施設《せせつ》せん」。師云く、「(5)大家《たいけ》、這裏《しやり》に在り」。進めて云く、「(6)三《さん》陽交泰万《ようこうたいばん》彙《い》亨《とお》る、定《さだ》んで是れ来年、蚕麦熟《さんばくじゆく》せん」。便ち礼拝《らいはい》す。師云く、「(7)妨《さまた》げず、道著《どうじやく》することを」。

(1)**交頭結尾…如何得大用現前**＝ちょうど新年頭と旧年尾の交結する除夜の時節には格別の一機が有る、どのように働かすことが出来るでしょうか。『虚堂録』巻一興聖録の除夜小参を踏まえて。【九四の二】注(6)参照。「別有生涯」は『碧巌』二十本則評唱、「生涯」は【一の八】注⑿参照。◉(2)**頂上無骨、頷下有鬚**＝頭上に骨なく、あごの下に鬚がある（無いところには無い、有るべきところには有る）。理の当然。「不昧因果、得脱野狐」の虚堂の下語。【六〇の一】注(9)参照。◉(3)**北禅今夜烹露地白牛…正是残盃冷肉**＝北禅は除夜に露地の白牛を煮て大衆に供養したと云いますが、もう今じゃ冷えきって、酒も人の飲み残し。【九四の一】注(7)参照。◉(4)**和尚将什麼施設大衆**＝和尚さんは大衆にどの様な饗応をされますか。「施設」は「手配する、ほどこしおこなう」。◉(5)**大家在這裏**＝皆な揃ってここにおる。(国師の意に、皆な息災、口あって食らわずと云うことなし、これに勝る馳走はない)。『碧巌』四十六頌下語、もと『伝灯録』巻九潙山章に、「冬月、師、仰山に問う、『天寒か人寒か』。仰山云く、『〜』」と。◉(6)**三陽交泰万彙亨、定是来年蚕麦熟**＝「三陽交泰」とは「三陽開泰」とも云い、易で十月の純陰の坤より、一陽来復する十一月、二陽下に生じる十二月の臨、三陽下に生ずる泰は正月の卦。彖辞《たんじ》に云う、「天地交わり、万物通る」と、頌春の語である。後句も来年の豊作を願う祝語。◉(7)**不妨道著**＝よくぞ云った。

【一二四の二】

乃《すなわ》ち云く、「年窮《としきわ》まり歳尽《としつ》く〔(1)烏亀壁《うきかべ》に上る。(2)我が者裡《しゃり》、者箇《しゃこ》の消息《しょうそく》無し、什麼《なん》と道うぞ〕、**(3)結角羅《けつかくら》紋《もん》、(4)木馬《もくば》飛んで天に上《のぼ》り、泥牛《でいぎゅう》走《わし》って海《うみ》に入《い》る**〔(5)好箇《こうこ》の時節。(6)虚空消殞《こくうしょういん》し鉄山《てっせん》摧《くだ》く。(7)白衣《びゃくえ》、相《しょう》に拝《はい》せらる〕。**(8)誰《たれ》か管《かん》せん、陰陽《いんよう》の変化、気候の遷謝《せんしゃ》を**〔(9)宇宙に双日《そうじつ》無く、乾坤《けんこん》只だ一人。(10)天上天下《てんじょうてんげ》、唯《ゆい》我独尊《がどくそん》〕。**(11)大底鼻孔《たいていびくう》、下《した》に向かって垂《た》る、多年暦日《れきじつ》相干《あいかか》わらず**〔(12)頭《こうべ》、天台《てんだい》に枕《まくら》し、脚《あし》、南岳《なんがく》を踏《ふ》む。(13)只だ自《みずか》ら怡悦《いえつ》す可し、持《じ》して君に贈《おく》るに堪《た》えず〕。**(14)所以《このゆえ》に道《い》う、日日《にちにち》是れ好日《こうにち》、時時《じじ》是れ好時《こうじ》と**〔(15)羯帝羯《ぎゃていぎゃ》帝《てい》波羅《はら》羯帝《ぎゃてい》。(16)交頭結尾《こうとうけつび》、別に生涯有り〕」。**払子《ほっす》を撃《う》って云く、「(17)天浄《きよ》うして知らず雲《くも》の去《さ》りし処を、地寒《ちさむ》うして留《とど》め得たり雪の多き時**〔波羅僧羯諦菩提娑婆訶《はらそうぎゃていぼじそわか》〕」。

(1)烏亀上壁＝心路絶した境界。『虚堂録』巻二宝林録の除夜小参に、「年窮まり歳逼《せま》る、烏亀壁に上る」と、「情識の窮尽する処、身に和して脱落するに比す」(『犂耕』)。◉(2)我者裡無者箇消息、道什麼＝衲《わし》のところでは、そんな窮まるの尽きるのと云う沙汰は無い。下らぬことを云うな。【六六の二】「逗到臘月三十日」の下語に、「全無者箇消息」と、また【一四三の一】「新旧交頭、除夜結尾」の下語に、「吾者裏無者箇消息」と。◉⑶**結角羅紋**＝絹糸を縦横に組み合わせて紋様を織り出したもの、微妙に入り組んで容易に見て取れないもの。ここは交頭結尾に同じく、年のおし詰まった大晦日を指して云う。因みに『希叟広録』に、「逗到臘月《ろうげつ》三十日、結角羅紋の処」とある。また『円悟心要』に、「旋機電巻、〜、槃錯縦横に当たって、自ら能く回転して凝滞《ぎょうたい》無し」（禅十四・七一二）と。◉⑷**木馬飛上天、泥牛走入海**＝前注の『円悟心要』の「自ら能く回転して凝滞無し」のところ。「木馬」等は正位を明す洞下十八般の一（『碧巌』四十三頌評唱）。曹山五位君臣図の正中来頌に、「燄裏に寒氷結び、楊花九月飛ぶ。泥牛、水面に吼《ほ》え、木馬、風を逐うて嘶《いなな》く」と。◉⑸好箇時節＝まことに良い機会。◉⑹虚空消殞鉄山摧＝有無共に滅して。【一の八】注(56)参照。◉⑺白衣拝相＝無位無官の布衣《ふい》のまま宰相の待遇を受ける。「凡身を転ぜずして、立地に成仏するなり」（『犂耕』）。『会元』巻五神山僧密（雲巌曇晟《どんじょう》下、青原四世）章。もと『後漢書』鄭均《ていきん》伝十七、また『蒙求』一三二「鄭均白衣」。◉⑻**誰管…気候遷謝**＝季節の変化を全く問題にしない。◉⑼宇宙無双日、乾坤只一人＝独立尊貴の境界。『会元』巻十四浄因自覚（芙蓉楷の法嗣、青原下十二世）章に、「問う、『如何なるか是れ君』。師曰く、『〜、〜』」と。◉⑽天上天下唯我独尊＝【四一の二】注⑵参照。◉⑾**大底鼻孔向下垂、多年暦日不相干**＝大概は鼻の穴は下に向いている、長いこと暦に御用は無い。山中暦日無しの境界。『会元』十六、万杉寿堅（慧林海の法嗣、青原下十四世）の歳旦上堂に、「従来鼻孔遼天、誰か管せん多年暦日を」と。◉⑿頭枕天台、脚踏南岳＝本来身の没量大のところ。『会元』巻十一魏府大覚（臨済下）章に、本来身を問われて「頭枕衡山、脚踏北岳」と答える。◉⒀只可自怡悦、不堪持贈君＝父子不伝の妙道。『虚堂録』巻九径山後録の結夏小参、『犂耕』に、「自証自得の処、人に語《かた》る可からず」と。『事文類聚』前集三十三、「賦白雲詩」に、陶弘景《とうこうけい》が梁の高祖の所問に答えた詩に、「山中何の有る所ぞと（問われましたら）、嶺上は白雲多し、〜、〜」。但し「只」は「唯」、「贈」は「寄」。◉⒁**所以道日日是好日時時是好時**＝暦日無き端的。『虎丘録』

に、「年年是好年、月月是好月、日日是好日、時時是好時」（禅十五・七九七下）と。【七三の一】注⑾参照。◉⒂羯帝羯帝…菩提娑婆訶＝『般若心経』の御祈祷。「后生骨折テ、ココラヲ知ラネバ、役ニタタン。中々若鳥ノ知ラヌ事ジヤ」。◉⒃交頭結尾、別有生涯＝じゃが、別の一機があるぞ。前節注⑴参照。◉⒄天浄不知雲去処、地寒留得雪多時＝（その別の一機とは）天には雲一つない浄らかさ、地には旧年の雪を留めて。歳除の現成公案。『会元』巻十八梁山懽《かん》（青原信の法嗣、黄龍下三世）の語、但し「浄」は「静」。

【一二五の一】

⑴正旦《しようたん》上堂。僧問う、「⑵元正啓祚《がんしようけいそ》、万物《ばんもつ》咸《ことごと》く新たなり、衲僧《のうそう》門下、何の祥瑞《しようずい》か有る」。師云く、「⑶方袍円頂《ほうぼうえんちよう》」。進めて云く、「与麼《よも》なるときは則ち⑷年年是れ好年《こうねん》、日日《にちにち》是れ好日《こうにち》、什麼《なん》と為《し》てか還《かえ》って新《しん》有り旧《きゆう》有ることを得る」。師云く、「⑸一回拈出《ねんしゆつ》すれば一回新たなり」。進めて云く、「謂《い》つ可《べ》し、⑹堯風舜日《ぎようふうしゆんじつ》、和気靄然《わきあいぜん》、樵唱漁《しようしようぎよ》歌《か》共《とも》に豊年《ほうねん》を楽しむと」。便ち礼拝《らいはい》す。師云く、「⑺方《まさ》に知る、你《なんじ》は是れ其の言《こと》を識《し》ることを」。

⑴**正旦上堂**＝元徳三年（一三三一）の正月上堂。しかしこの年八月十日には元弘の乱で改元される。国師五十歳。◉⑵**元正啓祚、万物咸新**＝新年お目出度う。【六七の一】注⑵参照。◉⑶**方袍円頂**＝（坊主にとっての目出度さのしるしとは）袈裟に剃髪頭。『応菴華録』に、「老僧幼きより出家す、正因なり。方袍円頂、正因なり」（禅十五・八八六下）と。◉⑷**年年是好年、日日是好日**＝『大応録』四十九章歳旦上堂、もと『会要』二十六双泉師寛明教《しかんみようきよう》（雲門下）章に、「僧問う、『新年頭還って仏法有りや也《ま》た無《いな》や』。師云く、『無し』。僧云く、『日日是れ好日、年年是れ好年なるに甚麼《なん》と為《し》てか却って無し』」と。【九五の一】注⑷参照。◉⑸**一回拈出一回新**＝一回取り上げる度ごとに、そのつど新鮮である。マンネリにみえてさにあらず、そのマンネリのところが尊い。『大応録』万寿録二三九章入寺法語、『碧巌』三

十頌下語、もと『首山念録』〔禅十一・二四九上〕、但し「拈出」は「挙著」。【九四の二】下語にも。◉(6)**堯風舜日…共楽豊年**＝天下太平の祝語。『虚堂録』巻二宝林録の入寺上堂の提綱に、「堯風舜日、共に昇平を楽しむ、樵唱漁歌、咸《み》な聖化に霑《うるお》う」とあるのを手直して云ったもの。◉(7)**方知你是識其言**＝お前さんはなかなか、何を云うべきか心得ているな。

【一二五の二】

乃《すなわ》ち云く、「(1)**日《ひ》暖《あたた》かに風《かぜ》和《わ》し、百《ひやつ》花《か》競《きそ》い発《ひら》く**〔(2)若し西湖《せいこ》を把《と》って西施《せいし》に比すれば、淡粧濃抹両《たんしょうのうまつふたつ》ながら相宜《あいよろ》し〕、(3)**人傑《ひとけつ》に地霊《ちれい》にして、色観《いろみ》る可《べ》きに足《た》れり**〔(4)白玉琢《はくぎょくみが》き成《な》す西子《せいし》が骨、黄金鋳就《いな》す伍員《ごうん》が心〕。**且《しば》らく道《い》え、其の中慶賀《うちけいが》の事作麼生《じそもさん》」。拄杖《しゅじょう》を卓《たく》して**〔(5)伏《ふ》して惟《おも》みれば、堂頭《どうちょう》和尚万福《ばんぷく》〕、「(6)**伏《ふ》して惟《おも》みれば、箇箇道体《ここどうたい》、起居《ききょ》万福**〔(7)第二重《だいにじゅう》の公案《こうあん》〕」。

(1)**日暖風和**＝【二の一】、【六七の二】にも見える正月の常套祝語。◉(2)若把西湖比西施、淡粧濃抹両相宜＝杭州西湖の風光の美を類《たぐ》えば、越の美女西施が薄化粧も佳ければ濃化粧もよいのに同じく、雨の景色もよければ、晴れの景色もよい。蘇軾の「飲湖上初晴後雨詩」、但し「西施」は「西子」、「両」は「総」。◉(3)**人傑地霊、色足可観**＝〔我が都は〕秀麗の土地、傑出した人物が生まれ、壮観さは見るべきものがある。王勃の「滕王閣序」に、「南昌の故郡…、人傑地霊」と。◉(4)白玉琢成西子骨、黄金鋳就伍員心＝その美しさは越の美人西施《せいし》の如く骨まで玉で出来ている、或いは呉の賢臣伍子胥《ごししょ》が忠魂心の如く黄金製。『中峰広録』巻三、馬祖四句百非の頌古に、「〜、〜。蓮宮人酔い歌声咽《むせ》ぶ、月は呉江に落ち涙襟に満つ」。◉(5)伏惟堂頭和尚万福＝白隠禅師から国師に、年頭の挨拶。【三六】注⒀参照。◉(6)**伏惟箇箇道体、起居万福**＝皆々様いずれもお達者でなにより、と挨拶の常套語。「道体」は「法体」、僧を尊んで云う。

◉(7)第二重公案＝前の所で済んでいる筈が、駄目押しの公案、全く油断のならぬところ。『円悟録』巻十六の「示勝首座」法語に、「釈迦老…已《すで》に此の印を密授す。爾後の拈華は是れ第二重の公案」と。

【一二六】

(1)**元宵《げんしょう》上堂**。「(2)**我見灯明仏《がけんとうみょうぶつ》、本光瑞如此《ほんこうずいにょし》**〔(3)月《つき》は前街《ぜんがい》と後巷《こうこう》とに連《つら》なり、茶《ちゃ》は南舎《なんしゃ》と北隣《ほくりん》とに呼ぶ。(4)婦《つま》は機《はた》を揺《うご》かして軋軋《あつあつ》、児《こ》は口《くち》を弄《ろう》して喝喝《かか》。(5)秋天曠野《しゅうてんこうや》、行人断《こうじんた》ゆ、馬首西来《ばしゅせいらい》、知《し》んぬ是れ誰《た》そ〕。(6)**眼中《がんちゅう》の瞳子《どうし》は面前《めんぜん》の人《ひと》**〔(7)水底《すいてい》の金烏《きんう》は天上《てんじょう》の日《ひ》〕。(8)**宝山《ほうざん》未だ曾《かつ》て会《え》と不会《ふえ》とを説かず**〔伏《ふ》して乞《こ》う、和尚言え〕。**箇箇《ここ》、**(9)**灯影裏《とうようり》に向かって身《み》を転《てん》ずること莫《な》かれ**」。**払子《ほっす》を撃《う》って下座《げざ》**〔(10)巡人犯夜《じゅんにんはんや》〕。

(1)**元宵上堂**＝一月十五日の上堂。燃灯行事を踏まえて。◉(2)**我見灯明仏、本光瑞如此**＝『法華経』序品の偈を以て、元宵の灯明が過去久遠劫の灯明仏のときと少しも変わらないことを説かれる。【九四の二】注(10)参照。◉(3)月連前街与後巷、茶呼南舎与北隣＝底本の「涯」は「街」の誤り。月の光は村の前も後ろも、南も北も全てを隈なく照らし、あちこちでお茶ですよと呼ぶ声がする。『中峰広録』巻二十九鄽居十首の第二首に、「月印前街連後巷、茶呼東舎与西鄰」。◉(4)婦揺機軋軋、児弄口喝喝＝妻はコトンコトンとはたを織っており、子供はウァウァと廻らぬ舌でしゃべっている。『寒山詩』二十一「父母続経多」。◉(5)秋天曠野行人断、馬首西来知是誰＝秋天曠野に旅人無く、ふと馬を西へ向けて来る人、いったい誰だろう（知る由も無し）。【四三の二】注(6)参照。◉(6)**眼中瞳子面前人**＝影法師、幻人の消息。【一の八】注(44)参照。『会元』巻十六崇福徳基（雲居元の法嗣、雲門下五世）の章に、「水底の金烏は天上の日、眼中の瞳子は面前の人」と。黄庭堅『山谷集』巻十六、次韻奉酬四首の「眼中人」の注に、「丁晋公が水底日を天上日と為すと云い、楊億大年が眼中人は是れ面前人と応じた」故事に基づく。◉(7)水底金烏天上日＝前注参照。◉(8)**宝山未曾説**

会与不会＝宝山は国師の自称。『臨済録』上堂に、「会と不会と都《す》来《べ》て是れ錯」。◉⑼**莫向灯影裏転身**＝会あり不会ありのボンヤリした薄明かりの光のなかで満足するな。『碧巌』十六本則評唱に見える風穴下の僧の、「灯影裏に行くが如し」を踏まえて。「灯影裏に行く」とは、明有り暗有りの灯火の光のなかで悟った様に思っていただけ、真に陽の光の下で見ていたのではないこと（プラトンの洞穴の比喩に類似）。【一一二の一】に、「未出此光影中」と。【七九の一】注⑻参照。◉⑽巡人犯夜＝和尚自ら犯夜の禁。【七八の二】注⑸参照。

【一二七】

仏涅槃上堂。「⑴**無辺身《むへんしん》の供《く》を許さず**「⑵臂《ひじ》に約《やく》する黄金寛《ひろ》きこと一寸、人に逢うては猶《な》お道《い》う相思《あいおも》わずと。⑶却って寒毛《かんもう》の卓竪《たくじゅ》することを覚《おぼ》ゆや」、**工巧《くぎょう》の和羅飯《わらはん》を喫《きつ》す**「⑷幽州《ゆうしゅう》は猶お自《おの》ずから可《か》なるも、尤《もっと》も苦《くる》しきは是れ江南《こうなん》」。⑸**胡乱《うろん》に売峭《まいしょう》して、其の時《とき》を知《し》るに非ず**「⑹吾《わ》が党《とう》の直《なお》き者は是れに異《こと》なり、父《ちち》は子《こ》の為に隠《かく》し、子は父の為に隠す」。⑺**嗚伊嗚伊《おいおい》**「⑻愁人《しゅうじん》、愁人に向かって説くこと莫《な》かれ、愁人に説向《せっこう》すれば人を愁殺《しゅうさつ》す」。⑼**年年二月《にげつ》是れ仲春《ちゅうしゅん》**「⑽二桃《にとう》、三士《さんし》を殺す、誰《たれ》か能《よ》く此《こ》の謀《はかりごと》を為《な》す、相国斉《しょうこくせい》の晏子《あんし》」。

⑴**不許無辺身之供、喫工巧之和羅飯**＝『涅槃経』寿命品には、世尊入滅に際して最後の供養を奉らんとして、無量の菩薩衆、諸王、大臣等はもとより、象・獅子・蜂等の動物、海山樹等の諸神、果ては梵天・大自在天等の三千大千世界のあらゆる有情、更には他方世界の無辺身菩薩衆等が最上無上の妙香美飯食を捧げ奉らんとしても、如来は「（死の）時を知って黙然として受けず」、最後に貧乏人の職人純陀の捧げる粗末な供養を受けられたとある。「和羅飯」は梵語の「鉢和羅飯」の略、訳して「自恣食」と云う、七月十五日の自恣の日に衆僧に供養する餅飯のこと。『骨董稿』によれば、方語に「家常飯」と。◉⑵約臂黄金寛一寸、逢人猶道不相思＝（世尊の切実の思いにかけて）。【一〇一の三】

注⑷参照。◉⑶**却覚寒毛卓竪麼**＝全く身の毛のよ立つことよ。『碧巌』二頌下語。句末の「麼」は「①疑問。②催促・肯定の語気、また念を押す語気。③感嘆」等を表わす。ここは③の感嘆を表わす。◉⑷**幽州猶自可、尤苦是江南**＝幽州はまだましだが、一番苦しいのは江南の方こそ。「幽州ハ無辺身菩薩、江南ハ和羅飯ヲ云ト、合点スルト、尻ニ目薬（見当違いもいいところ）」。【一五】注⑼参照。◉⑸**胡乱売峭、非知其時**＝みだりに自分を貴く売るのは（どのような素晴らしい供養をも受けなかったのは）、（死の）時を知る所以ではない。『虚堂録』巻一延福録の仏涅槃上堂に「釈迦老子一生売峭、死に臨んで自ら敗闕を納る」とある。「売峭」は本来「売俏」であり、「売弄俏措（美しさを誇示する）」の義であるが、禅録では「俏」を峭峻の「峭」に転訛して用い、「貴く売る」の義とする。『俗語解』［一六〇四］「売峭＝売弄峭措（峭措を売弄する）」、『同』［四四四］参照。◉⑹**吾党之直者異於是、父為子隠、子為父隠**＝父世尊の非をあばくは真の直きにはあらず。【八六】注⑶参照。◉⑺**嗚伊嗚伊**＝「嗚伊」は「嗚咿」とも、吟詠の声や嘆息を意味する、低く沈んだ象声詞。『虚堂録』巻一興聖録の冬至小参に、「嗚咿嗚咿、只だ自知す可す」と。【二〇四の二】注⑽参照。◉⑻**愁人莫向愁人説、説向愁人愁殺人**＝もうお話は止めてください、悲しくなるだけ。【六の二】注⑳㉓参照。◉⑼**年年二月是仲春**＝（ああ、やれ哀しい）毎年毎年二月のこの仲春の日になると。書き入れに、「此ノ上堂ハ雲門下ノ生粋」。【五の二】に、「年年二月花狼藉」。◉⑽**二桃殺三士…相国斉晏子**＝諸葛孔明の「梁甫吟《りょうほぎん》」に依る、もと『晏子春秋』諫下二に、斉の景公に仕える公孫接・田開疆・古冶子の三人、勇を誇って無礼、そこで宰相の晏子が二個の桃を与え、各自の功を論じさせて相争わせ、互いに自殺に追い込んだ故事。「此ノ謀ヲ為ス者ハ紫野ノヤツジャ」。

【一二八】

三月旦《さんげつたん》上堂。「⑴**甘草《かんぞう》先《さき》に生じ、苦草《くそう》後《あと》に生ず**（⑵天鑑《てんかん》私《わたし》無し、⑶君《きみ》に政徳《せいとく》有る則《とき》は天之れに降《くだ》すに禎祥《ていしょう》を以てす）」。**好《よ》し蚕麦熟《さんばくじゅく》す、⑷天平《たい》らかに地平らかなり**（⑸只だ聴く堯民撃壌《ぎょうみんげきじょう》の歌。⑹民の欲する所は、天必ず之れに従い、民の悪《にく》む所は、天必ず之れを誅《ちゆう》す」。**忽《たちま》ち此の漢《かん》有って出《い》で来たって、和尚の与麼《よも》の説話《せつた》、為《は》た是れ仏法とせんか、是れ世法とせんかと道《い》わば**「⑺仁者《じんしや》は之れを見て之れを仁《じん》と謂《い》い、智者《ちしや》は之れを見て之れを智と謂う、衲僧《のうそう》は之れを見て将《まさ》に什麼《なん》とか道《い》わん」、**山僧《さんぞう》、他《た》に向かって⑻揶揄《やゆ》して道《い》わん、⑼三《さん》月《げつ》に三卯《さんぼう》無きも田家《でんか》必ず飽《あ》くと**「⑽一穀《こく》登《のぼ》らざれば鶉鷃《じゆんあん》を徹《てつ》し、二穀升《のぼ》らざれば鳧雁《ふがん》を徹《てつ》す」」。

⑴**甘草先生、苦草後生**＝豊年の兆。宋陳師道『後山談叢』巻二に、「諺に曰く、甘草先に生ずれば則ち麦熟し、苦草先に生ずれば則ち禾熟せず」と。「甘草」は薺《なずな》、「苦草」は薬草の黄蒿《よもぎ》、湖沢の中に生じ、能く婦人病に効く。◉⑵天鑑無私＝【八〇の三】注⑺参照。◉⑶君有政徳則天降之以禎祥＝『中庸』に、「国家将《まさ》に興らんとするや、必ず禎祥有り」と。◉⑷**天平地平**＝天下太平ならん。【一一〇の五】注⑾参照。◉⑸只聴堯民撃壌歌＝天下太平のしるし。漢王充『論衡』芸増に、「年五十の、路に於いて撃壌する者有り。観る者曰く、『大なる哉、堯の徳たるや』と。撃壌する者曰く、『吾れ日出でて作し、日入りて息う、井を鑿《うが》って飲み、田を耕して食らう、堯に何等の力あらんや』」と。『虚堂録』巻一瑞巌録の入寺上堂に、「金革声を銷してより後、惟だ堯民撃壌歌を聴くのみ」と。「撃壌」は中国古代の遊戯、一説に地面をたたく。◉⑹民之所欲…民之所悪…＝【六七の二】注⑹参照。◉⑺仁者見之謂之仁、智者見之謂之智＝【八一の二】注⑴参照。◉⑻**揶揄**＝（仏法世法に異なるや、と）手を振って制止するの意の動作語。【槐安国語序】第二段注⑴参照。◉⑼**三月無三卯田家必飽**＝三月に卯の日が三度来なくとも、必ず豊年なり。元弘元年の三月は卯の日が三回あった。『五雑組』巻二、天部二の天候占いの諺に、「三月無三卯、田家米不飽（三月に卯の日が三度来なければ、その年は豊年でない）」と有るが、そんな俗信にかかわらず今年も豊年と、世法の安泰のみならず、同時に禅法の興隆をも保証したところ。◉⑽一穀不登徹鶉鷃、二穀不升徹鳧雁＝一穀実らない時は天子は鶉鷃等の膳を減らし、二穀実らない時は更に鳧雁等の贅沢を減らして、民の苦労を思った。『白虎通』諫諍に、礼に曰くとして、「一穀《こく》升らざれば、

雞鶡《けいあん》を備えず。二穀升らざれば、三牲を備えず」とあり、「飢饉」の程度を「一穀不升を歉《けん》、二穀不升を飢《き》、三穀不升を饉《きん》」と云うとある。

【一二九】

(1)**上堂**。「(2)**春山**《しゆんざん》**は青く、春水**《しゆんすい》**は緑なり**(3)〔五千四十八巻、却って恁麼《いんも》の説話《せつた》有りや。(4)陣雲《じんうん》、海上《かいじよう》に横たわり、剣を抜いて龍門《りゆうもん》を攪《か》く〕、(5)**是れ目前**《もくぜん》**の機**《き》**にあらず、亦た目前の事**《じ》**に非ず**(6)〔一槌両当《いっついりようとう》。(7)恁麼《いんも》も亦た得《え》ず、不恁麼《ふいんも》も亦た得ず、恁麼不恁麼総《そう》に得ず〕。**且**《しば》**らく道**《い》**え、畢竟**《ひつきよう》**是れ什麼**《なん》**ぞ**(8)〔手に琵琶《びわ》を把《と》って半《なか》ば面《おもて》を遮《さえぎ》り、人をして見せしめずんば転《うた》た風流〕」。**払子**《ほつす》**を撃**《う》**って云く**、「(9)**常**《つね》**に憶**《おも》**う江南三月**《こうなんさんげつ》**の裏**《うち》**、鷓鴣**《しやこ》**啼**《な》**く処百花香**《ひやつかかんば》**し**(10)〔穿耳《せんに》の客に逢うこと罕《まれ》なり、多くは舟《ふなばた》を刻む人に遇《あ》う。(11)珊瑚枕上《さんごちんじよう》、両行《りようこう》の涙、半《なかば》は是れ君を思い、半は君を恨《うら》む〕」。

(1)**上堂**＝三月十五日の上堂。◉(2)**春山青、春水緑**＝旧三月十五日の現成公案。『大応録』崇福録一九〇章、『会元』巻十六法昌倚遇章。◉(3)五千四十八巻、却有恁麼説話麼＝釈尊一代の説法である大蔵経は五千四十八巻あるとされるが、その大蔵経にもこのような話が有るだろうか（いや無い、それ程素晴らしい話）。『碧巌』六十本則評唱に、「慶蔵主云く、『五千四十八巻、還た曾て恁麼の説話有りや』と」。◉(4)陣雲横海上、抜剣攪龍門＝（春山青、春水緑、その気の寒《すさま》じさは）陣雲は海内に横たわり、剣を抜いて龍門を攪乱す（化門に渉らざる一句）。『伝灯録』巻十三汾陽善昭（首山下）章に、「如何なるか是れ主中の賓」に答えた語。◉(5)**不是目前機…且道畢竟是什麼**＝目前の心機や目前所観の境を離却して、畢竟なんというか。『碧巌』十五本則参照。◉(6)一槌両当＝一打ちで両辺に当たる。【一八五】注(6)参照。◉(7)恁麼亦不得…恁麼不恁麼総不得＝こうしても駄目、ああしても駄目、なんとしても駄目（さあどうするか。

所謂基本的公案)。『会元』巻五薬山章に見える石頭の語に、「〜、〜、〜、子《なんじ》作麼生」。頌古第四十一則(【二五八】)本則評唱注(1)参照。◉(8)手把琵琶半遮面、不令人見転風流＝見えないところ、いかにも奥床しい。【四二の三】注(6)参照。◉(9)**常憶江南三月裏、鷓鴣啼処百花香**＝常に憶うは、故郷、春のありさま。国師の離却語言三昧、「常憶」の両字。『無門関』二十四則。【三九の二】注(4)参照。◉(10)罕逢穿耳客、多遇刻舟人＝これを分かるやつなぞおらん。【一の七】注(46)参照。◉(11)珊瑚枕上両行涙、半是思君半恨君＝この怨みの涙あってこそ、初めて仏恩を報ずることができる。斉瀚《せいかん》「長門怨」。【三一の三】注(10)参照。

(大徳寺語録終)

槐安国語巻二終

龍宝開山語録中事。住⑴崇福語要。

⑴**崇福**＝仁治元年（一二四〇）随乗坊湛慧が太宰府横岳に創建し、翌年円爾《えんじ》が開堂し、崇福の額を掛ける。文永九年（一二七二）十二月大応国師が姪浜の興徳寺より入寺し、開山となり、太宰少弐《しょうに》武藤氏の帰依を受ける。元徳三年に大灯国師は少弐貞経《さだつね》・頼尚《よりひさ》の父子により、崇福寺五世に拝請され、後醍醐帝は百日の期を約して許可される。結制を兼ねて四月十四日入寺、六月に退院。崇福寺はその後、天正十四年兵火によって灰燼、慶長五年黒田長政が太宰府より現在地博多区に移して再建した。

【一三〇の二】

山門《さんもん》、「⑴門頭《もんとう》の実地《じっち》〔⑵四方八面遮欄《しゃらん》を絶す、⑶鉄山当面勢《てっせんとうめん》い崔嵬《さいかい》、鉄壁銀山来往《てっぺきぎんざんらいおう》を絶す〕、**箇箇踏著《とうじゃく》す**〔⑷誰《たれ》か是れ踏著する底の人、出《い》づるに門無く、入《い》るに戸《こ》無し、曠劫《こうごう》の無明《むみょう》、当下に灰す〕。⑸**甚《なに》に因《よ》ってか諸人《しょにん》、我れに随《したが》って入得《にっとく》す」。喝一喝《かついっかつ》す**〔⑹善財《ぜんざい》、纔《わず》かに入得すれば、楼閣門《ろうかくもん》乍《たちま》ち閉づ〕。

⑴**門頭実地、箇箇踏著**＝門より入るは、各自が自分の脚で実地に歩むべきであるのに。済宗七事随身の一つに「脚踏実地」があるが、もと『禅林僧宝伝』巻十二薦福承古（雲門下）章にみえる。書き入れに、「実地ハ誰デモ具シテヲルケレドモ浅深アリ、…分明ニ見付ルト、肚中ノ実際理地ニ至ル」と。◉⑵四方八面絶遮欄＝（本来）四方八面遮《さえぎ》る物なし。【一二〇の四】注(66)参照。◉⑶鉄山当面勢崔嵬、鉄壁銀山絶来往＝（されど未透得已前は）鉄山の眼前高く聳

えるが如く峻険、なにものも寄せつけない。「如何ともし難い門を言うゾ。ここは何たる衲僧も透不得ゾ。来往なきなり」（『句双紙』）。「鉄壁銀山」は『碧巌』五十七垂示。『人天眼目』巻一汾陽十智同真の大慧の頌、「兎角亀毛眼裏栽、鉄山当面勢崔嵬。東西南北無門入、曠劫無明当下灰」と。◉(4)誰是踏著底人…曠劫無明当下灰＝（透得了に及んでは）踏不踏の沙汰無く、内外出入無し、大道元来無門、千古無明の炎も即座に灰滅す。大慧頌の三四句に相当。◉(5)**因甚諸人随我入得**＝どうして諸君は人の尻に付いて回る。◉(6)善財…乍閉＝『華厳経』入法界品に、「爾の時、弥勒菩薩、即ち右指を弾ず。門自然に開いて、善財即ち入る、入り已《お》わって還た閉づ」とあるが、元来他人に随って入得できるものではない。

【一三〇の二】

(1)**仏殿《ぶつでん》**、「(2)**前仏後仏《ぜんぶつごぶつ》、隠顕一《おんけんいつ》に非ず**〔(3)昨夜三更《さんこう》、牛《うし》を失却《しつきゃく》し、今朝天明《てんめい》、火《ひ》を失却す〕。(4)**咄《とつ》**〔(5)虚空《こくう》消《しょう》殞《いん》し鉄山摧《てっせんくだ》く〕。(6)**新長老《しんちょうろう》が証明に因《よ》らずんば**、(7)**知んぬ他《た》一対の無孔鉄《むくてつ》なることを**〔(8)無孔の鉄鎚《てっつい》、重《かさ》ねて橛《けつ》を下す〕」。

(1)**仏殿**＝『百丈古清規序』に、「仏殿を立てず、唯だ法堂を樹《た》つるは、仏祖親しく嘱受《しょくじゅ》するを表わし、当代（＝現住）を尊と為すなり」とあるが、後に仏殿を設けるようになった。須弥壇《しゅみだん》には釈迦尊仏、弥勒尊仏を安置する。◉(2)**前仏後仏、隠顕非一**＝釈迦、弥勒は過去仏、未来仏と顕われかたは異なれども。『伝灯録』巻一第十一祖富那夜奢尊者の偈に、「迷悟は隠顕の如く、明暗相離れず。今付す隠顕法、非一亦た非二」と。◉(3)昨夜三更失却牛、今朝天明失却火＝明暗・隠顕は一に非ず、また二に非ず。暗中に暗を奪い、明中に明を奪う。【三七】注(3)参照。◉(4)**咄**＝尊仏を叱りつけた。◉(5)虚空消殞鉄山摧＝有無共に滅して。【一の八】注(56)参照。◉(6)**不因新長老証明**＝衲《わし》が証明してやらねば。

国師によって命を吹き込まれなければ。◉(7)**知他一対無孔鉄**＝所詮は一対の大役立たずの木偶に過ぎぬ（ことを知ろうや、知るよしもなし）。「知他」は「…だろうか、分からない」の意の反語的疑問表現。「無孔鉄鎚」は【八の二】注(2)参照。ここの上堂は仏を徹底抑下して、各人に無孔鉄鎚仏に目覚めさせるがねらい。◉(8)無孔鉄鎚、重下橛＝（国師の証明にかけて）更に無駄事。【八の二】注(2)参照。

【一三〇の三】

(1)**土地堂**《つちどう》**、「**(2)**護法**《ごほう》**は先ず須**《すべか》**らく主人公**《しゅじんこう》**を識得すべし**〔(3)牛頭《ごず》を按《あん》じて草を喫せしむ、(4)話《わ》、両橛《りようけつ》と作《な》る、(5)演若達多《えんにやだつた》、頭《こうべ》を尋覓《じんみやく》す〕。**阿誰**《たれ》**か是れ主人公**〔(6)南は天台《てんだい》、北は五台《ごだい》。(7)頭《こうべ》長きこと三尺、脚《あし》短きこと一寸、相対して無言《むごん》、独足《どくそく》にして立つ〕」。(8)**歯を扣**《たた》**くこと三下**《さんげ》**して云く、「**(9)**東西南北、一等**《いっとう》**の家風**《かふう》〔(10)灯籠跳《おど》って露柱《ろちゆう》に入り、仏殿走って山門を出づ。(11)張公《ちようこう》酒を喫すれば、李公《りこう》酔う〕」。

(1)**土地堂**＝土地神、護法神の堂、仏殿内東側に設ける。◉(2)**護法先須識得主人公**＝まず主人公を知るべし。『大応録』建長録二四六章の土地堂に、「我れ法を説き、你《なんじ》法を護る、須らく心同道同なるを知るべし」と。◉(3)按牛頭喫草＝無理じい。【一〇四】注(9)参照。◉(4)話作両橛＝（識得にかけて）本来一つのものが二つに割れた。『会元』巻七徳山の章に、法眼の語として見える。『碧巌』八十二本則下語。◉(5)演若達多尋覓頭＝『楞厳経』巻四、十に見える、演若達多が自らの頭を求めて狂走した故事。◉(6)南天台北五台＝皆々主人でないものはない。【九四の二】注(15)参照。◉(7)頭長三尺…独足立＝寸尺に落ちない、主人公の異相。『碧巌』五十九頌に、「頭長三尺知是誰、相対無言独足立」とあり、「向上人の異相じゃ。ここには、相対して言無きなり。この人に双《なら》ぶ底がないほどに、独足にして立つなり」（『句双紙』）。『伝灯録』巻十五洞山良价の章に沙門行を問われて、「頭長きこと三尺、頸長きこと二寸」と答えている。◉

(8)**扣歯**＝「上下の歯を相《あい》たたく」こと、『俗語解』〔一二四二〕に、「唐土の人自ら誡め、或いは呪詛等の時、必ず歯を扣く」と。◉(9)**東西南北一等家風**＝四海同風、浪平らなれ。土地神に代わって、国師の呪語。『碧巌』三十一頌下語。◉(10)灯籠跳入露柱、仏殿走出山門＝自他不二の妙用。【一二一の二】注(7)参照。◉(11)張公喫酒李公酔＝自他不二の妙用を云う語。『雲門広録』巻中（禅十一・三六一）。華厳初祖杜順和尚の法身頌、「懐州の牛、禾を喫すれば、益州の馬、腹脹る」（【一三〇の一四】注(28)参照）に同趣。

【一三〇の四】

(1)祖師堂《そしどう》、「(2)者《こ》の一隊の老漢《ろうかん》、惜《お》しい乎《かな》、者裏《しやり》に坐在《ざざい》することを〔(3)咄哉拙郎君《とつさいせつろうくん》、巧妙人《こうみょうひと》の識《し》る無し、鳳《ほう》林関《りんかん》を打破《たは》して、靴《くつ》を著《つ》けて水上《すいじょう》に立つ〕」。**(4)坐具《ざぐ》を提起《ていき》して云く、「(5)若し此の令《れい》を行《ぎょう》ぜずんば、(6)誰か敢えて扶起《ふき》することを得ん**〔(7)桑柘影斜《そうしゃかげなな》めにして秋社《しゅうしゃ》散じ、家家酔人《かかすいじん》を扶《たす》け得《え》て帰る〕」。

(1)**祖師堂**＝仏殿西側の祖堂。中央に達磨、西に百丈禅師、東に寺の開山（若しくは臨済）を祀るは、白雲守端禅師より始まると云う（『林間録』、『羅湖野録』）。◉(2)**者一隊老漢惜乎坐在者裏**＝これらの諸祖師方、惜しいかな、こんなところに坐り込んでいらっしゃる。木偶の坊め。『虚堂録』巻一興聖録に、「枕を高うして憂い無し、惜しい乎、者裏に坐在す」の例がある、「了事無為の境界を認著す」（『犂耕』）。◉(3)咄哉拙郎君…著靴水上立＝やいこらっ！（達磨の）おとぼけ野郎め、その巧妙さは誰一人知るもの無し。鳳林関を易々透過して、靴を履いて水上に立つ（神通自在）。首山の綱宗偈、『首山念録』（禅十一・二五六）。【一〇の二】注(20)参照。◉(4)**提起坐具**＝礼拝せんとする勢。『碧巌』四本則に「徳山、坐具を提起す」。◉(5)**若不行此令**＝坐具を展べて礼拝せずんば。◉(6)**誰敢得扶起**＝木偶のままで、働かすことが出来ない。◉(7)桑柘影斜秋社散、家家扶得酔人帰＝（扶起にかけて）村の秋祭りも終わり、酔人を扶け起こして帰って行く。【三七】注(9)参照。底本の「扶酔人得帰」は「扶得酔人帰」の誤記。

【一三〇の五】

(1)**方丈《ほうじよう》、拄杖《しゆじよう》を横たえて云く、「(2)関中《かんちゆう》の主《しゆ》、能《よ》く本分《ほんぶん》の草料《そうりよう》を与《あた》うることを解《げ》す**〔(3)点滴《てんてき》も施《ほどこ》さず。(4)朝打《ちようだ》三千、暮《ぼ》打《だ》八百。点検《てんけん》し看《み》来たれば(5)旧に依《よ》って小売弄《しようまいろう》〕。(6)**鳥觜薄舌《ちようしはくぜつ》、(7)胡乱《うろん》に款《かん》を供《きよう》し去《さ》ること莫《な》かれ**」。**拄杖《しゆじよう》を靠《よせか》く**〔(8)明頭来也《みようとうらいや》明頭打《みようとうだ》、暗頭来也《あんとうらいや》暗頭打《あんとうだ》〕。

(1)**方丈**＝寺院住持の居間、維摩一丈四方の室に三万二千の座を容れた故事に依る。◉(2)**関中主能解与本分草料**＝今度の新住持は手強いぞ。「関中主」は『碧巌』五十六本則、良禅客と欽山の問答に「関中の主を放出して看よ」とあるによる。「本分草料」は一日の馬の秣料、禅門では『碧巌』十八本則下語等に見える如く、棒喝言句等を云う、もと『趙州録』（禅十一・三二九）。◉(3)点滴不施＝一滴も雨を降らさない。いささかも施さない。「目前餓死スルトモ、施サナイ」。『碧巌』八十三頌下語。◉(4)朝打三千、暮打八百＝打って打って打ちまくる。「進ンデモ、退イテモ、食ラワセル」。【一六の二】注(8)参照。◉(5)依旧小売弄＝相変わらず、さまでもなき物を自慢げに見せびらかしおって。【一の八】注(32)参照。◉(6)**鳥觜薄舌**＝（入室参禅の衲子が）口を尖らせてペラペラと。「鳥觜薄舌」は「軽觜薄舌（おしゃべり）」、「貧嘴薄舌（口うるさい）」、「尖嘴薄舌（辛辣である）」等の意。『南泉普願語要』にも、「巧脣薄舌（口先うまく、よく喋る）」（禅十一・二九一）とある。◉(7)**莫胡乱供款去**＝うかつに白状することなかれ。「供款」は「申し立てる、白状する」の義。『虚堂録』巻三径山録の入寺上堂「方丈」に、「虎頭燕頷・鳥觜魚顋（畏怖すべき相の雲衲も）、尽く者裏に向かって款を納《おさ》む（ここに来ては白状せざるをえない）」とある。◉(8)明頭来也明頭打、暗頭来也暗頭打＝（拄杖にかけて）明ときても、暗ときても、何処からきても打ちのめす。【六四の二】注(3)参照。

【一三〇の六】

(1)**拈帖**《ねんじょう》、「(2)**温潤**《おんじゅん》**の文**《ぶん》〔(3)直鉤《ちょくこう》は驪龍《りりゅう》を釣り、曲鉤《きょくこう》は蝦蟆《がま》蚯蚓《きゅういん》を釣る〕、**格調**《かくちょう》**の気**〔(4)君子財《ざい》を愛す、之れを取るに道《みち》有り〕、(5)**直饒**《たと》**い衲被**《なっぴ》**蒙頭**《もうとう》**なるも、奚**《なん》**ぞ譲**《じょう》**を以て之れが義**《ぎ》**と為**《な》**さん**〔(6)龍《りゅう》、水《みず》の時《とき》を得《え》て意気《いき》を添《そ》え、虎《とら》、山色《さんしょく》に靠《よ》って威獰《いどう》を長《ちょう》ず〕」。

(1)**拈帖**＝朝廷の発布した新命住持を拝請する文を府帖と云うが、それを先ず維那が宣読し、それに住持が答えたもの。因みに崇福寺は寛元元年（一二四三）官寺となっている。◉(2)**温潤**＝もと玉の色を形容するに、温和柔潤にして光沢あるを云う語、のち人や物の品性を表わす語となった。◉(3)直鉤釣驪龍、曲鉤釣蝦蟆蚯蚓＝（拝請文にかけて、国師を釣った直鉤や）その求むところや大。文殊応真の語。【一の九】注(5)参照。◉(4)君子愛財取之有道＝（国師応請の心）私心の曇りなし。洞山暁聡の語。【一二三の二】注⑿参照。◉(5)**直饒衲被蒙頭、奚以譲為之義**＝私のような野僧でも、このような高尚な言葉でお誘いいただいたら断るわけにはまいりません。「衲被蒙頭」は「達磨さんのように被布を頭からスッポリ被って坐禅すること」、ここは「そのように坐禅することしか知らない、朴念仁のような私ですら」の意。◉(6)龍得水時添意気、虎靠山色長威獰＝（国師出世の様子にかけて）龍虎の処を得て、本領を発揮したるが如し。『真浄克文録』に、「龍得水時添意気、虎逢山色長威獰」。「山色」は底本「山処」。貞永寺版は「山色」。道忠禅師『禅林句集辨苗』に、『死心録』に「処」となすのみで、本来は「色」であるべきを論ずる、貞永寺版に戻すべし。訓みも貞永寺版に依る。『見桃録』巻一、一の十七節参照。

【一三〇の七】

(1)**山門の疏**《しょ》、「(2)**言**《ごん》**を語**《ご》**に成**《な》**し、語**《ご》**を言**《ごん》**に成す、**(3)**如何如何**《いかんいかん》〔(4)他《た》の痴聖人《ちしょうにん》を傭《やと》い、雪《ゆき》を担《にな》って共《とも》に井《い》を填《うず》む〕」。

(5)官《かん》には針《はり》をも容《い》れず〔(6)古殿深沈《しんちん》として暁《あかつき》未だ開けず、玉簫《ぎょくしょう》吹き徹す鳳凰台《ほうおうだい》〕」。

(1)**山門疏**＝崇福寺からの拝請文を首座が宣読し、それに国師が答えられたもの。◉(2)**成言於語、成語於言**＝誠の言葉を縷々切々と連ねて。縷々切々の意の「言言語語」を修辞的に言い換えたものか、「言を成し、語を成し」程の意味。「成言」は『楚辞』離騒の補注に「誠言の言、一たび成って易《か》えざるを謂う」とある。◉(3)**如何如何**＝疏文より溢れ出る懇望の情が国師を促す。『大灯録』原本では「如何若何」。◉(4)傭他痴聖人、担雪共填井＝書き入れに、「向上ノ調べ」と。雪竇『祖英集』の「革轍二門」第二首に、「徳雲の閑古錐、幾たびか妙峰頂を下る、他の痴聖人を傭んで、雪を担って共に井を填む」と。◉(5)**官不容針**＝(ここに至っては最早)一点の異議の差し挟む余地も無い。『臨済録』行録。【一六二】注(17)参照。◉(6)古殿深沈暁未開、玉簫吹徹鳳凰台＝領会する者なく、ただ空しく達磨は人の為に幽妙の語を説くのみ。『虚堂録』巻五頌古の七「達磨見梁武帝」の頌二・一句。【四〇の二】注(8)、【一一〇の二】注(9)参照。

【一三〇の八】

(1)**法座《ほうざ》**、「(2)**諸人《しょにん》は喚《よ》んで高広《こうこう》の座子《ざす》と作《な》す**〔(3)是れは斯《こ》れ須弥灯王仏《しゅみとうおうぶつ》が賜わる所の者か。(4)吾が者裏《しゃり》、者《しゃ》般《はん》の閑家具《かんかぐ》を要せず。何が故《ゆえ》ぞ、(5)頭《こうべ》、天台に枕し、足、南岳を踏む〕、(6)**山僧《さんぞう》は喚んで者箇《しゃこ》の座子と作す**〔(7)毘盧頂顊《びるちょうねい》を坐断《ざだん》して、曾《かつ》て仏祖有るを見ず〕。**何が故ぞ**」。**一歩して云く**、「(8)**只だ与麼地《よもち》に到るが為なり**〔(9)身《み》を移して歩《ほ》を移さず、歩を移して身を移さず〕」。

(1)**法座**＝法堂に於ける演法の座、須弥座《しゅみざ》のこと。◉(2)**諸人喚作高広座子**＝諸君方はあの舎利弗《しゃりほつ》同様に、これを高広の座と呼んで、昇ることは出来ない。『維摩経』不思議品に、須弥灯王の師子座は八万四千由旬あり、舎利弗が維摩《ゆいま》居士に向かって、「此の座高広、吾れ昇ること能わず」と言う。◉(3)是斯須弥灯王仏所賜者歟＝『維摩経』不思議品。【一の七】注(29)参照。◉(4)吾者裏不要者般閑家具＝衲《わし》の所では、そんなガラクタはいらない。【一の七】注(30)参照。◉(5)頭枕天台、足踏南岳＝本来身の没量大のところ。【一二四の二】注(12)参照。◉(6)**山僧喚作者箇座子**＝衲《わし》は「この座」と呼ぶ。衲《わし》の「肚中ノ座」に他ならぬから。◉(7)坐断毘盧頂顊、曾不見有仏祖＝毘盧法身仏の頭を尻にしょっ引いて、仏祖有るを認めない、独脱無依の境界。慧忠国師の踏毘盧頂を踏まえて。【二一の一】注(5)参照。「坐断」は【七三の二】注(12)参照。◉(8)**只為到与麼地**＝雪峰に、「什麼《なに》に因《よ》ってか与麼地《よもち》に到ることを得たる」と問われて、雲門乃ち低頭す。茲れより契合すと有るのを踏まえて。【二四の一】注(8)参照。『維摩経』には、「須弥灯王如来の為に作礼すれば、〔初心者でも誰でも〕坐するを得る」と云う。◉(9)移身不移歩、移歩不移身＝家舎を離れて途中に在らず、途中に在って家舎を離れず。【五二の二】注(4)参照。

【一三〇の九】

(1)**師、陞座《しんぞ》、香を拈《ねん》じて云く**〔(2)天も蓋《おお》うこと得ず、地も載《の》することを得ず〕、**「此の一瓣《いちべん》の香、炉中《ろちゅう》に爇向《ぜつこう》して**〔(3)無角《むかく》の鉄牛《てつぎゅう》〕、**恭《うやうや》しく為に今上皇帝聖躬《きんじょうこうていせいきゅう》万歳《ばんぜい》万歳万万歳《ばんばんぜい》を祝延《しゅうえん》したてまつる**〔(4)卓《たく》たる彼《か》の南方の美人《びじん》、形模《けいも》は一一天真たり〕。**陛下、恭しく願わくは、龍図《りゅうと》永《なが》く固《かた》く、玉葉《ぎょくよう》弥《いよ》いよ芳《かんば》しからんことを**〔天地《てんち》も腰を折って祖《そ》と称し、虚空《こくう》も手を束《つか》ねて親《しん》と道う〕」。

(1)**師陞座拈香云**＝この段、【一の一】参照。◉(2)天蓋不得、地載不得＝この香、天を貫き、地を貫く。『参詳語要』巻一に、雪竇の「祥雲五色」に対する、国師の下語。【一九一の二】注(6)参照。◉(3)無角鉄牛＝格外の機。禅月大師「山居詩」第九に、「無角の鉄牛、少室に眠り、児を生む石女、黄梅に老ゆ」（『全唐詩』巻八三七）と。「鉄牛」は【七七の二】注⒁参照。◉⑷卓彼南方美人…虚空束手道親＝優れたるあの南の方の徳人は、天真爛漫の容貌。天地も頭を下げてお祖父様と云う程、虚空も手を拱《こまね》いて親と云う。天子の寿算と国の繁栄を福禄寿に托して。「美人」は「君主、才徳の優れた人」を云う。『荊叢毒蕊拾遺』の福禄寿の讃に、「〜、〜。〜、〜。福寿君に倍すること無数、生滅渠《かれ》を尋ねて津に迷う。汝若し一回相見せば、満面の慚一場新たならん」とある。

【一三〇の一〇】

次に香を拈《ねん》じて云く、「此の一瓣《いちべん》の香（⑴上《かみ》、霄漢《しょうかん》に透り、下《しも》、黄泉《こうせん》に徹す）、**炉中《ろちゅう》に爇向《ぜつこう》して、⑵征夷大将軍の為に禄算《ろくさん》を増崇《ぞうそう》し奉る。伏《ふ》して願わくは、⑶高く域中《いきちゅう》の徳を賛《たす》け、長く塞外《さいがい》の令《れい》を提《ひっさ》げんことを**（⑷正考父《せいこうほ》、一命《いちめい》せられて傴《う》し、再命《さいめい》せられて僂《る》し、三命《さんめい》せられて俯《ふ》し、墻《しょう》に循《したが》って走《はし》る。孰《たれ》か敢えて軌《のり》とせざらんや）」。

⑴上透霄漢、下徹黄泉＝天地一杯の香り。【一の一】注⑿参照。◉⑵**征夷大将軍**＝この時の将軍は鎌倉九代将軍守邦《もりくに》親王。◉⑶**高賛域中之徳、長提塞外之令**＝内天子を扶け、外夷狄を防ぐ。域中は国内、徳は仁政。塞外の令は夷狄征討の将軍の命令権。◉⑷正考父…孰敢不軌＝孔子の祖父の正考父は、一命にて（士となれば）頭を低め、再命にて（大夫となれば）背を曲げ、三命にて（卿となれば）腰をかがめ、道の端を墻《かき》に沿うて小走りに歩む。みな手本とせよ。『左氏伝』昭公七年、『孔子家語』観周。白隠は、『荘子』列御寇篇より引く。

【一三〇の一一】

又た香を拈《ねん》じて云く、「此の一瓣《いちべん》の香（⑴枝柯《しか》は九霄《きゅうしょう》を衝《つ》き、根盤《こんばん》は三泉《さんせん》に徹す）、**炉中に爇向《ぜつこう》して、大檀《だいだん》**

主筑州《しゅちくしゅう》の(2)**大空門《だいくうもん》洎《およ》び都督司馬《ととくしば》の為に、禄算《ろくさん》を増崇《ぞうそう》し奉る。伏して願わくは、威風《いふう》を千歳《せんざい》に扇《あお》ぎ、仏日《ぶつにち》を万世《ばんせ》に輝かさんことを**〔(3)神功浩浩聖徳《じんくんおうおうしんて》昭昭《しょうしょう》、凡有祷祈必蒙感応《ばんゆうとうきひむんかんにん》〕」。

(1)枝柯衝九霄、根盤徹三泉＝香木の枝は九天を貫き、その根は黄泉を貫く。三泉は地下深い所、多くは死者の赴く所を云う。◉(2)**大空門洎都督司馬**＝少弐貞経《しょうにさだつね》・頼尚《よりひさ》親子。この時父貞経五十九歳、入道して妙慧を名乗る。頼尚は三十八歳、筑前・豊前・対馬の守護職。◉(3)神功浩浩聖徳昭昭、凡有祷祈必蒙感応＝神功浩浩《じんこうこうこう》として聖徳《しょうとく》昭昭たり、凡《およ》そ祷祈するところ有れば必ず感応を蒙《こうむ》る。土地堂鎮守諷経廻向文。

【一三〇の一三】

(1)**香を拈《ねん》じて云く、**「**此の香、炉中に爇向《ぜつこう》して**〔(2)乾坤《けんこん》も色《いろ》を失《しっ》し、日月も光を蔵《かく》す〕、**前住巨福《こふく》名山建長禅寺、先師勅諡《ちょくし》円通大応国師南浦和尚大禅師に供養し、用《もっ》て法乳《ほうにゅう》の恩に酬《むく》ゆ**〔(3)鴆羽《ちんう》狼胆《ろうたん》猫頭《みょうとう》狐涎《こぜん》、一釜《いっぷ》に煉《ね》り来たって面前に抛向《ほうこう》す〕」。

(1)この段、【一の五】参照。◉(2)乾坤失色、日月蔵光＝（その香光の前には）天地も色なく、日月の光も消えてしまう程。成道の把住底。【一二一の二】注(6)参照。◉(3)鴆羽狼胆猫頭狐涎、一釜煉来抛向面前＝（法乳にかけて）あらゆる毒物を一緒にして、これ食らえとばかりに目の前にほうり出した。「此毒薬ハ大応ガ虚堂ヨリ伝来テ、又大灯ニ伝ヘタ」。「鴆羽」は「猛毒」。【一〇の二】注(11)参照。

【一三〇の一三】

師、(1)衣《え》を斂《おさ》めて座に就いて云く、「(2)明鏡台《みようきようだい》に当たり、明珠《みようしゆ》掌《たなごころ》を歴《へ》、妍醜《けんしゆう》を分たんと要する者は、直下《じきげ》に来たって相見《しようけん》せよ。有《あ》りや有りや」。時《とき》に僧有り問う、「(3)緑樹陰濃《りよくじゆかげこまやか》にして夏日《かじつ》長し、楼台影《ろうだいかげ》を倒《さかしま》にして池塘《ちとう》に入《い》る」。師云く、「(4)時節《じせつ》逢《あ》い難《がた》し」。僧云く、「(5)和尚、帝里《ていり》を辞《じ》すれば、皇帝《こうてい》之れを留《とど》むと、更に甚《いず》れの処に向かってか一路《いちろ》を通《つう》じ来たる」。師云く、「(6)鉄船《てつせん》水上に浮かぶ」。僧云く、「(7)寰中《かんちゆう》は天子の勅《ちよく》と、聻《にい》」。師云く、「(8)誰《たれ》か恩を承《う》けざらん」。僧云く、「与麼《よも》ならば則ち(9)杲日《こうじつ》天に麗《うるわ》しく、清風《せいふう》地を匝《めぐ》る」。師云く、「(10)大方外《たいほうほか》無し」。僧云く、「記得《きとく》す、(11)保寿《ほうじゆ》開堂、三聖《さんしよう》、一僧を推《お》し出《い》だす、意旨如何《いしいかん》」。師云く、「(12)白雲《はくうん》深き処、金龍躍《きんりゆうおど》る」。僧云く、「寿《じゆ》、便ち打つ、又た作麼生《そもさん》」。師云く、「碧波心裏《へきはしんり》、玉兎驚《ぎよくとおどろ》く」。僧云く、「(13)若《も》し人有って一僧を推し出ださば、如何《いかん》が祇対《したい》せん」。師云く、「(14)風光愛《ふうこうあい》しつ可《べ》し」。僧云く、「者箇《しやこ》は且《しば》らく置《お》く、今日還《こんにちかえ》って禁足安《きんそくあん》居底《ごてい》の道理《どうり》有りや」。師云く、「(15)大家《たいけ》、者裏《しやり》に在《あ》り」。僧云く、「(16)十五日結制《けつせい》は則ち問わず、即今一時《そつこんいちじ》に結《けつ》し去《さ》り看《み》よ」。師云く、「(17)処処《しよしよ》の緑楊《りよくよう》、馬《うま》を繋《つな》ぐに堪《た》えたり」。僧云く、「(18)恩、大《だい》にして酬《むく》い難し」。師云く、「(19)能《よ》く幾人《いくひと》か有る」。僧礼拝《らいはい》す。

(1)**斂衣就座**＝伝法の信衣を収めて着席する。底本の「歛《かん》（＝欲の義）」は「斂《れん》（＝収の義）」の誤記。『大灯録』も「歛」と誤る。◉(2)**明鏡当台…直下来相見**＝さあ、何でも映し出す明鏡が台におかれた如く、明珠が手に歴然と有るが如し。黒白を決着つけんと思う者は直ぐ様出で来たれ。『碧巌』九則垂示に、「明鏡当台、妍醜自辨」。「当台」とは「置き台に置かれてあること」。「歴掌」は『虚堂録』巻一瑞巌録入寺上堂に、「罔象は無心にして、神珠掌を歴る」と有る如く、「歴」は「過、いたる」の意。◉(3)**緑樹陰濃夏日長、楼台倒影入池塘**＝結制時の現成公案。『千家詩』一四〇、高駢（八二一―八八七）「山居夏日」に、「～、～。水晶の簾《れん》動いて微風起こり、満架の薔薇《そうび》一院香《かんば》し」（『全唐詩』巻五九八）。

◉⑷**時節難逢**＝【七五の一】注⑷参照。◉⑸**和尚辞帝里、皇帝留之**＝巨海編『大灯年譜』五十歳の条に、妙慧父子が国師を崇福寺に拝請した折、「師、闕《けつ》に詣して以て奏す、（後醍醐）天皇聴《ゆる》さず。師重ねて奏するに、先師行道の地を以てす。天皇乃ち約するに百日を以てす」とある。◉⑹**鉄船水上浮**＝龐居士の鉄船でやって参った。先師への報恩罷むに罷まれぬ由であることを結制の縁語で云う。【四三の一】注⑹参照。◉⑺**寰中天子勅、韲**＝国内は天子の法令（と云いますが）、これは如何。「塞外は将軍の令（外境は大将の軍律）」と対句。『碧巌』四十四頌下語。「韲」は【三の一】注⑾参照。◉⑻**誰不承恩**＝皇恩を受けない者はいない。【九六の一】注⑺参照。◉⑼**杲日麗天、清風匝地**＝日は天に輝き、風は地をめぐる。『碧巌』四十二垂示「〜、颯颯〜」、『種電鈔』に、「立所皆な本地の風光」と。◉⑽**大方無外**＝『碧巌』二十二垂示。「広大無辺、周偏際《かぎ》り無し」（『種電鈔』）。◉⑾**保寿開堂…意旨如何**＝『会元』巻十一宝（保）寿第二世の章に見える話。宝寿沼（臨済下）が遷化の時、二世宝寿の開堂の事を三聖に遺嘱す。開堂の日、三聖、一僧を推出す、師、便ち打つ。聖曰く、「与麼の為人ならば、但だ這の僧の眼を瞎却するのみならず、鎮州一城の人の眼を瞎却し去る在らん」。三聖が二世宝寿瞎却の為人を肯った話。◉⑿**白雲深処金龍躍、碧波心裏玉兎驚**＝『碧巌』二十四頌評唱に見える風穴延沼の句。「金龍」は太陽、「玉兎」は月を云う。「金龍は日に喩う、美しいものなれども、中々外よりは目うつりして分からぬ。月が波にチラチラ映りて、有るかとすれば有るでもなく、無きかとすれば澄み湛えておる、なかなか見届けらるるものでない」（『秘鈔』）。◉⒀**若忽有人推出一僧、如何祇対**＝国師ならどうされますか。◉⒁**風光可愛**＝「ソレワ、面白カラウ」。『碧巌』四本則下語。◉⒂**大家在者裏**＝皆な揃ってここに、まめで息災。【一二四の一】注⑸参照。◉⒃**十五日結制則不問、即今一時結去看**＝明日十五日と云わずに、即今結んでみよ。◉⒄**処処緑楊堪繋馬**＝その場その場が安心立命の処。【三九の一】注⑷参照。◉⒅**恩大難酬**＝僧の礼話。【七八の一】注⒆参照。◉⒆**能有幾人**＝お前さん程に伶利の漢もまたといない、と国師の激励。【七七の一】注⑿参照。

【一三〇の一四】

(1)**師、乃《すなわ》ち云く、「(2)世尊拈花《せそんねんげ》、迦葉微笑《かしようみしよう》**〔(3)雀《すずめ》の終《おわり》を謂《い》う則《とき》は蛤《はまぐり》は実に始《はじめ》なり、蛤の始を謂う則は雀は実に終なり〕、(4)**君子財《くんしざい》を愛す、之れを取るに道《みち》有り**〔(5)大明《たいめい》に私照《ししよう》無く、至公《しこう》に私親《ししん》無し、謹んで大師の指示を謝す〕。**正法眼蔵《しようぼうげんぞう》、此れより流通《るづう》す**〔(6)源深《みなもとふか》からざれば其の流《ながれ》遠からず〕、(7)**逓代伝持《ていだいでんじ》して虚《きよ》を受《う》け響《ひびき》を接《せつ》す**〔(8)西天《さいてん》の四七《ししち》、東土《とうど》の二三《にさん》、只だ此の些子《しやし》を伝う〕。(9)**激揚鏗鏘《げきようこうそう》、古今《ここん》を坐断《ざだん》す**〔(10)臂《ひじ》に奪命《だつみよう》の神《しん》符《ぷ》を掛け、口に法窟《ほつくつ》の爪牙《そうげ》を咬む〕。(11)**珠回《たまめぐ》り玉転《たまてん》じて八面玲瓏《はちめんれいろう》**〔(12)孤峰《こほう》に処《お》る者は救うて荒草《こうそう》に入らしめ、荒草に堕《だ》する者は救うて孤峰に処《お》らしむ〕。**其の(13)大機円応《たいきえんのう》、大道無方《だいどうむほう》なるに迄《いた》っては**〔(14)明眼《みようげん》の衲僧、透《とう》関《かん》の眼《まなこ》を具《ぐ》して、風《かぜ》驚き草《くさ》動くにも、尽く来機《らいき》を辨ず〕、(15)**一賓一主《いつぴんいつしゆ》、擒縦擡搦《きんじゆうだいじやく》、収放明暗《しゆうほうめいあん》、電転《でんてん》じ星飛《ほしと》ぶ**〔(16)譬えば金翅鳥王《こんじちようおう》の阿盧《ある》大海に入って雪浪を劈開《へきかい》して、直《じき》に龍を取って呑むが如し〕。(17)**窮《きゆう》するときは則ち変じ、変ずるときは則ち通《つう》ず**〔(18)理《り》尽《つ》き詞窮《ことばきわ》まって伎《ぎ》も亦た窮まる。鳳《ほう》は金網《きんもう》を離れ、鶴《つる》は籠《かご》を脱す〕。(19)**藍《あい》よりも青《あお》く、水《みず》よりも寒《つめ》たし**〔(20)見《けん》、師に斉《ひと》しきときは則ち師の半徳《はんとく》を減ず、見、師に過《す》ぎて正に伝授するに堪《た》えたり〕。**聴教《さもあらば》あれ、(21)威音那畔《いおんなはん》に挺抜《ていばつ》し、空劫已前《くうごういぜん》に蕭然《しようぜん》たり**〔(22)七仏《しちぶつ》已前、四時《しじ》の春、現成《げんじよう》公案《こうあん》、今日の如し〕。**況《いわ》んや亦た(23)清風明月雅興《がきよう》多く、白雲流水詩縁《しえん》寛《ひろ》し**〔(24)金屑《きんせつ》貴しと雖《いえど》も、眼《まなこ》に落ちては翳《えい》と成《な》る、(25)若し諸相《しよそう》の非相《ひそう》を見ば、即ち如来を見ん〕。(26)**四海九州、雷《らい》動き風行《かぜゆ》く、漁歌樵唱《ぎよかしようしよう》、共に太平を賀《が》す**〔(27)帝網重重《ていもうじゆうじゆう》、主伴《しゆばん》無尽、(28)懐州《かいしゆう》の牛《うし》禾《か》を喫すれば、益州《えきしゆう》の馬腹《はら》脹《は》る〕。**正当与麼《しようとうよも》の時、(29)人人禁《にんにんきん》足護生《そくごしよう》、人人剋期取証《こくごしゆしよう》**〔(30)新婦《しんぷ》面上に笑靨《しようよう》を添え、却って錦繍幕裏《きんしゆうばくり》に向かって行く〕、(31)**皇恩仏恩、一時に報《ほう》じ了《お》わる底の事《じ》、又た作麼生**〔(32)天は東南に高く、地は西北に傾く〕」。**払子を撃《う》って云く「(33)版図《はんと》遠く奏《そう》して堯天闊《ぎようてんひろ》く、万物祥《しよう》を呈《てい》して聖情《せいじよう》を楽しましむ**〔(34)鳳凰《ほうおう》は千仞《せんじん》に翔《かけ》り、徳輝《とくき》を覧《み》て下《くだ》る〕」。

(1)**師乃云**＝以下、国師の提綱。◉(2)**世尊拈華、迦葉微笑**＝【一の七】注(69)、【一二二の一】注(6)参照。◉(3)謂雀之終則…謂蛤之始則…＝『礼記』月令、季秋の月に、「爵《すずめ》、大水に入りて蛤と為る」と。「仏ト迦葉ト国師ノ肚中ヲ見付テ、下語モカク云タ」。◉(4)**君子愛財取之有道**＝私心の曇りなし。【一三の二】注(12)参照。◉(5)大明無私照、至公無私親＝太陽の様に大きく明らかなものは一物一所を勝手に照らすようなことはなく、必ず公平に全体を照らすのであり、この上なく公平な人には、個人的に親愛する人間がないのである。張蘊《ちょううん》古《こ》が唐太宗に奉った「大宝の箴《しん》」（『古文真宝』後集・巻五）に云う、君子の心得。◉(6)源不深其流不遠＝水源が深くなければ、その流れは長遠でない。『碧巌』五十三本則評唱、もと天台智顗『法華文句』巻三下に、「根深き則《とき》は条茂り、源遠き則は流長し」（大正三十四・四〇下）と。◉(7)**遞代伝持、受虚接響**＝仏祖の相承、谺《こだま》の相応ずるが如くなり。「受（承）虚接響」とは「虚に乗じて響を承け接いでゆく」の義。「空谷の響を接するが如くなり、実無きを謂う」（『栲栳珠』）。『雲峰悦（汾陽下二世）翠巌録』に、「祖師西来、承虚接響」。◉(8)西天四七、東土二三、只伝此些子＝インドの二十八人の尊者方、中国の六人の祖師方、嫡嫡相承底の仏法の奥旨。【八五】注(12)参照。◉(9)**激揚鏗鏘、坐断古今**＝その虚響はさらに激しく高揚して、遠く古今に越える（宗旨いよいよ発展し）。「鏗鏘」は「響きが通る」の義。「坐断」は差別辺を越えること。【七三の一】注(12)参照。◉(10)臂掛奪命神符、口咬法窟爪牙＝向上の一著子を引っ提げて、学人を根底から奪い尽くし大死一番せしめる。【開筵垂示】第一段注(2)(3)参照。◉(11)**珠回玉転、八面玲瓏**＝円転自在、一切所に透徹無礙。◉(12)処孤峰者…堕荒草者…＝一法も立せざる向上門に偏する者には万法を建立する向下為人門に下らしめ、向下に偏する者には向上に赴かせる。『碧巌』十五則頌評唱。◉(13)**大機円応、大道無方**＝大なる為人の働きは応ぜざる所なく、大道は入るに決まりはない。『虚堂録』巻一興聖録の入寺法語、「前句は為人、後句は自得」（『犂耕』）。◉(14)明眼衲僧…尽辨来機＝本色の衲僧は透関の眼を持ち、些かの事が起こっても皆な来機を辨別する。『虚堂録』巻四法語「示蓬莱宣長老」法語に見える、但し「明眼」は「本色」、「尽」は「悉」。◉(15)**一賓一主…電転星飛**＝（無礙自在なること）賓あり主あり、把住あり放行あり、上げたり押さえたり、明あり暗あり、（機敏なること）電の如く流星の如し。「一賓一主」は『碧巌』十六頌評唱、「電転星飛」は『碧巌』六十三則垂示。◉⑯譬如金翅鳥王…直取龍呑＝そのすさまじい働きは金翅鳥のようである。「金翅鳥」は「迦楼羅《かるら》」とも、両翅の広さ四千由旬、須弥山の下層に住み、大海の龍をとって食とする。『普灯録』巻二十五仏鑑懃示衆、『碧巌』五十七本則評唱、もと『六十華厳』巻三十五如来性起品に、「譬えば金翅鳥王の…海水を搏開して悉く両闢し、龍男女の命尽きんとする…者を撮取するが如し」（大正九・六二六）と。◉⑰**窮則変、変則通**＝行き詰まれば変化し、変化すれば通る。『易』繋辞下伝。◉⑱理尽詞窮伎亦窮、鳳離金網鶴脱籠＝ことばもわざも万事窮したとき、鳥の籠を脱する如く自在の境地に到る。【一一九】注⑺参照。◉⑲**青於藍、寒於水**＝師匠勝り。『荀子』勧学の第一節に、「青《あお》は之れを藍《あい》より取りて藍よりも青く、氷は水之れを為して水よりも寒し」とあるに依る。◉⑳見斉師…、見過師…＝百丈の語。【八六】注⑷参照。◉㉑**挺抜威音那畔、蕭然空劫已前**＝天地未生以前の本来の面目に立ち。「挺抜」は「抜きん出る」、『虚堂録』巻三柏巌録の「威音那畔に突出して看よ」に同じ。「蕭然」は「突出して空寂なるさま」。「威音那畔」も「空劫已前」も「過去久遠劫以前」の意、また転じて「向上の本分」を指す。◉㉒七仏已前四時春、現成公案如今日＝七仏以前より今日まで少しも違った事はない、四時いつも長閑、ただ有るがまま。底本の「猶」は「如」。【五〇の二】注⑶参照。◉㉓**清風明月多雅興、白雲流水寛詩縁**＝清風明月白雲流水と、全てが詩題にならぬものはない好時節。◉㉔金屑雖貴、落眼成翳＝どんな素晴らしいことでも眼のゴミ。【一六の一】注⑺参照。◉㉕若見諸相非相、即見如来＝諸々の相の相に非ざることが分かれば、それが如来。『金剛経』如理実見分第五。◉㉖**四海九州…共賀太平**＝夷蛮の四海、中華の九州、天下至る所、王徳普く化し、漁夫も樵も共に太平を歌う。『虚堂録』巻一延福録の入寺法語に、「九州四海、雷動風馳」と。『犂耕』に、「徳音雷の動ずるが如し、化の行なわるること風の馳するが如く速やかなるなり」と。後句は、【一一五の一】注⑹参照。書き入れに、「愚堂師常ニ、向イ通ルハ清十郎デナイカ、ト云ヲ示サル。馬子唄デモ仏祖モ窺事ナラヌ」。◉㉗帝網重重、主伴無尽＝華厳の事事無礙法界の様相。帝釈宮殿の天蓋の因陀羅網の各目は摩尼珠なり、その珠は各各互いに映じあい、重々無尽に一切を映し出し、互いに主となり伴となり、主伴伴主円明具徳であるを云う。『碧巌』八十九頌評唱に見えるが、もと法蔵『華厳探玄記』巻一の十玄門。◉(28)懐州牛喫禾、益州馬腹脹＝自他不二の実相。「懐州」は河南省沁陽市。「益州」は四川省成都。『碧巌』九十六第一頌評唱に見える、華厳初祖杜順《とじゅん》和尚の法身偈。「此は衲僧の家常茶飯、禅堂の僧粥を喫へば、常住の僧腹脹る」（『秘鈔』）。◉(29)**人人禁足護生、人人剋期取証**＝「禁足護生」のことは【四三の二】注(3)参照。「剋期取証」は【一〇の二】注(4)参照。◉(30)新婦面上添笑靨、却向錦繍幕裏行＝美しいと雖も、見ることを得ず。また「其の境界を知る者は無い」の意。虚堂の趙州評。【四四】注(3)参照。◉(31)**皇恩仏恩一時報了**＝『大応録』興徳録一章、入寺法語。◉(32)天高東南、地傾西北＝如実の様。【一の四】注(1)参照。◉(33)**版図遠奏堯天闊、万物呈祥楽聖情**＝遠方の民も王化に帰す、その目出度き瑞祥は天子の心を楽しましめる。『虚堂録』巻三浄慈《じんず》録の入寺法語。◉(34)鳳凰翔于千仞兮、覧徳輝而下＝鳳凰は千仞もの高さを飛翔し、国君の人格の輝きを見ては舞い降りる。『文選』巻六十賈誼《かぎ》「弔屈原文」。

【一三〇の一五】

(1)**復《ま》た挙《こ》す。「三聖道《さんしょういわ》く、『**(2)**我れ人《ひと》に逢《あ》えば即ち出《い》づ、出づるときは則ち人の為にせず**（(3)蓬蒙《ほうもう》善く射《い》れども、不調の弓を用うること能《あた》わず）』。**興化道《こうけいわ》く、『**(4)**我れ人に逢うときは則ち出でず、出づるときは即便《すなわ》ち人の為にす**（孫呉《そんご》善く将《しょう》たれども、不習の卒を戦わしむること能わず）』」。**師云く、「二大老謂《にだいろういっ》つ可し、**(5)**漆《うるし》の隠《かく》す処は黒く、朱《しゅ》の隠す処は赤しと**（造父《ぞうほ》善く御《ぎょ》すれども、不服の馬を策すること能わず）。**若し是れ山僧底《さんぞうてい》ならば、**(6)**天平《たい》らかに地平らかなり**（(7)伏《ふ》して以《おも》みれば、堂頭《どうちょう》和尚万福《ばんぷく》）」。**拄杖《しゅじょう》を卓して下座《げざ》。**

(1)**復挙**＝拈提結座の語を以て説法を結ぶ。本節は崇福寺の入寺出世開堂に当たって、三聖禅師以来の出不出の問題をテーマにする。虚堂禅師も興聖寺、報恩寺の入寺の時に拈弄している。話頭は、『会元』巻十一の三聖慧然章に、住後の上堂語として見える。◉(2)**我逢人即出、出則不為人**＝人を接するときは出て逢うが、説法すべき為人の法なぞ本来一法も無い。◉(3)逢蒙善射…不能策不服之馬＝いかな達人でも然るべき人に逢わねば無用。「逢蒙」は「逢蒙」とも、夏時代の弓の名手、羿《げい》の弟子。「孫呉」は春秋戦国時代の兵法家、孫武と呉起。「造父」は周穆王の御者、後に趙氏の祖となる。北斉・劉子『新論』閲武にみえる諺。◉(4)**我逢人則不出、出即便為人**＝対して興化禅師は、人を接せんとする初めから寺になぞ出ないが、しかし一旦出たとなったら大いに説法すると。◉(5)**漆隠処黒、朱隠処赤**＝一人は漆に於ける黒、一人は朱に於ける赤。それぞれの家風。『孔子家語』巻四「六本」に「丹《たん》の蔵《ぞう》する所の者は赤く、漆《うるし》の蔵する所の者は黒し、是《ここ》を以て君子は必ず其の与《とも》に処《お》る所の者を慎《つつし》む」と。◉(6)**天平地平**＝天下太平ならん。出不出をぼっ越えた所。祐徳入寺の拈提結座も同じ祝語で終わる。「鶻林モ此ノ語ヲ見テ、寒毛卓竪」、「国師、肝ワタニ毛ノハエタ処ヲ、見ヌカネバ、此之調ハ聞コヘヌ」。【一二〇の五】注(11)参照。◉(7)伏以堂頭和尚万福＝和尚さんこそ、くれぐれもまめで息災でありますように。「サテコソ下語モ知音ハ少ナイ」。【三六】注(13)参照。

【一三一の二】

当晩小参《とうばんしょうさん》。僧問う、「三月安居《さんげつあんご》、九旬禁足《きゅうじゅんきんそく》は則ち問わず、(1)遠く華洛《からく》を離れて親しく岳峰《がくほう》に到る一句如何《いかん》」。師云く、「(2)八角《はっかく》の磨盤空裏《まばんくうり》に走る」。僧云く、「和尚、此の山《やま》に住す、何を以てか衆《しゅ》を安《やす》んず」。師云く、「(3)山《さん》色《しょく》夕陽《せきよう》の時、泉声中夜《せんせいちゅうや》の後《のち》」。僧云く、「(4)与麼《よも》ならば則ち大衆《だいしゅ》徳に飽《あ》き去《さ》らん」。師云く、「(5)限《かぎ》り無き清風、来たって未《いま》だ休《や》まず」。僧云く、「(6)徳山《とくさん》、小参答話《とうわ》せず、『問話《もんな》の者有らば三十棒』と。意旨《いし》如何」。師云く、「(7)去《さ》り得《え》て来たること得《え》ず」。僧云く、「趙州《じょうしゅう》、小参答話せんことを要す、『問話《もんな》の者有らば一問《いちもん》を置《お》き将《も》ち来た

れ』と。又た作麼生《そもさん》」。師云く、「来たり得て去ること得ず」。僧云く、「今夜小参答話を要するか、答話を要せざるか」。師云く、「(8)天外《てんがい》に出頭《しゅっとう》して看《み》よ、誰《たれ》か是れ我れ般《つら》の人《ひと》」。僧云く、「(9)三大老の用処《ゆうじょ》、止《た》だ一般《いっぱん》なること莫《な》しや」。師云く、「(10)你《なんじ》をして休《きゅう》せしむれども也《ま》た肯《あ》えて休せず」。僧云く、「若し是の如《かく》くならば、則ち(11)一《いち》即《すなわ》ち三《さん》、三即ち一」。師云く、「(12)吽吽《うんうん》」。僧云く、「学人今夜(13)小出大遇《しょうしゅったいぐう》」といって便ち礼拝す。師云く、「(14)手《て》を撒《さつ》して那辺《なへん》に去《さ》れ」。

(1)**遠離華洛親到岳峰一句如何**＝遠く京の都から横岳山に自らお出まし頂いた一句をお願いします。◉(2)**八角磨盤空裏走**＝石の挽き臼台が空を飛ぶ。国師不動の機。【一の六】注(23)参照。◉(3)**山色夕陽時、泉声中夜後**＝横岳山中の絶景は、夕陽時の山色、中夜後の泉声。皆さん既に素晴らしい境地に居られる、只だ人人自得するのみ。『虚堂録』巻三径山録。注(9)参照。◉(4)**与麼則大衆飽徳去也**＝お蔭様で、皆々和尚さんの恩徳に充分預ることが出来ます、と、僧の礼話。【九四の一】注(9)参照。◉(5)**無限清風来未休**＝限りなき本分の清風は無始無終。『大応録』崇福録一一〇、一二三九、一二四六、一二六九の各章。もと『雪竇録』巻一、蘇州洞庭より明州雪竇入寺法語に、「問う、『大法螺を吹き、大法鼓を撃ち、朝宰、筵に臨む、如何なるか即ち是なるや』。師曰く、『清風来たって未だ休《や》まず』」。◉(6)**徳山小参不答話…**＝【九〇の一】注(10)参照。『槐安国語』では省かれているが、『大灯録』原本には【九の二】で既に問題にされている公案。◉(7)**去得来不得、来得去不得**＝去るを得て（把住底）来たることが出来ない（放行底が欠落）、来たるを得て（放行底）去ることが出来ない（把住底が欠落）。徳山は把住に偏《かたよ》り、趙州は放行に偏《かたよ》る。「去」は向去《こうきょ》（平等、把住）、「来」は却来《きゃらい》（差別、放行）の意。「国師ナドハ、ナント言句三昧ニ入タ者デハナイカ」、また「アア真正大徳開祖、ナントモカトモ心モ詞モ及モノデハナイ」。因みに【九の二】での国師の答え、「来者不来、去者不去」。また『会要』巻六趙州章に、此の話に関して覚鉄觜（趙州の法嗣）が法眼に云う、「某甲去得、汝去不得」と。◉(8)**出頭天外看、誰是我般人**＝天外に飛び出して見よ、我に匹敵する如き者が誰かあろうか。天上天下、唯我独尊。五台智通の遺偈。【七五の一】注(9)参照。◉(9)**三大老用処莫止一般麼**＝国師、趙州、徳山の御三方の意図は同じと云う事では有りませんか。◉(10)**教你休也不肯休**＝全く懲りない奴じゃ。『明覚録』巻一（大正四十七・六七四上）。◉(11)**一即三、三即一**＝（懲りずに）三人は同じ。『臨済録』示衆七に、文殊・観音・普賢の三即一、一即三、主伴無尽円融無礙を云う。もと『華厳経合論』巻四八に基づく。◉(12)**吽吽**＝ここは、叱る意。【三二】注(8)、【四六の一】注(18)参照。◉(13)**小出大遇**＝チョット出まして大収穫がありました、と、僧の讃歎礼話。【五の一】注(20)参照。◉(14)**撒手那辺去**＝身を捨てて精を出せ。【三五の一】注(14)参照。

【一三一の二】

乃《すなわ》ち云く、「今夜、大衆《だいしゅ》と箇の(1)**識面《しきめん》の話《わ》有らんことを要す、各各《おのおの》切に宜《よろ》しく**(2)**起倒分明《きとうふんみょう》なるべし**〔(3)正令当行《しょうれいとうぎょう》、十方坐断《ざだん》。(4)諦観法王法《たいかんほうおうほう》、法王法如是《にょぜ》〕。(5)**陵王渓畔《りょうおうけいはん》、此君亭辺《しくんていへい》**〔(6)帝網重重《ていもうじゅうじゅう》、主伴《しゅばん》無尽〕、(7)**諸人《しょにん》、有ることを知って未だ主《しゅ》と做《な》ることを得ず**〔(8)鉤距《こうきょ》の意を用《もち》い尽くして、絹《きぬ》を買うに先ず綾《あやぎぬ》を揀《えら》ぶ〕。(9)**崇福区《そうふくく》宇件件《うけんけん》の数目《すうもく》**〔(10)鳥の長頸鋩距《ちょうけいぼうきょ》なる者は、羽類《うるい》、之れを畏《おそ》る〕、**山僧《さんぞう》、主と做《な》るも未だ大毫《だいごう》を辨ぜず**〔獣の方喙鉤爪《ほうかいこうそう》なる者は、毛群《もうぐん》、之れを畏《おそ》る〕。(11)**既《すで》に其《そ》の居《きょ》を一《いつ》にす、甚《なん》と為《し》てか受用《じゅゆう》同じからざる。還《かえ》って会すや**〔(12)魚の哆唇鋸歯《しゃしんきょし》なる者は、鱗族《りんぞく》、之れを畏る〕。**所以《このゆえ》に道う、**(13)**仏性の義を識らんと欲せば、当《まさ》に時節因縁《じせついんねん》を観ずべし**〔(14)眼《まなこ》、東南を看て、心《こころ》、西北に在り〕。**明朝頼《さいわ》いに是れ結制安居《けっせいあんご》の辰《とき》、**(15)**箇箇慧身《えしん》を成熟《じょうじゅく》し**〔(16)虎頭に角《つの》を戴《いただ》いて荒草《こうそう》を出づ〕、(17)**坐底立底《ざていりってい》、築著磕著《ちくじゃくかつじゃく》**〔(18)蝮蛇《ふくだ》、象《ぞう》を呑むこと三年にして骨を出だす〕、(19)**自然《じねん》に者箇《しゃこ》に孤負《こふ》することを得ず**〔(20)深沙《じんしゃ》の努眼睛《どがんぜい》〕」。**便ち**(21)**主丈《しゅじょう》を卓《たく》すること一下す。**

(1)**識面之話**＝お近づきの話。◉(2)**起倒分明**＝よくお見知りおきを。「起倒」は「好悪、高低、軽重、進退」等の義、例えば「識起倒」は「時機を識る、進退を知る」等の義。◉(3)正令当行、十方坐断＝仏祖の法令がお触れの通り断行された、十方有無を云わせぬ。『碧巌』六十三本則下語。◉(4)諦観法王法、法王法如是＝国師の切出し口上も終わらないうちに、白隠禅師、白槌師となって説法の最終辞を述べて終わりを告げてしまった。【九の三】注(6)参照。◉(5)**陵王渓畔、此君亭辺**＝「此君亭」は寺の北東、飛瀑巌前に在った竹やぶの中の茅葺き堂、崇福八境の一つ。「陵王渓」は寺の東を流れる谷川を云うか。◉(6)帝網重重、主伴無尽＝識面の相見、互いに主となり賓となり尽きることなし。【一三〇の一四】注(27)参照。◉(7)**諸人知有、未得倣主**＝皆さんは寺境の内外を熟知しておられても、主人公には成り得てない。◉(8)用尽鉤距意、買絹先揀綾＝狙いは別にあり。【一一〇の二】注(27)参照。底本は「鉤鉅」に誤る。◉(9)**崇福区宇…未辨大毫**＝私は主人とはなっても、崇福寺境内の大きさや、どんな物がどれだけあるかに就いて皆目分からない。「不辨大毫」は「不辨大小（大小すら分からない）」の意。『虚堂録』巻一報恩録の入寺当晩小参にも、「山僧乍《はじ》めて此間に到り、井竈の向背、門限の高低を知らず」とある。◉(10)鳥之長頸鋸距者…毛群畏之＝鳥の曲がったくび、きっさきのような蹴爪は、羽類おそれ、獣の角ばったくちばし、つりばりの爪は、毛群おそれる。「長頸」はもと「曲頸」。北斉劉子『新論』傷讒に見える。頌古第十四則（【一三三一】）垂示参照。◉(11)**既一其居、為甚受用不同、還会麼**＝一つ処に同じく居れども、なぜかくも（使うと使われるとの）差が出来るのか、お分かりか。◉(12)魚之哆唇鋸歯者、鱗族畏之＝魚の大きな口、のこぎり歯は、鱗類おそれる。以上三句は国師の恐るべき面魂を云う。◉(13)**欲識仏性義、当観時節因縁**＝時節を観よ。【二の二】注(2)参照。◉(14)眼看東南、心在西北＝口と腹の底は別。【一の八】注(34)参照。◉(15)**箇箇成熟慧身**＝みなみな悟りを成就す。「成熟」は「成就」が慣用。【四二の二】注(20)参照。◉(16)虎頭戴角出荒草＝恐ろしい奴が出てきたものだ。【三九の二】注(3)参照。◉(17)**坐底立底、築著磕著**＝「坐底立底」は「坐者立者」に同じ、「皆皆」の意。「築著磕著」は「塑著磕著」とも左右逢原、融通無礙ならざるは無し。【四〇の二】注(2)参照。◉(18)蝮蛇呑象三年而出骨＝誰も彼も、どんな大きなものでも丸のみ。『山海経』海内南経に、「巴蛇、象を食して三歳にして其の骨を出だす、君子之れを服すれば心腹の疾無し」とある。◉⒆**自然不得孤負者箇**＝自然と者箇（本分）に適ってくる。「孤負」は「そむく」。【八一の二】注⑸参照。◉⒇深沙努眼睛＝国師の恐ろしい形相。底本の「神沙」は「深沙」の誤植。深沙大将は左手に蛇をつかみ、頸に髑髏を掛けた鬼面の守護神、一切の所願を成就せしむという。『会元』巻十六法昌倚遇（北禅賢の法嗣、雲門下四世）章。◉(21)**主丈**＝拄杖。

【一三一の三】

復《ま》た挙《こ》す。「⑴雲門《うんもん》、因《ちな》みに官《かん》有りて問う、『⑵仏法は水中の月の如しと、是《ぜ》なりや也《ま》た無《いな》や〔⑶賓主歴然《ひんじゆれきねん》、⑷門より入る者は是れ家珍《かちん》にあらず〕』。**門云く、『⑸清波《せいは》、透路《とうろ》無し**〔⑹奔車《ほんしや》の上《うえ》に仲尼《ちゆうじ》無く、覆舟《ふくしゆう》の下《もと》に伯夷《はくい》無し〕』」。**師、拈《ねん》じて云く、「⑺答《こたえ》を以て問《とい》を見れば、問最も可《か》なり**〔⑻髪《かみ》を簡《えら》びて梳《くしけず》り、米《こめ》を数《かぞ》えて炊《かし》ぐ〕。**問を以て答を見れば、答未だ奇《き》ならず**〔⑼木《き》と木《き》と相摩《あいま》すれば則ち然《も》ゆ〕。**且《しば》らく道《い》え、⑽諸訛《ごうか》甚《いず》れの処にか在る**〔⑾公験分明《こうけんふんみよう》〕。**具眼《ぐげん》の禅流《ぜんる》、請う緇素《しそ》を辨じて看《み》よ**〔⑿国師の慈訓《じくん》、誰《たれ》か敢えて軽忽《きようこつ》せんや〕」。

⑴**雲門因有官問…**＝『雲門広録』巻上（禅十一・三三五）、『虚堂録』巻二宝林録、『碧巌』三十九本則評唱等に見える話。この話、後の【一六二】にも取り上げる。◉⑵**仏法如水中月是也無**＝『仏祖統紀』巻四十二に、「唐順宗、尸利《しり》禅師（石頭下）に問うて曰く、『大地の衆生、如何が見性成仏を得る』。利曰く、『仏法は水中の月の如し、見る可くも取る可からず』」とあるが、もと『金光明経』四天王品偈に「仏の真法身は猶お虚空の如く、物に応じ形を現ず、水中の月の如し」（大正十六・三四四中）と。◉⑶賓主歴然＝『臨済録』上堂。「官ト雲門ト、互ニ作家ノ出会」。◉⑷自門入者不是家珍＝外から仕入れたものでは駄目。『碧巌』五本則評唱に巌頭の話として見えるが、古くは『祖堂集』巻

五雲巌曇晟の示衆に、「従門入者非宝、直《たと》饒い説得して石点頭《てんとう》するも亦た自己の事に干《かか》わらず」と。◉(5)**清波無透路**＝清い水は月影が透過する跡を留めない。「没蹤跡、水中の月を掃蕩す」（『犂耕』）。◉(6)奔車之上無仲尼、覆舟之下無伯夷＝車が奔走すれば、乗っている人がたとい孔子でも行儀よくすましていることは出来ず、舟が覆えれば、たとい伯夷でも助かろうとして騒ぐであろう。『韓非子』安危。通説では「聖賢は危処には居らない」の意と解釈されるが、『韓非子』原文では国の法令が乱れると聖賢も聖賢らしく行えないの意。但し書き入れは「知音ガナイ、百年后吐舌者ガ、アルベイ」と、通説に従う。◉(7)**以答見問…答未奇**＝答の処から問を見るのがよい、問の処から答を見れば誤る。「可」、「奇」は「よい、優れている」の義。因みに南院慧顒《えぎょう》禅師（臨済二世）の語に、「親切を得んと欲せば、問を将《も》ち来たって問うこと莫かれ。問は答処に在り、答は問処に在り。然も如是なりと雖も、有時は問は答処に在らず、答は問処に在らず。你若し擬議せば老僧你が脚底に在り」（『会要』巻十一風穴章）と。「伝灯ニモ稀ナ拈語ナリ」。◉(8)簡髪而梳、数米而炊＝髪を一筋ずつ選んで梳り、米粒を一つずつ数えてかしぐ。『荘子』庚桑楚《こうそうそ》。瑣末のことにこせこせする喩え。国師の吟味の強いのを揶揄。◉(9)木与木相摩則然＝木と木と摩擦すれば火を発して燃える、『荘子』外物に、「～、金と火と相守れば則ち流る。陰陽錯行《いんようさくこう》すれば、則ち天地大絯《たいがい》す」と。「ヒノ木山ノ、スリ合テ、火ノ出ル如ク、国師拈弄至テ、ヲソロシイ、少モ、ユルスモノデナイ」。◉(10)**諸訛在甚処**＝見極め難いところは何処にあるのか。この公案の真の所在はどこか。【一四の一】注(16)参照。◉(11)公験分明＝官の証明に偽りは無い。【一一】注(7)参照。書き入れに、「下語ガ、国師ヲ他方世界へ、トッテナゲント、カカッタ」。◉(12)国師慈訓、誰敢軽忽＝御教えは誰が疎かにはするものですか、と皮肉気味。「国師ヲ、チャンバ（占波）国裡へ、ホカシタ」。

【一三三】

次の日上堂。「(1)我が箇《こ》の一衆《いっしゅ》、尋常《よのつね》と同じからず（(2)什麼《なん》の長処《ちょうしょ》か有らん、誰が家の竈裏《そうり》にか火に煙《けむり》無けん〕」、(3)**金剛圏《こんごうけん》を跳出《ちょうしゅつ》し、栗棘蓬《りつきょくほう》を呑透《どんとう》す**〔(4)何の難きことか之れ有らん、未だ是れ分外《ぶんげ》の事《じ》にあらず〕。(5)**激電《げきでん》の神機《しんき》、雲のごとくに飛び、飇《ひょう》のごとくに到る**〔遅八刻《ちはっこく》。(6)狗《いぬ》は善《よ》く吠《ほ》ゆるを以て良《りょう》と為《な》さず、人《ひと》は善く言《い》うを以て賢《けん》と為さず〕。**既《すで》にして此《かく》の如し、今朝《こんちょう》、甚《なに》に因《よ》ってか、**(7)**行《ゆ》かんと要《よう》して行かず、住せんと要して住せず、還《かえ》って会《え》すや**〔(8)生まれながらにして美《び》なる者は、人《ひと》、之れに鑑《かがみ》を与えて告《つ》げざれば、則ち其の人《ひと》よりも美なることを知らざるなり〕」。**払子《ほっす》を撃《う》って云く、**「(9)**塌薩阿竭《たさあか》二千年**〔(10)咦《いー》〕」。

(1)**我箇一衆与尋常不同**＝崇福門下の雲衲は並みではない。◉(2)有什麼長処、誰家竈裏火無煙＝なんの特別の長所が有るというのか。誰にでもチャンと具わっているぞ。【五八の二】注(8)参照。◉(3)**跳出金剛圏、呑透栗棘蓬**＝楊岐の所謂、栗棘蓬と金剛圏。「栗棘蓬」は「栗棘蒲」とも、「いがいが栗」。「金剛圏」は、「武器として用いる一種の金属の圏《さく》」、共に難透の一関に譬う。『普灯録』巻三楊岐方会章に、「室中、僧に問う、『栗棘蓬、你作麼生か呑む。金剛圏、你作麼生か跳《とびこ》えん』」と。◉(4)何難之有、未是分外事＝なにも難しいことではない、たいした事ではない。◉(5)**激電神機、雲飛飇到**＝閃雷の如き霊妙な働きは、雲の如く飇の如くに到る、俊発さ。◉(6)狗不以善吠為良、人不以善言為賢＝犬は善く吠えるからとて、良犬ということは出来ない。只だ盗を認めて吠えるのが良犬である。人は多言を以て賢人となすことは出来ない。『荘子』徐無鬼。◉(7)**要行不行、要住不住**＝結制で行住の布袋の口を結ぶ。『会元』巻十六蔣山法泉（雲居舜下）の上堂に、「要去不得去、要住不得住」と。『碧巌』六十一頌下語には逆に、「要行即行、要住即住」と自在の境界を評す。◉(8)生而美者…不知其美於人也＝生まれながらに美しい者も、他人が鏡を与えて告げ知らせてやらなければ、自分が人より美しいことを知らないでいる。『荘子』則陽に見える。仏制という鏡を与えて本具の仏性に目覚めさせる。◉(9)**塌薩阿竭二千年**＝古仏二千年前底の影子なり。「塌薩阿竭」は「怛薩阿竭」とも、如来の音訳。【一〇一の二】注(1)参照。「二千年ノ事デナイ、即今此座布ガ男女僧俗娑婆ノ寺ノ在家ノト云ウ影法師ニ騙サレテヲル、精出シテ騙サレヌ様ニセヨ」。『雲門広録』巻中に、「『三十二相八十種好を一句に道《い》い将《も》ち来たれ…』」。代わって云く、「『怛薩阿竭二千年』」（禅十一・三七四下）。◉⑽咦＝フフンと冷笑。【三九の二】注⒁参照。

【一三三の二】

五月旦《たん》上堂。僧問う、「(1)声前《しようぜん》に薦得《せんとく》するも、未《いま》だ是れ作家《さつけ》にあらず、喝下《かつか》に承当《じようとう》するも、猶《な》お是れ鈍漢《どんかん》と、什麼《なん》と為《し》てか此《かく》の如くなる」。師云く、「(2)石圧《いしお》して笋《たかんな》斜《なな》めに出《い》で、岸《きし》に懸《かか》って花倒《さかしま》に生《しよう》ず」。進めて云く、「(3)猶お是れ学人《がくにん》が疑処《ぎしよ》」。師云く、「(4)鳳林吒之《ほうりんたし》」。進めて云く、「記得《きとく》す、(5)僧、投子《とうす》に問う、『如何《いか》なるか是れ十身調御《じつしんちようご》』。投子禅床《ぜんしよう》を下《くだ》って立つ、意旨如何《いしいかん》」。師云く、「(6)頂上《ちようじよう》に骨《ほね》無し」。進めて云く、「又た問う、『凡《ぼん》聖《しよう》相去《あいさ》ること多少《たしよう》ぞ』。投子亦た禅床を下って立つ、意、那裏《なり》にか在る」。師云く、「領下《がんか》に鬚《ひげ》有り」。進めて云く、「若し人《ひと》有って、『如何《いか》なるか是れ十身調御』と問わば、如何《いかん》が祇対《したい》せん」。師云く、「(7)眼中《がんちゆう》の童子《どうじ》は面前《めんぜん》の人《ひと》」。進めて云く、「上来《じようらい》一一指示分明《ふんみよう》、為人底《いにんてい》の一句、又た作麼生《そもさん》」。師云く、「(8)三十年後自《みずか》ら悔《く》い去るも亦た定まらず」。

⑴**声前薦得…猶是鈍漢**＝言葉を発する以前に悟ったとしても未だ俊敏とはいえない、一喝の下に目の当たり三世諸仏と相見するというのも猶お愚鈍の漢。『真浄克文録』（禅十二・七二一上）。もと風穴の語に、「設使《たと》い言前に薦得するも猶お是れ殻《から》に滞《とどこお》り、封《ほう》に迷う、直饒《たと》い句下《くげ》に精通するも、未だ途に触れて狂見することを免れず」（『碧巌』六十一本則評唱）とあるを踏まえる。◉⑵**石圧笋斜出、岸懸花倒生**＝石に圧された筍は斜めながらにでも出てくる、崖に懸った花は倒しまながらに生えてくる。「意句トモニ透ッタ答話ジャ」。蒋道士。【一六の一】注⑸参照。◉⑶**猶是学人疑処**＝そこが私の疑とするところです（更に大灯の手の内を見んとする）。◉⑷**鳳林吒之**＝お前さんの杜撰胡乱なるこ

とは鳳林も叱咤するぞ。【一〇二の二】注⑶参照。◉⑸**僧問投子…投子亦下禅床立**＝「十身調御」は仏身の意で、『碧巌』九十九本則にも問題にされているが、「調御」は如来十号の一つ、「十身」は『華厳経』十地品に依る仏の十身。『会要』巻二十一投子章、『明覚録』巻二（大正四十七・六八三中）。◉⑹**頂上無骨、頷下有鬚**＝無いところには無い、有るべきところには有る。当たり前の理。【六〇の二】注⑼参照。◉⑺**眼中童子面前人**＝影法師、幻人の消息。【一一六】注⑹参照、但し「童子」は「瞳子」。また【一の八】注(44)参照。◉⑻**三十年後、自悔去亦不定**＝（お前さんの様なやつは）死んだ後に後悔するがおち、それとて怪しいものだ。慈明円禅師の語にも、「三十年後、悟り去るも也《ま》た定まらず」（『禅林類聚』巻十五の四十三丁）とある。三十年は一世を云う。【二一の二】注⒀参照。

【一三三の二】

乃《すなわ》ち云く、「⑴崇福《そうふく》に三訣《さんけつ》有り（⑵和尚、事生《じ》ぜり。⑶家《いえ》に白沢《はくたく》の図《ず》無ければ、此《かく》の如きの妖怪《ようかい》有り）、**若し第一訣に参得《さんとく》せば、你《なんじ》に許す、⑷拄杖頭上《しゅじょうとうじょう》に日月《じつげつ》を挑《かか》ぐることを**（⑸寒毛卓竪《かんもうたくじゅ》、何ぞ計《はか》らん、者般《しゃはん》の事有らんとは）。**若し第二訣に参得せば、妨げず、⑹払子頭上《ほっすとうじょう》に筋斗《きんと》を打《た》することを**（⑺甚《はなは》だ新鮮、何《いず》れの処より か者《こ》の消息《しょうそく》を得来たる、払子上は且《しば》らく置く、平地上も亦た能わず）。**若し第三訣に参得せば、我れ且《しば》らく你に問わん、⑻山前麦熟《さんぜんむぎじゅく》すや也《ま》た未《いま》だしや**（⑼又た恁麼《いんも》にし去る。⑽雌《めす》の不才なる其の卵毈《たまごすもり》、君不才なれば其の民窮《きゅう》す）」。

⑴**崇福有三訣**＝わしの処に、三つの為人の秘訣がある。汾陽の三訣に倣って。後の【一三五の二】にも再度挙せられる。◉⑵和尚事生也＝そりゃ、難題が生じたぞ。【七六の二】注⑴参照。◉⑶家無白沢図、有如此妖怪＝主心無ければ、こんな化け物にも惑わされる。【五四】注⑺参照。◉⑷**拄杖頭上挑日月**＝杖の先に日月をぶら下げる。一拄杖に宇宙

を包蔵する衲僧の働き。「天下ノ宗匠ト、ナラシメント」。拄杖は次の払子と共に師家為人の象徴。【四〇の一】注⒀参照。◉⑸寒毛卓竪、何計有者般事＝身の毛のよだつ、そのような恐ろしい事があろうとは思いもよらなんだ。「大灯ヲ肯ッテ下語シタカ、肯ワズニ下語シタカ」。「寒毛卓竪」は【三九の二】注⑸参照。◉⑹**払子頭上打筋斗**＝払子上で格外の働き。【九九】注⑷参照。◉⑺甚新鮮…平地上亦不能＝さても珍しいことか、「何処ヨリ、ケチナモノヲ、トリ出タ」、「タタミノ上デモ、デキヌ」。【五の二】注⑷参照。◉⑻**山前麦熟也未**＝「国師ノ心腹ヲ傾ケ尽クス」。『碧巌』三十本則評唱に、「僧、九峰（延寿慧輪下の帰宗道詮）に問う、『承り聞く、和尚親しく延寿（保福従展の法嗣、雪峰下二世）に見《まみ》え来たると、是なりや』。峰云く、『山前の麦熟するや也た未だしや』」と。この答話は趙州大蘿蔔《らふ》頭の話と同じく無孔の鉄鎚、穿鑿《せんさく》を着くることを得ず（『種電鈔』）。『頌古聯珠通集』巻二十二には、既に大随法真（福州大安下）が仏法的的の大意を問われて答えた語として見える（禅七・二七六）。◉⑼又恁麼去＝又もや相も変わらずの手口か。◉⑽雌之不才…君不才…＝馬鹿めんどりでは卵を腐らせてしまう、馬鹿殿では国民が困窮するだけ。「毈」は卵がくさって孵化しないこと。漢の揚雄『法言』先知、但し「窮」は「野」。「国師余リ甘口ナ事斗云ウテ、好イ衲子ハ出ヌト云ウ様ニ見ヘルガ、ソウデハナイ、大イニ子細アル事ジャ。人人若イ中ニ骨折ッテ此等ハ、見ホスガヨイ」。

【一三四の二】

端午、檀家《だんけ》の[1]補寺斎《ほじさい》を謝する上堂。僧問う、「今朝五月端午、[2]符《ふ》を書し土《ど》を呪《じゅ》することを用いず、請う師、[3]現量法門《げんりょうほうもん》の一句、直下《じきげ》に至論《しろん》せよ」。師云く、「[4]一峰《いっぽう》雲片片《へんぺん》、双礀《そうかん》水潺潺《せんせん》」。進めて云く、「[5]家《いえ》に白沢《はくたく》の図《ず》無くんば、又た作麼生」。師云く、「[6]将《まさ》に謂《おも》えり、問話《もんな》を要する漢《かん》と」。進めて云く、「[7]善財《ぜんざい》、文殊に撞著《どうじゃく》する底《てい》の時節は且《しば》らく置く、[8]天沢《てんたく》の三転語、還《かえ》って学人が咨参《しさん》を許さんや也《ま》た無《いな》や」。師云く、「[9]之れを鑽《き》るも是《ぜ》、之れを仰ぐも是《ぜ》」。進めて云く、「[10]己眼《こがん》、未だ明らめざる底《てい》、甚《なに》に因《よ》ってか虚空《こくう》を将《もっ》て布袴《ふこ》と作《な》して著《つ》く」。師

云く、「(11)脛《はぎ》に毛《け》無く、股《もも》に肉《にく》無し」。進めて云く、「(12)地《ち》を劃《かく》して牢《ろう》と為す底、甚に因ってか者箇《しやこ》を透《とお》り過《す》ぎざる」。師云く、「(13)脚下、荊棘《けいきよく》深きこと数丈」。進めて云く、「(14)海《うみ》に入《い》って沙《いさご》を算《かぞ》うる底、甚に因ってか針峰頭上《しんぽうとうじよう》に足を翹《つまだ》つ」。師云く、「(15)你《なんじ》が鼻孔《びくう》を築著《ちくじやく》することを覚《おぼ》ゆるや」。進めて云く、「(16)恁麼《いんも》ならば則ち金殿《きんでん》に禅を譚《たん》じて大いに皇情《こうじよう》を悦《よろこ》ばしめ、岳峰《がくほう》に道《どう》を声《なら》して衲子《のつす》を奔走《ほんそう》せしむるも、也《ま》た未だ分外《ぶんげ》と為さざること在り」。師、喝《かつ》して云く、「(17)阿你《なんじ》が境界《きようがい》に非ず」。進めて云く、「(18)錦上《きんじよう》に花を鋪《し》く、又た一重《いちじゆう》」。師云く、「(19)咦《いー》」。

(1)**補寺斎**＝銭財を出して寺舎を修補してくれた檀信徒のために斎を設けて供養すること。◉(2)**書符呪土**＝端午避邪の習俗。『大応録』崇福録九十四章の端午上堂に、「張天師、李道士の呪土書符を要せず」とある。【一三の二】の注(3)参照。◉(3)**現量法門一句、直下至論**＝即今目前の処を一言で直下に論じたまえ。因明論（インド論理学）に、現量・比量・聖教量等を云う。煙を見て火あるを知る比量、経典等に依って知る聖教量に対し、直覚知を現量と云う。『大応録』崇福録九十章の歳旦上堂に、「現量法門、活祖師の意」と。また『大慧録』巻二十二「示曾機宜」の法語に、「現量は是れ父母未生前威音那畔の事なり。現量中より得たる者は気力麁《つよ》し。比量中より得たる者は気力弱し」と。◉(4)**一峰雲片片、双磵水潺潺**＝山の端には白雲たなびき、足下水流れて爽やか。『大応録』一〇五章の句を踏まえて。【四三の二】注(2)参照。◉(5)**家無白沢図**＝我が衲僧家にはその様な魔除け呪いも不要。『大応録』興徳録十九章。【五四】注(7)に、『伝灯録』巻十六楽普の「家に白沢の図有れば、必ず如是の妖怪無けん」を述べたが、更に此れに対して、保福別して云う、「家に白沢の図無ければ、亦た如是の怪無けん」とあり、ここは保福の別語を踏まえたもの。禅録は保福の別語が主流。白隠禅師は一貫して「～、有如此妖怪」と下語するが、保福と逆に敢えて楽普の原意に戻したもの。◉(6)**将謂要問話漢**＝問答を求めてきた漢とばかり思ったが、見損ないであったわい。「将謂」は「…と思い違いする」。◉(7)**善財撞著文殊底時節**＝端午にまつわる善財と文殊の話は【一三の一】注(2)参照。◉(8)**天沢三転語**＝「天沢」は、径山にある虚堂禅師をまつる祖堂の名（『虚堂録』行状）、ここは虚堂自身を指す。「三転語」とは『虚堂録』巻八続輯末尾に、「師、霊隠《りんにん》の鷲峰《じゅぶ》塔に在って世諦を杜絶す。衲子請益すれば遂に三問を立して之れを示し、各おの著語せしむ」、以下本録にある通り。◉(9)**鑽之是、仰之是**＝錐で穿つもよし、仰ぐもよし。『論語』子罕篇に、顔回が孔子を讃えて、「之れを仰げば弥《いよい》よ高く、之れを鑽れば弥よ堅し」と。◉(10)**己眼未明底、因甚将虚空作布袴著**＝第一問。まだ眼の明いていない奴が、どうして虚空を袴にしてはくのか。一説に、「自己の眼睛を瞎却して、真箇の瞎漢となる時は、すなわち本分暗昏々地の境界を得る故に、大虚空をもって一両の布袴となす、着くることも亦便ち得たり」と。◉(11)**脛無毛、股無肉**＝奔走辛労の甚だしいを云う。『荘子』在宥篇に、「昔、黄帝始めて仁義を以て人の心を攖《みだ》せり。堯・舜、是《ここ》に於いてか股に胈《はつ》無く、脛に毛無く、以て天下の形を養う」と。◉(12)**劃地為牢底、因甚透者箇不過**＝第二問。無縄自縛底の人、どうしてそこを透過することが出来ないのか。【一八の二】注(15)参照。一説に、「獄はもと人の憎む所なり、牢と画くだけで入らない。これは揀択畏怖の心があるからで、その心が無ければ、たとえ真の獄と雖も透過しやすい。況んや画いた牢に於いてをや」と。◉(13)**脚下荊棘深数丈**＝『碧巌』一頌の「豈に荊棘を生ずることを免れんや」の下語に、「脚跟下已に深きこと数丈」と。◉(14)**入海算沙底、因甚針鋒頭上翹足**＝第三問。教相に従事して一法も捨てない人が、どうして一塵も立せざる針の先につまさき立てるのか。「入海算沙」は「教相に従事する者」の意。永嘉『証道歌』に、「吾れ早年より来《このかた》学問を積んで…休むことを知らず、海に入って沙を算う」と。「翹足（つまさき立つ）」は外道の修行法とも、古聖翹足して七昼夜底沙仏を讃歎するとも云い、精進の意。「針鋒頭上」は他に『虚堂録』巻二宝林録の解夏小参に、「針鋒頭上に筋斗を翻す」、また『大慧録』巻八に、「針鋒頭上に天関を透る」とみえるが、那一人の自在の境界を云う。因みに、『虚堂録』巻一報恩録の正旦上堂に、「鉄輪峰頂に足を翹て、大洋海底に沙を算う」とあるが、『犂耕』に前句は「一塵不立底」、後句は「不捨一法底」、畢竟「把住・放行自在」の意である。一説に、「海の沙を算えて無量に至る。伎倆すでに尽きれば、則ち活脱自在の路を得るなり」と。◉(15)**覚築著你鼻孔麼**＝お前さんの鼻先にぶつかっているのが分からんか。『伝灯録』巻二十六古賢院謹（法眼益下）の章に、「如何是仏」を問われて、「師曰く、『汝が鼻孔に築著す』」と。◉⒃**恁麼則…未為分外在**＝それでこそ、宮中にて禅を論じて帝を喜ばせ奉り、また崇福で大道を挙し雲衲を馳せ参ぜしめる事も、朝飯前。◉⒄**非阿你境界**＝お前さんの知った事ではない。【四七の一】注⑼参照。「阿你」の「阿」は軽く親密さを表わす接頭語。◉⒅**錦上鋪花又一重**＝国師の呵責も、なお一層見事なものでございます。【二一の二】注⑸参照。◉⒆**咦**＝「フガイナイヤツジャ」。【三九の二】注⒁参照。

【一三四の二】

乃《すなわ》ち云く、「⑴端午天中《てんちゅう》の節〔⑵日日是れ好日《こうにち》。⑶好肉を剜《えぐ》って瘡《きず》を生ず〕、**諸方は尽《ことごと》く土《ど》を呪《じゅ》し壁《へき》に書して、以て妖怪を消《しょう》す**〔⑷一対の鴛鴦《えんおう》、画《えが》けども成らず〕。⑸**薬を採《と》る模様を認《と》めて、落草《らくそう》して以て伎倆《ぎりょう》を作《な》す**〔⑹鴛《えん》鴦繍出《おうしゅうしゅつ》して君が看るに従《まか》す、金針《きんしん》を把《と》って人に度与《どよ》すること莫《な》かれ〕。**争《いか》でか如《し》かん、我が者裏《しゃり》、⑺霊山《りょうぜん》の付嘱《ふしょく》を忘れざるの人有って**〔⑻伏して以《おもんみ》れば、和尚万福《ばんぷく》〕、⑼**忽《たちま》ち妙術《みょうじゅつ》の手を展《の》べて、貧《ひん》を抜いて富《とみ》と做《な》す**〔⑽好箇の消息〕。⑾**一衆《いっしゅ》箇箇石人《せきじん》の機、鉄漢《てつかん》の用《ゆう》**〔⑿石人の機、若し你《なんじ》に似たらば、也《ま》た巴歌《はか》を唱うことを解《げ》せん〕、**風《かぜ》吹けども入《い》らず、水洒《そそ》げども著《つ》かず**〔⒀鉄壁銀山来往《てっぺきぎんざんらいおう》を絶す、⒁吹毛《すいもう》截《き》れども入らず、輪鎚《りんつい》撃てども開かず〕。**諸人、⒂此の人を見んと要すや**〔⒃若し見ることを得ば此の人に非ず、此の人は即ち見えず。⒄氷壺《ひょうこ》、影像《ようぞう》無し〕。**拄杖《しゅじょう》を卓して云く、「⒅切に諱《い》む、当面《とうめん》に諱却《ききゃく》することを**〔⒆光明、背面《はいめん》無し。⒇波斯《はし》、夢を説いて市中に入る〕」。

⑴**端午天中節**＝この章は【一三の二】を参照。◉⑵日日是好日＝【五四】注⑿参照。◉⑶剜好肉生瘡＝【四の二】注⑸参照。◉⑷一対鴛鴦画不成＝絵にも画けない見事さ。【三八】注⑵参照。◉⑸**認採薬模様、落草以作伎倆**＝善財

薬草の談などをして、第二義門に下って為人の働きをなす。「落草」は、雲門の言に、「古来老宿、皆な慈悲の為の故に落草の談有り」（禅十一・三五二下、『碧巌』三十四本則評唱）。◉(6)**鴛鴦繡出従君看、莫把金針度与人**＝その見事さを存分味わうが好い、但しその秘訣は他人に教えるな。【二七】注(3)参照。◉(7)**不忘霊山付嘱之人**＝少弐氏を始め補寺斎の有力檀家を指す。【一の七】注(66)参照。◉(8)伏以和尚万福＝和尚さん、まめでなにより。【三六】注(13)参照。◉(9)**忽展妙術之手、抜貧做富**＝お蔭様で忽ちボロ寺が立派な伽藍になった。「抜貧做富」は『虚堂録』巻一瑞巌録に、「法昌、抜貧做富なるを管取せん」と。因みに、巨海編『大灯年譜』三十二歳の条にも、夢に僧曰く、「你の為に貧肉を挑《えぐ》り去る」と見える。◉(10)好箇消息＝耳よりな知らせ。【一〇八】注(3)参照。◉(11)**一衆箇箇…水洒不著**＝また崇福寺の雲衲方は確乎たる大信根の輩のみ。水も濡らさず、風も通らず。【一三の二】注(7)(9)参照。◉(12)石人機若似你、也解唱巴歌＝石像がお前さんの様な生きた人間と同じならば、喜んで俗曲でも歌いだすであろう。『碧巌』九十六第一頌評唱に見えるが、もと『会元』巻六落浦元安の語で、続いて「汝、若し石人に似たらば、雪曲（高雅な陽春白雪の曲）も也《ま》た応《まさ》に和すべし」とある。◉(13)鉄壁銀山絶来往＝なにものも寄せつけず。【一三〇の一】注(3)参照。◉(14)吹毛截不入、輪鎚撃不開＝這箇本分底。【一の三】注(2)参照。◉(15)**要見此人麼**＝同じ問話は、『虚堂録』巻一報恩録の首座を請ずる上堂にも見える。◉(16)若得見非此人、此人即不見＝『金剛経』にも云う、「若以色見我、…不能見如来」と。◉(17)氷壺無影像＝月、もと水に下るの影像無し（猨猴みだりに水中の影を探って以て真月と為すのみ）。「氷壺」は「①氷を盛った玉壺、②借りて、月或いは月光を云う」、ここは②の意。『虚堂録』巻六代別九、もと『伝灯録』巻二十七天台豊干章に、「一日、寒山問う、『古鏡磨かず、如何が照燭せん』。師曰く、『氷壺、影像無し、猨猴、水月を探る』」と。◉(18)**切諱当面諱却**＝（箇々具足の仏）みずから忌み避けるな。鼻突き合わせて居りながら、気がつかぬ。『大応録』二四六章、もと『五祖演録』四面山録に「文殊・普賢、汝ら諸人の鼻孔を穿過するに、自ら是れ汝ら諸人、当面に諱却するのみ」（禅十二・四一二下）を踏まえて。◉(19)光明無背面＝心月の光明、万象を呑んで、照らさざる所なし。『人天眼目』巻六「肇論四不遷」の古徳の著語に、「日月歴天而不周（光明無背面）」（禅五・八八八上）。◉⑳波斯説夢入市中＝毛唐の寝言のような。【五三】注⑾参照。

【一三五の一】

(1)和泉和尚至る上堂、僧問う、「(2)長松嶺頭風颼颼《ちょうしょうれいとうふつふつ》、飛瀑岸前水潺潺《ひばくがんぜんせんせん》。(3)現成公案《げんじょうこうあん》、大難大難《だいなんだいなん》、如何《いかん》が履践《りせん》せん」。師云く、「(4)好《よ》し大難の処に向かって履践するに」。進めて云く、「恁麼《いんも》ならば則ち(5)薫風自南来《くんぷうじなんらい》、殿閣《でんかく》生微涼《しょうみりょう》」。師云く、「(6)驢鞍橋《ろあんきょう》を認めて阿爺《あや》の下頷《したおとがい》と作《な》す」。進めて云く、「(7)和尚に三訣《さんけつ》有り、一一咨参《しさん》を許さんや也《ま》た無《いな》や」。師云く、「何ぞ妨げん、問い将《も》ち来たることを」。進めて云く、「若し第一訣に参得せば、你《なんじ》に許す、拄杖頭上《しゅじょうとうじょう》に日月《じつげつ》を挑《かか》ぐることをと、意旨作麼生《いしそもさん》」。師云く「(8)虚空迸裂《こくうほうれつ》す」。進めて云く、「若し第二訣に参得せば、妨げず、払子頭上《ほっすとうじょう》に筋斗《きんと》を打《た》することをと、又た如何《いかん》」。師云く、「山岳起《た》って舞う」。進めて云く、「若し第三訣に参得せば、我れ且《しば》らく你《なんじ》に問わん、山前麦《むぎ》熟すや也《ま》た未《いま》だしやと、意、那裏《なり》にか在る」。師云く、「(9)眼睛烏律律《がんぜいうりつりつ》」。進めて云く、「者箇《しゃこ》の三訣、畢竟什麼辺《なにへん》の事《じ》をか明らめ得《う》る」。師云く、「(10)金香炉下《きんこうろか》の鉄崑崙《てつこんろん》」。

(1)**和泉和尚**＝未詳、次節の国師の語から推量すれば、帰洛を促しに来た大応下の同参和尚か。◉(2)**長松嶺頭風颼颼、飛瀑岸前水潺潺**＝「飛瀑岸」は『大灯録』原本では「飛激岸」となっており、「激」の横に「瀑」の書き込みがあるが、寺の北東に懸かる滝巌「飛瀑巌」のこと。「長松嶺」は寺の西嶺、飛瀑巌と共に崇福八境の一つであるが、現今は宅地造成の為削られて無い。「颼颼」は弗弗、猛烈の様。◉(3)**現成公案、大難大難**＝『虚堂録』巻一報恩録の上堂に、「渓林葉堕…見成公案、大難大難」と。「渓林葉落等は悟り了わって、正に受用することを得たり。故に重ねて大難大難と言う。若し復た凡眼の現境ならば何の大難か之れ有らん」（『犂耕』）。『大応録』二十五章にも見える。◉(4)**好向大難**

処履践＝「其呑込メヌ処ニ向テ、骨折レ」。◉⑸**薫風自南来、殿閣生微涼**＝盛夏の現成公案。【一〇の二】注⒆参照。◉⑹**認驢鞍橋作阿爺下頷**＝とんだ取り損ね。【五〇の二】注⑹参照。◉⑺**和尚有三訣**＝【一三三の二】に「崇福に三訣有り」と挙せられたもの。◉⑻**虚空迸裂、山岳起舞**＝虚空も破裂し、山も起って舞う。『大川録』行状の遺偈に、「来るに地頭無く、去るに方所無し。虚空迸綻し、山岳起って舞う」と。◉⑼**眼睛烏律律**＝目の玉、真っ黒黒。『臨済録』示衆に「眼、漆突の似《ごと》し」と言うが如く、「不会のさま」を云う。『虚堂録』巻一報恩録の除夜小参に、「旧に依って、～」と。「律律」はその前語の「強調形」、「赤律律（真っ赤赤）、足律律（素速く）」の如く。◉⑽**金香炉下鉄崑崙**＝金《かね》の香炉を支えている脚の黒奴像。「崑崙」はここでは「崑崙奴（くろんぼう）」の義。【一八の一】注⑵参照。句意は「把柄を著けざる義、没可把（捕らまえ所がない）」（『句双紙』）。『大応録』崇福録二一八章の除夜小参に、「如何なるか是れ新旧に渉らざる底」に答えた語。もと『会元』巻十一魯祖山教（灌渓閑の嗣、臨済下二世）が「如何なるか是れ無相身」に答えた語。

【一三五の二】

乃《すなわ》ち⑴興化《こうけ》、同参《どうさん》の来たるを見て喝《かつ》する底《てい》の公案を挙《こ》して（⑵陳年《ちんねん》の暦日、拈出《ねんしゅつ》することを休《や》めよ）、**師云く、**

「⑶**古人、只だ価《あたい》の高き処に就《つ》くことのみを要して、其の管賞《かんしょう》を篤《あつ》うするの義を欠《か》く**（⑷蠅《はえ》、血を見、鶻《はやぶさ》、鳩を見る）」。**崇福、今日、和泉和尚の⑸光訪《こうほう》を得て、⑹事事自然《じじじねん》に函蓋《かんがい》相応ず**（⑺明窓下《めいそうか》、幾枚の蛒螻《ほうろう》をか喫す）。**何が故《ゆえ》ぞ**」。**払子《ほっす》を撃《う》って云く**、「⑻**火《ひ》を覓《もと》めては煙《けむり》に和《わ》して得《え》、泉《いずみ》を担《にな》っては月《つき》を帯《お》びて帰る**（⑼周の火斉鏡《かせいきょう》、闇中に物を見ること昼の如し。⑽衲僧の鈍鉄鏡《どんてつきょう》、知音《ちいん》に逢うて影像《ようぞう》無し）」。

⑴**興化見同参来喝底公案**＝興化上堂の日、同参の僧来たり、相喝して賓主互換の機を戦わすも、興化の棒下に敗北す話。

『会要』巻十興化章に、「師、同参の来たって纔かに法堂に上るを見て、師便ち喝す。僧亦た喝して行くこと三両歩す。師又た喝す。僧亦た喝して、須臾に近前す。師棒を拈ず。僧又た喝す。師云く、『你ら看よ、這の瞎漢《かっかん》、猶お主と作らんとすること在り』。僧擬議す。師便ち打って、直に法堂を打ち下らしむ。時に僧有り問う、『這の僧、和尚に甚《なん》の触《そく》忤《ご》する処か有る』。師云く、『是れ伊適来《かれせきらい》、也《ま》た権《ごん》有り、也た実《じつ》有り、也た照《しょう》有り、也た用《ゆう》有り。我れ手を将《もっ》て伊《かれ》が面前に向かって横（画すること）両遭（二回）するに及んでは、便ち去ること得ず。這般の瞎漢に似たらば、打たずんば、更に何《いず》れの時をか待たん』」と。また『円悟録』巻十七に詳しい。◉(2)陳年暦日休拈出＝古い暦など持ち出すのは止めなさい。◉(3)**古人只要就価高処、欠篤其管賞之義**＝興化は同参の僧をただ目一杯の値打ちの所で扱おうとしただけで、ほめはげます気持ちが欠けていた（向上に接したのみで、向下の心を欠く）。「貴ビ敬テ、トリアツカウタ」が「馳走ヲ、セナンダ」。「管賞」は恐らく「勧賞（ほめはげます）」の誤植。『左氏伝』襄公二十六年に、「古の民を治むる者は、賞を勧《よろこ》びて刑を畏《にく》み、民を恤《あわれ》みて倦まず…是を以て将《まさ》に賞せんとすれば、之れが為に膳を加う。膳を加うれば則ち賜に飫《あか》しむ。此を以て其の勧賞《かんしょう》を知るなり」とある。◉(4)**蠅見血、鶻見鳩**＝主客相投ず。『虚堂録』巻一報恩録に、「上堂。挙す。臨済入京、教化して云く、『家常添鉢』。一家の門首に到り、婆云く、『太無厭生《たいむえんせい》』。済云く、『飯も也た未だ得ざるに、何ぞ言う、太無厭生と』。婆便ち門を閉却すと。師云く、『蠅《はえ》、血を見、鶻《こつ》、鳩を捉う。拳《けん》し来たれば踢報《てきほう》す、膠漆《こうしつ》相投ず。提掇《ていてつ》し難き処転《うた》た風流』」と。「主賓、機機相投ずるなり。蠅見血、自然に相応ず。鶻捉鳩、筋力を労せず。拳来踢報、彼此勝負無し。膠漆相投、同類相感ず」（『犂耕』）。また【四九の二】注(7)参照。◉(5)**光訪**＝ご来訪。◉(6)**事事自然函蓋相応**＝「貴ビモスルガ、馳走モスル」。【六六の三】注(7)参照。◉(7)明窓下、喫幾枚餢飳＝尊宿扱いで、何枚の団子でも食らったというのか（さまで云う程の馳走もないくせに）。「明窓下」は【九七の二】注(9)参照。「餢飳」は団子。【一一八の三】注(4)参照。◉(8)**覓火和煙得、担泉帯月帰**＝「賓主互ニ風流ナ事ジャ」。「和泉」の二字を巧みに入れて、帰洛を暗示す。【五八の一】注(21)参照。◉(9)周火斉鏡闇中見物如昼＝晋王嘉『拾遺記』周霊王に、「韓房なる者有り、渠胥国より来たりて献ず…火斉鏡、広さ三尺。闇中に物を視ること昼の如く、鏡に向かって語れば、則ち鏡中の影、声に応じて答う」と。◉⑽衲僧鈍鉄鏡、逢知音無影像＝（火斉鏡に比して）禅僧のなまくら鏡は知音に逢っても影一つ写さない。「打破タ故、照シヌク」。「鈍鉄鏡」は鏡の用をなさない鏡、ここは機語。同参の和泉和尚との親密ぶりを云う。

【一三六】

⑴**退院《ついえん》上堂**。「**衲子《のつす》従来定迹《じょうせき》無し**（⑵譬えば雁《がん》の長空を過《す》ぎて影《かげ》寒水に沈むが如し、雁に遺蹤《いしょう》の意無く、水に留影《りゅうえい》の心無し）」、⑶**天涯海角《てんがいかいかく》、情《じょう》に任《まか》せて遊ぶ**（⑷驪《り》山《ざん》に燧《のろし》を挙《あ》ぐることは褒姒《ほうじ》に依る、蜀道《しょくどう》の蒙塵《もうじん》は太真《たいしん》が為なり。⑸和尚は何に依ってか海外に流落《りゅうらく》す）」。⑹**一毫頭上《いちごうとうじょう》に華洛《からく》を辞し**（猶《な》お是れ衲僧⑺家常《かじょう》の茶《さ》飯《はん》、未だ是れ分外《ぶんげ》の事にあらず）」、⑻**三鼓声中《さんくせいちゅう》に九州を出づ**（遅八刻《ちはっこく》。⑼目は石の白きを見て石の堅きを見ず、手は之れが堅きことを知って其の白きことを知らず。⑽真人の行李《あんり》は仏魔も亦た辨ずること能わず、⑾蕩《とう》蕩《とう》たる哉）」。

⑴**退院上堂**＝巨海編『年譜』に「六月、本寺に帰る」とある。◉⑵譬如雁過長空…水無留影之心＝「依語生解ノ様ナ下語ジャガ〜ノ処ガ無定跡ト思ヘバ役ニ立ヌ」。『会元』巻十六天衣義懐（雪竇下）の上堂語。◉⑶**天涯海角**＝天のはて、海のはての遠くまで。『伝灯録』巻三十龍会道尋の「偏参三昧歌」に、「天涯海角、知識に参ず」と。◉⑷驪山挙燧依褒姒、蜀道蒙塵為太真＝驪山に烽火を挙げて周の幽王が身を滅ぼしたのは褒姒を愛したが為なり。蜀の道へと玄宗の落ちられたのは太真こと楊貴妃を愛したが為なり。『錦繍段』巻四陳澗「明妃曲」に、「〜、〜。能く明妃を遣わせて夷狄に嫁せしむ、画工は元と是れ漢の忠臣」。◉⑸和尚依何流落海外＝応老への酬恩の思いの深さこそ。◉⑹一

毫頭上辞華洛＝地の果てまで遠く都を離れたのも、兎の毛の先のこと。『碧巌』七垂示に、「一毫頭上に透得して大光明を放つ」と。◉⑺家常茶飯、未是分外事＝朝飯前こと、何もめずらしいことではない。【一の七】注⒀参照。◉⑻**三鼓声中出九州**＝広い九州を出るのも、一刹那の中。退山の太鼓三通の鳴る間。◉⑼目見石之白…手知之堅…＝戦国時代、趙の公孫龍一派、名家の詭辯。堅白同異の辯といい、堅白石は同時には成り立たないから、是は非である、同じことは異なっていると説く。「此国師ナントモ、カトモ、片付ヌ人ジャ」。◉⑽真人行李＝「国師抔ノ足元ハ中々」、仏魔ものぞかれない。◉⑾蕩蕩哉＝広遠なるかな。『書経』洪範に、「王道蕩々たり、偏せず党せず」と。

崇福録畢

槐安国語巻三終

龍宝開山語録中事。(1)**退崇福帰本寺語要。**

(1)**退崇福帰本寺語要**＝貞永寺版では、「崇福」は「横岳」。

【一三七】

七月旦《たん》上堂。「(1)**秋雲清淡《しゅううんせいたん》、秋水清冷《しゅうすいせいれい》**〔(2)餓鬼は之れを見て火聚膿血《かじゅのうけつ》と為し、修羅は之れを見て刀兵戈戟《とうへいかげき》と為し、諸天は之れを見て瑠璃玻璃《るりはり》と為し、衲僧は之れを見て却って什麼《なん》とか為《な》さん〕。**東西と南北と、**(3)**触処嫩涼《そくしょどんりょう》生ず**〔(4)無影樹下《むようじゅげ》の合同船《ごうどうせん》、瑠璃殿上《るりでんじょう》に知識《ちしき》無し〕。(5)**且らく道《い》え、其の中《うち》の事《じ》作麼生**〔(6)厲《らい》の人、夜半《やはん》に其の子《こ》を生めり、遽《にわ》かに火を取りて之れを視《み》る、汲汲然《きゅうきゅうぜん》として唯だ其の己《おのれ》に似んことを恐るるなり〕」。**拄杖《しゅじょう》を卓《たく》して云く、**「(7)**四海隆平《しかいりゅうへい》にして煙浪《えんろう》静かに、斗南《となん》長く見る老人星《ろうじんせい》**〔(8)一畝《いっぽ》の地、三蛇九鼠《さんじゃきゅうそ》〕。(9)重《おも》きを負《お》うて道遠き者は、地《ち》を択《えら》ばずして休《きゅう》す、家貧《いえまず》しく親老《おやお》ゆる者は禄《ろく》を択ばずして仕《つか》う〕」。

(1)**秋雲清淡、秋水清冷**＝七月一日初秋の現成公案。◉(2)餓鬼見之…却為什麼＝秋水にかけて、唯識に云う「一水四見」の喩えを用いる。『会要』巻二十七智門光祚（雲門下二世）の示衆に、「天人、水を見て是れ琉璃となし、…餓鬼、水を見て是れ火となす。你ら衲僧家、喚んで甚麼とか作さん」と。『息耕録開筵普説』にも見える。◉(3)**触処嫩涼生**＝どこもかしこも涼しい。「嫩涼」は微涼、初涼の意。◉(4)無影樹下合同船、瑠璃殿上無知識＝（餓鬼も修羅も諸天も衲僧も）差別なき乗合船、凡聖を絶して一味平等。『碧巌』十八本則に見える、耽源の無縫塔頌。【一六七の二】注(9)

参照。◉⑸**且道其中事作麼生**＝その真意はどうか。【一一四】注⑽参照、また【四三の二】注⑴参照。◉⑹厲之人…恐其似己也＝ハンセン病の人は己が醜い故に、子の己に似んことを恐れる。「国師モ、上堂ノ小参ノト世話ヲヤイテ、我ヨリマサル人ヲ、ホシサニ」。『荘子』天地、陶淵明の「命子」。◉⑺**四海隆平煙浪静、斗南長見老人星**＝天下太平、目出度し目出度し。『虚堂録』巻二宝林録の天基節（理宗の生日）上堂に見える。後句は【一の二】注⑶参照。言葉面では天下太平なれども、この年四月には後醍醐帝の倒幕の計は又も密告で漏れて鎌倉幕府の厳しい追求を受け、八月辛うじて京都を脱出して笠置に潜幸されるという様に、時まさに元弘の変の最中。「静ノ一字、八嶋檀之浦之合戦場デモ、静ナ場ガアル」。◉⑻一畝之地、三蛇九鼠＝恐ろしい、恐ろしい。【三九の一】注⑽参照。◉⑼負重道遠者…家貧親老者…＝重い物を背負って遠くへ行くときには、その場所を択ばずに休息しますし、家が貧しくて、親が年老いているときには、禄が高い低いなどと択んだりせずに仕官します。『説苑』第三建本に見える。『孔子家語』致思第八にも子路の親孝行を示す語として見える、但し「道」は「渉」。「ナゼカウ、下語ガ云ウタワ、旧参モ心元ナイ」。

【一三八の二】

解夏《かいげ》小参《しようさん》。「⑴**随処《ずいしよ》に主と作《な》る**〔⑵道は須臾《しゆゆ》も離る可からざるなり、離る可きは道に非ざるなり。⑶吾が道は一を以て之れを貫《かん》せり〕、**聖制《しようせい》を横岳山頭《おうがくさんとう》に結び、立処《りつしよ》皆な真なり**〔⑷短袴《たんこ》長衫白苧巾《ちようさんはくちよきん》、咿咿《いい》として月下に急に輪《りん》を推す〕、⑸**賞労《しようろう》を龍宝峰頂《りゆうほうほうちよう》に解《と》く**〔洛陽路《らくようろ》上相逢著《じようあいぶじやく》す、尽《ことごと》く是れ経商買売《けいしようばいばい》の人〕。⑹**此の事《じ》、相譲《あいまん》ぜず、時《とき》、人に孤負《こふ》せず**〔⑺時節到りぬれば其の理自《おの》ずから顕《あら》わる〕。⑻**破衲《はのう》、雲を逐うて飛び、草鞋《そうあい》、路《みち》に随って転ず**〔永平祖師曰く、「⑼東西《とうざい》の風に随って徒《いたず》らに東西すれば、附正法の魔党、謗正法の外道なり」〕。⑽**左足《さそく》先ず応《おう》ずる処、脚頭《きやくとう》是れ通霄《つうしよう》**〔⑾北斗裡に身を蔵《かく》さんと擬《ほっ》せば、須《すべか》らく南辰後《なんしんご》に向かって合掌すべし〕。⑿**何ぞ必ずしも⒀台山驀直《たいざんまくじき》の途轍《とてつ》に落ち**〔勘破了也。⒁一勘破、二勘破、台山路上荊棘《けいきよく》多し〕、

⒂**流菜《りゅうさい》肯《うけが》わざるの道伴《どうばん》を慕《した》わんや**〔⒃徳山に在りては宣鑑《せんかん》を並呑《へいどん》し、鰲山《ごうざん》に眠って象骨《ぞうこつ》を欺誑《ききょう》する底の瞎《かつ》老漢か。⒄馬腮《ばさい》驢頷《ろがん》、鬼《き》も亦た看ることを好まず〕。**然も是の如《かく》くなりと雖《いえど》も、山僧《さんぞう》、親切《しんせつ》の一句子《いっくす》有り**〔⒅鴆羽《ちんう》狼胆《ろうたん》猫頭《みょうとう》狐涎《こぜん》、伏《ふ》して乞う、土《つち》を掘《ほ》って深く埋《う》めよ〕、**各各分明《ふんみょう》に**⒆**善為《ぜんい》せよ。**⒇**処処《しょしょ》忘却することを得ざれ」といって**〔(21)両朝国師の慈訓、誰か敢えて違犯《いぼん》せん、若し是れ親切の句子ならば、願わくば別人に付せよ〕、**便ち拄杖《しゅじょう》を卓《たく》すること一下す。**

(1)**随処作主…解賞労於龍宝峰頂**＝『臨済録』示衆の句に、結夏、解夏の句をそれぞれ下語形式に置いたもの。横岳に居ろうが、龍宝に居ろうが、何処でも随所に主となれば、そのまま真実である。◉(2)道也者不可須臾離也、可離非道也＝『礼記』中庸。「下語中ノ大屑ジャ、ヲレハセヌ…」。◉(3)吾道一以貫之＝自分の道は一を貫いてきた。『論語』里仁篇。◉(4)短袴長衫白苧巾…尽是経商買売人＝夜中に白頭巾の一団がギシギシ車を押していたが、白昼に都大路で逢ってみれば商人であったわい（やっぱり大したこと無かった）。『犂耕』に「而今本分路上に子細に看来たれば、此の事に於いて各おの些些の道理を露わすのみ」。『虚堂録』巻五頌古の四十一。【三二】注⑾参照。◉(5)**解賞労於龍宝峰頂**＝崇福で結んだ制を大徳で解いた。「賞労」は【一八の二】注⑺参照。◉(6)**此事不相謾、時不孤負人**＝「随処に主と作れば、立処皆な真なり」とは誠に真実であり、結夏、解夏と、時の来往には少しの狂いも無い。◉(7)時節到其理自顕＝「春ハ花、秋ハ菊」と。◉(8)**破衲逐雲飛、草鞋随路転**＝行脚の様相。前句は【五一の二】注⑿参照。◉(9)随東西風徒東西…謗正法外道＝（解制行脚にかけて）あっちフラフラこっちフラフラ、六部行脚こそ仏法中の邪魔外道。【二七】注⑹参照。◉(10)**左足先応処、脚頭是通霄**＝底本の「通霄」は『大灯録』原本では「通宵」、但し大徳寺所蔵の国師自筆文「小参法語」では「通霄」であるから、明らかに版本（五山版、江月版共に）の誤植である。足を一歩踏み出すや、足どり軽く天外に通ず。衲僧家闊達自在の境界。『禅林象器箋』九、叢軌門の行道に、「或いは門戸を出入し、階級を上下するに、皆な当《まさ》に先ず左足を挙ぐべし」とあるが、ここは第一歩を踏み出すこと。◉⑾擬欲北斗裡蔵身、須向南辰後合掌＝無心の機用。『犂耕』に「安身立命の処を論ず。北斗に身を蔵さんと欲する時、却って身を蔵すことを得ず。南辰の後に合掌するに及んで、方《まさ》に北斗に身を蔵すことを得たり」。楊億大年の投機の偈に、「八角の磨盤、空裏に走り、金毛の獅子変じて狗と作る。擬欲将身北斗蔵、応須合掌南辰後」(『会元』十二) とあり、『虚堂録』巻五頌古に挙される。【一の六】注㉓参照。もと『雲門広録』巻上に、「北斗裏蔵身」、また「面南看北斗」とあるを踏まえたもの。◉⑿**何必**＝ここは、「…の二の舞に落ちたり…を慕ったりするには及ばない」の意。◉⒀**落台山驀直之途轍**＝(どこそこの霊場巡りだのと、浮かれ歩き)「驀直去 (まっしぐらに行け)」と挨拶される様な二の舞を踏む。五台山の文殊霊場へお参りする僧が茶店の婆子に拶せられる話は、本録最後の拈古第十則 (【一七五】) 参照。◉⒁一勘破、二勘破＝『碧巌』四頌。◉⒂**慕流菜不肯之道伴**＝善知識を求めて、雪峰行脚の因縁を慕う。『林間録』巻下に、「雪峰・巌頭・欽山、湘中より江南に入り、新呉山の下に至る。欽山、足を澗《たにがわ》の側に濯《あら》うに、菜葉を見て喜び、指して以て二人に謂って曰く、『此の山に必ず道人有らん、流れに沿うて之れを尋ぬ可し』と。雪峰恚《いか》って曰く、『汝が智眼太《はなは》だ濁れり。他日如何が人を辨ぜんや。彼れ福を惜しまざること此《かく》の如し、住山して何をか為すや』と」。『雪峰録』巻上、『禅林類聚』巻十八の五十一丁。流菜の話は『会元』巻三龍山 (馬祖下) 章にも、洞山良价禅師が尋ね行く話があるが、但しそこでは肯っている。◉⒃在徳山並呑宣鑑、眠鰲山欺誑象骨底瞎老漢歟＝これは巌頭の故事、前句は超師の作略、後句は鰲山で雪峰を導いた話を云う。白隠は本文の雪峰の故事を巌頭のことと見なす。◉⒄馬腮驢頷、鬼亦不好看＝恐るべき面構え。【九八】注⑹参照。◉⒅鴆羽狼胆猫頭狐涎＝【一三〇の一二】注⑶参照。◉⒆**善為**＝「途中善為」、「善為道路」とも云い、「お大事に、気をつけて」と云う送別の辞。「途中善為」の一言に大悟した芙蓉霊訓 (帰宗常下) 禅師の例もある (『伝灯録』巻十)。◉⒇**処処不得忘却**＝何処に行脚しようとも心せよ。念念正念相続。◉㉑両朝国師慈訓…願付別人＝【一三一の三】の下語と同じく皮肉。「此下語何ント、国師ヲ肯タカ、肯ヌカ」。

【一三八の二】

(1)**復**《ま》**た文殊、三処に夏**《げ》**を度**《わた》**る公案を挙して**〔(2)二千年の禍蘖《かげつ》、無生国裏に貶向《へんこう》せよ。(3)猶《な》お是れ陳年の旧暦日〕、**師云く、「**(4)**文殊、当年**《そのかみ》**、列聖の眉毛裏に於いて渾身**《こんしん》**を蔵**《かく》**し得ると雖**《いえど》**も**〔(5)人人《にんにん》尽く者箇《しやこ》有り、(6)針鋒頭上蟭螟《しょうめい》眼裏に身を蔵して影を顕わすも、未だ分外《ぶんげ》と為《な》さず〕、(7)**二千年後、未だ免**《まぬが》**れず人の点検**《てんけん》**に遭**《あ》**うことを**〔(8)縦使《たと》い分明《ふんみょう》に点検し得出するも何の用《ゆう》を為《な》すにか堪《た》えん〕。**何**《なん》**が故**《ゆえ》**ぞ」。払子を撃**《う》**って云く、「**(9)**雲は嶺頭**《れいとう》**に在って閑不徹**《かんぷてつ》**、水は磵底**《かんてい》**に流れて太忙生**《たいぼうせい》〔(10)李《り》陵《りょう》臂《ひじ》を振るって一呼《いっこ》すれば、創病《そうびょう》皆な起《た》ち、刃《やいば》を挙《あ》げて虜《えびす》を指《ゆびさ》せば胡馬《こば》奔走《ほんそう》す〕」。

(1)**復挙文殊三処度夏公案**＝『禅林類聚』巻十四の十二丁に、「世尊因みに自恣の日（七月十五日）、文殊三処に夏を過ごし来たり霊山に至る。迦葉、問うて云く、『仁者、今夏何れの処にか安居す』。文殊云く、『一月は祇園精舎に在り、一月は童子学堂に在り、一月は婬坊《いんぼう》酒肆《しゅし》に在り』。迦葉、『何ぞ此《かく》のごとき不如法の処所に住するを得たる』と云って遂に乃ち仏に白《もう》して文殊を擯《ひん》せんと欲す。仏云く、『随意なれ』。迦葉即ち白槌するに、纔かに拈槌すれば乃ち百千万億の文殊を見る。迦葉其の神力を尽くすも、槌挙ぐること能わず。世尊、遂に迦葉に問う、『汝、那箇の文殊をか貶《へん》せんと擬す』。迦葉対《こた》うる無し」。もと『大方広宝篋経』巻中に見える話に基づく（大正十四・四七四、但し祇園精舎は波斯匿王の后宮）、そこでは文殊は小乗の禁制的修行とは逆に、多くの宮女、童子、婬女を済度している。◉(2)二千年禍蘖、貶向無生国裏＝二千年後までも我等を惑わす禍の種、無生国へ追い払え。「禍蘖」は【槐安国語序】第四段の注(13)参照。後句は「悟ったら、その悟りをも捨ててしまえ」の意、『大慧武庫』六十八章。「無生国」は『宝積経』巻五十に、「舎利子、所見無き者を名づけて無生と為す、無生と言うは是れ無起と為す、無起と言うは所照無きを名づく」（大正十一・二九八上）と。◉(3)猶是陳年旧暦日＝不要の古こよみ。【一三五の二】下語にも、「陳年暦日休拈出」。

◉(4)**文殊当年於列聖眉毛裏雖蔵得渾身**＝「列聖」は霊山会上の八万四千の大衆を指す。『雲峰悦録』翠巌録にも、「…仏は你ら諸人の眉毛眼睫上に在って、放光動地す」とある。◉(5)人人尽有者箇＝「誰デモ、夫《それ》位ノ働キハスル」。◉(6)針鋒頭上…未為分外＝針の先、微小虫の目玉の中に身を隠そうとも、所詮尻隠さずで、大した事では無い。「針鋒頭」は【一三四の二】注(14)参照。「蟭螟」は「蚊の睫に巣くうと云う小虫」、『列子』湯問篇の第一章に見える。『碧巌』四十三本則下語に、「蔵身露影」とあり、「頭かくして尻かくさずじゃ」(『秘鈔』)の意。◉(7)**二千年後、未免遭人点検**＝「文殊ノ巴鼻ガ、ミヘタ」。◉(8)縦使分明点検得出、堪為何用＝「下語亦骨折テ、シテオイタ、此ニハ宗旨ノ風デ寒《すさまじ》イ子細ノアル事ジャ」、「上士ハ骨折テミヨ」。◉(9)**雲在嶺頭閑不徹、水流磵底太忙生**＝雲は峰の頂きにあって何処までも長閑《のどか》、水は谷川を流れてはなはだ忙《せわ》しない。解夏の雲水行脚にかけて、静・動一如を云う。『雪竇録』巻三拈古の八十七、但し「磵底」は「磵下」。「閑不徹」は『俗語解』［一五七五］に、「不徹は徹なり。『不憤』『不端』『不正』と同例。不は強く云う辞なり」と。◉(10)李陵振臂一呼…胡馬奔走＝李陵が臂を振るって号令一呼すれば、傷病兵も奮《ふる》い立ち、刃を挙げて敵兵を指せば敵馬も逃げ走る。国師の一句の凄まじさを李陵の働きに喩える。『続文章軌範』巻六李陵「答蘇武書」。「李陵」は前漢、武帝の時の騎都尉、匈奴の大軍と奮闘するも破れて下る、蘇武の友人(『漢書』巻五十四)。

【一三九】

次の日上堂。「(1)**風、梧葉《ごよう》に到り、露、槿花《きんか》に凝《こ》る**〔(2)美玉《びぎょく》は碔砆《ぶふ》に蘊《つつ》まるれば、凡人《ぼんじん》は之れを視《み》て焉《こ》れを忲《ゆるが》せにするも、良工《りょうこう》は之れを砥《みが》いて、然《しか》る後《のち》に其の和宝《かほう》なることを知る〕、(3)**無寸草《むすんそう》の地、其の多きことを較《たくら》べず**〔(4)却って寒毛卓竪《たくじゅ》することを覚ゆ〕。(5)**語黙《ごもく》、人に逢うて対せしむること莫《な》かれ、首《こうべ》を回《めぐ》らせば忽然《こつねん》として是れ月華《げつか》**〔(6)明月《めいげつ》の珠《たま》、夜光《やこう》の璧《へき》も、暗《あん》を以て人《ひと》に道路に投《とう》ずれば、衆、剣《けん》を按《あん》じて相眄《あいみ》ざる者莫《な》し」」。

(1)**風到梧葉、露凝槿花**＝七月十五日、初秋の現成公案。◉(2)美玉蘊於碔砆…然後知其和宝＝美玉が石の中に包まれて居る時は、凡人はこれを見分けることが出来ない。良工が磨いて初めて宝と知られる。『文選』巻五十一王褒《おうほう》「四子講徳論」、頌古第三十三則（【二五〇】）頌下語参照。◉(3)**無寸草地、不較其多**＝洞山万里無寸草の境地も如上の端的と余り違わない。「無寸草」は解夏行脚の縁で云う。【五二の二】参照。「不較其多」は「其れと較《へだ》つこと多からず」の義。「較」は「隔てる」の義。【一八の一】注(6)参照。◉(4)却覚寒毛卓竪麽＝「細ナ下語ジャ、ナゼ又寒毛卓竪スル、寒イ処ガアルゾ」。【三九の二】注(5)参照。◉(5)**莫教語黙逢人対、回首忽然是月華**＝路に人に逢ったら語黙をもって相対するな（何をもってか相対す）、ぐるりと振り向けば月の光。「真如ノ光ハ何ツモ輝ヒテヲル」。「莫教」は普通「さもあらばあれ」と訓むが、ここの場合は「…せしむることなかれ」と訓む。【一七の一】注(8)参照。『碧巌』八十二頌評唱に、「僧、趙州に問う、『語黙を将《もっ》て対せざれと、未審《いぶか》し什麼《なに》を将てか対せん』。州云く、『漆器《しっき》を呈す』」と見える。香厳「譚道」頌にも、「路に達道の人に逢わば、語黙を将て対すること莫かれ」（『伝灯録』巻二十九）と。◉(6)明月珠夜光璧…相眄者＝「此座布ガ寂光浄土ジャ、ト云テモ、誰モ合点スル者デナイハ…如クダ」。『文選』巻三十九鄒陽《すうよう》「獄中上書自明」。【三四の二】注(12)参照。

【一四〇】

八月旦《たん》上堂。「八月初一日、(1)天下太平の節、人人無為《にんにんむい》を楽しみ〔(2)王、宝殿に登れば、野老《やろう》、謳歌す〕。**箇箇災難《さいなん》絶す**〔(3)只だ聴く、堯民撃壌《ぎょうみんげきじょう》の歌〕。**且《しば》らく道え、箇の什麼《なに》に因ってか是《かく》の如くなる**〔(4)放下著《ほうげじゃく》、事は叮嚀《ていねい》より起こる〕」。**拄杖《しゅじょう》を卓《たく》すること一下して云く、「(5)分一節《ぶんいっせつ》**〔(6)分一節、倒一説《とういっせつ》。(7)又た是れ玄沙《げんしゃ》道《い》う底〕」。

⑴**天下太平節…箇箇災難絶**＝威音前の太平（元弘の変の最中《さなか》）。巨海編『年譜』五十歳の条に、「八月十二日、天皇、南都の笠置寺に遷幸、故に勅使を遣わして師の法候を訊う。勅使、山に入って問うて曰く、『如何なるか是れ仏法の大意』。師曰く、『両陣相対して更に別事無し』」と。◉⑵王登宝殿、野老謳歌＝天下治まり、民心平らかなり。【一の二】注⑸参照。◉⑶只聴堯民撃壌歌＝【一一八】注⑸参照。◉⑷放下著、事起叮嚀＝放してしまえ、くどい。後句は【九の三】注⑻参照。◉⑸**分一節**＝『碧巌』八頌下語、十五則頌。「竹節を分けたように両方合致、函蓋相応」（『種電鈔』）。『秘鈔』には、「古来解に…僧と雲門と眼一般なること、一節を両分したるが如し、二枚の紙に一つの印を押した如しと、笑う可し。…此の分一節の三字で、倒一説が分明に見えてくると、千七百則がミリミリと砕けてくる」と。◉⑹分一節、倒一説＝『碧巌』十五頌。◉⑺又是玄沙道底＝何と云おうとも、未徹在。【一の七】注(51)参照。

【一四二】

中秋上堂。拄杖《しゆじよう》を拈《ねん》じて卓一下《たくいちげ》して云く、「⑴霊山《りようぜん》に者箇《しやこ》を指《さ》し〔⑵五千四十八巻、全く者箇《しやこ》の消息《しようそく》無し、釈迦老子《しやかろうし》を謗《ぼう》ずること莫《な》くんば好し〕、**曹渓《そうけい》に者箇を話《かた》る**〔⑶本来無一物、何《いず》れの処にか塵埃《じんない》を惹《ひ》かん。頭《こうべ》を挙《あ》ぐれば残照《ざんしよう》在り、元《もと》と是れ住居《じゆうきよ》の西《にし》〕。⑷**我が者裏《しやり》は指さず話らず、還《かえ》って新疎《しんそ》有りや也た無《いな》や**〔⑸膏肓《こうこう》を治《おさ》むる者は、必ず口に苦《にが》きの薬《くすり》を進め、狐疑《こぎ》を決《けつ》する者は、必ず耳に逆《さか》らうの言《げん》を告《つ》ぐ〕」。**又た卓一下して云く、「⑹人の此の意を知る無し、我れをして南泉を憶《おも》わしむ**〔⑺楽樂樂《らくがくぎよう》、白自目〕」。

⑴**霊山指者箇、曹渓話者箇**＝【一二の一】注⑵参照。◉⑵五千四十八巻…莫謗釈迦老子好＝大蔵経にもそんな「霊山に者箇を指す」と云う話は無い、釈迦を愚弄するな。【一二九】注⑶参照。因みに、趙州に柏樹子の話ありやと問われて、覚鉄觜《てつし》が「先師に実に此の語無し、和尚、先師を謗ずること莫くんば好し」（『会要』巻七光孝慧覚章）と答えて

いる。◉(3)本来無一物…元是住居西＝「曹渓ノ手前ハ」、本来無一物なり、「サハサリナガラ」、ふと頭を挙げて見れば、夕陽の中に、山は元より我が家の西にあるではないか。前句は『六祖壇経』。後句は『碧巌』三十四頌評唱に見える法眼「円成実性頌」に、「…到頭霜夜月、任運落前渓。…山長似路迷。〜、〜」とあり、【二七】注(11)を参照。◉(4)**我者裏不指不話、還有親疎也無**＝衲《わし》の処では、指しもしないし話りもしないが、そも（指月話月と不指月不話月）どちらがよいかな。「有」、底本は「在」に作るが、『大灯録』原本により改めた。◉(5)治膏肓者…決狐疑者…＝膏肓必死の病を治そうとすれば口に苦い薬を飲まさせねばならない、狐疑逡巡するものを決断させようとすれば耳に厳しい言葉を云ってやらねばならない。『文選』巻四十三孫楚《そんそ》「為石仲容与孫皓書」に見える。◉(6)**無人知此意、令我憶南泉**＝誰もここのところが分かる奴はおらん、払袖して去った南泉を思うのみ。【三一の一】参照。◉(7)楽樂樂、白自目＝「楽」の「白」を「自」「目」と変えた、楽の変態字。霊山・曹渓・大灯の三者、畢竟同一字の三変態。「向上ニ付テ、此レガスメルト本文ガスメル符丁ジャ」。

【一四二】

(1)臘八《ろうはつ》上堂。「澄月映徹《ちょうげつえいてつ》して衆星粲朗《しゅせいさんろう》たり〔(2)山形《さんぎょう》の拄杖子《しゅじょうす》を拗折《ようせつ》して、従来大地黒漫漫《こくまんまん》〕、**箇中《こちゅう》悟処《ごしょ》無し、世尊何をか悟道《ごどう》す**〔若し悟処有らば須《すべか》らく吐却《ときゃく》すべし、(3)良《りょう》を圧《おさ》えて賤《せん》と作《な》す〕」。**拄杖を卓すること一下して云く、「(4)二千年前、二千年後**〔(5)兎角亀毛《とかくきもう》、別山《べつざん》を過《す》ぐ〕」。

(1)**臘八上堂**＝この章は【六四の二】を参照。◉(2)拗折山形拄杖子、従来大地黒漫漫＝人人具有の拄杖子へし折ると、大地黒漫々、宇宙無双日、乾坤只だ一人の場が手に入る。【二六】注(5)参照。◉(3)圧良作賤＝【七二の一】注(11)参照。◉(4)**二千年前、二千年後**＝「昔モ、今モ」。◉(5)兎角亀毛過別山＝もとより有りもしないもの、空しく他山を尋ねるのみ。『荊叢毒蕊』巻三、洞上五位の「兼中至」の条に、「心を挙して向かわんと擬すれば、兎角亀毛、別山を過ぐ」と。「兎角亀毛」とは名のみありて実なしの義。

【一四三の一】

除夜《じょや》小参《しょうさん》。「(1)**日《ひ》一上《いちじょう》、月《つき》一上、昼《ひる》一上、夜《よる》一上**〔(2)無孔《むく》の鉄鎚、当面《とうめん》に擲《なげう》つ〕、**窮《きわ》めて一十二箇月《いちじゅうにかげつ》に到り、数えて三百六十日に到る**〔(3)一念万年、万年一念、(4)無陰陽の地、荊棘参天《けいきょくさんてん》〕、**之れを**(5)**新旧交頭《こうとう》、除夜結尾《けつび》と謂《い》う**〔吾が者裏《しゃり》、者箇の消息無し〕。**諸人若し身《み》をして旧年に在らしめば、**(6)**新定《しんじょう》の機を発せず**〔(7)方竹杖を削円す〕。(8)**也《ま》た心《しん》をして新年《しんねん》に在らしめば、本来の用《ゆう》を失却す**〔紫茸氈《しじょうせん》を輓却《ばんきゃく》す〕。**所以《このゆえ》に**(9)**北禅《ほくぜん》、露地《ろじ》の白牛《びゃくご》を烹《に》、**(10)**祖翁《そおう》、半宵《はんしょう》の灯《とう》を挑《かか》ぐ**〔(11)一対無義《むぎ》の老凍膿《ろうとうのう》、(12)衲僧《のうそう》の秤子《しょうす》に上《のぼ》せて秤《はか》らば、一箇は重きこと半斤《はんきん》、一箇は重きこと八両《はちりょう》〕。(13)**然《しか》も是《かく》の如くなりと雖《いえど》も、山僧終《さんぞうつい》に与麼《よも》の窠窟《かくつ》に入《い》らず**〔(14)秋天曠野《しゅうてんこうや》、行人断《こうじんた》ゆ、馬首西来《ばしゅせいらい》、知《し》んぬ是れ誰《た》そ〕。**何《なん》が故《ゆえ》ぞ。**(15)**臘雪《ろうせつ》、天《てん》に連《つら》なって白《しろ》く、春風《しゅんぷう》、戸《こ》に迫《せま》って寒《さむ》し**〔(16)倒《さかしま》に少林の無孔笛《むくてき》を把《と》って逆風に吹き了わって順風に吹く〕」。

(1)**日一上月一上、昼一上夜一上**＝（一年と云うのも、詰まりは）日が一回上り、月が一回上がり、昼になり夜になる（だけのこと）。◉(2)無孔鉄鎚当面擲＝柄の無い鉄鎚を真っ正面に投げ出した（這箇本分底）。**【八の二】**注(2)、**【一一〇の二】**注(6)参照。◉(3)一念万年、万年一念＝前句『信心銘』の語。**【一の七】**注(54)参照。◉(4)無陰陽地、荊棘参天＝**【七七の二】**注(1)参照。◉(5)**新旧交頭、除夜結尾**＝「交頭結尾」は**【九四の二】**注(6)参照。◉(6)**新定機**＝旧轍《きゅうてつ》をからずに、斬新の霊機を以て人を接すること（『種電鈔』）。『碧巌』六本則評唱に、「雪竇道く、『我れは愛す韶陽新定の機』」と。頌古第三十四則（**【二五一】**）本則注(13)参照。◉(7)削円方竹杖、輓却紫茸氈＝あたら台なし、それを云わなければ！**【九**

の三】注(9)参照。◉(8)**也使心在新年、失却本来用**＝新に偏すれば、もとの働きを失う。◉(9)**北禅烹露地白牛**＝北禅が除夜の宴に露地の白牛を煮て大衆に供養した。【九四の一】注(7)参照。◉(10)**祖翁挑半宵之灯**＝「祖翁」は虚堂翁。『虚堂録』巻三育王録の除夜小参に、「旧去り新来たるも送迎するに懶《ものう》し、巌間塚下《がんかんちょうか》に枯形を見る。残臘半宵の夢を成すに忍びんや、坐して寒檠《かんけい》両歳の灯に対す」とあり、意は「除夜だ新年だと騒ぐより、巌間や墓場で坐禅をしよう。年越し空しく眠る可からず、今宵徹宵の灯をともし、火に対して坐するのは、いとめでたし」（『犂耕』取意）。◉(11)一対無義老凍膿＝北禅と虚堂両翁。「老凍膿」は「老凍齈、老凍儂」とも。『犂耕』に、「老凍齈は老人を罵る詞。凍齈、老人多くは寒涕を垂るるなり」。◉(12)上衲僧秤子秤…一箇重八両＝どれも同じ。【一一六】注(8)参照。◉(13)**雖然如是山僧終不入与麼窠窟**＝衲《わし》は御両人とは少し違うぞ。次の馳走をたらふく召し上がれ。◉(14)秋天曠野行人断、馬首西来知是誰＝秋天広野に旅人無く、ふと馬を西へ向けて来る人、いったい誰だろう（知る由も無し）。「此皆フ丁ジャ、東山下暗号」。【四三の二】注(6)参照。◉(15)**臘雪連天白、春風逼戸寒**＝「ヲレガ処ニ大切ナ物ガアル、出シテ、振ル舞ヲフト…、此亦現成底ジャ抔《など》ト云ト、抜舌泥犂」。法昌禅師の語。【九四の二】注(22)、【六五】注(2)参照。◉(16)倒把少林無孔笛、逆風吹了順風吹＝無孔笛は穴のない笛、没絃琴《もつげんきん》の類。「…トハナンノ事ジャ、隻手ノ声ノ事ジャ。此ヲ聞ケバ、倒ニデモ竪ニデモ、自由自在ニフク」。『絶海録』巻下、自讃に、「…倒に一枝の無孔笛を把って、順風に吹き了わって逆風に吹く」（大正八十・七五七下）、もと密菴傑が仏照光に送った偈に「瞎驢、瞎驢児を生得し、齷齪《あくさく》たる声名四維に徹す、更に少林無孔笛を把って、人に逢うて応《まさ》に是れ逆風に吹くべし」（『叢林盛事』巻上）と。

【一四三の二】

復《ま》た挙《こ》す。「僧、香林《こうりん》に問う、『(1)万頃《ばんけい》の荒田《こうでん》、是れ誰《たれ》をか主《しゅ》と為《せ》る〔(2)千年の滞貨《たいか》、拈出《ねんしゅつ》することを休《や》めよ〕』。**林云く、『(3)看《み》る看《み》る臘月《ろうげつ》尽く**〔(4)地獄門前の鬼脱卯《きだつぼう》。(5)勢疑《せいうたが》わしければ則ち隙生《げきしょう》じ、力侔《ちからひと》しければ則ち乱《らん》起《お》こる」』」。師拈《ねん》じて云く、「(6)此れ箇の時節、最《もつと》も是れ愛《あい》しつ可《べ》し〔(7)面上《めんじよう》は夾竹桃花《きようちくとうか》、肚裏《ずり》は参天《さんてん》の荊棘《けいきよく》〕(8)来日定《らいじつさだ》んで大年《たいねん》、(9)一衆《いつしゆ》、須《すべか》らく保愛《ほあい》すべし〔(10)可惜許《かしやっこ》〕」。

(1)**万頃荒田是誰為主**＝耕すことなく穫《か》ることなき本分の田地、誰をか主宰と為《せ》る。【六六の一】注(3)参照。◉(2)千年滞貨休拈出＝あれから千年も誰も買い手の付かない店晒《たなざら》しなぞ、引っ込めなさい。【一〇八】下語「二千年滞貨」参照。◉(3)**看看臘月尽**＝みるみる十二月も過ぎて行く。「雲門下之調之高サ」。◉(4)地獄門前鬼脱卯＝香林の悟処、知解を打失して、所在を知らず。『虚堂録』巻二宝林録に、「僧云く、『…（盤山）猪肉案頭の事、作麼生』。師云く、『地獄門前の鬼脱卯』」と見える。『犂耕』に「凡そ仕官する者、毎日卯（朝六）時に官衙に入り、己の名を書して伺候す。此れを画卯と云う、或いは点卯、応卯と云うなり。酉（夕六）時にも亦た画す。若し画せずんば、則ち脱卯と為す。故に凡そ事の差錯し、点検を失するを、諺に脱卯と言うなり。今、鬼と言うは人死して鬼と成る者、已に地獄門前に赴くも、其の名籍に己が名を題せず、身を脱っして逃げ去って、所在を知らざるなり。是れ画卯を脱する事に同じ、故に脱卯と云うなり」。◉(5)勢疑則隙生、力侔則乱起＝いったん天子に疑いをもたれると互いに仲違いし、勢力が拮抗すると反乱が起きる。『文選』巻五十范蔚宗「後漢二十八将論」。◉(6)**此箇時節最是可愛**＝「看看臘月尽之処ヲ拈ジタ」。◉(7)面上夾竹桃花、肚裏参天荊棘＝外面は菩薩のようだが、内心は夜叉のごとし。【一の七】注(43)参照。◉(8)**来日定大年**＝大年は陰暦の新年を云う。【六六の一】には、「来日定是大年朝」。◉(9)**一衆須保愛**＝皆さんいずれもご自愛の程を。「正念工夫、大切ニ、スルガヨイ」。【二の二】注(5)参照。◉(10)可惜許＝「此ガ見ヘルト国師ノ肚中ガ見ヘル。骨折テ見テモラワネバ、下語モ嬉シクナイ」。

【一四四】

(1)**正旦《しょうたん》上堂**。「(2)**鳳暦開元《ほうれきかいげん》の日《ひ》、王春肇始《おうしゅんじょうし》の時《とき》**〔(3)婆《ば》が裙子《くんす》を借りて婆に拝年《はいねん》す。(4)元正啓祚《がんしょうけいそ》、万物《ばんもつ》咸《ことごと》く新《あら》たなり〕、(5)**雪《ゆき》は北嶺《ほくれい》に寒《さむ》く、梅《うめ》は南枝《なんし》に香《かんば》し**〔(6)木札羹《もくさつこう》、鉄釘飯《てっていはん》〕。**好箇《こうこ》の好時節《こうじせつ》、**(7)**龍天《りゅうてん》も須《すべか》らく匡持《きょうじ》すべし**〔(8)国に災害の変無く、民《たみ》に飢寒《きかん》の色《いろ》無し、(9)云何《いかん》が匡持し、云何が其の心《こころ》を降伏《ごうぶく》せん〕。**且《しば》らく道《え》え、**(10)**何を以てか験《けん》と為《せ》ん**」。**拄杖《しゅじょう》を卓《たく》すること一下《いちげ》して便ち下座《げざ》**〔(11)鴻《こう》、冥冥《めいめい》に飛ぶ、弋者《よくしゃ》、何をか慕わん〕。

(1)**正旦**＝元弘二年（一三三二）、国師五十一歳。後醍醐帝は先年九月に幕府に捕われ、この年三月に隠岐に流される。◉(2)**鳳暦開元日、王春肇始時**＝【九五の二】と同じく、改元翌年の元旦の常套句。先年八月九日に、南朝暦は元徳より元弘に改められた。◉(3)借婆裙子拝婆年＝借り物で新年の祝いを云う。【三一の一】注(8)参照。◉(4)元正啓祚、万物咸新＝お目出度うございます。【六七の一】注(2)参照。◉(5)**雪寒北嶺、梅香南枝**＝「国師ノ正月ノ雑煮」。【六六の二】参照。◉(6)木札羹、鉄釘飯＝無味の飯。「歯モ立ヌ」「ココラハ、ヨタ坊主ドモノ知ル事デワナイ」。【開筵垂示】第三段の注(1)参照。◉(7)**龍天須匡持**＝龍天は仏法を守護する八部衆の龍衆と天衆。「匡持」は「ただし、たもつ」の義。◉(8)国無災害之変、民無飢寒之色＝「此座布ガ天下太平」。『文選』巻五十一東方朔「非有先生論」。◉(9)云何匡持、云何降伏其心＝「此ノ下語デ本文ガ生キテクル」。◉(10)**以何為験**＝何をもってそのあかしとなす。◉(11)鴻飛冥冥、弋者何慕＝おおとりは大空はるか飛んで、狩人もあとを追う術も無い。「卓拄杖一下便下座之処、中々見届ラレル者デナイ」「痴人猶汲夜塘水ジャ」。揚子『法言』問明に、「治の則《とき》は見《あら》われ、乱の則は隠る。～、弋人何慕焉」と、隠者の遠走高飛避害するを比喩す。

【一四五の一】

元宵《げんしょう》上堂。僧問う、「今朝《こんちょう》上元《じょうげん》の節、(1)処処《しょしょ》、灯毬《とうきゅう》を掛《か》く。意旨如何《いしいかん》」。師云く、「(2)風吹《かぜふ》けども入《い》らず」。進めて云く、「只だ(3)此の正言《しょうごん》を将《もっ》て、以て天下の春を祝《しゅく》す」。師云く、「(4)言《こと》を知るの漢《かん》」。進めて云く、「記得す、僧、香林《こうりん》に問う、『如何《いか》なるか是れ(5)室内一盞《しつないいっさん》の灯《とう》』と。此の意、如何《いかん》」。師云く、「(6)言鋒《ごんぽう》、氷よりも冷《すさま》じ」。進めて云く、「林云く、『(7)三人、亀《き》を証して鼈《べつ》と作《な》す』と。又た作麼生《そもさん》」。師云く、「(8)利舌硬《りぜつかた》くして鉄の如し」。

(1)**処処掛灯毬意旨如何**＝上元の灯。【三の一】注(1)参照。◉(2)**風吹不入**＝「此ノ端的ハ箭モ、トウルモノデハナイ」。【一三の二】注(9)参照。◉(3)**此正言**＝風吹不入の語。◉(4)**知言之漢**＝「ヲヌシモ、モノヲ聞キ分ケタナ」。【五四】本文「阿你実好知言」、【一二五の二】「方知你是識其言」等参照。◉(5)**室内一盞灯**＝【三の一】注(6)参照。◉(6)**言鋒冷似氷**＝此の僧の問の凄まじさ。◉(7)**三人証亀作鼈**＝錯をもって錯に就く。鉄楔子。【三の一】注(7)参照。◉(8)**利舌硬如鉄**＝「黒ガネ之舌デ、モノヲ云フ様ナ、モノジヤ」。

【一四五の二】

乃《すなわ》ち云く、「(1)灯灯相続《とうとうそうぞく》、灯灯窮《きわ》まり無し〔(2)長安の風月《ふうげつ》、昼《ひる》よりも明《あきら》かなり、那箇《なこ》の男児《なんじ》か壁《かべ》を摸《も》して行く〕。(3)**処処、夜光《やこう》の珠《たま》を列《つら》ね**〔(4)自《おの》ずから是れ鳳凰台上《ほうおうだいじょう》の客《きゃく》、眼《まなこ》高うして看《み》て黄金に到らず〕、(5)**頭頭《ずず》、夜明符《やめいふ》を荘《かざ》る**〔(6)金屑貴《きんせつたっと》しと雖《いえど》も、眼に落ちては翳《えい》と成《な》る〕。(7)**只だ此の光輝底《こうきてい》、都《すべ》て者裡《しゃり》より**〔出没巻舒《しゅつぼつけんじょ》、国師に一任す、只だ惜むらくは、(8)顧鑑《こかん》の機を欠くことを〕(9)**普《あまね》し**〔(10)千金《せんきん》の裘《きゅう》は一狐《いっこ》の腋《えき》に非ず、大廈《たいか》の材《ざい》は一丘《いっきゅう》の木《き》に非ず、太平《たいへい》の功《こう》は一人《いっにん》の略《りゃく》に非ず〕」。**払子を撃《う》つこと一下す。**

⑴**灯灯相続、灯灯無窮**＝連綿たる師資相承。『首山念録』入院上堂に、「仏法は国王大臣有力檀那に付与して、其の仏法を断絶せざらしめ、灯灯相続して今日に至る」（禅十一・二四二）と。もと『維摩経』菩薩品の無尽灯法門を踏まえる。◉⑵長安風月明於昼、那箇男児摸壁行＝長安の風景月色は昼よりも明るい、誰が手探りで行く者があろうか。【六八】注⑹参照。『禅門宝訓』二六五章に、或菴師体（円悟二世）の円通像（観音）讃に「本分に依らず、衆生《しゆじよう》を悩乱《のうらん》す。之れを瞻《み》て之れを仰《あお》ぐも、眼《まなこ》有りて盲《めしい》の如し。長安《ちようあん》の風月、今昔《こんじやく》を貫《つらぬ》く。那箇の男児か壁を摸して行かん」と。◉⑶**処処列夜光珠**＝「夜光珠」は「夜明珠」とも云い、ここでは元宵の灯毬を指す。【二四の二】注⑿参照。◉⑷自是鳳凰台上客、眼高看不到黄金＝もともとより高貴な殿上の人なのだから、黄金なぞ目にもくれない。『江湖風月集』。【七】注⒂参照。◉⑸**頭頭荘夜明符**＝「本朝二十四流イヅレモ」、かがやく。「夜明符」は、「手に夜明符を執《と》れば、幾箇か天暁を知らんや」（『伝灯録』巻二十仏日章）、また「直に須らく肘後に夜明符を懸くべし」（『会要』巻十七端裕章）とみえるところから、真夜中も光る神仙符の意か。ここでは灯毬、ひいては人人具足の仏性を云う。◉⑹金屑雖貴、落眼成翳＝どんな素晴らしいことでも眼のゴミ。【一六の一】注⑺参照。◉⑺**只此光輝底都従者裡**（**普**）＝ただこの光はここより普し。「者裏トハ、ドコジャ」「此カラ三世諸仏モ、歴代之祖師モ出入スルゾ」。◉⑻顧鑑機＝【一〇九】注⑻参照。◉⑼**普**＝『槐安国語』、並びに龍光院蔵江月版『大灯録』の朱点は一字句扱いをしているが、書き入れに、「棘曰く、普、一字句に非ず、宜しく上に連ねて読むべし。日本人、句読を知らず、笑う可し」（平がな訓読は訓注者）とある。◉⑽千金之裘…非一人之略＝その価が千金もする裘《かわごろも》は、一匹の狐の腋の下の皮では出来ない、大建造物を造る材木は一つの丘の木だけでは足りない、天下を太平にするには衆人の力によらねばならない。『文選』巻五十一王褒《おうほう》「四子講徳論」、但し「大平」は「太平」。

【一四六の一】

仏涅槃《ぶつねはん》上堂。僧問う、「今宵夜半《こんしょうやはん》、世尊《せそん》涅槃に入る、児孫《じそん》何を以てか⑴法乳《ほうにゅう》に酬《むく》いん」。師云く、「⑵杜鵑啼断《とけんていだん》して月昼《つきひる》の如し」。進めて云く、「⑶与麼《よも》ならば則ち恩を知って、恩を報ずることを解《げ》す」。師云く、「⑷也《ま》た何ぞ妨《さまた》げん」。進めて云く、「世尊、昔、⑸霊山会上《りょうぜんえじょう》に在って一枝《いっし》の花を拈起《ねんき》す。此の意、如何《いかん》」。師云く、「⑹万里一条の鉄」。進めて云く、「迦葉《かしょう》独《ひと》り微笑《みしょう》す。意、那裡《なり》にか在る」。師云く、「⑺金《きん》は金《きん》に博《か》えず」。

⑴**法乳**＝【一の五】注⑼参照。◉⑵**杜鵑啼断月如昼**＝ホトトギス一声高く鳴き、月は真昼の様に明るい。「此語デ、（世尊も）生キカヘル」、「如是答話ハ日本無双ノ名作ジャ」。『虚堂録』巻二宝林録の智者和尚至上堂に、「〜、尋常空しく春の過ぐるに似たらず」と。「啼断」の「断」は「啼」を強める語助で、「鳴きやんで閑寂」の意ではない。また【九七の二】涅槃上堂には、「杜鵑啼く処花狼藉」と。◉⑶**与麼則解知恩報恩**＝「国師ヲ、ホメタ」。【一二二の一】注⑸参照。◉⑷**也何妨**＝それも結構。◉⑸**霊山会上拈起一枝花**＝【一の七】注(69)、【一二二の一】注⑹参照。◉⑹**万里一条鉄**＝「釈迦手元ハ歯モ立モノデナイ」。【九六の一】注⑶参照。◉⑺**金不博金**＝本来易《か》えようもない。『大応録』法語の二章「示玄提禅人」に、「世尊拈花《ねんげ》すれば迦葉微笑《みしょう》す、金は金に博《か》えず、水は水を洗わず。此れより逓代相尋《ていだいあいつ》ぎ、虚《きょ》を承《う》け響《きょう》を接し、一人より一人に伝与す」と。【三三】注⑶参照。

【一四六の二】

乃《すなわ》ち云く、「⑴我れ若し滅度《めつど》すと謂《い》わば、我が弟子《でし》に非ず（⑵幽州《ゆうしゅう》は猶お自《おの》ずから可なり）、我れ若し滅度せずと謂わば、亦た我が弟子に非ず（最も苦しきは是れ江南《こうなん》）。当年《そのかみ》若し人有って、『⑶生薑《しょうきょう》終《つい》に辣《から》きことを改《あらた》めず』と道《い》わば（謹んで国師の指示を謝す。⑷或いは火を吹《ふ》いて然《も》え、或いは火を吹いて滅《き》ゆ、吹《ふ》く所以《ゆえん》の者異《こと》なればなり」、**但だ釈迦老子《しゃかろうし》を救い得るのみに非ず、也た須《すべか》らく一会《いちえ》の列聖《れつしょう》を扶《たす》け得《う》べし**〔(5)釈迦老子、甚麼《なん》の過咎《かきゅう》か有る。一会《いちえ》什麼《なん》の罪累《ざいるい》をか打《た》す」。**何《なん》が故《ゆえ》ぞ**」。**良久して云く、「(6)紅霞碧靄《こうかへきあい》、高低《こうてい》を籠《こ》む、芳《ほう》草野花《そうやか》、一様の春**〔(7)毛嬙西施《もうしょうせいし》は、善《よ》く毀《そし》る者も其の娟《けん》を蔽《おお》う能《あた》わず、嫫姆倭傀《ぼぼいかい》は、善く誉《ほ》むる者も其の醜《しゅう》を掩《おお》う能《あた》わず」〕」。

(1)**我若謂滅度…我若謂不滅度…**＝滅と云っても駄目、不滅と云っても駄目。『涅槃経』。【七〇の二】注(2)参照。◉(2)幽州猶自可、最苦是江南＝末後は更に人を愁えしむ。【一五】注(9)参照。◉(3)**生薑終不改辣**＝わが性情の剛直さに変わりはない。【五八の二】注⒇参照。◉(4)或吹火而然…所以吹者異也＝火を吹いて燃えることもあれば、火を吹いて消してしまうこともある。吹く目的が違うからである。『淮南子』説山訓十五章。◉(5)釈迦老子…打什麼罪累＝お釈迦さんに何の不調法がある、八万の大衆はどんな罪に連座したと云うのか。◉(6)**紅霞碧靄籠高低、芳草野花一様春**＝夕焼け空に靄が一面立ちこめ、どこもかしこも春一色。頌古第四十七則（【二六四】）頌、もと前句は雪竇『祖英集』下「送僧」。◉(7)毛嬙西施…嫫姆倭傀…＝毛嬙や西施は、どんなに人をけなすのがうまい者でも、その美しさを否定することは出来ない、また嫫姆や倭傀は、どんなに誉めることのうまい者でも、その醜さを否定することは出来ない。「毛嬙」は夏の美人、「西施」は越の美人。「嫫姆」、「倭傀」は醜女の代表。『文選』巻五十一王褒「四子講徳論」、但し「娟」は「好」。

【一四七】

三月旦上堂《さんげつたんじょうどう》。「(1)山花《さんか》開《ひら》いて錦《にしき》に似《に》たり、澗水湛《かんすいたた》えて藍《あい》の如し〔(2)紫羅帳裏《しらちょうり》に真珠《しんじゅ》を撒《さっ》す。(3)白圭瑕無《はくけいきず》し〕。**(4)堅固法身《けんごほっしん》、太《はなは》だ端《はし》無し、(5)大龍《だいりゅう》、何《いず》れの処にか心肝《しんかん》を露《あら》わす**〔(6)仏身《ぶっしん》は法界《ほっかい》に充満《じゅうまん》して、普《あまね》く一切群生《ぐんしょう》の前に現ず。(7)面前露堂堂《めんぜんろどうどう》。(8)大龍、若し心肝を吐露《とろ》せば、浄《じょう》地《ち》上《じょう》の屙《あ》」。**諸人見得《しょにんけんとく》すること無きにあらず**〔(9)見得を用いて什麼《なに》をか為《せ》ん、若し見得せば眼瞎《まなこかつ》す〕」。**甚《なに》に因《よ》ってか挙得《ことく》することを解《げ》せざる**〔若し挙著《こじゃく》せば喪身失命《そうしんしつみょう》せん、(10)話《わ》、両橛《りょうけつ》と作る〕」。**払子を撃《う》って云く、「(11)又た流鶯《りゅうおう》を逐《お》うて短墻《たんしょう》を過《す》ぐ**〔(12)海神《かいじん》、貴《たっと》きことを知って価《あたい》を知らず〕」。

(1)**山花開似錦、澗水湛如藍**＝「早ヤ春ルジャ故ヘニ」。三月旦の現成公案。『碧巌』八十二に、堅固法身の問いに対する大龍の答語。◉(2)紫羅帳裏撒真珠＝「ドコモ、カシコモ、一面見事ナモノジャ」。『方語』に「情を尽くして掲示す」と。【三の二】注(12)参照。◉(3)白圭無瑕＝完全無欠。『碧巌』八頌、但し「瑕」は「玷」。「圭」は「細長い形で、上が尖り下が四角の玉、博さ三寸、厚さ半寸、長さは大きいもので九寸より有り、爵位や用途によって異なる」。「白圭玷」は『詩経』大雅の「抑」に基づく。◉(4)**堅固法身太無端**＝堅固法身は甚だ由《よし》ない、「トリチラカシタ」。「無端」は「①起点や終点が無い、②境界線が無い、見当が付かない、③いわれが無い」等の意。頌古第三十六則（【二五三】）頌注(3)参照。「堅固法身」は『華厳経』巻二十八の十忍品に、「堅固なること虚空の如くなるを以ての故に、壊す可からざる堅固法身を得たり」（大正九・五八三上）と見える。◉(5)**大龍何処露心肝**＝大龍が心底を丸出しにしている所はどこか。大龍智洪は白兆志円の法嗣、徳山三世。◉(6)仏身充満於法界、普現一切群生前＝「皆ソナタ衆之、肚ノ中ニ、有ル事サ」。【一の七】注(28)参照。◉(7)面前露堂堂＝面前にありありと。【七〇の二】注(2)参照。◉(8)大龍若吐露心肝、浄地上屙＝此の上さらに云うことがあれば、掃き清めたところへ糞をひるようなもの。【一〇二の一】注(13)参照。◉(9)用見得為什麼、若見得眼瞎＝「堅固法身ヲ見ルト目ガ潰《つぶ》レル、潰レネバ役ニ立ヌ」。◉(10)話作両橛＝「挙得ト見得ト、両ニナル」。『碧巌』八十二「堅固法身」の下語。◉(11)**又逐流鶯過短墻**＝（国師の代語）鶯の鳴音を追うて、覚えず隣家に踏み込んでしまったよ。「此処中々知音少《まれ》ナリ」。『普灯録』巻二十七翠巌可真（慈明下）の「臨済栽松」頌に、「砺山河を帯びて土疆を画す、漢高殿下に張良有り。千言万語、人の会する無し、～」の第四句に見えるが、多くは第三句の「千言万語、人の会する無し」と一緒に連用される。◉⑿海神知貴不知価＝真価を知る者なし。【八八】注⑸参照。

【一四八】

(1)**上堂。**「(2)**一即《いち》ち一切《いっさい》、一切即ち一**〔(3)残羹餿飯《ざんこうそうはん》。(4)縦《たと》い美食も飽人《ほうじん》の喫《きっ》に中《あた》らず〕」。**拄杖《しゅじょう》を拈《ねん》じて卓一下《たくいちげ》して云く、**「(5)**三祖大師、端《はし》無く**(6)**柳巷《りゅうこう》を穿《うが》って花街《かがい》に入る。**(7)**忽然《こつねん》として**〔(8)唯だ一乗法《いちじょうほう》のみ有り、無二亦《むにやく》無三《むさん》。(9)万里一条の鉄。(10)当処を離れず、常に湛然《たんねん》。(11)只だ国師のみ有って忽然として逢著《ぶじゃく》す〕(12)**幽鳥語《ゆうちょうご》喃喃《なんなん》、雲を辞《じ》して乱峰《らんぽう》に入るに逢著《ぶじゃく》す**〔(13)快鷹《かいおう》追えども及ばず、(14)前《まえ》に在《あ》るかとすれば忽焉《こつえん》として後《しりえ》に在《あ》り〕。(15)**合掌低頭《がっしょうていとう》して道《いわ》く、『羯諦羯諦《ぎゃていぎゃてい》』と。**(16)**是れ什麼《なん》の道理《どうり》ぞ、諸人各《しょにんおの》おの辨別《べんべつ》せよ**〔(17)仲尼《ちゅうじ》の謙《けん》を以てするも、子西《しせい》に忌《い》まる。仲尼の仁《じん》を以てするも、讎《あだ》を桓魋《かんたい》に取《と》る〕」。**又た拄杖《しゅじょう》を卓《たく》して下座《げざ》。**

(1)**上堂**＝三月十五日、旦望上堂か。◉(2)**一即一切、一切即一**＝三祖『信心銘』に見える語で、後の【一七三の二】、【二〇七】にも取り上げる華厳の教え。【六〇の二】注⑾にも言及した法蔵『金師子章』の「繁興大用、起こるときは必ず全真」という一乗円教の相即相入重々無尽の立場を表わす。◉(3)残羹餿飯＝他人の食べかすなぞいらぬ。【一の七】注(58)参照。◉(4)縦美食不中飽人喫＝此の方は腹一杯食っている、そなたの馳走は不要じゃ。【二一の二】注⑼参照。◉(5)**三祖大師**＝僧璨《そうさん》大師、永らく業病の風疾（ハンセン病）を患っていたが、四十を過ぎて二祖に見え、その教示により罪性の空なることを悟る。快癒後も髪が抜け落ち禿頭となり赤頭璨《せきとうさん》と呼ばれた。隋大業二年（六〇六年）大樹の下で立亡する。後に唐玄宗帝より歴代祖師方に先だって「鑑智《かんち》」の諡号を賜る（『伝法正宗記』巻六）。◉(6)**穿柳巷入花街**＝喧騒の巷《ちまた》。「柳巷花街」は遊郭。『虚堂録』巻一興聖録に、「只だ如《も》し花街に入り柳巷を穿ち波《は》波《は》挈《げっ》挈《げっ》として九句を過ごし了わらば、剋期取証又た作麼生」とあり、「直に是れ事事上、物物上に安居し了わるなり」(『犂耕』)。◉⑺**忽然逢著**＝「此ノ端的ニ逢著スレバ、幽鳥モ、乱峰モ、皆ソデ無イ、モノハナイ」。◉⑻唯有一乗法、無二亦無三＝『法華経』方便品の世尊偈。◉⑼万里一条鉄＝【九六の一】注⑶参照。◉⑽不離当処常湛然＝永嘉大師『証道歌』。◉⑾只有国師忽然逢著＝愚弄して、「此方ワ、生レナイ、サキカラ、逢テイマスト、云ウ心ジャ」。◉⑿**幽鳥語喃喃、辞雲入乱峰**＝静寂の本所に帰す。『虚堂録』巻一報恩録に見えるが、前句は「鬧市裏頭の事」、後句は「乱峰は鳥の本住の所」(『犂耕』)。『会要』巻十五白雲章に、「我が楊岐先師、慈明師翁に問う、『〜、〜の時如何』。答えて云う、『我れは荒草裏に行く、你は又た深村に入る』。進めて云く、『官には針をも容れず、更に一問を借らん』。師翁便ち喝す。進めて云う、『好喝』。師翁又た喝す。先師亦た喝す。師翁連喝両喝す。先師作礼して衆に帰す」と。◉⒀快鷹追不及＝『碧巌』八十本則下語に「俊鶻趁不及」とあり、「閃電の機に同じ」(『秘鈔』)。頌古第四則(【一二一】)頌評唱注⑶参照。◉⒁在前忽焉在後＝すぐ目の前にあるように思われた次の瞬間には、もう後ろにあるという具合。『論語』子罕篇に、顔回が孔子の働きを讃歎していう。◉⒂**合掌低頭道、羯諦羯諦**＝「三祖大師、有難ト…」、心経の陀羅尼。◉⒃**是什麼道理、諸人各辨別**＝「已下ハ国師、甚ダ叮寧叮寧」。◉⒄以仲尼之謙…以仲尼之仁…＝孔子ほどの謙虚さがあっても、子西に嫌われ、孔子ほどの仁愛があっても、恒魋に敵意をもたれた。『文選』巻五十三李康《りこう》「運命論」。「子西」は楚の昭王の名宰相、昭王が七百里の土地を与えて孔子を迎えようとしたが、反対して止めさせた。「恒魋」は宋の奸臣、孔子が大樹の下で弟子に礼を習わさせていたとき、その木を根こそぎにして孔子を殺そうとした(『史記』孔子世家十七)。

【一四九の二】

仏生日上堂《ぶつしょうにち》。僧問う、「釈迦老子《しゃかろうし》、今日、初めて⑴閻浮《えんぶ》に下る、⑵四衆《ししゅ》、筵《えん》に臨《のぞ》む、願わくは法要を聞かん」。師云く、「⑶斧頭元《ふとうもと》と是れ鉄」。進めて云く、「⑷薔薇《しょうび》、露《つゆ》を滴《した》て、楊柳《ようりゅう》、煙《けむり》を籠《こ》む、是れ瞿曇《くどん》の真面目《しんめんもく》なること

莫《な》しや」。師云く、「(5)驢鞍橋《ろあんきょう》を認《と》めて阿爺《あや》の下頷《したおとがい》と作《な》すこと莫《な》かれ」。進めて云く、「(6)世尊初生下《しょしょうげ》の時、周行《しゅうこう》七歩《しちほ》、一手《いつしゅ》は天を指し、一手は地を指す。是れ什麼《なん》の心行《しんぎょう》ぞ」。師云く、「(7)鉄丸《てつがん》、縫罅《ほうか》無し」。進めて云く、「天《てん》上天下唯我独尊《じょうてんげゆいがどくそん》と称す。(8)是れ傍若無人《ぼうじゃくぶじん》なるにあらずや」。師云く、「(9)他後《たご》、雲門一棒《うんもんいちぼう》の有る在り」。進めて云く、「雲門の棒頭《ぼうとう》、(10)還《かえ》って相当《あいあ》たるや也《ま》た未《いま》だしや」。師云く、「(11)焦塼打著《しょうせんたじゃく》す連底《れんてい》の凍《こおり》」。

(1)**閻浮**＝インドの古伝説に、須弥山の南島、南閻浮洲の意で、閻浮樹に覆われていると云う。此の世界を指す。◉(2)**四衆臨筵**＝「四衆」は【九七の二】注(7)参照。「臨筵」は法筵に臨んで。◉(3)**斧頭元是鉄**＝斧は元来鉄で出来たもの。「斧頭」は「斧」のこと。『句双紙』に、「よく透徹すれば本のままだゾ。言うこころは、そのまま本位なり」と。『続伝灯録』巻十六臨安居潤（三祖沖会の法嗣、雪竇三世）にも、「従上の古聖、…知識に参問し、築著磕著なり。忽然瞥地《べっち》に始めて刀是れ鉄の做《なせ》るを知り、一時に放下す」と、本分の契合を云う。◉(4)**薔薇滴露…莫是瞿曇真面目麼**＝「薔薇露」は「薔薇水」とも、「香水」を指す、浴仏灌頂の縁語。また「楊柳の煙」は【二〇〇の一】注(1)参照。◉(5)**莫認驢鞍橋、作阿爺下頷**＝とんだ取り違いをするな。【五〇の一】注(6)参照。◉(6)**世尊初生下時、周行七歩…**＝【四一の二】参照。◉(7)**鉄丸無縫罅**＝本分上には分別の入る余地はない。「鉄丸」は本分のこと、「縫罅」は縫い目。【一〇一の一】注(14)参照。◉(8)**不是傍若無人麼**＝「己独りと云うつら構え」（『秘鈔』）では無いか。「傍若無人」は『史記』荊軻伝二十六。『虚堂録』巻三育王録の入寺法語に、仏殿を指して、「（釈迦）老子傍若無人、到る処に尊と称す」と。◉(9)**他後有雲門一棒在**＝後に雲門の一棒打殺を喰らう。「他後」は「他日、後日」。【四一の一】参照。◉(10)**還相当也未**＝果たして相応しかったのでしょうか。「相当」は「相宜（適合している）」。◉(11)**焦塼打著連底凍**＝（雲門の打殺は）焼け甎《かわら》が氷を底まで打ち割った。跡形もない。「ヤイ国師、此ノ語ハ合頭ジャナイカ」。潙山善果の評語。【一四の二】注(10)参照。

【一四九の二】

乃《すなわ》ち云く、「地を指し天を指して独尊《どくそん》と称す 「(1)南は天台、北は五台。(2)鄭州《ていしゅう》の梨、青州《せいしゅう》の棗《なつめ》。(3)月は青天に在り、水は瓶に在り」、**(4)顚言倒語《てんごんとうご》、卒《つい》に論じ難し** 「(5)洪波《こうは》、壑《たに》に振るえば、川に恬鱗《てんりん》無く、驚風《きょうふう》、野《の》を払《はら》えば、林《はやし》に静柯《せいか》無し」。**(6)金容万徳《こんようまんとく》、誰有ってか看ん** 「(7)若以色見我《にゃくいしきけんが》、以音声求我《いおんじょうぐが》、是人行邪道《ぜにんぎょうじゃどう》、不能《ふのう》見如来《けんにょらい》」、**(8)偏界堂堂《へんかいどうどう》として常に独《ひと》り存す** 「(9)或いは張婆《ちょうば》が耳《みみ》の如く、又た李母《りぼ》が眉《まゆ》に似《に》たり」。**然《しか》も是の如くなりと雖《いえど》も、(10)一杓の悪水《あくすい》、更に放過《ほうか》し難し** 「(11)舜《しゅん》に卓錐《たくすい》の地《ち》無く、禹《う》に十戸の聚《しゅう》無し」」。**払子を以て禅床を撃《う》つこと一下《いちげ》す。**

(1)南天台北五台＝以下、指地指天にかけて、独尊の有り様。天台山は浙江省の東南、羅漢の霊場。五台山は山西省の北、文殊の霊場。【九四の二】注⒂参照。◉(2)鄭州梨青州棗＝「尾張大根、紀州蜜柑」。『五祖演録』初住四面山録の入院上堂（禅十二・四一三）。◉(3)月在青天水在瓶＝『会元』巻五李翱《りこう》章に見える薬山の語。但し「月」は「雲」である、所が『大灯百二十則』を始め『増補点鉄集』巻二十一等の日本の禅録になると「雲」は「月」に置き換えられてしまう。◉(4)**顚言倒語卒難論**＝でたらめ話ばかりで、全て話にならない。【三五の一】注(9)参照。「卒」は「悉《ことごと》く、終に」の意。◉(5)洪波振壑…驚風払野…＝大波が谷川に起こると安らかに泳ぐ魚はいなくなり、疾風が林野を吹き払うと静まった枝葉は無くなる。『文選』巻三十八殷仲文《いんちゅうぶん》「解尚書表」、但し「風」は「飆《ひょう》」。「釈迦ガ出ラレタラ、皆胆ヲツブイタ」。◉(6)**金容万徳有誰看**＝万徳円満の仏身と云っても、誰も見ることとならない。「此ヲ見タクワ、隻手ヲ聞ケ、何ン之看難イ事カ在ン」。◉(7)若以色見我…＝『金剛経』。「此ノ下語ハ、メクラガ見レバ合頭ノ語ジャ、然レドモ知音ニ逢ヘバ玉振金声」。【八三】注(3)参照。◉(8)**偏界堂堂常独存**＝じゃが、天地一杯に歴々とおわしてござる。「目前分明、釈迦デ無イ処ハナイ」。◉(9)或如張婆耳、又似李母眉＝張婆さんの耳のようでもあり、かと思うと、また李おっ母の眉のようでもあるわい。【二二の二】注⒀参照。「ココラヲ講釈スルト、畏イコト」。◉⑽**一杓悪水更難放過**＝さはさりながら、産湯ならぬ汚水を浴びせなければならぬところ。「悪水」は悪辣の手段。【八の二】注⑼、【一〇の二】注⑶参照。◉⑾舜無卓錐之地、禹無十戸之聚＝「ヲヌシラニ、カラダワ無イ、犬ニ犬之カラダワ無イ、皆弥陀ジャ」。【五一の二】注⒅参照。

【一五〇の二】

結夏小参《けつげしょうさん》。僧問う、「(1)結制已前《けつせいいぜん》、月白く風清し、豈《あ》に是れ(2)慧身《えしん》を成就する底の時節にあらずや」。師云く、「(3)眼睛《がんぜい》を刺破《しは》す」。進めて云く、「(4)結制已後《いご》、風清く月白し、(5)甚麼《いずれ》の処に向かってか剋期取証《こくごしゅしょう》せん」。師云く、「(6)三生六十劫《さんしょうろくじっこう》」。進めて云く、「今夜小参緊要の一句、(7)結制の前後に落ちず、願わくは提唱《ていしょう》を聞かん」。師云く、「(8)勘破了也《かんぱりょうや》」。進めて云く、「和尚、(9)縵天《まんてん》の網子《もうす》を布《し》いて衲子《のっす》を籠絡《ろうらく》す。(10)忽如《も》し金剛圏《こんごうけん》を透得《とうとく》する底《てい》の漢有らば、亦た作麼生《そもさん》か他を羅籠《らろう》し得ん」。師云く、「(11)森森《しんしん》たる夏木《かぼく》、杜鵑《とけん》啼《な》く」。進めて云く、「恁麼《いんも》ならば則ち謂《いっ》つ可《べ》し、(12)随処《ずいしょ》に主と作《な》れば、立処《りっしょ》皆な真なり」といって便ち礼拝す。師云く、「(13)且《しば》らく坐地《ざち》商量《しょうりょう》せよ」。

(1)**結制已前、月白風清**＝「今日ヨリ結制デゴザルニ、何モ変ッタ事ハナイ。火ハ暖ニ水ハ冷シ」。【四二の一】、【七三の二】参照。◉(2)**成就慧身**＝悟りの眼を開く。【四二の二】注⒇参照。◉(3)**刺破眼睛**＝お前さんのその凡眼をつぶして真眼を開け。『碧巌』五頌下語。仏弟子阿那律《あなりつ》は肉眼を敗壊して盲目となり天眼を獲得したと云う。◉(4)**結制已後、風清月白**＝結制以前も以後も、本来の法に於いてはいささかも変わりはない。『大応録』六十二章の解夏小参に、「二千年前風清月白、二千年後月白風清」と。【四二の一】注(7)、【七三の二】注⑽参照。◉(5)**向甚麼処、剋期取証**＝「此ノ外悟リナンノト云（フ事）ガ有ルカ」。「剋期取証」は【一〇の一】注(4)参照。◉(6)**三生六十劫**＝（その安物自前悟りでは）いつまで経っても程遠い。「ウヌガ様ナ奴ハ、埒ワ、アカン」。【一七の一】注⑾参照。◉⑺**不落結制前後、願聞提唱**＝結夏の前後際断した一句をお聞かせ願いたい。◉⑻**勘破了也**＝「ステッペンヨリ、ツマ先迄、見抜イタト云ウ事カ」。◉⑼**縵天網子**＝結制という網を我ら衲子に被せる。「縵天網」は「漫天網」、天を覆う網（『碧巌』四十五本則下語）。『老子』任為に、「天網恢恢，疎にして失わず」。◉⑽**忽如有透得…羅籠得他**＝金剛圏をも越える越格の衲僧なら、どう捕まえられますか。「金剛圏」は【一三二】注⑶参照。◉⑾**森森夏木杜鵑啼**＝鬱蒼たる夏木立にホトトギスの声。結夏初夏の現成公案、国師更に漫天の網子を布く。張無尽の句。【一三の二】注⑿参照。◉⑿**随処作主、立処皆真**＝されば、「何処でも随所に主となれば、そのままが真実」と云うことですね、と、僧の讃歎礼話。【一三八の一】注⑴参照。◉⒀**且坐地商量**＝「ジット坐ッテ詮議シテ分明ニ見ヨ」。「坐地」は「立地」の対で、「①坐る、②居ながら、その場で」の意。「商量」とは「商人のかけひき」から出た語で、「互いに満足するように中をとる、協議する」を云い、転じて「問答審議する」の意。

【一五〇の二】

乃《すなわ》ち云く、「⑴鵝護《がご》の雪、臘人《ろうじん》の氷〔⑵風、柳絮《りゆうじよ》を吹けば毛毬《もうきゆうわし》走り、雨、梨花《りか》を打てば蛺蝶《きようちよう》飛ぶ〕。**⑶古今結制の榜様《ぼうよう》、衲子《のつす》禁足の風規《ふうき》**〔荷葉団団《かようだんだん》として鏡よりも団《まる》く、菱角尖尖《りようかくせんせん》として錐よりも尖《するど》し〕。**三月《さんげつ》九旬の内、⑷七尺単前《しちしやくたんぜん》に於いて、⑸身心《しんじん》を澄濾《ちようろ》し、本智を成熟《じようじゆく》す**〔⑹若し是れ本智ならば、豈に其れ成熟有らんや〕。**⑺情と無情と一斉に安居《あんご》**〔⑻前三三後三三《ぜんさんさんごさんさん》、凡聖同居《ぼんしようどうご》、龍蛇混雑《りゆうだこんざつ》〕。**⑼前無く後無く、同時に寂定《じやくじよう》**〔⑽若し諸相の非相を見ば、即ち如来を見ん〕。**之れを⑾大円覚《だいえんがく》を以て我が伽藍《がらん》と為《な》し**〔⑿上《かみ》、片瓦《へんが》の頭《こうべ》を蓋《おお》う無く、下《しも》、寸土《すんど》の足を立つる無し。⒀万里一条の鉄〕、**身心、平等性智《びようどうしようち》に安居《あんご》すと謂《い》う**〔⒁身心不二、不二身心、⒂何《いず》れの処にか平等性智を安著《あんじやく》せん〕。**若し其れ⒃境を逐うて走作《そうさ》し、物に随って紛拏《ふんだ》せば、⒄此の**

処《ことわ》り有ること無し〔(18)渇鹿《かつろく》、焔《かげろう》に馳《は》せ、痴猿《ちえん》、月を捉《とら》う。(19)衆生顛倒《てんどう》して、己に迷うて物を逐う〕。**正与麼《しょうよも》の時、(20)本色行脚《ほんじきあんぎゃ》の師僧《しそう》、此の保社《ほうしゃ》に入《い》るか**〔若し是れ本色行脚の衲僧ならば此の保社に入らず〕、**此の保社に入らざるか」。払子《ほっす》を撃《う》って云く、「(21)金屑《きんせつ》貴《たっと》しと雖《いえど》も、眼に落ちては翳《えい》と成る**〔(22)裩《こん》無うして猶《な》お草裡《そうり》に坐する有り〕」。

(1)**鷲護雪、臘人氷**＝『虚堂録』巻一延福録の解制上堂に、「護鵝の戒は雪の如く、守臘の行は氷の若し」と。前句は『大荘厳論』巻十一に見える話（大正四・三一九〜三二一）、肉と誤って珠を呑み込んだ鵝の命を守って、盗人と疑われた比丘の戒行の雪の如き潔癖さ。後句は【一〇一の一】注(4)参照。◉(2)風吹柳絮…、荷葉団団…＝諸法実相。「コノ語何故ニ此ノ処ニ付ケタ、大衆骨ヲ折レ。荊棘透過ノ者ナラデハ、知ラナイ。コリャ何ノ事ダ」。底本は「梨花」を「李花」に誤る。【一二】注(12)参照。◉(3)**古今結制榜様、衲子禁足風規**＝昔からの結制のお手本、禁足の風紀。◉(4)**七尺単前**＝僧堂内の各人の坐床を単と云い、前三尺奥七尺ある。◉(5)**澄濾身心、成熟本智**＝底本の「瀘」は「濾」の誤り、『大灯録』原本の誤植。【七二の一】注(8)参照。◉(6)若是本智、豈其有成熟麼＝「人人具足ノ…、ナリクダモノ（生果実）デハ有マイニ」。◉(7)**情与無情、一斉安居**＝「草木国土悉皆成仏ジャ」。◉(8)前三三後三三、凡聖同居、龍蛇混雑＝ピンからキリまでゴッチャ混ぜの大所帯。「コリャ合頭ジャ」【一〇一の二】注(5)参照。◉(9)**無前無後、同時寂定**＝「如来ノ時モ、今モカワッタ事ハナイ」。◉(10)若見諸相非相、即見如来＝諸々の相の相に非ざることが分かれば、それが如来。「又合頭語ヲ、ココへ持テキタハ、甚ダキタナイ、然レドモ知音ガ見タラ面白カロウ」。【一三〇の一四】注(25)参照。◉(11)**以大円覚為我伽藍、身心安居平等性智**＝『円覚経』。【四二の一】注(4)(6)参照。◉(12)上無片瓦蓋頭、下無寸土立足＝虚空と一体、上更に蓋う天無く、下更に立つ地無し。【一八の二】注(5)参照。◉(13)万里一条鉄＝【九六の一】注(3)参照。◉(14)身心不二、不二身心＝慧忠国師の語に「身心一如、身外無余」（『会元』巻二）とあり、また『信心銘』

に「信心不二、不二信心」と。◉(15)何処安著平等性智＝「全体一顆ノ明珠ジャモノ」、平等性智の入る余地はない。◉(16)**逐境走作、随物紛拏**＝境に振り回され、物に付いて回る。「走作」は「心の奔走し造作するさま」。【七七の二】注(5)参照。「紛拏」は、混乱のさま。◉(17)**無有此処**＝大円覚は望むべくも無し。◉(18)渇鹿馳焔、痴猿捉月＝『宗鏡録』巻六（大正四十八・四四七下）。もと前句は『四巻楞伽経』巻二に、「群鹿渇に迫まらるるが為に春時の焔《かげろう》を見て水想を作し、迷乱馳趣す」を踏む。後句は『摩訶僧祇律』巻七（大正二十二・二八四上）に見える五百獼猴の話に基づく。【七五の二】注(5)参照。◉(19)衆生顛倒、迷己逐物＝【六の二】注(21)参照。◉(20)**本色行脚師僧、入此保社、不入此保社**＝本当の修行僧ならばこの仲間入りをするか、どうか。「保社」は保伍同社の意、近隣数家の互助組織、転じて共同生活を営む僧団を云う。『伝灯録』巻十二興化存奨章に克賓《こくひん》曰く、「這の保社に入らず」と。◉(21)**金屑雖貴、落眼成翳**＝「平等性智ト認ルト…」。【一六の一】注(7)参照。◉(22)無裩猶有草裡坐＝国師の児の為に醜きを忘れる様を抑下して。【一の七】注(41)参照。

【一五〇の三】

復《ま》た挙《こ》す。「(1)**僧、雲門に問う、『如何なるか是れ諸仏出身《しゅっしん》の処**〔(2)五鳳楼前《ごほうろうぜん》に洛陽を問う。(3)句裏《くり》に機《き》を呈《てい》して劈面《ひつめん》に来たる〕』。**門云く、『**(4)**東山水上行《とうざんすいじょうこう》**〔(5)同条生也《どうじょうしょうや》、(6)兎馬《とめ》に角《つの》有り。不同条死《ふどうじょうし》、牛羊《ぎゅうよう》に角《つの》無し〕』。(7)**韶陽《じょうよう》、只だ箇箇、鉄壁《てつぺき》を以て戸牖《こゆう》と為《な》し去らんことを要す**〔(8)万古《ばんこ》の徽猷《きゆう》、愛しつ可し、貴ぶ可し。所以に言う、(9)我れは愛す韶陽新定《じょうようしんじょう》の機、一生人の為に釘《くぎ》を抽《ぬ》き楔《くさび》を抜く〕。**山僧《さんぞう》は然《しか》らず、若し人有って、『如何なるか是れ諸仏出身の処』と問わば、便ち他《た》に対して道《い》わん、**(10)**鷲峰《じゅぶ》の山色、青うして更に青し**〔(11)草食《そうしょく》の獣《けもの》は藪《やぶ》を易《か》うることを疾《にく》まず、水生《すいせい》の虫《むし》は水を易うること疾まず〕。(12)**且《しば》らく道え、那箇《なこ》か親《しん》**〔(13)朝三《ちょうさん》暮四《ぼし》〕**、那箇か疎《そ》**〔暮四朝三〕**、分明《ふんみょう》に辨別して看よ**〔(14)故《ゆえ》無くして以て合《あ》う者は、則ち故無くして以て離《はな》る〕」。

(1)**僧問雲門、如何是諸仏出身処**…＝『雲門広録』巻上（禅十一・三三六）。◉(2)**五鳳楼前、問洛陽**＝馬鹿め、かの有名な洛陽の五鳳楼の前で洛陽を問う様なもの。五鳳楼は梁の太祖朱温が洛陽に建てたもので、地を去ること百丈、高さ半空に入ると云われた大楼閣。『普灯録』巻二十八普明慧琳（長霊卓の法嗣、黄龍下四世）の「北斗蔵身」の頌に、「～、金鞭遥指御街長。…」。◉(3)**句裏呈機劈面来**＝僧の「如何なるか是れ諸仏出身の処」と真っ向から突っ込んできた峻烈の機鋒恐るべし。「サワサリナガラ、チット、コハイヤツジャ」。『碧巌』九則頌。◉(4)**東山水上行**＝「富士山ガ水之上ヲ、アリク」。◉(5)**同条生也、不同条死**＝「宗門向上之関捩子ジャ」。『碧巌』十五頌評唱に巌頭道く、「雪峰は我れと同条に生ずと雖も我れと同条に死せず」と。【開筵垂示】第一段の注(1)参照。◉(6)**兎馬有角、牛羊無角**＝【一五】注(3)参照。◉(7)**韶陽只要箇箇以鉄壁為戸牖去**＝雲門の一句一句が容易に入り難い鉄壁の門戸。「戸牖」は戸と窓で、入り口。書き入れに、「国師ノ評判トハ違タ」「老僧ハ、豆腐ヲ以テ戸牖ト為シ去ント、評セン」。◉(8)**万古徽猷**＝万古に輝く大道。「徽猷」は「立派な教え。大道」。『碧巌』十五頌評唱に、平田普岸（百丈下）の頌として、「霊光不昧、万古徽猷。入此門来、莫存知解」と。◉(9)**我愛韶陽新定機、一生為人抽釘抜楔**＝雲門の斬新の機鋒は人の楔を抜く霊妙な働き。『碧巌』六本則評唱。【一四三の二】注(6)参照。◉(10)**鷲峰山色青更青**＝『大応録』崇福録一六八章に、「僧云く、『如何なるか是れ祖意』。師云く、『少室峰前、雪未だ消えず』。僧云く、『如何なるか是れ教意』。師云く、『～』」。「鷲峰」はマガダ国の霊鷲山、釈迦の根拠地、但しここでは国師の故処雲居《うんご》寺のあった東山三十六峰の鷲峰を指すか。◉(11)**草食之獣…水生之虫…**＝草食動物というものは叢《くさむら》から叢へ移動することを苦にやまず、水棲動物は棲む水を変えてゆくことを苦にやまない。『荘子』田子方篇。「此レヲ、云ウタワ、水上行ト同事」。◉(12)**且道那箇親、那箇疎**＝さあ、どちらが近いかな。◉(13)**朝三暮四、暮四朝三**＝朝に三個暮に四個と、朝に四個暮に三個と。いずれも実質に変わりは無い。『荘子』斉物論篇。【一二五】注(7)参照。◉(14)**無故以合者、則無故以離**＝理由無しに結ばれたものは、理由無しに離れ去る。「只最初ガ大事ジャト云ウ事ジャ」。『荘子』山木篇に「小人の交わりは甘きこと醴《れい》の如し、…」に続く文句。

【一五一の二】

次の日上堂。僧問う、「⑴樹頭紅稀《じゅとうこうまれ》に林下《りんか》緑暗《みどりくら》し、好箇《こうこ》の時節、請《こ》う師提唱《ていしょう》せよ」。師云く、「⑵万里一条の鉄」。進めて云く、「恁麼《いんも》ならば則ち⑶薫風自南来《くんぷうじなんらい》、殿閣生微涼《でんかくしょうみりょう》」。師云く、「⑷之れを見て取らざれば、之れを思うこと千里」。進めて云く、「今朝、尽《ことごと》く是れ護生安居《ごしょうあんご》、当《まさ》に何事をか図《はか》るべき」。師云く、「⑸黒衣《こくえ》を著《つ》け黒柱《こくちゅう》を護る」。進めて云く、「⑹朝《あした》には西天《さいてん》に行き、暮《くれ》には東土《とうど》に帰るが如きんば、還《かえ》って禁足《きんそく》の分《ぶん》有りや」。師云く、「⑺我が者裡《しゃり》、呼んで走作《そうさ》の漢《かん》と作《な》す」。進めて云く、「学人今夏《こんげ》和尚に依附《えふ》す、何の方便か有る」。師云く、「⑻只だ此の一問、何《いず》れよりか来たる」。進めて云く、「⑼若し楼《ろう》に登って望《のぞ》まずんば、焉《いずく》んぞ滄海《そうかい》の深きことを知らん」といって便ち礼拝す。師云く、「⑽何ぞ必ずしもせん」。

⑴**樹頭紅稀、林下緑暗**＝樹木に最早花無く、木々の緑萌えて幽暗である。「緑暗紅稀」は暮春から孟夏の景色。◉⑵**万里一条鉄**＝「合頭、アンマリ、ヤス売リジャ」。【九六の一】注⑶参照。◉⑶**薫風自南来、殿閣生微涼**＝現成公案。【一〇の二】注⒆参照。◉⑷**見之不取、思之千里**＝「ココデ骨折レ」。洞山守初の語。【四〇の一】注⑸参照。◉⑸**著黒衣、護黒柱**＝本分の主人公を大切に護れ。『虚堂録』巻一興聖録。古より「青衣（黒衣）を穿《き》て、黒柱を抱（保）く」の語があるが、「各々自分の主人を肩入れしてかばうもの」（上海辞書版『中国俗語大辞典』）の義である。『犂耕』には、「護黒柱」を「黒は是れ本分正位、…柱とは僧堂の柱なり」と。【四二の二】注⒅参照。◉⑹**朝行西天…還有禁足分麼**＝朝インドに行って暮には唐土に帰ってくると云う衲僧門下の自在さには、禁足の様は有りますか。「走作」は「心の奔走し造作するさま」。【四三の一】注⑿参照。◉⑺**我者裡呼作走作漢**＝衲《わし》の所ではそんなものは、「ウロタキモノト云ウ」。【七七の二】注⑸参照。◉⑻**只此一問従何来**＝「ソノ出処ヲ見ヨ、ソウスルト知レル」。◉⑼**若不登楼望、焉知滄海深**＝僧の礼話。『続伝灯録』巻六洞山慧円（開先暹の法嗣、雲門下四世）の章に、「如今箇箇高く鉢嚢《はつのう》を掛け拄杖を閣《かく》

却《きゃく》す、更に什麼事の会す可き有らんや。然も如是なりと雖も、〜、〜」と。「若し向上の処に到らずんば、和尚の仏法深妙の意を知る能わず」（『犂耕』）。◉(10)**何必**＝「ソヲデモナイサ」。そうと決まったものでない、と、僧の立処を奪う。

『碧巌』三十八本則下語。

【一五一の二】

乃《すなわ》ち云く、「今日是れ結制、一衆各《いっしゅおの》おの禁足〔(1)我れ常に此《ここ》に住して、常に説法して、無数億の衆生を教化《きょうけ》す〕、(2)**眼眸《がんぼう》重きこと千斤《せんきん》、**(3)**堂裡《どうり》、両脚を伸《の》ぶ。是れ箇の什麼《なん》の道理ぞ**〔(4)走《はし》るに手《て》を以てせざれども、手を縛《しば》りて走れば疾《と》きこと能《あた》わず。飛《と》ぶに尾《お》を以てせざれども、尾を屈《くつ》して飛べば、遠《とお》きこと能わず〕。(5)**三条椽下《さんじょうてんか》に摸索《もさく》せよ**〔(6)来年蚕麦《さんばく》の熟するを願って、羅睺羅児《らごらじ》に一銭を与《あた》う〕」。

(1)我常住於此…無数億衆生＝『法華経』寿量品の偈。【一の七】注(72)参照。◉(2)**眼眸重千斤**＝「仏ガ出テモ餓鬼ガ出テモ、キョロカワト、目ヲ開イテ脇見ハセヌ」。【一〇一の二】に「眼眸、謾《みだ》りに開かず（眼は半開、坐禅の様）」と。また【一七九の一】結夏小参にも、「『学人一夏、如何が履践せん』。師云く、『〜』」と。「眼眸」は「眼睛」、「目の玉」のこと。『参詳語要』二にも「眼眸重三斤」とあり、また五祖法演の語に「金剛眼睛十二両」（『会元』十九）と。◉(3)**堂裡伸両脚**＝禅堂内で両足を伸ばして眠る。『伝灯録』巻十五夾山《かっさん》の頌、「明明として悟法無し、悟法は却って人を迷わす。長く両脚を舒《の》べて睡れば、偽も無く亦た真も無し」を踏まえた、大閑のあいた境界。◉(4)走不以手…飛不以尾…＝走るのに手を使いはしないが、手を縛れば速く走ることは出来ない。飛ぶのに尾を使いはしないが、尾を曲げれば遠くまで飛ぶことはできない。『淮南子』説山訓十五章に、無用の用を説く。◉(5)**三条椽下摸索**＝各自の単に坐って究明せよ。【二〇一の二】注(44)参照。◉(6)願来年蚕麦熟、羅睺羅児与一銭＝来年の豊作を願って、ラゴラ仏様に賽銭でもあげよう。「羅睺羅児」は願掛けの土偶。底本の「待」は「願」の誤記。【一二〇の四】注(28)参照。

【一五二の二】

上堂。僧問う、「学人《がくにん》(1)心猿《しんえん》未だ穏《おだや》かならず意馬奔馳《いばほんち》す、願わくは方便を示せ」。師云く、「(2)鉄鎚《てっつい》孔《あな》無し」。進めて云く、「(3)与麼《よも》ならば則ち要津《ようしん》を把断《はだん》し去れり」。師云く、「(4)又た与麼にし去るや」。進めて云く、「記得《きとく》す、(5)巌頭《がんとう》、徳山《とくさん》に問う、『是れ凡《ぼん》か是れ聖《しょう》か』と。意、那裏《なり》にか在る」。師云く、「(6)石《いし》は空裡《くうり》より立つ」。進めて云く、「山《さん》便ち喝《かつ》すと。如何《いかん》が理会《りえ》せん」。師云く、「火《ひ》は水中《すいちゅう》に向かって焚《た》く」。進めて云く、「若し人有って、和尚に、『是れ凡か是れ聖か』と問わば、聻《にい》」。師云く、「(7)九九《くく》八十二」。

(1)**心猿未穏、意馬奔馳**＝妄識の止まざるさま。『続高僧伝』巻七、北周・渭浜の沙門亡名「息心銘」に、「識馬は奔り易く、心猿は制し難し」（『伝灯録』巻三十）と。◉(2)**鉄鎚無孔**＝「ウヌメハ、何ン之、カ之ト、云ウテモ、無孔之鉄槌ジャ」【四三の一】にも「一向無孔鉄鎚」とある様に、手の付けようも無し、銀山鉄壁。【八の二】注(2)参照。◉(3)**与麼則把断要津去也**＝そうならば、「本分向上之処デ、ゴザリマスカ」。【四九の一】注(4)参照。「把断」は「把」の強調形、断ち切るの意ではない。『虚堂録』巻一興聖録の入寺問答。◉(4)**又与麼去也**＝「ソウ云ヘバ、早ヤ、ソウ合点スルナ」。趙州勘婆の話に、「僧、纔かに行く。婆云く、『〜』」（禅十一・三一八）。◉(5)**巌頭問徳山、是凡是聖…**＝『伝灯録』巻十六巌頭全豁《ぜんかつ》章に、「師、方丈の門に入って身を側《そば》めて問う、『是れ凡か是れ聖か』。徳山喝す。師礼拝す。有る人、洞山に挙似《こじ》す。洞山曰く、『若し是れ豁《かつ》上座にあらずんば、大いに承当し難し』。師之れを聞いて乃ち曰く、『洞山老人、好悪を識らず、錯って名言を下す。我れ当時、一手擡一手搦』」と。◉(6)**石従空裡立、火向水中焚**＝【一の六】注(11)参照。◉(7)**九九八十一**＝九九元来八十一、機語。『大応録』一〇一章、もと『会元』巻十三雲居道膺《うんごどうよう》章に、「僧問う、『羚羊角《れいようつの》を挂《か》く時如何』。師曰く、『六六三十六』。曰く、『角を挂く後如何』。師曰く、『六六三十六』。僧礼拜す。師曰く、『会すや』。曰く、『不会』。師曰く、『道うことを見ずや、蹤跡無しと』。其の僧、趙州に挙似す。州曰く、『雲居師兄《すひん》猶お在り』。僧便ち問う、『羚羊角を挂く時如何』。州曰く、『九九八十一』。曰く、『角を挂く後如何』。州曰く、『九九八十一』」と。

【一五二の二】

乃《すなわ》ち挙《こ》す。「(1)**僧、洞山に問う、『寒暑《かんじょ》到来、如何《いかん》が回避《かいひ》せん**〔(2)昨夜風は敲《たた》く門外の竹、也《ま》た知る賊の貧家を打せざることを〕』。**山《さん》云く、『何ぞ無寒暑の処に向かって去らざる**〔(3)児《じ》を憐《あわ》れんで醜《みにく》きことを覚《おぼ》えず〕』。**僧云く、『如何なるか是れ無寒暑の処**〔(4)宝所《ほうじょ》は近きに在り、更に一歩を進めよ。(5)蹉過了也《しゃかりょうや》〕』。**山云く、『寒《かん》の時は闍梨《じゃり》を寒殺《かんさつ》し、熱《ねつ》の時は闍梨《じゃり》を熱殺《ねつさつ》す**〔(6)阿吒吒《あたた》、阿波波《あはは》。(7)人《ひと》と其の楽《たの》しみを共《とも》にする者は、人必ず其の憂《うれ》いを憂《うれ》え、人と其の安《やす》きを同《おな》じうする者は、人必ず其の危《あや》うきを拯《すく》う〕』。**山僧《さんぞう》は然《しか》らず、若し人有って、『如何《いか》なるか是れ無寒暑の処』と問わば、只だ他に対して道《い》わん、**(8)**静処薩婆訶《じょうしょそわか》と**〔(9)可惜許《かしゃっこ》〕。**且《しば》らく道え、那箇《なこ》か親《しん》、那箇か疎《そ》、諸人各《おの》おの辨別せよ**〔(10)落花人《ひと》独《ひと》り立ち、微雨燕《つばめ》双《なら》んで飛ぶ〕」。

(1)**僧問洞山、寒暑…**＝『碧巌』四十三則。【七二の二】注(1)参照。◉(2)昨夜風敲門外竹、也知賊不打貧家＝昨夜風が来て門外の竹葉を吹き、竹枝を敲く如き声を聞いた。我が庵には万事浄尽して一点もない、人の尋ね来る用はない。もとより賊などの来る気遣いはない。『江湖風月集』巻下三山敬叟荘和尚「了菴」の号に、「糸毫《しごう》浄尽して一も立せず、一撃元と無し眼裡の沙《すな》。〜、〜」。香厳撃竹の故事を踏まえて。ある抄本に、「賊は六根の賊なり、外塵已に尽き内塵また無し」。◉(3)憐児不覚醜＝我が子可愛さの余り、なり振り構わない。老婆心切。『碧巌』三十八本則評唱、もと『智門光祚録』（禅十二・六六四）。◉(4)宝所在近、更進一歩＝【一〇一の二】注(27)(29)参照。底本の「有」は「在」の誤り。◉(5)蹉過了也＝（あと一歩、さは然り乍ら）白雲万里。『伝灯録』巻七、三角総印（馬祖嗣）章に、「若し此の事を論ぜば、眉毛を眨上《そうじょう》するも早已《すで》に蹉過也」。◉(6)阿吒吒、阿波波＝寒氷地獄の様。【一一〇の三】注(14)参照。◉(7)与人共其楽者…与人同其安者…＝人とともにその楽しみを共有する者は人もその人の憂いを共にする、人とその安全を共にする者は人もその人の危険を助ける。『文選』巻五十二曹冏《そうけい》「六代論」。◉(8)**静処薩婆訶**＝静処で修習すべし。「此ヲ見損ノヲテ、熱イ時ハ気ヲ静メテ、ジット居ッタガヨイト、云ウト、死デ地獄ゾ」。底本の「薩訶」は「薩婆訶」の誤植。【四九の二】、【八一の二】では「静処娑婆訶」。◉(9)可惜許＝おしい、「ブチノメセバヨイニ」。◉(10)落花人独立、微雨燕双飛＝落花の下一人たちつくし、霧雨をついて番《つが》いの燕が飛ぶ。「此リャ又何ノ事ジャ、手前ノ口カラ吐キ出シタ様ニナケレバ、役ニ立タン」。『増補点鉄集』巻之四。

【一五三の二】

端午《たんご》上堂。僧問う、「今朝、正に是れ端午の節、(1)家家《かか》、艾虎《がいこ》を掛け、処処《しょしょ》、香湯《こうとう》を浴《よく》す。和尚節《せつ》に応ずる一句、願わくは提唱《ていしょう》を聞かん」。師云く、「(2)黄鶴楼前《こうかくろうぜん》、鸚鵡洲《おうむしゅう》」。進めて云く、「恁麼《いんも》ならば則ち(3)山《やま》は自《おの》ずから青く、水は自ずから緑なり」。師云く、「(4)随後婁捜《ずいごるそう》の漢《かん》」。進めて云く、「記得す、(5)文殊、善財《ぜんざい》をして薬を採《と》らしむ。財《ざい》云く、『手に信《まか》せて採り来たるに、是れ薬ならざるは無し』と。此の意如何《いかん》」。師云く、「(6)瞎漢《かつかん》、乱統《ろんとう》して什麼《なに》をか作《せ》ん」。進めて云く、「善財、一茎草《いっきょうそう》を拈《ねん》じて文殊に度与《どよ》す。文殊云く、『此の薬、亦た能《よ》く人を殺《ころ》し、亦た能く人を活《いか》す』と。又た作麼生《そもさん》」。師云く、「(7)上《かみ》は是れ天《てん》、下《しも》は是れ地《ち》」。

(1)**家家掛艾虎、処処浴香湯**＝「艾虎」は隋代北人の間で艾葉《よもぎ》を虎形に結んで頭髻に挿す風習を踏まえたもの。「香湯」

は蘭湯で、蘭はふじばかまの香草。【一三の二】注(1)に引用した『荊楚歳時記』の杜公瞻の注に基づく。◉(2)**黄鶴楼前鸚鵡洲**＝「見上レバ鷲津山、見ヲロセバ繁獅子浜ノ釣船」。黄鶴楼は湖北省武昌県の南西にある名所、鸚鵡洲はそれに直面した江の中洲だったが今は無い、宋以前の故地、対岸は漢陽県。洞山暁聡の語。頌古第十六則（【一二三二】）垂示参照。◉(3)**山自青、水自緑**＝『頌古聯珠通集』巻二十五辛菴儔、「山自青兮水自緑」。◉(4)**随後婁捜漢**＝人の言葉尻に付いて回るやつ。【一の九】注(3)参照。◉(5)**文殊令善財…**＝【一三の一】注(2)参照。◉(6)**瞎漢乱統作什麼**＝「乱統」は『葛藤語箋』に「ろんとう」と訓み、他の「儱統、儱侗、郎当、漏逗」と同じく『愚滞』の項目に入る、「とりみだした」の義。『会要』巻十三芭蕉谷泉章に、「驢漢、不会ならば便ち休せよ、乱統して作麼《なに》をかなさん」と。◉(7)**上是天、下是地**＝「ウヌガ頭ノ上ヲ看ヨ、足ノ下ハ地ジャ」。万象之中《しちゅう》独露身の有り様。【一五四の一】注(3)参照。『会元』巻五丹霞天然章に、「路に一老人と一童子とに逢う。師問う、『公は何れの処にか住するや』。老人曰く、『～、～』」と。『碧巌』六頌下語。

【一五三の二】

乃《すなわ》ち云く、「(1)今朝端午の節、妖《よう》も無く亦た怪《かい》も無し〔(2)是れ甚麼《なん》ぞ、(3)是れ一重大小大《だいしょうだい》の妖怪にあらずや。(4)陰陽《いんよう》到らざる処、一片《いっぺん》の好風光《こうふうこう》。(5)什麼《なん》の怪力乱神をか著《つ》けん〕。(6)**善財の薬を仮らず**〔(7)無病の大病は尤《もっと》も医治し難し、(8)扁倉《へんそう》も亦た手を挟む所無けん〕、(9)**人人自《おの》ずから慶快《けいかい》**〔(10)那一病、什麼《いずれ》の処にか著く。(11)誰か知る、良医《りょうい》の門に病者愈《いよ》いよ甚《はなは》だしきことを、此れは是れ今時《こんじ》難治の重症〕」。**払子を撃《う》って下座《げざ》。**

(1)**今朝端午節、無妖亦無怪**＝「妖怪」に就いては、【一三の二】注(3)参照。◉(2)是甚麼＝「ケチナ、モノヲ、引ズリ出タナ」。◉(3)不是一重大小大妖怪麼＝これまた大した妖怪ではないか。「大小大」は小の字意なし。【五の一】注(11)

参照。◉(4)陰陽不到処、一片好風光＝陰陽を超えたる所、真の好景。【四六の二】注(2)参照。◉(5)著什麼怪力乱神＝もとより無し。【五八の一】注(2)参照。◉(6)**不仮善財薬**＝「薬モ要ラヌ、其ノ身其ノ儘デ仏ジャト云ウ」。◉(7)無病大病、尤難医治＝「ソノ無念無心ノ立枯禅法、今時天下ノ叢林皆立ノ儘、木地ノ儘ガヨイ」などと云う無事禅こそ大病。【七六の二】注(7)参照。◉(8)扁倉亦無所挟手＝「扁倉」は春秋戦国時代の名医、扁鵲《へんじゃく》と倉公《そうこう》。◉(9)**人人自慶快**＝『碧巌』十八本則評唱にも「慶快平生」と見えるが、「平生の凝膺《げよう》の物除《のけ》らる故に慶快比《たぐい》無きなり」(『樗栳珠』)。◉(10)那一病著什麼処＝慶快と云うのも早大病、何処へ片づければよいか。【一〇三】注(7)参照。◉(11)誰知良医門病者愈甚＝「今、日本之曹洞・黄檗・林才派之、立枯ドモ、人ニ自慶快ジャト云ウ、此ノ大病ワ、中々医シ難ゾ」。【一〇三】注(8)参照。

【一五四の二】

半夏《はんげ》上堂。僧問う、「一夏《いちげ》已《すで》に半《なかば》を過《す》ぐ、(1)崑崙《こんろん》に生鉄《さんてつ》を嚼《か》む。半夏已後《いご》又た如何《いかん》が履践《りせん》し去らん」。師云く、「(2)晨朝《しんちょう》は粥《しゅく》、斎時《さいじ》は飯《はん》」。進めて云く、「已前已後は且《しば》らく置く、正当《しょうとう》今日、直《じき》に指示《しじ》を聞かん」。師云く、「(3)頭《こうべ》、天《てん》を頂《いただ》き、脚《あし》、地《ち》を履《ふ》む」。進めて云く、「記得す、(4)僧、智門《ちもん》に問う、『蓮華《れんげ》未だ水を出でざる時如何《いかん》』。門云く、『蓮華』と。意旨《いし》作麼生」。師云く、「(5)水洒《みずそそ》げども著《つ》かず」。進めて云く、「僧云く、『水を出でて後如何』。門云く、『荷葉《かよう》』と。(6)還《かえ》って端的《たんてき》なりや也た無《まいな》や」。師云く、「風吹《ふ》けども入《い》らず」。進めて云く、「水《みず》を出づると水を出《い》でざると、相去《あいさ》ること多少《たしょう》ぞ」。師云く、「(7)何ぞ老僧に向かって問い将《も》ち来たらざる」。進めて云く、「(8)花《はな》を移《うつ》しては蝶《ちょう》の至《いた》るを兼《か》ね、石《いし》を買《か》うては雲《くも》を得《う》ること饒《おお》し」といって便ち礼拝す。師云く、「(9)吽《うん》」。

(1)**崑崙嚼生鉄**＝なま鉄の丸かじり。【一八の一】注(2)参照。◉(2)**晨朝粥、斎時飯**＝『伝灯録』巻十九龍興宗靖(雪峰下)章に、「問う、『如何なるか是れ和尚の家風』。師曰く、『早朝は粥、斎時は飯』。曰く、『更に請う、和尚道え』。師曰く、

『老僧困ず』。曰く、『畢竟作麼生』。師大笑するのみ」。◉⑶**頭頂天、脚履地**＝「ヤイコリャ、頭上ハ是レ天、脚下ハ是レ地、キョロツクマイ」。『洞山初録』に、「頭戴天、脚履地」（禅十二・六五八）。【一五三の二】注⑺参照。◉⑷**僧問智門、蓮華未出水時如何…**＝『碧巌』二十一。蓮華、荷葉と名は異なれども物は同じ。蓮華未出水と出水の問答は既に『投子大同録』に、「未出水」に「隠隠地」、「出水後」に「蓋覆不得」と見える。◉⑸**水洒不著、風吹不入**＝「仏祖モ乞命」、「仏祖モ見届ル事ナラヌ」。◉⑹**還端的也無**＝ほんとうにそうでしょうか。◉⑺**何不向老僧問将来**＝相手の問に対して「どうして衲《わし》に問わないのか」と切り返すのは天皇道吾の手段。『伝灯録』巻十四天皇道吾章に、「僧問う、『如何なるか是れ玄妙の説』。師曰く、『道うこと莫かれ、我れ仏法を解すと』。僧曰く、『学人の疑滞を争奈何《いかん》せん』。師曰く、『何ぞ老僧に問わざる』。僧曰く、『問い了われり』。師曰く、『去れ、是れ汝が存泊する処にあらず』」と。◉⑻**移花兼蝶至、買石得雲饒**＝お蔭様で思わぬ余得がありました、と、僧の礼話。『虚堂録』巻一報恩録の無準和尚至上堂に見える、もと唐姚合《ようごう》（姚崇の玄孫、姚武功と号す）の「武功県詩」（『全唐詩』四九八）第四首の腰聯。花を移し植えると自ずと蝶がやって来るし、石を買って庭に据えると自ずと雲が湧いてくる。因みに、石を雲根と云う。◉⑼**吽**＝「クソクライメ、吽ト云心ジャ」。【三二】注⑻、【四六の一】注⒅参照。

【一五四の二】

乃《すなわ》ち拄杖《しゆじよう》を拈《ねん》じて云く、「⑴**六月《ろくげつ》熱せざれば五穀《ごこく》熟《じゆく》さず**（⑵富む者は多くは慳《けん》なり、慳に非れば富むこと能わざるなり、富む者は多くは愚なり、愚に非れば富むこと能わざるなり）、**今日諸人の為に之れを熱し之れを熱せしむ**（⑶貴き者は必ずしも富まず、富む者は未だ必しも貴からず）」。**卓拄杖一下《たくしゆじよういちげ》して云く、**「**已《すで》に熱し已に熟して後、如何**（⑷富貴《ふうき》なれば他人も合《あ》い、貧賤《ひんせん》なれば親戚も離《はな》る）」。**拄杖を擲下《てきげ》して云く、**「⑸**天平らかに地平らかなり**（⑹非常の賞《しよう》を設《もう》け、以て非常の功《こう》を待《ま》つ）」。

(1)**六月不熱五穀不熟**＝夏に暑くなければ秋には実らない。「学者デモ、若イ時骨折タモノデナクテハ、役ニ立ヌ」。【四八の二】注(9)参照。◉(2)富者多慳…非愚不能富也＝金持ちは多くがケチ、締り屋でなければ金持ちにはなれない。金持ちは多く愚鈍である、愚直でなければ金持ちにはなれない。『五雑組』巻五、人部一の富三に見える。◉(3)貴者必不富、富者未必貴＝高貴な者必ずしも金持ちではない、金持ち必ずしも高貴な人とは限らない。「学者モソノ通リ、為ニナル事ナラバ、一句半偈デモ稼ギタメルガヨイ。気位ノ高イ者ハ才学ニ、富ムモノデナイ」。出典未詳。◉(4)富貴他人合、貧賤親戚離＝富貴であると他人すらも付いてくるが、貧乏になると親戚さえも離れそむいてゆく。『文選』巻二十九曹顔遠《そうがんえん》「感旧詩」。◉(5)**天平地平**＝天下太平なり。【一二〇の五】注(11)参照。◉(6)設非常之賞、以待非常之功＝尋常ならざる恩賞を設けて、尋常ならざる功績を待っておられる。続いて「乃ち覇夫烈士、命《めい》を奮《ふる》うの良時《りょうじ》なり。勉めざる可けんや」と。『文選』巻四十四陳琳《ちんりん》「檄呉将校部曲文」。

【一五五の二】

(1)上堂。僧問う、「(2)火雲《かうん》空《そら》を焼き普天《ふてん》炎熱《えんねつ》、什麼《いずれ》の処に向かってか正《まさ》に回避《かいひ》することを得ん」。師云く、「(3)迦《か》葉《しょう》門前、風凜凜《りんりん》」。進めて云く、「学人今日、(4)鶻臭《こつしゅう》布衫《ふさん》を脱却《だつきゃく》し去れり」。師云く、「(5)浄躶躶《じょうらら》地の一句、作麼生か道わん」。進めて云く、「記得す、(6)馬大師、一日陞堂《しんどう》、百丈《ひやくじょう》出でて席を捲《ま》く。意、那裡《なり》にか在る」。師云く、「(7)方木《ほうぼく》、円孔《えんく》に投《とう》ず」。進めて云く、「大師便ち下座《げざ》、方丈に帰る。又た如何《いかん》」。師云く、「(8)清風《せいふう》、歩《ほ》に随って生ず」。進めて云く、「(9)和尚今日上堂、人の席を捲《ま》く無し。豈《あ》に是れ無事《ぶじ》にし去るにあらずや」。師云く、「(10)子《こ》を養《やしな》って父《ちち》に及ばざれば、家門《かもん》一世に貧《まず》し」。進めて云く、「席を捲くと席を捲かざると、那箇か是れ親《しん》、那箇か是れ疎《そ》」。師云く、「(11)苦《く》なる哉《かな》、仏陀耶《ぶつだや》」。

(1)**上堂**＝六月十五日の旦望上堂か。◉(2)**火雲焼空…正得回避**＝「寒暑到来如何回避」の話は【七二の二】、【一五二の二】に既に挙す。◉(3)**迦葉門前風凛凛**＝嶮峻門庭（『犂耕』）に身の引き締まる風。「本分ノ田地ニ至ルト寒暑ハナイ」。『虚堂録』巻三育王録の入寺法語に見える。「迦葉門」とは釈迦方便門の教門に対して釈迦直伝の禅門を云う。『伝灯録』巻十八玄沙章に、「只だ従上の宗風の如きは是れ諸仏の頂族《かなめ》なり。汝既に承当し得ず、所以に我れ方便もて汝に勧む、但だ迦葉門より接続せよと。頓に此の一門を超去すれば、汝が凡聖・因果を超え、他の毘盧妙荘厳世界海を超え、他の釈迦の方便門を超え、直下永劫に一物として汝に与えて眼に見るを作すもの有らしめず」。◉(4)**脱却鶻臭布衫去**＝腋臭のころもを脱いで、さっぱりいたしました。【四八の二】注(3)参照。◉(5)**浄躶躶地一句、作麼生道**＝そのさっぱりした処をさらに一句云うてみよ（しかし僧の返答なし）。◉(6)**馬大師一日陞堂、百丈出捲席**＝上堂の日、大衆集まり、馬祖、座に昇るやしばし良久した時、弟子の百丈は、説法はもう済みましたとばかり、面前の拝席を片付けた。『伝灯録』巻六百丈章。◉(7)**方木投円孔**＝「投」は本来「逗」、但し「投」に通ず。丸い穴に四角の木を突っ込む様なもの。元来機機投合せず（『種電鈔』）。『碧巌』四十八頌下語、もと『伝灯録』巻十七雲居道膺《うんごどうよう》の章に、「若し有限の心識を将て無限中の用と作さば、方木を将て円孔に逗ずるが如し、多少の差訛」と。◉(8)**清風随歩生**＝「馬大師歩ニ随テ、清風生ず」。◉(9)**和尚今日上堂…豈不是無事而去**＝国師門下には席を捲くような働きをするものはおりませんが、これこそ無事に済ますと云うところではありませんか。◉(10)**養子不及父、家門一世貧**＝（席を捲くほどの）親爺を抜くような弟子が出てこないようでは、吾門は一代で衰える。『会要』巻十一広慧元璉（首山下）章に見える、但し「貧」は「衰」。『白雲守端広録』巻一では「貧」。頌古第十九則（【一二三六】）頌の下語を参照。◉(11)**苦哉仏陀耶**＝アア、悲しいことだ、「南無仏陀」と仏に哀訴。【一〇一の二】注(36)参照。

【一五五の二】

乃《すなわ》ち云く、「(1)大通智《だいつうち》勝仏《しょうぶつ》〔(2)空手《くうしゅ》にして鋤頭《じょとう》を把《と》り、歩行《ほこう》にして水牛《すいぎゅう》に騎《の》る、人《ひと》は橋上《きょうじょう》より過《す》ぎ、橋《はし》は流《なが》れて水《みず》は流《なが》れず〕、十劫坐《じゅうごうざ》道場〔天上天下《てんじょうてんげ》、唯我独尊《ゆいがどくそん》。(3)新秋簾幕《しんしゅうれんばく》、千家《せんか》の雨《あめ》、落日楼台《らくじつろうだい》、一笛《いってき》の風《かぜ》〕、(4)仏法不現前《ふげんぜん》〔(5)雨前《うぜん》初めて見《み》る花間《かかん》の葉《は》、雨後《うご》兼ねて葉底《ようてい》の華《はな》無《な》し〕、不得成仏道《ふとくじょうぶつどう》〔(6)蛺蝶《きょうちょう》飛《と》び来たり牆《まがき》を過ぎて去《さ》る、却って疑《うたが》う春色《しゅんしょく》の隣家《りんか》に在《あ》るかと〕。既《すで》に是れ坐道場《ざどうじょう》、甚《なに》に因《よ》ってか仏法現前せざる〔(7)九九元来八十一、(8)焦尾《しょうび》の大虫《だいちゅう》元と是れ虎〕」。払子《ほっす》を撃《う》って云く、「(9)千里万里、一条の鉄〔(10)女《おんな》は美悪《びあく》と無《な》く宮《きゅう》に入《い》れば妬《ねた》まれ、士《し》は賢愚《けんぐ》と無《な》く朝《ちょう》に入《い》れば疾《ねた》まる〕」。

(1)**大通智勝仏…不得成仏道**＝『法華経』化城喩品偈。『臨済録』示衆十二章、『無門関』九則、『百丈広録』等に取り上げられている。『法華経』では「大通智勝仏」は無量劫以前に法華経を演説した仏の名で、その仏が道場に坐して魔軍を破った後十小劫を経て初めて成道したという。その仏に十六人の王子があり、その最後の十六人目が釈迦牟尼であるという。◉(2)空手把鋤頭…橋流水不流＝傅大士法身頌。【八三】注(5)参照。◉(3)新秋簾幕千家雨、落日楼台一笛風＝秋は深まり、降り注ぐ雨に家々はすだれをおろし、日の沈むころ、たかどのから風にのって笛の音がひびいてくる。『三体詩』七律、杜牧「題宣州開元寺水閣」の第三聯、但し「新」は「深」。「即今カクノ如ク、始メモナク終リモナイ。十劫トハ数ノキマリデ、前後ハナイ心」。◉(4)**仏法不現前、不得成仏道**＝しかし禅門では、十小劫結跏趺坐して身心不動なるも仏法、「不現前」という点に焦点を置く。「仏本と不生、法本と不滅、云何《いかん》ぞ更に現前すること有らん」(『臨済録』)と。◉(5)雨前初見花間葉、雨後兼無葉底華＝雨の降る前には、花の間にいくらかの葉がやっと見えはじめていたくらいだったが、雨があがってみると、葉の奥にすらひとひらの花もない。次の句と一緒に、『三体詩』七絶、王駕「晴景」。「是ガ仏法不現前カナ、コンナ処ニ気ヲ付ケネバ、役ニ立タヌ」。◉(6)蛺蝶飛来過牆去、却疑春色在隣家

＝蝶がひらひらと飛んできたが、つと垣根を過ぎて行ってしまった。はて、春景色は隣の家へ行ってしまったのだろうか。前句「晴景」の続き。「是レ又何ノ事ジャ、春ノ景色ジャカ、不得成仏道ジャカ、只々鵠林ノ貴イ処ハ此ノ処ジャ」。◉⑺九九元来八十一＝【一五二の二】注⑺参照。◉⑻焦尾大虫元是虎＝もともと俊英なるを覆蔵し難し。『封氏聞見記』「焼尾」に、焦尾宴とは士人が初めて進士に及第した時に行なう宴を云うが、ある説に虎《とら》化して人と為るときただ尾のみ化さず、故に尾を焼き除くことで乃ち人と成ると云うによる。「大虫」は虎の異名。『頌古聯珠通集』巻二十九仏眼清遠の世尊密語頌に、「世尊密語難覆蔵、迦葉児孫見如土。千古万古黒漫漫、〜」と。◉⑼千里万里一条鉄＝【九六の二】注⑶参照。◉⑽女無美悪…士無賢愚…＝女は美醜の別なく、すべて後宮に入れば他の同輩にねたまれ、男は賢愚の別なく朝廷に入れば同僚にねたまれる。『文選』巻三十九鄒陽《すうよう》「獄中上書自明」、但し「愚」は「不肖」、「疾」は「嫉」。「無差別ノ上ニ差別ガナケレバナラヌト云ウ事カ」。

【一五六】

⑴**上堂**。「⑵**一葉**《いちよう》**落**《お》**ちて天下**《てんか》**秋**《あき》**なり**〔⑶龍袖払開《りゅうしゅうほっかい》して全体現ず〕、⑷**是の処風流**《ところふうりゅう》**ならずということ無**《な》**し**〔⑸士《し》は己《おのれ》を知る者の為に死《し》し、女《おんな》は己を愛する者の為に容《かたちづ》くる〕。⑹**若し箇**《こ》**の時節**《じせつ》**を記得**《きとく》**せば**、⑺**終**《つい》**に語黙**《ごもく》**を将**《もっ》**て酬**《むく》**いず**〔⑻青蠅《せいよう》は垂棘《すいきょく》を穢《けが》す能《あた》わず、邪論《じゃろん》は孔墨《こうぼく》を惑《まど》わす能《あた》わず〕。⑼**且**《しばら》**く道**《い》**え、是れ阿誰**《たれ》**が分上**《ぶんじょう》**の事**《じ》**ぞ**〔⑽千年の滞貨《たいか》、何《いず》れの処の旧市上《きゅうしじょう》よりぞ〕」。**大衆**《だいしゅ》**を喚**《よ》**んで云く**、「⑾**還**《かえ》**って頂門**《ちょうもん》**に独立することを覚**《おぼ》**ゆるや**〔⑿水を担《にな》って河頭《かとう》に売ることを休《や》めよ。⒀異味《いみ》を嗜《この》む者は必ず異病《いびょう》を得《え》、奇態《きたい》を作《な》す者は必ず奇窮《ききゅう》を得《う》〕」。

⑴**上堂**＝七月一日、初秋の上堂。◉⑵**一葉落天下秋**＝【一〇九】注⑵参照。◉⑶龍袖払開全体現＝「龍の雲霧を払

開して、龍の全体露現す」（『犂耕』）。『虚堂録』巻八浄慈《じんず》後録、もと『会元』巻十一汾陽善昭の章に、汾陽大悟の因縁の語として見えるもの、「後に首山（風穴の法嗣）に到って問う、『百丈巻席の意旨如何』。山曰く、『〜』」と。◉⑷**是処無不風流**＝「本地之風光、本来面目一時ニ、アラワレテ風流ナ」。◉⑸士為知己者死、女為愛己者容＝「知音デナケレバ、ナルホドト云事ハシラヌト云事」。男子は己の値打ちを見抜いて待遇してくれる人の為に身命をなげうち、女は己を愛してくれる人の為に化粧をする。『史記』刺客伝二十六予譲《よじょう》章、但し「愛」は「説《よろこぶ》」。◉⑹**若記得箇時節**＝「記得」は「覚えている」の意、ここでは「会得」あるいは「応得」、「識得」の誤記か。「還って人の這箇の時節を会得する有りや」（『雲門広録』巻中）、「応得箇時節去」（『大慧録』巻九）等の例文がある。◉⑺**終不将語黙酬**＝「此処に至ルト、心モ詞モ及ヌ、冷暖自知セネバ」。◉⑻青蠅不能穢垂棘、邪論不能惑孔墨＝あお蝿も垂棘の名玉を汚すことは出来ない、邪論も孔子・墨子のような高潔な人を惑わすことは出来ない。『文選』巻五十一王褒《おうほう》「四子講徳論」に見える。因みに「青蠅点璧」で小人が君子を譏《そし》りけがす喩、『詩経』小雅の青蝿に依る。◉⑼**且道是阿誰分上事**＝他人事ではないぞ、みな自分の事ではないか。分上は各人本来の持ち前、本分、分相応。『碧巌』十八本則下語に、「是れ誰が分上の事ぞ」と。◉⑽千年滞貨、自何処旧市上＝千年も買い手の無い店晒《たなざら》し、何処の古市から捜し出した。**【一〇八】**下語「二千年滞貨」参照。◉⑾**還覚頂門独立麼**＝「ウヌラガ鼻先ニ立テイル、嚔《クサメ》シタクハナイカ」。「頂門」は頭頂の前面、中央に泉門《ひよめき》が有るに因る。古来魂の出入門と考えられていた。悟りの眼を「頂門上に一隻眼を著ける」（『伝灯録』巻八逍遥和尚）と云い、白雲守端の偈に、「還って頂門重きことを覚ゆるや」（『禅林類聚』巻十九の十八丁）、また『円悟録』巻五に、「解脱智を以て金剛縁を種え、…長に頂門に在って独露す」と。◉⑿休担水売河頭＝「ウヌガ腹中ニ一杯アルハ、ナンノ珍クモナイ」。**【五の二】**注⑻参照。◉⒀嗜異味者…作奇態者…＝風変わりな味を好む人は必ず不思議な病気になる、奇態をなす人は必ず奇妙な窮し方をする。「是マタ、ドウ云ウ子細ゾ、知音ナラバ風味ヲ知ロウ。左ナクバ、闇ニ鉄砲」。『五雑組』巻五、人部一の異味に見える、続いて「故に曰く、君子は中庸に依る」と。

【一五七の二】

(1)解夏小参《かいげしょうさん》。僧問う、「学人一夏已来《いちげいらい》、(2)波波挈挈《ははけつけつ》として過《す》ぎ了《お》わる。(3)尅期取証《こくごしゅしょう》の事、請う師、為に証明せよ」。師云く、「(4)嫩涼《どんりょう》秋意、簾櫳《れんろう》に入《い》る」。進めて云く、「恁麼《いんも》ならば則ち(5)謂《いつ》つ可し、光陰虚《こういんむな》しく度《わた》らずと」。師云く、「(6)直饒《たと》い你《なんじ》実に度《わた》るも也《ま》た何ぞ是《ぜ》ならん」。進めて云く、「記得《きとく》す、雲門、因《ちな》みに僧問う、『(7)初秋夏末《しょしゅうげまつ》、前程《ぜんてい》忽《たちま》ち人有って問わば、如何《いかん》が祇対《したい》せん』。門云く、『大衆退後《だいしゅたいご》』と。意旨作麼生《いしそもさん》」。師云く、「(8)崑崙《こんろん》に生鉄《さんてつ》を嚼《か》む」。進めて云く、「僧云く、『過什麼《とがいずれ》の処にか在る』。門云く、『(9)我れに九十日の飯銭《はんせん》を還《かえ》し来たれ』と。又た作麼生」。師云く、「(10)平出《ひんすい》」。進めて云く、「前程問過《ぜんていもんか》の事は即《じ》ち且《しば》らく置く、即今《そっこん》、和尚、如何が勘過《かんか》せん」。師云く、「(11)一拶《いっさつ》を消《もち》いず」。進めて云く、「(12)楖㮚横《しつりつおう》に担《にな》って人《ひと》を顧《かえり》みず、直《じき》に千峰万峰《せんぽうばんぽう》に入《い》り去《さ》る」といって便ち礼拝す。師云く、「(13)脚下、泥《どろ》深し」。

(1)**解夏小参**＝七月十四日小参法語。◉(2)**波波挈挈過了**＝「波波」も「挈挈」も「あたふた忙しく奔走する様」、ここは解結既に拘《かか》わり無く、去来《こらい》作相無き衲僧家自在の境界を云う。『虚堂録』巻一興聖録の解夏小参に、「只だ花街に入り柳巷を穿ち（いろざとに遊んで）、波波挈挈として九旬を過ごし了わるが如きは、尅期取証又た作麼生」とあるのを踏まえたもの。『伝灯録』薬山章に云う「跛跛挈挈（とぼとぼ、よろよろ）」とは別義（『犂耕』）。◉(3)**尅期取証**＝【一〇の一】注(4)参照。◉(4)**嫩涼秋意入簾櫳**＝微涼の秋の気配がすだれ越しに入って来る（この外、何の証明をか要す）。「簾櫳」は簾籠とも、窓のすだれ。◉(5)**可謂光陰不虚度**＝『虚堂録』巻二宝林録の解夏小参。もと【一一〇の二】解夏小参に見える潙山と仰山との「虚《むな》しく一夏《いちげ》を過ごさず」を踏まえて。◉(6)**直饒你実度也何是**＝それでもまだ不十分。◉(7)**初秋夏末…**＝【一九の二】、【八〇の二】本文参照。◉(8)**崑崙嚼生鉄**＝なま鉄の丸かじり。【一八の二】注(2)参照。◉(9)**還我九十日飯銭来**＝安居の間の飯代を支払え。【一九の一】注(9)参照。◉(10)**平出**＝雲門もあいこ、同罪。【一七の一】注(8)参照。◉(11)**不消一拶**＝「ウヌラガ様ナモノハ」、あしらう値打ちも無し。◉(12)**榔標横担不顧人、直入千峰万峰去**＝（それでは）拄杖を横に担いで、わき目も振らずにあの山この峰と行脚に参ります、と、僧の礼話。榔標は天台山に生ずる木で、拄杖を作るに適す、拄杖の代名詞。『碧巌』二十五本則に蓮華峰庵主（奉先の法嗣、雲門下二世）の語として見えるが、もと『雲臥紀談』巻上に、趙州の法嗣の厳陽尊者の送僧の偈に、「身は雲の如く、貌は祖の如し、身中に至るに及んで伴侶無し。〜、〜」と。◉(13)**脚下泥深**＝（行脚にかけて）はや泥まみれ。【八〇の二】注(21)参照。

【一五七の二】

乃《すなわ》ち云く、「(1)**秋初夏末《しゅうしょげまつ》、季熱未《きねついま》だ散《さん》ぜず、自恣賞労《じししょうろう》、箇箇《ここ》欠くこと無し**〔(2)突出《とっしゅつ》、辨じ難し。(3)趙王《ちょうおう》、大眉《たいび》を好む、人間《じんかん》皆な半額《はんがく》、斉王《せいおう》、細腰《さいよう》を好む、後宮餓死《こうきゅうがし》多し〕。(4)**時《とき》に随《したが》い節《せつ》に応《おう》じて漏逗《ろうとう》せずということ無く**〔百年三万六千日、(5)点検すれば、元来、此れ者《こ》の漢。(6)明明《めいめい》たり百草頭《ひゃくそうとう》、明明たり一老僧《いちろうそう》〕、(7)**理《り》に就き事《じ》に就《つ》いて現前《げんぜん》せずということ無し**〔(8)一華《いっけ》百億国、一国《いっこく》一釈迦、(9)一毛頭上《いちもうとうじょう》の獅子《しし》、百億毛頭に示現す〕。**軒《あきら》かに知んぬ、(10)会するときんば則ち途中受用《とちゅうじゅゆう》、龍の水を得《う》るが如し**〔(11)者箇《しゃこ》を以て仏祖不伝の妙を発揮し、(12)者箇を以て衲僧衣下《のうそうえか》の功を契証《かいしょう》す〕。**会せざるときんば則ち世諦流布《せたいるふ》、羝羊《ていよう》の藩《まがき》に触《ふ》るるに似たり**〔(13)途《と》に触《ふ》れて滞《たい》を作す。(14)軟紅軽襪《なんこうけいべつ》、地《ち》を踏《ふ》んで痛《いた》みを恐る。(15)疲馬《ひば》、陽焔《かげろう》を追《お》い、痴猿《ちえん》、水月《すいげつ》を捉《とら》う〕。(16)**畢竟与麼《ひっきょうよも》にし去るも、歩歩《ほほ》、清風起《せいふうお》こる**〔(17)途中《とちゅう》に在《あ》って家舎《かしゃ》を離《はな》れず、家舎を離れて途中に在らず。(18)頭頭顕露《ずずけんろ》、物物全真《もつもつぜんしん》〕、(19)**仏手《ぶつしゅ》も遮《さえぎ》ること得《え》ず、人心《にんしん》は等閑《なおざり》に似《に》たり**〔(20)眉毛《びもう》、須弥《しゅみ》を触砕《そくさい》し、鼻孔《びくう》、大海《だいかい》を飲乾《いんかん》す。(21)骨格端正《こっかくたんせい》、甚《はなは》だ力《ちから》有り、(22)心《こころ》を著《つ》けて向かわんと擬《ぎ》すれば新羅《しんら》を過《す》ぐ〕。(23)**路頭《ろとう》に踏著《とうじゃく》すれども曾《かつ》て瞋《いか》らず、(24)万里《ばんり》の神光《しんこう》、頂後《ちょうご》の相《そう》**〔(25)円《まどか》なることは大虚《たいきょ》に同じ、欠《か》くること無く余《あま》ること無し。(26)破草鞋《はそうあい》、湖辺《こへん》に抛向著《ほうこうじゃく》せよ〕。**然も是《かく》の如くなりと雖《いえど》も、只だ雲門の(27)我れに九十日の飯銭を還《かえ》し来たれと**

道《い》**うが如きんば、是れ阿誰**《たれ》**が分上**《ぶんじょう》**の事ぞ**〔(28)由基《ゆうき》、矢を矯《た》めて猿号《さけ》び、蒲且《ほしょ》、絃を虚《からび》いて梟落《ふ》つ〕」。**払子を撃**《う》**って云く、「**(29)**樵子**《しょうし》**の径**《こみち》**に因らずんば、争**《いか》**でか葛洪**《かっこう》**が家に到らん**〔(30)相随来也《しょうずいらいや》。(31)魯連《ろれん》、一矢《いっし》を飛ばして千金《きん》を蹶《す》て、虞卿《ぐけい》、顧眄《こべん》を以て相印《しょういん》を捐《す》つ〕」。

(1)**秋初夏末…箇箇無欠**＝残暑まだ厳しい折、夏《げ》の終わりのねぎらいも、各自に備わっていてなに一つ欠けることはない。「矢張リ、僧ハ僧、俗ハ俗、少シモ賞労ニ欠ケタ事ハナイ」、「ナントコノ暑気ノ強イガ、賞労ニナルカ、イヤハヤ、スルドイモノジャ」。「季熱」は「すえ、終わり」の熱で、残暑の意。「自恣」は【一九の一】注(1)参照。「賞労」は【一八の二】注(7)参照。◉(2)突出難辨＝だしぬけに現われ出で、見分け難い。『円悟録』巻三上堂に、「〜、久参も未だ躊躇することを免れず、手に信せて拈じ来たれば、後学那《なん》ぞ端的を知らんや」と。◉(3)趙王好大眉…斉王好細腰…＝趙王は眉の大きいのが好きだったので、世間ではみな額を半分隠した、斉王は腰の細いのを好んだので、後宮から餓死する者が多く出た。「国師ガ寒イ故、会下ニモ寒イモノガアル」。『五雑組』巻五、人部一の異相の三に見える。【一二〇の三】注(35)参照。◉(4)**随時応節無不漏逗**＝時と節に応じてちゃんと露われている。「漏逗」は「だらしがない、ボロを出す」の意、恐らく「漏泄」の誤記か。◉(5)点検元来此者漢＝「皆本来之面目」。◉(6)明明百草頭、明明一老僧＝「猫モ杓子モ仏性ヲ具セヌモノハナイ」。【二四の二】注(2)参照。◉(7)**就理就事、無不現前**＝理に即し、事に即し、ありありと現われている。◉(8)一華百億国、一国一釈迦＝【二四の二】注(4)参照。◉(9)一毛頭上獅子、百億毛頭示現＝『慈明録』上堂に、「一毛頭の師子、百億毛頭に現ず…、千頭万頭、但だ一頭を識取せよ」（禅十一・二八六）と。もと華厳法蔵『金獅子章』第七勒十玄に、「師子の眼耳支節、一一の毛処に各おの金獅子有り。一一の毛処の師子、同時に頓に一茎毛の中に入れば、各々顕露して、皆な無辺の師子有り。一一の毛頭に此の無辺の師子を帯びて、還《ま》た一茎毛の中に入る。是の如く重々無尽なり、帝網の天珠の若し、故に因陀羅網境界門と名づく」と。◉(10)**会則途中受用**

…不会則世諦流布…＝【五二の二】注⑵参照。『碧巌』八垂示。「羝羊触藩」は『易』大壮の上六の爻辞に、「羝羊藩《まがき》に触れ、退く能わず、進む能わず」と。◉⑾以者箇発揮仏祖不伝妙＝「者箇トハドウジャ、隻手之声ジャ」。◉⑿以者箇契証衲僧衣下功＝「隻手之声ヲ聞得ルト、ミナ、ナグサミジャ」。◉⒀触途作滞＝あちこちに引っかかって、様《さま》はない。『伝灯録』巻二十九誌公十四科頌「持犯」に、「智者の造作は皆な空、声聞は触途為滞」と。◉⒁軟紅軽襪踏地恐痛＝お姫さんの様に絹の足袋を履き、柔和の地を踏んでもなお痛みを怕《おそ》れる。『五家正宗讃』希叟紹曇の序に、「聖人の門に遊ぶ者には言を為し難しと、此れ特に閨門の児女子、軟紅軽襪、地を踏んで痛みを怕るるの論なり」と。◉⒂疲馬追陽焔、痴猿捉水月＝「妄想ヲ認メテ悟トナス」。【一五〇の二】注⒅参照。◉⒃**畢竟与麼去、歩歩清風起**＝会するとと会せざるに関わらず、歩歩に初秋の清風起こる。「与麼」はその様に、藩に触れて不自由の様でも。「歩歩清風起」は『大応録』二四五章。◉⒄在途中不離家舎、離家舎不在途中＝「人人具足ノ処ニ至テ途中家舎ノ分チハナイ」。【二の二】注⑹参照。【一九の二】注⑴参照。◉⒅頭頭顕露、物物全真＝一物一切、かくす処なく皆な真実のあらわれ。【二七】、【一一の二】に見えるが、行脚の縁語に用いられている。◉⒆**仏手遮不得、人心似等閑**＝仏さんでも止めることは出来ない、人は等閑の事と見なしているが。◉⒇眉毛触砕須弥、鼻孔飲乾大海＝衲僧家の活作用。『虚堂録』巻八続輯の上堂。◉㉑骨格端正甚有力＝「此リャ隻手之声ジャ、聞カネバ知レン」。「骨格」は「気骨、品格、姿態」等の義。『荊叢毒蕊』巻一仏生日示衆に、「骨格端正甚有力、挙心擬向過新羅」と。◉㉒擬著心向過新羅＝向かわんとすれば、早そむく。「過新羅」は「箭過新羅」、「鷂子過新羅」とも。【九の三】注⒂参照。◉㉓**路頭踏著不曾瞋**＝道は踏みつけられても、かつて怒ったことはない。「三条大橋ハ乞食デモ、ナンデモ通レドモ、不曾瞋」。【八〇の二】注⒁参照。◉㉔**万里神光頂後相**＝人人の後光、万里を照らす。『玄沙広録』巻下五章の上堂に、「我れ尋常道《い》う、亡僧面前、正に是れ触目菩提（目に触れるもの全てがさとり）、～。若し人覯得《こうとく》（＝到達）せば、妨げず他の陰界《おんかい》（五蘊十八界の障害）を出づることを」と。◉㉕円同大虚、無欠無余＝虚空の如くに周く行き渡り、到らざるはなくまた余分と云うこともない。『信心銘』。◉㉖破草鞋、抛向湖辺著＝万里神光…なんのと云う履き古しなぞは捨ててしまえ。【六八】注⑽参照。◉㉗**還我九十日飯銭来、是阿誰分上事**＝とは云え、雲門に一夏の飯代を還せと云われるのは、誰の事かな。【一九の一】注⑼参照。◉㉘由基矯矢猿号、蒲且虚絃而鳧落＝「由基」は矢を矯《た》めただけで猿が号《な》き、蒲且は弦を空鳴りさせただけで鳧《ふ》が落ちた。由基・蒲且は古代弓の名人。『五雑組』巻六、人部二の弓の名手の二、また【一二一の二】注⑿参照。◉㉙**不因樵子径、争到葛洪家**＝雲門の小径に依らざれば、本分の家郷には至れない。【四九の一】注⑿参照。◉㉚相随来也＝国師も他人の語に付いて回られるか。『伝灯録』巻十四道吾円智の章、『碧巌』三十六本則下語。◉㉛魯連飛一矢…虞卿以顧眄…＝底本の「盻」は「眄」の誤記。戦国斉の魯仲連は城に矢文を飛ばして、戦わずして勝つという大功を建てても、千金の賞を受けず高節を全うした。虞卿は趙王を一瞥しただけで宝玉と黄金を手にしたが、それでも宰相の印綬をきっぱりと棄ててしまった。『文選』巻四十五班固《はんこ》「答賓戯」。魯仲連・虞卿は『史記』列伝二十三、十六。

【一五七の三】

復《ま》た(1)翠巌夏末《すいがんげまつ》、徒《と》に示す公案《こうあん》を挙《こ》して〔(2)鶻《こつ》の摶《とら》えんと欲する者は潜《ひそ》み、蠖《かく》の伸《の》びんと欲する者は屈す〕、**師拈《ねん》じて云く、**「(3)**一畝《いつぽ》の地《ち》、三蛇《さんじや》九《きゆう》鼠《そ》**〔(4)小慈《しようじ》、大慈《だいじ》を妨ぐ。(5)父厳《げん》ならざれば子孝《こう》あらず〕」。

(1)**翠巌夏末**＝【一八の三】注(1)参照。◉(2)鶻欲摶者潜、蠖欲伸者屈＝『易』繋辞下に「尺蠖《しやくとりむし》の屈《くつ》するは、以て信《の》びんことを求むるなり」。頌古第九則（【一二六】）の本則評唱にも見える、但し「鶻」は「鷹」。◉(3)**一畝之地、三蛇九鼠**＝誠に恐ろしい。【三九の一】注⑽参照。◉(4)小慈妨大慈＝「国師アマロナ事ヲ云イナサルナ、ト呵シタ」。【一九の一】注⑽、頌古第二十七則（【二四四】）本則注㊳参照。◉(5)父不厳、子不孝＝『虚堂録』巻八浄慈《じんず》後録の解夏小参に、潙仰父子を評して、「父慈ならずんば、子孝ならず」とあるを踏まえて云ったものか。東陽英朝編『禅林句集』に載せられ、『禅林類聚』巻十を出典にしているが、『類聚』も、「父不慈、子不孝」である。頌古第二十八則（【二四五】）本則評唱には「父厳子孝」とある。

【一五八の二】

次の日上堂。僧問う、「⑴衲僧家《のうそうけ》四月十五《しげつじゆうご》、他《た》を結《けつ》すること得《え》ず、七月十五《しちげつじゆうご》、他を解《かい》すること得ず、畢竟《ひつきよう》、什麼《いずれ》の処に向かってか安身立命《あんじんりゆうみよう》せん」。師云く、「⑵須弥南畔《しゆみなんぱん》の閻浮樹《えんぶじゆ》」。進めて云く、「与麼《よも》ならば則ち⑶西風《せいふう》一陣来《いちじんらい》、落葉両三片《らくようりようさんぺん》」。師云く、「⑷矮子《わいす》、戯《たわむれ》を看《み》る」。進めて云く、「⑸昔、老宿《ろうしゆく》有り、一夏《いちげ》、師僧《しそう》の為に説話《せつわ》せず、僧有り、嘆《たん》じて云く、『我れ只麼《しも》に空《むな》しく一夏を過《す》ごす、敢えて和尚の仏法を説くことを望まず、⑹正因《しよういん》の二字を聞くことを得《え》ば也《ま》た得《え》てん』と。意旨如何《いしいかん》」。師云く、「⑺黄金《おうごん》を抛却《ほうきやく》して碌甎《ろくせん》を捧《ささ》ぐ」。進めて云く、「老宿聞いて云く、『⑻闍梨《じやり》、誓速《せいそく》すること莫《な》かれ、若し正因を論ぜば一字も也《ま》た無《な》し』と、道《い》い了《お》わって、⑼歯《は》を扣《たた》いて云く、『我れ端無《はしな》く恁麼《いんも》に道う』と。又た作麼生《そもさん》」。師云く、「⑽三千八百《さんぜんはつぴやく》」。進めて云く、「隣壁《りんぺき》に又た老宿有り、聞いて云く、『⑾好一釜《こういつぷ》の羹《あつもの》、両顆《りようか》の鼠糞《そふん》に汚却《おきやく》せらる』と。意、那裡《なり》にか在る」。師云く、「⑿同病相《あい》憐《あわ》れむ」。進めて云く、「和尚一夏已来《いらい》、什麼《なん》の法を説いてか人《ひと》の為にす」。師云く、「⒀山《やま》青く水《みず》緑なり」。進めて云く、「⒁長河《ちようが》を攪《か》いて酥酪《そらく》と為《な》し、大地《だいち》を変じて黄金と作《な》す」、便ち礼拝す。師云く、「⒂也《ま》た何ぞ妨《さまた》げん」。

⑴**衲僧家四月十五…向什麼処安身立命**＝『虚堂録』巻二宝林録の解夏小参を踏まえて。◉⑵**須弥南畔閻浮樹**＝この世界（この他に、何処があると云うのか）。「閻浮」は【一四九の二】注⑴参照。『五祖録』の上堂に、「如何なるか是れ禅。閻浮樹は海南辺に在り、近きときは則ち方寸を離れず、遠きときは則ち十万八千」（禅十二・四四五）。◉⑶**西風一陣**

来、落葉両三片＝この初秋の清風と落葉をタップリ満喫しております。【二一の一】注⑿参照。◉⑷**矮子看戯**＝小人が人の後ろで芝居を見物する様なもの、前の人が笑うのを見て自分も笑う、己の所見が無くて付和雷同する人に喩える。『虚堂録』巻二宝林録の除夜小参に、「矮子の戯を看て、人に随って上下するが如し」、もと『五祖録』上堂（禅十二・四二九）。頌古第四則（【二二一】本則下語参照。◉⑸**昔有老宿一夏…**＝『虚堂録』巻一報恩録の解夏小参、『会要』巻二十九亡名尊宿に見える。◉⑹**正因**＝『涅槃経』巻二十八に、「我は二因を説く、正因・縁因なり。正因とは名づけて仏性と為し、縁因とは発菩提心なり。二因縁を以て阿耨多羅三藐三菩提を得るは石の金を出だすが如し」（大正十二・五三三中）とあり、天台智顗は『涅槃経』により正因・了因・縁因の三因仏性説を立てる。正因仏性とは土の内の金の如く不壊の覚性を云い、了因とはその金の在処を知るを云い、縁因とは草を刈り取ったりして金を掘り出すを云う（『金光明経玄義』）。◉⑺**抛却黄金捧碌甎**＝「手前之結構ナ物ヲ、捨テテヲイテ、正因之何ン之カノト云ウ」。『虚堂録』巻三育王録の元宵上堂、もと『伝灯録』巻十七霊巌慧宗（巌頭の法嗣）の章に、「問う、『如何なるか是れ学人自己本分の事』。師曰く、『真金を抛却して瓦礫を拾って作麽《そも》』」と。◉⑻**闍梨莫誓速**＝お前さん、そうあせって嘆きなさんな。「誓」は「悲鳴、うめく」の意、「誓速」は『祖庭事苑』に、「何ぞ呻歎の頻りに速やかなるなり」と。◉⑼**扣歯**＝「深く悔いる様」。【一三〇の三】注⑻参照。◉⑽**三千八百**＝「ウヌガ、ソヲ云ウモ、三千八百里ヲ、隔タル。ソノ老宿モ、マタマタ」。『雲門広録』巻上に、「問う、『進向して無門の時如何』。師云く、『〜』」（禅十一・三四四）。◉⑾**好一釜羹、被両顆鼠糞汚却**＝美味しいあつものが、二粒の鼠の糞（師僧と老宿のいらざる言葉）で駄目にされてしまった。【六の二】注⑼、【六九】注⑹参照。◉⑿**同病相怜**＝隣壁の老宿も三粒目の糞、同病。◉⒀**山青水緑**＝正因なぞと臭いことを云わずに、山は青く、水は緑。「アア、此レモ同病ジャナイカ」。【一一九】注⑵、【一五三の一】注⑶参照。◉⒁**攪長河為酥酪、変大地作黄金**＝国師、大自在の働き、お蔭様で法外の所得がありました、と、僧の讃歎礼話。南岳慧思『受菩薩戒儀』。【一二一の二】注⑼参照。◉⒂**也何妨**＝それも結構。

【一五八の二】

乃《すなわ》ち挙《こ》す。「(1)**趙州《じようしゆう》、因《ちな》みに僧辞《じ》す**〔(2)朝秦暮楚《ちようしんぼそ》。(3)門《もん》に倚《よ》り戸《こ》に傍《そ》う。(4)盲驢《もうろ》の足《あし》に任《まか》せて行くに似たり〕、**州云く、『(5)有仏《うぶつ》の処《ところ》、住することを得《え》ざれ**〔(6)碧梧《へきご》、栖《す》み老《お》ゆ鳳凰《ほうおう》の枝《えだ》〕、**無仏《むぶつ》の処、急《きゆう》に走過《そうか》せよ**〔香稲《こうとう》、啄《ついば》み余《あま》す鸚鵡《おうむ》の粒《つぶ》〕。(7)**三千里外《さんぜんりがい》、人《ひと》に逢《あ》うて錯《あやま》って挙《こ》すること莫《な》かれ**〔(8)射工《しやこう》、沙《すな》を含んで影《かげ》の過《す》ぐるを待《ま》つ〕』。**僧云く、『(9)与麼《よも》ならば則ち去《さ》らじ**〔恰《あたか》も(10)矮子《わいす》の戯《たわむれ》を看《み》るが如し。(11)随後婁藪《ずいごるそう》なり〕』。**州云く、『(12)摘《てき》楊花《ようか》、摘楊花《てきようか》**〔(13)天《てん》は人《ひと》の寒《さむ》きを悪《にく》むが為に其の冬《ふゆ》を輟《や》めず、地《ち》は人《ひと》の険《けわ》しきを悪《にく》むが為に其の広《ひろ》きを輟《や》めず〕』」。**師云く、「(14)趙州、若し後語《こうご》無くんば、須《すべか》らく是れ人の点検《てんけん》に遭《あ》うべし**〔(15)智人《ちじん》の明鑑《めいかん》、仏法の至《し》論《ろん》。(16)明者《めいしや》は危《あやう》きを無形《むけい》に見《み》、智者《ちしや》は禍《わざわ》いを未萌《みぼう》に視《み》る〕。**何《なん》が故《ゆえ》ぞ。(17)風《かぜ》は八月《はちげつ》より涼《すず》しく、月《つき》は七月《しちげつ》より明《あきら》かなり**〔(18)相送《あいおく》れば門《もん》に当たって脩竹《しゆうちく》有り、君《きみ》が為に葉葉清風《ようようせいふう》を起こす〕」。

(1)**趙州因僧辞…**＝『虚堂録』巻一報恩録の上堂、もと『会要』巻六趙州章に見える。◉(2)朝秦暮楚＝今朝秦に行くかと思えば、暮には楚に走る。住所不定、生活不安定の喩え。宋晁補之『北渚亭賦』。◉(3)倚門傍戸＝「倚」は「挨」、「隈」とも。あっちの門、こっちの家と頼り歩く、乞食根性。『碧巌』七頌下語。◉(4)似盲驢任足行＝あたかもめくらのロバがあっちフラフラこっちフラフラ歩くようなもの。『寒山詩』一八五「千生万死何時已」。◉(5)**有仏処不得住、無仏処急走過**＝【五一の二】注(17)参照。◉(6)碧梧栖老鳳凰枝、香稲啄余鸚鵡粒＝底本の「黄」は「香」の誤植。鳳凰が碧梧《あおぎり》の枝に棲み老い、鸚鵡が香しい稲の米粒をついばみ余す。杜甫「秋興」八首の第八「昆吾御宿自逶迤」。倒装法の典型で、本来は「鳳凰棲老碧梧枝、鸚鵡啄余香稲粒」とあるべきところ。諸法実相、何の有仏無仏とか説かん。◉(7)**三千里外、逢人莫錯挙**＝「州ガ、カク云タト、口ヲタタクナ」。【七】注(8)参照。◉(8)射工含沙待影過＝趙州老恐ろしい填《は》め手を打ってきたぞ。【一〇の二】注(9)参照。◉(9)**与麼則不去也**＝『犂耕』に、「此の僧尋常ならず、謂えらく仏法の学得す可き無し」と。『趙州録』には、「与麼ならば即ち学人依る無し（南方の師家に依る可きなし）」と。◉⑽**矮子看戯**＝付和雷同の漢。【一五八の一】注⑷参照。◉⑾**随後婁藪也**＝人の尻に付いて回るやつ。【一の九】注⑶参照。◉⑿**摘楊花、摘楊花**＝「肝要を捨てて無益の事を做《な》すなり」（『葛藤語箋』）。「楊花」は（柳の実が熟して、暮春の頃、綿の様に乱れ飛ぶもの）を指す、本来は柳の黄花と白い実とは異なるが、よく混同される。空中を飛ぶ柳絮を取らんと追いかける子供の遊びがあると云う。趙州の意は「去るも、去らざるも総に是れ摘楊花なり」と。『犂耕』に、「古来相伝えて、送行の語と為して、折楊柳の事を引くが、サラバサラバの義…不可なり」と見える。◉⒀**天不為人之悪寒…地不為人之悪険…**＝天は人が寒さを嫌うからといって冬を取りやめることはしない。地は人が遠い事を嫌うからといって広さを取りやめることはしない。『文選』巻四十五東方朔「答客難」、もと『荀子』天論五節に見える。続いて、「君子は小人がうるさく言うからといって人道の履践を取りやめることはしない。天には常道あり、地には常数あり、君子に常体あり。君子は其の常により、小人は其の功を計る。…何ぞ人の言をうれえんや」（取意）とある。◉⒁**趙州若無後語、須是遭人点検**＝趙州に「摘楊花～」の語なければ、「人ニ、ドウバラヲ見ヌカリョウ」。◉⒂**智人之明鑑、仏法之至論**＝国師の此の言こそは、識者の鑑識眼、仏法の極則所。『会元』巻二十廓庵師遠（南堂静下、五祖演二世）章に見える。◉⒃**明者見危於無形、智者視禍於未萌**＝賢い人は危険がまだそれと知られない前に見て取り、禍が未だ萌さない中に窺い知る。『魏志』二十八鍾会伝、但し「視」は「規」。◉⒄**風従八月涼、月自七月明**＝風は仲秋八月より涼しさをまし、月は孟秋七月より美しさをましてくる。【二一一】注⒅参照。◉⒅**相送当門有脩竹、為君葉葉起清風**＝『虚堂録』巻七偈頌の「衍《えん》・蛩《きよう》・珙《こう》の三禅徳、国清に之《ゆ》く」に、「誰か知らん三隠寂寥《せきりよう》の中、話に因って盟を尋いで鷲峰に別る。～、～」と見えるもの。国清寺の豊干・寒山・拾得の三隠の盟を尋ねる三人の禅者の為に葉葉風を起こす、機関の語である（『犂耕』）。仏光国師一日、虚堂よりこの頌を示され、始め「只だ是れ閑言語、些子の禅も無い」と思ったが、虚堂の劈面一揮によって句語三昧の力を得たという。

【一五九】

八月旦《たん》上堂。拄杖《しゆじよう》を拈《ねん》じて云く、「(1)**月月初一《げつげつしよいつ》、雨《あめ》無きを吉《きつ》と為《な》す。**(2)**今月初一《こんげつしよいつ》、雨有るを吉と為す**〔(3)我が道《みち》は一《いつ》を以て之れを貫《かん》せり、(4)者裡《しやり》、吉凶栄辱《きつきようえいじよく》無し〕。**且《しば》らく道《い》え、吉甚《いず》れの処にか在る**〔(5)石灰籮裡《せきかいらり》に向かって眨眼《そうがん》することを休《や》めよ。(6)唯だ一乗法《いちじようほう》のみ有り、無二亦無三《むにやくむさん》〕。**拄杖《しゆじよう》を卓《たく》すること一下《いちげ》して云く、**「**吉《きつ》、吾《わ》れは道《い》わん最《もつと》も吉《きつ》と**〔(7)認取《にんしゆ》せば却って不可《ふか》。(8)金屑《きんせつ》、眼中の翳《えい》、衣珠《えしゆ》、法上《ほうじよう》の塵《じん》〕」。**拄杖を靠《よせか》けて下座《げざ》。**

(1)**月月初一無雨為吉**＝毎月一日の日に雨が降らないのは吉である。◉(2)**今月初一有雨為吉**＝しかし今日は雨、これ大いに吉。◉(3)我道一以貫之＝自分の道は一を貫いてきた。「何サ、コッチハ、雨ガ降ッテモ晴レテモヨイ、イツモ一貫」。◉(4)者裡無吉凶栄辱＝わしの所には吉凶栄辱なぞは無い。◉(5)休向石灰籮裡眨眼＝石灰笊《ざる》の中で眼をむくな、見んとすれば眼が潰れる。『虚堂録』巻二宝林録、但し「眨眼（まじろぐ）」は「反眼（眼をひんむく）」。◉(6)唯有一乗法、無二亦無三＝【一四八】注(8)参照。◉(7)認取却不可＝吉と認著したら駄目。【一の八】注(16)参照。◉(8)金屑眼中翳、衣珠法上塵＝金くずも眼に入ってはかすみ目のもと、衣裏の珠も法の上の塵。徳山縁密の頌。【五六】注(8)参照。

【一六〇】

上堂。「(1)**西風一陣来《せいふういちじんらい》、落葉両三片《らくようりようさんぺん》**〔(2)白玉琢《みが》き成《な》す西子《せいし》が骨、黄金鋳就《いな》す伍員《ごうん》が心〕。(3)**錮鏴《ころ》、生鉄《さんてつ》を著《つ》く**〔(4)石樹枝《せきじゆえだ》を抽《ぬ》きんで、鉄樹《てつじゆ》花を開く〕、(5)**仏祖も渾《すべ》て辨ぜず**〔(6)日月《じつげつ》も照臨《しようりん》し到らず、天地《てんち》も蓋覆《がいふく》し尽くさず〕。**辨ぜず辨ぜず**〔(7)無孔《むく》の鉄鎚《てつつい》、当面《とうめん》に擲《なげう》つ。(8)七九六十三〕、(9)**諸人、且《しば》らく那辺《なへん》に過《す》ぎよ**〔(10)機関《きかん》木人《ぼくじん》に喚取《かんしゅ》して問え。(11)露柱《ろちゅう》も亦た在り」」。

(1)**西風一陣来、落葉両三片**＝仲秋の現成公案。【二一の一】注⑿参照。◉(2)白玉琢成西子骨、黄金鋳就伍員心＝その美しさは西施《せいし》か、伍子胥《ごししょ》の心の様だ。【一二五の二】注⑷参照。◉(3)**錮鏴著生鉄**＝前句に対する下語。溶かしていない生鉄で鋳掛《いか》けをする。【一八の一】注⒄参照。◉(4)石樹抽枝、鉄樹開花＝【九〇の一】注⑹参照。◉(5)**仏祖渾不辨**＝「ココノ処ハ…」。◉(6)日月照臨不到、天地蓋覆不尽＝天地も覆い尽くさず、日月の光もその明には及ばない。本来の面目の様。【一の八】注(59)参照。◉(7)無孔鉄鎚当面擲＝柄の無い鉄鎚を真っ正面に投げ出した（這箇本分底）。【一一〇の二】注⑹参照。◉(8)七九六十三＝理の当然、不思議な事ではない。『雲門広録』巻上（禅十一・三四三）。◉(9)**諸人且過那辺**＝「マア、アナタニ、オ通リアレ」。『碧巌』三十七本則評唱に、「五祖先師道く、『那辺に透過して方《まさ》に自由の分有り』」と。「大円鏡智の一重上じゃ、此は言詮不及の地、難透難解を透過して鳳離金網、鶴脱籠」（『秘鈔』）と。◉⑽喚取機関木人問＝あやつり人形に問え。『証道歌』。◉⑾露柱亦在＝人形で駄目なら露柱に問え。【一八の一】注⒇参照。

【一六一の二】

重陽《ちょうよう》上堂。僧問う、「今朝《こんちょう》是れ九九《くく》の日《ひ》、諸方尽《ことごと》く佳辰《かしん》を賞《しょう》す。(1)衲僧門下《のうそうもんか》、常機《じょうき》に堕《だ》せず、節《せつ》に応ずる一句、願わくは法要《ほうよう》を聞かん」。師云く、「(2)秋晩頓《しゅうばんとみ》に寒し、箇箇万福《ここばんぷく》」。進めて云く、「(3)只だ菊を東籬《とうり》の下《もと》に採《と》って、悠然《ゆうぜん》として南山《なんざん》を見る底《てい》の如きんば、未審《いぶか》し和尚、如何《いかん》が証明せん」。師云く、「(4)眼睛《がんぜい》を刺破《しは》す」。進めて云く、「(5)古徳云く、『重陽九日《きゅうじつ》、菊花《きくか》新なり』と。又た是れ什麼《なん》の道理をか呈《てい》す」。師云く、「(6)答話《とうわ》を謝《しゃ》す」。

(1)**納僧門下…願聞法要**＝この佳節に対して禅門下に相応しい月並みでない撈所をお聞かせ願いたい。◉(2)**秋晩頓寒、箇箇万福**＝晩秋になって急に寒くなってきた、皆々お元気で。月並みな挨撈の所、常機を越える分がある。◉(3)**只如採菊東籬下…如何証明**＝陶淵明の境界を、どう見られますか。【八五】注(3)参照。◉(4)**刺破眼睛**＝凡眼を破って真眼開け。【一五〇の一】注(3)参照。◉(5)**古徳云…**＝古徳は汾陽善昭。【五七】参照。◉(6)**謝答話**＝衲《わし》の代わりに答えてくれて有り難う。【七八の一】注⒃参照。

【一六一の二】

乃《すなわ》ち云く、「〔(1)**菊を東籬《とうり》の下《もと》に採《と》って、悠然《ゆうぜん》として南山を見る**〔(2)一段の風光《ふうこう》、画《えが》けども成らず。(3)仁者《じんしゃ》は之れを見て之れを仁《じん》と謂《い》い、智者《ちしゃ》は之れを見て之れを智と謂《い》う〕。(4)**靖節《せいせつ》、只だ其の愛《あい》することを知って、其の用《もち》いることを知らず**〔(5)明眼《みようげん》の衲僧、透関《とうかん》の眼《まなこ》を具《ぐ》して、風《かぜ》驚き草《くさ》動くにも、尽く来機《らいき》を辨ず〕、**今日重九《ちようきゆう》作麼生《そもさん》か用い得《え》ん**〔(6)富《と》みては千口《せんこう》も少《すく》なしと嫌《きら》い、貧《ひん》しては一身《いっしん》も多しと厭《いと》う〕」。**払子《ほっす》を撃《う》って云く、**「(7)二三三《にさんさん》、三三二《さんさんに》〔(8)一九《いっく》と二九《にく》と相逢《あいあ》うて手を出《い》ださず〕」。

(1)**採菊東籬下、悠然見南山**＝【五七】、【八五】、【一一四】、【二一三】参照。◉(2)一段風光画不成＝絵にも画けない美しさ。【一の七】注㊱参照。◉(3)仁者見之謂之仁、智者見之謂之智＝【八一の二】注(1)参照。◉(4)**靖節只知其愛、不知其用**＝淵明はその面白いということは分かっていたが、働かすことが出来なかった。◉(5)明眼衲僧…尽辨来機＝真の衲僧に於いては透関の眼を持ち、些かの事が起こっても皆な来機を辨別しなくてはならぬ。【一三〇の一四】注⒁参照。◉(6)富嫌千口少、貧厭一身多＝富裕のときは千人を養ってもまだ少ないと思うが、貧乏すると我が身一つをもてあます。『禅林類聚』巻三の二十六丁の法雲法秀〔雪竇下二世〕の語、『会元』巻十九五祖法演章。◉(7)二三三、三三二＝国師、巻舒自在の用処。重九に掛けて云う。後の頌古第十四則（【一三一】）頌にも、「一円空裏一二三」と。『虚堂録』巻八続輯には、「一二三三二一」とも。◉⑻一九与二九相逢不出手＝余りの寒さに手も出ない。冬至のあとの諺で、【九〇の三】注⑸参照。

【一六二】

上堂。挙《こ》す。「⑴**官《かん》有り、雲門《うんもん》に問う、**『⑵**仏法は水中の月の如しと、是《ぜ》なりや**〔⑶将《まさ》に謂《おも》えり、你《なんじ》は此れ箇《こ》の俗漢《ぞくかん》と〕』。**門云く、**『⑷**清波《せいは》、透路《とうろ》無し**〔⑸神出鬼没《しんしゅつきぼつ》。⑹以字不成八字非《いじふじょうはちじひ》。⑺忿怒《ふんぬ》の那吒《なた》、威を失却す〕』。**官云く、**『⑻**和尚何《いず》れよりか得《え》たる**〔⑼好一拶、只だ惜しむらくは大いに蹉過《しゃか》し了《お》わる。⑽三級浪《なみ》高うして魚《うお》龍と化すも、痴人猶《ちじんな》お戽《く》む夜塘《やとう》の水〕』。**門云く、**『⑾**再問復《さいもんま》た何れよりか来たる**』。**官云く、**『⑿**正与麼《しょうよも》の時如何《いかん》**〔⒀第二重の敗闕《はいけつ》、強《し》いて惺惺《せいせい》。⒁穿耳《せんに》の客に逢うことは罕《まれ》に、多くは舟を刻《きざ》む人に遇う〕』。**門云く、**『⒂**重畳《ちょうじょう》たり関山《かんざん》の路《みち》**〔⒃千里万里、三十年後〕』」。**師云く、**「**雲門、**⒄**官《かん》には針《はり》をも容《い》れず**〔⒅要津《ようしん》を把定《はじょう》して凡聖《ぼんしょう》を通《つう》ぜず。⒆仏仏《ぶつぶつ》の要機《ようき》、祖祖《そそ》の機要《きよう》〕、**官人《かんじん》、私《わたくし》には車馬《しゃば》をも通《つう》ず**〔⒇是れ死蛇《しじゃ》なりと雖《いえど》も、弄《ろう》することを解《げ》すれば又た活《かつ》す。㉑路《みち》に死蛇に逢えば打殺《たさつ》すること莫《な》かれ、無底《むてい》の籃子《らんし》に盛り将《も》ち来たれ〕。㉒**点検《てんけん》し将ち来たれば、両《ふた》り倶《とも》に失利《しつり》**〔㉓三箇も亦た在り。㉔将《まさ》に謂《おも》えり胡鬚赤《こしゅしゃく》と、更に赤鬚胡《しゃくしゅこ》の有らんとは〕。**何ぞや、**㉕**賢聖《けんじょう》の法《ほう》に従《したが》ってより来《このかた》、未だ嘗《かつ》て殺生《せっしょう》せず**〔㉖玉貌《ぎょくぼう》は風沙《ふうさ》にも画図《がと》に勝《まさ》れり、琵琶《びわ》は写《うつ》し難《がた》し君恩《くんおん》の疎《そ》なることを〕」。**拄杖《しゅじょう》を卓《たく》して下座《げざ》。**

⑴**有官問雲門**…＝【一三一の三】注⑴参照。◉⑵**仏法如水中月**＝見る可くも取る可からず。戸利密多の語、『碧巌』三十九本則評唱。【一三一の三】注⑵参照。◉⑶将謂你此箇俗漢＝お前さんなかなかのもの、坊主顔負けじゃ。『臨済

録』勘辨。◉(4)**清波無透路**＝清い水は月影が透過する跡を留めない、没蹤跡。◉(5)神出鬼没＝『淮南子』兵略訓七章に、「神出而鬼行」。◉(6)以字不成八字非＝諸経の外題　字。以の字のようで以でもなく、八の字のようで八でもない、心の字謎。【三二】注(9)参照。◉(7)忿怒那吒失却威＝那吒《なた》は毘沙門天王の太子、三頭六臂の大力鬼王（『碧巌』八十七垂示）。三頭六臂の言は経論に文証が無いが、『地蔵本願経』閻羅王衆讃歎品に阿那吒王の事あり、また『宋高僧伝』巻十四には道宣に仏牙を奉るとある。なお頌古第十六則（【二二三】）頌注(5)も参照。◉(8)**和尚従何得**＝和尚、その語は何処から手に入れられましたか。◉(9)好一拶、只惜大蹉過了＝挨拶は好かったが、惜しいことにはやり過ごした。◉(10)三級浪高魚化龍、痴人猶戽夜塘水＝龍門の三段の滝を跳び越えて、魚はとっくに龍となって飛び去るも、愚人はなお暗夜の池水をかい出して探している。『碧巌』七頌。◉(11)**再問復何来**＝官人こそ、再び問うはまた何処からかな。「是れ賊馬に騎って賊を追うの手段なり」（『種電鈔』）。◉(12)**正与麼時如何**＝それでは「清波無透路」と仰せの通り心得ましたが、いかが。「只だ是れ相似口頭の禅」（『種電鈔』）。◉(13)第二重敗闕、強惺惺＝またも誤る。無理に分った振りして。前句は『碧巌』四本則下語、後句は『同』一本則下語。◉(14)罕逢穿耳客、多遇刻舟人＝兎角、馬鹿は沢山おると云うから。【一の七】注(46)参照。◉(15)**重畳関山路**＝万畳にも閉ざされた山路。遠くして遠し。◉(16)千里万里、三十年後＝遠くして遠し、あと三十年骨をおれ。◉(17)**官不容針、私通車馬**＝公には一塵をも許さぬが、裏からは自由自在。雲門は絶対否定・把住。官人は絶対肯定・放行。相反するようだが、所詮裏面の違い、どちらも一つの事。『臨済録』行録、もと『続高僧伝』巻二十二隋末唐初の僧道興《どうこう》の章に、「官不許容針、私容車馬」（大正五十・六二三中）と見える。◉(18)把定要津、不通凡聖＝雲門把住の機、肝要の処を押さえて凡聖ともに許さない。『碧巌』二十七本則評唱。但し「把定」は「把断」。◉(19)仏仏要機、祖祖機要＝雲門の大機こそ、仏祖の大機要。【一の八】注(2)参照。◉(20)雖是死蛇解弄又活＝「官人ハ死蛇デモ、国師ガカク云タ故イキカヘッタ」。『碧巌』六十七本則評唱、もと『雪竇録』巻三拈古十九。◉(21)路逢死蛇莫打殺、無底籃子盛将来＝即今本分の事に契当せば、好く護持して失わないようにせよ。『伝灯録』巻二十杭州仏日（雲居膺下《うんごようか》）章に夾山の言として見える、但し「来」は「帰」。『句双紙』［三一一三］に、「〈路〉とは今時、〈死蛇〉とは本分の主、〈逢〉とは契当、〈莫打殺〉とは契当の旨を失う、〈無底籃子〉とは境界、〈盛将帰〉とは護持なり」と。◉(22)**点検将来両倶失利**＝子細に見れば二人とも敗北。「失利」は【四七の二】注(3)参照。◉(23)三箇亦在＝「大灯ソナタモ失利ジャ」。◉(24)将謂胡鬚赤、更有赤鬚胡＝雲門・官人・大灯の三人、知音底同士。【六三の二】注(6)参照。◉(25)**自従賢聖法来、未嘗殺生**＝私は仏教徒として生まれ変わってより、これまで一度も殺生したことはありません。央掘摩羅《おうくつまら》安産の偈。『宗門葛藤集』一七三、『会元』巻一釈迦章等に見える。もと『増一阿含経』巻三十一、『鴦掘摩経《おうくつまきょう》』、『鴦崛髻経』等に見える。邪師に唆《そそのか》されて殺人鬼となった央掘摩羅は百人目に母親を殺さんとして仏に会って改心し、阿羅漢果を得る。その後、托鉢に出て難産の妊婦の苦しみを見て、仏に救いを請うたところ、「我従賢聖生以来、未曾殺生（『増一阿含経』）」（『鴦崛髻経』では「我自従聖生、不自憶殺害一人命」）の誠言を婦人に伝えよと云われる。央掘は既に九十九人もの人を殺している自分には妄語とならないかと質問したところ、「前生は異世なり今生に同じからず、是なるときんば至誠妄語とならず、斯くの如く用いる時彼女の厄を救わん」と諭され、遂にこの真誠語を以て無事出産させる。◉(26)玉貌風沙勝画図、琵琶難写君恩疎＝王昭君の天然の美貌は風に沙まみれになっても尚お絵よりも美しい、馬上琵琶を弾けども天子の御恩の疎《おろそ》かなる恨みは中々写し難い。『錦繍段』巻四僧季潭「名妃曲」に、「〜、〜。宮中咫尺千里の如し、況んや復た如今万里余る」、但し「君」は「旧」。漢元帝の時、匈奴に嫁いだ王昭君の故事を踏まえて。

【一六三】

(1)開炉上堂《かいろじょうどう》。「(2)無賓主の話《むひんじゅのわ》〔(3)百花《ひゃっか》を採《と》り得《え》て蜜《みつ》と成《な》して後《のち》、知《し》らず辛苦《しんく》して誰《た》が為にか甜《あま》からしむ〕、**(4)十八の高人《こうじん》、(5)一回挙《こ》し来たれば一回是れ新《あらた》なり**〔(6)紅炉煨《わい》し出だす鉄烏亀《てつうき》〕。**其の意旨《いし》を問うに及んで、大**

半は便ち道《い》う、⑺知らざる最も親《した》しと「⑻面《おもて》の赤《あか》からんより、語《ご》の直《なお》からんには如《し》かず。⑼注《そそ》げども満《み》たず、酌《く》めども竭《つ》きず」。**⑽阿呵呵《あかか》、⑾只だ炉下煖《ろかあたた》かにして春《はる》に似《に》んことを要《よう》す**「⒀兎角亀毛《とかくきもう》、別山《べつざん》を過《す》ぐ」」。

⑴**開炉上堂**＝十月一日の上堂。◉⑵**無賓主話**＝趙州の話。【二八の一】注⑹参照。◉⑶採得百花成蜜後、不知辛苦為誰甜＝別人の為にあくせく働いて、自分は却って報われない比喩。蘇軾「戯答仏印」詩に、「遠公、酒を沽《か》うて陶潜に飲ましめ、仏印、猪を焼いて子瞻を待つ。～、～」とあるが、もと羅隠「蜂」の詩（『全唐詩』巻六六二）を踏まえる。◉⑷**十八高人**＝法昌禅師十八体の羅漢像を集めて説法した話。【二八の二】注⑵参照。◉⑸**一回挙来一回是新**＝開炉には、趙州無賓主と法昌十八羅漢の話は、いつも取り上げられるが、その都度いつも新鮮である。【九四の二】下語に、「一回拈出一回新」と。◉⑹紅炉煨出鉄烏亀＝「此レガ喰ハルル物カ、サワサリナガラ、喰テミヨ」。「火炉挑（跳）出鉄烏亀」とも、『禅林方語』に「手を下す処無し」と。紅炉は火炉とも、あかく燃えた煖炉。「烏亀」は【一二四の二】注⑴参照。泐潭《ろくたん》洪英（黄龍下）の語（但し「煨」は『会要』では「抛」、『会元』では「爆」）。『野客叢書』十一。◉⑺**不知最親**＝『伝灯録』巻二十四法眼文益の章に、「地蔵…問うて曰く、『行脚の事、作麼生』。師曰く、『不知』。曰く、『不知、最も親切』。師、豁然として開悟す」とある。◉⑻面赤不如語直＝正直が一番。【九九】注⑼参照。◉⑼注焉而不満、酌焉而不竭＝「是ハ十八高人、無賓主ノ当体」。『荘子』外篇の天地に、「夫れ大壑《だいがく》の物たるや、～、～」と見える、同じく斉物論には天府（自然の倉庫）を喩えていう。◉⑽**阿呵呵**＝アッハァハァ、「片腹イタクテナラヌ」。【三六】本文にも。◉⑾**只要炉下煖似春**＝「炉下暖ニシテ喰ヒタガル斗《バカリ》ジャト、此ニ大ニ毒ガアル」。◉⑿兎角亀毛過別山＝もとより有りもしないもの、空しく他山を尋ねるのみ。【一四二】注⑸参照。

【一六四】

(1)**上堂**。「(2)**南山《なんざん》の松《まつ》、北嶺《ほくれい》の雪《ゆき》**、(4)**夜《や》雨《う》昼晴《ちゆうせい》**〔(4)大冶《たいや》の精金《せいきん》変色無し。(5)百尺竿頭《かんとう》に一歩を進よ、十方刹《せつ》土《ど》に全身を現ず」、(6)**太平《たいへい》、節《せつ》を得たり**〔(7)是法平等無有高下《ぜほうびょうどうむうこうげ》。(8)王《おう》、宝殿に登れば、野老《やろう》、謳歌す〕。(9)**達磨、東土《とうど》に来たり、二祖、西天《さいてん》に行く**〔(10)是法住法位、世間相常住、(11)南斗《なんじゆ》は七、北斗《ほくと》は八〕。(12)**行脚《あんぎや》の禅和子《ぜんなす》、目前《もくぜん》を失却《しつきやく》すること莫《な》かれ**〔目前是れ什麼《なん》ぞ、縦《たと》い(13)一法の涅槃《ねはん》に過《す》ぎたる有るも、我れは説かん、如夢《によむ》如化《によけ》と〕」**といって喝一喝《かついつかつ》す**。

(1)**上堂**＝十月十五日の上堂か。◉(2)**南山松、北嶺雪**＝「南山」は詩経・小雅にもいう長寿の比喩。北山に新雪。◉(3)**夜雨昼晴**＝「耕作ガヨイ、是デハ豊作デアロウ」。◉(4)大冶精金無変色＝『雪竇録』巻三拈古に、「諸人三日耳聾するを会せんと要するや、〜」と、但し「無」は「応無」。頌古第五則（【一二二】）頌評唱参照。◉(5)百尺竿頭進一歩、十方刹土現全身＝「放身捨命セヨ」。百尺竿頭は中国雑技用の長竿の頂端を云い、引いては物事を極めた事を指す。『会元』巻四長沙景岑《ちようしやけいしん》（南泉下）章に、「百尺竿頭不動の人、然《しか》も得入《とくにゆう》すと雖も未だ真と為《な》さず。百尺竿頭、須らく歩を進むべし、十方世界是れ全身」と。◉(6)**太平得節**＝この時は鎌倉幕府の末年、後醍醐帝は隠岐に配流中、翌月には護良親王吉野に挙兵と世情騒然たる最中、国師は太平と言い切る。◉(7)是法平等無有高下＝『金剛経』。【一〇六】注(20)参照。◉(8)王登宝殿、野老謳歌＝天下治まり、民心平らかなり。【一の二】注(5)参照。底本は「登」を「上」に作る。◉(9)**達磨来東土、二祖行西天**＝【七七の一】注(15)参照。◉(10)是法住法位、世間相常住＝『法華経』。【一一七】注(2)参照。◉(11)南斗七、北斗八＝【三五の二】注(10)参照。◉(12)**行脚禅和子、莫失却目前**＝「ウロタヘモノガ、弥陀ガ西方ニ在ノ、達磨ガ東土ニ来タノト云テ、只ウロタヘ回テ」。『伝灯録』巻二十九誌公大乗讃に、「大道は常に目前に在り、目前に在ると雖も覩《み》難たし」と。◉(13)縦有一法過涅槃、我説如夢如化＝たとえ涅槃以上のどんな立派な事があろうともまた夢幻の如くである。『大品般若経』。【一八の二】注⑿参照。

【一六五】

(1)**上堂**。「(2)**一切の諸仏及び諸仏の阿耨多羅三藐三菩提《あのくたらさんみゃくさんぼだい》の法は**(3)流水寒山《りゅうすいかんざん》の路《みち》、深雲暁寺《しんうんぎょうじ》の鐘《かね》。(4)湘潭《しょうたん》雲《くも》尽き暮山《ぼざん》出《い》で、巴蜀《はしょく》雪《ゆき》消え春水《しゅんすい》来たる」、**皆な此の経より出《い》づ**(5)此の経は持《たも》ち難し、若し暫《しばら》くも持《たも》つ者は、我れ即ち歓喜《かんぎ》す、諸仏も亦た然《しか》なり」」と。**忽《たちま》ち拄杖《しゅじょう》を拈《ねん》じて卓一下《たくいちげ》して云く、「(6)君に勧《すす》む此の一盃の酒を尽くせ、西のかた陽関《ようかん》を出《い》づれば故人《こじん》無からん**(7)鴆酒一盃当面《ちんしゅいっぱいとうめん》に傾《かたむ》く。(8)古澗寒泉《こかんかんせん》の時如何《いかん》、苦《く》。飲む者作麽生《そもさん》、死」」。

(1)**上堂**＝十一月一日の上堂か。◉(2)**一切諸仏…皆従此経出**＝「人人肚ノ中ニ有ル」。【二六】注(2)参照。◉(3)流水寒山路、深雲暁寺鐘＝人気のない山路を流れに沿って上って行けば、雲深く何処からともなく古寺の暁鐘の音が聞えてきた。絶海中津『蕉堅稿《しょうけんこう》』の「真寂竹庵《しんじゃくちくあん》和尚に呈す」に、「～、～。不堪長仰止、渚上寄高踪」、但し「暁」は「古」。◉(4)湘潭雲尽暮山出、巴蜀雪消春水来＝はるか湘潭のあたり雲は尽きて暮れ方の山が現われ、巴蜀の雪もとけてしまったとみえて、江には春の水がとうとうと流れ来たる。『三体詩』巻二許渾の「凌歊台《りょうこうだい》」の三四句。◉(5)此経難持…諸仏亦然＝『法華経』見宝塔品。【六二】注⑿参照。◉(6)**勧君尽此一盃酒、西出陽関無故人**＝王維の離別の詩。【八〇の二】注㉘参照。◉(7)鴆酒一盃当面傾＝一滴唇を湿らせば立ち所に死すと云う毒酒を盃になみなみと向き合って酌み交わす。『江湖風月集』下、損堂益「寄復巌」の詩に、「相倚巌叢両度青、不知何処闕真情。春風南宕重携手、～」と。「鴆酒」は【一ある抄本に云う、「作家の相見、毒を以て毒を攻るの処なり、他の庸流の觜を下し難いの謂なり」と。「鴆酒」は【一〇の二】注⑾参照。◉(8)古澗寒泉時如何、苦、飲者作麽生、死＝「百尺竿頭ニ一歩進処」。『会元』巻七雪峰章に、「問う、『古澗寒泉の時如何』。師曰く、『瞪目《とうもく》するも底を見ず』。曰く、『飲む者如何』。師曰く、『口より入らず』。僧、趙州に挙似す。州曰く、『口より入らずんば、鼻孔裏より入る可からず』。僧却って問う、『古澗寒泉の時如何』。州曰く、『苦《く》』。曰く、『飲む者如何』。州曰く、『死す』。師聞き得て乃ち曰う、『趙州古仏』と」。

【一六六の二】

(1)冬至小参《とうじしょうさん》。僧問う、「(2)葭管《かかん》、灰を飛ばし、繍紋《しゅうもん》、線を添う。(3)陰陽造化《いんようぞうか》に渉《わた》らず、願わくは法要を聞かん」。師云く、「(4)八角の磨盤《まばん》、空裏《くうり》に走《わし》る」。進めて云く、「(5)恁麼《いんも》ならば則ち、岸柳《がんりゅう》未だ眼《まなこ》を開かず、庭梅《ていばい》先ず花を発《ひら》く」。師云く、「(6)好《よ》し与麼《よも》にし去るに」。進めて云く、「記得《きとく》す、(7)僧、百丈《ひやくじょう》に問う、『如何《いか》なるか是れ奇特《きどく》の事《じ》』。丈《じょう》云く、『独坐大雄峰《どくざだいおうほう》』と。(8)還《かえ》って端的《たんてき》なりや也《ま》た無《いな》や」。師云く、「(9)要津《ようしん》を把定《はじょう》して凡聖《ぼんしょう》を通《つう》ぜず」。進めて云く、「僧礼拝《らいはい》すと。又た作麼生《そもさん》」。師云く、「(10)頂上《ちょうじょう》を拶破《さつぱ》せず」。進めて云く、「古人は則ち且《しば》らく置く、即今《そつこん》、和尚に、『如何《いか》なるか是れ奇特の事《じ》』と問わば、如何《いかん》が祗対《したい》せん」。師云く、「(11)令《れい》に依《よ》って行《ぎょう》ず」。進めて云く、「丈《じょう》便ち打つと。如何《いかん》が理会《りえ》せん」。師云く、「(12)三十年後、面熱《おもてねつ》し汗出《あせい》でん」。進めて云く、「(13)虎穴《こけつ》に入《い》らずんば、争《いか》でか虎子《こし》を得ん」といって、便ち礼拝《らいはい》す。師云く、「(14)我が為に将《も》ち得《え》来たり看《み》よ」。

(1)**冬至小参**＝元弘二年の冬夜は十一月二十五日。◉(2)**葭管飛灰、繍紋添線**＝律管や日影で冬至を占う。『虚堂録』巻九径山後録の冬至小参に見える。前句は【三一の二】注(4)参照、後句は【一一八の二】注(24)参照。◉(3)**不渉陰陽造化、願聞法要**＝季節自然の変遷を越えた一句を承りたい。◉(4)**八角磨盤空裏走**＝石の挽き臼台が空を飛ぶ。【一の六】注(23)参照。◉(5)**恁麼則岸柳未開眼、庭梅先発花**＝それでしたら、岸辺の柳はまだ芽を出さないが、庭先の梅はそろそろ咲き掛けるということでしょうか。『大応録』崇福録一四三章の冬至上堂。◉(6)**好与麼去**＝その様に合点するのも好きにせよと抑下。◉(7)**僧問百丈…丈云独坐大雄峰**＝僧が百丈禅師に「類無く優れた事というのは何ですか」と問うと、百丈は「独坐す大雄（百丈）峰」と。『碧巌』二十六則。◉(8)**還端的也無**＝ほんとうに適っているでしょうか。◉(9)**把定要津、不通凡聖**＝「ヤイ百尺竿頭ニ歩ヲ進タ者デナケレバ、影ノゾキモナラン」。【一六二】注(18)参照。◉(10)**不拶破頂上**＝頭の頂きを打ち破るべき所をそうしなかったと、僧の手ぬるさを抑下。「ナンノ礼拝、百丈ヲ、ステッペンカラ、クラワシテ、ミナイ」。『会元』巻八明招徳謙（羅山閑下）章に、「拶破汝頂」と。◉(11)**依令而行**＝仏祖の正令に依って行なった。◉(12)**三十年後、面熱汗出**＝三十年後、慚汗の至り。【一〇〇の一】注(10)、【二一の一】注(13)参照。◉(13)**不入虎穴、争得虎子**＝お蔭様で、得難き所を得ました。後漢班超の語。【二八の一】注(12)参照。◉(14)**為我将得来看**＝汝が得たというその虎子をここに引きずり出せ。証拠を出せ。

【一六六の二】

乃《すなわ》ち云く、「(1)**六陰謝《ろくいんしゃ》し尽くして一気《いっき》方《まさ》に生ず**〔(2)髑髏識《どくろしき》尽きて喜《き》何ぞ立《りっ》せん、喜識《きしき》尽くる時消息《しょうそく》尽く、(3)群陰剥尽《ぐんいんはくじん》して一陽《いちよう》生ず〕、(4)**鉄樹花《てつじゅはな》を開《ひら》き、石筍条《せきじゅんえだ》を抽《ぬ》きんず**〔(5)石《いし》は空裡《くうり》より立ち、火《ひ》は水中《すいちゅう》に向かって焚《た》く。(6)石女《せきじょ》舞《ま》い成《な》す長寿《ちょうじゅ》の曲《きょく》、木人《ぼくじん》唱《とな》え起《お》こす太平《たいへい》の歌《うた》〕。**衲僧家《のうそうけ》、**(7)**若し者裡《しゃり》に向かって転身《てんじん》し来たらば、自然《じねん》に**(8)**枯枯燥燥《こここそうそう》**〔猶《な》お是れ小果《しょうか》の声聞《しょうもん》。(9)土牛《どぎゅう》、石田《せきでん》を耕すも、終《つい》に禾《いね》を得《う》る時《とき》無し。相似底《そうじてい》の涅槃《ねはん》〕、(10)**得失是非《とくしつぜひ》、一時《いちじ》に放却《ほうきゃく》せん、**(11)**也《ま》た是れ省銭《せいせん》飽《あ》き易《やす》き底《てい》の事《じ》**〔小《しょう》を得《え》て足《た》れりと為《な》す。(12)死水《しすい》、何ぞ曾《かつ》て古風《こふう》を振るわん。(13)棺木裏《かんぼくり》に瞠眼《どうがん》す〕。(14)**古来静悄悄地《じょうしょうしょうじ》なるも、**(15)**之れを争《あらそ》うに足《た》らず**〔(16)臥龍死水《がりゅうしすい》を鑑《かんが》みず。(17)黄葉《こうよう》、門を遮《さえぎ》る、拄杖子《しゅじょうす》、此の死漢《しかん》を打《た》せず。蘆花《ろか》、腰を擁《よう》す、瞎驢児《かつろじ》、甚《なん》の境界《きょうがい》か有《あ》らん〕、(18)**何ぞ須《もち》いん歩《ほ》を運《はこ》んで阿伽門《あかもん》を念《ねん》ずることを**〔(19)我此洗鉢水《がしせんぱすい》、如天甘露味《にょてんかんろみ》、施与鬼神衆《せよきじんしゅう》、悉令得飽満《しつりょうとくぼうまん》〕。**而今《いま》、**(20)**多くは是れ時《とき》を知って節《せつ》を知らず、**(21)**猶お妨《さまた》げず、東西南北《とうざいなんぼく》、烏《う》飛び兎《と》走《わし》ることを**〔(22)将《まさ》に謂《おも》えり侯白《こうはく》と、更に侯黒《こうこく》の有らんとは。〔(23)東山下《とうざんか》の左辺底《さへんてい》〕。**(24)直饒《たと》い山僧《さんぞう》が背後《はいご》に向かって問訊《もんじん》するも、(25)也《ま》た山僧、敢えて横《おう》に点頭《てんとう》だもす可《べ》からず**〔(26)西天《さいてん》の四七《ししち》、東土《とうど》の二三《にさん》、只だ此の些子《しゃし》を伝う。(27)同死同生《どうしどうしょう》、君が為に決《けつ》す〕。**何《なん》が故《ゆえ》ぞ」。拄杖を卓《たく》して云く、「(28)国清《くにきよ》うして才子《さいし》貴《たっと》く、家富《いえと》んで小児《しょうに》嬌《おご》る**〔(29)誰か道《い》う、両朝の国師と、実に是れ雲居《うんご》の羅漢《らかん》〕」。

(1)**六陰謝尽、一気方生**＝【九〇の二】注(1)参照。◉(2)髑髏識尽喜何立、喜識尽時消息尽＝前句は『碧巌』二頌、後句はその評唱。「識神…此の八識を打破せば憂喜何に因ってか生ぜんや。之れを大死底の境界と謂う」（『種電鈔』）。「骨を折りぬいて一度此境界に至らねばだめじゃ」（『秘鈔』）。◉(3)群陰剥尽一陽生＝【一一八の一】注(2)参照。◉(4)**鉄樹開花、石笋抽条**＝【九〇の一】注(6)参照。◉(5)石従空裡立、火向水中焚＝【一の六】注(11)参照。◉(6)石女舞成…、木人唱起…＝本来人の自在の境界。『普灯録』巻五招提惟湛（雪竇下三世）章に見える、もと洞山『宝鏡三昧』に「木人方歌、石女起舞」と。◉(7)**若向者裡転身来**＝ここで翻身し悟りを得るならば。◉(8)**枯枯燥燥**＝枯燥（枯淡乾燥、かれきった）を強調した言い回し、悟りの絶対把住面を指す。『虚堂録』巻二宝林録の華蔵和尚至上堂に、「二林は小衆なり、枯枯燥燥として、鶴望すること多時」とある。◉(9)土牛耕石田、終無得禾時＝【一〇二の二】注(10)参照。◉(10)**得失是非、一時放却**＝損得善悪の考えを一時に捨てきる。三祖『信心銘』。◉(11)**也是省銭易飽底事**＝前文に対する下語。たとえそのような勝事も、また無駄事。『伝灯録』巻二十延慶奉璘（疎山仁下）章に、「省銭は飽き易く、喫し了われば還って饑う」とあり、当時の俗諺である。上海辞書版『中国俗語大辞典』に、「ただ省く事ばかり求めると、却って終には何にもならないことになるを指す」とある。「省銭」は「省数銭」、「省陌」とも、七十七を以て百と数えた用銭の法。【一の七】注(7)参照。◉(12)死水何曾振古風＝そんな所に腰をおろすな。◉(13)棺木裏瞠眼＝【六六の二】注(15)参照。◉(14)**古来静悄悄地**＝底本の「浄」は「静」の誤植。『碧巌』二十七頌評唱に、「達磨未だ西天に帰らざる時九年面壁、静悄悄地」と。「静悄悄」は「閙浩浩」の対で、「ひっそり閑としている」こと。◉⒂**争之不足**＝求めんとすれば得られず。『五祖演録』に、「〜、之れを譲《ゆず》れば余り有り」（禅十二・四一八下）と対で用いられる。『槐安国語』では省略された『大灯録』【六の一】にも見える。◉⒃臥龍不鑑死水＝『碧巌』九十五頌、但し死は止。因みに『荘子』徳充符には「人は流水に鑑《かん》すること莫くして、止水に鑑す」と、心の虚寂の様を止水に比し、万物の姿を映し出す鑑に喩えているが、禅門では止水裏の活計として忌む。◉⒄黄葉遮門…瞎驢児有甚境界＝『虚堂録』巻一報恩録の入寺法語、但し「此」は「者」、「腰」は「膝」、「境界」は「生涯」。「黄葉遮門」は「人跡絶したところ」。「拄杖子不打者死漢」は「そんな死人は打つ値打ちもない」。「蘆花擁膝」は、釈迦が膝を蘆芽に突き抜かれるまで坐禅していた故事を踏まえて、「瞎驢児」は釈迦を抑して云う（『犂耕』）。頌古第一則（【二一八】）頌評唱の注⒇参照。「有甚境界」は「たかのしれたもの」。◉⒅**何須運歩念阿伽門**＝まして加持祈祷門に趣く要はない。「何須」は「何必（…する必要はない）」の意。「阿伽」は「閼伽」とも、仏に供える水を云い、閼伽を献ずるのは密教の重要儀式。◉⒆我此洗鉢水、如天甘露味、施与鬼神衆、悉令得飽満＝斎粥後、鉢盂を洗った水を餓鬼に供養する折水偈。◉⒇**多是知時不知節也**＝「枯枯燥燥」、「静悄悄」等の、時の平等理を分かる輩はいても、時の具体的差別事である節を会得しているやつはおらん。◉㉑**猶不妨東西南北烏飛兎走**＝そら日月はどこもかしこも一刻も猶予なく移り変わり行く。「不妨」は「なんとまあ…のことよ」。【五の二】注⒀参照。「烏兎」は日月を云う。◉㉒将謂侯白更有侯黒＝上には上がある。『伝灯録』巻十五投子大同章に、趙州が投子を評して、「我れ早《すで》に侯白、伊《か》れ更に侯黒」と云う。『従容録連山注』四十則、『碧巌不二鈔』四十一則には、閩《びん》の国に侯白という人に畏れられた乱暴者が井戸の傍らで泣く侯黒という女賊に会い、女の落したという珥を拾わんとして身ぐるみ剥ぎ取られた話を載せ、今閩人が「相売（互いに騙しあう）」を呼んで、「我れ已《すで》に侯白、伊れ更に侯黒」と言うと。◉㉓東山下左辺底＝仏祖正伝底の密旨。【三〇】注⑷参照。◉㉔**直饒向山僧背後問訊**＝衲《わし》のしりえに従って真似をしようとも。「背後問訊」は「他人に従う様」。【二の一】注⑽参照。◉㉕**也山僧不**

敢可横点頭＝うなずくときは「竪に点頭する」に対して、「横に点頭する」は許さない意であるが、ここは「竪は言わずもがな、横にすら首を振らない」の意で、否定の強調形。『虚堂録』巻一報恩録の「未必横点頭」に同じ。◉(26)西天四七、東土二三、只伝此些子＝【八五】注(12)参照。◉(27)同死同生為君決＝『碧巌』十五頌、但し「決」は「訣」。◉(28)**国清才子貴、家富小児驕**＝国師放行の手段の自在振りは、死するも生きるも諸共に泥水まみれの為人の働き。ここでは天下太平の祝語として用いられる、衲《わし》の所にはつまらない奴は居らないという国師の自負を云う。【一の六】注(5)参照。◉(29)誰道両朝国師、実是雲居羅漢＝誰が大灯を両朝の国師などと云ったのか、とんでもない自惚れ野郎（見損なったぜ）。【二九】注(11)参照。「雲居羅漢」は【七二の一】注(21)参照。

【一六六の三】

復《ま》た挙《こ》す。「(1)僧、趙州《じょうしゅう》に問う、『如何なるか是れ趙州〔(2)南泉《なんせん》の嫡子《ちゃくし》、字《あざな》は従諗《じゅうしん》〕』。**州云く、『東門南門西門北門《とうもんなんもんさいもんほくもん》**〔(3)天下の人を疑殺《ぎさつ》す。(4)相罵《あいののし》ることは你《なんじ》に饒《ゆる》す觜《くちばし》を接《つ》げ、相唾《あいだ》することは你に饒す水を潑《そそ》げ〕』。**僧云く、『這箇《しゃこ》を問わず』。州云く、『你、趙州を問う**〔(5)鸚鵡《おうむ》、煎茶と叫ぶ、茶を与《あた》うれども元と識らず〕』」。**拈《ねん》じて云く、「(6)機《き》を以て機を奪い、毒を以て毒を攻むることは、趙州老漢之れ無きにはあらず**〔(7)四海《しかい》を一掃《いっそう》して今其れ誰か在るや。(8)上下四維《しゆい》、等匹《とうひつ》無し〕。**其《そ》れ奈何《いかん》せん、(9)八十行脚《あんぎゃ》の事、猶《な》お未だ全く用いざることと在り**〔(10)子胥《ししょ》は姑蘇《こそ》の麋鹿《びろく》有ることを知り、輔果《ほか》は智伯《ちはく》の趙《ちょう》に擒《とりこ》に為《せ》らるることを識《し》る〕、**(11)若し全く用い去ることを得ば、児孫《じそん》堂に満ち今に至るまで繁興《はんこう》せん**〔(12)錯《しゃく》、果然《かぜん》、点《てん》〕」。

(1)**僧問趙州、如何是趙州…**＝「此ノ僧、趙州ヲ、ミヂンニセント、カカッタ」。『碧巌』九則。【二の一】注(5)参照。

◉(2)南泉嫡子、字従諗＝「ヲレナラ、コウ答ヘル」。◉(3)疑殺天下人＝天下の人を迷わす。『句双紙』［五四八］に、「向上の手段。人至り難いを言う」と。『伝灯録』巻十一仰山の章に、「潙山《いさん》聞いて云く、『寂子が一句、天下の人を疑殺す』」と。◉(4)相罵饒你接觜、相唾饒你潑水＝「汝が脣吻を以て足らずと為さば、好し鳥觜を接いで更に相罵《の》れ、汝が涕唾を以て足らずと為さば、好し更に水を潑ぎ去るに」（『種電鈔』二則本則評唱）。「相罵、相唾」の「相」は「たがいに」の義でなく、「それを対象として」の意、ここでは「衲《わし》を罵るなら大いに罵るがよかろう」の意。『碧巌』九則の東門…の下語をそのまま借りてきた、もと『趙州録』に、「問う、『万物中何物か最も堅し』。師云く、『～、～』」（禅十一・三〇八）。底本は「潑」を「澆」に作る。◉(5)鷓鴣叫煎茶与茶元不識＝「趙州ガ阿倍茶ノ上味ヲ、クレタケレドモ、僧ガ知ラン」。猫に小判。『拈八方珠玉集』巻中に「九峰普満（洞山价下）無大人力」（【二一の二】注⒁参照）に対する正覚信相宗顕（黄龍三世）の拈評（禅十三・二六三上）。◉(6)**以機奪機、以毒攻毒、趙州老漢不無之**＝打ってくる相手の機を用いて相手の機を奪い、毒性の薬物を用いて毒瘡（梅毒等の悪性の腫物）を治療する様な働きは、趙州老漢に無いわけではないが。『円悟録』巻十四「示隆知蔵」に、「以機奪機、以毒攻毒、以用破用」と見える。「以毒攻毒、以火攻火」は俗諺。◉(7)一掃四海今其誰在麼＝趙州の様な人は今は世界中さがしてもいない。◉(8)上下四維無等匹＝天にも地にもどこにも比べるものがない。古今独歩である。『碧巌』六頌。◉(9)**八十行脚事**＝『虚堂録』巻三浄慈《じんず》録の入寺法語に「趙州八十行脚因縁」と見えるが、趙州は五十過ぎより三十年行脚して、八十歳にして観音院に住した。◉(10)子胥知姑蘇之有麋鹿、輔果識智伯之為趙擒＝伍子胥は遂には呉王の姑蘇台が廃墟と化して野鹿の遊び場となるを知り、輔果（智果）は遂には智伯が趙の擒となって智氏の亡ぶを識る。（国師先見の明鑑）。『文選』巻四十二阮元瑜「為曹公作書与孫権」。故事は『史記』淮南衡山列伝五十八、並びに『韓非子』十過、『戦国策』趙等に詳しい。底本は「麋鹿」を「麈鹿」に作る。◉(11)**若得全用去、児孫満堂至今繁興**＝若しも趙州が八十行脚の事を全く用いていたなら、今日に至るまでその児孫は天下に満ちみちていただろう。「此ハ、ナゼカフ云タ、人人気ヲ付テ骨折テミヨ」。◉(12)錯、果然、点＝『秘鈔』に「錯＝大しくじり、果然＝それみよ、点＝重しを置いた」と。【一五】注(7)参照。

【一六七の二】

次の日上堂。僧問う、「(1)霜《しも》、大野《たいや》に飛び、風《かぜ》、林丘《りんきゅう》に戒《いた》る、普天普地《ふてんふち》、寒威凛然《かんいりんぜん》たり。更に什麼《いずれ》の処に向かってか回避《かいひ》し去ることを得ん」。師云く、「(2)陽気発《ようきはつ》する時、硬地《こうち》無し」。進めて云く、「(3)璿璣《せんき》未だ動《どう》ぜざるに全機《ぜんき》顕露《けんろ》し、朕兆纔《ちんちょうわず》かに分かれて覿体現成《てきたいげんじょう》す。(4)時節に渉《わた》らず言薦《ごんせん》を借《か》らず、親切《しんせつ》の一句、願わくは挙揚《こよう》を聞かん」。師云く、「(5)家家観世音《かかかんぜおん》」。進めて云く、「(6)慈明《じみょう》、牌《はい》を掲《かか》げ、皓老《こうろう》、布裩《ふこん》を洗わず。(7)点検《てんけん》し将《も》ち来たれば、早く是れ剣《けん》去って久し。(8)宝山《ほうざん》、今日、別に条章《じょうしょう》有ること莫《な》しや」。師云く、「(9)一冬二冬《いっとうにとう》、叉手当胸《しゃしゅとうきょう》」。

(1)**霜飛大野、風戒林丘**＝「戒」は旧訓に「いましむ」と訓むが、「いたる」と訓む（『漢語大詞典』「戒」の⑬）。冬景の現成。『虚堂録』巻三育王録の達磨忌に、「霜飛大野、水落崇崗」と。◉(2)**陽気発時無硬地**＝既に一陽の気来復《らいふく》して、堅氷融ける。【三一の二】注(2)参照。◉(3)**璿璣未動、全機顕露、朕兆纔分覿体現成**＝天地未分以前に全ての働きは現われており、天地纔かに分かれるや全体現われる。「璿璣」は「璇璣」とも、「①北斗の前四星、②北極星、③帝位、④古代の天文観測器」等多義であるが、天機の中心、全ての動きの根本を指す、それが「未動」とは、「天未だ生ぜざる以前、朕兆已前、一念不生以前」を云う。『碧巌』三十七盤山三界無法の本則評唱に、「璿璣不動、寂止無痕、覿面相呈、更無余事」。「覿体」は全体。◉(4)**不渉時節不借言薦、親切一句願聞挙揚**＝時節も言葉も越えた所を、ずばり一句お願いいたします。◉(5)**家家観世音**＝「家々門戸透長安ト同ジ」。【四七の一】注(2)参照。◉(6)**慈明掲牌、皓老不洗布裩**＝慈明冬至の牌は【三一の三】注(2)参照。玉泉承皓《ぎょくせんしょうこう》が褌に祖師の名前を書いて洗わなかった故事は【三一の二】注(8)参照。◉(7)**点検将来早是剣去久矣**＝既に愚かなこと、前両句に対する下語。「刻舟人」の故事は【一の七】注(46)

参照。◉⑻**宝山今日莫別有条章麽**＝国師にはまた両者とは別の宗旨がおありですか。「宝山」は龍宝山大徳寺。「条章」は「筋道あるおきて」。◉⑼**一冬二冬、叉手当胸**＝寒い間は懐手。【三一の三】注⑿参照。

【一六七の二】

乃《すなわ》ち云く、「⑴瑞雪《ずいせつ》地に満ち、祥雲《しょううん》天に翻《ひるがえ》る〔⑵陰陽《いんよう》到らざる処、一片《いっぺん》の好風光《こうふうこう》。⑶好雪片片《こうせつへんぺん》、別処に落ちず〕。**⑷龍宝山頂、和気靄然《あいぜん》**〔⑸主人心《こころ》安楽なれば、脩竹《しゅうちく》和気有り。⑹渓声《けいせい》広長舌、山色清浄身〕、**⑺好箇《こうこ》の時節、君が為に報じて知らしむ。⑻一気《いっき》言《ものい》わずして有象《うぞう》を含む。万霊《ばんれい》、何《いず》れの処にか無私《むし》を謝《しゃ》せん**〔⑼湘《しょう》の南、潭《たん》の北、中に黄金有り一国に充《み》つ、無影樹下《むようじゅげ》の合同船《ごうどうせん》、瑠璃《るり》殿上に知識《ちしき》無し〕」。

⑴**瑞雪満地、祥雲翻天**＝【九五の二】にも見える。◉⑵陰陽不到処、一片好風光＝陰陽を超えたる所、真の好景。【四六の二】注⑵参照。◉⑶好雪片片不落別処＝【一の六】注㉑参照。◉⑷**龍宝山頂和気靄然**＝【一の五】注⑸参照。◉⑸主人心安楽、脩竹有和気＝『山谷詩集』巻十三「次韻答斌老《ひんろう》病起独遊東園」の第二首に、「〜、〜。時従物外賞、自益酒中味。斸枯蟻改穴、掃籜筍迸地。万籟寂中生、乃知風雨至」。但し「脩竹」は「花竹」。◉⑹渓声広長舌、山色清浄身＝谷川の音も仏の説法、山の色も仏の妙相。蘇東坡悟道の偈、『碧巌』三十七頌評唱。◉⑺**好箇時節為君報知**＝この好き時節の消息を大衆にも知らせよう。◉⑻**一気不言含有象、万霊何処謝無私**＝天道はもの云わずして万物を化育す、この周《あまね》き無私の恩徳には感謝する術もない。【一一八の一】注⑺参照。◉⑼湘之南潭之北…瑠璃殿上無知識＝南の果ての更に南から、北の北に到るまで、どこもかしこも黄金で一杯。【一の三】注⑴参照。また【一三七】下語にも。

【一六八】

(1)**進退両班《しんたいりょうはん》を謝する上堂。**「(2)**竿頭《かんとう》に一歩を進めて、大千沙界《だいせんしゃかい》に全身を現ず**〔(3)未だ一歩を進めざる以前、全身、還《かえ》って何《いず》れの処にか安著《あんじゃく》す。(4)殊《こと》に知らず、世尊の隻眼《せきげん》、三世を貫通することを〕、(5)**歩《ほ》を退《しりぞ》いて己《おのれ》に就《つ》く、万が中《うち》一箇も失わず**〔(6)更に一人《いちにん》有り、横点頭《おうてんとう》だもせざること有り、失《しつ》〕。(7)**蓋《けだ》し是れ与麼《よも》の人、与麼の行履《あんり》を作《な》す者なり**〔(8)若し是れ本色の衲僧ならば、者般《しゃはん》の茶飯を喫せず〕。(9)**大衆《だいしゅ》、此の人を見んと要すや**〔(10)大衆、全く此の人を見んことを要せず、(11)宇宙に双日無く、乾坤只だ一人〕、(12)**雲は嶺頭《れいとう》に在って閑不徹《かんぷてつ》、水は澗底《かんてい》に流れて太忙生《たいぼうせい》**〔(13)悪虎《あくこ》も子《こ》を食らわず〕」。

(1)**謝進退両班上堂**＝【二〇】注(1)参照。◉(2)**竿頭進一歩、大千沙界現全身**＝進退両班の「進」にかけて。【一六四】注(5)参照。◉(3)未進一歩以前、全身還何処安著＝それでは一歩進めない前は全身は一体何処に有るというのか（既に三界を貫いておるぞ）。◉(4)殊不知、世尊隻眼、貫通三世＝既に世尊の一隻眼は過現未の三世を貫いていることを、「国師ゴゾンジ、ゴザランカ」。『禅林類聚』巻十四の三十四丁、道吾悟真（慈明下）「外道問仏」の拈語に、「〜、外道隻眸貫五天」、但し「貫通」は「通」、「三世」は「三界」。◉(5)**退歩就己、万中一箇而不失**＝底本の「已《すでに》」は「己《おのれ》」の誤植、『大灯録』原本の「巳」も誤り、但しこの「己已巳」の混同は他の禅録にもしばしば見られる。『会元』巻十三曹山智炬（曹山寂下）章に、曹山本寂の語として、「退歩就己、万不失一」と見える。一歩退いて回向返照すれば己に帰すること、万が一つも仕損ないはない。進退の「退」にかけて。◉(6)更有一人有不横点頭、失＝そんなこと云うても全く肯んじないものがおるぞ。不失すでに失。◉(7)**蓋是与麼人作与麼行履者也**＝この様な人であってこそ、真っ向この様に修行する。『禅林僧宝伝』巻六雲居道膺《うんごどうよう》の章に、「与麼の事を得んと欲せば、須らく是れ与麼の人なるべし」と。◉(8)若是本色衲僧不喫者般茶飯＝本物の衲僧ならば、「与麼ノ行履ノト云ウ様ナ」尋常の茶飯を食らわない。◉(9)**大**

衆要見此人麼＝【一三四の二】注⒂参照。◉⑽大衆全不要見此人＝「此ノ人ヲ見タイトハ思イマセヌ」。◉⑾宇宙無双日、乾坤只一人＝唯我独尊の境界。【一二四の二】注⑼参照。◉⑿**雲在嶺頭閑不徹、水流澗底太忙生**＝山上の雲は徹底静か、谷川の水は大忙し。「鵠林ハ云、雨ハノキバデ、ビシャビシャ、人ハ殿中ニガヤガヤ、小僧ハ庫裡デ飯ヲタク、和尚ハ居間デ客応対ヲスル」。『雪竇録』。【一三八の二】注⑼参照。◉⒀悪虎不食子＝虎は飢えても自分の子は食わない。『伝灯録』巻十八龍華霊照（雪峰下）章。

【一六九の一】

臘八《ろうはつ》上堂。僧問う、「⑴釈迦老子《しやかろうし》六年冷坐《れいざ》、臘八の夜《よ》に逗到《とうとう》して始めて方《まさ》に開悟《かいご》し去る。未審《いぶか》し箇《こ》の何事《なにごと》をか悟り得たる」。師云く、「⑵鼻孔《びくう》、上唇《じようしん》に掛く」。進めて云く、「⑶未《いま》だ明星《みようじよう》を見ざる時、已《すで》に雪山雪《せつせんゆき》白く、明星を一見《いつけん》して後《のち》、又た雪山雪《せつせんゆき》白し。這裡端的《しやりたんてき》の事《じ》、和尚、如何《いかん》が甄別《けんべつ》せん」。師云く、「⑷鉄丸《てつがん》、縫罅《ほうか》無し」。進めて云く、「⑸只だ一人《いちにん》有り、真《しん》を発《はつ》して源《みなもと》に帰《き》するが如きんば、大地《だいち》の衆生《しゆじよう》、何《いず》れの処に向かってか去る」。師云く、「⑹你《なんじ》が眼睫上《がんしようじよう》に向かって去る」。進めて云く、「恁麼《いんも》ならば則ち謂《いつ》つ可《べ》し、⑺劫外一壺《こうがいいつこ》の春《はる》、更に好し、優曇花《うどんげ》綻《ほころ》びて普天《ふてん》香《かんば》し」といって、便ち礼拝《らいはい》す。師云く、「⑻道《い》うことは即ち道《い》い得《え》たり」。

⑴**釈迦老子六年冷坐、逗到臘八夜始方開悟去**＝【一の八】注⑴参照。冷坐の「冷」は「冷清、清閑」で、「冷坐」は「独坐」の意。逗到の「逗」も「到、臨」で、「逗到」は「…に及んで、…になって」の意。◉⑵**鼻孔掛上唇**＝鼻のあなは唇の上。眼横鼻直。【一二二の一】注⑶、【四二の二】注㉒参照。◉⑶**未見明星時…和尚如何甄別**＝「未見明星」は「未悟已前」、「一見明星後」は「悟道已後」。【一の八】頌「明星一見雪重白、…」を参照。「甄別」は「見分ける」。◉⑷**鉄丸無縫罅**＝本分上に迷悟の分別の入る余地なし。【一〇一の一】注⒁参照。◉⑸**只如有一人発真帰源、大地衆**

生向何処去＝【三五の一】臘八上堂を参照。◉(6)**向你眼睫上去**＝「百億ノ須弥モ、ヌシガ腹ノ中ニ有ハヤイ」。『雲門広録』巻上の上堂に、「尽乾坤一時に将ち来たって、你が眼睫上に著く」（禅十一・三三八）と。◉(7)**劫外一壺春更好、優曇花綻普天香**＝壺中の別天地の春景色、殊更に結構な所に、三千年に一度という優曇華も咲いた様であります、と、僧の讃歎礼話。国師を優曇華に喩えて。『後漢書』費長房伝に云う、売薬翁の壺中の別天地を踏まえて。『大応録』二二三章の冬至上堂。◉(8)**道即道得**＝云うことだけは一人前。

【一六九の二】

乃《すなわ》ち云く、「尽《ことごと》く謂《い》う、世尊臘月八夜《ろうげつはちや》成道《じょうどう》と〔(1)大道寥寥《りょうりょう》として敗処《はいしょ》無し、黄頭老漢《こうとうろうかん》、者《こ》の何をか成《じょう》ず。寒雲雪《かんうんゆき》を籠《こ》めて夕陽《せきよう》重く、山月梅《さんげつうめ》を照らして夜色《やしょく》清し〕、**是《ぜ》なることは則ち是《ぜ》、敢えて諸人《しょにん》に問う、如何《いか》なるか是れ成《じょう》ずる底《てい》の道《みち》**〔(2)生蚕《せいさん》を逼《せ》めて繭《まゆ》を作らしむることを休めよ。(3)石《いし》の玉《たま》を含んで玉《たま》の瑕《きず》無きことを知らざるに似《に》、地《ち》の山《やま》を擎《ささ》げて山の孤峻《こしゅん》なることを知らざるが如し〕。**若し是れ識得《しきとく》せば、恩《おん》を報《ほう》ずるに分《ぶん》有らん**〔(4)若し其れ識得せば、報ずる底の恩も無し。(5)只だ老胡《ろうこ》の知《ち》を許して、老胡の会《え》を許さず〕、**若し也《ま》た識不得《しきふとく》ならば」、払子《ほっす》を撃《う》って云く、「**(6)**初中後三大劫《しょちゅうごさんだいごう》**〔(7)荊棘参天《けいきょくさんてん》、蒺藜満地《しつりまんち》。(8)伯牙《はくが》は絃を子期《しき》に絶《た》ち、仲尼《ちゅうじ》は醢《かい》を子路《しろ》に覆《ふく》す。知音《ちいん》の遇い難きことを痛み、門人の逮《およ》ぶ莫《な》きことを傷《いた》む〕」。

(1)大道寥寥無敗処…山月照梅夜色清＝大道はもとより寥寥《カラリ》としたもの、成敗の沙汰は無い、然るに何を成ずと謂うのか。寒雲山月、雪夜の梅。鵠林臘八の拈香。【一二〇の五】注(2)参照。◉(2)休逼生蚕作繭＝【一七の二】注(8)参照。◉(3)似石含玉不知玉之無瑕、如地擎山不知山之孤峻＝功を功とせざるところ、不知最親。【三五の一】注(6)参照。◉(4)若其識得無報底恩＝「是ハ鵠林ノ面白イ処」。◉(5)只許老胡知、不許老胡会＝『句双紙』〔二一九四〕に、「根本知・本知を悟ることを許すとなり」。雪竇『明覚録』巻三拈古八十五、巌頭末後句の拈評。『碧巌』一則頌評唱などにも見え、『秘鈔』に「此の二句で万事休むと思え。総頌して云わく不識。此の不許を知見解会を生ずるな、と見ば大間違い」（第一則頌評唱）、「知の会のと云うて分けてみまいぞ」（第四十六則頌評唱）。◉(6)**初中後三大劫**＝初めも、中も、後も、永遠に。「初中後」は『骨董稿』に依れば、『法華経』序品の「初中後善」を踏まえる、「初善・中善・後善、其の義深遠、其の語巧妙、純一無雑」と。「向外ニ修行スルト、三大劫ラチハ、アカント見ルナ。此事ハ三大劫経テモ、チトモ変ワリハナイ」。◉(7)荊棘参天、蒺蔾満地＝棘は天までのび、はまびしの実はあたり一面、足を措《お》くべからず。『虚堂録』巻二宝林録の冬至小参に、「無陰陽の地、荊棘参天。契券《かいけん》有る辺、蒺蔾《しつり》地に満つ」と。◉(8)伯牙絶絃於子期…傷門人之莫逮＝底本の「醯」は「醢《かい》」の誤植。『文選』巻四十二魏文帝「与呉質書」、但し「子期」は「鍾期」。子期の様な知音には最早逢い難いことを痛み、数多おる弟子のなかにも子路に及ぶ者が居ないことを傷む。「伯牙絶絃」は、琴の名手である伯牙はその善き理解者である鍾子期が死んでからは二度と琴を弾かなかった故事、『呂子春秋』本味。「仲尼覆醢」は、子路が衛国の難で殺され醢（塩から）にされたのを痛んで師の孔子が家の塩辛を捨てさせた故事、『十八史略』一衛。

【一七〇の二】

除夜《じよや》小参《しようさん》。僧問う、「(1)旧歳《きゆうさい》、今宵《こんしよう》去る、甚《いず》れの処に向かってか去る」。師云く、「(2)頭《ず》上一堆《じよういつたい》の塵《ちり》」。進めて云く、「新年《しんねん》、明日来たる、甚れの処よりか来たる」。師云く、「脚下《きやつか》三尺《さんじやく》の土《つち》」。進めて云く、「還《かえ》って新旧に渉《わた》らざる底《てい》有りや也《ま》た無《いな》や」。師云く、「有り」。進めて云く、「如何なるか是れ新旧に渉らざる底」。師云く、「(3)大底《たいてい》鼻孔《びくう》、向下《こうげ》に垂《た》る」。進めて云く、「記得《きとく》す、(4)感首座《かんしゆそ》、法昌《ほうしよう》に問う、『昔日北禅《むかしほくぜん》の分歳《ぶんすい》、露地《ろじ》の白牛《びやくご》を烹《に》る、和尚今夜分歳、何の施設《しせつ》か有る』。昌云く、『臘雪《ろうせつ》、天に連《つら》なって白く、春風《しゆんぷう》、戸《こ》に逼《せま》って寒《さむ》し』と。意旨作麼生《いしそもさん》」。

師云く、「(5)両口一舌《りようくいちぜつ》無し」。進めて云く、「感《かん》云く、『大衆《だいしゅ》、如何《いかん》が喫《きつ》せん』。昌《しょう》云く、『(6)嫌うこと莫《な》かれ冷淡《れいたん》にして滋味《じみ》無きことを、一飽《いっぽう》能《よ》く万劫《ばんごう》の飢《うえ》を消《け》す』と。此の意如何《いいかん》」。師云く、「(7)鬼《き》、漆桶《しっつう》を争《あらそ》う」。進めて云く、「感《かん》云く、『(8)是れ何人《なんぴと》か置辧《ちべん》す』。昌《しょう》云く、『(9)無慚愧《むざんぎ》の漢《かん》、来処《らいしょ》も也《ま》た知らず』と。又た作麼生《そもさん》」。師云く、「(10)彼此《ひし》出家児《しゅつけじ》」。進めて云く、「古人は即ち且《しば》らく置く、(11)和尚今夜分歳、何の施設か有る」。師云く、「(12)且らく待て、童行《ずんなん》有って報《ほう》じ去らん」。進めて云く、「大衆、如何《いかん》が喫《きつ》せん」。師云く、「(13)鼻《はな》よりして入《い》る可《べ》からず」。進めて云く、「是れ何人《なんぴと》か置辧す」。師云く、「(14)衣鉢閣《いほかく》中、常《つね》に相逢《あいあ》う」。進めて云く、「和尚、与麼《よも》の施設、古《こ》人《じん》と是れ同《どう》か是れ別《べつ》か」。師云く、「(15)你《なんじ》に許す、疑うこと三十年せんことを」。進めて云く、「(16)鶴《つる》は飛ぶ千尺の雪、龍《りゅう》は起こる一潭《いったん》の氷《こおり》」といって、便ち礼拝す。師云く、「(17)也《ま》た何ぞ妨げん」。

(1)**旧歳今宵去、向甚処去**＝この僧の問答は、『大応録』崇福録二一八章の除夜小参を踏まえる。◉(2)**頭上一堆塵、脚下三尺土**＝頭の上にはうず高い塵、足下には深々とした泥。身心を脱落して枯木死灰した滅尽定の境地。『道吾悟真（慈明円下）語要』に、「問う、『如何なるか是れ第三句』。師云く、『～、～』」（禅十二・四〇六）と。『寒山詩』一九六にも、「身《からだ》有るか、身無きか、是れ我か復《は》た我に非ざるか。此《かく》の如く審びらかに思量し、遷延《せんえん》して巌に倚って坐すれば。足間に青草《せいそう》生じ、頂上に紅塵《こうじん》堕《お》つ。已《すで》に見る俗中の人の、霊床に酒果を施《そな》うるを」とあるを参照。大応の答は、「臘雪《ろうせつ》堆中に向かって去る」、「黄鸎《こうおう》声裏より来たる」と。◉(3)**大底鼻孔向下垂**＝たいがいは鼻の穴は下に向いている。「西天此土ノ祖師モ舌ヲ吐クゾ」。【一二四の二】注(11)参照。◉(4)**感首座問法昌…**＝この問答は『虚堂録』巻一瑞巌録の入寺当晩小参を踏まえる。【九四の一】注(7)、【六五】注(2)参照。◉(5)**両口無一舌**＝昌感二人ピッタリ呼吸が合って一枚舌の如し。【五八の二】注(14)参照。◉(6)**莫嫌冷淡無滋味、一飽能消万劫飢**＝味気ないと嫌ってくれるな、一度味わえば最早飢える事はないぞ。◉(7)**鬼争漆桶**＝「無分暁、又た誰人か知るを得ん」。「昌感ノ出会ハ中々見分ラルルモノデナイ」。【四一の一】注(7)参照。◉(8)**是何人置辦**＝それは誰が用意してくれますか。底本の「置辦」は「置辦」の誤植、「置辦」は「用意する、買い入れる」の意。◉(9)**無慚愧漢、来処也不知**＝「ヤイ、バカメ、此料理ノ出処モ知ラズ」。「無慚愧漢」は「恥知らず」というよりも、「慚愧（＝有り難いと云う感幸の詞）」を失った奴、しがない奴の意であろう。後句は食物に托して五観文の偈の「一には功の多少を計り、彼の来処を量る」を踏まえたもの（『犂耕』）。◉(10)**彼此出家児**＝あれも出家、これも出家、出家同士。【一一七】注(4)参照。◉(11)**和尚今夜分歳、有何施設**＝和尚さんには今夜どのような御馳走を供養して頂けますか。「施設」は「ほどこしおこなう」。【一二四の一】注(4)参照。◉(12)**且待有童行報去**＝「マアア、待ツテラレ、給仕ノ童子共ガ沙汰スルデアロウ」。「童行」は「未得度の童子行者」のこと。◉(13)**不可従鼻而入**＝鼻から食うわけでもあるまい。「是又見ソコナイノアル語ジャ、容易ノ看ヲ作コト莫」。【一六五】注(8)の趙州の語を参照。◉(14)**衣鉢閣中常相逢**＝常に何処でも出合っているではないか。「衣鉢閣斗《バカリ》デナイ、背戸《セド》モ、門《カイド》モ、寝テモ、起テモ、付テ回ル」。「衣鉢閣」は「眠蔵《みんぞう》」のこと、方丈中奥の間である住持の居間の持仏壇の背後に設けられた、住持の衣財を納れておくところ。◉(15)**許你疑三十年**＝そのように三十年（一生）疑っていたらよいであろう。『碧巌』五十六則本則に「且らく聴《ゆる》す、這の漢、疑うこと三十年せんことを」。◉(16)**鶴飛千尺雪、龍起一潭氷**＝千尺の雪を飛ぶ鶴の如く、氷の池から昇る龍の如く、お蔭様で吹っ切れました、と、僧の礼話。『円悟録』巻二に、「且らく作麼生か是れ当処を離れざる底の一句、～、～」（大正四十七・七二二下）と。◉(17)**也何妨**＝それも結構。「汝ガ鶴トナロウガ、龍トナロウガ、何ニナロウト、此方ハカマワヌ」。

【一七〇の二】

乃《すなわ》ち云く、「今宵臘月《こんしょうろうげつ》三十夜、(1)家家爆竹《かかばくちく》、結尾《けつび》を賞《しょう》す〔(2)古皇《ここう》堂堂。(3)龍袖払開《りゅうしゅうほっかい》して全体現ず。(4)帝網《ていもう》重重《じゅうじゅう》、主伴《しゅばん》無尽〕。**(5)或いは歌吹《かすい》の音を操《と》り、或いは鐘鼓《しょうこ》の響《ひびき》を促《うなが》して、来日新年《しんねん》の吉《きつ》を祝《しゅく》し、万歳松柏《ばんぜいしょうはく》の操《そう》**

を寿《じゅ》す〔(6)十洲三島《じつしゅうさんとう》は鶴《つる》の乾坤《けんこん》、四海五湖《しかいごこ》は龍《りゅう》の世界〕。(7)**龍宝山頂《さんちょう》の人《ひと》、未《いま》だ必ずしも点頭《てんとう》せずんばあらず、只だ是れ終《つい》に悄然《しょうぜん》の機に堕《だ》せず**〔(8)越王句践《えつおうこうせん》、呉《ご》を破《やぶ》って帰る、義士《ぎし》、家《いえ》に還《かえ》って尽《ことごと》く錦衣《きんい》す、宮女《きゅうじょ》、花《はな》の如くにして春殿《しゅんでん》に満《み》つ、只今《ただいま》唯だ鷓鴣《しゃこ》の飛《と》ぶ有《あ》るのみ〕。(9)**豈《あ》に等閑《なおざり》の風味《ふうみ》を将《もっ》て、以て合山《がっさん》の龍象《りゅうぞう》に供《く》養《よう》せんや**〔(10)鰲《ごう》を釣《つ》って時《とき》に一圏攣《いっけんれん》を下《くだ》す。(11)直鉤《ちょくこう》は驪龍《りりゅう》を釣り、曲鉤《きょくこう》は蝦蟆《がま》蚯蚓《きゅういん》を釣る〕。(12)**然《しか》も是《かく》の如くなりと雖《いえど》も、衆《しゅ》と分歳《ぶんすい》、各各須《おのおのすべか》らく飽足《ほうそく》すべし**〔(13)雑雑《ざつざつ》として山果《さんか》を排《なら》べ、疎疎《そそ》として酒樽《しゅそん》を囲《かこ》む。(14)談笑座中《だんしょうざちゅう》、窃《ひそ》かに鴆毒《ちんどく》を置く〕」。**払子《ほっす》を撃《う》って云く**「(15)**趙州《じょうしゅう》の喫茶《きっさ》、雲門《うんもん》の胡餅《こびょう》**〔(16)切《せつ》に忌《い》む、崑崙《こんろん》に棗《なつめ》を呑《の》むことを。(17)貪《むさぼ》り多き者は嚼《か》むこと細かならず〕」。

(1)**家家爆竹賞結尾**＝爆竹をならして年の末を送る。「爆竹」は【六六の二】注(7)参照、「結尾」は【九四の二】注(6)参照。◉(2)古皇堂堂＝古皇が堂堂と現前している。「古皇」は「上古の皇帝（有巣氏）」を云うが、書き入れには「年神ノ事、仏トモ云イ神トモ云イ」とある。『参詳語要』巻一、「金殿草漫漫」に付けた国師の下語を白隠禅師はここに持ってきた。◉(3)龍袖払開全体現＝雲霧を払って、全体を丸出した。【一五六】注(3)参照。◉(4)帝網重重、主伴無尽＝互いに主となり賓となり、尽きることなし。「ソナタ衆ガ、三世諸仏ニ入込ミ、三世諸仏ガ、ソナタ衆ニ入込ム、ジャニ依テ、結尾ヲ賞シタモノダ」。【一三〇の一四】注(27)参照。◉(5)**或操歌吹之音、或促鐘鼓之響**＝爆竹は中国の故事であるが、笛を吹いて歌うは獅子舞を云うのであろうか、「鐘鼓」は日本での除夜の鐘を云うのであろう。◉(6)十洲三島鶴乾坤、四海五湖龍世界＝各自所を得て、のびのびと天下太平、愈々目出度し。【四三の一】注(14)参照。◉(7)**龍宝山頂人未必不点頭、只是終不堕悄然機**＝私はそのような世法の賑やかさを否定するわけではない、というのもしょんぼりしても詮がない（しみったれても詮ない、豪気にやろうぞ）。後句は香厳投機の偈を踏まえて、頌古第十九則（【一三六】）本則注(10)参照。後句に「芥子斗《バカリ》モ、悟リノ穴ニ、ハマッテハ、ヲラヌ」、「無仏無衆生ノ処ニイヌ」。◉(8)越王句践破呉帰…只今唯有鷓鴣飛＝『唐詩選』七絶、李白「越中懐古」。越王句践が呉を打ち破って帰還し、兵士達は尽く錦をまとって家に帰った。そのころは宮女達は花のように美しく、春の宮殿に満ちあふれていたものだったが、今は只だその廃墟に越鳥の鷓鴣《しゃこ》が飛び交うばかり。「骨折テ、ヒマガアイテミレバ、ヘンテツモナイモノジャ」「祖師最后ノ因縁、末後ノ些子ガ手ニ入ラネバ、真実ニ、只今唯…ハ手ニ入ラヌ」。◉(9)**豈将等閑風味以供養合山龍象**＝ここにお集まりの俊足方にはどうしてありきたりの御馳走ですまそうか。「龍象」は駿馬を云う。【七二の一】注(23)参照。◉(10)**釣鼇時下一圏攣**＝『碧巌』三十三則頌。「圏攣」は釣り糸。【一〇三】注(2)参照。◉(11)**直鉤釣驪龍、曲鉤釣蝦蟆蚯蚓**＝無心の直鉤でこそ大物は釣れるが、意のある曲鉤では蝦のような小物しか釣れませんぞ。【一の九】注(5)参照。◉(12)**雖然如是与衆分歳各各須飽足**＝さあ皆さん各自腹いっぱいに食ってください。◉(13)**雑雑排山果、疎疎囲酒樽**＝まわりには山の木の実を雑然とならべ、人けもなくただ独り酒がめを前にする。『寒山詩』一一八「田家避暑月」。◉(14)**談笑座中、窃置鴆毒**＝一見穏やかな話ぶりだが、その実恐ろしい猛毒があるぞ。【五三】注(12)、頌古第四則（【一二二】）頌注(4)参照。◉(15)**趙州喫茶、雲門胡餅**＝趙州の茶と雲門の餅（国師の格別の馳走）。前句は『趙州録』に、「師、二新到に問う、『上座、曾て此間《すかん》に到るや』。云く、『曾て到らず』。師云く、『喫茶去』。又た那の一人に問う、『曾て此間に到るや』。云く、『曾て到る』。師云く、『喫茶去』。院主問う、『和尚曾て到らざる伊《かれ》をして喫茶せしめ去るは即ち且らく置く、曾て到るに什麼と為てか伊をして喫茶せしめ去る』。師云く、『院主』。院主、応諾す。師云く、『喫茶去』」（禅十一・三三八）とあるを踏まえて。「喫茶去」は「お茶を飲んで来なさい」。後句は『雲門広録』上に、「僧問う、『如何なるか是れ超仏越祖の談』。師云く、『餬餅』」（禅十一・三四二）とあるを踏まえて。「餬餅」は胡麻をつけた焼餅《シャオピン》（麦粉をこねて醗酵させ、平たくして焼いたもの）。◉(16)**切忌崑崙呑棗**＝「崑崙」は「渾崙」。「渾崙呑棗」は「鵜呑みにする」の意。崑崙は【一八の一】注(2)参照。『碧巌』三十本則評唱に「若し是れ有ることを知らざる底の人ならば、一えに渾崙《こんろん》に箇の棗《なつめ》を呑むに似ん」と。『種電鈔』に「渾崙に呑む者は、一口に呑却して細嚼せざる、故に味を知らざるなり」。◉(17)

貪多者嚼不細＝貪りガツガツ喰らえば消化不良を起こすぞ。『虚堂録』巻二宝林録。

【一七〇の三】

復《ま》た挙《こ》す。「(1)**僧、古徳に問う、『万頃《ばんけい》の荒田《こうでん》、是れ誰《たれ》をか主《しゅ》と為《せ》る**〔(2)瞽婆《こば》、五彩《ごさい》を窺《うかが》い、盲児《もうじ》、乳色《にゅうしょく》を問う〕』。**徳云く、『看《み》る看《み》る臘月尽く**〔(3)神臂弓《しんぴきゅう》由基《ゆうき》の箭《や》、一たび発すれば千重の甲《こう》を透過《とうか》す〕』」。**師云く、**「(4)**大衆《だいしゅ》、此の僧《そう》を見《み》んと要《よう》すや、当頭霜夜《とうとうそうや》の月《つき》**〔(5)粥弱《しゅくゆる》うして後《おく》れて坐す〕。**古徳《ことく》を知らんと要すや、任運前渓《にんぬんぜんけい》に落つ**〔(6)以字不成《いじふじょう》八字非《はちじひ》〕。**然《しか》も是《かく》の如くなりと雖《いえど》も、**(7)**静処《じょうしょ》娑婆訶《そわか》**〔(8)君子可八《くんしかはち》〕」。

(1)**僧問古徳、万頃荒田是誰為主**＝耕すことなく穫《か》ることなき本分の田地、誰を主人公とするか。「古徳」は香林。【六六の二】注(3)参照。◉(2)瞽婆窺五彩、盲児問乳色＝生盲はいくら色を問うても分からない。後句は『寒山詩』九十二、もと『涅槃経』巻十四に、「生盲の人、乳色を識らず、便ち他に問うて言う、『乳色は何にか似たる』。他の人答えて言う、『色は白きこと貝の如し』。…復《ま》た問う、『為《は》た貝の色は何にか似たる』。答えて言う、『猶お稲米末の如し』。…是《かく》の如く四種の譬喩を聞くと雖《いえど》も、終《つい》に乳の真色を識ること能わず」（大正十二・四四六下）。◉(3)神臂弓由基箭、一発透過千重甲＝「神臂弓」は「いしゆみ。宋の熙寧中、張若水の奉ったもの」。「由基箭」は「春秋、楚の大夫、養由基は弓の名人で、その箭は百発百中であったという」。『五家正宗賛』巻二、大慧章に、「師、径山に在って因みに頌して曰く、『神臂弓、一たび発すれば、千重の甲を透過するも、衲僧門下に看れば、甚《なん》の臭皮襪《しゅうひべつ》にか当たらん』。時に朝廷、方《まさ》に神臂弓を作る。秦相、師と張九成と窃《ひそ》かに大師を議し兼ねて以て朝廷を譏諷するを以て遂に衡州に竄す」とあるを踏まえて。◉(4)**大衆要見此僧、当頭霜夜月。要知古徳、任運落前渓**＝「当頭」は「中天」の意、しかし「当頭」は本来「到頭」。【二七】注(11)参照。天龍滴水老は大灯国師を真似て、「僧は雲在嶺頭閑不徹、古徳は水流磵底太忙生」に比してみたという。◉(5)粥弱後坐＝粥が薄いので後ろに坐って濃いのを食らわんとする、浅ましき坊主なるか。【五五】注(3)参照。◉(6)以字不成八字非＝以の字のようで以でもなく、八の字のようで八でもない、心の字謎。【三二】注(9)参照。◉(7)**静処娑婆訶**＝静処で坐って骨を折れ。【四九の一】注(8)参照。◉(8)君子可八＝「理会不得。君子可知。暁得底は便ち知る。君子は仁義礼智孝悌忠信の八をよく行なう」と多義。【一〇一の二】注(38)参照。「静処薩婆訶ノ注釈。エトキデハイカヌ、此ノ様ナ処デ身振ヲシロ」。

【一七一の二】

(1)正旦《しようたん》上堂。僧問う、「(2)瑞草《ずいそう》、嘉運《かうん》に生じ、林花《りんか》、早春《そうしゆん》に結ぶ。好箇《こうこ》の時節、願わくは挙揚《こよう》を聞かん」。師云く、「(3)箇箇道体《ここどうたい》、起居万福《ききよばんぷく》」。進めて云く、「恁麼《いんも》ならば則ち(4)元正啓祚《がんしようけいそ》、万物咸《ばんもつことごと》く新たなり」。師云く、「(5)一句《いつく》に道著《どうじやく》す」。進めて云く、「正当《しようとう》今日、(6)大年朝《たいねんちよう》、如何なるか是れ新年頭《しんねんとう》の仏法」。師云く、「(7)風《かぜ》暖かにして鳥声砕《ちようせいくだ》け、日《ひ》高うして花影重《かえいかさ》なる」。進めて云く、「(8)僧、雲門《うんもん》に問う、『如何《いか》なるか是れ清浄法身《しようじようほつしん》』。門云く、『花薬欄《かやくらん》』と。意旨作麼生《いしそもさん》」。師云く、「(9)眼睛《がんぜい》を刺破《しは》す」。進めて云く、「僧云く、『便ち恁麼《いんも》にし去る時如何《いかん》』。門云く、『金毛《きんもう》の獅子』と。又た作麼生」。師云く、「(10)両重《りようじゆう》の公案《こうあん》」。進めて云く、「即今《そつこん》和尚に問う、『如何なるか是れ清浄法身』と、聻《にい》」。師云く、「(11)千峰雪色寒《せんぽうせつしよくさむ》し」。

(1)**正旦**＝元弘三年、国師五十二歳の正月。◉(2)**瑞草生嘉運、林花結早春**＝天下太平にめでたい草は生え、万木春めく。『虚堂録』巻一延福録の入寺祝聖の語。もと永明延寿『宗鏡録』巻八巻末に、「問う、『凡《およ》そ有無に渉《わた》れば皆な邪念《じやねん》と成る。若し能所《のうしよ》に関《かか》われば悉《ことごと》く有無に堕《お》つ。如何なるか是れ正念《しようねん》にして知る』。答て曰く、『〜、〜』」とあり、それに対して覚範慧洪は「此れは是れ禅宗の妙《みよう》、諸《もろもろ》の方便中に於いて、最も親語為《しんごた》り」（『林間録』巻下一二二章）と評す。◉

(3)**箇箇道体、起居万福**＝皆々様いずれもお達者でなにより。「道体」は「法体」に同じく僧を尊んで云う。【一一五の二】注(6)参照。◉(4)**元正啓祚、万物咸新**＝新年お目出度う。【六七の一】注(2)参照。◉(5)**一句道著**＝一句でよくぞ言い切った。「一句道断」「一句道尽」とも。『円悟録』巻十二。◉(6)**大年朝**＝元旦。【六六の一】参照。◉(7)**風暖鳥声砕、日高花影重**＝春風は暖かく、小鳥の声はあちらこちらに砕け散るかのよう。日は高々と上って、花の影はうちかさなる。『三体詩』五律、杜荀鶴《とじゅんかく》「春宮」詩の第三聯、欧陽修に杜詩三百首中唯だ一聯と絶讃された句。◉(8)**僧問雲門、如何是清浄法身…**＝『碧巌』三十九則。【一〇一の三】参照。◉(9)**刺破眼睛**＝凡眼を破って真眼開く。【一五〇の一】注(3)参照。◉(10)**両重公案**＝花薬欄の上にまたも金毛の獅子とは、重ね重ねの御馳走。『碧巌』一・四・十二・十三・十六・二十二・八十三各則頌下語、また三十八・四十四・五十一・五十八・八十八・九十八各本則下語。◉(11)**千峰雪色寒**＝「ドコモカモ、寒イ寒イ」。

【一七一の二】

乃《すなわ》ち云く、「今日大年朝《たいねんちょう》、(1)**山僧《さんぞう》渾《す》べて、『大衆《だいしゅ》箇箇道体《どうたい》、起居万福《ききょばんぷく》』と道《い》うことを解《げ》す**〔(2)入息《にっそく》、陰界《おんかい》に居らず、出息《しゅっそく》、万縁《ばんえん》に渉《わた》らず。(3)上《かみ》、片瓦《へんが》の頭《こうべ》を蓋《おお》う無く、下《しも》、寸土《すんど》の足《あし》を立つる無し〕。(4)**且《しば》らく道え、是れ仏法《ぶっぽう》か是れ世法《せほう》か**〔(5)上下四維《しゆい》、等匹《とうひつ》無し。(6)利剣《りけん》を厲《と》ぐ者は、必ず柔砥《じゅうし》を以《もっ》てし、鐘磬《しょうけい》を撃《う》つ者は必ず濡木《じゅぼく》を以てす〕」。**拄杖《しゅじょう》を卓して云く、「**(7)**東西南北、吾が道《みち》大いに亨《とお》る**〔(8)明月《めいげつ》の光《ひかり》は、以て遠望《えんぼう》す可《べ》くも、以て細書《さいしょ》す可《べ》からず。深霧《しんむ》の朝《あさ》は、以て細書す可くも、以て遠望す可《べ》からず〕」。

(1)**山僧渾解道、大衆箇箇道体、起居万福**＝「山僧モ世間並ニ目出度ト云ウヨリ外ハナイ」。◉(2)**入息不居陰界、出息不渉万縁**＝内は心の動きに囚われず、外は万境に煩わされない。「陰界」は五陰（色受想行識）・十八界（六根・六境・

六識）等の心内の働き。「万縁」はあらゆる外境。『宗門統要』巻一西天二十七祖般若多羅章に、「東印度国王、請じて斎する次で、王乃ち問う、『諸人尽く経を転ず、唯だ師のみ甚《なん》と為《し》てか転ぜざる』。師云く、『貧道は、出息、衆縁に随わず、入息、蘊界に居らず、常に如是の経を転ずること百千万億巻、但だ一巻両巻のみに非ず』と」と見える。◉(3)上無片瓦蓋頭、下無寸土立足＝虚空と一体、上更に蓋う天無く、下更に立つ地無し。【一八の二】注(5)参照。◉(4)**且道是仏法是世法**＝これは、仏法の上のことか、世法の上のことか。◉(5)上下四維無等匹＝天にも地にもどこにも比べるものがない。古今独歩である。【一六六の三】注(8)参照。◉(6)厲利剣者必以柔砥、撃鐘磬者必以濡木＝鋭い剣を研ぐものは、必ず柔らかい砥石を使い、鐘磬の楽器を扣くものは、必ず濡れた木槌を使う。『淮南子』説山訓十四章に見え、続いて「両つながら堅きは相和する能わず、両つながら強きは相服する能わず」と見える。◉(7)**東西南北、吾道大亨**＝東西南北（仏法・世法）全てにわたって、我が道は通じている。【九〇の二】「吾道大亨」参照。◉(8)明月之光…深霧之朝…＝明月の光のもとでは遠くをみわたすことができても、細かい字を書くことは出来ない。濃霧がたちこめた朝は細かい字を書くことはできても、遠くをみわたせない。『淮南子』説林訓九章。

【一七二の二】

元宵《げんしょう》上堂。僧問う、「今宵、処処灯《とう》を掲《かか》げて万民《ばんみん》共に楽しむ、和尚、人《ひと》の為に(1)心灯《しんとう》を剔起《てっき》し来たり看《み》よ」。師云く、「(2)天《てん》晴れて日頭《にっとう》出《い》づ」。進めて云く、「恁麼《いんも》ならば則ち謂《いっ》つ可《べ》し、(3)光明《こうみょう》寂《じゃく》照《しょう》偏《へん》河《が》沙《しゃ》と」。師云く、「(4)妨《さまた》げず、道著《どうじゃく》することを」。進めて云く、「(5)僧、香林《こうりん》に問う、『如何《いか》なるか是れ室内一盞《しつないいっさん》の灯《とう》』。林云く、『三人、亀《き》を証して鼈《べつ》と作す』と。意、那裏《なり》にか在る」。師云く、「(6)便宜《べんぎ》に遇《あ》うこと罕《まれ》なり」。進めて云く、「(7)与麼《よも》ならば則ち昔日《そのかみ》の香林、今日の和尚」といって便ち礼拝《らいはい》す。師云く、「(8)好し去れ、好し用いよ」。

(1)**剔起心灯来看**＝「剔起」は「挑起《ちようき》（かきたて）」の意、蝋燭の灯心を挑起して余燼を剔除（切除）して明るくすることを剔灯と云う。◉(2)**天晴日頭出**＝『大慧録』巻一。【七五の二】注(7)参照。◉(3)**光明寂照徧河沙**＝「人人結構ナ光明ガ有ルデゴザルナ、尽十方ヲ照シヌキマス」。『会要』巻二十二張拙秀才（石霜慶諸下）投機の偈に、「〜、凡聖含霊共我家」と。『無門関』三十九則参照。◉(4)**不妨道著**＝よくぞ云った。◉(5)**僧問香林…**＝【三の一】注(6)参照。◉(6)**罕遇便宜**＝好機に遇うことはまれである。なかなか旨い具合にはいかない。「ヨイ便リガキキタイ」。『会要』巻十九丹霞天然の章に、龐居士の語として、「便宜を得たる者は少なし…誰か是れ落便宜の者」（但し、『龐居士録』では丹霞の語）と。◉(7)**与麼則昔日香林今日和尚**＝今日の和尚さん、昔日の香林さながらです。【一七の二】、【四七の一】にも見えるが、僧の讃歎礼話の常套語。◉(8)**好去、好用**＝お達者で、しっかり頑張りなさい。「好去」は【九〇の二】注(17)参照。「日用ガ大事ジャ、光明寂照…ノ処ヲ口斗《バカリ》デハ役ニ立ヌ、ヨク身ニ入レテ骨ヲ折レ、日用ノ上デ、取リニガサヌ様ニシロ」。

【一七二の二】

乃《すなわ》ち云く、「**(1)灯灯相続《とうとうあいつ》いで、灯灯已《や》むこと無し**（(2)雲頭、地に点じて黒くして漆《うるし》の如し。(3)山形《さんぎよう》の拄杖子《しゆじようす》を拗折《ようせつ》して、従来大地黒漫漫）。**且らく道え、此の灯、何《いず》れの処よりか来たる**（(4)平原秋樹の色、沙麓暮鐘の声）」。**拄杖を卓《たく》すること一下《いちげ》して云く、**「**(5)我見灯明仏《がけんとうみようぶつ》、本光瑞如此《ほんこうずいによし》**（(6)半陂《はんぴ》は飛雨、半陂《はんぴ》は霽《はれ》、漁笛《ぎよてき》、秋に翻《ひるがえ》って野調《やちよう》清し）」。

(1)**灯灯相続、灯灯無已**＝連綿たる師資相承。【一四五の二】注(1)参照。◉(2)雲頭点地黒如漆＝雲が平地の上へ蔽いかかって、真っ黒。『錦繍段』巻一鄭清之「雨意」詩の初句、但し、「漆」は「黟（黒たん）」。◉(3)拗折山形拄杖子従来大地黒漫漫＝人人具有の拄杖子へし折ると、大地黒漫々、宇宙無双日、乾坤只だ一人の場が手に入る。【一六】注(5)参照。◉(4)平原秋樹色、沙麓暮鐘声＝「看上ゲレバ鷲頭山、見下ロセバ志下師子浜ノ釣小舟」。黄庭堅。【三の二】注(2)参照。◉(5)**我見灯明仏、本光瑞如此**＝元宵の灯明は過去久遠劫の灯明仏以来のもの。【一一六】注(2)参照。◉(6)半陂飛雨半陂霽、漁笛翻秋野調清＝堤の此方は雨、向こうは晴れ、漁師の鄙《ひな》びた歌声は秋空に翻って清らか。【四五】注(3)参照、但し「笛」は「曲」。

【一七三の二】

(1)上堂。僧問う、「(2)春山《しゅんざん》、乱青《らんじょう》を畳《たた》み、春水、虚碧《きょへき》を漾《ただよ》わす。好箇《こうこ》の時節、願わくは法要を聞かん」。師云く、「(3)雪竇《せっちょう》の背後《はいご》に向かって問訊《もんじん》すること莫《な》かれ」。進めて云く、「(4)恁麼《いんも》ならば則ち日《ひ》は自《おの》ずから暖《あたた》かに、風《かぜ》は自ずから和《やわ》らぐ」。師云く、「(5)老僧の背後に向かって問訊することを休《や》めよ」。進めて云く、「(6)趙州《じょうしゅう》、一菴主《いちあんじゅ》を訪《と》うて云く、『有《あ》りや、有りや』。主《しゅ》、拳頭《けんとう》を竪起《じゅき》す。州《しゅう》云く、『水浅《あそ》うして是れ船を泊《とど》むる処にあらず』と。意《い》旨作麼生《しそもさん》」。師云く、「(7)蝿《はえ》、血《ち》を見《み》る」。進めて云く、「州又た一菴主を訪うて云く、『有りや、有りや』。主《しゅ》、拳《けん》頭《とう》を竪起《じゅき》す。州便ち礼拝《らいはい》讃嘆すと。如何《いかん》が委悉《いしつ》せん」。師云く、「(8)鶻《こつ》、鳩《はと》を提《ひっさ》ぐ」。進めて云く、「問答已《もんどうすで》に一般《いっぱん》、甚《なん》と為《し》てか一人《いちにん》を肯《うけが》い、一人を肯わざる」。師云く、「(9)両頭《りょうとう》に落ちざることを看取《かんしゅ》せよ」。進めて云く、「若し人《ひと》有って、『有りや、有りや』と問わば、未審《いぶか》し和尚、如何《いかん》が祗対《したい》せん」。師云く、「(10)且去喫茶《しゃこきっさ》」。

(1)**上堂**＝二月一日の上堂か。◉(2)**春山畳乱青、春水漾虚碧**＝山の景色も青々と、雪消え水嵩まして川面澄む。『大応録』万寿録二四四章「二月旦上堂」、『虚堂録』巻一興聖録、もと『雪竇後録』に、「〜、〜。寥寥たる天地の間、独り立って望み何ぞ極まらん」（大正四十七・六七九下）。◉(3)**莫向雪竇背後問訊**＝雪竇の言葉尻に付いて回るな。「背後問訊」

は【二の一】注⑽参照。◉⑷**恁麼則日自暖風自和**＝「日暖風和」は【二の一】、【六七の二】、【一二五の二】にも見える国師の常套手段の初春祝語。◉⑸**休向老僧背後問訊**＝衲《わし》の真似をするな。◉⑹**趙州訪一菴主…**＝『趙州録』（禅十一・三三一）に見える、『無門関』十一則参照。◉⑺**蠅見血**＝「造作モナク庵主ヲナメタ」。【四九の一】注⑺、並びに【一三五の二】注⑷参照。◉⑻**鶻提鳩**＝「趙州ノ手前デハ、此ノ僧ヲ、ワシクマ鷹ガ鳩ヲ取ル如クジャ」。『会元』巻十四、興陽清剖（大陽警玄下）章に、「僧問う、『娑竭、海を出でて乾坤震う、覿面相呈の事若何《いかん》』。師曰く、『金翅鳥王、宇宙に当たる。箇中、誰か是れ出頭の人』。曰く、『忽ち出頭するに遇う時、又た作麼生』。師曰く、『鶻の鳩を提ぐに似たり。…』」と。但し、『碧巌』三則頌評唱では「提」を「捉」とする。◉⑼**看取不落両頭**＝肯う、肯わないの話ではないことを見て取れ。「大灯ヲ老婆禅デハナイカ」。底本の訓みは「看取せば両頭に落ちず」とあるが、ここは、『国訳禅宗叢書』や平野氏の訓みに従った。◉⑽**且去喫茶**＝「且坐喫茶」の「坐」を敢えて「去」に言い換えたものか、余りお目にかからない句。「マアア、ヨッテ茶デモ参イレト、コリャヨイ茶話ジャ、ココラデ怪我ヲスルナ、八十二斤ノ青龍刀モ関羽デナクテハ、役ニ立ヌ、鵠林曾テ云ウ、国師ノ老婆禅ダト、是ガ実ニ老婆禅カ」。

【一七三の二】

乃《すなわ》ち挙《こ》す。「⑴三祖大師道《さんそだいしいわ》く、『一《いち》即ち一切《いっさい》、一切即ち一』〈⑵崑崙《こんろん》、靴《くつ》を著《つ》けて空中《くうちゅう》に走る《わし》。⑶十箇の指頭《しとう》に八箇の丫《あ》〉』」。**⑷忽《たちま》ち拄杖《しゅじょう》を拈《ねん》じて云く、「者箇《しゃこ》は是れ宝山《ほうざん》が拄杖子《しゅじょうす》、阿那箇《あなこ》か是れ一《いち》**〈⑸拗折《ようせつ》し了われり、馬屋《ばおく》を拄《ささ》うるにも足《た》らず〉」。**拄杖《しゅじょう》を卓《たく》すること一下《いちげ》して云く、「⑹只だ能《よ》く此《かく》の如くならば、何ぞ終わらざることを慮《おもんぱか》らん**〈⑺羅睺星《らこうせい》、命《めい》に入る、天下の衲僧、呑吐不下《どんとふげ》〉」。

⑴**三祖大師道、一即一切、一切即一**＝『信心銘』。【一四八】注⑵参照。◉⑵**崑崙著靴空中走**＝この「崑崙」は鉄崑崙

奴（鉄香炉の脚の黒人奴）の意か、「八角磨盤空裏走」に同じ機語。【一三五の一】注⑽参照。『会元』巻十二般若善端（金山頴法嗣、首山下三世）章に、「僧問う、『有生有滅は尽く是れ常儀。無生無滅の時如何』。師曰く、『崑崙著靴空中立』」と。◉(3)十箇指頭八箇丫＝底本の「了」は貞永寺版では「丫」。十本の指には八個の指股（丫字形をしている）がある、あるがまま。『会元』巻十六天童澹交（雲居舜の法嗣、雲門下五世）章に、「上堂、『也大奇、也大差、～』」、但し「丫」は「罅（裂け目）」。また『会元』巻十二潙潭景祥（大潙喆の法嗣、慈明下三世）の章に、「僧問う、『如何なるか是れ祖師西来意』。師曰く、『～』」。◉(4)**忽拈拄杖云、者箇是宝山拄杖子、阿那箇是一**＝大灯のこの拄杖の外に、何の一があると云うか。【五の二】の「者箇是大徳拄杖子、阿那箇是金色身」、以下【一六の二】、【二〇七】、【二一七】等参照。◉(5)拗折了也、不足拄馬屋＝そんなものへし折ってしまえ、廐の柱にもならんわい。『寒山詩』十七「天生百尺樹」に、「…馬屋を拄うるに堪えんに」と。◉(6)**只能如此、何慮不終**＝「終」は本来「畢」。『信心銘』、上の「一切即一」に続く句。一即一切、一切即一の道理のままに日常の行為をするならば、修行が終わったの、終わらないのと心を砕くには及ばない。◉(7)羅睺星入命、天下衲僧呑吐不下＝おそろしや、命取りの星、吐くことも呑むこともならぬ。「羅睺星」は印度占星術でいう凶星。【一一五】注⑻参照。

【一七四】

仏涅槃《ぶつねはん》上堂。僧問う、「(1)法身無為《ほっしんむい》、諸数《しょすう》に堕《だ》せず、(2)釈迦老子《しゃかろうし》、甚《なに》に因《よ》ってか涅槃の相《そう》を示す」。師云く、「(3)涅槃の諸数に堕《だ》せざるが為なり」。進めて云く、「古徳云く、『(4)十方薄伽梵《じっぽうばぎゃぼん》、一路《いちろ》涅槃門』と。且《しば》らく道《い》え、如何《いか》なるか是れ涅槃門」。師云く、「(5)日《ひ》は東《ひんがし》より出《い》でて夜西《よるにし》に落《お》つ」。進めて云く、「(6)五通《ごつう》仙人、世尊《せそん》に問うて云く、『世尊に六通《ろくつう》有り、我れに五通有り、如何なるか是れ那一通《ないつつう》』。世尊、『五通仙人』と召《め》す。意旨作麼生《いしそもさん》」。師云く、「(7)平生《へいぜい》の肝胆《かんたん》、人《ひと》に向かって傾《かたむ》く」。進めて云く、「(8)仙人便ち応諾《おうだく》す、(9)世尊云く、『那一通、你《なんじ》我れ

に問え』と。如何《いかん》が理会《りえ》せん」。師云く、「(10)依稀《いき》として曲《きよく》に以て纔《わず》かに聴くに堪《た》えたり。又た風《かぜ》に別調《べつちよう》の中《うち》に吹《ふ》かる」。進めて云く、「後来《こうらい》、雪竇、著語《せつちようじやくご》して云く、『(11)老胡《ろうこ》、元《も》と那一通有ることを知らず、(12)却って邪《じや》に因《よ》って正《しよう》を打《た》す』と。意、那裡《なり》にか在る」。師云く、「(13)無影樹下《むようじゆげ》の合同船《ごうどうせん》」。進めて云く、「即今《そつこん》、和尚に、『如何なるか是れ那一通』と問わば、未審《いぶか》し、如何《いかん》が祇対《したい》せん」。師云く、「(14)三跳後《さんちようご》」。

(1)**法身無為不堕諸数**＝『維摩経』弟子品に見える語、但し「法身」は「仏身」。阿難が世尊の病気治療の為、牛乳を托鉢せんとした時に維摩居士より、「如来の身体は法身であり食物で養われる身体ではない、法身は無為であって、すべての有為の諸法の相を離れている」と諭された話。「諸数」は「法数」の意、有為の諸法には種々差別の数あるによる。◉(2)**釈迦老子因甚示涅槃之相**＝『虚堂録』巻八続輯の仏涅槃上堂に、「僧問う、『法身無為…、甚に因ってか生有り滅有る』」とある如く、ここの「涅槃」は「死滅」の意。◉(3)**為涅槃不堕諸数**＝ここの涅槃は生死の相を離れた「滅度、不生、無為」の義。因みに、「不堕」の主語は涅槃。◉(4)**十方薄伽梵、一路涅槃門**＝十方世界の諸仏は等しく一路涅槃の道に入る。「薄伽梵」は梵語で仏世尊の義。『楞厳経』巻五の世尊偈。『無門関』四十八則、『雲門広録』巻中。◉(5)**日出東夜落西**＝『雲門広録』巻中に、「日出東方夜落西」（禅十一・三七〇）。◉(6)**五通仙人問世尊…**＝五通は天眼・天耳・宿命・他心・神足等の神通、それに漏尽通を加えて六通と云う。『会要』巻一、『会元』巻一、『参詳語要』巻二の拈古に見える。◉(7)**平生肝胆向人傾**＝平生から人に対して、心底ありたけ丸出しで接している。『碧巌』二十六本則評唱に見えるが、もと『黄龍南録』「国師三喚」頌に「～（但し「肝胆」は「心胆」）、相識不如不相識」（大正四十七・六三五）。『参詳語要』では、「如何是那一通」に「用い尽くす多少の通を」、「仏召五通仙人」に「那一通を争奈《いかん》せん」と下語す。◉(8)**仙人便応諾**＝ハイと返事したところ（那一通）。『参詳語要』ではこの句に「還有五通也未」と下語する。◉(9)**世尊云、那一通你問我**＝「你問我」は『雲門広録』にも頻出するが、「你我れに問え」の命令形で、ここでは省略されているが後に「你が与《ため》に道わん」等の句が続く。こころは「既に道い終われり」。「ソレデモ一通カケタカ」。◉⑽**依稀似曲纔堪聴、又被風吹別調中**＝なんとなく楽の調べのようでもあり、聞くに堪えうると思ったら、又た別の調べが聞こえてきた。【八〇の二】注⑹、【一一七】注⑻参照。『参詳語要』では、「万里一条鉄」と下語する。◉⑾**老胡元不知有那一通…**＝『会要』巻一、『禅林類聚』巻十二の三十五丁。「老胡」は、釈迦を云う。◉⑿**却因邪打正**＝「僥倖、まぐれ当たり、怪我の功名」の「歪打正着」に同じ。世尊もとより不知最親、たまたま第三者に聞かれてふと知ったのである。【一九の二】注⑻参照。「外道ガ、馬子フシ、船ナウタニ付テ、世尊モ、ヒョイト長歌フ出サレタ」。◉⒀**無影樹下合同船**＝差別なき乗合船、凡聖を絶して一味平等。『碧巌』十八本則に見える、耽源の無縫塔頌。【一六七の二】注⑼、【一三七】注⑷参照。『参詳語要』には「理曲げて断たず。又た云く、豈《あ》に止《た》だ而《しか》のみならんや」と。◉⒁**三跳後**＝三度跳躍して羅籠を脱した後。『伝灯録』巻二十九香厳頌十九首の第十六に、「三跳後」と題して、「三門前に合掌、両廊下に行道。中庭上に舞を作し、後門外に頭を揺《ゆ》る」と見える。もと『涅槃経』巻五の四相品に、鹿が猟師の恐怖から三跳して脱するを得たのを、三帰依に喩え、三帰依によって安楽を得て、真の解脱を得ることを説く（大正十二・六三六）。『百丈海広録』にも、「喩えば鹿の三跳して網を出るを、喚んで纏外仏と作すが如し」（禅十一・一六五）とある。後の頌古第三十八則（【二五五】）頌参照。

【一七五】

⑴上堂。挙《こ》す。「⑵雲門《うんもん》云く、『我れ諸人を看るに、二三の機中《きちゆう》すら尚《な》お搆得《こうとく》すること能わず、空しく衲衣《のうえ》を披《ひ》して何の益《えき》かある〔⑶眼《まなこ》、銅鈴《どうれい》の如く、口《くち》、血盆《けつぼん》に似《に》たり。⑷剣《けん》は不平《ふへい》の為に宝匣《ほうこう》を離《はな》れ、薬《くすり》は療病《りようびよう》に因《よ》って金瓶《きんべい》を出づ。⑸今日《こんにち》、堂中《どうちゆう》大いに人有って喪身失命《そうしんしつみよう》す〕**』」。師云く、「⑹山僧《さんぞう》は然《しか》らず、我れ諸人《しよにん》を看《み》るに、悉《ことごと》く是れ大機大用《たいきたいゆう》の人、剛《し》いて作仏《さぶつ》を要《よう》して何の益かあらん**〔⑺亦た是れ無病《むびよう》の大病《たいびよう》。⑻安南《あんなん》を収め

得て、又た塞北《さいほく》を憂《うれ》う、(9)幽州《ゆうしゅう》は猶《な》お自《おの》ずから可《か》なるも、尤《もっと》も苦しきは是れ江南《こうなん》」。**住《や》みね住《や》みね。**(10)**一《いっ》に做《な》さざれ、二《に》に休《きゅう》せざれ。**(11)**風流《ふうりゅう》ならざる処、也《ま》た風流**〔両箇の老尊慈《そんじ》、(12)一箇《いっこ》は武侯《ぶこう》が八陣《はちじん》を布《し》くが如く、一箇は子房《しぼう》が桟道《さんどう》を焼くに似《に》たり。点検し見来たれば、(13)甲《こう》に先《さき》だつこと一日《いちにち》は易《やす》く、甲《こう》に後《おく》るること一日は難《かた》し」〕。

(1)**上堂**＝三月一日の上堂か。◉(2)**雲門云、我看諸人二三機中尚不能搆得、空披衲衣何益**＝諸君を見るに、第一機は言わずもがな、第二機、第三機すら尚も透過し得ず、空しく法衣を着けて何になる。『雲門広録』上（禅十一・三四五）。「搆得」は「構得、覯得」とも、「会得、合点、契当、到達」の義。◉(3)**眼如銅鈴、口似血盆**＝畏怖すべき、霊利の相。『仏眼遠録』に、「眼は銅鈴に似て、大いさ斗の如し」（禅十二・五二六）と。【二〇】注(4)参照。◉(4)**剣為不平離宝匣、薬因療病出金瓶**＝剣は無法を正すためにこそ箱から出され、薬は病気を治すためにこそ瓶から出される。「雲門ケッコウナ薬ヲ出シナサレテ、呑マセルルナ。誠ニコノ上堂ハ末世ノ坊主ノ良薬ジャ」。『楊岐方会録』に見える（禅十二・四〇〇）。◉(5)**今日堂中大有人喪身失命**＝「今日大徳門下ノ大衆ハ粉ミジンニナッタ」。『碧巌』二十二本則に長慶の語として見える。◉(6)**山僧不然、我看諸人悉是大機大用人、剛要作仏何益**＝山僧はさにあらず、諸君を見るに、皆どれもこれも大機大用の剛の者ばかり、ことさら作仏して何になる。◉(7)**亦是無病大病**＝「ソノ身ソノ儘、悟ル事モイラヌト、ヌカスト地獄ジャ」。【一五三の二】注(7)、【七六の二】注(7)参照。◉(8)**収得安南、又憂塞北**＝南方を平定したと思ったら、こんどは北地が心配だ。一難去ってまた一難。『虚堂録』巻六代別九十一、『会元』巻十一龕上座（臨済下）章に、百丈（涅槃）の語として見える。◉(9)**幽州猶自可、尤苦是江南**＝「尤」は「最」。幽州はまだましだが、一番苦しいのは江南の方こそ。【一五】注(9)、【一〇三】注(10)、【一二七】注(4)、【一四六の二】注(2)参照。◉(10)**一不做、二不休**＝中国の俗諺で、「為さざるに越したことは無いが、一旦なしたらあくまでやりとげよ」、所謂「毒を喰らわば、皿までも」の義。唐趙元一『奉天録』巻四に見える張光晟《こうせい》の言。唐の張光晟は朱泚《しゅせい》に従って謀叛を起こすが朱軍敗れ、光晟も泚を殺して投降するも終に一死を免れず、光晟死に臨んで後人に伝語して云う、「第一莫作、第二莫休」と。意は「第一番は、やらないこと。第二番は、しかし一旦為したなら、徹底止めないこと」。【六三の一】注(5)参照。◉(11)**不風流処也風流**＝（作仏をやめよ、しかし一旦やるなら、毒を喰らわば皿まで舐《ねぶ》れ）風流でないところもまた風流。前句と一緒に、『虚堂録』巻一興聖録の入寺法語、もと『五祖録』の謝庄主上堂に見える（禅十二・四一八）。【一の九】注(18)参照。「不風流処」は「二不休」を受けて。◉(12)一箇如武侯布八陣、一箇似子房焼桟道＝雲門大師は孔明が八陣の迷路陣の策の如く、大灯国師は張良が蜀の桟道を焼いて敵を欺く策略の如し。【九〇の三】注(6)(7)参照。◉(13)先甲一日易、後甲一日難＝事の未発以前に手を打てば易々と行なわれるが、事が起こった後では変えるのは困難である。揚子『法言』先知に見え、その李軌注に、「甲とは一旬の始め、已《すで》に有るの初めなり。『之れに先だつ一日』とは未だ兆《きざ》さざるなり、『之れに後るる一日』とは已に形《あら》われたるなり。夫れ未犯の先に福を求める事は易く、已に形われたる後に禍を救う事は難し」と。

【一七六】

(1)**上堂**。「(2)**春山《しゅんざん》は青《あお》く、春水《しゅんすい》は緑《みどり》なり、春雲片片《しゅんうんへんぺん》、春鳥喃喃《しゅんちょうなんなん》**（(3)至大《しだい》は外《そと》無し、之れを大一《たいいつ》と謂《い》う。至《し》小《しょう》は内《うち》無し、之れを小一《しょういつ》と謂う。(4)只だ自《みず》ら怡悦《いえつ》す可し、持《じ》して君に贈《おく》るに堪《た》えず）。**敢えて諸人に問う、**(5)**吾が宗門中、是れ放開《ほうかい》か是れ捏聚《ねつじゅ》か**（(6)陣雲《じんうん》、海上《かいじょう》に横たわり、剣を抜いて龍門《りゅうもん》を攪《か》く。(7)放開《ほうかい》も亦た我れに在り、捏聚《ねつじゅ》も亦た我れに在り。(8)両頭《りょうとう》共に截断《せつだん》して一剣《いっけん》天に倚《よ》って寒《さむ》し）。(9)**箇箇《ここ》、寮舎《りょうしゃ》に帰って摸《も》索《さく》して看《み》よ**（(10)三級浪《なみ》高うして魚《うお》龍と化すも、痴人《ちじん》猶《な》お戽《く》む夜塘《やとう》の水。(11)夜明簾外《やみょうれんがい》の珠《たま》、痴人《ちじん》剣を按《あん》じて立つ）」。

(1)**上堂**＝三月十五日の上堂か。◉(2)**春山青、春水緑、春雲片片、春鳥喃喃**＝【一二九】に「春山青、春水緑」、【四の二】に「春鳥喃喃、春雲冉冉」。◉(3)至大而無外謂之大一、至小而無内謂之小一＝この上なく大きくて、その外側というものがない広がりを大一と呼ぶ。この上なく小さくて、その内側というものがない極微を小一と呼ぶ。『荘子』天下篇、但し「而」は衍字。◉(4)只可自怡悦、不堪持贈君＝自証自得の処は人に語ることができない。陶弘景の白雲詩。【一二四の二】注(13)参照。◉(5)**吾宗門中、是放開是捏聚**＝禅門では、これは放行底を云うか把住底を云うか。雪竇『明覚後録』巻二に、「父子、其の居を親しうすれども、尊卑其の位を異にする。衲僧分上に於いて、是れ放開か、是れ捏聚か。或いは若し辯得せば、半院を分かって汝に与えん」と。◉(6)陣雲横海上、抜剣攪龍門＝(春山青春水緑、その気の寒《すさま》じさは)陣雲は海内に横たわり、剣を抜いて龍門を攪乱す(化門に渉らざる一句)。【一二九】注(4)参照。◉(7)放開亦在我、捏聚亦在我＝把住・放行、与・奪自在。『雲峰悦録』翠巌録に睦州示衆に云うとして見えるが、もと『睦州録』には古人の語として、「捏聚也在我、裂破也在我」(禅十一・二二七)とある、古人は未詳。◉(8)両頭共截断、一剣倚天寒＝放開、捏聚ともに截断せよ。【五の二】注(11)参照。◉(9)**箇箇帰寮舎摸索看**＝「コレコレ、ココニ大事ガアル」。雪竇『明覚録』巻二に、「你若し信ぜざれば、各おの寮舎に帰って自ら摸擦《もさく》して看よ」と。◉(10)三級浪高魚化龍、痴人猶戽夜塘水＝馬鹿者はまだ魚がおるかと思って摸索している。【一六二】注(10)参照。◉(11)夜明簾外珠、痴人按剣立＝珠をみては、愚人は却って怪しむ。【一二四の二】注(12)参照。

【一七七】

四月旦《たん》上堂。(1)驀《まく》に払子《ほつす》を竪起《じゆき》して云く、「西天《さいてん》の二十八祖、東土《とうど》の六祖、尽《ことごと》く払子《ほつす》頭上《とうじよう》に在って〔(2)払子頭は且《しば》らく置く、百草頭《ひやくそうとう》又た作麼生《そもさん》、豈《あ》に是れ分外《ぶんげ》の事《じ》ならんや〕、**(3)心《しん》と説き性《しよう》と説き、玄《げん》と論じ妙《みよう》と論ず**〔(4)弥遮迦《みしやか》尊者一場《いちじよう》の苦屈《くくつ》。(5)己《おのれ》が欲せざる所は人に施《ほどこ》すこと勿《な》かれ〕。**(6)山僧《さんぞう》、忍俊《にんしゆん》不禁《ふきん》にして、怪《かい》を見《み》て**

笑うこと一声《いっせい》すれば(7)梟鴟《きょうし》の鳴かざるは要《かなら》ずしも常《つね》に非ざるなり、豺狼《さいろう》の噬《く》らわざるは要《かなら》ずしも仁《じん》に非ざるなり」、(8)**箇箇《ここ》面《おもて》熱《ねっ》し汗《あせ》出づ。諸人、還《かえ》って見るや**(9)越王《えつおう》の人と為《な》りや長頸烏喙《ちょうけいうかい》、与《とも》に患難《かんなん》を共《とも》にす可《べ》きも与《とも》に安楽を共にす可からず」、**若し也《ま》た見ずんば」、払子を撃《う》つこと一下して云く、「(10)満地《まんち》の落花、春已《すで》に過《す》ぐ、緑陰《りょくいん》空しく鎖《と》ざす旧苺苔《きゅうばいたい》**(11)和尚には千尺の寒松《かんしょう》有りと雖《いえど》も、且《か》つ条《えだ》を抽《ぬ》く石筍《せきじゅん》無し」」。

(1)**驀竪起払子云、西天二十八祖東土六祖、尽在払子頭上**＝『真浄克文語録』に、「払子を挙して云く、『総に払子頭上に在り、還って見るや』」（禅十二・七一六）。◉(2)払子頭且置…豈是分外事＝払子辺は差し置いて、草草の辺りにはどうかな。払子ではたいして珍しいことでもない。「百草頭」は【二四の二】「明明百草頭、明明祖師意」参照。◉(3)**説心説性論玄論妙**＝心の性の玄の妙のだと、枝葉末節を説くを見ては。『碧巌』八本則評唱に、「一大蔵教、五千四十八巻も説心説性説頓説漸を免れず」と。◉(4)弥遮迦尊者一場苦屈＝インド第六祖弥遮迦尊者も大いに悔しい思い。「ソノ場ノ、大ハジ」。その伝法の偈に、「無心にして得る可きもの無く、得ると説くは法と名づけず。若し心の心に非ざるを了《さと》れば、始めて心心の法を解《げ》す」とあり、ここでは「説心説性」の代表と見たか。「苦屈」は「悔しい思い、恥さらし」。◉(5)己所不欲勿施於人＝国師自身が欲せざることを他人にあてがうな。『論語』顔淵篇、衛霊公篇。◉(6)**山僧忍俊不禁、見怪笑一声**＝怪態《けったい》なものを見ては、衲《わし》は堪えかねて思わず笑い出したよ。「忍俊不禁」は「こらえきれずに」の意。底本は「怪笑一声せ見《ら》る」と受身に訓むが、無理。◉(7)梟鴟不鳴要非常也、豺狼不噬要非仁也＝ふくろうが鳴かないからと云って常の事とは限らない、狼が喰らわないからと云って仁だとは限らない。「国師ガ説カヌト云ウテモ、常デハナイ。コノ処ニ大ニ子細アッテノ事ダ」。出典未詳。◉(8)**箇箇面熱汗出、諸人還見麼**＝釈迦や達磨の仏祖方も赤面の余り冷や汗たらたらなのが、諸君には見えるかな。◉(9)越王為人…不可与共安楽＝范蠡《はんれい》が越王句践《こうせん》の人となりを評した語。「長い頸《くび》と尖った口」は艱難を共にすべきも安楽を共にすべからざる人相を云う。『史記』越王句践世家十一。国師の油断ならぬさを越王に比して。◉⑽**満地落花春已過、緑陰空鎖旧莓苔**＝花過ぎ緑陰人影無し。「虚堂ノ頌意ヲ以テ見ルト大違イ、何故ナレバ、此ノ語実ニ難透、国師血滴々ノ有リ難イ処ガアル」。虚堂頌古「達磨見梁武帝」。【四〇の二】注⑻参照。◉⑾和尚雖有千尺寒松、且無抽条石筍＝和尚さんには寒松の操はあっても、条を抜きん出る気象がない。『伝灯録』巻十、長沙景岑章に、「三聖《さんしょう》、秀上座をして問わしめて云く、『南泉遷化《せんげ》して、什麼の処に向かって去る』。師云く、『石頭《せきとう》沙弥作《た》りし時、六祖《ろくそ》に参見す』。秀云く、『石頭の六祖に見ゆることは問わず、南泉遷化して什麼の処に向かって去る』。師云く、『伊《かれ》をして尋思《じんし》し去らしむ』。秀云く、『〜、〜』。師黙然たり。秀云く、『和尚の答話を謝す』。師亦た黙然たり。秀上座、三聖に挙似す。三聖云く、『若し実に恁麼ならば、猶お臨済に勝ること七歩なり』」と。

【一七八】

⑴**仏生日上堂《ぶつしょうにち》。「⑵天を指《さ》し地を指して尊貴《そんき》に堕《だ》す**〔⑶仁者《じんしゃ》は之れを見て之れを仁《じん》と謂《い》い、尊貴《そんき》は之れを貴《たっと》んで之れを尊《そん》と謂う〕、⑷**満目《まんもく》の青山《せいざん》笑って点頭《てんとう》す。⑸雲門、令《れい》を行じてより後、風流ならざる処、也《ま》た風流**〔⑹異味《いみ》を嗜《この》む者は必ず異病《いびょう》を得《え》、奇態《きたい》を作《な》す者は必ず奇窮《ききゅう》を得《う》。⑺南山の木、揉《ため》ずして自《おの》ずから直《なお》し〕。⑻**諸人、者裡《しゃり》に向かって会得せば、妨《さまた》げず恩を報ずるに分《ぶん》有らん。⑼其れ如《も》し未だ然《しか》らずんば、静処娑婆訶《じょうしょそわか》**〔⑽果然《かぜん》として膰俎《はんそ》を大夫《たいふ》に致《いた》さず。⑾孫叔敖《そんしゅくごう》は三《み》たび相《しょう》を去《さ》りて悔《く》いず、於陵子仲《おりょうしちゅう》は三公《さんこう》を辞《じ》して人《ひと》の為に園《えん》に灌《そそ》ぐ。⑿総《そう》に是れ君子可八《くんしかはち》〕」。

⑴**仏生日上堂**＝四月八日仏誕生上堂。◉⑵**指天指地堕尊貴**＝世尊の「天上天下唯我独尊」と称した所、「尊貴の位に堕す」。因みに曹山三種堕に云う「尊貴堕」とは、「尊貴の位を転却して、尊貴を超える」の意で「独尊と称しない」

処である。『曹山録』に、「法身法性は是れ尊貴辺の事なり、亦た須らく転却すべし、是れ尊貴堕なり」と。◉(3)仁者見之謂之仁、尊貴貴之謂之尊＝前句は【八一の二】注(1)参照。◉(4)**満目青山笑点頭**＝「指天指地シタ時ハ、箱根モ足高モ皆御尤デゴザルト云テ、拝ムハイ」。◉(5)**自従雲門行令後、不風流処也風流**＝雲門「一棒打殺」は【四一の一】を参照。打殺の所、誠に殺風景であるが、なんとも云えない味がある。【一の九】注(18)参照。◉(6)嗜異味者…作奇態者…＝雲門を評して。【一五六】注(13)参照。◉(7)南山木不揉自直＝南山の木は人が矯めなくても、自ずから真っ直ぐ。学道の人も同じ。出典未詳、但し『太平広記』巻四〇六に、「終南山に合離樹多し、…其の樹直上、百尺枝無し」と見え、また「南山木強の人」と云う語も有って、朴直の人を指す。◉(8)**諸人向者裡会得、不妨報恩有分**＝ここの殺風景の味が分かれば、仏恩に報いることが出来るというもの。◉(9)**其如未然、静処娑婆訶**＝もしそこの所が分からないというならば、静処で坐って骨を折れ。【四九の一】注(8)参照。◉(10)果然、不致膰俎於大夫＝国事を怠たり、儀礼を無視し、郊祭《こうさい》に膰俎（お供えの肉）を大夫達に贈らなかった魯に、愛想を尽かした孔子が魯を去った故事。『史記』孔子世家十七。◉(11)孫叔敖…於陵子仲…＝楚の孫叔敖は三度も宰相の地位を去っても少しも後悔せず、また斉の於陵子仲は三公の高位を辞退して妻とともに逃げ、人に傭われて園の水まきをして世を過ごした。『文選』巻三十九鄒陽《すうよう》「獄中上書自明」に見える。「孫叔敖」は春秋、楚の庶民であったが、請われて宰相となり、荘王の覇業を成す。「三たび相となるを得ても喜ばず、その材の自ずから之れを得たるを知るなり、三たび相を去れども悔いず、己の罪にあらざるを知るなり」と評される、『史記』循吏列伝五十九。「於陵子仲」は戦国、斉の陳仲子、字は子終、『列女伝』賢明の楚於陵妻。◉(12)総是君子可八＝「理会不得、暁得底は便ち知る」（『葛藤語箋』）。【一〇一の二】注(38)参照。「君子可八トハ何ノ事カ、ヲレモシラナイ」。「上ノ三件、何ノ事カ、君子可八、コイツガ知レネバ、イケヌゾ。ドレモガ、静処薩婆訶ノ、絵解キカ、是皆東山下之密令」。

【一七九の一】

結夏《けつげ》小参《しょうさん》。僧問う、「(1)看雲亭上月明明《かんうんていじょうつきめいめい》、古巌松下風払払《こがんしょうかかぜほつほつ》。(2)現成公案《げんじょうこうあん》、遮欄《しゃらん》を絶《ぜつ》す、(3)言詮《ごんせん》に渉《わた》らず、願わくは法要《ほうよう》を聞かん」。師云く、「(4)九九八十一《くくはちじゅういち》」。進めて云く、「恁麼《いんも》ならば則ち(5)山は自《おの》ずから青く、水は自ずから緑なり」。師云く、「(6)随後婁捜《ずいごるそう》の漢」。進めて云く、「九旬禁足《くじゅんきんそく》、剋期取証《こくごしゅしょう》は則ち問わず、(7)七尺単前《しちしゃくたんぜん》、三条椽下《さんじょうてんか》、学人一夏《いちげ》、如何《いかん》が履践《りせん》せん」。師云く、「(8)眼眸《がんぼう》重きこと千斤《せんきん》」。進めて云く、「古徳道《いわ》く、『(9)参《さん》は須《すべか》らく実参《じっさん》なるべく、悟《ご》は須らく実悟《じつご》なるべし』と。如何《いか》なるか是れ実参」。師云く、「(10)金香炉下《きんこうろか》の鉄崑崙《てつこんろん》」。進めて云く、「実悟底又た如何《いかん》」。師云く、「(11)何ぞ必ずしもせん」。進めて云く、「実参実悟、畢竟《ひっきょう》作麼生《そもさん》」。師云く、「(12)心《こころ》、人《ひと》に負《そむ》かざれば、面《おもて》に慙《は》ずる色《いろ》無し」。

(1)**看雲亭上月明明、古巌松下風払払**＝「古巌松」は「看雲亭」と共に大徳寺十境の一つで、『龍宝山大徳寺誌』に「旧松は已に枯れ、且つ厥《そ》の処を失す」と見える。「看雲亭」は【一〇八】注(5)参照。◉(2)**現成公案、絶遮欄**＝「現成」は『大灯録』では「見成」。有りのままありありと、遮る物とて何一つ無い。【一二〇の四】注(66)参照。◉(3)**不渉言詮、願聞法要**＝言葉を超えて、お示し願いたい。◉(4)**九九八十一**＝機語。『趙州録』に見え、『雲門録』に頻出す。【一五二の一】注(7)参照。◉(5)**山自青水自緑**＝【一五三の一】注(3)参照。◉(6)**随後婁捜漢**＝人の言葉尻に付いて回るやつ。【一の九】注(3)参照。◉(7)**七尺単前、三条椽下**＝各自の単に坐って究明せよ。【一〇一の二】注(44)参照。◉(8)**眼眸重千斤**＝【一五一の二】注(2)参照。◉(9)**参須実参、悟須実悟**＝『神鼎洪諲《じんていこういん》（首山下）語録』（禅十二・四六八）に見える。◉(10)**金香炉下鉄崑崙**＝香炉の脚となっている黒人像。「捕らまえ所なし」。【一三五の一】注(10)参照。◉(11)**何必**＝そうと決まったものでもない。【一五一の一】注(10)参照。◉(12)**心不負人面無慙色**＝心に恥じる所なければ色に出でずという。「オヌシノ様ナ嘘ツキハ、面ヲ赤ラメテ語レ、ト云ウ事ジャ」。【六四の一】注(11)参照。

【一七九の二】

乃《すなわ》ち云く、「(1)**言前句後《ごんぜんくご》、舌根裡《ぜつこんり》に身《み》を蔵《かく》し難《がた》し**「(2)人前《にんぜん》に向かって茄樹《きやじゅ》を抜《ぬ》くに懶《ものう》し、如《し》かじ郷里《きょうり》に帰って化主《けしゅ》と作《な》らんには」。(3)**向上向下《こうじょうこうげ》、驀摎《まくさつ》に葫蘆子《ころす》を挨《あい》す**「(4)江上《こうじょう》に鱸《すずき》を思う客、人間《じんかん》馬を失する翁。(5)半《はん》路《ろ》に身《み》を抽《ぬ》きんず、是れ好心《こうしん》ならず」。(6)**背面《はいめん》終《つい》に好手《こうしゅ》に落ちず、**(7)**首尾《しゅび》何《いず》れの処にか万類《ばんるい》を該《か》ねん**「(8)正令《しょうれい》当行《とうぎょう》、十方坐断《ざだん》。(9)一事《いちじ》に因《よ》って一智《いっち》を長《ちょう》ず」。(10)**遠く象外《しょうがい》に超《こ》え、迥《はる》かに天真を脱す**「(11)寥寥《りょうりょう》たる天地の間《あいだ》、独《ひと》り立って望み何ぞ極《きわ》まらん。(12)天地も蓋覆《がいふく》し尽くさず、日月《じつげつ》も照臨《しょうりん》し到らず」。(13)**是の処、雲山《うんざん》目《め》に溢《あふ》る、鬧市《にょうし》の大虫《だいちゅう》、誰《たれ》か見ることを解《げ》せざる**「(14)石《いし》は長《ちょう》ず無根《むこん》の樹《じゅ》、山《やま》は含《ふく》む不動《ふどう》の雲《くも》。(15)石火《せっか》も及ぶこと莫《な》く、電光《でんこう》も通ずること莫し」。(16)**見ることは即ち見る、甚《なに》に因《よ》ってか文殊頭《もんじゅとう》は黒く普賢頭《ふげんとう》は白し**「(17)頻《しきり》に小《しょう》玉《ぎょく》と呼ぶも元と無事、只だ檀郎《だんろう》が声を認得せんことを要すのみ。(18)明頭《みょうとう》は打著《たじゃく》、暗頭《あんとう》は打不著《たふじゃく》」。**会得《えとく》せば三月安居《さんげつあんご》、九旬禁足《くじゅんきんそく》。規《き》に循《したが》い矩《く》を守る、**(19)**脚底《きゃくてい》、五色《ごしき》の索《なわ》を帯《お》びず**「(20)消得恁麼《しょうとくいんも》、消得恁麼。(21)家《いえ》に千金《せんきん》を累《かさ》ぬれば、坐《ざ》するに堂《どう》に垂《ほとり》せず」。(22)**其《そ》れ如《も》し未《いま》だ然《しか》らずんば、静処娑婆訶《じょうしょそわか》**「(23)謹んで国師の指示を謝す。(24)如何《いかん》んせん、一箇従頭《じゅうとう》、横点頭《おうてんとう》だもせざること有る在り」」。

(1)**言前句後、舌根裡難蔵身**＝言前に、句後に、どのように言語三昧に来ようが、直に見破ってしまう。「舌根裏蔵身（言句三昧）」は『雲門広録』巻上（禅十一・三四四）に見える。◉(2)懶向人前抜茄樹、不如帰郷里作化主＝人前で言前句後と問話せんよりは、田舎に帰って勧化して少しでも皆の衆に役に立った方がましというもの。『虚堂録』巻二宝林録の華蔵和尚至上堂に、「懶向人前抜茄樹、要去南川作化主」と。『犂耕』に依れば、「抜茄樹」は唐土の俗語に「問禅問話の僧」を謂う、又「人を嘲《あざけ》る語」なり。宋代には言語三昧を得た者を選んで、専門の禅客僧とした。「茄子」は嶺南地方では宿根、二三年して大樹になるが、五年もすると実がつかないので伐ってしまう。【二八の二】注(6)参照。「化主」は「街坊化主《がいぼう》」のこと、市街に出て勧化して僧の供養に充てる者を謂う。◉(3)**向上向下、驀拶挨葫蘆子**＝向上から来ようが、向下から来ようが、出会い頭そのままに、水上の瓢箪を弄するがごとく少しの淀みもない。転変自在。「驀拶」は「出会い頭に」。『碧巌』四十三本則評唱に、「巌頭道《い》う、『水上の葫蘆子の如くに相似たり、捺著すれば便ち転んず、殊に糸毫の気力をも消《もち》いず』」と。◉(4)江上思鱸客、人間失馬翁＝転身自在の故事。前句は『晋書』九十二張翰伝、『蒙求』巻下四八七「張翰適意《ちょうかんてきい》」に出る、晋の張翰の故事。呉の人、文を能くし、斉王に召されて大司馬の属官となったが、一日秋風に遭って忽ち故郷の菰菜《こさい》・蓴羹《じゅんこう》・鱸魚《ろぎょ》の鱠《なます》を思い、人生意《こころ》に適《かな》うを得たるを貴ぶと云って、さっさと故郷に隠居してしまった。後句は『淮南子』人間訓七章に見える塞翁が馬の話。『宋詩選』巻八十二「子淵送牡丹」に見えると云うが、未検。◉(5)半路抽身、不是好心＝転身自在、油断がならぬ。『碧巌』六十九本則下語に、「半路に身を抽きんず、是れ好人《こうじん》」、『秘鈔』に「南泉を美《ほ》む、途中で身抜けをした立派な人」、『同』七十四本則に「金牛不是好心」。◉(6)**背面終不落好手**＝背後から面《おもて》から、どこから来ようが、手練の手に落ちない。◉(7)**首尾何処該万類**＝「何処」は否定形。首《はじ》めにも尾《おわ》りにも、どこにも万象をかねない。【五七】注(2)の汾陽の頌にも、「一句明明として万象を該《か》ね」とある如く，本来は万象をかねるとあるべきところ、ここは飯田本に従って「首《はじ》めより万象を呑んでいるから、殊更に抱擁する必要はない」と解すべきか。「該万類ト云ベキニ、ヤッパリコイツ、恐シイ該《カネ》テジャ」。◉(8)正令当行、十方坐断＝国師の智剣、一切を断ち切ってしまった。【一三一の二】注(3)参照。◉(9)因一事長一智＝経験を積み重ねてこそ、智慧が増すというもの。【四八の二】注(4)参照。◉(10)**遠超象外、迥脱天真**＝遠く万象の外に超出し、遥か天真をも脱する。悟りをも越えた境界。因みに、『大応録』小仏事「己上座起龕」に、「高超象外、迥出古今」と。◉(11)寥寥天地間、独立望何極＝「有」は「望」の誤記。広闊たる天地の間、見渡せば何処までも限り無し。天真独露、勝妙奇特の境界。雪竇頌。【二〇〇の一】、【一七三の一】注(2)参照。◉(12)天地蓋覆不尽、日月照臨不到＝天地も覆い尽くさず、日月の光もその明には及ばない。本分の田地。浮山九帯の「事貫帯」。【一の八】注(59)参照。◉(13)**是処雲山溢目、**

鬧市大虫誰不解見＝此の処は満目雲また雲の、塵世を離れた所、市街に虎が出たなどと云う流言に惑わされる者は誰もいない。我が龍宝門下皆な択法眼《ちゃくほうげん》。前句は『虚堂録』巻二宝林録の解夏小参に、「露《ろ》迥迥《けいけい》、雲山溢目、飽齁齁《ほうこうこう》、野草《やそう》天に連なる」と。「鬧市大虫」は『韓非子』内儲説に見える、ありもしない噂話。【三の二】注⑺参照。「誰不…」は「誰でも…する」の意、ここは「是処では誰でも流言の真偽を見抜くことができる」。

◉⒁石長無根樹、山含不動雲＝（見破すれば）無心の境界。【四二の二】注⑽参照。

◉⒂石火莫及、電光莫通＝その目敏さは、石火も及ばず、電光も届かない。『臨済録』行録十九、但し「莫」は「罔」。

◉⒃**見即見、因甚文殊頭黒、普賢頭白**＝見ることは誰でも見るとしても、どうして文殊は黒で、普賢は白か。文殊の見もあれば、普賢の見もある。『黄龍慧南録』歳旦上堂に、「你ら諸人、作麼生か是れ明教失利の処。若し人辨得せば、文殊頭は白く、普賢頭は黒し」（禅十四・一九五上）と。また『西巌了慧録』開善寺録の解夏小参にも「文殊頭は白く、普賢頭は黒し。阿難は合掌し、迦葉は擎拳《けいけん》す。兄は呼び弟は応う、只だ目前に在り。爾は東、我は西、当処を離れず。…」と見え、黒白逆である。因みに『碧巌』七十三「蔵頭白、海頭黒」参照、『秘鈔』に「子が雨を降らす親は猶更じゃ、どちらがどうとも云はれん場がある、八両元来是半斤」。

◉⒄頻呼小玉元無事、只要檀郎認得声＝頻りに「小玉、小玉」と侍女の名を呼んでいるのはもと侍女に用事はなくて、外にいる愛人に合図を送っているのである。円悟悟道の因縁の小艶詩。『円悟録』巻十二、『大慧武庫』二十七に見える。【一の七】注㊱参照。

◉⒅明頭打著、暗頭打不著＝差別の辺（普賢の境界）はよいが、平等の辺（文殊の境界）が駄目。「普賢ハ打チアテタガ、文殊ハ中々」。【一の九】注㉖参照。

◉⒆**脚底不帯五色索**＝「脱洒自在、カケ、クモリハナイ」。「五色索」は『大慧録』巻十五、銭計議請普説に、「若し是れ命根五色索子を断ぜざれば」とある如く、「命根」の義。【八の一】注⑻、【二一の一】注⑺参照。

◉⒇消得恁麼、消得恁麼＝「ソウジャ、ソウジャ」。『碧巌』七十五本則「烏臼屈棒」に見える。

◉㉑家累千金坐不垂堂＝金持ちは自重して、墜落を恐れて堂の外縁には坐らないもの。「垂堂の戒」とも云う。『文選』巻三十九司馬相如「上書諫猟」。

◉㉒**其如未然、静処娑婆訶**＝静処で坐って骨を折れ。【四九の二】

注(8)参照。◉(23)謹謝国師指示＝御教示有り難う御座います。◉(24)如何有一箇従頭、不横点頭在＝されど初めから、そんなことを頭から肯わないもの（白隠）が居るのはどうしようもあるまい。【六二】注(13)参照。

【一七九の三】

復《ま》た臨済、衆《しゅ》に示して云く、「(1)**一人《いちにん》は孤峰《こほう》頂上に在って出身《しゅっしん》の路《みち》無し」の公案《こうあん》を挙《こ》して**「(2)霜天《そうてん》、月落《つきお》ちて、夜《よ》、将《まさ》に半《なかば》ならんとす、誰《たれ》と共《とも》にか澄潭影《ちょうたんかげ》を照《て》らして寒《さむ》き」、**師拈《ねん》じて云く、**「(3)**古来作者《さくしゃ》、嶮《けん》を弄《ろう》して草《くさ》に落つ、等《ひと》しく是れ禁《きん》じ難《がた》し**「(4)巡人犯夜《じゅんにんはんや》。普州《ふしゅう》の人賊《ぞく》を送る」。(5)**只だ是れ人人背後《にんにんはいご》に在って、点頭《てんとう》せんことを要須《ようしゅ》す。大衆、還《かえ》って会すや**「(6)又た是れ慈悲《じひ》の為の故《ゆえ》に落草《らくそう》の談《だん》有り。(7)獅子吼無畏《ししくむい》の説《せつ》」。(8)**鬱頭藍《うつずらん》、已《すで》に全身を定《じょう》す、何ぞ仮《か》らん、周行《しゅうこう》して七歩に誇《ほこ》ることを**「(9)四五百石の麦、二三千石の稲、好個の休粮《きゅうりょう》方《ほう》、耆婆《ぎば》も妙を得ず」」。

(1)**一人在孤峰頂上無出身路**＝壁立万仞、一法不立の境界、向下の路なし。絶対把住底。『臨済録』上堂の七。拈古第一則（【二六六】）にも見える。◉(2)霜天月落夜将半、誰共澄潭照影寒＝「黒漫々地、能照所照ない」（『秘鈔』）。『碧巌』四十頌。◉(3)**古来作者、弄嶮落草、等是難禁**＝古来より作家の為人の手段、懸崖万仞何人も寄せつけざらんとして、却って拖泥帯水、老婆禅に陥ってしまいがち。誰もがなりやすいところ。◉(4)巡人犯夜、普州人送賊＝和尚自ら夜禁の令を犯す、険を弄して落草。【七八の二】注(5)(6)参照。◉(5)**只是要須人人在背後点頭**＝只だ肝要なことは、人人各自が私かに合点することのみ。「背後点頭」は【一二二の二】の「暗地裏点頭」に同じく、「ひそかに肯く」義。◉(6)又是為慈悲故、有落草之談＝「大キナ老婆ジャ」。『碧巌』三十四本則、雲門の語。◉(7)獅子吼無畏説＝『証道歌』。◉(8)**鬱頭藍已定全身、何仮周行誇七歩**＝釈尊は初生より周行七歩の本覚仏、何も鬱頭藍仙人の所で習定を習う必要はなかった筈なのに、只々背後点頭を要するからこそ。「何仮」は「何の要があるか」、前後不順の様であるが強調の趣旨か。『祖英集』上「往復無間」十二首の第五、「日南午《にちなんご》、寥廓《りょうかく》として輝を騰げ天鼓を示す。〜、〜」の第三四句を借りた。「鬱頭藍」は仙人の名で、釈尊は始めアララカラン仙人の処で無所有処定を学び、後また鬱頭藍弗《うつずらんほつ》仙人の処で非非想定を学んだが、非を知って亦た捨てたと云う。釈尊が成道後、恩に報いんと最初に法を説かんとした相手であるが、しかし両者とも既に亡くなっていた。◉(9)四五百石麦…耆婆不得妙＝底本の「休養方」は「休粮方」の誤植。四五百石の麦と二三千石の稲は好箇の木食薬、いかな名医の耆婆でも敵わない。国師のこの一言、真に名薬。『五祖法演録』の上堂（禅十二・四三二上）、但し「休粮方」は「休粮薬」、また『禅林類聚』巻十八の八丁では「休糧方」。「休粮方」は道教の仙薬で朮《じゅつ》食。【七三の二】注(6)参照。

【一八〇の二】

次の日上堂。僧問う、「如来の聖制《しょうせい》、禁足護生《きんそくごしょう》、衲僧、(1)朝《あした》に西天《さいてん》に遊び、暮《くれ》に東土《とうど》に帰る。(2)学人此間《すかん》、禁足が即ち是《ぜ》か、遊帰《ゆうき》が即ち是《ぜ》か」。師云く、「(3)南番《なんばん》の大舶主《だいはくしゅ》、本《もと》と此土《しど》の商人」。進めて云く、「(4)已《すで》に道《い》う禁足《きんそく》安居《あんご》と、甚《なに》に因《よ》ってか文殊、三処に夏《げ》を度《わた》る」。師云く、「(5)曲《きょく》終わって人《ひと》見えず、江上数峰《こうじょうすうほう》青し」。進めて云く、「記得《きとく》す、(6)雲門《うんもん》、衆《しゅ》に示して云く、『十五日已前《いぜん》は你《なんじ》に問わず、十五日已後《いご》、一句を道《い》い将《も》ち来たれ』と、意旨《いし》作麼生《そもさん》」。師云く、「(7)什麼《いずれ》の処にか去る」。進めて云く、「自ら代わって云く、『日日是れ好日《にちにちこうにち》』と。又た作麼生」。師云く、「(8)倒退三千《とうたいさんぜん》」。進めて云く、「和尚、若し韶陽《じょうよう》の垂示《すいじ》に逢わば、他《た》に向かって如何《いかん》が道《い》わん」。師云く、「(9)法堂上寸草《はっとうじょうすんそう》生ぜず」。

(1)**朝遊西天、暮帰東土**＝【一五一の一】注(6)、【四三の一】注⑿参照。◉(2)**学人此間禁足即是遊帰即是**＝我々参学者

は大徳門下では、如来の禁足を是とするか、衲僧の自在無礙を是とするか。◉⑶**南番大舶主、本此土商人**＝珍宝を扱う南蛮貿易の大商人かと思ったら、なんとケチな小商人。二ではない。『瑯琊覚語録』に、「将《まさ》に謂《おも》えり南番舶主と、元来此土の商人」（禅十二・七八七）と。また『虚堂録』巻三浄慈《じんず》録の入寺嗣法香に、「此の香多くは是れ貴《たか》く買って賤《やす》く売る、南番の舶主に遇うことは罕《まれ》なり」と。◉⑷**已道禁足安居、因甚文殊三処度夏**＝淫房・学堂・精舎を一月毎に渉り歩いた。【一三八の二】注⑴参照。◉⑸**曲終人不見、江上数峰青**＝歌曲の調べ終わって人も皆いなくなり、後には水や山があるのみ。中唐銭起の「湘霊鼓瑟」詩に、「善く雲和の瑟を撫で、常に帝子の霊を聞く。馮《ふう》夷《い》空しく自ら舞い、楚客聴くに堪えず。逸韻金石に諧《かな》い、清音発して杳《よう》として冥《くら》し。蒼梧怨《えん》慕《ぼ》を来たし、白芷《はくし》芳馨を動ず。流水湘浦に伝え、悲風洞庭に過ぐ。～、～」（『全唐詩』巻九）。「湘霊鼓瑟」は『楚辞』遠遊に基づく、湘水の女神が瑟を鼓し、河の神、水の仙人が舞うの意。銭起が曾て江湖に客たる時、何処とも無く「曲終…」の句を聞き、明年の進士の試験に、此れを末句として詩を作ったところ、鬼謡と讃えられたと云う。◉⑹**雲門示衆云、十五日已前…**＝【七三の一】注⑻参照。◉⑺**什麼処去**＝どちらへ行くと云うのか。このように、問に別問で応ずる機鋒は、一見、木に竹を接いだようではあるが、例えば『玄沙広録』巻中招慶院上堂等にも、問者の心の馳求走作する様を咎めて「什麼の処にか去来する」と切り返す機鋒が見える。◉⑻**倒退三千**＝あな恐ろしや、三千里の外まで退却。『碧巌』二一本則下語、『雲門広録』巻下。◉⑼**法堂上寸草不生**＝法堂上草一本生えない（向上の調べ、毫釐も漏らさず）。「是又国師無底ノ黒火坑」。『祖庭事苑』巻二、「仰山示衆に、『我れ若し全く宗乗を挙せば法堂上草深きこと一丈なり、我れ若し東道西説せば三門下寸草生ぜず』」とあるを踏まえて。【八二】注⑸⑻参照。

【一八〇の二】

乃《すなわ》ち云く、「今朝《こんちょう》是れ結制《けっせい》、⑴敢えて諸人を謾却《まんきゃく》せず、⑵只だ現量《げんりょう》に因《よ》って以て正法眼蔵《しょうぼうげんぞう》を挙揚《こよう》せん〔若し是れ正法眼蔵ならば、(3)伏して乞う和尚、挙揚《こよう》することを休めよ。(4)行雲流水《こううんりゅうすい》、墜葉飛花《ついようひか》、君が為に挙揚すること久し〕」。**驀《まく》に拄杖《しゅじょう》を拈《ねん》じて卓一下《たくいちげ》して云く、「(5)者箇《しゃこ》は是れ龍宝が拄杖子、阿那箇《あなこ》か是れ正法眼**〔(6)将《まさ》に謂《おも》えり、多少の奇特有らんかと、却って者《こ》の去就《きょしゅう》を作す〕。**若し也《ま》た会せずんば、(7)雨過《す》ぎて遠山緑なり」といって拄杖を靠《よせか》けて下座《げざ》**〔(8)曲終わって人見えず、江上数峰青し〕。

(1)**不敢謾却諸人**＝騙しはしない。ありのままを説き聞かそう。◉(2)**只因現量以挙揚正法眼蔵**＝「現量」は直接の見聞覚知。【一三四の一】注(3)参照。「正法眼蔵」は【一の七】注(69)参照。◉(3)伏乞和尚休挙揚＝和尚さんが挙揚するは要らざること。◉(4)行雲流水、墜葉飛花、為君挙揚久＝行く雲、流れる水、ヒラヒラ落ちる葉、花、皆な正法眼蔵でないものは無い。【四六の二】注(5)参照。◉(5)**者箇是龍宝拄杖子、阿那箇是正法眼**＝我が拄杖子以外、どこに正法眼蔵があると云うのか。◉(6)将謂有多少奇特、却作者去就＝「国師ノ事ジャニ依テ、拄杖ヲ取リ回スニ、サゾ珍シイ事カト思タラ、ソノナリカバネカ」。前句は【六六の三】注(4)参照。◉(7)**雨過遠山緑**＝四月十五日、初夏の現量法門。◉(8)曲終人不見、江上数峰青＝「サテサテ見事ナ事、モハヤ、仕舞ウタ、仕舞ウタ」。【一八〇の一】注(5)参照。

【一八一の二】

解夏小参《かいげしょうさん》。「三月安居《さんげつあんご》、九旬禁足《くじゅんきんそく》〔(1)二千年外の旧貫索《きゅうかんさく》、衲僧《のうそう》の鼻孔《びくう》を穿却《せんきゃく》し来たる〕、**(2)山色夕陽《さんしょくせきよう》の時、泉声中夜《せんせいちゅうや》の後《のち》**〔(3)妙処《みょうしょ》言わんと欲して言い及ばず。月花影《つきかえい》を移して欄干《らんかん》に上《のぼ》す〕、**(4)円覚伽藍《えんがくがらん》、平等性智《びょうどうしょうち》**〔(5)諸仏衆生、元《も》と是れ幻《げん》、若し実相を求めば眼中《がんちゅう》の埃《あい》。(6)来たる無く去《さ》る無く、起滅《きめつ》無く、有《う》に非ず、無《む》に非ず、暗明《あんめい》に非ず〕。**(7)竹《たけ》に上下の節《ふし》有り、松《まつ》に古今《ここん》の青《あお》無し**〔(8)山河大地《せんがだいち》、通上孤危《つうじょうこき》、万象森羅《ばんしょうしんら》徹《てつ》下嶮峻《げけんしゅん》〕。**(9)箇裡《こり》に取証《しゅしょう》無し、誰か慧身《えしん》を成熟《じょうじゅく》せん**〔(10)万里一条《ばんりいちじょう》の鉄。風《かぜ》吹けども入《い》らず、水洒《そそ》げども著《つ》かず〕。

正与麼《しょうよも》の時節、衲僧活脱《のうそうかつだつ》の処〔(11)人人具足《にんにんぐそく》、箇箇円成《ここえんじょう》、此の外甚《なん》の長処《ちょうしょ》か有らん〕、(12)**行《ゆ》かんと要《よう》すれば便ち行き、坐《ざ》せんと要すれば便ち坐す**〔(13)又た是れ分外《ぶんげ》の事《じ》に非ず、(14)脚下、甚《はなは》だ泥《どろ》深し〕。(15)**東西南北、遮障《しやしょう》有ること無く**〔(16)跛鼈盲亀《はべつもうき》、空谷《くうこく》に入る、者裡三生六十劫《しやりさんしょうろくじっこう》〕、(17)**運奔執捉《うんぽんしっそく》、全く象外《しょうがい》に超ゆ**〔(18)縁に随って放曠《ほうこう》すれば、外道魔軍〕。(19)**諸人一夏《いちげ》、眉《まゆ》を結《むす》び肩《かた》を交《まじ》う、今日《こんにち》何ぞ必ずしも苦口《くく》に叮嘱《ていしょく》せん**〔(20)者裡、如何《いかん》が叮嘱し去らん、(21)口を開かば錯《あやま》り了《お》わり、舌を動ずれば乖《そむ》く〕。**然も此《かく》の如くなりと雖《いえど》も**」、**払子を撃《う》って云く**、「(22)**君に勧《すす》む此の一盃の酒を尽くせ、西のかた陽関《ようかん》を出づれば故人無からん**〔(23)銭有らば千里も通じ、銭無くば壁を隔《へだ》てて聾す。(24)若し是れ皮下に血有る底ならば水も亦た他の一滴を受けず〕」。

(1)二千年外旧貫索、穿却衲僧鼻孔来＝釈迦二千年来の禁足安居の古縄、衲僧の鼻面を牛の様に貫いて縛って来た。「貫索」は「長縄」。◉(2)**山色夕陽時、泉声中夜後**＝山中の絶景は、夕陽時の山色、中夜後の泉声。【一三一の二】注(3)参照。◉(3)妙処欲言言不及、月移花影上欄干＝この玄妙の処は、これを言わんと欲して言うことが出来ない、(畢竟)月、花の影を移して欄干に上る。『五家正宗賛』巻二、真浄克文への讃語。後句は王安石「夜直」詩。【九四の三】注(6)参照。◉(4)**円覚伽藍、平等性智**＝【四二の二】注(4)(6)参照。◉(5)諸仏衆生元是幻、若求実相眼中埃＝『仏光録』巻十に、「『師滅後、舎利有りや』。偈に云う、『諸仏凡夫同《とも》に是れ幻、若し実相を求めば眼中の埃。老僧が舎利天地を包む、空山に向かって冷灰を撥すること莫かれ』」(大正八十・二四九中)と。◉(6)無来無去、無起滅、非有非無、非暗明＝円覚平等性智の端的。『少室六門』第五門悟性論の「夜坐偈」(大正四十八・三七三上)。◉(7)**竹有上下節、松無古今青**＝差別、平等あるがままの自然法爾。【一二〇の四】注(79)参照。◉(8)山河大地通上孤危、万象森羅徹下嶮峻＝森羅万象、悉く本分の事ならざるはなし、寄りつく隙もない。『碧巌』十九本則評唱。◉(9)**箇裡無取証、誰成熟慧身**＝此処には、証果を取ることもなければ、悟りを開く者もいない。「山モ河モ皆成仏、何ンノ取証ガイル」。「取証」は【一〇の一】注

(4)参照、「慧身」は【四二の二】注(20)参照。◉(10)**万里一条鉄**。風吹不入、水洒不著＝前句は【九六の一】注(3)参照、後句は【一三の二】注(9)参照。◉(11)人人具足箇箇円成、此外有甚長処＝誰も彼も、欠けることなく本来備わっている、この外にどの様なよいことがあると言うのか。前句は『碧巌』六十二本則評唱、もと『玄沙広録』上の上堂に、「人人具足、人人成現」と。◉(12)**要行便行、要坐便坐**＝『臨済録』示衆一、但し「便」は「即」。◉(13)又是非分外事＝それとて大した事ではない。「ソノ様ナ事ハ、小僧デモ知ッテイルハヤイ」。◉(14)脚下甚泥深＝「サワサリナガラ、ウロタエルト地獄へ落チル」。『碧巌』二十一本則評唱。【八〇の二】注(21)参照。◉(15)**東西南北、無有遮障**＝何処へ行っても、妨げは無し。「コンナ事云ウト好イ坊主ガ出来ヌ」。◉(16)跛鼈盲亀入空谷、者裡三生六十劫＝「其ノツラヲ見レバ、サナガラ跛鼈盲亀」、「ソノ様ナ悟リ、カツイデヲルト、三生六十劫、骨折テモ役ニ立ヌ」。前句は『碧巌』十二頌。「三生六十劫」は【一七の一】注(11)参照。◉(17)**運奔執捉、全超象外**＝脚を上げ、手を動かすのも、塵世の外。『臨済録』示衆一に、「在手執捉、在足運奔」。後句は【一七九の二】注(10)参照。◉(18)随縁放曠、外道魔軍＝縦横無礙というのも外道魔軍。『無門関』の禅箴。【一八の二】注(14)参照。◉(19)**諸人一夏、結眉交肩、今日何必、苦口叮嘱**＝この一夏の間、諸君とは朝から晩まで肩を並べて親しく交わってきた、今日今更諄《くど》く言うには及ぶまい。国師の三転語に、「朝結眉夕交肩、我何似」（行状）と。「苦口」は「口を酸っぱくして」。「叮嘱」は「再参言い聞かせる」。「何必」は【一五一の二】注(10)参照。◉(20)者裡如何叮嘱去＝ここに到っては、どの様に言い聞かせると云うのか。◉(21)開口錯了、動舌乖＝『琅琊覚録』に、「口を開けば即ち錯り、舌を動ずれば即ち乖《そむ》く」（禅十二・七八六）。◉(22)**勧君尽此一盃酒、西出陽関無故人**＝王維離別の詩、解制行脚の縁で云う。【八〇の二】注(28)参照。◉(23)有銭千里通、無銭隔壁聾＝金の有るうちは千里の外までも付き合い、金が無くなれば隣の人も取り合わぬ。『洞山初録』に、「問う、『尽未来際遍法界中、此の一句を尽くす時如何』。師云く、『～、～』」（禅十二・六五五上）と。「是ハ何ノ事ジャ、隻手ノ声ヲ聞キウルト、天竺ノ四日市ノ物モ、手ニノセテ見ル、仙台長崎ニアルモノデモ買イ寄セテクル」。◉(24)若是皮下有血底、水亦不受他一滴

＝恥を知る丈夫の漢ならば、水一滴すら他人の施しを受けぬもの。前句は『会要』巻二十徳山章。「能く羞じを識る者、羞ず可き事に遇えば則ち面に紅を発す、是れ皮下に血有るなり」（『犂耕』）。後句は『寒山詩闡提記聞』巻一。

【一八一の二】

復《ま》た(1)翠巌《すいがん》、夏末《げまつ》、衆《しゅ》に示す公案を挙《こ》して、師拈《ねん》じて云く、「(2)翠巌、衆の為に力を竭《つ》くすこと少なからず〔(3)利剣《りけん》、虚空《こくう》に擲《なげう》ち、大棒《たいぼう》、老鼠《ろうそ》を打《う》つ〕、**(4)只だ箇《こ》の三枚把不住《さんまいはふじゅう》の老凍膿《ろうとうのう》を得たり**〔(5)三人行くときは則ち必ず我が師有り、(6)三箇の猢猻《こそん》、夜、銭を簸《ひ》る〕。**(7)若し中郎《ちゅうろう》が鑑《かん》有らば、何ぞ野舎《やしゃ》の薪《まき》に同じからん**〔(8)忠臣《ちゅうしん》は重誅《じゅうちゅう》を避《さ》けず、以て直諫《ちょくかん》せば、則ち遺策《いさく》無く、功《こう》、万世《ばんせい》に流《つた》う〕」。

(1)**翠巌夏末示衆公案**＝【一八の三】注(1)参照。◉(2)**翠巌為衆竭力不少**＝皆の為に大いに骨を折ったと云うのに。◉(3)利剣擲虚空、大棒打老鼠＝利剣を虚空に投げ捨てて、棍棒で鼠を打った。「翠巌骨折ッタダケノ事ハナイ、ソノ功空シウナッタ」。『五祖法演録』の上堂に、「本末須らく宗に帰すべし、尊卑其の語を用う、〜、〜」（禅十二・四三二）と。また『同録』に、「豈に先師翁が道うことを見ずや、臥床頭に放在して、急に老鼠を打たんことを要す」（四四二）と。因みに、「老鼠を打って玉器を傷つける（邪魔者を打ち殺そうとして大事なものを駄目にする）」の諺がある。◉(4)**只得箇三枚把不住老凍膿**＝只だこのつかまえ所のない三人の老いぼれ親爺を得ただけ。「老凍膿」は本来「老凍齈」。【一四三の一】注(11)参照。ここは抑下の托上。◉(5)三人行則必有我師＝三人寄ればかならず教えてくれる者がおると云う、「国師ヨ、アンマリ、ヤスヤスト、云テモライマスナ」。『論語』述而篇。◉(6)三箇猢猻夜簸銭＝三匹の猿が夜中に銭投げ賭博。「長トモ半トモ勝負ガ知レヌ、コノ福慶門ノ三人ノ云タ事、知リ手ガナイ」。【三七】注(6)参照。◉(7)**若有中郎鑑、何同野舎薪**＝もし蔡邕《さいよう》中郎の如き鑑識眼さえあれば、どうして薪小屋の薪と一緒くたにされようか（知音底なきばかりに、見向きもされない）。『百丈海語録』に、「中郎鑑を得ずんば、還って野舎の薪に同じ」（禅十一・一六二）。『後漢書』巻六十下、蔡邕伝に云う、左中郎将の蔡邕は琴を善くし、ある時呉の人が燃している桐の燃える音を聞いて、その良材なることを知り貰い受けて琴を作った故事、焦尾琴《しょうびきん》という。◉(8)忠臣不避重誅…功流万世＝忠臣が重罰を恐れずに忌憚なく諫めるときは、諸事に遺漏失策が無く、功は万世の後まで伝わる。『文選』巻三十九枚乗《ばいじょう》「上書諫呉王」。

【一八二】

上堂。「(1)真空《しんくう》は有《う》を礙《さ》えず、真空は色《しき》に異《こと》ならず（(2)将《まさ》に謂《おも》えり、多少の奇特《きどく》有らんと、(3)是れ甚麽《なん》の語話《わ》の繫《け》驢《ろ》橛《けつ》子《す》ぞ）」。**忽《たちま》ち拄杖《しゆじよう》を拈《ねん》じて卓一下《たくいちげ》して云く、「且《しば》らく道《い》え、是れ有《う》か是れ不有《ふう》か、是れ色か是れ不色か**（(4)此《ここ》を去って三十年、切に忌む、挙著することを）。**(5)若し是れ剣利《れいり》の衲僧ならば、水に和して乳を喫せん**（(6)老和尚、頭上は太低下生、末後は太孤峻生。(7)唯だ惜しむらくは一半《いっぱん》を欠くこと在り）」。**(8)其れ或いは躕躇《ちゆうちよ》せば、拄杖、鼻孔を穿却《せんきやく》せん**（(9)果然として、労して功無し）」。**又た卓一下す。**

(1)**真空不礙有、真空不異色**＝真の空は有を避けるものではない、形有る者と別ではない。『雲門広録』中に、「師有る時云く、『真空は有を壊せず、真空は色に異ならず』。僧便ち問う、『作麼生か是れ真空』。師云く、『還って鐘声を聞くや』。僧云く、『此れは是れ鐘声』。師云く、『驢年にも夢に見るや』」（禅十一・三五二上）と。◉(2)将謂有多少奇特＝何か奇特な事でもあるかと思ったが。【六六の三】注(4)参照。◉(3)是甚麼語話繫驢橛子＝これは何たる驢馬繫ぎ杭のお話。◉(4)此去三十年、切忌挙著＝遠くして遠し、自今以後汝が悟入底を云い回るな。『碧巌』二十二本則評唱に、鰲山店にて巌頭が雪峰の入処を点検して批判した語。◉(5)**若是剣利衲僧和水喫乳**＝真の働きある衲僧ならば有・不有、色・不色共に打し、共に飲む。『臨済録』示衆の四に、「水乳の合するが如きも、鵝王は乳を喫す。明眼の道流の如きは、魔仏倶に打す」と、もと『正法念処経』巻六十四に、「譬えば水乳を同じく一器に置くに、鵝王は之れを飲んで但だ乳汁だけを飲み、其の水は猶お存するが如し」（大正十七・三七九下）と。◉⑹老和尚頭上太低下生、末後太孤峻生＝始めは程度を下げて、後は寄りつかれもしない厳しさ。『碧巌』二頌評唱に、「雪竇頭上太孤峻生、末後也漏逗不少」とあるを逆に言ったもの。また『同』四本則下語の「頭上太高生、末後太低生」を参照。◉⑺唯惜欠一半在＝「チョット足ラナイ処ガアル」。◉⑻**其或蹰躇拄杖穿却鼻孔**＝少しでも躊躇《ちゆうちよ》すれば、この拄杖子はお前さん方の鼻面を貫いて引きずり回すぞ。◉⑼果然労而無功＝矢張り、国師の苦労に報いる者がいない。【九の三】注⑾参照。

【一八三の二】

(1)大王上将《だいおうじようしよう》、山《やま》に入《い》って百味《ひやくみ》の佳斎《かさい》を下《くだ》し、合山《がつさん》の供養《くよう》を伸《の》ぶるを謝《しや》し奉《たてまつ》る上堂。僧問う、「(2)日月輪辺《じつげつりんぺん》、気《き》象《しよう》高く、魚龍穴下《ぎよりゆうけつか》、蟠根固《ばんこんかた》し」。師云く、「(3)好《よ》し」。進めて云く、「上将忽《たちま》ち山に入って奇斎《きさい》を下し来たって、大衆《だいしゆ》に供養す。未審《いぶか》し和尚、什麼《なん》の法《ほう》を説いてか此の恩を報ずることを得ん」。師云く、「(4)風《かぜ》行けば草偃《くさのべふ》す」。進めて云く、「恁麼《いんも》ならば則ち(5)蘋葉《ひんよう》風涼しく、桂花露香《けいかつゆかんば》し」。師云く、「(6)好し也《ま》た与麼《よも》にし去れ」。進めて云く、「(7)只だ達磨《だるま》未だ来らざる已前《いぜん》の如きんば、還《かえ》って這箇《しやこ》の消息《しようそく》有りや也《ま》た無《な》しや」。師云く、「(8)銀山鉄壁《ぎんざんてつぺき》」。進めて云く、「来たって後、又た如何《いかん》」。師云く、「鉄壁銀山」。進めて云く、「来《らい》と未来《みらい》とは且《しば》らく置く、如何《いか》なるか是れ這箇《しやこ》の消息」。師云く、「鉄壁鉄壁、銀山銀山」。進めて云く、「(9)学人今日小出大遇《しようしゆつたいぐう》」といって便ち礼拝《らいはい》す。師云く、「(10)手《て》を撒《さつ》して那辺《なへん》に去《さ》れ」。

⑴**奉謝大王上将入山…上堂**＝この年、元弘三年（一三三三）の五月には鎌倉幕府倒壊し、六月五日後醍醐帝は還幸し再祚される、八月二十四日帝は諸政一新の第一着手として大徳寺に本朝無双禅苑の御宸翰と金銅印を賜る。また帝の

御子で常に倒幕運動の中心人物であった大塔宮《おおとうのみや》護良《もりよし》親王（一三〇八―一三三五）は、足利尊氏と反目関係にあったが、帝に諭され帰京し、征夷大将軍に任ぜられる、『年譜』によれば、大徳寺に来山されたのは八月、この時全山に百味の御馳走を振る舞われた。◉⑵**日月輪辺気象高、魚龍穴下蟠根固**＝「国師ノ宗風ノ高イヲ云、会中ノ僧衆ワ龍ノ如」と祝語。『大応録』二五五章、もと『大川済録』天章録（禅十五・三二六）。【一の六】の円悟の語、「魚龍穴下盤根闊、日月輪辺気象深」とは多少文字の異同がある。◉⑶**好**＝「ヲヲ、ヨク云タ、人人具足箇々円成ノ処ハ、ソウジャ」。◉⑷**風行草偃**＝上将の君徳を讃えて。『碧巌』六則頌評唱に、「風行草偃、水到渠成」と、もと『論語』顔淵篇に、「君子の徳は風《かぜ》なり。小人の徳は草《くさ》なり。草之れに風を尚《くわ》うれば必ず偃《ふ》す」と。◉⑸**蘋葉風涼、桂花露香**＝水草を渡る風涼し、木犀の花露香る、仲秋の現成公案。「桂花香」は山谷黄庭堅の悟道の因縁語（『五家正宗賛』二）。◉⑹**好也与麼去**＝大いに結構、その様に心得よ。◉⑺**只如達磨未来…来後又如何**＝達磨未来は釈迦未生も同じ、仏法の消息以前。この問答形式は『会元』巻五投子大同章に始まる。◉⑻**銀山鉄壁**＝『大応仮名法語』に、「問う、悟る時銀山鉄壁、悟らざる時も銀山鉄壁、同異いかん。答、銀山と云うは、此の性体、清浄光明、終日に般若の智を行じ、通霄円覚の光を放つ、天真独り朗らかに本源清浄の心体を銀山と云うなり。鉄壁と云うは、此の性体、尽く虚空遍法界に逼塞《ひっそく》して、進めば前にあり、退けばささえて後ろにあり、口を開かんとすれば齶《はぐき》を拄《ささ》え言説を出さず、是れ即ち鉄壁なり。此の性体は諸仏出世すれども覚《さと》りに同じからず、衆生輪廻すれども迷いに同じからず、湛然として寂静なり、迷悟に同じからず。かかるが故に、悟る時も銀山鉄壁、悟らざる時も銀山鉄壁と云うなり」と。◉⑼**学人今日小出大遇**＝チョット出まして大なる収穫がありました、と、僧の讃歎礼話。【五の一】注⒇参照。◉⑽**撒手那辺去**＝（銀山鉄壁の処に於いて）身を捨てて精を出せ。【三五の一】注⒁参照。

【一八三の二】

乃《すなわ》ち拄杖《しゅじょう》を横たえて云く、「(1)**大士《だいし》三十二応身《おうじん》**〔(2)可惜許《かしゃっこ》、(3)両頭三面《りょうとうさんめん》、又た恁麼《いんも》にし去《さ》る、(4)小売弄《しょうまいろう》〕、(5)**天大将軍《てんだいしょうぐん》最も是れ真《しん》、**(6)**諸障《しょしょう》を摧蕩《さいとう》して慶快《けいかい》を与《あた》え、百福《ひゃくふく》を提持《ていじ》して窮貧《きゅうひん》を救《すく》う**〔(7)稽首《けいしゅ》す観世薩埵《かんぜさった》、内《うち》に正法明《しょうぼうみょう》を秘《ひ》す。(8)来由《らいゆ》有って巴鼻《はび》無し〕」。**大衆、者箇《しゃこ》の大機大用《たいきたいゆう》を会《え》せんと要《よう》すや**〔(9)我れ若し畜生《ちくしょう》に向かえば自ら大智慧を得、我れ若し餓鬼《がき》に向かえば餓鬼自ら飽満《ほうまん》す〕」。**拄杖《しゅじょう》を卓《たく》して云く、「看《み》よ看《み》よ、**(10)**巍巍《ぎぎ》堂堂《どうどう》、煒煒《いい》煌煌《こうこう》。四海《しかい》九州《きゅうしゅう》、威風《いふう》凛凛《りんりん》**〔(11)紫金光聚《しこんこうじゅ》、山河《せんが》を照《て》らす、天上人間《てんじょうじんかん》、意気《いき》多《おお》し。(12)宝明空海湛《ほうみんくんかいさん》死生旋復之波《ずさんぜんふじぼ》、大寂定門融今古去来之相《だいじちんもんにゅうきんくきらいししょう》〕」。

(1)**大士三十二応身**＝観音大士の三十二応身は『楞厳経』巻六の観音経に云う、「若し諸《もろもろ》の衆生が鬼神を愛統し国土を救護せんとするなら、我は彼の前に天大将軍身を現じて為に説法し其れを成就せしめる」と。◉(2)可惜許＝惜しい、「幾ツニモナライデモヨイ、天上天下唯我独尊ジャ」。◉(3)両頭三面、又恁麼去＝ああ云ったり、こう云ったり、またその調子。【一の八】注(31)参照。◉(4)小売弄＝さまでもない物を見せびらかして。【一の八】注(32)参照。◉(5)**天大将軍最是真**＝上将こそ真箇観音の応身、天大将軍身。◉(6)**摧蕩諸障与慶快、提持百福救窮貧**＝邪魔を砕いて喜びを与え、福を齎《もたら》して貧を救う。◉(7)稽首観世薩埵、内秘正法明＝薩埵は菩提薩埵の略、菩薩の義。やれ有り難や、観世音菩薩、内に正法明如来の本地を秘して、外に天大将軍身と現われる。『大悲心陀羅尼経』に、観世音菩薩は過去世に作仏し、正法明如来と号した。◉(8)有来由無巴鼻＝謂われあるも、とらまえどころが無い。「巴鼻」は「来由」と同義で「根拠、わけ、捕え処」。この語は大応の宗風を表わすと云える程に『大応録』に頻出し、「法身の端無き様」(【一四七】)を表わす。◉(9)我若向畜生…我若向餓鬼…＝我もし畜生に対し発願すれば畜生道を脱して智慧あるを得、餓鬼に対して発願すれば餓鬼道を脱せん。『千手千眼観世音菩薩大悲心陀羅尼』観音十大願文の句(大正二十・一一五下)。◉(10)**巍巍**

堂堂、煒煒煌煌＝大なるかな、堂々たるかな、光輝けり。「是亦向外ニテハ見ヘヌ」、上将の事とのみ思うべからず、人人分上の事。『伝灯録』巻九潙山章に、雲巌に百丈の大人相を問われて答えた語。『論語』泰伯篇に、「大なる哉、堯の君たるや、巍巍たり、…蕩蕩たり」と。また『文選』巻十一王文考「魯霊光殿賦」に、「煒煒煌煌」と。◉⑾**紫金光聚照山河、天上人間意気多**＝仏の光明遍く山河大地を照らし、仏の威徳は十方に逼塞する。『虚堂録』巻五頌古の一。◉⑿**宝明空海…之相**＝「宝明の空海は、死生旋澓《せんぷく》の波を湛え、大寂定の門は、今古去来の相を融ず」。平等一如の涅槃の海には生死の空波を湛え、大寂定の境地は寂静無為にして過去現在未来の一切の差別の相を混融す。祖師忌回向文。

【一八四】

(1)材木を採《と》り用《もち》て帰る普請《ふしん》、并《なら》びに(2)善源《ぜんげん》の雲和尚を謝する（(3)重賞の下には必ず勇夫有り。(4)単醪《たんろう》、川《かわ》に投《とう》じ以て三軍《さんぐん》をして捷《かち》を告《つ》げしむ可《べ》し）**上堂。拄杖《しゅじょう》を拈《ねん》じて云く、「(5)万仞峰前《ばんじんほうぜん》、千磵《せんかん》の底、者辺那辺《しゃへんなへん》、良材を択《えら》ぶ**（(6)公輸《こうゆ》の雲梯《うんてい》、武侯《ぶこう》の木牛《もくぎゅう》。(7)純化《じゅんか》既《すで》に敷《し》けば、則ち率土《そつど》心《こころ》を宅《お》き、義風《ぎふう》已《すで》に暢《の》ぶれば、則ち遐方踵《かほうくびす》を企《つまだ》つ）」。**斧頭《ふとう》用い得たり諸人の力、集めて此に大成して相呼《あいよ》んで回《かえ》る。正与麼《しょうよも》の時作麼生《そもさん》**（(8)渓《たに》を汲んで足を洗い、先ず須《すべか》らく坐すべし、炉に茶の煎《せん》じたると芋の煨《わい》したると有り）」。**拄杖を卓すること一《いち》下《げ》して云く、「(9)行いては到る水の窮《きわ》まる処、坐しては看る雲の起こる時**（(10)此の語、慈悲《じひ》の為の故《ゆえ》に落草《らくそう》の談《だん》有り）」。

(1)**材木採用帰謝普請**＝この年元弘三年の十月一日には大徳寺は五山第一の官刹の綸旨を賜り、それに相応しく諸堂の整備に着手された模様。◉(2)**善源雲和尚**＝未詳、普請奉行の様でもあるが、翌年十月三日の開山国師書状には、造営の物奉行に名を連ねていない。◉(3)**重賞下必有勇夫**＝褒美を多く与えると勇士が現われる。黄石公『三略』上略。

◉⑷単醪投川以可使三軍告捷＝一樽の酒を川に投ずると、三軍の将兵を奮い立たせて勝利を報告させることができる。『文選』巻三十五張協《ちょうきょう》「七命八首」。『蒙求』四二五「句践《こうせん》投醪《とうろう》」に、むかし越王句践、呉を攻めるに醇酒一樽を献ずる者あり、王独りこれを飲むに忍びず、川の上流に注いで下流の士卒の全てに飲ませる、苦楽を共にすべき志を示して、士気大いに挙がったという故事。◉⑸**万仞峰前千礀底、者辺那辺択良材**＝【一の七】にも、巨材を山奥から海路大徳寺に運んだことを云う。あるいは熊野の山奥から選んできたのかも知れない。◉⑹公輸之雲梯、武侯之木牛＝「公輸（正音〈しゅ〉、慣用音〈ゆ〉）」は春秋・魯の巧匠で、城攻めの道具として、雲にまで達する高い梯子を造った（『淮南子』脩務訓三章）。「武侯」は三国・蜀相諸葛孔明、牛馬に象った機械仕掛けの兵糧を運ぶ車を造った（『蜀誌』諸葛亮伝）。◉⑺純化既敷則率土宅心、義風已暢則遐方企踵＝底本の「牽土」は「率土」。純なる徳が敷かれると、地の果てまで心をこれに留めて服従し、道義を重んずる気風が広まると、遠方の人はつま立ちして待ち望む。『文選』巻三十七劉琨《りゅうこん》「勧進表」。◉⑻汲渓洗足先須坐、炉有茶煎与芋煨＝谷川の水を汲んで足を洗い先ず坐られよ、囲炉裏には番茶と焼き芋が用意してありますぞ。ごゆるりとなさいませ、と山居の体。出典未詳。◉⑼**行到水窮処、坐看雲起時**＝ぶらぶらと歩いて流れの源まで行きつき、腰を下ろして雲が湧き起こってくるのを眺める。前句は善源に、後句は雲和尚の雲の字に掛けて。『三体詩』王維「終南別業」の五言律詩の第三聯。◉⑽此語為慈悲故有落草之談＝『碧巌』三十四本則に見える、「闍黎曾て遊山せず」に対する雲門の評語。

【一八五】

上堂。驀《まく》に拄杖を横たえて挙《こ》す。「肇法師《じょうほっし》云く、『⑴近《ちか》うして見る可からざる者は物《もの》の性《しょう》のみ〔⑵若し所見《しょけん》有るは是れ物《もの》にして自《みずか》らの仏性《ぶっしょう》に非ず、⑶若し諸相《しょそう》の非相《ひそう》を見ば、即ち如来を見ん〕』」。**拄杖《しゅじょう》を卓《たく》して云く、「⑷者箇《しゃこ》は是れ宝山《ほうざん》が拄杖子《しゅじょうす》、阿那箇《あなこ》か是れ物《もの》の性《しょう》**〔経に曰く、⑸如来は目《まなこ》に仏性《ぶっしょう》を見たまう、又た云く、眼《まなこ》に仏性を見るは即ち是れ菩薩《ぼさつ》の人なり、作麽生《そもさん》か目に仏性を見ん」」。**又た拄杖を卓して云く、**「(6)**一槌《いっつい》両当《りょうとう》、蓋覆《がいふく》し将《も》ち来たる**〔(7)花《はな》を穿《うが》つ蛺蝶深深《きょうちょうしんしん》として見え、水《みず》に点《てん》ずる蜻蜓款款《せいていかんかん》として飛《と》ぶ〕」。

(1)**近而不可見者、物性耳**＝『肇論』物不遷論に、「近うして知る可からざるは、其れ唯だ物の性のみか」。◉(2)若有所見、是物非自仏性＝出典未詳。因みに、『碧巌』四十八本則評唱に、「若し所見有れば即ち衆生に同じ」と。◉(3)若見諸相非相即見如来＝諸々の相の相に非ざることが分かれば、それが如来。『金剛経』。【一三〇の一四】注㉕参照。◉(4)**者箇是宝山拄杖子、阿那箇是物性**＝国師の常套手段。拄杖の外に何処にも物の性はない。【一七三の二】注(4)参照。◉(5)如来目見仏性、又云眼見仏性即是菩薩人＝『涅槃経』巻二十七に、「諸仏如来、十住菩薩は眼に仏性を見、…一切衆生ないし九地は仏性を聞見するのみ」（大正十二・五二八上）と。◉(6)**一槌両当、蓋覆将来**＝一打ちで両辺に当たる、一如に包み隠しもち来たる。「今時那辺、天堂地獄、ヒトツニヒッカラゲテ、ショッテキタ」。「打扇子云、是レ是レ此ノ当体、仏性丸出ジャ」。『雲門広録』中の上堂に、「大衆集まる。師良久して云う、『久雨不晴』。代わって云う、『〜、〜』」（禅十一・三六八）と。【一二九】注(6)参照。◉(7)穿花蛺蝶深深見、点水蜻蜓款款飛＝花の間を縫って飛ぶ蝶々は奥床しく、水面をちょっちょっと尻尾でたたいて飛んでいる蜻蛉は緩やかに。杜甫「曲江二首」其二に、「朝《ちょう》より回《かえ》りて日々に春衣を典ず、毎日江頭に酒を尽くして帰る。酒債は尋常行処に有り、人生七十古来稀なり。〜、〜。伝語す風光、共に流転し、暫時相賞し相違うこと莫かれ」の第三聯。

【一八六】

(1)**宗持《そうじ》禅尼、逆修《ぎゃくしゅ》の拈香《ねんこう》、**「(2)**当陽突出《とうようとつしゅつ》して迥《はる》かに根塵《こんじん》を脱す**〔(3)是れ什麽《なん》ぞ、(4)座上に和尚無く、目前に某甲《それがし》無し〕。(5)**天に薫《くん》じ地に炙《あぶ》る、挙体全真《こたいぜんしん》**〔(6)山河石壁、能《よ》く障ること無く、恒沙世界、其の中に在り〕。

(7)乃仏乃祖《だいぶつだいそ》、他《た》に由《よ》って気《き》を出《い》だし、衲僧の巴鼻《はび》、此れより方《まさ》に親《した》し〔点検し看来たれば、半文銭にも直《あた》らず〕。**(8)況《いわ》んや是れ宗持大姉、山僧《さんぞう》が手を借《か》って拈出《ねんしゅつ》するをや**〔(9)鉄丸《てつがん》、縫罅《ほうか》無し、何《いず》れの処にか手を挟《さしはさ》まん〕。**(10)等閑《なおざり》に一見便見《いっけんべんけん》せば自然《じねん》に一得永得《いっとくようとく》、(11)生生《しょうじょう》の正果《しょうか》を感じ、世世《せせ》の正因《しょういん》を結ぶ**〔(12)若し一見便見せば終《つい》に打失《たしつ》せん、若し一得永得ならば正因に非ず。何が故《ゆえ》ぞ。(13)門より入る者は是れ家珍《かちん》にあらず〕。**(14)馥郁《ふくいく》たる香風《こうふう》、偏界《へんかい》に清《きよ》く、靄然《あいぜん》たる和気《わき》、恰《あたか》も春の如し**〔(15)八角《はっかく》の磨盤《まばん》、空裡《くうり》に走り、金毛《きんもう》の獅子《しし》、変じて狗《く》と成る〕」。

(1)**宗持禅尼逆修拈香**＝宗持禅尼は未詳。「逆修」は預《あらかじ》め修する、生前の葬儀。『随願往生経』（大正二十一、十二巻『灌頂経』の第十一）に由来する（『禅林象器箋』十九）。◉(2)**当陽突出、迥脱根塵**＝（此の一瓣の香）真っ向に突出して知解情識を越える。「当陽」は「南面して」の意、禅録では「分明、当下」の意。「根塵」は眼耳鼻等の六根と色声香等の六塵の意で、主客相対を云う。『伝灯録』巻九古霊神讃章に、「百丈の門風挙唱して乃ち曰く、『霊光独り耀き、迥かに根塵を脱す。云々』」と。◉(3)是什麼＝【一八の一】注(12)参照。◉(4)座上無和尚、目前無某甲＝「大道ノ真体ハ、ヲラガ講座ノ上ニモ居ナイ、ソナタ衆ガ下ニモ居ナイ」。『会要』巻二十一夾山章に、「座上に老僧無く、目前闍梨《じゃり》無し」と。◉(5)**薫天炙地、挙体全真**＝天地一杯炙り薫じて、全体そのままが真実。後句は『雲門広録』上に、「箇の挙体全真、物物覿体と道うも不可得なり」と見えるが、行住坐臥全て仏性の全体作用であるところを云う。◉(6)山河石壁無能障、恒沙世界在其中＝「山モ川モ、ヘリキリハ、ナイ」。『少室六門』第五門の夜坐偈（大正四十八・三七三）。◉(7)**乃仏乃祖、由他出気、衲僧巴鼻、従此方親**＝釈迦も達磨も、只だ此処（此の一瓣の香）から息を吹き出し、禅僧の本色も此処より親しくなってくる。「衲僧巴鼻」は「禅僧の十八番、本色」で、臨済の喝、徳山の棒等を云う。「出気」は「①息をする、つく。②うっぷんを晴らす。③溜め息をつく。④元気を出す」等多義である。【二〇九の一】注(8)参照。

◉⑻**況是宗持大姉借山僧手拈出**＝国師、正法の自負。◉⑼鉄丸無縫罅、何処挟手＝本分上に迷悟の分別の入る余地なし。【二〇一の二】注⒁参照。◉⑽**等閑一見便見、自然一得永得**＝チョット一見見て取っただけでも、自ずと一得に永く体得する。【五の二】注⒀参照。◉⑾**感生生正果、結世世正因**＝幾世にも仏因を積み、幾生にも仏果を感得する。韻の関係で「正因」が後ろに来た。「生生世世」は「生まれ代わり死に代わり、未来永劫に」。◉⑿若一見便見終打失、若一得永得非正因＝若し見る所あれば早失う、大きな誤り、若し得たと云うなら正因では無い。◉⒀従門入者不是家珍＝「手前ノホテッ腹ヲ見ヨ」。【一三一の三】注⑷参照。◉⒁**馥郁香風清徧界、靄然和気恰如春**＝「山モ川モ、グラ玉一枚」、「雪隠ノクサイガ真ニ香風」。◉⒂八角磨盤空裡走、金毛獅子変成狗＝石の挽き臼台が空を飛び、師子変じて犬となる。【一の六】注㉓参照。

【一八七の二】

除夜《じよや》小参《しようさん》。「**年窮《としきわ》まり歳《とし》尽く、**⑴**黒漆桶裡《こくしつつうり》に墨汁《ぼくじゆう》を盛《も》る**〔⑵天寒人寒《てんかんじんかん》、針頭《しんとう》に鉄を削《けず》り、鷺股《ろこ》に肉を割《さ》く、⑶生蛇、竹筒《ちくとう》に入り、⑷盲亀《もうき》、空谷《くうこく》に入る〕。⑸**交頭結尾《こうとうけつび》、**⑹**半夜烏鶏《はんやうけい》飛んで天《てん》に上《のぼ》る**〔⑺窮《きゆう》するときは則ち変じ、変ずるときは則ち通《つう》ず。⑻理《り》尽き詞《ことばきわ》窮まって伎《ぎ》も亦た窮まる、鳳《ほう》は金網《きんもう》を離れ、鶴《つる》は籠《かご》を脱す〕。**所以《このゆえ》に⑼師僧家《しそうけ》、空劫已前威音那畔《くうごういぜんいおんなはん》より、⑽一日日《いちにちにち》、未《いま》だ嘗《かつ》て一日《いちにち》を逐《お》わず、一時時《いちじじ》、未だ嘗《かつ》て一時《いちじ》に随《したが》わず**〔⑾乾坤《けんこん》も色《いろ》を失し、日月《じつげつ》も光《ひかり》を蔵《かく》す。⑿陰陽《いんよう》到らざる処一片《いつぺん》の好風光《こうふうこう》〕。⒀**墻壁瓦礫《しようへきがりやく》、露柱灯籠《ろちゆうとうろう》**〔⒁酥酪《そらく》醍醐《だいご》、攪《か》いて一味と為し、缻盤釵釧《ふばんさいせん》、鎔《とか》して一金と成す。草木国土、悉皆成仏《しつかいじようぶつ》〕、⒂**背後面前《はいごめんぜん》、真珠燦爛《しんじゆさんらん》たり**〔⒃山河大地《せんがだいち》、万象森羅《ばんしようしんら》、醯鶏蟞虻《けいけいべつぼう》、草芥人畜《そうかいじんちく》、一一大光明を放ち、一一壁立万仞《へきりゆうばんじん》〕。**然《しか》も是の如《かく》くなりと雖《いえど》も、今夜諸人《しよにん》と分歳《ぶんすい》す、其の中《うち》、国《くに》の為にする一句作麼生《いつくそもさん》」。払子《ほつす》を撃《う》って云く、「⒄村裡《そんり》尽《ことごと》く好《よ》く駆儺《くだ》す、来年定《さだ》んで是れ熟年《じゆくねん》ならん**〔⒅笙歌叢裏《しようかそうり》に年朝《ねんちよう》を賀《が》し、錦繍筵中《きんしゆうえんちゆう》に寿域《じゆいき》を開く〕」。

(1)**黒漆桶裡盛墨汁**＝無分暁の理（『句双紙』）。『碧巌』八十六頌下語。【二の一】注(6)参照。◉(2)**天寒人寒、針頭削鉄、鷺股割肉**＝寒い上にも寒い。奪った上にも奪う。徹底把住、除夜の端的。【九四の二】注(7)参照。◉(3)**生蛇入竹筒**＝「転身の処無し、出頭の処無し」（『宗門法語』）。本来は「曲性猶お在り、曲げ物を強いて直ならしめる」の意で、『智度論』二十三に「一切の禅定は心を摂《おさ》める…譬えば蛇行けば常に曲るも、竹筒中に入れれば則ち直なるが如し」（大正二十五・二三四上）とあるを踏まえて。◉(4)**盲亀入空谷**＝出身の路無し。『碧巌』十二頌下語。【開筵垂示】第二段注(15)参照。◉(5)**交頭結尾**＝【九四の二】注(6)参照。◉(6)**半夜烏鶏飛上天**＝年末年始の交頭結尾の消息。「烏鶏」は黒い鶏、平等無差別の正位を表わす。【六〇の二】「半夜に烏鶏を放つ」、頌古第三十五則（【二五二】）頌「烏鶏半夜、生鉄を啄む」を参照。◉(7)**窮則変、変則通**＝【一三〇の一四】注(17)参照。◉(8)**理尽詞窮伎亦窮、鳳離金網鶴脱籠**＝ことばもわざも万事窮したとき、鳥の籠を脱した如く自在の境地に到る。【一一九】注(7)参照。◉(9)**師僧家**＝僧たる者、一人前の僧。◉(10)**一日日未嘗逐一日、一時時未嘗随一時**＝（僧たる者、天地未分以前より）一日一日刻々と過ぎ行くも、未だ曾て一日を逐わず、一時一時刻々と過ぎ行くも、未だ曾て一時に随わない。未来を追わず、過去を引きずらず、一日は一日限り、一時は一時限り。『虚堂録』巻一報恩録の仏成道上堂に、「一日日、一時時。逗到《とうとう》す臘八の夜、眼上に錯って眉を安ず」。また『大慧録』巻十に、「仏眼和尚、霊源十二時歌を読んで偈有って云く、『一日日一時時、龍門老心自知』。頌に云く、『日日日日、時時時時。時に違《たが》い候を失す、箇の老古錐』」（大正四十七・八五四下）と。◉(11)**乾坤失色、日月蔵光**＝全てを奪い尽くす、悟道の把住底。【一二二の二】注(6)参照。◉(12)**陰陽不到処、一片好風光**＝陰陽を超えたる所、真の好景。【四六の二】注(2)参照。◉(13)**墻壁瓦礫、露柱灯籠**＝壁も瓦も柱も灯籠も。◉(14)**酥酪醍醐攪為一味、缻盤釵釧鎔成一金**＝どれもこれも皆な一緒に。圭峰宗密『禅源諸詮集都序』裴休の序文。但し「缻」は「鉼」。乳製品に乳・酪・生酥・熟酥・醍醐、等五味の違いがあれども攪拌して一味となし、金製品に酒器・皿・かんざし・腕輪、等あれども熔かして一金となすが如く、諸宗派の違いを（円教に依って）融合統一した。◉(15)**背後面前、真珠燦爛**＝

前にも後ろにも、真珠の如く光燦然たり。◉⒃山河大地…一一壁立万仞＝万物全てが草木虫けらに到るまで、各各が自己の霊光を放ち、ウジ虫はウジ虫で絶対にウジ虫、他を寄せつけずに独立独歩である。【二一九】注⑶参照。◉⒄**村裡尽好駆儺、来年定是熟年**＝村中鬼やらい、来年は豊年間違いなし、目出度し目出度し。「好駆儺」は【三二六】注⑺参照。◉⒅笙歌叢裏賀年朝、錦繡筵中開寿域＝世間でも朝廷でも、目出度い限り。『虚堂録』巻九径山後録の除夜小参。

【一八七の二】

復《ま》た挙《こ》す。「香林《こうりん》、因《ちな》みに僧問う、『⑴**万頃《ばんけい》の荒田《こうでん》、是れ誰《たれ》をか主《しゅ》と為《せ》る**〔⑵親切《しんせつ》を得んと欲せば、問《とい》を将《も》ち来たって問うこと莫《な》かれ。問《とい》は答処《たつしょ》に在り、答《こたえ》は問処《もんじょ》に在り〕』。**林云く、『看《み》る看《み》る臘月《ろうげつ》尽く**〔⑶今歳は今《こん》宵《しょう》去《さ》り、明年は明日《みょうにち》来たる、来朝《らいちょう》定《さだ》んで是れ大年朝《たいねんちょう》〕』**と」。師云く、「山僧《さんぞう》は然《しか》らず、若し人《ひと》有って此の問を発せば、**⑷**便ち他に答えて道《い》わん、『昨日《さくじつ》相見《しょうけん》の人《ひと》**〔⑸是れ凡《ぼん》か是れ聖《しょう》か。唯《た》だ老胡《ろうこ》の知《ち》を許して、老胡の会《え》を許さず〕』**と。忽《たちま》ち、『是れ何人《なんぴと》ぞ』と問わば、**⑹**劈口《へきく》に便ち摑《かく》せん**〔⑺前《まえ》に在《あ》るかとすれば忽焉《こつえん》として後《しりえ》に在《あ》り。⑻人を陥《おとしい》るる坑子《きょうす》、年年満つ〕」。

⑴**万頃荒田是誰為主**＝この話は【六六の一】、【九四の三】、【一四三の二】、【一七〇の三】で挙せられる。◉⑵欲得親切…答在問処＝肝要の処は他に問うて知ることでは無い、「間髪を容れざる」（『助桀』）ところ。南院慧顒の語、『禅林僧宝伝』巻三風穴章に「先師曰く」として見える。◉⑶今歳今宵去…来朝定是大年朝＝【六六の一】には、「来日定是大年朝」と。『大応録』四十八章に、「『如何なるか是れ不遷の義』。只だ他に向かって道わん、『旧歳今宵に尽き、新年明日来たる』と」。◉⑷**便答他道、昨日相見人**＝荒田の主人公は「キノウ、ヲラガ、逢ヲタ坊主ダ」。「四百年后、大展三拝スルゾ、此語ニワ」。◉⑸是凡是聖。唯許老胡知、不許老胡会＝（その逢うた人とは）これはいったい凡か

聖か。そこのところは容易にわかることではないぞ。後句は【一六九の二】注(5)参照。◉(6)**劈口便摑**＝その問いを発するや否や直ちに、拳骨を喰らわしてやる。劈口は「口を開くや否や」。◉(7)在前忽焉在後＝すぐ目の前にあるかと思われ、次にはもう後ろにあるという具合。【一四八】注(14)参照。◉(8)陥人坑子年年満＝国師の坑おそるべし。【七五の二】注(9)参照。

【一八八の一】

(1)正旦上堂《しょうたん》。僧問う、「(2)年年《ねんねん》是れ好年《こうねん》、日日《にちにち》是れ好日《こうにち》。正与麼《しょうよも》の時、請《こ》う師、祝聖《しゅくしん》せよ」。師云く、「(3)万年松《しょう》下《か》に茯苓《ふくれい》有り」。進めて云く、「恁麼《いんも》ならば則ち(4)万民《ばんみん》、業《ぎょう》を楽しみ謳歌《おうか》を唱《とな》う」。師云く、「(5)好音《こういん》、耳《みみ》に在《あ》り、人《ひと》皆な聞く」。進めて云く、「記得す、(6)僧、古徳《ことく》に問う、『新年頭《しんねんとう》、還《かえ》って仏法有りや也《ま》た無《いな》や』と。意、那裡《なり》にか在る」。師云く、「(7)舌頭骨無し《ぜつとうほね》」。進めて云く、「徳《とく》云く、『元正啓祚《がんしょうけいそ》、万物咸《ばんもつことごと》く新たなり』と。(8)的当《てきとう》なりや也《ま》た無《いな》や」。師云く、「(9)藕糸孔裏《ぐうしくうり》に大鵬《たいほう》に騎《の》る」。進めて云く、「只だ古人の祇対《したい》するが如きんば、如何《いかん》が辨《べん》別《べつ》し去らん」。師云く、「(10)風暖《あたた》かにして鳥声砕《ちょうせいくだ》く」。進めて云く、「(11)一句了然《りょうねん》として百億を超《こ》ゆ」。師云く、「(12)富《と》みては千口《せんこう》も少《すく》なしと嫌《きら》う」。進めて云く、「(13)但《た》だ学人《がくにん》のみに非ず、四衆《ししゅ》咸《ことごと》く恩に霑《うるお》う」といって便ち礼《らい》拝《はい》す。師云く、「(14)也《ま》た何ぞ妨《さまた》げん」。

(1)**正旦上堂**＝建武元年（一三三四）、国師五十三歳。◉(2)**年年是好年、日日是好日**＝【一一五の一】正旦上堂参照。◉(3)**万年松下有茯苓**＝「茯苓」は、古松の根に寄生する茸で、薬用。これを帯びれば百鬼を消滅せしめると言う。正旦にちなんでの祝語。『虚堂録』巻三径山録の入寺祝聖にも、「澗底の青松、茯苓有り」と。◉(4)**万民楽業、唱謳歌**＝万民太平の時節。『碧巌』九本則評唱に、「邦を安んじ業を楽しみ、腹を鼓して謳歌す」と。◉(5)**好音在耳、人皆聞**＝

好い便りを聞くものか、皆の衆も聞いての通り。「好音」は「よい消息」。『雪竇録』巻一の「受師号上堂」に、「僧問う、『皇恩已に降り、海衆同《とも》に観る。学人上来、願わくば挙唱を聞かん』。竇云く、『好音、耳に在り、人皆な聴く』。進めて云く、『聴いて後如何』。竇云く、『問著せば元来惣に知らず…』」と。◉(6)**僧問古徳、新年頭還有仏法也無。意在那裡**＝「古徳」は鏡清道怤《どうふ》。『無門関』十一則にも。◉(8)**的当也無**＝「的当」は「ピタリである」の意。【九五の二】歳旦上堂を参照。◉(7)**舌頭無骨**＝宗通説通自在。『睦州語録』（禅十一・二二九）、折った時に出る糸。その細い糸の孔の中に居って大鵬に騎る自在の働き。機語。『白雲守端録』巻三「答開禅客」偈頌（禅十四・四三三）。◉(10)**風暖鳥声砕**＝春風は暖かく、小鳥の声はあちらこちらに聞こえるではないか（万物咸新の証拠）。杜荀鶴《とじゅんかく》の句。【一七一の二】注(7)参照。◉(11)**一句了然超百億**＝御示しの一句ではっきり致しました、誠に百億劫の長時の修行にも勝る一句でございます、と、僧の讃歎礼話。『証道歌』。◉(12)**富嫌千口少**＝富裕となっては千人を養ってもまだ足りないと思うもの（独り満足ではいかん）。【一六一の二】注(6)参照。◉(13)**非但学人四衆咸霑恩**＝仰せの如く、私一人のみならず四衆の皆が諸共に師の恩を蒙ってございます。「四衆」は【九七の一】注(7)参照。◉(14)**也何妨**＝それなら大いに結構。

【一八八の二】

乃《すなわ》ち云く、「今朝《こんちょう》(1)**大年朝《たいねんちょう》、東廊下《とうろうか》にも相賀《あいが》し、西廊下《せいろうか》にも相賀す**〔(2)礼《れい》は玉帛《ぎょくはく》に非ざれば露《あら》われず、楽《がく》は鐘《しょう》鼓《こ》に非ざれば伝《つた》わらず。(3)万国《ばんこく》の衣冠《いかん》、冕旒《べんりゅう》を拝《はい》す〕。**喚《よ》んで仏法底と作《な》さば、払子《ほっす》、他《た》の与《ため》に**(4)**点頭《てんとう》せん**〔(5)譬《たと》えば錦綺《きんき》を翻《ひるがえ》すが如し、背面共《はいめんとも》に是れ花《はな》。(6)一人《いちにん》有り、孤峰《こほう》頂上に在って出身《しゅっしん》の路《みち》無し〕、**喚んで世法底《せほうてい》と作《な》さば、拄杖《しゅじょう》、他の与《ため》に点頭《てんとう》せん**〔(7)両鏡《りょうきょう》相対《あいたい》して中心影像《ようぞう》無し。一人有り、十字街頭《じゅうじがいとう》に在って亦た向背《こうはい》無し〕。**且《しば》らく道《い》え、諸人、**(8)**阿那個《あなこ》の点頭に孰与《いずれ》ぞ**〔(9)双剣《そうけん》、空《くう》に倚《よ》って飛ぶ。(10)若し西湖《せいこ》を把《と》って西施《せいし》に比すれば、淡糚濃抹《たんしようのうまつ》両《ふたつ》ながら相宜《あいよろ》し」。**若し此《ここ》に於いて会得せば、便ち山僧が**⑾**適来**《せきらい》⑿**箇箇道体**《ここどうたい》**、起居万福**《ききよばんぷく》**と道**《い》**うことを解**《げ》**せん**〔⒀腋《わき》を截《き》って羽《はね》を出《い》だし、⒁飯《はん》を嚼《か》んで児《じ》を餵《やしな》う。⒂怪《あや》しい哉《かな》、国師の児孫《じそん》、天下に弥漫《びまん》すること〕」。

⑴**大年朝**＝元旦。◉⑵**礼非玉帛不露、楽非鐘鼓不伝**＝「玉帛」は五玉と三帛で、諸侯の執る礼物。先ず形から入ることが大切。『禅門諸祖師偈』巻二「国師対御」に、唐の粛宗帝が戒徳の無い僧尼が多いのを嘆かれたに対して慧忠国師が答えられた語、続いて「泥龍を供養すれば真龍の雨を降す有り、凡僧を供養すれば自ずから真僧の福を降す有らん」（禅九・九四四）と。逆に『論語』陽貨篇には、玉帛の形にのみとらわれるを戒める件がある。「口デ斗《バカ》リ目出度デハ、済マヌ、樽デモ、持ッテコイ」。◉⑶**万国衣冠拝冕旒**＝万国から集まった、衣冠に身を正した人々は、わが君を仰いで拝礼する。「冕旒」は天子の冠や旗、ひいては天子をいう。『唐詩選』七律、王維「和賈至舎人早朝大明宮之作」。◉⑷**点頭**＝頷く。【一一八の一】注⑾参照。◉⑸**譬如翻錦綺背面共是花**＝底本の「錦機」は「錦綺」の誤植。いずれも美事なものだ。【七〇の二】注⑻参照。◉⑹**有一人在孤峰頂上…、有一人在十字街頭…**＝『臨済録』上堂。【一七九の三】参照。◉⑺**両鏡相対中心無影像**＝「払子ト拄杖ノ、出逢イ」。知音同士の会見、両者の心中互いに障礙なし。『碧巌』三頌下語に、「両面の鏡相照らして、中に於いて影像無きが如し」と。「帝網重々、主伴無尽透き通る様で」（『秘鈔』）と。◉⑻**孰与阿那個点頭**＝諸人はいずれを肯くか、世法とするや、仏法とするや。◉⑼**双剣倚空飛**＝「ドッチモ、ヨリツカレン」。『碧巌』六十五本則下語。「有無に渉らざる問端の機鋒」（『種電鈔』）。◉⑽**若把西湖比西施、淡糚濃抹両相宜**＝【一二五の二】注⑵参照。◉⑾**適来**＝さきほどより。◉⑿**箇箇道体、起居万福**＝皆さんどなたも豆息災、無事で結構。【一二五の二】、【一七一の一】各正旦上堂。◉⒀**截腋出羽**＝「鑚皮出羽」とも。偏愛の度が過ぎたを云う。気に入った人ならばその皮をはいででも毛羽を出して美しく見せる。『後漢書』巻八十趙壹伝、その「世の疾邪を刺《そし》る

賦」に、「好む所は則ち、皮を鑽《き》って其の毛羽を出だし、悪《にく》む所は則ち、垢を洗って其の瘢痕《はんこん》を求む」。◉⒁嚼飯餵児＝老婆心切の極み。【七二の二】注⑶参照。◉⒂怪哉＝「サテモ不審ナ事、ソノ様ナ老婆デモ」。

【一八九】

⑴二月旦《たん》、材木を出《い》だすが為に大衆を勧下《かんげ》する上堂。「⑵梅腮柳面《ばいさいりゆうめん》、香を吐《は》き栄《えい》を競《きそ》う、⑶春山春水、緑《みどり》を湛《たた》え藍《あい》を畳む〔⑷江国《こうこく》の春風《しゆんぷう》吹《ふ》き起《た》たず、鷓鴣《しやこ》鳴いて深花裏《しんかり》に在《あ》り。⑸春色《しゆんしよく》人を悩《なや》まして眠ること得ず」。**⑹衲子《のつす》清興《しようきよう》、時《とき》なる哉《かな》、時なる哉**〔⑺若し是れ明眼《みようげん》の衲僧ならば、者般《しやはん》の茶飯《さはん》を喫せず」。**⑻你《なんじ》に許す、始めは芳草に随い去り、又た須《すべか》らく後に落花を逐うて回《かえ》るべし**〔⑼寰中《かんちゆう》は天子の勅《ちよく》、塞外《さいがい》は将軍の令。⑽法王の法令《ほうれい》、誰か敢えて違犯《いぼん》せんや」。**忽《たちま》ち回《かえ》り来たる時如何《いかん》**〔⑾行纏《あんてん》を解《と》いて足を洗い、例に随って菜根《さいこん》を喫す」。**⑿箇箇万福《ばんぷく》万福**〔⒀箇箇千労万倦《せんろうばんけん》。⒁路遥《みちはる》かにして馬力《ばりよく》を知り、歳久《としひさ》しうして人心《にんしん》を識る」。**侍者、急手《きゆうしゆ》に箇の好茶《こうさ》を点じ将《も》ち来たれ**〔⒂席《せき》を看《み》て令《れい》を打《た》す。⒃慈父《じふ》も無益《むえき》の子《こ》を愛《あい》する能《あた》わず、仁君《じんくん》も無用《むよう》の臣《しん》を畜《やしな》う能わず」」。

⑴**二月旦、為出材木勧下大衆上堂**＝一月の二十八日には、五山上刹南禅寺と同位の綸旨を降され、翌二十九日には建武と改元される。いよいよ大徳寺の造営も本格化し、材木運出の作務にあたって、激励の上堂。「勧下」は「奨励する」。◉⑵**梅腮柳面、吐香競栄**＝梅柳は香っていやが上にも美しい。仲春の現成公案。前句は【六九】注⑸参照。◉⑶**春山春水、湛緑畳藍**＝【一二九】注⑵、【一七三の一】注⑵参照。◉⑷江国春風吹不起、鷓鴣鳴在深花裏＝風そよとも吹かない江南の春、鷓鴣は花樹の奥深く声のみ聞える。『碧巌』七頌。◉⑸春色悩人眠不得＝春の気配に悩まされて眠れないでいる。王安石の七絶「夜直」詩の転句。【九四の三】注⑹参照。◉⑹**衲子清興、時哉時哉**＝今が雲衲にとっ

て一番よい季節。後句は【四の二】注⑷参照。◉⑺若是明眼衲僧、不喫者般茶飯＝そんなありきたりの馳走は結構でございます。【二一の二】、【一一九】等の下語。◉⑻**許你、始随芳草去**…＝長沙遊山の境界を許す。【三九の一】注⑹参照。◉⑼寰中天子勅、塞外将軍令＝「コノ山中ニ居ル内ハ」国師の差配、「大徳ノ門ヲ出デテハ知客直日侍者ノ差配」。【一二〇の一三】注⑺参照。◉⑽法王法令、誰敢違犯＝国師のご命令に背くものはおりません。◉⑾解行纏洗足、随例喫菜根＝脚半を取って洗足したら、出てくるのは相変わらずいつもの粗飯じゃろう。「随例」は国師遺誡に、「野菜根を煮て喫して」を踏まえて。「咬菜根」で「清貧苦の生活」を云う。◉⑿**箇箇万福万福、侍者、急手点将箇好茶来**＝皆な無事で目出度し目出度し（と、労《ねぎら》いの言葉をかけ）、侍者、速やかにお茶を振る舞え。「急手」は「動作敏捷、急速」の意。◉⒀箇箇千労万倦＝皆さぞお疲れ、ご苦労様。◉⒁路遥知馬力、歳久識人心＝遠い路を行って馬の力がわかり、久しく交わって人の心がわかる。『通俗編』獣畜、但し「歳」は「日」、「識」は「見」。◉⒂看席打令＝「相席打令」とも、「座敷の様子を看て、酒令（酒の余興）を出す」の意。ここは、お茶を素速く持ってきた働きを賞して。◉⒃慈父不能愛無益之子、仁君不能畜無用之臣＝慈父も役に立たない我が子を愛するわけにはいかない、仁君も役に立たない臣下を養うわけにいかない。『文選』巻三十七曹植《そうしょく》「求自試表」。

【一九〇の二】

⑴仏生日上堂《ぶつしようにち》。僧問う、「⑵青春已《せいしゆんすで》に去《さ》り、朱夏《しゆか》初めて臨む。瞿曇《くどん》今日降生《ごうしよう》、此れは是れ現成底《げんじようてい》、請《こ》う師、別に挙揚《こよう》せよ」。師云く、「⑶鉄丸《てつがん》、縫罅《ほうか》無し」。進めて云く、「⑷二月《にげつ》十五、曾《かつ》て滅《めつ》せず、甚《なに》に因《よ》ってか鶴林《かくりん》中に双趺《そうふ》を示す」。師云く、「⑸天上《てんじよう》の星《ほし》、地下《ちげ》の木《き》」。僧云く、「⑹四月《しげつ》八日、曾て生ぜず、甚《なん》と為《し》てか九龍《きゆうりゆう》、水《みず》を吐《は》いて金躯《こんく》を灌沐《かんもく》す」。師云く、「⑺九九八十一《くくはちじゆういち》」。僧云く、「天を指《さ》し地を指して、天上天下唯我独尊《てんじようてんげゆいがどくそん》と道《い》う、⑻聻《にい》」。師云く、「⑼芍薬花開《しやくやくはなひら》く菩薩《ぼさつ》の面《めん》」。僧云く、「⑽雲門《うんもん》云く、『我れ当時若《そのかみ》し見しかば、一棒に打殺《たさつ》して狗子《くす》に与

えて喫却《きつきやく》せしめん』と。意旨作麼生《いしそもさん》」。師云く、「⑾邪《じや》に因《よ》って正《しよう》を打《た》す」。僧云く、「⑿雲竇《せつちよう》云く、『我れ若し見しかば、便ち与《ため》に禅床《ぜんしよう》を掀倒《きんとう》せん』と。意、那裏《なり》にか在る」。師云く、「⒀手を把《と》って相共《あいとも》に高峰《こうほう》に上《のぼ》る」。僧云く、「二大老《にだいろう》の用処《ゆうじよ》、是れ同《どう》か是れ別《べつ》か」。師云く、「⒁南山《なんざん》に雲《くも》を起《お》こし、北山《ほくざん》に雨《あめ》を下《くだ》す」。僧云く、「上来《じようらい》一一指示を蒙《こうむ》る、向上宗乗《しゆうじよう》の事《じ》、又た如何《いかん》」。師便ち喝《かつ》す。

⑴**仏生日上堂**＝四月八日、初夏の上堂。◉⑵**青春已去、朱夏初臨**＝春去り、夏来たる。因みに「春夏秋冬」は「青朱白黒」の色で表わす。◉⑶**鉄丸無縫罅**＝本分上に分別の入る余地なし。【一〇一の二】注⒁参照。◉⑷**二月十五、不曾滅、因甚鶴林中示双趺**＝不生不滅の如来が何故涅槃の相を示されるのか。【九七の二】注⑴参照。◉⑸**天上星、地下木**＝天には星、地上には樹木。「地下」はここでは「地表の上」の意で、「地面の下」ではない。『投子大同録』に、「問う、『一等に是れ水、什麼《なん》と為《し》てか海は鹹《しおか》らく河は淡し』。師云く、『～、～』」（禅十二・六二五）。東陽英朝編『禅林句集』に「木を水の誤植とする」は根拠薄弱。『伝灯録』、『禅林類聚』、『雲峰悦録』、『偃渓録』、『大応録』、『大灯百二十則』等いずれも「木」で、『会元』のみ「水」。◉⑹**四月八日、不曾生、為甚九龍吐水灌沐金躯**＝不生不滅の如来が何故降誕の相を示されのか。【八の二】注⑵参照。◉⑺**九九八十一**＝機語。【一五二の一】注⑺参照。◉⑻**聻**＝「…はどうだ」。【三の二】注⑾参照。◉⑼**芍薬花開菩薩面**＝芍薬の花が咲いたは菩薩の顔。独尊の無相の面目底。『円悟録』巻二に、「且らく作麼生か是れ無面目底。芍薬花開く、菩薩の臉《かんばせ》。椶櫚の葉現ず夜叉の頭」と。◉⑽**雲門云、我当時若見、一棒打殺与狗子喫却**＝【四一の二】注⑷参照。◉⑾**因邪打正**＝「横ヲ云ウテ、マッスグナ事ニスル」。「歪打正着」の意。【一九の二】注⑻参照。◉⑿**雪竇云、我若見便与掀倒禅床**＝雲門が無駄言云うのを見たらその禅床をひっくり返してやった所だった。【四一の二】注⑹参照。◉⒀**把手相共上高峰**＝（雲門と雪竇）知音同士。『頌古聯珠通集』巻二十八無菴法全（仏智端裕の嗣、円悟二世）の「巌頭渡子」頌に、「相逢うて手を把って高峰に上る、四顧寥寥とし

て天宇空ず。一曲の漁歌人会せず、蘆花飛び起こす渡頭の風」と。◉⑭**南山起雲、北山下雨**＝彼方で雲起これば、此方で雨。一体不二。【四九の一】注⑴参照。

【一九〇の二】

乃《すなわ》ち拄杖《しゅじょう》を拈《ねん》じて卓一下《たくいちげ》して云く、「⑴**浄法界身《じょうほっかいしん》**〔⑵癩馬《らいば》枯椿《ことう》に繋《つな》がれ、黒牛《こくぎゅう》死水《しすい》に臥《ふ》す〕、⑶**天を撐《ささ》え地を拄《ささ》う、本《もと》出没《しゅつもつ》無し、**⑷**瓜《うり》を種《う》えて瓜を得たり**〔⑸人を陥《おとしい》るる坑子《きょうす》、年年満つ。湛湛《たんたん》たる黒暗《こくあん》の深坑《しんきょう》、実に怖畏《ふい》す可し〕。⑹**便ち恁麼《いんも》に領《りょう》じ去らば、恩を報ずるに分《ぶん》有らん**〔⑺若し恁麼に会せば、仏法大いに衰滅《すいげん》せん、若し復《ま》た恁麼に会せずんば、真風乍《たちま》ち地に墜《お》ちん〕。⑻**其《そ》れ如《も》し未《いま》だ然《しか》らずんば、二龍温涼《にりゅうおんりょう》の水**〔⑼誰《たれ》か知る遠き煙浪《えんろう》に、別に好思量《こうしりょう》有ることを。⑽駑蹇《どけん》の類《たぐい》は千里《せんり》の路《みち》を騁《は》せず、燕雀《えんじゃく》の儔《ともがら》は六翮《りくかく》の用《よう》を奮《ふる》わず〕」。

⑴**浄法界身、本無出没**＝本来如来の出生や涅槃は仮の姿に過ぎない。王勃「釈迦如来成道記」。【八の二】注⑸参照。王勃の句を二つに分けて、⑶⑷の句をそれぞれ下語として置いた。◉⑵**癩馬繋枯椿、黒牛臥死水**＝病馬が枯れた杭に繋がれ、真っ黒の牛が溜池水にふせている。「本位を離れざるを抑下する」（『助桀』）。『希叟曇録』巻四「境上人太虚説」に、「摩竭《マガダ》提国に法空を座と為すも、～。嵩山少室に諸縁を併息するも、～」（禅十七・二五九）と。◉⑶**撐天拄地**＝「頂天立地（全世界を背負って立つ、堂々たる英雄の気概の形容）」の意、禅録では「法界に充塞する」の意。『碧巌』十六本則下語。◉⑷**種瓜得瓜**＝（出没無しと云うは、因果を撥無するにあらず）因果歴然。『川老金剛経注』巻上の「正信希有分第六」の著語に、「～、種菓得菓」と。◉⑸陥人坑子年年満＝国師の坑おそるべし。【七五の二】注⑼参照。◉⑹**便恁麼領去報恩有分**＝ここの所（第一義門）で会得すれば、仏恩に報いる資格あり。◉⑺若恁麼会…、若復不

恁麼会…＝そのように会すなら大いに誤る、「然レドモ、此ノ浄法界身ヲ得ネバ分ラヌ」。◉(8)**其如未然、二龍温涼水**＝それでも分からねば、（第二義門に降って）二龍の洗浴（に同じく甘茶を灌げ）。「二龍温涼水」は【一〇〇の二】注(5)参照。◉(9)誰知遠煙浪、別有好思量＝国師の好思量を理解する者は誰もいない。斉己の詩。【八〇の三】注(8)参照。◉(10)駑蹇之類不騁…、燕雀之疇不奮…＝駑馬や蹇《あしなえ》馬は千里の道を駆けることはできない、燕や雀のような小鳥は（鴻鵠のように一挙千里する）六翮《かく》の翼をふるうことはできない。『文選』巻五十二班彪《はんぴょう》「王命論」に、漢書の作者班固《はんこ》の父、班彪が叛将に説いて、「其の任に勝えざる」を自覚して王命に服するように諫めた文。

【一九一の二】

(1)結夏小参《けつげしょうさん》。僧問う、「(2)緑《みどり》暗《くら》く紅稀《こうまれ》にして孟夏《もうか》漸く熱す。応節《おうせつ》の一句、願わくは提唱《ていしょう》を聞かん」。師云く、「(3)薫風自南来《くんぷうじなんらい》、殿閣生微涼《でんかくしょうみりょう》」。僧云く、「(4)禁足安居《きんそくあんご》、誰《たれ》か我れに似たる、角《つの》を掛くる羚羊《れいよう》、蹤《あと》を露《あら》わさず」。師云く、「(5)路《みち》の上《のぼ》る可き有れば、高きも人更《ひとさら》に行く」。僧云く、「(6)朝《あした》に西天《さいてん》に到り、暮《くれ》に東土《とうど》に帰る。是れ什麼人《なんびと》の分上《ぶんじょう》の事《じ》ぞ」。師云く、「(7)是れ安居底《あんごてい》の人の分上の事」。僧云く、「恁麼《いんも》ならば則ち(8)一声《いっせい》の黄鳥青山《こうちょうせいざん》の外《そと》、風光《ふうこう》を占断《せんだん》して主人《しゅじん》と作《な》る」。師云く、「(9)那裡《なり》よりか与麼地《よもじ》なることを得たる」。僧云く、「(10)松源《しょうげん》に三《さん》句《く》有り、(11)咨参《しさん》を許さんや也《ま》た無《いな》や」。師云く、「何ぞ妨《さまた》げん、問い将《と》ち来《も》たることを」。僧云く、「(12)大力量《だいりきりょう》の人、甚《なに》に因《よ》ってか脚《あし》を擡《もた》げ起《お》こさざる」。師云く、「(13)草鞋露《そうあいつゆ》に和《わ》して重《おも》し」。僧云く、「(14)口《くち》を開くこと甚《なに》に因《よ》ってか舌頭上《ぜっとうじょう》に在らざる」。師云く、「(15)牙歯《げし》一具《いちぐ》の骨《ほね》を見ず」。僧云く、「(16)明眼《みょうげん》の衲僧《のうそう》、甚《なに》に因《よ》ってか脚跟下《きゃっこんか》紅糸線《こうしせん》不断《ふだん》なる」。師云く、「(17)脚頭《きゃくとう》也《ま》た脚底《きゃくてい》」。僧云く、「学人《がくにん》今夜、(18)小出大遇《しょうしゅつたいぐう》」といって便ち礼拝《らいはい》す。師云く、「(19)人に向かって作麼生《そもさん》か挙《こ》せん」。

(1)**結夏小参**＝この章は『大応録』二二一章、一六八章を踏まえる。◉(2)**緑暗紅稀**＝【一五一の一】注(1)参照。◉(3)**薫風自南来、殿閣生微涼**＝【一〇の二】注(19)参照。◉(4)**禁足安居誰似我、掛角羚羊不露蹤**＝禁足安居、我れに似たる者は誰もいない、羚羊の樹に角を掛けたる如く、痕跡なし。「自己ノ有様ハ仏祖モ其ノ蹤ヲ見ルコト能ワズ」。『仏光録』巻二「白雲庵居咄咄《とつとつ》歌」に、「〜、長松《ちょうしょう》雨過《す》ぎ緑陰《りょくいん》重《かさ》なる。言うこと莫かれ円覚《えんがく》伽藍《がらん》小なりと、〜」の第一句と四句。後句は【五二の一】注(2)参照。「誰似我」は【七五の一】「誰是我般人」に同趣。底本は「羚」を「麢」の俗字の「羺」に作る、同意。◉(5)**有路可上高人更行**＝更に向上に転ぜよ。『会元』巻十三幽棲道幽（洞山价下）章に見えるが、もと『老学庵筆記』巻四に、唐の龔霖《きょうりん》の詩なりと云う。◉(6)**朝到西天、暮帰東土、是什麼人分上事**＝朝に印度、暮に唐土と云うが如き自在無礙の働きは、誰に備わった境界でしょうか。【四三の一】注(12)参照。「分上」は「その人に本来備わったもの」。【一五六】注(9)参照。◉(7)**是安居底人分上事**＝これぞ安居する人には当たり前の境界。「ネテ居テモ、知ラニャナラヌ事ゾヨ」。◉(8)**一声黄鳥青山外、占断風光作主人**＝鶯一声鳴いて青山の外、その得も云われない趣は比べようも無い、本地の風光。『人天眼目』巻四「古徳頌」の燃灯後に頌して、「問処分明なれば答処親し、塵塵《じんじん》刹刹《せつせつ》総に君に逢う。〜、〜」の第三、四句。◉(9)**那裡得与麼地**＝どこからその様な境界を手に入れたか。◉(10)**松源有三句**＝『虚堂録』巻二宝林録の運菴先師忌拈香に、松源の三転語として見えるもの。『松源録』では、第一句二句がその塔銘に「二則語」（禅十六・六三二）として、また第三句目の「紅糸線不断」は『松源録』治父録の上堂（同・五七八）に見える。◉(11)**咨参**＝問法すること。◉(12)**大力量人因甚擡脚不起**＝大の力持ちがどうして自分の足すら持ち上げられないのか。「…不起」は動詞の後に在っては「…出来ない」の意となる。◉(13)**草鞋和露重**＝「草鞋ガ、湿ッテ、歩キニクイ」。『虚堂録』巻二宝林録の解夏小参に、「露湿って草鞋重し」。【二〇九の一】の解夏上堂にも。大応曰く、「一歩、是れ一歩」。◉(14)**開口因甚不在舌頭上**＝舌を使わずにどう喋るか。◉(15)**不見牙歯一具骨**＝歯も抜けて不揃い。「一具」は「ひと揃い」。「牙歯一具骨」は『大慧武庫』四十八章に見える。大応曰く、「鴉鳴鵲噪」。◉(16)**明眼衲僧、因甚**

脚跟下紅糸線不断＝明眼の衲僧も何故赤い糸が吹っ切れていないのか。【八の一】注(8)、【二一の一】注(7)参照。因みに、【一七九の二】の「五色索」は「命根」の義。◉(17)**脚頭也脚底**＝「ドコモ、カシコモ紅糸線、斗リ《バカ》」。『碧巌』二十九頌下語、「挙《こ》足《そく》下《あ》足《そく》皆な是れ」（『種電鈔』）。大応曰く、「程を貪ること太だ疾《はや》し」。◉(18)**小出大遇**＝チョッと出まして大なる収穫がありました。【五の二】注(20)参照。◉(19)**向人作麼生挙**＝人に向かってどう言うか云うて見よ。因みに【一一八の一】、【一五八の二】等に、「人に逢うて錯って挙すること莫かれ」と。

【一九一の二】

乃《すなわ》ち云く、「(1)西天《さいてん》の厳規《げんき》、東土《とうど》の厳令《げんれい》〔(2)一句《いっく》を添《そ》うることも也《ま》た得《え》ず、一句を減《げん》ずることも也た得ず〕、**(3)斉《ひと》しく箇《こ》の刢利《れいり》の漢《かん》、大坐当軒底《たいざとうけんてい》の事《じ》有ることを知らんことを要《よう》す**〔(4)凡聖同居《ぼんしょうどうご》、龍蛇混雑《りゅうだこんざつ》、(5)誰《た》が家《や》の竈裏《そうり》にか火に煙《けむり》無けん〕。**克《よ》く此の事《じ》を得《う》れば、三月安居《さんげつあんご》、九旬禁足《くじゅんきんそく》、(6)天も覆《おお》うこと得《え》ず、地も載《の》すること能《あた》わず**〔(7)此れは是れ衲僧家《のうそうけ》尋常《じんじょう》の茶飯《さはん》。(8)獅子《しし》、鵰残《ちょうざん》を食らわず、快鷹《かいおう》、那《なん》ぞ臥兎《がと》を打《う》たん〕。**(9)日用四威儀《にちようしいぎ》の中《うち》、全く声色堆上《しょうしきたいじょう》に坐して、専《もっぱ》ら声色堆《しょうしきたい》の主宰《しゅさい》と做《な》る**〔天上天下唯我独尊《てんじょうてんげゆいがどくそん》。(10)南瞻部州《なんせんぶしゅう》に鉢《はつ》を展《の》べれば、西瞿耶尼《さいくやに》に飯《はん》を喫《きっ》す〕。**(11)箇中領覧《こちゅうりょうらん》有れば、都《すべ》て魔界《まかい》に堕《だ》す**〔(12)仏界《ぶっかい》に入《い》ることは易《やす》く、魔界に入ることは難《かた》し〕。**所以《このゆえ》に道《い》う、(13)大円覚《だいえんがく》を以て我が伽藍《がらん》と為《な》し**〔(14)偏《あまね》く現ずれば沙界《しゃかい》を該《か》ね、収摂《しゅうせつ》すれば微塵《みじん》に帰す〕、**身心《しんじん》、平等性智《びょうどうしょうち》に安居《あんご》すと**〔(15)大象《だいぞう》、兎径《とけい》に遊《あそ》ばず、(16)玉兎《ぎょくと》、豈《あ》に蟾影《せんえい》に棲《す》まんや〕**(17)瞥喜瞥瞋《べっきべっしん》、理会《りえ》無し、新羅夜半日頭明《しんらやはんにっとうあき》らかなり**〔(18)仏殿裏《ぶつでんり》に香を焼《た》き、山門頭《さんもんとう》に合掌《がっしょう》す。(19)達磨東土《だるまとうど》に来たらず、二祖西天《にそさいてん》に行かず〕。**然《しか》も是《かく》の如くなりと雖《いえど》も、諸人《しょにん》(20)切《せつ》に忌《い》む、脳《のう》を刺《さ》して膠盆《こうぼん》に入《い》ることを**〔(21)手《て》に白玉《はくぎょく》の鞭《べん》を把《と》って、驪珠《りしゅ》尽《ことごと》く撃砕《ぎゃくさい》す〕。**何《なん》が故《ゆえ》ぞ**」。**良久《りょうきゅう》して云く、「(22)緑樹陰濃《りょくじゅかげこまやか》にして夏日長《かじつなが》し、楼台影《ろうだいかげ》を倒《さかしま》にして池塘《ちとう》に入《い》る**〔(23)俯《ふ》しては潜龍《せんりゅう》の淵《ふち》に拠《よ》り、仰《あお》ぎては栖鳳《せいほう》の林《はやし》に蔭《いこ》う〕」。

⑴**西天厳規、東土厳令**＝安居結制は釈迦の掟、東土祖師方の法令。【一〇一の一】注⑷参照。◉⑵**添一句也不得、減一句也不得**＝「コノ厳シイ法令ニ出逢ウテハ、ヌキサシモナラヌ」。『碧巌』三十六頌下語。◉⑶**斉要知有、箇剣利漢、大坐当軒底事**＝仏制、祖令は優秀な皆の衆に究極の落ち着き処有るのを知って貰いたいが為なり。本来の語順は「知有」が「箇剣利漢」の後に来るべきか？「大坐当軒」は【六六の二】注⒁参照。◉⑷**凡聖同居、龍蛇混雑**＝『碧巌』三十五本則。【一〇一の二】注⑸参照。◉⑸**誰家竈裏火無煙**＝「簑ウリ、傘ハリ、薬鑵ナオシ、鍋ノイカケ迄モ、皆大坐当軒底ヲ、持タン者ハナイ」。誰にでもチャンと具わっている。【五八の二】注⑻参照。◉⑹**天覆不得、地載不能**＝「此の法性の体は天の天外、地の地外までふさがっている」（『句双紙』）。『碧巌』七垂示、もと南岳慧思の偈（『伝灯録』巻二十七）。【六の二】注㉕、【一三〇の九】注⑵参照。◉⑺**此是衲僧家尋常茶飯**＝衲僧家には、何も珍しいことではない。◉⑻**獅子不食鵰残、快鷹那打臥兎**＝獅子は鷲の食い残しは食わない、鷹は臥している兎は狙わない。『真浄文録』上堂語（禅十二・七〇七）。◉⑼**日用四威儀中全坐声色堆上、専做声色堆主宰**＝色町の歌舞管弦の最中でも、それらの騒音に惑うことなく、よく物を転じ主人公となって意のままである。『碧巌』四十六垂示に、「声色堆裏坐、声色頭上行」と云うのに同趣。◉⑽**南瞻部州展鉢、西瞿耶尼喫飯**＝「八助ガ酒ヲ呑メバ、六助ガ酔フ」。『仏光録』巻三解夏小参に見えるが、もと『雲峰悦（汾陽二世）録』に「東勝身洲持鉢、西瞿耶尼喫飯」（禅十二・六七八）と。「南瞻部州、西瞿耶尼」は【三一の三】注⑹参照。◉⑾**箇中有領覧都堕魔界**＝しかし此の処を分かったと云うなら、また全て過ち。「領覧」は「理解、把握する」。◉⑿**入仏界易、入魔界難**＝「ここでは魔界と言うは高いゾ、無功用ゾ」（『句双紙』）。『雪江録』大徳寺語に、「仏界は入り易く、魔界は入り難し」と見え、また『大慧武庫』五十二章、清素首座（慈明の法嗣）の言にも、「能く仏に入る可くも、魔に入ること能《あた》わじ」と、もと『維摩経』を踏まえたもの。◉⒀**以大円覚為我伽藍、身心安居平等性智**＝『円覚経』。【四二の一】注⑷⑹参照。◉⒁**偏現該沙界、収摂帰微塵**＝普きときは大千沙界に現じ、収まるときは微塵世界にある。『会元』巻一達磨の弟子波羅題《はらだい》の偈に、「眼に在っては見と曰い、耳に在っては聞と曰い、

鼻に在っては香を辨じ、口に在っては談論し、手に在っては執捉し、足に在っては運奔す。徧く現じては倶に沙界を該ね、収摂しては一微塵に在り」と。◉⒂大象不遊兎径＝大象は平等性智の何のと云うちっぽけな処にはいない。『証道歌』。◉⒃玉兎豈栖蟾影＝「玉兎」は空無の静寂境に安住しない。「玉兎」も「蟾《ひきがえる》」も月に住むと云う、引いては月を指す。投子義青の語。【九二】注⑷参照。◉⒄**瞥喜瞥瞋無理会、新羅夜半日頭明**＝喜んだら喜んだまま、怒ったら怒ったまま、何の計らいも無い。新羅では真夜中に日が出る。『大慧録』巻七の示衆に、「古人（白雲端）道く、『他人の住む処、我れ住まず、他人の行く処、我れ行かず。是れ人と共に聚まり難きにはあらず、大都《すべ》て緇素《しそ》分明ならんことを要す。喝一喝して云く、猶お這箇《しゃこ》の有る在り』。雲門（＝大慧）は即ち然らず、他人の住む処、我れ亦た住む、他人の行く処、亦た行く。〜、〜。且らく道え、古人と相去ること多少ぞ、試みに定当して看よ」（大正四十七・八三八中）と。「瞥瞋瞥喜」は、「一片一片にして後を継がざるなり」（『句双紙』）。【一の八】に「瞥喜瞥瞋、並びに是れ他家活脱の生涯なり」と。「夜半日頭明」は『善慧大師録』巻三「行路易」十五首の第六に、「東山水上に浮かび、西山行いて住まらず。北斗閻浮に下る、是れ真の解脱処。行路は易し、路易く、人識らず。半夜日頭明らかなり、悟らずんば真に疲極す」と、また【六六の二】注⑽参照。◉⒅仏殿裏焼香、山門頭合掌＝仏殿では焼香し、山門では合掌する。『睦州録』。【二〇】注⑵参照。◉⒆達磨不来東土、二祖不行西天＝達磨二祖に伝えず、二祖達磨に嗣がず。玄沙の語。【七七の一】注⒂参照。◉⒇**切忌刺脳入膠盆**＝（しかしそこに腰を落ち着けると）二進も三進も行かなくなるぞ。【一の八】注㉓参照。◉㉑手把白玉鞭、驪珠尽撃砕＝「サスガ国師ジャ、悟ノ泥ヲ、タタキステル」。『碧巌』八十二頌。◉㉒**緑樹陰濃夏日長、楼台倒影入池塘**＝現成公案。高駢の詩。【一三〇の一三】注⑶参照。◉㉓俯拠潜龍之淵、仰蔭栖鳳之林＝下は潜龍の淵に居り、上は鳳凰の林に住む（君子の風）。『文選』巻四十三趙至《ちょうし》「与嵇茂斉書」に、趙至が友嵆蕃《けいはん》の出自の好さを誉め、得意の様を述べた語、これに続いて訣別の辞となる。

【一九一の三】

復《ま》た(1)徳山小参《とくさんしょうさん》答話《とうわ》せず、問話《もんな》の者有らば三十棒という公案《こうあん》を挙《こ》して〔(2)直木《ちょくぼく》の以て輪《りん》と為《な》す可《べ》からず、曲者《きょくしゃ》の以て桷《たるき》と為《な》す可《べ》からざるを見《み》ん〕、師拈《ねん》じて云く、「(3)尽《ことごと》く謂《い》う、口《くち》を開かば即《すなわ》ち錯《あやま》り、舌《した》を動ずれば即ち乖《そむ》くと。殊《こと》に知らず、(4)九曲《きゅうきょく》の黄河、底《そこ》に混《にご》って流《なが》る〔(5)猶《な》お良驥《りょうき》の足《あし》を絆《つな》ぎて、責《せ》むるに千里《せんり》の任《にん》を以てし、猨猴《えんこう》の勢《せい》を檻《かん》して、其の巧捷《こうしょう》の能《のう》を望《のぞ》む〕」。

(1)**徳山小参不答話、有問話者三十棒公案**＝【九〇の一】注(10)参照。◉(2)見直木不可以為輪、曲者不可以為桷＝無理強いは駄目。底本の「桶」は「桷」の誤記、貞永寺版に戻す。『文選』巻四十三嵆康《けいこう》「与山巨源絶交書」に、続いて「蓋《けだ》し以て其の天才を枉《ま》ぐるを欲せず、其の所を得しめんとするなり」と。拈古第三則（【二六八】）注(5)参照。◉(3)**尽謂開口即錯、動舌即乖**＝この公案を見て殆どの者は、物を云わぬが好い、ぐらいに考えるが。【一八一の一】注(21)参照。◉(4)**九曲黄河混底流**＝黄河の水は徹底濁っている。尽く透関には程遠い。『頌古聯珠通集』巻十六、仏鑑慧懃の「九曲の黄河、底に徹して渾《にご》る、三千年に清きこと只だ一度」（禅七・一九五）を踏まえた語。『虚堂録』巻六代別八十四には、徳山三十棒の話を透過した怜悧の漢の話を載せる、「挙す、徳山、因みに僧相看《しょうかん》す、乃ち近前して相撲《すもう》の勢いを作す。山云く、『与麼に無礼なり、山僧が手中の棒を喫す合《べ》し』。僧、払袖して便ち行く。山云く、『饒《たと》い汝是《かく》の如くなるも、也《ま》た只だ一半を得たるのみ』。僧、身を転じて便ち喝す。山、打って云く、『須らく是れ我れ你を打って始めて得《う》べし』。僧云く、『諸方、明眼の人の有る在り』。山云く、『天然、眼有り』。僧、眼を劈開《へきかい》して『猫《みょう》』と云って便ち出づ。山云く、『黄河三千年に一度清し』」と。『虚堂録』では「黄河の清」はこの僧の希有なることを讃歎した語である。◉(5)猶絆良驥之足…、檻猨猴之勢…＝良馬の四足を縛りつけておいて、千里を駆けることを課するが如くであり、あるいは猿を檻の中に閉じ込めて、その敏捷なる才能を発揮することを期待するがごとくである。『文選』巻四十二呉《ご》質《しつ》「答東阿王書」、もと『淮南子』俶真訓十五章に由来する。

【一九二の二】

次の日上堂。僧問う、「西天《さいてん》の旧令《きゅうれい》、東土《とうど》共《とも》に遵《したが》う。諸方、(1)様《よう》に依《よ》って葫蘆《ころ》を画《えが》く。(2)龍宝《りゅうほう》門下の標格《ひょうかく》、作《そ》麼生《もさん》」。師云く、「(3)山僧《さんぞう》に孤負《こふ》すること莫《な》かれ」。進めて云く、「(4)緑水青山《りょくすいせいざん》、元来安居《あんご》し、露柱《ろちゅう》灯籠、終日《ひねもす》禁《きん》足《そく》す、衲僧家、甚《なに》に因ってか別に規矩《きく》を立《りっ》す」。師云く、「(5)厳師《げんし》、好弟子《こうでし》を出《い》だす」。進めて云く、「恁麼《いんも》ならば則ち(6)行《ゆ》いては到る水《みず》の窮《きわ》まる処、坐《ざ》しては看《み》る雲《くも》の起《お》こる時」。師云く、「(7)更に須《すべか》らく子細《しさい》にすべし」。進めて云く、「記得《きとく》す、(8)乾峰《けんぽう》、衆《しゅ》に示して云く、『法身《ほっしん》に三種の病《やまい》、二種の光《ひかり》有り、須らく是れ一一透得《とうとく》して始めて穏坐地《おんざち》を解《げ》すべし』と。意、那裡《なり》にか在る」。師云く、「(9)緬《はる》かに想《おも》う、会裡《えり》に人《ひと》有ることを」。進めて云く、「(10)雲門《うんもん》、便ち衆を出でて云く、『菴内《あんない》の人《ひと》、什麼《なん》と為《し》てか菴外《あんげ》の事《じ》を見《み》ざる』と。意旨作麼生《いしそもさん》」。師云く、「(11)果然《かぜん》」。進めて云く、『峰《ほう》、呵呵大笑《かかたいしょう》すと。又た如何《いかん》」。師云く、「(12)身《み》を蔵《かく》すに路《みち》無し」。進めて云く、「(13)門《もん》云く、『猶《な》お是れ学人《がくにん》が疑処《ぎしょ》在《あ》り』と。如何《いかん》が委悉《いしつ》せん」。師云く、「(14)争臣《そうしん》有《あ》るときは則ち君《きみ》不義《ふぎ》に落ちず」。進めて云く、「古人底《こじんてい》は且《しば》らく置く、作麼生《そもさん》か是れ正当今日《しょうとうこんにち》の法要《ほうよう》」。師云く、「(15)水《みず》到れば渠《みぞ》成《な》る」。

(1)**依様画葫蘆**＝手本に依って画くのみ。型どおりで、創意工夫がない。「葫蘆」は「ひょうたん」。『頌古聯珠通集』巻十九、雲居元祐（黄龍下）の趙州洗鉢頌（禅七・二三四）。もと宋魏泰『東軒筆録』巻一に載せる、太祖趙匡胤《ちょうきょういん》が陶《とう》穀《こく》（『宋史』二百六十九）を当時の俗諺で評した故事。◉(2)**龍宝門下標格作麼生**＝さて大徳寺門下の御様子はいかが。「標格」は「模範、手本、風格、態度」。◉(3)**莫孤負山僧**＝山僧の命に背くことなかれ。『伝灯録』巻十二陳尊宿章に、「若し箇の入頭の処を得ば、已後老僧に孤負することを得ざれ」と。◉(4)**緑水青山元来安居、露柱灯籠終日禁足**＝（乾坤天地が一大叢林）緑水青山はもとより安居し、露柱灯籠は一日中禁足し、禁足安居せざるものはおらないというのに、この上何の禁足安居の要や。◉(5)**厳師出好弟子**＝厳しい師家でなくては好い弟子は出ない。『虚堂録』巻二宝林録の小師設供上堂。◉(6)**行到水窮処、坐看雲起時**＝然らば、遊山三昧、任運自在とまいります。【一八四】注(9)参照。◉(7)**更須子細**＝更に一捻りの工夫が必要。『碧巌』三則頌下語。◉(8)**乾峰示衆云、法身有三種病二種光…**＝【七九の二】注(8)参照。◉(9)**緬想会裡有人**＝乾峰門下には錚々《そうそう》たる人が居られたことを遠くより思い馳せます。【八一の二】「迥想化下有人」参照。◉(10)**雲門便出衆云、菴内人為什麼不見菴外事**＝【七九の二】注(10)参照。◉(11)**果然**＝案の定。「サテコソ、好イ人ガ有タナ」。◉(12)**蔵身無路**＝「流石ノ乾峰モ、笑ヨリ外ハナイ」。『伝灯録』巻二十四報恩契従（明招徳謙下）章に見えるが、師子話の「出窟後如何」と問われて答えた語。◉(13)**門云、猶是学人疑処在**＝それが知りたい処と、乾峰をどこ迄も責め付ける。◉(14)**有争臣則君不落不義**＝「争臣」は人君の過失を強力に諫める家臣のこと、ここは雲門を指す。『孝経』二十諫諍章に、「天子に争臣七人有れば、無道と雖も、天下を失わず…父に争子有れば則ち身は不義に陥ちず」と。◉(15)**水到渠成**＝なにも特別なことはない、「飯ガ鳴タラ、飯喰ニ出ル」。【一の七】注(12)参照。

【一九二の二】

乃《すなわ》ち拄杖《しゅじょう》を卓《たく》して云く、「(1)**二千年前、此の制《せい》有り**〔(2)把定《はじょう》する則《とき》は黄絹幼婦《こうけんようふ》、放行《ほうぎょう》する則《とき》は外孫虀臼《がいそんせいきゅう》〕、(3)**四《し》聖《しょう》六凡《ろくぼん》、都《すべ》て者箇《しゃこ》を出でず**〔(4)我《わ》が伽藍《がらん》と為《な》す尽十方《じんじつぽう》、中《うち》に造化《ぞうか》の一禅床《ぜんしょう》を容《い》る。山川草木《さんせんそうもく》或いは禽獣《きんじゅう》、都《すべ》て参徒《さんと》と為《な》って面牆《めんしょう》に入る〕。(5)**二千年後、其の例《れい》を攀《よ》づ**〔(6)前事《ぜんじ》の忘《わす》れざるは、後代《こうだい》の元亀《げんき》為《た》り〕、(7)**五湖《ごこ》の衲子《のつす》、大家《たいけ》、者裡《しゃり》に在《あ》り**〔(8)霊山《りょうぜん》河沙《がしゃ》の聖衆《しょうしゅ》、黄梅《おうばい》七百の高僧《こうそう》。(9)前三三《ぜんさんさん》、後三三《ごさんさん》〕」。**又た拄杖を卓して云く、**「(10)**出《しゅつ》と不出《ふしゅつ》と在《ざい》と不在《ふざい》と、**(11)**且喜《しゃき》すらくは静処娑婆訶《じょうしょそわか》**〔(12)金針《きんしん》曾《かつ》て鋒鋩《ほうぼう》を露《あら》わさず、無糸《むし》の玉線《ぎょくせん》を惹《ひ》き得《え》て長《なが》し〕」。

(1)**二千年前有此制**＝釈迦の結制。【四三の一】注(3)参照。◉(2)**把定則黄絹幼婦、放行則外孫虀臼**＝把定するときは「絶妙」、放行するときは「好辞」。【六一】注⒂参照。◉(3)**四聖六凡都不出者箇**＝皆これを出でず。「四聖六凡」は【四二の二】注(8)参照。◉(4)為我伽藍尽十方…都為参徒入面牆＝尽十方世界を我が伽藍と為し、中に天地を一個の禅床として容れるときは、山川草木禽獣の類、皆な参禅の徒となり、面壁して坐す。愚堂下の錐翁慧勤禅師の投機の偈と云われる。◉(5)**二千年後攀其例**＝二千年後、皆な例にしたがう。(6)前事不忘為後代元亀也＝前事を忘れないのは、後代の立派な軌範となるからです。『文選』巻三十七劉琨《りゅうこん》「勧進表」。◉(7)**五湖衲子、大家在這裡**＝「五湖」は「五湖四海」で、「天下」の意。「大家在這裏」は「皆ここにおる」。【一一四の二】注(5)参照。◉(8)霊山河沙聖衆、黄梅七百高僧＝霊山には幾百万の聖達、五祖黄梅山には七百の高僧。『普灯録』巻六開先行瑛（黄龍二世）章。◉(9)前三三後三三＝ピンからキリまでゴッチャ混ぜの大所帯。【一〇一の二】注(5)参照。◉⑽**出与不出、在与不在**＝者箇を出ると出ないと、者裏に在ると在らざると。制中に在る在らずに関わらず。◉⑾**且喜静処娑婆訶**＝いずれにせよ兎に角、静処で坐って骨を折れ。「且喜」には「先ずは目出度し、兎に角結構だ」と軽くあしらう意味合いと、戯弄して「見事に…だ、気味のよいことには…だ」と云う意味合いがある。禅録では後者の抑下した場合が多いが、ここは前者の意。「静処娑婆訶」は【四九の一】注(8)参照。◉⑿金針曾不露鋒鋩、惹得無糸玉線長＝（国師の語は）密密に縫うて針先を露わさず、糸無きが如くなれども、その美しさは得も云われない。『江湖風月集』下、柏庭良意禅師の「宏智《わんし》の語を閲《けみ》す」、「〜、〜。看て化功《けこう》に到って形《かたち》未だ兆《きざ》さず、劫壺《ごうこ》の春信覚花《かくか》薌《かんば》し」の一、二句。

【一九三の二】

五月旦《ごげつたん》上堂。僧問う、「(1)松竹陰陰《しょうちくいんいん》として夏日《かじつ》長《なが》し、好箇《こうこ》の時節《じせつ》、請《こ》う師提唱《ていしょう》せよ」。師云く、「(2)三十年後、

錯《あやま》って商量《しようりよう》すること莫《な》かれ」。進めて云く、「恁麼《いんも》ならば則ち(3)黄鶴楼《こうかくろう》中玉管《ぎよくかん》を吹《ふ》く、江城《こうじよう》五月落梅花《らくばいか》」。師云く、「(4)人遠《ひととお》き慮《おもんぱか》り無きときは、必ず近《ちか》き憂《うれ》い有り」。進めて云く、「(5)只だ大地を変じて黄金《おうごん》と作《な》し、長河《ちようが》を攪《か》いて酥酪《そらく》と為《な》すことは則ち無《な》きにはあらず。和尚、且《しば》らく道《い》え、如何《いか》なるか是れ向上宗乗《こうじようしゆうじよう》の事《じ》」。師云く、「(6)南斗《なんじゆ》は七《しち》、北斗《ほくと》は八《はち》」。進めて云く、「向下《こうげ》又た作麼生《そもさん》」。師云く、「(7)金香炉下《きんこうろか》の鉄崑崙《てつこんろん》」。進めて云く、「(8)畢竟《ひつきよう》如何《いかん》が領略《りようりやく》し去らん」。師云く、「(9)阿你《なんじ》、舌《した》を全《まつと》うし去《さ》らば亦た可《か》ならん」。

(1)**松竹陰陰夏日長**＝「陰陰」は「木が茂ってくらいさま」。仲夏の現成公案。【一三〇の一三】「緑樹陰濃夏日長」参照。◉(2)**三十年後、莫錯商量**＝一生、履き違えて終わるなかれ。三十年は一世。【二一の一】注⒀参照。「商量」は「協議、意見、見積り」等の意。『虚堂録』巻五頌古八十三「翠巌夏末示衆」に、「言を発するには先ず、心に媿《はじ》無きことを要す、…里閈《りかん》信無き者を学ぶこと莫かれ、朝より暮に至るまで錯って商量する」。◉(3)**黄鶴楼中吹玉管、江城五月落梅花**＝（配流の身となって長沙に赴く途次）黄鶴楼の中で吹く笛の音は、その落梅花の曲につれて、町には五月というのに梅の花が散る様な。『唐詩選』七絶、李白「史郎中欽と黄鶴楼上に吹笛を聴く」詩の転結句。◉(4)**人無遠慮、必有近憂**＝「来世ヲ、ヲソレネバ」「ウッカリシテヲルト、追付奈落へ落ゾ」。【一一〇の三】注(4)参照。◉(5)**只変大地作黄金、攪長河為酥酪則不無**＝大地を変じて黄金と為し、大河の水をかき混ぜてバターやチーズにするような自在三昧の働きは、衲僧の分上無きにしもあらず。【一二二の二】注(9)参照。◉(6)**南斗七、北斗八**＝南斗は六、北斗は七ではないかと云えば既に情識の窠窟に落ちる。【三五の二】注⑽参照。◉(7)**金香炉下鉄崑崙**＝香炉の脚となっている黒人像。没可把。【一三五の一】注⑽参照。◉(8)**畢竟如何領略去**＝畢竟どのように心得たらよいでしょうか。◉(9)**阿你全舌去亦可**＝やいお前さんは、（そのへらず口の）舌を抜かれなかっただけでもよしとすべし（今回はゆるしておこう）。『参詳語要』巻二にも、「舌を全うし去らば好し」と。

【一九三の二】

乃《すなわ》ち挙《こ》す。「(1)**鼓山《くざん》、新羅《しんら》の僧に問う、『山《やま》に上《のぼ》り来たって什麽《なに》をか作《な》す**〔(2)王者《おうじゃ》は衆庶《しゅうしょ》を却《しり》ぞけず、故《ゆえ》に能《よ》く其の徳《とく》を明《あき》らかにす〕』。**対《こた》えて云く、『和尚を礼拝《らいはい》す**〔(3)一句合頭《がっとう》の語、万劫《ばんごう》の繋驢橛《けろけつ》〕』。**鼓山《くざん》云く、『**(4)**尽世《じんせ》不標《ふひょう》、什麽《いずれ》の処に向かってか礼拝せん**〔(5)再勘《さいかん》するに労せず。(6)一曲両曲《いっきょくりょうきょく》、人《ひと》の会《え》する無《な》し、雨過《あめす》ぎて夜塘秋水深《やとうしゅうすいふか》し〕』。**対《こた》えて云く、『**(7)**不標の処に向かって礼《らい》す**〔(8)蝦跳《かおど》れども斗《と》を出でず。(9)泥団《でいだん》を弄《ろう》する漢《かん》、何の限《かぎ》りか有らん〕』。**鼓山云く、『**(10)**你《なんじ》が是れ新羅《しんら》の人《ひと》なることを念《おも》うて、你に二十棒を放《ゆる》す**〔(11)石火《せっか》光中《こうちゅう》に緇素《しそ》を分《わ》かち、閃電機裏《せんでんきり》に端倪《たんげい》を辨《べん》ず〕』」。**師云く、「者《こ》の僧、若し、『尽世不標、什麽《いずれ》の処に向かってか礼せん』というところに於いて、**(12)**左右を摸著《もじゃく》するの勢いを作《な》さば、鼓山《くざん》を拝《はい》し得《え》ん**〔(13)戦《たたか》いに慣《なら》う作家《さっけ》。(14)両虎《りょうこ》闘《たたか》って死す、一狐《いっこ》、其の敝《へい》に乗《じょう》ず。(15)一金《いっきん》、万器《ばんき》と成《な》るも、皆な匠者《しょうしゃ》の功《こう》に由《よ》る〕。**鼓山、若し、『不標の処に向かって礼せん』というところに於いて、**(16)**亜身合掌《あしんがっしょう》せば、者《こ》の僧を接得《せっとく》せん。二《ふた》り倶《とも》に**(17)**莽鹵《もうろ》**〔(18)土《つち》を握《にぎ》って金《きん》と成《な》すことは易《やす》し、金《きん》を変じて土《つち》と作《な》すことは却って難《かた》し。(19)田《でん》に遺穂《いすい》有るは寡婦《かふ》の利《り》なり。(20)若し戦いを論《ろん》ぜば、箇箇《ここ》、転処《てんじょ》に立在《りつざい》す〕。(21)**你《なん》だち師僧家《しそうけ》、什麽《なん》の救処《きゅうしょ》か有る**〔(22)却って錦様鶯花《きんようおうか》の地を将《もっ》て、変じて元暉《げんき》が水墨《すいぼく》の図《ず》と作《な》す〕」。**払子《ほっす》を以て禅床《ぜんしょう》を撃《う》つこと一下《いちげ》して便ち下座《げざ》。**

(1)**鼓山問新羅僧…**＝雪峰の法嗣、鼓山神晏《じんあん》禅師は閩《びん》師王延彬《おうえんさん》の請を受けて福州の鼓山《くざん》に住す。以下の問答はその『法堂玄要広集』の「師勘僧語」（禅十二・六四二）に見える。◉(2)王者不却衆庶、故能明其徳＝王者はどのような人間たりとも決して退けないからこそ、その徳をいっそう天下に輝かされるのです。「衆庶」は「百姓、民衆」。「ドノ羊ナ坊主デモ、指南スルガ好イ」。『文選』巻三十九李斯《りし》「上書秦始皇」に見えるが、外国人追放令に抗議して、どの様な者の意見でも取り入れてこそ帝王の徳を発揮できるものであると諫め奉った書。◉(3)一句合頭語、万劫繋驢橛＝道理にかなった一句は万劫の足かせ。【七二の二】注⑹参照。◉⑷**尽世不標、向什麼処礼拝**＝金輪際何処にも姿を顕わさない（形あるものでない）のに、何処に向かって礼拝するというのか。「尽大地吾ガ全身、ヲラガ体ト云ウテハ別ニナイ」。「尽世」は「全世に渉って」の意、ここは否定文の強調形。「標」は「あらわす」。◉⑸不労再勘＝再問する値打ちは無いぞ。【二七】注⑽参照。◉⑹一曲両曲無人会、雨過夜塘秋水深＝鼓山のこの曲調を会得できる者は誰もおらぬ。（さあ、次の曲を聞き得るや）秋雨、夜一過池の水かさ増すを。『碧巌』三十七頌。【一二】注⑶参照。◉⑺**向不標処礼**＝その顕わさない所が尊いですと礼拝する。◉⑻蝦跳不出斗＝「エビ、ザッコ、ノ分際」。【五一の二】注⑻参照。◉⑼弄泥団漢有何限＝無益な輩。【二三の二】注⑻、頌古第四十一則（【二五八】）本則注⒀参照。◉⑽**念你是新羅人、放你二十棒**＝汝が新羅より遠来の僧であることを慮って、二十棒を許して置こう。◉⑾石火光中分緇素、閃電機裏辨端倪＝火打ち石が光を発する間にも黒白を判じ、稲妻の間に全体を見て取る、鼓山の俊敏な機用。『碧巌』十六頌評唱。◉⑿**作摸著左右之勢、拝得鼓山**＝左右を探し回るような仕種をすれば、真の鼓山を拝することが出来たものを。◉⒀慣戦作家＝百戦錬磨の達人。『碧巌』二十四則頌下語。◉⒁両虎闘死、一狐乗其敝＝『戦国策』秦策の頃襄王二十年に、「此れ猶お両虎相闘《たたか》って、駑犬《どけん》其の敝《へい》を受くるがごとし（二匹の虎が闘って傷つき、駄犬がその疲れにつけ込むようなもの）」と。鼓山と新羅僧が問答を闘わしている隙に乗じた、国師の見事な働き。◉⒂一金成万器、皆由匠者功＝みな国師の功です。『頌古聯珠通集』巻五、覚海讃元（慈明下）の金剛般若一切賢聖無為の頌に、「〜、〜（但し、功は智）。何必毘耶城、人人説不二」（禅七・五四）とある一二句。◉⒃**亜身合掌、接得者僧**＝（新羅僧の拝を受けて）身をかがめて合掌したならば、此の僧を救うことが出来ただろうに。「亜」の象形は「人の背のみにくく曲がった形に象る」で、「低く屈む、垂れる」の意。◉⒄**莽鹵**＝「鹵莽」とも。「いい加減、大雑把」の意。【一の八】注(41)参照。◉⒅握土成金易、変金作土却難＝凡夫になる方が難しい。亜身の処を指して云ったものか、国師自身に向けられたものか？『五祖演録』の上堂に、「撮土為金、猶容易。変金為土、却還難。転凡成聖、猶容易。転聖成凡、却甚難」（禅十二・四一九）と。◉(19)田有遺穂、寡婦之利也＝刈り落としはやもめの儲け。「寡婦」は国師を指すか？『詩経』小雅、甫田之什の大田に、「彼《かしこ》に遺秉《いへい》有り、此に滞穂《たいすい》有り、伊《こ》れ寡婦の利」と。◉(20)若論戦箇箇立在転処＝「敵の働きに依って謀を下す」（『秘鈔』二十六則頌評唱）。『碧巌』十頌評唱などに云う、巌頭の語。◉(21)**你師僧家有什麼救処**＝さあ、お前さん方一人前の僧として、どのように此の莽鹵を救う手立てが有るか、云うてみよ。「師僧家」は「僧たる者、一人前の僧」。◉(22)却将錦様鶯花地、変作元暉水墨図＝春の華やかな景色が、雨に遇って一転、幽玄な水墨画に変じた様な。国師の手に掛かって一層味わい深くなりました。『唐宋聯珠詩格』巻二の葉苔磯「西湖値雨」詩に、「山は煙雲に入って有無半す、驀然たる風雨、平湖に暗し。～、～」の三、四句。「元暉」は宋の米友仁《べいゆうじん》の号（晋の謝元暉の古印を黄庭堅より贈られたに因む）、米芾《ふつ》を父として、父子とも水墨画に秀でる。

【一九四の二】

端午《たんご》上堂。僧問う、「今朝《こんちょう》、正《まさ》に是れ端午の節《せつ》。昔日《そのかみ》、(1)善財《ぜんざい》、薬《くすり》を採《と》り来たる憑拠《ひょうこ》、如何《いかん》が領会《りょうえ》せん」。師云く、「(2)一著《いちじゃく》を放過《ほうか》す」。進めて云く、「(3)将《まさ》に佳辰《かしん》に逢《あ》う底《てい》、尽大地《じんだいち》、是れ薬ならざること莫《な》しや」。師云く、「(4)何ぞ必ずしもせん」。進めて云く、「恁麼《いんも》ならば則ち(5)薫風自南来《くんぷうじなんらい》、殿閣生微涼《でんかくしょうみりょう》」。師云く、「(6)謂《い》つ可《べ》し、諸《しょ》侯道《こうみち》を避《さ》くと」。進めて云く、「記得《きとく》す、(7)文殊《もんじゅ》、当年《そのかみ》、女子《じょし》の定《じょう》を出《い》だすこと得《え》ざる。意旨作麼生《いしそもさん》」。師云く、「(8)雲《くも》は嶺頭《れいとう》に在って閑不徹《かんぷてつ》」。進めて云く、「下方《かほう》の罔明《もうみょう》、甚《なん》と為《し》てか却って出《い》だし得《う》る」。師云く、「(9)水《みず》は澗《かん》底《てい》に流れて太忙生《たいぼうせい》」。進めて云く、「文殊《もんじゅ》、為《は》た神力《じんりき》無しとせんか、罔明、為《は》た神力有りとせんか」。師云く、「(10)釣魚船上《ちょうぎょせんじょう》の謝三郎《しゃさんろう》」。進めて云く、「(11)尊貴《そんき》の路《みち》を行かずんば、争《いか》でか上頭《じょうとう》の関《かん》を踏《ふ》まん」といって便ち礼拝す。師喝《かつ》して云く、「(12)且《しば》らく脚下《きゃっか》を看《み》よ」。

⑴**善財採薬来憑拠**＝善財が薬を採ってきた訳は？「憑拠」は「根拠、証拠」。【一三の一】注⑵参照。◉⑵**放過一著**＝一手見逃しておこう。【六の二】注㉛参照。◉⑶**将逢佳辰底、莫不尽大地是薬麼**＝端午の節句に逢った所が取りも直さず、尽大地是薬の境界ではありませんか（即今その場その場が悟りの境界）。◉⑷**何必**＝そうとも限らぬさ。【一五一の一】注⑽参照。◉⑸**薫風自南来、殿閣生微涼**＝一陣の涼しい風（尽大地是薬の境界を撮み出して見せた）。【一〇の二】注⒆参照。◉⑹**可謂諸侯避道**＝それには、誰も畏れをなさん。【八の一】注⑸参照。◉⑺**文殊当年出女子定不得**＝七仏の師とも云うべき文殊が「離意」という名の女子を禅定から何としても出すことが出来なかった。『無門関』四十二則に見える文殊と罔明菩薩の話、もと『諸仏要集経』下（大正十七・七六三―七）に文殊と棄諸陰蓋菩薩との話として見える。◉⑻**雲在嶺頭閑不徹**＝静の時は徹底静。『雪竇録』。【一三八の二】注⑼参照。◉⑼**水流澗底太忙生**＝動の時は徹底動。「実ニ、国師ノ此ノ語ハ、日多ノ孫デナクテハ、デキヌ」。◉⑽**釣魚船上謝三郎**＝（そんなことは一向存ぜず、私は）只だこれ漁師のせがれ。「東山ノ家風、此ノ語、衲子ノ、ムナフク病」。「謝三郎」は謝家の三男坊の意で、玄沙師備禅師を云う。若い頃、漁夫を生業としていて、歳三十を過ぎて出家した。また『無門関』四十一則に「謝三郎四字を識らず」と見える如く愚者、藤四郎の意も併せ持つ。『碧巌』二十二本則下語。『玄沙広録』巻中に、「問う、『如何なるか是れ三世諸仏一時現前す』。師云く、『我れは是れ～』」と。◉⑾**不行尊貴路、争踏上頭関**＝お蔭様で向上底を知ることが出来ました、と、僧の礼話。【四〇の一】注⒁参照。◉⑿**且看脚下**＝まあ足元を見よ。【四〇の一】注⒂参照。

【一九四の二】

乃《すなわ》ち云く、「⑴強《し》いて菖蒲《しょうぶ》を切《き》ることを用《もち》いず、剛《し》いて霊符《れいふ》を掛《か》くることを要《よう》せず〔⑵善《よ》く閉《と》ざすものは関鍵《かんけん》無《な》くして開《ひら》く可《べ》からず、善《よ》く結《むす》ぶものは縄約《じょうやく》無《な》くして解《と》く可《べ》からず〕。**衲僧家《のうそうけ》別《べつ》に長処《ちょうしょ》在《あ》り**〔⑶家醜《かしゅう》外《そと》に向かって揚《あ》ぐ。⑷河《か》に臨《のぞ》みて魚《うお》を羨《うらや》むは、家《いえ》に帰《かえ》りて網《あみ》を結《むす》ぶに如《し》かず〕」、**尽天下《じんてんか》の妖怪《ようかい》を消殞《しょういん》し去《さ》る**〔⑸林中《りんちゅう》に薪《まき》を売《う》らず、湖上《こじょう》に魚《うお》を鬻《ひさ》がず。⑹湯《ゆ》を以て沸《わ》くを止《とど》めんとするも、沸《わ》くこと乃《すなわ》ち止《や》まず、誠《まこと》に其の本《もと》を知《し》れば、火《ひ》を去《さ》るのみ〕」。**拄杖《しゅじょう》を卓《たく》して云く、**「⑺**頭《こうべ》長《なが》きこと三尺《さんじゃく》、知《し》んぬ是れ誰《た》ぞ。相対《あいたい》して無語《むご》、独足《どくそく》にして立《た》つ**〔⑻家《いえ》に白沢《はくたく》の図《ず》無ければ、此《かく》の如きの妖怪有り。⑼者《こ》の大小大《だいしょうだい》の妖怪、還《かえ》って什麼《いずれ》の処にか著《つ》く。⑽迹《あと》を滅《めっ》せんと欲《ほっ》して雪中《せっちゅう》に走《はし》り、溺《おぼ》るる者を拯《すく》わんとして濡《ぬ》るること無《な》きを欲《ほっ》す〕」。

⑴**強不用切菖蒲…衲僧家別在長処**＝禅門には世間並の避邪の手段は不要、自ずとそれよりも優れたものが有る。「菖蒲」は【一三の一】注⑴参照。◉⑵善閉者…、善結者…＝善く閉ざすとは、鍵でしめなくても開けることは出来ず、善く結ばれるとは、縄で結ばなくても解くことは出来ないものだ（鍵も縄も要らぬ人こそ尊けれ）。『老子』巧用二十七章。底本の「門鍵」は「関鍵」の誤り。◉⑶家醜向外揚＝またそんな内輪の恥をさらして。宗旨の秘密を漏らして。【五八の二】注⑾参照。◉⑷臨河而羨魚、不如帰家結網＝河に臨んで魚を羨望するよりは、家に帰って網を織るほうがよい。（空しい望みを抱くよりは、望みを実現させる努力を実行したほうがよい）。「カレコレ云ハズト、手前デ骨折レ」。『淮南子』説林訓二十章、但し「結」は「織」。◉⑸林中不売薪、湖上不鬻魚＝林の中で薪を売らず、湖のほとりで魚を売らないのは（あり余っているから）。「二十年前骨折テ、ヲイタ、ソンナモノハ、タクサンデス」。『淮南子』斉俗訓二十三章。◉⑹以湯止沸…去火而已＝湯でもって沸騰するのを止めようとしても沸騰は止むべくもない。真にその沸騰の本がわかれば、ただ火を去るだけのことである。「只根元ヲ、キハメタ、ガ好イ」。『淮南子』精神訓十四章。◉⑺**頭長三尺知是誰、相対無語独足立**＝（その長処とは）寸尺に落ちない、主人公の異相。『碧巌』五十九頌。【一三〇の三】注⑺参照。◉⑻家無白沢図、有如此妖怪＝主心無ければ、こんな化け物にも惑わされる。【五四】注⑺参照。◉⑼者大小大妖怪、還著什麼処＝こんな途轍もない化け物、何処に片付けるというのか。「大小大」は「小」字意なし。

【五の一】注⑾参照。◉⑽**欲滅迹而走雪中、拯溺者而欲無濡**＝姿を隠そうと思いながら雪の中を逃走したり、溺れる者を救おうとしながら濡れないようにと願ったりすること（是れ行なう所を非として、非とする所を行なうなり）。「バケ物ヲ、消ス消スト云テ、アゲクニハ、手前ガ大ナ、バケ物ヲ出シタ」。『淮南子』説山訓六章。

【一九五の二】

(1)上堂。僧問う、「(2)緑樹陰濃《りよくじゆいんのう》を布《し》き、薔薇晩香《しようびばんこう》を吐《は》く。(3)正《まさ》に好《よ》し看雲亭下《かんうんていか》、暑《しよ》を避《さ》くる処、佳景《かけい》を賞《しよう》する句《く》、請《こ》う師提唱《ていしよう》せよ」。師云く、「(4)閻浮樹下《えんぶじゆげ》、笑い呵呵《かか》」。進めて云く、「(5)無寒暑《むかんじよ》の田地《でんち》の如きんば、如何《いかん》が踏《とう》著《じやく》せん」。師云く、「(6)坑《きよう》に堕《お》ち塹《ぜん》に落《お》つ」。進めて云く、「恁麼《いんも》ならば則ち(7)処処《しよしよ》の緑楊《りよくよう》、馬《うま》を繫《つな》ぐに堪《た》えたり」。師云く、「(8)蹉過《しやか》するも也《ま》た少《すく》なからず」。進めて云く、「記得《きとく》す、古人道《こじんいわ》く、『(9)大用現前《たいゆうげんぜん》、軌則《きそく》を存《そん》せず』と。(11)随処《ずいしよ》に主《しゆ》と作《な》れば、立処《りつしよ》皆な真《しん》なりと」。師云く、「(10)勘破了也《かんぱりようや》」。進めて云く、「与麼《よも》ならば則ち謂《い》つ可《べ》し、如何《いか》なるか是れ大用現前底の時節《じせつ》」。師云く、「(12)雪上《せつじよう》に霜《しも》を加《くわ》う」。進めて云く、「(13)学人今日《がくにんこんにち》、親《した》しく法要《ほうよう》を聞《き》く、如何《いかん》が保任《ほにん》せん」。師云く、「(14)疎田《そでん》、水《みず》を貯《たくわ》えず」。

(1)**上堂**＝五月十五日の旦望上堂か。◉(2)**緑樹布陰濃、薔薇吐晩香**＝木々は緑陰濃やかに、夕まぐれ薔薇の香りほのか、夏夕の現成公案。◉(3)**正好看雲亭下避暑処**＝「看雲亭」は山内十境の一。【一〇八】注(5)参照。◉(4)**閻浮樹下笑呵呵**＝天地一杯のアッハッハッハ。『碧巌』十四頌。◉(5)**如無寒暑田地、如何踏著**＝洞山無寒暑の境界にはどうしたら到ることが出来ますか。『碧巌』四十三則。【七二の二】参照。◉(6)**堕坑落塹**＝底本の「随」は「堕」の誤記、貞永寺版に戻す。（纔かに踏著せんとすれば）坑に墜ちて喪身失命す。「無寒暑ノ処ニ入込デヲルト、役ニ立ヌ」。【七二の二】注㉖参照。◉(7)**処処緑楊堪繫馬**＝その場その場が安心立命の処。【三九の一】注(4)参照。◉(8)**蹉過也不少**＝大いに履き違えた。◉(9)**大用現前、不存軌則**＝「悟りを抜けて自由自在が大用現前。ここに法度の沙汰はなきなり。軌則は法度なり」（『句双紙』）。『碧巌』三垂示。『伝灯録』巻九福州大安章に、「問う、『〜の時如何』。師云く、『汝用い得ば但だ用いよ』」と。◉(10)**勘破了也**＝「汝ガ腹ノ中ヲ、トックニ、見抜テ、ヲイタ」。◉(11)**随処作主、立処皆真**＝然らば、至る処が本分の田地で御座いますな。【一三八の一】注(1)参照。◉(12)**雪上加霜**＝要らざることを。【九二】注(6)参照。◉(13)**学人今日親聞法要、如何保任**＝お蔭様で今日獅子吼説を会得することが出来ました、今後どのように保っていったらよろしいでしょうか、と、僧の礼話。「親聞」は、例えば「霊山一会、迦葉親聞」と云うように、「会得する」程の意。◉(14)**疎田不貯水**＝菩提心の足らぬ所に菩提の水は貯まらぬぞ。【一六の二】注(10)参照。

【一九五の二】

乃《すなわ》ち挙《こ》す。「(1)**趙州《じようしゆう》、因《ちな》みに僧問う、『如何《いか》なるか是れ趙州《じようしゆう》**〔(2)千聞《せんぶん》は一見《いつけん》に如《し》かず。(3)西施《せいし》の面《おもて》を画《えが》けるは、美《び》なれども説《よろこ》ぶ可《べ》からず、孟賁《もうほん》の目《め》を規《えが》けるは、大《だい》なれども畏《おそ》る可《べ》からず、形《かたち》に君《きみ》たる者亡《な》ければなり〕』。**州《しゆう》云く、『東門南門西門北門《とうもんなんもんさいもんほくもん》**〔(4)是れ什麼《なん》ぞ。(5)山雲蒸《さんうんむ》せば、柱礎潤《ちゆうそうるお》い、茯苓掘《ぶくりようほ》らるれば、兎糸死《としか》る〕』。**僧云く、『這箇《しやこ》を問わず**〔(6)盲者《もうしや》に鏡《かがみ》を貽《おく》ること毋《な》かれ、躄者《へきしや》に履《くつ》を予《あた》うること毋かれ、越人《えつじん》に章甫《しようほ》を賞《たま》うこと毋かれ。(7)夜明簾外《やみようれんがい》の珠《たま》、痴人剣《ちじんけん》を按《あん》じて立つ〕』。**州《しゆう》云く、『你《なんじ》趙州を問う**〔(8)再勘《さいかん》するに労《ろう》せず。(9)荷《はす》を山上《さんじよう》に樹《う》え、火《ひ》を井中《せいちゆう》に畜《たくわ》え、釣《ちよう》を操《と》りて山《やま》に上《のぼ》り、斧《ふ》を掲《かか》げて淵《ふち》に入《い》る〕』**と**」。**師云く、「山僧《さんぞう》は然《しか》らず**〔(10)只だ君王《くんおう》の相顧《あいかえり》みる意《い》を願《ねが》って、台《だい》に臨んで幾度《いくたび》か蛾眉《がび》を画《えが》く〕、**若し、『如何《いか》なるか是れ趙州』と問うこと有らば、只だ他《た》に向かって道《い》わん、**(11)**石橋《しやつきよう》度《わた》り来たるや也《ま》た未《いま》だしやと**〔(12)失銭遭罪《しつせんそうざい》。(13)楚王《そおう》、其の猿《さる》を亡《うしな》いて、林木《りんぼく》之れが為に残《そこな》われ、宋君《そうくん》、其の珠《たま》を亡《うしな》いて、池中《ちちゆう》の魚《うお》之れが為に殫《つ》く〕。**『這箇《しやこ》を問《と》わず』と道《い》わば便《すなわ》ち道《い》わん、**(14)**山《やま》を下《くだ》り去《さ》るを待《ま》って、腋裡《えきり》に汗出《あせい》でんと**〔(15)牛蹄《ぎゆうてい》の涔《しん》には尺《せき》の鯉《り》無《な》く、塊《かい》阜《ふ》の山《やま》には丈《じょう》の材《ざい》無《な》し」。(16)**且《しば》らく道《い》え、古人《こじん》の道《い》う底《てい》と、那箇《なこ》か親《しん》、那箇《なこ》か疎《そ》。請《こ》う各《おの》おの辨別《べんべつ》して看《み》よ**〔(17)一老一不老《いちろういちふろう》。(18)奚仲《けいちゅう》は逢蒙《ほうもう》為《た》ること能《あた》わず、造父《ぞうほ》は伯楽《はくらく》為《た》ること能わず」〕。

(1)**趙州因僧問、如何是趙州**＝【二の二】、【一六六の三】参照。◉(2)千聞不如一見＝「ヤイ趙州ヲ問テ、何ニスル、手前ノ面ヲ、ミヨ」『陳書』蕭摩訶伝。◉(3)画西施之面…規孟賁之目…君形者亡焉＝（兎角、主人公なくては始まらない）絵に描いた西施の顔は、それが如何に美しくても喜ばすことは出来ない、絵に描いた孟賁の目は、それが如何に大きくても畏怖させることは出来ない。その形に君たるべきもの（精神）がないからである。西施《せいし》は戦国越《えつ》の美女、孟賁は戦国斉《せい》の力士。『淮南子』説山訓十章。◉(4)是什麼＝【一八の一】注(12)参照。◉(5)山雲蒸柱礎潤、茯苓掘兎糸死＝山から雲がわきたつと柱の礎石が潤い、地下の茯苓（千年を経た松脂ヤニ）が掘られると兎糸（根なしカズラ）も死ぬ（趙州の底意は明明）。『淮南子』説林訓十八章に見えるが、『同』説山訓七章に、「千年の松、下に茯苓有れば、上に兎糸《とし》有り。…聖人は外より内を知り、見《あら》われたるを以て隠れたるを知るなり」とあると同趣。◉(6)毋貽於盲者鏡…毋賞於越人章甫＝盲人に鏡を贈ってはならない、足の立たない者に靴を与えてはならない、越人に章甫の冠を賞与してはならない。「章甫」は殷代の礼冠で、のち儒者の冠となったもの、冠を用いない越には用のないもの。『淮南子』説林訓二章。◉(7)夜明簾外珠、痴人按剣立＝珠をみては、愚人は却って怪しむ。【二四の二】注(12)参照。◉(8)不労再勘＝再問の値打ち無し。【二七】注(10)参照。◉(9)樹荷於山上…揭斧入淵＝底本の「鈎」は「釣」の誤記。蓮を山の上に植え、火を井戸の中で燃やし、釣り竿を持って山に登り、斧を提げて深淵に入ったりするようなもの。無用の極み。『淮南子』説山訓十章。◉(10)只願君王相顧意、臨台幾度画蛾眉＝閨怨詩を借りて国師の志の厚きを云う。「チットデモ、法ヲ得ル者ガアレカシト思ウテ、見振ヲツクル」。東陽英朝編『禅林句集』に見えるが、出典未詳。◉(11)**石橋度来也**＝来るときは趙州の石橋を通って来たのではないかな（親しく趙州に到りながら、趙州を問うとは）。◉(12)失銭遭罪＝損の上にも損。【一〇の二】注⒅参照。◉⒀楚王亡其猿…宋君亡其珠…＝楚の荘王が愛猿に逃げられて、林の樹木はそのために伐り倒され、宋君景公が真珠を落して、池の中の魚はそのために干されて死んだ（国師も楚王・宋君に同じ、我等は大迷惑）。『淮南子』説山訓七章。底本は「珠」を「玉」に作る。◉⒁**待下山去腋裡汗出**＝下山の頃には、恥じ入って脂汗が出るであろう。◉⒂牛蹄之涔無尺鯉、塊阜之山無丈材＝牛のひづめの跡にできる水たまりに尺余の鯉はいないし、塊阜のような小さな山では丈余の材木は採れない。『淮南子』俶真《しゅくしん》訓十章、但し「蹄」は「蹏」、「尺鯉」は「尺之鯉」、「丈材」は「丈之材」。◉⒃**且道…請各辨別看**＝我が見解と趙州のと、どちらがよいかな。◉⒄一老一不老＝「尽と不尽」（『句双紙』）。それぞれがそれぞれ。『伝灯録』巻二十九洞山良价「無心合道」頌に、「道は無心にして人に合し、人は無心にして道に合す。箇中の意を識らんと欲せば、一老一不老」と。◉⒅奚仲不能為逢蒙、造父不能為伯楽＝車造りの名人奚仲は、弓使いの名人逢蒙にはなれないし、御者の造父は、博労師の伯楽にはなれない（趙州は趙州、国師は国師）。『淮南子』俶真訓七章。

【一九六の二】

(1)半夏《はんげ》上堂。僧問う、「(2)山《やま》、嵩嶺《すうれい》に連《つら》なり、地《ち》、洛川《らくせん》に近し、(3)一機《いっき》一境《いっきょう》、勝概《しょうがい》ならずということ無し。(4)唇《しん》吻《ぷん》に渉《わた》らず如何《いかん》が津《しん》を通《つう》ぜん」。師云く、「(5)心《こころ》、人《ひと》に負《そむ》かざれば、面《おもて》に慚《は》ずる色《いろ》無《な》し」。進めて云く、「九旬《くじゅん》、已《すで》に半《なかば》を過《す》ぐ、諸人《しょにん》自《みずか》ら時《とき》を知る。(6)当頭与麼《とうとうよも》の時節《じせつ》、学人如何《がくにんいかん》が領略《りょうりゃく》せん」。師云く、「(7)且《しば》らく者辺《しゃへん》に過ぎよ」。進めて云く、「恁麼《いんも》ならば則ち(8)杲日《こうじつ》天に麗《うるわ》しく、清風地《せいふうち》を匝《めぐ》る」。師云く、「(9)放下著《ほうげじゃく》」。進めて云く、「(10)僧、智《ち》門《もん》に問う、『蓮花未《れんげいま》だ水《みず》を出《い》でざる時如何《ときいかん》』。門《もん》云く、『蓮花』と。此の意如何《いいかん》」。師云く、「(11)風《かぜ》吹《ふ》けども入《い》らず」。進めて云く、「僧云く、『水《みず》を出《い》でて後如何《のちいかん》』。門云く、『荷葉《かよう》』と。又た作麼生《そもさん》」。師云く、「水洒《みずそそ》げども著《つ》かず」。進めて云く、「蓮花、水《みず》を出《い》づると未《いま》だ出《い》でざると相去《あいさ》ること多少《たしょう》ぞ」。師云く、「(12)秦甸幾人《しんでんいくひと》か踏著《とうじゃく》す」。

⑴**半夏上堂**＝六月一日の上堂。◉⑵**山連嵩嶺、地近洛川**＝龍宝山は鷹ケ峰に連なり、大徳は鴨川に近い。「嵩嶺」は「嵩山」、「洛川」は「洛水」で、洛陽の地を指すが、ここでは平安京の地を云う。◉⑶**一機一境、無不勝概**＝どんな動きも、どんな境界も絶勝ならざるはなし。「一機一境」は【七八の一】注⑶参照。「勝概」は「絶景」。◉⑷**不渉唇吻如何通津**＝言葉に出さずに、緊要の所をお示し下さい。◉⑸**心不負人面無慙色**＝心に恥じる所なければ色に出でずという。【六四の一】注⑾参照。◉⑹**当頭与麼時節、学人如何領略**＝この真夏の時、まさにこの時節どう会得したらよいでしょうか。「当頭」は「真っ正面から」。◉⑺**且過者辺**＝（ごちゃごちゃ云わずに）まあ此方へ来い（一遍当処に至らざれば、領略すること能わず）。【一八の一】注⑼参照。◉⑻**杲日麗天、清風匝地**＝日は天に輝き、風は地をめぐる（皆な本地の風光）。【一三〇の一三】注⑼参照。◉⑼**放下著**＝（そんなものも）捨ててしまえ。【五の二】注⒁参照。◉⑽**僧問智門、蓮華…**＝【一五四の二】注⑷参照。◉⑾**風吹不入、水洒不著**＝【一五四の二】では逆。「中々ウヌラガ、歯モタツモノデナイ」。【一三の二】注⑼参照。◉⑿**秦甸幾人踏著**＝この本分の田地には誰も踏み入ったものは無い。「汝ガ足ハ届カヌ、武蔵野ハ大抵デハナイゾ」。「甸《でん》」は王城五百里以内の地、天子の直轄領。

【一九六の二】

乃《すなわ》ち云く、「⑴**半夏已前《はんげいぜん》、我れ諸人《しょにん》の為に隠《かく》す、隠《かく》せば弥《いよ》いよ露《あら》わる**〔⑵理《り》に党《とう》して、情《じょう》に党《とう》せず。⑶世《よ》治《おさ》まるときは則ち愚者《ぐしゃ》も独《ひと》り乱《みだ》るることを得《え》ず、世《よ》乱《みだ》るるときは則ち智者《ちしゃ》も独り治《おさ》まること能《あた》わず〕。⑷**半夏已後《いご》、我れ諸人の為に顕《あら》わす、顕わせば露《あら》われず**〔⑸両頭《りょうとう》の毒蛇《どくじゃ》、見る者は死《し》す。⑹蜂蠆指《ほうたいゆび》を螫《さ》せば、神《しん》も憺《さだ》まること能《あた》わず、蚊虻膚《ぶんぼうはだ》を噆《か》めば、知《ち》も平らかなること能《あた》わず〕。**正当今日《しょうとうこんにち》半夏、隠《かく》さず顕《あら》わさず。⑺我れ諸人の為に説破《せっぱ》せん**〔⑻湖光翡翠《ここうひすい》を迷《まど》わせ、草色蜻蜓《そうしょくせいてい》を酔《よ》わしむ。⑼魯酒《ろしゅ》薄《うす》くして邯鄲《かんたん》囲《かこ》まれ、宋襄《そうこう》疎《そ》にして鄭軍《ていぐん》誇《ほこ》る〕」。**拄杖《しゅじょう》を卓《たく》すること一下《いちげ》して云く、**「⑽**六月《ろくげつ》已《すで》に熱《ねつ》す、五穀《ごこく》好《よ》く熟《じゅく》せん**〔⑾十年《じゅうねん》帰《かえ》ること得《え》ざれば、来時《らいじ》の路《みち》を忘却《ぼうきゃく》す。(12)天下《てんか》の物《もの》、鶏毒《けいどく》よりも凶《きょう》なるは莫《な》し、然《しか》れども良医《りょうい》は橐《たく》して之れを蔵《ぞう》す」」。

(1)**半夏已前我為諸人隠、隠而弥露**＝後句は【一の五】注(6)参照。◉(2)党理不党情＝道理に基づいて、情に流されず。『碧巌』六十七本則下語。◉(3)世治則…、世乱則…＝世が治まれば愚者とて一人だけ乱を恣しいままにできないし、世が乱れれば智者とて一人だけ治を固めるわけに行かない。『淮南子』俶真訓十五章の結尾部に見えるが、結尾は本訓のテーマである真人の境地の純粋究明に反して、道を得た人も時世に遇わねば不可であることを云う。◉(4)**半夏已後我為諸人顕、顕而不露**＝【三の二】に挙す「夜半正明、天暁不露」の話と同趣。◉(5)両頭毒蛇見者死＝「隠ト云イ、顕ト云イ、此ヤッカイモノ、此蛇ヲ一目見ルト、喪身失命ス」。楚の荘王の宰相、孫叔敖《そんしゅくごう》が子供時代に、両頭の蛇を殺してその母に云う、「吾れ聞く、両頭の蛇を見る者は死すと。吾れ他人の又た見んことを恐れ、已に之れを埋む」と答えて、その陰徳を賞せられた。『列女伝』巻三「孫叔敖母」、『蒙求』一八八「叔敖陰徳《しゅくごういんとく》」等に見える。◉(6)蜂蠆螫指…蚊虻噆膚…＝蜂やサソリが指を刺せば、神も安定ではありえず、蚊や虻が膚をかめば性も平静ではあり得ない。『淮南子』俶真訓十四章、大意は「僅かなことにでも煩わされて平静であり得ないのが常、真に恬澹《てんたん》虚無ならんとすれば、時節に遭遇することが肝要なる」ことを云う。◉(7)**我為諸人説破**＝不隠・不顕の所を一句で云おう。◉(8)湖光迷翡翠、草色酔蜻蜓＝水面の輝きはカワセミをまよわせ、春の草の色はトンボを酔わせる。『三体詩』五律、張又新《ちょうゆうしん》「三月五日泛長沙東湖」詩に、「上巳《じょうし》風景を余《あま》し、芳辰遠坰《ほうしんえんけい》に集《つど》う。～、～。鳥は桐花の日を弄び、魚は穀雨の萍《うきくさ》を翻す。今より勝会《しょうかい》を留むれば、誰か看ん蘭亭を画くを」の第二聯。◉(9)魯酒薄而邯鄲囲、宋羹疎而鄭軍誇＝魯国の酒が薄かったことから趙の邯鄲は包囲されるはめになり、宋国の将軍が御者にも羊の羹（スープ）を分けなかったことから鄭国に攻められるはめになった。『淮南子』繆称《びょうしょう》訓十七章（但し後句は、「羊羹《ようかん》斟《く》まれずして宋国危し」）に見えるが、大意は此の文の前に、「福の萌すや緜緜たり、禍の生ずるや分分たり、禍福の始めて萌すや微なり」と有るに依る、つまり事態の兆しの見難く、不隠不顕を云う。前句は【一一四】注⒁参照。◉⑽**六月已熱、五穀好熟**＝暑い時は暑いのが好い、今年は豊作。【四八の二】注⑼参照。◉⑾十年帰不得、忘却来時路＝彼はもう十年家へ帰れぬままに、来たときのみちは、もはや忘れてしまっている。【一〇二の二】注⑼参照。◉⑿天下之物…良医橐而蔵之＝天下に鶏毒くらい危険な毒物はない、然るに良医が袋に入れて秘蔵する（のは、使い道があるからである）。「鶏毒」は「烏頭《うず》」のこと、劇薬であるが神経痛の特効薬である。「国師ノ下心ノ寒ジサハ、毒ニモ薬ニモナル」。『淮南子』主術訓十三章。

【一九七】

(1)**寺荘等《じそうとう》、公拠《こうきょ》を賜《たま》う上堂。拄杖《しゅじょう》を拈《ねん》じて云く、「**(2)**自家《じか》の田地《でんち》、触処全《そくしょまった》く彰《あら》わる**〔(3)山河《せんが》并《なら》びに大地《だいち》、全く法王身《ほうおうしん》を露《あら》わす。(4)湿《しつ》の至《いた》るや、其の形を見《み》る莫《な》くして炭已《すみすで》に重《おも》く、風《かぜ》の至《いた》るや、其の象《かたち》を見《み》ること莫くして木先《きま》ず動《うご》く〕、(5)**公験《こうけん》一回手《て》に入《い》ることを得《う》れば、百劫千生《ひゃくごうせんしょう》曾《かつ》て荒《あ》れず**〔(6)人《ひと》の水《みず》を飲《の》んで冷暖自知《れいだんじち》するが如し。(7)火《ひ》を乞《こ》うは燧《すい》を取《と》るに若《し》かず、汲《きゅう》を寄《よ》するは井《せい》を鑿《うが》つに若《し》かず〕。**正与麼《しょうよも》の時作麼生《ときそもさん》」。拄杖《しゅじょう》を卓《たく》して云く、「**(8)**皇風《こうふう》と祖風《そふう》と鎮《とこしな》えに扇《あお》ぎ、帝道《ていどう》と仏道《ぶつどう》と遐《はるか》に昌《さかん》なり**〔(9)一《ひと》つには皇帝万歳《こうていばんぜい》を願《ねが》い、二《ふた》つには群臣千秋《ぐんしんせんしゅう》を願《ねが》う。(10)皇風永扇《おうふんいんせん》、帝道遐昌《ちどうあしょう》、仏日増輝《ぶじずんぴ》、法輪常転《はりんじょうせん》〕」。**又た卓《たく》すること一下《いちげ》して便ち下座《げざ》。**

(1)**寺荘等賜公拠上堂**＝「公拠」は「官府の証明」。『年譜』五十三歳の条に、「八月十一日、天皇、食邑の官符を本寺に賜う、云々」と見え、続いて「是の日、師上堂、…」と本文が見える。『大徳寺文書』二十五号に、国師の要請により、これまでに大徳寺に寄進されていた荘園領地をあらためて租税等が免役される不輸の地とする宣旨が下された。但し、八月二十一日の事とする。◉(2)**自家田地触処全彰**＝到る所が自家本分の田地。「触処」は「到る所、随所」。◉(3)山河并大地、全露法王身＝山河及び大地、全てに法王身を現出す。興教洪寿（天台徳韶下）の悟道の偈に、「撲落は他物に非ず、縦横は是れ塵にあらず、～、～」（『会元』巻十）、但し「并」は「及」。◉⑷湿之至也…、風之至也…＝湿気が来る場合、その現われは目に見えないが、炭ははや重くなり、風の吹く場合、その姿は目に見えないが、木ははや動く。『淮南子』泰族訓一章、その始めに天の霊妙な働きを神明と謂う、神明の働きを敷衍したのがこの文、泰族訓の趣旨は聖王の天意に応じた治世を云う。◉⑸**公験一回得入手、百劫千生不曾荒**＝本分の田地の主人公が一度はっきりすると、永遠に荒れない。「公験」は「公拠」に同じ、旅行の身分証明書、僧侶である証明書、土地所有の証明書等の官府の証明を云う、ここでは荘園と本分田地とに掛けている。◉⑹如人飲水冷暖自知＝自ら知る以外にない。『六祖壇経』一、達磨『血脈論』。頌古第四十四則（【二六一】）本則評唱注⑿参照。◉⑺乞火不若取燧、寄汲不若鑿井＝火を乞い求めるよりは、火打ち石を手に入れた方がましだし、水を汲ませて貰うよりは、自分で井戸を掘る方がましだ。『淮南子』覧冥訓十四章、「寄汲」は「人の井に寄って汲む、貰い水をする」の意。官の証明よりは自証、「手前デ骨折レト云事ゾ」。◉⑻**皇風与祖風鎮扇、帝道与仏道遐昌**＝『大徳寺文書』二十五号に、「早被下公拠、備将来亀鑑、然則王法与仏法永昌、皇風与祖風鎮扇者」と見える。◉⑼一願皇帝万歳、二願群臣千秋＝天皇・臣下の寿算を祈る。『虎丘隆録』の開聖入寺問答に見える。◉⑽皇風永扇…法輪常転＝本尊回向文に見える、祝語。『百丈清規』念誦の章（大正四十八・一一二一上）参照。

【一九八】

重九上堂《ちようきゆう》。「⑴**茱萸露**《しゆゆつゆ》**を帯**《お》**び、金菊花**《きんきくはな》**を発**《ひら》**く**〔⑵金針曾《きんしんかつ》て鋒鋩《ほうぼう》を露《あら》わさず、無糸《むし》の玉線《ぎよくせん》を惹《ひ》き得《え》て長《なが》し。⑶現成公案《げんじようこうあん》。一糸毫《いつしごう》を隔《へだ》てず〕、⑷**大用現前**《たいゆうげんぜん》**、軌則**《きそく》**を存**《そん》**せず**〔⑸遍界乾坤《へんかいけんこん》、皆な色《いろ》を失《しつ》す、須弥《しゆみ》倒《さかしま》に卓《た》つ半空《はんくう》の中《うち》〕。**諸禅徳**《しよぜんとく》**若し箇中**《こちゆう》**の意**《い》**を識**《し》**らば、**⑹**南山東籬**《なんざんとうり》**一家家**《いつかか》〔⑺瑠璃《るり》堦上《かいじよう》に赤砂《せきさ》を布《し》き、碼碯盤中《めのうばんちゆう》に真珠《しんじゆ》を撒《さつ》す。⑻孔門《こうもん》の弟子《でし》、人《ひと》の識《し》る無し、碧眼《へきがん》の胡僧《こそう》も笑って点頭《てんとう》す〕」。

⑴**茱萸帯露、金菊発花**＝重陽の現成公案。「茱萸」の事は【二四の二】注⑵参照。◉⑵**金針曾不露鋒鋩、惹得無糸玉線長**＝密密に縫うて針先を露わさず、糸無きが如くなれども、その美しさは得も云われない。【一九二の二】注⑿参照。◉⑶**現成公案、不隔一糸毫**＝ありのまま、自己と三千世界と毛筋ばかりの隔てもない。「柳ハ緑、花ハ紅、皆此方ノ腹ノ中ダ」。『円悟録』巻十二に、「〜、〜。普天匝地、是れ一箇の大解脱門。日月と同明、虚空と等量…」（大正四十七・七六九上）。◉⑷**大用現前、不存軌則**＝悟りを抜けて自由自在が大用現前、ここに法度の沙汰は無い。【一九五の二】注⑼参照。◉⑸**遍界乾坤皆失色、須弥倒卓半空中**＝「遍」は「徧」とも。天地も色を失い、須弥山も逆しまに空中に立つ。『人天眼目』巻一汾陽の臨済四喝頌に、「金剛宝剣最も威雄、一喝能く万仞の峰を摧く。〜、〜」と。◉⑹**南山東籬一家家**＝陶淵明の南山東籬の境界は各自の己が境界。「南山東籬」は【八五】、【一六一の二】参照。「家家」は「人人」。「誤テ会スルモノ多シ、此レハ塗毒鼓ゾ」。◉⑺**瑠璃堦上布赤砂、瑪瑙盤中撒真珠**＝「見事ナモノ」。『少林無孔笛』巻二妙心録の盂蘭盆会。◉⑻**孔門弟子無人識、碧眼胡僧笑点頭**＝這箇の消息は孔子門弟三千人も知り手がない、達磨のみが只だ笑って頷くのみ。『黄龍南録』（禅十四・一九二下）、もと宋真宗の釈迦如来花押の讃（『禅林句集辨苗』）。

【一九九】

二月旦《たん》上堂。拄杖《しゆじよう》を拈《ねん》じて云く、「⑴雪霽《ゆきは》れて千山《せんざん》緑《みどり》正《まさ》に濃《こまやか》なり、梅腮《ばいさい》柳面《りゆうめん》、転《うた》た縦容《しようよう》〔⑵美なることは西施《せい し》が金闕《きんけつ》を離《はな》るるが如く、嬌《きよう》なることは楊妃《ようき》が玉楼《ぎよくろう》に倚《よ》るに似《に》たり〕。**⑶君《きみ》が為に箇中《こちゆう》の意《い》を報《ほう》ぜんと擬《ぎ》すれば**〔⑷九尾《きゆうび》の野狐《やこ》、変態《へんたい》多《おお》し、金毛《きんもう》の獅子《しし》、転身《てんじん》を解《げ》す〕、**⑸幽鳥《ゆうちよう》喃喃《なんなん》として乱峰《らんぽう》に入《い》る**〔⑹寒山《かんざん》の路《みち》、人《ひと》の到る無し、若し能《よ》く行《ゆ》かば十号《じゆうごう》を称《しよう》せん。子細《しさい》に看《み》よ、何の相好《そうごう》ぞ〕」。**拄杖《しゆじよう》を卓すること一下す。**

⑴**雪霽千山緑正濃、梅腮柳面転縦容**＝雪融け千山緑濃く、梅も綻び柳の葉ものびやか。二月一日、仲春の現成公案。【六

九】にも、「梅腮柳面奇」と。◉(2)美如西施離金闕、嬌似楊妃倚玉楼＝越の美女西施が宮殿を離れるが如く美しく、楊貴妃がたかどのに立つように嫋《たお》やか。『普灯録』巻二十七仏鑑慧懃の即心即仏頌に、「～（闕は閤）、～（施は子）、猶お琵琶を把って半ば面を遮《さえぎ》り、人をして見せしめずんば転《うた》た風流」（禅七・九九）。【四二の三】注(6)参照。◉(3)**為君擬報箇中意**＝「上ニ云タ事ヲ、大衆ニ云テ、キカセントスレバ」。◉(4)九尾野狐多変態、金毛獅子解転身＝「サマヾニ、バケルナ」。『円悟心要』に、「九尾野狐多恋窟、金毛師子解翻身」（禅十四・七八〇）と見えるもの。【五の二】注(24)参照。◉(5)**幽鳥喃喃入乱峰**＝「ヒバリハ、チチク、ト云テ、山ニカヘリ、外ノ鳥ハ、ウジャク、、ト云テ、山ニカヘル」。【一四八】注(12)参照。◉(6)寒山路…何相好＝「路」は「道」。寒山の道、たどる人なし。行くことの出来る人は仏境界の人。…よくよく我が姿を見なさい、どういう相好をしているかを。『寒山詩』二九九「寒山道」。

【二〇〇の二】

仏涅槃《ぶつねはん》上堂。僧問う、「(1)満街《まんがい》の楊柳《ようりゅう》緑糸《りょくし》の煙《けむり》、画《えが》き出《い》だす長安《ちょうあん》二月《にげつ》の天《てん》。節《せつ》に応ずる一句《いっく》、請《こ》う師提唱《ていしょう》せよ」。師云く、「(2)寥寥《りょうりょう》たる天地の間《あいだ》、独《ひと》り立《た》って望《のぞ》み何ぞ極《きわ》まらん」。僧云く、「瞿曇《くどん》、今日、般涅槃《はつねはん》に入《い》る。未審《いぶか》し什麼《いずれ》の処に向かってか去《さ》る」。師云く、「(3)人人《にんにん》の鼻孔《びくう》裡《り》に向かって去る、還《かえ》って覚《おぼ》ゆるや」。僧云く、「恁麼《いんも》ならば則ち(4)哭底《こくてい》便ち是《ぜ》か、笑底《しょうてい》便ち是《ぜ》か」。師云く、「(5)将《まさ》に謂《おも》えり、你《なんじ》は是れ領話《りょうわ》せずと」。僧云く、「(6)若し我れ滅度《めつど》すと謂《い》わば、我が弟子《でし》に非ず、若し我れ滅度せずと謂わば、亦た我が弟子に非ずと。意旨作麼生《いしそもさん》」。師云く、「(7)黄河《こうが》の点魚《てんぎょ》」。僧云く、「(8)今日《こんにち》の節《せつ》に因《よ》らずんば、余日《よじつ》実に逢《あ》い難《がた》し」といって便ち礼拝す。師云く、「向後《こうご》、(9)人《ひと》に向かって錯《あやま》って挙《こ》すること莫《な》かれ」。

(1)**満街楊柳緑糸煙、画出長安二月天**＝柳の薄緑が糸を垂れたように煙る、絵に描いたような都の仲春の空。韋荘「寒食、城外酔吟五首」の第一首に、「～、～（「長安」は「清明」）。好し是れ簾を隔てて花樹動き、女郎撩乱として鞦韆を送る」（『全唐詩』巻六九九）と。◉⑵**寥寥天地間、独立望何極**＝広闊たる天地の間、見渡せば何処までも限り無し。天真独露、勝妙奇特の境界。「寥寥」は「空虚、寂寞、広闊」の意。雪竇頌。【一七三の一】注⑵参照。◉⑶**向人人鼻孔裡去、還覚麼**＝お前さん方の鼻面におるのが、分からぬか。『伝灯録』巻五慧忠国師章に、「僧、趙州に問うて曰く、『長耳三蔵、第三度に国師を見ず、未審し国師什麼《いずれ》の処にか在る』。趙州云く、『三蔵が鼻孔裏に在り』」と。◉⑷**哭底便是、笑底便是**＝（八万の大衆の）嘆くをよしとするか、（天魔波旬の）笑うをよしとするか。『碧巌』十二頌評唱に見える、南泉遷化陸亘呵々大笑の話を踏まえて。【七〇の二】では、二乗声聞の見解より波旬の方がましであると云うを参照。◉⑸**将謂你是不領話**＝何も分からぬ奴と思っていたが、なかなかやるじゃないか。「将謂」は「…と思い違いをしていた」。◉⑹**若謂我滅度非我弟子…**＝滅と云っても駄目、不滅と云っても駄目。【七〇の二】注⑵参照。◉⑺**黄河点魚**＝（少しはやる輩とおもったが）龍になり損ねた。「点魚」は「点額魚」の略。『碧巌』七則頌評唱に見えるが、龍門の滝を上り損ねた魚。『伝灯録』巻十霊鷲閑禅師（南泉下）の章に、「明水和尚問う、『如何なるか是れ頓に法身を獲る』。師云く、『一たび龍門を透りて雲外に望む、黄河の点額魚と作ること莫かれ』」と。◉⑻**不因今日節、余日実難逢**＝この日お会いできなかったら、二度とこの様な有り難いことには巡り会えなかったことでしょう、と、僧の礼話。『会元』巻十二慈明章に、慈明禅師が李遵勗に語った語、但し「実」は「定」。◉⑼**向人莫錯挙**＝馬鹿なことを云い回るな。【二一八の二】にも「逢人莫錯挙」。

【二〇〇の二】

乃《すなわ》ち横《おう》に拄杖《しゆじよう》を按《あん》じて云く、「⑴双趺槨《そうふかく》を出《い》だす、事親《じした》しみ難《がた》し「⑵会《え》する人《ひと》の稀《まれ》なるを恨《うら》みず、祇《た》だ知音《ちいん》の寡《すく》なきが為なり。⑶細雨花《さいうはな》に洒《そそ》ぐ千点《せんてん》の涙《なみだ》、淡煙竹《たんえんたけ》を籠《こ》む一堆《いったい》の愁《うれい》」。⑷**有《う》も也《ま》た人《ひと》を累《わずら》わし、無《む》も人を**

累わす〔(5)牛《うし》、水《みず》を飲《の》めば乳《にゅう》と成り、蛇《へび》、水を飲めば毒《どく》と成る。(6)若し箇中《こちゅう》の意《い》を得《え》ば、縦横処処《じゅうおうしょしょ》に通《つう》ぜん〕。(7)**瞻部州中《せんぶしゅうちゅう》、休《きゅう》すること得《え》ず。年年二月《ねんねんにげつ》、萍蘋《へいひん》を費《つい》やす**〔(8)参天《さんてん》の荊棘《けいきょく》、官路《かんろ》に横たう、那箇《なこ》の行人《こうじん》か衣《ころも》を掛《か》けざらん。(9)咸池承雲《かんちしょううん》、九韶六英《きゅうしょうりくえい》は人《ひと》の楽《たの》しむ所《ところ》なるも、鳥獣《ちょうじゅう》は之れを聞《き》きて驚《おどろ》く〕。**喝一喝《かついっかつ》、拄杖《しゅじょう》を擲下《てきげ》して下座《げざ》。**

(1)**双趺出槨、事難親**＝「生レタ時ハ天上天下唯我独尊ト云イ、今ハ又双趺出槨ト云ウ。ドウモ、底気味ガ悪イ。中々コノ老漢ハヨリ付カレタモノデナイ」。世尊が二足の千輻輪相《せんぷくりんそう》を棺外に出して迦葉に示された事は【九七の二】注(1)参照。◉(2)不恨会人稀、祇為知音寡＝分かってくれる人が少ないことには不満は持たない、音色を聞き分けてくれる達人が少ないせいだから。『寒山詩』二九七「有人笑我詩」。◉(3)細雨洒花千点涙、淡煙籠竹一堆愁＝「涙愁情せきあえぬゾ。本分に於いて晴れやらぬ」（『句双紙』）。『禅林類聚』巻七の十二丁、巻十七の三十一丁に見える、仏鑑慧懃の句。◉(4)**有也累人、無累人**＝生きているときは生きているときで人を悩まし、死んだら死んだで人を悩ます。◉(5)牛飲水成乳、蛇飲水成毒＝【八九】注(2)参照。◉(6)若得箇中意、縦横処処通＝もし真実の心を悟ったならば、到るところ自由自在に通うことができる。『寒山詩』二五二「余勧諸稚子」。◉(7)**瞻部州中休不得、年年二月費萍蘋**＝（剰《あまつさ》え、死後の後後までも）我等が娑婆世界では休むもままならぬ、毎年毎年二月の十五日になると、やれお供え物の蘋だ藻だと、煩わしいこと限りない。「瞻部」は南瞻部州、閻浮提のことで、この娑婆世界を云う。「萍蘋」は「蘋蘩蘊藻《ひんぱんうんそう》（うきくさ、しろよもぎ）」等の水草のこと、微賤のものではあるが、神仏にお供えするもの。『左氏伝』隠公三年に「心にこもる信さえあれば、たとえ蘋蘩蘊藻の菜でも…鬼神に薦《すす》めるべし」、もと『詩経』召南の采蘋に、「于《ここ》に以て蘋を采る　…藻を采る　…于《ここ》に以て之れを奠《てん》す、宗室の牖下《ゆうか》に…」と。◉(8)参天荊棘横官路、那箇行人不掛衣＝天まで届く棘が大道に蔓延《はびこ》り、此れに衣を引っかけない旅人はいない。『中峰広録』巻十二上信心銘闢義「纔有是非紛然失心」の闢偈に、

「説有是非無是非、重門高啓待誰帰。〜、〜」と。【九九】注(3)参照。◉(9)咸池承雲九韶六英、人之所楽鳥獣聞之驚＝咸池・承雲・九韶・六英の音楽は、人の心地好しとするものであるが、鳥獣はこれを聞いて驚く。「咸池・承雲」は黄帝の時の、「九韶」は舜の時の、「六英」は顓頊の時の楽。『淮南子』斉俗訓四章。

【二〇二】

(1)**龍翔正眼《りょうしょうしょうげん》の二塔主《たっす》至る上堂**。「(2)**宝山《ほうざん》に一句子《いっくす》有り**〔(3)五指《ごし》の更《こも》ごも弾《う》つは、捲手《けんしゅ》の一挃《いっちつ》に若《し》かず。(4)鶯《うぐいす》は春《はる》の暖《あたた》かなるに逢《あ》うて歌声《かせい》滑《なめら》かに、人《ひと》は時《とき》の平《たい》らなるに遇《あ》うて笑臉開《しょうけんひら》く〕、(5)**只だ人《ひと》の聴《き》くことを許《ゆる》して人の挙《こ》することを許さず**〔(6)酔《よ》い来たって黒漆屏風《こくしつびょうぶ》の上に草写《そうしゃ》す盧仝《ろどう》が月蝕《げっしょく》の詩《し》。(7)寧《むし》ろ百《ひやく》たび刺《さ》すに針《はり》を以てするとも、一《ひと》たび刺《さ》すに刀《かたな》を以てすること無《な》かれ、寧ろ一たび重《おも》きを引《ひ》くとも、久《ひさ》しく軽《かる》きを持《じ》すること無《な》かれ〕。**已《すで》に是れ人の聴くことを許す、甚《なに》に因《よ》ってか人の挙することを許さざる**〔(8)寸歩《すんぽ》却って千里《せんり》の隔《へだ》てを成《な》す、紛紛《ふんぷん》として多《おお》くは半途《はんと》の中《うち》に在《あ》り。(9)棺《かん》を鬻《ひさ》ぐ者は民《たみ》の疾病《しっぺい》を欲《ほっ》するなり、粟《ぞく》を畜《たくわ》うる者は歳《とし》の荒飢《こうき》を欲するなり〕」。**払子《ほっす》を撃《う》って云く**、「(10)**龍蛇《りゅうだ》を辨ずる眼倶《まなことも》に正《ただ》しく、虎兕《こじ》を擒《とら》うるの機《き》也《ま》た全《まった》し**〔(11)漆《うるし》は黒《くろ》きを厭《いと》わず、粉《ふん》は白《しろ》きを厭《いと》わず。(12)丙子《へいし》に制《せい》を受《う》くれば、則ち賢良《けんりょう》を挙《あ》げ、有功《ゆうこう》を賞《しょう》し、封侯《ほうこう》を立《た》て、貨財《かざい》を出《い》だす〕」。

(1)**龍翔正眼**＝「龍翔寺」は大応国師の塔所、後宇多法皇がその柳原御所跡を寄進したもの、洛西安井にあった。【九八】注(2)参照。「正眼菴」は大応の法嗣の通翁鏡円大光国師の塔所、万寿・南禅に出世する前の菴跡で、洛西にあった。同門の二尊宿の来訪。◉(2)**宝山有一句子**＝「宝山」は国師の自称。「鵠林モ又有一句子、人不能聞、不能挙ト云テ拳ヲ立ツ」。◉(3)五指更弾不若捲手一挃＝五本の指で交互に打つことは、拳手《こぶし》で一撃するに及ばない。「祖師門下ハ、グズグズトシタ事ハ、役ニ立ヌ。難透デ骨折ガ好イ」。『淮南子』兵略訓十一章。◉⑷鶯逢春暖歌声滑、人遇時平笑臉開＝鶯は暖かな春になって歌声滑らかになり、人は太平の時節になって笑顔をみせる。「大灯モ、ヲ客ガアレバ、機嫌ガヨイ、是ガ宝山ガ一句子」。『人天眼目』巻一仏鑑慧懃の四料簡・奪境不奪人の頌に、「～、～。幾片かの落花、水に随い去り、一声の長笛、雲を出で来たる」と。◉⑸**只許人聴、不許人挙**＝「大応老祖、入唐ノ所得ハ、只此ノ些子斗《バカリ》ノ事。人ノ処ヘ行テ、ウジャクジャ云ナ」。◉⑹酔来黒漆屏風上、草写盧仝月蝕詩＝酔って真っ黒の屏風の上に盧仝の月蝕詩を草書するようなもの。『頌古聯珠通集』巻五に雪巌欽の金剛経如夢幻頌に、「暑往き寒来たるも総に不知、有無の名相一時に離る、正に黒漆屏風上に、酔うて盧仝が月蝕詩を写すが如し」と見える。「盧仝月蝕詩」は『事文類聚』前集巻二に見えるが、「新天子即位五年」で始まる一千六百六十四字の長編詩。◉⑺寧百刺…、寧一引重…＝針で百度刺すのはまだしも、刀で一刺ししてはならない、重いものを一度引くのはまだしも、長い間軽い物を持っていてはいけない。『淮南子』説山訓八章。◉⑻寸歩却成千里隔、紛紛多在半途中＝世上未悟の人、寸歩も進むことを得ず、彼岸を望んで千里を隔つ、多くは本分の家郷に到ることを得ず、ただ半途に留滞するのみ。『虚堂録』巻七偈頌十六「断橋」に、「瞎驢一踏して両頭空ず、便ち尋常の路に同じからず。～、～」。◉⑼鬻棺者…、畜粟者…＝棺桶を売るものは民に疾病の流行することを願い、穀物を蓄えているものはその歳の饑饉を願う。「国師ハ、此ノ様ナ事ヲ云ウテ居ッテ、児孫ノ真風ヲ奮イ起スルヲ、喜ブ」。『淮南子』説林訓四章。◉⑽**辨龍蛇眼倶正、擒虎兕機也全**＝前句は龍翔・正眼に掛けて。大応門下の真風を挙揚する。「虎兕」は「虎と犀牛、凶悪残虐の人物の譬喩」、但し『大灯録』原本では「虎児」、原本の誤植。『碧巌』十一頌評唱に、「定龍蛇眼、擒虎兕機」、また『古林録』に「辨龍蛇眼正、擒虎兕機全」（禅十八・四五六上）。◉⑾漆不厭黒、粉不厭白＝漆は黒いほどよく、おしろいは白いほどよい。『淮南子』斉俗訓五章。◉⑿丙子受制…出貨財＝丙子に（火徳の）政令を受けたときは、賢良の人を推挙し、有功のひとを賞し、封侯を立て、（府庫の）貨財を放出する。『淮南子』天文訓十章に、一年を七十二日毎に五行に配して、例えば甲子（木徳）で制を受け始める時は、次の七十二日目に丙子（火徳）に制を受け、以下戊子（土徳）、庚子（金徳）、壬子（水徳）の順に制を受け、その時々に応じた政令を実行する。【二〇七】注(7)参照。

【二〇二】

上堂。拄杖《しゆじよう》を卓《たく》して云く、「(1)百億の須弥《しゆみ》、百億の日月《じつげつ》、恒沙《ごうじや》の諸仏《しよぶつ》、恒沙の国土、尽《ことごと》く拄杖頭上《しゆじようとうじよう》に在《あ》り〔(2)家《か》醜《しゆう》外《そと》に向かって揚《あ》ぐることを休《や》めよ。(3)三千里外謹《つつし》んで挙《こ》すること莫《な》かれ。(4)自屎臭《じしくさ》きことを覚《おぼ》えず〕」。**(5)諸人見得《しよにんけんとく》せば、妨《さまた》げず一生参学《いつしようさんがく》の事了畢《じりようひつ》せん**〔(6)諸人若し見得せば、死《し》に到るまで自己《じこ》を鈍置殺《どんちさつ》す。(7)蚕《かいこ》は食《く》らえども飲《の》まず、蝉《せみ》は飲《の》めども食らわず、蜉蝣《ふゆう》は飲《の》まず食らわず〕。**其《そ》れ如《も》し未《いま》だ然《しか》らずんば、(8)眼《まなこ》を開《ひら》いて瞌睡《かつすい》せん**〔(9)落花《らつか》只だ流《ながれ》に随《したが》い去るが為に、便ち芳《はな》を尋《たず》ね翠《みどり》を拾《ひろ》う人《ひと》有り〕」。**又た卓一下《たくいちげ》して下座《げざ》。**

(1)**百億須弥…尽在拄杖頭上**＝無数の世界に、各々の中央に須弥山があり、各々に日月が山の中腹を巡り、各々に無数の国土と無数の諸仏が居られ、それが大徳の拄杖子にすっぽり収まっている。【五の二】注⒅参照。◉(2)休家醜向外揚＝そんな内輪の恥をさらすな。あまり宗旨の秘密を漏らしなさるな。【五八の一】注⑾参照。◉(3)三千里外謹莫挙＝そんなこと遠くまで云い回るな。【七】注(8)参照。◉(4)自屎不覚臭＝自分の醜さが分からぬか。【五の二】注㉑参照。◉(5)**諸人見得、不妨一生参学事了畢**＝『会要』巻二十四長慶慧稜章に、「師、拄杖を拈じて、衆に云って云く、『這箇を識得せば、一生参学の事畢《お》わんぬ』」と。◉(6)諸人若見得、到死鈍置殺自己＝「万象森羅、拄杖頭ニ在ル斗リデ居ルト、一生馬鹿ニナル」。鈍置殺は「コケにする、馬鹿にしきる」、『碧巌』三十八本則下語。◉(7)蚕食而不飲、蝉飲而不食、蜉蝣不飲不食＝（万物の生まれながらにして各々類を異にするや）蚕は食べるだけで飲まない、蝉は飲むだけで食べない、かげろうは食べもせず飲みもせず。『淮南子』地形訓六章。◉(8)**開眼瞌睡**＝「是を見て取らぬはあき目くらじゃ」（『句双紙』）。『碧巌』六頌評唱。◉(9)落花只為随流去、便有尋芳拾翠人＝落花が渓流に随い来たるが為に、それを見てこの桃花源の郷を尋ねに来る人も有るだろう。「国師ガコノ様ニ世話ヤカシャルニ依テ、中ニハ、又精ヲ出シテ、気ノツクモノモ、アルダロウ」。『虚堂録』巻五頌古五十九「丹霞訪忠国師」の頌に、「蹤跡《しょうせき》由来久しく秦を避く、洞門深く鎖す古台の春。～、～」と見える。

【二〇三】

(1)**四月旦《たん》上堂。拄杖《しゅじょう》を拈《ねん》じて云く、「**(2)**此の事《じ》、去来《こらい》無し、甚《なに》に因《よ》ってか昨日《さくじつ》春《はる》去《さ》り、今朝《こんちょう》夏《なつ》来たる**〔(3)将《まさ》に謂《おも》えり、黄連《おうれん》は蜜《みつ》よりも甜《あま》しと、誰《たれ》か知《し》る、蜜《みつ》の黄連よりも苦《にが》きことを。(4)言《げん》の甘《あま》き者は其の心《こころ》必ず苦《にが》し〕。(5)**物《もの》の性《しょう》、一世《いっせ》に住すと道《い》うに迄《いた》っては**〔(6)吾が道《みち》は一《いつ》を以て之れを貫《かん》せり。(7)天地《てんち》一指《いっし》、万物《ばんぶつ》一馬《いちば》〕、**肇公《じょうこう》也《ま》た是れ**(8)**盲亀《もうき》、空谷《くうこく》に入《い》る**〔(9)甚《はなは》だ人《ひと》の斤両《きんりょう》を減《げん》ず。(10)又た是れ一千年《いっせんねん》の桃核《とうかく》〕。(11)**衲僧家《のうそうけ》、牙《きば》、剣樹《けんじゅ》の如く、口《くち》、血盆《けつぼん》に似《に》たり**〔(12)鉄面皮《てつめんぴ》を翻《ひるがえ》して爺《や》も亦た知らず。(13)狼毒《ろうどく》の肝腸《かんちょう》、生鉄《さんてつ》の面目《めんもく》〕、(14)**者裡《しゃり》に到って作麼生《そもさん》か道著《どうじゃく》せん**〔(15)万古《ばんこ》の業風《ごっぷう》吹《ふ》き尽くさず、又た月色《げっしょく》に随《したが》って羅浮《らふ》を過《す》ぐ〕。**若し人《ひと》の道著《どうじゃく》する無《な》くんば」、拄《しゅ》杖《じょう》を以て画一画《かくいっかく》して云く、「**(16)**喜《き》**〔(17)越舲蜀艇《えつれいしょくてい》も水《みず》無《な》くしては浮《う》かぶこと能《あた》わず。(18)昼《ひる》生まるる者は父《ちち》に類《るい》し、夜《よる》生まるる者は母《はは》に似《に》る〕」。

(1)**四月旦上堂**＝春過ぎ孟夏の入に当たって、去来の問題を提起された。◉(2)**此事無去来**＝『肇論』物不遷論に放光般若を引いて、「法に去来《こらい》無し」と見える。◉(3)将謂黄連甜似蜜、誰知蜜苦似黄連＝今までは黄連（苦い漢方薬）の方が蜜よりも甘いと思っていたが、蜜の方が黄連よりも苦かったとは知らなかった。『仏光録』巻一除夜小参。甘い蜜こそ苦い。◉(4)言甘者其心必苦＝甘い言葉にご注意。『国語』晋語一の九節に、「言之大甘、其中必苦、譖在中矣（言葉が大いに甘美であれば、その中はきっと苦くて、内部に中傷があります）」と。◉(5)**物性住一世**＝『肇論』物不遷論に、「古《いにしえ》の今《いま》に至らざるが若《ごと》く、今も亦た古に至らず、事《もの》の各《おの》おのの性は一世に住す、何物の有りてか去来す可けんや」と。◉(6)吾道一以貫之＝自分の道は一本を通してきた。【一三八の一】注(3)参照。◉(7)天地一指、万物一馬＝（一即多、小即大の万物斉同の境地においては）天地は一本の指であり、万物は一頭の馬である。『荘子』斉物論。【五四】注(21)参照。◉(8)**盲亀入空谷**＝悟りの窠窟に陥つ、出身の路なし。【開筵垂示】第二段の注(15)参照。◉(9)甚減人斤両＝えらく人の値打ちを下げたものだ。『碧巌』二十三本則下語に、「不妨減人斤両」。「減人威光」に同じ（『俗語解』【一三八二】）。◉(10)又是一千年桃核＝何時まで経っても芽が出ない。頌古第三十四則（【二五一】）に見える老宿の語。その注を参照。◉(11)**衲僧家牙如剣樹口似血盆**＝畏怖すべき、霊利の衲僧ならば。【二〇】注(4)参照。◉(12)翻鉄面皮、爺亦不知＝親爺も我が子とは認め難い様な面構え。【一一一の二】注(10)参照。◉(13)狼毒肝腸、生鉄面目＝恐ろしい、えげつないまでの心根。何たる鉄面皮。【八の二】注(10)参照。◉(14)**到者裡作麼生道著**＝ここに至っては（「遷」と云えば常見の誤り、「住」と云えば空谷に入る）、「ナントヌカスカ」。◉(15)万古業風吹不尽、又随月色過羅浮＝風雅の心やまず、また月の光に浮かれて梅の名所の羅浮にやって来てしまったよ。【五の二】注(25)参照。◉(16)**喜**＝国師の一字関。◉(17)越舲蜀艇不能無水而浮＝越の船、蜀の艇も、水が無くては浮かばれない。「名人ノ作ッタ舟デモ、水ノ無イ処デハ浮ベラレヌ、浮ブマデ骨ヲ折レ」。『淮南子』俶真訓十五章。◉(18)昼生者類父、夜生者似母＝昼に生まれる者は父に似て、夜に生まれる者は母に似る。「コノ下語ハ、国師ノ云ウ底ト優劣アルカ見テ取レト云ウ意ナリ」。『淮南子』地形訓六章。

【二〇四の一】

結夏《けつげ》上堂。僧問う、「(1)今日《こんにち》是れ結制《けっせい》、結《けつ》する底《てい》是れ何物ぞ」。師云く、「(2)猛虎《もうこ》、路《みち》に当たって坐《ざ》す」。僧云く、

「恁麼《いんも》ならば則ち(3)官池水深《かんちみずふか》く、看雲亭高《かんうんていたか》し」。師云く、「(4)吾《わ》れ常《つね》に此《ここ》に於いて切《せつ》なり」。僧云く、「(5)只だ老師《ろうし》の両句子《りようくす》を将《もつ》て、七十員《しちじゆういん》の禅仏《ぜんぶつ》に布施《ふせ》せん」。師云く、「(6)只だ阿你《なんじ》のみ有って呑吐不下《どんとふげ》」。

(1)**今日是結制、結底是何物**＝結制と云いますが、結ぶとは何を結ぶのでしょうか。結制の真意いかん。◉(2)**猛虎当路坐**＝「近傍すること為し難し、回避するに分あり」（『犂耕』）。『会元』巻十七黄檗惟勝（黄龍南下）章に、「瑞州太守が黄龍南に黄檗の主人を遴選《りんせん》するを委ねるに因《よ》って、龍、衆を集めて垂語に曰く、『鐘楼上に念讃、床脚下に菜を種う。若し人、道い得ば、乃ち往きて住持せよ』。師、出でて答えて曰く、『猛虎当路坐』。龍、大悦して遂に師を往かしむ」と。『続灯録』巻十五では、黄檗に居った黄龍が惟勝上座に席を譲って自らは積翠に退居する、とある。◉(3)**官池水深、看雲亭高**＝わが龍宝の境地。「官池」は『年譜』に依れば、建武二年後醍醐帝の指示に依って成ったもので、十境に数えられるが、この時は出来上がったばかりか。場所は今の東門のバスプールのあたり。「看雲亭」は【一〇八】注(5)参照。◉(4)**吾常於此切**＝「我れ此の処に於いて心、常に急切なり」（『犂耕』）。「生涯、此の事を念としたうゾ」（『句双紙』）。「切」は「深切（痛切に、深く適切に）、急切（差し迫る、切羽詰る）」の意。『伝灯録』巻十五洞山良价章に、「問う、『三身の中、阿那身か衆数に堕せず』。師曰く、『～』」と。◉(5)**只将老師両句子布施七十員禅仏**＝有り難い御教え、大衆には何よりの振る舞い、と、僧の礼話。この頃は大徳寺も七十余員の所帯になっていたものか。「禅仏」は禅僧を尊んで云う、五台智通や霍山景通は「大禅仏」を自称していたと云う。◉(6)**只有阿你呑吐不下**＝お前さんだけには、呑むも吐くもならぬ、頂けない馳走のようじゃ。「呑吐不下」は『虚堂録』巻一興聖録の冬至小参に見える。

【二〇四の二】

乃《すなわ》ち云く、「(1)是れ個《こ》の水牯牛《すいこぎゆう》（(2)牯牛何《いず》れの処よりか得来《えきた》る、你《なんじ》又た誰《た》が家《いえ》の児《じ》ぞ、叱叱叱《しつしつしつ》、者《こ》の畜生《ちくさん》）、

(3)**山辺水辺《さんぺんすいへん》、頼《さいわ》いに自《みずか》ら無事《ぶじ》**〔(4)有事《うじ》を将《もっ》て無事と為《な》すこと莫《な》かれ、往往《おうおう》に事《じ》は無事より生《しょう》ず、打って云う、叱叱叱」。(5)**今日端《こんにちはし》無く欄裡《らんり》に逗入《とうにゅう》して、鼻貫索頭《びかんさくとう》全《まつた》く別人《べつにん》の手裡《しゅり》に在り**〔(6)牛《うし》、山中《さんちゅう》に来たれば草足《くさた》り水足《みずた》る、牛、山中を出《い》づれば東《ひがし》に触《ふ》れ西《にし》に触《ふ》る」。**行《ゆ》かんと要《よう》すれども也《ま》た能《あた》わず、臥《ふ》せんと要すれども也《ま》た能わず。**(7)**才《わず》かに情《じょう》を恣《ほしいまま》にせんと擬《ぎ》すれば、痛《いた》く鞭策《べんさく》を加《くわ》えて道《い》う、叱、者の畜生と**〔(8)朝打《ちょうだ》三千、暮打《ぼだ》八百。(9)蹄《ひづめ》健《すこや》かにして吟身痩《ぎんしんや》せ、力《ちから》強うして貫索《かんさく》危うし」。(10)**嗚咿嗚《おいお》、只だ自知《じち》す可《べ》し**」。**払子《ほっす》を撃《う》つこと一下《いちげ》す**〔(11)你《なんじ》に牧牛《ぼくぎゅう》の法《ほう》を教《おし》えん、捉《とら》うる則《とき》んば逸《いつ》し、放《はな》つ則《とき》んば随《したが》う、叱《しっ》」。

(1)**是個水牯牛**＝「牧牛ノ法トテ、禅宗デ、第一ノ事ダ、先ヅ腹ヲ立ヌガ、好イ」。◉(2)牯牛何処得来…叱叱叱者畜生＝この水牯牛、何処から得て来た、誰が飼い主か。シッシッシッ、この畜生。『荊叢毒蕊』巻八「牧童」に、「牯牛何処得、你亦誰家児。蹄健吟身痩、力強貫索危。老僧教你牧牛法、捉則逸兮放則随、叱」と。◉(3)**山辺水辺、頼自無事**＝野放しの牛、今まで本来無事とやっていたのは幸い。◉(4)莫将有事為無事、往往事従無事生＝えてして事は無事より起こるもの。『碧巌』二十四本則評唱に、四祖法演（黄龍南下）の語として見える。◉(5)**今日無端…在別人手裡**＝今日結制、訳無くも牛小屋に入れられた、鼻綱を他人に握られて、全くままならない。『碧巌』五十三本則下語に、「鼻孔已《びくうすで》に別人の手裏に在り」と。◉(6)牛来山中…、牛出山中…＝牛本分の家山に入れば（向去底）水も草も養い得て充分、世に出れば（却来底）東に西に自在に遊んで苗稼を犯さず、左右源に逢う（『助桀』）。『五家正宗賛』二に見える、白雲守端が提刑郭祥正の牧牛の純なるを讃えて贈った偈。◉(7)**才擬恣情、痛加鞭策道、叱者蓄生**＝『伝灯録』巻九福州大安章に、「只だ一頭の水牯牛を看るのみ、若し落路入草せば便ち牽出し、若し人の苗稼を犯せば即ち鞭撻して調伏す」と。もと『遺教経』に、「牧牛の人の杖を執って之れを視るが如し、縦逸に人の苗稼を犯さしめず」と。◉(8)朝打三千、暮打八百＝打って打って打ちまくる。【一六の二】注(8)参照。◉(9)蹄健吟身痩、力強貫索危＝蹄が元気すぎて私はしんどい、牛の力が強すぎて鼻綱も切れそう。注(2)参照。◉(10)**鳴咿鳴、只可自知**＝「ベイベイト鳴ク」。アア、(いくら笞で引っぱたいても)自分で悟らないと駄目だ。『虚堂録』巻一興聖録の冬至小参に、「作麼生か遷変に落ちざるを得去る、〜、〜」と見える。「鳴咿鳴」は「鳴咿鳴咿」、「鳴咿」は「人の泣き声、動物の鳴き声、角笛の声」等の象声詞、ここでは牛の鳴き声とも解されるが、『犂耕』に依れば「強いて笑う声」また「呻吟、歎慨の意」を表わすと。◉(11)教你牧牛法、捉則逸放則随、叱＝老僧はお前さんに牛の飼い方を教えよう、捉えんとすれば逃げ、放せば付き従ってくるもの。叱(と、国師にあてた)。注(2)参照。

【二〇五】

(1)**上堂。拄杖《しゅじょう》を卓《たく》して云く、**「(2)**人情《にんじょう》、若し者箇《しゃこ》に似《に》たらば、孔丘《こうきゅう》、顔回《がんかい》を打殺《たさつ》せん**〔(3)大略《たいりゃく》有《あ》る者には、責《せ》むるに捷巧《しょうこう》を以てす可《べ》からず、小智《しょうち》有る者には、任《にん》ずるに大義《たいぎ》を以てす可からず〕。(4)**道情《どうじょう》、若し者箇に似たらば、達磨《だるま》、少林《しょうりん》を失却《しっきゃく》せん**〔(5)晋楚《しんそ》も其の富《とみ》を失《うしな》い、賁育《ほんいく》も其の勇《ゆう》を失う。(6)然《しか》も与麼《よも》なりと雖《いえど》も、更《さら》に須《すべか》らく子細《しさい》にすべし〕」。**便《すなわ》ち下座《げざ》。**

(1)**上堂**＝五月一日の旦望上堂か。◉(2)**人情若似者箇、孔丘打殺顔回**＝「者箇」は拄杖子、国師の真骨頂を具現す。世法のギリギリ端的の処を云えば、孔子もその愛弟子顔回を打ち殺さざるをえない。儒学教団も孔子には本来無縁のもの。「誠ニ、此ノ上堂ナドハ、国師ノ肝ワタヲ写シ出シタ如ク、心腸ヲ傾ケ尽シタ処ガアル」。◉(3)有大略者…、有小智者…＝大きな計略ある者に小技を求めてはならない、小智の者に大義を委ねてはならない。『淮南子』主術訓十三章、但し「大義」は「大功」。◉(4)**道情若似者箇、達磨失却少林**＝仏法のギリギリ端的を云えば、達磨も少林を失う。禅宗教団も達磨には本来無縁のもの。霊源慧桃禅師はこの話を会する者の少ないのを嘆いて、「若し人、此《ここ》に於いて分明に見得せば、此れを真の仏子と名づけん。此れを仏恩に報ずと謂う。然も与麼なりと雖も、知恩の者少なく、負恩の者多し。…常憶江南三月裏、鷓鴣啼処百花香」（『遺録』初巻）と云う。◉(5)晋楚失其富、賁育失其勇＝「コイツニ逢テハ」、どの様な勢力家も力を失う。蘇軾。【二九】注(4)参照。◉(6)雖然与麼、更須子細＝さは云うものの、あらためてよくよく吟味しなくてはいかん。【一の八】注(46)参照。

【二〇六の一】

端午上堂。僧問う、「(1)文殊《もんじゅ》は小男《しょうなん》、誰《た》が為にか薬《くすり》を要《よう》す」。師云く、「(2)古仏廟前《こぶつびょうぜん》、自《みずか》ら顛蹶《てんけつ》す」。進めて云く、「善財童子《ぜんざいどうじ》採《と》り来たるは何の草《くさ》ぞ」。師云く、「(3)無根満地《むこんまんち》、無葉普天《むようふてん》」。進めて云く、「(4)父子《ふし》便《たより》を得《う》る処《ところ》、千古《せんこ》検点《けんてん》に遭《あ》う」。師云く、「(5)你《なんじ》、老成《ろうせい》の勢い有り」。

(1)**文殊小男**＝文殊は「一箇の病の有る」を見ない、根本無差別智の体会者。【四六の一】の端午上堂参照。李通玄『新華厳経論』巻一に、「普賢は長男、文殊は小男（＝童子）」とあり、また『同』巻三十四に、「文殊は法身根本智の妙慧を主《つかさど》り、蒙を発《ひら》き聖に入るの初めと為す故に、文殊を号して童子と為す」と見える。◉(2)**古仏廟前自顛蹶**＝古仏廟の前、求道行脚の出発時点ですでに誤る。馳求心不息である。「顛蹶」は「つまずき倒れる」。「古仏廟」は『華厳経』入法界品に見える、福城（覚城とも、マガダ国の伽耶城）の東、沙羅林中にあり、往昔諸仏の止住教化した大塔廟、ここで善財童子は文殊に逢い、その指南に依って求道の旅に出た出発点でもあった。禅録では善財採薬の話がこの入法界品とダブって問題とされる。【一三の二】参照。『雪竇録』巻一には、「古仏廟前、此の時、参じ畢《お》わんぬ」と。◉(3)**無根満地、無葉普天**＝乾坤に充塞す、その根や無根、その葉や無葉。「無根無葉」は例えば、『禅林類聚』巻十六の三十七丁に、保寿恩禅師、拄杖を拈起して云う、「天台より得て比倫を絶す、従来無葉又無根。…」と有るごとく、「那一物」を指す語。「無根樹」は、【四二の一】注⑽参照。◉⑷**父子得便処、千古遭検点**＝文殊善財が唱和してうまくやったと思ったところ、千年後の今に国師の検責点破を受ける羽目になりましたな、と、僧の賛辞。「得便」は「①よい機会にめぐり会う、付け入る。②便利で早い」の意。『碧巌』八十一本則評唱に、「千古の下、人の検点に遭う」と。◉⑸**你有老成之勢**＝（お前さんはまだ若いのに）老成の風があるな、と弄したところ。この僧は華厳にも精通した、なかなかの手練。

【二〇六の二】

乃《すなわ》ち云く、「⑴端午天中《てんちゅう》の節、⑵土《ど》を呪《じゅ》し壁《へき》に書《しょ》することを用《もち》いず「⑶土を呪し壁に書す、愛《あい》す可《べ》し敬《けい》す可し。⑷直下是《じきげぜ》、東《ひがし》を指《さ》し西《にし》を画《かく》す可《べ》からず」。**只だ一神呪《いちじんしゅう》を以て一切の妖怪《ようかい》を消殞《しょういん》し、⑸仏病《ぶつびょう》祖病《そびょう》を除却《じょきゃく》す**「⑹者《こ》の一怪《いっかい》尤《もっと》も遺除《けんじょ》し難《がた》し、土《つち》を掘《ほ》って深く埋《う》めよ。⑺賈《こ》は多端《たたん》なれば則ち貧《まず》しく、工《こう》は多技《たぎ》なれば則ち窮《きゅう》す」。**且《しば》らく道《い》え、是れ那箇《なこ》の神呪ぞ**「⑻美食《びしょく》も飽人《ほうじん》の喫《きつ》に中《あた》らず。⑼魯人《ろひと》の、身《み》は善《よ》く冠《かん》を制《つく》り、妻《つま》は善く履《くつ》を織《お》るもの、往《ゆ》きて越《えつ》に徙《うつ》りて大いに困窮《こんきゅう》せり。其の修《おさ》むる所《ところ》を以て不用《ふよう》の郷《きょう》に遊《あそ》べばなり」」。**便ち威《い》を振るって一喝《いっかつ》す。**

⑴**端午天中節**＝この章は【四六の二】と略同じ。◉⑵**呪土書壁**＝【一三の二】注⑶参照。◉⑶呪土書壁、可愛可敬＝「相応ニ祈祷スルモ面白イ」。◉⑷直下是、不可指東画西＝直下のところがそのままよいに、とりとめもないことをしなさるな。「指東画西」は「指東劃西」とも、「①とりとめなく話する、②いろいろ手振り身振りをする」の意。◉⑸**除却仏病祖病**＝【七六の二】注⑷参照。◉⑹者一怪尤難遺除、掘土深埋＝国師の神呪こそ最も除き難い、深く埋めて仕舞いめされ。◉⑺賈多端則貧、工多技則窮＝商人は多くの商売に手を広げれば却って失敗し、職人は多くの

技術を身につければ却って行き詰まる。『淮南子』詮言訓十四章。◉(8)美食不中飽人喫＝此の方は腹一杯食っている、そなたの馳走は不要じゃ。【二一の二】注(9)参照。◉(9)魯人身善制冠…而遊不用之郷＝魯の人で、自身は上手に冠を造り、妻は上手に布靴を織るものがいたが、越の国に移住して、たいそう生活に困ってしまった、身に付けた業をたよりとしながら、それが無用の所に赴いたからである。『淮南子』説山訓十章。

【二〇七】

(1)**上堂。挙《こ》す。「三祖云《さんそいわ》く、『**(2)**一即《いち》ち一切《いっさい》、一切即ち一《いち》**「(3)大火聚《だいかじゅ》の如く、熱鉄橛《ねってつけつ》の如く、獅子《しし》の乳《にゅう》の如く、象王《ぞうおう》の鼻《はな》の如く、鴆鳥《ちんちょう》の尾《お》の如く、悪虎《あくこ》の牙《きば》に似《に》たり」』と」。**驀《まく》に拄杖《しゅじょう》を拈《ねん》じて云く、「三祖大師《だいし》、**(4)**非非《ひひ》想天《そうてん》に在って、**(5)**一箇《いっこ》の木槵子《もっかんす》を擲下《てきげ》して、諸人《しょにん》の眼睛《がんぜい》を換却《かんきゃく》す**「(6)荷《はす》尽きて已《すで》に雨《あめ》を擎《ささ》ぐる蓋《かさ》無く、菊残《そこな》われて猶《な》お霜《しも》に傲《おご》る枝《えだ》有り。(7)戊子《ぼし》に制《せい》を受《う》くれば、則ち老《ろう》・鰥《かん》・寡《か》を養《やしな》い、粰麴《ふしゅく》を行ない、恩沢《おんたく》を施《ほどこ》す」。(8)**忽爾《こつじ》として下《くだ》り来たって旋転舞踏《せんてんぶとう》す**「(9)廬山《ろざん》の真面目《しんめんもく》を識《し》らざることは、只だ身《み》の此の山中《さんちゅう》に在《あ》るに縁《よ》る」、**恰《あたか》も独楽《こま》の如し**「(10)毘婆尸仏《びばしぶつ》早《はや》く心《こころ》を留《と》むも、直《じき》に而今《いま》に到るまで妙《みょう》を得《え》ず」。**而《しか》も**(11)**諸人の見ず知らざるを見て**「(12)嫌《きら》うこと莫《な》かれ、襟上斑斑《きんじょうはんぱん》の色《いろ》、是れ妾《しょう》が灯前《とうぜん》に泪《なんだ》を滴《した》てて縫《ぬ》う」、**高声《こうせい》に唱《とな》えて云く、『**(13)**亀《き》毛《もう》長きこと三尺《さんじゃく》、兎角《とかく》長きこと七尺《しちしゃく》**「(14)夢中《むちゅう》に射落《いお》とす蟭螟《しょうめい》の窠《か》、眼《まなこ》を開《ひら》いて看来《みき》たれば縫罅《ほうか》無し」』と」。**拄杖《しゅじょう》を卓《たく》すること一下《いちげ》して云く、「**(15)**参《さん》**」。

(1)**上堂**＝書き入れに、「南泉長沙如キ、言句ニ妙ヲ得タ人デモ、是等ノ上堂ヲ見ラレタラ、ビックリスルデアロウ」。◉(2)**一即一切、一切即一**＝『信心銘』。【一四八】注(2)参照。◉(3)如大火聚…似悪虎牙＝「大火聚」「熱鉄橛」は近傍し難き本分を示す。「獅子乳」は『華厳経』入法界品に見えるが、他のものを消尽する如来の金剛力を云う、「譬えば牛馬羊の乳合して一器に在り、師子乳を以て彼の器の中に投ぜば、余乳は消尽して直に過ぎ礙げ無きが如し。如来師子菩提心乳も、無量劫所積の諸業煩悩乳の中に著けば、皆な悉《ことごと》く消尽す」（大正九・七七八下）と。「象王鼻」は『元弘釈書』巻八、浄禅三の三、仏光国師無学祖元の『鎖口訣』に列祖の機の「勢い当たるべからざる様」を譬えて、「師子の筋の如く、象王の鼻の如く、天鼓の声の如く、鴆鳥の尾の如し。云々」と云う。もと『大般若経』巻三八一に仏三十二相の第九に、「世尊の双臂は脩直円、象王の鼻の如く平立するに膝を摩す」とあるを踏まえる。「鴆鳥」は毒鳥、【一〇の二】注⑾参照。◉⑷**非非想天**＝非想非非想天の略、無色界の第四天、有頂天のこと。「前の七地（四禅三無色）の麁想に非ざれば名付けて非想と為し、また細想ある故に非非想と名づける」（『倶舎頌疏』巻三）。外道の最高境地なれども、仏教ではなお生死の境界となす。書き入れに、「了簡・思想ヲ離タ、不思善不思悪ノ極処」と。『碧巌』三十三、雲門と陳尚書の問答にも見える。◉⑸**擲下一箇木槵子、換却諸人眼睛**＝眼を潰し、本分の眼に取り替える。【一二二の二】注⑶参照。◉⑹荷尽已無擎雨蓋、菊残猶有傲霜枝＝蓮は枯れて、雨にひろげていた傘のような葉はもう見えぬ。菊もしおれて、霜に耐える強い茎を残すばかり。蘇東坡の「贈劉景文」詩に、「〜、〜。一年の好景、君須らく記すべし、正に是れ橙黄橘緑の時」と。◉⑺戊子受制則養老鰥寡、行粰鬻施恩沢＝戊子に（土徳の）政令を受けたときは、老人や身寄りのない男女を保護し、（餓えた人に）かゆを与え、恩恵を施す。『淮南子』天文訓の十章。【二〇二】注⑿参照。◉⑻**忽爾下来、旋転舞踏、恰如独楽**＝向下門に転じた所。「ボンサマトテ、男ジャナイカ、ケリョウ（仮令）タブサ（髻）ノ、ナイ斗リ、ト云テ、ヲドル」。◉⑼不識廬山真面目、只縁身在此山中＝廬山の真の姿が分からないのは、自分が山中にいるからなのだ。蘇東坡の「西林《さいりん》の壁《へき》に題す」詩に、「横《よこ》に看れば嶺《れい》と成り、側《かたわら》には峰《ほう》と成る、遠近高低各《おの》おの同じからず。〜、〜」と。◉⑽毘婆尸仏早留心、直到而今不得妙＝空劫以前より心を留めてきても、現在に到るも埒の開くときなし。「毘婆尸仏」は過去七仏の第一仏。『無門関』二十二、もと『仏祖綱目』巻二十七に、「（梁武）帝嘗て画工の張僧繇《ちょうそうよう》に詔して、誌公の像を写せしむ。僧繇、筆を下すに、輒《すなわ》ち自ら定まらず。誌、遂に指を以て面門を引き裂き破って、十二面観音の相を出だす、或いは慈、或いは威。繇竟《ようつい》に写すこと能わず。誌曰く、〜、〜」（史十六・四四四）と。底本は「不」を「未」に作る。◉(11)**見諸人不見不知**＝底本の訓みは「諸人を見るに、不見不知《ふけんふち》」であるが、いまは『国訳禅宗叢書』の訓みに従った。『宗鏡録』巻二十三に、「且らく知見に四有り。一に、知而不見、初地より九地に至るまで。二に、見而不知、即ち十地なり。三に、亦見亦知、唯仏のみ。四に、不見不知、地前の異生等」とあり、「不見不知」は十地以前の凡夫の知見を云う。◉(12)**莫嫌襟上斑斑色、是妾灯前滴涙縫**＝遠国に居る夫に、縷々思いを込めて涙を襟に落して縫う。『錦繍段』。【四四】注(9)参照。◉(13)**亀毛長三尺、兎角長七尺**＝「無中に強いて有を生ず、亦た是れ勦絶すべし」（『犂耕』）。『会元』巻十二涼峰洞淵（瑯琊覚下）に、「亀毛長二丈、兎角長八尺」。「亀毛兎角」は『楞伽経』巻二、『楞厳経』巻一等に見える、「名のみ有って実なし」の意。◉(14)夢中射落蟭螟窠、開眼看来無縫罅＝「蟭螟」は「焦螟」とも、「蚊の睫に巣くうと云う小虫」。【一三八の二】注(6)参照。「窠」は「鳥の巣」。「縫罅」は「綻び、隙間」。夢の中で、射にうまくなって蟭螟の巣を射落としたと思ったが、眼を開いて見てみれば何ごとも無かった。雪峰慧空（黄龍下三世）『東山外集』上の十六、「送璉兄之雲門」頌に、「人は言う禅を学ぶは射を学ぶが如しと、誤り得たり同流をして天下に走らしむを。〜、〜。兮不為差。万煆《か》鈩中に尾靶《は》を尋ぬ。翻身せば老雲門に築著せん、古より風顛を普化と称す」。◉(15)**参**＝更に参ぜよ。【八九】注(15)参照。

【二〇八】

上堂。横《おう》に拄杖《しゆじよう》を按《あん》じて挙《こ》す。「(1)**芭蕉《ばしよう》、衆《しゆ》に示して云く、『你《なんじ》に拄杖子《しゆじようす》有らば、我れ你に拄杖子を与《あた》えん**〔(2)鶯《うぐいす》は春《はる》の暖《あたた》かなるに逢《あ》うて歌声滑《かせいなめら》かに、人《ひと》は時《とき》の平《たい》らなるに遇うて笑瞼開《しようけんひら》く。(3)母在《ははいま》せば一子寒《いつしさむ》からん〕、**你に拄杖子無くんば、我れ你が拄杖子を奪《うば》わん**〔(4)桃花満地《とうかまんち》に春将《はるまさ》に半《なかば》ならんとす、杜宇帰《とうき》を催《もよお》して月三《つきさん》を過《す》ぐ。母去《ははさ》らば三子《さんし》寒からん〕』**と**」。**拈《ねん》じて云く、**「(5)**芭蕉与奪《よだつ》は無《な》きにあらず、只だ是れ擒縦《きんじゆう》未在《みざい》**

〔(6)白鷺《はくろ》、田《でん》に下《くだ》る千点《せんてん》の雪《ゆき》、黄鶯《こうおう》、樹《じゅ》に上《のぼ》る一枝《いっし》の花《はな》。(7)積羽《せきう》も船を沈め、群軽《ぐんけい》も軸を折る〕。**(8)山僧《さんぞう》、尋常《よのつね》、皴皴鱗鱗地《しゅんしゅんりんりんち》に向かって人《ひと》を出《い》ださんと要《よう》す、猶《な》お一半《いっぱん》を救《すく》い得《え》ざること在《あ》り**〔伏《ふ》して乞《こ》う和尚、人を出だすことを休《や》めよ。(9)瞎漢《かっかん》、誰《たれ》か千尺井中《せいちゅう》に在る〕、**(10)豈《あ》に況《いわ》んや山形辺《さんぎょうへん》の事《じ》を吐出《としゅつ》するをや。太《はなは》だ遠《とお》くして遠し**〔(11)脩脛《しゅうけい》なる者には之れをして钁《かく》を跖《ふ》ましめ、強脊《きょうせき》なる者には之れをして土《つち》を負《お》わしめ、眇《すがめ》なる者には之れをして準《じゅん》せしめ、傴《せかがま》れる者には之れをして塗《ぬ》らしむ〕」〕。**拄杖を卓《たく》すること一下《いちげ》す。**

(1)**芭蕉示衆云、你有拄杖子我与你拄杖子**…＝有ると云うのなら更に与え、無いと云うのなら更に奪う。『会元』巻九新羅国人の芭蕉慧清禅師（南塔涌嗣）の章、『無門関』四十四則等に見える。拄杖子は「那一物」を指す、有るとも云えず無いとも云えず、「芭蕉、与えて奪い、奪って暗に与える」（『無門関西柏鈔』）。◉(2)鶯逢春暖歌声滑、人遇時平笑臉開＝（芭蕉自在の示衆に対し）鶯は暖かな春になって歌声滑らかになり、人は太平の時節になって笑顔をみせる。【二〇一】注(4)参照。◉(3)母在一子寒、母去三子寒＝孔子の弟子で、孝行で有名な閔損子騫《びんそんしけん》の語。冬に継母が実子には綿入れを着せても、子騫には薄衣一枚をのみ著せているのを知った父が離縁しようとした時、閔子騫が「母がおれば一子凍えるのみですが、母が居なくなれば三子とも凍えるでしょう」と答え、継母も心を改めた話。『蒙求』二九六「閔損衣単《いたん》」、但し「三子寒」は「三子単」。◉(4)桃花満地春将半、杜宇催帰月過三＝桃の花は辺り一面に春半ば、子規は三更夜半、「不如帰《ふじょき》」と啼いて帰りを促す。『虚堂録』巻二宝林録、「会得せば、桐花落地春将半、然らずんば、杜宇催帰月過三」と。◉(5)**芭蕉与奪不無、只是擒縦未在**＝芭蕉さんの与奪では手ぬるい、未在。「擒・縦」も「奪・与」に同じく、把住と放行の師家の妙用。次に国師の奪与、擒縦を挙揚す。『碧巌』八十五垂示に、「忽に擒、忽に縦、是れ衲僧の拄杖子なり」と。◉(6)白鷺下田千点雪、黄鶯上樹一枝花＝（国師の拈語に対し）田の白鷺の群れは点々雪にも紛《まが》い、樹上の鶯は花かと疑われる。『会元』巻十五奉先道深（雲門下）の語に、古人曰くとして見える。◉(7)積羽沈船、群軽折軸＝（未在に掛けて）羽毛も集積すれば船を沈め、軽い荷も集積すれば車軸を折る（意は、微を慎む）。【五一の三】注⑶参照。◉⑻**山僧尋常…猶不救得一半在**＝国師の擒。常には、荒木そのままの拄杖子でこれぞと思う者を打ち出さんとしているが、半箇すら打ち出すことも難しい。「皴皴鱗鱗地」は「黒鱗皴地」とも、「木の皮膚の鱗の皺の如き」、「無分暁の本分地」を云う。【七五の二】注⑹参照。◉⑼瞎漢、誰在千尺井中＝（出だすに掛けて）人を出だすなんて休めなさい、誰も救い出すような人は井戸の底にはいませんよ。『碧巌』十八本則評唱に耽源曰く、「咄《とつ》、痴漢、誰か井中に在る」と。◉⑽**豈況吐出山形辺事、太遠之遠矣**＝国師の縦。ましてや、「有りのまま、そのまま」などと吐かして許せば、到底おぼつかず、遠くして遠し。「山形辺事」は、「山だしの、琢磨せず、そのまま」の意、「鱗皴地」に同じく拄杖子の形容。◉⑾脩脛者…強脊者…眇者…傴者…＝（国師の擒縦自在の為人を殷の宰相伊尹《いいん》に比して）脚の長い者には大鋤を踏ませ、体のがっちりした者には土塊を背負わせ、片目の者には水平を測らせ、せむしの者には壁を塗らせた。『淮南子』斉俗訓十七章に、「故に伊尹の土功を興すや」に続く文で、「各おの宜しき所有りて人の性は斉し」で終わる。

【二〇九の二】

解夏《かいげ》上堂。僧問う、「⑴三通《さんつう》の鼓罷《くや》んで、四衆《ししゅえん》筵に臨《のぞ》む。好箇《こうこ》の時節《じせつ》、請《こ》う挙揚《こよう》を聞かん」。師云く、「⑵崑崙《こんろん》に生鉄《さんてつ》を嚼《か》む」。進めて云く、「九旬《くじゅん》期《き》已《すで》に満《み》つ、⑶衲僧脚頭闊《のうそうきゃくとうひろ》し。正当恁麼《しょうとういんも》の時、如何《いか》なるか是れ自恣《じし》の一句」。師云く、「⑷榔標横《しつりつおう》に担《にな》って人《ひと》を顧《かえり》みず、直《じき》に千峰万峰《せんぽうばんぽう》に入《い》り去《さ》る」。進めて云く、「記得《きとく》す、洞山《とうざん》云く、『⑸初秋《しょしゅう》夏末《げまつ》、直《じき》に須《すべか》らく万里無寸草《ばんりむすんそう》の処《ところ》に向かって去《さ》るべし』と。意旨如何《いしいかん》」。師云く、「⑹歩歩《ほほ》、清風起《せいふうお》こる」。進めて云く、「石霜《せきそう》云く、『門《もん》を出《い》づれば便ち是れ草《くさ》』と。又た作麼生《そもさん》」。師云く、「⑺草鞋露《そうあいつゆ》に和《わ》して重《おも》し」。進めて云く、「和尚恁麼《いんも》の答話《とうわ》、⑻為《は》た是れ古人の与《ため》に気《き》を出《い》だすとせんか、為《は》復た古人の与《ため》に屈《くつ》を雪《そそ》ぐとせんか」。

師云く、「⑼平蕪《へいぶ》尽くる処《ところ》是れ青山《せいざん》」。進めて云く、「与麼《よも》ならば、則ち⑽一言別路《いちごんべつろ》無し、万世《ばんせい》尽《ことごと》く帰《おもむき》を同《おな》じうす」。師云く、「⑾傍観《ぼうかん》、分《ぶん》有り」。進めて云く、「⑿只だ老師の四五転《しごてん》の話《わ》を将《も》て、甘《あまな》って九夏《きゅうげ》賞労《しょうろう》の功《こう》に当《あ》つ」といって便ち礼拝《らいはい》す。師云く、「⒀謂《い》つ可し、南北東西皆な可可《かか》と」。

⑴**三通鼓罷、四衆臨筵**＝『勅修清規』「法器」章に云う、「法鼓は凡そ住持、上堂、小参、普説、入室、並に之れを撃つ。鼓を撃つの法、上堂の時は三通…小参一通、普説五下、入室三下」と見える。『大応録』崇福録七十六章参照。◉⑵**崑崙嚼生鉄**＝なま鉄の丸かじり。【一八の一】注⑵参照。◉⑶**衲僧脚頭闊、正当恁麼時如何是自恣一句**＝「脚頭闊」は広々と行脚自在の様を云う。「自恣」は【一九の一】注⑴参照。◉⑷**榔標横担不顧人、直入千峰万峰去**＝拄杖を横に担いで、わき目も振らずにあの山この峰と行脚しよう。厳陽尊者の送僧の偈。【一五七の一】注⑿参照。◉⑸**秋初夏末直須、向万里無寸草処去**＝【五一の二】注⑽、【五二の二】注⑸参照。◉⑹**歩歩清風起**＝【一五七の二】注⒃参照。◉⑺**草鞋和露重**＝草鞋が湿って歩きにくい。【一九一の二】注⒀参照。◉⑻**為是与古人出気、為復与古人雪屈**＝石霜・洞山の二古人の為に一気炎を添えられたのでしょうか、それとも古人の悔しい思いを晴らされたのでしょうか。「出気」は「①息をする、つく。②うっぷんを晴らす、無念を晴らす。③溜め息をつく。④元気を出す」等多義である。『碧巌』五十五本則下語には、「先師（道悟）の与《ため》に出気」とあり、「道悟の為に息をさせる」（『秘鈔』）、「道悟已に無生に入る、漸源好く言句を吐いて先師の法を掲起す」（『種電鈔』）。「雪屈」は『会要』巻二十漸源の章に、「道悟の与《ため》に雪屈」とあり、「屈」は「悔しい思いをする、無実の罪を着せられる」の意。◉⑼**平蕪尽処是青山**＝「平蕪」は雑草の生い茂った原野、その尽くる処に青山（本分の家山）がある。『五祖録』に、「～、行人更在青山外」（禅十二・四二〇上）と、もと欧陽修『六一詞』の「踏莎行」。◉⑽**一言無別路、万世尽同帰**＝然らば、「石霜モ和上モ」同一言、「西天四七、東土二三」も皆な同帰。国師と古仏と同一路。◉⑾**傍観有分**＝傍目《おかめ》八目。『碧巌』十四頌下語。【九の三】下語、但し

「分」は「眼」。◉(12)**只将老師四五転話、甘当九夏賞労之功**＝「転話」は「転語」とも。先刻老師のお言葉で今夏の苦労もすっかりねぎらって頂きました。「甘」は「喜んで」の意。「賞労」は【一八の二】注(7)参照。◉(13)**可謂南北東西皆可可**＝南北東西いずれに参るも宜しかろう。天上天下唯我独尊。『碧巌』四十本則評唱に、法眼云う、「渠《か》れは渠れが渠れ、我れは我れが我れ。南北東西、皆な可可。可可、不可可。但だ唯《ひと》り我れ可ならずということ無し」と。

【二〇九の二】

乃《すなわ》ち挙《こ》す。「(1)**翠巌、夏末《げまつ》、徒に示す、『一夏已来、兄弟《ひんでい》の為に東説西話《とうせつせいわ》す**〔(2)東家《とうか》の母《はは》死《し》して、其の子《こ》之れを哭《こく》すに哀《かな》しげならず、西家《さいか》の子《こ》之れを見て返《かえ》りて其の母に謂《い》いて曰く、社《しゃ》何ぞ速《すみ》やかに死するを愛《お》しむか、吾《わ》れ必ず社《しゃ》を悲哭《ひこく》せんと。夫《そ》れ其の母の死を欲《ほっ》する者は、死せりと雖《いえど》も亦た悲哭すること能《あた》わざらん〕。**看《み》よ、翠巌《すいがん》が眉毛《びもう》在りや**〔(3)学《まな》ぶに暇《いとま》あらずと謂《い》う者は、暇ありと雖も亦た学ぶこと能《あた》わざらん〕』。**保福《ほふく》云く、『賊《ぞく》を作《な》す人《ひと》、心虚《こころいつ》わる**〔(4)矢《や》の疾《はや》きも二里《にり》を過《す》ぎざるなり、歩《ほ》の遅《おそ》きも百舎休《ひゃくしゃやす》まざれば、千里《せんり》致《いた》す可《べ》し〕』。**長慶《ちょうけい》云く、『生ぜり**〔(5)画《かく》、灰《はい》に随《したが》いて月運闕《げつうんか》け、鯨魚《げいぎょ》死《し》して彗星出《すいせいい》づ〕』。**雲門《うんもん》云く、『関《かん》**〔(6)既往《きおう》は咎《とが》めず〕』」。**師云く、「三大老、倶《とも》に隻手《せきしゅ》を出だして翠巌の家風を扶樹《ふじゅ》す**〔(7)狂者東《きょうしゃひがし》に走《はし》れば、逐《お》う者も亦た東に走る。走《はし》ることは同《おな》じうするも、走る所以《ゆえん》は則ち異《こと》なる。溺《おぼ》るる者水《みず》に入《い》れば、之れを拯《すく》わんとする者も亦た水《みず》に入《い》る。水に入ることは同じうするも、水に入る所以《ゆえん》は則ち異なる〕。**龍宝今夏《りゅうほうこんげ》兄弟《ひんでい》の為に説話せず**〔(8)樹《き》は密《みつ》にして猿声響《えんせいひび》き、波《なみ》は澄《す》みて雁影深《がんえいふか》し〕、(9)**看よ眉毛《びもう》、箭簳《せんかん》の如く長きこと数寸、只だ是れ人の覰破《しょは》することを欠く**〔(10)任他《さもあらば》あれ、滄海《そうかい》は変ずるとも、終《つい》に君が与《ため》に通《つう》ぜず。(11)把定《はじょう》する則《とき》は黄絹幼婦《こうけんようふ》、放行《ほうぎょう》する則は外孫虀臼《がいそんせいきゅう》〕。**然《しか》も是《かく》の如くなりと雖も、**(12)**落霞《らっか》と孤鶩《こぼく》と斉《ひと》しく飛《と》び、秋水長天《しゅうすいちょうてん》と共《とも》に一色《いっしょく》**〔(13)驪龍頷下《りりゅうがんか》の珠《たま》を撃砕《げきさい》して、鳳凰五色《ほうおうごしき》の髄《ずい》を敲《たた》き出《い》だす。(14)猶《な》お足《あし》を削《けず》りて履《くつ》に適《てき》し、頭《あたま》を殺《そ》ぎて冠《かん》に便《べん》ずるがごとし」」。

⑴**翠巌夏末示徒…**＝【一八の三】参照。◉⑵東家母死…不能悲哭矣＝東家の母親が死んだが、その子の哭泣は一向に哀しそうでなかった。西家の子がこれを見て、帰って来てその母親にこういった、「お母さん、どうして早く死のうとなさらないのですか。僕ならきっと悲しみをこめて哭泣しますから」。いったい自分の母親の死を願うような者は、たとえ亡くなったとしても悲しみをこめて哭泣することは出来ない。『淮南子』説山訓九章。「翠巌ガ肚ノ中ヲ見ホサネバ、此ノ下語ハ見エヌ」。◉⑶謂学不暇者、雖暇亦不能学矣＝「眉毛ガヌケタト云ヤツ、油断ハナラヌ」。『淮南子』説山訓九章、前文に続いて、（同様に）学問をするに暇がないなどというものは、たとえ暇があっても学問することは出来ない。◉⑷矢疾不過二里也、歩之遅百舎不休千里可致＝矢は速く飛ぶと云っても、たかだか二里を過ぎない。歩くことは遅いが、百泊の行程を休みなく続ければ、千里にも到達することが出来る。『淮南子』説林訓二十一章。◉⑸画随灰月運闕、鯨魚死而彗星出＝蘆の灰を使って窓の下の月光の中で円を描き、その円綸の一部を欠くと、月暈も欠けてくる。また大鯨が死ぬと彗星が出る。『淮南子』覧冥訓三章に物類の感応を説く、今日の風水占の類《たぐい》。◉⑹既往不咎＝過ぎ去った事はかれこれ詮索に及ばない。『論語』八佾篇。◉⑺狂者東走逐者亦東走…、溺者入水拯之者亦入水…＝狂人が東に向かって走れば、それを追うものもやはり東に向かって走る。東に走るという点では同じであるが、走るわけは違う。溺れる者が水中に入れば、それを救おうとするものもやはり水中に入る。水の中に入る点では同じであるが、そのわけは違う。『淮南子』説山訓十二章。「扶樹スル事ハ同ジコトナレドモ、思ワクハ違ウ」。◉⑻樹密猿声響、波澄雁影深＝鬱蒼と茂る樹木の中に猿の声がひびき、水は清らかに澄んで雁の影が深く映っている。「ココラハ詩家ノ妙所ナレドモ、云ワレタモノデハナイ」。『三体詩』五律、許渾《きょこん》「七里灘《たん》」の第三聯、「栄華暫時事、誰識子陵心」と続く。◉⑼**看眉毛如箭簳長数寸、只是欠人覷破**＝「ヲラガ、マユゲヲ、見テガナイ、知音ガナイ」。『虚堂録』

巻一報恩録に、「衲僧家、眉如箭簳、眼似銅鈴」と。「眉、箭簳（やがら）の如し」は「霊利の相」を云う。◉(10)任他、滄海変、終不与君通＝たとい海が桑田に成ったとしても、云われない。『首山念録』に、「如何なるか是れ世尊不説の説」と問われて答えた語（禅十一・二四五）。『無門関』二十七頌にも見える。「滄海変」は西晋葛洪《かっこう》の『神仙伝』麻姑に見える、永劫の時を示す語。◉(11)把定則黄絹幼婦、放行則外孫虀臼＝把定するときは「絶妙」、放行するときは「好辞」。【六一】注(15)参照。◉(12)**落霞与孤鶩斉飛、秋水共長天一色**＝夕焼け雲は一羽の鴨とならんで飛び、秋の水は大空と一色。「是ヲ、知リタクバ、関ノ字ヲ見ヨ」。王勃の滕王閣序。【三九の一】注(7)参照。◉(13)撃砕驪龍頷下珠、敲出鳳凰五色髄＝驪龍頷下の珠（『荘子』列御寇）を打ち砕き、鳳凰を裂いて五色の髄を叩き出す。どんな宝も棄て尽くせ。貫休《かんきゅう》（石霜諸下）『禅月集』巻四の「擬君子有所思二首」（『全唐詩』巻八二七）、但し「撃」は「撲」、「頷下」は「明月」。◉(14)猶削足而適履、殺頭而便冠＝足を削って靴にあてはめ、頭をそいで冠帽に合わせるようなもの。『淮南子』説林訓四章。

【二一〇】

八月旦《たん》上堂。拄杖《しゅじょう》を拈《ねん》じて云く、「(1)**向上《こうじょう》の一路《いちろ》、千聖《せんしょう》不伝《ふでん》**（(2)向上の一路、頭頭《ずず》顕露《けんろ》。(3)山《やま》、金《きん》を生《しょう》じて、反《かえ》って自《みずか》ら刻《こく》せられ、木《き》、蠹《と》を生《しょう》じて、反って自ら食らわれ、人《ひと》、事《こと》を生《しょう》じて、反って自ら賊《そこな》わる）、(4)**八月初一《しょいち》、龍宝山前《りゅうほうさんぜん》**（(5)猛虎《もうこ》は机上《きじょう》の肉《にく》を顧《かえり》みず、洪炉《こうろ》は豈《あ》に嚢中《のうちゅう》の錐《すい》を鋳《い》らんや。(6)貍《ねこ》は鼠《ねずみ》を執《と》れども庭《にわ》に脱《はな》つ可《べ》からざるは、鶏《にわとり》を搏《う》つが為なり）」。**拄杖《しゅじょう》を卓《たく》して下座《げざ》。**

(1)**向上一路、千聖不伝**＝向上の一路は三世歴代の諸仏諸祖、千百の賢聖も伝える事の出来ない、不伝の伝。「鵠林卓拄杖云、是向上之一路カ、大灯ノト鵠林ガノト、一ツカ、二ツカ」。『伝灯録』巻七盤山宝積（馬祖下）章に、「若し即心即仏と言わば、今時未だ玄微に入らず、若し非心非仏と言わば、猶お是れ指蹤の極則なり。〜、〜、学者形を労すること猿の影を捉うるが如し」と。【三一七】参照。◉(2)向上一路、頭頭顕露＝「〜、ドコモ、カシコモ、沢山アルゾ」。後句は浮山遠禅師九帯の「金鍼双鎖帯」に、「〜、物物明真」と。【二の二】注(6)参照。◉(3)山生金反自刻…人生事反自賊＝山は金を生じて、かえって自ら刻まれ、木は蠹（きくいむし）を生じて、かえって自ら蝕まれ、人は事を為して、かえって自らそこなう。『淮南子』説林訓二十三章。「只無事ニ、ハタラクガヨイ」。◉(4)**八月初一、龍宝山前**＝即今、目前。「背戸《セド》モ、門《カイド》モ、向上ノ一路ナドト、スマスト、罪過弥天、抜舌ジャゾ」。◉(5)猛虎不顧机上肉、洪炉豈鋳囊中錐＝猛虎はまな板の上の肉などには目もくれない、巨大な溶鉱炉はけちな錐など造りはしない。『李太白集』巻六「笑《しょう》歌行《かこう》」、但し「顧」は「看」、「豈」は「不」。◉(6)貍執鼠而不可脱庭者、為搏鶏也＝ねこは鼠をとるが庭に放し飼いにできないのは、鶏をおそうからである。『淮南子』泰族訓二十六章に見え、「故に事は、小に利有れども大に害あり、此に得れども彼に亡《うしな》う者あり」と続く。「国師ノ八月初一ト鵠林ガ下語ト、是レ同カ、是レ別カ、大衆道将一句来」。

【三一二】

(1)**中秋《ちゅうしゅう》上堂。挙《こ》す。「(2)長沙《ちょうしゃ》、仰山《きょうざん》と月を翫《もてあそ》ぶ次《つい》で、仰山、月を指《さ》して云く、『人人《にんにん》尽《ことごと》く這箇《しゃこ》有り、只だ是れ用不得《ゆうふとく》**〔(3)文殊提起《もんじゅていき》す殺人刀《せつにんとう》、浄名《じょうみょう》抽出《ちゅうしゅつ》す活人剣《かつにんけん》。(4)磁石《じしゃく》の能《よ》く鉄《てつ》を連《つら》ねるを以て、其の瓦《かわら》を引《ひ》かんことを求《もと》むれば則ち難《かた》し〕』。**長沙《ちょうしゃ》云く、『(5)恰《あたか》も你《なんじ》を倩《やと》うて用《もち》いん那《か》**〔(6)一《ひと》りは文《ぶん》、一《ひと》りは武《ぶ》、偶《たま》たま相逢《あいあ》うて説き尽くす英雄《えいゆう》各《おの》おの同《おな》じからず〕』。**山云く、『(7)你《なんじ》試《こころ》みに用《もち》い看《み》よ**〔(8)物《もの》は震《ふる》わざれば発《はっ》せず、士《し》は激《げき》せずんば勇《ゆう》ならず〕』。**長沙、(9)一踏《いっとう》に踏倒《とうとう》す**〔(10)可惜許《かしゃっこ》、他《た》の陥阱《かんせい》に踏入《とうにゅう》す。(11)賊《ぞく》は是れ小人《しょうじん》、智《ち》、君子《くんし》に過《す》ぎたり〕。(12)**仰山、起《お》き来たって云く、『你《なんじ》大いに個《こ》の大虫《だいちゅう》に似《に》たり**〔(13)乱極《らんきわ》まらざれば則ち治形《ちあら》われず。(14)人《ひと》を殺《ころ》さんには須《すべか》らく血《ち》を見《み》るべし〕』**と」。師云く、「(15)仰山、起き来たって、果然《かぜん》として用不得《ゆうふとく》と**

道わば、長沙、脚《あし》を擡《もた》げ起《お》こさざることを見尽くさん〔(16)智人《ちじん》の明鑑《めいかん》、仏法の至論《しろん》。(17)国《くに》を治《おさ》むるは田《た》を耨《くさぎ》るが若《ごと》く、苗《なえ》に害《がい》する者を去《さ》らんのみ〕。**然《しか》も恁麼《いんも》なりと雖《いえど》も、(18)月《つき》は中秋《ちゅうしゅう》に到って満《み》ち、風《かぜ》は八月《はちがつ》より涼《すず》し**〔(19)夫《そ》れ能く殺《ころ》す者は鬼神《きじん》も知《し》ること莫《な》し。(20)蠹啄《とついば》みて梁柱《りょうちゅう》を剖《さ》き、蝨蝱《ぶんぼう》、牛羊《ぎゅうよう》を走《はし》らしむ〕」。**払子《ほっす》を撃《う》つこと一下《いちげ》す。**

(1)**中秋上堂**＝八月十五日の上堂。◉(2)**長沙与仰山翫月次…**＝『碧巌』三十六本則評唱を踏まえて。『祖堂集』巻十八、『伝灯録』巻十、『会要』巻六、『会元』巻四、『大慧録』、『虚堂録』巻九中秋無月上堂等に同話が見られるが、それぞれに多少の異同がある。『祖堂集』の仰山章、『伝灯録』の長沙章には、「翫月」ではなく、「向日」。因みに、法系は馬祖↓南泉↓長沙景岑、馬祖↓百丈↓潙山↓仰山慧寂で、長沙は仰山の師叔に当たる。◉(3)文殊提起殺人刀、浄名抽出活人剣＝「長沙仰山ドッチモ、スグレモノ」。『大川語録』の病起上堂（禅十五・三一八）。もと文殊提起薬草（『碧巌』八十七本則評唱）と『維摩経』問疾品等を踏まえて。「浄名」は維摩居士。「殺人刀、活人剣」は『会元』巻七巌頭章に見える、夾山の評語。◉(4)以磁石之能連鉄也、而求其引瓦則難＝磁石が鉄を引きつける能力があることから、瓦を引かせようとしても、それは無理というもの。『淮南子』覧冥訓五章。◉(5)**恰倩你用那**＝誠にその通り、（だが衲は）お前さんをやとって用いてみようか。『碧巌』には、「恰も是れ便ち你を倩《やと》って用いん那《か》」と。『伝灯録』、『会元』では「恰も是れ你を倩って用いん」、『虚堂録』では「恰も是れ你を倩って用い看ん」。◉(6)一文一武偶相逢、説尽英雄各不同＝一人は文人、一人は武人、偶然相逢うて、文人は文の英を説き、武人は武の雄を談じて、各々其の能を逞しくするが如し。『犂耕』に「賓主・把放観る可し」と。英は草の精秀なるもの、雄は獣の抜群のものを云い、この故に聡明秀出を英と謂い、胆力人に過ぎたるを雄と謂う。『虚堂録』巻五頌古八十六。◉(7)**你試用看**＝（それじゃ）先輩ひとつ用いてみて下さい。◉(8)物不震不発、士不激不勇＝虫は振動させなければ起きないし、兵士は激励しなければ勇気が出ないものです。『文選』巻五十一王褒《おうほう》「四子講徳論」。◉⑼**一踏踏倒**＝一踏《ひとふ》みに踏み倒す。◉⑽可惜許、踏入他陥阱＝「ヲシイコトダ、長沙、ヲノシハ、仰山ガ、ヲトシアナニ、ヲチタ」。◉⑾賊是小人、智過君子＝悪党ほど悪知恵が働く。「仰山ガ、你試ニ、用テ見ヨト云タハ」、「長沙モ盗人ニ逢タ様ナモノ」。『臨済録』行録に、仰山が臨済の師匠勝りの活作略を評して云う。また『碧巌』五十九本則下語にも。◉⑿**仰山起来云、你大似個大虫**＝「大虫」は老虎を指す。「底意ハ、ヲノシワ、シラミノ様ナモノジャト云心」。◉⒀乱不極則治不形＝混乱が行き着くところまでいかないと、平和は現われない。『文選』巻五十三陸機「辨亡論下」。◉⒁殺人須見血＝生殺しはいかん、徹底的にやれ。『碧巌』三十一本則評唱に、「人の為にせんには須らく為に徹せしむべし、〜」と。◉⒂**仰山起来道果然用不得、見尽長沙撞脚不起**＝仰山起き上がって、「矢張り、用いることが出来んかったわい」と言ったなら、長沙も脚をあげることも出来ない所を徹見しただろうに。「…不起」は「…できない」の意。◉⒃智人之明鑑、仏法之至論＝国師の此の言こそは、識者の鑑識眼、仏法の極則所。【一五八の二】注⒂参照。◉⒄治国者若耨田、去害苗者而已＝国家を統治するには、田の草を刈るように、ただ苗に害あるものを取り去ればよい。『淮南子』説山訓十五章。◉⒅**月到中秋満、風従八月涼**＝仲秋の現成公案。『宏智広録』巻一小参（禅二十・六八九）。【一五八の二】にも、「風従八月涼、月自七月明」と見える。◉⒆夫能殺者、鬼神莫知＝雪竇『明覚録』巻二「挙古」に、「夫れ善く窃《ぬす》む者は、神鬼莫知」と。◉⒇蠹啄剖梁柱、蟁蝱走牛羊＝木食虫がかじって棟木や柱が割け、蚊や虻《あぶ》が刺して牛羊を走らせる。『淮南子』人間訓十七章に、小事より大事が出来するを云い、「聖人は小を敬《つつ》しみ、微を慎《つつ》しむ」と。

【二一三】

九月旦《たん》、⑴太上法皇《だじょうほうおう》、種種の剪采《せんさい》を恵《むぐ》むに因《よ》って上堂。⑵須菩提《しゅぼだい》、巌中晏坐《がんちゅうあんざ》〔⑶天堂地獄《てんどうじごく》、元《も》と是れ幻《げん》、⑷生死涅槃《しょうじねはん》猶お昨夢《さくむ》の如し。⑸上《かみ》、片瓦《へんが》の頭《こうべ》を蓋《おお》う無《な》く、下《しも》、寸土《すんど》の足《あし》を立《た》つる無《な》し〕、**帝釈《たいしゃく》、花《はな》を雨《あめふ》ら**

す話を挙して〔(6)好雪片片《こうせつへんぺん》、別処《べっしょ》に落《お》ちず。(7)風流《ふうりゅう》ならざる処《ところ》、也《ま》た風流《ふうりゅう》〕、**師云く、「天帝釈《てんたいしゃく》、花を雨らして地《ち》を動《どう》ずると、太上法皇、此の花《はな》を恵みたまうと、是れ同《どう》か是れ別《べつ》か**〔(8)両段《りょうだん》を知らんと欲せば、元《も》と是れ一空《いっくう》。(9)珊瑚枕上《さんごちんじょう》、両行《りょうこう》の涙、半《なかば》は是れ君を思い、半は君を恨《うら》む〕。**若し別と謂《い》わば**(10)**眼裡《がんり》に筋《きん》無し**〔別《べつ》、(11)雪《ゆき》は庭柏《ていはく》を埋《うず》め、氷《こおり》は偃渓《えんけい》を鎖《と》ざす〕、(12)**若し同《どう》と謂《い》わば、其の意《い》、作麼生《そもさん》**〔同《どう》、(13)法出《ほうい》でて奸生《かんしょう》じ、事久《ことひさ》しうして変多《おお》し〕」。**良久《りょうきゅう》して云く、「**(14)**住《や》みね住《や》みね、秋色登平楓葉《しゅうしょくとうへいふうよう》の序《じょ》、西風転《せいふうう》た冷《ひ》ややかなり草花《そうか》の天《てん》**〔(15)錯《しゃく》、果然《かぜん》、点《てん》〕」。**払子《ほっす》を撃《う》つこと一下《いちげ》す。**

(1)**因太上法皇恵種種剪采上堂**＝法皇は花園上皇。「剪采」は「剪綵」で、花紙や彩綢《いろぎぬ》を剪裁して虫魚花草の類にかたどった装飾品。巨海編『年譜』建武三年の条には、「九月旦、上皇勅中使賜数種剪采花」とあるが、この上堂は『大灯録』の年次配列では建武二年のものであるから、或いは『年譜』の誤りか。◉(2)**須菩提巌中晏坐、帝釈雨花話**＝「晏坐」は「宴坐」とも、安坐・坐禅の義。「須菩提」は仏十大弟子中、解空第一と称され、空生とも云う。須菩提が石室で坐禅して空理を悟ると、帝釈天が花を降らして讃歎した。『碧巌』六則頌評唱、『肇論』無名論に、「須菩提、無説を唱えて以て道を顕わし、釈梵は聴を絶して花を雨ふらす」とあり、更には『摩訶般若波羅蜜経』の天主・幻聴・散華品等（大正八・二七五中、二七七上）に依拠する。また「巌中宴坐」は同経の注釈書である『智度論』舎利弗因縁第十六に、須菩提が石窟で道証を得る話（大正二十五・一三七上）に依る。◉(3)天堂地獄元是幻＝「即今大般若ジャ」。【一八一の一】下語「諸仏衆生元是幻」参照。◉(4)生死涅槃猶如昨夢＝『円覚経』普眼章。◉(5)上無片瓦蓋頭、下無寸土立足＝虚空と一体、上更に蓋う天無く、下更に立つ地無し。【一八の二】注(5)参照。◉(6)好雪片片不落別処＝【一の六】注(21)参照。◉(7)不風流処也風流＝【一の九】注(18)参照。◉(8)欲知両段、元是一空＝同別の両面はもと同じ一空。『信心銘』。◉(9)珊瑚枕上両行涙、半是思君半恨君＝この怨みの涙あってこそ、初めて仏恩を報ずることが出来る。【三一の三】注⑽参照。◉⑽**眼裡無筋**＝何も分からぬ瞎漢。【八〇の一】注⑻参照。◉⑾雪埋庭柏、氷鎖偃渓＝『仏眼遠録』上堂（禅十二・五〇四上）。◉⑿**若謂同其意作麼生**＝同じと云うなら、其の意を述べよ。◉⒀法出奸生、事久多変＝法律が出来るとそれを犯す邪が生じ、世事は長引くと異変が生じがち。【五の一】注⒅⒆参照。◉⒁**住住、秋色登平楓葉序、西風転冷草花天**＝（国師の代語）下らぬ考えは休め休め、秋も色濃く今年も豊年、かえで紅葉するよき時節、秋風いや増しに涼しく、草花は天地に満つ。（法皇の造花にかけて）。「登平」は「昇平、太平、豊年満作」の義の祝語。「序」は「季節、時節」の義。◉⒂錯、果然、点＝『秘鈔』に「錯＝大しくじり、果然＝それみよ、点＝重しを置いた」と。【一五】注⑺参照。

【二一三】

重陽《ちょうよう》上堂。「⑴**菊を東籬《とうり》の下《もと》に採《と》って、悠然《ゆうぜん》として南山を見る**（⑵太陰《たいいん》、秋《あき》を治《おさ》むるときは則ち修備《しゅうび》して兵《へい》を繕《おさ》めんことを欲《ほっ》す」。⑶**靖節《せいせつ》、阿轆轆《あろくろく》の処、衲僧一重《のうそういちじゅう》の関《かん》と作《な》る**（⑷夜行《やこう》を許《ゆる》さず、明《めい》に投《とう》じて須《すべか》らく到るべし」。**且《しば》らく道《い》え、他《た》は是れ俗漢《ぞくかん》の**⑸**陋韻《ろういん》、甚《なん》と為《し》てか衲僧一重の関と作る**（⑹富《とみ》と貴《とうと》きとは是れ人《ひと》の欲《ほっ》する所《ところ》なり、貧《ひん》と賤《せん》とは是れ人の悪《にく》む所なり。⑺暗《あん》に玉線《ぎょくせん》を穿《うが》って、密《みつ》に金針《きんしん》を度《わた》す」。**喝一喝して云く、「参《さん》」。**

⑴**採菊東籬下、悠然見南山**＝【五七】、【八五】、【一一四】、【一六一の一・二】参照。◉⑵太陰治秋則欲修備繕兵＝底本の「大陰」は「太陰」の誤植。太陰が秋を治める（太陰が申・酉・戌にある）ときは、太陰は兵備をととのえることを欲する。『淮南子』天文訓二十章。「太陰」とは、木星の天球上丑寅と申未とを結ぶ線対称の位置にある仮想星を云う。太陰は十二年で天体を一巡するが、その間、三年ごとに各季節に因む政を行なうべきであると云う。◉⑶**靖節、**

阿轆轆処、作衲僧一重関＝陶淵明の円転自在の一句が衲僧の関門となる。「阿」は接頭語、「轆轆」は車輪の回転音、転じて多言の様。『虚堂録』巻二宝林録の重九上堂に、「陶靖節は是れ箇の俗人と雖も却って些か衲僧の説話有り」とあり、また更には「陶達磨」（『少林無孔笛』）、「第一達磨」の如き評さえ生まれる。「ナニ、シャベルガ一重関ナラ、馬子ノ謡ウノモ一重関ゾヨ、米一粒ノ内ニモ関鎖ガアル」。◉(4)不許夜行、投明須到＝「是衲子ノ命取リゾ」。『碧巌』四十一則、『秘鈔』に、「夜行は御法度じゃ、用事あらば夜があけてゆけ」と。拈古第六則（【二七二】）注(4)参照。◉(5)**陋韻**＝鄙野な詩。◉(6)富与貴是…、貧与賤是…＝金と地位とは、人間なら誰でも欲しがるものだ、貧乏と下積みは、人間なら誰でも嫌う。『論語』里仁篇。◉(7)暗穿玉線、密度金針＝秘かに得たものを、人知れずにそっと伝授する。「天晴、国師、ヲマヘハ手利《キキ》デゴザル」。「穿線」とは「綿織物の衣服を着る」こと、「暗穿玉線」は「秘かに美しい衣服を着る」の意。「密金針度人」とは「密かに人に秘訣を伝授する」を云う、もと七夕に裁縫の上達を願った乞巧に由来する語。『会元』巻二十玉泉宗璉（開福寧下二世）章に、風穴と先師に啐啄同時の話を問うた同門の僧の問答を評して、「～、～、水の水に入るが如く、金を金に博うるに似たり」と見える。

【二一四】

(1)**上堂**。「(2)**山僧**《さんぞう》、**即今**《そっこん》、**須弥**《しゅみ》**頂上に在って説法す**〔(3)未《いま》だ是れ分外《ぶんげ》の事《じ》にあらず。(4)美食《びしょく》も飽人《ほうじん》の喫《きつ》に中《あた》らず。(5)水を担《にな》って河頭《かとう》に売ることを休《や》めよ〕、**諸人也《ま》た是れ鉄輪峰頂《てつりんほうちょう》に在って聴法《ちょうぼう》す**〔(6)猶《な》お是れ衲僧家《のうそうか》常《じょう》の茶飯《さはん》、(7)若《も》し是れ明眼《みょうげん》の衲僧ならば、者般《しゃはん》の茶飯を喫《きつ》せず〕。(8)**坐底《ざてい》立底《りゅうてい》、賓主歴然《ひんじゅれきねん》、還《かえ》って会《え》すや**〔(9)只だ老胡《ろうこ》の知《ち》を許して、老胡の会《え》を許さず。(10)会《え》と不会《ふえ》と、都来《すべ》て是れ錯《しゃく》〕。**会得《えとく》せば**(11)**尽十方界乾坤《じんじっぽうかいけんこん》大地、諸人の眼睫上《がんしょうじょう》に在って大光明を放《はな》つ**〔(12)灯籠跳《おど》って露柱《ろちゅう》に入り、仏殿走《わし》って山門を出づ〕。(13)**其《そ》れ如《も》し未《いま》だ然《しか》らずんば、**(14)**樹頂《じゅちょう》老い、山顔《さんがん》酔う**〔(15)紫羅帳裏《しらちょうり》に真珠《しんじゅ》を撒《さつ》す。知者《ちしゃ》正《まさ》に知る是れ宝なることを〕」。**払子**

を撃《う》つこと一下す。

(1)**上堂**＝九月十五日の旦望上堂か。◉(2)**山僧即今在須弥頂上説法…**＝古代印度の宇宙観に、世界の中心に須弥山があり、その周囲を七香海七金山が囲み、その外に塩海が在って我々の住む南閻浮洲があり、さらにその外側に鉄囲山、つまり鉄輪峰が囲んでいる。【三一の三】注(6)参照。国師の坐っている法堂須弥壇の上が直ちに須弥頂峰であり、大衆の立っている法堂聴法席が直ちに世界の最果ての鉄輪峰。◉(3)未是分外事＝そんなもの、たかが知れたもの。◉(4)美食不中飽人喫＝此の方は腹一杯食っている、そなたの馳走は不要じゃ。【二一の二】注(9)参照。◉(5)休担水売河頭＝「ウヌガ腹中ニ一杯アルハ、ナンノ珍クモナイ」。【五の二】注(8)参照。◉(6)猶是衲僧家常茶飯＝衲僧にとっては朝飯前のこと。【一の七】注(13)参照。◉(7)若是明眼衲僧、不喫者般茶飯＝「ソンナ、ヲ茶ツケ、ゴ無用デゴザル」。◉(8)**坐底立底、賓主歴然**＝坐底は国師、立底は大衆、賓主皆な共に「トギヌイタ、仏舎利ジャ」。『臨済録』馬防序に、「両堂斉喝、賓主歴然」と。◉(9)只許老胡知、不許老胡会＝そこのところは容易にわかることではないぞ。【一六九の二】注(5)参照。◉(10)会与不会都来是錯＝『臨済録』上堂。◉(11)**尽十方界乾坤大地、在諸人眼睫上放大光明**＝「茶釜ノチャンチャンモ、猫ノニャンニャンモ皆、諸人眼睫上在テ放大光明」。【一六九の二】注(6)参照。『雪巌録』元宵上堂にも、「一一在諸人眉毛眼睫上、放大光明」（禅十七・五〇六）。◉(12)灯籠跳入露柱、仏殿走出山門＝自他不二の妙用。【一二二の二】注(7)参照。◉(13)**其如未然**＝これが合点できぬなら。◉(14)**樹頂老、山顔酔**＝霜おりて樹々も歯の抜けた様に凋落し、千山紅葉して酒に酔うた様に赤い。『本朝文粋』巻一紀斉名《きのただな》（九五七—九九）「落葉賦」に、「炎涼《えんりょう》倏忽として景物斡流《あつりゅう》す。…霜白兮樹頂老。雨晴兮山顔酔。翻翻として自ら舞い、半ば白沙の塘に満つ。云々」と。◉(15)紫羅帳裏撒真珠、知者正知是宝＝どこもかしこも一面見事、知る人ぞ知る。【三の一】注(12)参照。

【二一五】

開炉《かいろ》上堂。挙《こ》す。「趙州《じょうしゅう》、衆《しゅ》に示して云く、『三十年前、南方《なんぽう》の火炉頭《かろとう》に箇《こ》の(1)**無賓主《むひんじゅ》の話《わ》有り、直《じき》に而今《いま》に到るまで人の挙著《こじゃく》する無し**〔(2)錦心繡口《きんしんしゅうこう》、人に向かって傾く。(3)通身紅爛《つうしんこうらん》、火裏《かり》に看《み》よ〕**』と」。師云く、「趙《じょう》老《ろう》の**(4)**面皮厚《めんぴあつ》きこと三寸《さんずん》、**(5)**手《て》を炙《あぶ》って熱《ねつ》を助《たす》けんことを要須《ようしゅ》するも、**(6)**其《そ》れ炉下春《ろかはる》に似《に》たるを如何《いかん》せん**〔(7)天荒《てんあ》れ地老《ちお》いて青眼無《せいがんな》し、万仞《ばんじん》の龍門《りゅうもん》、黒雲《こくうん》を鎖《と》ざす〕。(8)**直饒《たと》い而今人《いまひと》の挙著《こじゃく》する有るも、方《まさ》に知る三箇の枯《こ》柴《さい》、品字《ひんじ》に焼くことを**〔(9)昔人既《せきじんすで》に白雲《はくうん》に乗《じょう》じて去《さ》り、此の地空《ちむな》しく余《あま》す黄鶴楼《こうかくろう》。黄鶴一《ひと》たび去《さ》って又た返《かえ》らず、白雲千歳空《はくうんせんざいむな》しく悠悠《ゆうゆう》〕」。

(1)**無賓主話**＝「コウシテ居ル処ニ、客殿モ庫裡モ我モ他人モナイ、皆一辺ノ仏ダ」【二八の一・二】、【一一六】、【一六三】開炉上堂、参照。◉(2)錦心繡口、向人傾＝美しい言葉で人に語りかけるが。趙州口唇皮禅を讃して。「錦心繡口」は「優美な文思、華麗な言葉」。◉(3)通身紅爛、火裏看＝真実はその腐って膿血だらだらの所をとっくと見よ。「通（徧）身紅爛」は「全身腐って膿血だらだら」の意であるが、曹洞下の調べでは、「喪心失命、大死一番、脱落底の人」と本分を指す。『会要』巻二十四玄沙の章に、「師誤って服薬するに因って、徧身紅爛。僧問う、『如何なるか是れ堅固法身』。師云く、『膿滴滴地』」と。もと薬山の語に、「汝父母徧身紅爛」。「火裏看」は「真金火裏看」とある如く、その真実の姿を見るを云う。◉(4)**面皮厚三寸**＝太い野郎と趙州を抑下する。『碧巌』七十本則下語。「手ヲ炙タ位デハ、春ノ、アタタマリハ、ナイト、ナゼニ趙州ヲ打テ落イタ、ナレバ、余リ目モ届カヌ、ケタカイ示衆故ニ」。◉(5)**炙手助熱**＝他から熱を借りて、手を暖める。【二二三の二】注⑾参照。◉(6)**其如炉下似春何**＝「ソウ手ヲ炙ラナイデモ、火ノ端ハ、春ヨリモ暖ナ」。◉(7)天荒地老無青眼、万仞龍門鎖黒雲＝（国師亡き後）幾久しくて知音も無い。国師の言句険峻なること万仞の龍門が黒雲に鎖ざされて見難きが如く、天下の衲僧点額して帰るのみ。『江湖風月集』巻下虚庵実（虚堂下）の「虚堂の語」に、「七宝鋳成三転語、百年東海鉄崑崙。〜、〜」但し「黒雲」は「墨雲」。「天荒地老」は「天老地荒」とも云い、「時が久しく経過した」こと云う。「青眼」は「知音」の義。【一二〇の五】注⑿参照。◉(8)**直饒而今有人挙著、方知三箇枯柴品字焼**＝挙著する人の有ろうと無かろうと、それはさて置き、柴を品字に焼べて暖まろう。【二八の一】注(7)参照。「方知」の前に恐らく「唯知者」、「同道」等の類の語が脱落したものか。◉(9)昔人既乗白雲去…白雲千歳空悠悠＝かつてここを訪れた仙人は、もはや白雲に乗って去り、此の地には今はただ、黄鶴楼が残っているばかりである。そのかみの黄鶴は飛び去ったまま、もう帰っては来ない。ただ白雲ばかりが、千年の昔も今も変わらぬ姿を留めつつ流れて行く。『唐詩選』七律、崔顥《さいこう》「黄鶴楼」。

【三一六】

上堂。「(1)**一句去《いっくさ》り一句来たって**〔(2)一種《いっしゅ》の春風《しゅんぷう》に両般《りょうはん》有り、南枝暖《なんしだん》に向かい北枝《ほくし》は寒《かん》に〕、(3)**你《なんじ》が一平生《いちへいぜい》を慶快《けいかい》す**〔(4)龍《りゅう》、水《みず》の時《とき》を得《え》て意気《いき》を添《そ》え、虎《とら》、山色《さんしょく》に靠《よ》って威獰《いどう》を長《ちょう》ず〕。(5)**忽然《こつねん》として傾湫倒岳《けいしゅうとうがく》、那裏《なり》にか入《い》り那裡《なり》にか出《い》でん**〔(6)白雲堆裡《はくうんたいり》、白雲を見ず、流水声中《りゅうすいせいちゅう》、流水を聞かず。(7)左顧瑕《さこきず》無く、右眄《うべん》已《すで》に老《お》いたり〕。(8)**昨夜三更牛《さんこううし》を失却《しっきゃく》す、天暁《てんぎょう》起《お》き来たって火《ひ》を失却す**〔(9)鉄狗吠開《てっくべいかい》す巌上《がんじょう》の月《つき》、泥牛触破《でいぎゅうそくは》す嶺頭《れいとう》の雲《くも》、(10)盤《ばん》に和《わ》して托出《たくしゅつ》す夜明珠《やみょうしゅ》〕」。**拄杖を卓すること一下す。**

(1)**一句去一句来**＝丁々発止と問答応酬。『大慧書』の「答張提刑」に、「人を勘して一句来一句去、之れを厮（＝問答）禅と謂う」とある如く、問答をやらかすこと。◉(2)一種春風有両般、南枝向暖北枝寒＝同じ春風なのに二通りある、南の枝では温もりはじめ、北の枝では寒々しい。『詩人玉屑』二十、劉元載の妻の「早梅詩」に、「南枝向暖北枝寒、一種春風有両般。憑仗高楼莫吹笛、大家留取倚欄干」（『全唐詩』巻八〇一）。◉(3)**慶快你一平生**＝快活に一生を送ろうとも。「互ニ心地ヨク法話ヲ打シテ楽ム」『大慧書』の「答呂郎中」に、「平生を慶快するに勝えず」と、大悟の状を述べているが、国師の意は尚未在というところ。◉(4)龍得水時添意気、虎靠山色長威獰＝龍虎の処を得て、本領を発揮したるが如し。「山色」は底本「山処」。貞永寺版は「山色」。貞永寺版に戻すべし。訓みも貞永寺版に依る。【一三〇の六】注(6)参照。◉(5)**忽然傾湫倒岳、入那裏出那裡**＝『大慧武庫』六十八章、『大応録』一三四章等に、梁山縁観と真園頭の問答商量の最後に「忽然として傾湫倒岳（来）する時、如何」と見えるが、「天堂地獄をひっくり返して、平生の慶快さも何も彼も一切を根底から否定する時」の意。後句は『碧巌』十本則に、「三喝四喝後作麼生」に下語して「入那裏去」と。書き入れに、前の那裏に「本分」、後の那裡に「現成」と。「三個ノ柴頭品字焼ク、是レ何ノ道理ゾト、骨折テ、自己ニ向テ、押シ掛ルト、山ヲ打砕キ、川ヲ踏ミ砕キスルト、出ル事モ入ル事モナイ、ソコカラ、安心立命ノ場ガ手ニ入ル、サア、ドウ働クゾ」。◉(6)白雲堆裡不見白雲、流水声中不聞流水＝能所不二、無心の境界。『大川録』に、「直に得たり、白雲堆裏に白雲の舒巻《じょけん》を見ず、流水声中に流水の潺緩《せんかん》たるを聞かず」（禅十五・三二四上）。◉(7)左顧無瑕、右眄已老＝左を見てもきずが無い、見事である。右を見ても老成して、見事なもの。『碧巌』三十四頌。◉(8)**昨夜三更失却牛、天暁起来失却火**＝暗中に暗を奪い、明中に明を奪う。「能見所見没蹤跡」。南泉の入院の語。【三七】注(3)参照。◉(9)鉄狗吠開巌上月、泥牛触破嶺頭雲＝機語。『普灯録』巻三、海印徳隆（雲門五世）章に、「僧問う、『夜半正明天暁不露、如何なるか是れ不露底の事』。曰く、『日落ち月未だ上らず』。云く、『恁麼なる則んば、五天唱え起こさず、漢地和して斉《ととの》え難し』。曰く、『人に方《くら》ぶるに己《おのれ》を以てす』。云く、『〜、〜』。曰く、『元来猶お在り』」と。『仏光録』巻三結制上堂には、芙蓉道楷の語として見える。◉(10)和盤托出夜明珠＝ああ、見事なもの。【二四の二】注(7)参照。

【二一七】

(1)**上堂**。**挙《こ》す**。**「盤山《ばんざん》云く、『**(2)**向上《こうじょう》の一路《いちろ》、千聖不伝《せんしょうふでん》**〔(3)気《き》を下《くだ》し色《いろ》を怡《よろこ》ばし、声《こえ》を柔《やわらか》にして以て諫《いさ》む。(4)漁翁睡《ぎょおうねむ》り重《おも》うして春潭闊《しゅんたんひろ》く、白鳥《はくちょう》飛《と》ばず舟《ふね》自《おの》ずから横たわる〕』」。**慈明云く、『**(5)**向上の一路、千聖も然《しか》らず**〔(6)呉子曰《ごしいわ》く、凡《およ》そ国《くに》を制《せい》し軍《ぐん》を治《おさ》むるには、必ず之れに教《おし》うるに礼《れい》を以てし、之れを励《はげ》ますに義《ぎ》を以てして、恥《はじ》有《あ》らしむるなり〕』」。**師云く、「二大老《にだいろう》、只だ**(7)**鬼《き》、漆桶《しっつう》を争《あらそ》うことを解《げ》すのみ**〔孔子曰《こうしいわ》く、(8)衆《しゅう》之れを悪《にく》むとも必ず察《さつ》せよ、衆《しゅう》之れを好《この》むとも必ず察《さつ》せよ〕。**山僧《さんぞう》は便《すなわ》ち道《い》わん、**(9)**向上の一路、千聖斉《ひと》しく行《ゆ》くと**〔(10)短袴長衫白苧巾《たんこちょうさんはくちょきん》、咿咿《いい》として月下《げっか》に急に輪《りん》を推《お》す、洛陽路上相逢著《らくようろじょうあいぶじゃく》す、悉《ことごと》く是れ経《けい》商買売《しょうばいばい》の人〕」。

(1)**上堂**＝この上堂は『大慧録』巻二径山録に、「盤山道く、『〜』。慈明道く、『〜』。径山は道わん、『向上の一路、熱盌鳴声』」（大正四十七・八一八中）とあるのを踏まえたもの。また『密庵録』祥符録に、「挙す、盤山道く、『〜』。慈明和尚道く、『〜』。二尊宿の与麼なるは大に霊亀尾を曳くに似たり。祥符は道わん、『向上の一路、地を掘って天を覓む』」（大正四十七・九六〇）と。◉(2)**向上一路、千聖不伝**＝仏祖も伝えることは出来ない。【二一〇】参照。◉(3)下気怡色柔声以諫＝（父母に過失があったら）子は努めて気を静め顔色を和らげ、声を穏やかにして諫《いさ》める。『礼記』内則《だいそく》第十二。「色々、ネンゴロシテ、ダマイテ、后生ヲ願ワセル」。◉(4)漁翁睡重春潭闊、白鳥不飛舟自横＝大閑の境界。『会元』十六、広因択要（北禅下、雲門四世）章に、「古の者道う、『祇《た》だ恐らくは僧と為《な》りて心了ぜざるも、僧と為りて心了ずるも、総に僧たるに輸《ま》く。且らく如何なるか是れ諸上座の了底心』。良久して曰く、『〜、〜』」と。但し「飛」は「陰」。◉(5)**向上一路、千聖不然**＝向上の一路などと云うものが有ったら、仏祖も許さない。『慈明楚円録』福厳録に、「心若し無事ならば、万法生ぜず、意玄微を絶し、纖塵何にか立せん。向上の一路、千聖も不伝。学者、形を労すること猿の影を捉うるが如し。山僧は然《しか》らず、向上の一路、千聖も然らず。学者、形を労すること猿の影を捉うるが如し、喝一喝す」（禅十四・一七五上）と。◉(6)凡制国治軍、必教之以礼、励之以義使有耻＝およそ国の内を制御し軍を整えおさめるには、必ず人々に礼を教えてその行ないを正し、よい行ないをもって人々をはげまし、こうして耻を知る心を起こさせる。『呉子』図国の第四章。◉(7)**鬼争漆桶**＝誰も窺い知ることは出来ない。ここは抑下の意。【四一の二】注(7)、【一七〇の二】注(7)参照。◉(8)衆悪之必察焉、衆好之必察焉＝どれほど多くの人がその人を憎んでいても、それに惑わされることなく、必ずその人の真価を見通し、どれ程多くの人がその人を好いとしても、必ずその人の真価を見通すがよい。『論語』衛霊公篇。◉(9)**向上一路、千聖斉行**＝仏祖も下風に立って、仏祖同行。『続伝灯録』巻三十四、密庵咸傑章に、「向上の一路、千聖手を把って共に行く、合《まさ》に泥犂地獄に入るべし」と。頌古第三十則（【二四七】）頌注(7)参照。◉(10)短袴長衫白苧巾…悉是経商買売人＝夜中白頭巾の一団がギシギシ車を押していたが、白昼都で逢ってみれば商人であったわい。「盤山モ慈明モ大灯モ、一ツ穴ノ狐ジャ、相商売ノアキンドウ、何ヲ売ル、法ヲ売ツテ、皆ニ后生ヲ願ハスル」。【三二】注(11)参照。

※因みに、円照（隠山惟琰）禅師の『槐安国語』講了の示衆に云う、「盤山云く、『向上の一路、千聖不伝』。慈明云く、『向上の一路、千聖不然』。大灯国師拈《ねん》じて云う、『二大老、只だ鬼、漆桶を争うことを解すのみ。山僧は便ち道わん、向上の一路、千聖斉しく行くと』と。国師謂つ可し、木人の腸を割き、石女の髄を剜ると。仔細に点検すれば、只だ鼻孔を拈得することを解するのみ、口を失却することを知らず。琰上座は便ち恁麼ならず。向上の一路、千聖喫蹟す。諸仁者請う、緇素を分かて。頌有り、云く、不伝不然斉行、向上一路白雲横。千聖有喫蹟処、時人徒莫貪程」。

（大徳寺語録終）

槐安国語巻四終

槐安国語巻五

龍宝開山語録中頌古評唱

鵲林《こくりん》評に曰く。(1)頌古《じゆこ》の世に行なわるること尚《ひさ》し、(2)汾陽《ふんよう》は之れが岷水《みんすい》たり、雪竇《せつちよう》は之れが楚江《そこう》たり、流《つた》えて(3)夾山《かつさん》の霊泉《れいせん》に到るに及んで、下語《あぎよ》有り評唱《ひようしよう》有り、(4)洋洋《ようよう》たり渺渺《びようびよう》たり、(5)海若《かいじやく》も恐れ走り、馮夷《ひようい》も遁《のが》れ竄《かく》る、(6)千波万浪、誰か其の涯際《がいさい》を測《はか》らん。旧参透関底《きゆうさんとうかんてい》の上士は、一見して(7)蛟龍《こうりゆう》の雲雨を領するが如く、黙照《もくしよう》自了の瞎徒《かつと》は、纔《わず》かに之れを見るときんば則ち(8)獼猴《みこう》の鯨波《げいは》を恐るるに似たり。是れは此れ荊棘透過《けいきよくとうか》の上士、円頓《えんどん》菩薩の家常《かじよう》にして、(9)瞎証相似《かつしようそうじ》の禅徒、小果敗種《はいしゆ》の部属の為に設《もう》くる所以《ゆえん》の者には非ず。昔、仏果《ぶつか》和尚曰く、「頌古は(10)遶路《にようろ》に禅を説く者なり」と。予、窃《ひそ》かに謂《おも》えらく、「然《しか》らじ、頌古は嶮路《けんろ》に禅を説く者なり」と。何《なん》が故《ゆえ》ぞ、(11)嗚乎《ああ》、禅や禅や、如何《いかん》が説著《せつじやく》し去ることを得ん、(12)纔《わず》かに擬議《ぎぎ》するときんば則ち電転じ星飛ぶ、遶路を用いて什麼《なん》とか為《せ》ん。夫《そ》れ頌古は(13)未証謂証《みしよういしよう》の慢《まん》幢《どう》を摧《くだ》くの金鎚《きんつい》、未透已透《みとういとう》の邪正を辨ずるの古鑑《こかん》、(14)参玄《さんげん》の士をして深く淵源《えんげん》を尽くさしむるの宝器なり。衲子《のつす》若し其の話《わ》を透過する底は、其の頌を見ること、(15)万里の異郷に妻子の面《おもて》を見るが如し。其の頌を透過する底は、其の話を見ること、(16)錫《しやく》を振るって故国の途に登るに似たり。未透底の士は其の話を透過せざるが故に、其の頌を見ること、(17)波斯《はし》の譫語《せんご》を聞くが如し、其の頌を透過せざるが故に其の話を見ること、(18)猫児《みようじ》の銭を見るに似たり。須《すべか》らく知るべし、頌古の極めて容易ならざることを。其の残忍刻剥《こくはく》なることは(19)悪虎《あくこ》の牙《きば》の如く、毒龍《どくりゆう》の爪《つめ》の如く、鴆鳥《ちんちよう》の尾《お》の如く、象王《ぞうおう》の鼻《はな》に似たり。話頭と頌古と並びに立って万仞《ばんじん》の両重の関鎖《かんさ》と為《な》らん、黙照相似の禅徒をして進むことも得ず、退りぞくことも得ず、伎《わざ》尽き詞窮《ことばきわ》まり心死し意消じて、乍《たちま》ち透関の正眼を豁開《かっかい》せしむるの至要《しよう》にして、禅門に於いては欠少《かんしよう》す可からざるの者なり。[20]鶏鳴狗吠《けいめいくばい》、夜行を犯す底、胡乱《うろん》の瞎流《かつる》、試みに一歩を進めよ、[21]更に老吏の歯を切《くいしば》って門関を守る有らん。

(1)頌古＝頌《しよう》の名はもと六詩（風・賦・比・興・雅・頌）の一つで、盛徳を讃える韻文、禅家では古則に付してその奥意を顕彰するもの。その風習は既に中唐に始まり、晩唐に到って愈々多く、雪峰、玄沙、法眼、克符等多く試みる。しかし、いくつかの古則を集めて、連続して同じ形の頌をつける試みは、汾陽善昭（九四七—一〇二四、首山下）の「広智歌」を最初とする。『禅林宝訓』巻三に万菴道顔（大慧下）はいう、「其れ頌は汾陽より始まり雪竇に曁《およ》んで、其の音を宏うし、其の旨を顕らかにす、汪洋として涯《かぎ》る可からず」（禅五・五五六）と見える如く、汾陽の「先賢一百則」（禅十四・汾陽録中）が頌古の濫觴である。また同書に心聞曇賁（黄龍下五世）は云う、「天禧の間（一〇一七—一〇二一）、雪竇は辯博の才を以て美意変弄し、新を求め巧を琢して、汾陽に継いで頌古を為《つく》り、当世の学者を籠絡す。宗風は此に由って一変せり」（禅五・五七六）と云う如く、雪竇頌古百則の出現が如何に画期的であったか、唐代よりの禅風がこれより一変したのである。さらに円悟禅師の『碧巌集』に至って、その宗風は確定的となった。しかし他面、当時より『緇門警訓』巻八に見える仏鑑の円悟に与える直言のような批判もあった。◉(2)汾陽者為之岷水、雪竇者為之楚江＝岷水・楚江は長江の源流・中流。『孔子家語』三恕篇に、「夫れ江の始めて岷山より出づるや、其の源以て觴《さかづき》を濫《うか》ぶ可し」と。◉(3)夾山霊泉＝円悟が『碧巌録』を提唱した澧州（湖南省石門県の東南）夾山の霊泉院。◉(4)洋洋焉、渺渺乎＝頌古の勃興の盛大なさま。◉(5)海若恐走、馮夷遁竄＝海神水神も恐れ逃げる程の勢い。「海若」は「海の神」、「馮夷」は「黄河の神、水仙人」。『楚辞』遠遊篇に、「海若をして馮夷を舞わしむ」と。◉(6)千波万浪、誰測其涯際＝到るところ活潑々地に商量応酬の盛大なさま。◉(7)蛟龍領雲雨＝久参の上士は龍の雲を得たるが如く、本領を発揮する。「蛟龍得雲雨」は英雄の志を得ること云う。【五二の二】注⑶参照。◉⑻獼猴恐鯨波＝猿が逆巻く大波を恐れる。出典未詳。◉⑼瞎証相似禅徒、小果敗種部属＝似非《えせ》悟り禅徒、二乗声聞の焦芽敗種の類。「小果」は仏果に対する声聞・縁覚の小さい果報。『維摩経』不思議品に、「我れ等、何為《なんすれ》ぞ永く其の根を絶し、此の大乗に於いて已に敗種の如くなる」とあるが、「敗種」は芽の出ない植物として、古来成仏の可能性がない、声聞縁覚の譬えとする。◉⑽遶路説禅＝端的にではなく、婉曲に宗意を委説する。『碧巌』第一則頌評唱に、「大凡《おおよ》そ頌古は只だ是れ遶路に禅を説き、拈古は大綱、款に拠って案を結するのみ」と。◉⑾鳴乎、禅乎禅乎、如何得説著去＝ああ、禅や禅や、どのようにして説くことが出来るというのか、とうてい説きつくせない。◉⑿纔擬議則電転星飛、用遶路為什麼＝わずかに説かんとすれば、電転じ星飛ぶ、回り道をするような暇は無い。「電転星飛」は『碧巌』三十七本則評唱に見えるが、「稲妻や流星が飛ぶ如く、迅速な働き」を云う。◉⒀未証謂証慢幢＝底本の「幔幢」は貞永寺版の「慢幢」が正しい、「高慢心」の意。悟りもしないのに悟ったと云うている高慢心。『伝灯録』巻五法達の章、六祖の偈に、「礼は本と慢幢を折る、頭奚《こうべなん》ぞ地に至らず」と。◉⒁令参玄士深尽淵源之宝器＝宝器は『碧巌』七十六頌評唱に、「釈迦老子四十九年一大蔵教を説いて末後に唯だ這箇の宝器を伝う」とある如く、「仏法正伝の証明としての鉢盂」であり「単伝の心印」を云う。◉⒂万里異郷見妻子面＝『通俗編』祝誦篇に「四喜」の一つに、「他郷に故知に遇う」とある。『闡提記聞』、『於仁安佐美』下等に屢々見える。◉⒃振錫登故国途＝還郷の調べ。『伝灯録』巻二十七、布袋和尚の歌に、「錫を携えて故国の路に登るが若《ごと》し、諸処に聞声ならざるを愁うること莫し」と。◉⒄波斯譫語＝外人のたわごと。◉⒅猫児見銭＝猫に小判。本邦の諺、中国の「対牛弾琴」に同じ。◉⒆悪虎牙・毒龍爪・鵂鳥尾・象王鼻＝【二〇七】注⑶参照。◉⒇鶏鳴狗吠、犯夜行＝「鶏鳴狗吠」とは「百姓の安居楽業のさま」（『孟子』公孫丑上）を云うが、恐らくここは孟嘗君の故事である「鶏鳴狗盗」の誤植であろう。斉の孟嘗君が鶏の真似鳴きで、夜函谷関を脱出した故事。◉㉑更有老吏切歯守門関＝「夜をこめて鶏の空音は計るとも世に逢坂の関は許さじ」、老練の関守あり。

【二一八】第一則　(1)浄居叉手

《垂示》(2)垂示《すいじ》に曰く。未だ(3)兜率《とそつ》を離れざるに、爍迦羅《しやから》の聖眼《しようがん》、十方刹《じつぽうせつ》を貫照し、(4)未だ母胎を出でざるに陵頻伽《りようびんが》の仙音、三千界に透徹す。(5)三有《さんぬ》の纏縛《てんばく》を踏断《とうだん》することは(6)香象《こうぞう》の蛛糸《ちゆし》を断つが如く、(7)五印《ごいん》の富貴を唾擲《だてき》することは金鯨《きんげい》の漁網を裂くに似たり。其の神遊無礙《むげ》なることは(8)酔象《すいぞう》を指頭に摧伏《さいぶく》し、(9)火龍を鉢中に追降す。(10)五時の玄頤《げんい》を敷演《ふえん》し、(11)六趣《ろくしゆ》の牢獄を利済する。(12)此れは是れ何人《なんぴと》の遊履《ゆうり》ぞ、龍宝の葛藤《かつとう》を看取せよ。

(1)浄居叉手＝以下、則の題名は底本の標目に従ったが、元々白隠時の貞永寺版には無いもの。◉(2)垂示＝釣語、索語とも、本則の序文。◉(3)未離兜率、爍迦羅聖眼貫照十方刹＝未生以前、仏眼元来十方世界を見通す。「兜率天」は六欲天の第四天で、菩薩の最後身の住所とされ、釈迦も出胎以前にはここに住して、ここから人間に下生した、現今は弥勒菩薩の住所であると云う。「爍迦羅眼」は金剛眼、堅固眼とも、悟りの眼を云う、『碧巌』九頌。◉(4)未出母胎、陵頻伽仙音透徹三千界＝未生以前、仏声元来乾坤に通る。「陵頻伽」は迦陵頻伽《かりようびんが》、インドのブルブル鳥とも云われ、極楽浄土におり、顔は美女の如く、大変美しい声で鳴くので、仏の三十二相中の梵音相に比せられる。◉(5)踏断三有之纏縛＝家族の絆を断って。「三有」は欲・色・無色の三界を云うが、ここは特に欲界を指す。◉(6)如香象断蛛糸＝「香象」は青色の香気ある象。纏縛を蜘蛛の糸に喩えて。『仏本行経』出家品に、「即時宮を出るは、師子王の堅網を壊裂して独行遊歩するが如し」と。◉(7)唾擲五印之富貴＝王位を捨てて。「五印」は五印度、印度全土を云う。◉(8)摧伏酔象於指頭＝従兄弟デーヴァダッタが仏を亡きものにせんと酔象を差し向けたが、仏は手で頭頂をなでておとなしくさせた故事（『涅槃経』巻十九、『仏本行経』巻五）。◉(9)追降火龍於鉢中＝マガダ国の事火外道の優楼頻螺迦葉を折伏し、その毒龍を制伏して鉢中に置いた故事（『方広大荘厳経』巻十二、『仏本行集経』巻四十一等）。◉(10)敷演五時之玄頤＝天台に云う華厳・阿含・方等・般若・法華涅槃の五時の説法。「玄頤」は、玄も頤も「奥深い」の意で、奥深い宗旨を云う。◉⑾利済六趣之牢獄＝「六趣」は地獄・餓鬼・畜生・修羅・人間・天上の六道。「牢獄」とはその輪廻のあり方。◉⑿此是何人遊履、看取龍宝之葛藤＝『碧巌』第一則の垂示に倣って。

《本則》挙《こ》す。(1)**浄居《じょうご》、窓牖《そうゆう》の中《うち》に於いて叉手《しやしゆ》す**〔(2)六爻《りっこう》未だ動ぜざるに一気潜《ひそ》かに回《めぐ》る。(3)枕上三更の夢を喚《よ》び回《めぐ》らして、江南万斛《ばんこく》の愁《うれい》を引き動かす。(4)二千年来の禍糵子《かげつし》、只だ此の一挙に在り。(5)一夫《いっぷ》難《なん》を作《お》こして七廟堕《しちびょうやぶ》る、陳渉《ちんしょう》は甕牖縄枢《おうゆうじょうすう》の子《こ》、遷徙《せんし》の徒《と》なり、材能《さいのう》は中庸《ちゅうよう》にだも及《およ》ばず」。

(1)**浄居於窓牖中叉手**＝『伝灯録』巻一の釈迦伝に依る、もと『瑞応本起経』に、「年十九に至り四月八日の夜、天、窓中より叉手して白《もう》して言う、『時可去矣』」（大正三・四七五中）と。「浄居天」は色界の第四禅の内の不還（阿那含）果の聖者の生まれる所で、無煩・無熱・善現・善見・色究竟の五天である。「窓牖」とは太子の寝ている後宮の窓であり、そこは又三人の妃と幾百人もの侍女の眠る部屋でもある。浄居天この時宮殿を腐屍累々の墓場の如く化作して、太子の眼に女人が満杯の糞尿を盛った彩色瓶に見えたとある。「叉手」とは禅林の礼法で、「胸の上で、右掌を直に、左掌を上に重ね、右親指で左親指を押さえる」（左拳を右手で被う曹洞流は逆、揖手と混同したもの）、中国古来よりの礼法に則ったもの。しかし、ここの仏典に云うインドの「叉手」とは合掌したまま指を交叉する「合掌叉手」である、また「蓮華合掌」とも云われ、我等が胎内に処する時に結ぶ印であり、妄心を捨て収めて一真法界に帰するを表示する。但し、本縁部諸経典の内、「叉手」を云うものは『瑞応本起経』一本のみ、『過去現在因果経』には「頭面礼足、合掌白言」とある。◉(2)六爻未動一気潜回＝易の六爻いまだ全て陰であるが、しかし一陽の兆し既に動く。『虚堂録』巻九径山後録の冬至小参。【九〇の二】注(1)参照。◉(3)喚回枕上三更夢、引動江南万斛愁＝真夜中にふと気が付けば、枕の上が涙でぐっしょり。『大川録』宝陀録の上堂に、『楞厳経』六の観音の「聞思修より三摩地に入る」を挙して、「者裏《しゃり》是れ甚麼《なん》の所在ぞ」と自問して答えたのが此の句（禅十五・三一五上）、但し「引」は「惹」。◉(4)二千年来禍孽子、只在此一挙＝二千年来の禍の種はみな、この釈迦出家の挙動に由来する。前句は【一三八の二】注(2)参照。◉(5)一夫作難而七廟堕…材能不及中庸＝一人の男が反乱を起こすと、秦の先祖の七つの廟は壊された。そも陳渉は割れた甕の口をはめ込んで窓とし、縄で戸を縛って枢《とぼそ》とするような粗末で貧乏な家の子で、漁陽に強制移住させられた人民の仲間であり、その才能は凡庸な人間にも及ばない程であった。陳渉の乱を釈迦出家に比して。『文選』巻五十一賈《か》誼《ぎ》「過秦論」。

《本則評唱》評に曰く。太子出家の端由は[1]諸経の衆説紛絮《ふんじょ》たり、[2]仏本行経に拠《よ》るに曰く、「太子、時に東門より出遊す。作瓶天子、化して一の老弊の人と作《な》り極大に醜陋《しゅうろう》なり。馭者《ぎょしゃ》に問うて曰く、『[3]是れ独り一家の法のみ是《かく》の如くなるや』。報じて曰く、『一切世間皆な此の法有り』。太子惨然たり。又た一日、南門より出づ。一の病人を見るに、糞穢の中に臥して宛転呻喚《えんてんしんかん》して、起《た》つこと能《あた》わず、[4]悲切酸楚《ひせつさんそ》して聞見するに忍びず。太子、一時《あるとき》、一の死屍を見るに、衆人轝《かつ》いで行き、無量の親眷《しんけん》泣哭し胸を椎《たた》き頭を拍《う》つ。太子見了《みお》わって大いに[5]惨懼《さんく》す。太子、異時、北門より出でて、一人有り、[6]剃除鬚髪《ていじょしゅはつ》して僧伽《そうぎゃ》梨《り》を著け、右肩を袒《はだ》ぬぎ手に錫杖《しゃくじょう》を執《と》り、左の掌に鉢を擎《ささ》げて徐《おもむろ》に行くを見る。馭者言う、『是れ出家の人なり、常に善法を行じ、衆生を愛愍し、生死を離れしむ』と。太子即ち尊信す。出家の人即ち偈を説いて曰く、『[7]世間は是れ滅法なりと観見し、無尽涅槃処を求めんと欲すれば、怨親《おんしん》已《すで》に平等の心を作《な》し、世間欲等の事を行なわず。山林及び樹下に随依し、或いは復《ま》た塚間《ちょうかん》露地に居し、一切の諸《もろもろ》の有為を捨て、真如を諦観し乞食《こつじき》して活《い》く』と。此れより太子深く出家を欣求《ごんぐ》す。王は、婆羅門《ばらもん》の子[8]優陀夷《うだい》をして諫《いさ》め暁《さと》して出家を止めしめんとす」。

又た(9)経に拠るに曰く、「四等の事を見て、心に悲喜有り。是の夜、一天人有り、名《な》づけて浄居《じょうご》と曰う。窓牖の中に於いて叉手して言《もうさ》く、『出家の時至れり』と」。惜しむ可し、此の時太子大喝一声《たいかついっせい》して侍臣に命じて城門の外に擯出《ひんしゅつ》せしめば、此の天人の欺謾《ぎまん》を受けず、乍《たちま》ち転輪《てんりん》の聖位《しょうい》に登り、永く五印の富貴を保って、浄飯《じょうぼん》・耶輸《やしゅ》・倶夷《くい》・嬌曇弥《きょうどんみ》等の(10)諸釈《しょしゃく》をして徹骨の悲泣を惹《ひ》かしむることを免《まぬが》れ得たらんに。何が故《ゆえ》ぞ、拄杖を卓して曰く、(11)我れ常に此《ここ》に住して、常に説法して、無数億の衆生を教化《きょうけ》す。

(1)諸経衆説紛絮＝出家の因縁は本縁部（大正巻三、四）の『修行本起経』、『太子瑞応本起経』、『普曜経』、『方広大荘厳経』、『異出菩薩本起経』、『過去現在因果経』、『仏本行集経』、『衆許摩訶帝経』、『仏所行讃』、『仏本行経』の各経に見えるが、諸説まちまちである。◉(2)仏本行経＝『仏本行集経』を指す。『仏本行経』（大正四）自体は五世紀頃までに成立した韻文体の経で、四門出遊の現憂懼品もあるが、本文とは異なる。『仏本行集経』（大正三）は隋の闍那崛多訳、六十巻本で、最も詳しい前半釈迦伝。本文はその巻十四の「出逢老人品第十六」より巻十六「耶輸陀羅夢品下」までの抜粋。◉(3)是独一家法如是＝彼のみただ一人このようであるのか。「一家」は「一人」の義。◉(4)悲切酸楚＝悲しみ痛切に、痛み悲しむ。◉(5)惨懼＝惨苦（痛み苦しむ）の意か。経典は、「心に惨惻（痛み悲しむ）を懐く」と見える。◉(6)剃除鬚髪、著僧伽梨、袒右肩＝頭の髪の毛と鬚を剃り、右肩ぬぎに袈裟を着けて。「僧伽梨」は「僧伽胝《そうぎゃち》」とも。比丘三衣の一つの大衣、当時王宮聚落に入りて乞食《こつじき》説法するときに用いた。◉(7)観見世間是滅法、欲求無尽涅槃処……＝『仏本行集経』巻十五（大正三・七二四中）に見える偈。底本の「涅槃」の下に「処」を補った。「無尽涅槃」は完全に生死の輪廻を脱した、不生不滅の涅槃。「涅槃」は「滅度、不生、無為」と訳され、生死の因果を滅し、生死の苦果を再び生ぜざるを云う。◉(8)優陀夷＝浄飯王の国師の子で、聡明で辯論に長ける。後に仏弟子となって、勧導第一と云われた。◉(9)拠経曰見四等事…＝経ではなく、『伝灯録』に依った文。◉(10)諸釈＝「浄飯」は父、「耶輸・倶夷」は妃の名、「嬌曇弥」は養母で叔母の大愛道で、いずれも釈迦族の眷属。◉(11)我常住於此…＝『法華経』寿量品の偈。【一の七】注(72)参照。

《頌》(1)**玉函《ぎよくえん》の鑑月《かんげつ》、秋《あき》を期《き》せず**〔(2)壺《こ》中《ちゆう》自《おの》ずから佳山水《かさんすい》有り、終《つい》に重《かさ》ねて五老峰《ごろうほう》を尋《たず》ねず。(3)陰陽《いんよう》到らざる処、一片《いつぺん》の好風光《こうふうこう》〕、(4)**夜《よ》静かにして方《まさ》に知《し》る、波浪《はろう》の別《べつ》なることを**〔(5)差別無きの平等は仏法に順ぜず、悪平等なるが故《ゆえ》に、平等無きの差別は仏法に順ぜず、悪差別なるが故に。(6)剣《けん》は不平《ふへい》の為に宝匣《ほうこう》を離《はな》れ、薬《くすり》は療病《りようびよう》に因《よ》って金瓶《きんべい》を出づ〕。(7)**此《こ》れより相逢《あいあ》う、路迷《みちまよ》うに似《に》たり**〔(8)十年帰《じゆうねんかえ》ること得《え》ざれば、来時《らいじ》の路《みち》を忘却《ぼうきやく》す。(9)失暁《しつぎよう》の老婆《ろうば》、古鏡《こきよう》に逢《あ》う、分明覿面《ふんみようてきめん》更《さら》に真《しん》無し、更《さら》に頭《こうべ》に迷《まよ》って還《かえ》って影《かげ》を認《と》むることを休《や》めよ〕、(10)**崔嵬《さいかい》たる檀特《だんどく》、硬《かた》きこと鉄の如し**〔(11)八角の磨盤《まばん》、空裏に走《わし》り、鉄山当面《てつせんとうめん》勢い崔嵬たり。(12)出《い》づるに門無く、入《い》るに戸《こ》無し、曠劫《こうごう》の無明《むみよう》、当下に灰す〕。

(1)**玉函鑑月不期秋**＝「函」は「淵」の古字。「玉淵」は深淵、『文選』巻五左思「呉都賦」に、「其の磧礫《せきれき》に翫《なら》いて、玉淵を窺《うかが》わざる者は、未だ驪龍《りりゆう》の蟠《わだかま》る所を知らざるなり」と。驪龍の頷下に明珠有りと云うが、いま月を珠に比して、明月を映すは仲秋十五夜に限らない。人人本有の円成仏。◉(2)壺中自有佳山水、終不重尋五老峰＝自家に好風光あり、他の廬山の佳境を尋ねる要はない。「壺中」は『漢書』方術の費長房伝に見える、売薬翁の壺の中に別天地あるの話を踏まえて。「五老峰」は、廬山第一の名所。『虚堂録』巻三育王録の行礼到大慈請上堂。◉(3)陰陽不到処、一片好風光

＝陰陽を超えたる所、真の好景。『大川録』。【四六の二】注(2)参照。◉(4)**夜静方知波浪別**＝仏典は、出家の時を半夜とし、この時宮殿は塚間と化して、太子は世間の苦しみの甚だ畏怖すべきを悟り、此れを救わんと誓ったと云う。◉(5)無差別平等…＝【一九の二】注(2)(3)参照。◉(6)剣為不平離宝匣、薬因療病出金瓶＝剣は無法を正すためにこそ箱から出され、薬は病気を治すためにこそ瓶から出される。【一七五】注(4)参照。底本の「依」は「因」、「甌」は「瓶」。◉(7)**従此相逢路似迷**＝この時より、さながら一個初発心の、迷える凡夫の如し。◉(8)十年帰不得、忘却来時路＝彼はもう十年家へ帰れぬままに、来たときのみちは、もはや忘れてしまっている。【一〇二の二】注(9)参照。◉(9)失暁老婆逢古鏡…休更迷頭還認影＝朝寝坊した老婆が起きて鏡面に向かっている、鏡は老婆の醜さを余すことなく照らし映している、此れより外に他の真面はない。あの演若達多のように更に頭を探し求める愚行はすまい。「失暁」は『俗語解』【一一三〇】に、「失は『とりはずす』意。『失暁』は『寝わすれて、暁をとりそこのうた』なり」。『碧巌』四十三本則評唱、『人天眼目』巻三、洞山五位君臣頌の偏中正。◉(10)**崔嵬檀特硬如鉄**＝銀山鉄壁に踏著す。「崔嵬」は「高く聳える」を云う。「檀特山《だんどくせん》」は西パキスタンの健駄羅国《けんだらこく》にある山、釈迦前身の須大拏《しゅだな》太子が修行した処と云う。禅録では釈迦伝と混同され、『伝灯録』巻一にも「城を逾《こ》えて去り、檀特山中に於いて修道す」と見えるが、経典に根拠の無い説。◉(11)八角磨盤空裏走、鉄山当面勢崔嵬＝石の挽き臼台が空を飛び、鉄山の眼前高く聳えるが如く峻険、なにものも寄せつけない。前句は【一の六】注(23)参照。後句は【一三〇の一】注(3)参照。◉(12)出無門、入無戸、曠劫無明当下灰＝内外出入無く、大道元来無門、千古無明の炎も即座に灰滅す。『人天眼目』巻一、汾陽十智同真の大慧の頌。【一三〇の一】注(3)(4)参照。

※因みに、江月宗玩の和韻に、「浄居常在窓牖中、叉手丁寧誰辨別。安住不動大囲山、夜裏崑崙一団鉄」（『欠伸稿』、以下同じ）と。

《頌評唱》評に曰く。太子《たいし》始め浄飯王《じょうぼんおう》の宮中に在って耶輸《やしゅ》・倶夷《くい》等の妃嬪《きひん》と昼夜に歓娯《かんご》すと雖《いえど》も、(1)内鑑《ないかん》冷然《れいぜん》たること、(2)十方を双眼前に照融《しょうゆう》し、三世《さんぜ》を一念子《いちねんす》に貫通して、(3)広大《こうだい》円明、豁達虚凝《かったつきょぎょう》たり。(4)涅槃《ねはん》の求む可《べ》き無きが故《ゆえ》に正覚《しょうがく》を成ぜんことを期せず、(5)衆生の度《ど》す可き無きが故に転法輪《てんぽうりん》を仮らず、所以《このゆえ》に言う、「玉函《ぎょくえん》の鑑月《かんげつ》、秋《あき》を期《き》せず」と。

第二句は(6)如来の本覚内証《ほんがくないしょう》より無縁《むえん》の大慈《だいじ》を発して(7)正位《しょうい》に証《しょう》を取りたまわざるの玄旨《げんし》を演《の》ぶ。「夜静かにして方《まさ》に知る」とは所謂《いわゆる》(8)実際理地《じっさいりち》、一塵《いちじん》を受けず、(9)真如法界《しんにょほっかい》、自《じ》無く他《た》無きと雖も、(10)随縁《ずいえん》差別の幻境《げんきょう》の上には、生死《しょうじ》有り涅槃有り、凡《ぼん》有り聖《しょう》有り、昇沈《しょうちん》有り、(11)流転常没《るてんじょうもつ》の苦輪《くりん》は旋火《せんか》の如く、(12)無《む》明《みょう》常夜《じょうや》の羈鎖《きさ》は鉄網《てつもう》に過《す》ぎたり。大慈善巧《だいじぜんぎょう》の願輪《がんりん》に非ざれば誰か此の患難《かんなん》を救わん。「波浪《はろう》別なり」とは生死千差の苦域《くいき》を指す者なり。所以《このゆえ》に言う、「夜静かにして方に知る、波浪の別なることを」と。

太子、既に(13)浄居《じょうご》の縦臾《しょうゆ》に随って(14)久遠実成《くおんじつじょう》の内秘《ないひ》を捨て、(15)娑婆即寂光《しゃばそくじゃくこう》の家舎《かしゃ》を離れて下化《げけ》衆生の願海に入り、曠劫《こうごう》不変の(16)願輪に鞭《むちう》って方便(17)有余《うよ》の化行《けぎょう》を行《ぎょう》ず。恰《あたか》も初発心地《しょほっしんち》の行人《ぎょうにん》、迷倒昏愚《めいとうこんぐ》して(18)住相《じゅうそう》有為《うい》、区区《くく》として日夜に道を求むる者に斉《ひと》し。所以《このゆえ》に道《い》う、「此れより相逢う、路《みち》迷うに似たり」と。

太子、既に(19)檀特山《だんどくせん》に入り、薪を拾い水を汲み苦修錬行《れんぎょう》す。次に(20)雪山《せっせん》に入って端坐《たんざ》六年、皮骨連立し蘆芽《ろが》膝《ひざ》を穿《うが》つ。千辛万苦《せんしんばんく》の体裁《ていさい》は難信難解の秘訣にして、(21)我が弟子、大阿羅漢《だいあらかん》も此の義を解くこと能わざる底の玄旨なり。(22)梵釈《ぼんしゃく》・諸天・魔羅《まら》・波旬《はじゅん》の部類の曾《かつ》て夢にも見ること能わず、若し人一回見《けん》得《とく》することを得ば、你《なんじ》に許す、親しく如来の(23)微密《みみつ》の内証を徹見することを。所以《このゆえ》に言う、「崔嵬《さいかい》たる檀《だん》特《どく》、硬きこと鉄の如し」と。

此の頌、極めて(24)絶妙好辞《ぜつみょうこうじ》、古今に卓抜《たくばつ》し類を絶し倫《りん》を離る。此れは是れ龍宝《りゅうほう》大士が五条橋辺二十年の切磋琢磨《せっさたくま》の光輝《こうき》なり。惜しむ可し、明覚《みんかく》をして此の頌を一見せしめざりしことを、若し一見せば則ち必ず寒毛卓竪《かんもうたくじゅ》し去らん。何《なん》が故ぞ、(25)君子可八《くんしかはち》。

(1)内鑑冷然＝諸仏菩薩の内証は両鏡の相対する如く、肝胆相照らして曇りがない。『摩訶止観』巻五（大正四十六・五五上）。◉(2)照融十方於双眼前、貫通三世於一念子＝目前乾坤十方を照らし、過現未三世を一念に貫く。【一一】注(10)参照。◉(3)広大円明、豁達虚凝＝仏法の大道は広大無辺、奥深く、清徹明亮である。【一二〇の四】注(1)参照。◉(4)無涅槃可求＝求めるべき悟りもない。『涅槃経』巻二十三に、「もし如来に所得の想があれば諸仏は涅槃を得ず、無得を以ての故に涅槃を得る」（大正十二・五〇三）と。◉(5)無衆生可度＝済うべき衆生もない。『金剛経』大乗正宗分に、「実無衆生得滅度者」と。◉(6)自如来本覚内証、発無縁大慈＝「内証」は「自己心内に悟る真理」。「無縁大慈」とは「慈悲」に衆生縁慈悲・法縁慈悲・無縁大慈悲の三種ある。前二種は対象ある慈悲であるから小慈と云えるが、無縁慈悲は無縁に対して任運無作に自然に発せられるものであるから大慈とされ、仏にのみ許される慈悲である。◉(7)正位不取証＝悟りに腰を掛けず。◉(8)実際理地、不受一塵＝真如無相の境界には一塵も受けつけない。『伝灯録』九、潙山霊祐章に、「～、万行門中、不捨一法」と。「実際」は「真実の世界、真如」。「理地」は事地の対、「平等一如の世界」。◉(9)真如法界、無自無他＝真如の世界は自他不二。『信心銘』。◉(10)随縁差別＝「随縁」は不変の対、縁に随う相対差別。◉(11)流転常没苦輪如旋火＝「苦輪」は苦輪海とも。生死の苦果が輪転して永劫に止まないのを輪と云う。「旋火輪」とは、松明の火を廻して火輪を生ずると雖も、その輪形は実際の物ではないことを云う。『楞厳経』巻三に、「生生死死、如旋火輪」と。◉(12)無明常夜＝「常夜」は「長夜《じょうや》」か。「無明長夜」は煩悩の惑に智眼を覆われて不可思議の光明を見ず、生死海に流転するを云う。◉(13)随浄居縦臾＝底本の「奨臾」は貞永寺版の「縦臾」に戻すべし。「縦臾」は「すすめる、そそのかす」の意。◉(14)久遠実成＝釈迦の本体は久遠の昔より成仏している。『法華経』寿量品。◉(15)娑婆即寂光＝『法華文句記』巻九に、「寂光の外に別に娑婆有るに非ず」（大正三十四・三三三下）と。◉(16)願輪＝

菩薩の誓願堅固なることを転輪聖王の金輪に比して。◉⒄有余化行＝「有余」は「無余」の対、「究竟ではない」の意、方便と殆ど同義。「化行」は「教化済度の行」の意。◉⒅住相有為＝因縁和合によって生じた現象世界に暫時安住して。◉⒆入檀特山、拾薪汲水苦修錬行＝『伝灯録』に「檀特山中に於いて修道す、始め阿藍迦藍《あらんからん》の処に於いて三年不用処定を学び、…復た鬱頭藍弗《うつずらんほつ》の処に至って三年非非想定を学ぶ」とあるを踏まえて、二人の仙人に学んだことを云う。後句は「仙人の所で下働きの給侍をして苦修した」ことを云う。『法華経』提婆達多品に「汲水拾薪」と見える。◉⒇入雪山端坐六年、皮骨連立、蘆芽穿膝＝「雪山」は【三五の一】注⑵参照。「皮骨連立」は本縁部の諸経の云うところ。「蘆芽穿膝」は雪竇『祖英集』上の偶作に見えるが、もと『観仏三昧海経』観想品一に「草、菩薩肉上を穿ち生じて肘に至る」を踏まえる。◉(21)我弟子大阿羅漢、不能解此義＝無理会話の初め。『会元』巻一釈迦伝による。【開筵垂示】第一段注⑹参照。◉(22)梵釈・諸天・魔羅・波旬＝「梵釈」は梵天と帝釈天。「魔羅」は略して「魔」と云い、「波旬」は「波卑面」とも、悪魔の名。◉(23)微密内証＝内奥の悟り。「微密」は微妙秘密の意。◉(24)絶妙好辞＝【六二】注⒂参照。◉(25)君子可八＝理会不得、暁得底は便ち知る。「明眼ナラバ造作ハナイ、線香三本立ッタト云ウ事ジャ、コウ云ウテハ拖泥帯水ジャ」。【一〇一の二】注(38)参照。

【二一九】第二則　迦葉茶毘

《垂示》垂示《すいじ》に曰く。⑴昔、東印土の国王、⑵二十七祖般若多羅《はんにゃたら》尊者を請じて⑶斎《さい》する次《つい》で、王問うて曰く、「尊者《そんじゃ》何ぞ看経《かんきん》せざる」。祖云く、「⑷貧道《ひんどう》、⑸入息陰界《にっそくおんかい》に居らず、出息万縁《しゅつそくばんえん》に渉《わた》らず、常に⑹如是経《にょぜきょう》百千万億巻を転ず」。王便ち礼拝《らいはい》す。顧《おも》うに是れ祖師暫時応機《ざんじおうき》の⑺善巧《ぜんぎょう》なり。豈《あ》に特《ひと》り陰界に居らず万縁に渉らざるのみを以て、如是経と為《す》る者ならんや。信ぜずんば、請う下文《かぶん》を看取せよ。

(1)昔東印土…＝この話は『宗門統要』巻一、『会元』巻一般若多羅章に見える。その眼目は経は黄巻赤軸上にあらざることを云う。◉(2)二十七祖般若多羅尊者＝東インドの人、菩提達磨の師。◉(3)斎次＝お斎《とき》を供養したおり。◉(4)貧道＝「乏道」とも、沙門の自称。聖道に乏しきを謙遜して。また梵語「沙門那」(＝沙門)」の古訳とも云う。◉(5)入息不居陰界、出息不渉万縁＝息を吸うにも一切所に居らず、息を吐くにも万境に関わらず。陰界は「五蘊と十八界」。◉(6)如是経＝天地乾坤の真如実相の姿。『碧巌』九十七本則評唱に、「手に経巻を執らずして、常に転ず如是経」と。◉(7)善巧＝善巧方便の略、機根に応じた手立てをめぐらすこと。

《本則》挙《こ》す。(1)(2)爾《こ》の時迦葉《かしょう》、諸《もろもろ》の比丘《びく》に告ぐ、「仏、已《すで》に(3)荼毘《だび》〔(4)寰中《かんちゅう》は天子の勅《ちょく》、塞外《さいがい》は将軍の令《れい》。(5)兵《へい》は印に随って転じ、将《しょう》は符《ふ》を逐《お》うて行く〕、**(6)金剛の舎利《しゃり》は我れ等が事《じ》に非ず**〔(7)舎利有らば我が事《じ》無し、我が事有らば舎利無し〕、**我れ等宜《よろ》しく当《まさ》に正法《しょうぼう》を(8)結集《けつじゅう》して、断絶せしむること無かるべし**〔(9)門《もん》に当たって荊棘《けいきょく》を栽《う》うることを用いざれ、後代《こうだい》の児孫《じそん》、衣《ころも》を惹著《じゃくじゃく》せん。(10)白昼《はくちゅう》、群を成して荊棘に入る〕」。

(1)**爾時迦葉…**＝本則は『伝灯録』巻一迦葉章による。国師が「迦葉結集」を頌古の第二番目に持って来られたのは、初学出家にとって如何に経典学習が大切であるかを示されたもの。国師は晩年遺誡と同時に寺規十条を制定され、その第三条に、「未だ参禅を要せざる者は、三時の勤行の外、只だ須らく三蔵を学問すべし。若し一日慢《おこた》らば、則ち一日の粥飯を止む可し」とまで強く戒められている。◉(2)**爾時**＝仏滅直後。◉(3)**荼毘**＝「闍維」、「闍毘」とも。焚屍のこと。◉(4)寰中天子勅、塞外将軍令＝「昨日マデハ如来ノゴ命令ニ随ッタガ、コレカラハ迦葉ニ従ハネバナラヌ」。【一三〇の一三】注(7)参照。◉(5)兵随印転、将逐符行＝兵卒は将軍の印に随って其の陣所に転向するが、将軍は天子よりの兵符の勅命を逐うて征伐すべき所に行く。「釈迦ノ死ンダ后ハ、迦葉ノ指図ジャ」。『五祖演録』四面山録の開堂法語。

第二十四則（【二四二】）本則注(37)参照。◉(6)**金剛舎利非我等事**＝仏舎利は在家信者の供養すべきこと、我々比丘が与かるべきことではない。「金剛舎利」は「是ヲ庫裡トモ客殿トモ法トモ涅槃トモ妙心トモ云」。◉(7)舎利有無我事、我事有無舎利＝「コリャ、アンマリ下語シテ、絵トキガスギル」「シロウトノ、知タ事デナイ、舎利ト我事ト二ツハナイト見ルト、又違ウ」。◉(8)**結集**＝仏滅後の仏典編纂会議。◉(9)当門不用栽荊棘、後代児孫惹著衣＝門前にイバラは植えぬもの、子々孫々の迷惑。「華厳・阿含・方等・涅槃・法華等ノ経文ヲ捉マエテ居ルト、自己ノ般若ヲ失ス」。【九九】注(3)参照。◉(10)白昼成群入荊棘＝真っ昼間、有象無象が群を成して文字葛藤のイバラに入る。

《本則評唱》評に曰く。(1)珠林《じゅりん》に曰く、「広く結集《けつじゅう》を明《あか》すに、具《つぶさ》に四時《しじ》有り。(2)第一に智度《ちど》・金剛仙《こんごうせん》の二論に依るに、如来此の鉄囲山《てっちせん》の外に在って、文殊師利及び十方諸仏と共に大乗法蔵《ほうぞう》を結集す。(3)第二に菩《ぼ》薩処胎経《さつしょたいきょう》及び四分律《しぶりつ》等に依るに、如来初め涅槃に入ってより始めて七日を歴《へ》て、大迦葉《だいかしょう》、五百阿羅漢《あらかん》と共に十方世界に到って八億八千衆を召し得て、共に為に三蔵《さんぞう》を集めしむ。(4)第三に智度論に依るに、如来涅槃に入って後、夏安居《げあんご》の初十五日に至って、大迦葉、千羅漢と共に王舎城《おうしゃじょう》に在って三蔵を結集す。(5)第四に四分律に依るに、如来涅槃に入て後一百年の内に、(6)跋闍子《ばじゃし》が擅《ほしいまま》に十事《じゅうじ》を行ずるが為に、(7)大迦葉、七百羅漢と共に毘舎離《びしゃり》城に在って三蔵を結集す。今龍宝《りゅうほう》祖師は第二の処胎経と四分律とに依って頌したまう。

(1)珠林＝『法苑珠林』巻十二（大正五十三・三七三）。◉(2)第一依智度金剛仙二論…＝「大乗結集」と云い、『金剛仙論』巻一（大正二十五・八〇一上）、『大智度論』巻一〇〇（同・七五六中）とにある。架空の結集。◉(3)第二依菩薩処胎経及四分律等…＝「五百結集」と云い、『菩薩処胎経』巻七（大正十二・一〇五八）、『四分律』巻五十四（大正二

十二・九六六—七）に見える。◉(4)第三依智度論…＝王舎城「千人結集」と云い、『大智度論』巻二（大正二十五・六七下—六八上）に見える。歴史的には、第二と第三は同じ、第一回王舎城結集である。◉(5)第四依四分律…＝毘耶《びや》離城《りじょう》「七百結集」と云い、『四分律』巻五十四、『五分律』三十、『摩訶僧祇律』三十三等各律部の経典に見える。歴史的には、これが第二回毘耶離城結集で、上座部と大衆部との根本分裂の引金となったもの。◉(6)跋闍子擅行十事＝「跋闍子」は毘耶離城の種族名、「離車」とも云う。毘耶離の跋闍の比丘達が十事の非法を起こした。一に塩浄（塩を蓄え置く事は浄法である）、二に二指浄、三に聚落間浄、四に住所浄、五に随意浄、六に習先所習浄、七に生和合浄、八に水浄、九に不益楼尼師壇那浄、十に金銭浄の十事であるが、特に十番目の金銭の布施を受けて蓄えるのが違法でないという主張が一番問題となった。◉(7)大迦葉共七百羅漢＝大迦葉はこの時点では既に遷化していて、長老は耶舎陀である。『珠林』の誤り。

《頌》(1)**列三析半《れつさんしゃくはん》、**(2)**信《しん》、何ぞ通《つう》ぜん**〔(3)頭頭顕露《ずずけんろ》、物物全真《もつもつぜんしん》〕、
(4)**首《こうべ》を回《めぐ》らせば白雲眼力空《はくうんがんりきむな》し**〔(5)一歩還《いっぽかえ》って千里の隔《へだ》てを成《な》す〕。
(6)**鶏足峰前《けいそくほうぜん》、**(7)**未《いま》だ帰《かえ》り去《さ》らず**〔(8)客路《きゃくろ》は天《てん》の如く遠《とお》く、侯門《こうもん》は海《うみ》よりも深《ふか》し〕、
(9)**多羅葉上《たらようじょう》、**(10)**非風《ひふう》を動《どう》ず**〔(11)泉《いずみ》涸《か》る時《とき》、魚相共《うおあいとも》に陸《りく》に処《お》る。相呴《あいく》するに湿《しつ》を以てし、相濡《あいじゅ》するに沫《まつ》を以てす〕。

(1)**列三析半**＝「析半裂三」（虚堂）、「破二裂三」、「紐半破三」「折半列三」（雲門）、「破二作三」とも、「半分に破り、また三つに裂く」「ボロボロに破れた」様を云う。「第二義門に建立方便する」（『犂耕』）なり。◉(2)**信何通**＝便りが届かない。五時八教と、こま切れに経典を説いても、釈尊の真意には届かない。◉(3)頭頭顕露、物物全真＝一物一切、

隠す処なく皆な真実のあらわれ。【二の二】注(6)参照。◉(4)**回首白雲眼力空**＝振り返って見んとするうちにも、はや白雲の彼方に見えなくなってしまった。白隠禅師は第一義門の掃蕩と見る。◉(5)一歩還成千里隔＝「踏ミ出シガ大事ジャゾヨ、チット踏ミ違エルト地獄へ落チルゾ」。【二〇二】注(8)参照。◉(6)**鶏足峰**＝迦葉尊者入滅の地、三峰が鶏足の如く合している。『大唐西域記』巻九に、マガダ国の伽耶《がや》城の東、莫訶《まはー》河の東百余里の所と云う。◉(7)**未帰去**＝迦葉尊者は荼毘に付されずに、仏の金襴の袈裟と鉢を持って鶏足山中、滅尽定に入り、当来仏である弥勒の下生を待っている。弥勒に袈裟を渡した後、初めて焚身入寂すると云う。『増一阿含』四十四（大正二・七八九上）、『毘奈耶雑事』四十（大正二十四・四〇九）、『阿育王伝』四（大正五十・一一四—五）等に見える。◉(8)客路如天遠、侯門似海深＝遥々田舎から京都に出てきたが、王侯の門に仕えたくても、易々とは入れない。とても手が届かない。『伝灯録』巻二十一石仏院静（長慶下、雪峰二世）章、もと杜荀鶴《とじゆんかく》の「与友人対酒吟」に、「憑君満酌酒、聴我酔中吟。〜、〜。新墳侵古道、白髪恋黄金。共有人間事、須懐済物心」（『全唐詩』巻六九一）と。◉(9)**多羅葉**＝「貝多羅葉」とも。経典を記述するに適した樹葉、また経典そのものを指す。『大唐西域記』十一。◉(10)**動悲風**＝経典に囚われている人達を悲しんで。『碧巌』六十八頌。◉(11)泉涸時、魚相共処陸、相呴以湿、相濡以沫＝泉の水が涸れると、魚どもは水の干上がったところに集まり、互いに水を吹きかけあい、唾を出して濡らしあう。この後「江湖に相忘るるに如《し》かず」と続く。「呴」は息を吹く。『荘子』大宗師篇。

※江月和尚和韻に、「何論妙用説神通、正法元来叫太空。打殺紫磨金色体、看看二月落花風」と。

《頌評唱》評に曰く。列三析半《れつさんしやくはん》とは展演開敷《てんえんかいふ》縦横羅列《じゆうおうられつ》の義なり。言《いうこころ》は、世尊《せそん》、既に(1)薪尽き火滅した後、尊者迦葉《かしよう》、新しく正法《しようぼう》を結集《けつじゆう》す。此《ここ》に於いて(2)五千四十の経巻有り、(3)頓漸《とんぜん》・秘密《ひみつ》・不定《ふじよう》・半満《はんまん》・権実《ごんじつ》の金文《きんもん》粲然《さんぜん》として現出す。梵釈諸天《ぼんしやくしよてん》、大いに歓踊《かんゆ》し天龍八部《てんりゆうはちぶ》各おの保護す。謂《いっ》つ可《べ》し、宝炬《ほうきよ》を暗衢《あんく》に挑《かか》げて甘露《かんろ》を荒旱《こうかん》に洒《そそ》ぐと。(4)二千年前の昔、金口《こんく》の辯瀾《べんらん》に漏《も》ると雖《いえど》も、二千年後の今、醍醐《だいご》の妙味を嘗《な》む。(5)皆な是れ畢波窟《ひっぱくつ》中の(6)亀氏《きし》の一挙の錫《たまもの》に依る。(7)澆季《ぎょうき》末代の慶幸《けいこう》は之れに如《し》く可からず。

特《ひと》り龍宝《りゅうほう》開祖のみ有って以て足れりと為《な》さず。何が故《ゆえ》ぞ、縦《たと》い貝葉《ばいよう》金文大いに敷演《ふえん》し大いに展開すと雖も猶《な》お是れ(8)能見《のうけん》・所見《しょけん》を出でず。総じて読誦《どくじゅ》・書写・解説《げせつ》の手に落つ、豈《あ》に如来の正法を結集すと云うに足らんや。

茲《ここ》に一枚の金文有り、十法界を容《い》れても広きと為《な》さず、(9)隣虚《りんこ》に収帰しても陝《せま》きと為さず、山河大《せんがだい》地《ち》・万象森羅《ばんしょうしんら》・湿胎卵化《しったいらんけ》・有情非情《うじょうひじょう》を束《つか》ねて以て一片の無字経《むじきょう》と為し、結集を待たず翻訳を仮《か》らず、(10)一気《いっき》を以て筆と為し、造化《ぞうか》を以て紙と為し、陰陽《いんよう》を以て金軸《こんじく》と為し、大虚《たいきょ》を以て(11)縹帙《ひょうちつ》と為し、仏祖も説くこと得ず、魔外も破ること能わず、(12)情量泯《みん》じ、消息断《た》ゆ。所以《このゆえ》に道《い》う、「列三析半、信、何ぞ通ぜん」と。

三世の如来は此の経に入得《にっとく》して無上正等正覚《しょうがく》を成《じょう》じ、歴代の祖師は此の経を徹見して正法眼蔵《しょうぼうげんぞう》・涅槃妙心を発得《ほっとく》す。之れを得たる者を仏祖聖賢と名づけ、之れを失う者を六趣《ろくしゅ》の衆生と言う。此の経纔《わず》かに現出する時、上下四維《しゆい》・三世古今全く繊毫《せんごう》有ることを見ず、空寥寥虚豁豁《くうりょうりょうきょかつかつ》たり。(13)初めて信ず、楞《りょう》厳《ごん》に所謂《いわゆ》る、「(14)浄極《じょうきわ》まり光通達《ひかりつうだつ》して、寂照《じゃくしょう》にして虚空《こくう》を含《ふく》む、却《かえ》り来たって世間《せけん》を観《かん》ずれば猶お夢《む》中《ちゅう》の事《じ》に似《に》たり」と。(15)是の故に道《ゆ》う、「首《こうべ》を回《めぐ》らせば白雲眼力空《がんりきむな》し」と。

昔、迦葉《かしょう》尊者、如来付嘱《ふしょく》の袈裟《けさ》を持《じ》して鶏足《けいそく》山盤石《ばんじゃく》の中に入ること、(16)恰《あたか》も軟泥《なんでい》に入るが如し、以て弥勒《みろく》の下生《あしょう》を待つ。是の故に、鶏足《けいそく》は即ち迦葉尊者を指すなり、迦葉既に衆に首たり、故に(17)鶏足を言うときんば則ち畢波羅窟《ひっぱらくつ》裏の結集会上《えじょう》八百八万の大衆《だいしゅ》同時に共に挙《あ》ぐ、譬《たと》えば大綱《たいこう》を引くときは則ち衆目《しゅもく》共に来たるに似たり。

貝多羅《ばいたら》は樹の名なり、其の葉は広長、其の色は光潤、諸国采用せざるは無し。言《いうこころ》は是《かく》の如きの微妙不思議の大経典、(18)上《かみ》、霄漢《しょうかん》に透徹し、下《しも》、黄泉《こうせん》に通貫して、内外《ないげ》無く、辺表《へんぴょう》無し。(19)外道《げどう》の双眸《そうぼう》、五《ご》天《てん》を貫《つらぬ》くと雖も終《つい》に窺《うかが》うこと得ず、世尊《せそん》の隻眼《せきげん》、三世《さんぜ》に通《つう》ずと雖も全く覩破《とは》すること能わず。(20)寥寥たり廓廓《かくかく》たり、全く是れ如来の清浄《しょうじょう》全身にして(21)当処《とうじょ》を離れず常に湛然《たんねん》たるとは夫《そ》れ此の秘経《ひきょう》か。而《しか》るを(22)多少《たしょう》の大阿羅漢《だいあらかん》も身を終わるまで入得《にっとく》せず、故に空《むな》しく八教の説相、五時の遺韻《いいん》を執して以て如来の正法眼蔵《しょうぼうげんぞう》なりと為《な》して、不去来《ふきょらい》の処に去来《きょらい》の相《そう》を見《み》、不生滅《ふしょうめつ》の地《ち》に生滅《しょうめつ》の悲《かなしみ》を懐《いだ》く。(23)手《て》を換《か》え胸《むね》を搥《う》つ、悲泣懊悩《ひきゅうおうのう》して尽《ことごと》く言う、「世尊、既に滅度《めつど》す、金剛の舎利《しゃり》は我れ等が任に非ず、如《し》かじ正法を結集し以て末代に留《とどめ》んには」と。是《ぜ》なることは即ち是《ぜ》、唯だ恨《うら》むらくは、(24)魚目《ぎょもく》を以て明珠《みょうしゅ》と為《な》すことを。所以に言う、「多羅葉上、悲風を動《どう》ず」と。

(1)薪尽火滅＝仏の無余涅槃に入るを云う。「仏此夜滅度、如～」（『法華経』序品）。◉(2)五千四十経巻＝『禅林象器箋』巻二十一、大蔵経の部に、「梁には則ち五千四百。隋には則ち六千一百九十八。唐は隋乱の後を承けて、稍や痴逸有り、開元の目は五千四十八」と。◉(3)頓漸・秘密・不定・半満・権実＝一切経を台家で八教に分類。うち化儀の四教に、頓教・漸教・秘密教・不定教。化法の四教に、蔵教・通教・別教・円教あり、前の三教を権教《ごんきょう》、後の円教を実教《じっきょう》と云い、また小乗を半字教《はんじきょう》、大乗を満字教《まんじきょう》と云う。◉(4)雖二千年前昔…、二千年後今…＝大乗の諸経典が釈迦金口の説法ではないとは云え、二千年後の今日我れ等が醍醐味である。「辯瀾」は「四辯八音」如来の演説法の意で、「四辯」は「義辯・法辯・辞辯・随応辯」等を云う。◉(5)皆是依畢波窟中＝王舎城結集をまた畢波羅窟結集と云う。『阿育王伝』四。◉(6)亀氏＝摩訶迦葉を訳して大亀氏と云う。『法華文句』一。◉(7)澆季＝道徳風俗等の軽薄になった末世。◉(8)能見所見＝見るものと見られるものが二つに分かれる。『起信論』解釈分の心生滅門に云う、三細不覚の能見相と境界相、ともに無明業相に依る。◉⑼隣虚＝極微とも、物質の最小単位、虚空に隣似するものの意。『楞厳経』三。◉⑽一気＝『荘子』大宗師篇に、「太一混然の気」を云う語を借りて無字を拈出した。◉⑾縹帙＝淡青色の書衣、経巻を云う。◉⑿情量泯消息断＝凡夫の妄想分別である情識の思量は消え、何の音沙汰も無くなる。◉⒀初信楞厳所謂＝『楞厳経』巻六の観音讃偈、『法華経』の普門品偈に相当するもの。◉⒁浄極光通達…猶似夢中事＝清浄な光明は全世界普く照らし、空寂として虚空を含んで至らざる所無く、そこから世間を見れば夢幻の如し。亡者回向の冒頭句、もと『楞厳経』巻六に見える文殊の偈。◉⒂是故道回首白雲眼力空＝白隠禅師は「回首」を「無字経に入得すること」、「白雲」を「能所二見を忘じた境界」として、また「眼力空」を「繊毫有るを見ざること」として見る。◉⒃恰如入軟泥以待弥勒下生＝『智度論』三を踏まえて。◉⒄言鶏足則畢波羅窟裏結集…＝「未帰去」を「身を終わるまで入得せず」の意と解された上での注釈か。◉⒅上透徹霄漢…無内外無辺表＝上は三十三天より下は奈落のどん底まで貫き、内外無く、辺際を絶す。『碧巌』九十七頌下語に「上通霄漢、下徹黄泉」、また『信心銘』に、「極大同小、不見辺表」と。◉⒆外道双眸…、世尊隻眼…＝世尊の心眼は三世（三界）にまで通じているが、対して外道の肉眼は五天竺を貫いているだけ。『碧巌』六十五「外道問仏」本則評唱、もと『宗門統要』巻一、道吾悟真（慈明下）の拈頌。但し「三世」は「三界」。◉⒇寥寥焉、廓廓爾＝「寥寥」は「広闊たるさま」。「廓廓」は「遼闊の貌」、また「廓爾」は「開悟の貌」。◉(21)不離当処常湛然＝永嘉大師『証道歌』。◉(22)多少大阿羅漢＝さすがの大阿羅漢の迦葉尊者も。以下の評唱は文字通り受け取る可からず。迦葉尊者は単に経典編纂者だけではないはず。◉(23)換手搥胸＝左右の手で交互に胸をたたき、悲嘆に暮れるさま。◉(24)以魚目為明珠＝『正宗賛』巻四、香林遠禅師の讃に「紙衣に他人の語句を録す、魚目を認《と》めて明珠と作す」を踏まえて、もと『周易参同契』上に「魚目を豈に珠と為さんや」と。

【二二〇】第三則　思問希遷

《垂示》垂示《すいじ》に曰く。⑴見《けん》、師に斉《ひと》しきときは則ち師に半徳《はんとく》を減《げん》ず、見《けん》、師に過《す》ぎて正《まさ》に伝授《でんじゅ》するに堪《た》えたり。古《いにしえ》の諸聖《しょしょう》、⑵資《し》は常に超師《ちょうし》の作《さ》有ることを求め、師は常に⑶跨竈《こそう》の子《こ》を得んことを要《よう》す。須《すべか》らく知るべし、⑷一牛《いちぎゅう》を駆るときは則ち万牛《ばんぎゅう》の富貴《ふうき》を得、一食《いちじき》を奪《うば》うときは則ち万劫《ばんごう》の飢渇《きかつ》を免《まぬが》る。所以《このゆえ》に道《い》う、⑸吾《わ》が党《とう》の直《なお》き者は是れに異《こと》なり、父は子《こ》の為に隠《かく》し、子は父の為に隠す。何人《なんぴと》か此の手脚《しゅきゃく》を具《ぐ》す、祖祖《そそ》皆な然《しか》り、中《なか》に就《つ》いて青原《せいげん》の父子《ふし》は其の尤《はなは》だしき者なり、⑹聻《にい》。

⑴見斉師則減師半徳…＝『碧巌』十一本則評唱に、百丈が黄檗を認めて云った語。◉⑵資常求有超師作＝弟子は師を超える作略あらんことを求める。「師資」で、師匠と弟子を云う。『老子』巧用に、「其の師を貴ばず、其の資を愛せざれば、智と雖も大いに迷う」と。◉⑶跨竈子＝「衝楼跨竈児」とも、親まさりの子を云う。「跨竈」は、良馬のこと。馬の前蹄の空になったところを竈門という。良馬が駆けると、後蹄は必ず前蹄を超えてその前に行くところから言う。転じて「子が父にまさること」を言う。◉⑷駆一牛則得万牛富貴…＝『洞山初録』に、「耕夫の牛を駆り、飢人の食を奪って、方に善知識と名づく」（禅十二・六四八）とあるを踏まえて。第二十九則（【二四六】）垂示参照。◉⑸吾党之直者…子為父隠＝『論語』子路篇。【八六】注⑶参照。◉⑹聻＝…はどうだ。【三の一】注⑾参照。

《本則》挙《こ》す。**行思禅師《ぎょうしぜんじ》、希遷《きせん》に問うて云く、「⑴汝《なんじ》、什麼《いずれ》の所よりか来たる**〔⑵談笑《だんしょう》座中、潜《ひそ》かに鴆毒《ちんどく》を置く〕」。**云く、「曹谿《そうけい》より来たる**〔⑶蛇は一寸《いっすん》を出《い》ださば、其の大と小とを知り、人は一言《いちごん》を出だせば、其の長と短とを知る〕」。⑷**思《し》、乃《すなわ》ち払子《ほっす》を挙《こ》して云く、「⑸曹谿に還《かえ》って這箇《しゃこ》有りや**〔⑹糸《し》、千尺に垂る、意は深潭《じんたん》に在り〕」。**云く、「但《た》だ⑺曹谿のみに非ず、西天《さいてん》にも亦た無し**〔⑻大凡《おおよ》そ人、邪《じゃ》を信ぜざるときは則ち邪も従って生ずること無し〕」』。**思云く、「**⑼**子《なんじ》、曾《かつ》て西天《さいてん》に到ること莫《な》しや否《いな》や**〔⑽竿頭《かんとう》の糸線《しせん》、君が弄《ろう》するに任《まか》す、清波《せいは》を犯《おか》さず心自《こころおの》ずから異なり〕」。**云く、「**⑾**若し到らば即《すなわ》ち有り**〔⑿前頭《ぜんとう》は打著《たじゃく》、後頭《こうとう》は打不著《たふじゃく》〕」。**思云く、「**⒀**未在《みざい》、更《さら》に道《い》え**〔⒁子《こ》を養《やしな》って、父《ちち》の慈《じ》を知る〕」。**云く、「**⒂**和尚も也《ま》た須《すべか》らく一半《いっぱん》を道取《どうしゅ》すべし、全《まった》く学《がく》人《にん》に靠《よりかく》ること莫《な》かれ**〔⒃破《は》鏡鳥《きょうちょう》の機、動《やや》もすれば母《はは》を食らわんと欲す〕」。**思云く、「**⒄**汝に向かって道《い》わんことを辞《じ》せず、恐らくは已後《いご》、人《ひと》の承当《じょうとう》すること無けん**〔⒅清《せい》の明《めい》為《た》る、杯水《はいすい》にも眸子《ぼうし》を見る、濁《だく》の闇《あん》為《た》る、河水《かすい》にも太山《たいざん》を見ず〕」』。

⑴**汝什麼処来**＝『伝灯録』巻五青原章では、本問答の前に同じ様な問答がある。「師、問うて曰く、『子《なんじ》何の方よりして来たる』。遷曰く、『曹谿より来たる』。師曰く、『什麼《なに》を将得し来たるや』。曰く、『未だ曹谿に到らず、亦た失せず』。師曰く、『恁麼に曹谿を用い去って、什麼《なに》をか作《せ》ん』。曰く、『若し曹谿に到らずんば、争でか失わざるを知らんや』。遷又た問うて曰く、『曹谿大師、還って和尚を識るや』。師曰く、『汝は今、吾れを識るや』。曰く、『識るも又た争でか能く識得せんや』。師曰く、『衆角多しと雖も一麟にて足れり』。遷又た問う、『和尚は曹谿を離れてより、什麼の時にか此間に至れるや』。師曰く、『我れ却って、汝が早晩曹谿を離るるやを知らず』。曰く、『希遷は曹谿より来たらず』。師曰く、『我れ亦た汝が来処を知れり』。曰く、『和尚は幸いに是れ大人、且らく造次なること莫かれ』」と。本録の問答は石頭の悟境を再勘したものである。◉⑵談笑座中、潜置鴆毒＝一見穏やかな話ぶりだが、その実恐ろしい猛毒があるぞ。【五三】注⑿、第四則（【二二一】）頌注⑷参照。◉⑶蛇出一寸知其大与小、人出一言知其長与短＝『淮南子』氾論訓十九章に「蛇、首を挙ぐること尺にして脩短知る可きなり…」とあるを踏まえて。◉⑷**思乃挙払子**＝「払子」は、『祖堂集』では「和痒子（孫の手）」を拈起したとある。◉⑸**曹谿還有這箇麼**＝先師六祖の所にはこいつがあったかな。「曹谿」は韶州曹谿山を云い、六祖慧能禅師がいた。「這箇（こいつ）」はいま払子によって代表されるもの、なんとも

名付け様のないもの。また【七】の払子の三種禅を参照。◉⑹**垂糸千尺、意在深潭**＝釣り糸を千尺の深みに垂らすのも、深みに居る大物を釣り上げたいばかりなり。『会元』五、船子徳誠（薬山下）章に、夾山《かっさん》を接化して云う、「〜、〜。鈎三寸を離れて、子《なんじ》何ぞ道わざる」。◉⑺**非但曹谿、西天亦無**＝無いと云ったら、先師六祖の所のみならず、インドの達磨・釈迦の所にも有りません。「鵠林ナラバ、有ルトモ有ルトモ、ト云ハン。有ト云ウテモ無ト云ウテモ、ワルクハナイ」。◉⑻**大凡人不信邪、則邪無従生**＝第二十則（【二三七】）本則注⒃参照。◉⑼**子莫曾到西天否**＝お前さんは曾て西天竺に行ったことがあるかな（汝は本当にそこまで徹しているかな）。◉⑽**竿頭糸線任君弄、不犯清波心自異**＝釣り糸の先の餌を弄するは君の勝手だが、（餌を本当に喰らえば）さざ波一つ立てずに、心自ずと異なる。前述『会元』船子章に、続いて夾山大悟の後、夾山を魚に譬えて、悟境を再勘した語、但し「心自異」は「意自殊」。再勘問答の末、船子は夾山を「江波を釣り尽くして、金鱗に始めて遇う」と肯う。また『碧巌』七十四本則下語、「夾山に止めを刺した語なり」（『秘鈔』）。◉⑾**若到即有也**＝若し行ったなら（仏の、祖師のと云うことが有るならば）、有ると云えば徹底有ります。「若到…払子ガ有ルワイ、拄杖モ乾屎橛モ有ロウ」。◉⑿**前頭打著、後頭打不著**＝「今迄ハ石頭ガ上手《ウワテ》ヲヤッテ黒星ヲ打ヌイタガ、ココデ下手《シタテ》ニナッタ、打ハヅイタ」。『碧巌』二十一本則評唱に見える。◉⒀**未在更道**＝まだまだ、更に転じて云え。◉⒁**養子知父慈**＝『臨済録』勘辨に、潙山が臨済を評した語。【五二の二】注⑻参照。◉⒂**和尚也須道取一半、莫全靠学人**＝私にばかり云わさないで、和尚さんこそ、自分で云ってください。◉⒃**破鏡鳥機動欲食母**＝「破鏡鳥」は「梟破鏡」とも、「梟」と「破鏡」を云う。「破鏡」は獣名、父を食らい、「梟」は長じてその母を食らうと云う悪鳥。『楞厳経』巻七に、「破鏡鳥は毒樹の果を以て抱いて其の子と為し、子成りては父母皆な其の食に遭《あ》う」と。『五家正宗賛』巻四石頭章に、「鼈鼻蛇の毒、人を傷けんと要し、破鏡鳥の心、専ら母を食らう」とあり、「毒心畏《おそ》る可し、機に臨んでは師も亦た許さず」（『助桀』）。◉⒄**不辞向汝道、恐已後無人承当**＝お前さんに云うのは吝《やぶさ》かではないが、ただそうしたら後生の人が誰も衲を肯わないだろう。云えば云うだけ汚れる。「承当」は本来「分付」の対語、現代中国語で「①請け負う、引き受ける、②（方）承知する、承諾する」の①の意、しかし禅録では②の方言の「承知・合点・領会」の意で用いられることが多い。◉(18)清之為明…、濁之為闇…＝澄んだ水の明るさといえば、杯盤に張った水にも眸がうつる。濁った水の暗さといえば、黄河の水にも泰山の影を見ない。『淮南子』説山訓二章、但し底本の「暗」は「闇」、「大山」は「太山」。

《本則評唱》 評に曰く。石頭希遷《せきとうきせん》禅師は、法を青原行思《せいげんぎようし》禅師に嗣《つ》ぐ。(1)天宝《てんぽう》の間、菴を(2)衡岳《こうがく》盤石の上に結ぶ、故《ゆえ》に石頭を以て称す。(3)江西《こうぜい》の馬大師《ばだいし》と化《け》を並ぶ。江西湖南《こなん》の間、衲子《のつす》をして奔馳《ほんち》せしむ。此《ここ》に於いて世に(4)江湖雲水《ごうこうんすい》の名有り。

師、沙弥《しやみ》為《た》りし時、曹渓《そうけい》の六祖大師に参ず。(5)祖の遺命に随って遂に青原に見《まみ》ゆ。原《げん》、其の来たるを見て即ち問う、「汝、什麼《いずれ》の処よりか来たる」。云く、「曹渓より来たる」。思《し》、乃《すなわ》ち払子《ほつす》を挙《こ》して云く、「曹渓に還って這箇《しやこ》有りや」。(6)囮《か》、袖裏《しゆうり》の金鎚《きんつい》、劈面《ひつめん》に来たる。青原父子、唱和の間、全く勝敗無しと雖《いえど》も、(7)青原は暗頭打《あんとうだ》、石頭は明頭打《みようとうだ》。

思云く、「子《なんじ》、曾《かつ》て西天に到ること莫《な》しや否《いな》や」。此の語、(8)人を殺して猶《な》お血を見んと欲するに似たり。遷《せん》云く、「若し到らば即ち有り」。(9)危《き》に臨んで変ぜず、正に是れ丈夫児。思云く、「未在《みざい》、更に道《い》え」。此の語、(10)巌下《がんか》風生じて、虎、児を弄《ろう》すると雖も、畢竟《ひつきよう》、(11)腋《わき》を截《き》って羽《はね》を出《い》だす心有り。遷《せん》云く、「和尚も也《ま》た須《すべか》らく一半を道取《どうしゆ》すべし、全く学人に靠《よりかく》ること莫かれ」と。往往に言う、「(12)賊鎗《ぞくそう》を奪って賊を殺すに似たり」と。殊《こと》に知らず、少しき子細《しさい》有ることを。

思云く、「汝に向かって道《い》わんことを辞せず、恐らくは已後《いご》、人の承当《じようとう》すること無けん」。此の語、極めて(13)難信難解《なんしんなんげ》、容易の看《かん》を作《な》すこと莫かれ。(14)誰か知らん、石女木人《せきじよぼくじん》も喪身失命《そうしんしつみよう》し、泥牛《でいぎゆう》木馬も劈腹《ひつぷく》剜心《わんしん》することを。(15)何を以てか験《けん》と為《せ》ん。汝に向かって道うことは辞せず、恐らくは已後《いご》、人の承当《じょうとう》することと無けん。

(1)天宝間＝唐玄宗治世、七四二―五六。七四〇年、行思禅師が歿して間も無く天宝初頃に南岳に遷る。◉(2)衡岳＝五岳の一つ、湖南省の南岳衡山。既に南岳懐譲禅師が住していたが、南台寺の東の石台上に菴を構える。懐譲の弟子との問答並びに懐譲より院を建てて貰って協力を受けたことは『祖堂集』に詳しい。◉(3)与江西馬大師並化＝『伝灯録』巻十四石頭章に、「江西は大寂を主とし、湖南は石頭を主として、往来憧憧、二大士の門に並湊せり」と。◉(4)江湖雲水名＝この説は禅家の俗説。「江湖」は魏闕（朝廷）の対語で、「江外湖辺」の意、もとこれ隠遁の士の処する所を云う。名山大刹に住せざる者の一処に在るをまた江湖の衆と云う。『禅林象器箋』五に詳しい。◉(5)祖遺命＝六祖は石頭に、ただ「尋思去れ」とだけ遺言した。「尋思」は差し当たって「心静かに思考する」の意、そこで静処で只管に坐禅をしていると、第一坐に、師兄の行思を尋ねゆけ、「師の言甚だ直なり、汝自ら迷うのみ」と諭される（『伝灯録』巻五青原章）。◉(6)㘞、袖裏金鎚劈面来＝エイ！　と、袖に隠し持っていたハンマーで真正面から一撃。『会元』巻十八疎山了常（兜率悦下）章に、「懐中玉尺未軽擲、袖～」と。【八〇の三】注(3)参照。「㘞」は第九則（【一二六】）本則注(12)参照。◉(7)青原暗頭打、石頭明頭打＝「青原ノ初問ニ、ドコカラ来タト云タハ、暗闇カラソット探グル様ナユヘ、且ク明暗ト云タ、畢竟明暗ノ沙汰ハナイ」。◉(8)殺人猶欲見血＝【一一一】注(14)参照。◉(9)臨危不変、正是丈夫児＝『碧巌』七十五本則下語、但し「正」は「方」。『会要』一、世尊魔王の則に魔王を評して、天衣懐云く、「臨危不変、真の大丈夫」と。◉(10)巌下風生虎弄児＝『虚堂録』巻九、仲秋上堂に、馬大師玩月三虎児接得の様を評して。「弄は之れを愛するなり、馬師、三人を判断す、其の威、畏る可し」（『犂耕』）。【八六】下語にも。◉(11)截腋出羽＝老婆心切の過ぎた。【一八八の二】注(13)参照。◉(12)奪賊鎗殺賊＝『禅林類聚』巻十四の四十一丁に仏鑑慧懃云う、「賊馬に騎って賊を追い、〜」と。◉⒀難信難解＝『法華経』法師品等に見える。◉⒁誰知、石女木人…、泥牛木馬…＝誰も知るまい、石女・木人も命を失い、泥牛・木馬もはらわた裂け心臓を抉り曝け出すと云うことを。「石女木人ガ見ヘルト、無人承当ト云深意ガ見ヘル」「泥牛木馬ハ祖師門下ノ大事」。◉⒂何以為験＝何を以てそのあかしとなす。

《頌》 (1)**明暗双双《みょうあんそうそう》、対揚《たいよう》を絶《ぜつ》す**〔(2)両鏡《りょうきょう》互いに相《あい》照《て》らして中心影像《ようぞう》無し〕、(3)**愁人《しゅうじん》未《いま》だ説かざるに、愁腸《しゅうちょう》断《た》ゆ**〔(4)限《かぎ》り無く春を傷《いた》ましむる意を知らんと欲せば、尽《ことごと》く針を停《と》めて語《かた》らざる時に在り〕。(5)**金毛《きんもう》の獅子《しし》、踞地《こじ》を解《げ》す**〔(6)乾坤《けんこん》も色《いろ》を失《しっ》し、日月《じつげつ》も光《ひかり》を呑《の》む。(7)晋楚《しんそ》も其の富《とみ》を失い、賁育《ほんいく》も其の勇《ゆう》を失う〕、(8)**冤苦蒼天《おんくそうてん》、又た一場《いちじょう》**〔(9)此の時の意を傾《かたむ》け尽くして、三更《さんこう》に孟津《もうしん》を過《す》ぐ〕。

(1)**明暗双双絶対揚**＝青原父子、偏正回互ピタリと一枚の呼吸のところ、もはや問答は無用。「明」は差別の現象、偏位。「暗」は平等の理体、正位。「明暗双双」は「明暗互いに相即し、融合している」。『碧巌』五十一頌。「対揚」は「仏に質問して、仏の説法を引き出し、仏意を発揚する」を云い、禅録では「問答商量して宗旨を挙揚する」を云う。『碧巌』十六頌、十九頌に見える。◉(2)両鏡互相照、中心無影像＝知音同士の会見、両者の心中互いに障礙なし。『碧巌』三頌下語。【一八八の二】注(7)参照。◉(3)**愁人未説断愁腸**＝知音同士は語らずとも互いに相手の気持ちが痛いほどよく分かる。【六の二】注⒇㉓参照。◉(4)欲知無限傷春意、尽在停針不語時＝春を傷み愁える心、限りなし、針をすすめる手も停まり黙々とするのみ。知音底にあらずんばこの気持ちは分からぬ。『錦繍段』巻八朱絳「春女怨」。【三八】注(5)参照。◉(5)**金毛獅子解踞地**＝地に踞る獅子の百獣を怖畏せしめる威あり。「金毛獅子」は仏教語としては文殊の乗る獅子を云うが、此処では機鋒俊鋭互いに譲らぬ、両禅将を指す。臨済の「四喝」の一つに、「有る時の一喝は踞地金毛師子の如し」と。◉⑹乾坤失色、日月呑光＝「コイツニ逢テハ」、どの様な勢力家も力を失う。慈明楚円。【一二二の二】注⑹参照。◉⑺晋楚失其富、賁育失其勇＝全てを奪い尽くす、金毛獅子の把住底。蘇軾。【一一九】注⑷参照。◉⑻**冤苦蒼天又一場**＝（人の承当する無く、誰もこのことを会する者なきにつけても）青原父子の悲しみ、またひとしきりならん。「冤苦」は「無実の罪で苦しむ」を云う。「蒼天」は『詩経』秦風「黄鳥」にも、「彼の蒼き者は天か、我が良人を殲さんとす」とある如く、「やるせない哀しみを天に訴える」を云う。「冤苦蒼天」は『会要』巻五、浮盃和尚（馬祖下）の章に、「凌行婆、手を斂して哭して云う、『蒼天中、更に冤苦を添う』」とある。「一場」は「一幕、ひとしきり」。◉⑼傾尽此時意、三更過孟津＝この時の真意をありたけ云い尽くすならば、真夜中にこっそり孟津の要所を渡ったようなもの。「孟津」は盟津とも云い、河南省孟県の西南にある渡し場、古来より戦略の要所。東陽英朝編『禅林句集』、もと前句は『五祖演録』「送化主」、後句は『会元』巻十二琅邪慧覚（汾陽下）章。

※江月和尚和韻に、「両箇師僧抑又揚、去来一日九回腸。無慙愧踏草鞋破、不住曹渓古道場」と。

《頌評唱》評に曰く。青原父子の相見は、⑴唱拍鼓舞《しょうはくこぶ》の間、⑵明頭《みょうとう》に暗《あん》有り、暗相《あんそう》を以て見る可《べ》からず、暗頭《あんとう》に明《みょう》有り、明相《みょうそう》を以て見る可からず。頭頭取捨《ずずしゅしゃ》無く、処処向背《しょしょこうはい》無し、鬼神も測《はか》ることを得ず、魔外《まげ》も窺《うかが》うこと能わず、両鏡相照《あいて》らして中心影像《ようぞう》無きに似たり。所以《このゆえ》に道う、「明暗双双《みょうあんそうそう》、対揚《たいよう》を絶す」と。父子、情想相通《じょうそうあいつう》じ、志気相投《しきあいとう》ず、恰《あたか》も愁人《しゅうじん》と愁人と⑶陜路《きょうろ》に相逢《あいあ》うに未だ片言《へんげん》を交えざるに目撃《もくげき》の間、中腸《ちゅうちょう》先ず回転するが如し。何《なん》が故《ゆえ》ぞ、彼未だ語らざるに先ず我が愁思《しゅうし》の措《お》く所無きを察し、我れ亦た未だ語らざるに彼の憂懐《ゆうかい》の遣《や》る所無きを知る。故に祖庭《そてい》も亦た是《かく》の如し、透過底《とうかてい》の上士は一見して互いに余蘊《ようん》無し。所以《このゆえ》に道う、「愁人未だ説かざるに愁腸《しゅうちょう》断《た》ゆ」と。

作麼生《そもさん》か是れ踞地《こじ》の獅子、青原底と謂《い》わんか、はた石頭底と為《な》さんか。国師、此に到って大いに工夫有り、後学初機《こうがくしょき》は(4)莽鹵《もうろ》にし去る可からず。青原曰く、「未在《みざい》、更に道え」と、(5)此の時、心腸《しんちょう》を傾け尽くし肝胆《かんたん》を吐き出だすに、更に者《こ》の什麼《なに》を道《い》うて、恁麼《いんも》に逼拶《ひっさつ》し将《も》ち来たる。恰《あたか》も(6)枯骨《ここつ》を圧《あつ》して汁を搦《しぼ》らんと欲する者に似たり。遷《せん》云く、「和尚も亦た須《すべか》らく一半を道取《どうしゅ》すべし」と。往往に言う、「(7)虎は生まれて三日にして牛を食らうの気有り」と。予謂《おも》えらく、「大いに然らず」と。旧参の上士に非ずんば、容易に見徹すること能わず。

思云く、「汝に向かって道わんことを辞せず、恐らくは已後、人の承当《じょうとう》すること無けん」と。是れ此の一語、実に是れ参究す可き難処なり。諸方、往往に言う、「(8)己が欲せざるを以て人に施す者に似たり」と。殊《こと》に知らず、者箇《しゃこ》は即ち是れ曹源《そうげん》一滴の毒波浪、(9)見泥暗衢《けんでいあんく》を砕くの悪手脚《あくしゅきゃく》なることを。所謂《いわゆ》る(10)仏仏《ぶつぶつ》の要機《ようき》、祖祖《そそ》の機要《きよう》なる者か。只だ恨むらくは、(11)此の道《みち》、今人《こんじん》棄《す》てて土《つち》の如くなることを。

(1)唱拍鼓舞之間＝片や歌い片や拍子を取る、片や鼓を打ち片や舞うと云う、息の合った遣り取りの内にも。◉(2)明頭有暗…、暗頭有明…＝『参同契』に、「明中に当たって暗有り、暗相を以て遇うこと勿《な》かれ。暗中に当たって明有り、明相を以て観《み》ること勿かれ」と。◉(3)陝路相逢＝「回避し難い出会い」の義。◉(4)莽鹵＝がさつ、おおまか。【一の八】注(41)参照。◉(5)此時傾尽…恁麼逼拶将来＝この時、腹の中をすっかり吐き尽くしていると云うのに、この上更に一体何を云わせんと、この様にギュウギュウせめつける。「逼拶」は「逼迫（さしせまって催促する、無理強いする）」の義で、ここでは「ギュウギュウせめて導く」を云う。◉(6)圧枯骨欲搦汁＝「搦」は「絞」の誤記か。第十則（【一二七】）本則評唱の「搦尚書両腋白汗」、第十二則（【一二九】）頌評唱の「妄搦枯骨求汁」を参照。『臨済録』示衆に、「枯骨上覓什麼汁」と。◉(7)有虎生三日食牛気＝底本の「機」は「気」の誤植。『文字禅』二十七狄梁公伝の跋文に、「虎は生まれて三日にして、其の気、牛を食らう」と。◉⑻以己不欲施人＝『論語』顔淵篇の「己所不欲、勿施於人」を捩《もじ》って云ったもの。【九八】注⑶参照。◉⑼見泥暗衢＝悟りに腰を据えて出路なき闇路の様を云う白隠用語。第五則（【二二二】）頌評唱に「我法二空の見泥獄」とか、『於仁安佐美』上に「見泥地獄」とか見えるが、典拠不詳。「見泥」は「見泥犁」の略か、泥犁《ないり》は地獄（niraya）の音訳。『宗鏡録』六十七に、「悪見泥に没して自ら出づること能わず」、また『正法念処経』六に、合大地獄の十六別処小地獄の第四に「悪見処地獄」を云う、また僧肇『注維摩詰経』三、「出淤泥」注の、「在家は欲泥に没し、出家は見泥に没す」をも踏まえる。◉⑽仏仏要機、祖祖機要＝仏に成るべき肝要の機。【一の八】注⑵参照。◉⑾此道今人棄如土＝『唐詩選』七古の杜甫「貧交行」の結句。

【二一二】第四則　大随劫火

《垂示》垂示《すいじ》に曰く。⑴活句下《かっくげ》に薦得《せんとく》せば永劫《ようごう》にも忘れず、死句下《しくげ》に薦得せば自救不了《じぐふりょう》。⑵活句は総に人に在り、語句に向かって⑶卜度《ぼくたく》すること莫《な》かれ。譬えば⑷刀兵災《とうへいさい》の人の如し、竹木瓦石、手に任せて拈《ねん》じ来たるに忽《たちま》ち化して戈戟《かげき》と作《な》る。透関《とうかん》の上士も亦た然《しか》り、機に随い横説竪談《おうせつじゅだん》するに活句ならずということ無し。透関向上の宗師、却って什麼《いずれ》の処にか在る。

⑴活句下薦得…、死句下薦得…＝『碧巌』二十本則評唱、もと『会要』巻二十六徳山縁密章に、「死句に参ずること莫かれ、活句下に薦得せば、永劫に滞ること無し」と。「薦得」は「会得する、すっかり呑み込む」。◉⑵活句総在人＝「死句ト云ウテ外ニハナイ、活人ガ吐キ出サバ活句、死人ガ吐キ出サバ死句、挙揚スル人ニ依ル」。◉⑶卜度＝推測、臆断する。◉⑷刀兵災＝『倶舎論』巻十二に云う、劫末に起こる刀兵・疾疫・饑饉の小三災の一。「中劫末十歳の時《じ》人《じん》非法をなし、相見すれば即ち害心を起こし、手に随って執る所みな利刀となり、互いに相残害する」（大正二十九・

六五下、取意）と。

《本則》挙《こ》す。(1)僧、大随《だいずい》に問う、「(2)劫火洞然《ごっかとうねん》として大千倶《だいせんとも》に壊《え》す、未審《いぶかし》、(3)這箇《しやこ》、壊《え》か不壊《ふえ》か〔(4)親切《しんせつ》を得んと欲せば、問《とい》を将《も》ち来たって問うこと莫《な》かれ。問《とい》は答処《たっしょ》に在り、答《こたえ》は問処《もんじょ》に在り〕」。(5)随《ずい》云く、「壊《え》〔(6)雨《あめ》を聴《き》いて寒更《かんこう》尽き、門《もん》を開《ひら》けば落葉多《らくようおお》し〕」。僧云く、「(7)与麼《よも》ならば則ち他《た》に随《したが》い去《さ》るや〔(8)恰《あたか》も矮子《わいす》の戯《たわむれ》を看《み》て、人《ひと》に随《したが》って上下《じょうげ》するが如し〕」。随云く、「他《た》に随《したが》い去《さ》る〔(9)湘潭雲《しょうたんくも》尽き暮山《ぼざん》出《い》で、巴蜀雪《はしょくゆき》消《き》え春水《しゅんすい》来たる〕」。

(1)**僧問大随…**＝『碧巌』二十九、『従容録』三十、『古尊宿語録』巻三十五「大随神照録」、『大灯百二十則』一〇八則等に見える話。◉(2)**劫火洞然、大千倶壊**＝『仁王護国般若経』下の法師偈（大正八・八四〇）。劫火とは成・住・壊・空の四劫の壊劫の時、火・水・風の三災に依って大千世界が破壊されるを云う（『倶舎』巻十二）。「洞然」は「火の盛んに燃える様」を云う。◉(3)**這箇**＝『碧巌録』に、「人多く情解を作して道う、『這箇は是れ衆生の本性なり』」と。本則の眼目は霊魂不滅の常見を破するにある。◉(4)欲得親切…答在問処＝肝要の処は他に問うて知ることでは無い、間髪を容れざる所。南院慧顒の語。**【一八七の二】**注(2)参照。◉(5)**随云壊**＝『大随録』には、「時に会中三百余の僧、尽く皆な肯わず、皆な云う、『従上已来、只だ不壊の性を説くに、和尚、何が故に却って壊と云うや』と。衆各おの惶《こう》然《ぜん》（おそれ不安に）たり」（禅十二・六一六）と見える。因みに、『趙州録』には、「未だ世界有らざるとき早や此の性有り、世界壊する時、此の性不壊」（禅十一・三一九）とある。◉(6)聴雨寒更尽、開門落葉多＝寒夜更け雨かと聴いたのは、暁けて門を開けば落葉の音であったわい。無可上人「秋寄従兄賈島」（『全唐詩』巻八一三）、但し「尽」は「徹」、「多」は「深」。◉(7)**与麼則随他去也**＝そうしたら「これ」は大千世界が壊するに随って壊するということですね。「他」

は「大千世界」。「也」は「詰問」を示す語気詞。「他は這箇、也は決断を示す助詞」（岩波文庫本『碧巌録』）とする説はとらない。「随他去」は、『大随録』では「随他随他去也」。◉(8)恰如矮子見戯随人上下＝付和雷同の漢。【一五八の一】注(4)参照。◉(9)湘潭雲尽暮山出、巴蜀雪消春水来＝湘潭の雲は尽き暮山が現われ、巴蜀の雪も解けて春水ます。『三体詩』。【一六五】注(4)参照。

《本則評唱》評に曰く。(1)大随真和尚《だいずいしんわしょう》は、法を大安禅師《だいあんぜんじ》に嗣《つ》ぐ。(2)初め潙山《いさん》の会裏《えり》に在って火頭《こじゅう》と作《な》る。一日、潙山問て曰く、「子《なんじ》、者裏《しやり》に在ること数年、亦た問を致し来たって如何《いかん》と看ることを解《げ》せず」。随云く、「(3)某甲《それがし》をして箇の什麼《なに》を問わしめてか即ち得てん」。山云く、「子《なんじ》、便ち会せずんば、如何《いか》なるか是れ仏と問え」。随《ずい》、手《て》を以て潙山の口を掩《おお》う。山云く、「(4)你《なんじ》、已後《いご》箇の掃地《そうち》の人を覓《もと》むるも也《ま》た無けん」。後、大随に住す。

僧問う、「劫火洞然《ごっかとうねん》として大千倶《とも》に壊《え》す、未審《いぶか》し、這箇《しやこ》、壊か不壊か」。劫火とは即ち三災壊劫《さんさいえごう》の大火なり。(5)劫《ごう》滅し尽くす時、無間地獄《むげんじごく》の余焔《よえん》逆上して四禅天《しぜんてん》に到り、三千大千総に空穴《くうけつ》と為《な》る。者《こ》の僧、(6)一片の所見を荷負《かふ》し来たって、「者箇《しやこ》、壊か不壊か」と問う、是れを「(7)験主問《けんしゅもん》」と云う。者《こ》の僧、意《こころ》に謂《おも》えらく、「辨道《べんどう》の上士、横参竪参《おうさんじゅさん》、(8)理《り》尽き詞窮《ことばきわ》まる処に到って、一点の冷焔忽然《れいえんこつねん》として迸出《ほうしゅつ》する時、上下四維・十方法界・天堂地獄・穢土《えど》浄刹《じょうせつ》、空蕩蕩地《くうとうとうち》、虚豁豁地《きよかつかつち》に、毫釐《ごうり》を残さず、繊塵《せんじん》を留めず、正与麼《しょうよも》の時、者箇《しやこ》、壊か不壊か。若し不壊と言わば箇の什麼《なに》をか見ん、若し壊と言わば、(9)頑空無記《がんくうむき》。(10)暗頭《あんとう》にも亦た道不得《どうふとく》、明頭《みょうとう》にも亦た道不得。大随をして総に開口不得《かいくふとく》ならしめんと欲す」。如何せん大随活人の境界、転身《てんじん》自在の受用《じゅゆう》有り。恬然《てんぜん》として答えて曰く、「壊」と。

僧云く、「与麼《よも》ならば則ち他《た》に随《したが》い去《さ》るや」。可惜許《かしやっこ》、語に随って解《げ》を生ずる者と謂《い》わんか、抑《そも》又た大随を見尽くさんと欲する者と為《な》さんか。大随云く、「他に随い去る」。此の語極めて最妙最玄。是の故《ゆえ》に、⑾唐の景遵《けいじゅん》、大随の塔に題して曰く、「⑿一句他に随う語、千山衲僧《のうそう》を走らしむ。蛩《こおろぎ》寒うして砌葉《せいよう》に鳴き、鬼《き》夜《よる》龕灯《がんとう》を礼す」と。試みに問う、大随云く、「他に随い去る」と、是れ什麼《なん》の道理ぞ。

(1)大随真和尚嗣法於大安禅師＝大随は四川省成都の西北、大随山の法真禅師（八三四―九一九）、百丈海下の長慶（西院）大安禅師（七九三―八八三）の法嗣。【八〇の三】注(1)参照。◉(2)初在潙山会裏作火頭＝『大随録』に、「潙山会裏に向《お》いて飯と做《な》ること七年。洞山会中に於いて柴頭と做ること三年」とあるように、ここの「火頭」は飯炊き役。「潙山」は霊祐禅師（七七一―八五三）の後、潙山二世となった「大安禅師」を云う、『大随録』行状を参照。◉(3)令某甲問箇什麼即得＝句末の「得」は「当を得る、意を得る、満足する」の意。◉(4)你已後覓箇掃地人也無＝「あまり鋭い、衆縁があるまい」（『秘鈔』）。「掃地人」は「随侍の者」（『秘鈔』）の意。『毘奈耶雑事』巻十四に世尊自ら箒を執って掃地し、掃地の五勝利を説く段（大正二十四・二六六下）がある、しかし『増一阿含』巻二十五（大正二・六八八中）、『無垢優婆夷問経』（大正十四・九五〇下）等に見える様に、「塔婆を掃除する」意味合いもあるので、墓を守る人、後継者を指しているのかも知れない。◉(5)劫滅尽時…総為空穴＝『倶舎論』十二、『長阿含』二十一には、先ず初めは火災、七個の太陽が同時に出でて、この世界を焚焼し、下は無間地獄より上色界の初禅天に至る。次は水災に依って第二禅天まで破壊せられ、第三に風災に依って第三禅天まで飄散させられる。七度の火災の後一度の水災を繰り返すこと七度の後、七火災一大風災を経て空劫に帰するを云う。◉(6)一片所見＝「此の性不壊」と云う一知半解。◉(7)験主問＝探抜問とも、汾陽十八問の一、宗師家の深浅を験さんと問いを発するを云う。『碧巌』九本則評唱。第十三則（【一三〇】）垂示注(1)参照。◉(8)到理尽詞窮処、一点冷焔忽然迸出時＝「冷焔」は『五家正宗賛』趙州章に「狗子無仏性、露刃剣冷焔含霜」と云う露刃剣の光焔を劫火に掛けて云ったもの。この僧の生悟りの端的。以下は『碧巌録』

の評唱を白隠禅師流にアレンジしたもの。◉(9)頑空無記＝空無の見に堕すること。第四十二則（【二五九】）垂示にも。◉(10)暗頭亦道不得、明頭亦道不得＝壊とも不壊とも云うことが出来ない。◉(11)唐景遵＝五代後唐の詩僧。◉(12)一句随他語…鬼夜礼龕灯＝底本の「龕塔」は貞永寺版の「龕灯」に戻す。大随の一句「随他去」は、衲僧を蜀から舒州まで幾千山を奔走せしめる。晩秋、階下の草に悲しげにコオロギの啼く寒夜、幽鬼が古塔龕前の灯を礼拝する。「鬼」とは師の生前に会得出来なかった僧が死後も幽魂としてさまようを指すか。

《頌》劫火《ごつか》他に随って(1)喚《よ》べども回《かえ》らず〔(2)纔《わず》かに擬議《ぎぎ》せば面門《めんもん》を燎却《りようきやく》せん。(3)鉄火団圝《てつかだんらん》たり尽十方《じんじつぽう》〕、

遠く西蜀《せいしよく》を離れて去《さ》って還《ま》た来たる〔(4)遊宴《ゆうえん》の中に鴆毒《ちんどく》有り、談笑《だんしよう》の中に戈矛《かぼう》有り、堂奥《どうおう》の中に虎豹《こひよう》有り、隣巷《りんこう》の中に戎狄《じゆうてき》有り〕。

(5)大千総《そう》に者《こ》の僧の眼《まなこ》に等《ひと》し〔(6)是れ死蛇《しじや》なりと雖《いえど》も、弄《ろう》することを解《げ》すれば又た活《かつ》す。(7)鉄を点《てん》じて金と成すは易《やす》く、金を点じて土と成すことは還って復《ま》た難し〕、

(8)古仏光中《こぶつこうちゆうしよう》、笑口開く《く》〔(9)誰《たれ》か謂《い》う、秤尺《しようしやく》は平《たい》らなりと、直中還《ちよくちゆうかえ》って曲《きよく》有り。誰か謂う、物理斉《もつりひと》しと、麻《ま》を種《う》えて還って粟《ぞく》を得たり〕。

(1)**喚不回**＝「随他去ト云語ハ、鉄砲モトヲルモノデハナイ。三世ノ諸仏ガ先へ回テ居テモ追付事ハナラヌ」。滴翠和尚曰く、「羅籠スレドモ不住、呼喚スレドモ頭ヲ不回、此ノ三字ガ大灯国師ノ、トントノ妙処ジャ」と。◉(2)纔擬議燎却面門＝少しでも躊躇すれば、顔面おおやけど。「燎却面門」は『碧巌』十六頌評唱、『同』二十二本則評唱。◉(3)鉄火団圝尽十方＝尽十方世界丸ごと熱鉄丸。【一一〇の二】下語にも。◉(4)遊宴中有鴆毒…隣巷中有戎狄＝形無き悪の恐るべきは、遊宴の最中に鴆毒を盛る如く、歓談の最中に戈矛を隠し持つ如く、室内奥に虎や豹を蔵している如く、

隣里相連なる街角に野蛮人を混在させる様なもの。『禅門宝訓』巻一、四章、明教契嵩（雲門下四世）の語。◉(5)**大千総等者僧眼**＝「大千」は大千世界の有象無象すべて、天下の禅流を云う。「コノ僧斗《バカリ》デナイ、随ノ手元ヲ知ラネバ、天下ノ叢林皆ソデナイ」。◉(6)雖是死蛇解弄又活＝「国師ガ弄シタラ、イキルモシレヌ」【一六二】注⑳参照。◉(7)点鉄成金易、点金成土還復難＝「迷イノ眼ヲ潰シテ悟ラス事ハ易イガ、悟リノ眼ヲ潰シテ凡夫トスル事ハ難イ」。【二九】注⑽、【一九三の二】注⒅参照。◉(8)**古仏光中、笑口開**＝「古仏」は投子の語を受けたもの、大随を指す。評唱参照。「笑口」は、ここでは侮蔑の笑い。「安悟リ、ヲカシクテナラン」。◉(9)誰謂秤尺平…。誰謂物理斉…＝秤は平らとは限らぬ、直の中に却って曲がある。物の理はいつも同じとは限らぬ、麻を種まいて粟を得ることもある。「コノ僧一枚悟リハ知ッテオレドモ、魔王ノ働キハ知ラヌ」。『僧宝伝』二十三、黄龍祖心章に慧南先師を追悼して、「昔人去る時是れ今日、今日依前として人来たらず。今既に来たらず昔往かず、白雲流水空しく裴回す。～。～。憐れむ可し天下に馳逐《ちく》する人、六六元来三十六」と。

※江月和尚和韻に、「不知万転与千回、錯錯何求劫火来。道壊随他句中眼、雲籠峰頂不終開」と。

《頌評唱》評に曰く。大随云く、「他に随い去る」と。試みに道《い》え、是れ甚麼《なん》の道理をか説く。一代蔵経も詮註《せんちゅう》し及ぼさず、明眼《みょうげん》の衲僧も(1)摸索不著《もさくふじゃく》。擬議《ぎぎ》するときは則ち(2)頭脳《ずのう》地に塗《まみ》る。(3)快鷹趁《お》えども及ばず、千牛挽《ひ》けども回《かえ》らず。所以《このゆえ》に道う、「劫火他に随って喚《よ》べども回らず」と。

(4)其の僧、大随の落処を知らず、却って此の問を持《じ》して直《ただ》ちに舒州投子山《じょしゅうとうすざん》に往き、前話《ぜんな》を挙似《こじ》す。投子、香を焚いて礼拝して云う、「西蜀《せいしょく》に古仏有り出世す、你且《なんじしばら》く速やかに回《かえ》れ」と。(5)其の僧、復《ま》た回って大随に到る。随、既に遷化《せんげ》す。雪竇《せっちょう》頌有って曰く、「憐れむ可し一句他に随うの語、(6)万里区区《くく》として独《ひと》り往還《おうかん》するのみ」と。国師と雪竇と(7)一模《いちも》に脱出するに似たり。是の故《ゆえ》に道う、「遠く西蜀を離れて去って還た来たる」と。

今時《こんじ》諸方《しょほう》の宗師《しゅうし》、天下の禅流《ぜんる》、(8)諸相非相《しょそうひそう》の空谷《くうこく》に陥墜《かんつい》し、(9)我法二空の塵坑《じんきょう》に顚入《てんにゅう》して、尽《ことごと》く言う、「(10)尽大地、是れ沙門《しゃもん》の一隻眼《いっせきげん》」と。是《ぜ》なることは則ち是《ぜ》、可惜許《かしゃっこ》、此れを見地不脱底の痴人《ちじん》と謂《い》う。所以《このゆえ》に大随の説話《せった》を解すること能わず、寔《まこと》に「者《こ》の僧の眼に等し」。

「古仏光中」とは透関正眼向上の人の行履《あんり》を謂うなり。言《いうこころ》は、其の僧、投子に到って前話を挙《こ》す。投子、大随の説話を聞いて、香を焚《た》いて礼拝して曰く、「西蜀に古仏有り出世す、你且《なんじしばら》く須《すべか》らく速やかに回《かえ》るべし」と。僧即ち蜀に回るも、随、既に遷化す。「笑口開く」とは面前、者《こ》の僧及び今時の人の行履を見るに、(11)寔《まこと》に一場《いちじょう》の笑具《しょうぐ》ならんか。

(1)摸索不著＝探り当てることが出来ない。見当がつかない。『碧巌』一本則下語。◉(2)頭脳塗地＝本来は「肝脳塗地」或いは「肝胆塗地」とあるべき所。戦乱中に肝臓や頭脳が地に塗《まみ》れて死亡する惨烈の様を云う。◉(3)快鷹趁不及、千牛拽不回＝どんな速い鷹でも追いつけず、千頭の牛で引っ張っても戻らない。随い去るときは、徹底喚べども回らない。『円悟録』七上堂に、「十五日已前、千牛拽不回。十五日已後、俊鶻趁不及」と。◉(4)其僧不知大随落処…＝以下、『碧巌』の評唱に準じる。◉(5)其僧復回到大随。随既遷化＝『大随録』には、この後話として、この僧また舒州に回ったが、投子和尚もまた帰寂すと見える。◉(6)万里区区独往還＝「区々」は「奔走尽力」の様。「独」は「唯…するのみ」の意。空しく万里の路をセッセと行ったり来たりしただけである。◉(7)一模脱出＝一つの鋳型から取り出した様に同じ。「模」は「模範」。◉(8)諸相非相＝諸々の相の相に非ざることが分かれば、それが如来。『金剛経』如理実見分。◉(9)我法二空＝我空（生空、人空とも）と法空の二法。小乗の行人はただ生空観を修して法空観を修しない。大乗菩薩は、人も空なり、法も空なりと観じて、以て我執法執を断ず。しかし白隠禅師はその境地をも空見解と戒める。◉

⑽尽大地是沙門一隻眼＝【九四の二】注⒃参照。◉⑾寔一場笑具乎＝全く一場の笑いぐさ。

【二二二】第五則　百丈耳聾

《垂示》垂示《すいじ》に曰く。⑴或る時の一喝は金剛王《こんごうおう》の宝剣の如く、或る時の一喝は⑵踞地《こじ》の獅子の如く、或る時の一喝は⑶探竿影草《たんかんようぞう》の如く、或る時の一喝は一喝の用《ゆう》を作《な》さず。是れを⑷済北《さいほく》の四喝《しかつ》と道う、生死の業根《ごうこん》を截断し、小果相似《しょうかそうじ》の窟宅《くったく》を吼破《こうは》し、来者の真偽を弁じ、⑸進趣《しんしゅ》の邪正を分かつ。特に無功用の喝《かつ》子《す》に到って、⑹作麼生《そもさん》か商量し去らん。

⑴或時一喝者如金剛王宝剣……＝『臨済録』勘辨の二十一。「金剛王」は最勝の金剛石、その宝剣は一刀に一切の情解を渾《すべ》て断ず（『人天眼目』巻二臨済門庭）。『碧巌』十頌評唱。◉⑵踞地獅子＝近傍すべからず。「踞地も宝剣も皆な学者の聞処に反えすのみ、師家から擬うて喝しはせぬ」（『秘鈔』）。◉⑶探竿影草＝『葛藤語箋』に諸説を述べ、未だ明解を見ない。漁師の魚を寄せる道具とも、水の深浅を計る竿と索《わな》とも、また盗賊の家人の睡否を伺う用具とも云う。要は禅録では、師家が学人に探りを入れて誘導接化するを云う。◉⑷済北＝臨済禅師、河北省鎮州城の済場《わたし》に臨むに因む。◉⑸進趣＝「来者」の対で、「挙動、努力向上、追求」の義。◉⑹作麼生商量去＝本則をよく見ておけ、との意。

《本則》挙す。⑴**百丈の懐海《えかい》、一日《いつじつ》、衆《しゅ》に謂《い》って云く、「仏法は是れ小事《しょうじ》にあらず**〔⑵曾《かつ》て客と為《な》るに慣《な》れて正《まさ》に客を憐《あわ》れむ〕。⑶**老僧、昔、馬大師《ばだいし》に一喝《いっかつ》せられて、直《じき》に得たり三日耳聾《みみろう》し眼《まなこ》暗きことを**〔豈《あ》に止《ただ》に三日のみならんや、百千万劫にも耳聾《ろう》し眼暗《くら》からん〕」。⑷**黄檗《おうばく》、挙するを聞いて舌《した》を吐《は》く**〔⑸身心脱落《しんじんだつらく》、脱落身心《だつらくしんじん》〕。**丈《じょう》云く、「**⑹**子《なんじ》、已後《いご》、馬祖《ばそ》に承嗣《じょうし》すること莫《な》しや**〔⑺清白《せいはく》の士は爵禄《しゃくろく》を以て得《う》る可からず、節義《せつぎ》の士は威《い》刑《けい》を以て脅《おど》す可からず」」。**檗《ばく》云く、「然《しか》らず、今日師《こんにちし》の挙するに因《よ》って、馬祖《ばそ》の(8)大機大用《たいきたいゆう》を見ることを得《え》たり。(9)然《しか》も且《か》つ馬祖を識《し》らず。(10)若し馬祖に嗣《つ》がば、我が児孫《じそん》を喪《うしな》わん**〔(11)獅子《しし》は鉤戟《こうげき》を畏《おそ》れ、虎《とら》は火《ひ》を畏れ、象《ぞう》は鼠《ねずみ》を畏れ、狼《おおかみ》は鑼《どら》を畏れ、祖《そ》は児孫《じそん》を喪《うしな》わんことを畏る」」。**丈《じょう》云く、「如是如是《にょぜにょぜ》**〔(12)見《けん》、師《し》に斉《ひと》しきときは師に半徳《はんとく》を減《げん》ず、見《けん》、師に過《す》ぎて正《まさ》に伝授《でんじゅ》するに堪《た》えたり」」。

(1)**百丈懐海一日…**＝『碧巌』十一本則評唱、『伝灯録』六、『会元』三、『百丈海録』等に見える。◉(2)曾慣為客正憐客＝懐海和尚も曾て昔は行脚の客となって苦労したから、学人を相憐れむ気持ちが深い。『碧巌』四十一本則下語。◉(3)**老僧昔被馬大師一喝、直得三日耳聾眼暗**＝百丈再参の因縁。払子を執り師家としてこれからどう学人を接化するかの試問。師匠を見習うだけの禅では一喝せられるのみ。◉(4)**黄檗聞挙吐舌**＝驚き畏れる余り、覚えず舌を出した。黄檗の大悟。他の禅録では「吐舌」の前に「不覚」がある、また『碧巌』では更に「不覚悄然」となっている。◉(5)身心脱落、脱落身心＝『永平三祖行業記』に見える天童如浄の語、道元大悟の因縁。◉(6)**子已後莫承嗣馬祖**＝他の禅録では、句末に「麼」、「去麼」等がある、疑問に訓むべし。◉(7)清白之士…、節義之士…＝潔癖な人は地位や俸給で釣ることは出来ない、忠節の人は刑罰や威嚇で脅すことは出来ない。『三略』下略。◉(8)**大機大用**＝大機は宗旨を明らめた境界、大用は学人接化の働き。百丈は馬祖の大機を得、黄檗はその大用を得たと評される。◉(9)**然且不識馬祖**＝しかも馬祖とは面識が無い。後世、面授によらずに雲門を嗣いだ薦福承古の例がある。◉(10)**若嗣馬祖喪我児孫**＝百丈の恩を忘れ、しかも面授に依らざる時は、児孫を失うだろう。◉(11)獅子畏鉤戟…狼畏鑼＝『五雑組』巻九、物部一の象。「鉤戟」は「先に鉤が付いた戈、敵を引っ掛けて殺す」。この句は最後の「祖畏喪児孫」を言い出さんが為の単なる枕詞。◉(12)見等師…正堪伝授＝百丈の語をそのまま下語とした、『臨済録』行録では潙山の語として見える。底本の「等」は「斉」。

《本則評唱》評に曰く。昔、百丈懐海《ひやくじようえかい》禅師、馬大師《ばだいし》に一喝《いっかつ》せられて三日耳聾《ろう》す。伝記に載《の》する所、口碑《こうひ》の伝うる所、(1)心目の間に昭昭《しようしよう》たり。今時《こんじ》往往《おうおう》に道《い》う、「吾が輩《やから》、福因浅薄、(2)聖《しよう》を去ること杳《はる》かに遠し、(3)浪死《ろうし》近きに在り、虚生《きよせい》、豈《あ》に久しからんや、来生《らいしよう》の不如意《ふによい》は(4)卜《ぼく》せずとも知る可《べ》し。知らず、何《いず》れの日、何れの時か真正大機大用《しんしようたいきたいゆう》の宗師《しゆうし》に撞著《どうじやく》して一喝せられて徹底し去ることを得んや」とて、呻吟懊悩《しんぎんおうのう》す。我れ之れを聞く毎《ごと》に、覚えず失笑す。嗟《ああ》、是れ什麼《なん》の(5)掠虚《りやっこ》の破譫語《はせんご》ぞや、是れ什麼の昏愚死妄想《こんぐしもうぞう》ぞや。你《なんじ》若し実参実究、時時に話頭に和《わ》して身心共に打失《たしつ》し大疑現前《だいぎげんぜん》せば、(6)豈に一喝をしも云わんや、鶯吟《おうぎん》燕語《えんご》・雀噪鴉鳴《じやくそうあめい》を聞くも直下《じきげ》に喪身失命《そうしんしつみよう》し去らん、豈に三日をしも云わんや、千生万劫《せんしようまんごう》にも耳聾《ろう》し眼瞎《かつ》せん。是の故《ゆえ》に(7)堕薪《だしん》の声を聞いて落節《らくせつ》する者有り、(8)桃花《とうか》の開くを見て打発《たはつ》する者有り、(9)棒下に打失し、喫顚《きってん》して休罷《きゆうひ》す。若し今時《こんじ》の諸方に似たらば、臨済・徳山・南院・風穴の諸老、你《なんじ》を並囲《へいい》し、朝《あした》に千喝《せんかつ》し夜《よる》に千喝し、千喝万喝千百億喝すと雖《いえど》も、(10)牛前《ぎゆうぜん》に琴《こと》を弾《だん》じ、(11)馬背《ばはい》に瑟《しつ》を鼓《こ》するに似て、終《つい》に了日《りようじつ》無けん。参禅《さんぜん》は只だ当人の真偽《しんぎ》、工夫《くふう》の親疎《しんそ》に在《あ》れらくのみ。若し夫《そ》れ真正《しんしよう》の上士ならば、誓って別人の力を仮《か》ること莫《な》かれ。縦《たと》い少分の得力《とくりき》有れども、虫《むし》の気息《きそく》も亦た得《え》難し。若し然《しか》らずんば、枕を高うして馬祖百丈再生《さいしよう》し出で来たるを待って、一喝せられて徹底し去れ。

(1)昭昭於心目之間＝目に鮮やか。「心目」は「心の意識作用と眼識」。『隆興仏教編年通論』巻二十一、清涼澄観が憲宗帝に答えて、「～、而も相観《あいみ》る可からず、晃晃として色塵の内に在り、而も理の分かつ可からず」（卍続蔵一三〇・六二六）と。『雪竇録』一にも引用。◉(2)去聖杳遠＝仏在世を遥か遠く隔たった末世。◉(3)浪死在近、虚生豈久哉＝死は近く、生は長くない。「虚生浪死」は「虚しく一生を度る」を云う。◉(4)不卜可知＝占わないでも容易《たやす》く知り得る。◉(5)掠虚破譫語哉＝「掠虚」は「騙《かた》り」、「譫語」は「たわごと」。「破」は「糟、劣」等の意の蔑視語。◉(6)豈一喝云乎＝一喝に限らない。◉(7)聞堕薪声落節者＝興教洪寿禅師（天台徳韶の法嗣）『会元』巻十。◉(8)見桃花開打発者＝霊雲志勤禅師（潙山霊祐の法嗣）『伝灯録』巻十一。◉(9)棒下打失、喫顚休罷＝『遠羅天釜』上に、「玄沙は泣く泣く象骨《ぞうこつ》を下って喫顚して左脚を破って徹骨徹髄し、臨済は痛棒を喫して破家散宅す」と。玄沙の故事は『会要』二十三玄沙章。◉(10)牛前弾琴＝「対牛弾琴」とも、馬の耳に念仏。『睦州録』に、「官云く、『便ち提綱を請う』。師云く、『対牛弾琴』」（禅十一・二二五）と。もと漢、牟融『理惑論』に見える。◉(11)馬背鼓瑟＝対牛弾琴に同じか。未検。

《頌》

(1)一喝耳聾《いつかつみみろう》して天地《てんち》黒《くろ》し〔(2)山形《さんぎょう》の拄杖子《しゅじょうす》を拗折《ようせつ》して、従来大地《じゅうらいだいち》黒漫漫《こくまんまん》〕、**(3)当機《とうき》舌《した》を吐《は》いて(4)荊棘《けいきょく》を生《しょう》ず**〔(5)虫《むし》の雄《おす》は上風《じょうふう》に鳴《な》き、雌《めす》は下風《かふう》に応《おう》ず〕。**(6)虚《きょ》を承《う》け響《ひびき》を接《つ》いで(7)意《い》論《ろん》じ難《がた》し**〔(8)智者《ちしゃ》は路《みち》を離《はな》れて道《みち》を得《え》、愚者《ぐしゃ》は路《みち》を守《まも》って道《みち》を失《うしな》う〕、**(9)両両三三《りょうりょうさんさん》(10)好《よ》し動著《どうじゃく》するに**〔(11)三八九《さんぱっく》を明らめずんば、境《きょう》に対して所思《しょし》多し〕。

(1)**一喝耳聾天地黒**＝馬祖の一喝に耳も聞こえず、目も見えず、天地真っ黒。◉(2)拗折山形拄杖子、従来大地黒漫漫＝人人具有の拄杖子をへし折ると、大地黒漫々、宇宙無双日、乾坤只だ一人の場が手に入る。【一二六】注(5)参照。◉(3)**当機吐舌**＝その大機に接して覚えず舌を吐く。◉(4)**生荊棘**＝さあ、厄介物のイバラが生じた。『碧巌』一頌。◉(5)虫雄鳴於上風、雌応於下風＝虫の雄が風上で鳴く（馬祖の一喝）と、雌が風下でそれに応えて鳴く（黄檗の吐舌）。『荘子』外編天運十四に、「虫は、雄、上風に鳴けば、雌、下風に応じて化す。類は自《みずか》ら雌雄を為す、故に風化（さかりがついて懐妊）す」。『淮南子』泰族訓にも見えるが、やや異なる。◉(6)**承虚接響**＝仏祖の相承、谺の相応ずるが如くなり。「学人心虚にして能く答話を領ずるを賞す」（『犂耕』）。【一三〇の一四】注(7)参照。白隠禅師の評唱は、虚に力点を置いて、似非《えせ》相承の意に解す。◉(7)**意難論**＝その真意は傍から窺えない。◉(8)智者離路而得道、愚者守路而失道＝智者は路を離れても道をつかんでおり、愚者は道を墨守しようとしてその路を見失ってしまう。『淮南子』人間訓の二十一章。

◉(9)**両両三三**＝「①群れをなして、②ちらほら、③あれこれする」。ここは①の意で「誰も彼も」。『碧巌』七十二頌に、「両両三三、旧路に行く」。

◉(10)**好動著**＝動揺しがちである。『碧巌』六頌に、「動著すること莫かれ、動著せば三十棒」と。「好」字に国師の工夫があると、評唱に云う。

◉(11)不明三八九＝諸説ある、「仏も也た識らず」（『禅林方語』）、「三八九は廿なり。廿は念の字なり。言は、妄念を明らめやめでは、祖関は通られぬ」（『句双紙』）、「機語なり。或る説に云く、三八と九とを合すれば則ち三十三なり、乃ち四七二三なり。言うこころは、若し未だ宗旨家の手段に達せずんば、只だ是れ空しく沈吟する者なるのみなり」（『会元抜萃』）等。諸説あるも只だ是れ三八九。『続伝灯録』三石霜楚円章の解夏に、「昨日は嬰孩《えいがい》作《た》り、今朝年已《すで》に老ゆ。未だ三八九を明らめずんば、古皇《ここう》の道を踏み難し。手、黄河を鑠乾《しやくかん》し、脚、須弥を踢倒《てきとう》す。浮生夢幻の身、人命夕にも保ち難し。天堂幷びに地獄、皆な心の造《つく》る所に由る。南山北嶺の松、北嶺南山の草。一雨無辺を潤《うるお》して、根苗枯槁を壮《さかん》にする。五湖参学の人、但だ虚空を問討するのみ。死して脱する夏天の衫《ひとえ》、生じて被《き》る冬月の襖《どうぎ》。分明なり無事の人、特地に煩悩を生ず。喝一喝して下座」と。

※江月和尚和韻に、「青天白日門外暗、児孫惹衣無根棘。仏法商量何荷担、端的不如放下著」と。

《頌評唱》評に曰く。昔、百丈大智《だいち》禅師、馬祖《ばそ》に随って行く次《つい》で、(1)野鴨子《やおうす》の飛び過《す》ぐるを見る。祖曰く、「是れ什麼《なん》ぞ」。丈曰く、「野鴨子」。祖曰く、「什麼《いずれ》の処に去るや」。丈曰く、「飛び過ぎ去れり」。祖、遂《つい》に百丈の鼻頭《びとう》を扭《ひね》る。丈《じよう》、便ち省悟《せいご》す。明日、馬祖陞堂《しんどう》す、衆纔《わず》かに集まるや、丈、出でて席を巻却《けんきやく》す。祖、便ち下座《げざ》す。丈、随って方丈《ほうじよう》に至る。祖曰く、「我れ適来《せきらい》未だ曾《かつ》て説話《せつた》せず、你《なんじ》、什麼《なん》と為《し》てか便ち席を巻却す」。丈曰く、「昨日、和尚に鼻頭を扭得《ちゆうとく》せられて痛し」。祖曰く、「你、昨日、什麼《いずれ》の処に向かってか心を留《とど》めし」。丈《じよう》曰く、「鼻頭今日痛からず」。祖曰く、「你、深く今日の事《じ》を明らむ」。

後来《こうらい》、再参侍立《じりゅう》する次《つい》で、祖、払子《ほっす》を竪起《じゅき》す。丈曰く、「此の用《ゆう》に即《そく》するか、此の用を離《はな》るるか」と。祖、払子を旧処に掛け、良久《りょうきゅう》して曰く、「你、向後《こうご》、両片皮《りょうへんぴ》を開いて何を将《もっ》てか人の為にす」。丈、払子《ほっす》を取って竪起《じゅき》す。祖曰く、「此の用《ゆう》に即するか、此の用を離るるか」。丈、亦た払子を旧処に掛く。祖、威を振るって一喝す、丈、直に三日耳聾《みみろう》することを得たり。豈に是れ三日のみならんや、万劫千生千百億劫にも耳聾し眼瞎《かつ》す。従来大地黒漫漫、従前多少の得力の処を打失して覚えず仏祖の堂奥に入る。

「当機舌を吐いて荊棘を生ず」とは、黄檗大師、如上の因縁を聞いて、乍《たちま》ち魂《こん》飛び魄《はく》散じ、覚えず舌を吐く。此れより大機《たいき》を発し、大用《たいゆう》を興して、仏祖も入り難き[2]万仭参天《ばんじんさんてん》の荊棘《けいきょく》を栽《う》え、鬼神も不測の万里匝地《そうち》の牢関《ろうかん》を鎖《と》ざし、末代小果の瞎流《かつる》を逼殺《ひっさつ》し、諸方相似《そうじ》の禅徒を悩乱す。以て仏祖の深恩《じんのん》に報答す。是れを祖祖《そそ》不伝《ふでん》の秘訣と為す。

今時の[3]紙伝払伝《しでんほつでん》、[4]虚《きょ》を承《う》け響《ひびき》を接する底の[5]贋緇《がんし》、此《こちら》に両両、彼《かしこ》に三三、従上《じゅうじょう》、師資《しし》[6]相承《そうじょう》の悪冤《あくえん》を聞いては、心神驚動し、肺肝砕破《さいは》し、気索《つ》き志疲れて、[7]気を呑み声を呑み去る。是の故《ゆえ》に言う、「両《りょう》両三三《りょうさんさん》好し動著《どうじゃく》するに」と。是の語、極めて老婆《ろうば》、吾輩に[8]箴錐《しんすい》す、日日《ひび》に[9]三復《さんぷく》す可きの宝訓《ほうくん》なり。悲しいかな、末代の衰弊《すいへい》、[10]澆季《ぎょうき》の荒涼、纔かに三箇五箇、従上向上の芳躅《ほうちょく》を慕い、孤危《こき》の真風を挽回《ばんかい》せんと欲して艱辛《かんしん》を嘗《な》め飢凍《きとう》を忍んで精錬苦修《せいれんくしゅ》する者有るを聞くときは、無慚昏愚《むざんこんぐ》の外道、毒気深入の魔党、此《こちら》に両両、彼《かしこ》に三三、妬火《とか》骨に徹し、嫉焔胆《しつえんきも》を焦《こが》し、窃《ひそ》かに窺《うかが》い窃かに計って、此れを残害《ざんがい》し此れを凌奪《りょうだつ》せんと欲す。彼の輩の如きんば、[11]箪食壺漿《たんしこしょう》して鼓《こ》を鳴らして之れを攻むと雖《いえど》も、足らざる者に似たり。豈に是れ東海日多《とうかいにった》の孫と称して可ならんや。国師をして此の濁乱《じょくろん》を看せしめば、[12]将《は》た喜ばんか、将た悲しまんか、将た又た一段の風光、画《えが》けども成らずと道わんか。既に言う、「好《よ》し動著《どうじゃく》するに」と。吟じて「好」字に到って、国師大いに工夫有り。[13]言《いうこころ》は、今時動著するは寔《まこと》に好し、是れ可なり。

後五百年、老僧、世を去ること久しうして、子孫、必ず此の真風を[14]蠹害《とがい》せんと欲する底の魔党《まとう》、日に多からん。此れ又た末代東海日多の孫と称す可きの[15]懸讖《けんしん》と為して可ならんか。

後来《こうらい》、[16]無尽《むじん》、雪竇の拈古を閲《けみ》するに、百丈再参馬祖の因縁に、「[17]奇怪なり、諸禅徳、如今其の派に列する者甚《はなは》だ多きも、其の源を究むる者は極めて少なし。総に道う百丈喝下に於いて大悟すと、[18]還って端的なりや也た無《いな》や。然《しか》も[19]刁刀相似《ちようとうそうじ》し、魚魯参差《ぎよろしんし》たり。若し是れ明眼《みようげん》の漢ならば他を謾《まん》ずること一点も得ず。只だ馬師の、你、向後[20]両片皮を開いて何を将《もっ》てか人の為に為《せ》んやと道うが如きんば、百丈の竪払《じゆほつ》は為復《は》た虫の[21]木を禦《むしば》むが如きとせんか、為復《は》た[22]啐啄《そったく》同時とせんか。諸人、三日耳聾するを会せんと要するや、[23]大冶《たいや》の精金《せいきん》、応《まさ》に変色無かるべし」と云うに至って、無尽忽《むじんたちま》ち巻を擲《なげう》って曰く、「[24]審《まこと》に此の語の如《かく》くならば、臨済今日有ることを得んや」と。[25]自ら一偈を打し、且《か》つ一日円悟《えんご》に語《かた》って曰く、「[26]余《よ》、固《つね》に嘗《かつ》て雪竇《せっちょう》の百丈耳聾の話を拈提《ねんてい》することを恨む。則ち、『大冶の精金、応《まさ》に変色無かるべし』と曰うは、軒《あき》らかに知る、[27]江西《こうぜい》の宗旨を暁《あきら》めざることを」と。

鶻林曰く、我れは怪しむ、無尽《むじん》の容易に先輩を判ずることを。江西の宗旨は且《しば》らく置く、[28]軒かに知んぬ無尽の未だ明覚《みんかく》の宗旨を暁《あきら》めざることを。貴ぶ可し、明覚大師の此の語、天然に出群高明の[29]智鑑《ちかん》有り。説得し将《も》ち来たるに、仏法の淵源《えんげん》を徹底するに非ざるによりんば、輒《たや》すく[30]覩破《とは》することを得ず。無尽、意《こころ》に窃《ひそ》かに謂《おも》えらく、「百丈大師、初め扭鼻頭下《ちゆうびとうげ》に心身を打失して、翌日席を巻却す、祖許《そ》可して曰く、『你、深く今日の事を明らむ』と。寔《まこと》に知んぬ、見道分明《けんどうふんみよう》に大事了畢《だいじりようひつ》す、甚麼《なん》の不足の処か有らん。向後《こうご》、再来一喝せらるるに及んで三日耳聾す、必定《ひつじよう》大いに所得の処有らん、果たして奇特《きどく》の事有らん」と。無尽大いに錯《あやま》り了《お》われり。独《ひと》り無尽のみに非ず、多少の人、往往に者般《しやはん》の情解《じようげ》を作《な》し了《お》わって以て得たりと為す。

特に明覚大師のみ有って、此れ等の謬解《びゅうげ》を救わんが為に[31]手を放って即ち言う、「大冶の精金、応《まさ》に変色無かるべし」と。此の語亦た是れ難透難解《なんとうなんげ》。百丈大師三日耳聾の端的に到って、従前所得の悟解了《ごげりょう》知《ち》を打失し、従前所証の禅道仏法を忘却し、[32]我法二空の見泥獄《けんでいごく》を撃砕《げきさい》し、[33]今時那辺《こんじなへん》の瞎兎径《かっとけい》を踏断《とうだん》するの外、点検し看来たれば繊毫《せんごう》の奇特事《きどくじ》を見ず。唯だ是れ旧に依って眼横鼻直《げんのうびちょく》、大冶の精金、変色無きに似たり、一点の仏法無く、一点の世波《せは》無し。所以《このゆえ》に国師曰く、「一喝耳聾し、天地黒し」と。此れを[34]下載《あさい》の清風《せいふう》と道う。下載の中より[35]漫天《まんてん》の熱鉄網《ねってつもう》を張り、匝地《そうち》の荊棘叢《けいきょくそう》を放ち、法幢《ほうどう》を建て、宗旨を立て、偏《あまね》く大法施《だいほっせ》を行じて以て仏祖の深恩《じんのん》に報答す。

且《しば》らく、其れ[36]予が陋懶《ろうらん》の比擬《ひぎ》す可きに非ずと雖も、且らく試みに之れを論ぜん。山野《さんや》初め十五にして出家し、二十二にして大疑団を起こし、苦吟すること三年、乍《たちま》ち一夜、[37]鐘声に吼破《こうは》せられて、永劫《ようごう》生死《しょうじ》の業海《ごっかい》を躍倒《やくとう》し、無明常夜《むみょうじょうや》の暗窟を撥転《はってん》して、[38]歓喜《かんぎ》し踏舞《とうぶ》を忘るること累日《るいじつ》なり。点検し看来たれば一点の所得無く、旧に依って眼横鼻直、大冶の精金、変色無し。[39]爾来《じらい》四十二に到り、其の中間、大歓喜を得ること大凡《おおよ》そ十余度なり。大歓喜を得る毎に子細に点検し看来たれば一点の所得無く、旧に依って只だ是れ眼横鼻直、大冶の精金、変色無し。然りと雖も、你《なんじ》、若し大冶の精金、変色無き底を認《と》め得て、以て足れりと為さば無智昏愚の鈍漢なり。

嗚呼《ああ》、雪竇明覚《せっちょうみんかく》大師の如きんば、寔《まこと》に参学の[40]精神なり。知らず、[41]幾度《いくたび》の大善知識なるぞをや。片《へん》言《げん》を出《い》だす則《とき》んば熱鉄橛《ねってつけつ》の如く、大いに宗門に利あり、隻字《せきじ》を吐く則んば大火聚《だいかじゅ》に似て乍《たちま》ち人の重痾《じゅうあ》を抜く。智解《ちげ》の徒、豈《あ》に鑣《くつばみ》を並べて馳《は》す可けんや。笑うに堪《た》えたり、人の等閑《なおざり》の会《え》を作《な》し了《お》わり、乱りに[42]雑《ざっ》鄙判《ひはん》を下し去ることを。既に言う、「大冶《たいや》の精金、応《まさ》に変色無かるべし」と。此れは是れ明覚大師の[43]股截《ももきれぎれ》と作《な》し、腰断《こしずたずた》と作《な》し去《さ》らん。無尽、毒家常《どくかじょう》の鉄釘飯《てっていはん》なり。同生同死底《どうしょうどうしてい》の上士に非ざるによりんば、你、如何《いかん》が觜《くちばし》を下し得去らん。咄《とつ》、(44)髑髏《どくろ》野《や》に遍《あまね》し。

(1)野鴨子飛過…＝『碧巌』五十三本則。◉(2)万仞参天荊棘＝万仞高く、天まで伸びるイバラ。◉(3)紙伝払伝＝印可証とか云う紙切れ一枚の承嗣、払子一振りの師資相承。似非《えせ》法嗣。◉(4)承虚接響＝ここでは「虚」に重点を置いた貶意。「空谷の響を接するが如くなり、実無きを謂う」（『栲栳珠』）。【一三〇の一四】注(7)参照。◉(5)贋緇＝にせ坊主。◉(6)相承悪冤＝真の相承は怨みに嗣ぐ。『禅林象器箋』十二に、雲外雲岫禅師（宏智下五世）の「嗣法論」を引いて云う、「其の法を嗣ぐ者に三有り、上士は怨みに嗣ぎ、中士は恩に嗣ぎ、下士は勢に嗣ぐ。怨みに嗣ぐ者は道に在り、恩に嗣ぐ者は人に在り、勢に嗣ぐ者は己に在る、云々」と。◉(7)呑気呑声＝飲気呑声。息をつめてものも云えない。非常に怖れて。『碧巌』二本則評唱。◉(8)箴錐＝鍼錐、はりときり。戒め。◉(9)三復宝訓＝『論語』先進篇に、「南容、白圭を三復す」と。◉(10)澆季＝人情薄く、乱れた末世。◉(11)簞食壺漿鳴鼓攻之＝底本の「簞食」は「簞食」の誤植。飲食物を持って官軍を迎え、声を大にして罪を責めたてる。「簞食壺漿」は『孟子』梁恵王下に、人民が水火のような暴政から逃れんと「竹の器に飯を盛り、壺に飲物を入れて、王の軍隊を迎えた」故事を云う。「鳴鼓攻之」は『論語』先進篇に、孔子が悪大夫の手先と成った弟子冉求を、「吾が徒にあらずと、その罪を数え上げて、声を大にして非難」した故事。◉(12)将喜乎、将悲乎、将又道一段風光画不成乎＝随分皮肉っぽい風刺。「ソレホドノ馬鹿モアルカト、褒メルモシレヌ。コレモカヘッテ面白ト云ハリャウカ」。◉(13)言今時動著、寔好是可也＝そのこころは、即今動揺するのは好い、構わない。◉(14)蠧害＝「蠧」は「蠹」に同じ、しみが物を喰い破る様に、物事を損ない破る。◉(15)懸讖＝懸記、予言。【槐安国語序】第一段注(5)参照。◉(16)無尽閲雪竇拈古、至百丈再参馬祖因縁…＝『大慧武庫拾遺録』、また『会要』十六、『続伝灯録』二十六、『会元』十八、『普灯録』二十三等の張無尽章に見える。◉(17)奇怪諸禅徳如今…精金応無変色＝『雪竇録』巻三拈古の第三に見える。◉(18)還端的也無＝ほんとうにそうであろうか。◉(19)然刁刀相似…譲他一点不得＝真偽紛らわしいが、眼の開いた者ならばごまかすことは出来ない。「刁」と「刀」、「魚」と「魯」の字は紛らわしい。◉⒇開両片皮＝「開」は「鼓」、「簸」とも。口を開いて説法するを云う。◉㉑如虫禦木＝「如虫禦木、偶爾成文」と云い、虫食いの跡が偶々文字に見えるを云う。禅録では、「どうこうと思慮分別はなけれども我知らず宗旨が具っておる」（『秘鈔』）の意、また「造作有心に渉らず、自然に此の如し」（『助桀』）。『涅槃経』二に、「如虫食木、偶成字耳」（大正十二・三七八下）と。◉㉒啐啄同時＝卵殻の内と外とが同時に突っつく、師家と学人との機宜が相投合するを云う。『碧巌』十六本則評唱の鏡清示衆。◉㉓大冶精金、応無変色＝『雪竇録』巻三拈古が初見。【一六四】注⑷参照。◉㉔審如此語、臨済得有今日也＝底本の訓み「此の如きの語を審《つまび》らかにす」を改める。誠に雪竇の云う通りならば、臨済の家風は今日無いであろう。◉㉕自打一偈、且一日語円悟曰…＝『普灯録』に円悟となすが、『会元』等は大慧となす。無尽の偈頌は、「馬師一喝《いっかつ》す大雄峰《だいおうほう》、声髑髏に入って三日聾《さんじつろう》す。黄檗聞き知って驚いて舌《した》を吐《は》く、江西《こうぜい》此れより宗風《しゅうふう》を立《りっ》す」と。◉㉖余固嘗恨雪竇拈提百丈耳聾話…＝これ以降の無尽の語は出典未詳。『会元』等には、「大慧曰く、『居士の見処、真浄・死心と合せり』。公曰く、『何の謂ぞや』。大慧挙するに、真浄の頌に曰く、『客情歩歩随人転、有大威光不能現。突然一喝双耳聾、那吒眼開黄檗面』、死心拈ずるに曰く、『雲巌（＝死心）雪竇に問わんと要す、既に是れ大冶の精金、応に変色無かるべしに、甚麼《なん》と為《し》てか却って三日耳聾す。諸人知らんと要すや。従前の汗馬、人の識る無し、祇《た》だ重ねて蓋代の功を論ぜんことを要す』。公、几を拊《う》って曰く、『公の語に因らずんば、争でか真浄・死心の用処を見ん。若し二大老に非ずんば、雪竇馬師を顕わすことは難からんのみ」とある。◉㉗江西宗旨＝南岳下の馬祖に始まる宗旨。因みに、雪竇は青原下、雲門派。◉㉘軒知無尽未暁明覚宗旨＝『普灯録』二十三では、無尽が頌を円悟に挙似したところ、円悟に点破せられ、無尽喟然として曰く、「始めて知んぬ、宗師垂手の処、果たして意を以て肯うこと得べからざることを」と。◉㉙智鑑＝才智と鑑識。◉㉚覰破＝「覰破《しょは》」が慣用。◉㉛放手＝束縛を解いて、「執手」の対語。『華厳経』入法界品に、毘目仙人が善財童子の手を執ると仏刹現前し、手を放すと善財即ち「自ら身の還って本処に在るを見る」とあるを踏まえて。禅録では相手を把住していた手を放して、彼の本所につき還すを云う。◉(32)我法二空見泥獄＝第三則（【二二〇】）頌評唱注(9)参照。◉(33)踏断今時那辺睹兎径外＝「踏断」は「踏み越える」の意、「今時・那辺」は「即今・現成」、「あちら・本分」。「睹兎径」は『証道歌』に「大象は兎径に遊ばず」を踏まえて。◉(34)下載清風＝『碧巌』四十五頌。【四三の二】注(11)参照。◉(35)張漫天熱鉄網、放匝地荊棘叢＝天一面に熱鉄網を張り巡らし、地一面にイバラを敷く。『普灯録』二十六月菴善果章に、「漫天の網を張り、撈龍打鳳」と。「熱鉄網」は悪辣師家が学人を捕らえる網を云う白隠用語。◉(36)予陋懶非可比擬＝「陋懶」は陋劣懶惰。「比擬」は「比べる、…しようとする」。◉(37)被鐘声吼破＝『白隠年譜』二十四歳の条に、越後高田英巌寺に於いて、「乍ち遠寺の鐘声を聞いて…豁然大悟」と。◉(38)歓喜忘踏舞者累日＝「手の舞ひ足の踏む事を忘れ歓喜致候」（鵠林尺牘）。『礼記』楽記に、「之れを説《よろこ》ぶ故に之れを言い、…故に手の之れに舞い、足の之れを踏むを知らざるなり」と。◉(39)爾来到四十二＝『年譜』に四十二歳は因行格と果行格のけじめ。◉(40)精神＝精髄。◉(41)幾度大善知識＝幾度も生まれ変わってきた大師匠。因みに、大灯国師は「是れ一両生の参学の士にあらず」と大応より激賞された。◉(42)雑毒家常鉄釘飯＝毒入り、鉄釘入りの日常の飯。【開筵垂示】第三段注(1)参照。◉(43)股作截腰作断去＝「股截腰断」、「腰截股段」とも。足腰をぶった切る極刑に処すぞ。「腰斬」は「古代の酷刑」。『碧巌』四頌評唱に、「腰做段、股做截、七支八離して、渾《すべ》て些子《しゃし》相続の処無し」と。◉(44)髑髏遍野＝しゃれこうべになるぞ。『碧巌』二十三本則。

【二二三】 第六則　保福遊山

《垂示》垂示《すいじ》に曰く。(1)霊光不昧《れいこうふまい》、万古《ばんこ》の徽猷《きゆう》、学道の門、大疑《だいぎ》凝結《ぎょうけつ》に超え得たるは無し。須《すべか》らく知るべし、疑団《ぎだん》は入道《にゅうどう》の(2)羽翼《うよく》、縦《たと》い又た(3)大疑現前《げんぜん》して見道分明《けんどうふんみょう》なることを得去るも、見地透脱《とうだつ》の時を得ることは又た大いに難《かた》し。見地透脱ならざるときは則ち(4)歩驟《ほしゅう》高からず、格調鄙俗《ひぞく》に落つ。老僧行脚《あんぎゃ》の時、二十年錯《あやま》って等閑《なおざり》の会《え》を作《な》し了《お》わること有り。後来《こうらい》、(5)不合《ふごう》に撞著《どうじやく》して(6)一身の白汗《びやくかん》を滴尽《てきじん》する底《てい》の大事なり。作麼生《そもさん》か是れ見地透脱の人。

(1)霊光不昧、万古徽猷＝「徽猷」は「立派な教え。大道」。平田普岸の頌。【一五〇の三】注(8)参照。◉(2)羽翼＝補佐。◉(3)大疑現前＝『禅関策進』「雪巌欽禅師普説」に、「参禅は須らく是れ疑情を起こすべし、小疑は小悟、大疑は大悟。…見地不脱、正知見を礙《さ》ゆ」と。◉(4)歩驟不高＝行履は格調たかくない。『虚堂録』四法語「示蓬莱宣長老」に、「然れば（臨済瞎驢の）歩驟既に高し」と。◉(5)不合＝期せずして。「本と此の如くならんことを欲せずして、而も遽《にわ》かに此の如し」（『犂耕』）。「すまじきことに」の意もあるが、ここでは採らない。◉(6)一身白汗＝全身冷や汗を流す。「白汗」は「虚汗」というに同じ。「白」は「虚」の義。『会元』十九五祖法演章に、「吾れ茲《こ》れに因って一身白汗を出だし、便ち下載の清清風を明らめ得たり」と。

《本則》挙《こ》す。(1)**保福《ほふく》、長慶《ちようけい》と遊山《ゆさん》する次《つい》で、福、手を以て指して云く、「只だ這裡《しやり》、便ち是れ**(2)**妙峰頂《みようぶちよう》**〔(3)徳雲《とくうん》比丘《びく》、眉雪《ゆき》の如し、相見《しようけん》従来別峰《べつぽう》に非ず〕」。**慶云く、「**(4)**是《ぜ》なることは即ち是、可惜許《かしやつこ》**〔(5)泣いて李陵《りりよう》が袂《たもと》を把《と》って、帰思《きし》、襟《きん》を沾《うるお》さんと欲《ほつ》す〕」。**雪竇《せつちようじやくご》、著語して云く、「**(6)**今日、這《こ》の漢と共に遊山して什麼《なに》をか図《はか》る**〔(7)一善《いちぜん》を廃《はい》するときは則ち衆善《しゆぜん》衰え、一悪《いちあく》を賞《しよう》するときは則ち衆悪《しゆあく》進む〕」。**復《ま》た云く、「**(8)**百千年後、無《な》しとは道《い》わず、只だ是れ少なし**〔(9)千金の璧《へき》を鬻《ひさ》ぐ者は肆《し》に之《ゆ》かざるも、観《み》んと願う者、其の門に塞《ふさ》がる〕」。**後、鏡清《きようしよう》に挙似《こじ》す、**(10)**清《しよう》云く、「若し是れ孫公《そんこう》に非ずんば、便ち髑髏野《どくろや》に徧《あまね》きことを見ん**〔(11)相罵《あいの》り相詈《あいのの》しって天明に到る。裩《こん》無うして猶《な》お草裏に坐する有り〕」。

⑴**保福長慶遊山次…**＝『碧巌』二十三参照。◉⑵**妙峰頂**＝『八十華厳』の入法界品に、善財が文殊の指南で最初に登る山。善財は徳雲比丘を尋ね求めるが見つからず、七日目に徳雲比丘が遥か別の山を経行しているのに相逢う、その時比丘は一念の中に一切仏を見る念（＝観）仏三昧門を教示する。◉⑶徳雲比丘眉如雪、相見従来非別峰＝徳雲比丘の眉は真っ白、相見はもとより別峰にあらず。『秘鈔』に、「妙峰頂は一味平等の法門を表するなり、善財未だ能く此の法門に入得せざるが故に相見の分無きなり。一味平等の上では何の相見と云ことがあらんぞと也…、更に二法無きなり、然れば則ち徳雲即善財、善財即徳雲」と。◉⑷**是則是、可惜許**＝よいことはよいが、おしい。◉⑸泣把李陵袂、帰思欲沾襟＝泣いて李陵の袂をとり、故郷を慕う思いで衣の襟も涙でぐっしょり。前句は李白「蘇武」、但し「袂」は「衣」。後句は『唐詩選』五律の杜審言「和晋陵丞早春遊望」、但し「襟」は「巾」。◉⑹**今日共這漢遊山図什麼**＝遊山しながら、何をやらかすつもりか。「這漢」は「這箇漢」、共に遊山するに相応しい漢。◉⑺廃一善則衆善衰、賞一悪則衆悪進＝一つの善事を廃棄するときは多くの善は衰え、一つの悪事を賞讃するときは多くの悪事が引き起こされる。『三略』下略、但し「進」は「帰」。◉⑻**百千年後、不道無只是少**＝（さはさりながら）百千年後にも保福長慶の如き商量は皆無とは云わなくとも、まれであろう。◉⑼鬻千金之璧者不之於肆、而願観者塞其門＝千金の値打ちの璧を売ろうとするものは、市場に行かなくても、一目見んことを願う者で門は一杯になる。『蘇軾文集』四十八、「上曾丞相書」。◉⑽**清云、若非是孫公、便見髑髏徧野**＝孫さんが居なかったら、死人禅で一杯。「孫」は長慶の俗姓。◉⑾相罵相詈到天明。無裩猶有草裏坐＝「フンドシモセズニ、ツカミ合タ、夜ガ明テ見タレバ、面目ガナイ」「鏡清ヲ少シ打コハイタナ」。後句は【一の七】注㊶参照。

《本則評唱》評に曰く。保福・長慶・雲門・玄沙・鏡清・太原《たいげん》等の諸老、久しく⑴象骨会裡《ぞうこつえり》に在って、常に象骨の宗旨を佐《たす》く。福《ふく》、手を以て指して云う、「這裡《しゃり》、便ち是れ妙峰頂《みょうぶちょう》」と。⑵玉壺《ぎょくこ》に青糸《せいし》を掛くるに似たり。長慶云く、「是《ぜ》なることは即ち是、可惜許《かしやっこ》」と。即ち是れ(3)左手を握って中指を咬《か》む。雪竇、著語して曰く、「今日、這《こ》の漢と共に遊山《ゆさん》して什麼《なに》をか図《はか》る」と。恰《あたか》も是れ、(4)固我意必《こがいひつ》。鏡清《きょうしょう》云く、「若し是れ孫公《そんこう》にあらずんば、便ち髑髏野《どくろや》に徧《あまね》きことを見ん」と。(5)西行《さいぎょう》の利《り》は東行《とうぎょう》の利に非ず。

君看《み》よ、古人、的的分明《てきてきふんみょう》、的的高雅《こうが》なることを。顧《おも》うに是れ十年二十年、(6)丹悃《たんこん》を滴尽《てきじん》し、(7)玄微《げんび》を銷鑠《しょうしゃく》し、(8)見泥《けんでい》を洗滌《せんでき》し、真実究竟《くぎょう》熟錬《じゅくれん》し来たる者に非ざるによりんば、誰《たれ》か能《よ》く此の極に到らんや。今時《こんじ》、往往に(9)八識頼耶《はっしきらや》の暗窟《あんくつ》を認め得《と》て大悟なりと為《な》し、向上の宗旨《しゅうし》なりと為して、諸方を併呑《へいどん》し、仏祖を軽忽《きょうこつ》する底、麻《ま》の如く粟《ぞく》に似たり、知らず幾重の面皮《めんぴ》ぞや。叢林《そうりん》、各おの此の弊風《へいふう》に吹倒《すいとう》せられて、(10)春雪太雅《しゅんせったいが》の高韻は土《ど》を払って泯滅《みんめつ》す、(11)鄭衛婢妾《ていえいひしょう》の婬声《いんせい》、雲《くも》のごとく敷《し》き、潮《うしお》のごとく湧《わ》く。此《かく》の荒蕪《こうぶ》を顧《かえりみ》る毎《ごと》に、幾度か老涙《ろうるい》を灯下に滴《した》つ。

頼む所は我が西東住菴《さいとうじゅうあん》の諸子《しょし》、尽《ことごと》く是れ今時叢林《こんじそうりん》の(12)頭角《ずかく》、(13)四方《しほう》の精英《せいえい》なり。何の(14)悪冤家《あくおんけ》ぞや、予の老懶《ろうらん》を鄙棄《ひき》せず、頭《こうべ》を此の陋巷寂寞《ろうこうじゃくばく》の地に聚《あつ》む。朝艱暮辛《ちょうかんぼしん》、昼餒《ひるう》え夜凍《よるこご》え、歯を切《くいしば》って死坐し、(15)顙《ひたい》を攢《あつ》めて苦吟す。(16)瓢鉢《ひょうはつ》を擎《ささ》げて低頭して往《ゆ》く有り、空嚢《くうのう》を掛けて涙《なんだ》を帯びて帰る有り。其の始め来たる時は(17)宋玉何晏《そうぎょくかあん》が美貌《びぼう》有って、肌膚光沢《きふこうたく》、膏《こう》の如くなる者も、久しからずして恰《あたか》も杜甫賈島《とほかとう》が(18)形容枯槁《けいようここう》、顔色憔悴《がんしょくしょうすい》するに似たり。此の(19)刻剥《こくはく》を見る者、誰か(20)惨懼《さんく》せざらん、鬼神も涙を垂らし、波旬《はじゅん》も掌を合わす。豈《あ》に其《そ》れ苦学の功無からんや。必ず誓いて孤危《こき》の真風を挽回《ばんかい》し、仏祖の深恩《じんのん》を報答《ほうとう》せんことを要す。千万惟《こ》れ祈る。恨《うら》む所は鵠林《こくりん》人を得ることは古人に愧《は》じずと雖《いえど》も、見道の眼昏《まなこくら》く、参究の力乏《とぼ》しうして、諸君の望みを慰《い》するに足らず。又た恐らくは、(21)正受老人附托《ふたく》の験《しるし》有らざらんことを。況《いわ》んや、鵠林半死《はんし》の残喘《ざんぜん》、諸君の他日《たじつ》を見ること能わず、(22)祝祝《しゅくしゅく》。

⑴象骨＝雪峰山の旧称。◉⑵玉壺掛青糸＝玉の徳利を青い糸《ひも》で吊るして、（酒を買いに遣らせたが、戻るのが遅い、飲酒には絶好の季節というのに）。保福の手ぬるさを拶して。『李太白集』巻二十二「酒を待てども至らず」に、「〜、沽酒来何遅。山花向我笑、正好銜盃時…」と、但し「掛」は「繋」。以下著語体の評唱。◉⑶握左手咬中指＝仏向上極則事。【五〇の二】注⑺参照。◉⑷固我意必＝頑固の意地っ張り、我がままのごり押し。『論語』。【三一の二】注㉒参照。◉⑸西行利非東行利＝隣の店の利益は我が店の利益にあらず。我は我、君は君、独所一方。『碧巌』八十三頌下語に、「東行不見西行利」。◉⑹滴尽丹悃＝赤誠心を尽くして。◉⑺銷鑠玄微＝「幽玄微妙、又た知見、湯の氷を消すが如し」（『秘鈔』）。『碧巌』二十五本則評唱。◉⑻見泥＝第三則（【二二〇】）頌評唱注⑼参照。◉⑼八識頼耶＝心の最も深層にある根本意識、唯識で阿頼耶識と云い、輪廻の主体であるから暗窟と云われ、同時に解脱の種子を宿す蔵識であるから、転じて大円鏡智となると云う。『荊叢毒蕊』巻四「八識辯」、『八重葎』巻二等に詳しい。◉⑽春雪太雅高韻＝楚の陽春白雪や詩経の太雅等の高い調べ。『文選』巻四十五の宗玉「対楚王問」に、「其の陽春白雪を為す、…国中属して和する者数人に過ぎず」と。◉⑾鄭衛婢妾姪声＝鄭衛は春秋の二国、その音楽は淫猥亡国で有名。『礼記』楽記に、「鄭衛の音、乱世の音なり」と。◉⑿頭角＝頭角峥嶸《ずかくそうこう》、抜群の英傑を云う。◉⒀四方精英＝天下の精華、よりぬき。◉⒁悪冤家＝「ドウ云、因果ナ事ヤラ」【九〇の一】注⒀参照。◉⒂攢顙＝顔をしかめ。◉⒃有撃瓢鉢低頭而徃、有掛空嚢帯涙而帰…＝托鉢の苦労を云う。徳山托鉢を踏まえたものか、いい年して若輩者に叱られすごすご行く。『闡提記聞』序に同様の趣旨文がある。◉⒄宋玉何晏＝「宋玉」は楚の屈原の弟子、美男子の代名詞。『文選』十九宗玉「好色賦」。底本の「河晏」は「何晏」の誤記。三国魏の人、字は平叔、『世説新語』容止篇にその美貌の故事を述べる。◉⒅形容枯槁、顔色憔悴＝『楚辞』漁夫に基づく句、杜甫の不遇な生涯や賈島の苦吟を云う。◉⒆刻剥＝きびしく残酷なさま。◉⒇惨懼＝いたみおそれる。◉㉑正受老人附托験＝『年譜』二十四歳の条に、正受老嘱して曰う、「倘《も》し両箇真正の種草を獲《え》ば、或いは古風再び回《かえ》ること有らん」と。◉㉒祝祝＝「至祷至祷、呪願の義」（『栲

栳珠』）。

《頌》(1)**妙峰孤頂《みょうぶこちょう》、人《ひと》到り難《がた》し**〔(2)山《やま》に上《のぼ》ること高《たか》からざれば見《み》ること遠《とう》からず、海《うみ》に入《い》ること深《ふか》からざれば底《そこ》を尽くさず〕、

只だ看《み》る白雲《はくうん》飛んで又た帰ることを〔(3)謂《い》うこと莫《な》かれ、無心更《むしんさら》に無事《ぶじ》と、又た曾《かつ》て楚《そ》の襄王《じょうおう》を愁殺《しゅうさつ》す〕。

(4)**松檜蒼蒼《しょうかいそうそう》、幾歳《いくとし》をか歴《へ》たる**〔(5)果熟《かじゅく》して猿《さる》を兼《か》ねて重《おも》く、山深《やまふか》うして路迷《みちまよ》うに似《に》たり〕、

莫教《さもあらば》あれ巌畔《がんばん》、鳥声《ちょうせい》の稀《まれ》なることを〔(6)喜ぶ則《とき》は濫《みだ》りに功無《こうな》きを賞《しょう》し、怒《いか》る則《とき》は濫《みだ》りに罪無《つみな》きを殺《ころ》す〕。

(1)**妙峰孤頂難人到、只看白雲飛又帰**＝独り峨々たる妙峰頂、誰も寄りつけず、ただ雲の往来を見るのみ。◉(2)上山不高見不遠、入海不深不尽底＝『会元』十七黄龍慧南章に、「山に登って頂に到らずんば、宇宙の寛広を知らず。海に入って底に到らずんば、滄溟の浅深を知らず」。◉(3)莫謂無心更無事、又曾愁殺楚襄王＝淵明なぞは雲無心と云うたが、なかなかどうして、巫山の神女は夢に行雲となって楚の襄（懐）王を愁えさせたではないか。『錦繍段』巻一羅隠「浮雲」に、「溶溶曳曳《ようようえいえい》自ら舒張す、蒼梧《そうご》に向かわずんば即ち帝郷《ていきょう》。〜、〜」（『全唐詩』巻六五五）と、一本に「更」は「便」。巫山襄王の故事とは『文選』十九宋玉「高唐賦」に見える、襄王の父懐王と巫山の神女との情交を云う。また「蒼梧」も「帝郷」も白雲の縁語。◉(4)**松檜蒼蒼歴幾歳、莫教巌畔鳥声稀**＝鬱蒼たる松や檜の古木が生い茂り、たまさかに岩間に鳥が啼いて、いよいよ閑寂。「莫教」は【一七の二】注(8)参照。「巌畔」は国師の居所を示す。【九三】に見えた「巌竇」と同趣。『碧巌』六頌。◉(5)果熟兼猿重、山深路似迷＝法眼文益の円成実性頌、『碧巌』三十四頌評唱。◉(6)喜則濫賞無功、怒則濫殺無罪＝故なく托上、故なく抑下、正令いずくにかある。【八一の二】注(6)参照。

※江月和尚和韻に、「試問途中何受用、遊山玩水幾忘帰。転青雨後妙峰頂、如此風光世已稀」と。

《頌評唱》評に曰く。(1)倶舎論《くしやろん》に曰く、「(2)妙高《みようこう》は七宝の所成《しよじよう》、故《ゆえ》に妙《みよう》と曰う、(3)七金山《しちこんぜん》に超出《ちようしゆつ》す、故に高《こう》と曰う。其の高きこと三百三十六万里、縦横も亦た爾《しか》り」と。予、窃《ひそ》かに謂《おも》えらく、「然《しか》らず、(4)言思道《ごんしみち》絶《ぜつ》す故に妙《みよう》と曰う、遥《はる》かに諸仏の境界《きようがい》を超出するが故に高《こう》と曰う。竪《たて》に三分《ぶ》三釐《りん》(5)一才《さい》一毛《もう》、(6)横《よこ》に十《じつ》方法界三界三世《ぽうほつかいさんがいさんぜ》」と。華厳に曰く、「昔、善財童子、妙峰《みようぶ》頂上に行きて徳雲比丘《とくうんびく》を見んと欲し、七日にしても逢わず。一日、(7)別峰《べつぽう》に在って相見《しようけん》す」と。蓋《けだ》し善財童子は、行人辨道《ぎようにんべんどう》(8)進趣《しんしゆ》の一念子《いちねんす》なり、妙峰《みようぶ》とは(9)第八頼耶《らや》無分別識なり、徳雲比丘とは根本無作《むさ》平等の大智なり。七日にしても逢わずとは、(10)七識摩那《まな》伝送識《でんそうしき》なり、行者《ぎようじや》、(11)単単に参究する時、思想尽き情念止《や》み、(12)陰陰たる摩那の細念のみ有って、一点の形団《ぎようだん》無く、一点の蹤跡《しようせき》無くして、(13)虚索《きよさく》索《さく》、空蕩蕩《くうとうとう》、進むことも得《え》ず、退くことも得ず、(14)理尽き詞窮《ことばきわ》まって伎《ぎ》も亦た窮まる処に到って、(15)豁《かつ》然《ねん》として打発《たはつ》し来たる、(16)十方虚空無く、大地寸土《すんど》無く、(17)虚空の骨を拗折《ようせつ》し、乾坤《けんこん》の髄《ずい》を打失《たしつ》し、(18)通《つう》玄峰頂《げんほうちよう》、是れ人間世《じんかんせ》に非ず、初めて知る(19)一切衆生、如来の智慧徳相を具することを。(20)何ぞ図《はか》らん、徳雲比丘、従来我れと同体ならんとは、是れ則ち別峰相見の端的なり。

国師、今、如上の経義を取らず、特に雪峰《せつぽう》門下の諸老の唱拍《しようはく》、諸方に超卓《ちようたく》し、古今に独歩することを賞嘆《しようたん》す。時の人、総に其の(21)門閫《もんこん》を窺うこと能わず、中《なか》に就《つ》いて保福長慶遊山の因縁、(22)天に倚《よ》る赤土《せきど》の流星剣《りゆうせいけん》、(23)泉《せん》に徹する黒火《こくか》の無底坑《きよう》、鬼神《きじん》も亦た喪身失命《そうしんしつみよう》し去らん。是れ所謂《いわゆ》る「孤頂人《こちようひと》到り難き」者なり。

其の千態万状《せんたいばんじよう》は譬《たと》えば孤雲《こうん》の空に浮かぶに似て、乍《たちま》ち獣の如く、乍ち鳥の如く、或いは奇峰の如く、或いは傘蓋《さんがい》に斉《ひと》しくして全く定度《ていど》無し。或いは万仞《ばんじん》の遠巒《えんらん》に等《ひと》しうして、遥かに松杉《しようさん》の鬱密深沈《うつみつしんちん》たるを望み、終《つい》に斧斤《ふきん》の声を聞かず、百千歳を歴《へ》て蒼《そう》蒼蒼蒼たるのみ。如上《によじよう》孤絶の峰巒《ほうらん》、鳥《とり》飛んで渉《わた》らず、

(24)獣《けもの》走《わし》って望《ぼう》を断《た》つ。此の話《わ》に到って、明眼《みょうげん》の衲僧《のうそう》、旧参の上士も亦た手脚《しゅきゃく》を挟《さしはさ》むことを得ず、(25)百鳥《ひゃくちょう》、花を啣《ふく》むに路《みち》無く、外道《げどう》も潜《ひそ》かに覰《み》れども見えず、「任他《さもあらば》あれ巌畔《がんぱん》、鳥声の稀《まれ》なることを」。

(1)倶舎論曰…＝『倶舎論』十一に、妙高は四宝を体と為す、水を出る量は八万由旬（『合論』では八万四千）、他の七山はその半分、また半分と減ずとある（大正二十九・五七、取意）。一由旬を四十里とすれば、八万四千由旬は三百三十六万里となる。◉(2)妙高＝『八十華厳』では「妙峰」を云っても、須弥山の「妙高」とは云わない。李通玄の『合論』では、妙峰上の徳雲の境地を須弥山上の十住品に比す。仏国惟白（雪竇下三世）禅師の『文殊指南図讃』になると、「妙峰山」を「妙高峰」（大正四十五・七九三）と明記する。◉(3)七金山＝須弥山を囲遶している七重の金山。◉(4)言思道＝言語思慮の路。◉(5)一才一毛＝「一塵一毛」程の意か。「才」は本邦では勺の十分の一。◉(6)横十方法界三界三世＝白隠禅師の「妙高」は、或いは一塵一毛、或いは三世十方世界と自在である。◉(7)別峰相見＝『四十華厳』、『八十華厳』では「別山」、『六十華厳』では「山頂」。◉(8)進趣一念子＝精進趣向の求道の一念。◉(9)第八頼耶無分別識＝当本則評唱注(9)参照。◉(10)七識摩那伝送識＝唯識に第八阿頼耶識と第六意識との間に第七末那識を置く。我法二執の根本で、転識とも云う。この識が転ずると平等性智となる。『人天眼目』五の「第七末那識転平等性智」に、「楞伽に云う、末那とは此に汚染意と云う、恒に審思量す、故に亦た伝送識と名づく」とある。但し、『楞伽経』にはこの文はない。◉(11)単単＝只だひたすら。◉(12)陰陰摩那細念＝末那識は微細煩悩の密かな流転識。◉(13)虚索索、空蕩蕩＝がらんがらんの空っぽ、どこまでもどこまでも空っぽ。前句は『寒山詩』一六七「寒山有一宅」に「房房、虚索索」。後句は『仏光録』九に、無字拈提の様を、「只だ空蕩蕩地を見るのみ」と。◉(14)理尽詞窮伎亦窮＝ことばもわざも万事窮したとき。【一一九】注(7)参照。◉(15)豁然而打発来＝からりと打ち破ると。「打発」は「打ち発《ひら》く、発露する」、大悟の端的。『無門関』一に「驀然打発」と云う。◉(16)十方無虚空、大地無寸土＝『荊叢毒蕊』四「八識辯」に言う、「八識田中に一刀を下す底時節」。『頌古聯珠通集』三十五、南堂道興（五祖演下）の巴陵祖意教意同別の頌に、「一朶の梨花春雨を帯ぶ、金色頭陀笑って語らず。龍宮海蔵月明の前、織女嫦娥相対して舞う。咲う者は咲い、舞う者は舞う、～、～」。◉⒄拗折虚空骨、打失乾坤髄＝悟道の端的、機語。『虚堂録』巻六仏祖讃「応菴和尚」の讃に、「虚空の骨髄を撈摸す」。『寒山詩闡提記聞』二、「爛嚼虚空骨、吸尽乾坤髄」と。◉⒅通玄峰頂、非是人間世＝天台徳韶禅師（法眼下）悟道の端的。その偈に、「～、不是人間。心外無法、満目青山」（『碧巌』七本則評唱）。「通玄峰」は天台山の一峰。通玄とは道教に玄妙の理に通暁しているを云う。◉⒆一切衆生具如来智慧徳相＝世尊成道の端的。【一の八】注⑼参照。◉⒇何図徳雲比丘従来与我同体＝思いもよらず、もともと徳雲比丘と我とは同体であったとは。◉(21)門閫＝門のしきみ。◉(22)倚天赤土流星剣＝底本の「靠天」は「倚天」の誤記。天にも届くほどの長い名剣。『唐詩選』巻四楊炯《ようけい》「送劉校書従軍」詩に「赤土流星剣」と見えるが、華陰に産する赤土で磨いた「流星」という銘の宝剣の意。◉(23)徹泉黒火無底坑＝黄泉にまで届く、黒火を上げる底なし坑。◉(24)獣走断望＝その険しさには、獣も絶望し退いて走る。◉(25)百鳥無路啣花、外道潜覰不見＝牛頭禅や外道禅の窺い及ぶところにあらず。前句は牛頭法融が四祖道信に逢う前は「百鳥啣花献の異あり」、見後はその変異が無くなったという故事を踏まえて。『南泉語要』に、「僧問う、『牛頭未だ四祖に見《まみ》えざる時、甚麼《なん》と為《し》てか百鳥花を銜《ふく》んで献ず』。師云く、『渠《かれ》が歩歩仏階梯を踏むが為なり』。云く、『見えて後、甚麼《なん》と為《し》てか花を銜んで献ぜず』。師云く、『直饒《たとい》来たらずとも、猶お王老師を較《へだ》たること一線道』」（禅十一・二九一上）と。また後句は『会要』二十三、羅山道閑章に「龍神花を擎《ささ》ぐるに路無く、外道潜かに覰《み》れども見ず」、『碧巌』十六垂示参照。

【二二四】第七則　提婆宗話

《垂示》垂示《すいじ》に曰く。⑴明主《めいしゆ》は臣《しん》を知《し》り、明父《めいふ》は子《こ》を知る。況《いわ》んや明眼《みようげん》の大宗匠《だいしゆうしよう》、透関《とうかん》の眼《まなこ》を具《ぐ》して一《いつ》句《く》を見得《けんとく》して乃《すなわ》ち曰《いわ》く、「(2)此れは是れ一千五百人の善知識《ぜんちしき》の語《ご》」、片言《へんげん》を聴《き》き得《え》て乃《すなわ》ち曰く、「(3)大嶺《だいれい》の古仏、光《ひかり》を放《はな》って射《い》て者裡《しやり》に到る」と。是れ叢社《そうしや》の光輝《こうき》、衲僧《のうそう》の(4)榜様《ぼうよう》、作麼生《そもさん》か是れ明父《めいふ》子を知る底《てい》。

(1)明主知臣、明父知子＝【五三】注(8)参照。但し「明主」は「明君」。◉(2)此是一千五百人善知識語＝長沙に隠れていた石霜慶諸の「出門便是草」の語を聞いて、洞山良价禅師が評した語、石霜に出世する機縁となった。『会元』巻五。【五一の二】、【五二の一】本文参照。◉(3)大嶺古仏、放光射到者裡＝疎山寿塔の話に、大嶺庵閑（羅山道閑）和尚が、「若し三銭を将《もっ》て匠人に与えば、和尚、此の生に決定して塔を得ず。若し両銭を将て匠人に与えば、和尚、匠人と共に一隻手を出ださん。若し一銭を将て匠人に与えば、他の匠人を累わして眉鬚堕落せん」と答えたのに対して、疎山が評した語。『会元』十三疎山章。疎山寿塔の話は、第三十三則（【二五〇】）頌評唱注(3)参照。◉(4)榜様＝お手本。

《本則》挙《こ》す。(1)**僧、巴陵《はりよう》に問う、「如何なるか是れ提婆宗《だいばしゆう》**〔(2)物《もの》、必ず先ず腐《くさ》り、而《しか》る後《のち》、虫《むし》、之れに生《しよう》ず。人、必ず先ず疑《うたが》い、而る後、讒《ざん》、之れに入《い》る〕」。**巴陵云く、「**(3)**銀椀裏《ぎんなんり》に雪《ゆき》を盛《も》る**〔(4)相罵《あいの》ることは你《なんじ》に饒《ゆる》す觜《くちばし》を接《つ》げ、相唾《あいだ》することは你に饒す水を潑《そそ》げ〕」。

(1)**僧問巴陵、如何是提婆宗**＝本則のテーマは言句の妙、いわゆる黒豆法である。巴陵顥鑑禅師も第十五祖迦那提婆尊者も共に言語三昧を得た辯舌の達人。本邦の東陽英朝禅師が雪江宗深禅師より只だ一人黒豆法を印可された（『雪江録』法語）が如くである。本則は『碧巌』十三則に同じ、また『同』百則を参照。◉(2)物必先腐也…、人必先疑也…＝およそ物は必ず先ず腐って、それから虫がわくものだ。人は必ず先ず疑惑を持って、それから讒言に耳を傾けるようになるものである。『蘇軾文集』巻五「論項羽范増」、また『唐宋八家文』。◉(3)**銀椀裏盛雪**＝「類して斉しからず、混ずる則《とき》んば処を知る」（『宝鏡三昧』）。◉(4)相罵饒你接觜、相唾饒你潑水＝汝が脣吻を以て足らずと為さば、好し鳥觜を接いで更に相罵れ、汝が涕唾を以て足らずと為さば、好し更に水を潑ぎ去るに。【一六六の三】注(4)参照。但し底本の「詈」は「罵」。

《本則評唱》評に曰く。(1)巴陵《はりょう》の鑑《かん》禅師は、法を雲門大師に嗣《つ》ぐ。初め出世して巴陵に住する時、(2)嗣法《しほう》の書《しょ》を寄せず、只だ三転語《さんてんご》を書して以て呈《てい》して曰く、「如何なるか是れ吹毛《すいもう》の剣、(3)珊瑚枝枝《さんごしし》、月を撐《とう》著《じゃく》す。如何なるか是れ提婆宗《だいばしゅう》、銀椀裏《ぎんなんり》に雪を盛《も》る。如何なるか是れ道《どう》、(4)明眼《みょうげん》の人、井《せい》に落つ」と。雲門大師、一見して大いに喜んで曰く、「我が没後《ぼつご》、斎筵《さいえん》を設《もう》くること莫《な》かれ、只だ此の(5)三転語を挙せよ」と。

(6)怪しいかな、古人は(7)話頭《わとう》を以て死後の誦経諷呪《じゅきょうふじゅ》茶果香湯《さかこうとう》に充《あ》つるに、今人《こんじん》は話頭を以て文字と為《な》し、葛藤《かっとう》と為し、恐畏《きょうい》すること火坑《かきょう》の如く、忌嫌《きけん》すること屍穢《しえ》の如きことを。人の経論《きょうろん》を看読《かんどく》し語録《ごろく》を披閲《ひえつ》するを見ては(8)背地裡《はいちり》に(9)額《ひたい》を攢《あつ》めて嗟悼《さとう》して曰く、「彼と彼とは憐《あわ》れむ可し、葛藤に纏縛《てんばく》せらる、此と此とは悲しむ可し、終《つい》に言字海《ごんじかい》に堕落す。吾が無智向上の禅より之れを見れば総に是れ奴児婢子《ぬじひし》の事、尽《ことごと》く是れ毒害繋縛《どくがいけばく》の大兆《だいちょう》なり」と。甚《はなは》だしき者は口に説き、筆に書す。是《ここ》に於いて無智昏愚《むちこんぐ》の(10)頑緇《がんし》、曾《かつ》て妻子を養うこと能わずして、髪を截《き》って寺に入る底の無眼懶惰《むがんらんだ》の禿奴《とくぬ》、大いに時運《じうん》を得て昏蒙愚鈍《こんもうぐどん》を認得して以て向上の禅、直指《じきし》の宗旨《しゅうし》なりと為《な》して、公公然《こうこうぜん》として一生を錯《あやま》り了《お》わる、是れ近代の禅道仏法なり。

然《しか》りと雖《いえど》も今時蒙昧《こんじもうまい》小児の禅徒、看教《かんきょう》せず持戒《じかい》せず坐禅せず参禅せず、詩は(11)李于鱗《りうりん》に学び、文は(12)袁中郎《えんちゅうろう》に効《なら》うと謂《い》って、日に仏飯《ぶっぱん》を費《つい》やし尽くし、因果《いんが》を撥無《はつむ》して、外道《げどう》の部属と同一模範なる底の悪種族に比すれば⒀霄壌《しょうじょう》杳《はる》かに異なる。何《なん》が故《ゆえ》ぞ、彼は是れ地獄の衆生なるが故に。

⑴巴陵鑑禅師＝宋初の人、岳州巴陵（湖南省岳陽）の新開院に住す。辯舌に優れて鑑多口《かんたく》と称される。以下の評唱は『碧巌』に準ず。◉⑵嗣法書＝「法嗣書」とも。寺に出世した時に、誰の法を嗣いだかを明らかにする嗣法香を焚き、また師匠にはその旨を書き送った。大応国師も興徳寺に出世するに当たって嗣法書を虚堂禅師に送り、堂が「我が道、東せり」と喜んだと云われている。◉⑶珊瑚枝枝撐著月＝珊瑚の枝枝に月影が映じて、得も言えぬ美しさ。底本の「撞著」は貞永寺版の「撐著」に戻す。『碧巌』一〇〇則。【一四の二】注⑷参照。◉⑷明眼人落井＝目明きの人が井戸に落ちる。自信過剰は躓きのもと。◉⑸三転語＝以上の巴陵三転語は『碧巌』に依るが、『人天眼目』巻二では第三句目が、「問う、『祖意教意、是れ同か是れ別か』。陵云く、『鶏寒ければ樹に上り、鴨寒ければ水に下《もぐ》る』」と変化している。◉⑹怪哉…＝古人は話頭・文字を尊んだのに、今人の蔑視すること甚だしいのは、とても不思議な事だ。◉⑺以話頭充…＝諷経等をする代わりに話頭を挙した。◉⑻背地裡＝ひそかに。◉⑼攢顙嗟悼＝顔をしかめて、なげく。◉⑽贗緇＝にせ坊主。◉⑾李于鱗＝李攀龍《りはんりょう》、明の人。『唐詩選』の選者と云われている。◉⑿袁中郎＝袁宏道《えんこうどう》、明の人。兄宗道、弟中道と一緒に三袁と云い、詩文に巧み。◉⒀霄壌杳異＝天地はるかに異なる。


《頌》⑴提婆宗《だいばしゅう》、⑵分節《ぶんせつ》し難《がた》し〔⑶什麼《なん》の難《かた》きことか之れ有らん。⑷破草鞋《はそうあい》、湖辺《こへん》に抛向著《ほうこうじゃく》せよ〕。

⑸誰《たれ》か道《い》う、銀椀裏《ぎんなんり》に雪を盛ると〔⑹打破《たは》し了《お》われり。⑺是れ什麼の繋驢橛子《けろけつす》ぞ。⑻殃門《おうもん》に禍《わざわい》を添《そ》う〕。

⑼大地山河《だいちせんが》、一等の風〔⑽七花八裂《しちかはちれつ》。⑾腋《わき》を截《き》って羽《はね》を出《い》だす〕。

⑿人間天上《じんかんてんじょう》、蕭洒絶《しょうしゃぜつ》〔⒀梅瘦《や》せて春を占《し》むること少なく、庭寛《ひろ》うして月を得ること多し。⒁脚下、泥《どろ》深きこと三尺〕。

⑴**提婆宗**＝狭義には龍樹宗、三論の空宗を云うが、ここは言句の妙を得たる仏法正宗を云う。馬祖云う、「凡そ言句有れば是れ提婆宗」と。『助桀』に道忠禅師曰く、「我が関山派下も亦た是れ提婆宗なり。何ぞや。昔、松源、滅に臨んで示して云う、『…黒豆の法を用うる者少《ま》れなり』。仏法、平沈に幾《ちか》し』。此に憑って虚堂大応大灯と相承して皆な此に意有り。祖庭秋晩、後昆須らく原由を委悉すべし」と。◉⑵**分節**＝「支分節解」の義、肢体と関節を一一分解するように、詳しく義理を明らかにするを云う。「大火聚ノ如ク、仏モ外道モ手脚ハツケラレヌ」。◉⑶什麼難之有＝難難と云えば、易易。『龐居士録』。◉⑷破草鞋、抛向湖辺著＝役立たずめ、湖にでも放り投げてしまえ。【六八】注⑽参照。◉⑸**誰道**＝「誰か道う」は反語、「誰も云いはしない」、或いは「云うことなかれ」の意で強い否定を表わす。「誰道A、B」構文で、Aが周知の事実の場合、Bを強調するための逆説法となる。◉⑹打破了也＝（銀椀を）木っ端微塵に打ち砕いてしまったぞ。◉⑺是什麼繋驢橛子＝（銀椀裏）またこれ何たる驢馬繋ぎ棒杭ぞ。◉⑻殃門添禍＝馬大師の殃門に巴陵の禍、しかし国師こそ一番の禍。「ヤッカイノ上ニヤッカイヲ取リ出シタ」。『虚堂録』巻四「自讃」。◉⑼**大地山河一等風**＝どこもかしこも同じ風。「銀椀裏盛雪」など、目じゃないぞと、国師さらに一枚上を行く。◉⑽七花八裂＝「大切ナ銀椀裏ヲ国師ガ出テ、ラリコッパイ微塵ニ損サシタ」。◉⑾截腋出羽＝老婆心切の過ぎた。**【一八八の二】**注⒀参照。◉⑿**人間天上蕭洒絶**＝人の世も天上界も無い、天地一枚の清風、綺麗サッパリ。「誰道、銀椀…」と表向き巴陵を抑下したようで、底意は銀椀裏の真意はここにありと、大いに挙揚されたもの。『碧巌』四十二頌に、「天上人間自知せず、眼裏耳裏、絶瀟灑。瀟灑絶、碧眼の胡僧も辨別し難し」とあるを踏まえたもの。◉⒀梅痩占春少、庭寛得月多＝老梅の花の着き具合が少ない分だけ、庭に月影が多く占めて、それも風流。東陽英朝編『禅林句集』に取られているが、出典未詳。◉⒁脚下泥深三尺＝泥まみれ。【八〇の二】注(21)参照。

※江月和尚和韻に、「因縁不論時節、銀椀盛来一堆雪。一堆雪是提婆宗、三千世界尽断絶」と。

《頌評唱》評に曰く。十五祖(1)迦那提婆尊者《かなだいばそんじゃ》は、法を(2)龍樹《りゅうじゅ》大士に嗣《つ》ぐ。大いに外道を摧伏《さいぶく》して弟子と為《な》して宗風大いに振るう、時に称して提婆宗と曰う。後来《こうらい》、江西《こうぜい》馬大師、楞伽経《りょうがきょう》に所謂《いわゆる》、「(3)仏語心《ぶつごしん》を宗と為《な》し、無門を法門と為す」という語を挙して云く、「(4)大凡《おおよ》そ言句《ごんく》有れば是れ提婆宗、只だ此箇《しこ》を以て主と為す」と。此れは是れ西天此土《さいてんしど》祖祖心授底の秘訣、仏仏護惜底《ぶつぶつごしゃくてい》の機要《きよう》なり。悲しい哉《かな》、末法軽浮《けいふ》の禅徒、(5)澆季杜撰《ぎょうきずさん》の庸流《ようる》、恣《ほしいまま》に(6)意度情解《いたくじょうげ》して曰う、「(7)法は文字《もんじ》を離れ言句を離る、纔《わず》かに語言《ごごん》に渉《わた》らば早く是れ邪魔外道《じゃまげどう》の部類、是の故《ゆえ》に提婆宗と言う」と。錯《しゃく》、錯、(8)什麼《なん》の交渉《きょうしょう》か有らん。(9)既に是れ九十六種、迦那提婆尊者に依って出家す、外道と称して可ならんや。而《しか》るを大師云く、「纔かに語言有らば是れ提婆宗」と。(10)大いに怪しむ可し、是れ末代禅宗垂語《すいご》の榜様《ぼうよう》なり。

百丈《ひやくじょう》・南泉《なんせん》・長沙《ちょうしゃ》・黄檗《おうばく》の諸大士、総に(11)者裏《しゃり》より受用《じゅゆう》し将《も》ち来たる。所以《このゆえ》に巴陵拈弄《ねんろう》して曰く、「如何なるか是れ提婆宗、銀椀裡に雪を盛る」と。又た是れ両重の牢関《ろうかん》なり、前関も亦た嶮なり、後関も亦た嶮なり。是の故に国師曰う、「提婆宗、分節し難し、誰か道う、銀椀裏に雪を盛ると」と。

(12)今時、往往に鉄橛《てっけつ》の会《え》を作《な》し了《お》わり、棒《ぼう》の会を作し了わり、陀羅尼《だらに》の会《え》を作し了わり、無義味《むぎみ》の会を作し了わる。近代、一喝《いっかつ》の会を作し了わる底の贋緇《がんし》、麻《ま》の如く粟《ぞく》に似たり。(13)蚯蚓《きゆういん》の目を拭《ぬぐ》いて獼猴《みこう》の智を逞《たくま》しうし、蛤蜊《こうり》の口を張り、死蝦蟆《しがま》の舌を労して尽《ことごと》く言う、「提婆宗の話の如き、義味《ぎみ》無く道理無し、(14)畢竟《ひつきょう》無二、無分暁《ふんぎょう》。是の故に新開院主《しんかいいんじゅ》、注解《ちゅうげ》して曰う、『銀椀裏に雪を盛る』と。国師も亦た随って註解して曰う、『大地山河、一等の風、人間天上、蕭洒絶《しょうしゃぜつ》』」と。咄《とつ》、鈍瞎禿痴賊奴《どんかつとくちぞくぬ》、仏祖無上の真風、歴劫難遇《りゃくごうなんぐう》の大宝を以て邪見の糞泥坑裏《ふんでいきょうり》に(15)浸殺《しんさつ》し来たって、禅者の眼目を瞎却《かつきゃく》し、(16)後昆《こうこん》の悟門を妨礙《ぼうげ》す。謗法《ぼうほう》の罪結《ざいけつ》は五逆《ごぎゃく》に超過して、曠劫《こうごう》必ず悪趣《あくしゅ》に堕《お》ちん。殊《こと》に知らず、(17)楞伽《りょうが》は春の生ずるが如く、江西《こうぜい》は夏の長ずるが如く、巴陵《はりょう》は秋の収むるが如く、国師は冬の蔵《ぞう》するが如きことを。何を以てか験《けん》と為《せ》ん。(18)天下の物、鶏毒《けいどく》よりも凶《きょう》なるは莫《な》し、然《しか》れども良医は橐《たく》して之れを蔵《ぞう》す。

(1)迦那提婆＝「迦那」は片目の意。三世紀頃、南印度の婆羅門出身、若年より善業を積み、また辯論を得意とした、龍樹の法を嗣いで十五祖となる。印度各地を旅して、無礙の辯を振るい、無数の外道を調伏して仏弟子としたが、最後に吾師を口刀で殺したと逆恨みした外道の弟子に実刀で腹を裂かれて殺される。『百論』、『四百論』等の著がある。大正五十『提婆菩薩伝』。◉(2)龍樹大士＝二〜三世紀頃、南印度の婆羅門出身、迦毘摩羅の法嗣で第十四祖。大乗思想の大成者で顕密八宗の祖と云われるが、晩年自殺させられる。◉(3)仏語心為宗、無門為法門＝『楞伽経』にはこの文はない。後句は寧ろ『大集経』十三に、「無門之門為法門」（大正十三・八六中）と見えるもの。『碧巌』に「楞伽経云仏語心…」とある「云」は「以」の誤記、大慧『正法眼蔵』巻二に三写烏焉の見本とす。◉(4)大凡有言句是提婆宗、只以此箇為主＝「此箇」は表向きは「言句」、底意は「那一著」を云う（『種電鈔』）。「本来面目、法窟ノ爪牙、奪命符」。『雲門広録』中に馬祖の言として見える（禅十一・三六四）。◉(5)澆季杜撰庸流＝人情薄く、乱れた末世の杜撰のぼんくらども。◉(6)意度情解＝憶測を逞しくし、ああこうのと頭で考え巡らす。◉(7)法離文字離言句＝前句は『楞伽経』巻四の語。◉(8)有什麼交渉＝何の関係も無い。◉(9)既是九十六種＝釈尊時に、正統婆羅門教学に批判的な六人の外道諸派があり、各地を遊行布教し、沙門と呼ばれていた、その各に十五人の弟子がおり、師匠を加えて、九十六種外道と云う。ここは単に全ての外道の意。◉(10)大可怪、是末代禅宗垂語榜様也＝摩訶不思議なことにこれが末代禅宗説法の見本なのである。◉(11)者裏＝提婆宗。◉(12)今時往往作鉄橛会了…作無義味会了＝『遠羅天釜』下にも、「今時往々に一片の空理を担って仏を会し、祖を会し、古則公案を会し了わって尽く言う、棒の如く、陀羅尼の如く、一喝の如しと。大いに笑いつ可し」と有る如く、理会を越えたものは何でも、鉄橛子の如し、棒の如しとか安直に片付けて事足れりとする態度。『真浄文録』上堂に、「徳山入門便ち棒す。其の僧擬議す。山云く、『棒の会を作すことを得ざれ』」（禅十二・七四二）と。「無義味」は『中峰雑録』に屢々見える語。◉⒀拭蚯蚓目…労死蝦蟆舌＝法身辺に滞着する者を批判する白隠流罵詈雑言。「蚯蚓目」は『於仁安佐美』に「蚯蚓の深泥の底に潜伏して、一塵も亦た見る事得ず」と云う目。「蛤蜊口」は「蚌蛤禅」と云う如く、「口を開けば、直にはらわたまで見透かされる様な、皮相浅薄」な口。「死蝦蟆舌」は『碧巌』十一頌下語の「死蝦蟆、多口作什麼」と云う舌、また一知半解の浅薄な禅を蝦蟆禅という。◉⒁畢竟無二、無分暁＝第十八則（【二三五】）本則評唱にも、「浄穢不二、畢竟無分暁の理体」と。◉⒂浸殺＝「殺」は強調。◉⒃後昆＝後嗣、法孫。◉⒄楞伽如春生…国師如冬蔵＝一経、三人を四時に配したもの。『碧巌』二頌評唱にも見えるが、『淮南子』本経訓の六章に「四時は、春生じ、夏長じ、秋収め、冬蔵す」と四時の大順を述べる。◉⒅天下之物…良医橐而蔵之＝天下に鶏毒くらい危険な毒物はない、しかるに良医が袋に入れて秘蔵する（のは、使い道があるからである）。底本の「囊」は貞永寺版の「橐」に戻す。【一九六の二】注⑿参照。

【二二五】第八則　三界無法

《垂示》垂示《すいじ》に曰く。従上の祖師、⑴堂閣の厳麗《げんれい》を好まず、多衆閙熱《にょうねつ》に誇《ほこ》らず、⑵茅茨《ぼうし》石室、折脚鐺内《せっきゃくしょうない》に野菜根《こん》を煮て、喫して日を過ごし、一句子《いっくす》の語を留め得て、後昆《こうこん》を悩害《のうがい》し、仏祖の深恩《じんのん》を報答せんと欲す。所以《このゆえ》に片言《へんげん》を出《い》だすことは⑶大火聚《だいかじゅ》の如く、隻字《せきじ》を吐くことは生鉄橛《さんてつけつ》に似たり。試みに言え、何《なん》人《びと》か此《かく》の如くなる。

⑴堂閣厳麗、多衆閙熱＝立派な堂閣、多くの修行者。◉⑵茅茨石室、折脚鐺内＝ちがやといばらで葺いた粗末な家や石むろで、脚の折れた鍋に。以下『碧巌』二十五本則評唱、もと『伝灯録』巻二十八汾州無業国師（馬祖下）上堂を

踏まえて。◉(3)大火聚、生鉄橛＝【二〇七】下語にも見えるが、近傍し難き本分を示す。

《本則》挙《こ》す。(1)盤山垂語《ばんざんすいご》して云く、「(2)三界無法《さんがいむほう》、何《いず》れの処《ところ》にか心《しん》を求めん〔(3)我が弟子、大阿羅漢《だいあらかん》も此の義を解《と》くこと能《あた》わず、唯だ大菩薩衆のみ有って、応《まさ》に此の義を解くべし〕」。

(1)**盤山垂語…**＝『碧巌』三十七。盤山宝積は馬祖の法嗣で、普化の師。◉(2)**三界無法、何処求心**＝この世界には物も無ければ、心も無い。「法」は「存在するもの」の義。盤山垂語の全文は「〜、〜。四大本と空、仏、何に依ってか住せん。璿璣《せんき》動ぜず、寂爾として無言。覿面相呈《てきめんそうてい》し、更に余事無し」（『伝灯録』七）。◉(3)我弟子大阿羅漢…＝無理会話の初め。『会要』巻一の七賢女尸陀林の条。【開筵垂示】第一段注(6)参照。但し底本の「只」は「唯」。

《本則評唱》評に曰く。盤山宝積禅師《ばんざんほうしゃく》、法を馬祖に嗣《つ》ぐ。示衆に曰く、「三界無法、何《いず》れの処にか心を求めん」と。予、書して此《ここ》に到って、再三鼻吟《びぎん》す。時に(1)管城子《かんじょうし》なる者有り、帽を脱して低頭して曰く、「(2)経に曰く、『過去心不可得《ふかとく》、現在心不可得、未来心不可得』と。我れ得て疑うこと無し。夫《そ》れ三界を挙《こ》するときは則ち十界百界千百億の刹土《せつど》同時に挙ぐ、其の中間仏界魔宮《ぶつかいまぐう》、浄刹穢土《じょうせつえど》、万象、星のごとくに列《つら》なり、色像《しきぞう》、碁《ご》のごとくに布《し》く。如何《いかん》が掃除し得、如何《いかん》が拈得《ねんとく》して無法と言うことを得んや」と。時に(3)玄雲《げんうん》先生なる者有り、微微《びび》として笑って曰く、「嗟《ああ》、管城子、(4)你《なんじ》来たり進め。昔、(5)長汀子《ちょうていし》言えること有り、『(6)若し目前真の大道を見ば、繊毫《せんごう》を見ず、也太奇《やたいき》』と。学道の人、苦修辛錬《くしゅしんれん》、力を用いること久しうして、一旦豁然《いったんかつねん》として貫通するときは、則ち衆物の表裏精麁《せいそ》乍《たちま》ち化して一団の大道と成る。所以《このゆえ》に言う、『三界無法、何れの処にか心を求めん』と。見性得悟《けんしょうとくご》の上士に非ずんば夢にも見ること能わず。你等《なんじ》(7)毛道《もうどう》の凡夫、日に古人の黒汁《こくじゅう》を舐《ねぶ》って以て足れりと為す底、(8)白頭黒頭頭《はくとうこくとうこうべ》を聚《あつ》め、昼夜に管察《かんさつ》すとも如何《いかん》が覰破《しょは》することを得去《えさ》らん。無心無法、是れ(9)見道の宝処《ほうじょ》、入理の堂奥《どうおう》なり」と。(10)口《くち》、紡車《ぼうしゃ》の如く、音《おと》、海潮《かいちょう》に似たり。

時に(11)玉淵翁《ぎょくえんおう》、字《あざな》は(12)虚中《きょちゅう》というもの有り、挙体鄭重《こたいていちょう》にして尋常淵黙《えんもく》して、(13)魯《ろ》なるが如く、戇《とう》なるが如き者なり。(14)勃如《ぼつじょ》として告げて曰く、「吁《ああ》、否《いな》、二子《にし》何ぞ(15)軽忽《きょうこつ》なる。(16)居《お》れ、吾れ你《なんじ》に語《かた》らん。夫《そ》れ水に地井《ちせい》有り、深淵《しんえん》有り、塘湖《とうこ》有り、江海《こうかい》有り。地井は広さ(17)弓《きゅう》を以て量《はか》る可し、塘湖は広さ里を以て量る可し、特に江海の浩渺煙波《こうびょうえんぱ》の広遠なるに到っては、意度《いたく》の量る可きに非ず、算数の尽くす可きに非ず、邦国《ほうこく》を抱《いだ》き、世界を包み、鬼神も其の辺際《へんざい》を知らず。禅門も亦た然《しか》り、(18)口耳《こうに》の禅有り、(19)猲獺《かつだつ》の禅有り、(20)髑髏《どくろ》禅有り。

一般軽薄膚皮《ふひ》の徒有り、参禅せず工夫せず、徒《いたず》らに日日西東に走り、諸方の(21)死郎当《しろうとう》の老漢、平常《へいじょう》無事眼横鼻直《げんのうびちょく》を説くを聞きて、自ら悟りたりと為《な》し、自ら得たると為して、(22)頭《こうべ》を動かし尾を揺《ゆりうご》かす。(23)纔《わず》かに帰り来たれば底を尽くして忘却して、(24)旧に依って満肚《まんず》の塵労《じんろう》。恰《あたか》も愚夫の隣の(25)井華《せいか》を汲み将《も》ち来たって屋後《おくご》の空穴《くうけつ》に盛り満たして、地井を得たりと為《な》して歓喜《かんぎ》し、久しからずして又た空穴を見るに似たり。如《し》かず、一旦《いったん》労苦して真の地井を鑿開《さくかい》して、他家の井華を汲まざらんには。或いは塹坑《ざんきょう》の如く驟雨《しゅうう》俄《にわ》かに灑《そそ》ぐ時、雨水を満ち湛えて、自ら謂《おも》えらく、『江湖《ごうこ》の煙浪《えんろう》も羨《うらや》むに足らず、渓淵《けいえん》の富貴《ふうき》も取るに足らず』と。忽然として雨過ぎ天晴るるときは則ち(26)涓滴《けんてき》も亦た留めず。是れを小乗《しょうじょう》下根《げこん》(27)声聞《しょうもん》の禅徒と為す。

又た一般有り、我空《がくう》一片の空理《くうり》を悟って放たず、竪《たて》に守り横に守り、歳月を重ねるときは則ち心源湛寂《しんげんたんじゃく》、澄潭《ちょうたん》徹底皎潔《こうけつ》なるに似たり、認得《にんとく》して以て大事《だいじ》(28)成辨《じょうべん》せりと為す。是れを(29)縁覚乗《えんがくじょう》の人と為す。

一般有り、我法二空《がほうにくう》の理体を悟って死守して放つこと得ず、年久しく日久しうして空寂寂《くうじゃくじゃく》、虚豁豁《きょかつかつ》、(30)都盧《とろ》一団《いちだん》の鉄に似て、仏を求めず祖を求めず、仏経を看ず祖録を顧《かえり》みず、徒《いたず》らに日日(31)堆堆《たいたい》として痴《ち》坐《ざ》す。(32)上《かみ》、片瓦《へんが》の頭《こうべ》を蓋《おお》う無く、下《しも》、寸土《すんど》の足を立つる無く、罵《ののし》れども瞋《いか》らず讃《さん》すれども悦《よろこ》ばず、恰も大湖に似て之れを濁《にご》せども濁らず、之れを澄《すま》せども澄まず、以て最後の涅槃妙極《ねはんみょうごく》の尊位《そんい》なりと為《な》す。是れを(33)有余相似《うよそうじ》、自了小果《じりょうしょうか》の(34)辟支仏《びゃくしぶつ》と為す。

(35)円頓菩薩《えんどんぼさつ》の如きんば即ち然《しか》らず、(36)転《うた》た会せば転た参ぜよ、転《うた》た了《りょう》せば転た挙《こ》せよ、終《つい》に見泥《けんでい》の糞《ふん》穢《え》を洗除し、(37)正位の毒海を掀翻《けんぽん》して、常に(38)四弘《しぐ》の願行《がんぎょう》に依って一切の群有《ぐんぬ》を利済《りさい》し、一句悪毒《あくどく》の話頭を留めて以て後来《こうらい》上根の道流《どうる》を(39)絆倒《ばんとう》し、以て仏祖の深恩《じんのん》を報答せんとす。是れを(40)当家《とうけ》の種草《しゅそう》、真《しん》正《しょう》の仏子《ぶっし》と謂《い》う、盤山宝積禅師の如きは是れ其の人なり」と。

(1)管城子＝筆の異名、ここでは「甲さん」程の意。韓愈の俳諧文の代表作『毛穎伝』（『唐宋八大家文』巻五）に出る。◉(2)経曰、過去心不可得…＝『金剛経』。◉(3)玄雲先生＝墨の異名、「乙先生」程の意。◉(4)你来進＝此方へ来てよく耳を傾けなさい。◉(5)長汀子＝布袋和尚の異名。◉(6)若見目前真大道、不見繊毫、也太奇＝「目前の柳緑花紅が真の大道じゃ。〈繊毫を見ず〉とは、別の物は見ぬなり、是れ〈也太奇〉なり」（『句双紙』）。『伝灯録』巻二十七、布袋和尚の「無所住歌」。◉(7)毛道＝愚夫の異名、正しくは「婆羅」。毛髪が風に吹かれて動くが如く、根性愚鈍にして定心なきものを云う。筆に掛けて云ったもの。◉(8)白頭黒頭聚頭、昼夜管察如何得覰破去＝「白頭黒頭」は、筆下ろし前の筆と使い古しの筆。「管察」は、筆管の穴から天を窺い観察する、視野の狭い譬え。ここらの文句は全て筆の縁語。◉(9)見道宝処、入理堂奥＝「見道」は「悟道、仏道を徹見すること」。「宝処」は化城の対、「真に悟りを得た安住の場所」（『法華経』化城喩品）。「入理」は「甚深微妙の真理に悟入すること」。「堂奥」は「家室の北西隅の奥まった所、道の奥義、究極所」。◉⑽口如紡車、音似海潮＝饒舌の様。◉⑾玉淵翁＝硯池の詩的表現、「丙翁」程の意。◉⑿虚中＝「石虚中」のこと、硯の異名。宋の蘇易簡『文房四譜』硯譜。以上の甲乙丙、書に即して目前の物を取って登場人物と化した、白隠禅師の戯作者の一面躍如。◉⒀如魯如驢者＝愚か者。◉⒁勃如＝顔色を変えて、改まって。◉⒂軽忽＝軽率、粗忽。◉⒃居、吾語你＝坐りなさい、聞かせて上げよう。『論語』陽貨篇に、孔子が子路に言い聞かせる段。◉⒄以弓量＝「弓」は土地測量の長さの単位で、時代で異なり、六尺とも八尺とも云う。◉⒅口耳禅＝後述の声聞乗の禅。◉⒆猲獺禅＝後述の縁覚乗の禅。『闡提記聞』巻一「黙黙永無言」評唱にも見えるが、その典拠は『大慧書』「答曾侍郎」第三書に、「今時、一種の剃頭の外道有り、自眼も明らかならざるに、只管《ひたすら》人をして死獦狚地に休し去り歇し去らしむ」と、大慧が黙照禅を罵倒した「死獦狚《しかつそ》」を踏まえたものか。「獦狚」は『山海経』四に、「形は狼の如く、赤い頭に鼠のような目をし、鳴き声は豚に似て、人を喰う」と見えるもの、「偸心《ちゆうしん》」（泥棒根性、乞食根性の有所得心）の死せざるに喩える」（『栲栳珠』）。◉⒇髑髏禅＝辟支仏乗の禅。『碧巌』二則頌に云う「髑髏識尽」の大死底禅を云うか。◉(21)死郎当＝「死」は「罵辞」。「郎当」は「だらしない、みじめ、ふがいない」。◉(22)動頭揺尾＝白隠用語で、歓喜踊躍する様。『息耕録開筵普説』に、「学人不知毒、掉頭歓喜、揺尾踊躍」と。◉(23)纔帰来、尽底忘却＝邪師の所より我が家に帰るや否や、すっからかんに忘れ去る。「纔」は「…するや否や、…したとたん」の意。◉(24)依旧満肚塵労＝旧態依然と凡夫の様。◉(25)井華＝井戸水。◉(26)涓滴＝しずく。◉(27)声聞禅徒＝「声聞」は仏教用語で、四諦八正道の教えにより阿羅漢果を得た者を云うが、ここでは一段ランクを落として、他人の教えを聞いて悟ったつもりでいる者の意。◉(28)成辨＝成就。◉(29)縁覚乗人＝仏教用語では辟支仏の意で、他の教えに依らず自ら縁起の理法を悟った者、しかしここでは我空の理を悟った者（法空の理は未だし）の意。◉(30)都盧＝「すべて、おしなべて、一切合切」の義。◉(31)堆堆痴坐＝「堆堆」は「久しく坐して動かない様」。「痴坐」は「無意味な坐禅」。◉(32)上無片瓦蓋頭、下無寸土立足＝「一星事ない義なり。片瓦を置くほどの家を持たず、卓錐ほどの地も持たぬなり」

(『句双紙』)。『会元』十七夾山暁純禅師(黄龍祖心下)の上堂語、もと『伝灯録』巻十五夾山善会禅師(船子下)の章に、道吾が船子徳誠の無一物底を評して、「上無片瓦遮頭、下無卓錐之地」と。◉(33)有余相似、自了小果＝「有余」は「無余」の対、「全てを尽くさない、究極でない」の意。「相似」は「真」の対、「まがいもの」。「自了」は「利他の念なく、自分免許の独りよがりもの」。「小果」は「仏果」の対、小さい果報・悟り。◉(34)辟支仏＝仏教用語では独覚の意、縁覚に同じであるが、ここでは我法二空の理を悟った者の意。◉(35)円頓菩薩＝「円頓」は「究極の」の意。◉(36)転会転参、転了転挙＝『壁生草』上に正受老人が白隠に語って、「二乗声聞の身と為《な》る莫《な》かれ。作麼生《そもさん》か是れ悟後の修、転《うた》た悟れば転た参ぜよ、転た了《りょう》ぜば転た挙《こ》せよ、転た最後の重関有り」と見える。◉(37)掀翻正位毒海＝「掀翻」は「ひっくり返す」。掀翻の「掀」は、底本も貞永寺版も足偏であるが、手偏が正しい。◉(38)四弘願行＝衆生無辺誓願度・煩悩無尽誓願断・法門無量誓願学・仏道無上誓願成の四弘誓願を実践する。【三三】注(11)参照。◉(39)絆倒＝つまずき倒す、為人接化の手段。◉(40)当家種草、真正仏子＝禅家のさなご、真の仏子。

《頌》(1)千峰《せんぽう》雨霽《は》れて露光冷《ろこうつめ》たし〔(2)君看《み》よ双眼《そうがん》の色《いろ》、語《かた》らざれば愁《うれ》い無きに似たり〕、

(3)月《つき》は落《お》つ松根蘿屋《しょうこんらおく》の前《まえ》〔(4)眼中《がんちゅう》に見刺《けんし》無く、耳裏《にり》に聞塵《もんじん》を絶す〕。

(5)等閑《なおざり》に此の時の意を写さんと擬《ぎ》すれば〔(6)若し琴中《きんちゅう》の趣《おもむき》を識《し》らば、何ぞ絃上《げんじょう》の声《こえ》を労《ろう》せん〕、

(7)一渓雲《いっけいうん》鎖《と》ざして水潺潺《せんせん》〔(8)嫌《きら》うこと莫《な》かれ、襟上斑斑《きんじょうはんぱん》の色《いろ》、是れ妾《しょう》が灯前《とうぜん》に涙《なんだ》を滴《した》てて縫《ぬ》う〕。

(1)**千峰雨霽露光冷**＝千山に降り注いだ雨もあがり、玉露の光一面に清らか。この頌、録中の絶唱という定評がある。◉(2)君看双眼色、不語似無愁＝明暦三年(一六五七)刊行の『句双葛藤鈔』(内題は『宗門葛藤集』)にこの語を収め、「愁情に沈んだ人のなりぞ。未悟の人なり」と注する。典拠未詳。但し、ここでは「我が心底の愁いを知る者は誰もい

ない」の意であろう。◉(3)**月落松根蘿屋前**＝松の根もと、つた葛《かずら》まとう我が陋屋《ろうおく》にも月影が差し込む。◉(4)**眼中無見刺、耳裏絶聞塵**＝見聞にとらわれざる大悟底。「見刺」は色声香味触の五欲刺の一。「欲刺」とは五欲の人を悩ますこと針の刺す様に喩える。「聞塵」は色声香味触法の六境（塵）の一。貞享五年の東陽英朝編『禅林句集』には、逆の意の「眼中蔵見刺、耳裏翳聞塵」を採用する。◉(5)**擬写等閑此時意**＝詩心の動くままに、この趣を言の葉にのせるなら。「等閑」は「気随に、まあチョット」。◉(6)**若識琴中趣、何労絃上声**＝琴の真の趣さえ理解すれば、必ずしも絃の音色は必要ではない。言外に妙味がある。陶淵明の「無絃琴」の趣旨、『晋書』陶潜伝に見える、但し「若」は「但」。◉(7)**一渓雲鎖水潺潺**＝雲立ち籠めて、水嵩ました谷川の音のみがザアアザアアとする。◉(8)**莫嫌襟上斑斑色、是妾灯前滴涙縫**＝遠国に居る夫に、縷々思いを込めて涙を襟に落として縫う。厳仁「寄衣曲」詩。【四四】注(9)参照。

※江月和尚和韻に、「莫言三界別無法、万象森羅現目前。喏喏求心在何処、看来澗下水潺潺」と。

《頌評唱》評に曰く。此の頌、全篇(1)一団の大火聚《だいかじゅ》の如く、一条の熱鉄橛《ねってつけつ》に似たり、(2)如何《いかん》が手脚《しゅきゃく》を著《つ》けん。(3)誰か知る、国師も亦た頌し得て喪身失命《そうしんしつみょう》し、盤山も亦た説き得て喪身失命し了《お》わることを。学者、若し此の頌を見得して(4)掌《たなごころ》を指すが如くならば、盤山を見ること掌を指すが如くならん。盤山を見ること掌を指すが如くならば、国師を見ること掌を指すが如くならん。

(1)如一団大火聚、似一条熱鉄橛＝【二〇七】下語に見えるが、近傍し難き本分を示す。◉(2)如何著手脚＝どうすることも出来ない。◉(3)誰知国師亦頌得喪身失命…＝書き入れに更に続けて、「鵠林評得喪心失命、山僧講得喪心失命了」と。◉(4)如指掌＝明々白々。『論語』八佾篇に、「其れ諸《こ》れを斯《ここ》に示《み》るが如きかと、其の掌を指す」と。

【二二六】第九則　巌頭囮字

《垂示》垂示《すいじ》に曰く。(1)昔、一士人有り、金を持し剣を脱して、壮士《そうし》の剣を舞わすこと掣電《せいでん》の如くなる者を募って寇《あだ》に報ぜんと欲す。壮士、剣を帯びて窺うこと累日《るいじつ》、一日、寇《あだ》の六七輩を率《ひき》いて談笑し来たるを見て、壮士、走り進んで剣を抜いて一刀に両断し去る。其の神速《しんそく》、傍観《ぼうかん》総に知ること無し、只だ手を以て一払《いちほつ》して去ると謂《おも》えり。寇《あだ》、行くこと三五歩、俄然《がぜん》として倒るること瓜《うり》を割《さ》くが如し、人各《おの》おの初めて大いに驚悲すれども、彼の壮士の所在を知らず。法戦も亦た然り、明眼《みようげん》の宗師、(2)人を殺して眼《まなこ》を眨《さつ》せず、学者、往往に(3)喪身失命すれども知らざる者多し。

(1)昔有一士人…＝出典未詳。◉(2)殺人不眨眼＝底本の「貶眼」は「眨眼」の誤記。人を殺すに瞬きもしない、豪胆不敵さ。『会元』八円通縁徳（玄沙下三世）の章に、大将軍曹翰なる者、賊を追って寺に入り師に問責して、「長老、殺人不眨眼の将軍を聞かざるや」。師熟視して曰く、「汝安《なん》ぞ生死を懼《おそ》れざる和尚の有ることを知らんや」と。また『碧巌』四頌評唱。◉(3)喪身失命不知者多＝『碧巌』二十二本則下語に、「喪身失命するも也た知らず」と。

《本則》**挙《こ》す。(1)巌頭《がんとう》、僧に問う、「什麼《いずれ》の処よりか来たる**〔(2)射工《しやこう》、砂を含んで影《かげ》の過《す》ぐるを待《ま》つ〕」。**僧云く、「(3)西京《さいきよう》より来たる**〔(4)命《めい》、懸糸《けんし》の如し。(5)命《いのち》に負《そむ》く者は鉤《つりばり》に上《のぼ》り来たれ〕」。**頭《とう》云く、「黄巣過《こうそうす》ぎて後《のち》、(6)還《かえ》って剣《けん》を収得《しゆうとく》すや**〔(7)崖《がけ》に臨《のぞ》んで人《ひと》を推《お》すは、是れ好心《こうしん》に非ず。(8)良匠《りようしよう》は材《ざい》を棄《す》つる無く、明君《めいくん》は士《し》を棄つる無し〕」。(9)**僧云く、「収得す**〔果然《かぜん》として、(10)語《ご》に随《したが》って解《げ》を生ず。(11)翡翠《ひすい》は羽《はね》を以て自《みずか》ら残《そこな》い、亀《かめ》は智《ち》を以て自ら害《そこな》い、丹《たん》は色《いろ》を含むを以て肌《はだ》を磨《すりへら》す〕」。(12)**頭《とう》、頸《くび》を引《の》べて近前《きんぜん》して云く、「囮《か》**〔(13)卵《たまご》を見て時夜《じや》を求《もと》め、弾《たま》を見て鴞炙《きようしや》を求む〕」。**僧云く、「師の頭落《こうべ》ちぬ**〔(14)一死《いつし》、更《さら》に再活《さいかつ》せず。(15)満面《まんめん》の慚惶《ざんこう》、強《し》いて惺惺《せいせい》〕」。**頭《とう》、呵呵大笑《かかたいしょう》す**〔(16)天関《てんかん》を回《めぐ》らし、地軸《ちじく》を転《てん》ず。(17)骨《ほね》を敲《たた》いて髄《ずい》を取る〕。**僧、後《のち》に雪峰《せつぽう》に到る。峰《ほう》問う、「什麼《いずれ》の処よりか来たる**〔(18)鯨鯢《げいげい》を釣《つ》って巨浸《きょしん》を澄《すま》しむるに慣《な》れて、却って嗟《さ》す蛙歩《あほ》の泥沙《でいさ》に驟《まろ》ぶことを〕」。**僧云く、「巌頭より来たる**〔一死、更に再活せず。(19)款《かん》に依って案《あん》に結《けつ》す〕」。**峰《ほう》云く、「何の言句《ごんく》か有りし**〔(20)人《ひと》を殺《ころ》さんには須《すべか》らく血《ち》を見るべし。(21)再勘《さいかん》するに労《ろう》せず〕」。**僧、前話《ぜんわ》を挙す**〔(22)山中古廟《さんちゅうこびょう》裏《り》の無転智《むてんち》の大王《だいおう》〕。**雪峰、打《う》つこと三十して趁《お》い出《い》だす**〔(23)鉗鎚《けんつい》妙密《みょうみつ》、斧削森厳《ふさくしんげん》。(24)風定《かぜさだ》んで花猶《はなな》お落ち、鳥啼《とりな》いて山更《やまさら》に幽《ゆう》なり〕。

(1)**巌頭問僧…**＝『碧巌』六十六則。巌頭全奯（八二八—八八七）は徳山の法嗣。この問答は、唐・僖宗帝の時に黄巣が長安を占拠し、斉帝と僭称した後、李克用に破られて自刎した八八四年後の話。◉(2)射工含砂待影過＝巌頭老、恐ろしい填め手を打ってきたぞ。「射工」は砂を含んで人にふきつけ、害をなす一種の怪虫（いさごむし）。黄山谷「演雅」詩。【一〇の二】注(9)参照。◉(3)**西京**＝長安。◉(4)命如懸糸＝命危いこと一本の糸にぶら下がっているが如くである。『六祖壇経』行由品、また『宗鏡録』三十四に達磨「懸糸の記」。◉(5)負命者上鉤来＝命の要らない奴は衲《わし》の釣り鉤にかかってこい。『続伝灯録』十四、定慧遵式（雪竇下三世）の章に、「『鉤頭に須らく鯨を釣らんと要す』。拄杖を拈じて曰く、『命に負く者は、鉤に上り来たって参ぜよ』」（史十二・四四三）と。もと『千字文』一三三「磻渓伊尹《はんけいいいん》」の李注に、『尚書』中候を引いて、「太公《たいこう》、磻渓の谷に来て、魚を釣って活《なりわい》とした。周の文王は猟に出たとき、たまたま之れを見て問うて曰く、『鉤《つりばり》を水に沈むるに、何ぞ鉤を直ならしむ。如何か魚を得ん』。子牙曰く、『命《いのち》に負《そむ》く魚を取る』」と。「負命」は「①命令にそむく、②命を捨てる、命がけ」の意。◉(6)**還収得剣麼**＝「剣」とは所謂「黄巣の剣」、塩売商人の黄巣にある日天から降ってきたと云う剣、「天、黄巣に賜う」と銘がしてあったと云う。◉(7)臨崖推人、非是好心＝崖ぶちに臨んで人を後ろから押す、なんと意地が悪い。【一二〇の三】下語では「臨危推人、不是好心」と。

◉⑻良匠無棄材、明君無棄士＝優れた大工には捨てるような材木は無い、優れた君主には不要の人材などと云うものは居ない。【一の七】注㉔参照。◉⑼**僧云、収得**＝「黄巣の剣」と云うも別物にあらず。◉⑽随語生解＝言葉尻を追うだけの見解。【一の八】注㊳参照。◉⑾翡翠以羽自残…丹以含色磨肌＝カワセミは美麗な羽があるから却って殺される、亀は亀卜の智慧が有るから却って殺される、丹は美しい色を含むから却って削られる。自らの美点が自滅の元。北斉劉子『新論』韜光に、「翠〜、〜、〜、石以抱玉砕質」。◉⑿**頭引頸近前云囮**＝首を伸ばして、「囮《クワ》！」と云う。『伝灯録』巻十六では、「師、頸を引《の》べて刃を受くる勢を作す」と。巌頭は黄巣滅して、三年後に賊仞にかかって大叫一声して去ると云う。『犂耕』に「囮」は和語「エイ」という声なりとある。また『俗語解』［五一二］に、「『船を牵く声』。唐音オウ。重き物をひくゆえ、思わずオウと声が出るなり」。◉⒀見卵而求時夜、見弾而求鴞炙＝底本の「鶚」は「鴞」の誤植。卵を見ただけで、その（孵化した鳥が成長して）明け方の時を告げるを求めたり、弾丸を見ただけで、（射止めた）ふくろうの炙り肉にありつこうとする（は、いかにも早計すぎる）。『荘子』斉物論、また『淮南子』説山訓の十二章。◉⒁一死更不再活＝無事甲裡の死人、再活の期なし。『碧巌』二頌下語。◉⒂満面慚惶、強而惺惺＝赤っ恥かいたが、あえて涼しい顔。『碧巌』一本則下語。◉⒃回天関、転地軸＝作家の気宇広大の働き。『介石朋録』羅漢録の至節上堂（禅十五・三七二上）。◉⒄敲骨取髄＝『臨済録』示衆に、「耕夫の牛を駈り、飢人の食を奪い、〜、痛く針錐を下す」と。『伝灯録』三達磨章に、「光（慧可）自惟して曰く、『昔人の求道は敲骨取髄、刺血済饑、…』」と。もと『摩訶般若経』常啼品に、常啼菩薩が「右手に利刀を執り、左臂を刺して血を出だし、右髀肉を割き、復た骨を破って髄を出だして」（大正八・四一九上）、摩訶般若に供養せんとした。仏典では徹底した布施の精神を意味したが、二祖慧可では求道の真摯さを云い、臨済では師家の指導の徹底した厳しさを云うようになった。◉⒅慣釣鯨鯢澄巨浸、却嗟蛙歩驟泥沙＝いつも大物を釣り上げて禅海を澄ませていたというのに、なんだ今度釣り上げたのは、蛙の様な小物が泥の中をはい回っているに過ぎないとは、情けない限り。『碧巌』三十八本則、風穴の語。◉⒆依款結案＝「依」

は「拋」。罪人の白状により、裁判条例に従い罪の軽重を裁決する。その人の言動を見て修行の深浅を見破る。『碧巌』一頌評唱。◉(20)殺人須見血＝生殺しはいかん、徹底的にやれ。【二一二】注(14)参照。◉(21)不労再勘＝再問の値打ち無し。【二一七】注(10)参照。◉(22)山中古廟裏無転智大王＝古祠の賽神、何の働きも無い。【一の九】注(12)参照。◉(23)鉗鎚妙密、斧削森厳＝指導は綿密、厳格。「鉗鎚」は鍛冶に用いる鋏とつち、厳しい鍛錬指導を云う。「斧削」は「斤削」とも、人に詩文の添削を乞う常套句、ここは指導、接化の意。「森厳」は「厳格、厳密」。『五家正宗賛』二楊岐の賛に、「斤削鏗鏘《きんさくこうそう》、匠石の墁堊《まんお》を去《さ》るに擬す。鉗鎚《けんつい》妙密、玉人《ぎょくじん》の璠璵《はんよ》を治するが如し」と。◉(24)風定花猶落、鳥啼山更幽＝上句は陳、謝貞（字は元正）が八歳の時の「春日閑居」詩。下句は梁、王籍の「蝉噪林逾静、鳥鳴山更幽」の後句。この二句を対句に仕立てたのは宋、王安石。道忠禅師『禅林句集辨苗』に詳しい。

《本則評唱》評に曰く。(1)鄂州《がくしゅう》の巌頭《がんとう》和尚、字《あざな》は全豁《ぜんかつ》、(2)泉州《せんしゅう》柯氏《かし》の子なり、法を徳山《とくさん》に嗣《つ》ぐ。初め徳山の会裡《えり》に在り、(3)末後《まつご》の句を商略《しょうりゃく》して叢林《そうりん》(4)榾櫱《かげつ》の本根《ほんこん》を栽《う》ゆ。(5)後来《こうらい》、雪《ゆき》に鼇山店上《ごうざんてんじょう》に臥《が》して、雪峰存《せっぽうそん》を(6)逼拶《ひっさつ》して、(7)一代龍門《りょうもん》の悪声《あくせい》を惹《ひ》き、(8)甘贄家《かんしけ》中に無眼の鈍鉄針《どんてつしん》を拈起《ねんき》して、甘娘《かんじょう》に贓物《ぞうもつ》を点検せらる、(9)蘆花《ろか》深き処、瞎臭婆《かっしゅうば》に労煩《ろうはん》せられ、遍身《へんしん》汗流る。

老僧十九歳の時、(10)白水の衆寮《しゅりょう》に在り、(11)者《こ》の老、末後の大叫《だいきょう》一声を疑著《ぎじゃく》して、(12)二十四にして越の英《えい》巌《がん》の僧舎《そうしゃ》に在り、夜半、楼鐘《ろうしょう》に心身《しんじん》を扣破《こうは》せられて、忽然《こつねん》として相見し了《お》わり、(13)曠劫《こうごう》の悪冤家《あくおんけ》を結び得たり。斯《か》の如き破瞎禿《はかっとく》、(14)千仏場中に在って千仏に嫌われ、波旬隊裏《はじゅんたいり》に在って群魔に憎《にく》まる、西天此土《さいてんしど》にも此《かく》の如き(15)悪藞苴《あくらそ》を見ず。

一日、僧の上来するを見て即ち問う、「何《いず》れの処よりか来たる」と。恰《あたか》も(16)鷹《たか》の搏《とら》えんと欲する者は潜《ひそ》み、蠖《かく》の伸《の》びんと欲する者は屈《くつ》するが如し。僧云く、「西京《さいきょう》より来たる」と。(17)果然《かぜん》として一釣《いっちょう》に上り来たる、命《めい》、懸糸《けんし》の如し。頭《とう》曰く、「黄巣《こうそう》過ぎて後、剣《けん》を収得すや」と。(18)悪虎《あくこ》の跛兎《はと》を窺うに似たり。僧云く、「収得す」と。(19)錯《しゃく》、病羊、屠処《としょ》に入る。頭《とう》、頸《くび》を引《の》べて曰く、「囫《か》」と。譬えば(20)金翅鳥王《こんじちょうおう》の阿《あ》盧《る》大海に入って雪浪《せつろう》を劈開《へきかい》して、直《じき》に龍を取って呑むが如し。僧云く、「師の頭《こうべ》落ちぬ」と。(21)可惜許《かしゃっこ》、満面の慚惶《ざんこう》、強《し》いて惺惺《せいせい》。頭、呵呵大笑《かかたいしょう》す。(22)虚空消殞《しょういん》し鉄山摧《くだ》く、(23)骨を敲《たた》いて髄《ずい》を取る。僧、後に雪峰に到る。(24)咄《とつ》、者《こ》の破《は》草鞋《そうあい》。峰《ほう》問う、「何れの処よりか来たる」と。(25)撓鉤搭索《にょうこうたっさく》。僧云く、「巌頭より来たる」と。(26)箇《こ》の懞袋《もうたい》を呈《てい》す。峰《ほう》曰く、「何の言句か有りし」と。(27)再勘《さいかん》するに労《ろう》せず。僧、前話を挙《こ》す。(28)家醜《かしゅう》外に向かって揚《あ》ぐ、(29)贓《ぞう》に和して款《かん》を納《い》る。雪峰、打つこと三十棒す。(30)華夷《かい》、境《さかい》を並べて乾坤《けんこん》一に、日月光《ひかり》を離《つら》ねて昼夜昭《あきら》かなり。

(1)鄂州＝湖北省武昌県。◉(2)泉州＝福建省晋江県。◉(3)末後句＝【五の二】注⑿参照。末後句は『碧巌』五十一則に詳しい。◉(4)榻蘗本根＝榻の種。底本の「蘗」は貞永寺版の「蘗」に戻す。【一三八の二】注(2)、及び【槐安国語序】第四段注⒀参照。◉(5)後来臥雪於鼇山店上＝【八九】参照。『碧巌』二十二本則評唱。◉(6)逼拶＝ギュウギュウせめて導く。頌古第三則（【一二一〇】）頌評唱注(5)参照。◉(7)惹一代龍門悪声＝一世並ぶ者なき宗師家の名声を得た。『虚堂録』巻一延福録に、「明覚一代龍門」と。『犂耕』に「多く名衲を接するを以て龍門魚の化するに比すなり。一代とは当時一代に比する無きなり」。◉(8)甘贄家中…点検贓物＝甘贄家では無闇に針を振り回して、甘家の娘に隠匿物のお宝を見透かされた。池州甘贄行者《あんじゃ》は南泉の法嗣。『会要』六、甘贄章に、「因みに巌頭、家に在って夏を過ごす。一日、把針の次で、甘《かん》、頭《とう》の前に立つ。頭《とう》、針を挙げて箚《さっ》する勢を作す。甘、帰って衣服を著けて礼謝せんと欲す。妻云く、『甚麼《なに》をか作《な》す』。甘云く、『説く莫《な》し』。妻云く、『甚事《なにごと》の有るも、也《ま》た大家《たいけ》知らんことを要す』。甘、前話を挙す。妻云く、『此れより三十年後、一度水を飲ば一度咽《むせ》ばん』。女子云く、『還って尽大地の人の性命、豁《かっ》上座の針頭上に箚《さっ》し将《も》ち去《さ》らるることを知るや』」と。◉(9)蘆華深処…遍身汗流＝蘆の奥深い水辺で、乳飲み子を抱いた婆子にしぼられて全身あぶら汗。『会要』二十一巌頭章に、「師、沙《さ》汰《た》に因《よ》って鄂州《がくしゅう》の湖辺に遂《に》げて渡子と作る。両岸各おのに一板を挂け、人有り過渡せんとせば打板一声す。師云く、『阿誰』、或いは、『那辺に過ぎ去らんと要すや』と云って、師乃ち棹を舞して之れを迎う。一日、一婆子有り、一孩児を抱いて来たり師に問う、『橈《かい》を呈し棹《さお》を舞すことは則ち問わず、且《しば》らく道え、婆婆が手中の児、甚《いず》れの処よりか得来たる』。師便ち打つ。婆云く、『婆、七子を生み、六箇は知音に遇わず。只だ這《こ》の一箇も也た消得せず』といって遂に水中に抛向《ほうこう》す」と。◉(10)白水衆寮＝『年譜』十九歳に、清水市上清水の現在妙心寺派、禅叢寺（山号白華山）の衆寮に於いて堂頭の千英が『江湖集』を講じ、ある日、「僧渡子」の題に、巌頭の伝を述べる、と。それなら「白華衆寮」と云うべきか、それとも特に「白水衆寮」の名が有ったのか。◉(11)者老末後大叫一声＝光啓三年（八八七）四月八日、供応無きを怒った賊に刺され、神色自若《しんしょくじじゃく》として大叫一声して終える。『伝灯録』十六、『宋高僧伝』二十三巌頭章。◉(12)二十四而在越英巌僧舎＝『年譜』二十四歳に、越後高田の英巌寺にて生鉄和尚が『人天眼目』を講ずるに参加し、一夜遠寺の鐘声を聞いて大悟し、高声に「巌頭和尚万福現在、巌頭和尚万福現在」と叫んだ、とある。◉(13)結得曠劫悪冤家＝無始永劫に因縁浅からぬ関係を結んだ。【九〇の二】注(13)参照。◉(14)在千仏場中…在波旬隊裏…＝白隠『荊叢毒蘂』拾遺の「自賛」に、「千仏場中、千仏に嫌われ、群魔隊裡、群魔に憎まる。今時黙照の邪党を挫き、近代断無の瞎僧を鏖《みなごろし》にす。這般の醜悪の破老禿、醜上に醜を添うこと又た一層」とあるに依って、底本の「選」を「千」に改める。◉(15)悪簷苴＝「簷苴」は、むさい、がさつ。放縦で規矩に従わない田舎者を罵る語。巌頭の人となりは「器度宏遠にして疎略」と云う（『宋高僧伝』巻二十三）。特に五祖法演や円悟克勤等の四川省の田舎僧を謗るに「川《せん》簷苴」の語がある。◉(16)鷹欲搏者潜、蠖欲伸者屈＝『易』繋辞下に「尺蠖《しゃくとりむし》の屈《くつ》するは、以て信《の》びんことを求むるなり」。【一五七の三】注(2)参照、但し「鷹」は「鶻」。◉(17)果然、上一釣来、命如懸糸＝果たして、釣り竿に掛かってきたわい、危うし危うし。当本則注(4)(5)参照。◉(18)悪虎窺跛兎＝獰猛な虎が跛の兎をねらう様なもの。『於仁安佐美』巻上に「百万乱軍の場に入ると云へども、人なき処に立つが如し、百騎を放って千騎に対すと云へども、悪虎の跛兎をうつが如し」と。◉⒆錯、病羊入屠処＝錯！ 病の羊が屠殺所に自ら行ったようなもの。東陽英朝編『禅林句集』では、「駆羊入屠門」と。◉⒇金翅鳥王入阿盧大海、劈開雪浪直取龍呑＝「金翅鳥《こんじちょう》」は「迦楼羅《かるら》」とも。大海の龍をとって食とする。【一三〇の一四】注⒃参照。◉㉑可惜許、満面慚惶、強而惺惺＝惜しいかな、赤っ恥かいたが、あえて涼しい顔。当本則注⒂参照。◉㉒虚空消殞鉄山摧＝有無共に滅して。【一の八】注(56)参照。◉㉓敲骨取髄＝学人の骨の髄まで攻め抜く師家の厳しさ。当本則注⒄参照。◉㉔咄、者破草鞋＝咄、この役たたずめが。◉㉕撓鉤搭索＝師家の接化の仕方で、がんじがらめにして身動きできないようにする働き。「撓鉤」は熊手、「搭索」は竿の先端へ縄を輪にして動物を締めくくるもの。『碧巌』四十六本則下語、但し「撓」は「鐃」。◉㉖呈箇懞袋＝底本の「蒙袋」は貞永寺版では「懞袋」。完全な馬鹿をさらす。『碧巌』五十頌評唱。◉㉗不労再勘＝再問の値打ち無し。【二七】注⑽参照。◉㉘家醜向外揚＝またそんな内輪の恥をさらして。【五八の二】注⑾参照。◉㉙和贓納款＝自ら白状を納る。「贓」は「盗品」、「款」は「供認、白状」の義。ここでは僧が性懲りもなく前話を挙す無様さに依って、自ずと僧の蒙昧さを露呈していること。【五〇の二】注⒁参照。◉㉚華夷並境乾坤一、日月離光昼夜昭＝「華夷」は「中華と外夷」で世界。世界相和し天地一心、昼も夜も真昼の如く明るい。天下太平を祝う祝語。底本の「照」は貞永寺版の「昭」に戻す。虎関師錬『済北集』巻二「雪十首」第二首に、「飛処満天無不英、落時徧地尽磨瓊。並夷夏境乾坤一、离日月光昼夜明。竹偃玉鞭蔵進勢、松傾白蓋見交情。来年何必待蚕麦、先喜即今是大平」とある、第二聯。

《頌》 ⑴**黄巣《こうそう》過《す》ぎて後《のち》、剣《けん》収《おさ》め難《がた》し**〔⑵鉤頭《こうとう》の意を識取《しきしゅ》して、定盤星《じょうばんせい》を認《と》むること莫《な》かれ〕、
⑶**提《ひっさ》げ去り提《さ》げ来たって、手を傷《やぶ》って憂《うれ》う**〔⑷穿耳《せんに》の客に逢《あ》うこと罕《まれ》なり、多くは舟《ふなばた》を刻む人に遇《あ》う〕。

(5)是れ山藤《さんとう》三十《さんじゆう》下《げ》せずんば〔(6)善《よ》く守る者は九地《きゆうち》の下に蔵《かく》れ、善く攻《せ》むる者は九天《てん》の上に動く〕、**(7)梵天《ぼんてん》の余血《よけつ》、五湖《ごこ》に流《なが》れん**〔(8)出身《しゆつしん》は易《やす》く、脱体《だつたい》に道《い》うことは却って難《かた》し〕。

(1)**黄巣過後剣難収**＝黄巣の剣は、迂闊に手中に収めることは難事。◉(2)識取鉤頭意、莫認定盤星＝『碧巌』二本則評唱。『俗語解』［一三〇〇］に、「鉤は『はかりのかぎ』なり。『識取鉤頭』は『かぎにかけた処で合点せよ、定盤《ハカリ》の星をあてにするな』なり」。『秘鈔』に、「句中の意を知って言句に拘わるな。言外に仔細ある事を知れ。むだ目をあてにするな」と。◉(3)**提去提来傷手憂**＝黄巣の剣を引っ提げて、巌頭の所よりまた雪峰の所へと去来して、却って己が手を傷つけて、命も危ういことは気の毒の限り。「傷手」は頌評唱の注(1)参照。◉(4)罕逢穿耳客、多遇刻舟人＝兎角、馬鹿は沢山おると云うから。【一の七】注(46)参照。◉(5)**不是山藤三十下**＝拄杖子で打って打ちまくらないと。『碧巌』の頌「三十山藤且軽恕」を踏まえて。◉(6)善守者蔵九地之下、善攻者動九天之上＝守備に巧みな者は敵にさとられないように行動計画などを深く隠して、敵がどう攻撃してよいか分からぬようにし、攻撃に巧みな者は高いところから見渡すように敵の行動を手に取るように見て、それに応じて行動する。『孫子』形篇。◉(7)**梵天余血五湖流**＝梵天にまで溢れた巌頭の血は天下に溢れ流れるであろう。「梵天」は色界天の初禅天を云う。「五湖」は四海五湖の意で、天下を云う。因みに、『会元』八黄龍誨機（巌頭二世）章に、「問う、『如何なるか是れ君王の剣…佩《おび》る者如何』。師曰く、『血、梵天に濺《そそ》ぐ』」と。◉(8)出身易脱体道却難＝悟ることは易いが、それをそのままに言いとめる事の方が難しい。『碧巌』四十六本則、鏡清の語に「出身は猶お易かる可きも、脱体に道うことは応に難かるべし」と。『秘鈔』に、「見泥を出ることは易いが、丸出しに云うことはかたい」。

※江月和尚和韻に、「者僧不作坐来収、両処失功心幾憂。一剣光寒験人去、巌頭引頸也風流」と。

《頌評唱》評に曰く。者《こ》の僧、巌頭の意を会せず、大いに蹉過《しゃか》し了《お》わるなり。而《しか》るを却って自ら謂《おも》えらく、「黄巣の剣を収得《しゅうとく》して甚《はなは》だ痛快《つうかい》にし去れり」と。是《ここ》に於いて、一枚巌頭の頭《こうべ》を荷負《かふ》し来たって、処処に行きて敗闕《はいけつ》を納《い》る。殊《こと》に知らず、早く是れ(1)鋒《ほこさき》を犯《おか》して手を傷《やぶ》ることを。終《つい》に雪峰に到って前話を挙《こ》す。雪峰は明眼《みょうげん》の宗師、(2)深く来風《らいふう》を辨じ即ち曰く、「(3)落つる底の頭を持ち来たれ」と。僧、擬議《ぎぎ》す。峰、打つこと三十棒して趁《お》い出《い》だす。謂《いっ》つ可し、「法令森厳《しんげん》なり」と。若し然らずんば、者《こ》の僧空しく巌頭の頭を荷担して、四天下を遶《めぐ》って(4)処処の叢林《そうりん》、血穢狼藉《けつえろうぜき》たらん。所以《このゆえ》に言う、「梵天《ぼんてん》の余血《よけつ》、五湖《ごこ》に流れん」と。

(1)犯鋒傷手＝自ら喪心失命。力量の無い者は、黄巣の剣を握ったつもりで却って自らの手を鋒で落としてしまう。『会元』十九白雲章に、「兼自己、動便先自犯鋒傷手」と。◉(2)深辨来風＝『碧巌』四本則評唱など。『秘鈔』に、「敵の器量をみて取る…。僧の根性を見て取った」。◉(3)持落底頭来＝切り落としたという巌頭の頭をここに出せ。この問答は、『伝灯録』、『会元』、『会要』にも見当たらないが、白隠禅師が、洞山が龍牙に「我れに徳山落つる底の頭を借《か》し来たり看よ」と云った語（『碧巌』六十六本則評唱）を踏まえて、ここに挿入したもの。◉(4)処処叢林、血穢狼藉＝全国どこの叢林も巌頭の血で、血まみれ。

【二二七】第十則　古仏露柱

《垂示》垂示《すいじ》に曰く。(1)高《たか》きに登《のぼ》りて招《まね》けば、臂《ひじ》長きを加《くわ》うるには非ざれども、而《しか》も見《み》ゆる者遠《とお》し。(2)風《かぜ》に順《したが》いて呼べば、声疾《こえはや》きことを加うるには非ざれども、而も聞《きこ》ゆる者彰《あきら》かなり。(3)輿馬《よば》を仮《か》る者は、足《あし》を利《り》するには非ざれども、而も千里《せんり》を致《いた》す。(4)舟檝《しゅうしゅう》を仮《か》る者は、水《みず》を能《よ》くするには非ざれども、而も江《こう》河《が》を絶《ぜつ》す。

(5)見性《けんしょう》して諸法《しょほう》を見れば、眼闊《まなこひろ》きことを加えざれども、而も大千界を貫照《かんしょう》す。(6)透過《とうか》して言句《ごんく》を吐けば、機嶮《きけん》なることを加えざれども、而も時《とき》の人《ひと》窺《うかが》うことを得《え》ず。何《なん》が故《ゆえ》ぞ、(7)猛獣嶮《もうじゅうけん》を失《しっ》すれば、童子も戟《ほこ》を曳《ひ》いて之れを追い、(8)蜂蠆袖《ほうたいそで》に入れば、壮夫《そうふ》も徬徨《ほうこう》として色《いろ》を失す。

(1)登高而招、臂非加長也、而見者遠＝高所に登って手を振れば、臂が長さを増すわけではないが、遠くからでもはっきり認めてもらえる。◉(2)順風呼、声非加疾也、而聞者彰＝風向きにしたがって声を出せば、決して声がその速さを増すわけではないが、明瞭に聞こえることになる。◉(3)仮輿馬者、非利足也、而致千里＝車と馬の助けを借りる者は、足がその働きを増すわけではないが、容易に千里の道程を走破することが出来る。◉(4)仮舟檝者、非能水也、而絶江河＝船と楫《かい》の助けを受ける者は、そのために自分が水に浮き、乗り越えられるようになったのではないが、川を横切り渡ることが出来る。以上四句は『荀子』勧学の二節、続いて、「君子は生異《せい》なるに非ざるなり、善く物に仮ればなり（君子も生まれつきは凡人と変わりはないが、よく外の力を借りた為である）」と。◉(5)見性見諸法、眼不加闊也、而貫照大千界＝見性して世界を見れば、眼が広くなったわけではないが、大千世界の隅々まで見通すことが出来る。◉(6)透過吐言句、機不加嶮也、而時人不得窺＝難関を透過して言句を吐くときは、機鋒が鋭さを増したわけではないが、世間の人は窺うことも出来ない。◉(7)猛獣失嶮、童子曳戟而追之＝猛獣も険しさを失えば、童子でも戈をもってこれを追う。◉(8)蜂蠆入袖、壮夫徬徨而失色＝はちやさそりが袖に入れば、大の男でもうろたえて顔色を失う。「徬徨」は「あわてふためく様」。『晋書』劉毅伝に、「猛獣、田《でん》に在るも、戈《ほこ》を荷《にな》って出づれば凡人も之れを能くす。蜂蠆懐《かい》袖《しゅう》より作《お》これば、勇夫も之れが為に驚駭《きょうがい》す」と。

《本則》**挙《こ》す。雲門《うんもん》、垂語《すいご》して云く、「**(1)**古仏《こぶつ》と露柱《ろちゅう》と相交《あいまじ》わる、是れ第幾機《だいいくき》ぞ**〔(2)七九六十三〕。(3)母在《ははいま》せば一《いっ》子寒《しさむ》く、母去《ははさ》らば三子寒《さんしさむ》し〕」。**自《みずか》ら代わって云く、「**(4)**南山《なんざん》に雲《くも》を起《お》こし、北山《ほくざん》に雨《あめ》を下《くだ》す**〔(5)巣《そう》は風《かぜ》を知り、穴《けつ》は雨《あめ》を知る。(6)楊修《ようしゅう》は幼婦《ようふ》を見ること一遍《いっぺん》して便ち妙《みょう》を知る〕」。

(1)**古仏与露柱相交、是第幾機**＝『碧巌』八十三則に見える。華厳に、万物が時間的にも空間的にも相互重々無尽に影響し交参して居ることを説くが、古仏と露柱との交参をそのような理屈で分かったつもりで居る禅者を頌の評唱には厳しく戒められている。「第幾機」は、第一機（第一義諦）ギリギリの端的を云うか、それとも第二機（第二義門）方便門に下ったものか、それとも第三第四門に下ったものか。◉(2)七九六十三＝理の当然、不思議な事ではない。【一六〇】注(8)参照。◉(3)母在一子寒、母去三子寒＝継母が冬に実子二人には暖かく着せ、閔子騫《びんしけん》には酷薄なるのを知った父が離縁しようとした時、子騫が「母がおれば一子凍えるのみですが、母が居なくなれば三子とも凍えるでしょう」と諫めた話。【二〇八】注(3)参照。◉(4)**南山起雲、北山下雨**＝南山に雲起これば、北山に雨が降る。「張公喫酒李公酔」（【一三〇の三】下語）と同趣旨。華厳に云う、事事無礙法界。◉(5)巣知風、穴知雨＝鳥は自然に風の吹き具合を予知して巣を作り、穴に棲む動物は先ず雨を知る。『洞山初録』に、「問う、『如何なるか是れ古仏心』。師云く、『～、～』」（禅十二・六四六上）と。もと『論衡』実智に、「巣に居る者先ず風を知り、穴に処る者先ず雨を知る」、『淮南子』謬称訓の二十章。◉(6)楊修見幼婦一遍便知妙＝底本の「楊脩」は「楊修」の誤り。楊修が曹娥碑の隠語を一見便見して解いて曹操を驚かした故事。【六一】注⒂参照。

《本則評唱》評に曰く。(1)韶州雲門山文偃《しょうしゅううんもんざんぶんえん》禅師は、法を雪峰《せっぽう》に嗣《つ》ぐ、(2)姑蘇嘉興《こそかこう》の人なり。初め(3)睦州《ぼくしゅう》の門閫《もんこん》に跨《またが》って左脚を逼折《ひっせつ》し、(4)生死《しょうじ》の命根《みょうこん》を踏断《とうだん》す。後来《こうらい》、雪峰《せっぽう》に在って玄沙《げんしゃ》・鏡清《きょうしょう》・保福《ほふく》・長慶《ちょうけい》の諸老と切磋琢磨《せっさたくま》し、終《つい》に(5)象骨《ぞうこつ》の鼻孔《びくう》を穿却《せんきゃく》して(6)雲門天子《てんし》の悪声《あくせい》、宇宙に満つ。(7)病《や》みて陳操《ちんそう》が屋裡《おくり》に在って、教内教外を穿鑿《せんさく》して、(8)尚書《しょうしょ》が両腋《りょうえき》の白汗《びゃくかん》を搊《しぼ》る。行いて乾峰《けんぽう》の室内に入って、菴内菴外《あんないあんげ》を商略《しょうりゃく》して、(9)乾峰三種の重痾《じゅうあ》を救う。就中《なかんずく》、最も苦《くる》しきは(10)洞山三頓《さんとん》の棒、江湖《ごうこ》参玄《さんげん》の衲子《のっす》を打殺《たさつ》して、(11)流血《りゅうけつ》、裳《もすそ》を褰《かか》げて渉《わた》る可《べ》し、(12)木札羹《もくさつこう》、鉄釘飯《てっていはん》、人をして呑吐不下《どんとふげ》ならしむる者は、是れ此の老なり。

一日、垂語《すいご》して曰く、「古仏と露柱《ろちゅう》と相交わる、第幾機《だいいくき》ぞ」と。自ら代わって曰く、「南山に雲を起こし、北山に雨を下す」と。今時、往往に言う、「雲門大師、平生《へいぜい》、(13)平等大慧《びょうどうだいえ》、不二法門の真理を説き、以て末代の衆生、有相《うそう》差別の釘橛《ていけつ》を抜却《ばっきゃく》して、究竟安楽身心軽快《くぎょうあんらくしんじんけいかい》の田地に到らしむと」と。錯《しゃく》、錯、此れは是れ深重《しんちょう》最大の悪妄想《あくもうぞう》、邪見解《じゃけんげ》、大いに後昆《こうこん》の悟門《ごもん》を妨《さまた》ぐ。者般《しゃはん》の迷人《めいにん》、(14)日に七八箇を打殺《たさつ》すとも什麽《なん》の罪か有らん。殊《こと》に知らず、大師の此の語、(15)天に靠《よ》る長剣《ちょうけん》の如し。信ぜずんば、国師の聖判《しょうはん》を聴け。

(1)韶州＝韶陽《しょうよう》とも、広東省韶州府曲江県。大庾嶺《だいゆれい》を境として嶺南と嶺北とに分かれる接触点に位置する。◉(2)姑蘇嘉興＝嘉興は上海市の西南、浙江省の北部の都市。姑蘇は江蘇省のそれではなく、嘉興県の東にある胥山をいう。◉(3)跨睦州門閫、逼折左脚＝『僧宝伝』二雲門章に、「遊方して初め睦州に至るや、老宿飽参《ほうさん》して古寺に門を掩うて蒲屨《ほく》を織り母を養う有るを聞いて、往いて之れに謁せんとす。門を扣《たた》くに方《あた》って、老宿之れを撼《う》って曰く、『道《い》え道え』。偃《えん》驚いて答うるに暇あらず。乃ち推出して曰く、『秦《しん》時の𨍏轢鑽《たくらくさん》』。随《つづ》いて其の扉を掩うに、偃の右足を損す。老宿、名は道蹤《どうしょう》」（史七・四四七）と見える。これに依れば、折ったのは左脚でなく右足。『会元』十五、『伝灯録』十九、『雲門広録』遊方遺録に見える。◉(4)踏断生死命根＝大悟した。◉(5)穿却象骨鼻孔＝雪峰禅師の真面目を獲得する。◉

(6)雲門天子悪声満宇宙＝五家の宗風を、雲門天子、臨済将軍、法眼公卿、潙仰賓客、曹洞土民とするのは中世日本での創作。『遯斎閑覧』に出づ（『栲栳珠』）というが、未検。◉(7)病在陳操屋裡、穿鑿教内教外＝雲門と同じく睦州の法嗣、陳操居士はおよそ僧が来ると衲僧家行脚の事（教外）を問うのが常であったが、雲門に逆に教（内）意を問い詰められて窮まり、居士身の分際を越えたことをすると、脂汗を搾られた話、『碧巌』三十三本則評唱に見える。但し「病在陳操」の事は『雲門広録』、『会元』、『伝灯録』、『会要』、『僧宝伝』等にも未見。◉(8)搊尚書両腋白汗＝「搊」は「絞」の誤記であろう。第三則（【一二〇】）頌評唱注(6)参照。「白汗」は冷や汗、第六則（【一二三】）垂示注(6)参照。
◉(9)乾峰三種重痾＝乾峰和尚の「法身に三種の病、二種の光有り…」の話。【七九の二】注(8)参照。◉(10)洞山三頓棒＝雲門大士が洞山守初禅師を接化した故事、『無門関』十五、『碧巌』十二頌評唱。【一〇の二】注(6)参照。◉(11)流血可褰裳渉＝『詩経』鄭風「褰裳」に「褰裳渉溱」を踏まえて。◉(12)木札羹、鉄釘飯＝無味の飯。「ココラハ、ヨタ坊主ドモノ知ル事デワナイ」。【開筵垂示】第三段注(1)参照。◉(13)平等大慧、不二法門＝前句は「衆生の機根に差別は有っても平等に化益する仏の智慧」を云い、『法華経』見宝塔品に見える。後句は『維摩経』入不二法門品。◉(14)日打殺七八箇有什麼罪＝『雲門広録』上にも、「這般底は万箇を打殺するとも什麼の罪過か有らん」（禅十一・三四九上）と。
◉(15)靠天長剣＝天にまで届くほどの長剣。「靠」は本来「倚」。【六の二】注(12)参照。

《頌》(1)**古仏光中《こぶつこうちゅう》、第幾機《だいいくき》ぞ**〔(2)第二重《だいにじゅう》の公案、三重《さんじゅう》も亦た在り。(3)一九《いっく》と二九《にく》と相逢《あいあ》うて手を出《い》ださず〕、
(4)**南山雲外《なんざんうんがい》、人《ひと》の知ること少《まれ》なり**〔(5)知不知《ちふち》、疑不疑《ぎふぎ》ならば、三生六十劫《さんしょうろくじっこう》。(6)謹《つつし》んで賀《が》す、国師のみ有って親しく了知《りょうち》することを〕。
(7)**千渓《せんけい》、日《ひ》は晩《く》る、樵歌《しょうか》の路《みち》**〔(8)日上《ひのぼ》りて巌《いわお》は猶《な》お暗《くら》く、煙消《もやき》えて谷《たに》は尚《な》お昏《くら》し〕、
(9)**帰去来兮《かえんなんいざ》、来去帰《いざかえんなん》**〔(10)脚跟《きやっこん》、未だ地に点《てん》ぜず。(11)見よ、走《わし》って什麼《いずれ》の処にか去る。(12)上大人丘乙己《じょうだいじんきゅういっき》〕。

(1)**古仏光中第幾機**＝本則をそのまま挙した。「古仏光中」は第四則（【二二一】）頌にも。◉(2)第二重公案、三重亦在＝雲門の本則をまた国師が頌せられた、二度あることは三度あるかも、くどい。【一一五の二】注(7)参照。◉(3)一九与二九相逢不出手＝出会うとも、あまりの寒さに手だしはならぬ。『五雑組』冬至のあとの諺。【九〇の三】注(5)参照。◉(4)**南山雲外少人知**＝南山北山の消息は雲外にも知音底まれなり。「只コノ味ハ、ハルカ雲ノアナタ、ノ物語リ。本則ノ端的、仏モ祖師モ知リテガナイ」、「是レラハ、ツトニ霊骨アルモノ、身ヲ碁石ニスッタモノデナケレバ知レヌ」。◉(5)知不知疑不疑、三生六十劫＝知るの知らぬの、疑うの疑わないのと云っている間は幾ら経っても埒は明かない。「三生六十劫」は【一七の一】注(11)参照。◉(6)謹賀有国師親了知＝「アアラ目出度、国師ノフトコロニ入テ、見ネバ、シレヌ」と、弄した下語。◉(7)**千渓日晩樵歌路**＝「千渓日晩レテ、野ダカ山ダカ知レヌ、木コリノ歌ヲシルベニ」。◉(8)日上巌猶暗、煙消谷尚昏＝日が上ったのに山はまだ暗く、もやは消えたのに谷間は矢張りうすぐらい。『寒山詩』三十三「六極常嬰困」。『闡提記聞』に、「昏愚の鈍漢は…終に一生暗黒鬼窟《きくつ》の守屍と為る、…『日上巌猶暗』。言《こころ》は寒山面前阿字不生の慧日は霄漢に透り黄泉に徹す、甚だ洞然、甚だ明白なりと雖も、如上の輩は見ること能わず。『煙消谷猶昏』。夫れ三界夢幻の火宅は毒火既に消え、臭煙永く滅して娑婆即寂光の浄刹と為ると雖も、如上が輩の為には黒暗長夜《じょうや》の牢獄と為る」と。また『碧巌』五十頌評唱。◉(9)**帰去来兮来去帰**＝「帰レバヨイ、トテモ及バヌ事、早クシマッテ、カヘレ、カヘレ、カヘレト」。「帰去来」は無論、陶淵明の「帰去来の辞」を踏まえる。「来去帰」は余り例の無い用法、「帰去来」に同じと見て可か、強いていえば「帰去来」が「去」に重点を置いたとすれば、「来去帰」は「来」に重点を置いたものか。本分の家郷に帰り去り、帰り来たるを促すのは樵夫の歌。◉(10)脚跟未点地＝足が地についていないぞ。【三四】注(12)参照。◉(11)見走去什麼処＝「見」は貞永寺版では「看」。何処に走って帰ると云うのか。◉(12)上大人丘乙己＝いろはにほへと。「是又三重ノ公案、イヤハヤ今迄ニナイ面白ヒ下語ヲシタ」【三六】注(4)参照。

※江月和尚和韻に、「韶陽垂語似呈機、古仏相交露柱知。雲是無心閑不徹、南山起又北山帰」と。

《頌評唱》評に曰く。(1)此の語、極《きわ》めて難入難解《なんにゅうなんげ》、学者をして(2)理尽き詞窮《ことばきわ》まり心《しん》死し意消《いしょう》ずる処に到って、(3)我法二空《がほうにくう》の暗谷を超過し、(4)生仏一如《しょうぶついちにょ》の金網《きんもう》を打脱せしむ。見地不脱の禅者、曾《かつ》て夢にも見ること能《あた》わず。所以《このゆえ》に言う、「古仏光中、人の知ること少《まれ》なり」と。

古人は人の知ること少《まれ》なることを愁《うれ》う。(5)已《や》んぬる哉《かな》、今人は人の知ること多からんことを愁う。何《なん》が故《ゆえ》ぞ、人の知ることを愁う。今時、杜撰《ずさん》の禅徒《ぜんと》往往に言う、「此の語、分明に(6)諸法実相《しょほうじっそう》、唯有一乗《ゆいういちじょう》の真理を談ず。一切衆生は(7)諸法寂滅の真理を知らず。故に虚仮《こけ》不実《ふじつ》の塵境《じんきょう》を執《しゅう》して五趣《ごしゅ》に流転《るてん》し三途《さんず》に苦を受く。乍《たちま》ち一乗唯有の妙義を了知《りょうち》するときは、則ち覚えず(8)華厳円融《えんにゅう》平等無相《むそう》法界に投入して永く生死の患難《かんなん》を脱せん。然りと雖《いえど》も、宿《つと》に霊骨《れいこつ》有る底の上根伶利《れいり》の漢子《かんす》に非ずんば、則ち輒《たや》すく帰入《きにゅう》すること能わず。是の故に言う、『古仏光中、人の知ること少《まれ》なり』」と。

錯《しゃく》、錯、大いに錯《あやま》り了《お》われり。此れを見地《けんち》不脱底の(9)見泥獄《けんでいごく》と言う。若し果たして爾《しか》らば後面に所謂《いわゆる》、「千渓、日は晩《く》る、樵歌の路《みち》、帰去来兮《かえんなんいざ》、来去帰《いざかえんなん》」は是れ什麼《なん》の道理をか説く。(10)如何《いかん》が歯牙《しが》を挟《さしはさ》み得ん。謂《い》うこと莫《な》かれ、「(11)前頭《ぜんとう》は打徹了《たてつりょう》、後頭《こうとう》は打未徹《たみてつ》」と。殊《こと》に知らず、(12)後箭《こうせん》は猶《な》お軽く、前箭《ぜんせん》は猶お深し。何《なん》が故ぞ、(13)嘉州《かしゅう》の大象《だいぞう》、拇指《ぼし》を咬断《こうだん》す。

(1)此語極難入難解＝『法華経』方便品に、「諸仏の智慧は甚深無量、其の智慧門は難解難入」と。◉(2)理尽詞窮、心死意消＝絶対絶命の処。【一一九】注(7)参照。◉(3)我法二空暗谷＝第八則（【二二五】）本則評唱に云う、辟支仏乗の悟り。第四則（【二二一】）頌評唱注(9)参照。◉(4)生仏一如金網＝第八則（【二二五】）本則評唱に云う、縁覚乗の悟り。「生仏一如」とは「迷いの衆生と悟の仏陀が本来不二である」を云い、しかしそれに滞る時は忽ち金網となるを云う。金網は金鎖の難とも云い、法執を云う。◉(5)已哉今人愁人知多＝今人は知ったかぶりの者の多いのは、どうしようもない。◉⑹諸法実相、唯有一乗真理＝前句は「一切諸法の差別のままに真実平等の相である」を云う、『法華経』方便品に「唯仏与仏乃能究尽、諸法実相」と。後句は「仏の教えは大乗無上の一道に帰する」を云い、同じ方便品に「十方仏土中、唯有一乗法、無二亦無三」と見える。◉⑺諸法寂滅＝諸法の実相は言語道断、心行処滅なるが故に、之れを寂滅と云う。『法華経』方便品に「諸法寂滅相、不可以言宣」。◉⑻華厳円融平等無相法界＝華厳四種法界、特にその第三「理事無礙法界」は「色即是空空即是色と事理交徹、無礙円融する」を云い、その第四「事事無礙法界」は「兄弟姉妹の血肉相通じて和融一味なるが如く、差即渉入」を云う。◉⑼見泥獄＝法華や華厳の御託を並べても。第三則（【二二〇】）頌評唱注⑼参照。◉⑽如何挟得歯牙＝咬むにも咬めず、手の着けようもない。◉⑾前頭打徹了、後頭打未徹＝初めの句は分かったが、後句はさっぱり分からない。◉⑿後箭猶軽、前箭猶深＝『碧巌』二十九本則下語に「前箭は猶お軽く、後箭は深し」とあるのを逆に云ったもの。本当は前句の方が難しいのだぞ、と。◉⒀嘉州大象咬断拇指＝大仏が親指を咬み切る。機語。「嘉州大象」は「楽山大仏」のこと、四川省楽山市（嘉州）の東、凌雲山の西壁、青衣江と大渡河が岷江に注ぎ込む合流点に坐る、高さ七十一メートルの世界最大の石刻弥勒仏の坐像、唐開元元年に創建開始されてより九十年を経て完成した。成都出版社『楽山大仏与大仏文化』に詳しい。『仏光録』三の上堂に、「一を識得すれば万事畢《お》わんぬ、…弥勒呵呵大笑し、文殊額の上に汗出づ。陝府の鉄牛は跨跳し、～」（大正八十・一五二中）と。

【二二八】第十一則　汝名什麼

《垂示》垂示《すいじ》に曰く。⑴蛇は一寸《いっすん》を出《い》ださば、其の大小を知り、人は一言《いちごん》を出ださば、其の長短を知る。衲僧《のうそう》門下に到っては、一言一句、一機一境、浅深《せんしん》を辨ぜんことを要し、向背《こうはい》を見んことを要す。況《いわ》んや作家《さつけ》の相見《しょうけん》、⑵目撃《もくげき》して道存《みちそん》するをや。未だ口を開かざる以前、早く是れ相見し了わる。甚麼《なに》に依ってか此《かく》の如くなる。

(1)蛇出一寸知其大小…＝第三則（【二二〇】）本則注(3)参照。◉(2)目撃道存＝一見しただけで、身に道が備わっていることが分かる。『荘子』田子方に、仲尼曰く、「夫《か》の人の若《ごと》き者（楚の賢人、雪子）は、目撃して道存せり」と。

《本則》挙《こ》す。(1)**仰山《きょうざん》、三聖《さんしょう》に問う、「汝《なんじ》、名《な》は什麼《なん》ぞ」**（(2)獅子《しし》嚬呻《ひんしん》。(3)頂門《ちょうもん》竪亜《じゅあ》す摩醯《まけい》の眼《まなこ》、肘後《ちゅうご》斜《なな》めに懸《か》く奪命《だつみょう》の符《ふ》」）。(4)**聖《しょう》云く、「慧寂《えじゃく》」**（象王回顧《ぞうおうかいこ》。(5)曾《かつ》て鉄馬《てつば》に騎《の》って重城《ちょうじょう》に入る、勅下《ちょくくだ》って伝え聞く六国《りくこく》の清きことを」）。**山《さん》云く、「慧寂は是れ我れ」**（(6)落花《らっか》に流水《りゅうすい》に随《したが》う意《い》有り、流水に落花を恋《こ》う情《じょう》無し」）。**聖《しょう》云く、「我が名は慧然《えねん》」**（(7)雪後《せつご》始めて知る松柏《しょうはく》の操《みさお》、事難《ことかたく》して方《まさ》に知る丈夫《じょうぶ》の心」）。**仰山、呵呵大笑《かかたいしょう》す**（(8)一《ひと》えに巌頭の笑いに似て、也《ま》た巌頭の笑いに非ず、一等《いっとう》に是れ笑う、什麼《なん》と為《し》てか却って両段と為《な》る」）。(9)**師、著語して云く、「什麼《いずれ》の処にか去るや**（(10)貴《たっと》ぶ可し、恐る可し、長慶来也《ちょうけいらいや》。(11)曹渓《そうけい》の波浪《はろう》若《も》し相似《あいに》たらば、限《かぎ》り無き平人《へいじん》も陸沈《りくちん》せられん」）。

(1)**仰山問三聖…**＝『碧巌』六十八則に則る。仰山慧寂（八〇七―八八三）は潙山霊祐の法嗣。三聖慧然は臨済の法嗣。◉(2)獅子嚬呻、象王回顧＝獅子が四肢を曲げて声を挙げ事を始めようとし、象王が体ごとゆっくりと振り顧みる。向上・向下門の宗師家の大機用。華厳入法界品の図讃である仏国惟白『文殊指南図讃』の最初にも、「象王顧眄《こけい》、獅子嚬呻」とある。◉(3)頂門竪亜摩醯眼、肘後斜懸奪命符＝大慧が懶菴鼎需禅師を印した偈に「〜、〜。眼を瞎却し、符を卸却す、趙州東壁、葫蘆を挂く」（『正宗賛』巻二懶菴章）とあるに依る。【開筵垂示】第一段注(3)参照。◉(4)**聖云、慧寂**＝仰山の名を奪って云う。◉(5)曾騎鉄馬入重城、勅下伝聞六国清＝軍馬に乗って勇ましく難攻不落の敵城に攻め入ってみたのはいいが、なんの事はない、そこで聞いたのは、既に天子の勅令行なわれて天下太平と云うことだけ。三聖禅将の意気込みも空振り。『碧巌』二十四頌。◉(6)落花有意随流水、流水無情恋落花＝磯のアワビの片思い。「落花有意、流水無情」は今日の中国語の俗諺にもなっている。旧訓は「落花意有って流水に随い、流水情無くして落花を恋う」であるが、意によって改める。道忠禅師『禅林句集辨苗』の水滸伝の訓み参照。『会元』二十、『続伝灯録』二十九、竹菴士珪（仏眼遠下）章の上堂に、「見見の時、見是の見に非ず、見猶お見を離れ、見も及ぶこと能わず。〜、〜」と。◉(7)雪後始知松柏操、事難方知丈夫心＝霜雪に遇ってこそ松柏の緑変わらぬことがわかり、困難に面してこそ男たる心意気が発揮できるというもの。『会要』十二、琅琊慧覚（汾陽下）章に、但し「知」は「見」。もと『淮南子』俶真訓の四章に、「霜雪降りて然る後に松柏の茂ることを知るなり。難に拠り危を履みて、…然る後に聖人の道を失わざることを知るなり」と。◉(8)一似巌頭笑…一等是笑…＝『碧巌』の下語そのまま。巌頭の笑いは第九則（【二二六】）本則参照。『碧巌』評唱に、「巌頭の笑いは毒薬有り、這箇の笑いは千古万古清風凛凛地なり」と。◉(9)**師著語云、什麼処去也**＝国師、仰山の所在なき所在を掲示する。『碧巌』の頌は、「笑い罷《や》んで、知らず何れの処にか去る」。書き入れに、「何処へサ、イクデアロウナ。二大老ノ商略ヲ見タクバ、国師ノ此ノ語ヲ見抜ケ。ココラハ国師一流ノ腕前、ココヲ容易ニスルナ。ココガ全ク手ニ入ルト、国師ト手ヲ取ッテ遊バルル。廿四流ノ祖師達モ、コウ下語ハナルマイ。此ノ語ヲ見ル者ハ、恐レ戦ヒテ、寒ケ立デアロウ。如是語ヲ末世ノ我々ガ拝見スルハ実ニ有難イゾヨ」。◉(10)可貴可恐、長慶来也＝有り難くも恐るべし、まるで長慶が来たみたい。「雪峰下デハ長慶デナクテハ、エエ云エヌ語ダ」。◉(11)曹渓波浪若相似、無限平人見陸沈＝「平人」は「無辜の民」。「陸沈」は「陸で溺れ死ぬ、深坑に埋没」。『碧巌』九十三頌。「相似の学得底では仏法破滅の相ぞ」（『秘鈔』）。書き入れに、「国師ノ什麼去ト云大浪ヲ打カケラレテハ、万戸将軍デモ堪ラヌ、徳山臨済デモ立ヲヨギジャ、ソノ事ニカカリ合ヌ人デモ浮ツ沈ツ、泡ヲフク」と。

《本則評唱》評に曰く。(1)袁州《えんしゆう》仰山《きようざん》慧寂《えじやく》禅師は、韶州《しようしゆう》懐化《かいか》の人なり、法を潙山《いさん》に嗣ぐ。仰山の潙山に於けるや曹山《そうざん》の洞山《とうざん》に於けるが如し。一日、(2)梵僧《ぼんそう》の来たる有り、下って禅床《ぜんしよう》を遶《めぐ》ること三匝《さんそう》して曰く、「来たって文殊を礼せんと欲して、却って此の(3)小釈迦を見る」と。是《ここ》に於いて仰山小釈迦の名、叢林《そうりん》に遍《あまね》し。三聖《さんしよう》慧然《えねん》禅師は、法を臨済に嗣ぐ。既に遷化《せんげ》せんと欲して即ち曰く、「誰《たれ》か知らん、我が正法眼蔵《しようぼうげんぞう》、却って此の瞎驢《かつろ》辺《へん》に向かって滅却《めつきやく》せんとは」と。是に於いて(4)済北《さいほく》瞎驢の名、天下に遍し。

一日、仰山に見《まみ》ゆ。山《さん》問う、「你《なんじ》、名は什麼《なん》ぞ」。(5)恰《あたか》も関吏《かんり》の夜行《やこう》を窺《うかが》うが如し。三聖云く、「慧寂《えじやく》」と。(6)是れ什麼《なん》の心行《しんぎよう》ぞ、(7)将《は》た其れ顚《てん》すと謂《い》わんか。仰山曰く、「慧寂は是れ我れ」。(8)可惜許《かしやっこ》、一著《いちじやく》を放過す。三聖曰く、「我が名は慧然」。(9)頭《こうべ》を改《あらた》め尾《お》を換《か》う、九尾の野狐《やこ》、変体多《へんたいおお》し。仰山、呵呵大笑《かかたいしよう》す。(10)天《てん》関《かん》を回《めぐ》らし、地軸《ちじく》を転《てん》ず、壁間《へきかん》の(11)木上座《もくじようざ》(12)欠伸《けつしん》して拳《こぶし》を握《にぎ》って嗔牙《しんが》を咬《か》む。

国師、著語《じやくご》して曰く、「什麼《いずれ》の処にか去るや」と。(13)天《てん》荒《あ》れ地《ち》老《お》いて青眼《せいがん》無《な》し、(14)世情《せじよう》誰か是れ旧雷陳《きゆうらいちん》。此の話《わ》、錯《あやま》って会する者多し。往往《おうおう》に言う、「仰山曰く、『你、名は什麼ぞ』。此れは是れ(15)探竿影草《たんかんようぞう》、宗《しゆう》師家《しけ》尋常の用処《ゆうじよ》、彼我《ひが》差別の法に依って他《た》を如何《いかん》と看る。三聖、真諦《しんたい》平等無差の法門に入り(16)挑撥《ちようはつ》し去る。仰山、危《き》に臨《のぞ》んで変ぜず、転《うた》た(17)俗諦有為《ぞくたいうい》の法位を坐断《ざだん》して拶《さつ》し将《も》ち来たって云う、『慧寂は是れ我れ』と。三聖も亦た転身《てんじん》自在の作用《さゆう》有り、却来《きやらい》して即ち曰く、『我が名は慧然』と。仰山、呵呵大笑す、(18)両頭共に截断《せつだん》して、一剣《いつけん》天に靠《よ》って寒《さむ》し」と。錯《しやく》、錯、是れ什麼《なん》の閑学解《かんがくげ》ぞ。殊《こと》に知らず、二老の相《しよう》見《けん》、互いに是れ(19)龍象《りゆうぞう》の蹴踏《しゆうとう》、(20)蹇馬瞎驢《けんばかつろ》、如何が近傍《きんぼう》せん。只だ互いに機機相投《ききあいとう》ずるのみ、那処《なしよ》にか你が教家の判断を挟《さしはさ》まんや。你、若し判釈《はんじやく》分明なることを得ば、国師、著語して曰く、「什麼《いずれ》の処にか去るや」と。是れ什麼《なん》の道理ぞ、試みに判釈し将《も》ち来たれ。如何が註解《ちゆうげ》し去らん、是れ真諦か、是れ俗諦か、将《は》た又た真俗不二、聖諦《しようたい》第一義諦なるか。(21)且つ幾枚の厚面皮《こうめんぴ》か有る、擬議《ぎぎ》せば(22)一棒一条《いちぼういちじよう》の痕《あと》。

殊《こと》に知らず、此れは是れ吾が横岳《おうがく》大応祖師、万里の鯨波《げいは》に跨《また》がって㉓息耕霊鷲荘屋裏《そっこうりようじゅしょうおくり》に入って、㉔隻手《せきしゅ》に無柄《むえ》の鈍鉄鍬《どんてつしゅう》を奪い得去って、㉕一鑊《いっかく》に鑊出《かくしゅつ》する底の㉖脱曲《だつきょく》の破大椀《はだいわん》、㉗東海日多《にった》の児孫《じそん》をして十年五歳、薄粥《はくしゅく》も亦た快く咽《のど》に通ぜざらしむる者は是れ此の狼毒《ろうどく》なり。信ぜずんば、国師の㉘妙伽陀《みょうかだ》を聞け。

(1)袁州＝江西省宜春県。◉(2)梵僧＝インド僧。◉(3)小釈迦＝『会元』巻九、『禅林口実混名集』等に出る。◉(4)済北瞎驢＝『虚堂録』巻四の「示蓬莱宣長老」法語に見える、そこでは臨済その人を指すが、ここでは三聖を云う。臨済は河北鎮州に在るために済北と云う。◉(5)恰如関吏窺夜行＝関守りが人の闇夜にこっそり抜け出ないかを見張りする様なもの。◉(6)是什麼心行＝「これはどう言うココロネだ」（『犂耕』）。「何と云うつもりか」（『秘鈔』）。『碧巌』六十九本則に、帰宗の語として見える。◉(7)将其謂顚＝気でも狂ったのか。「顚」は癲狂の意。◉(8)可惜許、放過一著＝惜しい、一手緩めたな。『碧巌』十本則下語に、「放過一著、落在第二」と。◉(9)改頭換尾、九尾野狐多変体＝あの手この手と、古狐よろしく化けよるわい。【五の二】注㉓㉔参照、但し「換尾」は「換面」。◉(10)回天関、転地軸＝作家の気宇広大の働き。第九則（【一二六】）本則注⑯参照。◉(11)木上座＝拄杖子を云う。【六の二】注㉙参照。◉(12)欠伸＝あくびと背伸びをして。◉(13)天荒地老無青眼＝幾久しく知音も無い。【一一五】注(7)参照。◉(14)世情誰是旧雷陳＝底本の「上」は「情」の誤記。世間の人情は冷たいもので、昔の雷義と陳重のような交わりを結ぶものは誰もいない。後漢の雷義と陳重とは、いつも互いに官職を譲り合い、雷義が人の罪をかぶって免職になると、陳重も退職した、後に共に侍御吏に至った。『後漢書』独行伝。『三体詩』元稹「寄楽天」に、「栄辱升沈影与身、～。唯応鮑叔偏憐我、自保曾参不殺人。…」。◉(15)探竿影草＝師家が学人に探りを入れて誘導接化する手段。第五則（【一二二】）垂示注(3)参照。◉⑯挑撥去＝人の過を咎める。◉⑰坐断俗諦有為法位＝「坐断」は力点を「坐」に置くか「断」に置くかで二義ある。前者は不動の義で、後者は絶対否定の義。ここは前者の意で、あくまで事の立場を守り通すを云う。尚、【七三の一】

注⑿参照。◉⒅両頭共截断、一剣靠天寒＝真諦俗諦ともに截断。【五の二】注⑾参照。◉⒆龍象蹴踏＝駿馬の蹴りあい。【五八の一】注⒂参照。◉⒇蹇馬瞎驢＝あしなえ馬や、めしいたロバ。◉㉑且有幾枚厚面皮＝（この恥知らずめが）一体、何枚面の皮があるというのか。◉㉒一棒一条痕＝背中に痕のつくほど棒を喫《く》らわせてやる。「一棒」は「一鞭」とも。多くは「一掴一掌血」と続く。一打一棒が皆な骨身にこたえる真剣な修行態度を云う禅語、後に人口に膾炙されて「事を為すに一歩一歩着実にやる、話をするに図星を指す」の喩えとなる。『汾陽無徳録』上に、「『如何なるか是れ古仏の家風』。師云、『〜』」（大正四十七・六〇七下）。『碧巌』七十八本則下語。◉㉓息耕霊鷲荘屋裏＝虚堂禅師が宝林を退いて霊隠寺霊鷲峰の松源塔下にあって三転語を下された処を云う（『虚堂録』巻八続輯）。「荘屋」とは「荘舎」を云うか。ここは仮住まいを云う。但し、大応国師が初めて参じたのは、その後の育王を退いて雪竇山明覚塔下に閑居して居られた時である（『大応録』万寿寺録）。混同があるようである。◉㉔隻手奪得無柄鈍鉄鍬去＝無柄鈍鉄鍬は本分の事。『臨済録』行録に見える、黄檗の手より鍬を奪い取った臨済の故事を踏まえて。◉㉕一钁钁出底＝「钁《かく》」は脚の無い鼎、大釜のこと。或いは「钁《かく》（くわ）」の誤記か。「一トホリニホリダシタ」。◉㉖脱曲破大椀＝底抜けの破れ大椀。『人天眼目』一、興化験人の「四盌《わん》」の第三、無綣繢《けんき》（＝わな、定格）語の「盌脱曲」を踏まえて。◉㉗東海日多児孫＝応灯下の児孫。【槐安国語序】第一段注⑸参照。◉㉘妙伽陀＝「伽陀」は偈頌。

《頌》**⑴煦日影《くじつかげ》の中《うち》、雪の霽《は》るる春**〔⑵雨前《うぜん》初めて見《み》る華間《かかん》の葉《は》、雨後《うごか》兼ねて葉底《ようてい》の花《はな》無《な》し〕、

梅腮柳面《ばいさいりゅうめん》、芳《ほう》を闘《たたか》わして新《あらた》なり〔⑶常《つね》に憶《おも》う江南三月《こうなんさんげつ》の裏《うち》、鷓鴣《しゃこ》啼《な》く処、百花香《ひゃっかかんば》し〕。

⑷詩縁風興《しえんふうきょう》、限り無き意〔⑸暮春《ぼしゅん》には春服《しゅんぷく》既《すで》に成《な》り、冠者五六人《かんじゃごろくにん》、童子六七人《どうじろくしちにん》、沂《き》に浴《よく》し、舞雩《ぶう》に風《ふう》じ、詠《えい》じて帰《かえ》らん〕、

独《ひと》り許す、苦吟野外《くぎんやがい》の人〔⑹元《も》と是れ山中《さんちゅう》の人《ひと》、愛《あい》して山中の話《わ》を説く〕。

(1)**煦日影中雪霽春、梅腮柳面闘芳新**＝春の日の光はうらうらと雪もはれ、梅は綻び柳葉の緑は美しく、香しさを競う。「仰山三聖、互ニ春色ヲタタカワシタ」。『一山一寧録』建長寺上堂に、「目を潑する韶華（＝春色）是れ二旬、梅顋柳眼、芳新を闘わす。君に勧む、光陰の好きに負むくこと莫かれ、畢竟光陰人に負むかず」と見える。「梅腮柳面」は【六九】、【一八九】、【一九九】各本文に見える。◉(2)**雨前初見華間葉、雨後兼無葉底華**＝雨の降る前には、花の間にいくらかの葉がやっと見えはじめていたくらいだったが、雨があがってみると、葉の奥にすらひとひらの花もない。【一五五の二】注(5)参照。◉(3)**常憶江南三月裏、鷓鴣啼処百花香**＝常に憶うは、故郷、春のありさま。【三九の二】注(4)参照。◉(4)**詩縁風興無限意、独許苦吟野外人**＝この何とも云えない、尽きること無い詩情は、野外で本当に苦労した人でなければ分かるまい。【一三四の二】、【一六八】にも「要見此人麼」とあったが、ここは国師自身の「此の人を見よ」、Ecce Homo。「独許」は「…にのみ許可する」。「野外」は「寺モ持タズノ、安居坊主ノ事」。「名利名聞、打チ捨テタ野外ノ人デナケレバ、ココノ処ノ咄ハナラヌ」。国師遺誡に、「野外に綿絶《めんぜつ》し、一把茅底《いっぱぼうてい》、折脚鐺内《せっきゃくしょうない》に野菜根《こん》を煮て喫して、云々」と。◉(5)**暮春春服既成…詠而帰**＝晩春のころ春服に軽く着替えして、青年五六人、少年六七人を引き連れて、沂《き》水で水浴し、舞雩で涼んで、詩でも吟じながら帰ろう。『論語』先進篇に見える曾晳《そうせき》、超俗の趣旨。◉(6)**元是山中人、愛説山中話**＝元来が山の住人だからこそ山の話をしようものぞ（山中の話は山中の人でなければ分からない）。蒙菴思岳（大慧下）「勘婆」頌に、「（本）～、～。五月売松風、人間恐無価」と。【四八の一】注(4)、【一〇五】注(12)参照。

※江月和尚和韻に、「花衢柳巷共知春、和気温風可煞新。袖裏蔵鋒名未顕、慧然慧寂是何人」と。

《頌評唱》評に曰く。(1)東帝《とうてい》の純化《じゅんか》既に行なわれて、旧年の氷雪乍《たちま》ち消融《しょうゆう》し、新歳の渓流、次第に漲《みな》ぎる。(2)千葉は濃緑《のうりょく》の顔《かんばせ》を展《の》べ、万枝は紅紫の脣《しん》を解《と》く、各おの(3)芳菲《ほうひ》を闘わしめ互いに嬌艶《きょうえん》を争う。其の(4)望《ぼう》底《てい》の佳趣《かしゅ》、吟中の気味は苦吟《くぎん》歳月を積んで深く詩道の佳境に入得《にっとく》する底の(5)逋客《ほかく》に非ずんば、則ち輒《たや》すく知ること能わず。道人も亦た然り、(6)潜修《せんしゅ》功積もり密参《みっさん》力充《み》つる則《とき》んば(7)八識頼耶《はっしきらや》の暗谷を踏翻《とうほん》して、大円鏡光《だいえんきょうこう》の恵日《えにち》乍《たちま》ち展出《てんしゅつ》する則《とき》んば有為住相《ういじゅうそう》の積雪乍ち解け、(8)罪累業障《ざいるいごっしょう》の凝霜《ぎょうそう》乍ち消ゆ。

越《ここ》において(9)四弘《しぐ》の願輪《がんりん》に轄《かつ》し、(10)一乗の大車に鞭《むちう》ちて、(11)増進退《ぞうしんしりぞ》かざる則《とき》んば(12)真如平等の堅凍《けんとう》を撃《げき》砕《さい》し、法性《ほっしょう》一枚の層氷《そうひょう》を消融《しょうゆう》し、(13)真如不二の聖境に遊戯《ゆげ》し、明暗双双《めいあんそうそう》底の宝処《ほうじょ》に逍遥《しょうよう》し、百華叢裏《ひゃっかそうり》に遊ぶが如し。(14)仏祖も手を挟《さしはさ》むことを得ず。然寂《ねんじゃく》二老の如きは総に是れ者般《しゃはん》の人、其の(15)唱拍鼓舞《しょうはくこぶ》、恰《あた》か春花の春暖を得て紅紫を闘わしむるに似たり。二老相見の当意を知らんと欲せば、国師末後の一著に参取せよ。曰く、「什麼《いずれ》の処にか去るや」と。切に忌《い》む、(16)一喝《いっかつ》の会《え》を作《な》し去ることを。

(1)東帝純化＝春の時となった。「東帝」は東君、春の神。「純化」は、混じりけのない徳化。◉(2)千葉展濃緑顔＝貞永寺版では「展」は「舒」。◉(3)芳菲＝花のよい匂い。◉(4)望底佳趣、吟中気味＝眺めのよさと詩情。◉(5)逋客＝隠者。『文選』巻四十三「北山移文」。◉(6)潜修功積、密参力充＝「潜修」は「一心不乱に修養する」を云う。「密参」は「師資密密の参禅工夫」。◉(7)踏翻八識頼耶暗谷＝「踏翻」は「けとばす、相対差別を打ち払うこと」。第八阿頼耶識《だいはちあらやしき》が転じて大円鏡智となることは、第六則（【一二三】）本則評唱参照。◉(8)罪累業障凝霜乍消＝底本の「凝相」は龍吟社版では「凝霜」。「凝霜」は、こりかたまった霜。◉(9)轄四弘願輪＝「轄」は「車軸の末端に楔を差し入れて車輪が抜け出るのをふせぐ、かたくしめる」。「四弘願輪」は【一三三】注(11)参照。◉(10)一乗大車＝『法華経』方便品に、一仏乗を大白牛車に喩える。◉(11)増進不退＝功徳善根、愈々増進して二乗や三悪道等に退転することが無い。◉(12)撃砕真如平等堅凍、消融法性一枚層氷＝平等の一枚悟りを冬の氷に喩えて。◉(13)遊戯真如不二聖境、逍遥明暗双双底宝処＝自他不二自在の境界、明暗双双の真実処に遊戯逍遥する。「宝処」は『法華経』化城喩品に云う、化城に対する真実の安住所。◉⒁**仏祖不得挟手**＝仏祖も手出しはならぬ。◉⒂**唱拍鼓舞**＝片や歌えば片や舞う。慧然、慧寂二老の息のあった商量問答を喩えて。第三則（【二二〇】）の頌評唱にも見える。◉⒃**一喝会**＝棒の如し、一喝の如しと安直に片付けて事足れりとする態度。第七則（【二二四】）頌評唱参照。

【二二九】第十二則　雲門一宝

《垂示》垂示《すいじ》に曰く。⑴昔、一士人《いちしじん》有り、青蛇の病みて草窠《そうか》に伏すを見て、持ち帰って蓋《おお》うに薬物を以てし、食を与えて仁育す、蘇活するに到って之れを放つ。後来夜半、円光蓋《かさ》の如くなる者有り、赫赫《かくかく》として墻《しょう》根《こん》を照らす。戸を開き、庭上を望んで怪しみ以て妖魅《ようみ》なりと為して、目を張り剣を按《あん》じて畏《おそ》るおそる窺《うかが》い望めば、驪珠一顆《りしゅいっか》、病蛇傍《かたわら》に在り。初めて知る旧恩を報答し来たることを。所以《このゆえ》に言う、「夜明簾《やみょうれん》外《がい》の珠《たま》、痴人《ちじん》剣を按《あん》じて立つ」と。祖師門下も亦た往往に此の様《よう》有り、試みに挙して看《み》ん。

⑴昔有一士人見青蛇病…＝『千字文』十四「珠称夜光」の隋侯の話に詳しい。【二一四の二】注⑿参照。

《本則》**挙《こ》す。⑴雲門、垂語《すいご》して云く、「⑵乾坤《けんこん》の内、宇宙の間《かん》、中《なか》に一宝《いっぽう》有り、形山《ぎょうざん》に秘在《ひざい》す**〔⑶手《て》に白玉《はくぎょく》の鞭《べん》を把《と》って、驪珠《りしゅ》尽《ことごと》く撃砕《げきさい》す。撃砕せよ、撃砕せよ、撃砕せずんば瑕纇《からい》を増さん。⑷更に須《すべか》らく子細《しさい》にすべし〕。⑸**灯籠《とうろう》を拈《ねん》じて仏殿裏に向かい、三門を将《もつ》て灯籠上に来たす**〔⑹未《いま》だ是れ分外《ぶんげ》の事《じ》ならず。⑺三日眉《まゆ》を皺《しわ》むれば、駆烏《くう》の童子《どうじ》も亦た須らく解《げ》すべし、⑻然《しか》も与麼《よも》なりと雖《いえど》も、更に須らく子細にすべし〕」。

⑴**雲門垂語云…**＝『碧巌』六十二則。◉⑵**乾坤之内、宇宙之間、中有一宝、秘在形山**＝天地一杯に遍満している一宝

は他ならぬこの肉体に宿る。僧肇『宝蔵論』。◉(3)手把白玉鞭、驪珠尽撃砕…＝白玉の鞭で驪龍《りりゅう》頷下《がんか》の珠を木っ端微塵に打ち砕《くだ》いた、砕かなかったなら却って珠のきずを増すだけ。『碧巌』八十二頌。◉(4)更須子細＝更に精細に検討すべし。『碧巌』三頌下語。◉(5)**拈灯籠向仏殿裏、将三門来灯籠上**＝灯籠を仏殿に入れ、山門を灯籠の上に安置すること。◉(6)未是分外事＝さほどたいしたことでもない。◉(7)三日皺眉、駆烏童子亦須解＝三日も考えたら丁稚でも分かること。【六六の三】下語に「駆烏童亦知」、【一〇一の二】下語に「三日皺眉、…」。◉(8)雖然与麼、更須子細＝さはさりながら、更に精細に検討すべし。

《本則評唱》評に曰く。此の話《わ》、往往《おうおう》錯《あやま》って会《え》する底多し。「此れは是れ宝蔵論《ほうぞうろん》の中の一段の説話《せった》なり。大師《だいし》、撮《と》り来たって指示す。肇公《じょうこう》と大師とは大同《だいどう》にして小異《しょうい》有り。肇公は事上《じじょう》に就いて論じ、大師は理《り》上《じょう》に就いて説く。所謂《いわゆる》、形山《ぎょうざん》は即ち(1)四大五蘊《しだいごうん》の空屋、一宝は則ち人人本具の性なり。之れを失する故《ゆえ》に、五道に輪廻《りんね》し六趣《ろくしゅ》に苦を受く。之れを得《う》る則《とき》は平等無辺の智光を発起《ほっき》し、無量(2)恒沙《ごうじゃ》の妙用《みょうゆう》を隆興《りゅうこう》す。灯籠《とうろう》を拈《ねん》じて仏殿裏《ぶつでんり》に向かい、三門《さんもん》を将《もっ》て灯籠上に来たす。何《なん》が故ぞ、(3)理事不二円融無礙法界《りじふにえんにゅうむげほっかい》に入得《にっとく》する故に」と。

錯《しゃく》、錯、如上《にょじょう》の瞎註脚《かっちゅうきゃく》、大いに錯り了《お》われり。若し果たして然らば、祖祖不伝《そそふでん》の妙訣《みょうけつ》、土《ど》を払《はら》って滅絶《めつぜつ》せん。是れ彼の「(4)夜明簾外《やみょうれんがい》、剣を按《あん》じて立つ」に非ずや。(5)智解《ちげ》の痩臂《そうひ》を張り、情量《じょうりょう》の槌子《ついす》を振るい、七華八裂重重《しちかはちれつじゅうじゅう》に打破《たは》し了《お》わる者に似たり。

殊《こと》に知らず、此れは是れ祖祖相伝《そそそうでん》し来たる底の内秘の一著《いちじゃく》にして、大いに你《なんじ》が情解《じょうげ》に異なれり。学者、密密《みつみつ》に参訣《さんけつ》して一旦《いったん》(6)不合《ふごう》に入得する則《とき》んば、生死《しょうじ》の業根《ごうこん》を斬割《ざんかつ》し、(7)二空《にくう》の暗谷《あんこく》を掀翻《けんぽん》し、(8)見地《けんち》の泥《でい》獄《ごく》を洗除し、(9)正証《しょうしょう》の釘橛《ていけつ》を抜却《ばっきゃく》して、(10)如意珠《にょいしゅ》の如く、無量の雑宝《ざっぽう》を化作《けさ》し、窮困《きゅうこん》の衆生を(11)賑《にぎ》わして休《きゅう》期《き》無く、無量の法財を運出して大法施《だいほっせ》を行じて乏《とぼ》しきこと無し。(12)向上の玄関、(13)龍門万仞《りゅうもんばんじん》の黒雲を鎖《と》ざし、後生《こうせい》参徒の情量凡解《ぼんげ》を奪い、祖庭孤危《そていこき》の真風《しんぷう》を立す。是の故に国師大いに工夫有り。容易の看《かん》を作《な》すこと莫《な》かれ。

(1)四大五蘊空屋＝地水火風の四大と色受想形識の五蘊の集まりである肉身。◉(2)恒沙＝恒河沙、ガンジス川の砂数ほど無数。◉(3)理事不二円融無礙法界＝頌評唱参照。◉(4)夜明簾外按剣立＝愚人は却って怪しむ。本則垂示参照。◉(5)張智解痩臂、振情量槌子＝知解妄想を逞しくする。◉(6)不合＝「思イモヨラヌ処デ」。第六則（【二二三】）垂示注(5)参照。◉(7)二空暗谷＝我・法の二空、二乗声聞の悟り。第四則（【二二一】）頌評唱注(9)参照。◉(8)見地泥獄＝見泥獄。第三則（【二二〇】）頌評唱注(9)参照。◉(9)正証釘橛＝底本の「証正」は貞永寺版は「正証」。正位に証を取る、二乗声聞の悟り。◉(10)如意珠＝如意宝珠、求めるものを意のままに出す珠。『大宝積経』巻百十に、「忽然として如意宝珠に値遇す。彼の人、珠を得れば、…資材諸物、皆な悉《ことごと》く心の如くに自然に化作す」（大正十一・六二〇中）と。◉(11)賑＝賑済、施し、すくう。◉(12)向上玄関＝乾峰三種病、疎山寿塔等の難関。◉(13)鎖龍門万仞黒雲＝龍門万仞の黒雲を鎖ざして。【二一五】下語には「万仞龍門鎖黒雲」、また【二一〇の五】下語には「万仞龍門鎖黒雲」と。

《頌》(1)**宇宙乾坤《けんこん》、同一宝《どういつぽう》**〔(2)二千年外の大繋驢橛《けろけつ》、(3)什麼《なん》の臭皮襪《しゅうひべつ》にか当たらん、(4)無仏世界に抛擲著《ほうてきじゃく》せよ〕、
(5)**灯籠《とうろう》仏殿、形山《ぎょうざん》の中《うち》**〔(6)盤《ばん》に和《わ》して托出《たくしゅつ》す爛泥団《らんでいだん》〕。
(7)**青松《せいしょう》雪霽《は》れ巌勢《がんぜい》晩《く》れ**〔(8)清醠《せいおう》の美《び》は耒耜《らいし》に始まり、黼黻《ほふつ》の美は杼軸《ちょじく》に在り〕、
(9)**寒月《かんげつ》風清《かぜきよ》うして谿畔《けいはん》空《むな》し**〔(10)一段の風流、玉琢《たまみが》き成《な》す、一枝《いっし》留《とど》め得たり旧風流。(11)切に忌《い》む、崑崙《こんろん》に棗《なつめ》を呑むことを〕。

⑴**宇宙乾坤同一宝**＝「本則ヲ、マッシグラニモッテ、第二重ノ公案。是又剣ヲ按ジテ立セル、ツモリカ」。◉⑵二千年外大繋驢橛＝肇法師、釈尊以来の古木杭。「外」は、「以前」に同じ。◉⑶当什麼臭皮襪＝そんな使い古しの皮足袋、なんの値打ちもない。【五の二】注⒂参照。◉⑷無仏世界抛擲著＝「仏法ノサタモナイ処へ、ヤリナサイ」「コンナ、ヲヲチャクナ下語ハ碧巌ニモナイ、ナント大灯ハ腹ヲタテ様カナ」。『碧巌』十九頌下語に、「趕向無仏世界」と。◉⑸**灯籠仏殿形山中**＝灯籠も仏殿も、この肉団身の真っただ中。◉⑹和盤托出爛泥団＝洗いざらい（夜明珠ならぬ）泥団子をぶちまけたな。【二四の二】注⑺参照。◉⑺**青松雪霽巌勢晩**＝青松に雪やみ、岩山の夕まぐれ。◉⑻清酎之美始於耒耜、黼黻之美在於杼軸＝清酒のうまさは耒耜（すき）に（よって耕して原料を稔らすことから）始まり、衣服のぬいとり模様の美しさは杼軸（機織りの横糸と縦糸を巻く道具）に（よって布を織り成すことに）ある。『淮南子』説林訓の十六章。◉⑼**寒月風清谿畔空**＝人一人いない谷辺には、風清く寒月のみ照り冴える。「サビカヘッタ有様ハ、歌ニモ連歌ニモ詠マレヌ」。◉⑽一段風流玉琢成、一枝留得旧風流＝上句は白菊を、下句は梅花を詠う。前句は『円機活法』二十、白菊。後句は『貞和集』巻九、即休の「墨梅」に、「西湖和靖帰三嶋、南岳華光去十洲。疎影横斜流水遠、～」と。東陽英朝編『禅林句集』で、韻の異なった二句を誤って一聯にしたもの。◉⑾切忌崑崙呑棗＝鶻呑みにするな。【一七〇の二】注⒃参照。

※江月和尚和韻に、「清風明月不貪宝、珠玉玲瓏弄掌中。遮裏本来無一物、請看秘在尽虚空」と。

《頌評唱》評に曰く。此の頌、極めて精密密地《せいみつみつち》、此の頌、極めて⑴孤峻峻地《こしゅんしゅんち》、⑵却って寒毛卓竪《かんもうたくじゅ》することを覚ゆや。今時、大いに軽薄の禅徒、智解の邪党有って尽《ことごと》く言う、「什麼《なん》の解《げ》し難《がた》きことか之れ有らん」と。問著《もんじゃく》すれば即ち言う、「宇宙乾坤、⑶諸相非相、山河大地、⑷無相無為。恰《あたか》も一顆《いっか》の明珠《みょうしゅ》に似て、内外総に点翳《てんえい》無し。所以《このゆえ》に言う、『宇宙乾坤、同一宝』と。学者、若し者《こ》の宝処《ほうじょ》に入得《にっとく》するときは、則ち灯籠跳《おど》って露柱《ろちゅう》に入り、仏殿走って山門を出づ。(5)一二は華厳理事不二の法体を説き、三四は事事無礙円融法界を談ず。青松寒月、全く是れ一顆、(6)盤《ばん》に和《わ》して托出《たくしゅつ》す夜明珠、寔《まこと》に仏祖も觜《くちばし》を下すに難きと為《な》さん」と。

咄《とつ》、瞎註脚《かっちゅうきゃく》、悪邪解《あくじゃげ》。祖師、若し你《なんじ》が鄙陋《ひろう》の凡解《ぼんげ》に似たらば、廚下《ちゅうか》の盲婢《もうひ》も亦た禅を説き、竈前《そうぜん》の瞎奴《かつぬ》も亦た玄を談ぜん。(7)箇箇大丈夫、豈《あ》に黄金《おうごん》の膝《ひざ》を屈《くつ》して展拝《てんぱい》することを用いんや。須《すべか》らく知るべし、此の頌、甚《はなは》だ容易ならざることを。老僧四十年前、未だ正受《しょうじゅ》の嗔拳《しんけん》を喫《きっ》せざる時、你が今の情解《じょうげ》と同一模範《もはん》なりき。首《こうべ》を回《めぐ》らして前事を憶えば、覚えず両腋《りょうえき》に汗を滴《した》つ。謂《い》うこと莫《な》かれ、「鵠林荒唐《こくりんこうとう》の(8)鑿説《さくせつ》、(9)妄《みだ》りに枯骨《ここつ》を搊《しぼ》って汁を求む」と。你、若し雲門の示衆真正なることを見ば、此の頌を見ること真正ならん。切に忌む、例に随って(10)一喝《いっかつ》の会《え》を作《な》し去ることを。

(1)孤峻峻地＝孤危嶮峻、ひときわ高くそびえ立つ。◉(2)却覚寒毛卓竪麼＝全く身の毛のよ立つことよ。【二二七】注(3)参照。◉(3)諸相非相＝宇宙乾坤などという諸々の相も相に非ず。『金剛経』如理実見分。第四則（【二二一】）頌評唱の「陥墜諸相非相空谷」を参照。◉(4)無相無為＝山河大地も本来無相無為。『禅源諸詮集都序』巻上の二に、性宗を説いて、「真性は無相無為…」と。◉(5)一二説華厳理事不二法体、…＝一二句は理事《りじ》無礙《むげ》法界、三四句は事事《じじ》無礙法界。清涼澄観『華厳法界玄鏡』上、宗密『註華厳法界観門』等に見える。◉(6)和盤托出夜明珠＝ああ、見事なもの。【二一四の二】注(7)参照。◉(7)箇箇大丈夫…＝そんな凡偈ならば、大丈夫たるものやすやすと膝を曲げて礼拝するに及ばず。『会元』十二興教坦（瑯耶覚下）章に省宗曰く、「大丈夫膝下に黄金有り、争でか肯《あ》えて無眼の長老を礼拝せんや」と。◉(8)鑿説＝牽強付会（こじつけ）の説。◉(9)妄搊枯骨求汁＝第三則（【二二〇】）頌評唱注(6)参照。◉(10)一喝会＝第七則（【二二四】）頌評唱参照。

【二三〇】第十三則　禾山打鼓

《垂示》垂示《すいじ》に曰く。問に多種有り、所謂《いわゆる》(1)験主《けんしゅ》、探抜《たんばつ》、編辟《へんぺき》、呈解《ていげ》、之れを四問と謂《い》う。明眼《みょうげん》の宗師、一一に辨別し将《も》ち来たって、機に随い変に応じて、恰《あたか》も神龍の、苦鹹《くかん》の海水を帯び来たって清涼甘露の膏雨《こうう》と成し、乍《たちま》ち彼の荒旱《こうかん》を蘇《よみがえ》らすが如し。豈《あ》に是れ他の(2)蝦蜆螺蚌《かけんらぼう》の能《あた》う所ならんや、試みに挙して看ん。

(1)験主、探抜、編辟、呈解＝「験主」は「弟子より問いを発して師家の深浅を験すこと」。「探抜」は験主に同じ（『碧巌』九評唱）。「編辟」は「編み物に喩えて、織物を作る際に糸をだんだん編んで詰め寄せるが如くに追求するやりかた」（『碧巌』四十五頌評唱）。「呈解」は「学人が自分の見解を師家に呈して問うこと」（『碧巌』十五本則評唱）。『人天眼目』二「汾陽十八問」から借り来たったもの。しかし、特に四問を出す根拠は不明。◉(2)蝦蜆螺蚌＝えび・しじみ・たにし・はまぐり。小者のたとえ。

《本則》**挙《こ》す。(1)禾山《かさん》、垂語《すいご》して云く、「(2)習学《しゅうがく》、之れを聞《もん》と謂《い》い**〔(3)応以声聞身得度者《おういしょうもんしんとくどしゃ》、即現声聞身而為説法《そくげんしょうもんしんにいせっぽう》〕、**絶学《ぜつがく》、之れを隣《りん》と謂《い》う**〔(4)応以辟支仏身得度者《おういびゃくしぶっしんとくどしゃ》、即現辟支仏身而為説法《そくげんびゃくしぶっしんにいせっぽう》〕。(5)**此の二を過《す》ぐる者、是れを真過《しんか》と為す**〔(6)一重山尽《いちじゅうやま》き、又た一重、話《かた》り尽くす山雲海月《さんうんかいげつ》の情《じょう》〕」**と。僧出でて問《い》う、「如何《いか》なるか是れ真過**」〔(7)門を挨《お》し戸《こ》に傍《そ》う。(8)門より入る者は是れ家珍《かちん》にあらず〕。**山云く、「(9)解打鼓《かいたく》**」〔(10)勘破了也《かんぱりょうや》、錯《しゃく》、果然《かぜん》、点《てん》〕。**問う、「如何なるか是れ(11)真諦《しんたい》**」〔(12)真諦は非有《ひう》を明らめ、俗諦《ぞくたい》は非無《ひむ》を明らむ、(13)真俗不《ふ》二《に》即ち是れ聖諦《しょうたい》第一義〕。**山云く、「解打鼓**」〔勘破了也、錯、果然、点〕。**問う、「(14)即心即仏《そくしんそくぶつ》は即ち問わず**〔(15)問《と》う者は親しからず、親しき者は問わず〕、**如何なるか是れ非心非仏《ひしんひぶつ》**」〔(16)七九六十三。(17)風、断雲《だんうん》を送って嶺《みね》に帰り去り、月、流水《りゆうすい》に和して橋を過《よ》ぎ来たる」」。**山云く、「解打鼓**〔勘破了也、錯、果然、点〕」。**問う、「⒅向上の人来たらば如何《いかん》が接せん**〔⒆水牯牛《すいこぎゆう》隊裏《たいり》に貶向《へんこう》せん〕」。**山云く、「解打鼓**〔勘破了也、錯、果然、点〕」。

⑴**禾山垂語云**…＝『碧巌』四十四則による。◉⑵**習学、絶学**＝仏道を学ぶ間を習学と云い、肇法師はこれを聞位におく。完了した段階を絶学又は無学と云い、仏に限りなく近いと云う意味で隣位に配する。小乗仏教では阿羅漢を無学位に、それ以前を習学位におく。大乗仏教では十信・十住・十行・十回向・十地と等妙覚の五十二位の内、第八地以上を無学位に配する。◉⑶応以声聞身…＝観音は声聞で救われる人には声聞の姿を現わして救いとる。「習いて学ぶ」を声聞の姿に比して。『法華経』普門品。◉⑷応以辟支仏身…＝観音は辟支仏で救われる人には辟支仏の姿を現わして接得する。「絶学無学」を独覚に比して。◉⑸**過此二者、是為真過**＝しかし真の所はそんな学・無学を越えた所。『宝蔵論』。◉⑹一重山尽又一重、話尽山雲海月情＝声聞縁覚を越え、まだ一重最後の因縁がある。肚の底を打ち割ってありったけ語り尽くした。「ヲヌシノホテッパラヲ、皆マケダシタナ。禾山ソレヨリ上ノ事ハアルマイ」。前句は『会元』巻二十、能仁紹悟（五祖演下二世）の頌、「一重山尽一重山、坐断孤峰子細看」を踏まえて。後句は『碧巌』五十三頌。◉⑺挨門傍戸＝家の門を押したり、戸口に立ってのぞいて見たり。『碧巌』七頌下語。◉⑻従門入者不是家珍＝「人ニ問ウタ事ハ役ニ立タヌ」。【一三一の三】注⑷参照。◉⑼**解打鼓**＝「かいたく」、「かいだく」、「かいたこ」、「げたく」等種々の訓みがある。「解」は「…出来る」の意。「私は太鼓を打つことを心得ている」、「お前は能く太鼓を打つ」、「太鼓を打つことが出来るか」等の意味の違いの穿鑿はさておいて、「ドン、ド、ドンドンドン」。◉⑽勘破了也、錯、果然、点＝『秘鈔』に、「錯＝大しくじり、果然＝それみよ、点＝重しを置いた」と。「ヲヌシノ解打鼓ハ呑ミ込ンダ」。【一五】注⑺参照。◉⑾**真諦**＝真過を言い換えて。◉⑿真諦明非有、俗諦明非無＝一切の現象は有にして而も本体に於

いては非有であるのを明らかにするのが真諦、逆に本体は空にして而も現象に於いては有であるのを明らかにするのが俗諦。『肇論』「不真空論」を引用して、『碧巌』一本則評唱に述べる。◉⒀真俗不二即是聖諦第一義＝真諦、俗諦不二なるところが聖諦。『肇論』に、続いて「豈に諦の二を以てして而も物に二あらんや」とあるのを円悟が言い直したもの。◉⒁**即心即仏、非心非仏**＝心即是仏は大乗仏教の根本思想であるが、禅門で特にやかましく云い出したのは馬祖大師。「一日、衆に謂って曰く、『汝等諸人各おの自心是れ仏、此の心即ち是れ仏心なるを信ぜよ。…』又た云う、『夫れ法を求むる者は応《まさ》に求むる所無かるべし、心外に別仏無し、仏外に別心無し』。…僧問う、『和尚什麼《なん》と為《し》てか即心即仏と説く』。師云く、『小児の啼くを止めんが為なり』。僧云く、『啼き止む時如何』。師云く、『非心非仏』」（『伝灯録』巻六）と。◉⒂問者不親、親者不問＝人に問うている間は分からぬ。『伝灯録』七、大梅法常の語、但し前後反転。◉⒃七九六十三＝知れた事。【一六〇】注⑻参照。◉⒄風送断雲帰嶺去、月和流水過橋来＝ちぎれ雲は風に任せて山に帰り行き、月影は流れに身を任せて橋を過ぎる。『普灯録』二十九、『人天眼目』六、宝華普鑑（黄龍下二世）の法眼頌に、「渓光夜色侵楼台、一笛遥聞奏落梅。～、～」と。◉⒅**向上人来如何桵**＝これまで真過・真諦・非心非仏と向上に問い来たったが、そんなことも透脱灑落してしまった人が来たらどうするか。◉⒆貶向水牯牛隊裏＝牛小屋に追っ払って草でも食わせておけ。『洞山守初録』に「趁向水牯牛欄裏著」（禅十二・六四八下）、『碧巌』四十三本則評唱では「趕向水牯牛群裏去」。

《本則評唱》評に曰く。吉州《きつしゅう》(1)禾山無殷《かさんむいん》禅師は、九峰虔《きゅうほうけん》禅師に嗣法《しほう》す、虔は石霜諸《せきそうしょ》に嗣ぐ、青原《せいげん》下の宗《しゅう》匠《しょう》なり。垂語《すいご》して云う、「習学、之れを聞《もん》と謂《い》い、絶学、之れを隣《りん》と謂《い》う。此の二を離るる、之れを真過と謂う」と。此れは是れ肇公宝蔵論《じょうこうほうぞうろん》中の一段の説話《せった》なり。議者の曰く、「生死即涅槃《しょうじそくねはん》と説くを聞いて之れを信ずるは聞位なり。習学して生死を恐れず涅槃を求めずと信ずれば是れ絶学位なり。絶学は道に近き故《ゆえ》に隣と言うなり。生死涅槃平等にして聞隣の二を離る、是れ真の無上道なり、故に真過と云う。過とは所謂《いわゆ》る透過の義なり」と。禾山、此の一段の教意を拈《ねん》じ来たって、以て(2)探竿影草《たんかんようぞう》と為す。僧有り、果然《かぜん》として一釣に上り来たって即ち問う、「如何《いか》なるか是れ真過」と。山云く、「解打鼓《かいたく》」と。(3)鉄鎚撃《てっついげき》砕《さい》す黄金の骨。

(4)大都《すべ》て四箇の解打鼓有り、此れを禾山の四打鼓《したく》と曰う。(5)鏡清《きょうしょう》に十八箇の失利《しつり》有り、(6)浄果《じょうか》に三箇の懡㦬《もら》有り、(7)保福《ほふく》に四瞞人《しまんじん》有り、(8)雪峰に四漆桶《ししっつう》有るが如し。是の故に(9)雲門大師道《いわ》く、「雪峰輥毬《せっぽうこんきゅう》、禾山打鼓、国師の水椀《すいわん》、趙州《じょうしゅう》の喫茶《きっさ》、尽《ことごと》く是れ向上の拈提《ねんてい》なり」と。

後来《こうらい》、雪竇《せっちょう》頌有りて曰く、「(10)象骨《ぞうこつ》老師、曾《かつ》て毬《きゅう》を輥《こん》ず、争《いか》でか禾山の解打鼓《かいたく》に似《し》かん。君に報じて知らしむ、(11)莽鹵《もうろ》なること莫《な》かれ」と。作麼生《そもさん》か是れ莽鹵《もうろ》、(12)鉄橛子《てっけっす》の会《え》を作《な》し去る是れ莽鹵、陀羅尼《だらに》の会《え》を作し去る是れ莽鹵、崑崙《こんろん》に棗《なつめ》を呑む甚《はなは》だ莽鹵。中に就《つ》いて最も苦しきは、莽鹵隊中、近代、最上乗の莽鹵有り、作麼生か是れ最上乗の莽鹵。三十年来、一等の無眼の禅徒有り、祖師最後の因縁を捉《とら》えて、総じて一喝《いっかつ》の会《え》を作《な》し畢《お》わり、以て向上の宗旨と為し、口口相伝《くくそうでん》して、以て罷参分上《はさんぶんじょう》の事《じ》と為《な》す。之れを(13)澆末法滅《ぎょうまつほうめつ》最上等の瞎《かつ》莽鹵と名づく。

(1)禾山＝江西省吉安市の西南、泰和県の西北。禾山無殷（八八四―九六〇）禅師、法系は薬山→道吾智→石霜諸→九峰虔→禾山と列なる。唐末五代を生きた青原下六世の宗匠。◉(2)探竿影草＝師家が学人に探りを入れて誘導接化する手段。第五則（【二二二】）垂示注(3)参照。◉(3)鉄鎚撃砕黄金骨＝そんなご立派なものも木っ端微塵に打ち砕いた。『碧巌』九十九頌。◉(4)大都有四箇解打鼓＝底本の「大凡（およそ、あらまし）」は貞永寺版では「大都（すべて）」、「大都」に戻すべし。以下『碧巌』四十四本則評唱に準じる。◉(5)鏡清有十八箇失利＝失利は「しくじった、一本参った、やられた、負けた」。『碧巌』に十八とあるが、六失利の誤り。いま『会元』に依って挙げるなら、一、「新到参ず。師、払子を拈起す。僧曰く、『久嚮《くごう》鏡清、猶お這箇の有る在り』。師曰く、『鏡清今日失利』」。二、「師、荷玉に問う、『甚《いず》れの処よりか来たる』。曰く、『天台より来たる』。師曰く、『阿誰か汝に天台を問うや』。曰く、『和尚、何ぞ龍頭蛇尾なるを得たる』。師曰く、『鏡清今日失利』」。三、「問う、『辨不得、提不起の時如何』。師曰く、『争でか這裏に到るを得たる』。曰く、『恁麼ならば則ち礼拝し去る』。師曰く、『鏡清今日失利』」。四、「師、僧の書を学ぶを見て、迺《すなわ》ち問う、『甚麼《なん》の書をか学ぶ』。曰く、『請う和尚鑑《み》よ』。師曰く、『一点未だ分かたざるに三分地に著く』。曰く、『今日又た人に遇うに似たり、又た人に遇わざるに似たり』。師曰く、『鏡清今日失利』」。五、「問う、『新年頭還って仏法有りや也た無《いな》や』。師曰く、『有り』。曰く、『如何なるか是れ新年頭の仏法』。師曰く、『元正啓祚、万物咸新』。曰く、『師の答話を謝す』。師曰く、『鏡清今日失利』」。六、「上堂、衆集定、師、拄杖を抛下して曰く、『大衆動著するも也た二十棒、動著せざるも也た二十棒』。時に僧有り、出でて拈得して頭上に戴せて出で去る。師曰く、『鏡清今日失利』」と。◉(6)浄果有三箇懡㦬＝『碧巌』四十四本則評唱。「浄果大師」は護国守澄（疎山匡仁下）禅師。「懡㦬」は「恥をかいた」。◉(7)保福有四瞞人＝『碧巌』四十四本則評唱。◉(8)雪峰有四漆桶＝「漆桶」は「無分暁、わからずや」の意。「不快」は『俗語解』［四三四］に、「『不爽快』なり。『さっぱりせぬ』『埒あかぬ』なり」。『会元』巻五投子大同章に、「師、庵前の一片石を指して雪峰に謂って曰く、『三世の諸仏、総に裏許《りこ》に在り』。峰曰く、『須らく裏許に在らざる者の有ることを知るべし』。師曰く、『不快漆桶』。師、雪峰と龍眠に遊ぶ。両路有り。峰問う、『那箇か是れ龍眠の路』。師、杖を以て之れを指す。峰曰く、『東に去るか、西に去るか』。師曰く、『不快漆桶』。問う、『一槌に便ち就《な》る時如何』。師曰く、『是れ性燥の漢にあらず』。曰く、『一槌を仮らざる時如何』。師曰く、『不快漆桶』。峰問う、『此間《すかん》還って人の参ずる有りや也た無《いな》や』。師、钁頭を将て峰の面前に抛向す。峰曰く、『恁麼なる則《とき》んば当処に掘り去れり』。師曰く、『不快漆桶』」と見え、雪峰が投子に「不快漆桶」と四回も向上の鉗鎚を喰らった因縁。◉(9)雲門大師道、雪峰輥毬…＝『碧

巌』四十四本則評唱。◉⑽象骨老師…莫莽鹵＝『碧巌』四十四頌。◉⑾莽鹵＝「鹵莽《ろもう》」とも。「いい加減、大雑把」の意。【一の八】注㊶参照。◉⑿鉄橛子会、陀羅尼会、一喝会＝第七則（【二二四】）頌評唱参照。◉⒀澆末法滅＝澆季末代、大法衰滅尽の時。

《頌》 **(1)天上《てんじょう》の星《ほし》、地下《ちげ》の木《き》**〔(2)湘《しょう》の南、潭《たん》の北、中《なか》に黄金《おうごん》有り一国に充《み》つ〕、**(3)覿機《てきき》、那《なん》ぞ肯《あ》えて離微《りび》に渉《わた》らん**〔無影樹下《むようじゅげ》の合同船《ごうどうせん》、瑠璃殿上《るりでんじょう》に知識《ちしき》無し〕。**(4)明明《めいめい》として歴世《れきせい》、別物《べつもつ》無し**〔(5)船《ふね》に就《つ》いて買《か》い得《え》て魚偏《うおひと》えに美《うま》し、雪《ゆき》を踏《ふ》んで沽《か》い来たって酒倍《さけます》ます香《かんば》し〕、**(6)猛烈《もうれつ》の身心《しんじん》、更《さら》に疑《うたが》わず**〔(7)理《り》尽き詞窮《ことばきわ》まって伎《ぎ》も亦た窮まる、鳳《ほう》は金網《きんもう》を離《はな》れ、鶴《つる》は籠《かご》を脱《だつ》す〕。

(1)**天上星、地下木**＝天には星、地上には樹木。「地下」は「地上」の意。平野氏『大灯録訓注本』で「木」を「水」に勝手に改めるは大錯。【一九〇の二】注(5)参照。◉(2)湘之南潭之北、…瑠璃殿上無知識＝南の果ての更に南から北の北に到るまで、どこもかしこも一杯、黄金で一杯。【一の三】注(1)参照。また【一三七】下語、【一六七の二】下語にも。◉(3)**覿機那肯渉離微**＝目前一切の働きはもとより平等・差別の沙汰なし。「覿機」は「目の当たりの働きそのもの」。『禅林僧宝伝』十六翠巌芝（大愚守芝）章に見える汾陽「広智歌」に宗旨を叙べる歌に、「大道は高低有るを説かず、真空那《なん》ぞ肯えて離微に渉《わた》らん。…心に迷って物を逐《お》わば却って疑を生ず」と。「離・微」は「平等・差別」。【三九の二】注(1)参照。◉(4)**明明歴世無別物**＝古往今来、明明として他のものにあらず、即心即仏、非心非仏。『僧宝伝』汾陽「広智歌」に馬祖宗派を叙べて、「…即心仏、非心仏、歴世明明として別物無し。此の真心に即して是れ我が心というも、猶お是れ機権《かり》に出だす」と。◉(5)就船買得魚偏美、踏雪沽来酒倍香＝船からじかに買った魚はひときわ旨い、雪を踏んで買ってきた酒はいよいよ芳しい。苦労したものでなければ本当のよさは分からない。杜荀鶴《とじゅんかく》「冬末同友人泛瀟湘」に、「残臘泛舟何処好、最多吟興是瀟湘。～、～。猿到夜深啼岳麓、雁知春近別衡陽。与君剰採江山景、裁取新詩入帝郷」（『全唐詩』巻六九二）と。◉(6)**猛烈身心更不疑**＝猛烈に骨折ってこそ、明明疑いはない。『僧宝伝』汾陽「広智歌」に徳山臨済宗派を叙べて、「…逢い難し遇い難し又た聞き難し、猛烈の身心、快く通泰す」と。◉(7)理尽詞窮伎亦窮、鳳離金網鶴脱籠＝ことばもわざも万事窮したとき、鳥の籠を脱した如く自在の境地に到る。【一一九】注(7)参照。
※江月和尚和韻に、「両両三三旧路、心無転処奈危微。禾山随在草菜裏、毎聴蛙声生幾疑」と。

《頌評唱》 評に曰く。此の頌、亦た是れ国師、肝胆を傾け尽くす底なり。縦使《たと》い旧参の上士も、密密《みつみつ》に参取す可《べ》きの聖作《しょうさ》なり。而《しか》るを今時《こんじ》、往往に二空家常《にくうかじょう》の情解を以て註解して曰く、「天上の星、地下《ちげ》の木《き》。(1)廬山《ろざん》は煙雨《えんう》、浙江《せっこう》は潮《うしお》。行雲流水《こううんりゅうすい》、墜葉飛花《ついようひか》、(2)咳唾掉臂《がいだとうひ》、放尿屙屎《ほうにょうあし》、尽《ことごと》く是れ第一義諦《たい》に帰入す。(3)湿胎卵化《しったいらんけ》、談笑悲泣《だんしょうひきゅう》、実相《じっそう》ならずということ無し。所以《このゆえ》に(4)多少の問処を束《つか》ねて以て答うるに、一箇の解打鼓《かいたく》を以てす。所以《ゆえ》に国師云く、『明明《めいめい》として歴世《れきせい》、別物《べつもつ》無し』と。你見《なんじ》よ、別に箇《こ》の何物《なにもの》か有る。所以《このゆえ》に千問万問千百万問、只だ是れ一箇の解打鼓。生死涅槃《しょうじねはん》、穢土浄刹《えどじょうせつ》、総に箇の解打鼓に収帰す。所以《このゆえ》に言う、『明明として歴世、別物無し』と。切に忌《い》む、你、擬議尋思《ぎぎじんし》して進趣《しんしゅ》すること得ざることを。直《じき》に須《すべか》らく決烈勇猛《けつれつゆみょう》の身心を憤起《ふんき》して、一切都《すべ》て管《かん》せざるべし。何《なん》が故《ゆえ》ぞ、(5)心仏《しんぶつ》及び衆生《しゅじょう》、是れ三無差別なるが故に」と。

此れは是れ今時叢林必死《こんじそうりんひっし》の大禅病、仏祖も医治すること得ざる底の重沈痾《じゅうちんあ》なり。你、若し果たして恁《いん》麼《も》の所見ならば、或る時は決烈勇猛、或る時は昏沈蒙昧《こんちんもうまい》、或る時は心源湛寂《しんげんたんじゃく》、或る時は雑念紛飛《ざつねんふんぴ》たらん。恰《あた》か(6)日を隔《へだ》てる瘧疾《ぎゃくしつ》の如く死に到るまで終《つい》に了日《りょうじつ》無けん。何《なん》が故ぞ、是れ最初莽鹵《もうろ》にして未だ(7)囮地《かじ》一下《いちげ》の宝処《ほうじょ》に到らざるが故なり。你、若し真正安楽の田地に到らんと欲せば、一句難透《なんとう》の話頭《わとう》を把《と》って、竪《たて》に咬《か》み横《よこ》に参《さん》じて、(8)伎《ぎ》尽き詞《ことば》窮《きわ》まる処に到って(9)嶮崖《けんがい》に手を撒《さっ》し、絶後に再び蘇《よみがえ》らば、天上の星、地下の木、覿機《てきき》、離微《りび》に渉《わた》らざることも亦た得《え》たり、明明たる歴世も亦た得たり、別物無きも亦た得たり、猛烈身心《もうれつしんじん》も亦た得たり。若し然らずんば死に到るまで(10)擬議不来底《ぎぎふらいてい》の鈍漢《どんかん》なり。

(1)廬山煙雨浙江潮＝廬山の煙雨と仲秋浙江の逆潮は天下の絶景。東坡「首尾吟」と伝えられるものに、「～、未だ到らざれば千般恨み消えず。到り得帰り来たれば別事無し、～」と。◉(2)咳唾掉臂、放尿屙屎＝せきばらいしても、唾をはいても、腕をふるっても、大小便をしても。一挙手一投足。◉(3)湿胎卵化＝生類の生まれる形態で分類した湿生（ウジ虫等）・胎生・卵生・化生（天界の衆生等）の四生。◉(4)多少問処＝「多少」は「多くの」。◉(5)心仏及衆生、是三無差別＝即心即仏。『六十華厳』夜摩天宮自在品の如来林菩薩の唯心偈。◉(6)隔日瘧疾＝毎日、隔日、四日に一度おこるので、間歇熱とも云われる。おこり。◉(7)囮地一下＝大悟徹底。第九則（【一二六】）参照。◉(8)伎尽詞窮処＝ことばもわざも万事窮したところ。【一一九】注(7)参照。◉(9)嶮崖撒手、絶後再蘇＝【一一九】注(4)参照。◉(10)擬議不来＝「ぐずぐずする」（『秘鈔』）。『碧巌』六本則評唱。『俗語解』［一三二一］に、「『不』字、きびしく云う辞なり」と。

【一三一】第十四則　仰山遊山

《垂示》垂示《すいじ》に曰く。(1)鳥の曲頸鋩距《きょくけいぼうきょ》なる者は、羽類《うるい》、之れを畏《おそ》れ、獣の方喙鉤爪《ほうかいこうそう》なる者は、毛群《もうぐん》、之れを畏れ、魚の哆脣鋸歯《しゃしんきょし》なる者は、鱗族《りんぞく》、之れを畏る。人の利口讒諂《りこうざんてん》なる者は、人共に之れを畏れ、衲子《のっす》の(2)狼毒狐涎《ろうどくこぜん》なる者は、(3)贋緇《がんし》、之れを畏る。衲僧門下《のうそうもんか》に到って一言一句、一機一境、魔外《まげ》も胆魂《たんこん》を驚落し、鬼神も其の端由《たんゆ》を窺《うかが》うこと能《あた》わず。今、却って恁麽《いんも》の説話《せつた》有りや。(4)雲門は是れ徳山第三世なり。

(1)鳥之曲頸鋩距者…人之利口讒諂者人共畏之＝鳥の曲がったくび、きっさきの様な蹴爪は、羽類これを恐れ、獣の角ばったくちばし、つりばりの爪は、毛群これをおそれる。魚の大きな口、のこぎり歯は、鱗類これをおそれる。人間の悪賢く、讒言し、へつらうものは人皆これをおそれる。劉子『新論』傷讒。【一三一の二】注⑽⑿参照。◉(2)狼毒狐涎＝【槐安国語序】第四段に、「曲木床上、吐狐涎鳴狼牙」と云う、悪辣の宗師家。◉(3)贋緇＝似非《えせ》坊主。◉(4)雲門是徳山第三世＝以上の垂示は、「牙如剣樹、口似血盆」と評された恐るべき禅将徳山を前提にしているが、その孫法嗣である雲門の機鋒を見よ、と。

《本則》挙《こ》す。(1)**仰山《きょうざん》、僧に問う、**「(2)**近離《きんり》、甚《いず》れの処ぞ**」〔(3)泰山《たいざん》は土壌《どじょう》を譲《ゆず》らず、故《ゆえ》に能《よ》く其の大《だい》を成《な》す。河海《かかい》は細流《さいりゅう》を択《えら》ばず、故に其の深《ふか》きを成す〕。**僧云く、「廬山《ろざん》」**〔(4)語《ご》に随《した》がって解《げ》を生ずる漢。(5)海岳《かいがく》を掀翻《けんぽん》して知音《ちいん》を覓《もと》む、箇箇《ここ》看《み》来《き》たれば日中の斗《と》〕。**仰山云く、「曾《かつ》て**(6)**五老峰《ごろうほう》に遊ぶや**」〔(7)再勘《さいかん》するに足らず。(8)寸歩《すんぽ》却って千里の隔《へだ》てを成《な》す、紛紛《ふんぷん》として多くは半途《はんと》の中《うち》に在り〕。(9)**僧云く、「曾て遊ばず」**〔(10)捧《ささ》げ上《あ》ぐれども龍と成らず、(11)依然として旧窠窟《きゅうかくつ》裡《り》に在り〕。**仰山云く、「**(12)**闍梨《じゃり》、曾て遊山《ゆさん》せず」**〔什麽《なん》と道《い》う。(13)兵《へい》を練《ね》ることは将《しょう》を選ぶに若《し》かざるなり〕。**雲門云く、「此の語、皆な慈悲の為の故に**(14)**落草《らくそう》の談《だん》有り」**〔(15)誰《た》が家《いえ》の別館《べっかん》、池塘《ちとう》の裏《うち》、一対の鴛鴦《えんおう》、画《えが》けども成らず〕。

(1)**仰山問僧**…＝『碧巌』三十四則による。◉(2)**近離甚処**＝何処から来たのか。常套の挨拶語は師家の勘検語。◉(3)泰山不譲土壌…、河海不択細流…＝泰山は僅かの土くれたりとも他に譲らないからこそ、あのように高大さを保ち、黄河や海は細かい流れを選ばずに受け入れるからこそ、あのように深く水を湛えることが出来る。仰山の度量の大きさ、全てを活かす。『文選』巻三十九李斯「上書秦始皇」。◉(4)随語生解漢＝言葉尻を追うだけのやから。【一の八】注(38)参照。◉(5)掀翻海岳覓知音、箇箇看来日中斗＝海山わけて天下に知音を探し求めても、見つからない。「日中斗」は『周易』「豊」の六二卦に、「日中に斗を見る（昼日中に北斗星が見える程の暗さ）」と。雪峰慧空『東山外集』上の「覧趙州話」に、「趙州空生の口を借り得て、便ち自ら縦横に師子吼す。其の仏性を問えば狗子無、其の甲子を問えば蘇州有。而今此の口空生に還す、古仏依前として漏逗を成す。〜、〜」と。第四十則（【二五七】）本則下語にも。◉(6)**五老峰**＝廬山の名所。◉(7)不足再勘＝再び勘検する値打ちもない。【二七】注(10)参照。◉(8)寸歩却成千里隔、紛紛多在半途中＝世上未悟の人、寸歩も進むことを得ず、彼岸を望んで千里を隔つ、多くは本分の家郷に到ることを得ず、ただ半途に留滞するのみ。虚堂「断橋」頌。【二〇一】注(8)参照。◉(9)**僧云、不曾遊**＝道草は食いませぬ。「廬山より来たら遊ばない筈はない、己が居処も知らぬ」（『秘鈔』）。◉(10)捧上不成龍＝「もどかしい」（『助桀』）。『伝灯録』十七、雲《うん》居《ご》道膺《どうよう》章に、「見ずや、門より入る者は宝に非ずと。〜、知るや」。◉(11)依然在旧窠窟裡＝「悟リノ、フル穴ヘ」。『碧巌』六頌下語。◉(12)**闍梨不曾遊山**＝お前さんは、それじゃ、未だ一度も山遊びしたことがないね。「本分の家山に遊ばざるなり」（『種電鈔』）。「闍梨」は「お前さん、お主」。◉(13)練兵不若選将也＝兵を訓練するのも、よき将を選ぶが肝要。『五雑組』巻五、人部一の少林寺拳法。◉(14)**落草之談**＝「第二機に下げて云うたと」（『秘鈔』）。「五老峰と云い、不遊山と云う、皆な是れ慈悲の故に直截の語無し」（『種電鈔』）。◉(15)誰家別館池塘裏、一対鴛鴦画不成＝誰の別荘の池であろうか、一つがいのオシドリ夫婦、絵にも画けない美しさ。『白雲守端録』四、頌古の二十六。【三八】注(2)参照。

《本則評唱》評に曰く。仰山《きょうざん》、僧に問う、「近離《きんり》、甚《いず》れの処ぞ」と。(1)客来たれば須《すべか》らく看《み》るべし。僧云く、「廬山《ろざん》」と。(2)朴実頭《ぼくじつとう》の人は得難《えがた》し。仰山云く、「曾《かつ》て五老峰に遊ぶや」と。(3)金鎚《きんつい》影《かげ》動き、宝剣《ほうけん》光《ひかり》寒《すさま》じ。

僧云く、「曾て遊ばず」と。(4)命《めい》、懸糸《けんし》の如し。仰山云く、「闍梨《じやり》、曾て遊山せず」と。鶻林《こくりん》代わって曰く、「(5)明日、師の後塵《こうじん》に歩《あゆ》まん」。門云く、「此の語、皆な慈悲の為の故《ゆえ》に落草の談有り」と。(6)惜しむ可《べ》し、当時《そのかみ》、和尚に見《まみ》えざることを。二老宿の用処《ゆうじよ》、甚《はなは》だ高雅《こうが》なり、謂《いっ》つ可《べ》し、「(7)吹毛匣裏《すいもうこうり》に冷光《れいこう》寒し」と。将《まさ》に謂《おも》えり、者《こ》の僧、(8)侯白黒《こうはくこく》の作略《さりやく》有りと、悲しい哉《かな》、末後《まつご》、一転語《いってんご》を欠くことを。若し「闍梨、曾て遊山せず」という処に於いて、「明日、和尚の後塵に歩まん」と、恁麼《いんも》に道《い》い得ば、仰山、必ず(9)明《めい》窓下《そうか》に安排《あんばい》し去らん。

雲門云く、「此の語、皆な慈悲の為の故に落草の談有り」と。謂《いっ》つ可《べ》し、「(10)白雲影裏《ようり》に金龍躍《おど》り、碧《へき》波《は》心裡《しんり》に玉兎《ぎよくと》驚く」と。切に忌む、崑崙《こんろん》に棗《なつめ》を呑み去ることを。老僧、著語《じやくご》して云う、「惜しむ可し、当時《そのかみ》、和尚を見《み》ざることを」と、是れ甚麼《なん》の道理をか説く。(11)者《こ》の僧、昔年、仰山を見ることを得ざるか、(12)将《は》た又た雲門大師をして仰山に代わらしめざらんと為《せ》るや。你《なんじ》、若し恁麼の所見ならば、夢にも曾て二大士を見ることを得んや。須らく知るべし、此の事《じ》、甚《はなは》だ容易ならざることを。老僧四十年前、処処の叢林に於いて此の話を挙《こ》して、旧参《きゆうさん》の諸友を勘見《かんけん》するに、一箇も曾て見得分明底《けんとくふんみようてい》の衲子《のっす》を見ず。寔《まこと》に知んぬ、此の事、甚だ容易ならざることを。

(1)客来須看＝「客相応ニ、アシライガナクテハ叶ハヌ」。『碧巌』八十四頌下語、もと『睦州録』に、「問う、『学人に問有り、未審《いぶか》し師還って許すや』。師云く、『灼然《しやくねん》、賊来たらば須らく打つべし、～』」（禅十一・二二五上）と。◉(2)朴実頭人難得＝「朴実頭」は「実直、着実」。【一〇一の二】注(21)参照。◉(3)金鎚影動、宝剣光寒＝「びくともすると微塵にし、すらりと抜けば光寒し」（『秘鈔』）。仰山の機、間髪を容れず。但し、『助桀』では「金鎚を揮るって宝剣を打造するなり」とする。『碧巌』十二頌評唱、もと雪竇『祖英集』上の「静而善応」頌に、「覿面相見、不在多端、龍蛇易辨、衲子難瞞。〜、〜。直下に来たるも也た急に眼を著けて看よ」と。【六〇の一】注(2)参照。◉(4)命如懸糸＝第九則（【二二六】）本則注(4)参照。◉(5)明日歩師後塵＝「ヲトモ、仕マツリマショウ」。明日和尚に案内してもらって、その五老峰とやらへ行きたいものです。因みに、円悟の代語は、「禍事」。◉(6)可惜、当時不見和尚＝惜しむらくは、その当時和尚さんを見なかったことを。◉(7)吹毛匣裏冷光寒＝名刀は匣《はこ》に蔵めても、霊気厳然。『碧巌』六十五本則評唱、天衣懐の頌。第三十五則（【二五二】）本則注(5)参照。◉(8)侯白黒作略＝侯白・侯黒という盗賊の働き。この僧、仰山の上手を行く働きがあると思ったのに。【一六六の二】注(22)参照。◉(9)明窓下安排去＝上客待遇を受ける。【九七の二】注(9)参照。◉(10)白雲影裏金龍躍、碧波心裡玉兎驚＝『碧巌』二十四頌評唱の風穴の句。【一三〇の一三】注(12)参照。◉(11)者僧昔年不得見仰山乎＝この僧がその昔、仰山を見ることが出来なかったとするか。◉(12)将又為不使雲門大師代仰山乎＝それとも雲門大師が仰山に代わるを許さないとするか。

《頌》(1)**看《み》よ看《み》よ落草《らくそう》、遊山《ゆさん》せず**〔(2)将《まさ》に謂《おも》えり、黄蓮《おうれん》は蜜《みつ》よりも甜《あま》しと、誰か知る、蜜の黄蓮よりも苦《にが》きことを〕、(3)**的信《てきしん》、何ぞ通ぜん、千里の関《かん》**〔(4)一片の白雲、谷口《こくこう》に横たう、幾多の帰鳥か夜《よる》巣に迷う〕。(5)**敲唱《こうしょう》当鋒《とうほう》、禅悦《ぜんえつ》を見る**〔(6)昨夢黄粱半熟《さくむこうりようはんじゆく》す、立談白璧一双《りつだんはくへきいっそう》〕、(7)**一円空裏《いちえんくうり》、二三三**〔(8)美なることは西子《せいし》が金闕《きんけつ》を離るるが如く、嬌《きよう》なることは楊妃《ようき》が玉楼《ぎょくろう》に倚《よ》るに似たり〕。

(1)**看看落草不遊山**＝雲門の落草、仰山の不遊山、両禅将の機鋒を見よ、見よ。この国師の頌は汾陽「広智歌」に潙仰宗派をのべて、「有る時は敲《こう》し有る時は唱《しょう》す、根に随って問答、談諦当なり。応接何ぞ曾て礼儀を失せん、浅解の流は却って謗を生ず。或いは双明、或いは単説、只だ鋒に当たって禅悦に利せんことを要す。権を開き聡明を闘かわすことを為さず、光を舒ぶるは只だ賢哲を辨ぜんことを要すのみ。円相有り、黙論有り、千里持し来たって目視瞬なり。万般の巧妙、一円空、爍迦羅眼《しやからげん》に的信を通ず」（『禅林僧宝伝』巻十六）とあるのを踏まえる。◉(2)**将謂黄蓮甜似蜜、誰知蜜苦似黄蓮**＝今までは黄連（苦い漢方薬）が蜜よりも甘いと思っていたが、蜜が黄連よりも苦かったとは知らなかった。甘い蜜こそ苦い。『仏光録』。【二〇三】注(3)参照。◉(3)**的信何通千里関**＝仰山の妙処は、おいそれと便りも届かぬ千里の関門。「的信」は「確実な消息、便り」。汾陽「広智歌」では逆に、王敬初の千里外の的信通ずるを云う。『会要』巻七潙山の章に、「僧、（王敬初の）書を得て馳せて師に上る。師、書を開くに、一円相を見る、相中に日の字を書く。師云く、『誰か知らん、千里外に箇の知音有らんとは』。仰山侍立す。乃ち云く、『然も是の如くなりと雖も、也た只だ是れ箇の俗漢なるのみ』。師云く、子《なんじ》又た作麼生《そもさん》』。仰、円相を作し中に日の字を書き、脚を以て抹却す。師乃ち大笑す」とあり、仰山が千里の書信を神通眼で見通したことを述べる。◉(4)**一片白雲横谷口、幾多帰鳥夜迷巣**＝一片の白雲が谷の入り口に横たわって、どれだけ多くの窮鳥が巣に帰るに迷っていることか。『碧巌』八十二本則評唱、もと『伝灯録』十六、洛浦元安章に、「問う、『経に云く、百千の諸仏に飯せんよりは一の無修無証の者に飯せんには如かじと。未審し百千の諸仏、何の過《とが》か有る、無修無証の者、何の徳か有る』。師曰く、『〜、〜』」と。第十七則（【二三四】）頌注(3)参照。◉(5)**敲唱当鋒見禅悦**＝その問答応酬ぶりは、その鋒鋩に接してまことに痛快である。◉(6)**昨夢黄粱半熟、立談白璧一双**＝人生は昨日の夢のようなもので、盧生《ろせい》が五十年の栄華の夢をみても、まだ黄粱が煮えない間であった。また虞卿《ぐけい》が趙の孝成王に見えて説き、立ち話の間に白璧一双を頂き、二度目には上卿になった素晴らしい出世も、結局は夢のようなものである。黄庭堅『山谷詩集』巻一「次韻公択舅《じいんこうたくきゅう》」。「黄粱半熟」は岩波文庫『唐宋伝奇集』上の「邯鄲夢の枕」（『枕中記』）に詳しい。「虞卿」は『史記』列伝十六。◉(7)**一円空裏二三三**＝空より一、二、三と万般出で、また万般より三、二、一と空に帰す、一円相の巧妙。潙仰宗は円相を得意とする。仰山は耽源《たんげん》より慧《え》忠《ちゅう》国師の九十六個の円相を伝授された（『宗門玄鑑図』禅四・九三六）。◉(8)美如西子離金闕、嬌似楊妃倚玉楼＝越の美女西施が宮殿を離れるが如く美しく、楊貴妃がたかどのに立つように嫋《たお》やか。仏鑑の即心即仏頌。【一九九】注(2)参照。

※江月和尚和韻に、「実頭難得答廬山、不出万重名利関。慧寂雲門旧知己、前三三与後三三」と。

《頌評唱》評に曰く。老僧行脚《あんぎゃ》の時、常に此の話に参ず。自ら謂《おも》えらく、「見得《けんとく》分明なることを得たる」と。此の頌を一見するに到って、恰《あたか》も雲霧《うんむ》を開いて暁日《ぎょうじつ》を見るが如くなり。(1)覚えず舌を吐く、初めて知んぬ、従前、(2)灯影裏《とうようり》に向かって行くことを。須《すべか》らく知るべし、此の事は一旦一朝《いったんいっちょう》の事に非ざることを。学者、此の頌を解せんと欲せば、先ず須らく此の話に参決すべし。此の話を透過せずして此の頌を見んと要せば、空谷《くうこく》に入って(3)谷神《こくしん》を捉《とら》えんと欲するが如し。何《なん》が故《ゆえ》ぞ、(4)海底は獼猴《みこう》の居に非ず。

(1)不覚吐舌＝驚き畏れる様。第五則（【一二二】）本則注(4)参照。◉(2)向灯影裏行＝明有り暗有りの灯火の光のなかで悟った様に思っていただけ、真に陽の光の下で見ていたのではない。【一一六】注(9)参照。◉(3)谷神＝谷響（やまびこ）。『老子』成象に見える、谷中の空虚の意で、玄妙の道を比喩するが、後に転じて「こだま」の意にも用いられる。『仏光録』巻二「水簾谷」に、「中に谷神の有り、呼んで応ずるを得るも、面目を将て人に与えて看せしめず」と見えるが、唐慧沼の『十一面神呪心経義疏』に既に用例がある。◉(4)海底非獼猴居＝海は猿の住処ではない。典拠未詳。

【一三二】第十五則　外道問仏

《垂示》垂示《すいじ》に曰く。(1)仏以一音演説法《ぶついいっとんえんぜっぽう》、衆生随類各得解《しゅじょうずいるいかくとくげ》。(2)世尊一代、五千四十八巻の経巻有り、(3)三百六十会の勝筵《しようえん》を展《の》ぶ。二乗は之れを聞いて⁽⁴⁾四諦《したい》十二の法門と為し、菩薩は之れを聞いて⁽⁵⁾六度微妙《ろくどみみよう》の法門と為す。円頓《えんどん》上乗の菩薩の如きんば却って聴き得て甚麼《なん》とか為《な》さん。往往に言う、「⁽⁶⁾如来禅《によらいぜん》は善《ぜん》順蘊藉《じゆんうんしや》、祖師禅《そしぜん》は峻聳孤危《しゆんしようこき》。⁽⁷⁾無差別海中《むしやべつかいちゆう》、差別《しやべつ》無きには非ず」と。錯《しやく》、錯、大いに錯《あやま》り了《お》われり。初め鹿野苑《ろくやおん》より、終わり⁽⁸⁾跋提河《ばつだいが》に到るまで、⁽⁹⁾徹下嶮峻《てつげけんしゆん》、通上孤危《つうじようこき》。栴檀《せんだん》を劈《さ》けば枝葉華果片片《しようかかへんぺん》皆な香るが如く、鴆鳥《ちんちよう》を割《さ》けば骨毛《こつもう》皮肉滴滴皆な毒なるに似たり。你《なんじ》が近傍《きんぼう》する処無く、你が湊泊《そうはく》する処無けん。試みに挙して看ん。

(1)仏以一音演説法、衆生随類各得解＝仏は一つの言葉で説法されたのだが、聞法の衆生はそれぞれが各自の言葉で理解した。『維摩経』仏国品の宝積の偈。◉(2)世尊一代有五千四十八巻経巻＝『禅林象器箋』二十一、大蔵経の部に、「開元の目は五千四十八」と。第二則（【二一九】）頌評唱参照。◉(3)三百六十会勝筵＝『碧巌』十四本則評唱に、「釈迦老子四十九年住世、三百六十会に頓漸権実を開談したまう、之れを一代時教と謂う」とあるが、経論に典拠はない。◉(4)四諦十二法門＝声聞乗は苦集滅道の四諦法門と聞き、縁覚乗は十二因縁法門と聞く。◉(5)六度微妙法門＝菩薩乗は布施・持戒・忍辱・精進・禅定・智慧の六波羅蜜と聞く。◉(6)如来禅善順蘊藉、祖師禅峻聳孤危＝如来禅はおとなしく、祖師禅は厳しい。「蘊藉」は「心が広くて、穏やか」。◉(7)無差別海中非無差別、錯錯大錯了也＝如来禅と異なった祖師禅があるかの如く言い出したのは仰山和尚であるが、それは香厳の悟得底を勘検するための方便の機。◉(8)跋提河＝跋提河の下流を熙連禅（ヒラニヤヴァティー）河と云い、その北岸の沙羅双樹の下で釈迦は入滅した。◉(9)徹下嶮峻、通上孤危＝徹頭徹尾峻厳である。通上徹下、孤危嶮峻の互文。通上徹下は上下通徹の互文、「天地を貫いて」。

《本則》挙《こ》す。(1)**外道《げどう》、仏に問う、「**(2)**有言《うごん》を問わず、無言《むごん》を問わず**〔(3)句裏《くり》に機を呈して劈面《ひつめん》に来たる。(4)肝《かん》胆心腸《たんしんちょう》、都《すべ》て吐《は》き尽くす〕」。(5)**世尊《せそん》良久《りょうきゅう》**〔(6)渭北春天《いほくしゅんてん》の樹《じゅ》、江東日暮《こうとうにちぼ》の雲《くも》。(7)三千世界、海中の漚《あわ》、一切の賢聖《けんじょう》、電払《でんほつ》の如し〕。**外道、讃歎《さんたん》して云く、「世尊大慈大悲《だいずだいひ》、**(8)**我が迷雲《めいうん》を開いて、我れをして得入《とくにゅう》せしむ**〔(9)鬼窟裏《きくつり》に向かって活計《かっけい》を作すこと莫《な》しや、更に一歩を進めよ〕」。**外道去って後、阿難《あなん》、仏に問うて云く、「外道、何の所証《しょしょう》有ってか而《しか》も得入と言う**〔(10)文王《ぶんおう》は智なれども問うを好む、故《ゆえ》に聖なり。武王《ぶおう》は勇なれども問うを好む、故に勝てり〕」。**仏云く、「**(11)**世の良馬《りょうめ》の鞭影《べんえい》を見て行くが如し**〔(12)趙嫗《ちょうおう》が乳の長《た》け数尺〕」。

(1)**外道問仏…**＝『碧巌』六十五則による。外道は、釈尊当時の仏教以外のインドの諸思想、九十六種の外道が有ったと云う。第七則（【一二四】）頌評唱注(9)参照。◉(2)**不問有言、不問無言**＝言の有無を絶した所を問うてきた。『碧巌録不二鈔』に、本則の話頭は世尊拈花等と同じく、経典に根拠のない禅録独自のもの、と。◉(3)句裏呈機劈面来＝外道の真っ向からの問処の機鋒恐るべし。【一五〇の三】注(3)参照。◉(4)肝胆心腸都吐尽＝肚の底ありったけ吐きつくした。『貞和集』巻八器用部に、浙翁の「薬胡蘆（瓢箪の薬入）」に題して、「葛藤窠裡脱身来、一竅還他頭上開。～、単単只有煞人材」と。◉(5)**世尊良久**＝『秘鈔』に、「吹毛匣裡冷光寒。此の良久往々錯って看るぞ。世尊、外道の問を受けて且らくオシダマッテおる処、形容の難きに依って、良久と書き記せども、此に到っては良久と云う名もなし、況して有言無言の沙汰はなし。世尊初め鹿野苑より終わり跋提河に至るまで全く良久なり。然らば此処に限って良久と云う名を付けるは、謗世尊なり。円悟此処に、莫謗世尊と云いしは好下悟。…良久を認めば謗法なり」。◉(6)渭北春天樹、江東日暮雲＝今私は渭水の北で、春空の樹のもとに、君のことを想い続けているが、君のいる江南の空には、日暮れの雲が蔽っていようか。杜甫「春日憶李白」。◉(7)三千世界海中漚、一切賢聖如電払＝全ては空の空なるかな。『証道歌』の境。【一の七】注(37)参照。◉(8)**開我迷雲、令我得入**＝「有無に渉らざる底のどん底を打砕いて真箇の処に到った」（『秘鈔』）。◉(9)莫向鬼窟裏作活計麼＝幽鬼のあなぐらで生計をたてていないか。『碧巌』一頌下語。【四二の二】注(23)参照。◉(10)文王智而好問故聖、武王勇而好問故勝＝文王は智者ではあったが、臣下に問うことを好んだからこそ聖人と称えられた。武王は勇者ではあったが、臣下に問うことを好んだからこそ勝者となった。『淮南子』主術訓の八章。◉(11)**世良馬見鞭影而行**＝『雑阿含』巻三十三に四種良馬を説いて、「一、駕するに平乗を以てし、其の鞭影を顧み馳駛して、善《よ》能く御者の形勢を観察し、遅速左右、御者の心に随う。二、鞭杖を以て其の毛尾に触れて…御者の心を察する。三、鞭杖を以て皮肉を侵して…随う。四、鉄錐を以て身を刺し膚に徹し骨を傷つけて然る後、方《まさ》に驚く」（大正二・二三四上）と。◉(12)趙嫗乳長数尺＝「趙嫗」とは九真軍安県の女子で、乳の長さ数尺、嫁せずして山に入り、群盗を集めて郡を攻めたという。『五雑組』巻五、人部一の異相の一。白隠禅師は常に、「細ひちぶさじやよい子が出来ぬ」（『主心お婆々粉引歌』）と云われたが、この下語は世尊の乳房の大きさを示したものか。

《本則評唱》評に曰く。外道《げどう》とは西竺《さいじく》の聡明《そうめい》利智の種族なり。常に好んで書を読んで、(1)四韋陀論《しいだろん》を窮《きわ》め、(2)流輩《るはい》を軽蔑して常に論議を好むも、未だ(3)真正中道の諦理を明らめざるが故《ゆえ》に外道なり。学びて(4)非有非無非断非常処に到るも、智、明了ならず、心《しん》、休歇《きゅうけつ》せず、(5)両肩に担《にな》い来たって即ち問うて曰く、「有言を問わず、無言を問わず」と。如来、常に微妙《みみょう》無礙《むげ》の辯財を具して、例に随い(6)頓漸《とんぜん》、半満《はんまん》、秘密《ひみつ》、不定《ふじょう》の妙義を演《の》べたまうに、什麼《なん》の欠少《かんしょう》する所有ってか(7)黙然《もくねん》拠坐《きょざ》したまうことを為さんや。試みに言え、是れ有言《うごん》か、是れ無言《むごん》か、是れ(8)四句《しく》か、是れ百非《ひゃっぴ》か。

外道曰く、「世尊大慈大悲、我が迷雲を開いて、我れをして得入せしむ」と。怪しい哉《かな》、什麼《なん》の所得《しょとく》有ってか、是《かく》の如く歓踊讃歎《かんゆさんたん》するや。知らず、甚麼《いずれ》の処にか得入し去って、只だ是れ外道《げどう》、重担子《じゅうたんす》を奪下《だつげ》せられて身心《しんじん》乍《たちま》ち洒洒落落《しゃしゃらくらく》たるを覚するのみと道《い》う。若し果たして恁麼《いんも》に休了《きゅうりょう》せば、唯だ是れ一箇小果の二乗たるに過ぎざるのみ。子細《しさい》に須《すべか》らく参究すべし。

往往に言う、「世尊良久《りょうきゅう》は直《じき》に是れ有言を問わず無言を問わざる底の端的なり」と。錯《しゃく》、錯、若し果たして然らば、(9)一句合頭《いっくがっとう》の語、万劫《ばんごう》の繋驢橛子《けろけつす》、甚麼《なん》の(10)十力調御師《じゅうりきちょうごし》をか見ん。殊《こと》に知らず、良久は(11)塗毒鼓《ずどっこ》の如く、良久は(12)大火聚《だいかじゅ》の如し。你《なんじ》が近傍《きんぼう》する処無けん、你が湊泊《そうはく》する処無けん。(13)嘉州《かしゅう》の大象《だいぞう》、涙を落とし、陝府《せんぷ》の鉄牛《てつぎゅう》、汗を滴《した》つ。阿難《あなん》、人天《にんでん》に代わって一問を置く、調御《ちょうご》、恁麼《いんも》に答う。且《しば》らく道《い》え、総に是れ什麼《なん》の道理ぞ。

(1)四韋陀論＝韋陀は維陀、吠陀とも。婆羅門のリグ・サーマ・ヤジュル・アタルヴァ等の四種ヴェーダ経典。◉(2)流輩＝同輩。◉(3)真正中道諦理＝中道実相の仏教真実の教え。◉(4)非有非無非断非常処＝有無四句の第四句。第一の有句は我有りと執する常見《じょうけん》。第二の無句は我身無しと執する断見《だんけん》。第三の亦句は我身は亦た有り亦た無しと執する有《う》無相違見《むそういけん》。第四の非句は非有非無と執する外道の戯論見《けろんけん》。◉(5)両肩担来＝一杯の智慧を担ぎ回って。◉(6)頓漸、半満、秘密、不定＝台家に云う、八教の分類。第二則（【二一九】）頌評唱注(3)参照。◉(7)黙然拠坐＝『碧巌』の「良久」は『僧宝伝』十七の投子義青の章では「黙然」、『無門関』では「拠座」。◉(8)四句、百非＝一切の言語表現を云う。四句分別とは「一に肯定、二に否定、三に一部肯定一部否定、四に両者の否定」等を云う。「百非」はあらゆる限りの否定形式、非有・非無・非有為・非無為…等。『碧巌』七十三「馬祖四句百非」。◉(9)一句合頭語、万劫繋驢橛子＝道理にかなった一句は万劫の足かせ。【七二の二】注(6)参照。◉(10)十力調御師＝如来の十力とは「一、道理の是非を分別する力。二、三世因果の業報を知る力。三、諸の禅定解脱三昧を知る力。四、衆生の機根の上下を知る力。五、衆生の勝れた知解を知る力。六、衆生の種々の境界の違いを知る力。七、種々の行因の行き先を知る力。八、過去世の宿住を知る力。九、未来世の生死を知る力。十、煩悩を断尽する方法を知る力」。「調御」は、一切衆生を狂象悪馬に喩え、仏を象馬の調教師に喩えて云う。『涅槃経』巻九に「譬えば人有りて雑毒薬を以て、用いて大鼓に塗り、大衆の中に於いて之れを撃ち声を発せしむれば、心に聞かんと欲する無しと雖も、之れを聞くもの皆な死するが如し」（大正十二・四二〇上）と。◉(12)大火聚＝【二〇七】下語に見えるが、近傍し難き本分を示す。◉(11)塗毒鼓＝毒を塗った太鼓、如来の説法の衆生の三毒を滅するを云う。格外の機。「嘉州大象」は第十則（【二二七】）頌評唱注(13)参照。◉(13)嘉州大象落涙、陝府鉄牛滴汗＝楽山大仏も涙を落とし、鉄牛も汗を流す。「鉄牛」とは古代中国で治水や造橋に際して鉄で牛を鋳て堤下や橋のたもとに置いて祀ったもの、なかでも陝府（河南省陝県）の大鉄牛は黄河の治水の為に作られて有名。

《頌》(1)**有言異道《うごんいどう》の事《じ》を問わず**〔(2)自家《じか》の家珍《かちん》を運出《うんしゅつ》す。(3)平生《へいぜい》の肝胆《かんたん》、人に向かって傾く〕、

(4)**鉄山当面《てっせんとうめん》勢い崔嵬《さいかい》**〔(5)山河大地《せんがだいち》、乍《たちま》ち驚走《きょうそう》す、(6)須弥《しゅみ》倒《さかしま》に卓《た》つ半空《はんくう》の中《うち》〕。

(7)**孤峰雲散《こほうくもさん》ず、千谿《せんけい》の月**〔(8)出《い》づるに門無く、入るに戸《こ》無し、曠劫《こうごう》の無明《むみょう》、当下に灰す、猶《な》お是れ(9)古《こ》廟裏《びょうり》の香炉《こうろ》〕、

(10)**鞭影追風直下《べんえいついふうじきげ》に来たる**〔遅八刻《ちはっこく》。(11)自我得仏来《じがとくぶつらい》、所経諸劫数《しょきょうしょこうしゅ》〕。

(1)**不問有言異道事**＝有言も問わず、無言も問わず、総じて外道の事を問わず。「異道」は外道。◉(2)運出自家家珍＝ありったけの財産をはたいて。『碧巌』十九垂示、『同』六十四本則評唱。但し「自家」は「自己」。◉(3)平生肝胆向人傾＝平生から人に対して、心底ありたけ丸出しで接している。『碧巌』二十六本則評唱。【一七四】注(7)参照。◉(4)**鉄山当面勢崔嵬**＝世尊良久の当体は鉄山の眼前高く聳えるが如く峻険、なにものも寄せつけない。『人天眼目』巻一汾陽十智同真の大慧の頌に、「兎角亀毛を眼裏に栽え、～。東西南北、入るに門無し、曠劫の無明、当下に灰す」と。【一

三〇の一】注⑶参照。◉⑸山河大地乍驚走＝山河大地もびっくりして逃げ出す。◉⑹須弥倒卓半空中＝須弥山も逆しまに空中に立つ。『人天眼目』一汾陽の臨済四喝頌。【一九八】注⑸参照。◉⑺**孤峰雲散千谿月**＝迷雲散じ、月千渓を照らす。外道の悟りの当処。◉⑻出無門、入無戸、曠劫無明当下灰＝内外出入無し、大道元来無門、千古無明の焔も即座に灰滅す。『人天眼目』一汾陽十智同真の大慧の頌。先の注⑷参照。◉⑼古廟裏香炉＝石霜七去の一。石霜の首座は一色辺の事と錯会して脱去し去る。『会元』巻六九峰道虔（嗣石霜諸）章に、「師曰く、『先師道く、休し去り、歇し去り、冷湫湫地に去り、一念万年にし去り、寒灰枯木にし去り、古廟香炉にし去り、一条の白練にし去り…』」と。◉⑽**鞭影追風直下来**＝この外道のごとき駿馬は鞭影を見て直下に来たると、世尊の認可。「追風」は秦始皇帝の七名馬の一。◉⑾自我得仏来、所経諸劫数＝（それでもなお遅い）私（釈迦）が仏に成って以来、何億万年もの月日が過ぎ去った。『法華経』寿量品の自我偈。

※江月和尚和韻に、「有無言語及良久、恰似楊妃埋馬嵬。阿難多聞所何問、一槌両当一如来」と。

《頌評唱》評に曰く。異道《いどう》は則ち外道を指す者なり。是の一句は、「有言を問わず、無言を問わず」の所《しょ》問《もん》全体を拈起《ねんき》する者なり。有言則ち異道なりと道《い》うには非ざるなり。第二句は、「世尊良久」の当体、言詞《ごんし》の道《みち》絶し情量《じょうりょう》の力及ばざるの端的を頌す。第三句は、「我が迷雲を開いて、我れをして得入せしむ」というを述ぶ。結句は、世尊許可の一語を言う。老僧向《さき》に言う、「外道、若し恁麼《いんも》にして休歇《きゅうけつ》し去らば、二乗小果の窠臼《かきゅう》を出でず」と。若し果たして然《しか》らば、如何《いかん》が一歩を進め去らん。

【二三三】第十六則　言不言話

《垂示》垂示《すいじ》に曰く。⑴舜老夫《しゅんろうふ》、初め⑵洞山より⑶武昌に如《ゆ》いて⑷行乞《ぎょうこつ》し、先ず⑸一《ひと》りの居士《こじ》の家に至る。

居士⑹高行《こうこう》在り、郡の為に敬せらる。⑺意《こころ》に与奪する所、之れに従わざるということ無し。故《ゆえ》に諸方の乞士《こつし》至るときは、必ず首《はじ》めに之れに謁《まみ》ゆ。舜老夫、方《まさ》に年少《わか》し、其の⑻飽参《ほうさん》なることを知らず、頗《すこぶ》る之れを易《あな》どる。居士曰く、「老漢に一問有り、上人《しょうにん》、語、相契《あいかな》わば則ち⑼疏《しょ》を開け。⑽如《も》し契わずんば即ち請う却って新豊《しんぽう》に還《かえ》れ」。問う、「⑾古鏡已《こきょうすで》に磨《ま》する時如何《いかん》」と。対《こた》えて曰く、「⑿天を照らし地を照らす」。「未だ磨せざる時如何」。「黒きこと漆《うるし》の如し」。居士曰く、「却って請う山に還れ」。舜、即ち馳せ帰って聡《そう》禅師に挙似《こじ》す。聡、為に代語《だいご》す。舜、即ち趁《すみ》やかに問うて曰く、「古鏡、未だ磨せざる時如何」。聡曰く、「⒀此《ここ》を去ること漢陽《かんよう》遠からず」。「磨して後、如何」。曰く、「⒁黄鶴楼前《こうかくろうぜん》、鸚鵡洲《おうむしゅう》」。舜、言下に於いて大悟す。⒂聡公の機鋒《きほう》、触《ふ》るる可からず、真に雲門の子孫なり。茲《ここ》に一段の咬不破底《こうふはてい》の因縁《いんねん》有り、試みに言え、是れ雲門なりや、是れ臨済なりや、潙仰《いぎょう》、曹洞《そうとう》、法眼《ほうげん》なりや、試みに挙して看ん。

⑴舜老夫＝雲居暁舜禅師、法系は雲門→徳山縁密→文殊応真→洞山暁聡→雲居舜。この垂示は『林間録』巻下一六八章に基づく。◉⑵洞山＝新豊山、江西省瑞州府高安県にある。◉⑶武昌＝湖北省武漢市。詳しくは揚子江を挟んで東岸部が武昌、西岸部が漢陽、中洲に鸚鵡洲があった。また武昌の蛇山には黄鶴楼が有る。◉⑷行乞＝街坊化主《がいぼうけしゅ》となって、檀越《だんのつ》を勧化《かんけ》する。奉加帳を持って喜捨を求め歩く。◉⑸一居士＝『会元』に「劉公居士」とあるが未詳。◉⑹高行在＝徳行あり。◉⑺意所与奪無不従之＝「居士、己が意に与えんと欲すれば則ち之れを与え、奪わんと欲すれば則ち之れを奪うに、人皆な之れを議する者無くして其の為す所を是《ぜ》とするなり」（『助桀』）。◉⑻飽参＝充分に参禅して、最早参禅の師を必要としないほどにまで修行を積んだ人。◉⑼疏＝化疏、勧化の趣意書。「疏を開け」とは「奉加帳を開けなさい、喜捨いたします」と云う意思表示。◉⑽如不契即請却還新豊＝もし答えが駄目だったなら洞山に帰って修行し直してこい。◉⑾古鏡已磨時如何＝「古鏡」は「人人本具の仏性、本来の面目」を喩える。「磨」は修

行を云う。◉⑿照天照地＝自己本分の光明が天地に輝く。『臨済録』示衆八。『碧巌』八本則評唱に、「照天照地底の手脚」。◉⒀此去漢陽不遠＝「此《ここ》」とは、暁聡が暁舜になり代わって答えた語であるから、「武昌」を指す。その対岸が漢陽である。『犂耕』に、「那辺を去ること遠からず」と。◉⒁黄鶴楼前鸚鵡洲＝黄鶴楼は武昌の南西にあり、鸚鵡洲はそれに直面した江の中洲。【一五三の一】注⑵参照。◉⒂聡公機鋒＝聡公の目前の機鋒、魯祖に何似《いずれ》ぞ。魯祖の機鋒は五家に分かれる以前。

《本則》挙《こ》す。⑴**魯祖山《ろそざん》の**⑵**宝雲《ほううん》禅師、因《ちな》みに僧問う、「**⑶**如何《いか》なるか是れ言不言《ごんふごん》**〔⑷担枷過状《たんかかじょう》、⑸髻《もとどり》を把《と》って衙《が》に投ず〕」。⑹**雲云く、「汝が口、什麼《いずれ》の処にか在る**〔⑺鶻《はやぶさ》の鳩《はと》を捉うるが如し。⑻亀毛《きもう》を鉄牛《てつぎゅう》背上に刮《けず》り、兎角《とかく》を石女《せきじょ》腰辺に截《き》る〕」。**僧云く、「**⑼**口無し**〔⑽一句合頭《いっくがっとう》の語、万劫《ばんごう》の繫驢橛《けろけつ》〕」。⑾**雲云く、「什麼《なに》を将《もっ》て**か飯を喫す**〔⑿悪水《あくすい》、驀頭《まくとう》に潑《そそ》ぐ、⒀牛頭《ごず》を按《あん》じて草を喫せしむ〕」。⒁**僧、対《こた》うる無し**〔果然《かぜん》、⒂狗《く》を趁《お》うて牆《かき》に逼《せま》らしむ〕」。⒃**洞山、代わって云く、「他《た》飢えず、什麼《なん》の飯をか喫せん**〔一句合頭の語、万劫の繫驢橛。⒄五技《ごぎ》の鼯鼠《ごそ》は鳩《はと》の拙《つたな》きことを笑う。⒅玄沙《げんしゃい》道う底〕」。

⑴**魯祖山**＝安徽省貴池市。◉⑵**宝雲禅師…**＝馬祖の法嗣。『伝灯録』巻七魯祖章に見える話。◉⑶**如何是言不言**＝「言う、言わない」というのはそもそもどう云うことですか。前の「有言無言」の類則。『会元』三、『会要』五では「如何なるか是れ不言言」。因みに、江月和尚の和韻に「言と不言と、曾て別ならず」と。「言不言」を「言いて言わざる」と訓む説もある（入矢本『景徳伝灯録』三）。◉⑷担枷過状＝自ら首かせをつけて、罪状書持参で出頭してきた。『碧巌』三十頌下語。◉⑸把髻投衙＝自ら頭のまげをつかんで（斬首の処罰を乞うて）役所に自首してきた。『碧巌』八十一本則下語。【五二の一】注⑺参照。◉⑹**雲云、汝口在什麼処**＝そういうことを言うお前さんの口はどこにあるの

かと、目前の事に突き返した。◉(7)鶻捉鳩＝「鷲ノ脅シテキタ一ツカミ、堪ルモノデナイ」。【一七三の一】注(8)参照。◉(8)刮亀毛於…、截兎角於…＝鉄牛の背中から亀毛をこそげ落とし、石女の腰から兎角を切り取る。「亀毛兎角」は名のみ有って実の無いもの（『楞伽経』二、『楞厳経』一）。『大慧録』七の結夏示衆に、「活人を死得し、死人を活得せば、便ち能く〜、〜。奇特の商量と作さざれ、玄妙の解会と作さざれ」と。◉(9)**無口**＝無眼耳鼻舌…と般若の理を貫く。◉(10)一句合頭語、万劫繋驢橛＝道理にかなった一句は万劫の足かせ。【七二の二】注(6)参照。◉(11)**雲云、将什麼喫飯**＝脚跟下の事を問う。「口ガナイカ、ウヌハ、飯ハドコデ食ウヤイ。子供ノ云タ様ナ事ナレドモ、ココニ寒ヒ処ガアル」。◉(12)悪水驀頭潑＝頭から汚水をザブリ。「悪水」は悪辣の手段、『碧巌』一本則評唱。【八の二】注(9)参照。◉(13)按牛頭喫草＝無理強い。【一〇四】注(9)参照。◉(14)**僧無対**＝転身の句なし。「ココデ耳ヲ側《ソバダ》テテ聴ク勢ヲナスカ、和尚モウ一辺云テキカサッシャレト、云タラドウジャナ」。◉(15)趁狗逼牆＝「方語に、去る処無し。外道が本理の極処に行詰ったを、仏が又追った」（『秘鈔』）。『碧巌』六十五本則評唱。◉(16)**洞山代云、他不飢喫什麼飯**＝洞山代語して僧の立場を救い取る。洞山は良价禅師。「他」は「無口の当体をさす」。◉(17)五技鼯鼠笑鳩拙＝五種の技能を持つむささびは、巣も作れない鳩の拙さを笑う。目くそ鼻くそを笑う。黄庭堅『山谷集』巻一演雅。◉(18)玄沙道底＝何と云おうとも、未徹在。【一の七】注(51)参照。

《本則評唱》評に曰く。池州《ちしゅう》魯祖山宝雲《ろそざんほううん》禅師は、(1)法を南岳懐譲《なんがくえじょう》禅師に嗣ぐ。尋常、僧の来たるを見て、便ち面壁《めんぺき》す。因《ちな》みに僧有り問う、「如何《いか》なるか是れ言不言《ごんふごん》」。諸方、此れを(2)験主問《けんしゅもん》と道うなり。者《こ》の僧、(3)一箇の膠盆子《こうぼんす》を拈起《ねんき》し来たって、魯祖如何《いかん》と見る者に似たり。只だ恨むらくは、(4)龍頭蛇尾《りゅうとうだび》なることを。然《しか》りと雖《いえど》も、雲老に非ずんば、殆《ほとん》ど(5)手忙《てぃそが》しく脚乱《あしみだ》るることを見ん。如何せん、転身自在《てんじんじざい》の手脚《しゅきゃく》有りて即ち言う、「你《なんじ》が口、何《いず》れの処にか在る」と。僧曰く、「口無し」。可惜許《かしゃっこ》、果然《かぜん》として龍頭蛇尾。雲曰く、「什麼《なに》を将《もっ》てか飯《はん》を喫《きっ》す」。(6)一場の戯論《けろん》に似たること無しや、将《は》た又た寒毛卓竪《かんもうたくじゅ》することを覚《おぼ》ゆや。(7)誰か知らん、(8)虚空の骨を拗折《ようせつ》して、舜若多神忍痛一声《しゅんにゃたしんにんつういっせい》、(9)陝府《せんぷ》の鉄牛を驚走せしむることを。僧無語、(10)好無転智《こうむてんち》の大王。洞山、代わって云く、「他《た》飢えず、什麼《なん》の飯をか喫せん」と。洞山亦た是れ一場の戯論に同じきこと莫《な》しや。両箇の剣客、互いに一柄《ひとふり》の長剣を舞して、(11)及《ぎゅう》と不及《ふぎゅう》とを論ぜず、各おの鋒鋩《ほうぼう》を犯さざるに似たり。謂《いっ》つ可し、「(12)相逢《あいあ》う両会家《りようえけ》」と。是の故《ゆえ》に国師の此の頌、大いに工夫有り。

(1)嗣法南岳懐譲禅師＝『伝灯録』七、『会元』三、『会要』五、『祖堂集』十四等に、いずれも馬祖の法嗣となす。◉(2)験主問＝探抜問とも、汾陽十八問の一、宗師家の深浅を験さんと問いを発するを云う。『碧巌』九本則評唱。第十三則（【二三〇】）垂示注(1)参照。◉(3)一箇膠盆子＝膠の壺、二進も三進も行かないようにする難題。【一の八】注(23)参照。◉(4)龍頭蛇尾＝尻すぼみ、中途半端。『碧巌』十本則下語。拈古第一則（【二六六】）注(15)参照。◉(5)手忙脚乱＝慌てふためくさま。『碧巌』二十八本則下語、もと黄檗『宛陵録』。◉(6)無似一場戯論麼、将又覚寒毛卓竪麼＝おどけの様ではないか、それとも又、身の毛のよだつ処があるのが分ったか。◉(7)誰知＝誰も分かるまい。◉(8)拗折虚空骨、舜若多神忍痛一声＝（魯祖の恐ろしさは）虚空の土性骨をへし折り、虚空が痛いと叫ぶ。機語。前句は第六則（【二二三】）頌評唱注(17)参照。「舜若多神」は「虚空神」を云う。◉(9)驚走陝府鉄牛＝あの陝府の鉄牛も驚き逃げ出す。「陝府鉄牛」は第十五則（【二三二】）本則評唱注(13)参照。◉(10)好無転智大王＝何の働きも無いやつ。【一の九】注(12)参照。◉(11)不論及与不及、各不犯鋒鋩＝得失是非に拘わらない無心の応用、各自が剣刃に触れて怪我することなし。『伝灯録』巻七盤山宝積章に、「禅徳よ、譬えば剣を擲《ふる》って空に揮《はら》うが如く、及之《と》不及とを論ずること莫し。斯れ乃ち空輪迹《あと》無く、剣刃虧《か》くること無し」と、宝剣の無礙自在に応ずるを云う。『大慧書』にも引用され、『栲栳珠』に道忠禅師は「及之不及とは、剣を揮って物に当たると物に当たらざるとを管せざるなり、以て是非得失を管せざるに喩う」と云う。◉

⑿相逢両会家＝名人同士の出会い。【一〇三】注⑸参照。

《頌》 **(1)超然《ちょうぜん》の一句《いっく》、錯《あやま》って流布《るふ》す**〔(2)是れ衲僧家《のうそうけ》、尋常の茶飯。(3)你《なんじ》、若《も》し此の物無くんば、他後《たご》、如何《いかん》が人を利せん〕、

(4)強《し》いて爪牙《そうげ》を弄《ろう》するも、未《いま》だ作家《さっけ》ならず〔(5)一毛頭上《いちもうとうじょう》に重ねて拈出《ねんしゅつ》す、忿怒《ふんぬ》の那吒《なた》、威《い》を失却《しっきゃく》す〕。

(6)箭後《せんご》の路頭《ろとう》、端的《たんてき》別なり〔(7)泥燕《でいえん》をして真偽《しんぎ》を辨ぜしむ可《べ》くも、蝸牛《かぎゅう》をして石田《せきでん》を耕さしむること莫《な》かれ〕、

(8)誰《たれ》か知らん、高処に風波《ふうは》有ることを〔(9)大小大《だいしょうだい》の国師、甚《はなは》だ老婆《ろうば》親切。年老《としお》いて心孤《こころこ》なり〕。

(1)**超然一句錯流布**＝並外れて優れた句というものは却って誤解されて天下に伝わる。その超然の句とは、例えば魯祖の「将什麼喫飯」であり、洞山代語の「他不飢、喫什麼飯」である。◉(2)**是衲僧家尋常茶飯**＝「超然一句」も禅門では尋常茶飯事、珍しいことではない。◉(3)**你若無此物、他後如何利人**＝「コノアヤガナケレバ衆生済度ハ叶ハヌ、禅房主ハ些子ヲ伝ヘテ利人デナクテハ、役ニ立ヌ」。七賢女が天帝釈を呵して云った語。【開筵垂示】第一段注⑹参照。◉(4)**強弄爪牙未作家**＝この僧いくら力きんで「如何是言不言」、「無口」とか禅機を呈してみようが及ばず。◉(5)**一毛頭上重拈出、忿怒那吒失却威**＝『禅林類聚』巻八「経首第字」の径山杲頌に、「以字不成八字非、爍迦羅眼も窺うこと能わず。～、～」と。【一六二】注⑺参照。◉(6)**箭後路頭端的別**＝二大老の用処を空中の箭の飛跡に喩えて讃歎す。『碧巌』五十六頌に、「憐れむ可し一鏃破三関、的的分明なり箭後の路」と。◉(7)**可令泥燕辨真偽、莫使蝸牛耕石田**＝無駄骨。燕に真偽の程を分別させるのはまだしも、カタツムリに石田を耕さすなんて飛んでもない。【一〇一の二】注㊺、【一〇二の二】注⑽参照。◉(8)**誰知高処有風波**＝高処にはしかし格別の調べがあることは誰も知るまい。道家の高処

万里剛風の説を踏まえて。『抱朴子』巻十五雑応篇に、「上昇すること四十里なれば、名づけて太清と為す。太清の中、其の気甚だ剛《つよ》うして、能く人に勝《かな》うなり」と云う。◉(9)大小大国師、甚老婆親切、年老心孤＝さすがの国師も老婆心切。「年ヨッテ心ボソイカ、ククリガシマラヌ、猫ナデ声デヤッタナ」。「大小大」は【五の一】注(11)参照。

※江月和尚和韻に、「言与不言曾不別、弄精魂漢可飯家。什麼口喫什麼飯、陸地無風起万波」と。

《頌評唱》評に曰く。你《なんじ》看よ、何《いず》れの処か是れ「超然の一句」。宝雲云く、「你、什麼《なに》を将《もっ》てか飯を喫す」と。是れ超然の一句なりや。洞山云く、「他飢えず、什麼《なん》の飯をか喫せん」と。二大老の説話《せつた》、(1)万仞《ばんじん》の龍門、黒雲を鎖《と》ざすに似たり。謂《いっ》つ可し、「(2)精中の精、微中の微なり」と。国師に非ずんば誰か涯際《がいさい》を測《はか》らん。如何なるか是れ「錯《あやま》って流布《るふ》する」底。今時《こんじ》、往往《おうおう》に言う、「他《た》は是れ人人本具底の(3)本来面目坊《めんもくぼう》。他、形相《ぎょうそう》無く、肚脾《ずひ》無く、飢えること無く、飽くこと無し、更に什麼《なん》の飯《はん》をか喫せん」と。此れを(4)拍盲《はくもう》の凡解《ぼんげ》、無眼の情量と謂《い》う。若し果たして恁麼《いんも》の見解ならば、曾《かつ》て夢にも二大老を見ることを得んや。若し恁麼にして祖師門下の飯を喫せば、(5)粒粒《りゅうりゅう》皆な熱鉄《ねってつ》、滴滴《てきてき》皆な洋銅《ようどう》、大いに恐る可《べ》き事の有らん、(6)更に参ぜよ三十年。

「強《し》いて爪牙《そうげ》を弄《ろう》するも、未だ作家《さっけ》ならず」。言《いうこころ》は、二大老面前、縦《たと》い熱喝瞋拳《ねっかつしんけん》、悪罵《あくば》(7)毒詬《どくこう》、(8)英雄《えいゆう》を逞《たくま》しうし、(9)聳峻《しょうしゅん》を恣《ほしいまま》にし去るも、(10)者裏《しゃり》に到って未だ作家と称するに足らず。

「箭後《せんご》の路頭《ろとう》、端的別なり」。二大老の用処《ゆうじょ》、恰《あたか》も神箭《しんせん》の長空を過ぐるが如く、全く処《しょ》する所無く、全く蹤跡《しょうせき》無し、没《もつ》蹤跡の処、蹤跡的的分明《てきてきふんみょう》なり。只だ恨《うら》むらくは、時の人親しく見得出する底、半箇も亦た無きことを。特《ひと》り国師のみ有って(11)金剛《こんごう》の正眼《しょうげん》観破《とは》して余蘊《ようん》無し。試みに言え、金剛の正眼、者《こ》の什麼《なに》をか観破し去る。所謂《いわゆる》「高処に風波有る」底の端的に非ずや。

作麽生《そもさん》か是れ「高処の風波」。宝雲云く、「你、什麽《なに》を将《もっ》て飯を喫す」と。洞山、代わって云く、「他飢えず、什麽《なん》の飯をか喫せん」と。洞山老人、高処は即ち無きに非ず、那処《なしょ》か是れ風波。謂うこと莫《な》かれ、「他は是れ人人本具の物、彼れ全く飢えず凍えず」と。然も与麽《よも》なりと雖《いえど》も、国師の此の頌、大いに子細《しさい》有り。旧参の上士に非ずんば容易に見徹し難し。何が故《ゆえ》ぞ。⑿気は民の如し、気尽くるときは則ち人死し、民衰《おとろ》うるときは則ち国亡《ほろ》ぶ。

(1)万仞龍門鎖黒雲＝容易には見難い難関。【二一五】注(7)参照。◉(2)精中精、微中微＝最も精微、精粋である。◉(3)本来面目坊＝「本来面目」は『六祖壇経』行由一に由来するが、「本来面目坊」と云うのは鵠林が始めて。◉(4)拍盲凡解、無眼情量＝底本の「白盲」は「拍盲」の誤記、『碧巌』九本則評唱に「是れ拍盲にして便ち無事と道うにはあらず」と。『俗語解』［一三四］に、「拍は『手のひらにて、物をうつ』ことなり。盲人は独行できぬゆえ、人の肩に手のひらを打ちかけて歩く故、『拍盲』と云う」。◉(5)粒粒皆熱鉄、滴滴皆洋銅＝一粒一粒の飯が熱鉄丸に変わり、一滴一滴の汁がどろどろに融けた銅に変わる地獄の様相。◉(6)更参三十年＝もう一度始めから修行をやり直せ。『碧巌』四頌評唱の末語。「三十年」は一世。【二一の一】注⒀参照。◉(7)毒訴＝毒突く。◉(8)逞英雄＝才智を恣に発揮する。「草の精秀なるものを英と為し、獣の抜群なるものを雄と為す」。『禅林象器箋』十「合掌」に云う「嘔声、泄気（＝放屁）、逞英雄」の用例では「勝手放題に振る舞う」の意。◉(9)恣聳峻去＝厳しさを存分に発揮しようとも。聳峻は峭峻に同じ。◉⑽到者裏＝二大老の前では。◉⑾金剛正眼覰破、無余蘊＝国師の清浄無翳の眼睛で見通して、余すところ無し。「金剛正眼」は「金剛力士の眼」で、清浄無翳の眼睛を云う。◉⑿気如民、気尽則人死、民衰則国亡＝白隠『辺鄙以知吾』巻上に、「養生書に云く、気は民の如し。民衰る則は国家必ず亡ぶ。気尽くる則は人必ず死すと」とあるが、どの養生書か未詳。

【二三四】第十七則　大好灯籠

《垂示》垂示《すいじ》に曰く。(1)首《くび》は高貴なり雖《いえど》も、必ず手足を待って資《たす》けと為して以て体を為し、君《きみ》は明哲《めいてつ》と雖も、必ず(2)股肱《ここう》を藉《か》りて資《たす》けと為して以て治《ち》を致す。禅門も亦た然《しか》り、師家、俊徳《しゅんとく》有りと雖も、必ず賢明を得て資けと為して以て(3)法幢《ほうどう》を建て宗旨を立す。作麼生《そもさん》か是れ(4)師資《しし》相《あい》唱和する底。

(1)首雖高貴必待手足…＝出典未詳。◉(2)股肱＝手足となって働く補佐の臣。◉(3)法幢＝インドでは大法を宣布する際、その標幟として道場の門頭に幢幡を建てた。これを「法幢」と云い、演法開暢することを「建法幢」と云う。◉(4)師資＝師匠と弟子。

《本則》**挙《こ》す。(1)潙山《いさん》、因《ちな》みに仰山《きょうざん》に問う、「(2)如何《いか》なるか是れ西来意《せいらいい》」**〔(3)西来《せいらい》の消息《しょうそく》、会《え》すること大難《だいなん》、蘆葉風《ろようかぜ》涼《すず》やかに、江波月寒《こうはつきさむ》し〕。**潙云《い》く、「(4)大好灯籠《だいこうとうろう》」**〔(5)五百人の善知識《ぜんちしき》、話頭《わとう》も亦た識《し》らず〕。**仰《きょう》云く、「(6)只だ這箇《しゃこ》便ち是《ぜ》なること莫《な》しや」**〔(7)破鏡鳥《はきょうちょう》の子《こ》、常に母を食らうの機有り〕。**潙云く、「(8)這箇《しゃこ》は是れ什麼《なん》ぞ**〔(9)従前《じゅうぜん》の汗馬《かんば》、人《ひと》の識《し》る無し、猶《な》お重《かさ》ねて蓋代《がいだい》の功《こう》を論ぜんことを要す〕」。**仰云く、「大好灯籠**〔果然《かぜん》、(10)人の船中に坐して船の自ら運ぶことを知らざるが猶《ごと》し〕」。**潙云く、「(11)果然《かぜん》として識《し》らず**〔(12)養子《ようし》の縁。(13)秋毫《しゅうごう》の末《すえ》を見る者も、自《みずか》ら其の睫《まつげ》を見ず、千鈞《せんきん》の重《おも》きを挙《あ》ぐる者も、自ら其の身を挙げず〕」。

(1)**潙山因仰山問**…＝『伝灯録』九、『会元』九潙山の章に見える。◉(2)**如何是西来意**＝達磨がインドから伝えにやって来た、仏法の極意は何ですか。◉(3)西来消息…江波月寒＝「涼」は「冷」。達磨西来の意は〔武帝にも〕会し難し、蘆葉の舟に乗って江を渡れば、風冷ややかに月清し。『大応録』巻下、達磨讃五首の第三首。◉(4)**大好灯籠**＝また見事な灯籠だな。『会元』では、潙山が灯籠を指して、「大好灯籠」と云う。◉⑸五百人善知識話頭亦不識＝「ヨイ灯籠ナドトハ、話頭モ亦シラヌ。モチット、コビタ事イヒナハレ」。『碧巌』四十九本則に、三聖が雪峰に答えた語、但し「五百」は「千五百」。◉⑹**莫只這箇便是麼**＝ただこれが西来意だということだけではないですね。「ナルホド承リ届ケテゴザル、ソレデスミマスカナ」。師匠を勘検せんとする魂胆。◉⑺破鏡鳥子、常有食母機＝毒心畏る可し、機に臨んでは師も許さず。第三則（【二二〇】）本則注⒃参照。◉⑻**這箇是什麼**＝これとは何だ（どう心得ておるか云うて見よ）。◉⑼従前汗馬無人識、猶要重論蓋代功＝古人汗馬の（這箇を会得する）苦労を知る者はいない、もう一度その手柄話を云うてくれ。『碧巌』七垂示に引く『雪竇録』三、拈古七四「趙州今夜答話」の下語。但し「識」は「見」、「猶」は「只」。◉⑽猶人坐於船中、不知船之自運＝舟の中にいると、舟が動いているのが分からない。「乗タリケリデ、余事ハ知ラヌ、只ケロリトシテ居ル様ナ大好灯籠ノケロリドノジャ」。出典未詳。◉⑾**果然不識**＝やはり、識らぬな（と、仰山を激賞）。「不識」は、『会元』、『祖堂集』では「不見」。◉⑿養子之縁＝老婆心切。【六五】注⑸参照。◉⒀見秋毫之末者…、挙千鈞之重者…＝他人の事はよく分かっても、自分のこととなるとさっぱりだ。『禅門宝訓』の一三二章に、仏眼清遠が高菴に謂いて曰く、「〜、〜。猶お学者の人を責むるに明らかに、己を恕《ゆる》すに昧《くら》き者と少しも異ならざるがごとくなり」と。前句は『史記』越世家十一に斉の使者曰く、「吾れ其の智を用うること、目の毫毛を見れども其の睫を見ざるが如くなるを貴ばざるなり」と。「ソレガ果然ジャカ、ナンジャ、不識カ、下語ガ、コレドコヲ云ウタモノカ、潙山ト腕押シヲスルツモリデ、コウ云ウタ」。

《本則評唱》評に曰く。潭州《たんしゅう》⑴潙山霊祐《いさんれいゆう》禅師は、福州長渓趙氏《ちょうし》の子なり。年十五にして杭州《こうしゅう》龍興寺に出家す。大小乗の教を究め、二十三にして江西《こうぜい》に遊び百丈《ひゃくじょう》に参ず。丈、一見して之れを許し入室せしむ、遂に参学の首《かしら》に居らしむ。而《しか》して法を百丈に嗣《つ》ぎ、大潙山《だいいさん》に出世す。袁州《えんしゅう》⑵仰山慧寂通《きょうざんえじゃくつう》禅師は、韶《しょう》州《しゅう》懐化《かいか》葉氏の子なり、法を潙山に嗣《つ》ぐ。

一日、仰山、因《ちな》みに潙山に問う、「如何《いか》なるか是れ祖師西来意」と。(3)父の羊《ひつじ》、子証《こしょう》す。潙《い》云く、「大好灯籠」と。(4)贓証現在《ぞうしょうげんざい》。仰山云く、「只だ這箇《しゃこ》便ち是《ぜ》なること莫《な》しや」と。(5)吾が党の直《なお》き者は則ち然《しか》らず、子は父の為に隠す。潙云く、「這箇は是れ什麼《なん》ぞ」と。(6)賊《ぞく》は須《すべか》らく賊捉《とら》うべし。仰云く、「大好灯籠」と。(7)好児《こうじ》は爺銭《やせん》を使わず。潙云く、「果然《かぜん》として識らず」と。吾が党の直き者は則ち然らず、父は子の為に隠す。是の故《ゆえ》に頌有り、曰く。

(1)潙山霊祐禅師…＝以下『会元』巻九潙山章に依る。◉(2)仰山慧寂通禅師…＝『会元』では慧寂通智。◉(3)父羊子証＝『論語』子路篇に見えるが、葉公《しょうこう》の国の正直者の躬《きゅう》は、その父が羊を盗んだ時、彼が父の盗罪を証明した。◉(4)贓証現在＝盗の証拠、まるだし。「贓証」は「収賄の証拠」。『会元』十八、東山吉（黄龍派晦堂下四世）の語。もと『伝灯録』十二陳睦州の語に、「贓物見在」とあるに同じ。◉(5)吾党直者則不然子為父隠＝孔子が葉公に対して本当の正直とは、「父は子の為に隠し、子は父の為に隠す」ことにあると諭された。【八六】注(3)参照。◉(6)賊須賊捉＝俗語に「賊は賊を捉え、鼠は鼠を捕う」とあるに同じ、「じゃの道はへび」の意。『虚堂録』巻八続輯の仏生日上堂。◉(7)好児不使爺銭＝一人前の息子は親の財産を当てにはしないもの。『松源岳録』下「送化主」に「…好児終不使爺銭」（禅十六・六二九）。

《頌》(1)**機意交馳《きいこうち》して、何《いず》れの処にか去る**〔吾が党の直き者は是れに異なり、父は子の為に隠し、子は父の為に隠す〕、

(2)**陣雲《じんうん》千里、重関を鎖《と》ざす**〔(3)昨夜、何《いず》れの処の火ぞ、古人の塚を焼出す。勘破了也《かんぱりょうや》〕。

(4)大家《たいけ》問著《もんじゃく》すれば相識《あいし》らず〔(5)民、独《ただ》に虎兕《こじ》の爪角《そうかく》有ることのみを知りて、而《しか》も万物の尽《ことごと》く爪角有ることを知ること莫《な》し〕。

(6)笑うに堪《た》えたり、古風匝地《そうち》寒きことを〔(7)譬《たと》えば羅《あみ》を張る者の如し、之れを鳥無きの所に張れば、則ち終日得る所無けん〕。

(1)**機意交馳何処去**＝潙仰両禅将の戦い振りは、機鋒と意気、互いに組んず解れつ奪い合い乍ら、行くへも分からず。因みに、羅山道閑の語に、「意能く句を剗《けず》り、句能く意を剗《けず》り、意句交馳す」（『会要』二十三）と。◉(2)**陣雲千里鎖重関**＝陣雲千里、潙仰の関門を深く鎖ざし、余人には見当もつかない。◉(3)**昨夜何処火焼出古人塚**＝（潙仰の正体）剥《む》き出しにする。『会元』十二、芭蕉谷泉（汾陽下）章に、「（慈）明《みょう》問う、『白雲《はくうん》谷口に横たわる、道人何れの処よりか来たる』。師、左右を顧視して曰く、『夜来何れの処の火か焼き出だす古人の墳』。明曰く、『未在《みざい》、更に道え』。云々」と。『虚堂録』巻三浄慈《じんず》録にも引用され、『犂耕』に道忠曰く、「雲横谷口は、要津を把断して凡聖を通ぜず。夜来何処…は、野火、草莽を焼き畢わり、方に古墳を露出するなり。火は泉大道自ら比す、言《こころ》は我れ来たりて汝を勘するに、果たして汝が把住の機を剖露《ほうろ》することを得たるなり」と。◉(4)**大家問著不相識**＝皆に訊ねても、誰も知らない。「果然トシテ不識ノ端的、誰ニ問テモシラナイ。天下禅坊主ガ問カクルトモ、シラナイ」。◉(5)民独知虎兕之有爪角也…＝人々はただ野牛の角や虎の爪の害を知るだけで、万物ことごとく爪や角を持っていることを知らぬ。『韓非子』解老二十。◉(6)**堪笑古風匝地寒**＝祖師方の古風は到るところに冷えかえった、悲しむべくも、笑うべし。「堪笑」は第四則（【一二一】）頌の「笑口開」と同じく、「寔に悲しむべき」の極を云う。◉(7)譬如張羅者…無所得矣＝たとえば、網を張る連中のようなもので、鳥のいない所に張りましたら、一日中かかっても、一羽の鳥も獲られません。『戦国策』東周二の「杜赫《とかく》欲重景翠《けいすい》於周」。

※江月和尚和韻に、「大好灯籠輝宇宙、果然不識不相関。三盃軟飽三盃酒、遮莫清風吹面寒」と。

《頌評唱》評に曰く。潙仰父子《いぎょうふし》、各おの(1)龍蛇の陣勢を張って、互いに(2)奇正《きせい》の精兵を馳《は》せ、(3)機《き》を以て意《い》を奪い、意を以て機を奪う、(4)孫呉《そんご》も股戦《またおのの》き、信越《しんえつ》も胆震《きもふる》う。殺戮《さつりく》無辺、千変万化、(5)鬼神も其の由《よし》を測《はか》ること能《あた》わず、万仞の龍門、黒雲を鎖《と》ざすに似たり。

宜《むべ》なる哉《かな》、「大家問著《たいけもんじやく》すれば総に相知らず、笑うに堪えたり、古風匝地寒きことを」と。作麼生《そもさん》か是れ古風。(6)四七二三《ししちにさん》の聖賢《しょうけん》も、只だ者《こ》の些子《しゃし》を伝う。世尊拈華《ねんげ》以来、従上の諸聖、密参潜修《みっさんせんしゅ》、躯命《くめい》を顧《かえり》みざる者は、此れ是の秘訣《ひけつ》を伝えんと欲すればなり。(7)此れを法窟《ほっくつ》の爪牙《そうげ》と名づけ、此れを奪命《だつみょう》の神符《しんぷ》と曰う。(8)昔、七賢女《しちけんにょ》、尸陀林《しだりん》に在り、天帝釈《てんたいしゃく》を呵《か》して曰く、「你《なんじ》、若し此の物無くんば、他日、如何《いかん》が人を利せん」と。調御《ちょうご》も亦た曰く、「我が弟子、大阿羅漢《だいあらかん》も此の義を解《と》くこと能《あた》わず、唯だ大菩薩衆のみ有って、応《まさ》に此の義を解くべし」とは、是れ此の機要《きよう》なり。悲しむ可し、(9)此の道、今人《こんじん》棄《す》てて土《つち》の如くなることを。(10)三百年来の滞貨《たいか》行なわれず、(11)之れを真風地《しんぷうち》に墜《お》つと謂《い》う。

恨む可し、(12)二十四番の賢聖《けんじょう》、躯命《くめい》を万里の煙雲《えんうん》に抛《な》げうち、精神を千尋の鯨波《げいは》に洗って、此の難透の大事を伝う。誰か知らん、未だ三百年に及ばざるに、土を掃って滅絶せんとは。念仏誦経《ずきょう》、礼拝恭敬《らいはいくぎょう》、規矩《きく》作法を以て祖師向上の禅と為し、話頭を究めず、参禅を念と為さず、(13)我法二空の見泥獄《けんでいごく》に陥墜《かんつい》して、以て頓悟成仏《とんごじょうぶつ》の法門と謂《おも》えり。国師をして此の荒蕪《こうぶ》を見せしめば、将《は》た喜ばんか、将た悲しまんか。

国師、多少の道情を役《えき》して、或いは頌出し、或いは下語《あぎょ》し、或いは拈弄《ねんろう》し、或いは細評する者は、児《じ》孫《そん》をして此の大事有ることを知らしめんと血滴滴《けってきてき》の親切なり。而《しか》るを、妄《みだ》りに你が昏愚《こんぐ》の糟見解《かすけんげ》を主張して文字なりと為し、葛藤《かっとう》なりと為して、人をして総に顧みざらしめ、徒《いたず》らに日日に飯を喫し、黙照《もくしょう》枯坐《こざ》し一丁の字も亦た知らず。恰《あたか》も病馬の、目を槽櫪《かいばおけ》の間に閉ざして、水草も亦た快《ほしいまま》に喫すること能わざる者に似たり。其の(14)暗鈍愚戇《あんどんぐとう》なることは、(15)盲驢《もうろ》の荒草に立つが如し。

夫《そ》れ禅門は法城を鎮護《ちんご》し、真風を隆興《りゅうこう》し、厳関《げんかん》を屹立《きつりつ》し、衲子《のっす》を鞭駆《べんく》し、法灯《ほうとう》を澆末《ぎょうまつ》に挑《かか》げ、慧命《えみょう》を濁世《じょくせ》に続《つ》ぐ、(16)八宗の大綱、(17)一乗の高梁《こうりょう》にして、寔《まこと》に(18)大人の能事《のうじ》なり。若し今時《こんじ》に似たらば、他の教家の沙弥新戒《しゃみしんかい》にも亦た及ぶ可からず。古人の受用《じゅゆう》、匝地《そうち》古風徹骨《てっこつ》寒きも、曾《かつ》て夢にも知得すること能わず、寔に悲しむ可し。

(1)龍蛇陣勢＝『碧巌』七十一頌に、「龍蛇陣上看謀略」とあるが、『不二鈔』に『孫子』を引いて「常山の蛇の勢の如し、其の首を撃てば則ち尾至り、其の尾を撃てば則ち首至り、中心を撃てば則ち首尾倶に至る」と。◉(2)奇正精兵＝側面から不意を打つ奇兵と正面から堂々と攻める正兵。◉(3)以機奪意、以意奪機＝【一六六の三】本文には、「以機奪機、以毒攻毒」と。◉(4)孫呉股戦、信越胆震＝「孫呉」は孫子と呉起、共に兵法家、『史記』列伝五に見える。「信越」は韓信と彭越、共に漢建国の功臣、『史記』列伝三十二、三十に見える。◉(5)鬼神不能測其由＝『虚堂録』に屡々見える語。鬼神もその行由を測ることが出来ない。『犂耕』に『昭徳新編』を引いて「出世間の法を学んで、鬼神の欽服を致す者は其の道浅く、鬼神も知らざる者は其の道深し」と。◉(6)四七二三聖賢只伝者些子＝【開筵垂示】第二段注(1)参照。◉(7)此名法窟爪牙、此曰奪命神符＝【開筵垂示】第一段注(2)(3)参照。◉(8)昔七賢女在尸陀林…応解此義＝『仏説七女経』に出るが、無理会話の初めか。【開筵垂示】第一段注(6)参照。◉(9)此道今人棄如土＝『唐詩選』七古の杜甫「貧交行」。第三則（【一二〇】）頌評唱注(11)参照。◉(10)三百年来滞貨不行＝三百年来誰も見向きもしない店晒し。【一の五】の下語では「五百年滞貨」。◉(11)謂之真風墜地＝大灯国師遺誡より。◉(12)二十四番賢聖＝【開筵垂示】第二段注(9)参照。◉(13)我法二空見泥獄＝第三則（【一二〇】）頌評唱注(9)参照。◉(14)暗鈍愚戇＝おろか。◉(15)盲驢立荒草＝

「荒草」は無明の煩悩を指す。目の見えない驢馬が無明の真っただ中で、途方に暮れて立っている様を嘲って。◉⒃八宗大綱＝「八宗」とは倶舎・成実・律・法相・三論・華厳の南都六宗に天台・真言の二宗を加えたもので、「大綱」はその大元締め。◉⒄一乗高粱＝大乗一乗の教えを支える、たかうつばり。◉⒅大人能事＝ひよっこの及ぶ所にあらず。

【二三五】第十八則　欄裏失牛

《垂示》垂示《すいじ》に曰く。⑴狂者《きょうしゃ》東に走れば、逐《お》う者も亦た東に走る。走ることは同じうするも、走る所以《ゆえん》は則ち異なる。溺《おぼ》るる者水に入れば、之れを拯《すく》わんとする者も亦た水に入る。水に入ることは同じうするも、水に入る所以は則ち異なる。宗師片言《へんげん》を吐く、学人列《つら》なり聞く、其の聞くことは同じうするも、了《りょう》知《ち》する所以は智愚霄壌《ちぐしょうじょう》の隔《へだ》てを作す。作麼生《そもさん》か是れ宗師の片言。試みに挙して看ん。

⑴狂者東走逐者亦…＝狂人が東に向かって走れば、それを追うものもやはり東に向かって走る。東に走るという点では同じであるが、走るわけは違う。溺れる者が水中に入れば、それを救おうとするものもやはり水中に入る。水の中に入る点では同じであるが、そのわけは違う。『淮南子』説山訓の十二章。【二〇九の二】注⑺参照。

《本則》挙《こ》す。⑴江州龍雲《こうしゅうりゅううん》の台《たい》禅師、因《ちな》みに僧問う、「如何《いか》なるか是れ祖師西来意《せいらいい》」〔⑵西来の消息、会すること大難《だいなん》。⑶翡翠踏翻《ひすいとうほん》す荷葉《かよう》の雨〕。**台云く、「老僧、⑷昨夜欄裏《らんり》に牛を失却す」**〔⑸鬼哭《きこく》し、神《しん》悲しむ。⑹雨ならざるに花猶《な》お落ち、風無きに絮自《じょおの》ずから飛ぶ〕。

(1)**江州龍雲台禅師**＝江西省九江市龍雲寺に住した台禅師。法系は南岳→馬祖→百丈懐海→龍雲台。『伝灯録』巻九、『会元』巻四、『会要』巻七等に載せるが、いずれも本則の話を載せるのみである。本則は前則の類則。◉(2)西来消息会者大難＝第十七則（【二二三四】）本則注(3)参照。◉(3)翡翠踏翻荷葉雨＝また見事な晩秋の景色。【二四の二】注(9)参照。◉(4)**昨夜欄裏失却牛**＝真っ暗やみで牛小屋の牛を失った。【三七】注(3)参照。◉(5)鬼哭神悲＝余りにも壮烈、鬼神もなきさけばんばかり。【六の二】注(27)参照。◉(6)不雨花猶落、無風絮自飛＝時至れば自然と現成する。東陽英朝編『禅林句集』に『詩人玉屑』に出ると記すも、未検。

《本則評唱》評に曰く。江州龍雲の台禅師、法を百丈海禅師に嗣ぐ。僧有り問う、「如何《いか》なるか是れ祖師西来意《せいらいい》」。台云く、「老僧、昨夜欄裡《らんり》に牛を失却す」と。此の語、甚《はなは》だ(1)宗旨《しゅうし》の体裁《ていさい》有り、見易《やす》くして却って会し難し。古来、(2)生仏一如《しょうぶついちにょ》、浄穢不二《じょうえふに》、畢竟《ひっきょう》無分暁《むふんぎょう》の理体を演《の》ぶるときは則ち尽《ことごと》く言う、「(3)昨夜三更《さんこう》牛を失却し、今朝天明《こんちょうてんめい》火を失却す。(4)半夜《はんや》に烏鶏《うけい》を放つ。(5)白馬蘆花《ろか》に入る。(6)黒漆桶裏《こくしつつうり》に墨汁《ぼくじゅう》を盛る」等と。総に是れ平等不二底を説き将《も》ち来たる。龍雲、拈起《ねんき》し来たって問端《もんたん》に当《あ》つ、甚だ孤峻《こしゅん》なり、也《ま》た大いに子細《しさい》有り。(7)你《なんじ》ら無眼《むがん》の後輩従頭《じゅうとう》平等の会《え》を作《な》し了《お》わらんことを恐る、故《ゆえ》に国師頌有り、曰く。

(1)宗旨体裁＝宗旨に相応しい振る舞い、取りさばき方。◉(2)生仏一如＝衆生と仏と一如。第十則（【二二二七】）頌評唱注(4)参照。◉(3)昨夜三更失却牛、今朝天明失却火＝明暗・隠顕は一に非ず、また二に非ず。暗中に暗を奪い、明中に明を奪う。南泉の入院の語。【三七】注(3)参照。◉(4)半夜放烏鶏＝無分暁。【六〇の二】注(5)参照。◉(5)白馬入蘆花＝『碧巌』十三本則下語。◉(6)黒漆桶裏盛墨汁＝無分暁の理（『句双紙』）。『碧巌』八十六頌下語。但し、「墨」は「黒」。

【二の一】注⑹参照。◉⑺你無眼後輩従頭作平等会了＝お前さん方、ものの分からぬ後輩どもが、はなから平等の理解ですまそうとする。

《頌》**昨夜欄裏に牛を失却す**〔⑴第二重の公案、⑵一回拈出《ねんしゅつ》すれば一回新たなり。⑶万古《ばんこ》碧潭空界《へきたんくうかい》の月、再三撈摝《ろうろく》して始めて応《まさ》に知るべし〕、⑷**風流ならざる処、也《ま》た風流**〔⑸我れは覚《おぼ》ゆ秋興《しゅうきょう》の逸《いつ》なることを、誰《たれ》か言う秋興悲《かな》しと。煙《けむり》は帰る碧海《へきかい》の夕《ゆうべ》、雁《がん》は度《わた》る青天《せいてん》の時《とき》〕。⑹**枯禅《こぜん》限り無しと喚《よ》び得《え》て作《な》す**〔⑺路《みち》に剣客《けんきゃく》に逢わば須《すべか》らく剣を呈すべし、是れ詩人ならずんば詩を献ずること莫《な》かれ〕、⑻**祖師西来、特地《とくち》に酬《むく》ゆ**〔⑼鉤頭《こうとう》の意を識取《しきしゅ》して、定盤星《じょうばんせい》を認《と》むること莫かれ〕。

⑴第二重公案＝龍雲の本則を又た国師が頌せられた。◉⑵一回拈出一回新＝拈出するごとに新鮮。【九四の二】下語にも。◉⑶万古碧潭空界月、再三撈摝始応知＝底本の「空海」は「空界」の誤植。万古の緑をたたえた淵に映った月、再三すくい取ろうと苦労して初めて空性の月を会得できるというもの。『伝灯録』二十九同安常察（石霜下二世）十玄談の第八「転位帰」。◉⑷**不風流処也風流**＝その無風流なところが、またなんとも味がある。【一の九】注⒅参照。◉⑸我覚秋興逸、誰言秋興悲。煙帰碧海夕、雁度青天時＝われは、秋興の甚だ横逸なるを覚えるので、誰か秋興を悲しいと云うか、到底信じられない。雲は碧海に帰る夕べ、雁は青天を渡るの時。『李太白集』巻十四「秋日、魯郡堯祠亭上、宴別杜補闕范侍御」の第一句と第六句、但し「煙」は「雲」、「度」は「没」。◉⑹**枯禅無限喚得作**＝強調構文で、本来の語順は「喚得作枯禅無限（喚んで枯禅限り無しと作すを得たり）」。龍雲の宗旨は呼んで限り無く枯れた禅風と

云えよう。枯禅は不風流の処を云うが、抑下の托上、次の結句ではっきりする。これを「立ち枯れ禅の連中が、いつまでも祖師西来意をくりかえしてやまない…」（平野本）と解釈するのは無理がある。「枯禅」は本来「枯槁坐禅」の義、「万事を放下して坐禅する」を云う。『大慧録』等では「枯禅鬼窟裏」と云うように罵語であるが、『虚堂録』巻八浄慈《じんず》後録の「達磨大師忌拈香」に、「魏闕梁園に枯禅面壁し、以て諸用を蔵すことを得たり」と、また『元亨釈書』六無関普門章には、「無関也た枯禅自如たり、宮怪自ら沮《や》む」とあるごとく賛語なのである。夢窓の偈頌にも「枯禅」があり、また寂室の偈頌にも、「嶺雲渓月、枯禅に伴う」とある。従ってここでの「枯禅」は立ち枯れどころか、龍雲を絶賛した語なのである。評唱は「枯禅」を大慧禅師に依って解し、「喚得作」の目的語を次の結句の「祖意西来…」の文と見なしているようである。◉⑺路逢剣客須呈剣、不是詩人莫献詩＝「その器用に随うて挨拶をなす」（『句双紙』）、後句に重点を置いて「その道の達人でなければ、相手にならない」の意。『臨済録』行録、もと『会元』巻四睦州の語。◉⑻**祖意西来特地酬**＝（龍雲の枯淡禅は）達磨西来の旨にとりわけ酬いている。也風流の処。「特地」は「もっぱら、格別に」。◉⑼識取鉤頭意、莫認定盤星＝句中の意を知って言句に拘わるな。言外に仔細ある事を知れ。第九則（【二二六】）頌注⑵参照。

※江月和尚和韻に、「聞也弾琴似対牛、無憂無喜可随流。如何是祖西来意、一句了然不足酬」と。

《頌評唱》評に曰く。僧、恁麼《いんも》に問う、龍雲、恁麼に答う、那処《なしょ》か是れ風流ならざる処。既に是れ祖師西来意《せいらいい》、若し平等不二底の泥団子《でいだんす》を以て捏合《ねつごう》して以て答え得たりと為《な》さば、他の経論家の老奴も亦た西来意を続《つ》ぎ得て乏《とぼ》しきこと無けん。豈《あ》に祖祖相伝底《そそうでんてい》の秘訣と称するに足らんや。什麼《なん》の風流の処か有らん。誰か知る、此の語、大いに⑴節角誵訛《せっかくごうか》の処有ることを。是の故《ゆえ》に国師云く、「風流ならざる処、也《ま》た風流、枯禅《こぜん》限り無しと喚《よ》び得て作《な》す」と。⑵怪しい哉《かな》、禅、豈に生枯有らんや。⑶国師指して枯禅と為す。

将《は》た其れ胡為《なんすれぞ》のことぞや。

原《たず》ぬるに、夫《そ》れ拈華微笑《ねんげみしょう》より以来《このかた》、西北に相続し来たって五印《ごいん》に偏《あまね》く、漢土に溢《あふ》る。伝えて扶桑《ふそう》に到るに及んで、禅徒と称する者、麻《ま》の如く粟《ぞく》に似たり。

中に就いて(4)三等有り、聞き得て、平常皮薄《へいじょうひはく》の禅を説いて自ら悟ると為《せ》る有り、乃《すなわ》ち曰く、「学道の人、纔《わず》かに只だ者《こ》の本具底の自性《じしょう》を了《りょう》じて足《た》れらくのみ。本来円明《えんみょう》、本来自在、鴉《あ》を喚んで鷺《ろ》と作さず、奴《ぬ》を認めて郎《ろう》と称せず、行かんと要すれば便ち行き、坐せんと要すれば便ち坐す、此れを自性清浄《しょうじょう》、神《じん》通妙用《づうみょうゆう》と道う。(5)悟を仮《か》って然《しか》るに非ず、禅を添えて与麽《よも》なるに非ず、只だ是れ本体如然なるのみ。纔かに思議に渉れば、却って千里を隔《へだ》つ、話頭の了ず可き無く、言句の会す可き無し。(6)無事是れ貴人、只だ造作《ぞうさ》すること莫《な》かれ」と。是れを一等最下卑俗の禅と為す。(7)徒《いたず》らに従頭、八識頼耶《はっしきらや》の暗窟を以て自己本分の家舎《かしゃ》と為して大いに人の悟門を妨ぐ。

也《ま》た一般有り、(8)我法二空の暗谷裏に陥墜《かんつい》して、乃ち曰く、「(9)上《かみ》に攀仰《はんごう》無く、下《しも》に己躬《こきゅう》を絶す、仏の求む可《べ》き無く、衆生の度《ど》す可き無し。(10)三千世界、海中の漚《あわ》、一切の賢聖《けんじょう》、電払《でんほつ》の如し。直に須《すべか》らく無念無心にし去るべし、一切の話頭言句全く思議を加う可からず。只だ(11)一喝の如く、一棒の如く、鉄橛《てつけつ》子《す》の如く、陀羅尼の如く了知《りょうち》し去れ。(12)三蔵教経は不浄を拭《ぬぐ》う古紙《こし》、(13)生死涅槃《しょうじねはん》は猶《な》お昨夢《さくむ》の如し」と。徒らに日日黙照死坐《もくしょうしざ》して、以て尽くるを待つ。是れ此の族を、(14)調御《ちょうご》は疥癩野干《かいらいやかん》の身に比し、(15)浄名《じょうみょう》は此れを焦芽敗種《しょうがはいしゅ》の部類と道い、国師は此れを枯木《こぼく》の禅徒と道う。

此の枯禅の瞎徒、龍雲の「欄裡に牛を失却す」と道うを聞いて、例に随って自家屋裡、秘重底一枚の空理を運出して、即ち註解《ちゅうげ》して曰う、「如何なるか是れ祖師西来意。老僧、昨夜欄裏に牛を失却す」と。嗚《ああ》、是れ寔《まこと》に答え得て好《よ》し。縦《たと》い百千の達磨有って、心印を伝え来たり総に勘破了すとも、一箇も者個《しゃこ》平等《びょうどう》不二《ふに》無分暁《むふんぎょう》の宝処《ほうじょ》を出《い》だすこと能《あた》わず。所以《このゆえ》に言う、「枯禅限り無しと喚び得て作《な》す、祖意西来、特地に酬《むく》ゆ」と。

⑴節角諸訛＝ごつごつして、ひねこけて、紛糾錯雑した葛藤、問題点。『碧巌』七頌評唱。【一四の二】注⒃参照。◉⑵怪哉、禅豈有生枯＝禅に生禅、枯禅の区別があろうとは。◉⑶国師指為枯禅、将其胡為者哉＝以下白隠禅師の枯禅の解釈。◉⑷三等＝以下は白隠がしばしば酷評する、声聞乗、縁覚乗の安悟り禅。◉⑸非仮悟然…本体如然而已＝悟ったからそうなったのでもなく、坐禅をしたからそうなったのでもない、ただもともと本体からしてそうである。◉⑹無事是貴人、只莫造作＝『臨済録』示衆。◉⑺徒従頭八識頼耶…本分家舎＝「八識頼耶」は第六則（【二二三】）本則評唱注⑼参照。「従頭」は「はなから」。『円覚』、『楞厳』に所謂、賊を認めて子と為す。◉⑻我法二空暗谷＝第八則（【二二五】）本則評唱に云う、辟支仏乗の悟り。第四則（【二二一】）頌評唱注⑼参照。◉⑼上無攀仰、下絶己躬＝『碧巌』十七頌評唱、『種電鈔』に「諸聖の追攀仰慕す可きなく、己霊の重んず可き無し」と云う、独脱無依のあり方。『雲門広録』上（禅十一・三四四）。『瓔珞本業経』上に既に、「上、一切の仏法、一切の果報の求む可きを見ず。下、無明諸見の断ず可きと衆生の化す可きとを見ず」（大正二十四・一〇一六上）と。◉⑽三千世界海中漚、一切賢聖如電払＝全ては空の空なるかな。『証道歌』の境。【一の七】注㊲参照。◉⑾如一喝…了知去＝第十三則（【二三〇】）本則評唱に云う「鉄橛子会、陀羅尼会、一喝会」等。◉⑿三蔵教経拭不浄古紙＝三蔵経典は便所のちり紙。『臨済録』示衆に、「三乗十二分教は皆な是れ不浄を拭うの故紙」と。◉⒀生死涅槃猶如昨夢＝『円覚経』普眼章。◉⒁調御比疥癩野干身＝「調御」は仏の十号。「疥癩」は「皮膚病、侮蔑の表現」。「野干」は『翻訳名義集』巻二に「悉伽羅、此には野干と云う。狐に似て小なり。…狗の如く群れて行き、夜鳴くこと狼の如し」（大正五十四・一〇八九上）と。『摩訶止観』二に、「寧ろ悪癩《あくらい》野干の心を起こすとも、声聞辟支仏の意を生ぜざれ」と。◉⒂浄名此道焦芽敗種部類＝底本の「牙」

は「芽」。「浄名」は維摩居士。「焦芽敗種」とは、枯れた草芽や腐敗した種子の如く、無上の菩提心を起こさない二乗声聞を貶して云う語で、『維摩経』不思議品に依る。頌古冒頭の鵠林評唱注(9)参照。

【二三六】第十九則　南泉斬猫

《垂示》垂示《すいじ》に曰く。(1)川は海を学んで、進んで止まざれば終《つい》には海に到る。丘は山を学んで、止めて進まざれば山に到ること無し。人は聖を学んで怠らずんば誰か聖に到らざらん。是の故《ゆえ》に、学は進むに利あり、止むときは則ち廃す。誰か是れ進んで到る底の人。

(1)川学海進而…丘学山止而…＝揚子『法言』学行に、「百川学海而至于海、丘陵学山而不至于山」と。白隠禅師行脚時、播州に投宿した述懐偈に、「山下に流水有り、滾々《こんこん》として止む時無し。禅心若し是《かく》の如きならば、見性豈に其れ遅からんや」（『年譜』二十三歳）と。

《本則》**挙《こ》す。**(1)**南泉《なんせん》、一日《いちじつ》、東西《とうざい》の両堂《りょうどう》、猫児《みょうじ》を争《あらそ》う**〔(2)風流愛《め》づ可きも、公案未だ円《まど》かならず。(3)国清《きよ》うして才子《さいし》貴《たっと》く、家富んで小児驕《おご》る〕。**南泉、見て遂《つい》に提起《ていき》して云く、「道《い》い得《え》ば即ち斬らず**〔(4)崖《がけ》に臨んで人を推すは、是れ好心《こうしん》に非ず。(5)鉄輪天子《てつりんてんし》寰中《かんちゅう》の勅《ちょく》。(6)手を長空《ちょうくう》の外に撒《さっ》す、時の人、総に知らず〕」。**衆《しゅ》、対《こた》うる無し**〔(7)無孔《むく》の鉄鎚《てっつい》、当面《とうめん》に擲《なげう》つ。(8)手に琵琶を把《と》って半《なか》ば面《おもて》を遮《さえぎ》り、人をして見せしめずんば転《うた》た風流〕。(9)**南泉、猫児を斬却《ざんきゃく》して両段《りょうだん》と為す**〔(10)動容《どうよう》に古路《ころ》を揚《あ》げ、悄然《しょうぜん》の機に堕《だ》せず〕。(11)**南泉、復《ま》た前話《ぜんわ》を挙して趙州《じょうしゅう》に問う**〔(12)詩《し》は会《え》する人《ひと》に向かって吟《ぎん》じ、酒《さけ》は知己《ちき》に逢《お》うて飲む〕。(13)**州、便ち草鞋《そうあい》を脱して頭上に戴《いただ》いて出づ**〔(14)柳色黄金嫩《りゅうしょくおうごんわか》く、梨花白雪香《りかはくせつかんば》し。(15)家肥《こ》えて孝子を生じ、国覇《は》して謀臣《ぼうしん》有り〕。**泉云く、**

「子《なんじ》、若し在《あらま》しかば、恰《あたか》も猫児《みょうじ》を救い得たらんに⒃巌下《がんか》に風《かぜ》生じ、虎、児を弄《ろう》す。⒄黄連《おうれん》は未だ是れ苦《にが》からず、甘草《かんぞう》は未だ是れ甘からず」。

⑴**南泉一日東西両堂争猫児…**＝東堂と西堂との両禅堂が、互いに猫を取り合って喧嘩となった。古来寺院では、猫は鼠の害から経書を守るため大切にされた。以下『碧巌』六十三・六十四に準ずる。◉⑵風流可愛、公案未円＝なかなか見どころは有るが、一件落着せず。「公案未円」は「未了公案」で、尚お未解決の案件、争議の有るを云う。『碧巌』四本則「徳山、法堂を背却し、草鞋を著けて便ち行く」の下語に、「風光愛づ可きも、公案未だ円かならず」と。因みに、『碧巌』六十四則頌に、「公案円かにし来たって趙州に問う」と。◉⑶国清才子貴、家富小児驕＝国が清く安寧であれば優れた人が貴ばれ、家が金持ちになると子供たちがおごってくる。太公望の語。【一二〇の三】注㉜参照。【一の六】注⑸参照。◉⑷臨崖推人、非是好心＝崖ぶちに臨んで人を後ろから押す、なんと意地が悪い。◉⑸鉄輪天子寰中勅＝『碧巌』四十四頌評唱に木平（夾山下二世）の語とするが、本来は青林師虔（洞山价下）の語。また『会元』、『伝灯録』では「勅」は「旨」。『秘鈔』に、「鉄輪天子の勅に順わぬ者はない」。鉄輪天子は金・銀・銅・鉄の四転輪聖王の一、南閻浮州のみを支配すると云う。◉⑹撒手長空外、時人総不知＝底本の「不識」は貞永寺版の「不知」に戻す。『楊岐会録』に「僧問う、『急水江頭、須らく釣を下すべし、如何が巨鼇を釣り得て帰らん』。師云く、『〜、〜』」（禅十二・三九九下）と。◉⑺無孔鉄鎚当面擲＝柄の無い鉄鎚を真っ正面に投げ出した（這箇本分底）。【一一〇の二】注⑹参照。◉⑻手把琵琶半遮面、不令人見転風流＝底本の「使」は「令」。見えないところ、いかにも奥床しい。仏鑑頌。【四二の三】注⑹参照。◉⑼**南泉斬却猫児為両段**＝紛争の根源を切断した。王老放つ時。国師の「養牛軽吟歌」に、「猫の児を提《ひっさ》げ見れば一二三、斬却すれば無孔の鉄槌」と。◉⑽動容揚古路、不堕悄然機＝動中に仏祖の路を挙揚して活鱍鱍地、無為無心の所に腰を据えず。「動容」は「動作容儀」の意。香厳《きょうげん》投機の偈に、「一撃に所知を忘じ、更に修治《しゅうじ》

を仮《か》らず。～、～。処処蹤跡《しょうせき》無く、声色《しょうしき》、威儀を外《わす》る。諸方達道《たつどう》の者、咸《ことごと》く言う上上の機と」（『伝灯録』巻十一）。◉(11)**南泉復挙前話問趙州…**＝ここより『碧巌』六十四に準ずる。◉(12)詩向会人吟、酒逢知己飲＝知音にあらざれば語らず。湛堂準。【一七の二】注(2)参照。◉(13)**州便脱草鞋於頭上戴出**＝趙老収む。国師「養牛軽吟歌」に、「草鞋《そうあい》を戴行《いただきゆく》は三二一、天は地となり地は天となる」と。◉(14)柳色黄金嫩、梨花白雪香＝底本の「嬾《らん》」は「嫩《どん》」の誤植。御苑の柳は黄金色に芽吹き、梨の花は雪のように白く香しい。『李太白集』巻四「宮中行楽詞」八首の二、もと陳の陰鏗《いんこう》の句。第二十八則（【二四五】）頌評唱にも見える。「南泉ハ柳色、趙州ハ梨花」に比して。◉(15)家肥生孝子、国霸有謀臣＝家が豊かになると孝行子が出、国が強くなると優秀な家臣が出る。『白雲守端録』二海会録に見えるが、もと『五代詩話』巻七黄損《こうそん》の詩。「孝子、謀臣」を趙州に比して。◉(16)巌下風生虎弄児＝底本の「岸」は「巌」の誤記。父子商量、畏るべき光景。『虚堂録』九径山後録に馬祖玩月の風を虚堂老が評した語。第三則（【二二〇】）本則評唱注(10)参照。◉(17)黄連未是苦、甘草未是甘＝黄連の苦きも、甘草の甘きも、遠く及ぶものではない。『参詳語要』一の「挙古」の「乾峰、挙一不得挙二…」に、国師の置いた下語。但し、前句は『虚堂録』一。【四〇の一】本文参照。

《本則評唱》評に曰く。南泉普願《なんせんふがん》禅師は、法を馬祖道一《ばそどういつ》禅師に嗣ぐ。一日、東西の両堂、猫児を争う、(1)一家《いっか》に事《じ》有らば百家忙し。南泉、見て遂に提起して曰く、「道《い》い得ば即ち斬《き》らず」と。(2)久しく晴れれば戊《ぼ》に逢うては雨となり、久しく雨ふれば庚《こう》に望んでは晴となる。衆、対《こた》うる無し、(3)一隊不喞𠺕《いったいふしつりゅう》の漢。南泉、猫児《みょうじ》を斬却《ざんきゃく》して両段《りょうだん》と為す。(4)是れ麁行《そぎょう》の沙門《しゃもん》なること莫《な》しや、将《は》た又た別に子細《しさい》有りや。南泉、復《ま》た前話を挙して趙州《じょうしゅう》に問う。(5)若し酒醴《しゅれい》を作らば爾《なんじ》は惟れ麴糵《きくげつ》、若し和羹《わこう》を作らば爾《こ》は惟れ塩梅《えんばい》。趙州、便ち草鞋《そうあい》を脱して頭上に戴《いただ》いて出づ。(6)是れ什麼《なん》の心行《しんぎょう》ぞ。往往《おうおう》に道《い》う、「両堂、共に是れ杜禅和《ずぜんな》、参禅密《みつ》ならず、智眼明らかならず。南泉格外《かくげ》の用処《ゆうじょ》に於いて都《すべ》て覰破《しょは》すること能《あた》わず、只だ茫茫《ぼうぼう》たるのみ、什麼《なん》の力有ってか猫児を救い得ん。趙州は即ち然らず、殺活不二《せっかつふに》、浄穢一指《じょうえいっし》の宝処《ほうじょ》に於いて略《ほ》ぼ一《いっ》班《ぱん》を露《あら》わす、甚《はなは》だ痛快《つうかい》なり。是の故《ゆえ》に南泉云う、你《なんじ》、若し在《あらま》しかば、恰《あたか》も猫児を救い得たらんにと。趙州、寔《まこと》に超師《ちょうし》の作《さ》有り」と。錯《しゃく》、錯、(7)瞎妄想《かつもうぞう》、死見解《しけんげ》。殊《こと》に知らず、祖庭《そてい》杳《はる》かに天涯《てんがい》を隔《へだ》て去ることを。

(1)一家有事百家忙＝一軒の家に事が起きると、となり近所が大あわてになる。『伝灯録』十三首山省念。◉(2)久晴逢戊雨、久雨望庚晴＝久しく晴れれば戊《つちのえ》の日に雨に逢う。久しく雨が降れば、庚《かのえ》の日に近づくと晴れる。『五雑組』巻二、天部二の天候占いの諺。◉(3)一隊不喞嚠漢＝どいつもこいつも碌でなしめ。『碧巌』七十八本則下語。◉(4)是莫麁行沙門麼、将又別有子細麼＝(平気で殺生する)荒くれ法師にほかならんか、それともまた何か別の仕儀でもあるのか。「麁行沙門」は『碧巌』十一頌評唱に云う、大中天子が初め黄檗に付けた名前。◉(5)若作酒醴爾惟麹糵、若作和羹爾惟塩梅＝(さあ傅説《ふえつ》よ)もし酒や甘酒を作るとするならば、汝は麹《こうじ》に当たる。若し美味しいごった煮のあつものを作るとするならば、汝は塩と酢に当たる。趙州を殷の名宰相傅説になぞらえて。『書経』説命下。◉(6)是什麼心行＝これは何のつもりだ。『碧巌』三十九本則下語。◉(7)瞎妄想、死見解＝趙州超師の作略を例によって殺活不二、浄穢一指と安直に片付けるを酷評して。

《頌》(1)**両堂争う処、南泉断《た》つ**〔(2)西川《せいせん》に画像《がぞう》を斬れば、陝府《せんぷ》の人頭《こうべ》落つ。(3)格外《かくげ》に龍蛇《りゅうだ》を辨じ、機前《きぜん》に虎児《こじ》を擒《とら》う〕。

(4)**王老放《おうろうはな》つ時、趙老収《じょうろうおさ》む**〔(5)父子相唱和《ふしあいしょうわ》す。(6)子を養《やしな》って父《ちち》に及ばざれば、家門《かもん》一世に衰《おとろ》う〕。

(7)**頭上の草鞋《そうあい》、多少《たしょう》か重き**〔(8)目の中に疵《きず》有るも、視《み》るに害せずんば灼《や》く可《べ》からず、喉《のど》の中に病有るも、息《いき》するに害無くんば鑿《うが》つ可からざるなり〕。

(9)**白雲流水、共に悠悠**《ゆうゆう》〔(10)是れ一番寒骨《かんほね》に徹せずんば、争《いか》でか梅花の鼻を撲《う》って香《かんば》しきを得ん。(11)糸を千尺に垂《た》るは、凡鱗《ぼんりん》を釣るにあらず〕。

(1)**両堂争処南泉断**＝南泉が両方の争いの根源を断った。◉(2)西川斬画像、陝府人頭落＝西川はここでは四川省閬中《ろうちゅう》市を指す、陝府は陝西省長安。『大慧年譜』五十二歳の条に、「見ずや、小説に載する所、唐に安禄山と謀叛をなす者有り、其の人先に閬州の守と為る、画像有って閬に存す。明皇、蜀に幸して之れを見て、怒りて侍臣をして剣を以て像の首を撃たしむ。其の人、陝西に在って忽ち頭落つ」と。又『天如録』二普説（禅十八・八三六上）に詳しい。◉(3)格外辨龍蛇、機前擒虎兕＝名に囚われずに正邪を判断し、闘う前から獰猛な野獣を捕らえる。南泉の越格の働きを評して。東陽英朝編『禅林句集』に見えるが、出典未詳。【二〇一】注(10)参照。◉(4)**王老放時趙老収**＝王老南泉が放行三昧なら趙州老が把住三昧で収めてみせた。◉(5)父子相唱和＝【五八の一】注(14)参照。◉(6)養子不及父、家門一世衰＝親爺を抜くような弟子が出てこないようでは、吾門は一代で衰える。【一五五の一】注(10)参照。◉(7)**頭上草鞋多少重**＝頭の上の草鞋、さぞかし重いことか。「多少」は「多」の義、また「どれくらい」の疑問を表わす。◉(8)目中有疵…喉中有病…＝目に疵があっても、視るに支障がなければ、灼いてはいけない。喉に病巣があっても呼吸に支障がなければ穴をあけてはいけない。『淮南子』氾論訓の十六章に、「今、人の小過を以て其の大美を揜《おお》わば、則ち天下に聖王賢相無けん」とあるに、続く文。◉(9)**白雲流水共悠悠**＝白雲と流水、共に去来悠々として、世外に越える。◉(10)不是一番寒徹骨、争得梅花撲鼻香＝骨身に堪《こた》えるような冬の寒さを一度経験しなくては、馥郁と鼻を打つ梅の香を聞くことは出来ない。黄檗『宛陵録』末尾の頌に、「塵労《じんろう》迥《はる》かに脱《だつ》す、事《じ》常《つね》に非ず、緊《かた》く縄頭《じょうとう》を把《と》って做《な》すこと一《いち》場《じょう》せよ。～、～」と見える。但し「番」は「翻」。また『博山警語』巻上にも「黄檗禅師云く」として見える。◉(11)垂糸千尺、不釣凡鱗＝ぼんくらを釣り出すためではない。『虚堂録』巻九。

※江月和尚和韻に、「虢為両段三尺、早遇赫翁須取収。飲気呑声更無対、二僧立尽思悠悠」と。

《頌評唱》評に曰く。「王老放つ時、趙老収む」。試みに道え、王老、箇《こ》の什麼《なに》をか放出す、趙州、箇の什麼をか収得す。

「頭上の草鞋、多少か重き」。趙州、草鞋を戴《いただ》いて出で去る。是れ狂《きょう》なること莫《な》きや、是れ顚《てん》なること莫きや、(1)誰か斤両《きんりょう》を辨ぜん。言うこと莫かれ、「浄穢不二《じょうえふに》、平等一味の受用《じゅゆう》なり」と。所以《このゆえ》に言う、「白雲流水、共に悠悠」と。

(1)誰辨斤両＝誰もその軽重は計ることは出来ない。

【二三七】第二十則　僧伽知慢

《垂示》垂示《すいじ》に曰く。(1)螈蚕《げんさん》の一歳《いっさい》に再収するは利ならざるに非ざるなり。然《しか》れども王法《おうほう》の之れを禁ずるは、其の桑を残《そこな》うが為なり。離《り》は稲に先だって熟すれども、農夫の之れを耨《くさぎ》るは、小利を以て大穫《たいかく》を傷《やぶ》らざればなり。仏事門中、真《しん》有り仮《け》有り。仮は大いに人を伏す。大いに人を伏すと雖《いえど》も、智者は必ず之れを棄つ。棄つるは他無し。但だ其の真を奪うが為なり。作麼生《そもさん》か是れ仮、試みに挙して看ん。

(1)螈蚕一歳再収非不利也…＝原蚕（なつご）で一年の内にもう一度繭をとるのは、有利でないはずがない。しかるに王法でこれを禁じるのは、桑をそこなわない為である。離は稲より先に熟するが、農夫がこれを除くのは、小さな利益で大きな収穫を害なわない為である。「螈蚕」は「なつご。一年に二度収める蚕。原蚕、夏蚕」。「離」は「落穂から自生した稲」。『淮南子』泰族訓二十六章。

《本則》挙《こ》す。(1)僧伽難提《そうぎやなんだい》、衆生の慢《まん》を知って〔何ぞ知らん、(2)一切衆生、如来の智慧徳相《ちえとくそう》を具《ぐ》さんとは〕、**乃《すなわ》ち云く、「(3)世尊在りし日、世界は平正《へいせい》にして丘陵《きゅうりょう》有ること無し**〔(4)試みに言え、世尊入滅《にゅうめつ》後、丘陵江河有りや。(5)若し諸相非相《しょそうひそう》を見ば、即ち如来を見ん〕。**江河溝洫《こうがこうけつ》、水悉《ことごと》く甘美《かんび》、草木滋茂《そうもくじも》、国土豊盈《ほうえい》**〔(6)眼中《がんちゅう》に翳《えい》無ければ、空裏《くうり》に花《はな》無し。(7)面《おもて》の赤からんより、語の直《なお》からんには如《し》かず〕、**(8)八苦《はっく》無く、十善を行ず**〔(9)兎角亀毛《とかくきもう》を眼裏《がんり》に栽《う》ゆ。(10)門に当たって荊棘《けいきょく》を栽うることを用《もち》いざれ、後代《こうだい》の児孫《じそん》、衣《ころも》を惹著《じゃくじゃく》せん〕。**(11)双樹《そうじゅ》に滅を示してより八百余年、世界丘墟《きゅうきょ》、樹木枯悴《こすい》し、人至信《ひとししん》無し**〔(12)七仏《しちぶつ》已前、四時の春、現成公案、今日の如し〕。**正念軽微《しょうねんけいび》、(13)真如《しんにょ》を信ぜず**〔(14)良《りょう》を圧《おさ》えて賤《せん》と為《な》す。(15)金屑貴《きんせつたっと》しと雖《いえど》も、眼に落ちては翳《えい》と成る〕、**唯だ神力《じんりき》のみを愛す**〔(16)怪《かい》を見て怪と為《せ》ざれば、其の怪自然に壊《え》す。(17)縦《たと》い一法《いっぽう》の涅槃《ねはん》に過ぎたる有るも、我れは説かん、如夢如化《にょむにょけ》と〕**と。言い訖《おわ》って(18)右手を以て漸《おもむろ》に展《の》べて地に入り、(19)金剛輪際《こんごうりんざい》に至り**〔(20)万里一条の鉄、(21)何《いず》れの処にか手脚《しゅきゃく》を著《つ》けん。(22)夢幻空華《むげんくうげ》、何ぞ把捉《はしゃく》を労せん〕、**甘露水《かんろすい》を取り、琉璃器《るりき》を以て持して会所《えしょ》に至る**〔(23)一翳眼《いちえいまなこ》に入れば、空華乱墜《らんつい》す、(24)若し是れ尊者ならば、者般《しゃはん》の家醜《かしゅう》を呈《てい》さず〕。**大衆、之れを見て、即時に欽慕悔過《きんぼかいか》して作礼《さらい》す**〔(25)天上の月を貪《むさぼ》り看て、掌中《しょうちゅう》の珠《たま》を失却す。(26)衆生顛倒《てんどう》して、己《おのれ》に迷うて物を逐《お》う〕。**師、著語して云く、「(27)拈得《ねんとく》すや也《ま》た未《いま》だしや**〔(28)捉敗了也《そくはいりょうや》。(29)仁を求めて仁を得たり、又た何をか怨《うら》まんや〕」。

(1)**僧伽難提知衆生慢…**＝本則は『伝灯録』巻二第十六祖羅《ら》睺《ご》羅《ら》多《た》章に基づく。羅睺羅多尊者が弟子達を連れて、カビラ国より舎衛国《しゃえいこく》の室羅筏城《しらばじょう》に行化し、僧伽難提に遇ってこれを印可するが、その時弟子たちは師の神変力のみを信じ、師の説く正法を信じなかった。「衆生の慢」とは「僧伽難提が即ち過去娑羅樹王《しゃらじゅおう》如来であり、衆生を愍《あわ》れんで迹《あと》を降したまうものである」と云う師の言葉を信じることが出来なかったこと。◉(2)一切衆生、具如来智慧徳相＝世尊成道の端的。【一の八】注(9)参照。◉(3)**世尊在日、世界平正無有丘陵**＝『法華経』授記品では迦葉尊者を始め諸大弟子の未来成仏国土は、「其の土平正、高下・坑坎・堆阜有ること無し」と見える如く、また『維摩経』仏国品には、「(この娑婆世界に丘陵あるのを見るのは)仁者の心に高低が有るからである」と云う。「如来ノ智慧徳相ガ顕ルト、丘陵モナンニモ無イ」。◉(4)試言世尊入滅後、有丘陵江河麼＝(すると)丘陵や河は世尊滅後に出来たものかな。◉(5)若見諸相非相、即見如来＝(真実の所は)諸々の相の相に非ざることが分かれば、それが如来。『金剛経』如理実見分。◉(6)眼中無翳、空裏無花＝目にそこひが無ければ、空中に幻の花を見ることは無い。【九〇の二】注(20)参照。◉(7)面赤不如語直＝正直が一番。【九九】注(9)参照。◉(8)**無八苦、行十善**＝「八苦」は生老病死の四苦と愛別離・怨憎会・求不得・五盛陰の四苦。「十善」とは不殺生・不偸盗・不邪婬等の三身業と不妄語・不綺語・不悪語・不両舌の四口業と不貪欲・不瞋恚・不邪見の三意業とを合した十の善行。◉(9)兎角亀毛眼裏栽＝ありもしないことのでっち上げ。『人天眼目』巻一汾陽十智同真の大慧の頌、「~、鉄山当面勢崔嵬。東西南北無門入、曠劫無明当下灰」。【一四二】注(5)、第十五則(【一二二】)頌注(4)参照。◉(10)当門不用栽荊棘、後代児孫惹著衣＝門前にイバラは植えぬもの、子々孫々の迷惑。底本の「子孫」は「児孫」。【九九】注(3)参照。◉(11)**自双樹示滅八百余年**＝正法の時代は終わって、像法の時代ともなると。◉(12)七仏已前四時春、現成公案如今日＝底本の「以前」は「已前」、「猶」は「如」。七仏以前より今日まで少しも違った事はない、四時いつも長閑、ただ有るがまま。【一三〇の一四】注(22)、【五〇の二】注(3)参照。◉(13)**不信真如、唯愛神力**＝仏法の正しい教えを信ぜず、神通力のみをもてはやす。◉(14)圧良為賤＝あたらつまらんものにしおって。【七二の一】注(11)参照。◉(15)金屑雖貴、落眼成翳＝底本の「為」は貞永寺版では「成」。どんな素晴らしいこと(真如)でも眼のゴミ。【一六の一】注(7)参照。◉(16)見怪不為怪、其怪自然壊＝『碧巌』二十二本則下語。『会元』十八、法輪斉添（黄龍下二世）章。『禅林句集辨苗』に『故事掌珠』四を引いて、宋の魏元忠の故事として見える。◉⒄縦有一法過涅槃、我説如夢如化＝底本の「吾」は「我」。たとえ涅槃以上のどんな立派な事があろうともまた夢幻の如くである。『大品般若』。【一八の二】注⑿参照。◉⒅**以右手漸展**＝以下、難提も已むを得ず、方便として右手を大地の底に差し込むと云う神力を示す。◉⒆**金剛輪際**＝「金輪際」とも。世界の最低より風輪・水輪・金輪となり、その上に九山八海の地輪がのる。「金輪際」は経典に依って異なるが、三十二万由旬（『倶舎』）とも云われる地輪の底にある。『仏祖統紀』巻三十二。◉⒇万里一条鉄＝【九六の一】注⑶参照。◉㉑何処著手脚＝手の付けようもない。◉㉒夢幻空華、何労把捉＝もとより幻華、とるに足らず。底本の「促」は貞永寺版の「捉」が正しい。『信心銘』。【一二〇の四】注(72)参照。◉㉓一翳入眼空華乱墜＝眼にわずかのくもり有れば、在りもしない空花乱れとぶ。【六四の一】注⑶参照。◉㉔若是尊者不呈者般家醜＝尊者ほどの人ならばこんな内輪の恥さらしはしないだろう。◉㉕貪看天上月、失却掌中珠＝自己に在るを忘れて、徒らに他に仏を求めるの愚。【一〇六】注⑸参照。◉㉖衆生顛倒、迷己逐物＝【六の二】注㉑参照。◉㉗**拈得也未**＝甘露水（真如）を本当につかんで来たかな。「アア、スサマジイ語ジャ、僧伽難提ノ腕前ニ縄ヲ入レタモノハナイ、是ガハッキリト見エルト、直ニ大灯国師ジャ」。『碧巌』二十三頌にも、「拈得分明…」と。◉㉘捉敗了也＝捉えたぞ。『碧巌』八頌下語。『葛藤語箋』に、「捉敗は但だ是れ捉うる義のみ」と。◉㉙求仁而得仁、又何怨＝仁を求めて仁を得たのに、何を後悔しようか。『論語』述而篇に、「冉有《ぜんゆう》曰く、『夫子は衛君を為《たす》けんか』。子貢曰く、『諾、吾れ将《まさ》に之れに問わん』。入りて曰く、『伯夷叔斉は何人ぞや』。曰く、『古の賢人なり』。曰く、『怨みたるか』。曰く、『～、～』。出でて曰く、『夫子は為《たす》けざるなり』」と。

《本則評唱》評に曰く。⑴上宮太子《じょうぐうたいし》曰く、「⑵行者《ぎょうじゃ》、若し天耳他心《てんにたしん》及び無量の神通《じんづう》を得んと欲せば、先ず須《すべか》らく深く実相に入るべし。⑶実相の観《かん》、若し熟せば、⑷三明及び六通、求めざるに現前せん」と。尊者、既に末法の人の正知正見無くして但だ神通《じんづう》のみを信ずるを見る。止むこと能わず且つ此の妙用《みようゆう》を現ず。時の人、大いに信伏す。信伏することは甚《はなは》だ信伏す、如何《いかん》せん甚だ(5)真諦《しんたい》に違うことを。国師、著語して曰く、「拈得《ねんとく》すや也《ま》た未だしや」と。是れ什麼《なん》の道理をか説く。(6)拈却《ねんきやく》の拈か、拈起《ねんき》の拈か。(7)尊者、多少の妙用《みようゆう》、大いに人を幻惑す。是の故《ゆえ》に、他方世界に拈抛《ねんぽう》するの謂《い》か、(8)将《は》た又た尊者、此の神通を仮《か》って以て、祖師真正向上の大事を拈起するの謂か、将た又た別に子細有りや。(9)更に参ぜよ三十年。

国師、頌有って曰く。

(1)上宮太子＝聖徳太子。◉(2)行者若欲…＝修行者がもし天耳通・他心通など無数の神通を得んとおもえば、まず最初に深く実相に入るべし。聖徳太子の『眼眼論』に云うと有るが、未検。◉(3)実相観＝観法の一つ、理観とも云い、万法の実性を観ずるを云う。天台宗の極意でもあり、密教には月輪観を指す。◉(4)三明及六通＝宿命（過去世の運命を知る）・天眼（未来世の運命を知る）・漏尽（悟りの智慧）の三明通に、天耳（一切の音を聞く）・他心（他人の心を知る）・神足（＝身如意足通、身体を意のままに動かす）の三通を加えて、六通と云う。◉(5)真諦＝真理。◉(6)拈却拈乎、拈起拈乎＝国師「拈得」の真意は、抑下の拈却（とりのける）か、托上の拈起（とりだす）か。◉(7)尊者多少妙用…＝尊者の神通を幻惑と見るか。◉(8)将又尊者仮此神通…＝真理を開示する為の方便と見るか。◉(9)更参三十年＝じっくり拈提しなさい。

《頌》(1)**日暮《にちぼ》雲晴れ、眼界空《がんかいくう》ず**〔(2)眼中《がんちゆう》に翳《えい》無ければ、空裏《くうり》に花《はな》無し。(3)一切有為《うい》の法、如露亦如電《によろやくによでん》〕、

(4)**清風、況《いわ》んや是れ草離離《くさりり》たるをや**〔(5)一片虚凝《いつぺんきよぎよう》にして謂情《いじよう》を絶す。(6)紫藤《しとう》の露《つゆ》の底《もと》に残《のこ》んの花の色、翠《すい》竹《ちく》の煙《けむり》の中に暮《ゆうべ》の鳥の声〕。

(7)**松根石上《しょうこんせきじょう》、誰が与《ため》にか説かん**〔(8)只だ自ら怡悦《いえつ》す可《べ》し、持《じ》して君に贈《おく》るに堪《た》えず。(9)士は己《おのれ》を知らざる者には屈《くつ》し、己を知る者には伸《の》ぶ〕、(10)**月は中峰《ちゅうほう》に到って猶《な》お未だ帰らず**〔(11)蘭《らん》の幽谷《ゆうこく》に生ずるや、服《ふく》するもの莫《な》きが為にして芳《かんば》しからざることあらず、舟の江海に在るや、乗るもの莫きが為にして浮かばざることあらず〕。

(1)**日暮雲晴空眼界**＝迷いの雲を払えば、眼を遮るものは何も無い。丘陵山川の諸相の非相を悟れば、廓然無聖。◉(2)眼中無翳、空裏無花＝目にそこひが無ければ、空中に幻の花を見ることは無い。本文の下語を繰り返した。◉(3)一切有為法、如露亦如電＝『金剛経』の末頌。【八三】注(2)参照。◉(4)**清風況是草離離**＝清風匝地、何の極みか有らん（『碧巌』一頌）と云う所。「況是…」は、清風と云ってしまえば早是れ草ぼうぼう、落草の談になる、尚さら説きようもないの意か。『碧巌』二十三頌に、「妙峰孤頂、草離離たり、拈得して分明誰にか付与せん」と。◉(5)一片虚凝絶謂情＝澄みきった天地一枚の凝結、言語分別を越える。「打成一片清虚凝寂、絶言謂塵情」（『秘鈔』）。『碧巌』九十頌。◉(6)紫藤露底残花色、翠竹煙中暮鳥声＝春は去ったが、露の下りているところに散り残っている紫の藤の花や、けぶって見える篁《たかむら》の奥から聞こえる夕方のうぐいすの声の中に、春の気分がわずかに残っている。『和漢朗詠集』上。【一二〇の三】注(11)参照。◉(7)**松根石上与誰説**＝「松根石上」は大閑人の居所、語らう知音もおらない。◉(8)只可自怡悦、不堪持贈君＝自証自得の処は人に語ることが出来ない。陶弘景の白雲詩。【一二四の二】注(13)参照。◉(9)士屈於不知己者、伸於知己者＝士は己の価値を知ってくれない人に対しては力を発揮しないが、己を知ってくれる人には力を発揮する。『晏子春秋』内篇雑上の二十四節に、「士は己を知らざるに詘《くつ》して、己を知るに申《の》ぶ」と。◉(10)**月到中峰猶未帰**＝真夜中になってもまだ帰らぬ。飯田欓隠氏は、「月に見惚れて、帰るを忘れたも、また神通」と。【八の一】注(14)参照。◉(11)蘭生幽谷…舟在江海…＝底本の「宮」は「谷」の誤記。蘭が奥深い谷に生ずる場合、それを身に帯びるものがいないからとて、芳香を放たぬということはない。舟が江海に在る場合、乗る者がいないからとて、浮かばぬということはない。『淮南子』説山訓の四章、続いて、「君子の義を行なうや、知るもの莫きが為にして止休せず」と。第二十六則（【二三四】）垂示にも。

※江月和尚和韻に、「世尊在日幾辛苦、大衆胡為慕別離。咄箇難提亦無用、一声杜宇不如帰」と。

《頌評唱》評に曰く。尊者の所説、寔《まこと》に貴《たっと》ぶ可《べ》し。「如来在世の時、世界は平正にして丘陵有ること無し」と、此の言《げん》尽くせり。

或るひと云く、「怪しい哉《かな》、如来在世の日、豈《あ》に丘陵をしも云わん哉《かな》。(1)檀特山《だんどくせん》、霊鷲嶺《りょうじゅれい》、祇園樹《ぎおんじゅ》、雲煙を排して立つ、洹河《ごうが》の水、波浪を畳んで流る。渓澗荊棘《けいかんけいきょく》、草木瓦石《そうもくがせき》、今日と異なること無し。而《しか》るを妄《みだ》りに世界は平正にして丘陵有ること無しと道《い》うて可ならん哉《かな》」と。

予曰く、「你《なんじ》が言、然《しか》り、二千年前万象森羅《ばんしょうしんら》、草木山河、豈に今日に異ならん。恨む所は人に迷悟有るのみ。所以《このゆえ》に言う、道に今古無しと。悟る則《とき》は諸相非相、草木叢林《そうりん》、山河大地を全うして、束《つか》ねて以て真如実相無為具足の(2)金剛宝戒と化す。迷う則は真如実相無為具足の金剛を分かち、計して以て山川渓谷荊棘《けいきょく》瓦石と為す。所以《このゆえ》に言う、世界丘虚《きゅうきょ》、樹木枯悴《こすい》すと。須《すべか》らく知るべし、悟る則は常に霊鷲に在ることを。如来真法身の外、纖塵《せんじん》有ることを見ず、豈に丘陵有らんや。迷う則《とき》は(3)薪尽火滅《しんじんかめつ》、空《むな》しく草木瓦石穢悪《えあく》充満の辺土のみを見る」と。所以に頌に曰く、「日暮雲晴れ、眼界空ず」と。言《こころ》は、国師、既に大徹透過、面前四維上下十方法界、半点の形貌《けいぼう》無く、纖毫《せんごう》の瑕翳《かえい》無し、只だ一片匝地《いっぺんそうち》の清風のみ。「松根石上、誰が与《ため》にか説かん、月は中峰に到って猶お未《な》だ帰らず」と。此の語、甚《はなは》だ難透難解《なんとうなんげ》。此の語を見徹《けんてつ》すること掌果《しょうか》を見るが如くなることを得ば、乍《たちま》ち向《さき》に所謂《いわゆる》「拈得すや也た未《ま》だしや」を見徹せん。此《ここ》に於いて始めて国師と相見することを得ん。未だ然らずんば、言うこと莫かれ、「我れは是れ大応大灯、東海日多《にった》の孫子なり」と。

(1)檀特山、霊鷲嶺、祇園樹＝「檀特山」は北インドの健駄羅国《けんだらこく》にある山、釈尊前生の須大拏太子が苦行したと伝えられる（『六度集経』巻二）。第一則（【二一八】）頌評唱注⑲参照。「霊鷲嶺」は中インド、マガダ国王舎城の東北にあった山。「祇園樹」は中インド、コーサラ国舎衛城の南部にあった祇陀太子所有の樹林で、給孤独長者の献じた僧園。◉(2)金剛宝戒＝『梵網経』下に、「金剛宝戒は是れ一切仏の本源、一切菩薩の本源」と見える、大乗円頓戒。◉(3)薪尽火滅＝仏の無余涅槃に入るを云う。第二則（【二一九】）頌評唱注(1)参照。

【二三八】第二十一則　尊者領徒

《垂示》垂示《すいじ》に曰く。(1)昔、太公望呂尚《たいこうぼうりょしょう》は、殷《いん》に在る則《とき》は(2)老鼠《ろうそ》の空屋《くうおく》に睡《ねむ》るが如く、周《しゅう》に行く則は(3)蛟《こう》龍《りゅう》の雲雨を領《りょう》ずるに似たり。所以《このゆえ》に言う、「(4)士は其の己《おのれ》を知る者に伸《の》び、己を知らざる者に屈《くつ》す」と。作麼生《そもさん》か是れ知。

(1)昔太公望呂尚在殷…＝底本の「大」は「太」の誤記。呂尚は周、東海の人、四岳の裔、本性は羌氏、字は子牙。周の文王に見出され、武王の時、扶けて殷の紂《ちゅう》王を討ち、功により斉に封ぜられる。◉(2)老鼠睡空屋＝さっぱり冴えなかった。◉(3)蛟龍領雲雨＝英雄として羽ばたいた。【五二の二】注(3)参照。◉(4)士伸其知己者、屈不知己者＝士は己の価値を知ってくれる人には力を発揮するが、己を知ってくれない人に対しては力を発揮しない。『晏子春秋』内篇雑上の二十四節。前則頌注(9)参照。

《本則》挙《こ》す。(1)**伽耶舎多尊者《がやしやたそんじや》、徒《と》を領《りよう》して一舎に到る**〔(2)堯舜《ぎようしゆん》、天下を率《ひき》いるに仁を以てして、民、之れに従えり。桀紂《けつちゆう》、天下を率いるに暴を以てして、民、之れに従えり。(3)衲僧、天下を率いるに、何を以てしてか、民、之れに従わんや〕。**舎主《しやしゆ》**(4)**鳩摩羅多《くもらた》、問うて云く、「是れ何の徒衆ぞ**〔(5)深く来風《らいふう》を辨ず。(6)知って問うは礼なり。(7)虻《ぼう》は積血《せきけつ》を散じ、斲木《たくぼく》は齲《く》を癒《いや》す〕。**尊者云く、「是れ仏弟子**〔(8)可惜許《かしやつこ》、良《りよう》を圧《おさ》えて賤《せん》と為す。(9)錯《あやま》って名言《みようごん》を下す〕。**羅多《らた》、**(10)**仏号《ぶつごう》を聞いて、**(11)**心神悚然《しんじんしようぜん》として即時に戸《こ》を閉ず**〔作家《さつけ》、作家、(12)自ら是れ鳳凰台上《ほうおうだいじよう》の客、眼《まなこ》高うして看て黄金に到らず〕。**尊者良久《りようきゆう》、自《みずか》ら其の門を扣《たた》く。羅多云く、「此の舎、人無し**〔(13)風流愛《め》づ可《べ》し。(14)寒山に一宅有り、宅中に欄隔《らんかく》無し。房房《ぼうぼう》、虚《むなし》くして索索《さくさく》、東壁《とうへき》と西壁《さいへき》とのみ〕」。**尊者云く、「無しと答うる者は誰《た》ぞ**〔(15)大声《だいせい》は里耳《りじ》に入らず。(16)卵を見て時夜《じや》を求め、弾《たま》を見て鴞炙《きようしや》を求む〕」。**羅多、語を聞き**(17)**是れ異人《いじん》なることを知って、遽《にわ》かに関《かん》を開いて**(18)**延接《えんせつ》す**〔(19)可惜許、尊者に和して、好し国を提《お》い出ださんには。(20)頭上は太《はなは》だ高生《こうせい》、末後《まつご》は太だ低生《ていせい》〕。

(1)**迦耶舎多尊者…**＝『伝灯録』二第十七祖僧伽難提《そうぎやなんだい》章、第十八祖伽耶舎多章等に見える。摩提国の人なり、…母方聖、嘗て大神の鑑を持するを夢みる、因って娠有り、凡《およ》そ七日にて誕る。…鑑を持して出遊し、難提尊者に遇って得度す。難提問う、「汝幾歳なるや」。曰く、「百歳」。難提曰く、「汝年尚お幼し、何ぞ百歳と言うや」。曰く、「我れ理を会せず、正に百歳なるのみ」。難提曰く、「汝、機を善するや」。曰く、「仏言く、『若し人、百歳を生きるとも諸仏の機を会せずんば、未だ一日を生きて之れを決了し得たらんには若《し》かざるなり』と」。難提曰く、「汝が手中の者当《まさ》に何を表わす所ぞ」。童曰く、「諸仏の大円鑑、内外に瑕翳無し」。両人同《とも》に心眼、皆な相似たるを見るを得。…他時、風の殿の銅鈴を吹く声を聞く。難提、舎多に問うて曰く、「鈴鳴るや、風鳴るや」。舎多曰く、「風に非ず、鈴に非ず、我が心の鳴るのみ」。難提曰く、「心復た誰ぞや」。舎多曰く、「倶に寂静する故に」。難提曰く、「善哉善哉」、…即ち付法す。舎多…徒を領して大月氏国に至り、一婆羅門《ばらもん》の舎に異気有るを見る。尊者将《まさ》に彼の舎に入らんとす、…以下の問答は本則の如し。◉⑵堯舜率天下…。桀紂率天下…＝（古の聖王の）堯や舜は天下を統べ治めるのに仁徳を用いて、人民は服従した。（また悪虐な王の）桀や紂は天下を統べ治めるのに道に外れた行ないを用いたが、人民は服従した。『大学』第五段の第二節。◉⑶衲僧率天下以何民従之＝「本来ノ面目ヲ以テ天下ヲ率イルトキハ、上ハ梵天帝釈、下ハ閻魔大王デモ従ハンモノハナイ」。◉⑷**鳩摩羅多**＝大月氏国の巨富の婆羅門の子、初め外道自然説を尊崇して、因果の正法を信じなかった。しかし十年来飼っている不思議な犬のことと、一日みた不思議な夢の事を外道に尋ねてもわからず、遂に迦耶舎多尊者に出合って初めて得心を得る（『正宗記』巻三）。◉⑸深辨来風＝出会い頭に見透し。第九則（【二二六】）頌評唱注⑵参照。◉⑹知而問礼也＝（されど）知って問うは礼儀と云う。『論語』八佾篇に「或るひと曰く、『孰《たれ》か鄹人《すうひと》の子、礼を知れりと謂うか。大廟に入りて、事毎《ことごと》に問うとは』。子、之れを聞いて曰く、『是れ礼なり』」。◉⑺虻散積血斲木愈齲＝虻《あぶ》は溜まった血を吸い取り、削り木は虫歯を癒す。どんな者にでも能所は有る。『淮南子』説山訓の十四章。◉⑻可惜許、圧良為賤＝惜しい、あたらつまらんものにしおって。「価モ知レヌモノヲ、値段ヲ付ケタハ残念」【七二の二】注⑾参照。◉⑼錯下名言＝「仏弟子ジャ抔ト、名モナイモノニ名ヲ付ケタ」。『碧巌』九十八頌下語。◉⑽**仏号**＝仏の名号。ここは、仏という名を聞いただけ。◉⑾**心神悚然**＝心のそこから恐ろしくなり。◉⑿自是鳳凰台上客、眼高看不到黄金＝もともとより高貴な殿上の人なのだから、黄金なぞ目にもくれない。「仏ノ、クサミモ、イヤジャ、仏弟子ト云ウモ、尻目デ見ヤリモセヌ」【七】注⒂参照。◉⒀風流可愛＝「人無シトハ、ナルホド、面白イ」。第十九則（【二三六】）本則注⑵参照。◉⒁寒山有一宅…東壁打西壁＝底本の「窟中」は「寒山」の誤記。寒山には一つの屋敷があるが、屋敷の中には何のしきりもない。…どの部屋もどの部屋もがらんがらんの空っぽ、東の壁と西の壁とが立っているだけ。「打」は連詞で「…と」の意。『寒山詩』一六七「寒山有一宅」。維摩の丈室にも似て、何にもない。◉⒂大声不入里耳＝りっぱな音楽は俗人の耳に受けいれられない。『荘子』天地篇。◉⒃見卵而求時夜、見弾而求鴞炙

＝底本の「鶚」は「鴞」の誤記。卵を見ただけで、その（孵化した鳥が成長して）明け方の時を告げるを求めたり、弾丸を見ただけで、（射止めた）ふくろうの炙り肉にありつこうとする（は、いかにも早計すぎる）。『淮南子』説山訓の十二章。第九則（【一二六】）本則注⒀参照。◉⒄**是異人**＝優れた人である。◉⒅**延接**＝舎に引き入れて引見し、もてなした。『伝法正宗記』三には、「必ず智者ならんと疑い、前事を求決せんと思い、乃ち戸を開いて之れを納め、遜《へりくだ》って大士を其の主榻に坐らしめ、盛列供養し、因って以て犬の事を之れに問う」とある。金の亡者と化した父親が死んで犬となった宿縁を解き明かされて、自らも仏弟子となった。◉⒆可惜許、和尊者好趕出国＝ああ残念千万、会下の大衆は勿論、舎多尊者も一緒に追い出したらよかったのに。「趕」は貞永寺版によって改める。『碧巌』一本則下語に「和志公趕出国始得」。◉⒇頭上太高生、末後太低生＝「初メ、門ヲ閉メタハ、ヨカッタガ、末後ハ大イニ尾ダレニナッタ」。底本の「大」は「太」の誤記。『碧巌』四本則下語。

《本則評唱》評に曰く。尊者、徒《と》を領《りよう》して行く、鳩摩羅多《くもらた》、纔《わず》かに「是れ仏弟子」と云うことを聞いて、心神悚然《しんじんしようぜん》たる者は何ぞや。纔かに「無しと答うる者は誰ぞ」と云うことを聞いて、俄《にわ》かに関を開いて延接《えんせつ》す。⑴是れ甚《はなは》だ軽忽《きようこつ》なる者に非ずや。

一僧有りて曰く、「然《しか》らず、他は是れ大徳賢聖《けんじよう》、豈《あ》に軽忽の作用《さゆう》有らんや。纔かに『仏弟子』と云うことを聞き、乍《たちま》ち門閫《もんこん》を閉却す。⑵是れ他を如何《いかん》と見んと要する者なり。惜《お》しむ所は、⑶公案、未だ円《まど》かならず。若し、『無しと答うる者は誰ぞ』と云うを聞いて曰わん、『⑷是れは此れ夢幻空華《むげんくうげ》、谷響影像《こくきようようぞう》』と。『⑸只だ此の夢幻空華、直に是れ諸仏の本源《ほんげん》、你《なんじ》が仏性なること莫《な》しや』と曰うを聞いて関を開いて延接せば、⑹頭《はじめ》正《ただ》しく尾《おわり》正しからん」と。

予曰く、「是《ぜ》なることは則ち是《ぜ》なり、似たることは則ち似たり。他は是れ得道の大人、⑺目撃《もくげき》して道存《みちそん》す、豈に便ち煩《わずら》わしく你が(8)叨叨《とうとう》を用いん。切《せつ》に忌《い》む、你等軽心慢心《きょうしんまんしん》、(9)妄《みだ》りに歯牙《しが》を挟《はさ》むことを」。信ぜずんば、国師の頌に参ぜよ。

(1)非是甚軽忽者＝これは甚だ人を小馬鹿にした様な話ではないか。「軽忽」は「ないがしろにする」。◉(2)是要見他如何者也＝どんな相手かと、探りを入れたもの。◉(3)公案未円＝話が未だ行き届いていない。未解決の案件。第十九則（【二三六】）本則注(2)参照。◉(4)是此夢幻空華谷響影像＝無しと答える者も、夢・幻・目病の花・こだま・鏡に映った影像の如きもの。羅多に代わっての言。◉(5)只此夢幻空華…你仏性麼＝ただこの幻こそ直ちに汝の仏性ではないか。舎多に代わっての言。◉(6)頭正尾正＝始めもよし、終わりもよし。間然する所なし。『碧巌』五十六本則下語。◉(7)目撃道存＝一見しただけで身に道が備わっていることが分かる。『荘子』。第十一則（【二二八】）垂示注(2)参照。◉(8)叨叨＝ペチャペチャおしゃべりする。◉(9)妄挟歯牙＝みだりに嘴をさしはさむ。

《頌》(1)**踏断《とうだん》す、春風千万峰**〔(2)破草鞋《はそうあい》、湖辺《こへん》に抛向著《ほうこうじゃく》せよ。(3)唐虞《とうぐ》は日に孳孳《しし》として以て王を致し、桀紂《けっちゅう》は日に快快《かいかい》として以て死を致す〕、

蒼苔青蘚《そうたいせいへき》、霊蹤《れいしょう》を鎖《と》ざす〔(4)古殿深沈《こでんしんちん》として暁《あかつき》未だ開かず、玉簫《ぎょくしょう》吹き徹す鳳凰台《ほうおうだい》〕。

(5)**落花啼鳥《らっかていちょう》、夕陽《せきよう》の裏《うち》**〔(6)只だ渓回《たにめぐ》り路《みち》転ずるのみを見て、知らず身《み》の桃源《とうげん》に在ることを〕、

(7)**雲合《がっ》し雲開《ひら》く、晩寺《ばんじ》の鐘**〔(8)家に帰って担子両頭《たんすりょうとう》脱す、柴《しば》は自《おの》ずから青く、火《ひ》は自ずから紅なり。

(9)人天交接《にんでんきょうしょう》して両《ふた》つながら相見《あいみ》ることを得ん〕。

(1)**踏断春風千万峰、蒼苔青蘚鎖霊蹤**＝春風にのり、幾千万の山川を踏み越えて、這の漢を尋ねてはるばる〔大月氏国

まで）やって来たが、（見出したるは）苔むし、まさきかづらに覆われた羅多尊者の居所。「鳩摩羅多ガ居所ヲ伽耶舎多ガ見イダシタ」。◉⑵破草鞋、抛向湖辺著＝【六八】注⑽参照。◉⑶唐虞日孳孳…桀紂日快快…＝唐・虞（堯舜）は日々つとめ励んで王となった。桀・紂は日々快楽にふけって身を亡ぼした。『淮南子』繆称訓の十四章。淮南子原本の「快快」は意に依って「快快」に改めるべきであるとするのが今日の説。貞永寺版も「快快」、実は底本も「快快」なのであるが字体曖昧。所が飯田本、龍吟社本では「快々」に改めてしまう。◉⑷古殿深沈暁未開、玉簫吹徹鳳凰台＝領会する者なく、ただ空しく達磨は人の為に幽妙の語を説くのみ。『虚堂録』巻五頌古七「達磨見梁武帝」。【一一〇の二】注⑼、【一二〇の七】注⑹参照。◉⑸**落花啼鳥夕陽裏**＝花落ち鳥啼く、夕まぐれ。評唱はこの転句、次の結句を一緒にして二尊者明暗双双底の境界を詠ったものとする。しかし別の角度から「落花啼鳥」を所謂「鳥銜花落」を指すと見れば、それはもと「牛頭未だ四祖に見《まみ》えざる時、百鳥花を銜《ふく》んで供養す、見えて後什麼と為てか来たらず」と云う話を踏まえる。「百鳥銜花供養」は聖者の境界であるが、禅門では「猶お這箇の有る在り」である。ここでは羅多尊者と牛頭法融とがダブっている。牛頭融も仏の一字をみて悚然とする（『伝灯録』巻四牛頭章）。◉⑹只見渓回路転、不知身在桃源＝只だ行く先々、渓を何度も回り、道を何度も曲がったのを覚えているだけで、我ながら自身桃源郷におると云うことを知らなんだ。不知最親。『偃渓広聞録』巻下径山録の除夜小参（禅十五・二八八下）。◉⑺**雲合雲開晩寺鐘**＝雲関を開いて、親しく聞く入相の鐘。「鳥も来たらず」、這箇もふっきれた境界。「此の舍、人無し」と鎖ざした関を、「無しと答うる者は誰ぞ」の一語を聞いて、開けたを詠う。「明暗双双ノ時節」。◉⑻帰家担子両頭脱、柴自青兮火自紅＝両方の背負い子を降ろして帰家穏坐すれば、旧に依って柴は青く、火は紅色。『江湖風月集』巻上、月洲法乗「雪樵」に、「拶到孤峰不白処、全身猶堕棘林中。〜、〜」と。但し「帰」は「至」。◉⑼人天交接両得相見＝天人と人間がしょっちゅう相見え行き来をしている。説法第一の富楼那尊者の受記に、将来法明如来と号して、その世界は七宝の楼台が立ち並び、諸天の宮殿が近く虚空に処す故に、天人と人間とがいつも往来すると云う。『法華経』

五百弟子受記品。

※江月和尚和韻に、「尊者羅多仰鷲峰、雪山踏雪欲留蹤。無人此舎有誰答、延接開関飯後鐘」と。

《頌評唱》評に曰く。二尊者、既に道業《どうぎょう》成熟《じょうじゅく》し、(1)見地《けんち》の山、知障《ちしょう》の嶺、多少嶮難の道路を踏断《とうだん》し、(2)意《い》路《ろ》不到、情解《じょうげ》不及の処に向かって穏坐す。是の故《ゆえ》に言う、「蒼苔青蘚、霊蹤を鎖《と》ざす」と。

(3)既に是れ二尊向上の歩驟《ほしゅう》、明暗双双《みょうあんそうそう》、無功用の没巴鼻《もっはび》の処に於いて、賓主献酬《ひんじゅけんしゅう》す。恰《あたか》も浮雲《ふうん》の無心にして合し、無心にして開くに似たり、所以《このゆえ》に言う、「雲合し雲開く、夕陽の裏《うち》」と。

(1)踏断見地山知障嶺＝第一句に就いての評。「見地」は狭義には十地の第四位を云うが、ここは広く十信・十住・十行・十回向・十地・等妙覚等の菩薩の修行位を指す。「知障」とは我執に起因する煩悩障と法執による所知障との二障の後者を云う、諸法の事相実性の悟りを障《さえぎ》る故に。◉(2)向意路不到情解不及処＝第二句に就いて。羅多尊者の居所は意識の思慮分別、知的理解の到底及ぶ所でない。◉(3)既是二尊向上歩驟、…明暗双双…賓主献酬＝第三、四句を一緒に評す。舎多羅多二尊者の向上の歩み振りは（行履）、明暗双双、造作を越えて、他から窺いようもなき問答応酬振り。

【二三九】第二十二則　弟子衰老

《本則》(1)挙《こ》す。(2)梵摩《ぼんま》浄徳《じょうとく》云く、「(3)弟子《でし》衰老《すいろう》せり、師に事《つか》うること能《あた》わず〔(4)老いては筋力を以て能《のう》と為さず。(5)雲無心にして以て岫《しゅう》を出で、鳥飛ぶに倦《う》んで帰ることを知る〕、**願わくは次の子を捨てて以て出家せしめん**〔老婆親切。(6)己が欲せざる所は人に施すこと勿《な》かれ〕」。

(1)挙＝本則は、垂示を欠く。◉(2)梵摩浄徳＝迦毘羅《かびら》国の長者。南天竺国の第十五祖迦那提婆尊者の行化に遇う。評唱参照。◉(3)弟子衰老＝梵摩この時七十九歳。◉(4)老不以筋力為能＝年寄りの冷や水はやらぬもの。『五祖演録』海会録の謝街坊上堂（禅十二・四三八）、もと『礼記』曲礼上に「老者は筋力を以て礼と為さず」と。◉(5)雲無心以出岫、鳥倦飛而知帰＝雲は無心に山の峰から湧き出で、鳥は飛び疲れてねぐらの巣に帰って行く。陶淵明「帰去来の辞」。◉(6)己所不欲勿施於人＝底本の「莫」は「勿」。『論語』顔淵篇や衛霊公篇。

《本則評唱》評に曰く。(1)梵摩浄徳《ぼんまじょうとく》は、即ち(2)迦毘羅《かびら》国の人なり。園樹、茸《きのこ》を生ず、味、甚《はなは》だ美なり。唯だ長者と第二の羅睺羅多《らごらた》とのみ取って食らう。取り了《お》われば随って生ず。(3)迦那提婆尊者《かなだいばそんじゃ》、其の宿因《しゅくいん》を知って即ち偈有って曰く、「(4)僧と為って理に通ぜざれば、身を復《ふく》して信施《しんぜ》を還《かえ》す。長者八十一にして、其の樹、茸を生ぜず」と。長者、偈を聞いて増ます歎伏《たんぷく》して曰く、「衰老せり、願わくは次の子を捨てて師に随って出家せしめん」と。祖曰く、「昔、如来、此の子を(5)記したまうに、当《まさ》に(6)第二の五百年に大教主と為るべしと。今の相遇うこと、蓋《けだ》し(7)宿因に符《かな》えり」と。即ち与《ため》に剃髪《ていはつ》す。

尊者の偈に曰く、「道に入って理に通ぜざれば、身を復して信施を還す」と。寔《まこと》に恐る可《べ》し。今時、往往に(8)不覚不知を認得して以て向上の宗旨と為して、話頭を懐《ふところ》に掛けず、参禅を念と為さず、徒《いたず》らに日《ひび》に無智昏愚《こんぐ》を主張して以て足れりと為す。(9)胡為《なんすれぞ》の物を指して理と為すことも亦た知らず、生身の仏祖なりと謂《い》って、妄《みだ》りに自ら尊大なる底《てい》多し。知らず、他の信施を奈何《いかん》せん。

(1)梵摩浄徳＝カビラ国の有徳の長者。迦那提婆がカビラ国の梵摩浄徳家に行化した時、不思議な茸の宿因を知る。それは昔、その家に一比丘を供養していたが、死して木耳《きくらげ》と成って宿債《しゅくさい》を還した因縁。『伝灯録』二、『伝法正宗記』三第十五祖迦那提婆伝に見える。「第二の羅睺羅多」は、第二子のこと。◉(2)迦毘羅国＝迦毘羅衛国、釈迦族の居住地。◉(3)迦那提婆尊者＝辯論を得意とし、龍樹の法を嗣いで十五祖となる。第七則（【二二四】）頌評唱注(1)参照。◉(4)為僧不通理…其樹不生茸＝僧となったが、遂に仏法の理を会得出来なかった為に、死んで後、身をキクラゲと復して恩を還しているが、七十九歳の長者が八十一になったら、受けた恩の分は返済することになるので、茸はもう生じないだろう。◉(5)記＝「記別」の略、予言。◉(6)第二五百年＝一千年後。◉(7)宿因＝過去に植えた業因、しかしここは過去の如来の記別を云う。◉(8)認得不覚不知、以為向上宗旨＝何も覚えない知らないを、向上の宗旨と見なす。第十三則（【二三〇】）本則評唱には、「一喝の会を作し畢わり、以て向上の宗旨と為す」と。◉(9)指胡為物為理亦不知…不知奈他信施何＝何が仏法の理かも理解せず、自ら生き仏と吐かし、人様から受けた信施を一体どうするつもりだ。

《頌》(1)**己《おのれ》を退き人を進む、比す可《べ》き無し**〔(2)其の身を後《あと》にして身先《さき》んじ、其の身を外にして身存《そん》す。(3)是れ死蛇《しじゃ》なりと雖《いえど》も、弄《ろう》することを解《げ》すれば又た活《かっ》す〕、

(4)**百千年後、誰有ってか知らん**〔(5)知らざる最も親し。(6)聖朝《せいちょう》に棄物《きぶつ》無し〕。

(7)**室羅城畔《しらじょうはん》、金水《きんすい》の上《ほとり》**〔(8)尽大地、是れ沙門の一隻眼、豈《あ》に室羅城をしも云わんや。(9)好肉を剜《えぐ》って瘡《きず》を作《な》すこと莫《な》かれ〕。

(10)**古仏、放光動地《ほうこうどうち》の時**〔(11)上下四維《しゆい》、十方法界、総に是れ一団の霊光。(12)水を担《にな》って河頭に売ること莫かれ〕。

(1)**退己進人無可比**＝自分は退いて、他人を薦める、比べようもない快事。◉(2)後其身而身先、外其身而身存＝〔無私の聖人は〕自分の身を後にして他の人々を先に立てようとするが、かえって人々から慕われてその身が先に立てられ

るようになり、自分の身を考慮の外に置いて人々のために尽くすが、かえって人々から大切にされてその身が存続される。『老子』韜光第七章。◉⑶雖是死蛇解弄又活＝「浄徳ハ死蛇デモ、国師ノトリナヤミデ、イキテキタ」【一六二】注⒇参照。◉⑷**百千年後有誰知**＝梵摩より今までもまたこれから百千年後も、国師以外、梵摩を真に理解する者は居ない。◉⑸不知最親＝「ソンナ馬鹿ナ事ハ、知ラヌガ、ヨイ」。地蔵琛が法眼に語った語。【一六三】注⑺参照。◉⑹聖朝無棄物＝聖代には棄てておかれるものとて無い。杜甫「客亭」、もと『老子』二十七章に「(聖人は)常に善く物を救う、故に棄物無し」と。◉⑺**室羅城畔金水上**＝「室羅城」は室羅筏城《しらばじょう》、拘薩羅国《こうさらこく》の首都舎衛城《しゃえいじょう》を云う。梵摩の第二子、羅睺羅多尊者がカビラ国から行化して、シュラーヴァスティの金水河の源に過去沙羅樹王如来である僧伽難提を見出した。『伝灯録』二羅睺羅多章。◉⑻尽大地是沙門一隻眼、豈云室羅城＝「ナニ室羅城畔斗《ばかり》デナイ、上下四維十方法界ミナ是沙門一隻眼」。前句は雪峰の語、『碧巌』五本則評唱。◉⑼莫剜好肉作瘡＝「作」は「生」とも。要らざることを云うな。**【四の二】**注⑸参照。◉⑽**古仏放光動地時**＝正法を説き給う。第二十則（**【二三七】**）参照。「放光動地」は「仏が深い経を説く前に、光明を放ち大地を震動せしめること、是れ大乗の通相なり。法華六瑞中の二瑞」。**【三の二】**注⒀参照。◉⑾上下四維十方法界総是一団霊光＝「ドコモカシコモ放光動地」。◉⑿莫担水売河頭＝珍しくもない。**【五の二】**注⑻参照。

※江月和尚和韻に、「梵摩浄徳以何比、弟子老衰人不知。誰記百千年後事、看来一夢頓醒時」と。

《頌評唱》評に曰く。「弟子衰老せり、師に事《つか》うこと能《あた》わず、願わくは次の子を捨てて出家せしめん」と。是れ「己を退《しりぞ》き人を進む」。夫《そ》れ菩薩は大慈善巧《だいずぜんぎょう》、己が身を進めんと欲して先ず他人を進め、己が身を達せんと欲して他人を達す、寔《まこと》に「比す可《べ》き無し」。後来《こうらい》、此の子、果たして羅睺羅多《らごらた》尊者と称して大教主と為り、室羅筏《しらば》城畔に於いて⑴大法幢《だいほうどう》を立て⑵大法施《だいほっせ》を行ず。是れ寔《まこと》に「放光動地《ほうこうどうち》」に非ずや。

(1)大法幢＝「法幢」は大法を宣布する際の標幟。第十七則（【二三四】）垂示注(3)参照。◉(2)大法施＝「法施」は在家が出家に布施する財施に対して、出家が在家に教法を施与し指導教化するを云う。

【二四〇】第二十三則　蜜多伝衣

《垂示》垂示《すいじ》に曰く。(1)尊《たっと》きことは道《みち》より尊きは莫《な》く、美なることは徳より美なるは莫し。道徳の存せざる所は天下に王たると雖《いえど》も通ずるに非ず。道徳の存する所は匹夫《ひっぷ》と雖も窮《きゅう》するに非ず。人、若し道徳有らば、(2)人、其《そ》れ諸《こ》れを舎《す》てんや、必ず信伏して之れを師とせん。試みに挙して看ん。

(1)尊者莫尊乎道焉…雖匹夫非窮＝『禅林宝訓』一、一章、明教嵩和尚の言として見える。◉(2)人其舎諸＝『論語』子路篇に、「爾《なんじ》の知らざる所、人其れ諸《こ》れを舎《す》てんや」と。

《本則》挙《こ》す。(1)不如蜜多《ふにょみつた》、偈《げ》を聞き、(2)再び祖に啓《もう》して云く、「法衣《ほうえ》、宜《よろ》しく伝授《でんじゅ》す可《べ》し〔(3)婆《ば》が裙子《くんす》を借りて婆に拝年《はいねん》す。(4)家富んで小児驕《おご》る。(5)枝蔓《しまん》上に復《ま》た枝蔓を生ず。(6)風流ならざる処、也《ま》た風流〕」。**(7)祖云く、「此の衣は難の為の故《ゆえ》に仮《か》りて以て証明す**〔(8)你《なんじ》は其の羊を愛す、我れは其の礼を愛す。(9)虚の多きよりは実の少なからんに如かず。(10)子《こ》を顧《かえり》み、孫《まご》を憶《おも》う〕。**(11)汝が身、難無し、何ぞ其の衣を仮らん**〔(12)明君は臣を知り、明父は子を知る。(13)至道無難《しどうぶなん》、唯嫌揀択《ゆいけんけんじゃく》〕」。**(14)蜜多、語を聞いて作礼《さらい》して退く**〔(15)下載《あさい》の清風、誰にか付与《ふよ》せん。(16)梱載《きんさい》して往き、嚢《ふくろ》を垂《た》れて帰る〕。

(1)**不如蜜多…**＝以下の話は『伝灯録』二、二十五祖婆舎斯多《ばしゃした》尊者伝に見える。伝法の偈は評唱に詳しい。「蜜」は「密」

とも。底本混用するが「蜜多」に統一した。◉(2)**再啓祖云、法衣宜可伝受**＝『正宗記』四には、「蜜多、既に付法を受け、復た斯多に告げて曰く、『尊者、祖師の僧伽梨衣を以て王宮に秘し、之れを授くる事を蒙らず、其れ何の謂ぞや』」（大正五十一・七三七下）と。◉(3)借婆裙子拝婆年＝法衣という他人の褌で、相撲をとる。【三一の一】注(8)参照。◉(4)家富小児驕＝濁富の世にはつまらぬ輩が跳梁跋扈する。太公望の語。【一の六】注(5)参照。「偈ヲ聞タ上ニ、法衣ヲ伝エントハ、驕タセンサクジャ」。◉(5)枝蔓上復生枝蔓＝枝葉末節のこと。『趙州録』上（禅十一・三〇七）。◉(6)不風流処也風流＝いや却ってそれも面白い。【一の九】注(18)参照。◉(7)**祖云、此衣為難故仮以証明**＝『正宗記』には、「斯多曰く、『我れ昔、衣を伝えられるは、蓋し先師難に遇い、付法顕《あき》らかならずんば、用いて今の信の験《しるし》と為《せ》んがためならん』」と。婆舎斯多の師、師子《しし》尊者が王難に遇って殺され、婆舎斯多の嗣法も疑われたが、伝法の僧伽梨衣に依って証明されたことを踏まえる。『付法蔵因縁伝』等、第二十四祖師子尊者で絶法したと妄説するのもあるくらいである。◉(8)你愛其羊、我愛其礼＝形も時には必要。『論語』八佾篇。◉(9)虚多不如実少＝しかし、えてして格好倒れ。禅録は「多虚不如少実」、『碧巌』十九本則評唱、『伝灯録』巻二十八汾州無業（馬祖下）。もと『説苑』十六談叢に、「君子の言は寡にして実、小人の言は多にして虚」と。◉(10)顧子憶孫＝それもこれも、児孫を思うてのこと。『碧巌』の三教老人の序「顧子念孫」。◉(11)**汝身無難、何仮其衣**＝『正宗記』には、「汝が我に適嗣することは、五天皆な知る、何をか衣を用いて為さん。但だ化導に勤めよ、汝の已後は人を度すること無量ならん」と。◉(12)明君知臣、明父知子＝【五三】注(8)参照。◉(13)至道無難、唯嫌揀択＝なんでもないこと、ただえり好みさえしなければよいだけ。【一〇七】注(2)参照。◉(14)**蜜多聞語作礼而退**＝『正宗記』には、「蜜多、黙然として命を奉ず」と。◉(15)下載清風付与誰＝『碧巌』四十五頌。【三三】注(9)参照。◉(16)稇載而往、垂橐而帰＝往きは一杯に詰めて往き、帰りはさっぱり空っぽにして帰る。「稇載」は「満載」の意。『虚堂録』巻一瑞巌録、もと『管子』小匡篇に、「諸侯の使は橐《ふくろ》を垂れて入り、攟載《きんさい》して帰る」とあるのを逆に云ったもの。

《本則評唱》評に曰く。二十六祖不如蜜多《ふにょみった》尊者は、(1)南印度天徳王の次子なり。法を(2)二十五祖婆舎斯多《ばしゃした》尊者に嗣《つ》ぐ。尊者、偈《げ》有って曰く、「(3)聖人《せいじん》知見を説く、境に当たって是非《ぜひ》無し。我れ今、真性《しんしょう》を悟る、道《どう》無く亦た理《り》無し」と。不如蜜多、偈《げ》を聞き、再び祖に啓《もう》して曰く、「法衣、宜《よろ》しく伝授す可《べ》し」と。祖曰く、「此の衣は難の為の故《ゆえ》に仮《か》りて以て証明す。你《なんじ》が身、難無し、何ぞ其の衣を仮らん。化を十方に被《およ》ばしめて、人、自ら信向《しんこう》せん」と。不如蜜多、語を聞いて作礼《さらい》して退く。信《まこと》なる哉《かな》、(4)子《こ》を知ることは父に越ゆるは無し。国師頌有り、曰く。

(1)南印度天徳王之次子也＝『会元』一、不如蜜多伝に依る。但し、『伝灯録』二、『正宗記』五等の蜜多伝に依れば、蜜多は南天竺国の徳勝王の太子。天徳王没後、その子徳勝王が即位し外道を信じ、それを諫めた蜜多太子を牢獄に入れる、しかし伝法衣の神異を見て改悛し、蜜多の出家を許した。◉(2)二十五祖婆舎斯多尊者＝罽賓国《けいひんこく》（ガンダーラ、カシュミール地方）の人。姓は婆羅門、生誕のとき左手を拳《にぎ》って生まれる、二十歳の時、師子尊者に遇い、拳を開いて珠を還し、宿因を顕発して密に心印を受ける。◉(3)聖人説知見…無道亦無理＝聖人の知見に即せば、是非もなければ、道理も無い。この「知見」は分別知見ではなく、仏知見、知見波羅蜜を云う。底本の訓み「知見と説く」を、「知見を説く」に改める。因みに、その師師子尊者の伝法の偈は、「正に知見を説く時、知見倶に是れ心。心に当たって即ち知見、知見今に即す」。◉(4)知子無越父＝【五三】注(8)参照。

《頌》(1)**月高うして松頂《しょうちょう》、孤光《ここう》冷《きよ》し**〔(2)本来無一物、何《いず》れの処にか塵埃《じんない》を惹《ひ》かん。(3)上下四維《しゆい》、等匹《とうひつ》無し〕、
(4)**風残雲《ざんうん》を弄《ろう》して穐《しゅう》意《い》寛《ひろ》し**〔(5)盤《ばん》に和《わ》して托出《たくしゅつ》す夜明珠《やみょうしゅ》。(6)竹影、堦《かい》を掃って塵《ちり》動ぜず、月、潭底《たんてい》を穿って水に痕《あと》無し〕。

(7)**四海涓涓《けんけん》として百川《ひやくせん》落つ**「(8)王令《おうれい》、既に行なわれて天下に遍《あまね》し、将軍塞外《さいがい》に煙塵《えんじん》を絶す」、(9)**琉璃殿上《るりでんじよう》、夜遊《やゆう》闌《たけなわ》なり**「(10)物の比倫《ひりん》に堪《た》えたる無し、我れをして如何《いかん》が説かしめん。(11)両鏡相照《りようきようあい》ら《て》して中心影像《ようぞう》無し」。

(1)**月高松頂孤光冷**＝人人本具の仏性は真如の月の冴え冴えとした如し。「何ゾ仮ン其衣ト云ハ、カケクモリナイ処ヲ云タモノ」。◉(2)本来無一物、何処惹塵埃＝『六祖壇経』。【一四一】注(3)参照。◉(3)上下四維無等匹＝天にも地にもどこにも比べるものがない。古今独歩である。【一六六の三】注(8)参照。◉(4)**風弄残雲穐意寛**＝底本の「穐」は「秋」の古字。綺麗さっぱりと疑いの雲を払って、広々とした秋空。因みに、『続古尊宿語要』一、晦堂心語に、「風巻残雲宇宙寛、碧天如水月如環。祖師心印分明在、対此憑君子細看」。◉(5)和盤托出夜明珠＝ああ、見事なもの。【二四の二】注(7)参照。◉(6)竹影掃塔塵不動、月穿潭底水無痕＝竹影はきざはしを掃いても塵一つ動かず、月は水底に徹しても、水面に痕一つつかない。行じて行ぜず、説いて説かず、無心の境界。『会元』十六、雲峰志璿（法雲本下、雪竇下四世）章。◉(7)**四海涓涓百川落**＝「涓涓」は「水が細く流れるさま」であり、また「清新・明潔のさま」を云う、ここは後者の意。『碧巌』三十一頌の「四海浪平、百川潮落」を踏まえて、是非の念を離れた天下太平を謳歌したもの。蜜多の「教化が十方に被《およ》ぶ」を祝った語。◉(8)王令既行遍天下、将軍塞外絶煙塵＝「四海八蛮ドコモカモ太平ノ御代」。『臨済録』示衆の四料簡「奪境不奪人」の語。◉(9)**琉璃殿上夜遊闌**＝蜜多尊者の日々夜々の行化がそのまま遊戯三昧であるを云う。「琉璃殿上」は、例えば『碧巌』十八則「無縫塔」本則の雪竇の著語に見えるが、「瑠璃殿もここでは本分ぞ、ここに至っては知識の沙汰はなきぞ、知解情識の尽きた処を瑠璃殿と云うた」（『秘鈔』）。「夜遊」は【一一〇の一】注(8)参照。書き入れにも、「琉璃殿上：滴翠曰、是ハドコノ事ゾ、兼中至、兼中到迄届ネバ知レヌゾ、ナゼ夜遊ト云カ、ココ迄届ネバ、実ニ本来無一物ノ場ニハ届カヌ」、また「上下四維、一顆ノ明珠、地獄ノ底迄スキトヲル、是蜜多尊者ノ建法幢、立宗旨上デモ違ハヌ。又凡聖ノカゲハナイ、男デモ、女デモ、悟テモ、迷テモ、ソレヲサへ見付ルト…」とある。◉⑽無物堪比倫、教我如何説＝この塩梅は言うに言えず、説くに説かれず。『寒山詩』五。【九の三】注㉓参照。◉⑾両鏡相照中心無影像＝両者の心中、互いに障礙なし。『碧巌』三頌下語。【一八八の二】注⑺参照。

※江月和尚和韻に、「此衣伝授閑家具、眼界絶塵天地寛。仏法元来無仏法、門闌喜色在門闌」と。

《頌評唱》評に曰く。此の頌、全篇、秋光《しゅうこう》一片⑴寥廓虚静《りょうかくきょせい》底を賦《ふ》して、以て人人本具底の真性、⑵純清《じゅんせい》絶点《ぜってん》、円明虚凝《きょぎょう》を演《の》ぶ。豈《あ》に特《ひと》り蜜多《みった》大士のみならんや。箇箇男子大丈夫、一点の障難《しょうなん》無く、一点の瑕《か》翳《えい》無し。所以《このゆえ》に言う、「月高うして松頂、孤光冷し」と。是れ上下四維《しゆい》、森羅草木《しんらそうもく》、総に是れ一団の秋光なる者に非ずや。

縦《たと》い生死有り、涅槃有り、仏法有り、王法有り、付鉢有り、伝衣有るとも、総に是れ秋風の残雲を逐《お》うが如し。者《こ》の中、吉凶無く、栄辱《えいじょく》無く、障礙《しょうげ》無く、災害無し。所以《このゆえ》に言う、「四海涓涓《けんけん》として百川落つ」と。謂《い》つ可《べ》し、「⑶無影樹下《むようじゅげ》の合同船《ごうどうせん》」と。「琉璃殿上《るりでんじょう》、夜遊闌《やゆうたけなわ》なり」とは、者の中、国師密語《みつご》有り、⑷来日、諸人が為に説破し去らん。

⑴寥廓虚静＝「寥廓」は「からりとして広いさま、天地未分一気のさま」、『楚辞』遠遊篇に、「上寥廓而無天」。「虚静」は「一物も胸中に止めず、心を落ち着けているさま」、『荘子』天道篇に、「虚静を以て天地に推し、万物に通ずるを言う、此れを之れ天楽と謂う」と。◉⑵純清絶点、円明虚凝＝秋光一片の形容。一点の汚れもない、団々たる虚明体。石霜慶諸の語に、「寒灰枯木にし去れ、純清絶点にし去れ」と。◉⑶無影樹下合同船＝耽源の無縫塔頌。【一三七】注⑷参照。◉⑷来日為諸人説破去＝明日皆にそっと話してやろう。国師に親見せずば分からない。

【二四二】第二十四則　玄沙三病

《垂示》垂示《すいじ》に曰く。(1)土《つち》積んで山と為《な》り、水《みず》積んで海と為り、旦暮《たんぼ》積んで之れを歳《とし》と謂《い》う、参究《さんきゅう》積んで之れを衲僧《のうそう》と謂う。且《しば》らく道え、者《こ》の什麼《なに》をか参究する。

(1)土積而為山…旦暮積而謂之歳＝土を積めば山となり、水を積めば海となり、朝夕を積んだものが年である。『荀子』儒効篇の十三節に、「積土為山、積水而為海、旦暮積謂之歳」と。

《本則》挙《こ》す。(1)玄沙、衆《しゅ》に示して云く、「諸方の老宿、尽《ことごと》く道《い》う、『(2)接物利生《せつもつりしょう》』と〔(3)什麼《なん》と道うぞ、(4)酔後《すいご》郎当《ろうとう》として人を愁殺《しゅうさつ》す〕。**忽《たちま》ち(5)三種の病人に遇わば、作麼生《そもさん》か接せん**〔(6)和尚、事生ぜり、禍事禍事《かじかじ》、大《だい》小大《しょうだい》の禍事。(7)三千里外、錯《あやま》って挙すること莫《な》かれ〕。**患盲《げんもう》の者、(8)拈槌竪払《ねんついじゅほつ》、他《た》又た見ず**〔(9)盲者の見えざるは日月の咎《とが》に非ず。(10)曾《かつ》て雪霜の苦に慣れて、楊花《ようか》の落つるにも也《ま》た驚く〕。**患聾《げんろう》の者、語言《ごごん》三昧、他又た聞かず**〔(11)若し耳を以て聞かば、終《つい》に会《え》し難し、眼処《げんじょ》に声を聴いて応《まさ》に始めて会すべし。(12)蛛蝥《しゅぼう》は網を結んで工《たくみ》に遮邏《しゃら》す〕。**患瘂《げんあ》の者、伊《かれ》をして説かしむるに、又た説くこと得ず**〔(13)謗斯経故《ぼうしきょうこ》、獲罪如是《ぎゃくざいにょぜ》。(14)縦《たと》い仏祖といえども、説得することを得ず〕。**且《しば》らく作麼生か接《せつ》せん**〔(15)接することを用いて什麼《なに》か為《せ》ん。(16)者裏《しゃり》、能接《のうせつ》無く、所接《しょせつ》無し。(17)若し我相人相衆生相有らば《がそうにんそうしゅじょうそう》、即ち菩薩に非ず〕。**若し此の人を接し得ずんば、(18)仏法に霊験《れいげん》無し**〔(19)若し霊験有らば仏法に非ず。(20)穀気《こくき》、元気《げんき》に勝つときは、其の人、肥えて寿《ひさ》しからず、元気、穀気に勝つときは、其の人、痩《や》せて寿《ひさ》し〕」。

僧、雲門に(21)請益《しんえき》す〔(22)殃門《おうもん》に禍《わざわい》を添《そ》う、(23)虎穴に入らずんば虎児を獲《え》ず。(24)事《じ》、応《まさ》に此《かく》の如くなるべし〕。**門云く、「汝、礼拝著《らいはいじゃく》せよ**〔(25)盤《ばん》に和《わ》して托出《たくしゅつ》す夜明珠《やみょうしゅ》。(26)昨夜金烏《きんう》飛んで海に入り、暁天《ぎょうてん》旧に依って一輪紅《くれない》なり。(27)雲門天子、気宇王《きう》の如し〕」。**僧、礼拝して起つ**〔(28)風流愛《め》づ可し。(29)作家《さっけ》の禅客、天然《てんねん》別なり。雲門天子、気宇王の如し〕。**門、拄杖《しゅじょう》を以て挃《つ》く。僧、退後《たいご》す**〔(30)也《ま》た可《か》なり、也た可なり。(31)虎は生まれて三日にして牛を食らうの気有り。(32)歩歩《ほほ》、清風起《せいふうお》こる〕。**門云く、「**(33)**汝、是れ患盲にあらず**〔(34)層落落《そうらくらく》、影団団《かげだんだん》。(35)海神《かいじん》、貴《たっと》きことを知って価《あたい》を知らず。雲門天子、気宇王の如し〕」。**復《ま》た、「**(36)**近前来《きんぜんらい》」と喚《よ》ぶ**〔(37)将《しょう》は印《いん》に随《したが》って行《ゆ》き、兵《へい》は将を追うて転《てん》ず。(38)呼ぶことは即ち易《やす》く、遣《や》ることは即ち難《かた》し〕。**僧、近前す**〔(39)世《よ》の良馬《りょうめ》の鞭影《べんえい》を見て行くが如し〕。**門云く、「汝、是れ患聾にあらず**〔(40)巌下《がんか》に風《かぜ》生じ、虎、児を弄《ろう》す。(41)眼《まなこ》、東南を看《み》て、心《こころ》、西北に在り〕」。**乃《すなわ》ち云く、「還《かえ》って会すや**〔(42)骨を敲《たた》いて髄《ずい》を取る。(43)人を殺さんには須《すべか》らく血を見るべし〕」。**僧云く、「不会《ふえ》**〔(44)丈夫自《おの》ずから衝天《しょうてん》の気有り、如来の行処に向かって行くこと莫かれ。(45)大冶《たいや》の精金《せいきん》、変色無し〕」。**門云く、「汝、是れ患瘂にあらず**〔(46)衣珠《えしゅ》を酔客《すいきゃく》に砕《くだ》き、金《きん》鎖《さ》を病猿《びょうえん》に劈《さ》く〕」。**僧、此《ここ》に於いて省《せい》有り**〔(47)可惜許《かしゃっこ》、末後《まつご》、甚《はなは》だ漏逗《ろうとう》〕。

(1)**玄沙示衆**…＝この則は『碧巌』八十八則に依る。この話は『玄沙語録』巻中、『雲門広録』巻中、『汾陽録』頌古七三、『伝灯録』巻十八、『会要』巻二十三、『会元』巻七等に見え、全て内容はほぼ『碧巌』に同趣であるが、肝心の『玄沙広録』巻中に見える原形の話頭は大分異なる。（因みに、『玄沙語録』は『玄沙広録』より遥か後代の出版）。◉(2)**接物利生**＝応機接物、利益衆生。どんな人間が来ても済度する師家の働き。◉(3)道什麼＝（玄沙に向かって）何戯言をぬかすか。◉(4)酔後郎当愁殺人＝酔っ払いの戯言、聞いてはおれぬ。【五四】注(3)参照。◉(5)**三種病人**＝眼有れど色を見ず、耳有れど声を聞かず、意有れど分別せず。『玄沙広録』では見聞覚知を離却したあり方を「根門無功」と云い、「盲聾瘂」と云う。しかしその悟りに腰をおろせば三種病となる。見不見、聞不聞、説不説を越えた真の境界の問題。「禅坊主ハ一度三種病ヲ病ンデ、病ミヌカネバ役ニ立ヌ」。◉(6)和尚事生也、禍事禍事、大小大禍事＝そりゃ、難題が生じたぞ、さあ大変、一大事だ、おそろしや。【一一三】注⑶参照。◉⑺**三千里外莫錯挙**＝戯言を何処にも云いふらすな。趙州の語。【七】注⑻参照。◉⑻**拈槌竪払他又不見**＝盲病の人は、説法のとき使う槌砧《ついちん》や払子を用いる師家の働きを見ない。「槌砧」の「砧」は八角の径五・六寸、高さ三・四尺の柱台、「槌」とは砧を叩いて音を出させる小木槌の柄のないもの、説法・作務・展鉢などのあることを大衆に告げる道具。「払子」は【一の七】注㊽参照。◉⑼**盲者不見非日月咎**＝『維摩経』仏国品に、「(仏問う)『日月豈に浄ならざるや、而も盲者見ざるや』。(舎利弗)対《こた》えて曰く、『見ざるなり。世尊よ、是れ盲者の過なり、日月の咎《とが》に非ざるなり』。(仏云う)『舎利弗よ、衆生罪の故に如来仏土の厳浄を見ざるは如来の咎には非ざるなり』」と。◉⑽**曽慣雪霜苦楊花落也驚**＝余り不幸な目にばかり会って来たから、柳の花が散るのを見ても心が痛む。『虚堂録』二宝林録、但し「慣」は「経」。もと『頌古連珠通集』巻三、天衣懐の「傅大士夜夜抱仏眠」頌、但し「慣」は「被」。『俗語解』[一六一六]に、「『黒犬に嚙まれた者、灰汁《アク》の垂滓《タレカス》に怖じる』の意なり」。◉⑾**若以耳聞終難会、眼処聴声応始会**＝耳で聞くあいだは分からない、眼で声を聞いて始めて会得できるというもの。『無門関』十六、但し「始会」は「始親」。もと『伝灯録』十五、洞山价の頌に、「也大奇也大奇、無情説法不思議。若し耳を将て聴かば終に会し難し、眼処に声を聞いて方に知る可し」と。◉⑿**蛛蝥結網工遮邏**＝蜘蛛は網をかけて巧みにさえぎって捕まえる。「遮邏」は「さえぎる」。黄庭堅『山谷集』巻一演雅。◉⒀**謗斯経故、獲罪如是**＝底本の「此」は「斯」。斯の経を謗る故に、驢馬となったり、疥癩《かいらい》野干《やかん》になったりして身を苦しめる。『法華経』譬喩品の頌。ここは、この罰当たりの唖めと、抑下。【一八の二】注㉑参照。◉⒁**縦仏祖説得不得**＝(さはさりながら)仏祖と雖も説くことはならぬと、托上。◉⒂**用接為什麽**＝接得して何をしようとするのか。◉⒃**者裏無能接無所接**＝ここには元来、師家が接化するの、学者が接化されるのと云うような能所はない。◉⒄**若有我相…即非菩薩**＝教えてやろうなどという根性が有っては駄目。本来度すべき衆生相無く、私貴方の差別相も無し。『金剛経』大乗正宗分第三。◉⒅**仏法無霊験**＝この人を済度出来ない仏法なら役立たず。◉⒆**若有霊験非仏法**＝霊験というような特殊奇特な事を認めるのは正法ではない。◉⒇穀気勝元気…、元気勝穀気…＝栄養が足りて太りすぎると短命、本来の元気が栄養分に勝つときは痩せて長命。霊験なぞと云うも無きに如かず。『骨董稿』に医書「東医宝鑑」に載ると云うが、未検。また、『維摩経略疏垂裕記』巻二に、「楊泉の物理論に曰く」として、上の句を載せる。◉㉑**請益**＝既に教えを受けた者が更にまた先輩の指導を仰ぐ意、また単に進問して研鑽する意。◉㉒殃門添禍＝底本の「添殃」は「添禍」。禍の上にも禍を添える。よりによって雲門に請益するとは。第七則（【二二四】）頌注⑻参照。◉㉓不入虎穴不獲虎児＝危険を犯さなければ大利は獲られない。『後漢書』班超伝。【二八の一】注⑿参照。◉㉔事応如此＝そうこなくてはいかん。【九八】下語にも。◉㉕和盤托出夜明珠＝ああ、見事なもの。【二四の二】注⑺参照。◉㉖昨夜金烏飛入海、暁天依旧一輪紅＝昨夜太陽は西海に沈み、今朝又東天に昇る。『廓庵十牛図』返本還源頌に対する石鼓希夷の和韻。【一六の二】注⑵参照。◉㉗雲門天子気宇如王＝さすが雲門天子と云われるだけある、王の如き器量の大きさ。【一〇の一】本文に「衲僧箇箇気宇如王」。「雲門天子」は、第十則（【二二七】）本則評唱注⑹参照。◉㉘風流可愛＝見事な応対。第十九則（【二三六】）本則下語。◉㉙作家禅客天然別＝天然に優れた禅僧と絶賛。【一の九】注⑾参照。◉㉚也可也可＝それもよい、それもよい。◉㉛虎生三日有食牛気＝底本の「機」は「気」の誤記。第三則（【二二〇】）頌評唱注⑺参照。◉㉜歩歩清風起＝「一トハタラキ、一トハタラキ、手スジガヨイ」、「ソノアトヘヒサッタハ、スサマジイヤツダ」。◉㉝**汝不是患盲**＝盲ではないと、玄沙の盲病の関を雲門が開いてやった。◉㉞層落落、影団団＝高く幾層にも広々、明珠の如き洞徹した光影。『碧巌』十八頌、その下語に「通身是れ眼」と。◉㉟海神知貴不知価＝真価を知る者なし。【八八】注⑸参照。◉㊱**近前来**＝此方へ来い。◉㊲将随印行、兵追将転＝雲門天子の令には従わざるをえない。『虚堂録』巻一興聖入寺語、『真浄文録』等では「兵随印転、将逐符行」。『犂耕』に「去来動静、法王の法令に拠って行ぜざるは無し」と。第二則（【二一九】）本則注⑸参照。◉㊳呼即易、遣即難＝呼び召したのはよいが、あとが面倒。『碧巌』七十五頌、評唱に「呼蛇易、遣蛇難」と。「旧時民間に術士の符呪を用いて蛇を召したり帰したりするを能くするものが有ったが、ある時霊力を失って、呼んだが帰らすことが出来なくなってしまった。自ら面倒を引き起こす比喩」（上海辞書版『中国俗語大辞典』）。◉(39)如世良馬見鞭影而行＝俊敏なるかな。第十五則（【二三二】）本則参照。◉(40)巌下風生虎弄児＝父子商量、畏るべき光景。第三則（【二二〇】）本則評唱参照。◉(41)眼看東南、心在西北＝口と腹の底は別。【一の八】注(34)参照。◉(42)敲骨取髄＝骨髄に徹した厳しい鍛え方。第九則（【二二六】）本則注(17)参照。◉(43)殺人須見血＝生殺しはいかん、徹底的にやるべし。【二一一】注(14)参照。◉(44)丈夫自有衝天気、莫向如来行処行＝底本の「機」は「気」、「不」は「莫」。「不会トハ、ヨク云タ、…如来ノシッコニ、付テハ、マワラヌ」。『伝灯録』二十九同安十玄談。◉(45)大冶精金無変色＝底本の「大阿」は「大冶」の誤植。さすが鍛え抜かれた精金は変色しないわい、と、僧を絶賛。『雪竇録』巻三拈古「百丈再参」。第五則（【二二二】）頌評唱注(23)参照。◉(46)砕衣珠於酔客、劈金鎖於病猿＝仏見法見を木っ端微塵に打ち砕いた。東陽英朝編『禅林句集』に見える。「衣珠酔客」は法華七喩の一、仏性を衣中の宝珠に譬えたもの、『法華経』五百弟子受記品に出る。「金鎖」は『智度論』二十二、「譬えば人の囹圄に在る如く、桎梏の拘われは赦を蒙り得ると雖も、而も復た金鎖が為に繋がる。人の、恩愛煩悩が為に繋がるるは牢獄に在るが如し。出家するを得たりと雖も禁戒に愛著せば、金鎖に著するが如し」。「金鎖病猿」は『緇門警訓』十「唐修雅法師聴誦法華経歌」に、「我れ昔、心猿未だ調伏せざるとき、常に金鎖を将て虚しく拘束す。今日親しく此の経を誦するを聞いて、始めて物として拳拳為る無きを覚ゆ」（大正四十八・一〇九七上）とあるが、この「心猿」を「病猿」に改めたもの。◉(47)可惜許、末後甚漏逗＝惜しい、最後にボロを出しおって。

《本則評唱》評に曰く。(1)福州玄沙《げんしゃ》師備《しび》宗一《しゅういつ》禅師は、閩州《びんしゅう》謝氏の子なり。幼にして釣《ちょう》を垂《た》ることを好み、小艇を南台江に汎《う》かべて諸《もろもろ》の漁者に狎《な》る。三十にして乃《すなわ》ち舟を棄て、(2)芙蓉《ふよう》の訓《くん》禅師に投ず。(3)蒲《ほ》衲芒《のうぼう》屨《く》、(4)食、纔《わず》かに気を接《つ》ぎ、常に終日宴坐《えんざ》す。後に(5)楞厳経《りょうごんきょう》を閲《けみ》して心地を発明《ほつみょう》す。是れ由《よ》り機に応ずること敏捷なり、(6)修多羅《しゅたら》と冥契《めいけい》す。諸方の玄学、未だ決せざる所有れば必ず之れに従って請益《しんえき》す。法を雪峰に嗣ぐ。

一日、衆《しゅ》に示して曰く、「諸方の老宿《ろうしゅく》、尽《ことごと》く言う、『接物利生《せつもつりしょう》』と。忽《たちま》ち三種の病人に遇わば、作麼生《そもさん》か接せん」と。此の話、極めて難信難透《なんしんなんとう》、叢林第一の(7)切処《せっしょ》なり。高きことは(8)天の九虎の関に等しく、嶮しきことは海の三級の浪の如し。若し人、参究著《さんきゆうじやく》せば、尽天下を廻《めぐ》って、(9)丘陵も亦た之れ無けん。

此の三種の病根を抜かんと要せば、毎朝須《すべか》らく(10)補心湯一貼《いってん》を服すべし。信心《しんじん》(11)一両《いちりよう》、勇猛《ゆみよう》精進二両、大疑団《だいぎだん》三両、(12)放下著《ほうげじやく》一両、(13)純一無雑《じゆんいつむぞう》一両、動静不二《どうじようふに》一両、(14)黙通《もくつう》一両、(15)報答深恩《ほうとうじんおん》一両、枯淡淡薄《こたんたんぱく》一両、(16)糸瓜《へちま》の皮《かわ》一分五厘、(17)脚跟下《きやつこんか》一両、(18)不退転《ふたいてん》二両、真風挽回《しんぷうばんかい》二両。右十二味、分別妄想の葉を去り、知解情量の皮を除き、大慈大悲の法に依り、菩薩の威儀に随って煎ず。

第一に須らく(19)一喝《いつかつ》の会《え》、陀羅尼《だらに》の会《え》、空寂無相《くうじやくむそう》の会、(20)盲亀空谷《もうきくうこく》、(21)烏黒鷺白《うこくろはく》、(22)気形《きけい》の活句《かつく》、(23)眼《げん》横鼻直《のうびちよく》、(24)黙照邪禅《もくしようじやぜん》、(25)頼耶八識《らやはつしき》の暗窟《あんくつ》、(26)無事向上《ぶじこうじよう》の禅、(27)立ち枯れ禅法、(28)婆口《ばばくち》問答、右十一味を禁ずべし。(29)上風にも亦た置くことを忌む。何《なん》が故《ゆえ》に此《かく》の如くなる。渠《か》れ久しく仏祖の真風を染汚《ぜんな》し、祖師向上の禅を滅尽す。故に国師深く児孫此の党多からんことを恐る。是の故に頌有り、云く。

(1)福州玄沙師備宗一禅師＝『会元』七、玄沙章に依る。師備禅師（八三五―九〇八）は、唐末福建に生きた禅者、福州閩《びん》県仁恵里の謝氏の三男坊に生まれ、釣魚船上の謝三郎と自称す。◉(2)芙蓉訓＝芙蓉霊訓は馬祖下の帰宗《きす》智常に嗣ぐ。芙蓉山は福州城の北六十里（二十四キロメートル）にあり、玄沙は二十六歳の時に門をくぐり、三年後に落髪する。◉(3)蒲衲芒屨＝がまの衣にわらぐつ。但し、『会元』、『伝灯録』ともに、「蒲」は「布」。◉(4)食纔接気、常終日宴坐＝粗食のさまは息をつなぐだけ、常に坐禅三昧であった。◉(5)楞厳経＝大唐神龍元年（七〇五）に般剌蜜帝が訳す。

しかし中国撰述の偽経の疑もある、馬祖系の禅者によく読まれたもの。『楞厳経』はこの則の「見不見」の問題を徹底的に究明した経である。特にその巻二は『碧巌』九十四則にも取り上げられている。その巻四では「阿那律陀は無目而見、跋難陀龍は無耳而聴、殑伽神女は非鼻聞香、驕梵鉢提は異舌知味、舜若多神は無身覚触」と云い、特に「聞不聞」の問題を究明する。◉(6)与修多羅冥契＝お経の心とピタリと一致していた。「修多羅」は「スートラ」の音訳。◉(7)切処＝切急の処、痛切の肝要処、極則所。◉(8)天九虎関＝『楚辞』招魂に、「天には虎豹が守る九重の関がある」と云う。◉(9)丘陵亦無之＝第二十則（【二三七】）を参照。◉(10)補心湯一貼＝「一貼」は「薬一服」の意。「補心湯」とは「願心を補う薬」の意か。『仏祖統紀』巻三十道宣律師章には心労薬の天王補心丹の名がある。以下、補心湯の調合法、『羅湖野録』巻下四十八慧日雅章に云う、雅の「禅本草」を補佐した湛堂文準の「炮炙論」に倣ったもの。『遠羅天釜』巻中にも、「輭酥丸《なんそがん》一剤、諸法実相一斤、我法二空各一両、寂滅現前三両、無欲二両、動静不二三両、糸瓜の皮一分五釐、放下着一斤、右七味、忍辱の汁に浸す…」とある。◉(11)一両＝薬の重さの単位。約三十七グラム。◉(12)放下著＝一切をさらりと放す。趙州の語。【五の二】注(14)参照。◉(13)純一無雑＝雑用心ない工夫。『法華経』序品に出る。◉(14)黙通＝『碧巌』六本則評唱に、「禅門は黙に宜し」と。◉(15)報答深恩＝仏祖の深恩に報ぜんとする志。◉(16)糸瓜皮＝先の注(10)参照。何の役にも立たないもの。また、つまらないもののたとえ。◉(17)脚跟下＝『秘鈔』に、「人々具足の仏性」、また「手前の足元は手前で知れ、人を頼みにするな」。◉(18)不退転＝退転することなく、精進する。一に位不退、既に修得した位次を失わない。二に行不退、所修の行法を失わない。三に念不退、正念を失わない。◉(19)一喝会、陀羅尼会、空寂無相会＝第七則（【二二四】）頌評唱参照。◉(20)盲亀空谷＝出身の路無し。「無念無想デヨイト」。『碧巌』十二頌下語。【一八七の一】注(4)参照。◉(21)烏黒鷺白＝烏は黒く、鷺は白い。「眼横鼻直」に同じ。『碧巌』三十頌に「鵠白烏黒」とあるが、もと『楞厳経』巻五に、「松は直く、棘《いばら》は曲れり、鵠《はくちょう》は白く、烏は玄《くろ》し」と。◉(22)気形活句＝「気形」は「動物」の意。何か生き物の字のある句なら活句と心得た安直さ。白隠禅師『於仁安佐美』巻下に、偽老師が無智の弟子に教誨し、葬式の引導法語の作り方を教えては、「時《と》き相応の古人の偈《げ》一篇を唱へて、末後送行《まつごそうあん》の一着《いちじゃく》は、活句《かっく》を一句吐く者のなるぞ。活句とは、鳥飛べば毛落つ、魚行けば水濁る、臥龍死水を鑑《かんが》みず、鈍鳥巣を離れず、なににもせよ、気形と云って、生類獣《けだ》もの抔《など》の事の在るのを、活句とは云ふぞ。是れは此れ仏々祖々伝来底の大略なるぞ。死に到るまで、能く護持せよ。…」と相似禅を披瀝する。また「活句」は『会元』十五徳山縁密（雲門下）章に、「但だ活句に参じて、死句に参ずること莫かれ」と。◉(23)眼横鼻直＝法爾如然、そのままが、元のまま。◉(24)黙照邪禅＝『大慧書』「答富枢密第三書」に見えるが、大慧宋杲が曹洞派の黙然と枯坐する禅風を罵倒した語。◉(25)頼耶八識暗窟＝第六則（【二二三】）本則評唱注(9)参照。◉(26)無事向上禅＝無事と向上を結合した、白隠の造語。『宝鑑貽照』にも、「今時の立枯、見性せず参禅せず、看経せず受戒せざるを無事向上の道人と称す」と。◉(27)立枯禅法＝看話禅から黙照禅を罵って枯禅と云う。◉(28)婆口問答＝未詳。飯を嚼《か》んで嬰児に餵《く》らわせるような老婆心切の長義を云うか。◉(29)忌上風亦置＝風上にも置けない、鼻持ちならぬもの。

《頌》**(1)盲聾瘖瘂《もうろういんあ》、誰《たれ》か能《よ》く接《せつ》せん**〔(2)平生《へいぜい》の肝胆《かんたん》、人に向かって傾く、相識《そうしき》は猶《な》お不相識の如し。(3)老樹《ろうじゅ》、波に臥して寒影《かんえい》動き、野煙《やえん》、草を浮かべて夕陽《せきよう》昏《くら》し〕。

(4)退後近前《たいごきんぜん》、指下《しげ》明らかなり〔(5)頭頭顕露《ずずけんろ》、物物全真《もつもつぜんしん》。(6)破布嚢裏《はふのうり》の真珠、識者は正に知る是れ宝なることを〕。

(7)多くは診候沈動《しんこうちんどう》の処に向かい〔(8)罔象《もうしょう》到る時、光燦爛《さんらん》、離婁《りろう》行く処、浪滔天《なみとうてん》、(9)亀上《きじょう》に毛を求め、兎辺《とへん》に角《つの》を覓《もと》む〕。

(10)知らず、三種は一毛病《もうびょう》なることを〔(11)飯を嚼《か》んで嬰児《えいじ》に餵《く》らわす。(12)毘婆尸仏《びばしぶつ》早く心を留《と》むも、直に而今《いま》に到るまで妙を得ず〕。

(1)**盲聾瘖瘂誰能接**＝盲聾唖は誰も接得することは出来ない。「コイツ大ニ悟テ来タヤツ、目モツブレ、鼻モツブレ、口モ頭モ耳モツブレ切テ、不見仏界、不見魔界、不見有生死涅槃、コンナ大ナ、デカバチナイモノ（途方もない者）ガ、出テ来タラ、何ト接得スルゾ」。◉(2)平生肝胆向人傾、相識猶如不相識＝平生から人に対して、心底ありたけ丸出しで接している。『碧巌』二十六本則評唱。【一七四】注(7)参照。◉(3)老樹臥波寒影動、野煙浮草夕陽昏＝老樹の寒波に映ずる影動き、春草に靄立つ夕暮れ。「釈迦デモ達磨デモ、手ノ付ケラレヌ処ヲ丸ケ出イタ」。『虚堂録』巻九径山後録の除夜小参に見える、新旧交接の祝句。◉(4)**退後近前指下明**＝（しかれども雲門大師のみは）指で脈を診察する如くに、退後前進させて学者の病根を明らかにした。「指下明」は、『虚堂録』巻八続輯の上堂に、「大愚針砭を施さず、雲峰の疾を膏肓より起こす。後人、指下に明らめず、只管に薬病相治の処に向かって看るのみ」とあるごとく、「指を以て診脈して…病性を暁《さと》る」（『犂耕』）を云う。◉(5)頭頭顕露、物物全真＝一物一切、隠す処なく皆な真実のあらわれ。【二の二】注(6)参照。◉(6)破布嚢裏真珠、識者正知是宝＝『禅林類聚』巻四の一丁に仏性法泰（円悟下）云う、「破布裏の真珠、識者方《まさ》に知る是れ宝なることを」と。『法華経』五百弟子受記品の「酔人衣裏の珠」を踏まえて。また【二一四】注(15)参照。◉(7)**多向診候沈動処**＝多くの人は枝葉末節の外面だけで判断するが。「診候」は『大灯録』原本では「珍候」であるが、原本の誤植。「診候沈動」は「脈の沈動（浮沈）如何を候《うかが》って、病状を診断する」を云う。◉(8)罔象到時光燦爛、離婁行処浪滔天＝無心のみ道を得、知覚・聡明・言辨等みな道を得ることが出来ない。『天聖広灯録』十五風穴章に、「問う、『大海に珠有り、驪龍守護す、如何が取り得ん』。師云く、『～』」。但し「離」は「离」。もと『荘子』天地篇十二に、黄帝が南の果ての赤水で玄珠を失い、先ず知に、次に離朱に、また雄辨家の喫詬に探させても見つからず、最後に形象なき無心の象罔に命じて初めて得ることが出来た話。「離婁」は「離朱」とも云い、上古の眼識のある達人。【五一の三】注(8)参照。「罔象」は「象罔」とも、無心を擬人化したもの。◉(9)亀上求毛、兎辺覓角＝お門違い。『宗鏡録』巻一（大正四十八・四一七中）。◉(10)**不知三種一毛病**＝三種の病は根本的には一つの毛病であることを知らない。『虚堂録』巻一報恩録の重午上堂に、「人間四百四病、病々に薬有り。唯だ毛病のみ有って医し難し、直饒《たと》い善財手に信《まか》せて拈じ来たるも、也た只だ是れ対病与薬なるのみ」と。『犂耕』に「毛病」は「癖病」、「仏病祖病」を云うと。対症療法の施しようのない根本病。◉⑾嚼飯餵嬰児＝老婆心切の極み。【七二の二】注⑶参照。◉⑿毘婆尸仏早留心、直到而今不得妙＝空劫以前より心を留めてきても、現在に到るも埒の開くときなし。梁宝誌の語。【一〇七】注⑽参照。

※江月和尚和韻に、「不見不聞不説接、玄沙示指豈分明。韶陽跋橛為人処、毒薬還猶治多病」と。

《頌評唱》 評に曰く。此の三種の病根、甚《はなは》だ深重なり。庸医《ようい》の輩、神魂を悩ますと雖《いえど》も、輒《たや》すく診候《しんこう》すること能《あた》わず、豈《あ》に病根を抜くことを得んや。特《ひと》り雲門大師のみ有り、退後進前の際に於いて⑴三指を加えず九候を察して、⑵診候未発の処に於いて深く三種の病根を見る。謂《い》うこと莫《な》かれ、「⑶既に是れ一毛病、元来、皮膚《ひふ》疥瘙《かいせん》の少病なり」と。者般《しゃはん》の見解《けんげ》、之れを名づけて我法二空の大病、膏肓《こうこう》必死の重痾《じゅうあ》と道《い》う。夢にも曾《かつ》て国師を見ることを得んや、更に参ぜよ三十年。

⑴不加三指察九候＝三指を手首の脈どころに当てなくても、病状を診察する。「三部九候」といい、「人体の脈に関する部分。撓骨動脈部に三指を並置して、手首の方から寸関尺を三部と云い、この三部毎に浮・中・沈の三脈候があり、合わせて九候と云う」。◉⑵診候未発＝病状の未発以前。◉⑶既是一毛病、元来皮膚疥瘙少病＝既に一毛病なら、もともと皮膚の疥癬病の類《たぐい》、軽い病だなどと云うなかれ。「毛病」は通常は「馬の癖毛、癒し難い習癖」を云う。

槐安国語巻五終

槐安国語巻六

龍宝開山語録中頌古評唱

【二四二】第二十五則　翠巌眉毛

《垂示》垂示《すいじ》に曰く。(1)厲《ミニクキ》の人、夜半に其の子を生《う》めり、遽《にわ》かに火を取りて之れを視る。汲汲然《きゅうきゅうぜん》として唯《た》だ其の己《おのれ》に似んことを恐るるなり。宗師家、喝下に人を出《い》だし、頻《しき》りに毒手を下して之れを見る。(2)遽遽然《きょきょぜん》として唯だ其の己に勝《まさ》らんことを求むるなり。作麼生《そもさん》か是れ毒手。

(1)厲之人…唯恐其似己也＝癩《らい》病の人は、夜中に子が生まれると、いそいで灯をつけてその子を見る。あたふたとして、ただもうその子も自分と同じ病気が出ていないかと恐れるからである。『荘子』天地篇。【一三七】注(6)参照。◉(3)遽遽然＝怖れおののくさま。

《本則》挙《こ》す。(1)翠巌《すいがん》、夏末《げまつ》、衆《しゅ》に示して云く、「一夏《いちげ》已来《いらい》、兄弟《ひんでい》の与《ため》に東説西話《とうせつせいわ》す。看よ、翠巌が眉毛《びもう》在《あ》りや〔(2)三日にして廚下《ちゅうか》に下り、手を洗いて羹湯《こうとう》を作る。未だ姑《しゅうとめ》の食性《しょくせい》を諳《そら》んぜず、先ず小姑《こじゅうと》をして嘗《な》めしむ〕」。**保福《ほふく》云く、「賊を作《な》す人、心虚《こころいつ》わる**〔(3)久しく雨ふりて晴れずんば、丙丁《ひのえひのと》を看よ、久しく晴れて雨ならずんば、且《しば》らく戊己《つちのえつちのと》を看よ〕」。**長慶《ちょうけい》云く、「生ぜり**〔(4)雲は仲秋の月を掩《おお》い、雨は上元《じょうげん》の灯を打つ〕」。**雲門云く、「関《かん》**〔(5)嗔拳《しんけん》、笑面《しょうめん》を打たず〕」。

(1)**翠巌夏末示衆…**＝『碧巌』八則による。これまでに、【一八の三】、【八一の一】、【一一〇の三】、【一八一の二】、【二〇九の二】等で重重拈弄されてきた。◉(2)三日下厨下…先使小姑嘗＝（翠巌を新婦に、保福・長慶・雲門等を小姑に比して）嫁入りして三日目に台所に入り、手を洗ってスープをこしらえた。しゅうとめの口に合うかまだよく分からないので、先ず小じゅうとめになめさせてみる。「食性」は「食物に就いての嗜好」。筑摩文庫の吉川・小川編『唐詩選』、岩波文庫『中国名詩選』の王建「新嫁娘《かじょう》」。『全唐詩』巻三〇一。◉(3)久雨不晴看丙丁、久晴不雨且看戊己＝底本の「戊巳」は「戊己」の誤植。久しく雨が続いて晴れなければ、しばらく丙・丁を見よ。久しく晴れて雨が降らなければ戊・己を見よ。『五雑組』巻二、天部二の天候占いの諺。「丙丁」は五行で火の日に、「戊己」は土の日に当たる。第十九則（【二三六】）本則評唱にも、「久晴逢戊雨、久雨望庚晴」。◉(4)雲掩仲秋月、雨打上元灯＝「掩」は「罩《こむ》」とも。八月十五日仲秋の明月に雲がかかると、その翌年一月十五日の上元の灯節に雨が降る。『五雑組』巻二、天部二の天候占いの諺。◉(5)嗔拳不打笑面＝笑い顔には敵わない。『会元』巻十五雲台省因（智門祚下）章、もと『祖堂集』巻十二禾山無殷（薬山下四世）章に。

《本則評唱》評に曰く。明州翠巌《みんしゅうすいがん》の令参永明《れいさんようめい》禅師は、法を雪峰《せっぽう》の義存《ぎそん》禅師に嗣ぐ、(1)安吉州《あんきつしゅう》の人なり。一《いち》日《じつ》、衆《しゅ》に示して曰く、「一夏《げ》已来、兄弟《ひんでい》の与《ため》に説話《せった》す」と。此れは是れ今古叢林、(2)悪虎《あくこ》の九牢関、(3)毒火の万里坑なり。此《ここ》に到って抛身捨命《ほうしんしゃみょう》し去る底、幾千万ということを知らず。中に就いて吾が龍峰・華園の両国師、身心脱落、脱落身心し去る者は、是れ此の話頭なり。今、其の児孫棄擲《じそんきてき》して総に顧《かえり》みざる者は、将《は》た其れ什麼《なん》の心行《しんぎょう》ぞ。老僧、下語《あぎょ》して云う、「未だ姑《しゅうとめ》の食性《しょくせい》を諳《そら》んぜず、先ず小姑《こじゅうと》をして嘗《な》めしむ」と。此れ甚麼《なん》の道理をか説く。翠巌は是れ新嫁娘《かじょう》、保福《ほふく》・長慶《ちょうけい》・雲門《うんもん》等の諸老を指して以て小姑と為《せ》るか。将《は》た又た別に子細《しさい》有りや。雲門云く、「関」と。老僧、著語《じゃくご》して曰く、「嗔拳《しんけん》、笑面《しょうめん》を打たず」と。是れ又た什麼の道理ぞ。翠巌の笑面、雲門打たざるか、雲門の笑面、翠巌打たざるか。謂《い》うこと莫《な》かれ、「(4)彩《さい》に任《まか》せて抛出《ほうしゅつ》す」と。往往に言う、「雲門の那一関、翠巌の賊をして出入すること能《あた》わざらしむ」と。錯《しゃく》、錯、(5)一喝《かつ》の会《え》を作《な》す底《てい》と与《とも》に須《すべか》らく(6)一筆に勾下《こうげ》すべし。

(1)安吉州人也＝浙江省武康県の西北、『会元』に依る。『伝灯録』では、浙江省の湖州とする。◉(2)悪虎九牢関＝第二十四則（【二四一】）本則評唱注(8)参照。◉(3)毒火万里坑＝阿鼻地獄の大火坑を云う。◉(4)任彩抛出＝サイコロの目の出るに任せて、出任せに。思量に渉らずに。『碧巌』三十九本則評唱「信彩答去」。◉(5)一喝会＝棒の如し、一喝の如しと安直に片付けて事足れりとする態度。第七則（【二二四】）頌評唱参照。◉(6)一筆勾下＝『俗語解』［一四二二］に、「文字の肩に点をかけて『消してしまう』なり」。『碧巌』四十四本則下語。

《頌》 (1)**偸眼才《とうがんわず》かに開いて先ず手を下す**〔(2)君子の言は幽にして必ず明に験《しるし》有り、遠くして必ず近に験有り、大にして小に験有り、微にして必ず著に験有り〕、

(3)**眉毛生也《しょうや》、月方《まさ》に明かなり**〔(4)夜来、好夢を得て、今日再び相逢う。(5)好児《こうじ》は爺銭《やせん》を使わず〕。

(6)**雲門の関子《かんす》、万重の鎖《さ》**〔(7)善財《ぜんざい》も此《ここ》に到っては弾指《だんし》せず、尽大地の人、帰去来《かえんなんいざ》〕。

(8)**直に而今《いま》に至って夜行《やこう》を絶す**〔(9)相罵《あいの》ることは你《なんじ》に饒《ゆる》す觜《くちばし》を接《つ》げ、相唾《だ》することは你に饒す水を潑《そそ》げ〕。

(1)**偸眼才開先下手**＝一番手の保福の賊機を詠んで。「偸眼」は「見ぬような顔で見る、ぬすみ見をする」。◉(2)君子之言幽而…＝君子の言は、始め何の事だか分からないようだがはっきり験《しるし》があり、遠いようだが手近に験があり、大まかのようだが細かに験があり、微かなようだがれっきとしている。典拠未詳。◉(3)**眉毛生也月方明**＝長慶の言、月が

出たように明明。◉(4)夜来得好夢、今日再相逢＝夢見の通り、今日また再会できた。東陽英朝編『禅林句集』に採るが、典拠未詳。◉(5)好児不使爺銭＝一人前の息子は親の財産を当てにはしない。松源崇岳。第十七則（【一三四】）本則評唱注(7)参照。◉(6)**雲門関子万重鎖**＝雲門の関字、万重にも鎖ざしてしまった。◉(7)善財到此不弾指、尽大地人帰去来＝この境界に到っては善財童子も弥勒楼閣を弾指して開けて入った如くには行かず、善財のみならず尽大地の人すべてが退散する外はない。『江湖風月集』上、大川普済「慈峰千仏閣」に、「朶々湖山千古仏、重々煙樹一楼台。～、～」と。◉(8)**直至而今絶夜行**＝今に至るも誰も抜け道はならぬ。◉(9)相罵饒你接觜、相唾饒你水潑＝底本の「許」は「饒」、「澆」は「潑」。『碧巌』九本則下語。【一六六の三】注(4)参照。

※江月和尚和韻に、「翠巌夏末示諸衲、一句双双分晴明。保福雲門又長慶、人間天上月同行」と。

《頌評唱》評に曰く。四大老の用処《ゆうじょ》、恰《あた》か軍中の(1)暗号密令《あんごうみつれい》の如し、一隊(2)同火《どうか》の上士は一見して便ち落処を知る。所以《このゆえ》に言う、「眉毛生也、月方《まさ》に明らかなり」と。試みに言え、作麽生《そもさん》か是れ明処。

「雲門の関子、万重の鎖」と。者箇《しゃこ》の那《な》一関、(3)綿よりも軟かく、鉄よりも堅し、(4)天を照らし地を照らす。豈《あ》に夜行のみならんや、夜行・昼行・朝行・暮行、土《ど》を掃《はら》って滅絶して水も亦た通ぜず。(5)明覚《みんかく》大師《だいし》曰く、「(6)関字相酬《かんじあいむく》ゆ、(7)失銭遭罪《しっせんそうざい》」と。此の語、古今に超過《ちょうか》して甚《はなは》だ親切の処有り。鵠林《こくりん》、著語して曰く、「嗔拳《しんけん》、笑面《しょうめん》を打たず」と。(8)是れ親《しん》か、是れ疎《そ》か。謂《い》うこと莫《な》かれ、「鵠林、(9)嚬《ひそみ》を明覚に効《なら》い、妄《みだ》りに一転語を下す」と。(10)鵠林の嚬は且《しば》らく置く、(11)明覚の嚬は作麽生。你《なんじ》、明覚の嚬を見得して掌上を見るが如きことを見得し得ば、鵠林が嚬、妄りに手脚《しゅきゃく》を下さざることを了知《りょうち》せん。何が故《ゆえ》ぞ、嗔拳、笑面を打たず。

(1)暗号密令＝かくし合図。◉(2)同火＝仲間、同僚。◉(3)軟於綿、堅於鉄＝「軟似綿、硬似鉄」とも、本分の頌語。大慧『禅宗雑毒海』下の「能仁敏和尚」讃。◉(4)照天照地＝自己本分の光明が天地に輝く。第十六則（【一三二】）垂示注⑿参照。◉(5)明覚大師曰…＝明覚は雪竇禅師。以下の言、『碧巌』第八則の頌。◉(6)関字相酬＝雲門の一句、よく翠巌の示衆に酬対する。◉(7)失銭遭罪＝損の上にも損。【一〇の二】注⒅参照。◉(8)是親乎、是疎乎＝これが会得出来るや、否や。◉(9)効嚬乎明覚＝「効嚬」は「効顰」とも。春秋越の美人西施が胸の病で眉をしかめ、その顰み顔がまた美しいと評判になったので、同里の醜婦が西施の顰み顔を見倣った話（『荘子』天運）。◉⑽鵠林嚬＝「嗔拳不打笑面」を指す。

【二四三】 第二十六則　犀牛扇子

《垂示》垂示《すいじ》に曰く。(1)蘭《らん》の幽谷《ゆうこく》に生ずるや、服《ふく》するもの莫《な》きが為にして芳《かんば》しからざることあらず、舟の江海に在るや、乗るもの莫きが為にして浮かばざることあらず。宗師《しゅうし》の片言《へんげん》を吐くや、会《え》する者莫きが為にして嶮ならざることとなし。作麼生《そもさん》か是れ嶮。試みに挙して看ん。

(1)蘭生幽谷…舟在江海…＝『淮南子』。第二十則（【二三七】）頌注⑾参照。

《本則》挙《こ》す。(1)塩官《えんかん》、一日、侍者を喚《よ》んで云く、「我が与《ため》に(2)犀牛《さいぎゅう》の扇子《せんす》を将《も》ち来たれ」〔(3)木の直《なお》きなるは工匠必ず顧《かえり》み、人の直きを言うや、諂佞《てんねい》必ず謗《そし》る〕。**侍者云く、「扇子、破れ了われり」**〔(4)朴実頭《ぼくじっとう》の侍者は得難し、(5)我れは愛す、南泉の好言語〕。**官云く、「扇子、既に破れなば、我れに犀牛児を還《かえ》し来たれ」**〔(6)池魚《ちぎょ》を畜《やしな》う者は必ず猵獺《へんだつ》を去り、禽獣《きんじゅう》を養《やしな》う者は必ず豺狼《さいろう》を去る〕。**侍者、対《こた》うること無し**〔(7)万言万当《ばんげんばんとう》も一黙《いちもく》に如《し》かず、百戦百勝《ひやくせんひやくしよう》も一忍《いちにん》に如かず」。(8)**投子云く、「(9)将ち出だすことは辞せず、恐らくは頭角《ずかく》全からざらんことを**〔(10)螈蚕《げんさん》の一歳《いつさい》に再収するは利ならざるに非ざるなり。然《しか》れども王法《おうほう》の之れを禁ずるは、其の桑を残《そこな》うが為なり。離《り》は稲に先だって熟すれども、農夫の之れを耨《くさぎ》るは、小利を以て大穫《たいかく》を傷《やぶ》らざればなり〕」。**雪竇、拈《ねん》じて云く、「我れ全からざる底の頭角を要す**〔(11)織《お》る者は日《ひび》に以て進み、耕す者は日に以て退《しりぞ》く。事相反《ことあいはん》するも功を成すは一なり〕」。(12)**石霜云く、「(13)若し和尚に還《かえ》さば即ち無し**〔(14)魚を致《いた》さんと欲する者は先ず水を通し、鳥を致さんと欲する者は先ず木を樹《う》う〕」。**雪竇、拈じて云く、「(15)犀牛児猶《な》お在り**〔(16)頭角四蹄《したい》総に在り〕」。(17)**資福《しふく》、(18)一円相を画し、中に於いて一の牛字を書す**〔(19)禹《う》は夏《か》を以て王たり、桀《けつ》は夏を以て亡《ほろ》ぶ。湯《とう》は殷《いん》を以て王たり、紂《ちゆう》は殷を以て亡ぶ〕」。**雪竇、拈じて云く、「(20)適来《せきらい》、什麼《なん》と為《し》てか将ち出ださざる**〔(21)紅粉は粧《よそお》い易《やす》し端正の女、銭無くして好児郎と作《な》し難し〕」。(22)**保福云く、「(23)和尚は年尊《たか》し、別に人を請《しよう》ぜば好し**〔(24)弟昆《ていこん》、各自に功能《こうのう》を逞《たくま》しうす、独《ひと》り家兄《かひん》のみ有りて徹骨寒し〕」。**雪竇、拈じて云く、「惜しむ可《べ》し、(25)労して功無きことを**〔(26)官《かん》に仕うること千日、失《しつ》は一朝《いつちよう》に在り〕」。

(1)**塩官一日…**＝『碧巌』九十一則による。塩官は馬祖の法嗣、杭州塩官斉安国師（『会元』三）。因みに、その法嗣の安国義空禅師は日本に渡来して橘皇后に檀林寺にて禅法を説く。◉(2)**将犀牛扇子来**＝「犀牛の角を柄にした扇子、碧巌中此れ程の則はない、夏末の話より八畳上じゃ」（『秘鈔』）。◉(3)木之直也…、言人之直也…＝真っ直ぐな木は大工が珍重するが、真っ直ぐな人の言葉は阿諛追従の者に謗られる。侍者の愚直に掛けて。典拠未詳。「諂」は底本の「謟」に誤記されやすい。◉(4)朴実頭侍者難得＝馬鹿正直の侍者はなかなか得難い。◉(5)我愛南泉好言語＝『碧巌』二十五頌評唱にも云うが、禅月「山居詩」第十五に、「長く憶う南泉の好言語、斯《かく》の如く痴鈍なる者も還《ま》た希《まれ》なり」と。侍者の馬鹿一筋を愛して。【二六】注(6)参照。◉(6)畜池魚者…、養禽獣者…＝池で魚を飼う者は、必ずかわうそを追いやり、鳥や獣を養う者は、必ず狼を追い払う。「猵獺」、「豺狼」は侍者の無明を指す。『淮南子』兵略訓二章。◉⑺**万言万当…、百戦百勝…**＝（侍者の黙を托上して）万度も云った事が皆な道理に合って相手を負かしたとしても一つの黙を守るには及ばない、百戦百勝も一つの忍に及ばない。黄庭堅が妹婿の張君に贈った四印の処世訓、忍・黙・平・直の二印。『山谷集』巻四「贈送張叔和」。◉⑻**投子**＝丹霞下二世、大同、八一九―九一四。◉⑼**不辞将出、恐頭角不全**＝「持って出ることは厭いはせぬが、尽く破れ果てて尻も頭もない」（『秘鈔』）。◉⑽螈蚕一歳再収非不利也…＝投子の不将出に掛けて、「残」、「傷」は頭角不全を指す。『淮南子』。第二十則（【二三七】）垂示注⑴参照。◉⑾織者日以進…事相反成功一也＝織る者は、日々に（梭を）前に進め、耕す者は日々に（鋤犂をひきながら）後ろへさがっていく。雪竇と投子、方向は逆であるが、その功は同じである。『淮南子』繆称訓十一章、但し「退」は「却」。◉⑿**石霜**＝薬山下二世、慶諸、八〇七―八八八。◉⒀**若還和尚即無也**＝「遣《や》り取りのならぬもの。只だ出身の一路有るのみ、渡す分はないとなり」（『秘鈔』）。◉⒁欲致魚者…、欲致鳥者…＝魚を招きよせようと思うものは、まず水路を通じさせ、鳥を招きよせようと思うものは、まず木を植える。石霜の周到の作略を讃えて。『淮南子』説山訓十二章。◉⒂**犀牛児猶在**＝「いかほど返しても矢張り在るぞ」（『秘鈔』）。◉⒃頭角四蹄総在＝もとより何一つ欠けていない。◉⒄**資福**＝仰山下二世、如宝。◉⒅**画一円相**＝『宗門玄鑑図』に仰山九十六種円相を云う（禅四・九三六）。◉⒆禹以夏王…、湯以殷王…＝禹は夏を創始して王となり、桀は夏を衰運にみちびいて亡んだ。湯は殷を創始して王となり、紂は殷を衰運にみちびいて亡んだ。国の存続いかんは人に依る。同じ円相でも人による。『淮南子』泰族訓十三章。◉⒇**適来為什麼不将出**＝「そんなら先に何故それを持って出ぬ」（『秘鈔』）。◉㉑紅粉易粧…、無銭難作…＝紅白粉で美人をつくるは容易《たやす》いが、銭が無くては好い旦那には為り難い。肝心なものが無ければ、まともな牛にはならぬ。『禅林類聚』巻三の四十丁、保寧仁勇（楊岐下）の示衆、但し「好児郎」を「耍《さ》児郎（博奕打ち、遊び人）」となす。道忠禅師は、「耍」の方が理があるが禅録では多く「好」となすと云う（『禅林句集辨苗』）。また『同』巻十の六丁に仏鑑慧懃の拈語として見える。◉(22)**保福**＝雪峰下、従展、?―九二八。◉(23)**和尚年尊、別請人好**＝和尚さんも大分年を取られた、私のような不調法者では勤まりませんから、別の侍者に頼んで下さい。底意は、誰に頼んでも無理。◉(24)弟昆各自…、独有家兄…＝保福を慧可大師に比して絶賛。達磨の弟子、道副・尼総持・道育等は各自の所得を述べて赫々たるものがあるが、独り兄弟子の慧可大師のみは骨髄に徹して無語礼拝するのみ。『普灯録』二十八、『頌古聯珠通集』六、雪竇聞庵嗣宗（宏智下）の「伝法付衣」頌、但し「寒」は「貧」。◉(25)**労而無功**＝皆な無駄骨であった。【九の三】注(11)参照。◉(26)仕官千日、失在一朝＝「永年の奉公も一朝のしくじりで無になる」（『秘鈔』）。無駄骨折。『碧巌』四十八本則。

《本則評唱》評に曰く。此の話、極めて精密密地なり、老僧三十年、錯《あやま》って等閑の会《え》を作《な》す。(1)罪過弥天《ざいかみてん》、首《こうべ》を低《た》れて前事を憶《おも》えば(2)身を著《つ》くるに所無きが如し。須《すべか》らく知るべし、参禅は甚《はなは》だ容易なるざることを。試みに言え、作麼生《そもさん》か是れ古人精密密地の処、作麼生か是れ老僧罪過弥天の処。你《なんじ》、若し分明に点検得出することを得ば、你に許す、少しく参玄の眼有ることを。未だ然らずんば、謂《い》うこと莫《な》かれ、「我れ参禅の功果有り、我れ少分の得力《とくりき》有り」と。老僧三十年来、尊宿の命に随い、雲水の請《しょう》に応じて(3)碧巌録を評唱すること大凡《おおよ》そ五回、自ら謂《おも》えり、「碧巌録を評し得《お》て甚だ諦当《たいとう》なり」と。前面四次、講ずる毎に此の話に到って、心、甚だ悦ばず。唯だ等閑《とうかん》の看を作し了わり、例に随って胡乱《うろん》に註解《ちゅうげ》し去る。末後、第五次に到って、(4)爆然《ばくねん》として撞著《どうじゃく》して、覚えず寒毛卓竪《かんもうたくじゅ》す。自らを欺《あざむ》き、他を謾《まん》ぜず、其の罪、懺悔《さんげ》を容《い》るる所無し。(5)者回細評、此の話に到って、乍《たちま》ち両回の(6)白汗《びゃくかん》を滴《した》つ。(7)此の外、更に甚麼《なに》をか説かん。若し其れ纔《わず》かに瞎註脚《かっちゅうきゃく》を下さば、再び弥天の罪累《ざいるい》を増さん。信ぜずんば、国師の頌を看取せよ。

(1)罪過弥天＝満天の罪、これ程大なるはなし。『碧巌』五則垂示。◉(2)無所著身＝身の置き場がない。◉(3)評唱碧巌録者大凡五回＝四十八歳、五十歳、五十二歳、五十三歳於伊豆林際寺、五十七歳於甲州桂林寺の都合五回。◉(4)爆然撞著＝大悟の機縁を「冷灰堆裏《れいかいたいり》に黒豆《こくず》爆然（火の気のない灰の中で、俄《にわ》かに真っ黒な豆が爆裂《ばくれつ》する）」（『仏国録』）とも云う。夾山《かっさん》の「冷灰裏《れいかいり》に一粒の豆子《ずす》有って爆《ばく》せり」を踏まえる。【九七の二】注(9)参照。◉(5)者回細評＝この録の評唱。◉(6)白汗＝冷や汗。第六則（【二二三】）垂示注(6)参照。◉(7)此者外更説甚麼＝底本の「者」は、貞永寺版では「此」。

《頌》(1)**犀牛《さいぎゅう》の扇子《せんす》、清風起こる**〔(2)人面《じんめん》は知らず何《いず》れの処にか去るを、桃花は旧に依って春風に笑《え》む〕、
(3)**清風を坐断《ざだん》して気を出だすこと難し**〔(4)簪《しん》を抽《ぬ》きて燐《りん》を招くは、何の驚きを為すこと有らん〕。
(5)**破了当年《はりようそのかみ》、重ねて用い去る**〔(6)万古《ばんこ》碧潭空界《へきたんくうかい》の月、再三撈摝《ろうろく》して始めて応《まさ》に知るべし〕、
(7)**煙《けむり》に和《わ》して搭在《たつざい》す玉欄干《ぎよくらんかん》**〔(8)犬吠えざるときは新年疫癘《えきれい》無し〕。

(1)**犀牛扇子清風起**＝犀牛の扇子、限りなき清風を起こす。◉(2)人面不知何処去、桃花依旧笑春風＝桃花の如きあの人の姿は無い、桃花は只だ昔のままに春風に匂うのみ。（扇子の姿は無いが、扇子の清風は常変わらない）。『白雲守端録』承天録（禅十四・四〇三）に見えるが、もと唐孟棨『本事詩』情感に出る崔護《さいご》の詩に、「去年の今日、此の門中、人面桃花相映じて紅。〜、〜」とあるによる。崔護は唐、博陵の人で、字は殷功。清明（四月五日）の日に都城の南に遊び、人家を得て門を叩き、酒渇《しゆかつ》（酒のため喉渇く）して飲《のみもの》を求めた所、麗人が出てきて風流に厚遇してくれた。その後、翌年の清明の日に、忽ち思い出し、情抑え難く直ちに往いて尋ねたが遇えずに、崔《さい》は門の左扉にこの詩を題して去った。娘はこの詩を見て悲しみの余り絶食して死んでしまう。数日後、崔が尋ねて事の次第を知り、死の床に大声で呼びか

けた所、娘は蘇り、妻として迎えた。崔は後、貞元の第に登り、嶺南節度使に終わる。その「人面桃花」の詩は人口に膾炙され、「崔護渴漿《さいごかっしょう》」という戯曲にもなる。◉(3)**坐断清風出気難**＝塩官国師、清風を断ち切れば、誰も息をすること出来ない。「それでは犀牛を返せ」という塩官の絶体絶命の機鋒を讃えて。「坐断」は第十一則（【二二八】）本則評唱注⒄参照、また【七三の一】注⑿参照。「出気」は「息をする」。【二〇九の一】注⑻参照。◉(4)抽簪招燐有何為驚＝簪（かんざし）を抜くと（静電気が発生し）鬼火が招きよせられるのは、何の驚くことがあろうか。塩官の機を抑下して。『淮南子』説林訓十七章。◉(5)**破了当年重用去**＝そのかみ破れてしまった扇子をまたぞろ持ち出した。後世四大老が侍者に代わって、清風を起こしたのを讃えて。◉(6)万古碧潭空界月、再三撈摝始応知＝底本の「空海」は「空界」、「可」は「応」の誤植。同安十玄談の八。第十八則（【一三五】）頌注(3)参照。◉(7)**和煙搭在玉欄干**＝ひとたばの柳の枝が朝もやの中、ゆらりゆらりと風になびいて欄干に垂れかかる。見易いようで見難い清風の好景を讃えて。『会元』巻十七黄庭堅章に晦堂祖心を弔う偈に見え、また『同』巻二十密庵咸傑章に婆子焼庵の話を拈じて云う、もと『事文類聚』続集の巻五居処部、徐仲雅（五代、楚、長沙の人）の「宮詞」に、「内人暁に起きて春寒を怯《おそ》る、軽く朱簾を掲げて牡丹を看る。一把の柳糸収め得ず、〜」と、但し「煙」は「風」。『虚堂録』巻一報恩録の上堂語も「和風」。◉(8)犬不吠新年無疫癘＝年越しに犬が吠えなければ、来年は流行病が無い。『五雑組』巻二、天部二の天候占いの諺、但し冒頭に「除夜」の語を加える。

※江月和尚和韻に、「任他破却犀牛扇、明月清風共大難。堪笑塩官呼侍者、是非得喪奈如干」と。

《頌評唱》評に曰く。犀牛《さいぎゅう》の扇子《せんす》の話、今古、蹉過《しゃか》する者多し。貴《たっと》ぶ可《べ》し、国師百錬《ひゃくれん》の正眼《しょうげん》、⑴十日《じゅうじつ》の遺照《いしょう》無きが如し。見徹《けんてつ》して便ち言う、「扇子、清風起こる」と。作麼生《そもさん》か是れ清風起こる。「清風を坐《ざ》断《だん》して気を出だすこと難し」と。作麼生か是れ清風出《い》だす底の気。

「破了当年《そのかみ》、重ねて用い去る」と。試みに言え、当年、何人か用い得て痛快なる。投子底是《とうすていぜ》か、雪竇底是か、石霜《せきそう》底是か、資福《しふく》底是か、如何《いかん》が点検し去る。往往に言う、「一箇箇、総に是れ自家屋裡《じかおくり》の事を持論将来《じろんしょうらい》す」と。殊《こと》に知らず、大いに子細《しさい》有ることを。国師、末後に云う、「煙《けむり》に和《わ》して搭在《たつざい》す玉欄《ぎょくらん》干《かん》」と。此の語、頌し得て最妙最玄、最幽絶妙。(2)一則の始末表裏《しまつひょうり》を模写し来たって煥爛《かんらん》たり。更に参ぜよ三十年。

(1)十日無遺照＝隈なく明らかなり。【三一の三】注(7)参照。◉(2)一則始末表裏模写来煥爛＝底本の「摸写」は「模写」の誤植。「煥爛」は、光り輝くさま、文彩斑爛たるさま。

【二四四】第二十七則　雪峰住菴

《垂示》垂示《すいじ》に曰く。(1)向上の一路《いちろ》、千聖不伝《せんしょうふでん》。手に信《まか》せて拈《ねん》じ来たれば、(2)虚空の骨を劈《さ》き、谷神《こくしん》の臂《うで》を截《き》り、(3)敗種《はいしゅ》の稼苗《かびょう》を抜き、(4)枯禅《こぜん》の根盤《こんばん》を破る。従上来、何人《なんぴと》か恁麽《いんも》の手脚《しゅきゃく》を具す。試みに挙して看ん。

(1)向上一路、千聖不伝＝【二一〇】、特に【二一七】を参照。◉(2)劈虚空骨、截谷神臂＝「谷神」は「谷間の空虚を云い、万物を生成する玄妙なる道」、『老子』成象に基づく。虚空も谷神も向上の一路を認めない断無の空見を指す。◉(3)敗種稼苗＝「敗種」は「焦芽敗種」、無上の菩提心を起こさない二乗声聞の類、頌古冒頭の評唱注(9)参照。◉(4)枯禅根盤＝「枯禅」本来の意味と異なり、白隠禅師は常に否定的に解する。第十八則（【二三五】）頌注(6)参照。

《本則》挙《こ》す。(1)**雪峰住菴《せつぽうじゆうあん》の時、**(2)**両僧有り、来たりて礼拝せんとす**〔(3)一条の拄杖《しゆじよう》、両人扶《よ》る。(4)南海に比《ひ》目《もく》の魚有り、双《なら》ばざれば行かず。(5)両箇無孔《むく》の鉄鎚《てつつい》〕。(6)**峰《ほう》、来たるを見て、手を以て菴門を托《たく》し、**(7)**身を放って出でて云く、「**(8)**是れ什麼《なん》ぞ**〔(9)食《くら》わすに酒肉を以てする者は、随わすに鞭捶《べんすい》を以てす可し。授《さず》くるに官禄を以てする者は、随わすに鈇鉞《ふえつ》を以てす可し〕」。**僧亦た云く、「是れ什麼ぞ**〔(10)作家作家《さつけ》。(11)邪《じや》に随い悪を逐《お》う、(12)者《こ》の瞎睡《かつすい》の漢〕」。(13)**峰、低頭して菴に帰る**〔(14)虎に似て双角《そうかく》多く、牛の如くにして尾巴《びは》を欠く〕。**僧、後に巌頭《がんとう》に到る。頭《とう》、問う、「什麼《いずれ》の処よりか来たる**〔(15)将《まさ》に之れを噏《おさ》めんと欲せば、必ず固《しば》らく之れを張《は》る。将に之れを弱めんと欲せば、必ず固《しば》らく之れを強くす。将に之れを廃せんと欲せば、必ず固《しば》らく之れを興《おこ》す。将に之れを奪わんと欲せば、必ず固らく之れを与う〕」。**僧云く、「**(16)**嶺南《れいなん》より来たる**〔(17)瞎漢《かつかん》、来処《らいしよ》も亦た知らず。(18)嶺南の猲獠《かつりよう》に仏性無し〕」。**頭云く、「曾《かつ》て雪峰に到るや**〔(19)再勘《さいかん》するに労せず、(20)骨を敲《たた》いて髄《ずい》を取る〕」。**僧云く、「曾て到る**〔(21)捧《ささ》げ上ぐれども龍と成らず。(22)霹靂《へきれき》、頭《こうべ》を過《す》ぐるも、猶《な》お瞌睡《かつすい》す〕」。**頭、云く、「何の言句か有る**〔(23)夜寒くして魚潜《ひそ》み、空しく釣《ちよう》を下す〕」。**僧、前話を挙す**〔(24)擲地《てきち》の金声も瓦礫《がりやく》の如し。(25)青龍に駕与《がよ》すれども騎《の》ることを解《よ》くせず〕。**頭云く、「他、什麼《なん》とか道《い》いし**〔(26)合《まさ》に一棒に打殺《たさつ》して、狗子《くす》に与えて喫せしむべし。(27)秤鎚搦《しようついしぼ》り出だす黄金の汁〕」。**僧云く、「他、無語《むご》、低頭《ていとう》して菴に帰る**〔(28)問処分明《もんじよふんみよう》なれば答処《たつしよ》親し。(29)満懐突出《まんかいとつしゆつ》す夜明珠《やみようしゆ》〕」。**頭云く、「**(30)**噫《ああ》、我れ当初《そのかみ》悔ゆらくは、他に向かって末後の句を道わざりしことを。若し伊《かれ》に向かって末後の句を道わば、天下の人、雪老《せつろう》を奈何《いかん》ともせじ**〔可惜許《かしやつこ》。(31)呉《ご》中に巨室《きよしつ》有り、其の子の婦、蓐《じよく》に臨んで産《う》まんと欲するに、其の時の不吉なるを以て、勧めて忍んで生むこと勿《な》からしむ、時を逾《こ》えて、子母、倶《とも》に斃《たお》る〕」。**僧、夏末に至って、再び前話を挙して請益《しんえき》す**〔(32)貧児《ひんじ》、旧債《きゆうさい》を思う、(33)依然として旧窠窟《きゆうかくつ》裏に在り〕。**頭云く、「何ぞ早く問わざる**〔(34)那吒《なた》十面、千眸《せんぼう》動く。(35)十箇の指頭に八箇の丫《あ》〕」。**僧云く、「未だ敢えて容易ならず**〔(36)瞎漢、屙《あ》するも也《ま》た識《し》らざるや〕」。

頭云く、「(37)雪峰、我れと同条《どうじょう》に生ずと雖《いえど》も、我れと同条に死せず「(38)小慈《しょうじ》は大慈《だいじ》の賊なり、小忠は大奸の托《たのみ》なり」。末後の句を識らんと要せば、(39)只だ這《こ》れ是れ「(40)一日除目《じょもく》を看ば、三年道心を損《うしな》う」」。

(1)**雪峰住菴時…**＝『碧巌』五十一則による。住菴とは心印を受けて後、官寺に出世しない以前の菴居を云う。雪峰（八二二—九〇八）の住菴は、『碧巌』の評唱に依れば、会昌の沙汰（八四五年頃）後の様に云うが、雪峰はまだ二十三歳の受戒以前であるから不自然。『雪峰年譜』に依れば、澧州鼇山成道の翌年、四十五歳、巌頭欽山と袂を分かち、閩《びん》に帰って建安に菴居していた時の事である。但し、『会元』、『会要』では、『年譜』の五十五歳巌頭に書信を送る話とこの住菴の話を一緒にする。◉(2)**有両僧来礼拝**＝『種電鈔』により、訓みを「礼拝せんとす」にする。◉(3)一条拄杖両人扶＝『碧巌』二十四頌下語。「仏も衆生も只だ拄杖一本、知音同士で取っておる」（『秘鈔』）。『句双紙』［八四五］に、「各々此の一拄杖にたすかる義なり。また、来の字の作り字にも用うるゾ」と。【七五の一】注(10)参照。◉(4)南海有比目魚不双不行＝「比目魚」はひらめ、かれいの類《たぐい》の魚を云うが、古代中国では、一目の魚で、二尾が並んで始めて遊泳出来ると考えられていた。『爾雅』釈地に、「東方有比目魚、不比不行」と。仲のよい夫婦や友人の比喩語。◉(5)両箇無孔鉄鎚＝「フタリナガラ、ヤクニ、タタヌ」。「無孔鉄鎚」は【八の二】注(2)参照。◉(6)**峰見来以手托菴門**＝「托」は、『会元』では「拓」。「おしひらく」義。◉(7)**放身出**＝「突然飛び出る、つつと出て」（『秘鈔』）。◉(8)**是什麼**＝雪峰の常套手段。【一八の二】注(12)参照。◉(9)食以酒肉者…、授以官禄者…＝酒肉や官禄で人を優遇する力の有るものは、また鞭や鉞で人を制裁する力がある。優遇を受けることは制裁を受ける事。甘い言葉に御用心。『列女伝』巻二楚老莱妻、但し「食」、「授」の前に「可」がある。◉(10)作家作家＝やり手やり手と、初めはこの僧を托上。◉(11)随邪逐悪＝悪乗りする。「人ノマネヲスル」。『碧巌』十八本則下語、九十五則頌下語。「邪に随えば悪を逐う」と訓んで、条件文の様に解釈するものがあるが、しかし「逐悪随邪」（『正宗賛』一）と逆になる句もあり、並列文と見るべきである、『助桀』には「他の邪悪に随順するなり」と。「随邪」は「随斜」とも云い、「わがままにふるまう、ふざけをする、でたらめをやる」の義である。◉⑿者瞎睡漢＝（悪乗りの）この寝ぼ助野郎めと抑下。◉⒀**峰低頭帰菴**＝「全体作用」（『犂耕』）。◉⒁似虎多双角、如牛欠尾巴＝底本の「鼻巴」は「尾巴」の誤記。角ある虎、尾の無い牛、怪しげなる物だぞ。【八〇の三】注⑸参照。◉⒂将欲噏之者…必固与之＝（巌頭、与奪自在の作略振りを称えて）道は万物を収斂《しゅうれん》しようとする時には、必ずその前にしばらくこれを膨張させる。これを弱めようとする時には、必ずその前にしばらくこれを強める。これを廃れさせようとする時には、必ずその前にしばらくこれを興す。これを奪おうとする時には、必ずその前にしばらくこれに与える。『老子』三十六章「微明」、続いて「是を微明と謂う、柔弱は剛強に勝つ」とある。「噏」の貞永寺版の訓みは「ゆるめる」、また明治書院本では「歛《ちぢめる》」に改める。◉⒃**嶺南**＝通常は広東広西省を云うが、ここは閩《びん》嶺の南、福建省。◉⒄瞎漢来処亦不知＝たわけもの、自分の家郷も知らんのか。◉⒅嶺南獦獠無仏性＝「獦獠」は「獦獠」とも、「古代南方少数民族に対する貶称」。『六祖壇経』行由に「五祖曰く、『汝は是れ嶺南の人、又た是れ獦獠。若為《なんすれ》ぞ仏と作るに堪えん』。慧能曰く、『人に南北有りと雖も、仏性本と南北無し』」と。◉⒆不労再勘＝再問の値打ち無し。【二一七】注⑽参照。◉⒇敲骨取髄＝骨髄に徹した厳しい鍛え方。第九則（【二二六】）本則注⒄参照。◉㉑捧上不成龍＝もどかしい。第十四則（【二三一】）本則注⑽参照。◉㉒霹靂過頭猶瞌睡＝百雷頭上に轟けども眠りこけて気づかぬ鈍漢。『会元』巻十二雪竇法雅（慈明下二世）章に、「僧問う、『学人、西来意を問わず。乞う師、方便して迷情に指せ』。師曰く、『～』」と。◉㉓夜寒魚潜空下釣＝寒夜に魚は潜って好餌にも食いつかない。巌頭の徒労を弄して。『高峰原妙（雪巌下）禅要』除夜小参に、「払子を以て釣魚の勢を作して云う、『～、如かじ巻を収めて残年を過ごさん』」（禅十七・七一八）と、但し「寒」は「冷」、もと『会元』巻五船子の日用事偈を踏まえる。◉㉔擲地金声如瓦礫＝仏鑑慧懃の拈語。いかに立派な金声（＝見事な雪峰作略の話）も（この僧には）瓦礫同然。「擲地金声」は『晋書』孫綽伝二十六に、孫綽《そんしゃく》、「天台山賦」（『文選』巻十一）を作り成し、友人范栄期《はんえいき》に示して云う、「卿、試みに地に擲《なげう》って、要《かなら》ず金石の声を作さん」とある故事により、辞章の優美を云う。禅録では潙山が仰山・香厳の機用をこの句で評して有名になる。それを後に仏鑑が拈提する。『禅林類聚』巻十五の二十七丁に、「潙山祐禅師、坐する次で、仰山、仰山と香厳と侍立す。師云く、『如今総に与麼なる者少なく、不与麼なる者多し』。香厳、東より西に過ぎて立ち、仰山、西より東に過ぎて立つ。師云く、『這箇の因縁、三十年後、金を地に擲つ如くに相似たらん』。仰云く、『亦た須らく是れ和尚提唱して始めて得《よ》し』。厳云く、『即今亦た少なからず』。師云く、『狗口を合取せよ』。仏鑑懃云う、『潙山幸いに自ら海晏河清。剛《し》いて地に風無きに浪を起こす。然も一波纔かに動けば万波随うと雖も、擲地の金声も瓦礫の如し。…」と。◉(25)駕与青龍不解騎＝『碧巌』五十四本則下語など。『秘鈔』に、「青龍にのせてやるけれども、なんぼ引立てても引立てた甲斐がない」。「青龍」は「馬の優れたもの」。◉(26)合一棒打殺与狗子喫＝（手ぬるい）叩きのめして犬にでも喰わせたがまし。『雲門広録』巻中。【四一の二】注(4)参照。◉(27)秤鎚搦出黄金汁＝最後まで絞り抜く作家の恐るべき手段。第三則（【二二〇】）頌評唱「圧枯骨欲搦汁」、第十二則（【二二九】）頌評唱「搦枯骨求汁」等参照。『中峰広録』巻十二上、信心銘闢義「欲得現前莫存順逆」に、「角を掛く羚羊、鉄鞭を喫す、～」と。但し「搦出」は「捏出」。◉(28)問処分明答処親＝問い方が明確であってこそ、答えも的確。『首山念録』に、「問う、『如何なるか是れ人境倶不奪』。師云く、『～』」（禅十一・二五三上）。◉(29)満懐突出夜明珠＝懐に隠しても夜明珠の光は一杯に外に溢れ出している。無眼子の僧の口から雪峰丸出し。『中峰広録』巻十二中、信心銘闢義「眼若不睡諸夢自除」に、「何似《いかん》せん空より都《すべ》て潑撒して、～」。◉(30)**噫、我当初悔不向他道末後句**＝ああ残念な、折がなくて雪峰に末後の句を云わなんだ。◉(31)呉中有巨室…逾時子母倶斃＝吉凶のどうのこうの云うている内に、母子ともども結局死んでしまった。「ヲイテ、モライタイ、イラザル、ヲ世話」。『五雑組』巻二、天部二の陰陽家の禁忌。◉(32)貧児思旧債＝『句双紙』［四四二］に、「窠旧を守るの義なり。旧き負い目を捨てかねて乞うは貧なる故なり」。『碧巌』一本則下語。◉(33)依然在旧窠窟裏＝相変わらずもとの古巣におる。『碧巌』六頌下語。◉(34)那吒十面千眸動＝「八臂の那吒、冷眼に窺う」と云う句がある如く、巌頭の一拶、本分の眼で見据える。東陽英朝編『禅林句集』に見えるが、典拠未詳。◉(35)十箇指頭八箇丫＝十本の指には八個の指股（丫《あ》）、当たり前のこと。【一七三の二】注(3)参照。◉(36)瞎漢、屙也不識那＝たわけめ、糞たれているのも気がつかんか。◉(37)**雪峰雖与我同条生**…＝徳山下の悟りに於いては同じ、働きに於いて異なる。因みに、両者は同門同郷と生縁を同じくするが、末路を甚だしく異にする。【開筵垂示】第一段注(1)参照。◉(38)小慈者大慈之賊也、小忠者大奸之托也＝小さな慈悲は大きな慈悲を損なう、小さな忠には大きい奸悪が身を寄せる。『五雑組』巻十三、事部一。【七二の二】に「小慈妨大慈」。◉(39)**只這是**＝無理会話を云う（『秘鈔』）。【開筵垂示】第一段注(6)参照。『祖堂集』では、「只這箇便是」。◉(40)一日看除目、三年損道心＝一旦任官詔書を見た日には三年ものあいだ道心を失ってしまうものだ。『五雑組』巻十三、事部一、もと姚合《ようごう》の「武功県中作三十首」の第八、但し三年は終年（『全唐詩』巻四九八）。

《本則評唱》評に曰く。雪峰義存《せつぽうぎそん》禅師は、法を徳山宣鑑《とくざんせんかん》禅師に嗣ぐ、泉州《せんしゆう》南安の人なり。初め住菴の時、両僧の来たりて礼拝せんとするを見て、身を放って出でて云く、「是れ什麼《なん》ぞ」と。是れ向上なりや、是れ向下なりや、是れ禅道なりや、是れ仏法なりや。是れ者《こ》の僧を玩弄《がんろう》する者と謂わんか、将《は》た又た別に子細《しさい》有りや。其の僧、後に巌頭《がんとう》に到る。(1)巌頭奯《かつ》禅師は、雪峰と同《とも》に法を徳山に嗣ぐ、泉州の人なり。他、分明に道《い》う、「噫《ああ》、我れ当初悔《そのかみく》ゆらくは、他に向かって末後の句を道わざりしことを。若し伊《かれ》に向かって末後の句を道わば、天下の人、雪老《せつろう》を奈何《いかん》ともせじ」と。後来《こうらい》、又た曰く、「雪峰、我れと同条に生ずと雖《いえど》も、我れと同条に死せず。末後の句を識らんと要せば、只だ這《こ》れ是れ」と。往往《おうおう》に末後の句下に向かって精神を尽くし、(2)胡穿乱鑿《うせんらんさく》す、且得没交渉《しやとくもつきようしよう》。縦使《たと》い驢年《ろねん》を歴尽《れきじん》すとも、曾《かつ》て夢にも見ること能《あた》わず。何が故《ゆえ》ぞ、雪峰は(3)鼈《べつ》の釣魚竿《ちようぎよかん》を咬《か》むが如く、巌頭は蛇の老鼠《ろうそ》の尾を銜《ふく》むに似たり。是の故に頌有り、曰く。

(1)巌頭奯禅師＝雪峰禅師と同じく徳山に嗣ぎ、共に泉州南安県の同郷人。雪峰より六歳若いが、法の上では兄弟子。◉(2)胡穿乱鑿、且得没交渉＝胡乱（でたらめ）に穿鑿しても、到底及びもつかぬ。◉(3)如鼈咬釣魚竿、似蛇銜老鼠尾＝スッポンが釣り竿に食らいついた如く、蛇が鼠の尻尾を噛んだに似る。この語は『会元』巻十二姜山方（汾陽下二世）章に、或る僧が『永嘉集』巻下観心十門の第三に華厳を踏まえて、「一塵、正受に入り、諸塵、三昧より起こる」と有るを問題として、「問う、『如何なるか是れ一塵、正受に入る』。師曰く、『蛇銜老鼠尾』。曰く、『如何なるか是れ諸塵、三昧より起こる』。師曰く、『鼈齩釣魚竿』」と。

《頌》 (1)**同条に生ずる処、同《とも》に死せず**〔(2)演門《えんもん》に親の死する者有り、善く毀《や》せたるを以て爵《しやく》せられて官師《かんし》と為《な》る。其の党の人、毀《や》せて死する者半《なかば》なり〕、
(3)**明頭《みようとう》を拈却《ねんきやく》して暗頭《あんとう》を収む**〔(4)小蜂は大虫を呪《じゆ》すること能《あた》わず、小鶏は大卵を覆《おお》うこと能わず〕。
(5)**此れより身を放って帰菴し去れば**〔(6)妙は一漚《いちおう》の前に在り、豈に千聖の眼を容《い》れんや〕、
(7)**今に至るも簾外《れんがい》鬼神《きじん》愁《うれ》う**〔(8)毛嬙《もうしよう》・麗姫《りき》は人の美《び》とする所なり、魚は之れを見て深く入り、鳥は之れを見て高く飛ぶ〕。

(1)**同条生処不同死**＝巌頭の語を拈じて。◉(2)演門有親死者…死者半也＝宋国の東城門に、親の喪に掟通り立派に服してやせ衰えた者がいた。宋君はこの者を親孝行であるとし、爵位を与えて長官に取り立てた。するとこれを知った村人達は彼にあやかろうと我も我もと絶食し、そのために半分までが餓死してしまった。猿まねの同条死では駄目。『荘子』外物篇。◉(3)**拈却明頭収暗頭**＝明暗双忘の所。◉(4)小蜂不能呪大虫、小鶏不能覆大卵＝小さな蜂では大きな虫を呪《まじな》い同化することは出来ない、小さな鶏では大きな卵を孵化させることは出来ない。出典未詳。似我蜂が青虫など

を捕えて、翅音で「似我似我」と呪《まじな》いして穴に埋めると、同じ似我蜂になるものと信じられていた。揚子『法言』学行の類我説、並びに『五雑組』巻九、物部一の螟蛉と蜾蠃参照。第四十二則（【二五九】）垂示にも見える。◉(5)**従此放身帰菴去**＝同じく雪峰の超作略。◉(6)妙在一漚前、豈容千聖眼＝物事の妙は一機未発以前、忽然念起《こつねんねんき》以前にあり、千聖も窺うことは出来ない。『会元』十四真歇清了（丹霞淳下）章に、「問う、『風彩に落ちず、還って転身を許すや也た無《いな》や』。師曰く、『石人行く処、功を同うせず』。曰く、『向上の事作麼生』。師曰く、『〜、〜』」。「一漚未発以前」は『楞厳経』巻六の文殊偈「空生大覚中、如海一漚発」を踏まえる。◉(7)**至今簾外鬼神愁**＝今に至るまで簾外知音無し、やれ悲しや幽鬼も哭すのみ。僧の不会を傷んで。【二四の二】下語「夜明簾外珠、痴人按剣立」参照。◉(8)毛嬙麗姫人之所美也…鳥見之高飛＝毛嬙（越王の寵姫）や麗姫（晋献公の寵姫）は美人の評判が高かった。ところが、そういった美人の姿に、魚は深く隠れるし、鳥は空高く飛びさる。分からぬ者は逃げ惑うだけ。『荘子』斉物篇。

※江月和尚和韻に、「両箇来僧随僂儠、雪峰無語作低頭。同条生死有何隔、末後牢関忘却愁」と。

《頌評唱》評に曰く。今時、往往に解《げ》し得て道《い》う、「同条生死の一著《いちじやく》の如きは、(1)黒漆桶裏《こくしつつうり》に墨汁《ぼくじゆう》を盛るに似たり、何《いず》れの処にか你《なんじ》が悟解了知《ごげりようち》を容《い》れんや。所以《このゆえ》に言う、明頭《みようとう》を拈却《ねんきやく》して暗頭《あんとう》を収むと。畢竟《ひつきよう》、看《み》来たれば巌頭も亦た(2)暗頭合《あんとうごう》、雪峰も亦た暗頭合、是の故《ゆえ》に、身を放って帰菴し去る。低頭帰菴の端的は、縦使《たと》い仏祖といえども覷破《しよは》することを得ず。所以《このゆえ》に言う、簾外鬼神愁うと」と。錯《しやく》、錯、若し是れ果たして此《かく》の如くならば、巌頭、什麼《なん》に依ってか言う、「我れ当初《そのかみ》悔《く》ゆらくは、他に向かって末後の句を道わざりしことを」と。唯だ透関正眼底《とうかんしようげんてい》の上士のみ有って、応《まさ》に一見して即ち落処を知る。若し然らずんば、縦使《たと》い千般の義味有って、百種の注脚を下し得るとも、総に是れ閑妄想《かんもうぞう》、死学解《しがくげ》。

(1)黒漆桶裏盛墨汁＝無分暁の理。『碧巌』八十六頌下語。【二の二】注(6)参照。◉(2)暗頭合＝無分暁、不会来。『碧巌』三十九頌評唱に、「明頭合、暗頭合」とあるが、『秘鈔』に「太無端とは、正直に云うたか、又無分暁とみたものか」と。

【二四五】第二十八則　併却咽唇

《垂示》垂示《すいじ》に曰く。(1)孤峰《こほう》に処《お》る者は救って荒草に入らしめ、荒草に落つる者は救って孤峰に処らしむ。(2)一機一境、一挨一拶、你《なんじ》が(3)見泥《けんでい》を洗滌《せんでき》し、你が楔釘《けってい》を抜却《ばっきゃく》して、永く真風を地に墜《お》ちざらしめんことを要す。此れは是れ何人《なんぴと》の作用《さゆう》ぞ。試みに挙して看ん。

(1)処孤峰者…救処孤峰＝一法も立せざる向上門に偏する者には万法を建立する向下為人門に下らしめ、向下に偏する者には向上に赴かせる。『碧巌』十五則頌評唱。◉(2)一機一境、一挨一拶＝「一機一境」は【七八の二】注(3)参照。「一挨一拶」は『碧巌』二十三則垂示。◉(3)見泥＝第三則（【二一〇】）頌評唱注(9)参照。

《本則》挙《こ》す。(1)潙山《いさん》、五峰、雲巌、同じく百丈に侍立《じりゅう》す〔(2)国《くに》清うして才子貴《さいしたつと》く、家《いえ》富んで小児驕《しょうにおご》る。(3)越《えつ》王句践《おうこうせん》、呉《ご》を破《やぶ》って帰る、義士《ぎし》、家《いえ》に還《かえ》って尽《ことごと》く錦衣《きんい》す〕。**百丈、潙山に問う、「(4)咽喉唇吻《いんこうしんぷん》を併却《へいきゃく》して、作《そ》麼生《もさん》か道《い》わん**〔(5)丙子《へいし》に制《せい》を受《う》くれば、則ち賢良《けんりょう》を挙《あ》げ、有功《ゆうこう》を賞《しょう》し、封侯《ほうこう》を立《た》て、貨財《かざい》を出《い》だす〕」。**潙山云く、「(6)却って請う、和尚道え**〔(7)槍頭《そうとう》を回転し来たる〕」。**丈云く、「(8)我れ汝に向かって道うことを辞せず、恐らくは已後《いご》、我が児孫《じそん》を喪《うしな》わん**〔(9)金針曾《きんしんかつ》て鋒鋩《ほうぼう》を露《あら》わさず、無糸《むし》の玉線《ぎょくせん》を惹《ひ》き得《え》て長《なが》し〕」。**復《ま》た五峰に問う。峰云く、「(10)和尚、也《ま》た須《すべか》らく併却すべし**〔(11)賊鎗《ぞくそう》を奪って賊を殺す〕」。**丈云く、「(12)人無き処、斫額《しゃくがく》して汝を望まん**〔(13)若し扛鼎抜山《こうていばつざん》の力無くんば、千里の烏騅《うすい》も騎《の》り易《やす》からず〕」。**又た雲巌に問う。(14)巌云く、「和**

尚有りや也《ま》た未《いま》だしや〔⒂水《みず》の円折《えんせつ》する者には珠《しゅ》有り、方折《ほうせつ》する者には玉《ぎょく》有り〕」。⒃**丈云く、「我が児孫を喪《うしな》わん**〔⒄明君は臣を知り、明父は子を知る〕」。

(1)**潙山五峰雲巌**…＝この話は『碧巌』七十・七十一・七十二則による。その他、『祖堂集』、『伝灯録』、『会元』、『会要』、『広灯録』等に見えるが、各々多少の異同がある。『会元』は『碧巌』に準ずる。◉(2)国清才子貴、家富小児驕＝国が清く安寧であれば優れた人が貴ばれ、家が金持ちになると子供たちがおごってくる。百丈下のお歴々方。【一の六】注(5)参照。◉(3)越王句践破呉帰、義士還家尽錦衣＝越王句践が呉を打ち破って帰還したとき、忠義な将士たちは、尽く錦をまとって家に帰った。越王を百丈に、義士を潙山・五峰・雲巌に比す。【一七〇の二】注(8)参照。◉(4)**併却咽喉唇吻、作麼生道**＝口を閉ざして、一句言うてみよ。◉(5)丙子受制…出貨財＝丙子に（火徳の）政令を受けたときは、賢良の人を推挙し、有功の人を賞し、封侯を立て、（府庫の）貨財を放出する。【二〇一】注(12)参照。◉(6)**却請和尚道**＝和尚さんの方から、先ず言ってください。『祖堂集』、『会要』、『広灯録』では「某甲（学人）道不得、請和尚道」。◉(7)回転槍頭来＝賓主互換の機。◉(8)**我不辞向汝道、恐已後喪我児孫**＝言っても構わないが、それでは児孫が絶える。◉(9)金針曾不露鋒鋩、惹得無糸玉線長＝密密に縫うて針先を露わさず、糸無きが如くなれども、その美しさは得も云われない。「人ニワ、云ワレン、我心ノ、ヲボヘジャ」。【一九二の二】注(12)参照。◉(10)**和尚也須併却**＝和尚さんこそ閉ざして下さい。◉(11)奪賊鎗殺賊＝第三則（【二二〇】）本則評唱注(12)参照。◉(12)**無人処斫額望汝**＝「汝はまだはるばる遠い、目の上へ手を翳ざしてみるほどじゃ。尤じゃ、余り嶮峻それでは侍者のしてもあるまい。田舎では貴様でも知識と云おうよ」（『秘鈔』）。「無人処」は、孤危峭峻にして人の寄りつき難い所、知音まれなる所で、五峰の居所を指す。「斫額」は、目蔭《まかげ》をさす。遠方を見るとき、光線をさえぎるために、額に手をかざして見る。『碧巌録不二鈔』には、「人有る処には敢えて汝を望まざらん。何が故ぞ、我れ倒《さかさま》に汝に如かず、望むとも也た望み易からず」とある。

◉(13)若無扛鼎抜山力、千里烏騅不易騎＝鼎を持ち上げ山を抜くような力がなければ、一日千里も駆ける名馬には騎れない。百丈を項羽に比して。「烏騅」は項羽の乗馬の名。『頌古聯珠通集』二十三、瑯耶覚（汾陽下）倶胝一指頌に、「倶胝の一指君に報じて知らしむ、朝に鶴子を生じて天を摶《う》って飛ぶ。～、～」、但し「扛鼎」は「挙鼎」。◉(14)**巌云、和尚有也未**＝和尚さんには言うことが有るのですか、和尚さんには脣吻が有るのですかと、無言無舌の正位に腰を据える。「無相平等、真如法性ノ処ニ、スワッテ、ヲッタ」。『伝灯録』、『広灯録』では「雲巌云く、『某甲《それがし》道う処有り、請う和尚挙せ』。師云く、『咽喉脣吻を併却して速やかに道い将ち来たれ』。雲巌曰く、『師今有也』」。◉(15)水円折者有珠、方折者有玉＝川がまるく流れる所には珠があり、四角にまがって流れる所には玉がある。『淮南子』地形訓五章。◉(16)**丈云、喪我児孫**＝「ワレガ、ソンナ事云ヘバ、南岳・馬祖之真風ハ、中々、ナメテモ見ル事ハ、ナラン」。『祖堂集』では「師、便ち失声して云う、『喪我児孫』」。◉(17)明君知臣、明父知子＝百丈なればこそ児孫をよく知る。【五三】注(8)参照。

《本則評唱》評に曰く。潙山《いさん》、五峰と共に法を百丈に嗣ぐ。雲巌、百丈に侍すること二十年、遂に契《かな》わず、後来、法を薬山に嗣ぐ。

一日、共に百丈に侍立す。百丈、潙山に問う、「咽喉脣吻《いんこうしんぷん》を併却《へいきやく》して、作麼生《そもさん》か道《い》わん」と。潙山云く、「却って請う、和尚道え」と。是れ鎗頭を回《かえ》し来たる者に非ざるや。(1)破鏡鳥《はきようちよう》の子、動《やや》もすれば母を食らわんと欲す。丈云く、「我れ你《なんじ》に向かって道うことを辞せず、恐らくは已後《いご》、我が児孫《じそん》を喪《うしな》わん」と。貴《たつと》ぶ可《べ》し、(2)父厳なれば子孝あり。又た五峰に問う。峰云く、「和尚、也《ま》た須《すべか》らく併却すべし」と。又た是れ賊鎗《ぞくそう》を奪って賊を殺さんと欲す。丈云く、「人無き処、斫額《しやくがく》して你を望まん」と。(3)子を知るは父に過《す》ぐるは無し。又た雲巌に問う。雲巌云く、「有りや也た未だしや」と。可惜許《かしやっこ》、果然として死水裏に浸殺せらる。宜《むべ》なる哉《かな》、丈云く、「我が児孫を喪わん」と。

⑴破鏡梟子動欲食母＝「破鏡梟」は梟《ふくろう》と破鏡《はきょう》とを云い、「破鏡」は長じて父を食らい、「梟」は母を食らうと云う。毒心畏《おそ》るべし、機に臨んでは師も許さず。第三則（【二一〇】）本則注⒃参照。◉⑵父厳子孝＝『句双紙』〔三八二〕に、「父子ともに仁あり、父の行いをまぬるゾ」と。『禅林宝訓』に、「譬えば俗家に児を教うるが如く、父親威厳ある則は其の子も亦た孝敬なり」（禅五・四七〇）と。『人天眼目』巻四潙仰門庭に、「父慈子孝」と。【一五七の三】注⑸参照。◉⑶知子無過父＝【五三】注⑻参照。

《頌》⑴**東街《とうがい》の柳色《りゅうしょく》、煙に和《わ》して翠《みどり》に**〔⑵細雨《さいう》花に洒《そそ》ぐ千点の涙、淡煙《たんえん》竹を籠《こ》む一堆《いったい》の愁〕、
西巷《せいこう》の桃花、相《あい》映じて紅《くれない》なり〔⑶落花《らっか》只だ流《ながれ》に随《したが》い去るが為に、便ち芳《はな》を尋《たず》ね翠《みどり》を拾《ひろ》う人《ひと》有り〕。
⑷**幾度《いくたび》か春風、晩鐘の裏《うち》**〔⑸只だ落紅《らくこう》に風の掃い尽くすを看て、豈《あ》に庭樹《ていじゅ》に緑陰《りょくいん》の多きことを知らんや〕、
遊人、意を著《つ》けて寥空《りょうくう》に到る〔⑹春色高下無く、花枝自《おの》ずから短長〕。

⑴**東街柳色和煙翠、西巷桃花相映紅**＝あちらでは霞にけぶる柳の緑、こちらでは匂うばかりの桃の紅。妍を競う陽春の好景。潙山五峰の見事な応対振りを詠んで。仏鑑慧懃の日面月面頌の起承句「東街の柳色は煙を拖《ひ》いて翠に、西巷の桃華は相暎《えい》じて紅なり」（『頌古聯珠通集』巻九）を引用して。第三十六則（【二五三】）頌注⑺参照。◉⑵細雨洒花千点涙、淡煙籠竹一堆愁＝花に雨、竹叢の煙につけても、涙愁の情せきあえず。仏鑑懃の句には仏鑑懃の句で下語する。【二〇〇の二】注⑶参照。◉⑶落花只為随流去、便有尋芳拾翠人＝落花が渓流に随い来たるが為に、それをみてこの桃花源の郷を尋ねに来る人も有るだろう。【二〇二】注⑼参照。底本の「又」は「便」。◉⑷**幾度春風晩鐘裏、遊人著**

意到寥空＝幾たびとなく春風に入相の鐘の音を聞こうとも、遊山の客は念を留めて心紛々、夕まぐれ人気ない空に一人佇むのみ。三四句は雲巌の百丈門下に容れられない寂寥を詠んで。「著意」は「念をいれる、心を定める」の意。「著意」はまた大慧禅師が「忘懐」と共に誡める錯用心（『大慧書』上「答汪内翰第一書」）。◉(5)只看落紅風掃尽、豈知庭樹緑陰多＝「看」は貞永寺版では「見」。春過ぎて風に落花を惜しむのみ、庭木の濃緑のまた味わい深い事には気もつかない。『大応録』建長録二四九章、四月旦上堂の句、但し「看」は「見」、「多」は「深」。◉(6)春色無高下、花枝自短長＝高下の別なく何処も同じ春の色ではあるが、花の枝にはそれぞれ自ずから長短がある。『円悟録』巻九の小参、また『死心悟新録』には「春雨無高下、花枝自短長」（禅十二・八六〇）と見える。

※江月和尚和韻に、「併却咽喉唇吻去、三人飲気面皮紅。紅桃紅杏紅丹牡、悩乱春風色即空」と。

《頌評唱》評に曰く。潙山《いさん》、五峰は、(1)潜行《せんこう》の功積《こうつ》み、密用《みつゆう》の力充《み》ち、恰《あたか》も(2)群陰剥尽《ぐんいんはくじん》して百花争い開く時に似たり。父子唱拍《しょうはく》の時、謂《いっ》つ可《べ》し、「(3)柳色黄金嫩《りゅうしょくおうごんわか》く、梨花白雪香《りかはくせつかんば》し」と。特《ただ》に雲巌のみ有って、(4)天然の句子、未だ得る能《あた》わず、夕陽《せきよう》に立ち尽くして空しく眉を皺《しわ》む者に似たり。

(1)潜行功積、密用力充＝「潜行密用」は『宝鏡三昧歌』に見え、「目立たない日常の平凡な行為のなかに、仏祖の行持を不断に如法綿密に行ずる」を云う。◉(2)群陰剥尽＝【一一八の二】注(2)参照。◉(3)柳色黄金嫩、梨花白雪香＝柳は黄金色に芽吹き、梨の花は雪のように白く香しい。百花撩乱、春爛漫の様。李白。第十九則（【一三六】）本則注(14)参照。◉(4)天然句子未能得…＝『虚堂録』巻五頌古八十一、「魯祖凡見僧来参便面壁而坐」の頌に、「泉石膏肓医す可からず、暁鐘より吟じて夕陽に到る時。天然句子、終に得難し、幾たびか風前に向かって暗に眉を皺む」と見える。「天然句子」は「泉石幽妙の景象を写して天然の句を求むるに、終に得難し。機に契う学者を得ること難し」（『犂耕』）。

【二四六】第二十九則　泉参百丈

《垂示》垂示《すいじ》に曰く。(1)耕夫《こうふ》の牛《うし》を駆《か》り、飢人《きじん》の食《じき》を奪う、(2)針頭《しんとう》に鉄を削り、鷺股《ろこ》に肉を割《さ》く、是れ(3)万《ばん》古《こ》の徽猷《きゆう》、叢林の模範なり。人人《にんにん》、祖仏看不破《かんふは》の処に向かって安身立命《あんじんりゅうみょう》し、箇箇、魔外摸不著《まげもふじゃく》の処に去って、現成受用《げんじょうじゅゆう》せんことを要す。是の故《ゆえ》に賓主相見の間、怪しむこと莫《な》かれ、全く你《なんじ》が手脚《しゅきゃく》を挟《はさ》む所無きことを。試みに挙して看ん。

(1)駆耕夫牛、奪飢人食＝『臨済録』示衆の四照用、もと『祖堂集』巻八曹山章に、「甘泉に言有り、耕人の牛を牽き、飢人の食を奪う」と。◉(2)針頭削鉄、鷺股割肉＝奪った上にも奪う、徹底把住。【九四の二】注(7)参照。◉(3)万古徽猷＝「徽猷」は「立派な教え。大道」。【一五〇の三】注(8)参照。

《本則》挙《こ》す。(1)南泉、百丈惟政《いせい》禅師に参ず〔(2)昨夢《さくむ》黄粱半熟《こうりょうはんじゅく》す、立談白璧一双《りつだんはくへきいっそう》〕。**丈問う、「(3)従上の諸聖《しょしょう》、還《かえ》って人の為に説かざる底の法有りや**〔(4)探竿影草《たんかんようぞう》、(5)人を試みる端的の処、口を下せば即ち知音《ちいん》〕」。**泉云く、「有り**〔(6)獅子嚬呻《ひんしん》し、象王回顧《ぞうおうかいこ》す〕」。**丈云く、「作麼生《そもさん》か是れ人の為に説かざる底の法**〔(7)鼇《ごう》を釣って時に一圏攣《いっけんれん》を下す〕」。**泉云く、「(8)不是心《ふぜしん》、不是仏《ふぜぶつ》、不是物《ふぜもつ》**〔(9)肝胆《かんたん》心腸、都《すべ》て吐き尽くす。(10)袖裏《しゅうり》の金鎚《きんつい》、劈《ひっ》面《めん》に来たる〕」。**(11)丈云く、「説き了《お》われり」**。**泉云く、「(12)某甲《それがし》は只だ与麼《よも》、和尚、作麼生**〔(13)用うる則《とき》は虎と為り、用いざる則は鼠となる。(14)海岳を掀翻《けんぽん》して知音を覓《もと》む、箇箇看来たれば日中の斗《と》〕」。**丈云く、「(15)我れ又た是れ大善知識《だいぜんちしき》にあらず、争《いか》でか説不説有ることを知らん**〔可惜許《かしゃっこ》、(16)家醜《かしゅう》外に向かって揚《あ》ぐ。(17)此《ここ》を去って三百年、切に忌む、挙著することを〕」。**(18)泉云く、「某甲《それがし》、不会**〔(19)言の甘き者は其の心苦《にが》し。(20)猛虎の鬚《ひげ》を抜き、蒼龍の角《つの》を截《き》る〕」。**丈云く、「(21)我れ太煞《はなは》だ你が為に説き了われり**〔(22)拳《こぶし》を行ずる人は、須《すべか》らく拳を喫する時有るべし」」。

⑴**南泉参百丈惟政禅師…**＝『碧巌』二十八則による。貞永寺版は『碧巌』に忠実な『大灯録』原本に依り涅槃和尚とする。底本は『会元』に依って、本則の涅槃和尚、並びに第三十八則（【二五五】）の惟政禅師の名前を入れ換える。第三十八則本則注⑴参照。『会元』、『祖堂集』、『正宗記』では馬祖下の惟政禅師と百丈海下の涅槃和尚を別々に立伝するが、『林間録』下では武翊黄が撰した百丈山第二代法正禅師の碑銘に依り、別人説は誤りで、惟政こと法正禅師（涅槃和尚）を百丈懐海の法嗣となす。また同一人説でも、『伝灯録』、『会要』は馬祖の法嗣とする。しかし碑銘の現存しない今日確かめるよしもない。しかし本則では南泉が参ずる程の人であるから、同じ馬祖下の先輩筋であろう。◉⑵昨夢黄粱半熟、立談白璧一双＝盧生の栄華も黄粱一炊の夢、虞卿が立ち話の間に忽ち出世した話も、結局は夢のまた夢。第十四則（【二三二】）頌では、「敲唱当鋒見禅悦」の下語に置く。そこの注⑹参照。◉⑶**従上諸聖、還有不為人説底法麼**＝これまでの仏祖方がそもそも人の為に説かれたことが無いような内密の真理というものは有りますか。「人に説くことならぬ底の法」（『秘鈔』）。不説の法はまた不可説の法、所謂仏四十九年「不説一字、亦…不説是仏説」（『楞伽経』巻三）。◉⑷探竿影草＝師家が学人に探りを入れて誘導接化する手段。第五則（【二二二】）垂示注⑶参照。◉⑸試人端的処、下口即知音＝一挨一拶の処に於いて早くその虚実を知る。『碧巌』十、二十五、三十四等の本則評唱。◉⑹獅子嚬呻、象王回顧＝向上・向下門の宗師家の大機用。第十一則（【二二八】）本則注⑵参照。◉⑺釣鼇時下一圏攣＝『碧巌』三十三則頌。「圏攣」は釣り糸。【一〇三】注⑵参照。◉⑻**不是心、不是仏、不是物**＝心でもない、仏でもない、物でもない。南泉の説く以前に馬祖が既に説き了わる。◉⑼肝胆心腸都吐尽＝肚の底ありったけ吐きつくした。『貞和集』。第十五則（【二三二】）本則注⑷参照。◉⑽袖裏金鎚劈面来＝袖に隠したハンマーを真っ向から。【八〇の三】注⑶参照。◉⑾**丈云、説了也**＝「それならはや説いたと、とどめをさしてみた」（『秘鈔』）。『会元』巻三には、「恁麼

なる則《とき》んば、人に説似し了われり」と。◉⑿**某甲只与麼、和尚作麼生**＝私はただこれだけです、和尚さんこそどうですか。「向こうのかぶら矢を取って射返えした」（『秘鈔』）。◉⒀用則為虎、不用則鼠＝これを用いるならば虎にもなり、用いないならば鼠ともなる。『文選』巻四十五東方朔「答客難」に、有り余る才能を持ちながら時の利を得ずに、用いられなかった自己を辨解して云う。底本の「作」は「為」。◉⒁掀翻海岳覓知音、箇箇看来日中斗＝海山わけて天下に知音を探し求めても、見つからない。『東山外集』。第十四則（【一三一】）本則注⑸参照。◉⒂**我又不是大善知識、争知有説不説**＝衲《わし》はもとより大善知識ではない、法に説く説かないの沙汰の有ることなど知りようもないわい。否定句の「又」は、語気を強調する副詞。◉⒃家醜向外揚＝そんな内輪の恥をさらして。宗旨の秘奥を丸だし。【五八の二】注⑾参照。◉⒄此去三百年、切忌挙著＝今よりのち汝が悟入底を云い回るな。【一八二】注⑷参照。◉⒅**泉云、某甲不会**＝「そりゃ私が知らぬと、はめ手を喫《く》わせ、手を替えてきた」（『秘鈔』）。◉⒆言之甘者其心苦＝甘い言葉にご注意。『国語』晋語一。【二〇三】注⑷参照。◉⒇抜猛虎鬚、截蒼龍角＝南泉越格の働き。『頌古聯珠通集』巻三十一、南堂道興（五祖演下）芭蕉拄杖頌に、「捋猛虎鬚、折蒼龍角」と。◉(21)**我太煞為你説了也**＝「奇妙不思議の商量、就中《なかんずく》此の末後の句ほど見事なはない」（『秘鈔』）。◉(22)行拳人須有喫拳時＝人を殴れば、必ず殴り返される時がある。さすがの百丈も南泉の前ではたじたじ。『大応録』七十二章に、「行拳須有喫拳時」と。

《本則評唱》評に曰く。⑴洪州百丈山惟政《いせい》禅師は、法を馬大師に嗣ぐ。老宿有り、日影《にちえい》の窓を透《とお》るを見て師に問うて曰く、「為復《は》た牕《まど》の日に⑵就《つ》くか、日の牕に就くか」と。師曰く、「⑶長老、房内に客有り、帰り去れば好し」と。

師、南泉に問う、「諸方の善知識《ぜんちしき》、還《かえ》って人の為に説かざる底の法有りや也《ま》た無《いな》や」と。此の話の⑷起《き》尽《じん》、⑸二龍の夜光を弄《ろう》するが如く、全く賓主《ひんじゅ》無く、全く勝敗無し。切に忌む、語路上に向かって⑹胡卜《うぼく》乱卜《らんぼく》することを。老僧、著語して曰く、「家醜《かしゅう》外に向かって揚《あ》ぐ」と。作麼生《そもさん》か是れ百丈挙揚底の家醜。你《なんじ》、若し見徹分明《けんてつふんみょう》なることを得ば、你に許す、透関の正眼を具することを。然《しか》らずんば、謂《い》うこと莫《な》かれ、「(7)大応東海日多の児孫《じそん》なり」と。透関底の上士は一見して便ち落処を知らん。信ぜずんば請う、下文を看取せよ。

(1)洪州百丈山惟政禅師＝評唱に於いて、貞永寺版でも既に「涅槃和尚」が「惟政禅師」に改められているのは『会元』に依ったもの。◉(2)就＝慕って近づく。◉(3)長老、房内有客帰去好＝「ヲノシガ寮内ニ客ガアル、茶デモ、ノマセイ」。◉(4)起尽＝初めと終わり。始末。◉(5)二龍弄夜光＝『碧巌』六十五本則評唱に「二龍争珠」とあるが、両雄の一騎討ち、勝ち負けなし。◉(6)胡卜乱卜＝あれこれ憶測を逞しくする。◉(7)大応東海日多児孫＝【槐安国語序】第一段注(5)参照。

《頌》(1)従上為人《いにん》の事《じ》〈(2)飯裏の巴豆《はず》、盃中の鴆毒《ちんどく》。(3)賤《やす》きことは泥沙《でいさ》の如く、貴《たか》きことは金璧《きんぺき》の如し〉、
(4)老胡《ろうこ》の知を容《ゆる》さず〈(5)事《じ》は極処《ごくしょ》に至って則ち説き難《がた》し、理《り》は極処に至って則ち明《あき》らめ難し〉。
(6)寒雲《かんうん》、幽石《ゆうせき》を抱き〈(7)白雲堆裏《はくうんたいり》、白雲を見ず、流水声中《りゅうすいせいちゅう》、流水を聞かず〉、
霜月、清池《せいち》を照らす〈(8)一《ひと》び赤心《せきしん》にして来たって国に報じてより、辺頭《へんとう》の刁斗《ちょうと》曾《かつ》て聞かず〉。

(1)**従上為人事**＝百丈の「従上諸聖…」のみならず、この則全体を一句に括ず。◉(2)飯裏巴豆、盃中鴆毒＝東陽英朝編『禅林句集』に「酒毒」を「鴆毒」として見え、出典未詳。「酒毒」は「酒酔」の義であるから、ここは「鴆毒」の誤記。「巴豆」は植物、巴蜀に産出し、大毒あり、下剤薬。◉(3)賤如泥沙、貴如金璧＝一手擡、一手搦（持ち上げたり、腐

したり）。『虚堂録』巻二の解夏上堂、『犂耕』に「始終為人、賤《やす》き者有り、貴《たか》き者有り」。◉(4)**不容老胡知**＝「達磨デモ、ココハ知ラン」。【二六九の二】下語に、「只許老胡知、不許老胡会」とあったが、ここは「知」も「会」も容《ゆる》さないと云うことか。◉(5)事至極処則難説、理至極処則難明＝極処に到っては説き難く、明らめ難し。『虚堂録』巻九径山後録の中夏上堂。◉(6)**寒雲抱幽石、霜月照清池**＝両将の商量、或いは寒雲の幽石を抱くが如く、或いは霜月の清池を照らすが如し。『虚堂録』巻一報恩録の退院の前の上堂語。第三句は『寒山詩』「重巌我卜居」の「白雲抱幽石」を踏まえるが、もと『文選』巻二十六謝霊運「過始寧墅《しねいしょ》」に依る。◉(7)白雲堆裏…、流水声中…＝底本の「声裏」は「声中」。能所不二、無心の境界。『大川録』。【二一六】注(6)参照。◉(8)一自赤心来報国、辺頭刁斗不曾聞＝『虚堂録』巻五頌古二十五、「無功用を頌す。武臣の忠心有る、曾て賊怨を平らげての後、太平無事、復た軍を警《いまし》むる刁斗《ちょう》の声を聞かざるが如し」（『犂耕』）。「辺頭」は「辺境」の意。「刁斗」は「刀斗」とも。手鍋を夜警の銅鑼となしたもの。

※江月和尚和韻に、「為人何不説、説了有誰知。雲晴暮林月、流清春草池」と。

《**頌評唱**》評に曰く。「従上為人《いにん》の事《じ》」、此の一句、二老の言論往来、全篇挙揚《こよう》し了《お》われり。二大老の相《しょう》見底《けんてい》、縦令《たと》い黙照邪禅《もくしょうじゃぜん》の瞎徒《かっと》、庸常下劣《ようじょうげれつ》の部類、百端を究めて窺《うかが》い探ると雖《いえど》も、見徹すること能《あた》わず。(1)恰《あたか》も田夫《でんぷ》の階下に立って、中書台上《ちゅうしょだいじょう》の事を聞くが如し。所以《このゆえ》に言う、「縦《たと》い老胡《ろうこ》も親しく了知《りょうち》することを容《ゆる》さず」と。其の(2)高踏古雅、更に一事の比況《ひきょう》に堪《た》えたる無し。若し強《し》いて等匹《とうひつ》を求めば、南泉は、「寒雲、幽石を抱く」が如く、(3)百丈は、「霜月、清池を照らす」に似たり。(4)老僧三十年、此の話を看て胡《う》乱《ろん》にし去る。評して此の両句に到って、(5)覚えず舌を吐き、起《た》って衣を著け、香灯を備えて西を望み、合掌して多少の(6)譫語《せんご》を打《た》して云う、「(7)興禅大灯高照正灯国師《こうぜんだいとうこうしょうしょうとう》、(8)知らず、幾生《いくしょう》の参禅の功果ぞ。法眼円明、古今に超抜して此の如く《かく》精微なる哉《かな》」と。(9)庚午仲春《かのえうまちゅうしゅん》初八、日、卯に出づ。

(1)恰如田夫立階下、聞中書台上事＝田舎者が階下で朝廷の詔勅文を聞いているようなもの、チンプンカンプン。◉(2)高踏古雅、更無一事堪比況＝その高い調べは他に比べることは出来ない。「高踏古雅」は国師の家風を評して云う。◉(3)百丈者似霜月照清池＝「百丈」は貞永寺版では「涅槃」。◉(4)老僧三十年、看此話胡乱去＝『年譜』三十歳の条に、「大灯国師語録を閲す。一僧曰く、『昔、一老宿有り、衆に告げて曰う、将《まさ》に謂《おも》えり、大灯の語録は機語峭峻《しょうしゅん》、恰も雷霆《らいてい》の石壁を裂くが如しと。何ぞ図《はか》らん、是《かく》の如くの閑言《かんげん》剰《じょう》語底《ごてい》の文字禅《もじぜん》ならんとは』と。…（師同意して、以後）捨てて管せず」と。◉(5)不覚吐舌＝驚き畏れる様。第五則（【二一二】）本則注(4)参照。◉(6)譫語＝たわごと。◉(7)興禅大灯高照正灯国師＝国師号の前号は花園天皇より、後は後醍醐天皇より賜う。◉(8)不知幾生参禅功果＝大応国師が大灯国師に語った言、「汝は是れ天然衲子なり、是れ一両生の参学の士にあらず」を踏まえて。◉(9)庚午仲春初八日出卯＝寛延三年（一七五〇）二月八日、日の出の六時。白隠老漢六十六歳。しかし『槐安国語』の白隠後序が寛延第二己巳仲秋であるから、「庚午」は「己巳」の誤記か。

【二四七】第三十則　大随問僧

《垂示》垂示《すいじ》に曰く。(1)湿《しつ》の至るや、其の形を見ること莫《な》くして炭已《すみすで》に重く、風の至るや、其の象《かたち》を見ること莫くして木已《きすで》に動く。参学の功、自ら其の充《み》つることを知らざれども、自ら四体に溢《あふ》るなり。所以に学者、道徳の身に充《み》たざることを患《うれ》えよ、勢位の己に有らざることを愁うること莫かれ。

(1)湿之至也…、風之至也…＝湿気が来る場合、その現われは目に見えないが、炭ははや重くなり。風の吹く場合、その姿は目に見えないが、木ははや動く。『淮南子』。【一九七】注(4)参照。

《本則》挙《こ》す。(1)**大随《だいずい》、僧に問う、「什麼《いずれ》の処にか去る**（(2)横《おう》に鏌鎁《ばくや》を按《あん》じて正令《しょうれい》を全うし、太平の寰宇《かんう》に痴《ち》頑《がん》を斬る」）」。**僧云く、「**(3)**普賢《ふげん》を礼《らい》し去る**（(4)他の一粒米を貪《むさぼ》って、万劫《ばんごう》の余殃《よおう》を受く」）」。**随、払子《ほっす》を挙《こ》して云く、「**(5)**文殊普賢、総《そう》に這裏《しゃり》に在り**（(6)謹んで和尚の指示を謝す。将《まさ》に謂《おも》えり、文殊は五台《ごだい》に在り、普賢は蛾蝞《がび》に在りと」）」。(7)**僧、円相を作《な》して背後に抛向《ほうこう》し**（(8)放下著《ほうげじゃく》、骨に粘《ねん》じ皮に著《つ》く」）、(9)**乃《すなわ》ち両手を展《の》ぶ**（(10)壁間《へきかん》に掛在《かざい》する底、七八頓《とん》を要するや」）。(11)**随云く、「侍者、一貼《いっちょう》の茶を取って、這《こ》の僧に与えよ**（(12)大随の棒折るるか。(13)罪の疑わしきは惟《こ》れ軽くし、功《こう》の疑わしきは是れ重くす」）」。

(1)**大随問僧**…＝本則は『伝灯録』巻十一、『雲門広録』中の示衆、『碧巌』十三本則評唱、『虚堂録』巻五頌古の七十五等にも見えるが、古尊宿語録の『大随録』（禅十二・六一三）に最も近い。大随は第四則（【一一二】）参照。◉(2)**横按鏌鎁全正令、太平寰宇斬痴頑**＝自在無礙に鏌鎁《ばくや》の名剣をとって、直正の法令を執行し、太平の御代に愚か者を切る。宗師家の為人度生。『会元』巻十一紙衣和尚（臨済下、克符道者）章に、「曰く、『如何なるか是れ主中の主』。師曰く、『～、～』」と。『碧巌』七十四垂示にも、「鏌鎁横《おう》に按ず」と。「鏌鎁《ばくや》」は呉の名刀工、干将《かんしょう》の妻の名。「干将」と並んで名剣の名でもある。◉(3)**礼普賢去**＝『虚堂録』、『雲門録』には前に「蛾眉」の二字がある。普賢の霊場である蛾眉山は大随山と同じく四川省にあり、共に岷江流域にある。◉(4)**貪他一粒米、受万劫余殃**＝一粒の米を貪ったばかりに、未来永劫地獄行き。他所に求めて何とする。この句は本来『会元』巻十六元豊清満（雪竇下三世）上堂語の「取一期快意、受万劫余殃（一時の快楽を貪って、未来永劫の苦を受ける）」であるが、前半を「図（貪）他一粒米、失却半年糧」（『伝灯録』巻十九雲門章）の句に依って改めたもの。◉(5)**文殊普賢総在這裏**＝因みに『臨済録』示衆に、「五台山に文殊無し。…你が一念心の無差別光、処処総に是れ真の普賢」と。◉(6)**謹謝和尚指示**…**普賢在蛾蝞**＝御教え有り難うございます、今まではてっきり文殊は五台山に、普賢は蛾眉山に居られるものとばかり思っておりました、と愚弄気味。

◉⑺**僧作円相抛向背後**＝「此の僧、払子頭上の普賢を要せず、只だ峨眉に去らんことを要すなり」（『犂耕』）。ちなみに、『会元』巻九仰山章に、潙山の示衆に「一切衆生皆無仏性」と云い、塩官は常々衆に「一切衆生皆有仏性」と云っていたので、塩官から来た二僧は潙山の宗旨に疑念を抱き軽んじた。仰山はこの作略を示し、そこで二僧は初めて潙山の旨を会得できたと云う。◉⑻放下著、粘骨著皮＝そんな似非《えせ》悟り放り出せ。皮骨に粘著して、しぶとい。◉⑼**乃展両手**＝「マダ、ゴザラバ、ヲダシナサレ」と大随に就いて求める。此の句は『虚堂録』には無い。『会元』、『伝灯録』では「乃礼拝」。◉⑽要壁間掛在底七八頓麽＝拄杖子を七八たび、したたか喰らいたいか。「一頓」は【一〇一の二】注⑽参照。◉⑾**随云、侍者取一貼茶与這僧**＝「貼」は『大灯録』原本では「帖」。「此の僧、夢にも未だ覚《さと》らず、只だ一貼の茶を与えて喫せしめよ、庶幾《こいねがわ》くば夢覚《さ》むるを得ん」（『犂耕』）。「一貼（帖）」は、薬などを数える単位。一ぷく。◉⑿大随棒折那＝大随さん、棒は折れてしまったのかい。やけに手ぬるいぞ。「那」は句末について疑問、感嘆を表わす語助詞。因みに、『碧巌』十六本則評唱に、「南院の棒折る那《か》」と見える。◉⒀罪疑惟軽、功疑是重＝罪で疑わしいのはその罰を軽い方にし、功績で確かでないものはその賞を厚い方にされる。『書経』大禹謨に、皋陶《こうよう》が舜の帝徳を称えて。

《本則評唱》評に曰く。⑴大随法真禅師は、法を⑵長慶大安《ちょうけいだいあん》禅師に嗣ぐ。僧に問う、「什麽《いずれ》の処にか去る」と。⑶鉄輪天子寰中《かんちゅう》の勅《ちょく》。僧云く、「普賢を礼し去る」と。⑷帝釈宮中《たいしゃくぐうちゅう》、赦書《しゃしょ》を放つ。随、払子を挙して云う、「文殊普賢、総に這裏《しゃり》に在り」と。一塊の泥団子を担起し来たって、驀面《まくめん》に擲著《てきじゃく》して者《こ》の僧を如何《いかん》と看る。何ぞ計《はか》らん、這《こ》の僧、大いに胆気《たんき》有り。即ち円相を作《な》して背後に抛向《ほうこう》して、乃《すなわ》ち両手を展《の》ぶ。快《かい》なる哉《かな》、活《かつ》なる哉、三世古今、万象森羅、文殊普賢、天下の老和尚、及び大随に和して、⑸一拈《いちねん》に拈起《ねんき》し来たって、無仏世界に抛向す。却って両手を展開して、大随如何《いかん》と看る、寔《まこと》に痛快なり。⑹大小大《だいしょうだい》の大随老漢も、

⑺著忙《じやくぼう》して即ち曰う、「侍者、一貼《いつちよう》の茶を取り来たって、這《こ》の僧に与えよ」と。若し是れ大随、転身《てんじん》自在の手脚《しゆきやく》無くんば、大いに⑻気を呑み声を呑み去らん。頌有り、曰く。

⑴大随法真禅師＝底本の「法常」は「法真」の誤記。◉⑵長慶大安禅師＝【四〇の一】注⑶参照。◉⑶鉄輪天子寰中勅＝鉄輪天子の勅に順わぬ者はない。大随の圏圚を鉄輪天子に比して。青林師虔の語。第十九則（【二三六】）本則注⑸参照。◉⑷帝釈宮中放赦書＝「汝、死に当たる罪人なれども、且らく放赦して自在に去らしめようぞ」（『助桀』）。『五家正宗賛』巻二仏眼清遠章に、「円悟云く、『只だ青林搬土の話、鉄輪天子寰中の勅と道うが如きんば、知客、作麼生か会す』。師曰く、『〜』」。帝釈天は須弥山頂の善見城に住み、地界を支配するから、鉄輪天子の勅もその赦書には敵わない。◉⑸一拈拈起来＝一切合切を大随もろ共に一まとめにひっからげて。◉⑹大小大＝さすがの。【五の一】注⑾参照。◉⑺著忙＝あわてふためく。『碧巌』十五頌下語。◉⑻呑気呑声＝息を詰めてものも云えず。『碧巌』二本則評唱、第五則（【二二二】）頌評唱にも見える。

《頌》⑴**遠《とお》く聞《き》き近《ちか》く見《み》る一賓主《ひんじゆ》**〔⑵這裏《しやり》、能見所見《のうけんしよけん》無し、何ぞ近遠を論ずるに足らんや〕、
⑶**半暗半明、孰与《いずれ》か揚《あ》げん**〔⑷両鏡相照らして通身影像《ようぞう》無し〕。
⑸**若し是れ箇中《こちゆう》、全く用い去らば**〔⑹剣輪《けんりん》飛ぶ処、日月も輝きを沈め、宝杖敲《たた》く時、乾坤も色を失す〕、
普賢特地《とくち》に亡羊《ぼうよう》を逐《お》う〔⑺向上の一竅《いつきよう》を撥開《はつかい》して、千聖斉《ひと》しく下風《かふう》に立つ〕。

⑴**遠聞近見一賓主**＝評唱では、「遠聞」とは、随が「什麼の処にか去る」と問えば、僧が「普賢を礼拝し去る」と答えた、現実差別の面からの随と僧との問答であり、「近見」とは、随が「総に這裏に在り」と近く示し、僧が「背後に抛

向して」近く呈した、本分平等の面からの賓主相見であるとする。しかし通常「遠聞近見」は「近見不如遠聞」と云われる様に、「遠く高名を聞いていたが、近くで見たらたいしたことはなかった」の意で、禅録では相当の力量のある学人が師家の機鋒を験さんとする賊機であり、『大随録』にも本則話頭に続いて「遠く聞く大随水、到来すれば只だ見る箇の漚麻池《おうまち》」と云う賓主問答が見える。本則頌でも、この僧は仰山の機鋒を備えたなかなかの者で、大随との緊張した商量振りを詠んだものとも取れる。◉(2)這裏無能見所見、何足論近遠＝本分に於いては見るの見られるのという能所は無い、ましてや聞見の近遠を論ずるには及ばない。◉(3)**半暗半明孰与揚**＝「半暗半明」は明暗半々、第三句の「全用」の対語。「孰与揚」は反語で「どちらとも黒白を付けられない」。両者の商量、半明半暗、黒白を付け難い。◉(4)両鏡相照通身無影像＝両者の心中互いに障礙なし。『碧巌』三頌下語。【一八八の二】注(7)参照。◉(5)**若是箇中全用去、普賢特地逐亡羊**＝若し此に於いて大随、全提正令して本分の草料を与えれば、(この僧のみならず)普賢すらも、なす術を知らずにうろたえ回ったであろう。「箇中」は「ここ、這裡」の意。「全用」は「半明半暗」の対語で、「全放全収」の全機現。「逐亡羊」は『列子』説符二十四章に見える多岐亡羊の話。◉(6)剣輪飛処…乾坤失色＝全提正令の時、全てを奪い尽くす、成道の把住底。『雪竇録』巻一洞庭録(大正四十七・六六九下)、続いて「衆魔茲《こ》れより胆裂し、千聖も是れに由って眼開く」とある。【一二二の二】注(6)参照。◉(7)撥開向上一竅、千聖斉立下風＝雪竇『祖英集』の「宗門三印」頌。また『碧巌』六十頌下語。『秘鈔』に、「難透難解をかみ破って向上の一竅を打ちあけると、智者も高僧も頭は上らぬ」と。

※江月和尚和韻に、「大随似要知去処、区々万里気揚揚。者僧徒礼普賢境、学道伝言如牧羊」と。

《頌評唱》評に曰く。大随、既に(1)明頭差別《みょうとうしゃべつ》の偏位に立って遠く聞く、僧も亦た明頭差別の偏位に立って遠く答う。大随、俄《にわ》かに(2)暗頭無差《あんとうむさ》の正位《しょうい》に入って近く示す、僧も亦た暗頭無差の正位に入って近く呈す。⑶賓主唱和《ひんじゅしょうわ》の間、誰か蹤由《しょうゆう》を辨ぜん。所以《このゆえ》に言う、「孰与《いずれ》か揚《あ》げん」と。然《しか》りと雖《いえど》も、国師の心窃《ひそ》かに謂《おも》えらく、「未だ善く尽くさず」と。大随、若し者《こ》の僧の両手を展ぶる処に於いて⑷本分《ほんぶん》の草料《そうりょう》を行じて、痛く⑸一頓《いっとん》を与えば、縦令《たと》い⑹六牙《ろくげ》の象王《ぞうおう》も⑺方《ほう》に迷い度を失せん。謂《いっ》つ可《べ》し、「⑻頭正《はじめただ》しく尾《おわり》正し」と。惜い哉《かな》、全く用い去らざることを。

⑴立明頭差別偏位遠聞…遠答＝底本の「偏」は「徧」の誤記。大随の「什麼処去」と、僧の「礼普賢去」を云う。◉⑵入暗頭無差正位近示、…近呈＝大随の「文殊普賢、総に這裏に在り」と、僧の「円相を作して背後に抛向する」を云う。◉⑶賓主唱和間、誰辨蹤由＝両者の賓主商量の後先を分かつことは出来ない。◉⑷本分草料＝【一三〇の五】注⑵参照。◉⑸一頓＝【一〇一の二】注⑽参照。◉⑹六牙象王＝六牙の白象王。普賢菩薩の乗り物を云うが、ひいては普賢菩薩自身を指す。「六牙」は菩薩の無漏の六神通を表わす。『法華経』普賢品。◉⑺迷方失度＝うろたえ回る。◉⑻頭正尾正＝初めもよし、終わりもよし。間然する所なし。第二十一則（【二三八】）本則評唱注⑹参照。

【二四八】第三十一則　三角此事

《垂示》垂示《すいじ》に曰く。⑴高山《こうざん》に登《のぼ》らざれば、天《てん》の高《たか》きことを知《し》らざるなり。深渓《しんけい》に臨《のぞ》まざれば、地《ち》の厚《あつ》きことを知らざるなり。先王《せんおう》の遺言《いげん》を聞《き》かざれば、学問《がくもん》の大《だい》なることを知らざるなり。禅門も亦た然《しか》り。万重《ばんじゅう》の関《かん》を透《とお》らざれば、自らの⑵見泥《けんでい》を脱《だつ》すること能《あた》わざるなり。⑶痛《いた》く悪毒《あくどく》の手脚《しゅきゃく》を下《くだ》さざれば、他《た》の浅深《せんしん》を辨ずること能わず。従上、何人《なんぴと》か此の手脚有る。

⑴不登高山…、不臨深渓…、不聞先王遺言…＝高い山に登らなければ、天は高いものだという事が覚れないであろうし、

深い谷の中に下りて行ってみなければ、大地は深い厚みのあるものだという事が分からないであろう。それと同じように人間も、上代の優れた先王（堯・舜・禹・湯・文・武・周公等）の残した言葉を聞き学ぶ事がなかったなら、学問が人間にとって重大なものであるという事に気が付かないのである。『荀子』勧学篇一節、但し底本の「学聞」は「学問」。◉⑵見泥＝第三則（【二二〇】）頌評唱注⑼参照。◉⑶不痛下悪毒之手脚＝底本の「痛不」は貞永寺版の「不痛」に戻す。

《本則》挙《こ》す。⑴**三角《さんかく》の総印《そういん》云く、「⑵若し此の事《じ》を論ぜば、眉毛《びもう》を眨上《さつじょう》すれば、早や已《すで》に蹉過《しゃか》せり**〔⑶一盲你《いちもうなんじ》、衆盲を引き来たって印公《いんこう》の禅に参ぜしめよ。何《なん》が故《ゆえ》ぞ、彼れ眉毛を眨上《さつじょう》することを用いず〕」。⑷**麻谷《まよく》便ち問う、「眉毛を眨上することは即ち問わず、如何《いか》なるか是れ此の事**〔⑸危亡《きぼう》を顧《かえり》みず一斑《いっぱん》を露《あら》わす、⑹虎穴《こけつ》に入って虎鬚《こしゅ》を捋《な》づ〕」。**角《かく》云く、「⑺蹉過せり**〔⑻石火《せっか》光中《こうちゅう》に緇素《しそ》を分かち、閃電《せんでん》機《き》裏《り》に端倪《たんげい》を辨《べん》ず〕」。**谷《よく》、乃《すなわ》ち⑼禅床《ぜんしょう》を掀《かか》ぐ**〔⑽巨霊《きょれい》手を擡《もた》ぐるに多子《たし》無し、分破《ぶんぱ》す華山《かざん》の千万重〕。**角、之れを打つ**〔⑾礼は玉帛《ぎょくはく》に非ざれば露われず、楽《がく》は鐘鼓《しょうこ》に非ざれば伝わらず〕。⑿**谷、無語**《むご》〔⒀白雲鎖《さ》断《だん》す巌前の石、角《つの》を掛くる羚《れい》羊《よう》、蹤《あと》を見ず〕。

⑴**三角総印**…＝本則は『伝灯録』巻七、『会元』巻三、『虚堂録』巻六代別の六十二等に見える。三角総印は馬祖下、湖南省長沙三角山に住す。◉⑵**若論此事、眨上眉毛、早已蹉過也**＝本分の事を云うなら、眼を開くと云うのも既に逸する、悟ると云うのも既に誤り。底本の「貶《へん》（けなす）」は『大灯録』原本では皆な「眨《さつ》（まじろぐ）」で、原本が正しい。「眨上眉毛」は「眨起眉毛」とも。眉毛を挙げ眼を見開く、開眼の意。◉⑶一盲你引衆盲来令参印公禅＝（眼を開けても駄目と云うなら）大勢の盲人を引き連れて総印禅師に参禅させたらよかろうに。白隠流の皮肉。◉⑷**麻谷**

＝馬祖下、河北省蒲州麻谷山に住す。◉⑸不顧危亡露一斑＝危険を顧みずに、ちらりと姿を現わした。「一斑」は「豹の皮の一つの斑文」を云う。『江湖風月集』巻上、三山笑堂悦「二祖」に、「～、身を立つる地無くして始めて心安んず。人を陥るる坑子、年年満つ、隻臂何れの時か再び完きを得ん」。◉⑹入虎穴捋虎鬚＝「捋虎鬚」は『臨済録』行録、もと『呉志』朱桓伝に、呉の朱桓が遠く去るに臨み、孫権に請うてその鬚をなでた故事に基づく。◉⑺**蹉過也**＝逃す、過ち、手抜かり。◉⑻石火光中…、閃電機裏…＝火打ち石が光を発する間にも黒白を判じ、稲妻の間に全体を見て取る、三角の俊敏な機用。【一九三の二】注⑾参照。◉⑼**掀禅床**＝『虚堂録』、『会元』には、「掀」は「掀倒《きんとう》（持ち上げて投げ出す）」。◉⑽巨霊擡手…、分破華山…＝猛烈の機。昔、陝西省にある華山と山西省の首陽山とが一つの山であったのを、黄河の巨神が手で二つに分けて河の流れを放った。『碧巌』三十二頌。【七八の二】注⑼参照。◉⑾礼非玉帛…、楽非鐘鼓…＝先ず形から入ることが大切。【一八八の二】注⑵参照。◉⑿**谷無語**＝無言、真に功有り。◉⒀白雲鎖断…、掛角羚羊…＝杳として跡をつかめない。『頌古聯珠通集』巻九、枯木法成（芙蓉楷下）の「青原錙斧子」頌に、「千里迢迢として信通ぜず、帰り来たる何事ぞ太だ匆々なる、～、～」と。【一九一の二】注⑷参照。また「羚羊」は【五二の二】注⑵参照。

《本則評唱》評に曰く。⑴長汀子《ちょうていし》曰く、「⑵肚腸《とちょう》を寛却《かんきゃく》して他に順《したが》うに任《まか》す、又た知己《ちき》に逢うては須《すべか》らく分《ぶん》に随うべし」と。二大士の相見、謂《い》つ可《べ》し、「⑶牙期相逢《がきあいあ》うて互いに⑷懐抱《かいほう》を通ず、⑸機を以て機を奪い、毒を以て毒を攻む。⑹龍象《りゅうぞう》の蹴踏《しゅうとう》は、驢《ろ》の堪うる所に非ず、⑺官馬相踏《かんばあいふ》む、跛羊《はよう》の豈《あ》に近づくことを得んや。⑻全く浅深《せんしん》無く、全く向背《こうはい》無し。実参実証、実に恁麼《いんも》の田地に到って、応《まさ》に初めて恁麼の作用有るべし」と。

⑼今時《こんじ》一般因果を知らざる底の破凡夫《はぼんぷ》有り、話頭《わとう》を究めず、参禅を念と為《な》さず、妄《みだ》りに問答商量なり

と称して、(10)盲呵瞎棒《もうかかつぼう》、瞋拳熱喝《しんけんねつかつ》、顚言倒語《てんげんとうご》、(11)胡揮乱打《うきらんだ》、互いに(12)相罵《あいの》り互いに相擭《あいつか》む。譬えば、闘兵《とうへい》の人の如く、発癲狂《はってんきょう》の漢に似たり。林際《りんざい》も股震《ももふる》い、徳山《とくさん》も牙戦《きばおのの》く。点検し看来たれば見性《けんしょう》は論ずるに及ばず、(13)一丁《いっちょう》も亦た知らざる底の暗鈍昏愚《あんどんこんぐ》の(14)破瞎禿《はかつとく》。徒《いたず》らに在家無智の男女《なんにょ》を欺誑《ききょう》する者なり。殊《こと》に知らず、(15)頭《こうべ》を掉《ふ》るって肯《が》えんぜざる底の優婆塞優婆夷《うばそくうばい》有ることを。嗟《ああ》、是れ幾重の厚面皮ぞや。(16)是れを滅胡種族《めっこしゅぞく》、泥梨《ないり》の人と道《い》う、寔《まこと》に恐るべし。

(1)長汀子＝五代、梁の布袋和尚。◉(2)寛却肚腸任順他、又逢知己須随分＝『会元』巻二布袋和尚の偈に、「…肚腸を寛却して須らく忍辱すべし、心地を豁開して他に従うに任す。若し知己に逢わば須らく分に依り、縦《たと》い冤家に遇うとも也た共に和すべし」と。◉(3)牙期＝伯牙と鍾子期。知音。◉(4)通懐抱＝互いに肝胆相照らす。◉(5)以機奪機、以毒攻毒＝打ってくる相手の機を用いて相手の機を奪い、毒性の薬物を用いて毒瘡（梅毒等の悪性の腫物）を治療する様な働き。【一六六の三】注(6)参照。◉(6)龍象蹴踏、非驢所堪＝馬の優れたものを「龍象」と云い、越格の禅匠を指す。『臨済録』示衆、もと『維摩経』不思議品。◉(7)官馬相踏、跛羊豈得近＝これは官馬のような優れた作家同士の商略、跛の羊の近づき難いところ。上の句は『臨済録』勘辨に見える南泉の評語。◉(8)全無浅深、全無向背＝全く互角。◉(9)今時一般…＝以下近代相似禅者の批判。◉(10)盲呵瞎棒、瞋拳熱喝、顚言倒語＝訳も分からずに、叱ったり、棒で叩いたり、殴ったり、怒鳴ったり、分からん事を云ってみたり、出鱈目のし放題。◉(11)胡揮乱打＝胡乱揮打。出鱈目に払子や竹篦をふるったり打ったりするを云う。◉(12)互相罵互相擭＝底本・貞永寺版の「攫」を「擭」（＝つかむ、うつ）に改める。◉(13)一丁亦不知＝一丁字も識らない。まるきり文字を知らない。◉(14)破瞎禿＝馬鹿坊主。◉(15)有掉頭不肯底優婆塞優婆夷＝在家の信者でも知る者は知る、馬鹿にされるぞ。◉(16)滅胡種族、泥梨人＝仏法をほろぼす、地獄行きの輩。

《頌》(1)**地獄天堂、阿剌剌《あらつらつ》**〔(2)一《ひと》りは文、一りは武、偶《たま》たま相逢うて説き尽くす英雄各おの同じからず〕、
(3)**機《き》関直下《かんじきげ》に把《と》る応《べ》き没《な》し**〔(4)竹影、堦《かい》を掃って塵《ちり》動ぜず、月、潭底《たんてい》を穿って水に痕《あと》無し〕。
(5)**姦《かん》生じ変多くして却って得難し**〔(6)一双の孤雁《こがん》、撲地《にわか》に高く飛び、一対の鴛鴦《えんおう》、池辺に独《ひと》り立つ〕、
(7)**双放双収《そうほうそうしゅう》、新羅《しんら》を過《す》ぐ**〔(8)一曲両曲、人の会《え》する無し、雨過ぎて夜塘《やとう》秋水深し〕。

(1)**地獄天堂阿剌剌**＝（両作家の商量は）天堂地獄も真っ青、オオ恐ろしや。「阿剌剌」は「阿喇喇」、「阿辣辣」とも。『碧巌』九十八本則評唱、『同』八三則頌下語、『虚堂録』巻六代別の九十二等に見えるが、『俗語解』［一五〇九］に、「唐音ヲララ、驚く意なり。日本の『お丶お丶』と云うが如し。『お丶恐ろし』『お丶惜しいこと』など。江戸の『おやおや』なり」。また『犂耕』に、「太《はなは》だ辛辣にして食らう可からず」と。◉(2)一文一武偶相逢、説尽英雄各不同＝一人は文人、一人は武人、偶然相逢うて、文人は文の英を説き、武人は武の雄を談じて、各々其の能を逞しくするが如し。『虚堂録』巻五頌古の八十六「慈明片雲横谷口」頌。【二一二】注(6)参照。◉(3)**機関直下没応把**＝その作略は直ちに把らえ所がない。『碧巌』四十二頌、「龐老機関没可把」を参照。◉(4)竹影掃堦塵不動、月穿潭底水無痕＝竹影はきざはしを掃いても塵一つ動かず、月は水底に徹しても、水面に痕一つつかない。行じて行ぜず、説いて説かず、無心の境界。雲峰志璿の語。第二十三則（【二四〇】）頌注(6)参照。◉(5)**姦生多変却難得**＝だが（その高尚の境界は）学人は徒らに其の機語を習い禅に充てるだけで、祖意と大いに異変し、却って会得するは難しい。「姦生多変」は『虚堂録』巻一報恩録の上堂語、「法出でて姦《かん》生じ、事久しうして変多し」を踏まえて。【五の一】注⒅⒆参照。◉(6)一双孤雁…、一対鴛鴦…＝二匹の雁がたちまち空高く飛び、一対のオシドリが池に浮ぶ。『会元』巻十二華厳普孜（浮山遠下）章に、「句中に意無く、意は句中に在り。斯《こ》に於いて明らめ得ば、～。斯に於いて未だ明らめずんば、～」。◉(7)**双放双収過新羅**＝双放双収と云うも、既に遅し。「放行カト、スレバ把住、把住カト、スレバ放行」。「過新羅」は、「後の祭り、白雲

万里」。【九の三】注⒂参照。◉(8)一曲両曲無人会、雨過夜塘秋水深＝底本の「野塘」は「夜塘」の誤記。国師のこの曲調を会得できる者は誰もおらぬ。（さあ、次の曲を聞き得るや）秋雨、夜《よる》一過、池《いけ》の水かさ増すを。『碧巌』三十七頌。

【一二】注⑶参照。

※江月和尚和韻に、「若論此事論何事、宇宙乾坤没可把。麻谷掀床閑伎倆、無依無住絶籠羅」と。

《頌評唱》評に曰く。潭州三角山総印禅師《たんしゅうさんかくざんそういんぜんじ》は、法を馬大師に嗣ぐ。師、因《ちな》みに麻谷《まよく》と相見《しょうけん》し法戦《ほっせん》一場す。一往一来、活達脱洒《かったつだっしゃ》、抑揚褒貶《よくようほうへん》、殺活自在《せっかつじざい》。人間天上、仏界魔宮、全く比倫《ひりん》する無く、全く等匹《とうひつ》無し。機関聳峻《きかんしょうしゅん》、豪放不羈《ごうほうふき》、縦《たと》い仏祖といえども把著《はじゃく》すること能《あた》わず。(1)貌摸千態万状《みょうもせんたいばんじょう》し、隠顕捲舒《おんけんけんじょ》たり。明眼《みょうげん》の衲僧も未だ落処《らくしょ》を見ず。(2)心を挙《こ》して向かわんと擬《ぎ》すれば、(3)兎角亀毛《とかくきもう》、別山《べつざん》を過《す》ぐ。所以に言う、「双放双収、新羅《しんら》を過ぐ」と。

(1)貌摸千態万状、隠顕捲舒＝法戦の変化自在、千変万化の様。◉(2)挙心擬向＝『楞厳経』巻四に、「汝、暫く心を挙すれば、塵労先ず起こる」と。◉(3)兎角亀毛過別山＝もとより有りもしないもの、空しく他山を尋ねるのみ。【一四二】注(5)参照。

【二四九】第三十二則　不二法門

《垂示》垂示《すいじ》に曰く。(1)荀卿《じゅんけい》言えること有り、「(2)天《てん》、言《ものい》わざるも、人《ひと》、其の高《たか》きを推《お》し、地《ち》、言わざるも、人、其の厚《あつ》きを推《お》し、四時《しいじ》、言わざるも、人、其の期《き》に随《したが》う」と。予曰く、「然《しか》らず、天地、寔《まこと》に言《げん》有り、(3)洋洋焉《ようようえん》として五根《ごこん》の間《かん》に湛寂《たんじゃく》たり。天地、寔に言有り、(4)浩浩乎《こうこうこ》として六合《りくごう》の外に充塞《じゅうそく》す」と。夫子《ふうし》は此れを(5)上天《じょうてん》の載《こと》と謂《い》い、孟軻《もうか》は此れを(6)浩然《こうぜん》の気と謂う。之れを得る者は刹那《せつな》にも(7)妙覚《みょうかく》に上り、之れを失う者は永劫にも輪廻《りんね》を受く。所以《このゆえ》に言う、「(8)若し耳を以て聞かば、終《つい》に会し難し、眼処《げんしょ》に声を聞いて、応《まさ》に須《すべか》らく会すべし」と。作麼生《そもさん》か是れ眼処の声。

(1)荀卿＝戦国、趙の人、名は況。『荀子』を著わす。◉(2)天不言而人推其高焉…四時不言而人随其期焉＝天は何も云わないが、おのずから人はその高きを推尚し、地は何も云わないが、人はその厚きを推尚し、春夏秋冬の四季は何も云わないが、人はその移り変わりを当てにしているのである。『荀子』不苟篇の九節、但し「人随其期焉」は「百姓期焉」。◉(3)洋洋焉、湛寂於五根之間＝この身内に満ち満ちている。◉(4)浩浩乎、充塞六合之外＝宇宙の果てまで満ち満ちている。「六合」は天地と四方を云う。◉(5)上天之載＝天の道。『詩経』大雅の文王に、「上天の載《こと》は声も無く臭いも無し」とあり、「天の道は知り難し。耳、声を聞かず、鼻は香臭を聞かず。文王の事に儀法すれば、則ち天下咸な信じて之れに順う」を云う。『中庸』三十三章にも引用されている為に孔夫子の言と云ったものか。『荊叢毒蕊』巻七「送稲瀬時国帰武陵序」にも、「金仙（＝仏）は之れを称して一大事因縁と名づけ、宣尼（＝孔子）は之れを称して上天の載と為す。李耼は之れを称して希夷の大道と為し、孟軻は之れを称して浩然の気と道う。荘周は之れを称して赤水の神珠と道う」と。◉(6)浩然気＝『孟子』公孫丑上に云う、天地の間にみちている元気で、人間もこれを得て生ずる公明正大な根源力。◉(7)妙覚＝菩薩五十二位の最高位の仏位。◉(8)若以耳聞終難会、眼処聞声応須会＝第二十四則（【二四一】）本則注(11)参照。

《本則》挙《こ》す。(1)(2)維摩詰《ゆいまきつ》、文殊師利《もんじゅしり》に問う、「何等《なんら》か是れ(3)菩薩の入不二法門《にっぷにほうもん》」（(4)乍《たちま》ち報ず、梅福相訪《ばいふくあいと》い来たると、笑って荷衣を著けて草堂を出づ。児童は車馬を見るに慣れず、争って蘆花《ろか》の深き処に入って蔵《かく》る）」。

文殊師利云く、「我が意《い》の如きんば、一切《いっさい》の法《ほう》に於いて(5)**無言無説《むごんむせつ》、無示無識《むじむしき》、諸《もろもろ》の問答《もんどう》を離《はな》る、是れを入不二法門と為《な》す**〔(6)蓬頭《ほうとう》の稚子《ちし》、垂綸《すいりん》を学ぶ、莓苔《ばいたい》に側坐し、草《くさ》、身《み》に映《えい》ず。行人《こうじん》、路《みち》を尋ねて遥かに手を招かば、魚の驚かんことを恐畏《おそれ》て津《わたし》を告げず〕」。(7)**維摩に代わって打出《たしゅつ》せん**〔(8)只だ坐す白雲紅樹の裏《うち》、君と共に同じく唱《とな》う太平の歌〕。**是《ここ》に於いて文殊師利、維摩詰に問う、「我れ等、各自《かくじ》に説き已《お》わる、仁者《じんしゃ》、当《まさ》に説くべし、何等《なんら》か是れ菩薩の入不二法門**〔(9)従前《じゅうぜん》の汗馬《かんば》、人《ひと》の識《し》る無し、只だ重《かさ》ねて蓋代《がいだい》の功《こう》を論ぜんことを要す〕」。(10)**維摩、黙然《もくねん》たり**〔(11)百千の毒鼓《どっこ》、同時に響く、虚空を吼破《こうは》して点痕《てんこん》無し〕。**文殊《もんじゅ》に代わって乃《すなわ》ち喝《かつ》せん**〔(12)文殊、匣裏《こうり》の青蛇《せいだ》吼《ほ》え、毘盧《びる》を驚かし得て草窠《そうか》に入らしむ〕。

(1)**維摩詰…**＝『碧巌』八十四則による。『虚堂録』の代別形式に倣い、国師の代語を付したもの。◉(2)**維摩詰問文殊師利**＝羅什訳『維摩経』入不二法門品では維摩ではなく、三十一人の菩薩が文殊に質問する。「維摩詰」は、仏在世時の中インド毘耶離城の居士。辯才無礙、いかな仏弟子でも敵わなかった。金粟如来の後身とも云われ、その一黙は雷の如しと云う。◉(3)**菩薩入不二法門**＝不二の妙境に悟入する大乗の法門。これまでに三十一人の菩薩達が、生・滅、我・我所、受・不受、垢・浄、是動・是念、一相・無相、菩薩心・声聞心、善・不善、罪・福、有漏・無漏、有為・無為、世間・出世間、生死・涅槃、尽・不尽、我・無我、明・無明、色・色空、四種異・空種異、眼・色、布施・回向一切智、是空是無相是無作、仏法僧、身・身滅、身口意、福行罪行不動行、従我起二、有所得相、闇・明、楽涅槃・不楽世間、正道・邪道、実・不実等の不二を説き終わって、いよいよ文殊の出番。◉(4)乍報梅福相訪来…争入蘆花深処蔵＝梅仙人が来られるというので、笑みをうかべ荷衣を著けて草堂を出てお迎えする。このあたりの子供は車馬を見慣れていないので、先を争って蘆の茂みに隠れてしまった（高名な文殊が来られると云うので、維摩は諸の侍者を除去し、方丈を空にして待ちもうけた）。胡令能《これいのう》「圃田《ほでん》の韓少府が訪わるるを喜ぶ」（『全唐詩』巻七二七）、但し「乍報」は「忽聞」。

「梅福」は漢の有名な隠士の梅子真、もと南昌の尉であった。この詩では圃田の県尉を梅福に擬えて。「荷衣」は伝説中の荷《はす》の葉で出来た衣、隠者の服をいう。胡令能、または胡釘鉸《こていこう》は唐、河南省圃田の隠士。洗鏡鍍釘を業《なりわい》とす。後に人が刀で自分の腹を裂いて書を入れるのを夢見て、吟詠に巧みとなる。『碧巌』四十八本則評唱に、胡釘鉸が宝寿沼に来参した話を載せる。◉(5)**無言無説、無示無識、離諸問答**＝文殊は他の菩薩方と異なり、不二の義を説くのではなく、一切の言説を離れていると云うことを説く。◉(6)蓬頭稚子…恐畏魚驚不告津＝おかっぱ頭の童が釣りを習ったばかり、緑の照り返しを受けて苔の上に坐っている。旅人が遠くから渡し場に行く道を手振りで尋ねるが、魚を驚かしてはいけないとおし黙っている。胡釘鉸「江際に小児、釣を垂る」（『全唐詩』七二七）。文殊の無言無示に掛けて。◉(7)**代維摩打出**＝国師、維摩に代わって、「ヲラナラバ、文殊ヲ、タタキダイテ、シマウ」と。◉(8)只坐白雲紅樹裏、共君同唱太平歌＝空山に穏坐して、太平を謳歌する。『貞和集』巻三、元道「休夏示衆」に、「好し住せん白雲紅樹の裏、与君同唱太平歌」と。◉(9)従前汗馬無人識、只要重論蓋代功＝古人汗馬の（這箇を会得する）苦労を知る者はいない、もう一度その手柄話を云うてくれ。第十七則（【二三四】）本則注(9)参照。◉(10)**維摩黙然**＝僧肇『注維摩詰経』巻八に、「無言に於いて言有るは、未だ無言に於いて言無きに若《し》かず」と。◉(11)百千毒鼓同時響、吼破虚空無点痕＝維摩の一黙万雷の如く、虚空に轟いて跡形もない。出典未詳。◉(12)文殊匣裏青蛇吼、驚得毘盧入草窠＝国師の一喝のすさまじさ、匣中の剣鳴の如し、大日如来も驚き走る勢い。維摩を毘盧に比して。『人天眼目』巻三、臨済下の克符道者の五位頌に、「正中偏。半夜澄潭月正円。～、～」と、但し「入草窠」は「出故園」。「青蛇」は名剣の銘。ここは文殊の金剛智剣を云う。名剣に不可思議の力あって、未だ用いられないとき、箱の中で龍吟をなすと云う。元慎「説剣詩」に「青蛇匣中吼」とあり、また「匣剣」とは、剣気の隠れたるが如く、現われたるが如くを云う。

《本則評唱》評に曰く。(1)維摩詰《ゆいまきつ》、秦《しん》には浄名《じょうみょう》と謂《い》う、五百童子の一なり。(2)妙喜国《みょうきこく》より来たって此の境に遊ぶ。(3)所応《しょおう》、既に周《あまね》くして将《まさ》に(4)本土に還《かえ》らんとす。其の淳徳《じゅんとく》を顕《あら》わして、以て群生《ぐんじょう》を沢《うるお》さんと欲す、特に疾《やまい》を毘耶《びや》に示す。

仏、諸《もろもろ》の菩薩に命じて往《ゆ》いて疾《やまい》を問わしむるに、尽《ことごと》く辞して往かず、徳を文殊に推《すす》む。仏、遂《つい》に文殊に命じて疾を問わしむ。是《ここ》に於いて文殊、諸菩薩・大弟子・諸天人と共に毘耶離《びやり》の大城に入って疾《やまい》を問う、言論往来《げんろんおうらい》有り。

爾《こ》の時、維摩詰、衆《おお》くの菩薩に謂って言く、「諸仁者《しょじんしゃ》、云何《いかん》が菩薩の入不二法門《にっぷにほうもん》。各《おの》おの(5)所楽《しょぎょう》に随って之れを説け」と。此《ここ》に於いて(6)法自在《ほうじざい》菩薩、徳守《とくしゅ》菩薩、不眴《ふじゅん》菩薩、徳頂《とくちょう》菩薩、及び文殊、(7)各おの自らの所得に随って不二法門を説く。此に於いて文殊師利、維摩詰に問う、「我れ等、各自に既に説き了わる。仁者、当《まさ》に説くべし、何等か是れ菩薩の入不二法門」と。国師云く、「維摩に代わって打出せん」と。時に維摩詰黙然《もくねん》として無言。国師云く、「文殊に代わって乃《すなわ》ち喝《かつ》せん」と。

今時、一等杜撰《ずさん》の禅和《ぜんな》有り、即ち言う、「唯だ然《しか》り。国師甚《はなは》だ痛快活哉《かっさい》、我れも亦た維摩に代わって打出《たしゅつ》せん、我れも亦た文殊に代わって一喝せん」と。錯《しゃく》、錯、大いに笑いつ可《べ》し。(8)昔、迦葉《かしょう》、白槌《びゃくつい》して以て文殊を擯《ひん》せんと欲するに、槌子《ついす》を挙ぐるに当たって触目《そくもく》皆な文殊。迦葉、気を失し声を呑む。你《なんじ》、如何《いかん》が手脚《しゅきゃく》を挟《はさ》まん。浄名は是れ(9)過去金粟《きんぞく》如来、既に是れ(10)十力調御《じゅうりきちょうご》の垂跡《すいじゃく》、豈《あ》に其れ你が一喝を下すを待たんや。殊《こと》に知らず、国師大いに綿密の処有ることを。你が(11)暴卒《ぼうそつ》の所見に似たらば、(12)生身《しょうしん》に阿鼻《あび》に堕《お》ち、永劫《ようごう》に苦輪に沈まん、寔《まこと》に恐る可し。

(1)維摩詰…沢群生＝僧肇『注維摩詰経』巻一、「(鳩摩羅)什曰云々」からの引用文。◉(2)妙喜国＝『維摩経』阿閦仏品に見える、維摩の本土。◉(3)所応既周＝「所応」は「分所応為(自己の本分として為すべきこと)」。◉(4)還本土

＝死んで妙喜国に帰る。◉(5)所楽＝「楽」は心に願う。考え、思いのまま。◉(6)法自在菩薩、徳守菩薩、不眴菩薩、徳頂菩薩＝三十一人の菩薩の最初の四人。◉(7)各随自所得＝底本の「随身」は貞永寺版の「随自」に戻す。◉(8)昔迦葉欲白槌…＝『会要』巻一に載る「世尊因自恣日、文殊三処度夏」の公案。◉(9)過去金粟如来＝維摩の前身が金粟如来であるというのは古来の通説であるが、今日伝わる経典には本拠がない。◉(10)十力調御＝第十五則（【二三二】）本則評唱注(10)参照。◉(11)暴卒＝本来は「突然死ぬ、突然侵犯する士卒」の意であるが、ここでは「乱暴卒爾」の意か。仮名法語『寝惚之眼覚』に、「役にも立ぬ世の章《あや》を、滅《めつ》太《た》暴《や》卒《たら》に書散し」とルビがふってある。◉(12)生身堕阿鼻＝底本の「阿毘」は貞永寺版の「阿鼻」に戻す。生きながらに阿鼻地獄に陥る。

《頌》(1)不二法門《ふにほうもん》、何ぞ再び説かん〔(2)八八六十四、九九八十一、六六三十六、五五二十五〕、**(3)二千三万、一斉に来たる**〔(4)謀臣猛将《ぼうしんもうしょう》、今、何《いず》くにか在る、万里の清風、只だ自知するのみ〕。**(5)当年《そのかみ》、妙吉《みょうきち》、親しく用い去る**〔(6)一《ひと》たび赤心《せきしん》にして来たって国に報じてより、辺頭《へんとう》の刁斗《ちょうと》曾《かつ》て聞かず〕、**(7)病翁を扶《たす》け得て口を開かしむ**〔(8)石女《せきじょ》舞い成す長寿の曲、木人唱《ぼくじんとな》え起こす太平の歌〕。

(1)**不二法門何再説**＝不二門、今更何も説くことは無い（ことを示すため、維摩は丈室を空にして待ち設けた、不二門は空門）。◉(2)八八六十四、九九八十一、六六三十六、五五二十五＝理の当然。◉(3)**二千三万一斉来**＝（そこへ文殊が八千の菩薩、五百の声聞、無数の神々を引き連れて見舞いに来た。維摩は神通力を現じ）須弥灯王如来が三万二千の獅子座を維摩の丈室に送って来られた（その高さは八万四千由旬と云うこの上なく立派なものであったが丈室に充分に入った。不二門はまた不可思議解脱法門）。◉(4)謀臣猛将今何在、万里清風只自知＝いくら八万二千おろうが、「此の些子を知る底の器量人はないとなり、冷暖自知の者でなければ知れぬ、独り狂言の外はない」（『秘鈔』）。『碧巌』六十一頌。◉(5)**当年妙吉親用去**＝そのかみ文殊は不二門を自ら見事に説きおおせた。「妙吉」は「妙吉祥」の略、すなわち文殊のこと。◉(6)一自赤心来…不曾聞＝文殊の無功用を頌す。第二十九則（【二四六】）頌注(8)参照。◉(7)**扶得病翁使口開**＝（のみならず）病床の維摩の口を開かせて、黙雷の大説法を説かしめた。◉(8)石女舞成…、木人唱起…＝文殊と維摩の商量の妙用を讃えて。底本の「大平」は貞永寺版の「太平」に戻す。【一六六の二】注(6)参照。
※江月和尚和韻に、「文殊師利是菩薩、這法門中接得来。不二玄談黙然也、檐花一日為誰開」と。

《頌評唱》評に曰く。尽大地山河《せんが》、総に是れ不二法門、此の外、更に箇の什麼《なに》をか説かん。(1)一毫未発《いちごうみはつ》以前に既に是れ説き了わる。若し強いて注脚を下さば、仏、菴羅樹園《あんらじゅおん》に在り、諸菩薩に命じて疾《やまい》を問わしむ、是れ不二《ふに》。浄名《じょうみょう》、疾《やまい》を丈方《じょうほう》の室に示す、是れ不二。諸菩薩、辞して徳を文殊に推《すす》む、是れ不二。所以《このゆえ》に言う、「三万二千、一斉に来たる」と。妙《みょう》吉《きち》、命《めい》に随い三万二千の大衆と共に丈方室に赴《おもむ》く、是れ不二。者裡《しゃり》に到って、片言《へんげん》の演《の》ぶ可《べ》き無く、隻字《せきじ》の説く可き無し、只だ目を収めて痴坐《ちざ》するのみ。

文殊大士、此の極妙究玄《ごくみょうきゅうげん》の処を用い来たって維摩詰に分付《ぶんぷ》す。果然《かぜん》、維摩詰、十成《じゅうじょう》に説き了われり。試みに言え、浄名、作麼生《そもさん》か説破し去る。国師云く、「病翁を扶《たす》け得て口を開かしむ」と。怪しい哉《かな》、将《まさ》に謂《おも》えり、「維摩詰、口を鎖《と》ざし、舌《した》を結《むす》ぶ」と。国師却って言う、「口を開かしむ」と。試みに言え、維摩詰、口を開いて箇の什麼《なに》をか道《い》いし。必定決定《ひつじょうけつじょう》して口を開かざること分暁《ふんぎょう》なり。誰か知らん、開かざる底の大臭口、三千大千を爛咬《らんこう》し、十方刹土《せつど》を貪嚼《どんしゃく》することを。(2)陰陽《いんよう》を含吐《がんと》し、造化《ぞうか》を呼吸して、更に間断《かんだん》無し、初めて聞く、黙処《もくしょ》に雷轟《らいとどろ》くことを。

(1)一毫未発以前＝何も発しない以前、世界開闢以前を云う。「毫」は獣の細毛で、「一毫」は極微を云う。◉(2)含吐陰陽、呼吸造化＝「含吐陰陽」は『淮南子』本経訓六章に、「太一は天地を牢籠し、山川を弾圧し、陰陽を含吐し、四時を伸曳し…」とあり、「陰陽を呼吸する」ことであり、万物がそれによって生じ、四時おこなわれるもの。

【二五〇】第三十三則　趙州孩子

《垂示》垂示《すいじ》に曰く。(1)裘領《きゅうれい》を挈《ひっさ》ぐるが若《ごと》き、纔《わず》かに五指を詘《かが》めて之れを頓《ひ》かば、順《したが》う者、勝《あ》げて数《かぞ》う可《べ》からず。祖関を扣《たた》くが如き、纔かに一則を執《と》って之れを究めば、忽然《こつねん》として撞著《どうじゃく》する則《とき》んば、貫通《かんつう》する者、勝《あ》げて道《い》う可けんや。

只だ(2)世智辯利《せちべんり》の漢を悪《にく》む。往往に祖師難透の秘決を拈《ねん》じて、情量穿鑿《せんさく》を加え、鄙俗凡解《ひぞくぼんげ》を添え、以て透過《とうか》なりと為《な》し、参究《さんきゅう》と為す。錯《あやま》って一生を過《す》ぎ了《お》わって、禅苑を荒廃《こうはい》することの其の弊風《へいふう》や、寔《まこと》に悲しむ可し。

(1)若挈裘領…順者不可勝数＝たとえば皮衣の襟首のところを持ってあげる時のように、五本の指をかがめて掴んでこれをぶら下げると、皮衣の毛並は皆な素直によく従って、一本も逆さまになる毛はないようなものである。『荀子』勧学篇九節に、礼こそその依って歩むべき道であることの喩話となす。底本の「訥」は本来「詘」、両字は互用される。

◉(2)世智辯利漢＝底本の「辨利」は「辯利」の誤記、「言葉巧みに説く」。『荀子』解蔽篇十節に、「辯利（＝辯舌達者）なるも以て是れを言うに非ざれば、則ち之れを誰《せっ》（＝多言）と謂う」と。

《本則》挙す。(1)**僧、**(2)**趙州《じょうしゅう》に問う、「**(3)**初生《しょしょう》の孩子《がいし》、還《かえ》って六識《ろくしき》を具するや也《ま》た無《いな》や**〔(4)句裏《くり》に機《き》を呈《てい》して劈《ひっ》面《めん》に来たる〕」。**州《しゅう》云く、「**(5)**急水上《きゅうすいじょう》に毬子《きゅうす》を打《た》す**〔(6)三月《みつき》の嬰児《えいじ》、生まれて国を徙《うつ》せば、則ち其の故俗《こぞく》を知ること能《あた》わず」」。僧、復《ま》た(7)投子《とうす》に問う、「急水上に毬子を打すと、意旨如何《いしいかん》」(8)碁《ご》は敵手に逢うては行《こう》を蔵《かく》し難く、詩は重吟《じゅうぎん》に至って始めて功《こう》を見る」」。子云《す》く、「(9)念念不停流《ねんねんふじょうる》(10)吾《わ》れに六兄弟《けいてい》有り、就中一子《なかんずくいっし》は悪し」」。

(1)**僧問趙州**…＝本則は『会元』巻四趙州章、『碧巌』八十則に見える。◉(2)**趙州**＝従諗、七七八―八九七。南泉に嗣ぐ。◉(3)**初生孩子還具六識也無**＝生まれたての赤ん坊には見聞嗅等の五識以外にも、分別意識である第六識も備わっていますか。赤子の無心に掛けて無心の境界を探ってきた。◉(4)句裏呈機劈面来＝この僧の真っ向からの問処の機鋒恐るべし。【二五〇の三】注(3)参照。◉(5)**急水上打毬子**＝急流上に毬《まり》を打った。『禅林方語』に、「念念、停《とど》まらず」。『碧巌』の評唱に、「早く是れ転轆轆地、更に急水上に向かって打する時、眨眼《さつげん》すれば便ち過ぐ」と。『楞厳経』巻十に五蘊の第五「識妄想」を説いて、「此の湛は真に非ず、急流水の如し、望めば恬静となるが如し、流れ急にして見えず」と。◉(6)三月嬰児…其故俗＝生後三ケ月の赤子を他国へ連れて行ってしまえば、もはや故郷の風俗を知ることは出来ない。『淮南子』斉俗訓六章に、人の本性は俗世になずんでいるうちに本性を忘れて変容するを云う。◉(7)**投子**＝安徽省舒州投子山、大同禅師（八一九―九一四）。始め数息観を習い、華厳に依って見性し、翠微無学の法を嗣ぐ。黄巣の乱の時、凶賊を無畏の辯で折伏す。趙州と投子との機縁は拈古第六則（【二七一】）注(1)、『碧巌』四十一参照。◉(8)碁逢敵手難蔵行、詩至重吟始見功＝碁は好敵手に出会うと手のうちが隠せない、詩は重ねて吟じてこそ手並みが見て取れる。「蔵行」は「蔵幸」とも。「行」は碁のうつ「手」のこと。『普灯録』巻十五此庵景元（円悟下）章。◉(9)**念念不停流**＝『楞厳経』巻十に五蘊の第四「行妄想」を説いて云う語、「赤子の六識は無功用に似たるも、意識の内の生滅は刹那も停まらない」（『種電鈔』）などと解釈するは妄想邪解であると白隠禅師は云う。『秘鈔』に、「さてさて驚き入った答、此の上に微妙不思議の法喜禅悦ありや、趙州投子の精粗は八角磨盤走空裡」と。◉(10)吾有六兄弟、就中一子悪＝『寒山詩』一二三九「我有六兄弟」、『闡提記聞』巻三の評に云う、「此の詩は六兄弟を以て六根に比況す。以て意根の警誡す可きを説くなり。六兄弟とは眼耳鼻等の六識なり。就中《なかんずく》一箇の悪き者は、第六意識を謂うなり」と。

《本則評唱》評に曰く。大凡《おおよ》そ問に多種有り、(1)呈解《ていげ》、探抜《たんばつ》、察辨《さつべん》、験主《けんしゅ》なり。初生孩子《しょしょうがいし》の話の如きんば、(2)十八問の中、之れを験主問と謂《い》う。者《こ》の僧、此の一問を提《ひっさ》げ来たって、趙州老を如何《いかん》と見る、大いに毒気有り。

大凡そ人、各おの八識を具う。(3)所謂《いわゆる》前五識・六識・七識・八識、是れなり。前五識とは眼耳鼻舌身《げんにびぜっしん》等の五根を指す者なり。各おの色声香《しきしょうこう》等の五塵《ごじん》を領受《りょうじゅ》するの所能《しょのう》有り、他の好醜《こうしゅう》美悪《びあく》を分辨するの所知無し。

第六意識、或いは(4)受生命終識《じゅしょうみょうじゅうしき》と云う、(5)来たるに先鋒《せんぽう》と為り、去るに殿後《しんがり》と為る、故《ゆえ》に(6)三細《さんさい》に攀《はん》縁《えん》し六麁《ろくそ》を具し、五根に出入し八識に潜遁《せんとん》す。隠顕出没《おんけんしゅつぼつ》、縦横巻舒《じゅうおうけんじょ》、(7)仏手《ぶっしゅ》も亦た制すること能《あた》わざる者は第六意識なり。所以《このゆえ》に言う、「(8)披毛《ひもう》も此れより得《え》、作仏《さぶつ》も亦た他に従《よ》る」と。(9)第七摩那伝送識《まなでんそうしき》は、六八の間に陰陰として、間断《かんだん》無き者は是れなり。

(10)八識頼耶含蔵識《はっしきらやがんぞうしき》、或いは無分別識と道《い》う。暗鈍昏愚《あんどんこんぐ》、茫茫蕩蕩《ぼうぼうとうとう》として、死水《しすい》の湛寂《たんじゃく》たるが如し、過去の憂悲愛悪《ゆうひあいあく》、一切塵労《じんろう》等の事を収入《しゅうにゅう》して漏《も》らすこと無し。行者単単《ぎょうじゃたんたん》に進修し、乍《たちま》ち此の暗窟を打破する則《とき》んば、大円鏡光乍《だいえんきょうこうたちま》ち煥発《かんぱつ》して、種種の染浄《ぜんじょう》等の法を執持《しゅうじ》して失すること無し。(11)喜怒苦楽、種種の染浄等の法を執持して(12)四智《しち》を成就し、(13)三身《さんしん》を円証す。是の故に或いは如来蔵識《にょらいぞうしき》と道う。冥府《めいふ》に在りては、化して見《あら》われて(14)浄玻《じょうは》璃《り》の鏡と称する者なり。

又た是れ者《こ》の僧、仮りて以て一問と為す、甚《はなは》だ工夫有り。言《いわ》く、既に是れ初生の孩子、(15)婆婆啝啝《ばばわわ》、全く所知《しょち》無く全く了解《りょうげ》無し、只だ八識のみ有って、六識未だ具せざる者に似たり。無と言わんと欲せば、既に言う、「来たるに先鋒と為り、去るに殿後《しんがり》と為る」と。豈《あ》に具有せざると為さんや。者の僧、⒃此の両端を扣《たた》いて、有も亦た得ず、無も亦た得ず、趙州をして総に開口不得《かいくふとく》ならしめんと欲す。如何《いかん》せん、趙州老人、自《おの》ずから転身《てんじん》自在の手脚《しゅきゃく》有って却って言う、「急水上に毬子《きゅうす》を打す」と。試みに言え、是れ什麼《なん》の道理をか説く。

往往に言う、「初生の孩子、全く意知無く、了別無き者に似たりと雖《いえど》も、念念昇降《しょうこう》、間断無く、恰《あたか》も急水上に毬子を打するに似たり。所以《このゆえ》に投子曰く、『念念不停流《ふじょうる》』と」と。錯《しゃく》、錯、且喜《しゃき》すらくは没《もっ》交渉《きょうしょう》。此れを瞎妄想《かつもうぞう》、死邪解《しじゃげ》と道う。恁麼《いんも》にして碧巌録を評唱し得たりと為さば、野狐身五百生の事は且《しば》らく置く、永劫《ようごう》に妄想の糞泥獄《ふんでいごく》に沈み、出離《しゅつり》有ること無けん。実に恐る可し。趙州投子は真正作《しんしょうさっ》家《け》の戦将《せんしょう》、機辯聳峻《しょうしゅん》なること、古今に卓抜《たくばつ》す。豈に你《なんじ》が鄙俗下賤《ひぞくげせん》の凡解《ぼんげ》に効《なら》って、此の⒄合頭《がっとう》の語を下《せ》すと為んや。信ぜずんば下文を看よ。

(1)呈解、探抜、察辨、験主＝第十三則（【一三〇】）垂示注(1)参照。◉(2)十八問＝汾陽十八問。『碧巌』九本則評唱、第四則（【一二一】）本則評唱注(7)参照。◉(3)所謂前五識…＝『荊叢毒蕊』巻四「八識辨」、『八重葎』巻二等参照。◉(4)受生命終識＝「受生心」は六十心の一で「種々三業を作って種々差別の身を受ける如く、所修の諸行皆な回向して種々の生を受けんと欲する」心、「命終心」は「凡夫命終の時に臨んで自体・境界・当生の三愛を起こして当（来）生を引く」心。六道輪廻を引き起こす識。◉(5)来為先鋒、去為殿後＝『碧巌』八十本則評唱には第六識に就いて云うが、本来は第八識に就いて云う語。人生まれる時先鋒となり、死に去る時殿後《しんがり》となる。『人天眼目』巻四「辨第八識」には、「七八の二識相離れざるが故に、〜」とある。◉(6)三細、六麁＝『起信論』解釈分に云う、根本無明の微細の三相に、一に無明業相、二に能見相、三に境界相あって、業転現の三識に依る。枝末無明の麁大の六相に、一に智相、二に相続相、三に執取相、四に計名字相、五に起業相、六に業繋苦相がある。◉(7)仏手亦不能制＝仏でもどうすることも出来ないのが意識。【二七】注(7)参照。◉(8)披毛従此得、作仏亦従他＝畜生となるも、仏となるも、この一点。『大川録』、但し「亦」は「也」、下の「従」は「由」。東陽英朝編『禅林句集』は、本録に同じ表記。【一の八】注(17)参照。◉(9)第七摩那伝送識＝唯識に第八阿頼耶識と第六意識との間に第七末那識を置く。我法二執の根本で、転識とも云う。第六則（【二一三】）頌評唱注(10)参照。◉(10)八識頼耶含蔵識＝第六則（【二一三】）本則評唱注(9)参照。◉(11)執持喜怒苦楽…＝法相宗では「阿頼耶識」を「執持識」とも云う。◉(12)四智＝大円鏡智・平等性智・妙観察智・成所作智。◉(13)三身＝法身・報身・応身。◉(14)浄玻璃鏡＝人の一生の悪業を現前すると云う、えんま大王の鏡。偽造の『十王経』に出る名で、本来は「業鏡」（『楞厳経』巻八）と云う。◉(15)婆婆啝啝＝アワワ、嬰児の言語。『宝鏡三昧』には「婆婆和和」、『涅槃経』巻十八には「哆哆啝啝」と云う。◉(16)此両端＝有と言えば事に背き、無と言えば理に悖《もと》る。◉(17)合頭語＝「理と合する、理味に堕する」を云い、『秘鈔』に「合頭語とは、如何なるか是れ仏と問うに、三十二相と答える如きを云う。然れども一概に悪いとは云われぬ、合頭語が照り輝くことあり、又た悟り気のある中は合頭するぞ」（四十二則頌評唱）と。【七二の二】注(6)参照。

《頌》(1)**六識《ろくしき》問い来たって識破《しきは》し難《がた》し**〔(2)親切《しんせつ》を得んと欲せば、問《とい》を将《も》ち来たって問うこと莫《な》かれ。問は答《たっ》処《しょ》に在り、答《こたえ》は問処《もんじょ》に在り〕、

(3)**趙州老大《じょうしゅうろうだい》、只麼《しも》に酬《むく》ゆ**〔(4)山西《さんせい》の老将《ろうしょう》、猶《な》お童顔《どうがん》、曾《かっ》て紅旗《こうき》を臂《うで》にして賀蘭《がらん》に到る〕。

(5)**憐《あわ》れむ可《べ》し、同道実頭《どうどうじつとう》の漢《かん》**〔(6)美玉《びぎょく》は碔砆《ぶふ》に蘊《つつ》まるれば、凡人《ぼんじん》は之れを視《み》て焉《こ》れを忕《ゆるが》せにするも、良《りょう》工《こう》は之れを砥《みが》いて、然《しか》る後《のち》に其の和宝《かほう》なることを知る〕、

(7)**道道《どうどう》す、念念不停流《ねんねんふじょうる》**〔(8)精錬《せいれん》は鉱朴《こうはく》に蔵《ぞう》さるれば、庸人《ようじん》は之れを視《み》て焉《こ》れを忽《ゆるが》せにするも、巧冶《こうや》は之れを鋳《い》て、然《しか》る後《のち》に其の幹《かん》なることを知る〕。

(1)**六識問来難識破**＝赤子の六識を問うて来た魂胆を見破ることはなかなか困難。◉(2)欲得親切…答在問処＝肝要の処は他に問うて知ることでは無い、間髪を容れざる所。底本の「有」は「在」の誤記。南院慧顒の語。【一八七の二】注(2)参照。◉(3)**趙州老大只麼酬**＝されどさすが趙州老は識り難い中にただ応酬す。「老大」は「長老、大先輩」。「只麼」は「ただ…だけ」、『証道歌』の「不可得中只麼得」を参照。◉(4)山西老将猶童顔、曾臂紅旗到賀蘭＝底本の「山東」は「山西」の誤記。楊将軍は老いたりとはいえ今なお若々しい。それもその筈、曾ては軍旗を手に持ち寧夏銀川市北の賀蘭にまで戦に征《い》ったことのある強者じゃもの。『錦繍段』巻七韓子蒼「留別楊将軍」に、「〜、〜。今日樽前惆悵別、梨華風雨一枝寒」と。◉(5)**可憐同道実頭漢**＝あっぱれなるかな、趙州と同類の実直漢。この句は従来問話僧を抑下して云うと解釈されているが、誤り。「実頭漢」とは投子を指す語。『投子語録』に、「人人総に道う、投子実頭なり」（禅十二・六二九）とある、また『碧巌』七十九頌評唱参照。「同道」は同じ道を歩むの意、ここは同類の意、「同道方《まさ》に知る」（『碧巌』十九頌下語）を参照。両者共に無礙の辯舌を有し、また趙州は百二十、投子は九十六と共に長命であった。「可憐」は「①大切にする、②かわいそう、③あっぱれ、おみごと、④怪しむべし」等々多義あって、『漢語大詞典』には八義を列す。うれしいにつけ悲しいにつけ、感動を表わす語であり、日本の古語「あはれ」に該当するもの。◉(6)美玉蘊於碔砆…然後知其和宝也＝美玉が石の中に隠されているような時、凡人はそれを見て粗末に扱いますが、目のきく良工が磨いた後で初めてそれが和氏《かし》の璧であったことが分かります。『文選』巻五十一王褒《おうほう》「四子講徳論」。【一三九】注(2)参照。◉(7)**道道念念不停流**＝道道す、「念念不停流」と。「道道」は底本では「道へ道へ」と送り仮名されているが、貞永寺版では送り仮名なし。実は「道道」とは相手の語をそのまま投げ返す投子一流の作略、実頭為人底の事である。『投子録』には、例えば「問う、『如何なるか是れ道《どう》』。師云く、『道道《どうどう》』。学云く、『如何なるか用』。師云く、『用用』」（禅十二・六二五）とあり、また別例では「問う、『請う師、耳裏に道《い》え』。師云く、『道道』」、「学云う、『別語を将《もっ》て対せず、請う師道え』。師云く、『道道』」等とある。◉(8)精錬蔵於鉱朴…然後知其幹也＝また黄金が鉱石の中に隠されているようなとき、凡庸な人は見ても粗末に扱うだけですが、目のきく精錬工が火に溶かした後で初めて良質の金であったことが分かります。前句の「講徳論」の続き。

※江月和尚和韻に、「両処不通鞋底破、趙州投子共難酬。孩児六識打毬去、柳絮翻風急水流」と。

《頌評唱》評に曰く。国師、既に趙州を見徹し、投子を辨得し、親しく此の一偈《げ》を打す。甚《はなは》だ諦当《たいとう》、甚だ親切。老僧、如何《いかん》が瞎註脚《かっちゅうきゃく》を下さんや。若し人、此の話を見て、掌上を見るが如くなることを得ば、此の頌を見ること、掌上を見るが如くならん。若し然《しか》らずんば、(1)翠巌夏末《すいがんげまつ》の話、(2)塩官犀牛《えんかんさいぎゅう》の扇子《せんす》の話、(3)疎山寿塔《そざんじゅとう》の因縁、(4)五祖牛窓櫺《うしそうれい》の話、如上数段の因縁、分暁《ふんぎょう》に見徹することを得ば、此の話、此の頌、何の疑うことか有らんや。更に参ぜよ三十年。

(1)翠巌夏末話＝『碧巌』八、【一八の三】、【八一の二】、【一一〇の三】、【一八一の二】、【二〇九の二】、第二十五則（【二一四二】）等参照。◉(2)塩官犀牛扇子話＝『碧巌』九十一、第二十六則（【二四三】）参照。◉(3)疎山寿塔因縁＝「寿塔」は「延寿塔」とも云い、生前つくる墓。『会元』巻十三疎山章に見え、虚堂大悟の因縁の話。「僧有り、師（疎山）の為に寿塔を造り畢《お》わり、師に白す。師曰く、『多少の銭を将《もっ》てか匠人に与う』。曰く、『一切は和尚に在り』。師曰く、『為《は》た三銭を将て匠人に与えんか、為た両銭を将て匠人に与えんか、為た一銭を将て匠人に与えんか。若し道い得ば、吾が与《ため》に親しく塔を造り来たらん』。僧無語。後、僧、大嶺庵閑和尚（即ち羅山なり）に挙似す。嶺曰く、『…若し三銭を将て匠人に与えば、和尚、此の生に決定して塔を得ず。若し両銭を将て匠人に与えば、和尚、匠人と共に一隻手を出ださん（石屋のお手伝いの羽目になる）。若し一銭を将て匠人に与えば、他の匠人を累わして眉鬚堕落せん（石屋を巻き添えにして妄誕罪で眉毛が無くなる）』と。…」。第七則（【二二四】）垂示注(3)参照。◉(4)五祖牛窓欞話＝【五一の三】注(1)参照。

【二五二】第三十四則　月夜断索

《垂示》垂示《すいじ》に曰く。(1)道は山の如く、愈《いよ》いよ昇れば愈いよ高し、地の如く、愈《いよ》いよ行けば愈いよ遠し。学者、卑賤にして其の力を尽くすこと能《あた》わずして止《や》むのみ。惟《た》だ道に志すもの有れば、乃《すなわ》ち能《よ》く高遠を窮む。作麼生《そもさん》か是れ大道高遠の処。

(1)道如山…窮高遠＝『禅林宝訓』巻一、六十三章、黄龍慧南の語。

《本則》挙《こ》す。(1)京兆米和尚《けいちょうべいおしょう》、因《ちな》みに老宿有り問う、「(2)月中の断井索《だんせいさく》、時人《じじん》喚《よ》んで蛇と作《な》す。未審《いぶか》し七師《しちし》、仏《ほとけ》を見て、喚んで什麼《なん》とか作《な》す」〔(3)説似一物即不中《せつじいちもつそくふちゅう》。(4)什麼《なん》と道《い》うぞ、(5)眼中《がんちゅう》に翳《えい》無ければ、空裏《くうり》に花《はな》無し〕。米《べい》云く、「(6)若し仏見《ぶつけん》有らば、即ち衆生《しゅじょう》に同じ〔(7)若し我相人相衆生相寿者相《がそうにんそうしゅじょうそうじゅしゃそう》有らば、即ち菩薩に非ず。(8)泥団《でいだん》を弄《ろう》する漢、何の限りか有らん〕」。宿云く、「(9)千年の桃核《とうかく》〔(10)鉄鎚撃砕《てっついげきさい》す黄金の骨。(11)手《て》に白玉《はくぎょく》の鞭《べん》を把《と》って、驪珠《りしゅ》尽《ことごと》く撃砕《げきさい》す〕」。(12)師、米和尚に別して、「驀口《まっく》に一拳《いっけん》せん〔(13)我れは愛す韶陽新定《じょうようしんじょう》の機、一生人の為に釘《くぎ》を抽《ぬ》き楔《くさび》を抜《ぬ》く〕」。

⑴**京兆米和尚…**＝潙山霊祐の法嗣で亡名の尊宿、米氏家の順で第七番目に当たるため米七師とも、美鬚の故に米胡（胡は鬚の多い意）とも称されたと云う。この話は『伝灯録』巻十一、『会元』巻九、『碧巌』四十八本則評唱等に見える。この則も三十二則に同じく代別形式。◉⑵**月中断井索、時人喚作蛇**＝「断井索」は切れたつるべ縄。唯識論の遍・依・円三性に蛇縄麻の喩えが有るを踏まえる。一に遍計所執性、縄を誤って蛇と見なすが如き妄想を云い、実我実法を執するを指す。二に依他起性、因縁に依って生ずる万法を云い、蛇実は縄と知るを云う。三に円成実性、真如法性のあり方、縄の実性は麻と知るを云う。◉⑶説似一物即不中＝何か云えば、もう的外れ。南岳懐譲の契悟の句（『伝灯録』巻五）。◉⑷道什麼＝何を吐《ぬ》かすか。◉⑸眼中無翳、空裏無花＝目にそこひが無ければ、空中に幻の花を見ることは無い。第二十則（【二二七】）本則、頌等の下語にも見えるが、もと【九〇の二】注⒇参照。◉⑹**若有仏見、即同衆生**＝我が這裡、仏見法見の沙汰無しと云う勢い。「是れ教乗の理談にして生機の一路を欠く」（『種電鈔』）。「泣いた様な答、此れが好くない喰らわせ」（『秘鈔』）。◉⑺若有我相…即非菩薩＝第二十四則（【二四一】）本則注⒄参照。◉⑻弄泥団漢有何限＝無益な輩。【二三の二】注⑻、第四十一則（【二五八】）本則注⒀参照。◉⑼**千年桃核**＝いつまで経っても芽の出ない桃の種（のような石頭《いしあたま》、まだそんなところに腰をすえておるか）。『禅林方語』に「元と是れ旧時の仁《さね》」。『猶お這箇の有る在り」と用処一般。又た年を経ても変わらざるなり」と。◉⑽鉄鎚撃砕黄金骨＝そんなご立派なものも木っ端微塵に打ち砕いた。『碧巌』九十九頌に見える。第十三則（【二三〇】）本則評唱にも。◉⑾手把白玉鞭、驪珠尽撃砕＝白玉の鞭で驪龍頷下の珠を木っ端微塵に打ち砕いた、砕かなかったなら却って珠のきずを増すだけ。『碧巌』八十二頌。第十二則（【二二九】）本則下語にも。◉⑿**師、別米和尚、驀口一拳**＝国師、米和尚に別して云う、「衲《わし》なら、老宿が、『未審し七師、仏を見て…』と口を開いた所を真っ向拳骨を喰らわせよう」。「驀口」は「口をめがけて真っ向に」。◉⒀我愛韶陽新定機、一生為人抽釘抜楔＝雲門の斬新の機鋒（ここは大灯国師の機鋒）は人の楔を抜くに霊妙な働き。『碧巌』六本則評唱に出る。【一四三の一】注⑹参照。

《本則評唱》評に曰く。京兆府《けいちょうふ》の米《べい》和尚、亦た七師《しちし》と謂《い》う、(1)法を潙山《いさん》に嗣ぐ。参学して後、(2)受業寺《じゅごうじ》に帰る。老宿《ろうしゅく》有り問う、「月中の断井索《だんせいさく》、時人《じじん》喚《よ》んで蛇と作す。未審《いぶか》し七師《しちし》、仏《ほとけ》を見て、喚んで什麼《なん》とか作《な》す」と。此の問、甚《はなは》だ高遠の処有り、甚だ(3)神俊の体裁《ていさい》有り。所謂《いわゆる》老宿と称する者は、知らず、甚人《なんぴと》をか指すや。南泉《なんせん》に非ずんば即ち長沙《ちょうしゃ》なるか。七師曰く、「若し仏見有らば、即ち衆生に同じ」と。可《か》惜許《しゃっこ》、甚だ老宿の問端に違《たが》う。老宿曰く、「千年の桃核《とうかく》」と。(4)前箭《ぜんせん》は猶《な》お軽く、後箭《こうせん》は深し。若し是れ旧参の上士に非ずんば、誰か他の(5)落処《らくしょ》を知らん。

往往に言う、「老宿の一問、甚だ作家の手段有り。七師、未だ(6)他の穏密の処を辨ずること能《あた》わずして、徒《いたず》らに自家屋裏の旧滞貨《きゅうたいか》を運出して便ち言う、『若し仏見有らば、即ち衆生に同じ』と。甚だ老宿の意に契《かな》わず。所以《このゆえ》に道う、『千年の桃核』と。老宿の意に謂《おも》えらく、『七師の(7)旧家私《きゅうかし》、恰《あたか》も千年の桃核の、徒らに空しく枯朽《こきゅう》朽地《きゅうち》なるが如し、甚麼《なん》の用《ゆう》を作《な》すにか堪《た》えん』と」と。此れを情識《じょうしき》の凡解《ぼんげ》と謂う。豈《あ》に老宿の落処を知らんや。更に参ぜよ三十年。

(1)嗣法於潙山＝『祖堂集』巻二十のみは、襄州王敬初常侍（潙山下の居士）の法嗣とする。◉(2)受業寺＝受戒得度し、出家者の資格を得た寺。◉(3)神俊＝特に優れた俊才。『晋書』列伝六十五に、鳩摩羅什を評した語。◉(4)前箭猶軽、後箭深＝前問の所はまだしも、この千年桃核には参った。『碧巌』二十九本則下語。◉(5)落処＝深意、境界。◉(6)他穏密処＝言思も及ばぬ奥深い老宿の境界。◉(7)旧家私＝「家私」は家に貯えている私財、各自の家風。

《頌》(1)断井索子《だんせいさくす》、月中蛇《じゃ》と為《な》る〔(2)糠《ぬか》を播《ま》いて目に眯《い》る則《とき》は天地四方位《くらい》を易《か》う。蚊虻膚《ぶんぼうはだ》を嗜《か》む則は通昔寝《つうせきい》ねず〕。

衝気《しようき》毒を吐き、跳沫《ちようまつ》波を馳《は》す〔⑶貴《き》と無《な》く賤《せん》と無く、同じく枯骨《ここつ》と為《な》る〕。
⑷生《しよう》や仏《ぶつ》や斉《ひと》しく話《かた》り難《がた》し〔⑸乞児《こつじ》、飯椀《はんわん》を弄《ろう》す。⑹一棒に打殺《たさつ》すれども狗《く》も亦た喫《きつ》せず〕、
⑺多劫潜微《たごうせんび》、滅磨《めつま》に帰《き》す〔⑻驪龍頷下《りりゆうがんか》の珠《たま》を撃砕《げきさい》す〕。
⑼滅磨せず〔敲《たた》き出《い》だす鳳凰《ほうおう》五色《ごしき》の髄《ずい》〕、
紫金光聚《しこんこうじゆ》、山河《せんが》を照らす〔⑽家醜《かしゆう》外に向かって揚《あ》ぐること莫《な》かれ。⑾金屑《きんせつ》、眼中の翳《えい》、衣珠《えしゆ》、法上《ほうじよう》の塵《じん》〕。

⑴**断井索子、月中為蛇。衝気吐毒、跳沫馳波**＝縄切れは月夜に蛇となり、その衝天の気や毒を吐き、波をあげ、しぶきを飛ばす。一二句は老宿所問の毒気を詠んで。「衝気」は本来「五行で、相当たる気」の意であるが、ここは「衝天の気」と解す。「跳沫馳波」は『文選』巻八司馬相如「上林賦」に見える語。◉⑵播糠眯目則…。蚊虻嗜膚則…＝底本の「通宵」は「通昔」、但し意は同じ。箕をふるってヌカが目に入ったりすると、天地四方はどこがどの方角かすっかり分からなくなってしまう。また蚊や虻が肌をさすと、痛くて一晩中眠れなくなる。『荘子』天運篇に、仁義を説く孔子を前にして老子が小さな仁義が人の心をかき乱すを諫め、無為自然に還るべきを説く件。◉⑶無貴無賤、同為枯骨＝貴賤の差別なくみな同じように干からびた骨となってしまう。『古文真宝後集』巻五、李華「吊古戦場文」。◉⑷**生兮仏兮斉難話**＝（その衝気や）衆生とも仏とも、一概には説き難い。「若有仏見即同衆生」を抑して。◉⑸乞児弄飯椀＝米胡の「若有仏見即同衆生」を極則となすは、恰も乞食が飯椀を弄して重宝となすが如し（『犂耕』に倣って）。『虚堂録』巻二宝林録の上堂に、「僧問う、『馬祖因みに龐居士問う、万法と侶《とも》為《た》らざる者、是れ甚麼人《なんぴと》ぞ、と。此の意如何』。師云、『〜』」と。◉⑹一棒打殺、狗亦不喫＝仏の衆生の、一棒に打ち殺せ。【四一の二】注⑷参照。◉⑺**多劫潜微帰滅磨**＝（その気や）永劫に潜み隠れて、磨滅したかの如し。『肇論』不真空論に、「物我同根、是非一気、潜微幽隠す」と。「千年桃核」を評して。◉⑻撃砕驪龍頷下珠、敲出鳳凰五色髄＝驪龍頷下の珠を打ち砕き、鳳凰を裂いて五色の

髄を叩き出す。どんな宝でも棄て尽くせ。『禅月集』。【二〇九の二】注⒀参照。◉⑼**不滅磨、紫金光聚照山河**＝いや、磨滅したのではない、如来の紫磨金色身となって山河を照らしているではないか。下の句は、『虚堂録』巻五頌古一「世尊忉利天為母説法、優填王思仏」に、「〜、天上人間意気多し。曾て文殊に勅して徒衆を領ぜしめ、毘耶城裏に維摩を問う」と。◉⑽家醜莫向外揚＝そんな内輪の恥をさらすな。「国師モ七師ニ同ク、乞食悟リカ、ヲキンサレ」。化城鑑の語。【五八の二】注⑾参照。◉⑾金屑眼中翳、衣珠法上塵＝金くずも眼に入ってはかすみ目のもと、衣裏の珠も法の上の塵。徳山縁密の頌。【五六】注⑻参照。

※江月和尚和韻に、「一畝之地、九鼠三蛇。傷人毒気、浩渺洪波。月中断井夜光玉、和盤推出可琢磨。不琢磨、流清向北見黄河」と。

《頌評唱》評に曰く。国師此の頌、賓主唱和誵訛《ごうか》の処を見徹して余蘊《ようん》無し、寔《まこと》に貴《たっと》ぶ可《べ》し。所謂《いわゆる》、断井《だんせい》索子《さくす》の一問、⑴塗毒鼓《ずどっこ》の如く、⑵大火聚《だいかじゅ》に似たり、擬議《ぎぎ》すれば則ち喪身失命す。所以《このゆえ》に言う、「衝気《しょうき》毒を吐き、跳沫《ちょうまつ》波を馳《は》す」と。

七師、老宿の意を会《え》せず、生《しょう》と説き、仏と説く。所以に斉しく日を同じうしては話《かた》り難き重痾《じゅうあ》なり。老宿曰く、「千年の桃核《とうかく》」と。⑶金鎚影《きんついかげ》動き、宝剣《ほうけん》光寒《すさま》じ。七師⑷曠劫潜遁《こうごうせんとん》の窟宅《くったく》、砕《くだ》けて微塵《みじん》と作《な》る。知らず、金光《こんこう》、天地を照らすや也《ま》た否や。

⑴塗毒鼓＝第十五則（【二三二】）本則評唱注⑾参照。◉⑵大火聚＝【二〇七】下語に見えるが、近傍し難き本分を示す。◉⑶金鎚影動、宝剣光寒＝老宿の機、間髪を容れず。第十四則（【二三一】）本則評唱注⑶参照。◉⑷曠劫潜遁窟宅＝第三十三則（【二五〇】）本則評唱に「潜遁八識」とある如く、八識頼耶の暗窟を云う。

【二五二】第三十五則　廚庫三門

《垂示》垂示《すいじ》に曰く。(1)周の穆王《ぼくおう》の時、西戎《せいじゆう》、錕鋙《こんご》の剣、火浣《かかん》の布《ふ》を献ず。其の剣、長尺有咫《たけしやくゆうし》、玉を切るに泥を切るが如し。火浣《かかん》の布は之れを浣《あら》うに必ず火に投ず。出だして之れを振るえば皎然《こうぜん》として雪の如し。宗師家《しゆうしけ》、一句子の語を留む。生死の業根《ごうこん》を截《き》ることは、(2)悪虎《あくこ》の藕糸《ぐうし》を断つが如く、情量《じようりよう》の窟宅を破ることは、(3)紅炉の片雪を消すが如し。作麼生《そもさん》か是れ一句子の語。

(1)周穆王之時…皎然如雪＝周の第六代穆王の時に、西方異民族の西戎が錕鋙の地で作られた名剣と、火で洗う布とを献上した。剣は長さ一尺八寸、これで玉を切ると、まるで泥を切るような調子であった。火で洗う布というのは、これを洗うに必ず火の中に投げ込んで洗うのであって、これを火から取り出して振ると、真っ白で雪のようであった。『列子』湯門篇第十七章。◉(2)悪虎断藕糸＝獰猛な虎が蓮根の糸を断つ如く、容易《たやす》い喩え。出典未詳。◉(3)紅炉消片雪＝『会元』巻五長髭曠《ちようしこう》（石頭下）章に、「紅炉上一点雪」と。

《本則》**挙《こ》す。(1)雲門云く、「(2)古人道《いわ》く、『(3)人人尽《にんにんことごと》く光明《こうみよう》の有る在り、(4)看《み》る時見えず暗昏昏《あんこんこん》』と。作麼生《そもさん》か是れ光明**〔(5)吹毛匣裏《すいもうこうり》に冷光《れいこう》寒し、(6)紫羅帳裏《しらちようり》に真珠を撒《さつ》す〕」。**代わって云く、「(7)廚庫三門《ずくさんもん》**〔(8)第二重《だいにじゆう》の公案〕」。**又た云く、「(9)好事《こうず》も無きには如《し》かず**〔(10)三家村裏《さんかそんり》の省事《しようじ》の漢、(11)雑意識《ぞういしき》の波斯《はし》、郷談《きようだん》を説く〕」。

(1)**雲門云**…＝『碧巌』八十六則、『雲門広録』巻中（禅十一・三七〇）に依る。◉(2)**古人**＝未詳。『伝灯録』巻九福州大安章に、「汝ら諸人、各自に無価の大宝有り、…常に光明を放つ、…汝ら自ら識取せず」。また『祖堂集』巻四丹霞章に、「猶お灯燭の盂盆に合《おおわ》れる如く、共に惣に光明の有る在りを知るも、看る時、未だ暗昏昏たるを免れず」。◉(3)

人人尽有光明在＝「諸解一向に取らざれ、人々具足の会を作すこと勿かれ」（『秘鈔』）。◉(4)**看時不見暗昏昏**＝見ようとすると、はや見えぬ。◉(5)吹毛匣裏冷光寒＝吹毛の名剣は匣《はこ》に収まっていても、その光は凄まじい。天衣義懐頌、「〜、外道天魔、皆な手を拱ねく」。『碧巌』六十五本則評唱。第三十二則（【二四九】）本則注(12)参照。◉(6)紫羅帳裏撒真珠＝どこもかしこも一面見事、知る人ぞ知る。【三の一】注(12)参照。◉(7)**廚庫三門**＝「此の語は大毒語、風上に置くも喪身失命」（『秘鈔』）。◉(8)第二重公案＝前の所で済んでいる筈が、駄目押しの公案、全く油断のならぬところ。【一二五の二】注(7)参照。◉(9)**好事不如無**＝『会元』巻四趙州章に、文遠侍者が仏殿で礼拝しているおり、「師見て拄杖を以て打つこと一下して曰う、『甚麼《なに》をか作す』。者曰く、『仏を礼す』。師曰く、『礼を用いて甚麼をか作す』。者曰く、『礼仏也た是れ好事』。師曰く、『〜』」と。◉(10)三家村裏省事漢＝片田舎のひま人。『大慧書』下「答李参政」。◉(11)雑意識波斯説郷談＝妄念一杯の外国人がお国言葉を喋っているような、チンプンカンプン。

《本則評唱》 評に曰く。此の話《わ》、極めて難透難解《なんとうなんげ》、錯《あやま》って情解《じょうげ》を下して、以て足れりと為《す》る底、庾《くら》に在るの粟粒《ぞくりゅう》よりも多くして尽《ことごと》く言う、「此の話、什麼《なん》の解し難きことか有らん」と。人人本具《ほんぐ》の大光明、十方を照徹《しょうてつ》し、三世を貫通し、[1]仏殿・[2]山門・[3]寝堂《しんどう》・[4]廚庫《ずく》・[5]方丈《ほうじょう》・[6]廊廡《ろうぶ》・[7]僧堂・[8]東司《とうす》、[9]触目《そくもく》、総に是れ光明ならずということ無し。此の時に当たって、能見《のうけん》無く所見《しょけん》無し。[10]従来大地黒漫漫《こくまんまん》、点検し看来たれば[11]什麼《なん》の臭皮襪《しゅうひべつ》にか当たらん、所以《このゆえ》に言う、「好事《こうず》も無きには如《し》かず」と。是れを悪智悪覚《あくちあっかく》・妄想《もうぞう》死《し》邪解《じゃげ》と謂《い》う。生死の大兆、焉《こ》れより甚《はなは》だしきは莫《な》し。真風《しんぷう》を断滅《だんめつ》し、叢林を頽敗《たいはい》する者は、此れ等の悪知識なり。

殊《こと》に知らず、此れは是れ[12]韶陽新定《じょうようしんじょう》、你《なんじ》が邪執《じゃしゅう》釘楔《ていけつ》を焼却するの毒焔《どくえん》、你が情解の纏縛《てんばく》を截断《さいだん》するの宝刀なることを。只だ旧参の上士のみ有って一見して落処《らくしょ》を知る。更に参ぜよ三十年。

(1)仏殿＝七堂伽藍の中心殿堂、釈迦等の三尊を祀る。◉(2)山門＝七堂伽藍の一つ、総門の内側、仏殿の前にある大門。云う。◉(3)寝堂＝住持が公的に賓客、僧衆を応接する堂、方丈の公的性格のもの。◉(4)廚庫＝庫裡《くり》のこと。寺院の台所を云う。◉(5)方丈＝住持の居室。◉(6)廊廡＝のき下。◉(7)僧堂＝聖僧堂の略称。「古木堂」、「大徹堂」、「選仏場」とも云い、禅修行の根本道場。◉(8)東司＝便所。◉(9)触目＝目に触れるものすべて。◉(10)従来大地黒漫漫＝【二一六】注(5)参照。◉(11)当什麼臭皮襪＝二束三文の値打ちもない。【五の二】注(15)参照。◉(12)韶陽新定＝雲門の斬新の機鋒（ここは大灯国師の機鋒）。【一四三の一】注(6)参照。

《頌》(1)**九天《きゆうてん》雲浄《きよ》うして衆星微《しゆせいかすか》なり**〔(2)是れ意を防ぎ情念を除くに非ず、更に一事の商量す可き無し〕、

(3)**風興、何ぞ一句の詩を余さん**〔(4)口談《くちだん》ぜんと欲して辞喪《ことばうしな》い、心縁《こころえん》ぜんと欲して慮亡《りよぼう》ず〕。

(5)**今夜君と無事にし去る**〔(6)三尺の吹毛《すいもう》、寰宇《かんう》を定《さだ》む、行くに臨んで抛向《ほうこう》す瞎驢辺《かつろへん》〕、

(7)**時人喚《よ》んで那斯祈《なしき》と作《な》す**〔(8)夢中に射落《いお》とす蟭螟《しようめい》の窠《か》、眼《まなこ》を開いて看来《み》たれば縫罅《ほうか》無し〕。

(9)**三門廚庫《ずく》、是れ光明**〔(10)廚庫は是れ廚庫、三門は是れ三門、光明を用いて何の用ぞ〕、

(11)**見不見《けんふけん》の時、辨別し難し**〔(12)遍界乾坤《へんかいけんこん》、皆な色《いろ》を失す、須弥《しゆみ》倒《さかしま》に卓《た》つ半空《はんくう》の中《うち》〕。

(13)**好事《こうず》元来無きには如《し》かず**〔(14)依然として旧窠窟裏《きゆうかくつり》に在り、猶《な》お是れ鬼家《きか》の活計《かつけい》〕、

(15)**烏鶏半夜《うけいはんや》、生鉄《さんてつ》を啄《ついば》む**〔(16)山形《さんぎよう》の拄杖子《しゆじようす》を拗折《ようせつ》して、従来大地黒漫漫《こくまんまん》〕。

(1)**九天雲浄衆星微**＝秋夜明月の冴え渡った光景。「九天」は天を中央と八方の九部に分けて云う辞で、単に「天」と云うも同じ。◉(2)非是防意除情念、更無一事可商量＝此れは欲を防ぎ念を除き無念無作になれと云うことではない。元来一事として語らうことは無い。「防意」は「私欲の生ずるのを防ぎとめる」。◉(3)**風興何余一句詩**＝この風雅は詩に

も歌にも詠めない。◉⑷**口欲談辞喪、心欲縁慮亡**＝『秘鈔』に、「（前句は）我が法は柳の糸の乱れ髪、結うに言われず解くに説かれず。（後句は）心行所滅とも云ふべし」と。無言無心を云う。『碧巌』三十三本則評唱に見えるが、もと『華厳経疏鈔玄談』巻一に、肇公云う、「口辨ぜんと欲して詞《ことば》喪い、心将に縁慮息む」（卍続蔵八・三五三下）として見える。◉⑸**今夜与君無事去**＝「此ノ明月ノ景色ヲ見テワ、云ウ事モ、カタル事モナイ」。「君」は真如の月を指す。◉⑹三尺吹毛定寰宇、臨行抛向瞎驢辺＝天下を平定した金剛王宝剣、去るに臨んで瞎驢に委譲する。『人天眼目』巻六宝華普鑑（黄龍下二世）、臨済宗を頌して、「銅頭鉄脊、百家冤む、一喝双び分かって、照用全し。〜、〜」と。◉⑺**時人喚作那斯祈**＝世間の人にはこの境界はチンプンカンと云う以外無い。「那《な》斯《し》祈《き》（祁《き》）」は「軟《なん》厠《し》禁《きん》」とも。『葛藤語箋』に一山の解として、「不知なり、福州の方言で、もののわからないこと」と。『伝灯録』巻八、紅螺和尚（馬祖下）の頌に、「紅螺山子は辺夷に近し、度し得るの流《やから》は半ば是れ奚（＝北方少数民族）。共に語り問酬するも全く不会、憐れむ可し只だ那斯祁を解するのみ」と。◉⑻夢中射落蟭螟窠、開眼看来無縫罅＝夢の中で、射に旨くなって蟭螟の巣を射落としたと思ったが、眼を開いて見てみれば何ごとも無かった。『東山外集』。【二〇七】注⒁参照。◉⑼**三門厨庫是光明**＝尽十方世界是れ自己の光明。◉⑽廚庫是廚庫…用光明何用＝廚庫は廚庫、三門は三門、この上、光明は余計物。◉⑾**見不見時難辨別**＝見に即して不見、現成底即本分、本分即現成底の時、「有トモ、無トモ、浄土トモ、穢土トモ」辨別し難い。◉⑿遍界乾坤皆失色、須弥倒卓半空中＝【一九八】注⑸参照。◉⒀**好事元来不如無**＝「コノ坐布ガ弥陀ナレバ、弥陀ト云モ、ケガラワシイ」。◉⒁依然在旧窠窟裏、猶是鬼家活計＝亡者の生計。【四二の二】注㉓参照。◉⒂**烏鶏半夜啄生鉄**＝真っ黒闇に黒い鶏が生鉄を啄んでいる。「真如ノ月ヲ見届ケタ処」。【一八の一】注⑵、【六〇の二】注⑸、【一八七の一】注⑹参照。◉⒃拗折山形拄杖子、従来大地黒漫漫＝人人具有の拄杖子へし折ると、大地黒漫々、宇宙無双日、乾坤只だ一人の場が手に入る。【二六】注⑸参照。

※江月和尚和韻に、「覯機本是渉離微、無事貴人寧献詩。接物利生皆就錯、深窓一夜雨祁祁。廚庫三門不如無、誰識奇

奇又別別。人人光明暗昏昏、千里万里一条鉄」と。

《頌評唱》評に曰く。此の頌、全篇大師の示衆を述ぶ。情量《じょうりょう》の及ぶ可《べ》きに非ず、知解の挟む可き無し。譬えば十分の秋光の如し、(1)物の比倫《ひりん》に堪《た》えたる無し、我れをして如何《いかん》が説かしめん。是れ「雲浄星微」なるは、仲秋満輪の時に非ずや。此の時、言語道断、只だ黙然として痴坐《ちざ》するのみ。「那斯祈《なしき》」は福州の郷談で無分暁《むふんぎょう》の謂《いい》なり。

「三門厨庫《ずく》光明」の一語、你《なんじ》が仏見法見・悟解了知《ごげりょうち》、縦《たと》い千般の神通妙用《じんづうみょうゆう》を尽くせども、終《つい》に辨別することを得ず。

況《いわ》んや「好事《こうず》も無きには如《し》かず」の一語、明眼《みょうげん》の衲僧も(2)倒退三千《とうたいさんぜん》。恰《あたか》も「烏鶏夜半《うけいやはん》、生鉄《さんてつ》を咬《か》む」に似たり。縦《たと》い仏祖といえども識破《しきは》すること能《あた》わず。(3)再来扶桑《ふそう》の雲門大師に非ざれば、誰《たれ》か能《よ》く頌《じゅ》し得て此《ここ》に到らん。

(1)無物堪比倫、教我如何説＝この塩梅は言うに言えず、説くに説かれず。『寒山詩』五。【九の三】注(23)参照。◉(2)倒退三千＝あな恐ろしや、三千里の外まで退却。【一八〇の一】注(8)参照。◉(3)再来扶桑雲門大師＝大灯国師を指す。【槐安国語序】第四段注(14)、【三九の二】注(11)参照。

【二五三】第三十六則　馬祖不安

《垂示》垂示《すいじ》に曰く。(1)昔、韓娥《かんが》、東のかた斉《せい》に之《ゆ》く、粮匱《りょうとぼ》し。雍門《ようもん》を過《よぎ》り、歌を鬻《ひさ》いで飯を仮《こ》う。既に去るに、余音《よいん》、梁欐《りょうれい》を遶《めぐ》りて、三日絶えず。左右以《おも》えらく、「其の人去《さ》らず」と。

宗師、片言《へんげん》を留めて、数千歳後と雖《いえど》も、面目現在、実に在《いま》すが如く、(2)鬼哭《きこく》し、神《しん》悲しむ。憎む所は、児孫《じそん》の情識《じょうしき》の凡解《ぼんげ》、祖師の真面目《しんめんもく》を(3)蠹害《とがい》し、向上の宗旨を破壊することを。作麼生《そもさん》か是れ宗師の片言。

(1)昔韓娥東之斉…其人弗去＝底本の「雁門」は「雍門」の誤記。昔、韓娥という歌の上手が、東のかたの斉の国へ出かけて行った。ところが、食糧が足りなくなってしまった。そこで、斉の城門のあたりを通りかかりながら、歌を売り物にして食を請い歩いた。彼が立ち去った後でも、歌の響きが、梁から棟のあたりにまつわりついていて、三日もの間なくならなかった。それで、あたりの人たちは、彼がまだ立ち去っていないと思うほどであった。『列子』湯問篇十一章。【一〇六】下語「長歌三月響」を参照。◉(2)鬼哭神悲＝余りにも壮烈、鬼神も泣き叫けばんばかり。【六の二】注(27)参照。◉(3)蠹害＝蠹魚《しみ》（紙虫）が食い破るような毒害。

《本則》挙《こ》す。(1)馬大師《ばだいし》(2)不安《ふあん》〔(3)睡虎《すいこ》の眼《まなこ》に百歩の威有り〕。**(4)院主《いんじゅ》問う、「和尚、近日、(5)尊候如何《そんこういかん》」**〔(6)事、応《まさ》に此《かく》の如くなるべし。(7)試みに枝頭の雪を揺《うご》かせ、定《さだ》んで夜来の花有らん〕。**大師云く、「(8)日面仏《にちめんぶつ》、月面仏《がちめんぶつ》」**〔(9)我が弟子、大阿羅漢《だいあらかん》も此の義を解《と》くこと能《あた》わず、唯だ大菩薩衆のみ有って、応《まさ》に此の義を解くべし〕。

(1)**馬大師**…＝本則の舞台は、江西省泐潭靖安県石門山宝峰寺、貞元四年（七八八）正月、馬祖入滅の前。『碧巌』三則、『古尊宿語録』巻一馬祖録、『会元』巻三馬祖章等に見える。◉(2)**不安**＝四大不調、病気になる。◉(3)睡虎眼有百歩威＝睡っている虎の眼に、百歩先をすくませる威力がある。『五家正宗賛』二、黄龍慧南章には、「角虎の眼を奪い、光り百歩の威を揺かす」とある。もと『韓昌黎集』巻六、「猛虎行」の「正昼に谷に当たって眠る、眼に百歩の威有り」を踏まえる。◉(4)**院主**＝禅家で古来、寺院の事務長を院主又は寺主と呼んでいたが、現今では住持と区別する為に監寺・監院と改称される（『禅林象器箋』）。◉(5)**尊候如何**＝お体の具合はいかがですか。挨拶の決まり文句。◉(6)事応如此＝そうこなくてはいかん。【九八】下語、第二十四則（【二四二】）本則下語にも。◉(7)試揺枝頭雪、定有夜来花＝試みに探って見よ、きっと奇瑞があるぞ。『少林無孔笛』巻二、十一月旦示衆に、「連日大地震動す、是れ甚麼《なん》の奇瑞ぞ」と問いかけて、自ら代語した句。但し「枝頭」は「枝上」。◉(8)**日面仏、月面仏**＝日東に上れば、月西に沈む。『秘鈔』に、「是れ何の病症ぞ、病名は付けられまい、扁鵲倉公と雖も治すこと得べからざるなり。幸なるかな此の日面仏月面仏は砒霜狼毒、難々」と。『句双紙』［七五九］に、「キラリとした。また、法王の居処は天と共に明に共に暗、窮まりないゾ。『天際日上り月下る』に同じなり」と。因みに、『三千仏名経』には両仏とも、現在賢劫千仏に属し、月面仏はその二百二番、日面仏は八百五十八番目の仏。また菩提流支訳『仏名経』巻七に、「彼の月面仏の寿命は一日一夜、…彼の日面仏の寿命は千八百歳を満足する」と。◉(9)我弟子大阿羅漢…＝無理会話の初め。『会要』巻一、七賢女尸陀林の条。【開筵垂示】第一段注(6)参照。

《本則評唱》評に云く。此の語、又た是れ難信難入《なんしんなんにゅう》、今時、往往、錯《あやま》って会《え》する底、少なしと為さず。尽《ことごと》く言う、「院主は(1)有為住相《ういじゅうそう》の凡夫、常情生滅の泥団を荷負し来たって便ち問う、『近日、尊候如何《そんこういかん》』と。馬大師、大慈大悲《だいずだいひ》、人人本具の性、金剛不壊の正体を(2)撥転《はってん》し来たって便ち答う、『日面仏《にちめんぶつ》、月面《がちめん》仏《ぶつ》』と。既に是れ日面仏、(3)上、霄漢《しょうかん》に透り、下、黄泉《こうせん》に徹す、毫相許《ごうそうばか》りも瑕翳《かえい》無し。明なること百千の日月の如く、者裏《しゃり》、生滅無く去来《きょらい》無し、豈《あ》に你《なんじ》が安と不安とを容《い》れんや。者箇《しゃこ》の広大《こうだい》因縁を拈起《ねんき》し来たって、以て院主有為生滅の所見を奪う、寔《まこと》に貴《たっと》ぶ可《べ》し」と。且喜《しゃき》すらくは没交渉《もっきょうしょう》、此れを情識凡解《じょうしきぼんげ》と言う。信ぜずんば国師の聖言《しょうごん》を看よ。

(1)有為住相＝『起信論』に根本無明有為・生相有為・住相有為・異相有為・滅相有為の五有為を説いて、生相は三細の最初の業相を云い、住相は三細の中の転相・現相と六麁の智相・相続相を含めて云う（『釈摩訶衍論』巻三）。ここは生有り滅有りと執する凡夫心を云う。◉(2)撥転＝本具の性を転じて、自由に使いこなすこと。◉(3)上透霄漢、下徹黄泉＝天を貫き、地を貫く。【一の一】注⑿参照。

《頌》 **(1)日面仏《にちめんぶつ》、月面仏《がちめんぶつ》**〔(2)識《し》らず、香魂《こうこん》永《つね》に夢に入ることを、三生《さんしょう》の骨肉《こつにく》、是れ梅花〕、

(3)三三両両、太《はなは》だ端《はし》無し〔(4)毘婆尸仏《びばしぶつ》早《はや》く心《こころ》を留《と》むも、直《じき》に而今《いま》に到るまで妙《みょう》を得《え》ず〕。

(5)二十年来、苦辛《くしん》の客〔(6)屈《くつ》。述《の》ぶるに堪《た》えたり。君《きみ》が為に幾《いく》たびか蒼龍窟《そうりゅうくつ》に下《くだ》る〕、

(7)精微《せいび》を照絶《しょうぜつ》して、見ること大いに難《かた》し〔(8)満口《まんく》の氷雪徹骨《てっこつ》寒し、此の中《うち》の消息、誰と共にか論ぜん〕。

(1)**日面仏、月面仏**＝『碧巌』三則頌を踏んで。◉(2)不識香魂永入夢、三生骨肉是梅花＝「不識」は本来「怪得」。どうしていつもいつも梅花の精の夢を見るのか分からないが、きっと自分と梅花とは三生骨肉の契りに違いない。香魂を日面月面仏に掛けて。『錦繍段』巻九丁直郷「雪後開窗看梅」に、「梅花の門戸雪の生涯、皎潔《こうけつ》たる窓欞《そうれい》自ら一家。（怪得）〜、〜」と。◉(3)**三三両両太無端**＝「三々両々」は「三々五々」、人や物や情況の散在する様を云う。あちらに日面、こちらに月面と、はなはだ由なし。【一四七】に、「堅固法身太無端」と見えるが、「太無端」は『臨済録』にも「活潑潑地、祇《た》だ是れ根株勿《な》し」と云う如く、日面月面仏 Ohne Warum の有り様。第四十則（【二五七】）頌注(1)参照。◉(4)毘婆尸仏早留心、直到而今不得妙＝空劫以前より心を留めてきても、現在に到るも埒の開くときなし。梁宝誌の語。【二〇七】注⑽参照。底本の「未」は「不」。◉(5)**二十年来苦辛客**＝二十年以上辛苦し修行した古参でも。『碧巌』三則頌を踏んで。◉(6)屈、堪述。為君幾下蒼龍窟＝『碧巌』三則頌。二十年来苦しめられ、お蔭で今や万仞の気勢を

吐くことが出来た。想えば、この事の為に幾度となく命知らずのことをしたことか。◉(7)**照絶精微見大難**＝微に入り精を窮めて徹見しようが、この事は容易には見難い。「精微」は「精深微妙」の意。『礼記』経解に、「潔静精微なるは易の教なり」と、その注に「易は理を窮め性を尽くして言と秋毫に入る」と。因みに、第二十八則（【二四五】）頌に国師が引用している、仏鑑慧懃の日面月面仏頌に、「東街の柳色は煙を拖《ひ》いて翠に、西巷の桃華は相暎《えい》じて紅なり。左《さ》顧右盼《こうけい》して看れども足らず、一時分付して春風に与えん」とある。◉(8)満口氷雪徹骨寒、此中消息誰共論＝『句双紙』【一九三四】に、「満口の氷霜、寒、骨に徹す、此の中の消息誰と与《と》に論ぜん」と見え、「〈寒徹骨〉とは、急切下の事なり。〈此中の消息、誰与論ぜん〉、ここは知音がないゾ。悟得底はここに知音（する）なり」と。『宏智広録』巻五に、「満口氷霜寒徹骨、此中消息与誰論」（大正四十八・六三上）と。

※江月和尚和韻に、「天際日上月下、清光何処掛眉端。衲僧亦道莫軽忽、万里雲関多少難」と。

《頌評唱》評に曰く。此の話、寔《まこと》に難信難入《なんしんなんにゅう》、此《ここ》の(1)水辺、彼《かしこ》の林下と、三三頭《こうべ》を聚《あつ》め、両両眉《まゆ》を結《むす》ぶ。千般の智解、百種の神通《じんづう》を運ばし去るも、其の辺表《へんぴょう》を窺《うかが》い測《はか》るに由《よし》無し。宜《むべ》なる哉《かな》、縦《たと》い参玄《さんげん》の上士、二三十年千辛万苦《せんしんばんく》する有るも、転《うた》た看れば転《うた》た難《かた》し。伱《なんじ》ら世智辨聡《せちべんそう》の邪党、切に忌む、(2)陀羅尼《だらに》の会《え》を作《な》し去り、一喝《いっかつ》の会を作し了《お》わることを。

(1)水辺・林下＝城市の対語、定処なきを云う。十牛図の「見迹」に、「水辺林下迹偏《ひと》えに多し」と。◉(2)陀羅尼会、一喝会＝第七則（【二二四】）頌評唱参照。

【二五四】 第三十七則　雲門胡餅

《垂示》 垂示《すいじ》に曰く。古人云く、「(1)事《じ》を用《もち》うること寧《むし》ろ寛《かん》に失《しっ》するとも、急《きゅう》に失すること勿《な》かれ、寧ろ略《りゃく》に失するとも、詳《しょう》に失すること勿かれ」。(2)参禅も亦た然《しか》り、寧ろ拙《せつ》に失するとも、利《り》に失すること勿かれ、寧ろ愚《ぐ》に失するとも、智《ち》に失すること勿かれ。若し其れ纔《わず》かに利智《りち》に失せば、終《つい》に淵源《えんげん》を窮《きわ》むこと能《あた》わず。死に到るまで情量凡解《じょうりょうぼんげ》の間《かん》に陥墜《かんつい》せんのみ。須《すべか》らく知るべし、利智の悟門を妨ぐること、(3)魔羅波旬《まらはじゅん》に過《す》ぐることを。作麼生《そもさん》か是れ利智。(4)鉄橛子《てっけっす》の会《え》を作《な》す、是れ利智、陀羅尼《だらに》の会《え》を作す、是れ利智、一喝《かつ》の会を作す、是れ最上乗の利智。

(1)用事寧失於寛…勿失於詳＝『禅門宝訓』九十章、仏眼の語として見え、大衆を導く根本は不急・不寛・不詳・不略の中道にあることを諭す。◉(2)参禅亦然、寧失於拙…勿失於智＝利智であるよりも拙愚であれ。◉(3)魔羅波旬＝「魔羅」は魔、経には十魔を説く。「波旬」は天魔。◉(4)鉄橛子会、陀羅尼会、一喝会＝第七則（【二二四】）頌評唱参照。

《本則》 **挙《こ》す。(1)僧、雲門に問う、「如何《いか》なるか是れ(2)超仏越祖《ちょうぶつおつそ》の談**(3)人を驚かす浪《なみ》に入らずんば、意に称《かな》う魚は尋《もと》め難し」。**門云く、「(4)胡餅《こびょう》**(5)鴆《ちん》羽《う》狼胆《ろうたん》猫頭《みょうとう》狐涎《こぜん》、一釜《いっぷ》に煉《ね》り来たって面前に抛向《ほうこう》す」」。

(1)**僧問雲門**…＝本則は、『雲門広録』上（禅十一・三四一上）、『碧巌』七十七則、本録【五〇の二】参照。◉(2)**超仏越祖之談**＝「言詮不及の田地、仏界祖界をぼっ超えた」（『秘鈔』）。もと『睦州録』（禅十一・二二五下）に見える。◉(3)不入驚人浪、難尋称意魚＝人の度胆を抜くような荒海に突入しなければ、これはという魚にはお目にかかれるものではない。『禅林類聚』巻十六の九丁、雲蓋守智（黄龍下）禅師の百丈耳聾拈古の語。◉(4)**胡餅**＝西域伝来の焼餅《シャオピン》。

小麦粉をこねて醗酵させ、平たくして胡麻をまぶして焼いたもの。余程雲門の好物であったと見え、『雲門広録』に十九回も登場する。更に「餬餅寮」と云う喫茶寮も有ったと云う。別の所では「蒲州の麻黄（薬草）、益州の附子（毒草で下剤薬）」とも答えている。◉(5)鴆羽狼胆…抛向面前＝あらゆる毒物を一緒に練って、これ食らえとばかりに目の前にほうり出した。【一三〇の一二】注(3)参照。

《本則評唱》評に曰く。(1)雲門大師、上堂して曰く、「你《なんじ》、(2)作《な》し了《お》わる可《べ》きこと勿《の》うして、人の祖師意を道著《どうじゃく》するを見て、便ち超仏越祖《ちょうぶつおっそ》の談の道理を問う。你、且《しば》らく什麼《なに》を喚《よ》んで仏と作《な》し、什麼を喚んで祖と作して、即ち超仏越祖の談と説き、便ち(3)箇の出三界を問う。你、三界を把《と》り将《も》ち来たれ。什麼《なん》の見《けん》聞覚知《もんかくち》の(4)你を隔礙著《かくげじゃく》するか有らん。(5)什麼の声色法《しょうしき》の、汝に与えて了《りょう》ぜしむ可きか有らん。(6)箇の什麼の碗《わん》をか了ぜん、(7)那箇《なこ》を以てか差殊《さしゅ》の見《けん》と為《な》さん。(8)他の古聖《こしょう》、你を奈何《いかん》ともすること勿《の》うして、身を横たえて物の為にす。箇の(9)挙体《こたい》全真、(10)物物覿体《もつもってきたい》と道うも(11)不可得なり。我れ你に向かって道《い》うも、直下《じきげ》、什麼の事《じ》か有らん、早や是れ(12)相埋没《あいまいぼつ》し了われり」と。(13)仏果和尚、此の上堂を挙し了わって云う、「諸人、若し此の語を会得せば、即ち胡餅《こびょう》を識得《しきとく》せん」と。鶻林《こくりん》曰く、「甚《はなは》だ然《しか》らず。諸人、若し此の語を会得せば、転《うた》た胡餅を識得せず」と。何《なん》が故《ゆえ》ぞ、(14)馬血《ばけつ》は転燐《てんりん》と為《な》り、人血《じんけつ》は野火《やか》と為《な》る。一般世智辨聡《せちべんそう》の瞎禿《かっとく》有って、羝羊《ていよう》の眼を拭《ぬぐ》い、狐狸《こり》の智を恃《たの》んで、恣《ほしいまま》に情解《じょうげ》して云う、「胡餅、什麼《なん》の会《え》し難きことか有らん。夫《そ》れ超仏越祖の談は、人人、本具底の物有り、本来円明《えんみょう》、本来自在。悟解を求めず、了知《りょうち》を添えず、飢飡困眠《きさんこんみん》、什麼の欠少《かんしょう》することか有らん。此の外、(15)若し仏に就いて求めば仏《ぶっ》魔《ま》に接《せっ》せられ、祖に就いて求めば祖魔《そま》に接せられん。如《し》かじ、(16)胡餅《こびょう》四五枚を打し了わって腹を鼓《こ》し、快《ほしいまま》に打睡《たすい》し去らんには。此れ真正《しんしょう》超仏越祖底の好消息《こうしょうそく》、君看よ、雲門大師、気宇《きう》、王の如し」と。

錯《しゃく》、錯、老僧、此の瞎判釈《かつはんじゃく》を聞き了わって呵呵大笑《かかたいしょう》、絶倒《ぜっとう》し起き来たって又た絶倒す。飯袋子《はんたいす》、你、恁《いん》麼《も》にして胡餅の話を徹了《てつりょう》すと道《い》わば、船脚《せんきゃく》の車夫《しゃふ》、竈下《そうか》の盲婢《もうひ》も亦た胡餅を徹了せん。若し果たして然らば、国師頌有り、如何《いかん》が判釈《はんじゃく》し去らん。

(1)雲門大師上堂曰…＝以下『碧巌』七十七本則評唱に見える。もと『雲門広録』。底本の訓みは意味が通じにくい点があるので、『秘鈔』の訓みを参考にして改めた。また『秘鈔』にこの上堂語を、「此れは雲門録中に勝れたもの、醍醐毒薬一時に行ずるものなり」と評する。以下『秘鈔』の解釈を付す。◉(2)勿可作了＝「悟了なくして」。そもそも仏祖の何たるかも知らないくせに。◉(3)問箇出三界＝「どこに何がある、奈落の底まで照らしぬいてあるものを」。◉(4)隔礙著你＝「何が障になって三界を出たがる」。◉(5)有什麼声色法、与汝可了＝「何の悟らすべきことあらん」。底本の「仏法」は『雲門録』原本では単に「法」のみ、「仏」は衍字である。但し『秘鈔』に、「声色の二字、本録に無し、なき方よし」とある。◉(6)了箇什麼碗＝「古御器の穿鑿」。◉(7)以那箇為差殊之見＝「天堂地獄平等なり、穢土浄土不二なり」。「元来無所得の故に差殊の見を為す可き無し」(『種電鈔』)。◉(8)他古聖勿奈你何、横身為物＝「虎口裡に横身、身をまげるなり、屹立では埒明かぬ」。「歴代の祖師、未悟底の人を化す可き方便無きが故に、無所得法中に於いて曲げて法を施し、衆生の為にする」(『種電鈔』)。「物」は「衆生」の意。◉(9)挙体全真＝「鍋でも釜でも擂木でも一つ挙ぐれば、其れ直ちに諸仏の全身なり、左之右之《さしうし》起居動静(の全てが真)」。◉(10)物物覿体＝「蚤も虱も」。◉(11)不可得＝「空を把って他に与うるが如くに相似たり」(『種電鈔』)。◉(12)相埋没了也＝「此の一大事に何事があるものだと云うも埋没ぞ。埋没は仕損なうた、滅却じゃ」。◉(13)仏果和尚＝円悟禅師。◉(14)馬血為転燐、人血為野火＝馬の血は鬼火となり、人の血は野火となる。『列子』天瑞篇第四章。『碧巌』に載せる五祖の代語「驢屎、麝香に比す(『五祖録』では「驢屎似馬糞」)」に代えて、白隠の代語。◉(15)若就仏求見接仏魔、就祖求見接祖魔＝『臨済録』示衆の十。

◉⒃打胡餅四五枚了＝焼餅を四五個喰らって。

《頌》(1)**覿面胡餅**《てきめんこびょう》**、口を下し難し**〔(2)大火聚《だいかじゅ》の如く、鉄板障《てつばんしょう》に似たり〕、

(3)**摩斯吒**《ました》**、徒**《いたず》**らに瀾中**《らんちゅう》**に入る**〔(4)進む則《とき》は坑《きょう》に落ち塹《ざん》に落つ、退く則は猛虎足《あし》を銜《ふく》む〕。

(5)**者回**《しやかい》**、黒雲霧**《こくうんむ》**を吐**《は》**くことを休**《や》**めよ**〔(6)生鉄《さんてつ》の崑崙《こんろん》、雲外《うんがい》に走《わし》る〕、

(7)**寥廓**《りようかく》**たる天辺**《てんぺん》**、白虹**《はくこう》**無し**〔(8)兎角亀毛《とかくきもう》を眼裏に栽《う》え、鉄山当面《とうめん》勢い崔嵬《さいかい》〕。

(1)**覿面胡餅難下口**＝「雲門大師ノ、胡餅ト切テ、ハナサレタ処ハ」とても喰えた物ではない。「覿面」は「面前即今」の意。◉(2)如大火聚、似鉄板障＝近傍し難し。「鉄板障」とは、鉄で造った屏風の類で、『虚堂録』巻三育王録の上堂語に見える。◉(3)**摩斯吒徒入瀾中**＝「摩斯吒」は「麼迦吒」とも。猿のこと。『摩訶僧祇律』巻七に、五百獼猴《みこう》（＝猿）が水中の月を捉えんと、数珠つなぎに井に墜ちて死んだ話を釈尊がして、この猿達は実は和合僧を破った提婆達多と六群比丘の過去世であることを明かす。◉(4)進則落坑落塹、退則猛虎銜足＝進むことも、退くこともならぬ、絶体絶命。『碧巌』五十六頌下語。◉(5)**者回休吐黒雲霧**＝第二句とこの第三句は雲門下二世の智門光祚の「綱宗歌」に、「摩斯吒、水に入り去る、者回、黒雲霧を吐くことを休めよ。俊鷹俊鷂は天を摶《う》って飛び、鈍鳥は籬根に捱《よ》りて去らず」（禅十二・六六八）とあるのを踏まえたもの。「黒雲霧」とは、提婆達多の如き邪解妄想を指すか。ここは鈍鳥の如き問話僧を云われたもの。◉(6)生鉄崑崙雲外走＝鉄の黒人奴が雲井に走った。【一七三の二】注(2)参照。『句双紙』［八七七］に、「何とも理が付かぬゾ。没巴鼻じゃ」と。『頌古聯珠通集』巻二十七雪竇嗣宗（宏智下）「九峰脱去」頌（禅七・三三七）に見える。◉(7)**寥廓天辺無白虹**＝天はカラリと晴れ渡り、黒雲どころか吉兆雲である白虹も無い。一点の妄念もない。「白虹」とは「日月周囲の白色の暈《かさ》」を云い、特に「白虹貫日」とは「精誠感天の吉兆」を云い、前句の「黒

雲」の対語。『伝灯録』巻二第二十三祖鶴勒那尊者の章に、「師子（尊者）曰く、『我れ気を見るに白虹の天地を貫くが如く、復た黒気の五道、其の中に横に亘《わた》る有り』」とあるが、「白虹」は仏法興隆の吉兆、「黒気」は斬首の凶兆を示す。◉(8)兎角亀毛眼裏栽、鉄山当面勢崔嵬＝ありもしないものをでっち上げ、鉄山の眼前高く聳えるが如く峻険、なにものも寄せつけない。汾陽十智同真の大慧の頌。第十五則（【二二二】）頌注(4)、第二十則（【二二七】）本則注(9)参照。

※江月和尚和韻に、「這僧不識嗟過了、古餅無端驀口中。引下銀河千丈瀑、青天白日吐晴虹」と。

《頌評唱》評に曰く。雲門大師曰く、「胡餅《こびょう》」と。你《なんじ》、如何《いかん》が歯牙《しが》を下し得ん。你、纔《わず》かに擬議思量《ぎぎしりょう》せば、獼猴《みこう》の浩波《こうは》に落つるが如く、乍《たちま》ち喪身失命《そうしんしつみょう》し去らん。

「者回《しゃかい》、黒雲霧《こくうんむ》を吐くことを休《や》めよ、寥廓《りょうかく》たる天辺《てんぺん》、白虹《はくこう》無し」と。(1)古人、胡餅の話を頌し得る底《てい》、(2)知んぬ幾許《いくばく》ぞ。中に就いて国師の此の頌、古今に独歩し、最妙最玄最第一なり。你、若し此の頌を見得して掌上《しょうじょう》を見るが如くならば、你に許す、親しく胡餅の話に参究することを。更に参ぜよ三十年。

(1)古人頌得胡餅話＝『頌古聯珠通集』巻三十三に雪竇以下十三人の頌を載せる。◉(2)知幾許＝どれだけ居るか知らないが。「知」は「不知」の意。

【二五五】第三十八則　百丈開田

《垂示》垂示《すいじ》に曰く。(1)古《いにしえ》愛して龍の画を学ぶ者有り、常に善本を得ざることを愁れうること飢渇《きかつ》に過《す》ぎたり。一日、真龍《しんりゅう》、雲霧《うんむ》を領《りょう》して窓前に下《くだ》る有り。其の人、失心悶絶《もんぜつ》して、正しく見ること能《あた》わず。学者も亦た然《しか》り、常に宗師《しゅうし》の開示を求むること寔《まこと》に飢渇に過ぎたり。宗師或いは全体作用し、両手に分付する則《とき》んば、聾《ろう》の如く、唖《あ》の如し。是れ但だ平昔参究密ならず、工夫純《じゅん》ならざるがための致す所なり。作麼生《そもさん》か是れ分付《ぶんぷ》の処。

(1)古有愛学龍画者…失心悶絶、不能正見＝底本の「画龍」は貞永寺版では「龍画」。漢劉公『新序』雑事五に見える「葉公好龍」の話。名を好んで実を好まない喩え。

《本則》挙《こ》す。(1)百丈涅槃《ねはん》和尚、一日、衆《しゅ》に謂《い》って云く、「汝ら我が為に田《でん》を開け、我れ你らの為に(2)大義《たいぎ》を説かん」〔(3)太行山下《たいこうさんか》の賊、南岳嶺頭《なんがくれいとう》の雲。(4)盤《ばん》に和《わ》して托出《たくしゅつ》す夜明珠〕。**僧衆、(5)田《でん》を開く、竟《つい》に和尚の大義を説かんことを請う**〔(6)蹉過了也《しゃかりょうや》、箭《や》、新羅《しんら》を過《す》ぐ〕。**百丈、便ち(7)両手を展開《てんかい》す**〔(8)使《つか》うことを解《げ》するは家の富貴に由《よ》らず、風流、豈《あ》に著衣《じゃくえ》の多きに在らんや〕。

(1)**百丈涅槃和尚**＝貞永寺版は『大灯録』原本に忠実に「百丈惟政禅師」とする。底本は『会元』巻四に依って改める。『伝灯録』や『会要』巻五は馬祖下の惟政禅師とする。第二十九則（【二四六】）本則注(1)参照。『伝灯録』巻六、百丈惟政章に、「一日、衆に謂って曰く、『你ら我が為に田を開け、我れ汝らが為に大義を説かん』。僧衆、開田し竟《お》わる。師、晩間に上堂す。僧問う、『開田已《すで》に竟《お》わる、請う師、大義を説け』。師、禅床を下《お》りて行くこと三歩し、手を展ぶること両畔し、目を以て天地を視て云く、『大義田即今存せり』」と。◉(2)**大義**＝「祖師門下の大事」（『秘鈔』第二十八則本則評唱）。◉(3)太行山下賊、南岳嶺頭雲＝首山省念禅師の「先用後照（働きを先、会を後とする）」の拈語。太行山は河南省博愛にある山。盗賊が多かった。『人天眼目』巻一「照用問答」に、「如何なるか是れ先照後用。首山云く、『南岳嶺頭の雲、太行山下の賊』。…先用後照。山云く、『太行山下の賊、南岳嶺頭の雲』。…照用同時。山云く、『南岳嶺頭の雲を収下し、太行山下の賊を捉得す』」。　…照用不同時。山云く、『昨日は晴れ今日は雨』」と。もと『南院顒録』に、「問う、『南宗北祖、如何が顕示せん』。師云く、『大庾嶺頭の雲、太行山下の賊』」（禅十一・二三七）と。◉(4)和盤托出夜明珠＝ああ、見事なもの。【二四の二】注(7)参照。◉(5)**開田**＝「開田」とは田畑の開墾を云うが、インド仏教では四邪命食の一つ下口食《げくじき》である耕作による生活にあたり、厳しく禁止されていた。この涅槃和尚は百丈二世和尚として、普請作務を中心とした中国独自の禅苑清規を確立した百丈懐海禅師を扶けた人。禅宗のみが会昌の破仏を生き延びたのも、開田の功に依る事が多いと云う。◉(6)蹉過了也、箭過新羅＝後の祭り、とっくの昔に説き終わっていると云うのに。【九の三】注⒂参照。◉(7)**展開両手**＝本来の持ち主に還したゾと。和尚の為の開田は元来我が大義田。◉(8)解使不由家富貴、風流豈在著衣多＝金の使い方を心得えているかどうかは必ずしも富貴か否かに由らない。風流であるかどうかは必ずしも好衣の多寡によるのでない。『虚堂録』巻三柏巌録の開炉上堂に、大衆の多寡によらない法昌の枯淡の家風を称えて。もと『禅林類聚』巻十の十一丁、仏鑑慧懃の語。

《本則評唱》評に曰く。古《いにしえ》の禅門盛んなりし日、真風未だ地に墜《お》ちざりし時、南岳・馬祖・百丈・黄檗《おうばく》・林際《りんざい》・興化《こうけ》・南院《なんいん》・風穴《ふけつ》の諸老、毎日、(1)鼔《く》を鳴らして普請《ふしん》、(2)拽石搬土《えいせきはんど》、(3)水薪菜蔬《すいしんさいそ》、(4)一日《いつじつ》作《な》さずんば一日食《く》らわず。艱辛刻苦《かんしんこっく》の上に於いて各おの動中の得力を求む。千態万状、尽《ことごと》く是れ宗師為人《しゅうしいにん》の手脚《しゅきゃく》、学人著力《じゃくりき》の枢要《すうよう》なり。若し両手を展開する処に向かって大義を見んと要せば、甚《はなは》だ遅了《ちりょう》なり、遠くして遠し。若し今時《こんじ》に効《なら》うに似たらば、向上の禅と称して話頭《わとう》を懐《ふところ》に掛けず、参禅を念《ねん》と為《な》さず、(5)徒《いたず》らに日日白飯七八頓《とん》を打し来たり、徐徐《じょじょ》として堂上に上り、或いは三十、或いは五十、列坐し並び黙して、坐《ざ》、未だ定まらざるに頭《こうべ》を掉《ふ》るって(6)春睡《しゅんすい》す。一箇箇《いっここ》皆な然《しか》り、恰《あたか》も舟子《ふなこ》の並び立って櫓《ろ》を推す時に似たり。甚だしき者は頭も亦た落ちんと欲す。恁麼《いんも》にして祖師門下の客と称せば可《か》ならんや。古人をして此の弊風を見せしめば、将《は》た喜ばんか、将た悲しまんか。寔《まこと》に恐る可《べ》きの部類なり。是の故《ゆえ》に国師頌有り、曰く。

(1)鳴鼓普請＝禅院の僧が一斉に作務するを「普請」と云い、普請の日の早朝に普請牌を掛けて場所と時間を告知し、時いたって普請鼓を長く一会《いちえ》鳴らして集合させる。◉(2)搜石搬土＝石を曳き、土を運ぶ土木作業。「搜石」は帰宗智常、「搬土」は木平善道の故事（『碧巌』四十四頌評唱）。◉(3)水薪菜蔬＝水を汲み薪を集め、野菜を作る。◉(4)一日不作一日不食＝百丈海禅師、六十六歳入寂の日まで、この金言を以て作務を止めなかった。◉(5)徒日日打白飯七八頓来＝むだに毎日毎日白飯を七八杯も食べて。◉(6)春睡＝米搗きバッタのように居眠りをする。

《頌》(1)閃電激《せんでんげき》し、怒雷馳《どらいは》す〔(2)新婦《しんぷ》面上に笑靨《しょうよう》を添え、却って繍幕裏《しゅうばくり》に向かって行く〕、
眼裏耳裏《げんりにり》、箇《こ》の覿機《てきき》〔(3)吾が道は一を以て之れを貫《かん》せり〕。
(4)昨夜三山《さんざん》、三跳《さんちょう》の後〔(5)三冬鉄樹満林《さんとうてつじゅまんりん》の花、六月《ろくげつ》黄河連底《れんてい》の氷〕、
(6)北辰鬼谷《ほくしんきこく》、擬議《ぎぎ》を作《な》す〔(7)酔《よ》い来たって黒漆屏風《こくしつびょうぶ》の上に草写《そうしゃ》す盧仝《ろどう》が月蝕《げっしょく》の詩《し》〕。
擬議を作《な》す〔(8)予《よ》違《たが》わば、你弼《なんじたす》けよ、你面従《めんじゅう》して退いて後言《こうげん》有ること無かれ〕、
(9)七仏《しちぶつ》の祖師、曾《かつ》て知らず〔(10)昨夜三更牛《さんこううし》を失却《しっきゃく》し、今朝天明《こんちょうてんめい》、火《ひ》を失却す〕。

(1)**閃電激怒雷馳、眼裏耳裏箇覿機**＝百丈開田の機鋒、ピカピカと閃電しグワラグワラと雷鳴の如く、眼に見、耳に聞く所、全てがまさに大義の機。◉(2)新婦面上添笑靨、却向繍幕裏行＝美しいと雖も、見ることを得ず。其の境界を知る者は無い。【四四】下語、【一三〇の一四】下語では、後句は「却向錦繍幕裏行」であるが、もとの『虚堂録』巻二

では「又向繍幕裏行」である。よって底本の「似」を衍字とした。◉(3)吾道一以貫之＝自分の道は一本を通してきた。【一二八の二】注(3)参照。◉(4)**昨夜三山三跳後**＝昨夜三山、三たび跳躍して羅籠を脱した後。機語。三山は「瀛州・方丈・蓬莱」の三仙山を指すとも云えるが、愛宕山でも比叡山でも構わない。「三跳後」は【一七四】注(14)参照。◉(5)三冬鉄樹満林花、六月黄河連底氷＝『雪江宗深録』龍安寺入寺示衆。但し後句は『希叟広録』巻一に見える。大機大用を云う機語。琅琊慧覚の「三冬枯木の花、九夏寒巌の雪」等と同趣旨。◉(6)**北辰鬼谷作擬議**＝鬼神も躊躇する。『骨董稿』に『漢書』列伝二十七司馬相如伝の「大人賦」に、「ゴロゴロと轟く雷室に直入し、ゴツゴツと厳つらなる鬼谷を通りぬけ」とあるを指摘し、その注の「鬼谷は崑崙山の北に在りて、北辰（＝北極星）の下に直《あた》る。衆鬼の聚まる所なり」を引く。従って「北辰鬼谷」とは、ここでは「およそ北辰下に集う一切の鬼神衆」を指すか。◉(7)酔来黒漆屏風上、草写盧仝月蝕詩＝酔って真っ黒の屏風の上に盧仝の月蝕詩を草書するようなもの。雪巌欽の如夢幻頌。【二〇一】注(6)参照。◉(8)予違你弼、你無面従退有後言＝自分が若し道に違えば汝はその過ちを正して助けよ、私の面前では従い、後で彼れ此れと云うことなかれ。『書経』益稷。◉(9)**七仏祖師曾不知**＝知恵の文殊も与かり知らぬ。◉(10)昨夜三更失却牛、今朝天明失却火＝明暗・隠顕は一に非ず、また二に非ず。暗中に暗を奪い、明中に明を奪う。南泉の入院の語。【三七】注(3)参照。

※江月和尚和韻に、「百丈道誉四馳、千機莫測機外機。為我開田為汝説、万言当成一黙、成一黙、展両手来何誰知」と。

《頌評唱》評に曰く。此の頌、全篇、百丈両手を展開する処を賦《ふ》す。情量《じょうりょう》の窟宅《くったく》を砕き、智解《ちげ》の窠臼《かきゅう》を破る。(1)怒雷《どらい》の石壁《せきへき》を劈《つんざ》くが如く、(2)金翅《こんじ》の鯨波《げいは》を搏《う》つに似たり、(3)天関《てんかん》を廻《めぐ》らし、地軸《じじく》を転《てん》ず。

天に南斗北辰《なんとほくしん》有り、各おの其の位に在りて移動せざること車軸の如し。衆星運転して、車輪の循環するが如し。且《か》つ夫《そ》れ、天文を諳《そらん》じ地理に通ずることは、(4)鬼谷子《きこくし》に越ゆるは無し。今夜、百丈大用の示衆に依って、(5)乾坤《けんこん》も色《いろ》を失《しっ》し、日月《じつげつ》も光《ひかり》を呑《の》む。南斗北辰、尽《ことごと》く位を失し処を換《か》う。大小大《だいしょうだい》の鬼谷《きこく》、星斗《せいと》の所在に迷う。豈《あ》に鬼谷のみならんや、縦《たと》い文殊大士たりとも他の落処《らくしょ》を知らず。

(1)怒雷劈石壁＝作家の猛烈の機。第三十九則（【二五六】）頌下語にも、「金翅劈海、怒雷破山」と。◉(2)金翅搏鯨波＝【一三〇の一四】注⒃参照。◉(3)廻天関、転地軸＝作家の気宇広大の働き。第九則（【二二六】）本則注⒃参照。◉(4)鬼谷子＝王詡《おうく》、戦国の人、河南省登封県の東南の鬼谷に居り、蘇秦張儀に縦横の術を教える。「北辰鬼谷」が何故「鬼谷子」となるのか、白隠禅師は『骨董稿』に注されるようなことは百も承知の上で、このように自在無礙に提唱されたものであろう。◉(5)乾坤失色、日月呑光＝全てを奪い尽くす、悟道の把住底。慈明楚円。【一二二の二】注(6)参照。

【二五六】第三十九則　平田大敗

《垂示》垂示《すいじ》に曰く。(1)青《あお》は藍《あい》より出でて藍より青く、氷は水より生じて水より寒《つめ》たし。古《いにしえ》の宗匠《しゅうしょう》、(2)剣《けん》刃上《にんじょう》に人を求む、只だ(3)超師《ちょうし》の作《さ》有る底の漢子を要すのみ。所以《このゆえ》に(4)針頭《しんとう》に鉄を削《けず》り、鷺股《ろこ》に肉を剜《えぐ》る、(5)打頭《たとう》に悪毒《あくどく》の手脚《しゅきゃく》を下して、你《なんじ》が転処如何《てんじょいかん》を看る。従上、何人《なんぴと》か是《かく》の如きの作用有る。

(1)青出自藍…、氷生自水…＝師匠に優れた弟子の喩え。『荀子』勧学。【一三〇の一四】注⒆参照。◉(2)剣刃上求人＝必殺必死の嶮峻な機用上に人を求める。『虚堂録』四に「古来の尊宿、動《やや》もすれば剣刃上に人を求むるすら尚お一半を得ず」。◉(3)超師作＝第三則（【二二〇】）垂示参照。◉(4)針頭削鉄、鷺股剜肉＝奪った上にも奪う、徹底把住。【九四の二】注(7)参照。◉(5)打頭＝最初。

《本則》挙《こ》す。**(1)平田《へいでん》普岸《ふがん》禅師、因《ちな》みに僧有り、到り参ず**〔(2)脳後《のうご》に腮《さい》を見ば、与《とも》に往来すること莫《な》かれ〕。**平田、(3)打つこと一拄杖《しゅじょう》す**〔(4)正令当行《しょうれいとうぎょう》、十方坐断《ざだん》〕。**其の僧、(5)近前《きんぜん》して拄杖を把住《はじゅう》す**〔(6)戦《たたか》わんか、骨を沙礫《されき》に暴《さら》さん。降《くだ》らんか、身を夷狄《いてき》に終えん〕。**平田云く、「(7)老僧、適来造次《せきらいぞうじ》なり**〔(8)九尾の野狐《やこ》、変体多《へんたいおお》し〕」。**僧、却って平田を打つこと一拄杖す**〔(9)窮鼠《きゅうそ》、却って猫を咬む、闘雀《とうじゃく》、人を恐れず〕。**平田云く、「(10)作家《さっけ》作家**〔(11)誰《たれ》か謂《い》う、雀《すずめ》に角《つの》無しと、其れ屋《おく》を穿《うが》つを如何《いかん》せん〕」。**(12)僧、礼拝す**〔(13)賊《ぞく》は是れ小人《しょうじん》、智《ち》、君子《くんし》に過《す》ぎたり、却って曾《かつ》て一般ならざるに似たり〕。**(14)平田、把住して云く、「(15)是れ闍梨造次《じゃりぞうじ》なり**〔(16)今の君子は、人を進むるには、将《まさ》に諸《こ》れを膝に加えんとするが若《ごと》くし、人を退《しりぞ》くるには、将に諸《こ》れを淵《ふち》に墜《お》とさんとするが若くす〕」。**(17)僧、大笑《たいしょう》す**〔(18)君子、善を見る則《とき》は遷《うつ》り、過《あやま》ち有る則《とき》は改む〕。**平田云く、「(19)這箇《しゃこ》の師僧《しそう》、今日大いに敗《はい》せり**〔(20)国、大《だい》と雖《いえど》も、戦《いくさ》を好むときは則ち必ず亡《ほろ》ぶ。天下、安《やす》きと雖も、戦を忘るるときは則ち必ず危《あやう》し〕」。

(1)**平田普岸禅師…**＝七七〇—八四三、百丈海の法嗣。『宋高僧伝』巻二十七に詳伝がある。本則の話頭は『伝灯録』巻九、『会元』巻四、『会要』巻七等に見える。平田は、今日の浙江省天台山万年寺、栄西禅師修行の故地。その草創は東晋の興寧間に敦煌僧の竺曇猷（『梁高僧伝』巻十一に詳伝）の開く所、唐太和七年（八三三）に普岸禅師が平田寺を建て、また北宋の崇寧三年（一一〇四）に再興され万年寺と改称される。その南、七星橋の傍らに臨済禅師が牧婦に平田の路を問うた所がある。◉(2)脳後見腮、莫与往来＝油断も隙もならない輩とは道連れになるな。翠巌真の語。【三四】注(13)参照。◉(3)**打一拄杖**＝拄杖子で一打ちした。高飛車に出た。◉(4)正令当行、十方坐断＝平田の智剣、一切を断ち切ってしまった。【一三一の二】注(3)参照。◉(5)**近前把住拄杖**＝平田に近づいて棒を奪い取る。僧もさるもの。◉(6)戦矣哉骨暴沙礫、降矣哉終身夷狄＝戦おうか、骨を砂礫にさらすは必定。降参しようか、一生夷狄で暮らさねばならぬ。『古文真宝後集』巻五李華「弔古戦場文」、但し前後句逆。◉⑺**老僧適来造次**＝老僧、先ほどは軽率なことをいたした。一転、低姿勢に。◉⑻九尾野狐多変体＝あの手この手と、古狐よろしく化けよるわい。【五の二】注㉔参照。◉⑼窮鼠却咬猫、闘雀不恐人＝追い詰められ、死に物狂いで向かう。『太平記』巻四。◉⑽**作家作家**＝おぬし、なかなかやるの。◉⑾誰謂雀無角、其如穿屋何＝雀に角が無いとはとんでもない、現に屋根を突っついて穴をあけてくれたではないか。平田に賊心は無いと、とんでもない。『詩経』召南の行露。◉⑿**僧礼拝**＝「アイト、ヌカイテ、礼拝シタ」「ヌカラヌ、ヤツ」。◉⒀賊是小人智過君子、却似曾不一般＝こそ泥こそ君子以上に狡猾と云うが、この賊はとても並大抵の物ではないぞ。僧の変転自在の機を讃じて。前句は『臨済録』に黄檗勝りの活作略を讃した語。【二一二】注⑾参照。◉⒁**平田把住**＝僧の胸ぐらをとっつかまえて。◉⒂**是闍梨造次**＝貴公の方こそ軽率だな。互換の機鋒。「是」は次にくる語を強く提起する、（衲《わし》ではなく）ほかならぬ闍梨こそ。「闍梨」は「阿闍梨」の略であるが、禅録では「貴公、お手前」の意。『会要』巻七では「却是闍梨造次」。◉⒃今君子進人…退人若…＝今の君主は、人を近づけるときには、膝をも突き合わせんばかりに歓迎し、退けるとなったら、相手を川の淵にでも追い落とさんばかりです。平田把住放行の機のえげつなさ。『礼記』檀弓下。◉⒄**僧大笑**＝本位に帰して、跡を払う。『会要』では、「僧呵々大笑、払袖して去る」と。◉⒅君子見善則遷、有過則改＝君子は人の善を見れば喜んで速やかに善に移り就き、己に過ちのあるのを知れば勇気を以て悔い改める。善に遷るは風の速やかなるが如く、過ちを改むるは雷の勇ましきが如く、僧の転身の美事さ。『易』益卦の象。◉⒆**這箇師僧、今日大敗也**＝このお坊んさん、今日はおお負け。「師僧」の「師」は僧の通称、弟子を「小師」と云うに同じ。『会要』では、「草賊大敗」と。◉⒇国雖大…天下雖安…＝大国と雖も戦いを好めば必ず滅亡する。平和だからといって、軍備を忘れれば必ず危険にさらされる。しばしば戦に勝つ者天下を得るは少なくして亡びる者の多いが如く、作家の禅将もまた然り。『司馬法』仁本篇。

《本則評唱》評に曰く。平田普岸禅師は、法を百丈海禅師に嗣ぐ、(1)洪州の人なり。一日、僧到り参ず。岸《がん》、(2)他の到不到《とうふとう》を管《かん》せず、有過無過《うかむか》を択《えら》ばず、(3)打頭《たとう》に一棒を行じて他を如何《いかん》と見る。者《こ》の僧、大いに胆気《たんき》有り、却って(4)倒《さかしま》に正令《しょうれい》を行ず。其の賓主《ひんじゅ》相見の間、(5)象王蹴踏《ぞうおうしゅうとう》し、官馬相踏《かんばあいふ》む。(6)今時、一片の朽瓦《きゅうが》を捉えて、徒《いたず》らに日日揩磨《かいま》浄尽《じょうじん》して、朝より暮に到るまで、(7)顰《ひたい》を攅《あつ》め、眉を皺《しわ》めて、(8)二十年糞穢《ふんえ》を除く底、此《かく》の如き辣手《らっしゅ》を見ば、(9)怨恨憤悱《えんこんふんぴ》し、十日五日、水も亦た喉《のど》に通ぜず、大いに懊悩《おうのう》し去らん。何《なん》が故《ゆえ》ぞ、(10)無明の袋に触著《そくじゃく》するが故に。

(1)洪州人也＝「洪州」は江西省南昌市を云う。『会元』に依る。『宋高僧伝』巻二十七では湖北省漢東の人となす。◉(2)不管他到不到＝彼が悟不悟に拘わらずに。◉(3)打頭＝のっけから。◉(4)倒行正令＝賓の方から逆に主に棒を行じた。◉(5)象王蹴踏、官馬相踏＝優れた作家同士の互角の勝負。前句は【五八の一】注⒂参照。後句は第三十一則（【二四八】）本則評唱注(7)参照。◉(6)今時捉一片朽瓦、徒日日揩磨浄尽＝徒らに黙照坐禅して。馬祖を導いた南岳磨甎の故事を踏まえて。「揩磨浄尽」は「すり磨き浄める」の意、『虚堂録』巻四普説に見える。◉(7)攅顰皺眉＝顔をしかめ、眉間に皺を寄せて、辛苦の格好をなし。◉(8)二十年除糞穢底＝『法華経』信解品の長者窮子の話に、「大富豪の息子が他国に逃げて貧窮したあげく父と面会し、二十年、糞掃除の仕事をしながら、終に父の富を継ぐ」と見えるが、日雇い人根性の抜けない鈍漢を貶して。【七三の一】注(7)参照。◉(9)怨恨憤悱＝うらみ、いきどおり、もだえて。◉(10)触著無明袋＝俺様が、俺様がという無明の癇に触れる。『続古尊宿語要』巻一霊源惟清の語に、「人に無明袋を拶著せられ」とある。

《頌》(1)**一向一背**《いっこういっぱい》**、親**《した》**しみ易**《やす》**からず**（(2)九尾の野狐《やこ》、変体多《へんたいおお》し、神出鬼没）、

(3)互換《ごかん》の韜略《とうりゃく》、鼓旗別《こきべつ》なり〔(4)金翅《こんじ》、海を擘《つんざ》き、怒雷《どらい》、山を破る〕。
(5)干将《かんしょう》の剣、未だ甲鍪《こうぼう》を斬らず〔(6)俊鶻《しゅんこつ》は天遼《はる》かに羽翮《うかく》を呈し、金毛《きんもう》は窟《くつ》を出でて全威を振るう〕、
(7)夏服《かふく》が箭《や》、何ぞ七札《しちさつ》を穿《うが》たん〔(8)王公も其の貴《たっとき》を失い、晋楚《しんそ》も其の富《とみ》を失う〕。
(9)鬼哭《きこく》し、神《しん》悲しむ〔(10)梅は須《すべか》らく雪に三分の白を遜《ゆず》るべし、雪も亦た梅に一段の香を輸《ま》く〕、
(11)崖崩《くず》れ石裂《さ》くも、還《ま》た顚蹶《てんけつ》す〔(12)罔象《もうしょう》到る時、光燦爛《さんらん》、離婁《りろう》行く処、浪滔天《なみとうてん》〕。
(13)師僧《しそう》、今日、大いに敗欠《はいけつ》〔(14)斬釘截鉄《ざんていせってつ》〕。

(1)**一向一背不易親**＝大手《おおて》搦手《からめて》と仲々油断がならぬ。「向背」は前後、大手搦手、推したり引いたり。◉(2)九尾野狐多変態、神出鬼没＝あの手この手と、古狐よろしく化けよるわい。【五の二】注㉔、【一六二】注(5)参照。◉(3)**互換韜略鼓旗別**＝賓主互換の作略、駆け引きは見事なもの。「韜略」は『六韜』、『三略』の兵法書。【六の二】注⑾参照。「鼓旗」は「戦闘を指揮する鼓と旗」。「別」は「格別、格外」の意で、並外れて優れているを云う。◉(4)金翅劈海、怒雷破山＝大機大用の働き。『介石智朋録』孝慈真応録の小参、但し「劈」は「擘」。前句は【一三〇の一四】注⒃参照。後句は『荘子』斉物論に「疾雷破山」と見えるもの。◉(5)**干将剣未斬甲鍪**＝名剣も甲冑を斬らず。「干将」は莫邪《ばくや》と並んで古の名剣。「甲鍪」は甲冑。◉(6)俊鶻遼天呈羽翮、金毛出窟振全威＝はやたかの羽ばたいて天にまで翔けり、師子の猛々しく窟を出でる、凄まじき働き。『大恵普説』巻三の浄達道人請普説に、「衲僧は忍俊多時、老師は将に竹篦を挙せんとす。〜、〜」と。◉(7)**夏服箭何穿七札**＝夏后氏のえびらに入れた強き矢も鎧の七枚のさねを打ち抜くことが出来ない。「干将」、「夏服」は両将の機鋒の鋭さを云い、それでも決着の付かない名勝負を詠う。「夏服」とは、「服」は矢を入れる器。夏后氏の良弓に繁弱あり、その矢を入れた服《えびら》を云う。「七札」とは「札」はさねのこと、鉄片または革で作る。鎧の七枚の札《さね》を云う。◉(8)王公失其貴、晋楚失其富＝「コイツニ逢テハ」、どの様な勢力家も力を失う。

蘇軾。底本の「王侯」は「王公」。【二九】注⑷参照。◉⑼**鬼哭神悲**＝「二人ノ出会イハ」、余りにも壮烈、鬼神も泣き叫けばんばかり。【六の二】注㉗参照。◉⑽梅須遜雪三分白、雪亦輸梅一段香＝梅は雪の白さには敵わないが、雪も梅の香りには負ける。互いの風情に賓主なし。『千家詩』一七三、宋盧梅坡「雪梅」詩に、「梅雪春を争いて未だ肯えて降らず、騒人《そうじん》筆を擱《お》いて評章を費やす。～、～（「亦」は「却」）」。◉⑾**崖崩石裂還顛蹶**＝底本の「岸」は『大灯録』では「崖」。次の評唱でも「崖」。僧の崖崩れ、巌も裂けるような働きもなお錯り。「崖崩石裂」は「山崩石裂」、「崖頽石裂」、「高崖石裂」とも云うが、「近寄り難く恐るべき機鋒、天堂地獄も粉微塵の時節」の意。『会元』巻二十開善道謙（大慧下）章に、「崖頽石裂、是なるはことは則ち是なるも、猶お化門に落つ」と。「還」は「そもそも、それでもやはり」の意。「顛蹶」は「つまずき転ぶ、錯る」の意で、平田の一句に「蹴り倒される」のではない。◉⑿罔象到時光燦爛、離婁行処浪滔天＝無心のみ道を得ることが出来、知覚・聡明・言辯等は皆な道を得る術ではない。第二十四則（【二四二】）頌注⑻参照。◉⒀**師僧今日大敗欠**＝このお坊さん、今日はおお負け。平田の凱歌とのみ見るなら、大いに錯る。◉⒁斬釘截鉄＝斬り難い釘を斬り、截り難い鉄をも截る、師家の大機用。『碧巌』十七垂示。

※江月和尚和韻に、「一条拄杖両人扶、到来相逢又相別。伯牙絶絃為子期、徐君好剣先季札。草是千般花其八、烈幾踏蹶、大笑開口歯何欠」と。

《頌評唱》評に曰く。此の頌、始終、賓主《ひんじゅ》相見の間に互換《ごかん》の機有ることを賦《ふ》す。両箇の機鋒、俊利なること干将《かんしょう》の剣よりも快《するど》く、夏服《かふく》が箭《や》よりも疾《はや》し。中に就いて、国師、甚《はなは》だ平田末後《まつご》に、「者箇《しゃこ》の師僧、今日敗欠せり」と道《い》うを愛す。所以《このゆえ》に道う、「崖崩れ石裂くも、還《ま》た顛蹶《てんけつ》す、師僧、今日、大いに敗欠《はいけつ》す」と。

【二五七】第四十則　寰中蒼天

《垂示》垂示《すいじ》に曰く。(1)遊宴《ゆうえん》の中に鴆毒《ちんどく》有り、談笑の中に戈矛《かぼう》有り、堂奥《どうおう》の中に虎豹《こひょう》有り、隣巷《りんこう》の中に戎狄《じゅうてき》有り。禅門も亦た然り、(2)綺言《きごん》を以て仏事と作《な》す者有り、(3)忿怒《ふんぬ》を以て仏事と作す者有り、賊手脚《ぞくしゅきゃく》を以て仏事と作す者有り、狼毒《ろうどく》を以て仏事と作す者有り。従上、何人か此《かく》の如し。試みに挙して看ん。

(1)遊宴中有鴆毒…隣巷中有戎狄＝無形の悪の恐るべきは、宴の最中に暗に鴆毒を盛る如く、歓談の最中に戈矛を隠し持つ如く、堂奥に虎豹を蔵伏させる如く、隣里相連なる街角に野蛮人を混在させる様なもの。明教契嵩の語。第四則（【二二一】）頌注(4)参照。◉(2)以綺言作仏事＝綺語（飾った言葉）、妄語吐くことで接化をする。例えば、七賢女無根樹子等の無理会話。◉(3)忿怒・賊手脚・狼毒＝禅者の家常茶飯事。

《本則》挙《こ》す。(1)大慈山《だいじさん》(2)寰中《かんちゅう》禅師、(3)住菴《じゅうあん》の時、(4)南泉《なんせん》至り問う、「(5)如何《いか》なるか是れ菴中《あんちゅう》の主《しゅ》〔(6)海岳《かいがく》を掀翻《けんぽん》して知音《ちいん》を覓《もと》む、箇箇《ここ》看《み》来たれば日中の斗《と》〕」。**寰《かん》云く、「(7)蒼天《そうてん》蒼天**〔(8)貪《むさぼ》りて摘花《てきか》の馬に乗り、楽しみて采《さい》蓮《れん》の舟を撈《こ》ぐ〕」。**泉《せん》云く、「(9)蒼天は且《しば》らく置く、如何なるか是れ菴中の主**〔(10)天災の流行するは国家代わるがわる有り、災《わざわい》を救い隣《りん》を恤《あわ》れむは道なり、道を行なえば則ち福有り〕」。**寰云く、「(11)会《え》せば即便《すなわ》ち会せよ、忉忉《とうとう》なること莫《な》かれ**〔(12)鞭《むち》の長きと雖《いえど》も、馬腹に及ばず〕」。**(13)南泉、払袖《ほつしゅう》して出づ**〔(14)石火《せっか》も及ぶこと莫《な》く、電光《でんこう》も通ずること莫し〕」。

(1)**大慈山**…＝本則は『伝灯録』巻九、『会元』巻四、『会要』巻七等の大慈章に見える。第三十八則、第三十九則に続いて百丈下の因縁の話を取り上げる。大慈山は、杭州西湖の南、虎跑路にある。◉(2)**寰中禅師**＝七八〇―八六二、百丈海の法嗣。「一尺を説得《せっとく》せんよりは一寸を行取《ぎょうしゅ》せんには如《し》かず」と行持を重んじた。『宋高僧伝』巻十二に詳伝がある。◉(3)**住菴時**＝心印を受けて後、大慈山に出る前、南岳常楽寺の山頂に住菴していた時。◉(4)**南泉**＝南泉は法叔に当たる。◉(5)**如何是菴中主**＝主人公を問うは禅家の常套手段。◉(6)掀翻海岳覓知音、箇箇看来日中斗＝海山わけて天下に知音を探し求めても、見つからない。「南泉ノ問端スサマジキ、モノジャ、誠ニ〜〜」。『東山外集』。第十四則（【二三二】）本則注(5)参照。◉(7)**蒼天蒼天**＝『俗語解』［六一二］に、「『かなしや、かなしや』と訳す。『南無天道さま』と云う意なり。告ぐるところなきゆえ、天に向かって歎くなり」と。『伝灯録』巻六馬祖章に石頭の語として見え、『碧巌』十二頌評唱に陸亘の語として見える。◉(8)貪乗摘花馬、楽撈釆蓮舟＝美人は花を摘むとて馬に乗って出かけるのが何よりも大好き。蓮の花を取るとて舟をこぎまわすのも楽しみにしている。『寒山詩』四十六「璨璨盧家女」。◉(9)**蒼天且置、如何是菴中主**＝蒼天はさて置き、衲《わし》の問うているのはそなたの事と、駄目押しの第二箭。◉(10)天災流行国家代有、救災恤隣道也、行道則有福＝底本の「憐」は貞永寺版の「恤」に戻す。天災はどこかの国でかわるがわる起こるもの。災害に遭った隣国を救助するのは正道です。正道を行なえば福禄に恵まれます。南泉、大慈を扶けんとして。『左氏伝』僖公十三年。◉(11)**会即便会、莫切切**＝分かっているなら結構、ゴチャゴチャ云いなさるな。「切切」は「憂労」、「多言」の二義あるが、禅録では通常「多言」の義。『会要』では、「口喃喃たることを休めよ」と。◉(12)雖鞭之長、不及馬腹＝いかに鞭が長くても、馬の腹には届かない。それでも南泉には届かない。『左氏伝』宣公十五年。◉(13)**南泉払袖而出**＝跡を払い跡を滅却して。『会要』では、「泉、休し去る」と。◉(14)石火莫及、電光莫通＝南泉の俊敏さは、石火も及ばず、電光も届かない。『臨済録』。【一七九の二】注(15)参照。

《本則評唱》評に曰く。大慈山寰中《かんちゅう》禅師は、法を百丈海禅師に嗣《つ》ぐ、(1)杭州《こうしゅう》蒲坂《ほはん》の人なり。師、初め住《じゅう》菴《あん》の時、南泉至り問う、「如何《いか》なるか是れ菴中の主」と。寰《かん》云く、「蒼天《そうてん》蒼天」と。(2)天を照らし地を照らす。旧参の上士は一見して、(3)牙戦《きばおのの》き股震《またふる》う。作麽生《そもさん》か是れ天を照らし地を照らす処。試みに道え、南泉、蒼天蒼天なるか、寰中、蒼天蒼天なるか。幸いに国師の一偈有り。

(1)杭州蒲坂人也＝「蒲坂」は生誕地で、山西省の西南端の蒲州のこと、「杭州」は大慈山の所在地。評唱に混同があるものか。◉(2)照天照地＝乾坤隅々まで照らし通す、見抜く。第十六則（【二三三】）垂示注⑿参照。◉(3)牙戦股震＝歯はガタガタ、股はふるえ。

《頌》**(1)菴中の主、見んとすれば還《かえ》って難《かた》し**〔(2)凡《およ》そ人心《にんしん》は山川《さんせん》よりも険《けわ》しく、天《てん》を知るよりも難《かた》し〕、
句裏《くり》に身《み》を蔵《かく》して太《はなは》だ端《はし》無し〔(3)水底《すいてい》の木人《もくじん》、鉄笛《てってき》を吹けば、雲中《うんちゅう》の石女《せきじょ》、三台《さんだい》を舞う〕。
(4)偸眼暫時休《とうがんざんじきゅう》すや也《ま》た未《いま》だしや〔(5)日を山中に過《す》ごして外事《がいじ》無し、睛《ひとみ》を収《おさ》めて偸《ぬす》み見る白猿児《はくえんじ》〕、
(6)夜深うして誰《たれ》と共にか関山《かんざん》を過《す》ぎん〔(7)鳥《とり》は高く飛びて、以て矰弋《そうよく》の害《がい》を避《さ》け、鼷鼠《けいそ》は穴《あな》を神丘《しんきゅう》の下《もと》に深くして、以て熏鑿《くんさく》の患《うれい》を避《さ》く〕。

(1)**菴中主見還難、句裏蔵身太無端**＝寰中の所在、誠に見ること難く、「蒼天蒼天」の一句に己の姿を隠して、全くつかみ所なし。「太無端」は第三十六則（【二五三】）頌「三三両両太無端」、【一四七】「堅固法身太無端」と見える如く、主人公の端由なき有り様。◉(2)凡人心険於山川難於知天＝およそ人間の心は山川よりも険しく、天を知るよりも困難である。主人公の見難いさま。『荘子』列禦寇篇。◉(3)水底木人吹鉄笛、雲中石女舞三台＝木人笛を吹けば、石女舞う。主人公の太《はなは》だ端無きさまを詠って。『見桃録』巻三［五一八］の「無住善住禅定門掩土」。「三台」は歌曲の名で酒席の音楽、唐の韋応物、王建等に作あって、広く流行する。◉(4)**偸眼暫時休也未**＝南泉第二箭の賊機、大慈の答所に休し

たか、どうかな。「偸眼」は「見ぬような顔で見る」、第二十五則（【二四二】）頌注(1)参照。◉(5)過日山中無外事、収睛偸見白猿児＝山中閑居の楽しみは目を細めて白猿を見ることのみ。『五祖演録』偈頌の「寄旧三首」の「日を林泉に度《わた》るに世慮《せりよ》無し、眉《まゆ》を斂《おさ》めて偸《ぬす》み看る白猿児」を踏まえて。◉(6)**夜深誰共過関山**＝南泉払袖の所、険所に夜行するが如く、共に行く者は誰もいない。◉(7)鳥高飛…熏鑿之患＝鳥は高いところを飛んで矢の危害を避け、鼠は神を祭った壇の下に深い穴を掘って、いぶりだしの危難を免れる。危うし、危うし、三十六計逃げるに如《し》かず。『荘子』応帝王篇。

※江月和尚和韻に、「和皆難和皆難、離却言端与語端。且置蒼天休再問、寰中栖老大慈山」と。

《**頌評唱**》評に曰く。菴中賓主相見《ひんじゆしようけん》の端的は、鬼神も測《はか》ること能《あた》わず、魔外《まげ》も辨ずることを得ず。句裏に身を蔵《かく》す底の身、(1)声聞身《しようもんしん》なりや、菩薩身《ぼさつしん》なりや、長者身《ちようじやしん》なりや、居士身《こじしん》なりや。你《なんじ》、若し辨別して分明なることを得ば、你に許す、参学の眼を具することを。「偸眼暫時休《とうがんざんじきゆう》するや也《ま》た未《いま》だしや」と。言《こころ》は、寰中《かんちゆう》云く、「蒼天《そうてん》蒼天」、此の話、(2)漢《かん》に透り泉《せん》に徹す。南泉、豈《あ》に他の落処《らくしよ》を知らざらんや。故《ゆえ》に(3)此の不聡明《ふそうめい》を露《あら》わして即ち言う、「蒼天は且《しば》らく置く、如何《いか》なるか是れ菴中の主」と。此れ但だ寰中を見尽くさんと欲するのみ、甚《はなは》だ賊機《ぞつき》有り。「夜深うして誰《たれ》と共にか関山《かんざん》を過《す》ぎん」とは、路重畳《みちちようじよう》し、終日行いて曾《かつ》て人を見ず。(4)狼虎《ろうこ》、朝《あした》に道内に伸《の》び、魍魎《もうりよう》、昼に虚谷《きよこく》に叫ぶ。南泉、払袖《ほつしゆう》して出で去る、(5)方寸《ほうすん》の嶮峻《けんしゆん》は、関山の夜途に過ぎたり。寔《まこと》に恐る可し。

(1)声聞身麼、菩薩身麼、長者身麼、居士身麼＝観音大士のつかみ所ない自在の変化身に擬《なぞら》えて。◉(2)透漢徹泉＝「霄《しよう》漢《かん》に透り、黄泉《こうせん》に徹する」ことで、「天に透り、地に徹す」の意。◉(3)露此不聡明＝とぼけた振りをして。◉(4)狼虎朝伸道内、魍魎昼叫虚谷＝虎狼は朝から道の真ん中を我が物顔、魑魅魍魎は昼ひなか人気なき谷に叫ぶ。恐ろしく、また無気味。◉(5)方寸之嶮峻、過於関山夜途＝南泉の心底の険しさは、関山の夜道よりも険しい。

【二五八】第四十一則　薬山看箭

《垂示》垂示《すいじ》に曰く。(1)金龍《きんりゅう》、寒潭《かんたん》を守らず、玉兎《ぎょくと》、豈《あ》に蟾影《せんえい》に栖《す》まんや。明眼《みょうげん》の宗師《しゅうし》、透関《とうかん》の眼《まなこ》を具して、(2)動不得《どうふとく》の処に向かって動じ、転不得《てんふとく》の処に向かって転ず。(3)風驚《おどろ》き草動《くさうご》くにも尽《ことごと》く来機《らいき》を辨ず。従上《じゅうじょう》来《らい》、何人《なんぴと》か此の作用《さゆう》を具す。

(1)金龍不守於寒潭、玉兎豈栖蟾影＝「金龍」、「玉兎」は空無の静寂境に安住しない。真の衲僧は悟りに腰を掛けない。「金龍」は日に喩える。「玉兎」も「蟾《ひきがえる》」も月に住むと云う、引いては月を指す。投子義青の語。【九二】注(4)参照。◉(2)向動不得処動、向転不得処転＝転変自在。『碧巌』五十七本則評唱に、「争奈《いかん》せん這の老漢（趙州）、是れ作家なることを、〜、〜」と。◉(3)風驚草動、尽辨来機＝「纖毫《せんごう》も事起これば、尽く来機を辨別するなり」（『犂耕』）。『虚堂録』巻四「示蓬莱宣長老」の法語に、「本色の衲僧、透関の眼を具して、風驚草動にも悉く来機を辨ず」と。もと『碧巌』二十四本則評唱に、「風塵草動にも悉く端倪を究む」と見える。

《本則》挙《こ》す。(1)僧、薬山《やくさん》に問う、「(2)平田《へいでん》の浅草《せんそう》、麈鹿《しゅろく》、群《ぐん》を成《な》す、(3)如何《いかん》が麈中《しゅちゅう》の麈《しゅ》を射得《しゃとく》せん〔(4)虎豹《こひょう》の文《ぶん》は田を来《かり》たし、猨狙《えんそ》の便《はや》きは蘽《り》を来たし、狗《いぬ》の猛《たけ》きは藉《なわ》を来たす」〕」。**(5)山云く、「箭《や》を看《み》よ**〔(6)詹公《せんこう》の釣《つ》るや、千歳《せんざい》の鯉《こい》も避《さ》くること能《あた》わず」〕」。**僧、(7)身《み》を放《はな》って便《すなわ》ち倒《たお》る**〔(8)夫《そ》れ偽《いつわ》りに饑《たぐ》えんと欲《ほっ》する者は必ず真《しん》を仮《か》る」〕。**山云く、「(9)侍者、這《こ》の死漢を拖《ひ》き出《い》だせ**〔(10)狗《いぬ》は善く吠《ほ》ゆるを以て良《りょう》と為《な》さず、人《ひと》は善《よ》く言《い》うを以て賢《けん》と為《な》さず〕」。⑾**僧、便ち走る**〔⑿善《よ》く遊《およ》ぐ者は溺《おぼ》れ、善く騎《の》る者は堕《お》つ〕。**山云く、「⒀泥団《でいだん》を弄《ろう》する漢、什麼《なん》の限《かぎ》りか有らん**〔⒁猶《な》お卵《たまご》を以て石《いし》に投《とう》じ、火《ひ》を以て水《みず》に投《とう》ずるがごとし〕」。**雪竇拈《せっちょうねん》じて云く、「⒂三《さん》歩《ぽ》には活《かつ》すと雖《いえど》も、五歩には須《すべか》らく死すべし**〔⒃美《び》を求《もと》むれば則ち美《び》を得《え》ず、美《び》を求《もと》めざれば則ち美《び》なり。醜《しゅう》を求《もと》むれば則ち醜《しゅう》を得《え》ず、醜《しゅう》を求《もと》めざれば則ち却って醜《しゅう》なり〕」。

⑴**僧問薬山**…＝本則は『碧巌』八十一、『会元』巻五、『会要』巻十九、『虚堂録』巻六代別の九十四等に見える。「薬山」は洞庭湖の西、澧《れい》県の南、常徳市の北、芍薬山。薬山惟儼禅師（七四五―八二八）、よく経論に通ず。石頭の心印を受けて後、貞元（七八五―八〇五）の初め、薬山に住し、牛小屋を僧堂として始める。一夜山上大笑の故事は【一一二の二】参照。『宋高僧伝』巻十七に詳伝がある。◉⑵**平田浅草麈鹿成群**＝平原に大鹿小鹿が群をなしている。群鹿の猟師を畏怖すること、衆生が生死を恐るるが如しと云う喩え話は『涅槃経』に見え、四魔の悪猟師から三跳して真に解脱した者を纏外仏と為す。【一七四】注⒁参照。◉⑶**如何射得麈中麈**＝「麈《しゅ》」は大鹿、その尾で払子を作る。「麈中麈」はまた「主中主」であり、三跳後の纏外仏でもある。僧は自ら麈中の麈と成り来たって、見事射止めてみよと、仕掛けてきた。◉⑷虎豹之文来田…＝『荘子』応帝王四章の原文は、「虎豹之文来田、猨狙之便、執斄之狗来藉」であり、少し異なる。虎や豹はその毛皮の美しさの為に狩猟を招くことになり、敏捷な猿と、ねずみをとらえる犬とは、そのためにかえって人に繋がれることになる。利口振る奴は、そのために禍を招く。「斄」はたぬき、ねずみ、のねこ等の種々の解釈があるが、いずれにしても犬の獲物を云う語。◉⑸**山云、看箭**＝『秘鈔』に、「一矢《いっし》参ったが、覚えたかと」。「ウヌガ肚ヲ、突キ抜イタガ、見ヘヌカ」。『俗語解』［九六八］に、「箭をきって放った時、『おぼえたか』と声をかけるを『看箭』と云う」と。◉⑹詹公之釣、千歳之鯉不能避＝魚釣りの名人、詹何《せんか》が釣りをすると、千年の鯉も釣り上げられてしまう。『淮南子』説山訓二章。◉⑺**放身便倒**＝「中《あた》リ、ト云ウテ倒ル、大抵ナ奴ジャナイ」。『秘鈔』

に、「石火光中に身を横たう、可なることは則ち可なるも、奈可《いかん》せん此の罅隙《かげき》有ることを」と。◉(8)夫欲讎偽者必仮真＝偽りをなさんとするものは、本当らしく見せかける。「讎偽」は「偽を作す」の意。揚子『法言』重黎。◉(9)**侍者拖出這死漢**＝「大慈大悲、侍者…引出セト云イ、此ノ僧ヲ如何トミル」。『秘鈔』に、「既に勘定はすんだに、薬山でなければ此の語は出ぬ。ああ打ったと云う心」と。◉(10)狗不以善吠為良、人不以善言為賢＝【一三二】注(6)参照。◉(11)**僧便走**＝「尻ヲ、マクッテ、逃ゲタ」。『秘鈔』に、「お世話にならず、そろそろ参ろうと、音もない見事な働き」と。◉(12)善遊者溺、善騎者堕＝水泳の達人が溺れ、乗馬の名人が落馬する。『淮南子』原道訓九章。◉(13)**弄泥団漢、有什麼限**＝泥団子をこね回す埒もない輩はきりがない。「弄泥団」は『宝蔵論』本際虚玄品三に、「譬えば、泥団の金と成す可からざるが如くなり、…俗人多く身心を修するを以て道を覓《もと》むるは、彼の泥団にして金を覓むるに同じなり」とあるに依る。『秘鈔』には、「此れは止めを刺したのじゃ。此の語で僧を見損うぞ、此の語の通りなれば賓の着語もいらぬ。子細あるぞ、此の語寒い、知音少なし」と。◉(14)猶以卵投石、以火投水＝たとえば石上に卵を投じ、水中に火を投ずるようなものである。主君が立派であれば、邪心の者は何も出来ないことを云う語。『淮南子』主術訓九章。◉(15)**三歩雖活五歩須死**＝三跳後に脱却したつもりが依然三跳内、羅網を出でず。「三歩活：倒レタ処ハ働イタ。五歩死：走ッタ処ハ」。『秘鈔』に、「三歩計《ばか》りは生きるも五歩までは得生きまいと、此の僧のことか、諸人のことか、薬山のことか、講釈はならぬ、雨も風も皆な封じ込めた」と。◉(16)求美則不得美…、求醜則不得醜…＝美を求めても、美は得られないが、美を求めなければ、（つまりそれが）美なのである。醜を求めても、醜は得られないが、醜を求めなければ、却ってそれが醜ということなのである。『淮南子』説山訓六章、続いて「美を求めず醜を求めず、是れを玄同と謂う」とある。

《本則評唱》評に曰く。薬山惟厳禅師は、絳州韓氏《こうしゅうかんし》の子なり。(1)初め石頭《せきとう》に参ず。頭《とう》、命じて馬《ば》大師に見《まみ》えしむ。

僧有り、問う、「平田《へいでん》の浅草《せんそう》、麈鹿《しゅろく》、群《ぐん》を作《な》す、如何《いかん》が麈中《しゅちゅう》の麈を射得せん」。麈《しゅ》は鹿の大なる者なり。群鹿、之れに随う。皆な麈の往く所、麈尾の転ずる所を視て、準《のり》と為す。是れ鹿中の王なり、甚《はなは》だ智慧有り。常に石上に於いて其の角《つの》を利《するど》くす。身を以て群鹿を護り、虎も亦た近づくことを得ず。者《こ》の僧、自ら麈《しゅ》と作り得来たって薬山を如何《いかん》と見る。薬山、妨げず是れ作家、便ち言う、「箭《や》を見よ」と。僧、身を放って臥す。者《こ》の僧、做《な》す処、少しく見る可き所有る者に似たり。薬山、者の僧を見尽くさんが為に即ち言う、「侍者、這《こ》の死漢を拖《ひ》き出だせ」と。僧、即ち走り出づ。惜しむ可し、(2)龍頭蛇尾なることを。此の時、如何《いかん》が手脚《しゅきゃく》を下し得ば五歩には即ち活することを得ん。

有般底《あるつらてい》は言う、「此の時、者の僧、起って禅床《ぜんしょう》を遶《めぐ》ること一匝《いっそう》、一喝《いっかつ》して即ち走り出でば、『泥団を弄《ろう》する漢』と道《い》わるることを免れ得たらん」と。或いは言う、「禅床を掀倒《きんとう》して即ち出で去らん」と。是《ぜ》なることは則ち是なり、此れを(3)掠虚《りゃっこ》の妄談と言う、恰《あたか》も(4)僻地裏《へきちり》に官人を罵《ののし》るに似たり。此の時、薬山の機鋒、(5)骨を敲《たた》き髄を取る。恐らくは你《なんじ》が自由の分無からん。且《しば》らく、国師の判断を聴け。

(1)初参石頭、頭命見馬大師＝初め石頭より、【一二二九】下語の「恁麼亦不得、…（ああしても駄目、こうしても駄目、なんとしても駄目、としたら貴方はどうしますか）」と問著せられて契わず、後に馬祖より、「我れ有る時は伊《かれ》をして揚眉瞬目《ようびしゅんもく》せしめ、有る時は伊をして揚眉瞬目せしめず。有る時は揚眉瞬目するが是《ぜ》、有る時は揚眉瞬目するが不是《ふぜ》。子《なんじ》作麼生」と指示を受けて言下に契悟す。◉(2)龍頭蛇尾＝尻すぼみ、中途半端。『碧巌』十本則下語。拈古第一則（【一二六六】）注(15)参照。◉(3)掠虚妄談＝でまかせの騙り話。◉(4)僻地裏罵官人＝ごまめの歯ぎしり。『碧巌』九十一本則下語。◉(5)敲骨取髄＝骨髄に徹した厳しい鍛え方。第九則（【一二二六】）本則注(17)参照。

《頌》 (1)**塵中《しゆちゆう》の塵、走《わし》り得ること三歩**〔(2)秋分、社前《しやぜん》に在れば、斗米《とべい》、斗銭《とせん》に換う〕、
(3)**五歩未だ虎児《こじ》を趁《お》うに堪《た》えず**〔秋分、社後《しやご》に在れば、斗米、斗豆《とず》に換う〕。
(4)**虎児を趁う**〔(5)虎を射て真ならざれば、徒《いたず》らに羽《はね》を没《ぼつ》するに労す〕、
(6)**猟人《りようじん》、徒《いたず》らに坤維《こんい》を覓《さが》すこと莫《な》かれ**〔(7)九月十三晴れれば、釘靴《ていか》を断縄《だんじよう》に掛く〕。

(1)**塵中塵走得三歩**＝「箭ヲ見ヨ、ト云ワレタ処デ、放身倒レタハ」。◉(2)秋分在社前…、秋分在社後…＝『五雑組』巻二、天部二の天候占いの諺。秋分が社日の前にある時は（米価が貴いから）、一斗の米を一斗の銭に換えられる。秋分が社日の後にある時は（米価が廉いから）一斗の米を一斗の豆に換えられる。「社日」とは立春・立秋後の第五の戊《つちのえ》の日であり、土地の神を祭る。◉(3)**五歩未堪趁虎児**＝「便チ走ル処ハ虎モ趁ヲト、思タガ、中々兎モ趁ワン」。◉(4)**趁虎児**＝いや、活して虎を趁うたぞ。◉(5)射虎不真、徒労没羽＝どの様に優れた働きでも、若し的に中《あた》らざれば、徒労無益。『会元』巻十五雪竇顕章に見えるが、もと『史記』李広伝四十九に、石を虎と見誤って射た故事を踏まえる。◉(6)**猟人徒莫覓坤維**＝「大灯、此僧ヲ扶テ、頌シテヲイタ」。「上下四維十方法界モトメ、メサルナ。大抵ナ奴デワナイト、扶ケテ、頌シラレタ」。「猟人」は薬山を云う。「坤維」は「大地、天地間」。◉(7)九月十三晴、釘靴掛断縄＝九月十三日が晴であれば、雨靴を縄切れにかけて仕舞い込む。『五雑組』巻二、天部二の天候占いの諺。上海辞書版『中国俗語大辞典』に、「旧暦九月十三日に晴れれば、その一冬は晴と占い、雨靴の釘鞋は仕舞って用いず」と。「釘靴」は「釘鞋」とも云い、布に桐油を塗り、底に鋲が打ってある旧式の防水靴を云う。また九月十三日に其の冬の晴雨をトすることを「祭釘靴占」と云う。

※江月和尚和韻に、「成群塵塵中塵、活一歩、新生犢牛児、犢牛児、浅草平田望四維」と。

《頌評唱》評に曰く。(1)是れ死蛇《しじゃ》なりと雖《いえど》も、弄《ろう》することを解《げ》すれば又た活す。此の頌、甚《はなは》だ者《こ》の僧を(2)扶起《ふき》する者に似たり。

「麈《しゅ》中の麈、走《わし》り得ること三歩」。(3)走り得るは寔《まこと》に好し。(4)五歩は豈《あ》に其れ虎児を趁《お》うことを用いんや。(5)若し是れ唱和《しょうわ》相応《そうおう》し、全く勝敗無く、全く等差《とうさ》無き底、作麽生《そもさん》か虎児を趁う。何《いず》れの処か跟跡《こんせき》を留《とど》む。心を挙して向わんと擬すれば、(6)兎角亀毛《とかくきもう》、別山を過《す》ぐ。所以《このゆえ》に言う、「(7)猟人徒《いたず》らに坤維《こんい》を覓《さが》すこと莫《な》かれ」と。

(1)雖是死蛇解弄又活＝大灯国師が弄したら、活きかえるかも知れない。【一六二】注⒇参照。◉(2)扶起＝扶《たす》け起こす。◉(3)走得寔好＝三跳したら、それで充分よい。◉(4)五歩豈其用趁虎児＝五跳して趁うまでもなく、充分活きている。白隠禅師、「未堪」を、底意を汲んで、「豈其用（＝用いるに及ばず）」と言い換える。◉(5)若是唱和相応…＝全く互角の作家ならば。◉(6)兎角亀毛過別山＝もとより有りもしないもの、空しく他山を尋ねるのみ。【一四二】注(5)参照。◉(7)猟人徒莫覓坤維＝「イラザル事ヲ云イナサルナ、コノ僧大抵ナヤツジャナイ程ニ」。

【二五九】第四十二則　国師立義

《垂示》垂示《すいじ》に曰く。(1)小蜂は大虫を呪《じゅ》すること能《あた》わず、小鶏は大卵を覆《おお》うこと能わず、小智は大義を辨ずること能わず。(2)大凡《おおよ》そ所智《しょち》有れば、総に是れ小智なり。若し其れ所智無ければ、却って是れ(3)頑空《がんくう》無記《むき》。作麽生か是れ大智。

(1)小蜂不能呪大虫…小智不能辨大義＝小蜂では大きな虫を呪して蜂にすることは出来ない。小鶏では大きな卵を孵化させることは出来ない。小智では大義をわきまえることは出来ない。第二十七則（【二四四】）頌注(4)参照。◉(2)大凡有所智＝およそ知る所あれば。一切の智は。◉(3)頑空無記＝単に善も悪も何も無いという空無。第四則（【二二一】）本則評唱にも。

《本則》挙《こ》す。(1)慧《え》忠《ちゅう》国師、(2)紫《し》璘《りん》供《ぐ》奉《ぶ》と論議し、既に座に升《のぼ》る。供奉云く、「請う師、(3)立義《りつぎ》せよ、某甲《それがし》破らん」。忠云く、「立義し竟《お》わんぬ〔(4)牛、瘠《や》せたりと雖《いえど》も、豚《ぶた》の上に僨《たお》るれば、豈《あ》に畏《おそ》れて死せざらんや〕」。**供奉云く、「是れ什麼《なん》の義ぞ**〔(5)蹉過了也《しゃかりょうや》。(6)夏虫《かちゅう》には以て氷《こおり》を語る可からず、井蛙《せいあ》には以て海を語る可からず、曲士《きょくし》には以て道《みち》を語る可からず〕」。**忠云く、「(7)果然《かぜん》として見ず、公の境界《きょうがい》に非ず」といって便ち下座《げざ》**〔(8)依《よ》って思う、壁間《へきかん》の木上座《もくじょうざ》〕。

(1)**慧忠国師…**＝本則は『伝灯録』巻五、『会要』巻三、『会元』巻二、『祖堂集』巻三等に見える。慧忠国師（？—七七五）は、十六で六祖に投じ、心印を受けて後、河南省南陽の白崖山に入り、同学の青銼《せいさ》和尚と共に長養すること四十余年、山を下らず。上元二年（七六一）粛宗に召され、続いて代宗に光宅寺に請ぜらる。「円相」「無情説法」「先尼外道」「無縫塔」等の話がある。「円相」は第十四則（【二三二】）頌注(7)、「無縫塔」は【一の三】注(1)参照。また【二一の二】の「超仏」談、【二一五】の「巌葉」、【一八八の二】「礼非玉帛不表」等の故事がある。『碧巌』十八本則評唱、『宋高僧伝』巻九に詳伝がある。◉(2)**紫璘供奉**＝『大宋僧史略』巻下に、「供奉」は宮中の内道場に供奉する僧の職名。唐の粛宗の至徳元年に元皎を初代として始まり、二代目が子璘（＝紫璘）である。◉(3)**立義**＝論議して、義句を建立すること。◉(4)牛雖瘠僨於豚上、豈畏不死＝牛はたとえやせておっても、豚の上に倒れたら、豚は必ずや恐れて死ぬにきまっております。晋が魯を威嚇した時に用いた語で、大国の前には、小国はひとたまりもなく敗亡することの喩え。

「大イニ角力《すもう》ガ、違ッテイル」。『左氏伝』昭公十三年、但し「豈」は「其」。◉(5)蹉過了也＝大いに見損なった。◉(6)夏虫不可以語於氷…曲士不可以語於道＝夏の命の虫に冬の氷の話をしても仕方が無い、井の中の蛙に海の話をしても仕方がない、見識の狭い男に偉大な真理を語っても仕方がない。『荘子』秋水篇。◉(7)**果然不見、非公境界**＝案の定分かっていない、貴公の及べる境界ではない。◉(8)依思壁間木上座＝「何ジャ、ソノ時、拄杖ハナカッタカ、打テバヨイ、手ヌルイ」。「木上座」は拄杖子。【六の二】注(29)参照。

《本則評唱》評に曰く。南陽慧忠《なんようえちゅう》国師は、法を六祖大師に嗣ぐ。一日、師、紫璘供奉《しりんぐぶ》に問う、「(1)仏は是れ什麼《なん》の義ぞ」。曰く、「是れ覚《かく》の義」。師曰く、「仏、曾《かつ》て迷うや否や」。曰く、「曾て迷わず」。師云く、「覚を用いて作麼《なん》とせん」。供奉、対《こた》うる無し。又た問う、「如何《いか》なるか是れ実相《じっそう》」。師曰く、「虚底《きょてい》を把《と》り将《も》ち来たれ」。曰く、「虚底不可得」。師曰く、「虚底すら尚お得る可からず、実相を問うて作麼《なん》とせん」。

一日、陞座《しんぞ》す、供奉云く、「請う師、立義《りつぎ》せよ、某甲《それがし》破らん」。忠云く、「立義し竟《お》わんぬ」。供奉云く、「是れ什麼《なん》の義ぞ」。忠云く、「果然《かぜん》として見ず」。宜《むべ》なる哉《かな》、供奉、曾て夢にも見ること能《あた》わざることを。此れは是れ聖諦《しょうたい》第一義、豈《あ》に国師の手を傭《やと》うて而《しか》る後に立《りっ》せんや、(2)威音《いおん》以前、已《すで》に立し竟《お》われり。(3)陰《いん》陽造化《ようぞうか》、是れ大義、山河大地《せんがだいち》、是れ大義、天堂地獄、是れ大義、有情非情、是れ大義。点検し看来たれば、一顆《いっか》(4)盤《ばん》に和《わ》して托出《たくしゅつ》す夜明珠《やみょうしゅ》。所以《このゆえ》に国師云く、「公の境界《きょうがい》に非ず」と。独《ひと》り許す、本色《ほんじき》の衲僧《のうそう》のみ有って、未だ挙せざる已前、既に落処《らくしょ》を知ることを。

(1)仏是什麼義…問実相作麼＝『会元』巻二慧忠章に見える。◉(2)威音以前＝世界開闢以前。『法華経』常不軽品。◉(3)陰陽造化是大義…有情非情是大義＝「大義」は「聖諦第一義」。『遠羅天釜』巻の上に、「山河大地は一箇の大禅床、上下四維十方法界は自己本有の大禅窟、陰陽造化は二時の粥飯、天堂地獄、浄刹穢土は総に是れ吾が脾胃肝胆」と。◉(4)和盤托出夜明珠＝ああ、どれもこれも全て大義にあらざるなし。【二四の二】注(7)参照。

《頌》(1)**祖風《そふう》迥《はる》かに振るって機輪《きりん》転《てん》ず**〈(2)舌《した》、春雷《しゅんらい》を捲《ま》き、眼《まなこ》、秋月《しゅうげつ》を懸《か》く〉、**学海《がくかい》の瀾《らん》、忙《いそが》しうして自《みずか》ら頭《こうべ》を没《ぼっ》す**〈(3)敗軍《はいぐん》の卒《そつ》は、勇武《ゆうぶ》も遁逃《とんとう》し、将《しょう》も止《とど》むること能《あた》わず〉。(4)**大鵬一挙《たいほういっきょ》す九万里**〈(5)天《てん》を以て蓋《がい》と為《な》せば、則ち覆《おお》わざること無し〉、(6)**籬辺《りへん》の燕雀《えんじゃく》、空しく啾啾《しゅうしゅう》たり**〈(7)鐸《たく》は声《こえ》を以て自《みずか》ら毀《やぶ》り、膏燭《こうしょく》は明《めい》を以て自ら鑠《とか》す〉。

(1)**祖風迥振機輪転、学海瀾忙自没頭**＝慧忠国師、禅機を転じて、祖師禅の大風を卓然と振るい起こされるや、さすがの供奉も、忙々たる知解の大波間に自ら沈没するのみ。◉(2)舌捲春雷、眼懸秋月＝その一言や啓蟄の春雷の如く、智慧の眼は秋月に似て冴え渡る。出典未詳。◉(3)敗軍之卒…将不能止也＝負け戦の軍勢となると、武勇の者も逃走し、将軍もこれを押しとどめることは出来ない。『淮南子』斉俗訓二十三章。◉(4)**大鵬一挙九万里**＝『荘子』逍遥遊篇に、大鵬の一挙するや九万里の高きに上るを云う。慧忠国師の禅機を大鵬に比して。◉(5)以天為蓋、則無不覆＝天を車蓋とすれば、すべてのものを覆うことになる。『淮南子』原道訓四章。◉(6)**籬辺燕雀空啾啾**＝供奉の小知や哀れ。『虚堂録』巻三育王録の因事上堂に、「大鵬翅《つばさ》を展《の》べて十洲を蓋《おお》えば、～」と。もとして「燕雀安《いず》くんぞ鴻鵠《こうこく》の志を知らんや」とあるを踏まえる。「啾啾」は、ピーピー、小鳥の鳴き声。◉(7)鐸以声自毀、膏燭以明自鑠＝（呉の）大鈴は音を鳴らすことによって自身をひびわり、蝋燭は明かりを放つことによって自身をとかす。『淮南子』謬称訓二十章。供奉の物知りが自身の命取り。

※江月和尚和韻に、「紫璘供奉立功処、恰似遼東豕白頭。取払拈槌都妄作、笑聴春日鳥啾啾」と。

《頌評唱》評に曰く。忠国師、既に(1)大智無智《だいちむち》の正位に向かって大義を立す。供奉《ぐぶ》、還《かえ》って情量意解《じょうりょういげ》の小智を廻《めぐ》らして、以て大義を破らんと欲するに似たり。恰《あたか》も蚊虻《ぶんぼう》、空裡《くうり》の猛風《もうふう》を拄《ささ》えんと欲して、自ら其の量を知らざる者に非ずや。胸海《きょうかい》の学解《がくげ》の波浪《はろう》、(2)天を浸《ひた》して沸蕩《ふっとう》して、覚えず自ら(3)頭出頭没《ずしゅつずぼつ》す。

国師は大鵬の九万里の羽翮《うかく》を展開して、長空を蓋《おお》うが如く、供奉《ぐぶ》は燕雀《えんじゃく》の籬辺《りへん》に在りて、空しく啾《しゅう》啾《しゅう》たるに似たり。

(1)大智無智正位＝般若の智を無知の知となすこと。『肇論』般若無知論三に見える。◉(2)浸天沸蕩＝「沸蕩」は「沸騰」か。◉(3)頭出頭没＝水に溺れて、アップアップ。『碧巌』十九頌評唱。

【二六〇】第四十三則　麻三斤話

《垂示》垂示《すいじ》に曰く。(1)獅子の一滴乳《いってきにゅう》、万斛《ばんこく》の驢乳《ろにゅう》を迸撒《ほうさん》す。祖師の一句子《いっくす》の語、百劫生死《ひゃくごうしょうじ》の業根《ごうこん》を抜《ばっ》却《きゃく》す。無明の纏縛《てんばく》を截断《せつだん》することは、一柄《いっぺい》、天に靠《よ》る長剣の如く、情量の窟宅《くったく》を磨滅《まめつ》することは、一片、紅炉上《こうろじょう》の雪に似たり。作麼生《そもさん》か一句子の語。

(1)獅子一滴乳、迸撒万斛驢乳＝底本の「解」は貞永寺版の「斛」に戻す。「獅子乳」は【二〇七】注(3)参照。「迸撒」は「迸散、飛び散らす」。

《本則》挙《こ》す。(1)僧、洞山に問う、「(2)如何《いか》なるか是れ仏〔(3)荷《はす》尽きて已《すで》に雨を擎《ささ》ぐる蓋《かさ》無く、菊残《そこな》われて猶《な》お霜に傲《おご》る枝《えだ》有り〕」。**山云《さん》く、「(4)麻三斤《まさんぎん》**〔(5)三月初三《さんげつ》、雨なれば、桑葉《そうよう》、人の取る無し〕」。

(1)僧問洞山…＝本則は『碧巌』十二、『無門関』十八、『会元』巻十五、『伝灯録』巻二十三、『会要』巻二十六、『五家正宗賛』巻四、『禅林僧宝伝』巻八等に見える。「洞山」は、守初禅師（九一〇―九九〇）、雲門下。大灯国師の最も敬愛される禅者。この洞山は、湖北省襄州《じょうしゅう》の西、漢水沿岸。曹洞宗良价禅師の洞山は江西省筠州《いんしゅう》で別。◉(2)**如何是仏**＝古人は「即心是仏」と答え、「土塊《つちくれ》」と云い、「舌を出して」示したり、相手を「打」ったり、「如何なるか不是仏」と返したり、「于頔」と相手の名を呼んだり、応機接物。◉(3)荷尽已無擎雨蓋、菊残猶有傲霜枝＝蓮は枯れて傘のような葉はもう無く、菊は萎れてもなお霜に耐えたる強い茎が残っている。白隠禅師の応答。【二〇七】注(6)参照。◉(4)**麻三斤**＝麻の皮三斤。「胡麻三升」と云うも可、「氷糖三斤」と云うも可。◉(5)三月初三雨、桑葉無人取＝三月三日に雨がふれば、桑の葉（はカビが生えて）、人の取ること無し。千年の滞貨。『五雑組』巻二、天部二の天候占いの諺。続いて、「晴れれば、桑上に銀瓶を挂く」とある。「挂銀瓶」は上出来で値も高い喩え。

《本則評唱》評に云く。洞山守初《しゅしょ》禅師、法を(1)雲門の三頓棒下《さんとんぼうか》に嗣《つ》ぐ。

一日、僧有り、問う、「如何《いか》なるか是れ仏」と。山云く、「麻三斤《まさんぎん》」と。天下の衲僧《のうそう》の舌頭《ぜっとう》を坐断し、古《いにしえ》を悩まし今を煩わす。寔《まこと》に参天《さんてん》の荊棘《けいきょく》に過《す》ぎたり、如何《いかん》が透過《とうか》を得去らんや。

一般の世智辨聡《せちべんそう》の痴人《ちじん》有って、恣《ほしいまま》に情解《じょうげ》して云う、「三斤とは(2)法身《ほっしん》、般若《はんにゃ》、解脱《げだつ》の三徳なり、草木《そうもく》国土悉皆成仏《しっかいじょうぶつ》の故《ゆえ》に、(3)熟麻粒粒《じゅくまりゅうりゅう》、直《じき》に是れ三徳具足の如来なり。(4)問うことを用いて什麼《なに》かせん」と。

或いは云う、「洞山、此の時、庫下《くか》に在って人の麻を秤《はか》るを見る。僧、此の一問を置く、直下に(5)彩《さい》に任せて抛出《ほうしゅつ》す」と。且喜《しゃき》すらくは没交渉《もつきょうしょう》。此の話、若し参究分明《さんきゅうふんみょう》なることを得去らば、千七百則の公案、掌上《しょうじょう》を見るが如し。然らずんば国師の頌に参ぜよ。切に忌む、一喝《いっかつ》の会《え》を作《な》し去ることを。

(1)雲門三頓棒下＝『碧巌』十二頌評唱に詳しい。◉(2)法身般若解脱三徳＝『涅槃経』巻二に云う、大涅槃に具足している三徳。伊《い》字の三点に喩える（大正十二・六一六中）。拈古第四則（【二六九】）注⒀参照。◉(3)熟麻＝よく煮た胡麻。◉(4)用問什麼＝問うまでもないこと。◉(5)任彩＝サイコロの出た目に任せて。出任せに。

《頌》(1)**木落《お ち》て巌崗《がんこう》、鋒骨冷《ほうこつつめ》たし**〔(2)時節《じせつ》到れば、其の理《り》自《おの》ずから顕《あき》らかなり〕、(3)**月斜めにして禅石《ぜんせき》、暁《あかつき》開け難し**〔(4)明中《めいちゅう》に向かって暗《あん》有り、暗相《あんそう》を以て取ること莫《な》かれ、暗中に向かって明《めい》有り、明相《めいそう》を以て窺《うかが》うこと莫かれ〕。(5)**寒雲伴い来たって閑不徹《かんぷてつ》**〔(6)語《ご》を寄す巫山《ふざん》の窈窕《ようちょう》の娘、好し魂夢《こんむ》を将《もっ》て襄王《じょうおう》を誑《たぶら》かすに〕、(7)**飛瀑《ひばく》、従他《さもあらば》あれ、忽雷《こつらい》を起こすことを**〔(8)百千斛《こく》の雪、同時に撒《さん》じ、数万箇の雷《らい》、特地《とくち》に鳴る〕。

(1)**木落巌崗鋒骨冷**＝晩秋木の葉落ち、山肌は骨を露わにして寒々しい。『涅槃経』巻三十九に云う「皮膚脱落し尽くして、唯だ一真実有るのみ」の境界。「巌崗」は「けわしい岡」の意。『文選』巻六左思「魏都賦」に、「巌崗潭淵《たんえん》ありて、蛮を限り、夷を隔つ」と。◉(2)時節到、其理自顕＝百丈の語に、「時節若至、其理自彰」と。【二の二】注(2)参照。◉(3)**月斜禅石暁難開**＝石上徹宵夜坐すれば、月早や西に落ちなんとして、夜明け未だし。明暗双双底の時節。◉(4)向明中有暗…向暗中有明…＝明暗双双底の時節。石頭和尚『参同契』に、「明中に当たって暗有り、暗相を以て遇《あ》うこと勿《な》かれ。暗中に当たって明有り、明相を以て覩《み》ること勿《な》かれ。明暗各《おの》おの相対して、比するに前後の歩《あゆみ》の如し」と。◉(5)**寒雲伴来閑不徹**＝寒雲も相伴して、徹底閑《しず》か。「閑不徹」は【一三八の二】注(9)参照。◉(6)寄語巫山窈窕娘、好将魂夢誑襄王＝巫山の芳しき女にもの申す、さあ夢に朝雲となって襄王を誘うがよい。『詩人玉屑』巻二十、僧道潜が東坡の遣わした妓に贈る詩の一二句、但し「誑」は「悩」。続いて「禅心已に沾泥絮《せんでいじょ》と作って、春風に上下して狂うを逐わず（我が禅心は既に泥に落ちた柳絮の如く不動心、もはや春風に躍らされはしないぞ）」と。巫山襄王の故事は、第六則（【二二三】）頌注(3)参照。「巫山女」は「雲」の縁語で云い出した。そんな古木寒巌に居すわったら婆子焼庵の目にあうぞ。◉(7)**飛瀑従他起忽雷**＝何処からともなく滝の雷鳴が聞えてくる、いよいよ閑か。飛瀑と一如の閑。「忽雷」は雷鳴の意。崇福寺時代に詠まれたものか、その八景には飛瀑巌や、長松嶺等があった。◉(8)百千斛雪同時撒、数万箇雷特地鳴＝滝の轟音を云う。『荊叢毒蕊』巻九、「藍壺（在寺東半里許）」に、「将に謂《おも》えり藍壺は湛えたること藍の若しと、心肝、鉄に似て見て相驚く。〜、〜」。

※江月和尚和韻に、「山答処在来問、麻是三斤仏界開。泥視青山兼緑水、旱天旱地聞奔雷」と。

《頌評唱》評に曰く。(1)古来、此の話を頌する者饒《おお》し。(2)北塔祚《ほくとうそ》・雪竇顕《せっちょうけん》・(3)玉泉璉《ぎょくせんれん》・(4)法昌遇《ほうしょうぐう》・(5)投子《とうす》青《せい》・(6)東山演《とうざんえん》・(7)無尽《むじん》居士、各おの頌し得て、(8)天を照らし地を照らす。中に就いて雪竇・東山、尤《もっと》も貴《たっと》しと為す。

老僧、昨夜、灯火に国師の頌を拝披し、読みて此の頌に到って、通身寒毛卓竪《かんもうたくじゅ》し、覚えず案《つくえ》を拊《う》って賞嘆して曰く、「(9)麻三斤《まさんぎん》、千百年の滞貨《たいか》、渾身《こんしん》を著《つ》くるに所無し。何ぞ量《はか》らん、流れへて(10)粟散扶桑《ぞくさんふそう》小国に到って此の十分の高価を増さんとは」と。你《なんじ》若し此の頌を見徹して分暁なることを得去らば、親しく洞山老人に相見《しょうけん》せん。若し然《しか》らずんば、一切束《つか》ねて(11)一喝《いっかつ》の会《え》を作《な》し去れ。

(1)古来頌此話者饒＝『禅林類聚』巻二の十三、十四丁、また『頌古聯珠通集』巻三十六等に見えるが、雪竇の頌は『碧巌』十二頌に、東山演の頌は『同』本則評唱に見える。◉(2)北塔祚＝智門光祚。その頌に、「麻皮《まひ》三斤秤《はかり》を用いず、秤頭那《しょうとうなん》ぞ肯《あ》えて蝿《はえ》を坐《お》かしめんや。一念纔かに生ずれば筋骨露わる、徒労す更に定盤星を覔《もと》むることを」と。◉(3)

玉泉璉＝玉泉宗璉、開福寧下二世。その頌に、「天に四壁無く、地に八荒を絶す。甚麼《いずれ》の処に向《お》いてか洞山と相見せん。咄」と。◉(4)法昌遇＝法昌倚遇、洞山初下三世。その頌に、「火麻皮子《かまひし》若何《いかん》が分かたん、臘雪茶を煎じて君を酔わしむることを解す。更に路行の人有り未だ到らず、野花笑みを含む旧枝の春」と。◉(5)投子青＝投子義青。青原下十世。その頌に、「三年一閏大家知る、也た顢頇《まんかん》有って時を記さず。昨日雁回《かえ》り沙塞冷たし、厳風吹綻《すいたん》す月中の枝」と。◉(6)東山演＝五祖法演。その頌に、「賤売《せんばい》の担板漢、麻三斤を貼秤《てんしょう》するも、千百年の滞貨、渾身《こんしん》著くるに処無し」と。◉(7)無尽居士＝張無尽居士、兜率悦下。その頌に、「三斤秤《はか》るに足れり洞山の麻、錙銖《ししゅ》を撥動すれば（＝僅かも一念動ずれば）万里差《たが》う。啼き得て血流るるも用処《ゆうじょ》無し、夜来旧に依って蘆花に宿る」と。◉(8)照天照地＝乾坤隅々まで照らし通す。第十六則（【一二三】）垂示注(12)参照。◉(9)麻三斤千百年滞貨、無所著渾身＝「麻三斤」の公案、千百年の店晒し、全くどうしようもない厄介物。五祖演の頌。◉(10)粟散扶桑小国＝粟つぶを散らしたような小国である日本。◉(11)作一喝会去＝白隠禅師の最も嫌うところ、禅師一流の皮肉。第七則（【一一四】）頌評唱参照。

【二六二】第四十四則　不思善悪

《垂示》垂示《すいじ》に曰く。(1)善《ぜん》を以て人に先だつ者は、之れを教《きょう》と謂《い》い、善を以て人に和《わ》する者は、之れを順《じゅん》と謂う。不善《ふぜん》を以て人に先だつ者は、之れを諂《てん》と謂い、不善を以て人に和する者は、之れを諛《ゆ》と謂う。是《ぜ》を是《ぜ》とし、非《ひ》を非《ひ》とする、之れを知《ち》と謂い、非を是とし、是を非とする、之れを愚《ぐ》と謂う。従上来、(2)始め不善を以て人に先だち、乍《たちま》ち善を以て人に先だつ底《てい》有りや。試みに挙して看ん。

(1)以善先人者謂之教…非是是非謂之愚＝人の先に立って善を唱え行なうのを教と云い、人に賛成し協和して善を己も唱え行なうのを順と云い、これに反して、人に先だち導いて不善を行なうのを人を悪におとしいれると云い、人の行ないに和して不善を行なうのを人にへつらうと云う。是を是と断じ非を非と断ずるのを智と云い、それに反して、是なるものを非と判じ、非なるものを是と判ずるのを愚という。『荀子』修身篇三節。「諂」は底本の「謟」に誤記されやすい。第二十六則（【二四三】）本則下語にもあった。◉(2)始以不善先人、乍以善先人＝明上座が、衣を奪い還そうという悪念を以て人に先んじて六祖を追いかけ、翻って人に先んじて護法の人となった因縁。

《本則》挙《こ》す。(1)六祖云く、「(2)不思善不思悪《ふしぜんふしまく》、正当恁麼《いんも》の時、(3)明上座《みょうじょうざ》が(4)本来の面目を(5)還《かえ》し来たれ〔(6)一口《いっく》に吸尽《きゅうじん》す西江《せいこう》の水《みず》、洛陽の牡丹新たに蕊《ずい》を吐《は》く〕」。

(1)**六祖云…**＝本則は『無門関』二十三則、『伝心法要』、『伝灯録』巻四道明章等に見えるが、古い『壇経』には見えず、元明以降の『檀経』になって現われる。六祖慧能大師は六三八年、広東省新州に生まれる、俗姓は盧。二十二歳、在家身のままで五祖弘忍《ぐにん》禅師に受法し、のち三年の間、広東省四会で猟者隊裏に身を隠す。龍朔元年二十四歳、広州法性寺で印宗法師の下で剃髪受具し、菩提樹下に印宗を初め衆人の為に五祖下の東山法門を演べる。翌年韶州曹渓村の宝林寺に住す。七一三年、七十六歳で新州に寂する（柳田聖山氏『初期禅宗史書の研究』参照）。◉(2)**不思善不思悪、正当恁麼時**＝『曹渓大師別伝』には、「一切善悪都《すべ》て思量すること莫かれ、心体湛寂、応用自在」と心要を説く。◉(3)**明上座**＝江西省袁州《えんしゅう》蒙山に住した道明禅師、鄱陽の人。南朝陳宣帝の末裔。六祖の指示で五祖に嗣法する。『伝灯録』巻四、『宋高僧伝』巻八に伝がある。◉(4)**本来面目**＝父母未生時の面目。◉(5)**還…来**＝「我」字の脱落。此に差し出せと提示をせまる文であり、本来は「還我…来」の形である。『伝心法要』では、「不思善、不思悪、正に与麼の時に当たって、我れに明上座が父母未生時の面目を還し来たれ」。◉(6)一口吸尽西江水、洛陽牡丹新吐蕊＝一口で西江の水を飲み干せば、天下一の洛陽の牡丹が新たに花ひらく。『五祖演録』海会録の「不与万法為侶」頌古に、「〜、〜。

籔土颺塵して尋ぬるに処勿《な》し、頭《こうべ》を擡《もた》ぐれば自家底に撞著す」と。

《本則評唱》評に曰く。(1)盧行者《ろあんじゃ》、既に黄梅《おうばい》の衣鉢《えはつ》を得て、夜半江《こう》を渉《わた》り(2)嶺《れい》を越え、将《まさ》に嶺南《れいなん》に往《ゆ》かんとす。是《ここ》に於いて黄梅七百の高僧、潮《うしお》のごとくに湧き、蜂《はち》のごとくに起《お》こって、追って他の衣鉢を奪わんと欲す。明上座《みょうじょうざ》なる者有り、故《も》と(3)四品《しぼん》将軍にして甚《はなは》だ勇壮なり。衆に先だって走り上ること半日程、遂に盧行者に見《まみ》ゆ。行者、既に事の急なるを見て、衣鉢を石上に抛《なげう》ち、「此の衣《え》は(4)信を表わす、(5)力を以て争う可けんや」と曰って、草莽《くさむら》の中に隠る。明《みょう》、(6)提掇《ていとつ》するも動かず、乃《すなわ》ち喚《よ》んで曰く、「行者、行者、我れ法の為に来たる、衣の為に来たるにあらず」と。行者、遂に出でて盤石の上に坐す。明、即ち作礼《さらい》す。盧曰く、「不思善不思悪《ふしぜんふしまく》、正恁麽《しょういんも》の時、那箇《なこ》か是れ明上座が本来の面目《めんもく》」と。明、言下《ごんか》に大悟し、復《ま》た問うて曰く、「上来《じょうらい》の(7)密語密意《みつごみつい》の外、(8)還《かえ》って更に密意有りや否や」と。(9)盧云く、「汝が与《ため》に説く者は即ち密に非ず。汝、若し(10)返照《へんしょう》せば、(11)密は汝が辺に在らん」と。明曰く、「恵明黄梅《えみょうおうばい》に在りと雖《いえど》も、実に未だ自己の面目を省せず。今、指示を蒙《こうむ》り、(12)人の水を飲んで冷暖自知《れいだんじち》するが如し。今、行者は即ち恵明が師なり」と。国師、親しく因縁を頌して云う。

(1)盧行者既得黄梅衣鉢＝以下、明蔵本『六祖壇経』よりの取意。◉(2)嶺＝大庾嶺《だいゆれい》は広東省南雄の北、江西省の境で、梅の名所。古来険しい難所であったが、唐の張九齢が開鑿して路を作った。◉(3)四品将軍＝九品官の第四。◉(4)表信＝『栲栳珠』に、「信は志留志《シルシ》なり、伝法を幖幟するなり、印信の義。信心と為すは非なり」と。◉(5)可以力争耶＝力ずくで奪い争うべきものではない。◉(6)提掇＝もちあげる。◉(7)密語密意＝不思議なる奥義の語。「密語」は「不思善悪…」ないし「本来面目」の語、「密意」は「日用得力の処」。『涅槃経』巻九に、「如来の密語は甚深にして解し難し」と。◉(8)還更有密意否＝この外更に不思議の道理がありますか。◉(9)盧云、与汝説者即非密＝君に説き得るものならば真の密意となすことは出来ない（『栲栳珠』の取意）。◉(10)返照＝回光返照、回向反照とも。夕日の照り返し、転じて外に向かう心を翻して、内なる自己を反省し、本来の面目に契当するを云う。石頭『草菴歌』。◉(11)密在汝辺＝不可思議の真理とはお前さん自身にあるもの。◉(12)如人飲水冷暖自知＝達磨『血脈論』に、「〜、人に向かって説く可からざる」と。

《頌》 **(1)五歩款行《かんこう》、三歩疾《はや》し** 〔(2)仏種《ぶつしゅ》は縁《えん》に従って起こる、我れは説かん、即ち是れ空《くう》なりと〕、**(3)莫教《さもあらば》あれ、正眼《しょうげん》、頂門《ちょうもん》に開くことを** 〔(4)花の開くことは栽培《さいばい》の力を仮《か》らず、自《おの》ずから春風の伊《かれ》を管待《かんたい》する有り〕。
(5)悠悠《ゆうゆう》として見ず、庾嶺《ゆれい》の路《みち》 〔(6)上《かみ》、片瓦《へんが》の頭《こうべ》を蓋《おお》う無く、下《しも》、寸土《すんど》の足《あし》を立つる無し〕、
(7)脚後《きやくご》脚前《きやくぜん》、帰去来《かえんなんいざ》 〔(8)家に帰って担子《たんす》両頭《りようとう》脱す、柴《しば》は自《おの》ずから青く、火《ひ》は自ずから紅なり〕。

(1)**五歩款行三歩疾**＝「大勢ヲイカケテ行タレドモ、外ハ埒ハアカン」「明上座ガ悟タ、大勢ニ三足ハヤイ」。「款行」は「ゆるやかな歩み」。◉(2)仏種従縁起、我説即是空＝菩提心はもろもろの因縁から起こり、因縁から生ずるものは即ち空であると、説く。何が悟りの機縁となるか分からない。『法華経』方便品に、「仏種は縁より起こり、是の故に一乗を説く」と見える。また龍樹『中論』四諦品の「因縁所生の法、我れは説かん即ち是れ空なりと、亦た名づけて仮名と為し、亦た名づけて中道の義となす」は、天台の一心三観の理となり、『摩訶止観』巻一上にも引かれる。◉(3)**莫教正眼頂門開**＝「頂門」の眼とは摩醯首羅天の縦の一隻眼を云い、悟りの眼を云う。『碧巌』三頌評唱を参照。また拈

古第四則（【二六九】）注⒀参照。「莫教」は【一七の一】注⑻参照。◉⑷花開不仮栽培力、自有春風管待伊＝底本の「管対」は「管待」の誤記。花が開くのは、必ずしも人間の世話の力ではない、春風が吹けば自ずと蕾をつける。明上座の時節因縁が熟した。【三七】注⑻参照。◉⑸**悠悠不見庾嶺路**＝庾嶺路上に慧能大師の姿は遥か遠く見えない。「悠悠」は「遥か遠く」。最澄将来の『曹渓大師別伝』に、「来朝に至って果たして数百人有り、来たって嶺に至り、明禅師を見る。師曰く、『吾れ先に此に至るも此の人（＝慧能）を見ず、南より来たる人に問うも亦た見ず。…諸人却って北に向かって尋ねよ』」とあるのを踏まえるが、偈頌の真意は「最早、外に向かって求め探すことが無くなった」ことを云う。◉⑹上無片瓦蓋頭、下無寸土立足＝虚空と一体、上更に蓋う天無く、下更に立つ地無し。不見に掛けて。【一八の二】注⑸参照。◉⑺**脚後脚前帰去来**＝脚の向くまま、いざ帰ろう。下山《あさん》の路は是れ上山《じょうさん》の路（『大智偈頌』）。「脚後脚前」は【五一の二】本文「脚頭脚底」参照。評唱では、禹門点額の落第生が志を得ずに帰る故事を云うが、その自在無礙の提唱振りは到底凡解の及ぶところではない。◉⑻帰家担子両頭脱、柴自青兮火自紅＝我が家に帰って、有無両方の背負いこを降ろして炉にあたれば、柴は青く、火は赤い。アア、暖かい。帰去来に掛けて。第二十一則（【二三八】）頌注⑻参照。

※江月和尚和韻に、「庾嶺梅花新吐蕊、枝枝南北一時開。不思善与不思悪、面目看看現本来」と。

《頌評唱》⑴評に曰く。慧能曰く、「不思善不思悪、正与麼の時、如何なるか是れ明上座が本来の面目」と。是れ⑵前箭《ぜんせん》は猶《な》お軽く、「五歩款行《かんこう》」に似たる者なり。「自己に返照《へんしょう》して看よ、密は還《かえ》って汝が辺に在らん」と。是れ⑶後箭《こうせん》は猶お深し、「三歩疾《はや》き」に似たり。是《こ》こに於いて、明上座、「正眼《しょうげん》、頂門《ちょうもん》に開く」。既に言う、「正眼開く」と。開いて這《こ》の什麼《なに》をか看る。豈《あ》に「庾嶺《ゆれい》の路」ならんや。⑷上、諸仏を見ず、下、衆生を見ず、生死を見ず涅槃を見ず、煩悩を見ず菩提を見ず。此《ここ》に到っては⑸前仏後仏・先輩後輩、全く一歩を進むることを得ず。総に是れ(6)禹門点額《うもんてんがく》の魚。所以《このゆえ》に言う、「帰去来《かえんなんいざ》」と。

(1)評曰＝飯田氏も「評と頌と符合せぬものの如し」と評するように、この評唱は白隠禅師の独壇場。◉(2)前箭＝慧能禅師の「本来の面目」の初問を第一の矢に譬えて。◉(3)後箭＝慧能禅師の「密は汝が辺に在らん」の答処を第二の矢に比して。◉(4)上不見諸仏、下不見衆生＝『碧巌』六頌評唱。◉(5)前仏後仏＝釈迦・弥勒。◉(6)禹門点額＝「龍門点額」とも云うが、鯉魚、三月龍門の瀑布を上り、失敗して額を打ち退却するを云う。『碧巌』七頌評唱に見えるが、もと北魏酈道元『水経注』河水四の説話。

【二六二】第四十五則　秘魔木叉

《垂示》垂示《すいじ》に曰く。(1)君子は貧窮《ひんきゅう》なりとも、而《しか》も志《こころざし》広く、富貴《ふうき》なりとも、而も体恭《たいうやうや》しく、安燕《あんえん》なりとも、而も血気惰《おこた》らず、労倦《ろうけん》なりとも、而も容貌《ようぼう》枯《こ》ならず、怒るとも過奪《かだつ》せず、喜ぶとも過与《かよ》せず。衲僧門下に到っては、擒縦与奪《きんじゅうよだつ》・抑揚褒貶《よくようほうへん》、傍観《ぼうかん》、縦《たと》い(2)五眼又た共に明なるも、勝敗を窺うことを得ず、(3)窮通《きゅうつう》を辨ずること能《あた》わず。他、総に常情の外に超出し、与奪の間に居らざる故《ゆえ》なり。試に挙して看ん。

(1)君子貧窮而志広、…喜不過与＝君子は貧乏で生活に行き詰まっていても心の中は広々としてゆとりがあり、反対に金持ちで位が高くても容貌言動は恭しく敬《つつし》み、又た安らぎくつろいでいても元気盛んで怠けることなく、仕事に追われて疲れ果てても顔や姿はだらしのない気配を示さず、更に怒ったはずみにもむやみに人から奪い過ぎる事はなく、喜んだはずみにも見境なく人に物を分け与える事もない。『荀子』修身偏十四節、但し底本の「安然」は「安燕」の誤記。◉(2)五眼＝①肉眼、凡夫の眼。②天眼、天人の持つ遠近・内外・上下・昼夜を通して見る眼。③慧眼、二乗の縁起実相を見る眼。④法眼、菩薩の利他方便の眼。⑤仏眼、仏の一切智の眼。◉(3)窮通＝「行き詰まる」と「通過する」と。

《本則》挙《こ》す。(1)霍山和尚《かくさんおしょう》、(2)秘魔巌和尚《ひまがんおしょう》、凡《およ》そ僧有り、到って礼拝《らいはい》すれば、(3)木叉《もくしゃ》を以て叉著《しゃじゃく》すということを聞く〔(4)巨霊《きょれい》手を擡《もた》ぐるに多子《たし》無し、分破《ぶんぱ》す華山《かざん》の千万重〕。**霍山、一日、遂《つい》に往《ゆ》いて之れを訪《と》う。才《わず》かに見て礼拝せず、(5)直《じき》に秘魔の懐裡《かいり》に入《い》る**〔(6)虎穴《こけつ》に入って虎鬚《こしゅ》を捋《な》づ〕。**(7)秘魔、霍山の背を拊《う》つこと三下《さんげ》す**〔(8)懐《かい》を開《ひら》いて者《こ》の消息《しょうそく》を通《つう》ず〕。**霍山、起《た》って(9)手を拍《はく》して云く、「(10)此の老《ろう》、一千里《いっせんり》の地《ち》、我れを賺《すか》し来たる」といって便ち回《かえ》る**〔両箇の担板漢《たんぱんかん》、一箇は(11)王質《おうしつ》の碁を見るが如く、一箇は(12)陶侃《とうかん》の甕《かめ》を担《にな》うに似たり。点検し看来たれば、(13)二《ふた》り倶《とも》に失利《しつり》。(14)老来《ろうらい》、錯《あやま》って商人の妻と作る、商人は利《り》を重んじ、別離《べつり》を軽んず〕。

(1)霍山和尚…＝本則は『会元』巻四秘魔巌章、『会要』巻十霍山景通章、『大愚守芝語録』（禅十二・四八八）、『禅林類聚』巻十七の三十二丁等に見えるが、本文は東寺本開元寺版『伝灯録』の巻十一霍山和尚章に最も近い。「霍山」は山西省霍州《かくしゅう》市の南、五台山から南千里を隔てる。霍山和尚は潙山霊祐の法嗣で、秘魔巌の法姪に当たる。仰山下の大禅仏霍山景通禅師とは別人。しかし『伝灯録』以外の禅録は全て霍山景通禅師との問答として扱い、また法叔とはいえ秘魔巌が仰山（八〇七―八八三）より十歳も若いから、恐らく『伝灯録』の誤りか。今参考までに法系図を載せるならば、

馬祖┬永泰霊湍―秘魔巌（八一七―八八八）
　　└百丈―潙山（七七一―八五三）┬霍山和尚
　　　　　　　　　　　　　　　　└仰山―大禅仏霍山景通

◉⑵**秘魔巌和尚**＝常遇《じょうぐう》（八一七―八八八）、馬祖下の永泰霊湍《えいたいれいたん》禅師に嗣ぐ。三十四歳で五台山に入り、その西台の文殊降龍の聖跡である秘魔巌に庵を結び、十七年間住す（『宋高僧伝』巻二十一）。常に一木叉で来問の僧の首根っこを押さえつけ、「那箇の魔魅《まみ》か汝をして出家せしむ、那箇の魔魅か汝をして行脚せしむ、道い得るも也た叉下に死せん、道い得ざるも也た叉下に死せん。速やかに道《い》え」と接化する（『伝灯録』巻十）。◉⑶**以木叉叉著**＝「叉著」は「頸《くび》を叉却《しゃきゃく》す」とも云い、礼拝した所を木叉で上から首根っこを押さえつけて、有無を云わせなかったのである。「叉」は「さすまた」で敵の首を押さえつける武具。◉⑷巨霊擡手無多子、分破華山千万重＝猛烈の機。第三十一則（【二四八】）本則注⑽参照。◉⑸**直入秘魔懐裡**＝やにわに木叉を持つ秘魔の手元に飛び込む（木叉を用なからしむ）。◉⑹入虎穴捋虎鬚＝胆大の機。第三十一則（【二四八】）本則注⑹参照。◉⑺**秘魔拊霍山背三下**＝石鞏・三平の話に似て、主客妙契を云う。◉⑻開懐通者消息＝吾れ你に隠すことなし。『碧巌』二十五本則評唱、但し「者」は「箇」。◉⑼**拍手**＝多くは歓迎、感謝、賛成等を表示する意であるが、ここは思わず「我が意を得たり」と手を打った。因みに、『無門関』十三に「拊掌大笑」の例がある。◉⑽**此老一千里地賺我来、便回**＝遥々千里の遠方から、何ぞ奇特なことでもあるかと来てみたが、何の事は無かった、騙されたわい、とさっさと帰る。「ヲラハ、ドンナ人カト、思テ、来タレバ、此ノ和上、シレタモノジャ」。東寺本『伝灯録』では「師兄我一千里地賺我来、便回」（上の我は衍字）とある。また他の禅録では「師兄三千里外賺我来」である。◉⑾王質見碁＝「王質爛柯」とも云い、晋時、王質は山中で二人の仙人が碁を打っているのを見て、持っていた斧の柄が腐るまで時の経つのを忘れた話。南朝梁任昉『述異記』上、北魏酈道元『水経注』四十。◉⑿陶侃担甓＝陶侃は晋、鄱陽の人。広州刺史の時、朝に百甓《かめ》を斎《へや》の外に運び、暮には還た斎の内に運び戻し、力の衰えるのを防いで有事に備えた故事。『晋書』列伝三十六。◉⒀二倶失利＝二人共に負け。◉⒁老来錯作商人妻、商人重利軽別離＝白居易「琵琶行」、もと長安で琵琶の名手だった妓女が、いま落魄して商人の妻たるをかこつ話。

《本則評唱》評に曰く。(1)霍山景通《かくさんけいつう》禅師は、法を潙山祐《いさんゆう》禅師に嗣《つ》ぐ。秘魔巌《ひまがん》和尚は、法を(2)永泰《えいたい》禅師に嗣ぐ。聞く、秘魔巌和尚、凡《およ》そ僧有り、到って礼拝《らいはい》すれば、木叉《もくしや》を以て叉著《しやじやく》すと。是れ古人(3)剣刃上《けんにんじよう》に人を求むる様子なり。総に你《なんじ》が透未透《とうみとう》を管《かん》せず、会不会《えふえ》を顧《かえり》みず、(4)打頭《たとう》に叉著して你を如何《いかん》と看《み》る。(5)昔、慈明《じみよう》、汾陽《ふんよう》に見《まみ》ゆ、是れ其の流亜《りゆうあ》なり。

霍山、一日、遂《つい》に往《ゆ》いて之れを訪う、才《わず》かに見て礼拝せず、直《じき》に秘魔の懐裏《かいり》に入る。此れは是れ霍山、(6)倒《さかしま》に探竿影草《たんかんようぞう》の手を下して、隻手《せきしゆ》を展《の》べて秘魔の懐裏に突入して如何《いかん》と(7)探殺《たんさつ》する者なり。巌、若し庸常《ようじよう》の部類ならば、大いに(8)手《て》忙しく脚《あし》乱るることを見ん。如何せん転身自在《てんじんじざい》の手脚《しゆきやく》有り。霍山の背《せ》を拊《う》つこと三下《さんげ》して、却って他を如何と見る。霍山、是れ作家《さつけ》、自《おの》ずから出身の一路有り。即ち手を拍《たた》いて曰く、「此の老、一千里の地、我れを賺《すか》し来たる」といって便ち回《かえ》る。君看《み》よ、二老の相見《しようけん》、機機《きき》映徹《えいてつ》すること、(9)秦鏡《しんきよう》の肺腑《はいふ》を照らすが如し。什麼《なに》に依ってか此《かく》の如くなる。只だ従前参禅《さんぜん》苦学《くがく》の功能《こうのう》に依るのみ。

(1)霍山景通禅師、嗣法於潙山祐禅師＝霍山景通は仰山の法嗣である。『伝灯録』以外は霍山景通禅師の話とするため、『伝灯録』巻十一潙山下の霍山和尚と混同視したもの。◉(2)永泰禅師＝馬祖の法嗣、霊湍禅師。◉(3)剣刃上求人＝必殺必死の嶮峻な機用上に人を求める。第三十九則（【二五六】）垂示注(2)参照。◉(4)打頭＝のっけから。◉(5)昔慈明見汾陽＝汾陽の慈明を接化するや、二年の間、入室参禅を許さず、顔を合わせば罵るか、他所の悪口を云うだけ、教える事は皆な卑俗の類。ある夜、思い余ってこれでは出家した甲斐が無いと訴えれば、この衲《わし》を安売りする気かと罵り怒って杖を挙げて追いかけ、救けてくださいと云おうとした口先を手で覆われて、初めて大悟する（『会元』巻十二）。◉(6)倒下探竿影草手＝逆に客の方から探りを入れる手を打った。「探竿影草」は、第五則（【二二二】）垂示注(3)参照◉

(7)探殺＝「殺」は強意の語助詞。◉(8)手忙脚乱＝慌てふためくさま。第十六則（【二三三】）本則評唱注(5)参照。◉(9)秦鏡＝伝説に、秦の始皇帝が有した、人心の善悪邪正などを照らす、幅四尺高さ五尺九寸の四角の鏡。『西京雑記』巻三。

《頌》 **(1)当機《とうき》提《ひっさ》げ、覿面《てきめん》疾《はや》し**〔(2)両刃《りょうじん》、天に倚《よ》る長剣〕、**(3)取次《しゅじ》用い来たる若為《いかな》る宗ぞ**〔(4)文殊《もんじゅ》提起《ていき》す殺人刀《せつにんとう》、浄名《じょうみょう》抽出《ちゅうしゅつ》す活人剣《かつにんけん》〕。**(5)箇箇《ここ》一千、応《まさ》に走却《そうきゃく》すべし**〔(6)石火《せっか》も及ぶこと莫《な》く、電光《でんこう》も通ずること莫し〕、**(7)草鞋《そうあい》跟《あと》断《た》えて清風《せいふう》起《お》こる**〔(8)夢は回《めぐ》る一曲漁家《ぎょか》の傲《おご》り、月淡《あわ》く江空《こうむな》しうして白鴎《はくおう》を見る〕。

(1)**当機提覿面疾**＝各各出会い頭の玄機を引っ提げ、間髪を容れず。『会元』巻三浮盃和尚章に見える、趙州が凌行婆に送った頌の「当機覿面《てきめん》に提げ、覿面当機疾《はや》し」の句を踏まえて。『碧巌』五十六本則評唱にも引かれるが、『碧巌』には続いて、「都《すべ》て有無得失に落ちず、之れを玄機と謂う」と。◉(2)両刃倚天長剣＝秘魔霍山、何れも劣らぬ名剣。【六の二】注⑿参照。◉(3)**取次用来若為宗**＝この様に無造作に働けるのは、一体どの様な宗ぞ（詠嘆の外は無い、以て宗要となすべし）。「取次」は「かりそめに」の義で、ここは無功用の働きを云う。「若為」は「如何」の義。『碧巌』六十八頌に、「双収双放若為宗」とある。◉(4)文殊提起殺人刀、浄名抽出活人剣＝両者、何れも優れもの。【二一一】注(3)参照。◉(5)**箇箇一千、応走却**＝誰も彼もここに来ては千里の外に逃げる外は無い。「走却」は「逃げ去る」。◉(6)石火莫及、電光莫通＝底本の「無」は貞永寺版の「莫」に戻す。その俊敏さは、石火も及ばず、電光も届かない。『臨済録』。【一七九の二】注⒂参照。◉(7)**草鞋跟断起清風**＝千里の無駄足を踏んでこそ、この清風の味を知る。因みに、『禅林類聚』巻十七の三十二丁には、雪竇顕を始め黄龍南禅師等の本則に寄せる頌を載せる。◉(8)夢回一曲漁家傲、月淡江空見白鴎＝夢うつつ漁家の歌が聞こえ、秋月淡く寂寞たる川面に白鴎の浮ぶを見るのみ。「ココニ至テハ、甘イトモ、辛イトモナイ」、下載の清風の境界。「漁家の傲《おごり》」とは「歌曲の名前」。『江湖風月集』上、大川済の「漁父」に、「岸草青々たる水上の舟、夜深うして高く臥す荻花の秋。～、～」と。

※江月和尚和韻に、「霍山和尚巌和尚、紫燕黄鳥般若宗。緑草蕭蕭千里地、春風吹尽又春風」と。

《頌評唱》評に曰く。霍山、多年参究得力《さんきゅうとくりき》の処を以て一提に提起《ていき》し来たって(1)逼拶《ひっさつ》す。秘魔、従前精錬《せいれん》透関《とうかん》の眼《まなこ》有り、(2)一見に見殺して(3)排撥《はいはつ》す。(4)賓主《ひんじゅ》各おの擬議《ぎぎ》に渉《わた》らず、情量《じょうりょう》を添えず。(5)嶮《けん》なることは伎女《ぎじょ》の竿を走るが如く、活《かつ》なることは市児の丸《がん》を弄《ろう》するに似たり。

縦《たと》い明眼《みょうげん》の衲僧も、他の(6)落処を辨ずること能《あた》わず。什麼《なに》に依ってか斯《かく》の如く(7)幽邃《ゆうすい》なる。

古人の(8)撥草瞻風《はっそうせんぷう》、嶮峻《けんしゅん》を数千里の外に跋渉《ばっしょう》し、風霜に二十年の間に困苦し、許多《あまた》の草鞋を踏断《とうだん》し、(9)腓《こむら》に胈《はつ》無く、脛《すね》に毛《ニコゲ》無きに到って、始めて此の田地に到る。一箇箇、(10)猛《たけ》く精彩《せいさい》を著《つ》けて、容易の見を作すこと莫《な》かれ。何《なん》が故《ゆえ》ぞ、(11)大声《だいせい》は里耳《りじ》に入らず。

(1)逼拶＝ギュウギュウせめる。第三則（【二一〇】）頌評唱注(5)参照。◉(2)一見見殺＝一見に見通して。「殺」は強意。◉(3)排撥＝「派遣する、割り振りする」等の意であるが、ここは「適宜にあしらう」程の意であろう。◉(4)賓主各不渉擬議、不添情量＝秘魔霍山の両者、思議躊躇せず、余念なく。◉(5)嶮如伎女走竿、活似市児弄丸＝険しいことは女児の竿渡りして舞うがごとく、活潑潑地なることは町の子供の珠遊びのごとし。【開筵垂示】第二段注(13)(14)参照。◉(6)落処＝落ち着き場所、境界、立場。◉(7)幽邃＝静かで奥深い。◉(8)撥草瞻風＝辨道修行を云う。『伝灯録』巻十五洞山良价章に、潙山の語として見える。『碧巌』十七本則評唱に引かれ、「嶮路を渉り、知識の徳風を瞻仰するなり」

（『種電鈔』）の意。◉⑼腓無胈、脛無毛＝底本の「肔」は「胈」の誤植。ふくらはぎの肉は痩せ落ち、脛《すね》の毛はすりきれ。『荘子』天下篇の一節に、禹の治水の労苦を云う。◉⑽猛著精彩＝「（著精彩は）蓋し俗語なり。専一に事を作して（精神の）光彩有らしむるなり」（『葛藤語箋』三字「学修」）。黄檗『宛陵録』に見える。◉⑾大声不入里耳＝りっぱな音楽は俗人の耳に受けいれられない。『荘子』天地篇。第二十一則（【二三八】）本則下語にも。

【二六三】第四十六則　廓然無聖

《垂示》垂示《すいじ》に曰く。⑴毛嬙《もうしょう》・麗姫《りき》は人の美《び》とする所なり、魚は之れを見て深く入り、鳥は之れを見て高く飛ぶ。⑵獅子哮吼《こうく》すれば、百獣は之れを聞いて震い恐れ、⑶獅子児は之れを聞いて威獰《いどう》を長ず、其の類異なればなり。祖師、片言《へんげん》を留む、⑷焦芽敗種《しょうがはいしゅ》の部類は、聾《ろう》の如く啞《あ》の如し、達者《たつしゃ》は之れを聞いて暗《あん》裏《り》に驚く。作麼生《そもさん》か是れ片言。

⑴毛嬙麗姫人之所美也…鳥見之高飛＝毛嬙や麗姫は美人の評判が高かった。ところが、そういった美人の姿に、魚は深く隠れるし、鳥は空高く飛びさる。第二十七則（【二四四】）頌注⑻参照。◉⑵獅子哮吼、百獣聞之震恐＝永嘉『証道歌』に、「師子吼無畏説、百獣聞之皆脳裂。云々」と、もと『涅槃経』師子吼品に「一切の禽獣、師子の吼を聞けば、…諸大香象も怖走して失糞す」と。◉⑶獅子児聞之長威獰、其類異也＝『涅槃経』には前述に続いて、「若し師子の子ならば始め三年に満ちて、則ち能く哮吼すること師子王の如し」と。◉⑷焦芽敗種＝無上菩提心を起こさない二乗声聞の類。第十八則（【二三五】）頌評唱注⒂参照。

《本則》挙す。⑴梁《りょう》の武帝、達磨大師に問う、「如何《いか》なるか是れ⑵聖諦《しょうたい》第一義〔⑶盤《ばん》に和《わ》して托出《たくしゅつ》す夜明珠《やみょうしゅ》。

⑷陛下の宝、誰か敢えて酬価《しゆうか》せん〕」。**磨云く**、「⑸**廓然無聖**《かくねんむしょう》〔⑹吾が王庫《おうこ》の内に是《かく》の如き刀無し〕」。**帝云く**、「⑺**朕**《ちん》**に対する者は誰**《た》**ぞ**〔果然《かぜん》、⑻玉簫《ぎよくしょう》吹き徹す鳳凰台《ほうおうだい》、古殿深沈《しんちん》として暁未《あかつきいま》だ開けず〕」。**磨云く**、「⑼**不識**〔⑽撃砕《げきさい》す驪龍頷下《りりゆうがんか》の珠《たま》、敲《たた》き出《い》だす鳳凰五色《ほうおうごしき》の髄《ずい》〕」。

⑴**梁武帝問達磨大師…**＝本則は、『碧巌』一則。◉⑵**聖諦第一義**＝真俗不二の根本真理、達磨以前の仏教学の最奥義。◉⑶和盤托出夜明珠＝ああ、見事なもの。【二四の二】注⑺参照。◉⑷陛下宝誰敢酬価＝『伝灯録』巻十二興化奨章に、「荘宗、一日、師に謂って曰く、『朕、大梁を収めて一顆無価の明珠を得たり、未だ人の酬価する有らず』。師曰く、『請う陛下の珠を看ん』。帝、手を以て幞頭脚を舒《ひら》開く。師曰く、『君王の宝、誰か敢えて酬価せん』」と。◉⑸**廓然無聖**＝カラリとして何も無い、その聖ということも無い。◉⑹吾王庫内無如是刀＝『涅槃経』巻七如来性品に「我庫蔵中、無如是刀」（大正十二・四一二）と、凡夫が真我を知らずに我相を計するを誡めたもの。◉⑺**対朕者誰**＝「一体貴公は何者ぞ」と、飢人の食を奪われ、茫然自失。武帝の住む世界を超えた異人の相で突然前に大きく立ちはだかる。「無聖ならば朕に対する者は誰ぞ、随語生解」（『秘鈔』）。◉⑻玉簫吹徹鳳凰台、古殿深沈暁未開＝領会する者なく、ただ空しく達磨は人の為に幽妙の語を説くのみ。【二一〇の二】注⑼、【一三〇の七】注⑹参照。◉⑼**不識**＝「知らぬ」と、取り付く島もない。この一語、本則の眼目。宝誌、中を取り持ち、達磨に別語して、「仏心印を伝える」と。◉⑽撃砕驪龍頷下珠、敲出鳳凰五色髄＝驪龍頷下の珠を打ち砕き、鳳凰を裂いて五色の髄を叩き出す。どんな宝でも棄て尽くせ。【二〇九の二】注⒀参照。

《本則評唱》評に曰く。南梁《なんりよう》の人主《じんしゆ》、⑴武皇帝《こうてい》、天性《てんせい》仏理を好み、寺を立て僧を度《ど》す。此の時、禅道未だ漢土に渡らず。常に⑵昭明《しようめい》太子・⑶傅《ふ》大士・⑷法雲《ほううん》公・雲光《うんこう》師等の諸賢と、広く経論を探り研究す。自ら袈裟を被《ひ》して(5)放光《ほうこう》般若経を講ず、(6)天華《てんげ》乱墜《らんつい》を感得し、称《しょう》して仏心天子と為す。

(7)時に達磨大師、(8)仏心印《ぶっしんいん》を伝えんと、船、(9)金陵《きんりょう》城下に到る。帝、文武官僚と共に出でて迎え、大殿に請じて対談せしむ。帝、預《あらかじ》め諸賢と経中極段《ごくだん》の処を取り即ち問う、「如何《いか》なるか是れ聖諦《しょうたい》第一義」と。武帝、(10)意《こころ》に窃《ひそ》かに謂《おも》えらく、「盤《ばん》に和《わ》して托出《たくしゅつ》す夜明珠《やみょうしゅ》なり」と。磨《ま》曰く、「廓然無聖《かくねんむしょう》」と。(11)鉄鎚撃《てっついげき》砕《さい》す黄金の骨。帝曰く、「朕《ちん》に対する者は誰《た》ぞ」と。可惜許《かしゃっこ》、語《ご》に随《したが》って解《げ》を生ず。(12)青龍《せいりゅう》に駕与《がよ》すれども騎《の》ることを解《よ》くせず。磨曰く、「不識」と。(13)前箭《ぜんせん》は猶《な》お軽く、後箭《こうせん》は深し。(14)木人《ぼくじん》の腸を割《さ》き、石《せき》女《じょ》の髄を剜《えぐ》る。帝、契《かな》わず。遂に江《こう》を渡って魏《ぎ》に到り、嵩山《すうざん》少林寺に隠る。頌に曰く。

(1)武皇帝＝蕭衍《しょうえん》、四六四―五四九。五〇二年に南斉より受禅し梁を建国、即位の第三年に道教より仏教に転じ、大通元年（五二七）頃よりは殊に仏教に深く帰依す。末後、侯景の叛にあい餓死するも、死に到るまで厳格に戒を保ち、念仏を怠らなかった。（『仏祖通載』巻十）。◉(2)昭明太子＝蕭衍の長子、蕭統《しょうとう》、五〇一―五三一。儒仏に通ず、『文選』の編者。◉(3)傅大士＝傅翕《ふきゅう》、善慧大士、四九七―五六九。浙江省婺州義烏県の人、居士であったが、中大通六年（五三四）、松山の双樹間に菴を結び、弥勒の化身と称して、武帝に謁し、真諦問答をする（『伝灯録』巻二十七）。輪蔵の創始者で、その正面に道冠・法衣・儒履の姿で祀られる。◉(4)法雲公・雲光師＝『仏祖通載』巻十の天監二年に、武帝が宝誌・法雲・雲光の三師を請ずる条がある。光宅寺の「法雲」は僧制を創立す、『続高僧伝』巻五に立伝。「雲光」は戒律に拘わらず、死後牛と成って車を曳く報いを受け、宝誌に詰られる（『御選語録』巻十七／禅十三・六九二上）。◉(5)放光般若経＝『大品般若経』の異訳。二六〇年、魏の朱子行がコータンで原典を得、二九一年、西晋の無羅叉が訳出する。◉(6)天華乱墜＝天人が祝福して、天花を雨ふらすを云う。◉(7)時達磨大師＝『仏祖通載』巻十には大通元年（五二七）の事とするが、異説が多い。◉(8)仏心印＝釈尊より以心伝心の教外別伝の端的。◉(9)金陵城＝梁の都、南京。◉⑽意窃謂、和盤托出夜明珠＝これほど素晴らしいことは、またと有るまいと。【二四の二】注⑺参照。◉⑾鉄鎚撃砕黄金骨＝そんなご立派なものも木っ端微塵。『碧巌』九十九頌。第十三則（【二三〇】）本則評唱にも。◉⑿駕与青龍不解騎＝駿馬に乗せてやったが、よう乗らぬ。第二十七則（【二四四】）本則注㉕参照。◉⒀前箭猶軽後箭深＝廓然はまだしも、この不識には参った。『碧巌』二十九本則下語。◉⒁剳木人腸、剜石女髄＝徹底奪い尽くす。【一一〇の三】注⒂参照。

《頌》 **(1)廓然不識《かくねんふしき》、幾人《いくにん》か有る**〔(2)利《り》有るか利無きかは、但だ四月十四を看よ。(3)稲秀《いねひい》づれば雨澆《そそ》ぎ、麦《むぎ》秀づれば風揺《ゆ》らぐ〕、**(4)古路横行《ころおうこう》、嶺煙鎖《れいえんと》ざす**〔(5)離婁《りろう》も正色《しょうしき》を辨ぜず、師曠《しこう》、豈《あ》に玄糸《げんし》を知らんや〕。**(6)此れより少林、深雪《しんせつ》の裏《うち》**〔(7)是れ一番寒骨《かんほね》に徹せずんば、争《いか》でか梅花の鼻を撲《う》って香《かんば》しきを得ん〕、**(8)断臂刀下《だんぴとうか》に疎親《そしん》を別かつ**〔(9)財《ざい》に臨まずんば義士《ぎし》の心を知らず、難《なん》に臨まずんば忠臣の志を見ず〕。

(1)**廓然不識有幾人**＝達磨の「廓然、不識」の真意を会得する者は幾人いるだろうか、誰もいない。◉(2)有利無利但看四月十四＝四月十四日が晴ならば、その年の農作物は豊作である。『五雑組』巻二、天部二の天候占いの諺。◉(3)稲秀雨澆、麦秀風揺＝稲の穂が出て開花する時に細雨が注ぎ洒《あら》い、麦の穂が出て開花する時に微風が吹き払うと豊作。『五雑組』巻二、天部二の天候占いの諺。◉(4)**古路横行鎖嶺煙**＝古路を思うがままに闊歩するも、山靄がスッポリ隠す。達磨が仏祖の正令を思う存分に発揮したが、知見の煙に邪魔されて誰にも理解されなかったことを云う。底本の訓みは「嶺煙を鎖ざす」であるが、「鎖」の主語を「嶺煙」とみて、「嶺煙鎖ざす」と改めた。「古路」は仏祖の大道。【一一〇の二】注⑻参照。「横行」の「横」は「ほしいままに、自在に」の意。◉(5)離婁不辨正色、師曠豈知玄糸＝眼識の達人離婁も識別出来ない、耳識の達人師曠も聞き分けることは出来ない。『碧巌』八十八頌。「離婁」は上古黄帝時代の眼識の達人。【五一の三】注⑻参照。「師曠」は晋の平公の時の音楽師で、耳識の達人。◉⑹**従此少林深雪裏**＝達磨、これより長江を渡って少林に入り、慧可を深雪裏に接化した。◉⑺不是一番寒徹骨、争得梅花撲鼻香＝骨身に堪《こた》えるような冬の寒さを一度経験しなくては、馥郁と鼻を打つ梅の香を聞くことは出来ない。第十九則（【一二三六】）頌注⑽参照。◉⑻**断臂刀下別疎親**＝慧可、断臂して至誠の情を示し、仏心印を受ける。「別疎親」は『虚堂録』巻五頌古の六「善財童子…到弥勒楼閣」の「知見を将《もっ》て疎親を別かつ莫かれ」を踏まえて、「知見下」ではなく「断臂刀下」が肝要である。「得皮」の道副《どうふく》、「得肉」の尼総《にそう》持《じ》、「得骨」の道育《どういく》等に別して、慧可のみ達磨の心髄を得たことを云う。「別疎親」は『虚堂録』巻五頌古の六…

◉⑼不臨財不知義士心、不臨難不見忠臣志＝後句の底本の「不知」は「不見」。難に臨んで初めて（逃げない者こそ）忠臣の志と分かり、財物に臨んで（貪らない者こそ）義士の心と知る。【五一の二】注⒆参照。

※江月和尚和韻に、「遮掩梁城闔国人、江頭縦目見風煙。臘天深雲寂寥夕、断臂神光情更親」と。

《**頌評唱**》評に曰く。廓然不識《かくねんふしき》の語、寔《まこと》に難透《なんとう》、寔に難解《なんげ》。(1)鉄釘飯《てっていはん》の如く、木札羹《もくさつこう》に似たり。你《なんじ》、如何《いかん》が歯牙《しが》を挟まんや。今時、往往に錯《あやま》って情解《じょうげ》して曰く、「既に是れ聖諦《しょうたい》第一義、豈《あ》に其れ他物《たもつ》ならんや。直に是れ人人本具の性《しょう》、者裏《しやり》、聖凡《しょうぼん》の跡《あと》無く、(2)生仏《しょうぶつ》の名無し。(3)虚凝寥廓《きよぎようりようかく》、純精絶点《じゆんせいぜつてん》。所以《このゆえ》に言う、『廓然無聖《かくねんむしよう》』と。武帝、又た是れ(4)性燥《しょうそう》、驀面《まくめん》に(5)逼拶《ひっさつ》して云う、『者裏、若し是れ聖凡の跡無く、生仏の名無くんば、即今《そっこん》、目前歴歴、龍床《りゆうしよう》に対坐して談論する底、是れ什麼物《なにもの》ぞ。是れ凡か、是れ聖か。若し其れ聖と道《い》わば、向《さき》に言う、廓然無聖と。(6)若し其れ凡と称せば、箇の什麼物《なにもの》を指してか凡名を安著せん』と。(7)大小大の祖師も、理尽き詞窮《ことばきわ》まりて、即ち言う、『不識』と。既に是れ人人本具の性、若し聖凡の跡有ることを見ば、(8)是れ物にして自性に非ず。(9)若し其れ果たして物に非ずんば、如何が聖凡の名を安んぜん。⑽火の自ら熱きことを知らざるが如く、水の自ら冷《つめ》たきことを知らざるに似たり。嗟《ああ》、其れ⑾不識最も親し」と。

錯《しやく》、錯、此れを情識《じようしき》の悪智悪覚《あくちあつかく》と道う。他の後昆《こうこん》の悟門《ごもん》を妨げ、他の学人の慧命《えみよう》を害すること、万斛《ばんこく》の砒礵《ひそう》に過《す》ぎたり。切に忌《い》む、⑿破口《はこう》にも挙著《こじやく》することを。所以に言う、「廓然不識、幾人か有る」と。所謂《いわゆる》、廓然不識の話、四海を一掃するも落処《らくしよ》を知るもの無し。譬えば深山巌崖《しんざんがんがい》、寒煙《かんえん》、古路《ころ》を埋め、⒀斜霧《しやむ》、洞口《とうこう》を鎖《と》ざす底の人跡《じんせき》不到の処に於いて、一人有り、経行坐臥《きんひんざが》せんに、人、更に知ること能《あた》わざるが如し。

宜《むべ》なる哉《かな》、⒁神光《しんこう》大師、此の向上の秘訣を透過《とうか》せんが為に、密参苦吟して、遂に少林深雪の中に立つに到って、左臂《さひ》を截断《せつだん》して初めて親疎《しんそ》を別かつ。是れ末代の宗師の、⒂龍門万仞《ばんじん》の関捩子《かんれいす》を鎖断《さだん》して、後生の学者をして、伎《ぎ》尽き詞窮まり、心死し意消じて、透関の正眼を開くことを得せしむる底の⒃権輿《けんよ》ならくのみ。

今時、一般有り。祖師向上の一著子《いちじやくす》を拈《ねん》じて、従前自家屋裏の謬解《びゆうげ》を主張し、種種の道理を説き、口授相伝《こうじゆそうでん》して以て祖宗を相続せりと為す。知らず、幾枚の厚面皮なるぞ。若し果たして恁麽《いんも》にして足れりと為さば、祖師、何ぞ口授相伝して、神光をして雪に立って断臂することを免れしめざる。後学、其れ之れを顧《おも》え。

(1)如鉄釘飯、似木札羹＝無味の飯。【開筵垂示】第三段注(1)、第十則（【二一七】）本則評唱注⑿参照。◉(2)生仏＝衆生と仏。◉(3)虚凝寥廓、純精絶点＝澄みきってからりと広く、心に一点の妄念もない。『碧巌』九十頌に、「一片虚凝絶謂情」と。◉(4)性燥＝伶利。『俗語解』［一六七］に、「『気をいらち腹立つる』を『焦燥』と云う。又た一転して『伶利』のことにもなる」。◉⑸逼拶＝「ギュウギュウ問い詰める」、「逼迫、緊緊地に催促する」の義。第三則（【二二〇】）頌評唱注⑸参照。◉⑹若其称凡、指箇什麼物安著凡名＝凡と称すべき物は何も無い。◉⑺大小大祖師＝さすがの達磨も。「大小大」は【五の二】注⑾参照。◉⑻是物而非自性＝これ（対象）は物であって、本具の自性ではない。◉⑼若其果而非物、如何安聖凡名＝若しそれ畢竟、物でないなら、どうして聖凡の名を付けることが出来ようか。◉⑽如火自不知熱、似水自不知冷＝自性は不可識不可知。『碧巌』二十三本則評唱の「如眼不自見、…火不自焼、水不自洗」の用例参照。◉⑾不識最親＝不識こそ一番身近の証拠。地蔵、法眼に曰く「不知最親切」（『伝灯録』巻二十四）と。【一六三】注⑺参照。◉⑿破口＝云い損ない。たとえ口を滑らしても。『俗語解』［一五四五］に「破口＝『失口』と同じ」。◉⒀斜霧鎖洞口＝「斜霧」は杜牧之「阿房宮賦」の「煙斜めに霧横たわるは、椒蘭《しょうらん》を焚《た》くなり」を踏まえ、また「霧鎖洞口」は隠逸者の居所を示す語。◉⒁神光大師＝二祖慧可。◉⒂鎖断龍門万仞関捩子＝聳え立つ難透の関門を閉めきる。「関捩子」は「門戸開閉のからくり、向上の機関」を云う、ここはその後の祖師方が修行者の為に困難な難関を設けた出発点であるを云う。第十二則（【二二九】）本則評唱注⒀参照。◉⒃権輿＝ものごとの初め。【開筵垂示】第一段注⑺注参。

【二六四】第四十七則　風穴垂語

《垂示》垂示《すいじ》に云く。⑴草食《そうしょく》の獣《けもの》は藪《やぶ》を易《か》うることを疾《にく》まず、水生《すいせい》の虫《むし》は水を易うることを疾まず。荊《けい》棘《きょく》透過《とうか》の上士は、誵訛《ごうか》の語路を易えることを疾まず。何が故《ゆえ》ぞ、他、既に千辛万苦《せんしんばんく》を歴《へ》て、多少の因縁を透過《とうか》するが故に。作麼生《そもさん》か是れ誵訛《ごうか》の語路。

⑴草食之獣…、水生之虫…＝草食動物というものは叢《くさむら》から叢へ移動することを苦にやまず、水棲動物は棲む水を変え

てゆくことを苦にやまない。【一五〇の三】注(11)参照。

《本則》**挙《こ》す。(1)風穴、垂語《すいご》して云く、「(2)若し一塵《いちじん》を立《りつ》せば、家国興盛《かこくこうせい》し、野老嚬蹙《やろうひんしゅく》す**〈(3)子《し》に美錦《びきん》有《あ》らば、人《ひと》をして製《た》つことを学《まな》ばしめざらん。大官大邑《たいかんたいゆう》は身《み》の庇《かば》わる所《ところ》なり、而《しか》るに学《まな》ぶ者をして製《た》たしめんとす〉。(4)**若し一塵を立せざれば、家国喪亡《そうぼう》し、野老謳歌《おうか》す**〈(5)牛《うし》を牽《ひ》きて以て人《ひと》の田《でん》を蹊《みち》し、而《しか》して之れが牛を奪《うば》うは罪已《つみはなは》だ重《おも》し〉」。**雪竇《せっちょう》、拄杖《しゅじょう》を拈《ねん》じて云く、「(6)還《かえ》って同生同死底《どうしょうどうしてい》の衲僧《のうそう》有りや**〈好箇《こうこ》大小大《だいしょうだい》の明覚大師《みんかくだいし》、(7)其の智《ち》や葵《き》に如《し》かず。葵すら猶《な》お能《よ》く其の足《あし》を衛《まも》る〉」。

(1)**風穴垂語云…**＝【四四】に既出。本則は『会要』巻十一、『会元』巻十一、『僧宝伝』巻三、『広灯録』巻十五、『禅林類聚』巻六の二十丁、『頌古聯珠通集』三十五、『虚堂録』巻九等に見えるが、全て「野老安貼《あんちょう》」とし、『五祖演録』四面山録（禅十二・四一九）のみ「野老謳歌」である。『碧巌』六十一は省略形。風穴（河南省汝州市の北）の延昭、八九六―九七三、唐末・五代・宋の七朝を生く。初め儒学を修め、選官に応ずるものち選仏に転ず、守廓侍者の薦《すす》めで南院に参じ旨《むね》を得る。汝水のほとり古風穴寺に到り、大いに宗風を興す。◉(2)**若立一塵…野老嚬蹙**＝建立門。「一塵」は「一念」と同義、一念忽起して万法生ず。一微塵の中に無尽の仏国土が現成していることは華厳の説くところ。【四四】注(2)参照。「ヤレ大会ジャノ、槐安国語ノ参徒ジャノ、籍ヲ掛ケルノト」というと「側デ、爺イガ、顔ヲ顰メル」。◉(3)子有美錦…使学者製焉＝もしもあなたが美しい錦を持っておられたら、他人にそれを材料にして裁縫の稽古はさせないでしょう。大きな町やそれを治める長官は、人々の身が庇護される大事なものです、しかるに政治に未熟な者をその地位につけて修業の材料にさせようとなさっておられる。『左氏伝』襄公三十一年に、子産《しさん》が、未熟者を溺愛して要職につけようとした人を諫めた語。「立一塵」は野老の顰蹙をよぶ。◉(4)**若不立一塵…野老謳歌**＝掃蕩門。「野老謳歌」とは「ソレデコソ善ケレト、ソウジャ、ソウジャト頷ク」。因みに虚堂老拈じて云う、「会得せば日《ひび》に羲皇《ぎこう》上の人（＝伏羲以前の太古の人民、野老）と与《とも》に大槐安国に遊戯し、其の間の得失栄辱、自ら能く之れを知る」（『虚堂録』巻九）と。◉(5)牽牛以蹊人之田…罪已重矣＝牛を引いて他人の田を踏み荒らすと、その地主がその牛を奪い取ってしまう（と、あります）。牛を引いて他人の田をふみあらすのは、まことにいけないことですが、その牛を奪い取るというのは、もっとひどい罪です。『左氏伝』宣公十一年に、申叔時《しんしゆくじ》が楚の荘王を諫めた語。「立一塵」は既に罪がある、しかし「不立一塵」はもっとひどい罪、四弘誓願が廃れる。◉(6)**還有同生同死底衲僧麼**＝この拄杖子（野老の標）と生死を共にするものが居るかな。知音底の衲僧ありやと。◉(7)其智不如葵、葵猶能衛其足＝その智慧は葵《あおい》にも及ばない、葵でさえも自分の足（根）を衛ることが出来るのに。葵を「ひまわり」と解し、その葉が太陽の方向に向いて根をおおい衛るとも云う。『左氏伝』成公十七年に、孔子が足切りの口禍を招いた鮑牽《ほうけん》の知を評した語。雪竇老、宗旨の秘密を漏らし過ぎ、その罪や足切りの刑に値する。

《本則評唱》評に曰く。風穴延沼《ふけつえんしょう》禅師は、余杭劉氏《よこうりゅうし》の子なり。法を(1)南院顒《なんいんぎょう》禅師に嗣《つ》ぐ。因《ちな》みに垂語《すいご》して曰く、「若し一塵《いちじん》を立《りっ》せば、家国興盛《かこくこうせい》し、野老嚬蹙《やろうひんしゅく》す」と。此の語、大いに(2)節角誵訛《せっかくごうか》の処有り。往往に自家の情識了解《じょうしきりょうげ》を以て、種種(3)差排《さはい》して以て透過《とうか》と為す。大いに錯《あやま》り了《お》われり。殊《こと》に知らず、此れは是れ祖祖相伝《そそそうでん》し来たる底の向上の(4)切処《せっしょ》なることを。

一般の世智辨聡《せちべんそう》の禿奴《とくぬ》有り。公然として判じて曰く、「夫《そ》れ一塵を立するとは、即ち是れ偏位《へんい》にして、権化《ごんけ》の建立門《こんりゅうもん》なり。煩悩《ぼんのう》有り菩提《ぼだい》有り、生死《しょうじ》有り涅槃《ねはん》有り、法幢《ほうどう》を建て宗旨《しゅうし》を立つ。所以《このゆえ》に言う、『(5)仏事《ぶつじ》門中、不《ふ》捨《しゃ》一法』と。野老とは本分《ほんぶん》の正位《しょうい》、(6)破家散宅底《はけさんたくてい》の(7)破衲僧《はのうそう》を指す者なり。此の時に当たり、(8)仏事門中、多少《たしょう》の鬧熱《にょうねつ》を見る、吾が本分の家郷《かきょう》に違《たが》う。故《ゆえ》に甚《はなは》だ悦《よろこ》ばず、眉を皺《しわ》め、嚬蹙懊悩《おうのう》す。

一塵を立せずとは、即ち是れ正位、掃蕩門《そうとうもん》。煩悩を見ず菩提を見ず、(9)上《かみ》、諸仏《しょぶつ》無く、下《しも》、衆生《しゅじょう》無く、(10)三千世界、海中の漚《あわ》、一切の賢聖《けんじょう》、電払《でんほつ》の如し。所以に言う、『(11)実際理地《じっさいりち》、一塵を立せず』と。正与《しょうよ》麼《も》の時、本分の正位、破家散宅底の破衲僧、吾が本分の家郷に順《したが》う。故に歓楽謳歌《かんらくおうか》す。所以《このゆえ》に雪竇《せっちょう》、拄《しゅ》杖《じょう》を拈《ねん》じて云く、『還《かえ》って同生同死底《どうしょうどうしてい》の衲僧有りや』と。同生同死底の衲僧とは、即ち本分の正位、破家散宅底の衲僧を指す者なり」と。

錯《しゃく》、錯、此れを瞎妄想《かつもうぞう》、死見解《しけんげ》と道《い》う。(12)書《しょ》して胡餅上《こびょうじょう》に安《あん》じて狗《く》に与うるも、狗も亦た喫せざる底の邪見解なり。一喝《いっかつ》の会《え》を作す底と同業の罪過《ざいか》。他《た》を利《り》すること能《あた》わざるのみに非ず、自らも亦た利すること能わず。

(1)南院顒禅師＝八六〇―九五二?、興化存奨の法を嗣ぎ、汝州宝応禅院南院に住す。◉(2)節角誵訛＝底本の「折」は「節」の誤記。紛糾錯雑した葛藤、問題点。第十八則（【二三五】）頌評唱注(1)参照。◉(3)差排＝適宜あしらう、処理する。◉(4)切処＝親切の処、要の所。◉(5)仏事門中、不捨一法＝威音王以後の差別相対界では一物も捨てるものはない。『伝灯録』巻二十鄧州中度（落浦安下）章に、「実際理地、一塵を受けず、～、～」と見えるが、もと『伝灯録』巻九潙山章に、「仏事」を「万行」として見えるもの。◉(6)破家散宅＝家宅を破散し無一物になる。大悟徹底を云う。『碧巌』八十本則評唱。◉(7)破衲僧＝衲僧、本色の禅僧。◉(8)仏事門中多少鬧熱＝差別の現実世界には多くの雑多物。◉(9)上無諸仏、下無衆生＝衆生も仏も無い。【七】注(6)参照。◉(10)三千世界海中漚、一切賢聖如電払＝全ては空の空なるかな。『証道歌』。【一の七】注(37)参照。◉(11)実際理地、不立一塵＝威音王以前の絶対平等界には一微塵も無い。「仏事門中…」の対句。◉(12)書安胡餅上与狗、狗亦不喫＝その見解をパンの上に書きつけて呉れてやっても、こじき犬さえ食いつかない。『寒山詩』。【五五】注⑾参照。

《頌》⑴**嚬蹙謳歌《ひんしゅくおうか》、一塵《いちじん》に在り**〔⑵床笫《しょうし》の言は閾《しきみ》を踰《こ》えず、況《いわ》んや野《や》に在るをや〕、
⑶**同生同死《どうしょうどうし》、何人《なんぴと》にか憑《よ》る**〔⑷夫《そ》れ富《とみ》は布帛《ふはく》の幅《はば》有るが如し、之れが制度《せいど》を為《な》して、遷《うつ》ること無からしむ〕。
⑸**紅霞碧靄《こうかへきあい》、高低を籠《こ》む**〔⑹風穴《ふけつ》は孟孫《もうそん》の如く、二大士は季孫《きそん》に似たり、何が故《ゆえ》ぞ〕、
芳草野華、一様の春〔⑺季孫の我れを愛せるは疾疢《しっちん》なり、孟孫の我れを悪《にく》みしは薬石《やくせき》なり〕。

⑴**嚬蹙謳歌在一塵**＝建立も掃蕩も、ただ一微塵による。◉⑵**床笫之言不踰閾、況在野乎**＝寝屋《ねや》の言葉（親しい人の秘密な話）は閾《しきみ》を越えて門外には出ないものです、ましてや野外にあることですから尚更のこと、私の様な使者の聞くことの出来るものではありません。『左氏伝』襄公二十七年の条に、趙孟の批評した語。寝屋の物語りは知音底同士でなければ知り得ない。◉⑶**同生同死憑何人**＝それを真に会得するは誰に依るぞ、他の誰に依るのでもない。万里の清風只だ自知するのみ。「憑何人」は反語。◉⑷夫富如布帛之有幅焉、為之制度使無遷＝富というものは、織物に幅があるようなものです。幅には一定の広さを定めて増減させることのないようにしますが、富もまた一定の限度を定めなければなりません。『左氏伝』襄公二十八年の条に、晏子《あんし》が豊と便利さに節度あるべきことを説いた語。「破家散宅モ、人ヲ済度スル事モ知ラネバナラン」。◉⑸**紅霞碧靄籠高低、芳草野華一様春**＝夕焼け空に靄が立ちこめ、山も川も靄一面、どこもかしこも春一色。【一四六の二】注⑹参照。◉⑹風穴如孟孫、二大士似季孫＝「孟孫」、「季孫」は魯の大夫。「二大士」は雪竇、大灯国師を云う。風穴の全提正令、雪竇大灯の老婆心切を暗に指すか。◉⑺季孫之愛我疾疢也、孟孫悪我薬石也＝季孫が私を愛するのは、私を害する病気というもの、孟孫が私を憎むのは、私に取って役に立つ薬石というべきものだ。『左氏伝』襄公二十三年、魯の大夫の臧孫《ぞうそん》の語、最後に季孫に依って魯を追い出される。

※江月和尚和韻に、「不立一塵塵転塵、喪亡興盛国家人。同生同死旧知己、月是秋兮花是春」と。

《頌評唱》評に曰く。你《なんじ》看よ、此の頌、甚《はなは》だ天真、甚だ絶妙なることを。風穴の全身を模写《もしや》し来たって你ら諸人の面前に推出す、(1)還って相見の分有りや。試みに言え、嚬蹙謳歌《ひんしゆくおうか》、甚麼《なん》に依ってか一塵《いちじん》に在る。誰人《たれびと》を指してか同生同死底《どうしようどうしてい》の衲僧《のうそう》と為《な》さん。

「紅霞碧靄《こうかへきあい》、高低《こうてい》を籠《こ》む、芳草野華《ほうそうやか》一様の春」と。就中《なかんずく》、此の両句、甚だ絶妙、甚だ窮玄なり。風穴の垂語《すいご》と並び立って最後両重の関鎖《かんさ》と為す。(2)両鏡並び照らして中心影像《ようぞう》無きに似たり。你、若し此の両句に参究せば、風穴の垂語を見ること、(3)万里の異郷に妻子の面《おもて》を見るが如し。切《せつ》に忌《い》む、容易の看を作《な》し去り、一喝《いつかつ》の会《え》を作し去ることを。

(1)還有相見分麼＝諸君方はそもそも風穴に相見《あいまみ》える資格がお有りかな。お分かりかな。◉(2)両鏡並照中心無影像＝両者の心中互いに障礙なし。【一八八の二】注(7)参照。◉(3)万里異郷見妻子面＝頌古冒頭の鵠林評唱注⑮参照。

【二六五】第四十八則　胡乱卅年

《垂示》垂示《すいじ》に曰く。(1)夫《そ》れ鳥は高く飛びて、以て矰弋《そうよく》の害を避け、鼷鼠《けいそ》は穴を神丘《しんきゆう》の下《もと》に深くして、以て熏鑿《くんさく》の患《うれい》を避く。衲子《のつす》は遥かに悟解了知《ごげりようち》の外《ほか》に超越して、以て情量の染汚《ぜんな》を惹《ひ》かんことを避く。作《そ》麼生《もさん》か是れ衲僧安身立命《のうそうあんじんりゆうみよう》の処。

(1)夫鳥高飛…熏鑿之患＝鳥は高いところを飛んで矢の危害を避け、鼠は神を祭った壇の下に深い穴を掘って、いぶりだしの危難を免れる。第四十則（【二五七】）頌注(7)参照。

《本則》挙《こ》す。(1)南岳懐譲《なんがくえじょう》、一僧をして(2)馬祖《ばそ》の処に到り去らしめて云く、「(3)但だ作麼生《そもさん》と問え〔(4)子《こ》を顧《かえり》み、孫《まご》を思う。(5)子産《しさん》曰く、政《まつりごと》は農功《のうこう》の如し。日夜《にちや》に之れを思い、其の始《はじ》めを思いて其の終わりを成《な》し、朝《ちょう》夕《せき》にして之れを行ない、行ない思《おも》いを越《こ》ゆること無し。農《のう》の畔《あぜ》有《あ》るが如し〕。**伊《かれ》が道《い》う底《てい》、言語《ごんご》を(6)記《き》し将《も》ち来たれ**〔(7)未《いま》だ君子《くんし》を見《み》ざれば、憂心忡忡《ゆうしんちゅうちゅう》たり〕」。**僧去って、一《ひと》えに懐譲の旨《むね》の如くし、回《かえ》って懐譲に謂《い》って云く、「馬祖云く、(8)胡乱《うろん》より後《のち》三十年、曾《かつ》て塩醤《えんしょう》を闕《か》かず**〔(9)鉼《へい》の罄《つ》くるは、維《こ》れ罍《らい》の恥《はじ》〕」。**譲、之れを然《しか》りとす**〔(10)亦た既《すで》に見《み》、亦た既に覯《あ》わば、我が心《こころ》、則ち降《くだ》らん〕。

(1)南岳懐譲…＝『宗門葛藤集』六十一、『伝灯録』巻五、『会元』巻三、『会要』巻四、『古尊宿語録』巻一南岳録、『頌古聯珠通集』巻九、『四家語録・馬祖録』等に見える。南岳懐譲（六七七―七四四）、六祖に参じ、侍すること十五年、心印を受けて後、三十六歳で南岳般若寺に住する。天宝三年八月十一日に遷化す、馬祖三十五歳の時。◉(2)**馬祖**＝七〇九―七八八、道一禅師。若くして四川省資州処寂の下で剃髪し、二十歳渝州の円律師に受具する。二十三歳、南岳の祝融峰前の福厳寺伝法院で習定している時に懐譲に参じ、師事すること十年。三十三歳、天宝元年（七四二）南岳より福建省建陽県の仏跡嶺に移り、翌年江西省臨川又南康県の龔公山に住する。この後江西省を中心に化を振るい、大暦四年（七六九）に鐘陵開元寺に開法する。八十で江西省泐潭石門山に示滅（『四家語録・馬祖録』）。◉(3)**但問作麼生**＝ただ、「どうしているか」とだけ問え。「作麼生」は「どうか、どうしているか」。他の語録ではこの前に、「後に馬大師、江西に於いて化を闡《ひら》く。師（南岳）、衆に問うて曰く、『道一、衆の為に説法するや』。衆曰く、『已《すで》に衆の為に説法す』。師曰く、『総に未だ人の箇の消息を持ち来たるを見ず』。衆対《こた》うる無し。師、一僧をして去らしめて云う、

『伊《かれ》が上堂する時を待って、但だ作麼生と問え』」（『伝灯録』）とある。当時はまだ法嗣の書を寄せるということがなかったものと見える。後世になると開堂上堂に際して嗣法香を爇《た》き、また法嗣の書を師匠に送って嗣法関係を明らかにした。◉(4)顧子思孫＝それもこれも、児孫を思うてのこと。『碧巌』三教老人序。第二十三則（【二四〇】）本則注(10)参照。◉(5)子産曰…如農之有畔＝子産（＝鄭の大夫、公孫僑）は云う、政治は百姓仕事のようなものだ。日も夜も心にかけ、その始めを慎重にして着手し、終わりを立派にしあげる。朝な夕な、いつも怠らずに努め行ない、行なう所は常に考えている以外のことはしないようにする。あたかも百姓の耕す田畑にあぜがあるが如く、それ以外には手を出さないようにする。『左氏伝』襄公二十五年。◉(6)**記将来**＝記憶して持ってこい。◉(7)未見君子、憂心忡忡＝あなたに遭わぬうちは、心配で胸が痛む。『詩経』召南の草虫。◉(8)自従胡乱後三十年、不曾闕塩醤＝わけもない所から始めて三十年になるが、塩と味噌には事欠いたことはない。「胡乱」は「いい加減、わけもなく、曖昧模糊」の義。ここの所は飯田氏を初め多くが、「南岳に別れてより只だなんとなく三十年間、云々」とするが、本則の話は南岳懐譲遷化の直前の、馬祖三十五歳の頃で、南岳を離れて二、三年目の事である。『犂耕』に道忠禅師曰く、「胡乱の両字、更に参ぜよ三十年」と。◉(9)缾之罄矣惟罍之耻＝小さい酒瓶に酒が尽きるのは大甕の恥である。子の不首尾は親の恥。『詩経』小雅、谷風之什の蓼莪《りくが》。◉(10)亦既見止、亦既覯止、我心則降＝底本の「覯」は「覯止」、「止」字脱落。やっとお会いできて、お顔を見ればほっと落ち着く。『詩経』召南の草虫。

《**本則評唱**》評に曰く。南岳懐譲《なんがくえじょう》禅師は、法を曹渓《そうけい》六祖慧能大鑑《えのうだいかん》禅師に嗣《つ》ぐ。馬祖道一《ばそどういつ》禅師は、漢州什邡《じゅう》県《ほうけん》、馬氏の子なり、法を南岳懐譲禅師に嗣ぐ。師、一僧をして馬祖の処に到り去らしむ。(1)此の一則の因縁は、拈華微笑《ねんげみしょう》より以来、(2)四七二三《ししちにさん》向上心授の秘訣、総に者裏《しゃり》に在り。馬大師曰く、「胡乱《うろん》より後《のち》三十年、曾《かつ》て塩醤《えんしょう》を闕《か》かず」と。此の語、寔《まこと》に(3)光前絶後、(4)蔵頭白海頭黒《ぞうとうびゃくかいとうこく》、(5)日面仏月面仏《にちめんぶつがちめんぶつ》等の因縁に超過《ちょうか》すること、既に数百歩なり。後来《こうらい》、尽天下の老和尚、(6)曲彔木床上《きょくろくもくしょうじょう》に説話《せった》するも、誰か知らん、総に者裏《しゃり》より流出《るしゅつ》し将《も》ち来たることを。

今時、一般世智辨聡《せちべんそう》の部属有り。曾て夢にも、此の話、斯《かく》の如く高踏なることを知らず。曾て夢にも、此の話、是《かく》の如く尊厳なることを辨ぜず。自家妄想《じかもうぞう》の情解《じょうげ》を恃《たの》み、恣《ほしいまま》に(7)鄙判《ひはん》を打《た》して云う、「大師云う『胡乱《うろん》より後』とは、此れは是れ最後破家散宅底《はけさんたくてい》の時節、最後抛身捨命底《ほうしんしゃみょうてい》の当体を指す者なり。此の時に当たり、(8)心仏衆生《しんぶつしゅじょう》、是れ胡乱《うろん》、山河大地《せんがだいち》、是れ胡乱、万象森羅《ばんしょうしんら》、是れ胡乱、天堂地獄《てんどうじごく》、是れ胡乱、生死涅槃《しょうじねはん》、是れ胡乱、禅道仏法《ぜんどうぶっぽう》、是れ胡乱、参禅学道《さんぜんがくどう》、是れ胡乱、喫茶喫飯《きっさきっぱん》、是れ胡乱。百千の法門、無量の妙義、胡乱の中《うち》より運出し将ち来たり、法幢《ほうどう》を建て宗旨を立《りっ》し、大法螺《だいほら》を吹き大法鼓《だいほっく》を鳴らし、永劫《ようごう》に大法施《だいほっせ》を行じ、一切衆生を利済《りさい》して、曾て乏《とぼ》しきこと無し。所以《このゆえ》に言う、『塩醤を闕かず』」と。錯《しゃく》、錯、一切錯中の最も第一の錯。信ぜずんば、国師の聖言を聞け。

(1)此一則因縁自拈華微笑以来…＝『大慧録』巻十五「傅庵主請普説」に、「達磨、西天より箇の無文の印子を将得し来たって、二祖の面門を把って、一印に印破す。二祖、此の印を得て一糸頭を移易せず、三祖の面門を把って印破す。一人、虚を伝えてより後、万人実と伝う。遞《たが》いに相《あい》印授し、直に江西馬祖に至る。馬祖、此の印を南岳和尚に得て、便ち道う、『胡乱より後三十年、曾て塩醤を少《か》かず』と。師、喝一喝して云う、『印文生ぜり』」と。◉(2)四七二三＝西天の四七が二十八祖、東土の二三が六祖、伝灯の祖師方。◉(3)光前絶後＝空前絶後。『碧巌』十四頌評唱。◉(4)蔵頭白海頭黒＝『碧巌』七十三則参照。◉(5)日面仏月面仏＝第三十六則（【二五三】）参照。◉(6)曲彔木床上説話＝住持の高座に上っての説法。◉(7)鄙判＝「鄙びた教相判釈」の義か。「狭い了見」を指す白隠用語。◉(8)心仏衆生是胡乱＝「心仏衆生、不二一体」ほどの意、「胡乱」に書き入れして「分カチガ無イ」。第十三則（【二三〇】）頌評唱注(5)

参照。

《頌》 (1)**朝《ちょう》三千暮《ぼ》八百**〔(2)正令当行《しょうれいとうぎょう》、十方坐断《ざだん》。(3)譬えば農夫《のうふ》の是れ穮《くさぎ》り、是れ蓑《つちか》えば、飢饉《ききん》有りと雖《いえど》も、必ず豊年有るが如し〕、

(4)**箇箇《ここ》、一著《いちじゃく》を放過《ほうか》す**〔(5)馬を華山《かざん》の陽《みなみ》に帰《かえ》し、牛を桃林《とうりん》の野に放つ〕。

(6)**生鉄《さんてつ》、土壌《どじょう》に和するが如し**〔(7)箕子《きし》の囚《とら》われを釈《ゆる》し、比干《ひかん》の墓を封《ほう》ず〕、

大冶《たいや》、拈却《ねんきゃく》を解《げ》す可《べ》し〔(8)飛鳥《ひちょう》尽きて良弓《りょうきゅう》蔵《おさ》めらる〕。

(1)**朝三千暮八百**＝朝から晩まで、打って打って打ちまくる。掃蕩第一義門。馬大師、大冶の把住の大機。「国師モ余程工夫シラレタ、人ヲ叩ケデハナイ、手前ヲ叩ケ、仏来ヤ打、祖来ヤ打、叩キノメセ。ネテモヲキテモ、骨折レ」。『会要』巻二十四雲門章に、「〜、東家杓柄長、西家杓柄短」と。また『碧巌』六十六頌下語。◉(2)正令当行、十方坐断＝仏祖の法令がお触れの通り断行された、十方有無を云わせぬ。絶対把住底。**【一三一の二】**注(3)参照。◉(3)譬如農夫…必有豊年＝たとえば農夫が草むしり、苗の上に土をかぶせたりして怠らねば、たとえ飢饉があっても、必ず豊作の年が来るようなもの。『左氏伝』昭公元年の条に、趙文子の語。◉(4)**箇箇放過一著**＝一手緩めて、箇々それぞれあらしめる。建立第二義門。馬大師、大冶の放行の大用。『五祖演録』海会録に、「今日放過一著。建化門中に向かって、別に箇の話会を解するを作す」（禅十二・四二二）と。もと『会元』巻十三越州乾峰の上堂に、「放過一著、落在第二」と見え、『碧巌』五垂示にも引用される。◉(5)帰馬于華山之陽、放牛于桃林之野＝馬を華山の南に送り、牛を桃林の野に放つ。暴虐紂王の世も終わり天下太平、馬牛をそれぞれ本来の場に戻す。『書経』武成篇に見える。絶対放行底。◉(6)**生鉄如和土壌、大冶可解拈却**＝生鉄は通常泥土と一緒に混ざっているが、名鍛冶師は不純物を取り除いて、大冶

の精金になす術を心得ている。「大冶」は『荘子』大宗師篇に見える名鍛冶師を云う。ここは百三十余人の善知識を打ち出した馬大師を指す。「解」は「出来る」。「拈却」は「除却」に同じ。『俗語解』［一三六九］に「『とってのける』と訳す」とあり、『洞山初録』にも「膩脂《にし》の帽子を拈却する」と有るが、「混じり物の泥土を取りのける」ことを云う。しかし、評唱は拈却の目的格を生鉄自身と見る。◉(7)釈箕子囚、封比干墓＝箕子をその囚閉から解き放ち、比干の墓に高く土盛りをした。紂王に虐げられた殷の臣民を復旧する。『史記』殷本紀。◉(8)飛鳥尽良弓蔵＝獲物が尽きれば、良弓もご用済み。太平の御代には不用のもの。范蠡の語。【八六】注(6)参照。

※江月和尚和韻に、「公案胡為累百、馬祖一句道著。懐譲方知父慈、心胆幾許閑却」と。

《頌評唱》評に曰く。「朝三千暮八百」と。此の両句、恰《あたか》も馬祖大師の(1)一幅の掛真《かしん》を見るが如し。面目現在、却って寒毛卓竪《かんもうたくじゅ》することを覚ゆるや。馬大師の一語と又た是れ(2)白壁一双《はくへきいっそう》。「生鉄《さんてつ》、土壌に和するが如し、大冶《たいや》も須《すべか》らく拈却《ねんきゃく》すべし」と。既に是れ生鉄、(3)大冶、什麼《なん》に依《よ》ってか拈却することを為《せ》る。土壌に和するが如くなる故《ゆえ》に。何が故に是《かく》の如くなる。大師の此の語、一柄《いっぺい》の天に倚《よ》る長剣の如し。(4)晋楚《しんそ》も其の富を失い、賁育《ほんいく》も其の勇《ゆう》を失い、王公《おうこう》も其の貴《たっと》きを失い、良将も其の計を失い、柳も緑を失い、花も紅を失う。宜《むべ》なる哉《かな》、生鉄も其の堅きを失い、土壌に和するが如くなることを。何を以て験《けん》と為す。(5)未だ三八九を明らめずんば、且らく馬蹄の風を逐《お》え。

(1)一幅掛真＝馬祖の頂相、肖像画。◉(2)白壁一双＝一対の白壁。第十四則（【二三一】）頌注(6)参照。◉(3)大冶依什麼為拈却＝「拈却（取り除く）」の対象は本来「土壌」である筈だが、「生鉄」自身とするのは、これは白隠禅師の天才的な断章取義、換骨奪胎の真骨頂と云うべきものか。以下、『寒山詩闡提記聞』にも屢々見られる白隠禅師一流の深秘釈とも云うべきもの。◉⑷晋楚失其富…柳失緑、花失紅＝これに逢うては、どのような勢力家も力を失う。蘇軾。【二九】注⑷参照。◉⑸未明三八九、且逐馬蹄風＝未だ一心を明らめずんば、折角の好風景も知る人もなく馬蹄が塵。『仏光録』巻四に、「色空空色、空色色空。柳は揺るる浅緑、花は発《ひら》く深紅。良久して云く、『〜、〜』」（大正八十・一六九上）と。前句は第五則（【二二二】）頌注⑾参照。後句は、『三体詩』七絶、崔魯「山路見花」に、「春意、自ら主の惜しむこと無きを知り、風に恣《まか》せて吹いて馬蹄の塵を逐う」の後句を踏まえたものか。

（頌古終）

槐安国語巻六終

槐安国語巻七

龍宝開山語録中拈古評唱

【二六六】第一則　臨済孤峰

挙《こ》す。(1)臨済、上堂云く、「一人《いちにん》は(2)孤峰《こほう》頂上に在って(3)出身《しゆつしん》の路《みち》無く〔(4)朝三暮四《ちようさんぼし》。(5)黄葉《こうよう》、門《もん》を遮《さえぎ》る、拄《しゆ》杖子《じようす》、者《こ》の死漢を打せず、蘆華《ろか》、腰《こし》を擁《よう》す、瞎驢児《かつろじ》、甚《なん》の境界《きようがい》か有らん〕、一人は(6)十字街頭《じゆうじがいとう》に在って亦た(7)向背《こうはい》無し〔朝四暮三《ちようしぼさん》。(8)明頭来也明頭打《みようとうらいやみようとうだ》、暗頭来也暗頭打《あんとうらいやあんとうだ》、四方八面来也旋風打《しほうはちめんらいやせんぷうだ》、虚空来也連架打《こくうらいやれんがだ》〕。(9)那箇《なこ》か前に在り、那箇か後に在る〔(10)豈《あ》に夙夜《しゆくや》せざらんや、行《みち》に露多《つゆおお》きを謂《おも》うてなり。(11)国《くに》の将《まさ》に興《おこ》らんとする時は、民《たみ》に聴《き》き、将《まさ》に亡《ほろ》びんとする時は、神《かみ》に聴《き》く〕。(12)維摩詰《ゆいまきつ》と作《な》さざれ、傅大士《ふだいし》と作さざれ、(13)珍重《ちんちよう》〔(14)国の興るや、民を視《み》ること傷《きず》つくが如くす。其の亡ぶるや、民を以て土芥《どかい》と為《な》す〕」と。

師云く、「将《まさ》に謂《おも》えり、(15)龍頭蛇尾と〔(16)賤《やす》きことは泥沙《でいさ》の如く、貴《たか》きことは金璧《きんぺき》の如し〕、(17)元来、只だ是れ蛇尾龍頭〔(18)用うる則《とき》は虎と為り、用いざる則は鼠《ねずみ》となる〕。(19)然《しか》も是の如くなりと雖《いえど》も、深く指示を領ず〔(20)至治《しち》の馨香《けいこう》は神明《しんめい》を感《かん》ぜしむ、黍稷《しよしよく》馨《かぐわ》しきに非ず、惟《こ》れ徳、惟《こ》れ馨《かぐわ》し〕」。

(1)臨済上堂云…＝『臨済録』上堂の七に見える話。【一七九の三】に既述。◉(2)孤峰頂上＝向上絶対の境、掃蕩の正位。◉(3)無出身之路＝人間《じんかん》の出路絶え、仏祖も足踏みならぬ。「出身」は「出路、活路、世に出る」。「上無諸仏、下無衆生、本分ノ正位、一人ノ度スベキ無シ」。◉(4)朝三暮四、朝四暮三＝朝に三個暮に四個と、朝に四個暮に三個と。いずれも実質に変わりは無い。【二五】注(7)参照。◉(5)黄葉遮門…有甚境界＝黄葉、門を遮り人跡を絶したと云っても、そんな死人は打つ値打ちもなし。膝を蘆芽に突き抜かれるまで坐禅していたという釈迦も高が知れたもの。『虚堂録』巻一報恩録の入寺法語、但し「腰」は「膝」、「境界」は「生涯」。【一六六の二】注⒄参照。◉⑹**十字街頭**＝向下方便の為人、建立の偏位。◉⑺**無向背**＝前後貴賤無く、相手と一つに泥まみれになって自在に働く。【八〇の二】にも既出。◉⑻明頭来也明頭打…＝『臨済録』勘辨六に、普化《ふけ》が十字街頭に於いて錫杖の鈴を鳴らして、「明でやって来るなら明で打ち、暗で来るなら暗で打ち、四方八面からやって来るなら旋風の如く打ち、虚空から来る時はつるべ打ち」と、前後無き用処を挙揚する。【六四の二】注⑶参照。◉⑼**那箇在前、那箇在後**＝孤峰の者が勝るか、十字街頭の者が勝るか。道忠禅師の『疏瀹』に、「前後」は「勝劣」の義。但し書き入れには、「今時那辺、前モ後モ無イ、宝鏡三昧ジャ」と。◉⑽豈不夙夜謂行多露＝（しっとりと湿《うるお》うた道の露）、晨《あした》に夜深けに通いたいと思いはするが、露の多いのが邪魔になる。『詩経』召南の行露。「行フト思ヘドモ、ツユガ多イ事ヲ案ジテヲル。ソナタ思ヘバ、テル日モ曇ル、冴ヘタ月夜モ、闇トナル」。◉⑾国将興時…、将亡時…＝国が盛んになろうとするときには、民の心を聞いてそれに従うものであり、国が滅びようとするときには、神に祈って福を求めるということです。『左氏伝』荘公三十二年。◉⑿不作維摩詰、不作傅大士＝一人は維摩詰だ、一人は傅大士だなぞと、他人事の様に云うことなかれ。各自の脚下の問題である。『疏瀹』に、「二居士の見解、向上に在り、然るに却って迹《あと》を塵俗に混ず。迹を塵俗に同ずと雖も、然も迥《はる》かに聖凡を出づ、故に之れを引く。不作とは…言《そのこころ》は自己即ち是れなり」と。維摩詰は、第三十二則（【二四九】）本則の主人公。傅大士は、善慧大士、第四十六則（【二六三】）本則評唱注⑶参照。◉⒀**珍重**＝『俗語解』［四九八］に、「叢林の礼話、…夜間に『珍重』と云う、…『お身を大切に、よくやすみ玉え』と云う辞なり」。ここは「久立珍重」の略で、師家の上堂説法を立ったまま聞いていた大衆に対する礼話。◉⒁国興也…、其亡也…＝国がおこり栄えるときには、負傷した者をいたわるように民をいたわるものです。国が衰え滅びるときには、民を土や芥のように扱うものです。『左氏伝』哀公元年。◉⒂**龍頭蛇尾**＝初めは龍だが所詮蛇だった、中途半端。『伝灯録』巻十六雪峰章に、六祖の不是風動、不是幡動、仁者心動を挙して曰く、「大小の祖師も龍頭蛇尾、好し二十拄杖を与えんには」と。【一七九の三】

に本則を挙して、拈じて云う、「古来作者、嶮を弄して草に落つ」と。◉⒃賤如泥沙、貴如金璧＝始終為人、賤《やす》き者有り、貴《たか》き者有り。一手擡、一手搦（持ち上げたり、腐したり）。第二十九則（【二四六】）頌注⑶参照。◉⒄**元来只是蛇尾龍頭**＝もともと蛇に過ぎないものが、初めは龍に思えただけ。「龍頭蛇尾」のだめ押し。『雲門広録』巻中の示衆に、「龍頭蛇尾、蛇尾龍頭」（禅十一・三六九上）と。「将謂胡鬚赤、更有赤鬚胡」（【六三の二】注⑹参照）と同趣旨。◉⒅用則為虎、不用則鼠＝これを用いるならば虎にもなり、これを用いないならば鼠ともなる。第二十九則（【二四六】）本則注⒀参照。◉⒆**雖然如是深領指示**＝然はされど、御教示謹んで承ります。◉⒇至治馨香…惟徳惟馨＝最上の政治はよい香りを発して、神をも感じさせる。しかし、それは神に供えるもちきび・うるちきびが香りがよいのではなくて、神を祭る人の明らかな徳のために香りがよいのである。『書経』君陳篇、但し「惟徳」は「明徳」。

【二六七】第二則　天皇恁麼

挙《こ》す。⑴欽山《きんざん》、巌頭雪峰《がんとうせっぽう》と同《とも》に⑵徳山《とくさん》に到る〔⑶三人行けば則ち必ず一智有り〕、**乃《すなわ》ち問う、「⑷天皇《てんのう》も也《ま》た恁《いん》麼《も》に道《い》う、龍潭《りゅうたん》も也た恁麼に道う**〔⑸他《た》の獅子《しし》皮《ひ》を被《き》て、還《かえ》って野干鳴《やかんめい》を作《な》す〕。**⑹未審《いぶか》し、徳山、作麼生《そもさん》か道《い》わん**〔⑺若し是れ野干、法王《ほうおう》を逐《お》わば、百年《ひゃくねん》の妖怪《ようかい》も空《むな》しく口を開かん〕」**と。徳山云く、「⑻汝、試みに天皇龍潭底を挙して看よ**〔⑼撓鉤搭索《にょうこうたっさく》〕」。**欽山、⑽擬議《ぎぎ》す**〔⑾羊質《ようしつ》にして虎皮《こひ》なる者有り、草《くさ》を見て悦《よろこ》び、豺《やまいぬ》を見て戦《おのの》く、其の皮《かわ》の虎《とら》なることを忘るればなり〕。**⑿徳山、便ち打つ**〔⒀断《だん》ず可《べ》きに当たって断ぜずんば、却って其の乱《らん》を招く〕。**欽山、⒁延寿堂《えんじゅどう》に帰って云く、「⒂是《ぜ》なることは則《すなわ》ち是《ぜ》、我れを打つこと太煞《はなはだ》し**〔⒃痛《いた》みを恐るる者は、須《すべか》らく是れ痛みを知る人なるべし。毒《どく》を怖《おそ》るる者は、須らく是れ毒を知る人なるべし〕」。**巌頭云く、「⒄你《なんじ》与麼《よも》ならば、他後《たご》、道うこと莫《な》かれ、徳山に見《まみ》ゆと**〔⒅我が華《はな》を摭《ひろ》うて、我が実《み》を食らわざるものを疾《にく》む〕」。

師云く、「⒆可惜許《かしやっこ》（我が門を過ぎて、我が室に入らざるものを疾む）」。

⑴**欽山同巌頭雪峰……**＝本則は、『宗門葛藤集』二六六、『伝灯録』巻十七、『会元』巻十三、『会要』巻二十二等の欽山章、『禅林類聚』巻六の五十一丁、『祖堂集』巻五徳山章に見える。欽山文邃《ぶんすい》は若年より杭州大慈山寰中禅師の下で受業し、そこで巌頭、雪峰の同郷人と知りあい、以後伴を結んで行脚す、雪峰より十八歳前後若かった、洞山良价に嗣法し、二十七歳で澧州《れいしゅう》欽山に住する。雪峰は第二十七則（【二四四】）本則注⑴、巌頭は第九則（【二二六】）本則注⑴参照。◉⑵**徳山**＝宣鑑、七八二―八六五。法系は石頭→天皇→龍潭→徳山→巌頭・雪峰。◉⑶**三人行則必有一智**＝『楊岐会録』（禅十二・四〇三）に見えるが、もと『論語』述而篇に、「三人行けば則ち必ず我が師有り」と。【一八一の二】注⑸参照。◉⑷**天皇也恁麼道、龍潭也恁麼道**＝天皇もこの様に云い、龍潭もこの様に云う。天皇下の宗旨。天皇道悟（七四八―八〇七）、石頭に嗣法して、湖北省荊州城東の天皇寺に住す。その家風はどのような客が来ようとも迎送せず、みな坐して揖するのみであった。龍潭崇信（?―八三八）、もと天皇寺門前の餅屋。毎日天皇に餅十個を供養するに、必ず一箇を逆に恵んで呉れるのを不思議として出家し、天皇の法を嗣ぎ、湖南省澧州龍潭に住す。【三の一】注⑷参照。◉⑸被他獅子皮、還作野干鳴＝大丈夫の漢でありながら、野狐の鳴き声をなす。『臨済録』示衆十四の二。「野干」は第十八則（【二三五】）頌評唱注⒁参照。◉⑹**未審徳山作麼生道**＝和尚さんならどう云いますか。天皇の宗旨をどう承当するや。雪竇云う、「欽山、箇の問端を致すこと、甚だ是れ奇特。争奈《いかん》せん龍頭蛇尾なることを。…大丈夫の漢、虎鬚を捋《な》づ、也た是れ本分」（『禅林類聚』）。◉⑺若是野干逐法王、百年妖怪空開口＝たとえ野狐がいくら獅子王の咆哮を真似ても、百年経っても虚しく真似で終わるのみ。永嘉大師『証道歌』（『伝灯録』巻三十）、但し「空」は「虚」、『四部録』では「百年」を「百千」とする。もと『涅槃経』巻二十七に、「野干の師子を逐うて百年に至ると雖も、終に師子吼を作し能わざるなり」（大正十二・五二二）と。◉⑻**汝試挙天皇龍潭底看**＝そう言うお前さ

んは天皇下の宗旨をどう会得しているのか、示して貰いたい。◉⑼撓鉤搭索＝がんじがらめにして身動きも出来まい。第九則（【二二六八】）本則評唱注㉕参照。◉⑽**擬議**＝何か云おうとした。『会元』では「進語せんと擬《ぎ》す」。『祖堂集』では「礼拝す」とある。◉⑾有羊質而虎皮者…＝虎の皮をつけた羊は草を見ては喜ぶが、山犬をみては恐れおののき、自分が虎の皮を着けているのを忘れてしまう。見かけ倒し。『魏志』陳思王植伝十九。底本の「説」は「悦」の誤り。◉⑿**徳山便打**＝『禅林類聚』では、「山、便ち連棒に打す」と。◉⒀当可断不断、却招其乱＝処断すべき時に躊躇して処断しなければ、後に反って其の災害を招くに至る。『伝灯録』巻十八鏡清道怤《どうふ》章。もと『史記』世家二十二斉悼恵王に「断ずべきに当たって断ぜざれば、反って其の乱を受く」と。◉⒁**延寿堂**＝涅槃堂とも云い、病僧の療養所。『伝灯録』に、「徳山、拄杖を以て打ち、舁《かつ》いで涅槃堂に入らしむ」と在るごとく、徳山にしこたま打たれて足腰が立たなくなって担ぎ込まれたのである。雪竇拈じて云う、「徳山の令、一半を行ずるのみ。令若し全く行ぜば、雪峰巌頭も総に是れ涅槃堂裏の漢」（『禅林類聚』）と。◉⒂**是則是、打我太煞**＝よいことはよいが、やりすぎだ。「太煞」は「過分」。◉⒃恐痛者…、怖毒者…＝痛さを知らない者には痛さの恐ろしさが分からない。「痛痒を知る」とは「切に知る、悟る」を云う。東陽英朝編『禅林句集』に載るが、出典未詳。『大灯百二十則』七十五雪峰鼈鼻蛇の大灯下語に、「痛みを知る者は須らく是れ痛痒の人なるべし、…毒を怖るるは須らく是れ還って毒を知る人なるべし」と。◉⒄**你与麼、他後莫道見徳山**＝そんなことを云っているようでは、以後、徳山に見えたとは云うなかれ。天皇下の宗旨とは縁遠い奴。◉⒅疾摭我華…、疾過我門…＝上辺の美しさを見て堂奥に入らないものを憎む。揚子『法言』問明に見える。また『孟子』尽心章句下三七節には、門を過ぎて室に入らない者を、郷原（ニセ紳士）や徳の賊と云って憎んでいる。◉⒆**可惜許**＝惜しい。「巌頭手ヌルイ、何故シャッ面喰ラワセン」。

※因みに、『汾陽頌古』二十に、本則を頌して、「老倒忘機の大作家、古今皆な賞す繊瑕を絶すと。天皇の一脈、龍潭に現ず、霊源より涌出して万路に差《たが》う。切に嘱す欽山猶お定動するも、無言説を得て至今に誇らんことを」と。

【二六八】第三則　鼻孔遼天

挙《こ》す。(1)雲門、上堂云く、「(2)人に遇《あ》うときは即ち鼻孔遼天《びくうりようてん》〔(3)口《くち》、霜刃《そうじん》を啣《か》み、足《あし》、飛鋒《ひほう》を撥《はら》う。(4)韶石《しようせき》大士、平生遊戯三昧《へいぜいゆげざんまい》なり。(5)只だ恨《うら》む、直木《ちよくぼく》を見て輪《りん》と為《な》し、曲木《きよくぼく》を把《と》って桷《たるき》と為す底の做《さ》有ることを。何《なん》が故《ゆえ》ぞ。(6)章甫《しようほ》を好みて越人《えつひと》に強《し》うるに文冕《ぶんべん》を以てす〕」。

師云く、「(7)笑うに堪《た》えたり、這《こ》の老漢《ろうかん》、(8)赤脚《せききやく》にして刀山《とうざん》に上《のぼ》り、毛《け》を披《ひ》して火聚《かじゆう》に入ることを。(9)其《そ》れ笑いを解《げ》する底《てい》も也《ま》た少《まれ》なることを争奈《いかん》せん〔龍宝《りゆうほう》国師は、(10)水に攻《せ》むれば則ち章邯《しようかん》以て其の城を亡《うしな》い、陸《りく》に撃《う》てば則ち荊王《けいおう》以て其の地を失う底の雄略《ゆうりやく》無きには非ざるなり。唯だ恐らくは、(11)玉人《ぎよくじん》、宝《たから》を献《けん》じ、楚王《そおう》、之れを誅《ちゆう》す、李斯《りし》、忠《ちゆう》を竭《つ》くし、胡亥《こがい》、極刑《きよくけい》するの憂《うれ》い有らん。何が故ぞ。(12)仲尼《ちゆうじ》、厄《やく》せられて春秋《しゆんじゆう》を作り、屈原《くつげん》、放逐《ほうちく》せられて乃《すなわ》ち離騒《りそう》を賦《ふ》するの時を如何《いかん》せん。(13)猛虎、蛾眉《がび》を画《えが》く〕」。

(1)**雲門上堂云…**＝『雲門広録』巻中の上堂。全文は、「『遇人即鼻孔遼天』と云って便ち下座。代わって云う、『好悪を識る』。師或いは云う、『閙市裏に一句を道い将ち来たれ』。代わって便ち唱声に云う、『人家、灯火を点ずること莫かれ』」（禅十一・三七二）。◉(2)**遇人即鼻孔遼天**＝明眼の人にめぐり遇えば、鼻孔、天に向かい、仏祖も併呑。「人ニ遇テハ鼻高々スル事デハナイ」。「遇人」とは「然るべき人に遇う、善知識に遇う」を云う。例えば、「人に遇うときは即ち途中授与、遇わずんば即ち世諦流布」（【五二の二】注(2)参照）。また『会要』巻八仰山章に、初めて潙山と問答の後に、「師、涙を垂れて云う、『先師（＝百丈）道《いわ》く、你《なんじ》、須《すべか》らく人に遇うて始めて得《よ》しと。今日便ち是れ人に遇うなり』」。また『白雲端語要』に、「悟了は更に須らく人に遇うて始めて得《よ》し。若し人に遇わずんば只だ是れ一箇無尾の胡孫、才《わず》かに弄出すれば人便ち笑う」（禅十二・九五二）と。「鼻孔遼天」は「気宇、王の如く、仏祖を併呑する」の義、大悟を云う。【二一の一】の忠国師の「踏毘盧頂上行」の境界。『五祖演録』にも、「曹源の一滴人間《じんかん》に弥満す、衲僧一吸すれば～」（禅十二・四一九）と。◉⑶口齩霜刃、足撥飛鋒＝口で霜のように冷たく光る刃を噛み散らし、足で飛び来たる鋒を払い除ける。『文選』巻三十五張協「七命」の第四段に、狩猟の楽しみを述べ、猪の猛々しい動きを語る句。◉⑷韶石大士＝雲門大師。雲門山は韶石山とは異なるが、韶州に在るため通称する。◉⑸只恨有見直木為輪…＝無理強いの作略あるを恨む。『文選』巻四十三嵇康《けいこう》「与山巨源絶交書」に、「直木の必ず以て輪と為す可からず、曲者の必ず以て桷と為す可からざるを見ん」とあるのを踏まえる。【一九一の三】注⑵参照。◉⑹好章甫強越人以文冕＝雅人が章甫の冠を好んでいるからといって、野蛮な越人に文冕の冠を強要する。前句に続く「絶交書」の句。◉⑺**堪笑這老漢**＝児を憐れんで醜さを覚えざる為人三昧、可笑しくてならないと、抑下しながら雲門老漢を絶賛。◉⑻**赤脚上刀山、披毛入火聚**＝（地獄に入っては）素足《すあし》で剣《つるぎ》の山に登り、（畜生となっては）毛を生やして地獄の猛火の中に遊ぶ。大死一番、大活現前、六道四生遊戯三昧の境界。『仏光録』巻一に見え、また『仏国録』雲巌録二四には、「末後の一句、牢関を透過す。披毛行火聚、赤脚上刀山」と。もと『華厳経』入法界品の第十番目の勝熱婆羅門章に、「（善財）伊沙那聚落に至る。…四面の火聚は猶お大山の如く、中に刀山有るを見る。…婆羅門言く、『善男子、汝今若し能く此の刀山に上り、身を火聚に投ぜば、諸菩薩の行は悉く清浄なるを得ん』」とあるを踏まえる。◉⑼**其争奈解笑底也少**＝この可笑しさを分かる者のいないのはどうしようもないこと、哭するに堪たり、蒼天蒼天。【三一の三】注⑼参照。◉⑽水攻則…、陸撃則…＝水に攻めては雍王章邯《しょうかん》は城を失い、陸に撃っては楚王項羽は地を失う羽目になった。『文選』巻三十九鄒陽「上書呉王」に、漢の高祖劉邦の雄略を述べる。◉⑾玉人献宝…李斯竭忠…＝玉作り師の卞和《べんか》は立派な璞《はく》玉《ぎょく》（荒玉）を楚王に献上しましたが、王はかえって彼を足斬りの刑に処した。秦の丞相、李斯は秦に忠誠を尽くしましたが、二世皇帝胡亥は彼を極刑に処した。『文選』巻三十九鄒陽「獄中上書自明」。◉⑿仲尼厄…、屈原放逐…＝孔子は陳蔡で苦難に遭遇して『春秋』を作り、屈原は楚国から追放されて『離騒』を作る。『文選』巻四十一司馬遷「報任少卿書」。◉⒀猛虎画蛾眉＝「蛾眉」は「娥眉」とも。美しいまゆ。『句双紙』［六七九］に、「底がえずい（＝えぐい、こわい）、賊心じゃ」。『普灯録』巻二十一法石慧空（大慧下二世）章。

【二六九】第四則　雲門北斗

挙《こ》す。(1)僧、雲門に問う、「如何《いか》なるか是れ(2)透法身《とうほっしん》の句」〔(3)鷦鷯《しょうりょう》、深林《しんりん》に巣《す》くうも、一枝《いっし》を越《こ》えず、偃鼠《えんそ》、河《かわ》に飲《の》むも、満腹《まんぷく》に過《す》ぎず」〕。**門云く、「(4)北斗裏《ほくとり》に身《み》を蔵《かく》す」**〔(5)夫《そ》れ牛の虻《あぶ》を搏《う》つは、必ずしも虱《しらみ》を破る可《べ》からず」〕。

師云く、「(6)衆生《しゅじょう》、若し法身《ほっしん》に非ずんば、即ち衆生に非ず〔(7)黄絹幼婦《こうけんようふ》。(8)法身を以て衆生に喩《たと》うる似《よ》りは〕。**法身、若し衆生に非ずんば、亦た法身に非ず**〔外孫齏臼《がいそんせいきゅう》。衆生を以て法身に喩えんには如《し》かず〕。**(9)透《とう》の一字、(10)誰《たれ》に因《よ》ってか致《いた》し得《え》ん**〔譬えば、(11)寇難至《こうなんいた》るに、躄者《へきしゃ》、盲者《もうしゃ》に告げ、盲者負《お》うて走るに似たり〕。**(12)直饒《たと》い是れ北斗裏に身《み》を蔵《かく》すも、謂《い》つ可《べ》し、(13)首羅《しゅら》の三目《さんもく》、伊字《いじ》に似《に》たりと**〔(14)国師、国師、国師なる哉《かな》国師、国師以前に国師無く、国師以後に国師無し、国師なる哉《かな》国師、国師、国師〕。

(1)**僧問雲門**…＝本則は、『雲門広録』上（禅十一・三三七）。『伝灯録』巻十九、『会元』巻十五、『会要』巻二十四等の雲門章、『頌古聯珠通集』巻三十三、『禅林類聚』巻二の四十一丁等に見える。◉(2)**透法身句**＝法身をも透脱した境地。「句」は「事物の義理、境地」の義。◉(3)鷦鷯巣深林…、偃鼠飲河…＝みそさざいは、深林に巣をかけるにしても、一枝で充分ですし、どぶねずみは、川の水を飲むにしても、満腹でとまりです。虚名は結構です。『荘子』逍遥篇に、堯から天下禅譲の話を聞いて許由が断った語。◉(4)**北斗裏蔵身**＝北斗星の中に身を蔵す。悟りの上の没蹤跡、神通妙用を云う。『禅林類聚』に、大慧禅師、本則を拈じて、「雲門老人、恁麼に道うも只だ法身句を答え得たるのみ、未だ透法身句を答え得ず。今日或いは人有って径山（＝大慧）に如何なるか是れ透法身句と問わば、即ち他に向かって道わん、『蟭螟《しょうめい》眼裏に夜市を放ち、大虫舌上に鞦韆《しゅうせん》を打す』と」。「透法身句」は多くの人が拈弄す、例えば徳山縁密答えて曰く、「三尺の杖子、黄河を攪《か》く」（『会元』巻十五）。大陽警玄曰く、「大洋海底に紅塵起こり、須弥頂上水横に流る」（『同』巻十四）。香山蘊良曰く、「刹竿頭上に三台を舞う」（『同』巻十二）。◉(5)夫搏牛之虻、必不可破虱矣＝牛を手で打って、牛の外部にとまっている虻《あぶ》を打ち殺しえても、牛の毛の中に食い込んでいる虱《しらみ》を殺すことは出来ない。『史記』項羽本紀に、「夫れ牛の虻を搏つは、以て蟣蝨《きしつ》を破る可からず」とあるが、鉅鹿を囲む章邯の秦軍を撃つべしと云う項羽の献策を斥けた宋義の語。底本（貞永寺も）の訓みは「夫れ牛を搏つの虻は…」であるが、誤り。◉(6)**衆生若非法身、即非衆生、**…＝衆生の根拠は法身、法身の根拠は衆生。◉(7)黄絹幼婦、外孫虀臼＝「絶妙」、「好辞」。【六一】注(15)参照。◉(8)似以法身喩衆生、不如以衆生喩法身＝法身を衆生と云うよりは、衆生を法身と云った方がまし。国師を別の角度から肯う。◉(9)**透之一字**＝一字の値千金、透の一字が問題。◉(10)**因誰致得**＝「誰に因って」は反語。「誰ガ法身辺ヲ透過シ様ゾ」、透過する者は誰もいない。『参詳語要』二の「雪峰和尚塔銘」の「縁より得るに非ざれば」の下語、『碧巌』八十四頌下語。◉(11)寇難至瞽者告盲者、盲者負而走＝敵軍が襲来するという時に、足なえが盲者にその事を告げると、盲者は足なえを背負って逃走し（二人とも助かった）。誰に因ってでもない、持ちつ持たれつ。『淮南子』説山訓十五章。◉(12)**直饒是北斗裏蔵身可謂…**＝たとえ北斗に身を隠そうとも、摩醯首羅の三眼を逃れ得ない。◉(13)**首羅三目似伊字**＝『大灯録』原本では「首羅」は「修羅」、原本の誤植。「摩醯首羅《まけいしゅら》」は大自在天、シバ神の異名。世界の創造神であり、戦闘神阿修羅とは別。その形像は白牛に騎る三目八臂。「伊」は梵字「∴ i」（梵字形は三目に近似）の音訳。「伊字」、「伊字の三点」とは万物の根本の三位一体性を云う。『涅槃経』巻二に、「猶お伊字の三点の如し、若し並ぶときは伊を成さず、縦にも亦た成さず、摩醯首羅面上の三目の如し」（大正十二・三七六下）と、法身・般若・解脱の三徳の三位一体を云う。『正宗賛』巻二浮山章に、「諸仏出世して化門を建立するも三身智眼を離れず、亦た摩醯首羅の三目円きこと伊の三点の如し」と。第四十四則（【二六一】）頌注(3)参照。◉(14)国師国師国師哉国師…

＝これ以上ない絶賛。

【二七〇】第五則　雪竇二龍

挙《こ》す。(1)雪竇《せっちょう》、衆《しゅ》に示して云く、「譬《たと》えば(2)二龍珠《たま》を争《あらそ》うが若《ごと》し、(3)爪牙《そうげ》有る者は得ず〔(4)衣《い》あって裳《しょう》せざるは、未《いま》だ其の可《か》なることを知らざるなり。裳あって衣せざるも未だ其の可なることを知らざるなり〕。**或いは衲僧《のうそう》有り、(5)既に是れ爪牙有る者、什麼《なん》と為《し》てか得ざると問わば、(6)請《こ》う大衆《だいしゅ》、雪竇が為に一転語《いってんご》を下せ**〔(7)夫《そ》れ舟の覆《くつが》えることは風に闘《たたか》うに因《よ》る、筏《いかだ》の永く恙《つつが》無きは水と争わざればなり〕」。**師云く、「其《そ》れ(8)貧《ひん》なれば学ばずして倹《けん》、富《ふ》なれば学ばずして奢《しゃ》。此れは是れ(9)俗漢《ぞくかん》の陋韻《ろういん》、却って(10)言《こと》を知れりと謂《いっ》つ可《べ》し**〔(11)久遠《くおん》にして其の操《みさお》を改《あらた》めずんば、隋和《ずいか》と雖《いえど》も何を以てか諸《こ》れに加えんや〕。**且《しば》らく諸人に問う、(12)二龍の爪牙、雪竇の爪牙と孰与《いずれ》ぞ**〔(13)日出でて葵《き》藿《か》傾《かたむ》き、月虚《つききょ》にして魚脳減《ぎょのうげん》ず〕。**(14)他《た》、既に珠《たま》を争うて之れを得ず。這《こ》の老、(15)箇の什麼《なに》を争うてか得ざる。(16)請《こ》う、各《おの》おの一転語を下せ**〔(17)秋、甲子《かっし》に雨ふらば禾頭《かとう》に耳《め》を生じ、冬、甲子《かっし》に雨ふらば牛羊凍死《ぎゅうようとうし》す〕」。

(1)**雪竇示衆**…＝本則は、『雪竇録』巻二、大灯『参詳語要』巻一、『大灯百二十則』五十四則等に見える。◉(2)**二龍争珠**＝出典は無いが、古来より「二龍珠を争う、誰か是れ得たる者」と云う問答の伝統が有り、趙州は「老僧只管に看る」、また「失する者は虧《か》くること無く、得たる者は用うること無し」（『趙州録』）と答え、巌頭は「倶《とも》に錯《しゃく》」（『会元』巻七）と。首山省念は、「得る者は失す」（『同』巻十一）と。◉(3)**有爪牙者不得**＝「爪牙」は獲物を捕まえる武器、ひいては有所得心を喩える。『荘子』に黄帝の玄珠を知覚・聡明・言辨等みな得ることが出来ず、無心の象罔のみ得たことを云う。第二十四則（【二四一】）頌注(8)参照。◉(4)衣而不裳…、裳而不衣…＝衣は上着、裳はスカート。衣と裳と一対で一人前、片方のみでは不可。『礼記』葬大記に、「衣に必ず裳有り」と。「ヤイ下語メ、ドコガ有爪牙者不得ト云ウニ合。是ヲ大灯、雪竇ニ見セタイ」。◉(5)**既是有爪牙者、為什麼不得**＝「爪ノ有ル者デナケレバ得ラレンニ、爪ノ有ル者得ズトハ何故云タ」。◉(6)**請大衆為雪竇下一転語**＝『雪竇録』の示衆はこれで了わり、一転語を下す者無し。国師『参詳語要』で、代わって一転語を下し、「七穿八穴」、「分開せば好し」、「倶」、また「也た知る和尚、這の用を用うることを」と。また『大灯百二十則』では、「花を移して蝶の到るを兼ね、石を買いて雲の饒《ゆた》かなるを得」と、また「老老大大として這の去就を作す」と。◉(7)夫舟覆者…、筏永無恙…＝船が転覆するのは風に逆らうからであり、筏が長く無事であるのは水と争わないからである。出典未詳。◉(8)**貧不学倹、富不学奢**＝俗諺であるが、より詳しくは「貧なれば倹を学ばずして倹、富なれば奢を学ばずして奢」。貧乏人は倹を学ばなくても倹ならざるをえず、富裕人は奢を学ばなくても自ずと奢侈になる。『魏志』任城陳蕭王彰伝の論に見え、また『新唐書』九十八馬周伝に、「里語に曰く」として見える。◉(9)**俗漢之陋韻**＝鄙野な詩。【二一三】に既出。◉(10)**知言**＝知音に同じ。【五四】注(14)、【一四五の一】注(4)参照。◉(11)久遠而不改其操…＝永らく其の操を改めない者は、隋侯《ずいこう》の珠、和氏《かし》の璧《へき》という天下の至宝でも敵うものではない。揚子『法言』問明に蜀荘沈冥を評した語、但し「久遠」は「久幽」。◉(12)**二龍爪牙、孰与雪竇爪牙**＝「雪竇の爪牙」とは、「一転語を下せ」と座下に向かって人を求めんとしたことを云う。◉(13)日出而葵藿傾、月虚而魚脳減＝太陽が出ると葵《あおい》や藿《かく》（＝香草）は太陽に傾き、月が欠けると（陰性である）魚の脳《はらわた》が減る。前句出典未詳、後句は『淮南子』天文訓二章に、「月は陰の宗なり、是れを以て～」と。◉(14)**他既争珠**＝「他」は二龍。◉(15)**這老争箇什麼而不得**＝雪竇老は何を求めて得ることが出来なかったのか。◉(16)**請各下一転語**＝『大灯録』原本では「一点語」、原本の誤植。これ大灯の爪牙。◉(17)秋雨甲子…、冬雨甲子…＝秋、甲子の日に雨降ると禾が芽を出し、冬、甲子の日に雨降ると、牛や羊が凍え死ぬ。大兆、大兆、恐るべし。『五雑組』巻二、天部二の天候占いの諺に、「春雨甲子、赤地千里（＝不毛荒廃）。夏雨甲子、乗船入市（＝大水）。～、～」と云い、四季それぞれ甲子の日の雨は大兆を告げる。「耳」

は「穀物が雨にあって芽をだすこと。また、その芽」の義。「白隠ガ下語、大灯ノ気ニ入ルカ入ラヌカ、入テモ三十棒、入ライデモ三十棒。ナニ戯言ツク」。

【二七二】第六則　大死底人

挙《こ》す。(1)趙州《じょうしゅう》、投子《とうす》に問う、「(2)大死底《だいしてい》の人《ひと》、却って活《かつ》する時如何《ときいかん》」(3)〔一日の忌《き》は暮《くれ》に飽食すること無《な》かれ、一月の忌は暮に大酔すること無かれ〕。**投子云く、「(4)夜行《やこう》を許さず、明《めい》に投《とう》じて須《すべか》らく到るべし**〔一歳の忌は暮に遠行すること無かれ、終身の忌は暮に常に気を護れ〕」。

師云く、「趙州は(5)歩《ほ》を移《うつ》して身《み》を移《うつ》さず〔(6)一を去却《こきゃく》して七《しち》を拈得《ねんとく》す〕。**投子は身を移して歩を移さず**〔(7)一を拈得して七を去却す〕。**然《しか》も(8)虚《きょ》を承《う》け響《ひびき》を接《せっ》すと雖《いえど》も、(9)争奈《いかん》せん、他後《たご》、挙《こ》し得る者少《まれ》なることを**〔(10)寛《かん》を以て衆に処《しょ》し、恕《じょ》を以て人を待つは君子《くんし》の道《みち》なり。国師、胡為《なんすれ》ぞ(11)一瓜《いっか》を進めて三妾《さんしょう》を斬り、(12)二桃《にとう》を放って三子を殺すことを為《な》すや。何《なん》が故《ゆえ》ぞ、(13)夫子《ふうし》の道《みち》は但《た》だ忠恕《ちゅうじょ》のみ〕」。

(1)**趙州問投子…**＝本則は、『碧巌』四十一、『従容録』六十三、『伝灯録』巻十五、『会元』巻五、『会要』巻二十一投子章、『頌古聯珠通集』巻二十五、『禅林類聚』巻十の三丁等に見える、投子の道声を挙げた問答。両者は第三十三則（【二五〇】）本則注(2)(7)参照。『伝灯録』等に依れば、丁度投子下山の折りに二人は面識のないまま出くわしたが、趙州はそのまま先に行って庵中に坐す。投子、油瓶を携えて帰庵す。州問う、「投子投子と世に高いが、来て見たらただの売油翁か」。子曰く、「汝はただ売油翁を見て、投子を知らず」。州曰く、「如何なるか是れ投子」。子曰く、「油、油（油はいらぬか）」と売油翁になりきる。その後本則の話頭に入り、そして州、投子を評して云う、「我れ早《すで》に侯白なるに、伊《か》れ更に侯黒なり（彼の方がうわ手だ）」と。◉(2)**大死底人、却活時如何**＝『伝灯録』、『会要』では「死中に活を得たる時、如何」。◉(3)一日之忌暮無飽食…終身之忌暮常護気＝一日の禁忌は、日暮れに飲食するな。一月の禁忌は、月暮に大酔するな。一年の禁忌は、年の暮れに遠く旅するな。終身の禁忌は、老年には常に気を護ること。『五雑組』巻二、天部二の諺。◉(4)**不許夜行、投明須到**＝夜中に来たるは物騒、明けてから来なさい。「夜行」は夜間外出を云い、当時中国では法度であった。「投明」は「明け方」、「到」には「行く、来たる」の両義ある。『種電鈔』に、「死問を設けて我れを試みること莫かれ、只だ汝が明達底を道い将ち来たれ」と。【二一三】注(4)参照。◉(5)**移歩不移身、移身不移歩**＝（趙州は）途中に在って家舎を離れず、（投子は）家舎を離れて途中に在らず。【五二の二】注(4)参照。◉(6)去却一、拈得七＝一を取り除けたと思えば、すぐあとが出てくる。『碧巌』六頌。◉(7)拈得一、去却七＝一を得たと思えば、すぐ前を失う。拈の時は徹底拈、去の時は徹底去。『碧巌』六頌をもじった白隠の造語。◉(8)**承虚接響**＝趙州・投子、谺《こだま》のよく相応ずるが如く、虚心にして能く答話を領ず。第五則（【二二二】）頌注(16)、【一三〇の一四】注(7)参照。◉(9)**争奈他後挙得者少**＝二人のやり取りはさても見事とは云え、後代の児孫の会する者のないのはどうしようもない。「他後」は「他日、後日」の義。◉(10)以寛処衆、以恕待人、君子之道也＝寛大の心で皆にのぞみ、思いやりの心で人を待遇するのが君子の道。出典未詳。◉(11)進一瓜而斬三妾＝『五雑組』巻十、物部二の瓜二に、魏の曹操の故事として見える。『礼記』曲礼上第一に、瓜を食膳に出す出し方を天子、諸侯、大夫、士とそれぞれの身分に応じて細かに規定しているが、曹操は妾の瓜の進め方が無礼であるとして斬ったもの。国師、余りに酷薄なやり方。◉(12)放二桃而殺三子＝斉の晏子が三人の勇者に二個の桃を贈り、闘わせて皆な殺した故事。【二一七】注(10)参照。国師、余りに酷いやり方。◉(13)夫子道但忠恕而已矣＝先生の説かれた道は、誠実と思いやりだけです。『論語』里仁篇。

【二七二】第七則　臨済疑著

挙《こ》す。(1)臨済、(2)侍者《じしゃ》をして徳山《とくさん》に伝語《でんご》せしむ〔(3)民《たみ》をば之れに由《よ》らしむ可《べ》し、之れを知らしむ可からず。

(4)籌《はかりごと》を帷幄《いあく》の中《うち》に運《めぐ》らし、勝《かち》を千里の外《ほか》に決す」。**侍者云く、「徳山、人を打《う》つことを要《よう》す**〔(5)笠《かさ》は重《おも》し呉《ご》天《てん》の雪《ゆき》。(6)薬瞑眩《くすりめいげん》せずんば、厥《そ》の疾瘳《やまいい》えず。若し跣《せん》にして地《ち》を視《み》ずんば、厥《そ》の足用《あしもつ》て傷《きず》つかん」〕。**済《さい》云く、「汝、但《た》だ去れ、(7)伊《かれ》が棒を拈《ねん》ずるを待って、接住《せつじゅう》して一送《いっそう》を与えば、(8)汝を打たざることを管取《かんしゅ》せん**〔(9)蚊虻《ぶんぼう》を駆《か》って丘陵《きゅうりょう》を負《お》わしむるが如し。(10)戦《いくさ》に前敵《ぜんてき》無きは将帥《しょうすい》の楽《らく》なり、四海寧一《しかいねいいつ》なることは帝王《ていおう》の楽なり」〕。**侍者、教《おし》うる所に依《よ》る、果然《かぜん》として打たず。帰って臨済に挙似《こじ》す**〔鞋《あい》は香《かんば》し楚地《そじ》の花《はな》。(11)山陵《さんりょう》の険阻《けんそ》なるは、人、負気《ふき》多く、江河《こうが》の清潔《せいけつ》なるは、女、佳麗《かれい》多し」〕。**済云く、「(12)我れ従来《じゅうらい》、者《こ》の漢を疑著《ぎじゃく》す**〔(13)仁義《じんぎ》を掲《かか》げて衆を利することは、鼓《つづみ》を打ちて亡子《ぼうし》を求むるが若《ごと》し」〕」。

師云く、「蓋《けだ》し是れ(14)作者《さくしゃ》の動止《どうし》、鬼神も測《はか》り難し〔(15)天《てん》高くして窮《きわ》まらず、地厚《ちあつ》くして極《きわ》まり無し。(16)察《さつ》にして淵魚《えんぎょ》を見る者は不祥《ふしょう》なり、智《ち》にして隠匿《いんとく》を料《はか》る者は殃《わざわ》い有り」〕。**(17)一人《いちにん》は(18)海《うみ》枯れて終《つい》に底《そこ》を見る処に向かって、(19)千聖の頂𩕳《ちょうねい》に坐断《ざだん》し**〔明眼《みょうげん》の衲僧《のうそう》ならば、上下四維《しゆい》十方法界、上《かみ》は(20)非想非非想天外《ひそうひひそうてんがい》より、下《しも》は(21)金輪水際《こんりんすいさい》に到るまで、(22)一見に見徹して余蘊《ようん》無し、(23)豈《あ》に江《こう》尽き海《うみ》枯るるを待って底《そこ》を見る者ならんや」〕。**一人は人《ひと》死して心《こころ》を知らざる処に向かって、(24)衲子《のつす》の眼睛《がんぜい》を瞎却《かつきゃく》す**〔明眼の衲僧ならば、(25)最初破家《はけ》散宅《さんたく》の日、自心《じしん》・他心《たしん》・衆生心《しゅじょうしん》・餓鬼心《がきしん》・修羅心《しゅらしん》・畜生心《ちくしょうしん》・仏心《ぶつしん》・魔心《ましん》・菩薩心《ぼさつしん》・声聞心《しょうもんしん》・縁覚心《えんかくしん》、一見に見透《けんとう》して点塵《てんじん》無し、(26)豈に死を待って而《しか》る後に心《こころ》を知る者ならんや。若し彼の心意《しんい》・識情《しきじょう》ならば、(27)一捏《いちねつ》を消《しょう》せず。然《しか》も与麼《よも》なりと雖《いえど》も、(28)白狼河《はくろうが》の北《きた》、音書《いんしょ》断《た》え、丹鳳城《たんぽうじょう》の南《みなみ》、秋夜《しゅうや》長《なが》し」〕。**(29)咦《いー》**〔(30)鑑《かん》〕。**(31)貴《たつと》ぶ可《べ》し、賤《いや》しむ可し**〔(32)旧竹《きゅうちく》、新筍《しんじゅん》を生じ、新花《しんか》、旧枝《きゅうし》に長ず」〕」。

(1)**臨済令侍者伝語徳山…**＝『臨済録』勘辨十二に見える。但し、本則は『虚堂録』巻一報恩録の文に依ったもの。虚堂の評語は、「尽《ことごと》く謂う、徳山は只だ浅水《せんすい》に鱗を張るを解すのみ、深潭に釣を下すこと能わずと。殊《こと》に知らず、臨際父子、徳山に荒草堆頭《たいとう》に埋在《まいざい》せられて、今に至るも身を擡《もた》げ起こさざることを」と。『大灯百二十則』二十八則にも見える。◉⑵**侍者・徳山**＝『臨済録』に、徳山は第二代徳山（＝宣鑑）、侍者は楽普《らくほ》として見える。◉⑶民可使由之、不可使知之＝人民は王者の定めた道に依り則《のっと》らしめることは出来るが、各自に一々その理由を説いて、意義を知らしむることは難しい。『論語』泰伯篇。◉⑷運籌帷幄中、決勝千里外＝はかりごとを帷幕の中で練り、戦線の千里外に勝利を決めた。『碧巌』四本則評唱などに出るが、もと『史記』留侯世家、漢六年に、高祖が張良の知略の功績を讃えた語。◉⑸笠重呉天雪、鞋香楚地花＝雲水行脚の風情。『詩人玉屑』二十、唐の天聖の間、閩《びん》僧可士「送僧」の詩に、「一鉢即ち生涯、縁に随って歳華を度る。是の山、皆な寺有り、何処《いずく》か家と為さざる。〜、〜。他年、禅室を訪わば、寧《なん》ぞ路岐の賖《とお》きを憚《はばか》らん」。◉⑹薬弗瞑眩…、若跣不視地…＝薬を飲んで目まいがする程でなければ、その病気は治らない。もしも裸足で歩くとき、地面をよく見なければ、その足は怪我をしてしまうものである。『書経』説命上に、殷中興の祖高宗が賢人傅説《ふえつ》に厳しい教導を請うた語。◉⑺**待伊拈棒、接住与一送**＝徳山が棒を手に持ったら、その棒をつかんで押し戻せ。◉⑻**管取不打汝**＝きっとお前を打たないであろう。「管取」は「…の結果になることは請け合いだ」の義で、『臨済録』の「看他作麼生（彼がどうするかを見てこい）」とは少し異なる。◉⑼如駆蚊虻負丘陵＝（侍者には）無理難題。『荘子』応帝王篇に、「蚉《か》をして山を負わしむ」と有るを踏まえる。◉⑽戦無前敵、将帥楽也、四海寧一、帝王楽也＝戦に於いて前にたちはだかる敵のないのが将軍の安楽、天下太平は帝王の安楽。出典未詳。◉⑾山陵険阻…、江河清潔…＝険阻の山国には勇者おおく、水の清らかな所には美人が多い。「負気」は「己の勇気をたのむ」。出典未詳。◉⑿**我従来疑著者漢**＝わしは以前からあいつをただ者ではないと思っていた。『臨済録』勘辨七にも用例があり、『南泉語要』にも見える。◉⒀掲仁義利衆、若打鼓而求亡子焉＝仁義を掲げて衆生を利益せんとすることは、太鼓を鳴らして逃亡者を探すようなもの。『荘子』天道篇、但し「利衆」の二字なし。◉⒁**作者動止**＝作家日常の挙措。◉⒂天高不窮、地厚無極＝測り難く、窮極無きを天地に比して。『寒山詩』九十二に、「天は高く高くして窮まらず、地は厚く厚くして極まり無し」と。◉(16)**察見淵魚者不祥、智料隠匿者有殃**＝目が届くからといって、淵にひそんでいる魚を見付けようとする人は不吉な目にあう。頭が良いからといって、隠れているものを調べ出す人は災難にかかる。『列子』説符篇十章に、晋の趙文子が周の諺として引用する。◉(17)**一人**＝書き入れでは、前者を臨済に、後者を徳山にあてる。◉(18)**海枯終見底、人死不知心**＝大海は深いと雖も枯れる時は底をあらわすが、人は死んでもその心は測り難いものである。『法華全挙（汾陽下）語要』の行録に見えるが、もと杜荀鶴「感寓」に、「大海の波濤は浅く、小人の方寸は深し。〜、〜」（『全唐詩』巻六九三）と。◉(19)**坐断千聖之頂𩕳**＝仏祖の頭頂を尻に敷いてどっかり坐りこむ。◉(20)非想非非想天外＝三界の最頂。【二〇七】注(4)参照。◉(21)金輪水際＝世界の根底。【四一の二】注(4)参照。◉(22)一見見徹無余蘊＝天地隈なく見通して、余すこと無し。◉(23)豈待江尽海枯見底者哉＝海の枯れるのを待つまでもないこと。◉(24)**瞎却衲子之眼睛**＝衲僧に悟りの眼を開かせる。「瞎却」は盲目にするを云うが、禅門では生来の眼を潰して正眼を開かしむを云う。【一二二の二】注(3)参照。◉(25)最初破家散宅日、自心…、一見見透無点塵＝最初の悟りで、一切の心を見透して、一点も残すことなく尽くしきる。◉(26)豈待死而後知心者哉＝死ぬのを待つまでもないこと。◉(27)不消一捏＝一ひねりも要らない。『碧巌』十六頌評唱、もと『黄檗録』（禅十一・一八一）。◉(28)白狼河北音書断、丹鳳城南秋夜長＝白狼河の北、わが夫の住むあたりからの音信も絶えはてて、長安城の南では、秋の夜のみがむなしく長い。『唐詩選』七律、沈佺期「古意」。◉(29)**咦**＝大声で「イー」と学人を驚覚する。【三九の二】注(14)参照。◉(30)鑑＝【一〇九】注(8)参照。◉(31)**可貴可賤**＝臨済・徳山、貴くもあり、賤しくもあり。『碧巌』三頌下語。◉(32)旧竹生新筍、新花長旧枝＝古い竹は新しい筍を生み、新しい花は古い枝に発《ひら》く。『川老金剛経注』巻中「離相寂滅分第十四」の道川頌に、「〜、〜。雨は行客の路を催し、風は片帆の帰るを送る。竹密なるも流水の過ぐるを妨げず、山高くも豈に白雲の飛ぶを礙《さ》えんや」と。

【二七三】第八則　雪竇問浴

挙《こ》す。(1)雪竇《せっちょう》、一日、僧に問う、「(2)汝、浴《よく》すや未《いま》だしや〔(3)大《だい》を語《かた》れば、天下、能《よ》く載《の》すること莫《な》し。小《しょう》を語れば、天下、能く破ること莫し〕」。**僧云く、「某甲《それがし》、(4)此の生浴《しょうよく》せず**〔(5)也大奇也大奇《やたいきやたいき》、(6)旧窠窟裏《きゅうかくつり》の死蝦蟆《しがま》〕」。**竇《ちょう》云く、「(7)你浴せず、箇《こ》の什麼《なに》をか図《はか》る**〔(8)情量《じょうりょう》の窟宅《くったく》を踏翻《とうほん》し、智解《ちげ》の窠臼《かきゅう》を鑿破《さくは》す〕」。**僧云く、「(9)今日、和尚に勘破《かんば》せらる**〔(10)蝦《か》、跳《おど》れども斗《と》を出でず、(11)蟷蜋《とうろう》、臂《かいな》を張って隆車《りゅうしゃ》に当たる〕」。**竇云く、「(12)賊《ぞく》は貧児《ひんじ》の家《いえ》を打《た》せず**〔(13)枯骨裏《ここつり》に什麼《なん》の髄《ずい》をか求めん〕」。

師、拈《ねん》じて云く、「雪竇老漢、(14)才《さい》は文武《ぶんぶ》を兼ね、出《い》でては将《しょう》、入《い》りては相《しょう》〔(15)仁《じん》に親しみ隣《りん》に善くするは国の宝なり。(16)諺に曰く、宅《たく》を是れ卜《ぼく》するに非ず、唯だ隣《りん》を是れ卜すと〕。**今日、(17)一口《いっく》の鉛刀子《えんとうす》を拈出《ねんしゅつ》せられて、(18)高く降旗《こうき》を竪《た》つ。諸人、雪竇を識《し》らんと要すや。(19)一種是の声《こえ》限り無き意、聴《き》くに堪《た》えたる有り、聴くに堪えざる有り**〔古《いにしえ》に曰く、(20)聡明深察《そうめいしんさつ》にして死に近き者は、好《この》んで人《ひと》を議《そし》る者なり。博辯宏大《はくべんこうだい》にして其の身《み》を危《あや》うくする者は、人《ひと》の悪《あく》を発《あば》く者なり。(21)国師平生《へいぜい》、智鑑高明《ちかんこうめい》、識量寛大《しきりょうかんだい》、什麼《なん》に依《よ》ってか児孫《じそん》をして(22)其の額《ひたい》に泚《あせ》有らしむることを顧《かえり》みざる。何《なん》が故《ゆえ》ぞ、(23)西施《せいし》・毛嬙《もうしょう》を待って配《はい》と為《な》さんとせば、則ち終身《しゅうしん》、家《いえ》あらざらん〕」。

(1)**雪竇一日**…＝本則は、『雪竇録』巻四の瀑泉集、『禅林類聚』巻十二の五十三丁等に見える。◉(2)**汝浴未**＝お前さん、風呂に入ったかいな。◉(3)語大天下莫能載焉、語小天下莫能破焉＝（雪竇に）もし大きいことを語らせたら、絶対に誰も載せられない程の極大をあげ、小さいことを語らせたら、絶対に誰の智慧でも分割できない程の極微をあげる。「天下」はここでは否定の強調。『中庸』第二段の三節。◉(4)**此生不浴**＝生まれてこの方、一度も入ったことはありません。洗い落とすべき垢もない、本来無垢の人に成りきって。「験主問デ、雪竇ヲ如何ト、見ントカカッタ」。◉(5)也大奇也大奇＝素晴らしい、素晴らしい。「也大差」の対。◉⑹旧窠窟裏死蝦蟆＝相変わらず悟りの古穴における死に蛙。「死」は「死んだ」の意ではなく罵辞。頌古第七則（【二二四】）頌評唱注⒀参照。◉⑺**你不浴、図箇什麼**＝お前さんは風呂に入って洗わずして、ここで何の修行をしているつもりか。◉⑻踏翻情量窟宅、鑿破智解窠臼＝雪竇の作略、分別知解を木っ端微塵。第三十八則（【二五五】）頌評唱にも、「砕情量窟宅、破智解窠臼」。◉⑼**今日被和尚勘破**＝今日という今日は、和尚さんにすっかり肚の底まで見抜かれてしまいました。◉⑽蝦跳不出斗＝エビ、雑魚の分際。【五一の二】注⑻参照。◉⑾蟷蜋張臂当隆車＝カマキリが大車に向かって行く様な、どだい無理な話。「隆車」は「大きく高い車、勢いよく走る車」。『淮南子』人間訓二十五章に、春秋斉の荘公出猟の時、蟷螂が足を振り上げ公の車に打ちかかろうとす、公はその勇気を愛でて車を廻らしたと云う。『荘子』人間世篇にも見える。◉⑿**賊不打貧児家**＝富家でなければ賊は押し入らないもの、お前さんは大身代だよと、僧を托上した。『碧巌』四十一本則「趙州問投子、大死底人却活時如何」の下語に見えるが、『秘鈔』に「投子、若し作家に非ざれば、則ち趙州も此の問を作さず」と解する。ここは、お前さんが作家でなければ、衲はこんなことは問わなかったと、降参の旗をあげた所。◉⒀枯骨裏求什麼髄＝何も無い所に何を求める、無駄事。頌古第三則（【二二〇】）頌評唱注⑹参照。◉⒁**才兼文武、出将入相**＝文武の才能を兼備し、外に出征しては大将となり、朝廷に入っては宰相となる。『貞観政要』仁賢四章に、匈奴討伐の大功労者の李靖を評して。◉⒂親仁善隣国之宝也＝仁者に親しみ隣国と仲よくすることは国の宝である。『左氏伝』隠公六年。◉⒃諺曰、非宅是卜、唯隣是卜也＝諺に、（移り住むには）住宅の良し悪しを占うのではなく、ただ隣近所の良し悪しを占うという。『左氏伝』昭公三年、斉の晏子の語。◉⒄**一口鉛刀子**＝「勘破せらる」という、一振りのなまくら刀。鉛刀却って能く人を殺す。『洞山初録』に、「問う、『如何なるか是れ古仏剣。…用いる者如何』。師云く、『〜』」（禅十二・六五五）。◉⒅**高竪降旗**＝「賊は貧児の家を打せず」と、降参の白旗をあげた。因みに、『虚堂録』巻二宝林録の上堂に、『会元』巻十一の「興化打中」（『宗門葛藤集』六十七）の話を挙して云う、「興化、者《こ》の僧に無刃の斧子を拈出せられて便乃《すなわ》ち高く降旗を竪つ」とあるを参照。◉(19)**一種是声無限意、有堪聴有不堪聴**＝雪竇老の無限の調べは、「其中面白イ処モ有、又哀シイ処モアル」。五祖法演「聞角」。【一〇の一】注(11)参照。◉(20)聡明深察而近死者…、博辯宏大而危其身者…＝聡明にして深く察し、而して死に近づくは、好んで人を謗る者なり。博辯広大にして、その身を危うくするは、人の悪をあばく者である。『史記』孔子世家に、孔子が周の都に行った時に老子より送られた語。底本の「愽《だん》」は「博」の誤記。◉(21)国師平生、智鑑高明、識量寛大…＝国師ほど平生何もかもお見通しの人が…。◉(22)其顙有泚＝額に冷や汗を流す。『孟子』滕文公上。◉(23)待西施毛嬙而為配、則終身不家＝西施・毛嬙のような美女を望んで、妻にしようとしていては、生涯独身に終わるであろう。（国師の、児孫に対する高望みは断法を招きかねない程）。『淮南子』斉俗訓十八章、但し底本の「室家」は「家」、「家」は妻の意。

【二七四】 第九則 穴野盤僧

挙《こ》す。(1)風穴《ふけつ》、因《ちな》みに僧問う、「如何《いか》なるか是れ(2)清涼山中《しょうりょうさんちゅう》の主《ぬし》〔(3)身《み》、海中に在って水を覓《もと》むることを休《や》めよ。日《ひび》に山嶺《さんれい》に行いて山を尋ぬること莫《な》かれ。(4)門《もん》を叩《たた》いて水を求むるに、与えざる者莫《な》きは饒足《じょうそく》する所なればなり」〕。**穴云く、「(5)一句、(6)無著《むちゃく》の問に遑《いとま》あらず、今に迄《いた》るまで猶《な》お(7)野盤僧《やばんそう》と作《な》る**〔(8)洲《す》は白くして蘆花《ろか》吐《は》き、園《えん》は紅《くれない》にして柿葉《しよう》稀《まれ》なり」〕。

師云く、「古人、恁麼《いんも》に答う、(9)清涼の主を褒《ほう》するか、清涼の主を貶《へん》するか〔(10)洪波《こうは》の裏《うち》に入らずんば、争《いか》でか潮《うしお》を弄《ろう》する人を見ん」〕。**(11)若し是れ褒すと道《い》わば、什麼《なん》に因《よ》ってか無著の問に遑あらざるの句有る**〔(12)一《いっ》槌両当《ついりょうとう》。(13)暗裏《あんり》に文彩《もんさい》を施し、明中《めいちゅう》に蹤《あと》を見ず」〕。**(14)若し也た貶すと道わば、他《た》、箇《こ》の什麼《なん》の過《とが》か有る**〔(15)一《いっ》刀両断《とうりょうだん》。(16)誰《たれ》か知らん遠き煙浪《えんろう》に別に好思量《こうしりょう》有ることを」〕。**(17)褒せず貶せずと道わば、風穴、何ぞ必ずしも恁麼の語話《ごわ》有る。(18)端《はし》無く触著《そくじゃく》すれば、獅子哮吼《こうく》す**〔(19)大小大《だいしょうだい》の風穴、者《こ》の僧に触著《そくじゃく》せられて、獅子哮吼す。

未だ触著せざる時、又た作麼生《そもさん》。⒇牡丹一日《ぼたんいつじつ》の紅《くれない》、満城《まんじょう》の公子《こうし》酔う」」。

⑴**風穴因僧問**…＝本則は、『伝灯録』巻十三、『会元』巻十一等の風穴章、『碧巌』三十五本則評唱、『禅林類聚』巻七の四十三丁等に見える。風穴は第四十七則（【二六四】）本則注⑴参照。◉⑵**清涼山中主**＝山西省の五台山の主、文殊菩薩を云う。金剛窟という化寺の主人公。◉⑶**身在海中休覓水、日行山嶺莫尋山**＝海中にいて水を求めるな、日々に山中を歩いて山を尋ね求むるなかれ。「誰デモ文殊デナイモノハナイ」。『川老金剛経注』巻上「如理実見分第五」の道川頌に、「～、～。鶯吟燕語《おうぎんえんご》、皆な相似たり、前三と後三とを問うこと莫かれ」と、但し底本の「求」は「覓」。◉⑷**叩門求水莫弗与者、所饒足矣**＝門を叩いて水を求めると、誰だってこれを与えない者はいないのは、水が余るほど沢山あるからである。『孟子』尽心章句上の二十三節に、「昏暮に人の門戸を叩きて水火を求むるに、与えざる者無きは、至って足ればなり」と、衣食足りて礼節を知るを云う。◉⑸**一句不遑無著問**＝「不遑」は「…している暇がない、…できない」の意、ここは「一句不遑（対）無著問」と、（　）内を補うべき所。無著の問に応えている余裕無く、やっとしどろもどろの一句を吐いただけ。「無著に問い立てられて手忙脚乱、前三三後三三など云うて漏逗したほどに、本分の主人とは云われぬ」（『秘鈔』）。無著との問答は『碧巌』三十五則を参照。「一句」は「前三三後三三」、「無著問」は「多少の衆ぞ」を指す。◉⑹**無著**＝『広清涼伝』巻中に云う、牛頭慧忠《ごずえちゅう》下の五台無著（七三七—？）であり、『会元』巻九に、仰山下の無著文喜とするは混同。◉⑺**野盤僧**＝山野に野宿する、宿なし坊主。化寺回首すれば跡形もなし、文殊も所詮宿なしの乞食坊主。ここでは風穴老、文殊に重ねて暗に自ら野盤僧となる。百丈五百生野狐に何似。◉⑻**洲白蘆花吐、園紅柿葉稀**＝川の中洲は真っ白に、蘆の花が咲き乱れ、庭園の中は紅に、散り残った柿の紅葉がちらほらとみえる。野盤僧の風流。『唐詩選』五律、張均「岳陽晩景」に、長沙に配流となり、岳陽の秋の暮を詠う。◉⑼**褒清涼主、貶清涼主**＝文殊をほめたのか、けなしたのか。◉⑽**不入洪波裏、争見弄潮人**＝大浪の中に飛び込まなければ、

波乗りの人の腕前を知ることは出来ない。『正法眼蔵』巻五汾潭英（黄龍下）示衆（禅十一・一〇七）、但し「見」は「顕」。「弄潮」は『碧巌』七十九頌にも見えるが、波乗り遊び、特に銭塘江での命懸けの遊びを云い、危険な為に治平年間に郡守の禁止令が出る（『事文類聚前集』巻十五蔡襄「戒弄潮文」）。◉⑾**若是道褒、因什麼有不遑無著問之句**＝ほめたと云うならば、どうして無著の問にしどろもどろと云う句が有るのか。◉⑿一槌両当＝一打ちで両辺に当たる、一如に包み隠しもち来たる。仏性丸出し。【一八五】注⑹参照。◉⒀暗裏施文彩、明中不見蹤＝暗闇で模様を描くも、明るみでは全く見えない（国師の心底は仏魔も窺えない）。『禅林類聚』巻十の三十五丁、仏足処祥（雪竇下二世）、「僧問う、『大悲千手眼、如何なるか是れ正眼』。師云く、『～、～』。云く、『学人甚麼《なん》と為てか見ず』。師云く、『杲日空に当たるも盲人地を摸ぐる』」と。◉⒁**若也道貶、他有箇什麼過**＝けなしたと云うならば、彼に一体何のあやまちが有ると云うのか。◉⒂一刀両断＝一刀のもとに毀誉褒貶の両頭を断ち切る。◉⒃誰知遠煙浪、別有好思量＝なかなか看難い、知音底でなくては分からない。斉己「看水」。【八〇の三】注⑻参照。◉⒄**道不褒不貶、風穴何必有恁麼語話**＝ほめずけなさずと云うならば、風穴はこんな話をする必要がなかったはず。◉⒅**無端触著、獅子哮吼**＝うかつに触れれば、怒りに触れて獅子吼える。「獅子」は文殊の騎り物で、文殊の分身。◉⒆大小大風穴…獅子哮吼＝さすがの風穴もこの僧に一問を受け、野盤僧の本音を吐露するのみ。◉⒇牡丹一日紅、満城公子酔＝余りの見事さに、みな浮かれ顔。『禅林類聚』巻十四の五十三丁、蒙庵思岳（大慧下）「古澗寒泉」の拈古に、「雪峰の『口より入らず』とは、松柏千年の青、時人の意に入らず。趙州の『死す』と云うは、～、～」と。

【二七五】第十則　婆子勘破

挙《こ》す。⑴台山路上《たいざんろじょう》、⑵一婆子《ばす》有って⑶接待《せったい》す〔⑷牙《きば》、剣樹《けんじゅ》の如く、口《くち》、血盆《けつぼん》に似《に》たり。⑸面上《めんじょう》は夾竹桃花《きょうちくとうか》、肚裏《ずり》は参天《さんてん》の荊棘《けいきょく》〕。**凡《およ》そ僧有って、「⑹台山《たいざん》の路《みち》、甚麼《いずれ》より去《さ》る」と問えば**〔⑺多少の破草鞋《はそうあい》。⑻渇鹿《かつろく》、陽炎《ようえん》に馳《は》せ、痴猿《ちえん》、水月《すいげつ》を捉《と》らう〕、**婆云く、「(9)驀直《まくじき》に去れ**〔(10)店面《てんめん》を豁開《かっかい》して他事《たじ》無し、胡餅《こびょう》を放擲《ほうてき》して客銭を引く〕」。**僧、才《わず》かに去れば**〔(11)病猿《びょうえん》、終夜、金鎖《きんさ》を扣《たた》き、窮鳥《きゅうちょう》、終日、竹籠《ちくろう》を数う。(12)瞎驢《かつろ》、足に任《まか》せて長沙《ちょうさ》を渉《わた》る〕。**婆云く、「(13)好箇《こうこ》の師僧《しそう》、又た与麼《よも》にし去る**〔(14)臭老千尋《しゅうろうせんじん》の黒火坑《こくかきょう》、人を陥《おとしい》るること無数、人の知る無し〕」。**是《かく》の如くなること既に久し。(15)遊僧《ゆうそう》、伝えて趙州《じょうしゅう》に到る。州、聞き得て云く、「(16)待《ま》て、我れ去《さ》って(17)他《た》を勘破《かんぱ》せん」。遂《つい》に去って台山の路《みち》を問う**〔(18)山東《さんとう》の老将《ろうしょう》、猶《な》お童顔《どうがん》、又た紅旗《こうき》を臂《うで》にして鳳城《ほうじょう》を出づ。(19)暗裏《あんり》に文彩《もんさい》を施《ほどこ》し、明中《めいちゅう》に蹤《あと》を見ず〕。**婆、例に随《したが》って云く、「驀直《まくじき》に去れ**〔(20)失暁《しつぎょう》の老婆《ろうば》、古鏡《こきょう》に逢《あ》う。(21)空裏《くうり》の暗箭《あんせん》、手に任《まか》せて発《はっ》す〕」。**州、才《わず》かに行く**〔(22)三郎郎当《さんらんらんたん》、郎当《らんたん》、郎当《らんたん》〕。**婆、又た云く、「好箇の師僧、又た与麼にし去る**〔(23)夫《おっと》は思婦県《しふけん》に留《とど》まり、婦《つま》は望夫楼《ぼうふろう》に上《のぼ》る〕」。**州、回《かえ》って云く、「(24)我れ婆子を勘破し了《お》われり**〔(25)鶻林《こくりん》、著語して云う、(26)苦屈《くくつ》苦屈〕」。

師云く、「(27)尽《ことごと》く謂《い》う、『(28)日下《にっか》に孤灯《ことう》を挑《かか》ぐ』と。(29)殊《こと》に知らず、(30)失銭遭罪《しっせんそうざい》なることを」。

(1)**台山路上**…＝本則は、『趙州録』巻下、『無門関』三十一、『従容録』十、『頌古聯珠通集』巻十八、『禅林類聚』巻九の四十八丁、『大応録』七十四、『大灯百二十則』の第一二〇則等に見えるが、本則は『大応録』にほぼ準ずる。本則は前則に同じく五台山が舞台。◉(2)**一婆子**＝『従容録』十本則評唱に、「台山路上の婆子、無著の寺を出で寺に入るに慣《なら》い随って、文殊の前三後三に飽参す」とある如く、牛頭下の作家婆子。◉(3)**接待**＝茶食等を施して、もてなしていた。◉(4)牙如剣樹、口似血盆＝この婆子畏怖すべし。【二〇】注(4)参照。◉(5)面上夾竹桃花、肚裏参天荊棘＝外面は菩薩のようだが、内心は夜叉のごとし。【一の七】注(43)参照。◉(6)**台山路甚麼去**＝（岐路に当たって）五台山の路はどう行くのかね。文殊の霊場参りは雲衲の宿願。◉(7)多少破草鞋＝（文殊を外に求めて）さぞかし多くの草鞋を履き破ったことだろう。◉(8)渇鹿馳陽焔、痴猿捉水月＝（台山に文殊なし）渇鹿の様に陽炎を水だと思って馳せ、ばか猿の様に水に映った月を真月と認めて捉えんとする様なもの。【一五〇の二】注⒅参照。◉⑼**驀直去**＝真っ直ぐにお行きやれ。◉⑽豁開店面無他事、放擲胡餅引客銭＝ここで店開きするは他でもない、胡麻餅を売って多少の銭もうけをするばかり。婆子の儲けは、遊僧の脚下照顧。「店面」は「商店の門市交易を為す地」。◉⑾病猿終夜扣金鎖、窮鳥終日数竹籠＝囚われの猿は一晩中鎖を叩き、籠の鳥は一日中籠の竹を数える。文殊を外に求める僧を揶揄して。第二十四則（【二四一】）本則注(46)参照。また『寒山詩闡提記聞』序の頌「願超生死」の鵠林下語にも、「病猿終夜扣金鎖、窮鳥終朝数竹籠」と見えるが、出典未詳。◉⑿瞎驢任足渉長沙＝盲目のロバが砂原をトボトボ歩くようなもの。【一五八の二】下語「似盲驢任足行」に同趣。◉⒀**好箇師僧又与麼去**＝せっかく一丁前のお坊さんがまたそんな風に行きなさる（アア…腑甲斐ない）。「好箇」は「よい、立派な、せっかくの」の義で、言葉では揚げて意は揶揄する。◉⒁臭老千尋黒火坑、陥人無数無人知＝この婆さんの恐るべき落とし穴に落ちた者、数知れず。◉⒂**遊僧**＝行脚僧。◉⒃**待**＝…してみよう、まさに…しようとする。◉⒄**勘破他**＝婆子の魂胆を見破る。◉⒅山東老将猶童顔、又臂紅旗出鳳城＝老将趙州はまだ若い、また一戦交えんと国を出た。『錦繍段』巻七韓子蒼「留別楊将軍」の、「山西の老将、尚お童顔、曾て紅旗を臂にして賀蘭に到る。今日樽前に惆悵の別かれ、梨華風雨に一枝寒し」の一二句をもじって云ったもの。因みに、趙州は太行山脈の東、西は五台山。◉⒆暗裏施文彩、明中不見蹤＝趙州の魂胆は仏魔も窺えない。前則注⒀参照。◉⒇失暁老婆逢古鏡＝寝ぼ助老婆が鏡面に向かう、ああ皺くちゃ婆だこと。趙州に遇ってすっかり正体を見透かされた。頌古第一則（【二一八】）頌注⑼参照。◉(21)空裏暗箭任手発＝誰彼構うことなく、闇夜に矢を放つ。◉(22)三郎郎当、郎当、郎当＝落ちぶれたものだ、落ちぶれたものだ。玄宗皇帝が蜀より還京の時、駝馬の鈴の声を聞いて陪臣の黄幡綽に云う、「頗る人語に似ている」と。幡綽対《こた》えて云う、「三郎郎当、三郎郎当と言うに似たり」と。明皇、愧じ且つ笑う。「三郎」は三男坊の玄宗を云い、「郎当」は「だらしがない、よぼよぼしている」。『鶴林玉露』甲巻二「郎当曲」。◉(23)夫留思婦県、婦上望夫楼＝「ジジハ、ババヲ思イ、ババハ、ジジヲ思ウ」。趙州と婆子を此の事の夫婦に仕立て上げた。『寒山詩』五十五「垂柳暗如煙」に、「夫《おっと》は居る離婦《りふ》の州、婦《つま》は住む思夫《しふ》の県」とあるをもじって云ったもの。【二二〇の三】注⑻参照。「望夫楼」は『寒山詩』の上述詩に「語を寄す明月楼」とあるが、曹植の「七哀詩」に云う「夫を思って上る高楼」を踏まえる。◉(24)**我勘破婆子了也**＝趙州、赤手にして乱を定める。◉(25)**鶻林著語云**＝この最後の著語に鶻林の名を出すは、以下の著語が全編の総語であるをあらわす。◉(26)**苦屈苦屈**＝やれ情けなや、何ともやりきれない。「皇天苦屈」とも云う。「会する者なきと歎ずるなり」（『犂耕』）。◉(27)**尽謂**＝諸方の常識的見解。「謂」は「論評する、…と為す」の意で、ここは、「州勘婆」の一点を評して、以下の言を為しているのである。「尽謂…、殊不知…」の拈評形は『虚堂録』に顕著で、本録にも他に二箇所見える。◉(28)**日下挑孤灯**＝陽の下で灯明を灯すようなもの、無駄骨。「挑灯」とは「灯明の灯心をかき上げて切り、明るくすること」。「日下孤灯」は『伝灯録』巻七塩官斉安章に、「思うて知り、慮りて解すは、是れ鬼家の活計、日下の孤灯なり、果然として失照す」、又『同』巻三十北周の釈亡名「息心銘」に、「一伎一能は日下の孤灯」と見えるが、「無用、無価値」の意の喩えで用いられる。◉(29)**殊不知**＝以下国師独自の見解を述べる。◉(30)**失銭遭罪**＝銭を見失った上に罪まで受けた。さんざんな目に遭う。「趙州酒カッテ、尻キラレタ」。『碧巌』八頌。【一〇の二】注⒅参照。趙州婆子共々、日下孤灯の愚を学んでいるようなものと皆な云うが、否更には銭を無くした上に罪に遭うと云うような二重の敗闕である。白隠禅師は国師の拈語に下語を置く代わりに、後語を置いて云う、「日下孤灯の一語に到って雪竇に勝《すぐ》ること七歩」と。その為に『大灯録』の最後の則を切り捨てて、「日下孤灯…」を槐安国語の総語とされた。因みに、『大灯録』の末語の句は「衆人の唯々《いい》は、一士の諤々《がくがく》に如《し》かず」（『史記』商君伝）である。

※大灯録【二七六】

挙す。臨済、上堂云く、「一人有り、論劫《とわ》に途中に在って家舎を離れず。一人有り、家舎を離れて途中に在らず。那箇か合《まさ》に人天の供養を受くべき」といって便ち下座。

師云く、「這《こ》の老漢、威容厳粛。衲子《のっす》到る者、其の挙措《きょそ》を失わざるは無し。大家、寝黙俛仰《しんもくべんぎょう》して日を過ごす。道《い》うことを見ずや、衆人の唯唯は、一士の諤諤に如かず、と。若し是れ人天の供養ならば、一人を択《えら》び取らんことを要す」。

【鵲林後語】

諸子、初め国師の語録を提唱せんことを請う。予《よ》、心裏に甚《はなは》だ悦《よろこ》ばず、僭越《せんえつ》を畏《おそ》れて固辞すれども可《き》かず。京師《けいし》に行きて語録を請じ来たる者、百余帙《ちつ》。中に就きて、其の精萃《せいすい》なる一帙を取り、講本と称して予に付す。予、顧《かえり》みず机上に頓放すること数日、其の端由《たんゆ》無きに非ず。

中頃、(1)某甲《それがし》の居士有り。常に云う、「(2)将《まさ》に謂《おも》えり、大灯録の如きは怒雷《どらい》の巌《いわお》を裂くに斉《ひと》しく、金翅《こんじ》の海を劈《つんざ》くに似たり、大いに観る可《べ》き事有らんと。何ぞ計《はか》らん、此《かく》の如きの(3)莽莽《もうもう》鹵鹵《ろろ》底《てい》の閑文字《かんもじ》ならんとは」と。是れ叢林《そうりん》の(4)口碑《こうひ》にして、諸子も亦た往往に聞知する所の者なり。予、窃《ひそ》かに謂《おも》えらく、「其の事《こと》有らん。大明《だいみん》以来、彫刻する諸録を見るに、一紙も亦た取る可き無し。縦《たと》い国師も亦た分外《ぶんげ》の事《じ》有らんや、豈《あ》に牙歯《げし》を鼓《こ》して評唱《ひょうしょう》するに足るべけんや」と。此《ここ》に於いて懊悩《おうのう》して楽しまず。

一日、雛僧《ひなそう》一両肩を携えて、西のかた(5)石氏老翁を訪う。一僧有り、予が常に彼《かしこ》に行きて淹留《えんりゅう》日を重ぬることを知って、彼の一帙を把《と》って走り来たって、予が肩輿《けんよ》に投入す。予、復《ま》た顧みず。既にして二里余、西のかた(6)柏樹《はくじゅ》の茶店に到る。肩輿、且《しば》らく休《いこ》う。予、窃かに帙を繙《ひもと》きて披閲《ひえつ》する者両三紙。戦《せん》栗《りつ》、肌を侵《おか》し、慚汗《ざんかん》、背に浹《あふ》る。老涙《ろうるい》下って白鬚《はくしゅ》に滴《した》つ。覚えず、手を拍って大笑《たいしょう》して曰く、「(7)大好老《だいこうろう》居士《こじ》、好耳朶《こうじだ》、者般《しゃはん》の迅雷霹靂《じんらいへきれき》を聞くことを得ざるは、(8)雪山《せっせん》の大定か、(9)劉伶《りゅうれい》の酔裏《すいり》か、大好老居士、好耳朶」と。唱え了《お》わって手を拍って大笑す。里人《さとびと》、行旅《こうりょ》皆な怪しみ見る。

進んで青楊《あおやぎ》の堤上に上る。是れ風光殊絶《しゅぜつ》の地にして、予、常に甚だ之れを愛す。往来する毎《ごと》に眺望《ちょうぼう》時を移す。此の日や全く左右を顧みず。載《すなわ》ち悦び載ち閲《けみ》して、行いて石氏が柴門《さいもん》に到れば、石翁及び旧友、老幼十四五輩、皆な迎えて門外に立つ。予、一見して(10)人事《じんじ》せず、間闊《かんかつ》を演《の》べず、唯《ただ》ただ言う、「大好老居士、好耳朶、者般の迅雷霹靂を聞かず、大好老居士、好耳朶」と。老幼、皆な怪しむ。既にして石氏が室に在る者三五日。二時の粥飯《しゆくはん》の外、廁に行き浴に入り、請に応じ客に対するの余は、皆な看読して巻を釈《す》てず、或いは恨《うら》み或いは瞋《いか》り、且《か》つ悲しみ且つ喜ぶ。

一には、宿縁浅薄にして(11)馬歯《ばし》既に従心《じゆうしん》に近くして此の録有ることを知らず、拝披の甚だ晩《おそ》きことを恨む。

二には、今時、往往に参禅の大事を棄廃《きはい》して、(12)見泥獄裏《けんでいごくり》を出づること能《あた》わず、八識頼耶《はつしきらや》の暗窟を死守して一生を錯《あやま》り了わる、縦《たと》い修し得て十成なるも、二乗相似の化城《けじよう》を出でず、甘んじて直指《じきし》向上の禅と称して、者般無比の金文《きんもん》有りと雖《いえど》も、総に顧みざることを瞋《いか》る。

三には、二十四番の活祖師、鯨海《げいかい》に跨《また》がり鴎波《おうは》を凌《しの》ぎ、此の向上の宗旨を伝うるも、此の澆末《ぎようまつ》の弊風に吹倒せられて、気息も亦た断ゆることを悲しむ。

四には、鵠林《こくりん》半死の残喘《ざんぜん》、纔《わず》かに留めて、四百年蔵秘の聖典に撞著《どうじやく》して、難思《なんし》の勝縁《しようえん》を結ぶことを喜ぶ。

既にして帰り来たって門に入れば、諸子、欣《よろこ》び迎えて、復《ま》た之れを評唱せんことを請う。予、覚えず大笑して、彼《か》の迅雷霹靂を言う。諸子、大いに怪しむ。終《つい》に彼の始終を説く。諸子も亦た各おの歓喜して、踏舞《とうぶ》を忘る。予、又た言う、「且喜《しやき》すらくは住菴《じゆうあん》の諸子、各おの(13)択法眼《ちやくほうげん》を具し、数千巻諸録の中に於いて特に此の難遭《なんそう》の秘典を取り、(14)慧日を扶桑《ふそう》澆末《ぎようまつ》の昏衢《こんく》に挑《かか》げ、且つ鵠林老後の悲嘆を慰《い》する者は、諸子が多年参禅苦学の得力に非ずや」と。諸子言《いわ》く、「然《しか》らず、総に是れ我が師の二十年(15)左提右携《さていゆうけい》の功果に依る、豈に是れ我が輩らの力ならんや」と。予曰く、「縦《たと》い予、提携《ていけい》、力を尽くすと雖も、諸子に実参の真修無くんば、豈に此の盛事有らんや。諸子に実参の真修有りとも、祖師、難透の話頭を留めずんば、豈に此の田地に到るを得んや。畢竟、仏祖の深恩《じんのん》に依れり」と。

時に[16]甲陽《こうよう》の海巌主人、[17]節巌新命来訪せらる。是れ亦た旧参菴居の一員なり。即ち曰く、「大灯録の如き者は、未曾有《みぞうう》の勝会《しょうえ》なり。随喜《ずいき》、言う所を知らず、願わくば処処緊要の処に於いて下語《あぎょ》せらるれば、是れ又た一場の仏事ならんか。雪竇録の如きは、龍宝大士、其の子孫に非ずと雖も、且つ其の高韻を貴《たっと》んで[18]親しく下語せらる。況《いわ》んや、師は其の児孫《じそん》なるをや。眉毛を惜しまず、請う一堂の衲子《のっす》に供養せよ」と。予が曰く、「国師、向上の遺音《いいん》、謾《みだ》りに評唱するすら、且《か》つ[19]罪科弥天《ざいかみてん》、況んや軽がるしく凡解を添うるに於いてをや。向後《こうご》、明眼《みょうげん》の宗師を待たば是れ可なり」と。他曰く、「諸方、往往に言う、大灯録の如き者は、徹下嶮峻《てっかけんしゅん》、通上孤危《つうじょうこき》、古今の衲子、万丈の[20]鉄板障《てつばんしょう》を攀《よ》づるが如く、手を挟《はさ》む所無し、終に四百年間の滞貨《たいか》と為《な》る。豈に鵠林が手を傭《やと》うて挙揚することを待たんやと。大いに怪しむ可し。謗《そし》る者有り、疑う者有り、願わくば老師、下語して以て彼の[21]解嘲《かいちょう》に擬《ぎ》せよ」と。旧参の破衲《はのう》六七輩、相《あい》随《したが》って請うて止まず。

此《ここ》に於いて焼香礼拝下語する者七八句。諸子、慶賀讃嘆し、[22]夜光を見るが如し。予も亦た日《ひび》に進んで屈せず、[23]群玉府《ぐんぎょくふ》に入るが如く、[24]曇華林《どんげりん》に立つに似たり。時ならざるに大展炷拝《だいてんしゅはい》、時ならざるに大《たい》笑独語《しょうどくご》。動《やや》もすれば食味を忘れんと欲する者数次《すうじ》、終に拈古《ねんこ》趙州勘婆《じょうしゅうかんば》の則に到る。師の拈語に云く、「尽《ことごと》く言う、『日下《にっか》に孤灯《ことう》を挑《かか》ぐ』と。殊《こと》に知らず、失銭遭罪《しっせんそうざい》なることを」と。予一見して、[25]覚えず舌を吐く。香を装《そう》するに遑《いとま》あらず、礼七八拝、自ら弾指懺悔《だんしさんげ》して曰く、「嗚呼《ああ》、龍宝国師大和尚の如きは参学の精萃《せいすい》なり。知らず、幾生《いくしょう》の大善知識ぞや、雲門の再世《さいせい》誠に錯らず。日下孤灯の一語に到って[26]雪《せっ》竇《ちょう》に勝《すぐ》ること七歩《しちほ》、驚《おどろ》く可し慎《つつし》む可し。吾が輩、羝羊《ていよう》の眼《まなこ》を張《は》り、狐狸《こり》の智を恃《たの》み、拈弄下語《ねんろうあぎょ》、大いに錯り了われり。況んや、我が華園[27]大定聖応祖師、恭しく[28]荻原法皇《おぎはらほうおう》の宸翰《しんかん》を承《う》け、編撰《へんせん》する所の者なるをや、恐る可し敬す可し。是れ但《た》だ住菴《じゅうあん》諸子の啼《な》きを止むる者にして、大方明徳《だいほうめいとく》の高照《こうしょう》に備うる者に非ずと雖も、(29)等《しな》を蹴《こ》ゆるの罪犯《ざいぼん》、懺悔を容《い》るる所無し。諸子、一見し了わって必ず(30)丙丁童《へいていどう》に付《ふ》せよ」と。

筆を擲《なげう》って曰く、「謹んで住菴の諸子に白《もう》す。若し人、大灯録を披覧《ひらん》せんと欲せば、先ず須《すべか》らく(31)翠巌《すいがん》夏末《げまつ》の話《わ》に参ずべし。次に(32)南泉遷化《なんせんせんげ》の話、(33)塩官犀牛《えんかんさいぎゅう》の扇子《せんす》、(34)乾峰三種病《けんぽうさんしゅびょう》、(35)五祖牛窓櫺《うしそうれい》の話、(36)国師三転語《さんてんご》、及び(37)柏樹子《はくじゅし》の話に賊機《ぞっき》有り。如上数段《すうだん》の因縁《いんねん》、見徹して掌上《しょうじょう》を見るが如きを得ずんば、乱《みだ》りに了知《りょうち》を加うること莫《な》かれ、況んや評唱拈弄《ひょうしょうねんろう》をや。大いに罪結《ざいけつ》を増さん。若し又た毫釐《ごうり》も毀謗《きぼう》の心を生ぜば、永劫《ようごう》、苦輪《くりん》に堕ちん、勉旃《つとめよ》や勉旃《つとめよ》や」。

(38)寛延《かんえん》第二己巳《つちのとみ》仲秋《ちゅうしゅう》二十五蓂《めい》。

謹んで下語し畢《お》わんぬ。

(1)某甲居士＝未詳。◉(2)将謂…斉怒雷裂巌似金翅劈海、大有可観事＝凄まじきものと思ったに。◉(3)莾莾鹵鹵底閑文字焉＝こんな杜撰で無益な文字であろうとは。【一の八】注(41)参照。◉(4)口碑＝言い伝え。◉(5)石氏老翁＝石井玄徳（一六七一—一七五一）、静岡県富士市比奈の医師。白隠より十四歳年長、白隠四十四歳の時よりの熱心な居士で、以来生涯交流は続いた。◉(6)柏樹茶店＝柏原の茶店。◉(7)大好老居士、好耳朶＝大変結構な、老居士の耳よ。「大好」はこの場合、托上の抑下。◉(8)雪山之大定＝『六度集経』巻七に、釈尊が禅定に入っていた時、雷電霹靂の音にも気が付かなかった故事（大正三・四二下）を云うが、雪山の禅定も同じ。◉(9)劉伶之酔裏＝「劉伶」は、晋、竹林の七賢人の一人、大酒飲み。その「酒徳頌」に、「静聴するも雷霆の声を聞かず」（『文選』巻四十七）と。◉(10)不人事、不演間闊＝挨拶もせず、「久しぶり、変わりは無いか」とも云わない。◉(11)馬歯既近従心＝六十歳近くになるまで。◉(12)見泥獄裏＝「悟テ、山モ川モ無イ、仏モ無イ衆生モ空ジャト云テ居テ、見解ノ泥海へ入リ込ンデ」。◉(13)択法眼＝正法を択び分ける眼。◉(14)挑慧日於扶桑澆末昏衢＝仏の智慧の光を日本の末世の暗闇の世の中に輝かす。◉(15)左提右携＝手を取り合い、助け合う。引っ立てること。◉⑯甲陽海巌＝妙心寺派、甲州上津金の海岸寺。◉⑰節巌新命＝未詳。◉⑱親見下語＝『参詳語要』を云う。◉⑲罪科弥天＝普通は「罪過弥天」。頌古第二十六則（【二四三】）本則評唱注⑴参照。◉⑳鉄板障＝鉄で造った屏風。第三十七則（【二五四】）頌注⑵参照。◉㉑解嘲＝漢の揚雄は、易に倣《なら》って『太玄経』を草稿したが世人に嘲《あざけ》られ、その弁解文を作った。『文選』巻四十五に収める。◉㉒夜光＝夜光珠。【二四の二】注⑺参照。◉㉓群玉府＝古、帝王の蔵書の府を云う。◉㉔曇華林＝仏の出世に遭うとき花咲くという優曇華の林。◉㉕不覚吐舌＝驚き畏れる様。頌古第五則（【二二二】）本則参照。◉㉖勝雪竇七歩＝後述の南泉遷化話の「勝臨済七歩」の語を踏まえて。◉㉗大定聖応＝関山国師の国師号。◉㉘荻原法皇之宸翰＝妙心寺所蔵、六月二十三日付の関山上人宛て。『大灯語録』の編纂を促す、花園法王の命に依る伏見宮の宸翰を云う。◉㉙躐等＝身分を越える。順序をとびこえる。『礼記』学記。◉㉚付丙丁童＝焼却を乞う意。通常は秘密の手紙の末尾に記す文句。◉㉛翠巌夏末話＝『碧巌』八、【一八の三】、【八一の二】、【一一〇の三】、【一八一の二】、【二〇九の二】、第二十五則（【二四二】）等参照。◉㉜南泉遷化話＝白隠『年譜』の二十四歳に、飯山の正受老の下で苦しみ、分衛の途次、婆子に竹箒で打たれて透過した公案。『伝灯録』巻十南泉下の長沙岑章に、「三聖、秀上座をして問わしめて云く、『南泉遷化して什麼の処に向かってか去る』。師云く、『石頭、沙弥作《た》りし時、六祖に参見す』。秀云く、『石頭の六祖に見ゆることは問わず、南泉遷化して什麼の処に向かってか去る』。師云く、『伊《かれ》をして尋思《じんし》し去らしむ』。秀云く、『和尚には千尺の寒松《かんしょう》有りと雖も、且つ条を抽《ぬ》く石筍《せきじゅん》無し』。師、黙然たり。秀云く、『和尚の答話を謝す』。師、亦た黙然たり。秀上座、三聖に挙似す。三聖云く、『若し実に恁麼ならば、猶お臨済に勝ること七歩ならん。然も此の如くなりと雖も、待て我れ更に験し看ん』。明日に至り、三聖上って問うて云う、『承《うけたまわ》り聞く、和尚が昨日、南泉遷化に答うる一則の話、謂つ可し、光前絶後、今古聞くこと罕《まれ》なりと』。師、亦た黙然たり」と。◉㉝塩官犀牛扇子＝第二十六則（【二四三】）参照。◉㉞乾峰三種病＝【七九の二】注⑻参照。◉㉟五祖牛窓櫺話＝【五一の三】注⑴参照。◉㊱国師三転語＝【槐

安国語序】第四段注(25)参照。◉(37)柏樹子話有賊機＝関山大師独創の公案。◉(38)寛延第二己巳仲秋二十五蓂＝一七四九年八月二十五日。「蓂」は、「蓂莢」、暦草で日を表わす。

槐安国語巻七終

槐安国語後序

予が先師、滅に臨んで嘱《しょく》して曰く、「山野、曾て鵠林《こくりん》老人と約す、向後、時を得ば、願わくば老人をして法会を予が山に於いて開かしめん、と。老人、諾《だく》す。時《これ》より厥《そ》の後、因循《いんじゅん》として果たさず。吾れ且《まさ》に逝《ゆ》かんとす。乞《こ》う汝、違《たが》うこと莫《な》かれ」と。予、謹んで命を聞くのみにして訣《わかれ》を告ぐ。予、視篆《してん》（＝住持をして）事繁《しげ》きを以て、屡《しば》しば歳月を踰《こ》ゆ。今茲《とし》寛延庚午《かのえうま》秋八月、予が安国開祖、南溟禅師、四百五十年の遠諱に当たれり。窃《ひそ》かに以為《おもえ》らく、「宜《よろ》しく顧託《こたく》に酬い、素願を遂《と》ぐべきの秋《とき》なり」と。

是《ここ》に於いて、駿に之《ゆ》いて、老師に闡提窟《せんだいくつ》に謁《えつ》す。寒温の礼畢《お》わって、攄《の》ぶるに上事を以てす。師、辞譲して已《や》まず。懇請《こんしょう》すること再三、遂に允《ゆるし》を蒙むることを得たり。傍《かたわ》ら案上を矚《み》るに、書の新たに編次《へんじ》する者有り。指して以て問うて曰く、「是れ何等の書ぞ」。師、笑って曰く、「此れは是れ老僧、暫時の寐語《びご》なり」と。取って之れを覧《み》れば、龍宝国師の遺録にして、師、加うるに下語を以てす。其の潤色発明、英気、人に逼《せま》る。語句の富み、法財の積める、爛然《らんぜん》として目に溢《あふ》る。是《ここ》に於いて、胡跪作礼《こきさらい》して告げて曰く、「此《かく》の如き盛典、自ら私す可からず。願わくば、予、区画して工を鳩《あつ》め、之れを将来に寿《じゅ》せん。況んや又た予が祭筵の法供養に充《あ》つるに宜《よろ》しき者をや。師も亦た猊《げい》に踞《きょ》し、麈《しゅ》（＝払子）を握《と》って、有情の衆を利せば、豈《あ》に善《よ》からざらんや」と。

時に一僧有り。怫然《ふつぜん》として色《かおいろ》を荘《そう》にして曰く、「固《こ》なる哉《かな》、高叟《こうそう》が詩を為《おさ》むることや（＝誠にせまくこちこちであることよ、高子の詩の解し方は。『孟子』告子章句下）。祖師西来、其の伝うる所の者は心印のみ。何為《なんすれ》ぞ文字言句を用いんや。矧《いわ》んや復た剞劂《きけつ》（＝版木）の事をや。的《まと》懸《か》けて矢《や》集まる、悪《いずく》んぞ世の誹《そし》りを免れんや。子《なんじ》、鵠林に取る所の者浅し」と。

予が曰く、「嗚呼《ああ》、是《こ》れ何の言《げん》ぞや。嗚呼、是れ何の言ぞや。此れ文字に非ず、即便《すなわ》ち単伝の心印子《しんいんす》なり。知らざる者の認めて以て、文字と為《な》すなり。是《こ》の故に一句々一言々、大火聚の如く、那羅延箭《ならえんせん》の如し。近づく則《とき》んば身を喪し、擬《ぎ》する則んば命を失う。傍《かたわ》らに睨《み》る者をして、口呿《ひら》かし目瞪《みはら》して、其の由《よし》を測ること莫《な》からしむ。却って言字と為《な》し得てんや。若し言字を論ずる則《とき》は、所有《あらゆ》る言語は皆な声より起こる。口を開いて呼ぶ時、阿字有るが如き、即ち是れ声なり。声は五大を体《たい》とす、声の発すること虚《むな》しからず、必ず物の名を表わす。名、能く体を招くを号して文字と曰うなり。字は六塵を体とす、五大と六塵と、其の体、法界に遍満して常恒不変なり。如来は之れを仮《か》って法宝の秘密を開示す、実《じつ》の如く、幻《まぼろし》の如し。祖師は是れを以て宗旨の微妙を差別す、謬《びゅう》ならず、虚《きょ》ならず。至若《しかのみなら》ず日月星辰、万像新羅、鵲噪鴉鳴《じゃくそうあめい》、飛花墜葉《ひかついよう》、一一拈じ来たるに是れ文字にあらざる者は無し。文字、果たして避く可からざるなり。吾が門、蓋し語言を以て、道の標幟と為す。標幟明なる則《とき》は道顕《あら》わる。故に学者毎《つね》に言語を以て得道浅深の候《さぐり》と為す。斯《ここ》に於いて深からずして、道の至ること有りという者はあらず。嗚呼《ああ》、若而《かくのごと》き人と標幟と無からしめば、吾が道、果たして能く光明俊偉、今日の若《ごと》くなること有らんや。然れども、未だ粥飯僧と之れを論じ易《やす》からざるなり。調《しらべ》愈いよ高くして、和するもの愈いよ寡《すく》なき者なり。予が也《ま》た区々の願は他無し、悠久にして後進をして、従上宗門爪牙の、人の為にすること蓋し此《かく》の如きことを知らしめんとなり」と。

僧又た曰く、「後世、若し其の人有らば、此の録無しと雖も、誰か此の録無からん。当世、既に其の人無くんば、此の録有りと雖も、誰か此の録有らん。惜しいかな、此の挙や、名は道に走ることを為すとも、其の実は名に走る。紛々冗々、皆な吾が門の罪人なり」。

予が曰く、「子《なんじ》の論は、高きに似て其の失甚だし。自ら其の垣を峻《たか》うして、言字を禅の外に築く。何ぞ一端に膠《にかわ》して、自ら通ぜざるや。昔在《むかし》、霊山《りょうぜん》会上に法蔵を結集して断絶せざらしむる者は迦葉・阿難なり。毫《ごう》を揮《ふ》るい、論を造って以て幽眇《ゆうびょう》（＝玄妙の理）を張《は》り皇《おおい》にする者は馬鳴・龍樹なり。延《ひ》いて震旦に及んで、曹渓に壇経有り、黄檗に伝心有り。臨済・雲門・大慧・虚堂の諸老、既に各おの其の録有る則《とき》は仏祖と雖も得て廃せざる所なり。蓋し是れを以て児孫の為には之れが粘縛を解き、之れが釘楔を抜く者なり。蓋し祖仏の為には其の宗灯を伝え、其の恩徳に酬いん者なり。然るに、子《なんじ》、之れを蔑視す。豈に其の失甚しき者に非ずや。近世、専《もっぱ》ら虚閑安楽、寂黙無事の者を取って高しと為す。是なるときは則《すなわ》ち蚓《いん》にして後《のち》可《か》なる者なり（＝それはミミズのような小操で足れりとする者になって、その後はじめて可能なことである。『孟子』滕文公章句下）。吾が未だ諭《さと》さざる所なり。師、屡しば説を為して以て之れを黜《しりぞ》く。而《しか》れども学者、其の習う所に溺れて、之れ能く従うこと莫し。国師、没して後、今に至って数百歳の間《あいだ》、一鵠林有りて是の説を為す。又た数百歳の後、焉《いずく》んぞ一人の師と其の説を同じうする者無きことを知らんや。然りと雖も道の固有《こゆう》は外より求むるに非ずして、天下の事、逆《あらかじ》め知る可からざる則《とき》は、復た知んぬ、未だ嘗《かつ》て、師の言を聞かずして、師と今の世に同じき者有ることを。何ぞ必ずしも、数百歳を待たんや。凡《およ》そ此の説を矚《み》ん者は旃檀林《せんだんりん》に入るが如し、躪蹴斬伐《りんしゅうざんばつ》、皆な香気に染《なじ》んで以て出づ。又た塗毒鼓《ずどっこ》の如し、之れを聞く者、有心無心、皆な喪す。然らば、則ち之れを軽んじ、之れを詆《そし》り、之れを侮《あなど》り、之れを仇とする者も亦た終《つい》に将《まさ》に益を得んとするなり。此れ、此の説の終《つい》に大いに天下に行なわるる所以《ゆえん》なり」。

其の僧、憤然として払袖《ほっしゅう》して起ち去る。是《ここ》に於いて言論往来、之れを師に正さしめんと欲するに、師、頤《あご》を支え、眸《ひとみ》を収めて、鼻雷齁々《こうこう》たり。予も亦た茫然《ぼうぜん》として従わん所を知らず。姑《しば》らく之れを識《しる》して以て之れが後序と為すと云う。

寛延三年庚午《かのえうま》初秋

現住安国小比丘全乙焚香拝識

相国独園禅師後序

龍峰開祖は雲門再生の悪《あく》藞《ら》苴《そ》なり。而して五条橋下乞丐《こつがい》隊中二十余年の閑日月、破釜《はふ》に猫頭狐涎《みょうとうこぜん》等の雑毒を煉《ね》り、之れを市上に販《ひさ》ぐも、一顧する者無し。乃《すなわ》ち之れを大徳庫裡《くり》に置くこと四百余年。偶《たま》たま鵠林老翁有り、亦た是れ江湖《ごうこ》の禍蘖子《かげつし》なり。老去って龍峰国師の毒気に触れ、失心狂顛《きょうてん》し、而して還《かえ》って之れが為に瞎注《かっちゅう》を下し、冗評を添う。読者をして聾唖たらしめ、而も暗地裡に冷笑せしむ。一場、強いて之れを名づけて槐安国語と曰う。土州横山指月、性、奇癖有りて、二老の毒気に触るることを好む。毎《つね》に此の版、災に遭うことを慨《なげ》き、之れを再梓《さいし》せんことを謀る。予、之れを止めんとすれども可《き》かず。曰く、「人、之れを視るに蠱毒《こどく》と為す。予、之れを以て醍醐《だいご》と為す。天下の赤貧の士をして上味に沾《うるお》しめ、併《あわ》せて二老徹骨の毒気を知らしめんのみ」と。予曰く、「善いかな、是れに跋《ばつ》を為さん」。

明治十八年九月

万年峰退耕焉《こ》れを識す。

付録一　大灯国師略年譜

和暦	西暦	年齢	事項
弘安五	一二八二	一歳	播州揖西に生まれる。
正応五	九二	十一歳	書写山にて戒信律師に師事。
永仁六	九八	十七歳	京都に禅師を求める。
正安三	一三〇一	二十歳	鎌倉建長寺の長老に参禅。
嘉元二	〇四	二十三歳	鎌倉万寿寺にて高峰顕日に剃髪受具、百丈の語で開悟。 大応、崇福より勅により京都韜光菴に移る。大応に参禅。
三	〇五	二十四歳	大応、七月京都万寿寺に入寺開堂。大応に随侍する。
徳治二	〇七	二十六歳	大応、十二月鎌倉建長寺に入寺。大応より印記を受ける。
延慶元	〇八	二十七歳	大応、十二月二十九日、建長寺で入寂（七十四歳）。
二	〇九	二十八歳	帰洛し東山の雲居菴（今の高台寺辺）にて聖胎長養。
正和二	一三	三十二歳	景徳伝灯録書写。十二月　祥雲菴で光長老を論破。
四	一五	三十四歳	紫野に、赤松則村の喜捨を受けて大徳菴を創建。
五	一六	三十五歳	高峰顕日仏国が雲巌で寂（七十六歳）。
元亨三	二三	四十二歳	五月　花園上皇に召され、袈裟を着けて対坐。

正中元	一三二四	四十三歳	九月　正中の変、帝の倒幕計画破れる。
二	二五	四十四歳	閏正月　南禅通翁鏡円に随い、清涼殿で叡山法師と宗論。 洗心子玄慧が邸宅を寄進して方丈となす。 二月　花園上皇が勅願道場となす。 四月　後醍醐帝に召され説法する。 七月　後醍醐帝が勅願道場となす。
嘉暦元	二六	四十五歳	十二月八日　宗印禅尼が化主となり、法堂落慶開堂。
二	二七	四十六歳	此の頃、関山慧玄初めて相見。
元徳二	三〇	四十九歳	一月　慧玄を代わりに参内させる。玄、鞠躬して龍顔を解く。 五月　慧玄に印状を授け、美濃に放つ。 十一月　但州祐徳寺開山となる。
元弘元	三一	五十歳	三月　崇福寺百日住職。八月　元弘の乱、帝、笠置に遷幸。
二	三二	五十一歳	室中三転語を下す、又示衆法語「汝等諸人此山中…」。
三	三三	五十二歳	鎌倉幕府滅、六月、後醍醐帝還京。 八月　本朝無双禅苑、並びに一流相承の御宸翰。 八月　大塔宮護良征夷大将軍、大徳寺に入山。
建武元	三四	五十三歳	正月　南禅と並ぶ五山第一の綸旨。 八月　寺荘等の公拠を賜う。

二	三五	五十四歳	正月十一日　帝、仁寿殿にて対談、俄かに五節処に就いて百丈禅師の頂相を掛けて上堂を請う。 某月　天皇の提言で官池を掘る。 花園上皇（三十九歳）印可「億劫相別而須臾不離…」。 十一月　上皇落飾、法皇となり、雲門菴に遺髪を納む。 十一月　遺誡法語「老僧行脚…」を示す、又た寺規十条を制定。
三	三六	五十五歳	中興破れ、十二月、後醍醐帝吉野に潜幸、南北朝分裂。
四	三七	五十六歳	八月　上皇、興禅大灯国師号を賜い、一流相承の宸翰を下す。 海岸了義を吉野に使わすも関吏に弑逆せらる。 十二月二十二日寂「截断仏祖吹毛常磨、機輪転処虚空咬牙」。
延元四	三九		後醍醐帝、国師号の正燈に高照を加増する。
応永三十三	一四二六		性智・宗貞・恵眼等の編する大灯語録刊行（五山版）
元和七	一六二一		江月禅師による大灯語録再刊（元和版）

巨海編『大灯年譜』、山田宗敏編『大徳寺の歴史』に準拠する。但し花園天皇、関山大師の条は川上孤山著『妙心寺史』、木村静雄著『妙心寺』を参照して訂正する。

付録二　南柯の一夢―南柯太守伝　李公佐作・今村与志雄訳

東平《とうへい》の淳于棼《じゅんうふん》は、呉《ご》、楚《そ》の俠士であった。酒をたしなみ、血の気が多く、小節に拘泥せず、巨富をたくわえ、向う見ずの者を数多く食客として置いていた。

武芸に長《た》けていたので、淮南《わいなん》軍の裨将《ひしょう》に任命されたが、酒に酔ったはずみに上司の将軍の機嫌をそこねて、罷免《ひめん》、放逐《ほうちく》されて失意の生活に入り、気ままにふるまい、酒ばかりあおって憂さをまぎらわしていた。

住居は、広陵《こうりょう》郡の東、十里のところにあった。その住む屋敷の南に、一本の古い槐《えんじゅ》の大木があって、大きな幹が高くのび、枝や葉が繁茂して、数畝《すうほ》の広さにわたり涼しい蔭をつくっていた。淳于生は、毎日食客たちとこの木の下で大いに酒を酌みかわしたのであった。

貞元《じょうげん》七年九月、酔いしれて加減がわるくなった。そのとき、二人の友人が座にいて、扶《たす》けて家に帰らせ、広間の東側の部屋の軒下に寝かせた。

二人の友人は、生に注意した。

「眠ったほうがいいよ。われわれは馬に秣《まぐさ》をやり、足を洗ってくる。君がすこし良くなるまではここにいる」

生が、頭巾を脱いで枕に頭をつけると、前後不覚に昏睡《こんすい》し、夢うつつとなった。

そこへ紫衣の使者が二人現われ、生の前に跪《ひざまず》いて、叩頭してから言った。

「槐安《かいあん》国王の勅命により、お迎えに参上つかまつりました」

生は、思わず寝台から下りて服装をととのえ、二人の使者のあとについて門まで行った。門前に黒塗りの小さな車が待っていた。牡《おす》の馬の四頭立ての馬車で、左右に従者が七人いた。生を扶けて車に乗せると、大門を出て、古い槐の木の下の穴を指して疾駆して行った。

使者はすぐさま、穴の中に馬車を走らせて入った。生は心中大変驚いたが、敢えて質問しなかった。突然、山や川、風物、気候、草木、道路が現われたが、人間の世界とがらりと変っていた。数十里、前進すると、外城と城壁の上の短い垣とが見えた。車や轎《かご》、通行人が絶え間なくつづいていた。淳于生の左右で、車に随行した者たちが、非常にいかめしく人払いのかけ声をかけ、通行人も先を争って道路の両側に避けた。

また、大きな城に入った。朱塗りの門の上に数層の高楼が聳え、楼上に、「大槐安国」と金《きん》で書いてあった。大門警護の者があわてて進み出て平伏し、なにやかやと世話をやいた。

まもなく、一人の騎馬の者が大声でこう伝えた。

「国王陛下の仰せでござりまするう……駙馬《ふば》殿下は遠路お疲れのこと故、ひとまず東華館にて御休憩なされませ！」

と言いおわると、先導をして進んだ。

しばらくすると、門があけはなたれているのが見えたので、生は、車から降りて入った。

色あざやかな五色の欄杆《らんかん》、雕刻《ちょうこく》の施された梁柱《りょうちゅう》。美しい花の咲きほこる木々、珍しい果実が結《な》っている果樹が、中庭の下手に植えてあった。中庭に面した広間には、茶机やたけのひくいテーブル、クッションが設けられ、カーテンをめぐらし、数々の料理がならんでいた。

生は、すっかりうれしくなった。

すると、案内の声がした。

「右相《うしょう》の御到着！」

生は、階段を降り、つつしんで到着を待った。

紫衣をまとい、象牙の手板《しゃく》を持った人物が足ばやに近づいてきた。両者は互いに主客初対面の挨拶をかわした。型どおり挨拶がすむと、右相は口を開き、

「わが国が遠方の偏僻《へんぺき》な国であるにも拘わらず、わが君が足下《そっか》のお出でをお迎えしましたのは、婚姻の誼《よし》みを結びたいお考えだからです」

と言ったので、生は答えた。

「私は下賤で愚かな者です。そういう大それた望みは抱いておりません」

右相は、そこで生に、王宮へ同行するように要請した。

大体、百歩ばかり進んで、朱塗りの門に入った。門の両側には、矛《ほこ》、戟《げき》、斧《おの》、鉞《まさかり》がずらりとならび、近衛の将士が数百人、道の傍に避けて立っていた。生は、普段、自分と一緒に酒を飲んだ仲間の周弁《しゅうべん》という男も、その近衛の将士の中にいるのを見て、心ひそかにうれしかったが、さすがに近よって訊ねるわけにもいかなかった。

右相は、生をひきつれて大広間に昇った。警護が整然としてきびしく、皇帝の御座所のようであった。身長《たけ》が高くて大柄な人が、端然として王位に坐しているのが見えた。白い絹の袍衣《ほうい》をまとい、明るい朱色の冠を戴いていた。淳于生は、身体がぶるぶる震えて、とても仰ぎ視《み》れなかった。左右の侍従が、生にお辞儀をするように命じた。

王が言った。

「以前、ご尊父が、わが国が小国であるにも拘わらず申されたご希望にそい、次女の瑶芳《ようほう》を足下に嫁がせることを許します」

生は、平伏するばかりで、答えかねて口をつぐんでいた。

王、

「ひとまず迎賓館にお出でなさい。それから式の支度をします」

お沙汰によって、右相も淳于生に同行して迎賓館へもどることになった。生は、この結婚の件をしみじみ考えた。父は、辺境防衛の将軍を輔佐し、その後、夷狄《いてき》の中で失踪して生死不明になったが、北方の藩属の使臣が来朝する機会に託してこの件を伝えたのであろうかと。考えれば考えるほど疑わしく、わけが判らなくなったのであった。

その夕べ、小羊、雁、玉、馬、毛皮、絹など婚礼の品々が、豪華、荘重な儀仗《ぎじょう》とともにならべられ、妓女の弦楽器、竹管楽器の演奏、料理の数々、明るい燈燭、車や馬、祝儀の物など、婚礼に入用の物はすべてそろっていた。

その場にいる女たちは、ある者は、華陽姑《かようこ》と称し、ある者は、青渓姑《せいけいこ》と称し、ある者は、上仙子《じょうせんし》と名乗り、ある者は、下仙子と名乗った。こういう娘たちが、何人もいて、銘々が数多くの侍女をつれていた。彼女たちは、緑の鳳凰の冠を戴き、金糸で織った雲霞紋《うんかもん》の帔《ひ》をはおり、色とりどりの宝石や金の花の象嵌《ぞうがん》のある頭飾をつけて、目を奪うばかりにまぶしかった。彼女たちは迎賓館内を往き来して遊びたわむれ、争って花婿《はなむこ》の生をからかった。姿態が妖艶で、言い方が巧みで魅惑にとみ、生はとても答えられなかった。

さらに、一人の娘が、生に向って言った。

「この前の上巳《じょうし》の日、わたしは霊芝《れいし》夫人のお供をして禅智《ぜんち》寺に参りましたが、天竺院で、石延《せきえん》が『婆羅門《ばらもん》』を舞うのを見物しました。わたしが、つれの女《ひと》たちと一緒に北窓の下の石の長椅子に坐っていたとき、あなたは、まだお若くて、やはり馬から下りて見にいらしていた。あなたは無理矢理、わたしたちに親しくなろうとして、冗談をいったり、からかったりなさったわ。わたしは、窮英《きゅうえい》さんと赤い巾を結んで、竹の枝にかけましたわ。このことを憶《おぼ》えていらっしゃらないの？

それから七月十六日のこと。わたしが、孝感《こうかん》寺で、上真子《じょうしんし》さまとご一緒させていただいて、契玄《けいげん》法師の『観音経』の講釈を聴いたときでした。わたしは、講釈の席で、金の鳳凰の釵《かんざし》二本を寄進し、上真子さまは水犀《すいさい》の角の小箱一つを寄進しました。そのとき、あなたも講釈の席にいて、法師さまに頼んで釵と小箱を見せておもらいになり、何度もお賞《ほ》めになり、大分、長い間、感歎なさっていましたわ。わたしたちの方をご覧になって、『人も物も、人間世界にあるものではない』っておっしゃっていた。わたしの氏を訊《き》いたり、住所を質問なさったけど、わたしは答えなかった。あなたはみれんがましく、しきりにふりかえって見ていたわ。このこと、まさかお忘れになったのではないでしょう？」

生は答えた。

「心の中にしまっていて、一日だって忘れたことはない」

娘たちが口をそろえて言った。

「今日、あなたと同類になれるなんて思いがけないわ」

さらに、衣冠束帯《いかんそくたい》、甚だ堂々とした押出しの男が三人、近づいて来て、生にお辞儀をして言った。

「国王の御命令により、駙馬殿下の相者をつとめます」

その中の一人は生と旧知であった。生はその人を指さして訊ねた。

「君は、馮翊《ふうよく》の田子華《でんしか》君ではありませんか？」

田、

「そうです」

生は近よって、手を執り、しばらく思い出話をした。生は田に訊ねた。

「君は、どうしてここにいるのです？」

子華、

「ぼくは、各地を漫遊して当地に来たとき、右相の武成侯段《だん》公のお眼鏡にかない、そのつてで当地に落ちつきました」

生はさらに質問した。

「周弁がここにいることを、ご存知か？」

子華、

「周弁殿は身分の高い方です。司隷を担当して、非常な権勢があります。わたしは再三その庇護を受けました」

二人は、笑いをまじえながら楽しく話しあっていた。

まもなく、人が来てお沙汰を伝えた。

「駙馬殿下はお入りください」

三人の相者は、剣、玉佩《ぎょくはい》、冕服《べんぷく》を取り出して、生を着換えさせた。子華が言った。

「はからずも、今日、盛大な婚礼を見ることができました。これからも見棄てないでください」

数十人の仙女のようによそおった侍女が、さまざまな珍しい音楽を演奏した。楽の音はやさしく冴え冴えとして、せつなく悲しい調べは、人間の世界では耳にしたことのないものであった。燭を執って案内する者が数十人もいた。

左右両側には、金と翡翠《ひすい》の色をした歩障が張られ、色あざやかで細工も見事であり、数里にわたって続いた。

生は車中に端坐し、心中、茫然として、大変、落ち着かなかった。田子華が、しばしば冗談を言って、気持をなごませた。

さきほどの娘たち、年輩の女も同輩の女も、それぞれ鳳凰の翼の飾りがある車に乗り、歩障の間を往き来した。

「修儀宮」という名称の門に着くと、娘たちも続々、傍に集まり、生に車から下りるように言い、婚礼を行わせた。儀式の次第は、まったく人間世界のとおりであった。ヴェールを取り、扇をどけると、うら若い女が現われた。「金枝《きんし》公主」といい、年齢は、十四、五ぐらいで、さながら天女のように美しかった。合巹《ごうきん》の礼も、なかなかきらびやかであった。

生は、それから愛情が日ごとに深くなり、日一日と栄華をきわめていった。出入のときの車馬の格式や、宴会の際の賓客を接待する順序は、国王のつぎであった。

ある日、国王は、淳于生と官僚たちに命令して、武器と護衛を支度させ、随行させて、都の西の霊亀山で大がかりな狩猟を催した。山は高く聳え、沼沢が遠くひろがり、森林が繁り、鳥や獣がおびただしく棲息していた。狩人や勢子《せこ》も、沢山、獲物を取り、空が暗くなってから帰還したのであった。

淳于棼は、ある日、国王に言上した。

「先日、臣が結婚しました日、王は、臣の父の希望にそってと仰せられました。臣の父は、先年、辺境防衛の将軍を輔佐しましたとき、作戦が失敗して、夷狄《いてき》の中で失踪しました。それ以来、十七、八年間、音信が絶えております。王が父の居場所をご存知ならば、臣は訪ねていって対面したく、お願い申しあげます」

国王は、急いで生に向って答えた。

「婿殿の父上は、北方の国土を守り、絶えず消息があった。そちは書状を認《したた》めて知らせたほうがよい。自身が行くには及ばない」

生は妻を指図して父の健在を祝う贈物を準備させ、書状と一緒に送らせた。

数日後、返辞がもどってきた。生は書簡をたしかめ、内容を調べたところ、すべて父の平素の筆跡であった。書状は、息子を思い、教えさとし、愛情があふれ、行きとどいていて、万事が昔のとおりであった。さらに淳于棼に親族や縁者の存否を問い、郷里の移り変りの模様を訊ねていた。また、道が遠く離れていて、消息がとだえたことを述べ、悲痛な内容であり、一語一語に悲しみがこもっていた。しかも、息子には会いに来るなとさとして、こう記してあった。

「丁丑《ひのとうし》の年、お前に会えるであろう」

淳于棼は、書簡をささげ持ってむせび泣き、感情を抑えかねたのである。

それから数日後、妻が、生に言った。

「あなたは、官職に就きたいとお考えになりませんの?」

「わたしは気ままな生活に慣れていて、官職のことは不案内なのだ」

「やってみたらよいわ。あたしが助けてあげる」

妻がそのまま父の国王に申しあげた。何日かたってから、国王は生に言った。

「わが南柯郡は、政治が治まらず、太守をすでに罷免した。そちの才能を借りたいと思うから、曲げて就任するように。早速、娘と同行して赴任しなさい」

生は、恐懼《きょうく》して国王のお沙汰を受けとった。国王は管轄の役人に命令して太守の行李を支度させた。そこで、黄金、宝玉、錦織りや刺繍をした絹物、長持や化粧箱、下僕、婢女、車、馬などが大通りにならべられ、王女の門出の贈物とされた。生は、若いときから俠客の群に身を投じ、役人になろうと望んだことはついぞ無かったから、この有様に大満足であった。そこで上奏文をたてまつった。

「臣は元来、武門に生まれて行政に関する素養を欠いておりましたのに、はからずも大任を仰せつかり、これでは必ずや朝廷の御威光を台無しにしましょう。自分から禍を招き、職務にたえられず、失敗することは悲しくてなりません。いま、広く才能人徳のある人物を求めて、至らぬところの助けにしたいと存じます。伏して思いますに、司隷《しれい》をしております潁川《えいせん》出身の周弁は、忠正で剛直、法の執行に妥協を致しません。政務輔佐の器であります。処士の田子華は、馮翊《ふうよく》の出身で、慎重で清廉《せいれん》、物事の変化の道理を把握し、政治教化の根源に通暁しております。両名は、臣と十年来の交誼があり、その才幹と有能はよく心得ており、政務をまかせてよく、周弁は、南柯郡の司憲を、田子華は、司農を担当させたくお願い申しあげます。こう致すならば、臣の行政も良好な成績をあげ、法令制度の運用も支障がなかろうと存じます」

国王は、上奏文のとおりに許可して三人を派遣したのであった。

旅立ちの夕べ、国王は王妃とともに首都の南で宴を開いてはなむけをした。

国王は、生を戒めて言った。

「南柯郡は、わが国の大郡で、土地が肥沃であり、人民は繁栄し、物質もゆたかだ。仁政を施行しないかぎり治められない。まして、周、田二人が輔佐しているのだから、そちは政務にはげみ、国家の期待にそうよう努力しなさい」

また、王妃は、王女をさとして言った。

「淳于さんは性格が強くてお酒が好きな上に、まだお若い。妻として守るべき道は、温和で柔順を第一とします。そなたがよくお仕えするなら、わたしは心配がありません。南柯郡は遠方ではないけれども、朝晩そなたに会うことはかないません。今日、そなたと別れ、涙で巾が濡れます」

生は妻とともに国王、王妃に深々と頭をさげて、南へ出立した。

車に乗り、騎馬の護衛にかこまれて、楽しく語らいながら、幾夜かかさねて南柯郡に到着した。

南柯郡では、上下の官吏、僧侶、道士、当地の老齢の名望家、歌妓や楽隊、車や馬を管理する者、護衛などが、争って出迎えた。人や物が押しあいへしあい、鍾《かね》や鼓《つづみ》の音がにぎやかで、十数里にわたって続いた。城壁の上の短い垣や、台、高楼が見え、見事な鬱然とした眺めであった。大きな城門に入ると、門にも大きな横額が懸けてあって、金字でもって「南柯郡城」と署してあった。朱塗りの軒、門に戟を立てた官邸は、見たところ整然として奥深かった。

淳于生は着任してから、土地の風俗や民情を視察し、病人、貧者をいたわり、行政事務は、周弁、田子華に委任して、郡内は非常によく治まった。

郡の太守に就任してから二十年にわたり、教化が全郡に普及し、民衆は、唄を歌ってたたえ、功徳碑を建立し、生を神として祭祀した。

国王は生を非常に重んじ、食邑《しょくゆう》や爵位を賜わり、宰相として待遇した。周弁と田子華の二人とも政治の成果が知られて、つぎつぎに高官に昇進した。生には、五男二女あり、男の子は門蔭《もんいん》により官職を授けられ、女の子も王族に嫁いだ。栄華は絢爛として、そのころ絶頂に達し、当代ならぶ者がなかった。

この年、檀蘿《だんら》国という国が、この郡を攻撃してきた。国王は、生に命令して将校と部隊を訓練させて討伐させた。そこで上奏して周弁に兵三万をひきいさせ、賊の大軍を瑶台城《ようだいじょう》で防がせた。周弁は剛勇で相手を軽視したため、将士は敗北した。周弁は、単騎、丸腰のままひそかに逃亡し、夜、城に帰った。賊軍も戦利品の輜重《しちょう》や鎧甲《よろいかぶと》を収容してひきかえした。そこで、生は、周弁を牢に入れ、自分も処罰されるように請うた。だが、国王は、二人ともそのままにした。

その月、司憲の周弁は、背に疽《かさ》ができて、亡くなった。淳于生の妻の王女も、病《やまい》にかかり、十日ばかりたって薨去した。そこで、生は、南柯郡太守をやめて、霊柩を護送して首都に赴きたいと懇請した。国王がこれを許可したので、司農の田子華に南柯太守の職務を執行させた。生は、深い悲しみのなか、霊柩車を護送して出発した。途中、男や女が泣き叫び、民衆や役人が食物を供え、車の轅《ながえ》によじのぼり、道をさえぎる者がかぞえきれなかった。こうして首都に到着した。

国王と王妃は、白衣を着て城外で哀哭し、霊柩の到着を待っていた。王女に「順儀公主」という諡名《おくりな》を贈り、儀仗《ぎじょう》、華蓋《かがい》、楽隊を支度して、霊柩を、首都の東、十里にある盤竜岡《ばんりゅうこう》に埋葬したのであった。

この月、故司憲周弁の遺子周栄信《しゅうえいしん》も、霊柩を護送して首都に赴いた。

淳于生は、久しく地方の大郡で軍政の長官に在任していたとき、首都の中央と親交を結び、貴族や勢力ある人々とはいずれも昵懇《じっこん》であった。太守をやめて首都に帰還してから、出入は拘束を受けなくなり、賓客との交際が多く、権勢は一日ごとに盛になった。そこで国王は、心中、生を疑い、憚るようになった。

折から、都のある人物が上奏した。その文によると、

「天上に譴責の徴候が現われました。国家に大きな禍があります。都城は移転し、宗廟が破壊されます。この災厄は他族《よそもの》が発端であり、王室の内部に問題があります」

当時、一般に、淳于生の奢侈《しゃし》が禍の源であると批判されて、遂に、その警護を剥奪《はくだつ》し、賓客と交際することを禁止して、私邸にとじこめた。

生は、長年、太守として、一度も失政のなかった実績を自負して、国王を怨む言葉をもらして、憂鬱になり、さびしがっていた。

国王もこれを知ったので、生に言った。

「姻戚として二十余年たち、不幸にも娘が若くして死に、君とそいとげることができなかったのは、まことに痛恨にたえない」

王妃は、孫をひきとって自ら育てていたから、さらに彼に向ってすすめた。

「そなたは長らく家を離れていますから、しばらく郷里に帰って、親類の人々に会ったらよい。孫たちはここにいるから、懸念《けねん》には及ばぬ。あと三年たったなら、そなたを迎えさせましょう」

生が、反問した。

「ここが家です。どこへいまさら帰れますか?」

国王は、笑って言った。

「そちは、元来、人間界の人だ。家はここにあるのではない」

淳于棼は、まるで前後不覚に眠ったときのように、長い間茫然としていたが、やっとここに来た経緯に気がついて、涙を流しながら帰してくれと頼んだ。

国王は側近の侍衛に目配せして淳于生を送るよう指図した。

生は、深くお辞儀をして立ち去った。かつて彼をつれて来た紫衣の二人の使者がまた随行していた。大門の外に着くと、自分の乗る車が非常に粗末で、左右の従者や下僕、馭者が一人もいないのを見て、非常に不思議に思った。

生は車に乗り、数里ばかり行き、ふたたび大城を出た。その昔、やって来た時と同じ道らしくて、山川原野、風物はもとのまま変っていなかった。だが、送ってきた二人の使者は、まったく威勢があがらなかった。生は、ますます気が滅入った。使者に、

「広陵郡には、いつごろ着くのか?」

と質問すると、二人の使者は、唄を歌って知らぬ顔をしていたが、大分たってやっと答えた。

「すぐ着きます」

まもなく、車が洞穴から出た。生れ故郷の通りが、往年と変っていないのを見て、思わず悲しみがこみあげて、さめざめと涙を流した。

二人の使者は、生を連れて車から下りた。生の邸宅の門に入り、階段を昇ると、自分の身体が広間の東側の部屋の軒下に臥していた。生は、恐しくなって近づこうとしなかった。そこで二人の使者は、大声をあげて数回、生の姓名を呼んだ。すると、淳于棼は、もとのように眼が覚めた。

彼の家の下男は、中庭で箒《ほうき》をかかえ、二人の客は長椅子で足を洗い、斜に傾いた日は西の垣にまだ隠れていなかったし、東の窓の下の樽《そん》の酒はまだ残ったままであった。夢の中のことははかなく、まるで一時代を経験したかのようであった。

淳于棼は、感慨にたえず、歎息した。二人の客を呼んで、このことを話した。二人の客は、仰天して、

生と一緒に外へ出て、槐の下の穴を尋ねた。生はそこを指さして言った。

「ここが、夢の中で通過したところだ」

二人の客は、狐か、樹木の魅《すだま》が祟りをしたのだろうと判断して、下男に吩咐《いいつ》けて斧を持たせ、幹のこぶになったところを断《き》り、のこった小枝を折って、穴を尋ね、源《もと》をさぐった。

傍らを広さ一丈ばかり掘ると、大きな穴があり、明るく開けていて、寝台がはいるほどであった。上に土が堆積《たいせき》し、城郭、高楼、台、宮殿の格好をしていた。蟻が数斛《すうこく》ほどもいて、その中に隠れ、聚《あつま》っていた。中間に、小さな台があり、その色が朱砂のように赤かった。二匹の大きな蟻が台の上にうずくまっていた。白い羽根、赤い頭で、身長三寸ばかり、左右に大きな蟻が数十匹いて、これを輔佐し、その他の蟻たちはかしこまって近づかなかった。これが、国王であった。すなわち、槐安国の都である。

もう一つの穴を掘っていくと、まっすぐ南の枝に通じていた。大体、四丈ほどの長さで、曲折していたが、中間は方形で、やはり土の城や小さな楼があり、蟻の群もその中に住んでいた。すなわち、生が統治した南柯郡であった。

さらに、もう一つ穴があった。西へ二丈ほど行ったところにあり、中間が広々として四辺が泥を塗った壁のようになっており、地下室のような奇妙な形をしていた。その中に腐った亀の殻があり、大きさは斗《ます》ほどであった。雨水がたまって浸《し》みこみ、小さな草が叢生し、一面に繁茂して、亀の殻を殆ど覆っていた。これこそ、生が狩猟をした霊亀山であった。

もう一つの穴を掘ってみた。東へ一丈あまり行くと、古い根がとぐろを巻き、屈曲して、竜や蛇のような格好のところがあり、中に、高さ一尺あまりの小さな土塊《つちくれ》があった。そこは、生が妻の王女を埋葬した盤竜岡の墓であった。

過ぎた事を追想して、心中、感慨にたえなかった。発掘した跡を調べてみると、すべてが夢に見たことと符合していた。二人の客が遺跡を破壊するのを嫌って、急いでもと通りに埋めさせた。

その夜、突然、風雨が襲来した。翌朝、その穴を見ると、蟻の群はいなかった。どこへ去ったか判らなかった。だから、以前、「国家に大きな禍があります。都城は移転し」と言ったのだ。いま、果してその預言どおりになった。

さらに、檀蘿を征伐した事を憶い出して、また、二人の客に頼んで、外出してその跡を訪ねた。屋敷から東へ一里行ったところに、古い、すでに水の枯れていた小川があった。その側に、大きな檀《まゆみ》の樹が一株あり、藤や蘿《かずら》がとりかこんで繁茂し、太陽も見えなかった。樹の傍《そば》に、小さな穴があって、やはり蟻の群がそこに隠れ、聚《あつま》っていた。檀蘿という国は、ここ以外ではないのであった。

ああ、蟻の神秘と不思議は、奥深くて判らない。まして山にかくれ、樹木にひそむ大きな動物の示す変化は申すまでもない。

そのころ、淳于棼の酒飲み友達の周弁、田子華は二人とも六合《りくごう》県に住んでいたが、十日ほど生と往来していなかった。生は、急いで下男を遣って、二人のもとへ駈けつけて様子をうかがわせた。周弁は、急病ですでに亡くなったあとであり、田子華も病床に臥していた。

淳于棼は、南柯の虚無をしみじみ感じ、人の世のはかなさを悟って、それからは道教の教えを一心に学び、酒と女色を絶《た》った。

その三年後、丁丑の年、やはりその家で終焉した。時に、四十七歳、かつて約束した期日と符合していた。

わたしは、貞元十八年秋八月、呉郡《ごぐん》から洛陽《らくよう》へ行く途中、淮水《わいすい》の岸辺に、しばし停泊した。偶然、淳于生の息子の楚と対面し、夢の中の遺跡を彼に問いただして、再三考証した結果、すべて裏付ける事実があったのである。そこでそれらの事実をまとめて物語とし、好事家《こうずか》の参考に供する。神を語り、怪を説くことは、儒教経典の教えにそむくけれども、官位を盗んで生命に執着する人々にとって、これが戒めとならんことを。後世の君子が、南柯を偶然の事と考えて、名誉や地位でもって天地の間で驕《おご》ることがないように希望する。

もと華州参軍の李肇《りちょう》が、つぎのような警句をのこしている。

貴極禄位　高位高禄を極め
権傾国都　権勢は都を傾くれども
達人視此　達人の眼には
蟻聚何殊　蟻の群がるがごとし

岩波文庫『唐宋伝奇集（上）』より転載

後書き

平成八年の春、当時の禅文化研究所編集主幹の芳澤勝弘氏より、槐安国語訓注の仕事の依頼の話を受けた時は、私のような素人がそのような大それた仕事をと躊躇もしたが、一か八か勉強の心算で引き受けさせてもらうことに決心した。

しかしその無謀さは誰の目に見ても明らかであった。二十年来の道友より、「これで貴公の老後の仕事が見つかったね」と揶揄されたが、その彼も、その年の暮れに八ヶ岳で不帰の客となってしまった。

五里霧中の中で始めた研究であったが、ガイドラインとして最初に手渡されたのは、久松抱石菴所蔵の飯田欓隠『槐安国語提唱録』と、同研究所編集部の研究になる槐安国語の白隠禅師の下語、評唱の出典調べであった。抱石菴は私の最初の禅の師匠で、その因縁の浅からぬことに驚いた。また、その出典調べは綿密なもので、すでに七、八割の調べが終わっていた。両者を指針として手探りで進むうち、翌年に芳澤氏が初版本である貞永寺版の書き入れ本を探し出してくれた。これが以後の研究に決定的意味を有することになろうとは当時は予想すら出来なかった。

そうこうするうちに、『大灯録』自体の研究すら全くされていないことに気がつく。研究段階以前に、校訂すらされていないのである。恐らくは応灯関白は師家の関防印と云われて、師家以外の学者が濫りに口を挿むを禁じられていた為でもあろうか。その点で平野宗浄氏の『大灯国師語録訓注』は極めて不完全ではあるが、大灯録研究の上で、最初の小さな、しかし大きな一歩であると云ってもよい。

しかしやがて大変厄介な問題にぶつかる。それは頌古に入ってからであるが、大灯国師の意図と白隠禅師の評唱が必ずしも一致していないと思われる点が多々見受けられることであった。それはひとえに筆者の蒙昧さの所為でもあろうが、他面、白隠禅師の思い過ごし、我田引水的強引さとも思われる節が無いわけでもない点である。今回は我が身の恥をさらす覚悟の上で、問題点を曝け出す意味でも、異なると思われる点を明らかにしようとした。しかしこれは、『寒山詩闡提記聞』に於いても問題とされる点である。白隠禅師の深秘釈とも云われるが、文字学者には、「深読み」として敬遠されるものであろう。しかしここで西谷啓治先生の言葉を借りるならば、「大灯国師がそれを知ったら渋い顔をするだろうとも考えられる。…自分がそれを作った時はそういう気持ちではなかったが、そういわれればそうだと、却って喜ぶという光景も考えられないではない」と。

今回の研究はひとえに芳澤氏のご指導と庇護の賜物による。また白隠禅師の著語、評唱等の出典調べを始め、諸事全般に渡って禅文化研究所編集部、特に能仁晃道氏の多大のご協力とご指導を頂いた。末尾に当たって甚々の謝意を表する。

平成十五年十月十三日

道前宗閑記す

〈編集注〉この後書きは、平成十五年に禅文化研究所より発刊した『槐安国語』全二巻の下巻後書きをそのまま転載した。

道前慈明（どうまえ・じみょう）

昭和17年（1942）5月、福井市生まれ。昭和47年、京都大学文学部哲学科博士課程中退。同年、大徳寺塔頭聚光院にて出家、宗閑と名付けられる。昭和49年、鎌倉建長僧堂の湊素堂老師の膝下に掛搭、のち建仁僧堂に転錫。平成3年、建仁寺派福成寺（京都市）住職就任、道号を慈明とする。永源僧堂の仙巌室篠原大雄老師に通参し、平成12年に嗣法。平成25年4月、永源僧堂師家ならびに永源寺派管長に就任。室号・槐安窟。著書に訓注『槐安国語』全二巻（禅文化研究所）、『校訂本・宗門葛藤集』（同）がある。

〔復刊にあたって〕

本書は、平成15年に『槐安国語』全二巻として禅文化研究所より刊行したが、長らく絶版品切れとなっていた。このたび、白隠禅師250年遠諱に際し、下巻「訓注」のみ（但し「大応国師語録訓注」を除く）を単行本化し、利用者の便を図るものである。なお、原典漢文は、禅文化研究所のWEB（http://www.zenbunka.or.jp）より「資料収集」⇒「黒豆データベース」⇒「3.黒豆データベース　テキストファイルのセットアップ」と辿ることによって、本書の番号とリンクした校訂済みテキストファイルのダウンロードが可能である。併せてご利用されたい。

禅文化研究所編集部

訓注　槐安国語

平成28年9月20日　初版第一刷

訓注　道　前　慈　明

発行　公益財団法人　禅文化研究所

〒604-8456
京都市中京区西ノ京壺ノ内町8-1
花園大学内
http://www.zenbunka.or.jp

印刷　株式会社　耕　文　社

ISBN978-4-88182-298-2 C0015

新編 白隠禅師年譜

編著　芳澤　勝弘

白隠禅師の人間性が浮かび上がる

大観文珠によって刊行された『白隠年譜』は、禅師生前に東嶺によって編まれた『草稿』を删訂したものである。本書は、より記述内容の豊かな『草稿』を主として『年譜』を従とし、さらに禅師の仮名法語や語録、墨蹟、東嶺年譜や同時代の原宿の記録等を合わせて再編成した。人名・寺名・地名・項目の索引付。

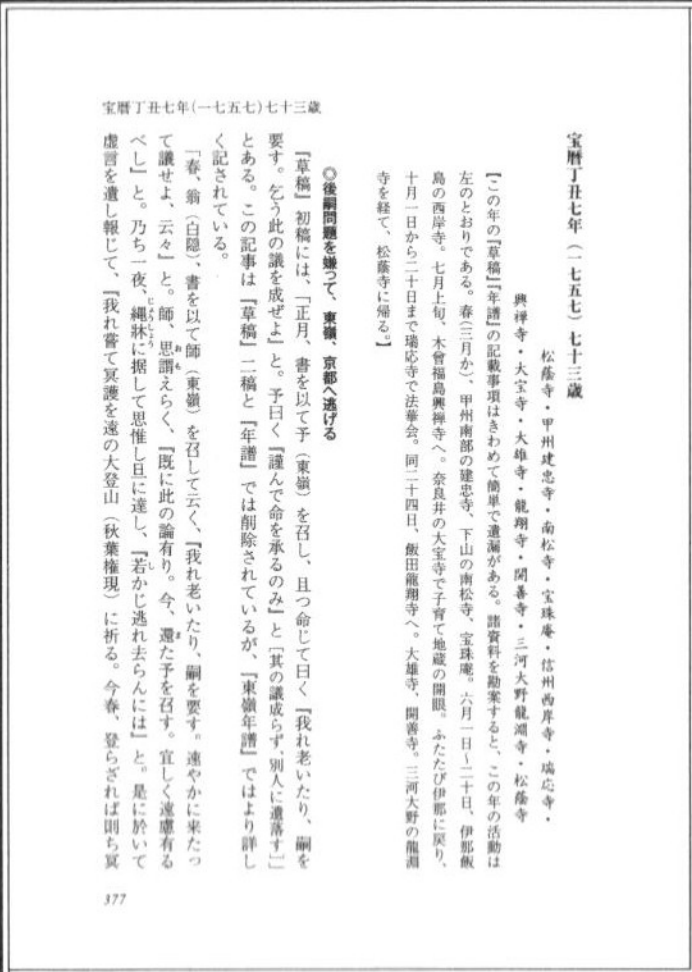

宝暦丁丑七年（一七五七）七十三歳

松蔭寺・甲州建忠寺・南松寺・宝珠庵・信州西岸寺・瑞応寺・興禅寺・大宝寺・大雄寺・龍翔寺・開善寺・三河大野龍淵寺・松蔭寺

【この年の『草稿』『年譜』の記載事項はきわめて簡単で遺漏がある。諸資料を勘案すると、この年の活動は左のとおりである。春（三月か）、甲州南部の建忠寺、下山の南松寺、宝珠庵。六月一日～二十日、伊那飯島の西岸寺。七月上旬、木曾福島興禅寺へ。奈良井の大宝寺で子育て地蔵の開眼。ふたたび伊那に戻り、十月一日から二十日まで瑞応寺で法華会。同二十四日、飯田龍翔寺へ。大雄寺、開善寺。三河大野の龍淵寺を経て、松蔭寺に帰る。】

◎後嗣問題を嫌って、東嶺、京都へ逃げる

『草稿』初稿には、「正月、書を以て予（東嶺）を召し、且つ命じて曰く『我れ老いたり、嗣を要す。乞う此の議を成ぜよ』と。予曰く『謹んで命を承るのみ』と［其の議成らず、別人に遺落す］」とある。この記事は『草稿』二稿と『年譜』では削除されているが、『東嶺年譜』ではより詳しく記されている。

「春、翁（白隠）、書を以て師（東嶺）を召して云く、『我れ老いたり、嗣を要す。速やかに来たって議せよ、云々』と。師、思《おも》謂えらく、『既に此の論有り。今、還た予を召す。宜しく遠慮有るべし』と。乃ち一夜、縄牀《じょうしょう》に据して思惟し旦に達し、『若《し》かじ逃れ去らんには』と。是に於いて虚言を遺し報じて、『我れ嘗て冥護を遠の大登山（秋葉権現）に祈る。今春、登らざれば則ち冥

377

定価　5,000円（税別）
A5判／上製本カバー装／752頁

白隠和尚 荊叢毒蘂《けいそうどくずい》 乾・坤

訳注　芳澤　勝弘

白隠禅師の漢文語録、初の完全訓注と現代語意訳！

本書は白隠慧鶴禅師の漢文語録である『荊叢毒蘂』全九巻、および『荊叢毒蘂拾遺』一巻、それに編者の考えで補充した補遺、そして、これに単著として刊行された『宝鑑貽照』を付録としておさめ、訓注し現代語訳を付したものである。現存する各種書き入れ本を参考に訓注し、また訳注者自身の研究成果をふんだんに盛り込んだ綿密な注釈により、白隠研究の集大成ともいえる一書となった。

本書は、臨済宗黄檗宗連合各派合議所の臨済禅師1150年・白隠禅師250年遠諱事業による出版助成を受けて刊行しています。

定価　各15,000円（税別）
A5判 上製本 カバー装　分売可
乾…巻一～六　総1148頁
坤…巻七～九・拾遺・補遺・宝鑑貽照・解説　総1252頁